Goldmann Magnum

*Astrologie ist
auf irdische Verhältnisse übertragene
und auf das Leben des Menschen
angewandte Astronomie.* Emerson

Astro Analysis

SCHÜTZE
23. November bis 20. Dezember

Herausgeber:
The American Astro Analysts Institute

Deutsche
Erstveröffentlichung

Goldmann Verlag München

Titel der Originalausgabe:
»SAGITTARIUS«, Astro Analysis.
Originalverlag:
Grosset & Dunlap, Inc., New York.

Aus dem Amerikanischen übersetzt von
Hermann Völkel.

1. Auflage November 1979 · 1.–20. Tsd.

Made in Germany 1979
© 1976 der Originalausgabe by Datura Verlagsanstalt
Published by arrangement with Grosset & Dunlap, Inc., New York
© 1979 der deutschsprachigen Ausgabe by Wilhelm Goldmann Verlag, München
Umschlag: Atelier Adolf und Angelika Bachmann, München
(Titelillustration: Günther Haibl)
Satz: IBV Lichtsatz KG, Berlin · Druck: Richterdruck Würzburg
Verlagsnummer 10031
Lektorat: Gerda Weiss · Herstellung: Lothar Hofmann
ISBN 3-442-10031-3

Inhalt

7	Vorwort: Die Kunst der Astro-Analyse	151	Einflüsse der Planeten
11	Einleitung	154	Weltzeitzonen-Karte
25	Geschichte der Astrologie	158	Testen Sie Ihre Eigenschaften!
39	Die Astrologie heute	161	Die Planeten *(rosa Tabellen)*
45	Grenzfälle	159	Mond
49	Der Charakter des Schützen	219	Merkur
57	Der Schütze und die Liebe	237	Venus
		255	Mars
81	Der Schütze und seine Gesundheit	273	Jupiter
83	Der Schütze im Beruf	291	Saturn
		309	Uranus
87	Geschäftspartner	325	Neptun
109	Verträglichkeit der Zeichen untereinander	337	Pluto
		345	Planetenaspekte
113	Freunde	346	Aspekte-Tafeln *(gelbe Tabellen)*
125	Eltern	383	Aspekte
135	Kinder	403	Aszendenten-Zeichen
145	Ihr Astro-Profil	405	Ihr Aszendent *(graue Tabellen)*
147	Ihr Horoskop		
149	Ihre Planeten und was sie bedeuten	409	Die Aszendenten-Persönlichkeiten

Vorwort

Die Kunst der Astro-Analyse

Es genügt nicht, jemand mit Widder, Stier, Zwilling oder einem der neun anderen Tierkreiszeichen zu charakterisieren. Jeder Mensch ist ein Individuum, eine eigene Persönlichkeit. Man kann ihn nicht mit den Millionen Menschen, die überall in der Welt im gleichen Monat geboren sind, in einen Topf werfen und dann behaupten: Das bist du! So oberflächlich verfährt die Astrologie nicht. Zur Zeit der Geburt wirkten neben der Sonne mehrere andere wichtige planetarische Einflüsse. Gerade diese Einflüsse machen den Unterschied aus und formen, zusammen mit dem Tierkreiszeichen, dieses einmalige Individuum.

Die Astrologen waren sich immer dessen bewußt. Und natürlich auch die große Zahl der Menschen, die gern ihre Charakterbeschreibungen in Büchern, Zeitungen und Zeitschriften lesen. Diese Beschreibungen sind aber, obwohl ihre Grundtendenzen richtig und sie häufig äußerst treffend sind, zu ungenau, um den ernsthaften Horoskopleser völlig zufriedenzustellen.

Um eine größere Genauigkeit, d. h. eine wirklich persönliche Charakteranalyse, zu erreichen, müßte man sich entweder an einen Berufsastrologen wenden oder sich durch eine Unmenge von Zahlen und das astrologische Fachvokabular hindurchfinden. Das galt bis heute. Nun wurde die *Astro-Analyse* entwickelt, um Sie, lieber Leser, mit Ihren persönlichen astrologischen Daten und detaillierten Deutungen auszustatten.

Den Schlüssel zu diesem System stellen die *drei farbigen Planetentabellen* dar. Man kann leicht mit ihnen arbeiten, und die Erläuterungen dazu sind in einfacher, unkomplizierter Sprache abgefaßt. Alles, was Sie wissen müssen, ist Ihre Geburtszeit oder die derjenigen Person, die Sie analysieren wollen. Jede Tabelle ist mit einer klar gegliederten *Anleitung* versehen.

Das Buch ist methodisch aufgebaut. Es enthält viel mehr als Tabellen und ihre Erklärungen. Es beginnt mit einer Einführung in die Astrologie und einer Geschichte der Astrologie von den Anfängen bis zur heutigen Zeit. Es folgt eine kurze, nicht zu komplizierte Darstellung, wie die Astrologie arbeitet. Dies soll dem Laien einen Eindruck vermitteln, was Astrologie eigentlich ist, und ihm helfen, die Astro-Analyse besser zu verstehen.

Danach folgt eine umfassende Beschreibung Ihres Tierkreiszeichens.

Es schließt sich eine der umfangreichsten Abhandlungen, die je dazu veröffentlicht wurde, über das Thema Liebe an; sie erklärt, wie man mit einem Partner, Mann oder Frau, aus dem eigenen oder einem anderen Zeichen zurechtkommen wird.

Weitere Kapitel befassen sich mit den Aussichten für Ihre Gesundheit und Ihren beruflichen Erfolg, wie sich Ihre Geschäftspartner aus den verschiedenen Zeichen verhalten, welche Tierkreiszeichen am besten zueinander passen.

Darauf folgt eine Analyse, wie sich die verschiedenen Tierkreiszeichen als Freunde, in der Elternrolle und als Kinder verhalten. Der zweite Teil des Buches soll Ihnen ermöglichen, mit Hilfe der Astro-Analyse Ihr eigenes Horoskop oder das einer Person, die im gleichen Zeichen geboren ist, zu entwickeln.

Jede Astro-Analyse beginnt mit einem Tierkreiszeichen, das den Grundcharakter bestimmt. Meist ist nur dies bekannt. Um eine persönlichere Aussage treffen zu können, braucht die Astro-Analyse nicht eine, sondern vier astrologische Daten:

1. Das Tierkreiszeichen, *das den Grundcharakter bestimmt.*
2. Die Position der Planeten zur Zeit der Geburt; *sie bestimmt das Verhaltensmuster (rosa Tabellen).*
3. Die günstigen oder ungünstigen Beziehungen der Planeten *zueinander; sie bestimmen Ihre*

Ansichten und Reaktionen und zeigen, ob Sie ein starker oder schwacher Widder, Stier, usw. sind (*gelbe* Tabellen).
4. Den Aszendenten, das Zeichen, das zur Geburtsstunde am östlichen Horizont aufstieg; *es zeigt, wie Ihre Mitmenschen Sie sehen* (*graue* Tabellen).

Die Kunst der Astro-Analyse liegt nun in der Synthese aller dieser Daten. Anders gesagt, wenn Sie Ihre zugrundeliegenden Charakterzüge und Möglichkeiten (Tierkreiszeichen), Ihre wahrscheinlichen Verhaltensweisen und die daraus sich ergebenden Risiken und Vorteile (Planeten) zusammen mit dem Vorteil, zu wissen, wie Ihre Mitmenschen Sie sehen (Aszendent), kennen, sind Sie ganz offensichtlich in einer besseren Position, um Ihre Talente besser zur Geltung zu bringen, Ihre Fehler zu vermeiden, Ihre natürlichen Fähigkeiten besser auszuschöpfen, größere Harmonie in Ihre Beziehungen zu anderen bringen zu können – kurz, ein reicheres und erfüllteres Leben zu führen.

Sie müssen dann Ihr Heil nicht in seltsamen Weltanschauungen und Doktrinen suchen, oder sich in Drogen und Selbsttäuschung flüchten. Mit diesem Wissen sind Sie wirklich Sie selbst. Und in dem Maße wie diese Selbstverwirklichung dauerhaft und tief wird, werden Sie zum Schmied Ihres Glücks, zu einer starken Persönlichkeit und einem wertvollen Individuum in der Gesellschaft.

Zwei Menschen, im gleichen Zeichen geboren, sind nie identisch. Jeder ist zahlreichen Einflüssen, wie z.B. Nationalität, Hautfarbe, Umwelt und ererbter Veranlagung unterworfen. Die Königstochter und das arme Kind, beide im gleichen Augenblick geboren, jedoch an verschiedenen Orten, im Palast oder im Slumviertel, werden zwar die gleiche Art zu denken und die gleichen emotionalen Verhaltensweisen haben, doch die gänzlich verschiedenen Umstände und prägenden Einflüsse werden das Wesentliche ihres Typus bestimmen.

So wichtig der Grundcharakter, das Tierkreiszeichen, auch ist, es ist nur ein Teil des Ganzen. Die guten oder schlechten Einflüsse der Planeten auf das Zeichen, ihre günstigen oder ungünstigen Konstellationen zueinander und der überaus wichtige Aszendent müssen sehr genau in Betracht gezogen werden.

Mit den anderen Büchern dieser Reihe können Sie Ihre Freunde (oder andere, die vielleicht nicht so »freundlich« sind), »astro-analysieren«. Alles, was Sie dabei wissen müssen, ist Geburtsjahr und -tag. Es wird Ihnen bestimmt Spaß machen und sicher einige Geheimnisse enthüllen.

Sie werden entdecken, wer Ihre wirklichen Freunde sind und auf wen Sie sich im Beruf verlassen können bzw. auf wen nicht. Der offensichtliche Vorteil, die angeborenen Stärken und Schwächen eines Rivalen zu kennen, muß wohl nicht erst besonders hervorgehoben werden. Sie werden verstehen, warum Ihnen die einen sympathisch sind, die anderen nicht, warum Sie einige Personen des anderen Geschlechts anziehend finden, andere Sie kalt lassen oder sogar abstoßen.

Bei der Astro-Analyse werden Sie häufig finden, daß der Charakter eines Menschen und seine Persönlichkeit nicht zueinander passen. Das wird Ihnen helfen, aggressive und widersprüchliche Verhaltensweisen zu verstehen, die Sie sonst verwirren würden. Mit Ihren neuen Einsichten werden Sie die Beziehungen zum Ehegatten, Geschäftspartner, Mitarbeiter, Freund verbessern können – ganz allgemein die Reibungen zwischen Leuten, die miteinander leben oder arbeiten, abbauen. Ihre Kinder können Sie ermutigen, ihre »guten Seiten« weiterzuentwickeln, und sie so in eine Zukunft führen, die weiten Spielraum für ihre natürlichen Fähigkeiten und Möglichkeiten bietet.

Wenn Sie die farbigen Tabellen benutzen, so greifen Sie auf das Wissen einer Gruppe erfahrener Astrologen aus mehreren Ländern zurück. Es dauerte zwei Jahre, um die komplizierten Berechnungen der Planetenbewegungen in einem Zeitraum von 80 Jahren in eine einfache Tabellenform zu bringen, die nicht mit Ziffern und Zahlen arbeitet (außer dem Geburtsdatum).

Zuerst schlagen Sie die *rosa Tabellen* auf. Hier finden Sie die Stellung der zehn Planeten an Ihrem Geburtstag. Sie werden die Sonne (sie wird zu den Planeten gerechnet) in Ihrem Tierkreiszeichen finden und die übrigen neun Planeten in den Zeichen, die sie jeweils durchlaufen. Im Text lesen Sie dann, welche Bedeutung die Stellung eines Planeten (»Der Mond«, »Merkur«, »Venus«, usw.) in einem bestimmten Zeichen für Sie hat. Dies ist der erste Schritt.

Denken Sie daran, daß die Sonne nur *ein*, wenn auch der wichtigste Faktor ist. Unsere materielle Existenz hängt völlig von ihr ab, und deshalb bestimmt ihre Position im Tierkreiszeichen den Grundtyp. Aber es gibt ja noch die neun anderen Planeten, deren Position im Horoskop den Grundcharakter des Tierkreiszeichens modifiziert. Wenn Sie das Kapitel über die Planeten lesen, finden Sie in einer kurzen Einleitung einige erstaunliche Wechselbeziehungen zwischen alten Mythen und nachprüfbaren Tatsachen.

Der Skeptiker soll wissen, daß die moderne Astrologie nicht behauptet, die Planeten selbst bestimmen unser Schicksal. Die Planeten sind nur dynamische Teile des elektromagnetischen Feldes, in dem wir leben – eine wissenschaftliche Tatsache. Ihre Winkelpositionen zur Erde und zueinander, die sich laufend verändern, stehen in enger Beziehung mit bestimmten menschlichen und kosmischen Ereignissen.

Die *gelben Tabellen* zeigen, ob die Aspekte (oder Beziehungen) zwischen Ihren Planeten günstig, ungünstig oder neutral sind. Der Text (»Planetenaspekte«) erläutert die Bedeutung jedes Aspekts. Bei der Bewertung aller Planeteneinflüsse können Sie Ihre Fähigkeit zur Astro-Analyse beweisen. Sie sind herausgefordert, mit Urteilskraft, Verständnis und Intuition zu einer gültigen Beurteilung einer Person zu kommen.

Denken Sie daran, daß jeder günstige und ungünstige Aspekt durch andere Aspekte verstärkt oder abgeschwächt werden kann. Es ist dieses Hin-und-Hergerissen-Sein in unserer Natur, das uns auf ähnliche Ereignisse verschieden reagieren läßt. Die Konflikte, von denen Sie lesen und die Sie bewerten sollen, machen uns zu solch komplizierten, erstaunlichen und interessanten Persönlichkeiten – zu Individuen.

Der dritte Satz von *Tabellen (grau)* gibt den Aszendenten an, das Tierkreiszeichen, das zum Zeitpunkt der Geburt am östlichen Horizont gerade aufstieg. Der Aszendent hat den größten Einfluß auf die Formung der Persönlichkeit und zeigt, wie Ihre Mitmenschen Sie sehen.

Zur Bestimmung des Aszendenten brauchen Sie die Geburtsstunde. Wenn Sie sie nicht wissen, fragen Sie jemanden, vielleicht einen Verwandten. Falls dies nicht geht, kann die Bestimmung Ihres Aszendenten auch gelingen, wenn Sie die Beschreibung der Aszendenten-Persönlichkeit im Anschluß an die Tabellen lesen.

Jeder von uns hat negative Eigenschaften. Niemand ist nur gut. Die Planeteneinwirkungen führen manchmal zu ziemlich schlechten Verhaltensweisen. Aber wir behalten immer unsere Individualität und die Fähigkeit, unseren freien Willen auszuüben. Sie ganz allein beurteilen, welche Züge Ihres Charakters, die dieses Werk enthüllt, betont, geändert oder korrigiert werden müssen. Das Ziel der Astro-Analyse ist nur, die Möglichkeiten und einige Alternativen aufzuzeigen.

Versucht man das Unmögliche möglich zu machen (mit einem Ackergaul kann man einfach kein Pferderennen gewinnen) oder strebt man danach, in einer Rolle Erfolg zu haben, für die man von Natur aus nicht geeignet ist, führt dies nur zu Unzufriedenheit und Frustrationen. Dieses Buch will Ihnen helfen, die in Ihnen schlummernden Fähigkeiten zu erkennen und zu wecken und die Richtung zu weisen, in der Sie am ehesten die Erfüllung Ihres Glücks und Strebens finden werden.

Kurz noch einmal die Schritte zur persönlichen Charakteranalyse (nach der Lektüre der »Einführung« und »Geschichte der Astrologie«):

---

1. Lesen Sie die Analyse Ihres Tierkreiszeichens.
2. Suchen Sie Ihr Geburtsdatum in der Planetentabelle (rosa) und lesen Sie die zugehörigen Erklärungen.
3. Bestimmen Sie die günstigen oder ungünstigen Planetenaspekte in den gelben Tabellen.
4. Bestimmen Sie in der Aszendententabelle (grau), wie Ihre Mitmenschen Sie sehen.

---

*) Die genannten Daten für den Beginn und den Schluß der Sternzeichen wechseln je nach Geburtsjahr (siehe rosa Tabellen). Sie hängen mit dem Stand der Sonne zusammen, der in den einzelnen Jahren um etliche Grade variiert.

Einleitung

Keine Inseln im Universum

Es ist schon erstaunlich, wie einige der neuesten und aufsehenerregenden Entdeckungen der Naturwissenschaften die Grundthesen der Astrologie erhärten. Skeptiker haben immer geglaubt, daß sich die Kluft zwischen astrologischem Wissen und naturwissenschaftlich erwiesenen Tatsachen mit der Zeit noch weiter öffnet, doch das Gegenteil geschieht. Das heißt nun nicht, daß die beiden Richtungen sich näherkommen; sie werden immer entgegengesetzte Pole bleiben. Aber in unserer Zeit werden die *Grundlagen*, die bisher unsichtbaren Verbindungslinien zwischen beiden, die wie die Längengrade Nord- und Südpol des Globus verbinden, ans Tageslicht gebracht. Dies ist faszinierend und erregend zugleich.

Die Grundaussage der Astrologie lautet, daß das Universum und die Erde, auf der wir leben, ein Ganzes bilden und daß es Wechselbeziehungen gibt zwischen dem, was da draußen im All geschieht, und den menschlichen Erfahrungen. Sie behauptet, daß der Positionswechsel eines massiven Körpers, eines Fixsterns wie unserer Sonne oder der Planeten oder des Mondes, einen Einfluß auf das übrige System ausübt, eine These, die von der Wissenschaft nicht bestritten wird. Diese Einflüsse sind nicht immer sicht- und meßbar, obwohl jedes Kind weiß, daß manche meßbar sind. Die Mondphasen zum Beispiel und die Stellung der Sonne verursachen die Gezeiten. Andere Gestirn-Einflüsse jedoch, die unbestreitbar sind, werden von den Wissenschaftlern mit Stirnrunzeln, ja sogar schroffer Ablehnung abgetan. Mit den Bewegungen des Mondes und der Sonne und den Gezeiten sind die Fortpflanzungszyklen und Lebensbedingungen der Fische verbunden, und davon wiederum ist die Fischindustrie und die Existenz der Fischer abhängig. Dies ist ohne Zweifel eine grobe Vereinfachung, eine Verallgemeinerung; es hat keinen Zweck, es bestreiten zu wollen. Eines aber steht fest: Von dieser einen Tatsache ausgehend könnte man den Faden der Abhängigkeiten und Wechselbeziehungen bis ins Unendliche weiterspinnen. Es läßt sich offensichtlich für alles und jedes eine Abhängigkeit finden. Es gibt eben keine Inseln im Universum.

Naturwissenschaftliche und astrologische Sicht des Universums trennen sich an dem Punkt, wo der Mensch in dieses System eintritt. Die Astrologie schließt das Individuum darin ein. Die Wissenschaft tut das überraschenderweise nicht – nur in den Statistiken. Die Astrologie sagt ohne Ausflüchte, daß die Persönlichkeit und das Verhalten eines Individuums von den Wechselwirkungen der Gestirne, besonders zum Zeitpunkt der Geburt, beeinflußt werden. Die Wissenschaft setzt dem ein entschiedenes Nein entgegen. Und dann macht die Wissenschaft gerade die Entdeckungen – hierauf wird später noch näher eingegangen –, *die die Kluft überbrücken,* die ausgestreckte Hand der Astrologie greifen zu können.

Die Polarisation beider Standpunkte, d.h. das gleichberechtigte Bestehen beider Standpunkte nebeneinander als ein unentbehrliches Paar von Gegenpositionen, die einen völlig neuen Bereich von Wissen erschließen, scheint nicht mehr allzu fern. Man könnte sogar so weit gehen und behaupten, daß es nur noch eines weiteren wissenschaftlichen Durchbruchs bedarf. Aber der Brückenschlag kann erst dann erfolgen, wenn die Wissenschaftler willens sind, die Bedürfnisse des Menschen in der richtigen Perspektive zu seinen Sehnsüchten zu sehen.

Wir leben nicht um der Wissenschaft oder der Astrologie willen. Beide sind nur Mittel zum Zweck. Der Mensch sehnt sich nach Frieden mit seinem psychologischen Selbst. Er braucht keinen großen Besitz, um dies zu erreichen. Er war glücklich (und unglücklich) schon lange, bevor die Wissenschaft ihn mit ihren Segnungen überhäufte. Die Astrologie hat erkannt, daß Frieden und Erfüllung durch Verstehen erreicht werden; denn was ein Mensch verstanden hat, das kann er beherrschen. Die Aufgabe des Wissenschaftlers ist es, unser Verständnis der dinglichen Welt zu vergrößern. Aber das ist nur die zweite Hälfte unseres Problems. Unsere brennendsten Probleme sind nicht so weit entfernt wie der Mond und sind sicher nicht so winzig und gegenstandslos wie ein Atom. Im Gegensatz zur Welt des Wissenschaftlers beginnt die Welt des Individuums mit einer Realität, die viel unmittelbarer und naheliegender ist: die allgegenwärtige, ineinandergreifende Welt der Familie, der Freunde, des Berufs, des Ausdrucks der eigenen Persönlichkeit, des Konkurrenzdenkens, der Einsamkeit, der Frustration usw. Und weil der Wissenschaftler auch nur ein Mensch ist, ist er Teil dieses sehr persönlichen Universums, bevor er sich seinem Teleskop oder Mikroskop zuwendet.

Astrologie befaßt sich mit den Menschen. Sie ist das Ergebnis der Beobachtungen individueller Züge und kosmischer Wechselbeziehungen von Urbeginn an. Sie fußt nicht, wie die moderne Wissenschaft, auf Experimenten und Beobachtungen, die weniger als 300 Jahre alt sind; Astrologie wertet seit über 10000 Jahren Ergebnisse aus. Sie wird nicht durch das Fehlen komplizierter Instrumente oder technischer Fachkenntnisse eingeschränkt. Menschen und Gestirn standen schon immer in wechselseitiger Beziehung und beschäftigten seit jeher den fragenden Verstand, der dann seine Schlüsse zog. Teleskope und Satelliten haben die Grundprinzipien der Astrologie nicht verändert; denn Astrologie basiert auf den Beobachtungen von der Erde aus. Und auf der Erde leben immer noch Menschen, die die gleichen Verbindungen mit dem Kosmos haben wie vor Tausenden von Jahren. Die bedeutsame Entdeckung des 16. Jahrhunderts, daß sich die Erde um die Sonne dreht, hat die Erkenntnisse der Astrologie nicht ungültig gemacht. Im Gegenteil: Sie hat nie zuvor so viele Anhänger gehabt, unter ihnen eine große Zahl anerkannter Wissenschaftler. Der Psychologe *C. G. Jung* sagte: »Astrologie wird von der Psychologie ohne Einschränkungen anerkannt, weil die Astrologie die Summe des psychologischen Wissens der Antike darstellt.«

Sicher, die Erdbewohner, denen das tiefe Interesse der Astrologie gilt, werden fast täglich vom technischen Fortschritt erregt und begeistert – von Ausflügen ins All, die sie selbst nie unternehmen werden, von der Größe des Universums, das sie nie werden ganz verstehen können –, und sie haben teil und profitieren an den großen Entdeckungen der Medizin, der Physik, der Chemie, der Elektronik usw. Die beiden Standpunkte – der astrologische und der wissenschaftliche – stellen zwei eigene Realitäten dar; keine ist die wichtigere, beide sind notwendig für das Glück und die geistige Existenz des Menschen. Astrologie ist das empfindsame Herz, Wissenschaft der analysierende Verstand. Für sich allein sinkt Astrologie zu Hokuspokus und Aberglauben herab; Wissenschaft als Selbstzweck verliert sich in weitschweifigen Abstraktionen und trockenen Statistiken. Nur vereint schaffen sie Sinnvolles. Jede trägt ein Stück der andern in sich. (Die Astrologie ist auf die exakte Wissenschaft der Astronomie angewiesen.) Beide wurzeln in der zwanghaften Sehnsucht des Menschen, die Geheimnisse des Lebens zu entschlüsseln.

Der genetische Kode

Die wissenschaftliche Entdeckung, die es ermöglicht, von einer Annäherung der Standpunkte von Astrologie und Wissenschaft zu sprechen, ist die DNA*, der genetische Kode. Es ist allgemein bekannt, daß die Zelle der Baustein der Natur für alle Lebewesen ist. *Gregor Mendel,* der österreichische Mönch und Biologe, stellte die ersten Vererbungsregeln nach seinen Kreuzungsversuchen mit Wikken auf und begründete damit einen neuen Wissenschaftszweig. Diese Forschungen ergaben, daß das Gen Erbinformationen von einer Zelle auf die andere überträgt. Im Augenblick der Empfängnis mischen sich die Gene aus den Zellen der Eltern – und plötzlich gibt es ein neues Lebewesen, das sein bestimmtes »Paket« von Erbinformationen mitbekommen hat.

Der genaue Aufbau der Gene blieb für einige Zeit im dunkeln. Doch schließlich fanden die Genetiker, daß das Gen aus dem komplizierten Molekül der Desoxyribonukleinsäure (englisch: desoxyribonucleic acid, Abk. DNA) aufgebaut ist. In dieses Molekül sind die Erbinformationen in einer Kode-Form »eingeprägt«, ähnlich wie auf der Lochkarte eines Computerprogramms.

Und dann platzte die Bombe. Drei hervorragende Biologen, der Amerikaner *J. D. Watson* und

---

* engl. Abk.: deoxyribonucleic acid

die beiden Briten *F. H. C. Crick* und *M. H. F. Wilkins*, stellten eine der aufsehenerregendsten Theorien der Menschheitsgeschichte auf:

> *Das Schicksal jedes einzelnen Lebewesens ist mit der Geburt in seinen Genen schon festgeschrieben. Unsere charakterlichen Eigenschaften, unsere Intelligenz, ihre wechselnden Neigungen und Stärke in der Jugend, im Erwachsenenstadium und im Alter, sind dort in unauslöschlicher Schrift eingeprägt. Nicht nur unsere zukünftigen physischen Stärken und Schwächen sind dort niedergeschrieben, sondern auch schon der Zeitpunkt in der Zukunft, an dem unser Körper und seine Organe zu verfallen beginnen und vergreisen.*

Astrologen haben seit Tausenden von Jahren das gleiche ausgedrückt, nur in einer anderen Schreibweise: in der des Horoskops. Die drei Wissenschaftler erhielten den Nobelpreis für Chemie.

Forscher haben festgestellt, daß die DNA in den Genen jedes einzelnen Menschen strukturell anders ist. Die Parallele in der Astrologie ist das »genetische« Horoskop, das Geburtshoroskop, das die Beziehungen der Gestirne zum Zeitpunkt der Geburt festhält. Aus ihm bezieht der Astrologe seine Informationen über einen Menschen auf die gleiche Art, wie die Genetiker begonnen haben, sie aus dem genetischen Kode zu lesen. Beide Methoden der Beweis-Ketten-Herleitung erfordern viel Geschick und Erfahrung.

Die Tatsache, daß unser Schicksal in unseren Zellen festgeschrieben ist, wird durch Forschungen des inzwischen verstorbenen *Dr. Franz J. Kallmann* am Psychiatrischen Institut in New York bestätigt. Über einen Zeitraum von 30 Jahren hat er 27 000 eineiige Zwillingspaare untersucht, von denen man ja annimmt, daß sie neben äußerlichen Gemeinsamkeiten die gleichen Erbinformationen besitzen, wenn die Theorie stimmt. Kallmann erwähnt den Fall von eineiigen Zwillingen, die getrennt, bei Adoptiveltern in verschiedenen Ländern, aufwuchsen, beide Berufssoldaten wurden und im Rang eines Obersten aus dem Dienst ausschieden. Er kam zu dem Schluß, daß in jedem Menschen mit der Geburt eine Art Uhr in Bewegung gesetzt wird, die unter anderem Krankheiten und Unfälle vorherbestimmt.

Der Fall der beiden Obersten könnte Zufall sein. Er wird hier nicht erwähnt, um die Sache der Astrologie zu stützen (der genetische Kode, den der erwähnte Fall zu bestätigen scheint, ist allein ein Triumph der Naturwissenschaft). Es werden aber noch Fälle mit viel erstaunlicheren Übereinstimmungen berichtet, die die Astrologie erklären kann und die Wissenschaft nicht. Um sie zu erklären, muß die Wissenschaft auf einen alten Trick zurückgreifen – den Zufall. Seit den Fortschritten auf dem Gebiet der Genetik jedoch lassen sich Theorien, die den blinden Zufall einrechnen, um solche Ähnlichkeiten zu erklären, wirklich nicht mehr vertreten.

Nehmen wir den Fall der zwei Frauen, die sich im Krankenhaus von Havensack, New Jersey, kennenlernten. Sie stellten fest, daß sie den gleichen Rufnamen, nämlich Edna, hatten, während ihre zweiten Vornamen, Hanna und Osborne, verschieden waren. Dann fanden sie heraus, daß sie in Städten geboren waren, die nicht weit auseinanderlagen, am gleichen Tag und im gleichen Jahr. Beim Aufzeigen weiterer Ähnlichkeiten fanden die erstaunten Frauen eine Kette von »Zufällen«, die ihren Fall zum klassischen Beispiel machte.

Beide Frauen waren ins Krankenhaus gekommen, um ihr erstes Kind zur Welt zu bringen. Beide Babies wurden zur gleichen Zeit geboren, hatten das gleiche Gewicht und bekamen die gleichen Vornamen: Patricia Edna.

Beide Frauen hatten dasselbe Körpergewicht und dieselbe Körper- und Kleidergröße. Beide waren brünett, hatten blaue Augen und hatten am gleichen Tag vor dreieinhalb Jahren geheiratet. Beide Ehemänner hießen Harold, hatten denselben Beruf und fuhren einen Wagen gleicher Marke, Ausstattung und Farbe, waren am gleichen Tag im gleichen Jahr geboren. Beide Männer gehörten der gleichen Religionsgemeinschaft an; ebenso die Frauen (jedoch nicht der ihrer Männer). Die Frauen hatten die gleiche Anzahl von Brüdern und Schwestern. Und als ob dies noch nicht genug gewesen wäre, entdeckten die beiden Frauen, daß beide Familien einen Hund gleicher Größe und Rasse besaßen – und jeder wurde »Spot« gerufen!

In einem weiteren, oft publizierten Fall, wurden 21jährige Zwillinge aus New Rochelle, New York, die in den letzten Jahren keinen Kontakt mehr miteinander hatten, am gleichen Tag vor Gericht gestellt. Sie hatten an verschiedenen Orten zwei Männer getötet. Beide Opfer waren 36 Jahre alt.

Polizeiakten aus Miami berichten von einem Zusammenstoß zweier mit Geflügel beladener Kühlwagen gleicher Bauart, die von eineiigen Zwillingen gefahren wurden, die seit ihrer Geburt getrennt aufgewachsen waren. Sie hatten denselben Beruf, Frauen mit gleichen Vornamen, dieselbe Kinderzahl und auch Alter und Geschlecht der Kinder stimmten überein.

Die Planetenuhren

Trotz des Durchbruchs auf dem Gebiet der Genetik hat die Wissenschaft noch immer eine offenstehende Frage zu beantworten: Was aktiviert die einzelnen Phasen des genetischen Programms? Wer oder was drückt den Knopf?

Die Entdeckung der Genetiker besagt nicht, daß das ganze Programm unseres Lebens im Moment der Empfängnis oder der Geburt gestartet wird; es wird vielmehr Phase für Phase aktiviert. Die Beschwernisse des Alters werden nicht in der Blüte der Jugend ausgewählt; alle bleiben im genetischen Programm potentiell vorhanden. Was in diesem Programm enthalten ist, wird Realität werden – aber wie und wann?

Die Astrologie gibt darauf die Antwort: Die Himmelskörper unseres Sonnensystems sind ewige Uhren, die nicht nur die Zyklen von Tag und Nacht, Jahreszeiten und Gezeiten regeln, sondern auch unser eigenes persönliches Verhalten – sie regeln nicht zufällig und aus irgendeiner Laune heraus, sondern gemäß dem Schicksal, das jedem von uns im Augenblick der Geburt gewissermaßen aufgeprägt wurde.

Die Wissenschaft ist auf dem Wege zu einer ähnlichen Folgerung. Was für den Astrologen in den Sternen geschrieben ist, mag für den Forscher in den Genen geschrieben sein.

Der genetische Kode ist eine Entdeckung der letzten Jahre. Die Wissenschaftler wissen nur ungefähr, was er beinhaltet, können aber keine spezifischen Aussagen machen. Sie hatten bisher nur wenige Jahre Zeit, um dieses Phänomen zu beobachten, und es mag Jahrhunderte dauern, bevor seine Bedeutung voll erschlossen ist. Die Astrologie jedoch hatte Jahrtausende, um »genetische« Horoskope auszuwerten. Deshalb kann sie auch eine mit anderen Mitteln nicht zu verwirklichende Einteilung der menschlichen Grundtypen (durch die 12 Tierkreiszeichen) und eine detaillierte und verfeinerte Charakteranalyse (durch die Planetenaspekte und Aszendenten) anbieten. Dazu *C. G. Jung:* »Die Persönlichkeit des Menschen stimmt in der erstaunlichsten Weise mit den Erwartungen der traditionellen Astrologie überein.«

Weil er eine viel größere Erfahrung hat, ist der Astrologe viel besser als der Wissenschaftler in der Lage, Charakter und Verhalten vorherzusagen. Die genauesten Ergebnisse liefert die Astrologie jedoch, wenn sie der einzelne nutzt, um sich selbst kennenzulernen. Wenn man die Möglichkeiten und Tendenzen seiner Entwicklung kennt, die einem mit auf den Weg gegeben werden, kann man sie zum eigenen Vorteil besser ausnützen oder auch zurücknehmen und hat dadurch sein eigenes Schicksal besser in der Hand. Man ist nur so lange ein kleines Rädchen im großen Getriebe, wie man selbst will. Jeder hat seinen freien Willen und die Möglichkeit, ihn auszuüben.

Die Einwirkung des Mondes auf die Erde wurde schon erwähnt. Sein Einfluß auf die Gezeiten, hervorgerufen durch die Wirkung seiner Schwerkraft auf die Wassermassen der Ozeane, ist weitgehend erforscht. Doch die Wissenschaft hat in letzter Zeit weitere bemerkenswerte Entdeckungen gemacht, die dem Astrologen und seiner Methode der Beobachtung und Deutung dieser und anderer Einflüsse rechtgeben.

Ein amerikanischer Biologe, *Dr. Frank Brown* von der Northwestern Universität, brachte Austern aus dem Meer vor Long Island in hermetisch abgeschlossenen Behältern in sein Labor nach Evanston in Illinois, 1600 km landeinwärts. Er wollte wissen, wie sie sich, so weit von ihrer angestammten Umgebung entfernt, zur Fütterungszeit verhalten würden. Wie erwartet, gehorchten sie in der ersten Zeit dem Gezeitenrhythmus der Ostküste und öffneten sich zur gewohnten Zeit, als befänden sie sich noch vor Long Island. Nach 14 Tagen geschah jedoch etwas Bemerkenswertes. Ihr Rhythmus verschob sich langsam, und bald öffneten sich die Austern genau zu dem Zeitpunkt, an dem die Gezeitenwelle das Labor erreicht hätte, läge es am Meer. Dies war genau der Augenblick, in dem der Mond den Meridian, auf dem Evanston liegt, erreichte. Die »Monduhr«, die mit dem Zyklus in den Zellen der Austern verbunden ist, wurde also durch Laborbedingungen nicht lange außer Kraft gesetzt.

Brown wollte auch wissen, ob der Farbwechsel der Winkerkrabbe nur durch Umwelteinflüsse ausgelöst wird. Er setzte einige dieser Krabben in eine Dunkelkammer, die das Mondlicht abschirmte – und sie wechselten ihre Farbe nach dem Stand des Mondes!

Er ging noch weiter. Wie würde sich ein Wassertier verhalten, das sein bisheriges Leben nur in einer dunklen, abgeschlossenen Höhle verbracht und nie den Wechsel der Gezeiten kennengelernt hatte? Er wählte für sein Experiment einen Panzerkrebs und bewies, daß sein Stoffwechselsystem auf einen Rhythmus reagierte, der mit der Erdrotation und dem Stand des Mondes zusammenhing.

Auch Säugetiere, besonders Ratten, so fanden Forscher heraus, gehorchen einer Monduhr. Für mehrere Monate in einem Raum eingeschlossen, ohne Verbindung zum Tag-und-Nacht-Rhythmus der Außenwelt, zeigten die Ratten die größten Aktivitäten zu Zeiten, die deutlich von den Positionen des Mondes abhängig waren. Sie zeigten einen Verhaltensrhythmus, der vom Sonnenstand abhing.

Nach ihren Experimenten mit Tieren glauben die Forscher nun, daß die Bedingungen, die sie früher für konstant hielten, in Wirklichkeit laufend von der Sonne, dem Mond und vielleicht auch von den Planeten beeinflußt werden – eine Sache, die die Astrologie schon seit Jahrhunderten herausstellt.

Die Polizei ist mit den Auswirkungen des Vollmondes auf das menschliche Verhalten wohl vertraut. Sie weiß, wie die Astrologen, daß zunehmender Mond Gefahr bedeutet und in der letzten Phase vor Vollmond ein Anstieg der Verbrechenszahlen zu verzeichnen ist. Die Polizei von Philadelphia erstellte sogar eine umfassende Studie mit dem Titel »Die Auswirkungen des Vollmondes auf das menschliche Verhalten« und bestätigte darin, was Tausende von Polizisten in aller Welt aus Erfahrung wissen: daß Mensch und Tier unter dem Einfluß des Mondes unkontrollierbare Triebe entwickeln.

»Straftaten gegen die Person nehmen zu, wenn Vollmond naht«, erklärt der Polizeidirektor von Philadelphia, der für die Studie verantwortlich zeichnete. »Menschen, deren antisoziales Verhalten auf Psychosen zurückzuführen ist – Brandstifter, Kleptomanen, Alkoholiker mit Neigung zu Gewalttaten –, scheinen durchzudrehen, wenn der Mond zunimmt. Sie beruhigen sich, wenn er wieder abnimmt.«

Diese Ansicht wird von der Polizei in New York, Los Angeles, Detroit und San Francisco bekräftigt. Geistesverwirrung, Gewalttaten und Rassenunruhen treten immer am stärksten bei Vollmond auf. Schon *Sir William Blackstone* (1723–1780), einer der Väter der englischen und amerikanischen Gesetzgebung und der erste Kronanwalt Englands, hatte einen Zusammenhang zwischen Verbrechen und Mondphasen festgestellt.

Spannungen zwischen den Sternen

Für den Astrologen ist der Einfluß der Planeten auf alle Lebewesen eine Tatsache. Doch trotz ihrer eigenen Entdeckungen ist diese Behauptung bis jetzt für die Wissenschaftler nicht akzeptabel. Auch hier muß die Wissenschaft einige neue Beweise in Betracht ziehen.

Es ist allgemein bekannt, daß Sonnenflecken den Empfang von Radiowellen stören. Als der technische Direktor einer amerikanischen Rundfunkgesellschaft, *John H. Nelson,* über mehrere Jahre eine Untersuchung hierüber anstellte, fand er überraschenderweise eine weitere Ursache: die Planeten. »Es steht fest, daß andere Kräfte (als die Sonne) am Werke sind. Es ist daher notwendig, neue Wege zu beschreiten. Die Beobachtung der Planeten hat ermutigende Resultate gezeigt und eine genauere Untersuchung ist angebracht. Eine hochentwickelte Methode zur Voraussage von Störungen, die auf den Planetenbewegungen basiert, hätte den Vorteil, daß sie langfristige Voraussagen ermöglicht, weil die Planetenbewegungen ja schon lange bekannt sind.«

Nelson führte eine genauere Untersuchung durch und bestätigte seine Aussage: Neue Wege sind notwendig. Nachdem er die Planeten bei seinen Berechnungen berücksichtigte, konnte er die Tage mit schlechtem Empfang mit 93%iger Sicherheit voraussagen, eine Trefferquote, die vorher nicht erreicht wurde.

Ein überraschendes Ergebnis (wenn auch nicht für den Astrologen) dieser Untersuchung war, daß Störungen immer dann besonders intensiv auftraten, wenn die Planeten entweder im Quadrat (90 Grad), in Konjunktion (0 Grad) oder in Opposition (180 Grad) zur Sonne standen. In der Astrologie werden diese Stellungen *Aspekte* genannt, und man weiß von ihnen, daß sie Spannungen und Störungen verursachen. Konjunktionen können in ihrer Wirkung durch das Wesen des betreffenden Planeten modifiziert werden – ein weiteres Gebiet, das einer wissenschaftlichen Untersuchung bedarf.

Es ist schon länger bekannt, daß die Gestirne außerhalb unseres Sonnensystems und andere Galaxien noch viel tiefer im Weltraum starke Wellen ausstrahlen, manche mit größerer Stärke als unsere Sonne. Doch erst vor kurzem fand man, daß auch die Planeten uns mit elektromagnetischen Wellen bombardieren, insbesondere Jupiter und Venus während der großen Stürme in ihren Atmosphären. Welche Wirkung haben diese Wellen auf die Erde und ihre Bewohner? Welche versteckten Reaktionen bewirken sie? Sind nur Austern, Krabben, Krebse und Ratten davon betroffen?

Ganz bestimmt nicht, wenn man *L. F. Tangerman*, dem Herausgeber von »Product Engineering«, glauben darf. In der Juli-Ausgabe 1966 schrieb er:

»Man hat mir schon oft gesagt, daß die stärksten Störungen bei der Übertragung von Radiowellen über größere Entfernungen nicht von atmosphärischer Art sind, sondern von elektrischen Strömen verursacht werden, die von Planeten, besonders vom Saturn, ausgehen. Meteorologen gehen heute so weit, daß sie Auswirkungen auf die elektronischen Systeme von Raketen und sogar das menschliche Hirn in Erwägung ziehen und damit der Ehrfurcht der alten Astrologen vor den Himmelskörpern neue Glaubwürdigkeit verleihen.

Man vermutet, daß das Gehirn auf elektrochemische Weise arbeitet. Die Russen und wir haben mit winzigen Empfängern experimentiert, die in geschädigte Bereiche des Hirns eingesetzt wurden, und dann mit Sendern die Nerven so gereizt, daß Muskeln sich bewegten. Zwei Forscher haben berichtet, daß starke, wenn auch unschädliche elektrische Felder entstehen, wenn Wasser in eine Badewanne oder ein Bassin fließt. Die positive Ladung verschwindet buchstäblich im Abfluß, während die negative Ladung in der Atmosphäre bleibt und vielleicht mehr zum Wohlgefühl nach dem Bade beiträgt als das Wasser selbst. Joseph Molitorisz stellte fest, daß ein Spannungsgefälle den Saft in der Pflanze steigen und sie wachsen läßt – eine Umkehrung der elektrischen Pole würde sie absterben lassen. Aus Chicago kommt die Nachricht, daß unsere Müdigkeit in Autos, Flugzeugen, Lkws und Büros auf das Fehlen eines elektromagnetischen Feldes zurückzuführen ist. Es scheint, daß sie ›Faradaysche Käfige‹ (Metallgehäuse, die das Feld zerstören) bilden – und wir müde werden, weil der menschliche Körper elektrische Energie braucht. Wer sagt dies? Dr. Christjo Christofv, der Entdecker des ›Christofv-Effekts‹. Mit dem ›Christofv-Effekt‹ können wir atomare Explosionen, die sich irgendwo auf der Erde ereignen, feststellen. Ursprünglich benutzten ihn die Deutschen im Zweiten Weltkrieg, um die Zielgenauigkeit der V-1- und V-2-Raketen zu bestimmen. Christofv schloß sein Studium 1928 in Berlin ab, war Forschungsdirektor der Abteilung Schallortung/Artillerie im Königlich Bulgarischen Verteidigungsministerium und flüchtete nach der Besetzung Bulgariens durch die Russen 1947 in die USA.

Nach seiner Feststellung ist das elektromagnetische Feld der Erde positiv geladen und hat eine Stärke von 200 Voltmeter. Sein ›Anti-Ermüdungs-Gerät‹ besteht aus einer metallenen Dose von der Größe einer Orange, in deren Innerem ein Festkörper an eine Batterie angeschlossen ist. Dieses Gerät hängt an einer dünnen Sonde von der Decke und schafft ein Feld von 800 Voltmeter.

Bei Tests mit U-2-Piloten und Lkw-Fahrern auf der Strecke St. Louis–Milwaukee zeigte sich, nach Christofv, größeres körperliches Leistungsvermögen, erhöhte Aufmerksamkeit und geringere Ermüdung bei den Probanden. Die Fahrzeit verringerte sich von 11 auf 8½ Stunden, und die Fahrer fühlten sich frischer und konnten anschließend besser schlafen. Gleiche Tests in Fabriken und Büros brachten ähnliche Ergebnisse.

Metalle sind nicht die alleinigen Schuldigen. Nach Christofv haben Kunststoffe eine hohe negative Ladung (bis zu 50 000 Voltmeter) und verschlechtern das Befinden noch mehr. Sitzkissen, Textilien, Bettdecken und andere Gegenstände aus Kunststoff können also Beschwerden hervorrufen. Er setzte Katzen einem solchen starken Feld aus; nach drei, vier Wochen fraßen sie nicht mehr, ihr Fortpflanzungstrieb war erlahmt, und sie flüchteten erschreckt vor Mäusen.

Ford und Chrysler haben ihr Interesse bekundet. Dr. Christofv betont, daß bei ›erhöhtem Leistungsvermögen die Zahl der Unfälle aufgrund menschlichen Versagens beträchtlich gesenkt werden kann‹. Durch seine Forschungen könnte vor allem Autofahrern, die längere Strecken fahren müssen, geholfen werden.

Könnten die Astrologen nicht doch recht haben? Sind die Zeiten, in denen wir uns depressiv und schlaff fühlen, ein Ergebnis der Umgebung, die wir uns selbst geschaffen haben, und der Stellung der Planeten oder der Mondphasen? Klingt ein bißchen nach ›mondsüchtig‹ – oder etwa doch nicht?«

Die lebende Sonnenuhr

Dem mächtigen Einfluß der Sonne auf menschliches Verhalten wird von den Wissenschaftlern zunehmend Beachtung geschenkt. Ein erstaunlicher Fortschritt auf diesem Gebiet folgte der mühsamen Detektivarbeit des japanischen Arztes *Dr. Maki Takata*, Professor an der Toho-Universität, Tokio.

Die »Takata-Reaktion« wurde lange Zeit weltweit von Gynäkologen angewandt, um bei einer Patientin die Phase ihres Ovulations- und Menstruationszyklus zu bestimmen. Die Reaktion trat ein, wenn man eine Blutprobe der Frau mit einem Reagens mischte. Da das Blut eines Mannes keine Reaktion ergeben würde, war die Takata-Reaktion eine wertvolle Hilfe.

Plötzlich jedoch trat die Takata-Reaktion überall nicht mehr auf, die Bluttests verliefen ergebnislos. Gleichzeitig zeigte das Blut von Männern sehr instabile Eigenschaften.

Takata und alle Mediziner standen vor einem Rätsel. Er beschloß, das Rätsel zu lösen. Siebzehn Jahre später konnte er der Fachwelt mitteilen, daß Sonnenfleckenaktivität das Blut jedes Menschen verändert hatte.

Seine Forschungen zeigten, daß diese Veränderungen des Blutes immer dann besonders stark waren, wenn Sonnenflecken im Verlauf ihres 11-Jahres-Zyklus ins Zentrum der Sonne wanderten und die Sonne die Erde mit einem Maximum von Partikeln und Wellen beschoß.

»Der Mensch ist eine Art lebender Sonnenuhr«, stellte Takata fest. »Wenn die Sonne Veränderungen des Blutserums bewirkt, dann hängen diese von der jeweiligen ›Stimmung‹ unseres Fixsterns ab.«

Takata machte eine weitere interessante Beobachtung. Genau im Augenblick des Sonnenaufgangs zeigt sich plötzlich ein enormer Anstieg der Aktivität im Blut, das während der ganzen Nacht »geruht« hatte. Das Merkwürdige daran aber ist, daß dieser Anstieg schon *einige Minuten vor Sonnenaufgang* einsetzt, als ob das Blut das Erscheinen der Sonne über dem Horizont vorausahnt.

Diese Tatsache wirft neues Licht auf eine astrologische Größe, nämlich den Aszendenten. Der *Aszendent* ist einer der Faktoren, die den Charakter bestimmen. Er gibt die Zielrichtung für das Leben eines Menschen an und weist ihn darauf hin, welche Möglichkeiten sich für ihn eröffnen, wenn er seine Kräfte richtig einsetzt. Der Aszendent zeigt ihm auch, wie andere seine Person beurteilen oder und wie er handeln kann. Der Aszendent (lat. »ascendere« = aufsteigen) ist das Sternzeichen, das im Augenblick der Geburt über dem östlichen Horizont aufsteigt. Eine genaue Erklärung wird noch gegeben. Im Augenblick genügt es, darauf hinzuweisen, daß die Astrologie dem östlichen Horizont zum Zeitpunkt der Geburt große Bedeutung zumißt. Sie behauptet, daß in diesem Moment die individuellen Charakterzüge für ein ganzes Leben (wie in den Genen) festgelegt werden.

Eine Folgerung aus wissenschaftlicher und astrologischer Beobachtung ist also, daß Wellen von der aufgehenden Sonne ein persönliches Signal tragen, das vom Blut empfangen wird.

Der Einfluß des Mondes auf die Sonnenstrahlung erweckte ebenfalls Takatas Aufmerksamkeit. Bei Tests während dreier Sonnenfinsternisse fand er eine Abnahme der Aktivitäten im Blut, sobald der Mond die Sonne verdunkelte und ein Aktivitätsminimum bei totaler Bedeckung der Sonnenscheibe. Der Mond schien also die Sonnenstrahlung zu behindern.

Die Forschungsergebnisse Takatas zeigen erstaunliche Parallelen zu den Aussagen der Astrologie über die Beziehung Sonne–Mond. Ein Astrologe faßte dies in dem Satz zusammen, der Mond besitze die Fähigkeit, *die Sonnenströme, die durch jeden Nerv und das Gewebe des menschlichen Organismus strömen, zu absorbieren*. Mit anderen Worten und in Übereinstimmung mit Takatas Erkenntnissen: Sonnenströme pulsieren im menschlichen Blut und im kosmischen Plasma.

Russische Spezialisten befaßten sich mit der Einwirkung der Sonnenflecken auf menschliches Verhalten, besonders im Hinblick auf kriegerische Auseinandersetzungen, Revolutionen und Massenwanderungen. Wanderungen sind gerade bei niederen Tieren häufig zu beobachten. Das Jahr 1938 war von heftiger Sonnenaktivität gekennzeichnet, und im Jahr darauf stürzte die Welt in den schlimmsten Krieg der Menschheitsgeschichte. Der Ausbruch des Korea-Krieges fand unter ähnlichen Umständen statt.

Durch die Arbeit des italienischen Chemikers *Giorgio Piccardi* wurden die Kräfte, die auf die Erde wirken und auf die die Astrologie schon lange aufmerksam machte, in exakter, wissenschaftlicher Weise bestimmt. Piccardi sollte herausfinden, wieso aktiviertes Wasser im Gegensatz zu normalem Ablagerungen in Boilern und Rohren auflösen kann und warum dies nicht immer funktioniert.

Nach umfangreichen Arbeiten über Jahre hinweg fand Piccardi die Antwort sozusagen in den

Sternen. Er stellte fest, daß anorganische Kolloide in Wasser von Kräften aus der Tiefe des Weltraums beeinflußt werden und sich in Abhängigkeit von der Position der Erde im All verändern. Eine weitere Entdeckung war, daß kosmische Kräfte die Struktur des Wassermoleküls aufbrechen. Von seiner Struktur her kann aktiviertes Wasser Ablagerungen lösen, normales Wasser jedoch nicht. Aber diese Eigenschaft ist nicht immer wirksam, *weil die Kräfte aus dem Weltraum es verhindern. Die Wirksamkeit hängt ab vom Jahr, vom Monat, vom Tag und sogar von der Stunde!*

Da der menschliche Körper hauptsächlich aus Wasser und Kolloiden besteht, hat die Entdeckung Piccardis weitreichende Auswirkungen, die zur Zeit Gegenstand umfangreicher wissenschaftlicher Arbeiten sind. Wieder hat damit eine wissenschaftlich erwiesene Tatsache die Astrologie bestätigt: Der Zeitpunkt der Durchführung eines Experiments ist von großer Wichtigkeit. Kosmische Faktoren müssen als Kodeterminanten berücksichtigt werden – eine Parallele zur Wichtigkeit der Geburtszeit in der Astrologie.

Das Kraftfeld im Weltraum

Kein anderer Wissenschaftszweig als die Kybernetik bietet solch erstaunliche Möglichkeiten, die Thesen der Astrologie wissenschaftlich zu erhärten.

Die Kybernetik ist eine sehr junge, doch in mancher Beziehung die wichtigste Wissenschaft. Obwohl erst 20 Jahre alt, hat sie schon gewaltige Schritte auf dem Weg zur Enthüllung der Gesetzmäßigkeiten hinter dem genetischen Geheimnis zurückgelegt. Die Kybernetik ist möglicherweise die Wissenschaft, die das bis heute fehlende Bindeglied zwischen Mikroskop und Horoskop liefert.

Die Geschichte dieser Wissenschaft ist bemerkenswert. Sie beginnt für unsere Zwecke im Internationalen Geophysikalischen Jahr 1957/58, als man entdeckte, daß die Erde von einem Strahlungsgürtel umgeben ist. Die ersten Daten lieferten drei Satelliten – zwei amerikanische (Explorer 1 und 3) und ein russischer (Sputnik 11 mit der Hündin Laika an Bord). Diese Entdeckung versetzte die Wissenschaftler in Erstaunen, bis ein amerikanischer Forscher, *James A. van Allen,* nach weiteren Beobachtungen die bruchstückhaften Informationen zu einem Ganzen fügte. Nach seiner Darstellung gibt es *zwei* Schichten hochintensiver Strahlung, die die Erde umschließen: die erste in einer Entfernung von ungefähr 1600 km, die zweite in ca. 24000 km. Sie sehen wie zwei ineinandergestellte Glocken aus. Die größere Strahlungszone besteht aus positiv geladenen Wasserstoffteilchen, den Protonen, und die kleinere aus den negativ geladenen Elektronen. Eine dankbare Fachwelt nannte diese Zonen den Van-Allen-Gürtel.

Bemerkenswert an dem Van-Allen-Gürteln ist ihre Rotation symmetrisch zur Erdachse. Sie sind so immer der Sonne zugewandt und die Erde rotiert unter diesem riesigen magnetischen Schutzschirm.

Nachdem sie die Bedeutung dieser Entdeckung erkannt hatten, begannen die Wissenschaftler, ihre bisher zusammenhanglos scheinenden Einzelbeobachtungen zu einem Ganzen zusammenzusetzen. Sie wußten ja, daß die Erde ein eigenes Magnetfeld besitzt, und fanden bald, wie eng dieses Feld mit der Form des Van-Allen-Gürtels verbunden ist. Sie wußten ebenfalls, daß die Erde einen Magnetschweif hinter sich herzieht, der vom Sonnenwind (der Strahlung in Richtung Erde) weit in das All, über die Mondbahn in 384000 km Entfernung, hinausgetragen wird. Noch eine Tatsache schien damit zusammenzuhängen, obwohl eine befriedigende Erklärung dafür nie gefunden worden war: nämlich die Wanderung der Magnetpole der Erde von mehreren Kilometern am Tag. Diese Bewegung verändert das irdische Magnetfeld. Die wandernden Magnetpole zeigen nicht die gleiche Stabilität wie der physikalische Nord- oder Südpol, die sich beide nur einmal in 26000 Jahren in einer konischen Bewegung um sich drehen.

Nach weiteren Beobachtungen und gründlichen wissenschaftlichen Diskussionen kam man zu der Feststellung, daß das Magnetfeld der Erde und der Van-Allen-Gürtel auf irgendeine Weise verbunden sind und zusammen eine riesige magnetische Einheit bilden, die Magnetosphäre. Die Existenz einer solch ausgedehnten und starken magnetischen Kraft führte zwangsläufig zu der Frage: Welche Wirkung hat ihre Abhängigkeit von der Strahlung aus dem Weltall auf die Biosphäre, das Leben auf der Erde?

Die Zeit war noch nicht reif für eine erschöpfende Antwort, aber der russische Physiker *Genadin Skuridin* erklärte in seiner Abhandlung »Kosmische Physik unter neuen Aspekten«, daß alltägliche Phänomene nun in Zusammenhang mit anderen Prozessen gesehen werden müßten. Das Leben auf der Erde wird von elektromagnetischen Vorgängen beeinflußt – aber in welchem Maße? Es blieb einem anderen Wissenschaftler, *Alexander Pressman,* vorbehalten, eine Antwort vorzuschlagen und so bei der Geburt der Kybernetik zu assistieren.

Es mußten aber noch umfangreiche Untersuchungen durchgeführt werden, bevor man zu gültigen Aussagen kommen konnte. Wissenschaftler stellten feinste Meßinstrumente in den erdbebengefährdeten Gebieten auf, um eventuelle Veränderungen des Magnetfeldes zu registrieren. Sie machten eine erstaunliche Entdeckung: Kurze Zeit vor einem Erdbeben bricht das Magnetfeld im betroffenen Gebiet zusammen – und dies führt zu einer Panik (man könnte auch sagen: es gibt ein Signal) unter den Tieren, die sofort flüchten.

Der nächste Schritt war der Blick ins Weltall. Besaßen andere Planeten auch eine Magnetosphäre? Die verbreitete Meinung war, daß sie entweder sehr schwache oder überhaupt keine eigenen Magnetfelder haben. Doch Pioneer 10, die amerikanische Raumsonde, die im Dezember 1973 in einer Entfernung von 130 000 km am Jupiter vorbeiflog, lieferte den Beweis: Der Planet ist von einem dichten Gürtel strahlender Partikel umgeben, die er aus dem Sonnenwind eingefangen hat. Jupiter ist also ein riesiger kosmischer Magnet. Und im März 1975 stellte sich entgegen allen Erwartungen heraus, daß der Merkur ebenfalls ein Magnetfeld besitzt.

Bei der Erforschung des Weltalls hatten die Wissenschaftler den bedeutungsvollsten Schritt gemacht seit 1610, als Galilei sein selbstgebautes Teleskop auf die Gestirne richtete und die Jupitermonde entdeckte: Der Kosmos, die Sonne und ihre Planeten, sind ein großes, magnetisches Kraftfeld. Es ist den Gesetzen der Schwerkraft unterworfen, und ein Teil wirkt zurück auf den anderen. Die ununterbrochen sich ändernden Positionen der Himmelskörper verursachen starke Veränderungen in diesem Kraftfeld, besonders (soweit wir betroffen sind) in der Magnetosphäre der Erde. Diese Veränderungen werden hervorgerufen durch 1) die tägliche Rotation der Erde um ihre eigene Achse, 2) ihre gleichzeitige Drehung um die Sonne, 3) die Bewegungen des Mondes und 4) durch die Drehungen der Planeten um sich selbst und auf ihrer Kreisbahn. Und das ständige Wechselspiel der magnetischen Kräfte wird laufend vom Druck des Sonnenwinds »aufgefrischt« und weitergetrieben.

Endlich hatten die Wissenschaftler eine Antwort auf das Rätsel der wandernden Magnetpole. In relativ kurzer Zeit konnten sie ein theoretisches Modell des Kraftfeldes im Universum aufstellen. Begreiflicherweise blieb dabei wenig Zeit, um im großen Rahmen die Auswirkungen auf menschliches und tierisches Leben zu untersuchen. Einzelne Forscher jedoch hatten unabhängig ihre Experimente vorangetrieben und die Kybernetik lieferte ihnen Antworten auf ihre Fragen.

Die Russen, insbesondere Alexander Pressmann, erklären, sie hätten die Wechselbeziehung zwischen dem Kosmos und dem Leben auf der Erde erkannt, indem sie das *Informationskonzept* der Kybernetik anwandten.

Kybernetik – Eine neue Art zu denken

Es ist unmöglich, die Kybernetik mit wenigen Worten zu erklären. Sie wurde als die Wissenschaft bezeichnet, die sich mit den automatisch ablaufenden Kontroll- und Kommunikationsprozessen bei Lebewesen und Maschinen befaßt. Mit ihrer Hilfe werden die theoretischen Funktionsgesetze des Gehirns, des Organismus, der Maschinen und der Gesellschaft erforscht. Kybernetik ist die Wissenschaft von den Kontrollprozessen in der Biologie, der Physiologie, der Psychologie und Soziologie. Sie ist die theoretische Grundlage der Computerindustrie. Ohne kybernetische Methoden ist weiterer naturwissenschaftlicher Fortschritt undenkbar. Anders gesagt, sie umfaßt alle Wissensgebiete.

Die Russen, die diese Wissenschaft zuerst ablehnten, teilen sich nun mit den Amerikanern die führende Position auf dem Gebiet der kybernetischen Forschung. Sie beschreiben die Kybernetik als die »Wissenschaft von den allgemeinen Gesetzen, nach denen die Regulierungs-, Kontroll- und Bindungsvorgänge bei Maschinen, in Organen und in der menschlichen Gesellschaft ablaufen«. Keine dieser Definitionen hilft weiter, wenn man nicht das zugrundeliegende Konzept versteht, denn die Kybernetik ist wirklich eine neue Art zu denken.

Der Mensch war und ist immer bestrebt, die Gesetzmäßigkeiten zu entdecken und zu verstehen, denen die verschiedensten Formen und Manifestationen des Lebens und der Gesellschaft gehorchen. Doch vor dem Computerzeitalter waren die Voraussetzungen zur Entwicklung des kybernetischen Konzepts nicht vorhanden. Es scheint, als ob die intensive Konzentration auf die Kosmophysik in den letzten 40 Jahren, während der die Menschheit ihr Wissen enorm erweiterte, den menschlichen Geist vorbereitete für die neue Form des Denkens, die die Kybernetik erfordert. Der »alte« wissenschaftliche Geist (der noch vor einer Generation überwog) besaß nicht die Flexibilität – und sicher auch nicht die Methoden –, um das wissenschaftliche Gegenstück zur Astrologie, denn dies ist die Kybernetik in Wirklichkeit, zu formen.

Die Beziehung der Kybernetik zur Astrologie wird deutlicher, wenn man die elektromagnetischen Felder um die Erde als Informationsträger betrachtet. In den sechziger Jahren wurde den Wissenschaftlern klar, daß diese eben entdeckten Felder und Gürtel zusammen mit den Feldern, die die Erde und alle Planeten einschließen, sich irgendwo und irgendwie *auf der Erde* bemerkbar machen müssen. Es war schon lange bekannt, daß die Umweltfaktoren, die das Leben auf der Erde schufen und sich entwickeln ließen, elektromagnetischer Natur sind. Alle Arten von Strahlung, Gamma-, Infrarot- und Ultraviolett-Strahlung, das sichtbare Licht, kosmische Strahlen und Röntgenstrahlen spielen in der Biologie eine bedeutende Rolle. Alle Strahlungsarten waren schon unabhängig voneinander und in der unterschiedlichsten Intensität untersucht und ihre Wirkung auf verschiedene Lebensformen über längere Zeiträume nachgewiesen worden. Nun drang ins Bewußtsein, daß die Energien aus den elektromagnetischen Feldern sehr wenig mit diesen Wirkungen zu tun hatten. Welche speziellen Einflüsse übten sie denn eigentlich aus?

Es wurde auch klar, daß mit den herkömmlichen Wissenschaftsmethoden eine Antwort nicht zu finden war; man hatte es mit ihnen versucht und war zu keinem Ergebnis gekommen. Etwas fehlte dabei. Die herkömmlichen Methoden basierten auf den beiden Grundpfeilern der Physik, mit denen jeder Schüler vertraut ist: Masse und Energie. Eine dritte Größe wurde nun eingeführt: die *Information*, in ihrer kybernetischen Bedeutung. Von nun an gab es drei Größen in der Physik – Masse, Energie und Information. Letztere stellt die Klassifizierung der Ganzheit dar – Grundmuster, Form und Struktur.

In den Laboratorien ging man wieder ans Werk; diesmal simulierte man die Lebensbedingungen auf der Erde und setzte niedere Organismen einer Strahlung in einem induzierten Magnetfeld aus. Das Ergebnis war sensationell.

Nach ihren früheren Experimenten unter der Voraussetzung des Masse-Energie-Satzes hatten die Wissenschaftler errechnet, ein bestimmter Energiebetrag sei notwendig, um in einem Organismus Veränderungen hervorzurufen. Das Experiment zeigte jedoch, daß nur ein Tausendstel der berechneten Energie benötigt wurde, und daß nicht die Intensität der Strahlung, *sondern der wechselseitige Austausch von Information zwischen dem elektromagnetischen Feld und dem lebenden Organismus* diese Veränderungen verursachte.

Tausende von sorgfältig überwachten Experimenten erhärteten diese (damals) erstaunliche Tatsache. Sie bewiesen zweifelsfrei, daß viele Veränderungen des Lebens auf der Erde nicht durch Energie oder Strahlung, sondern durch kosmisch induzierte Schwankungen in der Magnetosphäre geschehen.

So wurde das Informationsprinzip zu einem integralen Bestandteil der Biologie. Es ist heute erwiesen, daß die Magnetosphäre der Erde ein Informationsträger ist. Da sich die Magnetosphäre laufend verändert, ändert sich auch die Intensität und die Art des Informationsaustausches. Ein Team von russischen Kybernetikern hat diese Tatsache in Hunderten von Experimenten an Lebewesen, vom Menschen bis hinunter zu einzelligen Organismen, in schwachen Magnetfeldern bewiesen. Am häufigsten wurden Veränderungen an Regelmechanismen der Lebensfunktionen festgestellt.

Medizinische Forschungen in den letzten Jahren haben zusätzliche Informationen geliefert. Sie haben schlüssig ergeben, daß Magnetstürme eine Zunahme von nervösen und geistigen Störungen, Herzanfällen und Störungen im Gefäßsystem bewirken. Blutdruckanstieg ist ebenfalls häufig zu beobachten.

Seit 1972 ist es auch möglich, die schwachen Magnetfelder im menschlichen Körper zu messen, die durch den schwachen Strom, der die Herztätigkeit reguliert, hervorgerufen werden. Der Meßapparat heißt SQUID* und liefert sogenannte Magnetokardiogramme. Das Magnetfeld des Körpers hat nur ein hundertmillionstel der Stärke des Erdfeldes. Großer Forschungsaufwand wurde in dieses Verfahren gesteckt, doch zur Zeit sind die Anwendungsmöglichkeiten beschränkt, weil brauchbare Ergebnisse nur unter Temperaturbedingungen, die nahe am absoluten Nullpunkt liegen, zu erhalten sind.

Eine wissenschaftliche Theorie besagt, daß auch die Hitze- und Kälteperioden in der Erdgeschichte und die ihnen folgende Entstehung, Entwicklung

---

* Superconducting Quantum Interferometer Device

und Zerstörung verschiedenster prähistorischer Lebensformen auf elektromagnetische Veränderungen in der Magnetosphäre zurückzuführen sind. Das Ausmaß dieser Einflüsse auf das Leben jedes einzelnen Menschen ist von der Wissenschaft noch nicht bestimmt worden; doch hat es, ausgehend von den bisherigen Ergebnissen, den Anschein, als seien zu guter Letzt Triumph und Rechtfertigung der Astrologie nicht mehr allzu fern.

Während sich die Naturwissenschaftler der Aufgabe widmen, die physikalischen Rätsel in der Weise zu lösen, wie sie es für richtig erachten, sind seriöse Astrologen ebenfalls am Werk. Astrologische Forschung geht immer weiter, der moderne Astrologe macht seine Hausaufgaben.

Die Astrologie läßt sich von psychologischen, philosophischen und praktischen Grundprinzipien leiten. Sie war immer schon eine Wissenschaft, die die Grenzen der Erfahrung auslotete und erreichte. Hierin liegt ihr ewiggültiger Appell an den menschlichen Geist. Wohin die Suche nach der Wahrheit den Wissenschaftler auch führt, er wird erfahren, daß astrologisches Denken und Verständnis diesen Bereich schon vor ihm erschlossen haben.

Die zehn Phasen eines Menschenlebens

Wenn man die Wechselbeziehungen der Planetensymbole mit den Fakten des menschlichen Lebens unvoreingenommen betrachtet, stellt man Erstaunliches fest. Ein Beispiel dafür ist die astrologische Einteilung des Menschenlebens in zehn Phasen, die jeweils sieben Jahre dauern und von einem der Planeten beherrscht werden. Dabei ist die Abfolge der Planeten dieselbe wie die tatsächliche, die sich ergibt, wenn man den Planetengürtel von der Sonne aus sieht. Das »Wesen« des Planeten und damit der besondere Einfluß, den jeder auf das Leben eines Menschen während der ihm zugeordneten Periode ausübt, stimmt mit dem Charakter überein, den man seit Tausenden von Jahren dem Planeten zuschreibt.

Die Mond-Phase (1–7 Jahre)

Der Mond, der erdnächste Himmelskörper, wird auch zu den Planeten gerechnet. Er ist das Symbol für das weibliche Prinzip, die Mutter, Gattin, Schwester, für Veränderungen, Rhythmen, für das Wasser und alle anderen lebensspendenden Flüssigkeiten. Er spiegelt die Doppelt-Natur, Bewußtsein und Unterbewußtsein, des sich entwickelnden menschlichen Geistes wider. Er ist das Symbol für das Unbewußte in der Persönlichkeit, das von Instinkten, reflexartigen Reaktionen und unbeherrschten Trieben bestimmt wird. Er repräsentiert das passive, aufnehmende, beeindruckbare Verhalten gegenüber äußeren Einflüssen.

So beginnt das Kind sein Leben in einem psychologisch instabilen Zustand, sein frühes egotistisches Verhalten wird stark von der Mutter geprägt. Obwohl es schon ein Individuum ist mit bestimmten Wesenszügen, die später in sein Bewußtsein dringen werden, sind die ersten Erfahrungen des Kindes Hilflosigkeit und Verwundbarkeit und die Unfähigkeit, für sich, außer mit blinden, dumpfen Reaktionen, zu handeln. Während dieser sieben Jahre nimmt das Kind die Einflüsse seiner Umgebung passiv auf und entspricht damit der äußerst beeindruckbaren Natur des Mondes.

Die Merkur-Phase (7–14 Jahre)

Der Merkur ist die intellektuelle Kraft, die Sprach- und Schrifterwerb, Kommunikation und mentale Funktionen ganz allgemein beherrscht. Er symbolisiert auch den gesunden Menschenverstand. Er ist anpassungsfähig, vielseitig, wendig, rastlos, zum Leichtsinn neigend, wißbegierig und beweglich.

In den ersten Schuljahren lernt das Kind die Grundregeln der Kommunikation, Schreiben, Sprechen, sich als vernunftbegabtes Wesen und nicht als ein Bündel von Wünschen und Begierden auszudrücken. Es entdeckt, daß es manchmal der Stimme der Autorität widersprechen und seine Vorstellungen entwickeln kann, daß andere dann zuhören und aufmerksam werden. Es knüpft ungezählte Verbindungen und Kontakte, entwickelt eine ungezwungene Haltung zur Verantwortlichkeit und ein Moralgefühl. Es ist ständig auf der Suche nach Neuem, verliert das Interesse so schnell, wie es Interesse zeigte und fängt an, Teile seiner Umwelt durch die stetig wachsende Kraft seines Willens zu beherrschen.

Die Venus-Phase (14–21 Jahre)

Venus symbolisiert Liebe, Kunst, Kultur, Sympathie, zwischenmenschliche Beziehungen, Verfeinerung. Alle Gefühle sexuellen oder sinnlichen Ursprungs und die Liebe zum Schönen entsprechen dem Venus-Symbol. Kreative Tätigkeiten – Dichtung, Schauspielkunst, Musik, Tanz – stehen unter dem Einfluß der Venus. Sie strebt nach Harmonie, Vereinigung, Ausgleich und Versöhnung.

Es ist die Zeit, zu der sich die Wißbegierde der Merkur-Phase auch auf die Liebe ausdehnt, wenn intensive Gefühle auftreten und verschwinden und einen kurzen, doch bleibenden Eindruck hinterlassen. Es ist das Alter für Schwärmereien und kleine Verrücktheiten, die auf vielseitige Weise in reife und akzeptierte Passionen münden. Der Heranwachsende lernt zu unterscheiden, Personen und Situationen einzuschätzen, Werte zu hinterfragen, mit den Gefühlen anderer zu experimentieren, die Macht seiner bloßen körperlichen Anwesenheit zu erfahren. Er erlernt ebenso den Wert der Zusammenarbeit, den gesellschaftlichen Vorteil der Popularität, die tiefere Bedeutung der Freundschaft und konformes Verhalten in der Gesellschaft. Der Heranwachsende bereitet sich auf das Erwachsenenleben vor.

Die Erd-Phase (21–28 Jahre)

In der geozentrischen Astrologie (d.h. im Zentrum dieses Systems steht die Erde) wird die Erde nicht zu den Planeten gerechnet. Diese Periode ist folglich eine Zeit der Konfrontation mit sich selbst. Erwachsen geworden, muß sich nun das Individuum dem materiellen Leben und all seiner zugehörigen Verantwortung anpassen. Wie die Erde im Zentrum der Planetenreihe steht zwischen den Extremen des Wandels und der Starre, so befindet sich der Mensch in der Erd-Phase seines Lebens in der gleichen Situation. Im Idealfall haben die Lektionen der Vergangenheit in ihm ein Gefühl für den Ausgleich, die Proportionen seines Tuns und die Mäßigung seiner Ansprüche geschaffen. Nun aber können andere Faktoren, die nicht so einfach zu bestimmen sind, sich Einfluß verschaffen.

Im Normalfall strebt der junge Erwachsene danach, sich in einer Laufbahn oder einem bestimmten Beruf zu etablieren – dort Fuß zu fassen und daranzugehen, seine Existenz zu rechtfertigen. Am Ende der Erd-Phase steht daher oft eine Krise. Dann nämlich erkennt das Individuum, daß das Leben seinen Vorstellungen nicht unbedingt entspricht, daß es sich entscheiden muß, was es noch daraus machen will, und es sich mit der Person, die es in Wirklichkeit ist, auseinanderzusetzen hat. Seine Neigungen, die es an sich erkannt oder unterdrückt hat, lassen sich nicht einfach verleugnen. Das Ende dieser Phase markiert die Rückkehr des hemmenden Planeten Saturn an den Punkt, den er im Geburtshoroskop innehatte, und damit die Chance für einen Neubeginn.

Die Mars-Phase (28–35 Jahre)

Mars ist der Planet der Energie, Tatkraft, des Unternehmungsgeistes, der Selbstverwirklichung und der Herrschaft.

Diese Phase ist eine Zeit des energischen Zupackens, in der das Individuum, nun in seiner Charakterpersönlichkeit gefestigt, versucht, einen bleibenden, tiefen persönlichen Eindruck auf seine Umgebung zu machen. Es wird zu einer Quelle dynamischer Aktivität, antwortet auf Herausforderungen mit Tatkraft, kämpft um einen Führungsanspruch und öffentliches Ansehen. Ehrgeiz ist der erste Beweggrund, Geld kommt erst an zweiter Stelle. Der Zwang, unter allen Umständen erfolgreich zu sein, überschattet alles. Gesundheitliche Strapazen werden ignoriert oder überwunden vom aggressiven Drang nach Erfolg. Wer vorher feste Fundamente gelegt hatte, baut mit rücksichtsloser Energie an seinem Lebenswerk weiter. Mit diesem steht oder fällt er.

Die Jupiter-Phase (35–42 Jahre)

Jupiter symbolisiert Ausdehnung und Erweiterung des materiellen und geistigen Bereiches. Er verkörpert Gesetz, Finanzen, Philosophie, Religion, Mäßigung, Vernunft, außenpolitische Beziehungen und weite Reisen.

In dieser Phase beginnt sich der Nutzen früherer Anstrengungen und Erfahrungen für das Individuum auszuzahlen. Es erwirbt sich Autorität als Ratgeber für andere und etabliert sich fest in dem von ihm erwählten Beruf. Es steht in der Blüte seines Lebens, es vergrößert seinen Besitz, wird ein angesehener Bürger, ein geachtetes und verläßliches Glied der Gemeinschaft. Dies ist auch die Phase, in der der psychologische Reifungsprozeß ein breiteres Fundament erhält; man entwickelt in seiner Persönlichkeit ein sicheres Gefühl für Gesetz, Ordnung und Moral. Die religiöse Überzeugung vertieft sich, und der gereifte Erwachsene stellt eine Persönlichkeit dar, die durch sein bisheriges Leben geformt ist und seine zukünftige Entwicklung voraussieht. Da nun die Richtung seines Lebens wahrscheinlich ziemlich genau vorgezeichnet ist, sieht sich das Individuum gezwungen, seine Illusionen und Erwartungen zu korrigieren, um eine tiefere Erfüllung in seiner Persönlichkeitsentwicklung zu erfahren.

Die Saturn-Phase (42–49 Jahre)

Saturn wird oft als der Hüter der Zeit dargestellt, als alter Mann mit dem Stundenglas und der Sense. Er symbolisiert das Prinzip der Einschränkung, Disziplin und Härte. Er verkörpert die Schwere der Gedanken, »Tiefgang«, Klugheit, Vorsicht und Organisation. Er ist das Symbol für die Begrenztheit des Physischen, das der menschliche Geist überwinden muß, um als geistiges Wesen aus dieser Läuterung hervorzugehen.

In dieser Phase lernt das Individuum die Selbstdisziplin. Die Jahre der Persönlichkeitsformung sind vorüber; die Person ist ein fest umrissenes, stabiles Ganzes.

Falls bei der Formung des Selbst Fehlentwicklungen aufgetreten sind, ist dies die richtige Zeit, sie zu enthüllen und die erforderliche Berichtigung durchzuführen. Eine ihren Gewohnheiten verhaftete Person wird hier vom Niedergang bedroht sein und auf den Weg in einen Abgrund der Depressionen geraten. Aber für ein starkes Individuum markiert dieses Lebensalter einen Aufstieg, einen anderen Weg, eine Kompensation für das Älterwerden.

Die Saturn-Phase lehrt die Notwendigkeit einer praktischen, realistischen und verantwortlichen Lebensführung, die nicht vom Eigeninteresse und dem Streben nach dem eigenen Vorteil diktiert wird. Am Ende der Saturn-Phase hat der Mensch die ersten 50 Jahre seines Lebens fast vollendet. Er kennt nun den Unterschied zwischen Gut und Böse. Wenn er Lehrgeld bezahlen mußte, weiß er jetzt die Gründe dafür. Indem er die Gesetze der Gemeinschaft befolgt, erhält er diese Gesetze aufrecht und kann als eine Autorität in diesem sozialen System wirken. Seine eigenen Anstrengungen, in sich eine Ordnung herzustellen, tragen dazu bei, in seiner Umgebung eine Ordnung zu schaffen. So wie die Gesellschaft ihn einst formte, kann er nun beitragen, die Gesellschaft zu formen. Und nachdem er gelernt hat zu dienen, wird man ihm nun dienen. Doch für den gewöhnlichen Menschen ist es schwer, sich den einschränkenden und verhärtenden Einflüssen des Saturns zu entziehen. Diese Periode endet gewöhnlich mit beginnender Arterienverkalkung, zunehmender Sprödigkeit des Skeletts und einer Verhärtung der Ansichten und Meinungen, die erst durch den Tod beendet wird.

Die Uranus-Phase (49–56 Jahre)

Uranus steht für Unabhängigkeit, drastische Veränderungen, Umsturz, Anarchie, Genius und Intuition. Er verkörpert Astrologie, Metaphysik, Telepathie und Ereignisse von seltsamer und merkwürdiger Natur.

Es ist der Zeitraum einer zweiten Blüte für die, die ihr altes Selbst aufgeben können. Nun ist das erreicht, nach dem der junge Mensch am Ende der Erd-Phase unbewußt als höchstem Gut strebte und selten erlangte. Hier bietet sich die Chance eines Sprungs nach vorn, auf eine höhere Stufe des Bewußtseins, jedoch nicht mit dem stürmischen Elan der jungen Jahre, sondern mit der Bedachtsamkeit, die in der Weisheit des Alters begründet ist. Diese Zeit gibt dem Menschen die Möglichkeit und die Kraft, aus der starr eingegrenzten Norm auszubrechen. Er erkennt, daß Einzigartigkeit nicht nur darin besteht, sich sicher zu fühlen, verläßlich zu sein und nüchtern zu handeln. Jedes Individuum hat die Anlagen, um Außergewöhnliches zu leisten, wenn es nur diese Anlagen entdeckt, und in diesem Lebensabschnitt wird es sich bewußt, daß es nicht nach den Sternen greifen darf, sondern in sich gehen muß, um die in ihm schlummernde Kraft freizusetzen, die es aus dem Teufelskreis der einmal akzeptierten Einschränkungen reißt. Aus dieser Erneuerung entspringen Orginalität, schöpferische Intuition, wissenschaftliches Denken und Erfindungsgabe. In diesem Alter ist der Mensch befähigt, seine bedeutendsten und schöpferischsten Werke zu vollbringen.

Die Neptun-Phase (56–63 Jahre)

Neptun symbolisiert den sich weiterentwickelnden menschlichen Verstand, der als Geist die Materie überwindet. Er verkörpert die Fähigkeit, die Empfänglichkeit des Gemüts für Verfeinerung durch das Loslösen von Normen und der Materie. Wie das Meer, dessen Gottheit er ist, hat er keinen Bezug zum Materiellen, er löst die festen Formen auf.

Die voll entwickelte Persönlichkeit beginnt sich von den Bindungen zur Welt zu lösen. Sie hat Werte erkannt, die einen sich vertiefenden geistigen Inhalt besitzen, der weit über die Dogmen und Riten der Religionen hinausreicht. Der Mensch meditiert, ohne sich um geistige Konzepte zu kümmern, legt immer weniger Wert auf die Erfahrungen seiner eigenen Vergangenheit und sehnt sich danach, sich von seinen selbstsüchtigen Begierden befreien zu können. Indem er sich von der Sehnsucht nach psychologischer Sicherheit und Kontinuität löst, von der er in der Saturn-Phase beherrscht war, findet der gereifte Mensch nun beide: entweder in der geistigen Erleuchtung oder im Tod.

Die Pluto-Phase (63–70 Jahre)

Pluto ist der Planet unseres Sonnensystems, der als letzter entdeckt wurde. Wie die Sonne den Ursprung und die Anfänge der Persönlichkeit verkörpert, so symbolisiert Pluto den sich schließenden Kreis, die Rückkehr durch Erfahrung zu diesem Beginn. Ist die Sonne das unausgeschöpfte Potential am Anfang des Lebens, so steht Pluto, im letzten Abschnitt der menschlichen Weiterentwicklung, für das Samenkorn, für einen kristallisierten Neubeginn.

Die voll entwickelte Persönlichkeit dieses Lebensalters kennt sich selbst, und indem sie dies erkennt, versteht sie das letzte und größte Geheimnis.

Geschichte der Astrologie

Die Anfänge der Astrologie

11 000 v. Chr. – Atlantis und das Zeitalter im Zeichen des Löwen

Die Geschichtsschreibung kann die Geschichte der Astrologie nur ungenügend wiedergeben. Die Astrologie ist eine so alte Erfahrungswissenschaft, daß es notwendig wird, ganz weit zurückzugehen, um ihre Anfänge zu entdecken: zurück zur traditionellen Überlieferung, zurück ins Dunkel der Vorzeit, von der wir keine gesicherten Erkenntnisse haben, deren Echo jedoch in steinernen Symbolen, Hieroglyphen und Ruinen überdauert.

Die Völker aller alten Zivilisationen – von den ersten Bewohnern der Euphrat- und Tigris-Ebene (dem heutigen Irak) zu den mexikanischen Mayas, den Vorfahren der Inkas in Südamerika und den Chinesen –, sie alle praktizierten die Astrologie. Dies ist geschichtlich erwiesen. Die Frage jedoch, die noch nicht befriedigend beantwortet wurde, heißt: Wo stand die Wiege der Astrologie?

Man vermutet, daß diese Wissenschaft in Kleinasien entstand und asiatische Völkerstämme, die die Bering-Straße zwischen der Sowjetunion und Alaska überquerten, sie nach Amerika brachten, ein Ereignis, das, wie man annimmt, vor ungefähr 17 000 Jahren stattfand. Vielleicht verlief dieser Informationsaustausch auch in der umgekehrten Richtung: von den Vorfahren der Inkas und den Mayas ins asiatische Kernland. Niemand weiß es genau. Sicher ist jedoch, daß zur Zeit der Gründung der sumerischen Zivilisation im alten Mesopotamien 4000 v. Chr. die Astrologie, die Mutter aller Naturwissenschaften, des Lernens und Verstehens, in voller Blüte stand. Eine andere Theorie besagt, daß große bedeutende Erkenntnisse in der kollektiven menschlichen Psyche gewonnen und gleichzeitig von einzelnen Menschen, die Tausende von Kilometern voneinander getrennt leben, ausgedrückt werden – so wie es bei der Erfindung der Druckerpresse, der elektrischen Glühbirne und der Entdeckung des Magnetismus geschah. Die Konsequenzen aus dieser Theorie sind so weitreichend, daß nichts mehr zu sagen bleibt, wenn sie sich als richtig herausstellt.

Aber die traditionelle Antwort wie auch das Wissen der Eingeweihten um dieses Geheimnis ist schlüssiger – und faszinierender –, obgleich für einige vielleicht weniger überzeugend. Die Geschichte der Astrologie beginnt mit der Sage von *Atlantis*, dem verschwundenen Kontinent. Durch die Logik ihrer eigenen Methode verfolgt sich die Astrologie bis in diese legendäre Epoche um 11 000 v. Chr. zurück.

In der Sicht der Astrologie war von 11 000 v. Chr. bis 8850 v. Chr. das Zeitalter im Zeichen des Löwen, ein Zeitraum von 2150 Jahren wie das Wassermann-Zeitalter, in das die Menschheit vor kurzem eingetreten ist. Damals lebten die Menschen im sagenumwobenen Goldenen Zeitalter und verehrten nicht nur, sondern *verstanden* auch die Macht der Sonne, den Sonnenkönig, die Sonne als Herrscherin im Zeichen des Löwen und damit das Zeitalter des Löwen. Und damals, so wird behauptet, zerstörte selbstsüchtiges Machtstreben eine Zivilisation, die so weit fortgeschritten war, daß die Menschen selbst sie nicht mehr aufrechterhalten konnten.

Die in Großbritannien herausgegebene »Pears Encyclopaedia« erklärt unter dem Stichwort Atlantis: Ein geheimnisvoller Kontinent, der irgendwo zwischen Europa und Amerika gelegen haben soll und vor seinem Versinken im Meer nach einer riesigen Naturkatastrophe in vorchristlicher Zeit Zentrum einer hochentwickelten Zivilisation war. Es gibt, wenn überhaupt, sehr wenige ernstzunehmende historische und archäologische Beweise für seine Existenz, doch hält sich die Sage vom Goldenen Zeitalter, das endete, weil sich die Wellen des Atlantiks über ihm schlossen, mit bemerkenswerter Hartnäckigkeit. Plato beschreibt in seinen Dialogen *Timaeus* und *Critias* überzeugend die Wunder von Atlantis. Andere meinen, die biblische Erzählung von der Sintflut basiere auf fragmentarischen Berichten vom Untergang von Atlantis.

Trotz fehlender Beweise gibt es einige interessante wissenschaftliche Fakten, die die Geschichten um Atlantis zumindest glaubhaft erscheinen lassen. Man hat festgestellt, daß der vernunftbegabte Mensch schon 30 000 Jahre vor Christi Geburt Erstaunliches leistete. Anthropologen fanden von ihm benutzte Schneiden, Stichel und Meißel, die einen beträchtlichen Fortschritt gegenüber der rohen Steinaxt seiner Vorfahren darstellten. Da er Motive einer einfachen Astro-Religion malte und bildhauerisch verarbeitete, beweist dies, daß er Himmelsbeobachtungen und Ahnungen von den Göttern (Divination) anstellte. Das Wort *Divination* kommt vom lateinischen *divus* – eine Gottheit oder konstante Macht. Unter seiner ursprünglichen Bedeutung verstand man eine gleichgültige Macht, deren Einwirken voraussehbar, vorhersagbar war, wie eine Gottheit oder konstante Macht sein muß, wenn man sie richtig versteht. Wo mehrere Gottheiten und konstante Mächte gleichzeitig und am gleichen Ort zusammenwirken, ist das Ergebnis uneinheitlich, schwer zu bestimmen. Daraus ergibt sich für den menschlichen Geist die Notwendigkeit, die Gottheiten und konstanten Mächte günstig zu stimmen – es erstaunt deshalb nicht, daß die Archäologen fanden, daß der Mensch 30 000 v. Chr. viel von magischen Riten und Zeremonien hielt.

Damit hat die Archäologie bewiesen, daß sich der Mensch schon 20 000 Jahre vor der Zerstörung von Atlantis auf seinem Weg befand. Betrachtet man den erstaunlichen Fortschritt während der letzten 300 Jahre, so fällt es nicht schwer, an eine hochentwickelte Zivilisation zu glauben, die sich 11 000 v. Chr. unter der Bezeichnung Atlantis oder Mu auf der Erde entwickelte.

Es gibt noch weitere interessante Faktoren im Zusammenhang mit dem Untergang dieser Kultur. Nach den Erkenntnissen der Geologen erreichte die letzte Eiszeit ihren Höhepunkt um 18 000 v. Chr. Um diese Zeit befand sich die menschliche Kultur im Umbruch, der schließlich in der Blütezeit der paläolithischen Kunst gipfelte. Dann begann das große Tauwetter, der Eispanzer der Erde schmolz, der Meeresspiegel stieg – und wenn man die Geschichte nach der Überlieferung weiterführt, so versank Atlantis im Meer.

Berücksichtigt man, daß die letzten Eiszeitgletscher in Großbritannien erst um 8000 v. Chr. verschwanden, so kann man sich vorstellen, daß Atlantis, das ja tausend Jahre oder noch länger versunken war, zu dieser Zeit schon tief unter dem Meeresspiegel lag. Wie tief, mag man aus der Tatsache schließen, daß es weiterer 3000 Jahre bedurfte, bevor die schmelzenden Eisschichten den Meeresspiegel so weit angehoben hatten, daß die Landverbindung mit dem europäischen Festland überflutet und Großbritannien zu einer Insel wurde.

Der amerikanische Hellseher *Edgar Cayce* behauptet, die Einwohner von Atlantis hätten die Sonnenenergie so zu nutzen gewußt, daß es ihnen möglich war, menschliche Körper zu regenerieren, und sie als Antriebskraft zu verwenden. Ihr okkultes und geistiges Wissen war von erstaunlich hohem Rang. Das verwundert nicht, denn es basierte ja auf dem Verständnis von der Sonne als der bestimmenden Kraft des Lebens und der menschlichen Angelegenheiten durch das sich drehende Planetensystem, das sie als riesiges elektromagnetisches Feld erkannt hatten (heute sind auch die modernen Astrologen so weit). Obwohl die Bewohner von Atlantis eine ziemlich hohe Stufe auf technischem, geistigem und künstlerischem Gebiet erreicht hätten, sei ihre Gesellschaft von erbitterten Machtkämpfen zwischen den Regierenden und der Priesterschaft heimgesucht worden. Neid und Korruption machten sich unter der Bevölkerung breit.

Die Könige aber oder die Weisen (oder beide) waren anders. Sie verstanden die göttliche Wissenschaft von den Sternen, die Quelle all ihres materiellen und geistigen Wissens. Es war ihre Religion, und ihr Gottesdienst bestand darin, dieses Wissen auszuleben; das Leben war eine einzige Zeremonie. Für sie waren das Wissen von der Energie und die menschliche Seele eins. Diese über den Dingen stehenden Persönlichkeiten sahen die menschliche Existenz als eine ständige Bewußtseinserweiterung durch Wiederholung – ohne ein entsprechend starkes Bewußtsein war das Wissen allein ein äußerst gefährlicher Faktor. (Dies läuft parallel mit der Furcht des 20. Jahrhunderts vor einer Verbreitung des Wissens zur Herstellung der Wasserstoffbombe.) Ihre eigene »Super«-Zivilisation war in dieser Beziehung bedenklich aus dem Gleichgewicht geraten.

Die Weisen von Atlantis, so geht die Sage, waren nicht ehrgeizig und machtbesessen wie die Herrschenden; sie waren eher Patriarchen und Patrone.

Sie hatten eine derart erhabene Stufe der inneren Ruhe erreicht, die es ihnen ermöglichte, ihrem Wesen nach zu handeln, ohne versuchen oder dafür kämpfen zu müssen, die Ordnung der Dinge zu verändern. Sie hatten ihre selbstsüchtige Suche nach der Wahrheit durch die gewaltige innere Ruhe der Selbsterkenntnis ersetzt – in sich selbst schon ein Aspekt der Gotteserkenntnis. Nach der Überlieferung war es nicht das steigende Wasser allein, das Atlantis zerstörte. Da sie das Geheimnis der Kernfusion kannten – die Energiequelle, die die moderne Wissenschaft heutzutage nutzbar zu machen versucht –, sprengten sich die Bewohner von Atlantis in einem letzten selbstzerstörerischen Machtkampf selbst in die Luft; oder, um es mit einem astro-religiösen Begriff zu umschreiben, ihr Bewußtsein fiel in sich zusammen. Das Meer besorgte dann den Rest.

Was immer auch geschah, vor dem großen Unglück soll eine Gruppe von Weisen Atlantis verlassen und sich an verschiedenen Orten niedergelassen haben. So entstanden die sieben Zentren der alten Zivilisation. Die Männer von Atlantis brachten nur eines mit: die von ihnen verehrte Astro-Religion. Das, was von ihr übriggeblieben ist und weiterbesteht, ist die Astrologie.

In einer interessanten Version des abschließenden Kapitels der Sage wird die Personifizierung der Götter erklärt, wie sie in den meisten Geschichtsmythologien der großen Völker zu finden ist. Kurz vor der Katastrophe verwandelten sich die geistigen Führer, die die kolonisierenden Weisen gelehrt hatten, nach der Legende in lebende Götter. Im Mittelmeerraum kannte man sie unter den Namen Zeus, Hermes, Ares, Chronos, Aphrodite und Artemis, später als Jupiter, Merkur, Mars, Saturn, Venus und Mond – als Planeten.

3000 v. Chr. – Die Babylonier und das Zeitalter im Zeichen des Widders

Die ersten, von denen wir genau wissen, daß sie sich mit Astrologie befaßten, waren die Babylonier oder Chaldäer um 3000 v. Chr., die späteren Bewohner des alten Mesopotamien, in dessen Herz die fruchtbare Ebene von Euphrat und Tigris liegt. Die Entstehungszeit dieser Kultur fällt mit dem Zeitalter im Zeichen des Widder zusammen, dem nach dem Löwen folgenden Feuerzeichen. Widder: das Zeichen nach dem Himmel blickender Schafhirten, energischen Neubeginns, großer Hitze und Trockenheit, und vor allem aggressiven und pionierhaften Unternehmungsgeistes.

Die Babylonier waren die ersten, die ein einfaches mathematisches System entwickelten, das sie auf ihre Beobachtungen der Sonnen- und Planetenbewegungen anwandten. Am klaren Himmel über der Wüste konnten sie erstaunlich exakte Entdeckungen machen, wenn man dabei bedenkt, daß es keine Hinweise auf die Verwendung irgendwelcher Vergrößerungsinstrumente gibt. Sie entdeckten und benannten mindestens zwei Sternbilder, nämlich Orion und die Plejaden, und zeichneten Himmelskarten. Sie bauten 17–24 Meter hohe Türme, »Observatorien«, wahrscheinlich um über dem Dunst und Staub der Städte bessere Beobachtungsmöglichkeiten zu haben. Aus den Berechnungen dieses Volkes entwickelten sich die Grundlagen der Astronomie, die 4500 Jahre lang die rechte Hand der Astrologie sein sollte.

Anfänglich beschränkten sich die Beobachtungen auf die Sonne und den Mond, da diese die Jahreszeiten und Wachstumsperioden bestimmen. Man erkannte schon sehr früh, daß eine erfolgversprechende Ernte von den Mondphasen abhing, und es dauerte nicht lange, bis die Planeten, die sich um die Fixsterne (ortsfeste Lichtpunkte am Himmel) bewegten, bemerkt und ihre regelmäßigen Bahnen erfaßt wurden. Da die Einflüsse von Sonne und Mond auf das Leben offensichtlich und voraussagbar waren, entdeckten die Sterngucker auch, daß verschiedene Planetenkonstellationen bezüglich der Sonne und des Mondes bestimmten vorhersehbaren Ereignissen im Leben des Staates und des Volkes entsprachen. Diese Erkenntnis kam natürlich nicht von heute auf morgen; astrologisches Wissen wurde jahrhundertelang von Generation zu Generation weitergegeben, so daß man sich auf einen großen Erfahrungsschatz stützen konnte. Irgendwann wies man dann den Planeten Namen und bestimmte Eigenschaften zu und bestimmte und klassifizierte die 12 Tierkreiszeichen.

Die von den Babyloniern erarbeiteten mathematischen Grundlagen gelten auch heute noch. Aufgrund ihrer Beobachtungen erstellten sie Kalender und führten im ganzen Reich ein System des Informationsaustausches unter den Astrologen ein.

Es gab damals keine persönlichen Horoskope. Astrologie war eine Angelegenheit des Staates; ihre Erkenntnisse bezogen sich auf das Schicksal und die Hoffnungen des ganzen Volkes, und diese wiederum waren verkörpert in der Person des Königs: Was für den König gut war, war gut fürs Volk.

In dieser Zeit wurden Voraussagen aufgrund von Sonnen- und Mondfinsternissen, Planetenkonjunktionen und den Ereignissen gemacht, die unter ähnlichen Bedingungen dem Volk und seinen Herrschern in der Vergangenheit widerfahren waren.

Die Babylonier identifizierten ihre Götter mit den Planeten und statteten sie mit der entsprechenden Macht aus: Manche waren gnädig, die meisten jedoch dem Menschen nicht gut gesonnen (es waren schlimme Zeiten). Die Astrologie wurde die Grundlage einer Staatsreligion. Die Ratgeber des Königs, Astrologen und Priester in einer Person, umgaben das Herrschaftssystem mit dem Schleier des Geheimnisvollen; es blieb so immer in der Hand weniger Mächtiger und Privilegierter. Die Astrologie wurde zwangsläufig zu einer teuflischen Waffe der Politik, ihre Voraussagen entsprachen häufiger politischem Kalkül als der Wahrheit, besonders dann, wenn eine aufgebrachte und rebellierende Bevölkerung in Kriegs- oder Hungerszeiten niedergehalten oder beschwichtigt werden mußte.

Inzwischen hatte *Menes* in Unterägypten die erste Pharaonendynastie begründet, und die ägyptische Kultur und Gelehrsamkeit, bei der sich alles um die Verehrung des Sonnengottes Ra drehte, begann, sich unter dem Einfluß astrologischer Tradition zu entwickeln und zu gedeihen. Das erste, heute noch vorhandene Horoskop hat im Jahre 2767 v. Chr. *Imhotep,* der Erbauer der Stufenpyramide bei Sakkara, gestellt. Einige Experten glauben, daß die Astrologie von Babylon nach Ägypten gebracht wurde, andere behaupten, daß sie sich in Ägypten eigenständig entwickelte und die babylonische Astrologie erst viel später ins Tal des Nils kam – ungefähr 400 v. Chr. –, und führen als Beweis dafür das erste bekannte babylonische Horoskop an, das für *König Nectanebus* 358 v. Chr. angefertigt wurde.

Das Alte Testament erwähnt die Astrologie sehr oft, denn die Weisen der alten Israeliten widmeten sich ihr mit großem Interesse. *Abraham,* der erste Patriarch der Hebräer, hatte mit der Sippe seines Vaters in Ur gelebt, dem Zentrum der babylonischen Kultur, bevor er seine Landsleute um 2000 v. Chr. ins Gelobte Land führte. In einem alten jüdischen Buch steht: »Abraham, der Chaldäer, trug auf seiner Brust eine große astrologische Tafel aus Ton, auf der man das Schicksal jedes einzelnen Menschen lesen konnte.« Man kann es kaum für möglich halten, daß sich die Hebräer, die 2000 Jahre zwischen Ägypten und Babylon hin- und herwanderten, kein astrologisches Wissen aneigneten. Die Hebräer waren über Generationen die Sklaven der Ägypter, bis Moses sie ungefähr 1200 v. Chr. befreite, jener Moses, der ein ägyptischer Priester war, bevor er sich an die Spitze des Aufstandes stellte. Es gibt starke Hinweise auf eine eigenständige ägyptische Astrologie, die erst später babylonische Methoden aufnahm.

Auch bei den Ägyptern war die Astrologie die eifersüchtig gehütete Domäne einer Priesterschaft, die den Aberglauben förderte, die Astrologie jeweils nach ihrem Gutdünken auslegte und so schwache Pharaone und das Volk in der Hand hatte.

Die Große Pyramide von Gizeh (2790 v. Chr.) ist, wie man behauptet, nach Maßen gebaut, die astrologischen Kreisen und Proportionen entsprechen – die einzige, die solche Besonderheiten aufweist. Die Große Pyramide, von *Cheops* erbaut, war *ursprünglich* 146,6 m hoch, 230,8 m an der Basis breit und hatte eine Grundfläche von 5,32 ha.

Um 1000 v. Chr. eroberten die Assyrer Babylon; aber sie zerstörten die Tempel nicht und stellten eine astrologische Bibliothek aus Keilschrift-Tontafeln zusammen, die fast 2000 Jahre der babylonischen Geschichte erfaßten. Über 30 000 dieser Tafeln wurden in diesem Jahrhundert in der Nähe der alten Stadt Babel gefunden.

Wegen der assyrischen Eroberungen wanderten viele Babylonier nach Nordwesten und ließen sich in Griechenland nieder.

600 v. Chr. – Die Griechen und das Zeitalter im Zeichen der Fische

Um 600 v. Chr. begann die griechische Aufklärung. Thales, Anaximander, Anaximenes, Pythagoras, Anaxagoras, Aristoteles, Plato, Hippokrates und andere bildeten die Reihe herausragender und schöpferischer Persönlichkeiten, deren wissenschaftlicher Forschungsdrang und philosophischer Weitblick diese Zeit auszeichnete. Die Astrologie schien dabei für eine kurze Zeit in den Hintergrund zu treten. Doch sie erfuhr eine wichtige Bereicherung in ihrem stetigen Entwicklungsprozeß: Neue astronomische und philosophische Konzepte wurden formuliert, die den Boden bereiteten für eine neue Ernte astrologischer Einsichten. Die Siedler aus Babylonien lehrten die Griechen alles, was sie über Astronomie wußten. Die Griechen führten diese Wissenschaft weiter und machten eigene, bedeutende Entdeckungen, z. B. entwickelten sie die Trigonometrie, die Grundlage aller zukünftigen astronomischen Berechnungen.

Ungefähr 300 v. Chr. überraschte *Aristarch von Samos* eine Welt, die fast wütend auf der »sichtbaren« Wirklichkeit bestand, daß sich die Sonne um die Erde dreht, mit der Behauptung, das Gegenteil sei der Fall. Siebzehn Jahrhunderte später beschrieb *Kopernikus* die Sonne als das Zentrum des Universums und begründete damit die moderne Astronomie. Wieder 100 Jahre später erfuhr *Galilei,* der eine Schrift veröffentlicht hatte, die die Theorie von Kopernikus stützte, die alte, blinde und unwissende Macht priesterlichen Aberglaubens und wurde von der päpstlichen Inquisition gezwungen zu widerrufen.

Pythagoras (fünftes Jahrhundert v. Chr.), der eine Zeitlang in Ägypten studiert hatte, war wahrscheinlich der erste, der behauptete, daß sich Erde, Mond, Planeten und die Fixsterne um die Sonne drehten; leider sind von ihm keine schriftlichen Aufzeichnungen darüber vorhanden. Kopernikus nannte ihn als den Begründer dieser Theorie, die er selbst, wie er sagte, nur wieder aufleben ließ.

Um 150 v. Chr. entdeckte *Hipparch* die Präzession (das Vorrücken) der Tagundnachtgleiche (des Frühlings- und Herbstpunktes), ohne die exakte astronomische Beobachtungen unmöglich sind. Der Frühlingspunkt bestimmt die 2150 Jahre langen astrologischen Zeitalter. Hipparch machte seine Entdeckung bei dem Versuch, die Fixsterne zu katalogisieren, um feststellen zu können, ob neue Fixsterne auftauchten. Als er seine Listen noch einmal durchging, stellte er fest, daß sich einige Sterne »bewegt« hatten, ein Phänomen, das nur durch das Vorrücken (Präzession) des Frühlings- und Herbstpunktes zu erklären ist. Dieser begabte Grieche konnte mit Hilfe chaldäischer Daten die tatsächliche Bewegung des Mondes herausfinden.

Nachdem sie erst ihre astronomischen »Hausaufgaben« gelöst hatten, befaßten sich die Griechen allmählich auch mit der Astrologie. Der von ihnen gelieferte Beitrag war, wie in anderen Wissenschaften oder Künsten, enorm. Nach konzentrierten Forschungen unter der Anleitung chaldäischer Astrologen entwickelten die Griechen sehr bald eigene Wege und Ideen. Anstatt Astrologie als exklusive Angelegenheit für König und Volk zu betrachten, wollten sie herausfinden, was die Sterne für den einzelnen Menschen bedeuten. Dies war die Geburtsstunde des persönlichen Horoskops.

Die Astrologen behaupten, daß diese Entwicklung nicht zufällig geschah, denn in diesem Zeitraum begann das Zeitalter im Zeichen der Fische. Fische: das emotionale Wasser-Zeichen, das durch Leiden und Mitleid die Bindungen auflöst, die den Menschen an vergängliche Autoritäten, seien es der Fels der Kirche, die Herrschaft eines Königs, die Solidarität mit dem Volk oder eine politische Ideologie, ketten. Mit dem zwanzigsten Jahrhundert sollte der Mensch sich von den einschränkenden Bindungen gelöst haben und fähig sein, in das Zeitalter im Zeichen des Wassermanns einzutreten und zu entdecken, was seine neugewonnene Freiheit bedeutet.

280 v. Chr. richtete der Babylonier *Berosus* eine astrologische Schule auf der griechischen Insel Cos ein. In den folgenden zwei Jahrhunderten verbreitete sich die griechisch-babylonische Astrologie bis nach Rom und zog eine Fülle astrologischer Veröffentlichungen und Handbücher nach sich. Die Griechen machten eine wichtige Änderung: Sie ersetzten die »heidnischen Gottheiten«, mit denen die Babylonier die Planeten bezeichnet hatten, durch ihre eigenen Götter. Der Stoiker *Poseidonios* begründete eine Schule auf Rhodos, wo man die Erstellung persönlicher Horoskope lehrte und praktizierte. Zwei später sehr berühmte Römer – Pompeius und Cicero, der Redner und Staatsmann – haben angeblich diese Schule besucht. Es gibt auch Hinweise dafür, daß das Gedicht »Astronomica« von *Manilius,* das die Bewegungen der Himmelskörper und die Eigenschaften der Tierkreiszeichen beschreibt, nach der Lektüre der Schriften von Poseidonios entstand.

Durch die Griechen wurde die Astrologie eher zu einem Medium der Interpretation als zu einem Voraussagesystem für das seelenzerschmetternde Wüten des Schicksals. Indem sie dem Menschen seine Möglichkeiten zeigte – seine Stärken und Schwächen –, versetzte sie ihn in die Lage, seinen Charakter so zu formen, wie er es für richtig hielt, und sich nicht seinen Gewohnheiten und seinem blinden Eifer unterwerfen zu müssen. Die Griechen glaubten, daß nur Narren und Willensschwache astrologische Aussagen als unumstößlichen Schicksalsspruch akzeptieren. Willensstarke Menschen, die darum kämpfen, ein wirklich eigenständiges Bewußtsein zu entwickeln, sehen in ihnen eine Auswahl von Möglichkeiten und Warnungen, die sie vermeiden oder ignorieren können.

Astro-Analysis

Die Griechen entwickelten die Astrologie auch zu einem Mittel der medizinischen Behandlung. Später kam aus Ägypten der Hermes-Kult, der die verschiedenen Körperteile mit den Sternzeichen und Planeten gleichsetzte. Obwohl die astro-medizinische Wissenschaft erheblich größere Forschungsarbeit erfordert, wird sie von den meisten Astrologen der Gegenwart als vollgültige Erweiterung ihrer Kunst betrachtet. Die Forschung auf diesem Sektor wurde vernachlässigt, weil ihre allgemeine Anerkennung ein verändertes medizinisches Verständnis, das bis vor kurzem diesem Bereich so feindlich und verschlossen gegenüberstand und nicht einmal eine entfernte Möglichkeit sah, erfordert hätte. Doch die neu entstehende Bio-Kosmologie untersucht die Zusammenhänge zwischen Körper und Tierkreis.

Das Schema der physiologischen Entsprechungen beginnt mit dem ersten Tierkreiszeichen, dem Widder, für den Kopf, und folgt den Körperregionen bis zu den Füßen, die mit dem zwölften Zeichen, den Fischen, in Verbindung gebracht werden:

Widder	Kopf
Stier	Kehle, Hals
Zwillinge	Lungen, Brustkorb
Krebs	Brüste, Magen
Löwe	Herz
Jungfrau	Darm, Nervensystem
Waage	Nieren, Rücken
Skorpion	Genitalien, Blase, After
Schütze	Becken, Oberschenkel
Steinbock	Knie
Wassermann	Unterschenkel, Knöchel
Fische	Füße

Viele Fische-Typen leiden tatsächlich an Fußerkrankungen, Waage-Typen haben Schwierigkeiten mit den Nieren und dem Rücken usw. Eine genauere Untersuchung würde Ergebnisse bringen, die viel weitreichender sind. Sie würden es dem Astrologen ermöglichen, genauere Aussagen über eine seelisch bedingte Störung zu machen, die eine physiologische Krankheit verursacht, und umgekehrt. Der Astrologe kann sogar eine Krankheit dort feststellen, wo die medizinische Diagnose fehlgeschlagen ist.

Die alten Griechen stellten die These auf, daß jedes Horoskop einen »klimakterischen« Zeitabschnitt anzeigt, in dem der Mensch Vorsichtsmaßnahmen gegen bestimmte Krankheiten und Leiden treffen sollte. Sie machten eine komplizierte Aufstellung von Krankheiten und ihrer Behandlung, die, vom heutigen Standpunkt aus gesehen, recht amüsant zu lesen ist. Das Wichtigste daran ist aber: Aus diesen primitiven Anfängen entwickelte sich der größte Segen für die Menschheit – die Medizin.

Die Römer bestimmten die nächste Entwicklungsphase der Astrologie. Bevor sie mit der neuen Astro-Kultur in Berührung kamen, hatten sie Voraussagen anhand von Symbolen, ja sogar aus den Gedärmen von Tieren, gemacht. Das persönliche Horoskop war da schon eine Verbesserung, zumal es auch dem Empfinden der gebildeteren Römer entgegenkam, die bereitwillig die verfeinerte griechische Gedankenwelt aufnahmen. Nachdem man einmal akzeptiert hatte, daß der Blick zum Himmel eher die Antworten gab als die Innereien eines geschlachteten Tieres, wandte man sich höheren Aufgaben zu.

In Rom fand man fast an jeder Ecke einen Astrologen. Trotz heftiger Opposition von Cato, Cicero und anderen einflußreichen Römern, die vor der Dummheit warnten, sich von »diesen verschlagenen Chaldäern« beraten zu lassen, gewann die Astrologie immer mehr Anhänger und war schließlich untrennbar mit dem religiösen Leben der Römer verbunden.

Nicht einmal die wechselvollen Zielsetzungen der römischen Politik konnten den Einzug der Astrologie ins erste Jahrtausend nach Christi Geburt verhindern. *Augustus*, der mit Marc Antonius um die höchste Macht im Staate stritt, verbannte 33 v. Chr. alle Astrologen und Wahrsager aus Rom, obwohl er an die Astrologie glaubte. Aber er wußte vom Einfluß dieser Leute und fürchtete, daß diejenigen unter ihnen, die ihm feindlich gesonnen waren, die öffentliche Meinung durch ungünstige »Voraussagen« gegen ihn beeinflussen. Nachdem er sich seines Rivalen entledigt hatte, bekräftigte Augustus seinen Glauben an die Astrologie und ließ eine Münze prägen, die das Symbol seines Tierkreiszeichens, des Steinbocks, trug.

Viele römische Imperatoren schätzten die Dienste ihrer Hofastrologen; einige von ihnen folgten dem Beispiel von Augustus und ließen Münzen mit dem Symbol ihres Tierkreiszeichens oder dem Symbol des Zeichens, in dem der Mond bei ihrer Geburt stand, prägen. Damals wurde der Mond als eine der mächtigsten Gottheiten verehrt. Heute hat er zwar seine religiöse Bedeutung verloren, doch er ist immer noch die drittwichtigste Größe im Horoskop.

Kaiser Tiberius hatte einen griechischen Astrologen. Der Astrologe und Mathematiker *Sylla* sagte dem verrückten Caligula Zeit und Umstände seines Todes voraus. *Vitellius* machte den Versuch, alle Astrologen außer seinem aus Rom zu verbannen – doch die verschlagenen Chaldäer, wie man sie nannte, prophezeiten ganz einfach, daß der Tag ihrer Verbannung auch der Todestag des Kaisers sein werde. Es erübrigt sich fast, darauf hinzuweisen, daß es Vitellius nicht darauf ankommen ließ. 52 n. Chr. versuchte *Claudius* ebenfalls, in einem, wie es hieß, »rücksichtslosen, doch wirkungsvollen« Dekret, die Astrologie zu bannen. Unter *Nero* erlebte sie dann eine neue Blüte.

Jede Geschichtsschreibung des Römischen Reiches zeugt vom ungeheuren Einfluß der Astrologie. Diese Zeit kann man auch nicht so einfach abtun; Tacitus und andere Geschichtsschreiber bestätigen uns das Gegenteil. Das Ende des alten Jahrtausends ist das Goldene Zeitalter der Literatur, in dem die Werke von Vergil, Horaz, Ovid und Livius entstanden. Sie und andere Männer gleicher Wichtigkeit, deren Gedanken und Vorstellungen in das Gefüge aller westlichen Zivilisationen eingingen, lebten in dieser äußerst dauerhaften, astro-religiösen Überzeugung. Unter dem Einfluß dieser Überzeugung erhob sich auch der Blick der Massen über das Offensichtliche hinaus. Obgleich ihre Vorstellungen wahrscheinlich vom Aberglauben diktiert waren, sahen sie eine Hoffnung darin, ihr Leben im Blick auf den unendlichen Himmel statt auf ein Grab in der Erde führen zu können. Dorthin, wo sie in gläubiger Ehrfurcht blickten, würden ihnen andere folgen und die Wahrheit finden.

Römische Helden und gewöhnliche Männer und Frauen starben im Glauben, unter den Sternen in den Sternbildern Herkules, Perseus und Castor und Pollux wiedergeboren zu werden. Niemand sagte ihnen etwas anderes. Auch die himmlischen Wohnungen, von denen die frühen Christen sprachen, erforderten einen Glauben, der zwar auf einer geistigeren Ebene lag, aber doch genauso lebhaft diesen Vorstellungen entsprach. Nach Jahrhunderten isolierter Entwicklung begann sich der Einfluß ägyptischer Astrologie zu verstärken, besonders nach der Eroberung Ägyptens durch Rom im Jahre 30 v. Chr.

Im zweiten Jahrhundert n. Chr. lieferte der griechische Astrologe *Claudius Ptolemäus*, der in Alexandria lebte, einen wesentlichen Beitrag. In zwei Büchern, dem »Almagest« und den »Tetrabiblios«, faßte er alle bis dahin gewonnenen Erkenntnisse der Astrologie und Astronomie zusammen. Diese beiden Bücher und seine Entdeckungen brachten ihm den Ehrentitel des »Vaters der modernen Astrologie« ein. Sein astronomisches Weltbild – »Almagest« – galt 12 Jahrhunderte, bevor es vom kopernikanischen abgelöst wurde. Ptolemäus hatte richtig erkannt, daß die Erde rund ist und sich um ihre Achse dreht, doch machte er den Fehler zu glauben, daß sich die Sonne um die Erde dreht, wie es den Anschein hat. Als *Kopernikus* 1530 das Gegenteil bewies, war Ptolemäus in der Astronomie ein toter Mann. Doch in der Astrologie leuchtet sein Licht – durch die Veröffentlichung der »Tetrabiblios« – bis in unsere Tage. Und damit kommen wir zum größten Mißverständnis, das über die Astrologie im Umlauf ist.

Die astrologische Wissenschaft basiert auf der *sichtbaren* Bewegung der Himmelskörper. Der Grund dafür liegt in der Einfachheit selbst: So war es, als der Mensch zum ersten Mal den Himmel beobachtete, und so ist es auch heute noch, wenn er es tut. Vom astrologischen Standpunkt aus hat sich überhaupt nichts geändert. Die Tatsache, daß sich die Erde um die Sonne dreht, ist ein intellektuelles Konzept, das von der Sinneswahrnehmung unabhängig ist. Es gilt für jede Wissenschaft, die dieses Wissen braucht, jedoch nicht für die *abstrakte* Mutter aller Wissenschaften, die im menschlichen Geist aus dem Genius des Sehens mit bloßem Auge entstand. Die Astrologie muß keinen Mann zum Mond schicken; sie ist die Wissenschaft der inneren Offenbarung und nicht der offenen Handlungen. Die Entdeckung von Kopernikus, die die Astronomie revolutionierte, hat nicht das geringste am Anblick des Himmels, wie er sich jedem Betrachter auf der Erde bietet, geändert. (Die Entdeckung der drei »neuen« Planeten – Uranus, Neptun und Pluto – hat dieses System erweitert, aber nicht umgestoßen, wie später noch erklärt wird.) Es gibt eine ähnliche Diskrepanz in der heute so hoch eingeschätzten Naturwissenschaft. Die Schwerkraftgesetze Newtons gelten uneingeschränkt auf der Erde, sind aber, wie Einstein bewiesen hat, nutzlos für die Himmelsmechanik. Wenn man nun Düsenflugzeuge, Autos, Waschmaschinen usw. herstellt, dann ist die Einsteinsche Relativitätstheorie nur ein intellektuelles Konzept, das mit dem Endprodukt nichts zu tun hat. Obwohl also Ptolemäus in der Astronomie falsch lag, macht dies seine astrologischen Informationen keineswegs ungültig. Tatsache ist, daß er einen sehr wichtigen Beitrag lieferte, indem er das von Arabern, Persern, Griechen und Ägyptern in Jahrhunderten erworbene Wissen zusammentrug und uns in einem enzyklopädischen Band zur Verfügung stellte.

In den »Tetrabiblios« von Ptolemäus fanden die Astrologen zum ersten Mal in einem Werk detaillierte Angaben zur Interpretation der Planetenpositionen in einem nach der damals neuen Methode guter und schlechter Aspekte erstellten Horoskop. Ptolemäus korrigierte den Fixstern-Katalog von Hipparch und schuf Tafeln von den Bewegungen der Sonne, des Mondes und der Planeten. Er systematisierte die Verbindung der Astrologie mit der Lehre von den vier Elementen – Feuer, Erde, Luft, Wasser – und ihren Grundeigenschaften – heiß, kalt, trocken, feucht.

Im dritten Jahrhundert erklärte *Plotinus,* der in Ägypten geborene und in Rom lebende Philosoph, der als führender Kopf der Neu-Platoniker galt: »Es ist völlig sicher, daß Bewegungen am Himmel den Lauf der Dinge auf der Erde beeinflussen«.

Mit der Ausbreitung des Christentums über Europa schien die Astrologie abermals zu verschwinden, doch stellte sich die Abnahme ihres Einflusses bald als Übergangsphase heraus. Bis zum Ende des Fische-Zeitalters mußten noch viele Jahrhunderte vergehen. Der Mensch mußte sich erst mit der kirchlichen Autorität bekannt machen, bevor er sie belächeln und die Mächte, für die sie stand, in sich als dem sich entwickelnden Individuum erkennen konnte. Doch bevor diese Erkenntnis möglich war, mußte erst ein langer Leidensweg in der Form von Religionskriegen, Armut und den Greueln der Inquisition zurückgelegt werden.

Die letzte römische Christenverfolgung geschah 303 unter Diokletian. Zwanzig Jahre später hatte Rom mit Konstantin seinen ersten christlichen Kaiser. Die alten heidnischen Götter hatten ausgedient und auch die Astrologie – als Religion. Sie war ja sowieso nie eine gewöhnliche Religion gewesen, weil sie sich nie als Konkurrenz eines Glaubens sah. Sie ist die Schule der inneren Offenbarung, die sich nur mit der Wahrheit, dem Verstehen der Kräfte befaßt, die, wie sie auch immer heißen mögen, auf das menschliche Leben einwirken. Sie liegt nicht im Streit mit dem Christentum oder einem anderen Glauben; sie stellt der Menschheit frei, sie zu nützen oder jahrhundertelang links liegenzulassen.

Die Christen des vierten Jahrhunderts verstanden das nicht, und auch nicht die fanatischen Anhänger der Astrologie, die versuchten, die Christen zu bekämpfen. Einer der leidenschaftlichsten Sprecher der Christenheit, *Augustinus,* brandmarkte die Astrologie als Teufelswerk, und damit war die Sache für die nächsten 800 Jahre erledigt. Nachdem sich dann die Kirche mit den europäischen Fürsten verband, verschwand die Astrologie fast völlig.

Jedoch nur in dem kleinen Teil der Erde, der sich Europa nennt. In der arabischen Welt erhellte die Astrologie den Weg zu neuen Höhen der Gelehrsamkeit. Die arabischen Scheichs förderten Kultur und Erziehung, obwohl sich ihre verarmten Völker manchmal nach dem Sinn und Zweck gefragt haben müssen. Sie gaben Unsummen aus für die Errichtung von Bibliotheken, den Kauf von Büchern und Manuskripten und die Aussendung von Boten, die neues Wissen sammeln sollten. Sie ließen Observatorien bauen, optische Geräte entwickeln und eigene Sternenkataloge zusammenstellen. 777 wurde in Bagdad eine Schule für Astrologie und Astronomie gegründet; 815 ließ *Kalif Al-Mamum* die Werke von Ptolemäus ins Arabische übersetzen. Um 850 hatte *Albumasar,* der einflußreichste arabische Astrologe, in Bagdad eine erfolgreiche Schule um sich versammelt. Seine Schriften wurden später von christlichen Mönchen ins Lateinische übersetzt. Albumasars vielgelesene Einführung in die Astronomie war eines der ersten Bücher, das nach der Erfindung der Druckerpresse gedruckt wurde.

Es waren die arabischen Astronomen, die die Fehler der Griechen aufdeckten und bemerkten, daß die Neigung der Ekliptik (der scheinbaren Sonnenbahn) keine konstante Größe ist. Sie erreichten ein größeres Maß an Genauigkeit in der sphärischen Trigonometrie und definierten viele Begriffe, die heute in der Astrologie benützt werden. Die Araber erkannten ihre Wichtigkeit für die Physiologie und die Medizin und entwickelten die Wissenschaft von den Planetenzyklen, den kritischen Perioden und Tagen. Mit anderen Worten: Die Araber erhielten die Astrologie nicht nur, sondern erweiterten auch ihren Wirkungskreis. Als die Mauren Spanien eroberten, führten sie diese ihre Wissenschaft in ein Europa ein, das verzweifelt nach einer Rettung aus der finsteren Zeit des frühen Mittelalters und des erstickenden, erdrückenden Einflusses der Kirche auf Kultur, Fortschritt und freie Forschung Ausschau hielt. Es sollte noch ein langer Weg werden.

Bevor wir mit der Geschichte der westlichen Welt fortfahren, erst ein Blick auf die interessanten Ereignisse, die in Asien und auf dem indischen Subkontinent geschehen waren.

Die Astrologie in Asien

Die Hindus

Die Hindus behaupten, daß sie die älteste überlebende Zivilisation der Welt sind und die Astrologie ihre älteste Wissenschaft ist. Die erste Behauptung mag von den Chinesen und vielleicht auch von den Ägyptern bezweifelt werden. Es bleibt aber unumstritten, daß die Astrologie ein wesentlicher Teil der Geschichte der Hindus ist, die sich, wie bei allen alten Völkern, bis weit in die Welt der Mythen verfolgen läßt.

Viele Spezialisten sind überzeugt, daß die Hindu-Astrologie sich eigenständig entwickelt hat. Sie wurde sicherlich nicht aus Griechenland oder den islamischen Ländern importiert, und ihre Methoden haben keinerlei Ähnlichkeit mit denen der Chinesen. Die Astrologie der Hindus war so weit fortgeschritten, daß die, die sie praktizierten, schon Tausende von Jahren vor den Griechen und lange vor den Ägyptern individuelle Horoskope erstellten.

Die astrologischen Lehrsätze der Hindus waren viel weiter entwickelt als vergleichbare in der westlichen Welt und ihr Verständnis der Astronomie ebenfalls. Ein Kapitel der Veden, des religiös-historischen Dokuments der alten Arier ungefähr 1500 v. Chr., ist der Astrologie gewidmet, den Bewegungen der Himmelskörper und ihrer Bedeutung.

Es gibt eine starke Richtung, die behauptet, daß die gesamte Struktur chaldäischer, ägyptischer und griechischer Gelehrsamkeit, insbesondere die okkulten Wissenschaften, ursprünglich aus Asien stammt. Von dem Ägypter Osiris und dem Griechen Orpheus wird berichtet, sie seien »Männer mit dunkler Hautfarbe« aus dem Osten gewesen, die die erste Botschaft brachten von den heiligen Wissenschaften eines Volkes oder einer Gemeinschaft von Weisen, die ein sagenumwobenes Leben in den Bergen im Norden Hindustans führten. Man hat auch vermutet, die Hindus hätten ihre geistige Tradition von dem älteren Volk der Arhat, das »in der Abgeschiedenheit der Berge, fern der Menschen« lebte, übernommen. Eine ähnliche Quelle der chinesischen Kultur, die »Großen Lehrer der schneebedeckten Berge und die Schule der Haimavatas«, wird in den heiligen Schriften der Tian-T'i-Sekte kurz erwähnt.

Man glaubt auch zu wissen, daß die Brahmanenpriester, die ihr Wissen durch die heilige Sprache Sanskrit geheimhielten, viel zu stolz waren, als daß sie sich ihre Wissenschaft von den Griechen, Arabern und Mogoln oder einem anderen Volk der Mlechas, wie sie die nannten, die die Veden und Sanskrit, »die Sprache der Götter«, nicht kannten, ausgeborgt hätten.

In der Überlieferung der Hindus wurde die Astrologie durch die geistige Autorität der Götter begründet, die ihr Wissen einer Reihe von brahmanischen Weisen, den *Rishis,* offenbarten. *Rishi* heißt: *wie ein Licht oder Stern scheinen.* Die gebildetsten Weisen waren *Maha-rishis* (große Lichter) und besaßen die Gabe der *Divya Drisati* (die höchste Einsicht). Unter den *Maharishis,* die die ersten astrologischen Werke verfaßten, war auch Parasara, der Vater Vyasas, der die Veden und die Puranas, ein weiteres, sehr altes Werk schriftlich fixierte.

Wie alt die Hindu-Astrologie sein muß, mag man daran abschätzen, daß sich aus einer ihrer Grundthesen zwei Völkergruppen entwickeln konnten. Neben dem Tierkreis, den die Sonne durchlief, schufen die Hindus ein paralleles System von 27 Mond-Häusern, die den täglichen Weg des Mondes durch die Sternbilder beschrieben. Die miteinander konkurrierenden Symbolismen von Sonne und Mond hatten zur Folge, daß sich zwei rivalisierende Völkergruppen bildeten: die Suryas und die Chandravansas, die Kinder der Sonne und die Kinder des Monds.

Das Horoskop des Gottmenschen *Rama,* der sechsten, siebten oder achten Inkarnation Vishnus, des zweiten Gottes in der Hindu-Trinität, ist uns im großen epischen Gedicht »Ramayana«, das viel älter ist als Homers »Ilias« (um 900 v. Chr.), überliefert. Aus der Position der Planeten errechneten Astrologen, daß es das Horoskop eines Mannes ist, der vor 3100 v. Chr. geboren wurde. Das interessanteste daran aber ist, daß in Ramas Horoskop die Planeten in den einzelnen Tierkreiszeichen stehen, und diese Unterteilung wurde von den Babyloniern erst ungefähr um 2000 v. Chr. vorgenommen.

Im Indien der Gegenwart ist die Astrologie immer noch weit verbreitet. Wie im Westen, so erfährt sie auch hier allmählich eine wissenschaftliche Ausrichtung, die es ihr erlaubt, sowohl auf ihren rechtmäßig erworbenen Verdiensten als auf dem schwankenden Grund emotionalen Volksglaubens zu fußen. Dies führte in der Vergangenheit, eher in Indien als anderswo, zu Irreführungen und Absurditäten. In Delhi und anderen großen Städten werden Kurse in Astrologie in Zusammenarbeit mit höheren Schulen durchgeführt. Die Hindu-Astrologie unterscheidet sich noch immer stark von der des Westens, und schon ein oberflächliches Befassen mit ihr zeigt, daß sie aus keiner unserer Quellen kommt.

Die Chinesen

Auch die Chinesen sind ein Volk, das behauptet, die Astrologie »direkt von den Göttern« erhalten zu haben. Die Tatsache, daß dieses riesige Kulturgebiet Tausende von Jahren vom Rest der Welt isoliert war, läßt eine in grauer Vorzeit liegende Quelle vermuten. Für die alten Chinesen existierte die Außenwelt nicht. Die Psychologie dieses Volkes, daß jenseits der Grenzen ihres Reiches nur der Abgrund lauere, scheint die Ansicht, die Chinesen hätten die Astrologie von den Hindus oder Griechen, völlig zu widerlegen. Alle bestehenden Hinweise deuten darauf hin, daß sie ihre Wissenschaften und Künste ohne Zugang zum Wissen anderer alter Kulturen schufen und weiterentwickelten.

Der Tierkreis der alten Chinesen ist völlig verschieden von dem der westlichen Zivilisationen. Obwohl ihm dieselbe Vorstellung zugrundeliegt, verbanden ihn die Chinesen mit einem Zwölfjahreszyklus und anderen Tiersymbolen für jedes Jahr. 1910 z. B. war das Jahr des Hundes, 1911 das des Schweins, danach folgten die Jahre der Ratte, des Büffels, Tigers, Kaninchens, Drachens, der Schlange, des Pferds, Schafs, Affen, des Hahns und wieder das Jahr des Hundes 1922.

Menschen, die in einem bestimmten Jahr geboren sind, haben demnach besondere Eigenschaften, die vom Wesen des betreffenden Tieres abgeleitet sind, obwohl sie nicht unbedingt den Eigenschaften der Tiere entsprechen, wie wir sie kennen. Diese Tierbeschreibungen stammen wahrscheinlich aus okkulten Überlieferungen.

1956 war das Jahr des Affen. Menschen, die in diesem Jahr geboren sind, sind nach chinesischer Auffassung unstete Genies, die beinahe auf jedem Gebiet Besonderes leisten, schöpferisch, einfallsreich und entscheidungsfreudig sind, einen angeborenen Wissensdurst und ein gutes Gedächtnis besitzen. Sie werden oft sehr berühmt, sind klug und haben eine gehörige Portion gesunden Menschenverstands mitbekommen; in der Liebe sind sie leidenschaftlich.

So wie die Sonne in der westlichen Astrologie den Grundcharakter festlegt, wird er bei den Chinesen durch das Jahr bestimmt, unterliegt aber weiteren Einflüssen, die zu beachten sind, wenn man eine genaue Charakteranalyse erstellt. Dies und die Wichtigkeit, die die alten chinesischen Weisen dem Tierkreis zumaßen, wird im Buch *Shu King* beschrieben: »Von den fünf bestimmenden Größen ist die erste das Jahr, die zweite der Mond, die dritte die Sonne [Tierkreiszeichen], die vierte die Planetenstunde [Aszendentenzeichen] und die fünfte die astronomische Disposition (die Position der Planeten).«

In China hatte die Astrologie schon seit frühesten Zeiten ihren festen Platz. Seit den Tagen des Kaisers *Fohi* um 2752 v. Chr. bis 200 v. Chr. wurde die Astronomie ausschließlich zum Zweck astrologischer Voraussagen betrieben. Die Chinesen besaßen außergewöhnlich gute Kenntnisse der Himmelsbewegungen.

Die Kaiser wurden aufgrund ihrer astrologischen Fachkenntnisse gewählt. Kaiser *Chueni* stellte 2513 v. Chr. eine Ephemeride (ein Buch mit Tabellen) der Bewegungen der fünf Planeten zusammen. Es gibt auch Hinweise, daß er die große Planetenkonjunktion im Jahre 2449 v. Chr. beobachtete.

Marco Polo, der 1271 n. Chr. in China eintraf, schrieb: »Diese Astrologen sind sehr geschickt in ihrer Kunst und oft treffen ihre Worte zu, so daß die Menschen großen Glauben an sie haben.«

In der chinesischen Legende wird Fohi als der Göttliche Kaiser verehrt; man bezeichnet ihn als den Drachen-Menschen, den Größten Weisen und als Vater der Götter und der Menschen. Fohi sei ein »avatar« (eine Inkarnation) der ewigen Gottheit, des Leuchtenden Himmels, gewesen und von einer Jungfrau »ohne Zutun eines Vaters« geboren worden.

Fohi gilt als der große Erzieher der Chinesen. Er lehrte sie den Gebrauch von Schriftsymbolen und wird als der »literarische Ahnherr aller Zeiten« gefeiert. Er schuf Diagramme, um den Menschen die Schaffung des Universums aus dem Chaos und die Reihenfolge der Welten zu erklären, setzte die Institution der Heirat ein und unterrichtete die Menschheit in den Künsten.

Viel später kamen die Chinesen unter den Einfluß der Mongolen, beginnend mit der Eroberung durch *Dschingis Khan* 1213. Auch die Mongolen hatten einen hohen Standard astrologischen und astronomischen Wissens erreicht.

Wie es bei vielen legendären Gestalten der Geschichte der Fall ist, so schreibt man auch Dschingis Khan göttliche Abstammung zu. Seine Mutter, eine Witwe, war schwanger, was die Gesetze ihres Volkes verboten, und als sie deswegen vor dem höchsten Richter ihres Stammes erscheinen mußte, erklärte sie, ein gleißendes Licht sei ihr erschienen und dreimal in ihren Körper eingedrungen. Sie wisse, dies bedeute, daß sie drei Söhne zur Welt bringen würde; falls dies nicht geschähe, würde sie sich der grausamsten Bestrafung unterwerfen. Sie gebar drei Söhne und wurde fortan als Heilige verehrt.

Bei der Geburt Dschingis Khans erklärten die Astrologen, ein Gottgesandter sei auf die Erde gekommen. Sein mit den heutigen Mitteln rekonstruiertes Horoskop für den September 1186 n. Chr. zeigte eine große Konjunktion der fünf Planeten im Zeichen Waage, was seine Genialität erklären soll. Dschingis besaß astrologische Kenntnisse. In seinen »Grundzügen der Geschichte Chinas« schreibt *Herbert H. Gowen,* daß während seiner Feldzüge »der Mogul vom ungünstigen Stand der Planeten und einer Vorahnung des herannahenden Untergangs bedrückt war«. Er entschied sich für die Umkehr und starb kurz darauf, im Alter von 65 Jahren, im nördlichen China.

Kublai Khan, sein Enkel, der 1279 die chinesische Sonnendynastie besiegte, war ein großer Freund der Wissenschaften, Literatur und Künste. Er förderte den Gebrauch astronomischer Instrumente, von denen man einige noch im Observatorium von Peking bewundern konnte, bevor das gegenwärtige kommunistische Regime die Macht übernahm.

Kublai Khan förderte europäische Priester und akzeptierte den tibetanischen Buddhismus zur Erweiterung des geistigen Horizonts seines Volkes und um den Zivilisationsprozeß zu beschleunigen.

Nach der Niederschlagung einer christlichen Revolte zeigte er in einer Rede nicht nur seine positive Haltung gegenüber der Astrologie, sondern auch seine Weisheit, geistige Reife und Toleranz. Vom Rücken seines Elefanten sprach er zu den um ihn versammelten 15 000 Gefangenen, vermutlich um das Todesurteil zu fällen:

> Obgleich ich bekenne, daß mein großer Sieg, heute errungen, durch die Macht und die Güte meiner Götter kam, der Sonne, des Monds und der Sterne, die ewig das strahlende Firmament des Himmels zieren; doch weil die Gefangenen, alle oder zumindest die meisten von ihnen Christen, vor mir erscheinen nicht nur ihrer Waffen beraubt, sondern auch verspottet und verhöhnt von Juden, Mohammedanern und anderen, die sie mit ihrem Gott Jesus schelten, der einst von den Vorvätern dieser Juden an ein Kreuz geschlagen wurde: Trotzdem haben sie sich im Kampf gegen mich gestellt, und nun liegen so viele ihrer Fahnen zu meinen Füßen; doch sollen alle Völker und Zungen, die unter unserer Herrschaft und Gewalt leben, wissen, daß wir in unserer Gnade sowohl den Willen zu begnadigen als auch die Macht zu strafen besitzen; von diesem Tage an verbieten wir, und ermahnen streng alle uns untertanen Völker, gleich welcher Religion und Rasse, daß sie einen von diesen gefangenen Christen verspotten, verletzen, noch unterdrücken, unter der Strafe, ihre Arme zu verlieren und schändlich mit Ruten ausgepeitscht zu werden. Der Grund, der uns dazu bringt, daß dies genau befolgt wird, ist kein anderer als daß ihr Gott Jesus von uns hoch geschätzt und geehrt wird als einer der größten unter den himmlischen Gottheiten voller Gerechtigkeit und Recht.*

Die moderne Astrologie in der westlichen Welt

Im Europa des dreizehnten Jahrhunderts, mit der Übernahme maurischen Gedankenguts, waren Astrologie und wissenschaftliches Forschen wieder im Kommen. Zu diesem Zeitpunkt hatte sich die Astrologie in vier Sparten aufgespalten:

1. Die *Geburtsastrologie,* die das Geburtshoroskop, das persönliche Horoskop eines Menschen, beurteilt.
2. Die *Stundenastrologie,* die Fragen aus einem Horoskop beantwortet, das zum Zeitpunkt der Fragestellung erstellt wird.
3. Die *Mundan-Astrologie,* die Ereignisse von nationaler Tragweite voraussagt, z. B. Kriege, wirtschaftliche Depressionen, Naturkatastrophen.
4. Die *Wahlastrologie* zur Bestimmung des richtigen Zeitpunkts für eine Unternehmung. So wurde z. B. die Grundsteinlegung für das Observatorium von Greenwich (bei London) zu einer Zeit vorgenommen, die vom ersten Königlichen Astrologen, John Flamsteed (1646 bis 1719), nach astrologischen Gesichtspunkten berechnet wurde.

---

* Übersetztes Zitat aus Heywood: »Hierarchy of the Blessed Angels«

An der neugegründeten Universität von Oxford war die Astrologie Teil des Studiums der Astronomie. Ihr erster Kanzler, *Robert Grosseteste,* betrachtete die Astrologie als »höchste Wissenschaft« und behauptete von ihr, sie liefere Einsichten in alles menschliche Tun.

Dann gab auch die Kirche, durch *Thomas von Aquin,* einen ihrer einflußreichsten Söhne, ihr Placet. Indem er erklärte, daß Gott niedere Geschöpfe durch höhere Geschöpfe regiert und so unsere irdischen Körper durch die Gestirne, ließ er in der Astrologie Raum für den freien Willen, den für die meisten strittigsten Punkt. Kein Kirchenmann, und deshalb auch wenige Laien, konnten ein Gedankengebäude akzeptieren, in dem alles schon vorbestimmt war. Für Aquin besteht ein Kampf zwischen der physischen Existenz des Menschen (die dem Einfluß der Sterne unterliegt) und dem sich darüber erhebenden Menschen (der Gott untertan ist).

In der Zeit der Renaissance (um das vierzehnte Jahrhundert) hatte die Astrologie im christlichen Europa wieder festen Fuß gefaßt und erfreute sich der Unterstützung der größten Denker und Künstler. Während der folgenden vier Jahrhunderte wurden neue Grundlagen erarbeitet, die es ihr ermöglichten, den Skeptizismus des achtzehnten Jahrhunderts zu überleben.

Die wissenschaftlichen Entdeckungen von *Newton, Kopernikus, Tycho Brahe* und *Kepler,* die die Position der Astrologie zu untergraben schienen, dienten nur dazu, ihr einen noch festeren Platz in der Zukunft zu sichern. Denn die Astrologie hatte von der reinen Naturwissenschaft nichts zu befürchten – sondern nur von dauerhaften Vorurteilen. Um sich weiterentwickeln zu können, brauchte sie nur die Urteilskraft von Menschen mit Verstand, die sich von den schwer auszurottenden Überlieferungen der Kirche und des Staates und der Autoritätsgläubigkeit befreit hatten, die dem menschlichen Geist eine starre und unbewegliche Sicht der Dinge aufzwingen. Die Astrologie brauchte die Chance, sich in einem ursprünglichen Zustand präsentieren zu können und nur die Prinzipien beizubehalten, die präzisen astronomischen und naturwissenschaftlichen Tatsachen entsprechen. Sie brauchte im Grunde eine neue Generation von Astrologen. Und dies wurde möglich, weil sich das vage, emotionale und beeindruckbare Fische-Zeitalter dem Ende zuneigte.

Der Übergang zum Beginn des wissenschaftlichen Zeitalters war nicht einfach – für die Wissenschaftler wie für die Astrologen.

Der Däne *Tycho Brahe* (1546–1601) war beides in einer Person. Er gilt als der herausragendste und genaueste Beobachter des Himmels seit Hipparch 1700 Jahre zuvor und setzte eine wissenschaftliche Entwicklung in Gang, die mit den Schwerkraftgesetzen Newtons 1693 ihren Höhepunkt fand.

Tycho stellte in seiner Freizeit Horoskope. 1572 machte er aufgrund eines auftauchenden Kometen eine interessante Vorhersage: 1592 werde in Finnland ein Mann geboren, der Großes für eine religiöse Sache leisten und 1632 sterben würde. Diese Prophezeiung stimmte fast exakt mit dem Leben und Wirken Gustav Adolfs von Schweden (Finnland war eine schwedische Provinz) überein. Gustav und sein Heer errangen große Siege für die protestantische Sache im Dreißigjährigen Krieg; er starb im Augenblick seines größten Sieges über die Kaiserlichen bei Lützen.

Der vom dänischen König Frederik geförderte Tycho ließ der größeren Genauigkeit wegen alle seine Instrumente aus Metall statt aus Holz bauen. Er forderte, daß eine Theorie erst nach äußerst genauen Beobachtungen, wie er sie auch durchführte, aufzustellen sei. Er erstellte und gebrauchte sehr genaue Tabellen und korrigierte die von Kopernikus.

Unter seinen Schülern war ein begabter Deutscher, *Johann Kepler* (1571–1630). Er benutzte Tychos Aufzeichnungen über die Bewegungen der Planeten und sollte mit seinen drei Gesetzen der Planetenbewegungen, die erst ein knappes Jahrhundert später durch die Newtonschen Grundgesetze der Mechanik völlig erklärt wurden, die Astronomie revolutionieren.

Auch Kepler war Astrologe und veröffentlichte astrologische Jahreskalender. Für das Jahr 1595 sagte er zutreffend Bauernerhebungen in Oberösterreich und eine Türkeninvasion vorher. Aus dem Horoskop des böhmischen Generals *Albrecht von Wallenstein* sah er schon 1624 für den März 1632 »schreckliche Unruhen im ganzen Land«. Der General wurde am 25. Februar 1634 von seinen Gegnern ermordet.

Keplers Bewegungsgesetze warfen alle früheren Annahmen über den Haufen, indem sie die Planetenbahnen als Ellipsen und nicht als Kreise beschrieben. Seine astrologischen Vorstellungen nahmen auch die heutigen schon vorweg, die den Tierkreis als universelles genetisches Muster in Verbindung mit dem sich verändernden elektromagnetischen Planetenfeld des Sonnensystems sehen.

Kepler glaubte, daß »die Seele in sich die Vorstellung (Zeichen?) des Tierkreises trägt« und die Sternenstrahlen instinktiv auf die Seele wirken, »so wie der Gehörsinn und die Fähigkeit, Töne zu unterscheiden, der Musik solche Kraft gibt, daß sie den, der sie hört, zum Tanzen bringt«.

Galilei (1564–1642), ein Zeitgenosse Keplers, benützte als erster ein Teleskop für astronomische Beobachtungen. Er war ebenfalls Astrologe; zwei seiner Bücher enthalten von ihm gestellte Horoskope. Er starb an dem Tag, als *Newton* geboren wurde. Und es war Newton, der die wahre Bedeutung der drei Keplerschen Gesetze der Planetenbewegungen durch sein Gesetz von der universellen Schwerkraft (das sich als nicht so universell gültig herausstellte) erklärte.

Newtons Haltung gegenüber der Astrologie ist nicht ganz klar, aber uns ist die Antwort erhalten, die er *Halley,* dem Entdecker des nach ihm benannten Kometen, gab, als er Zweifel über die Astrologie ausdrückte: »Sir, ich habe sie studiert, Sie nicht.«

Eine der bekanntesten Vorhersagen aus dieser Zeit stammt von dem Engländer *William Lilly* (1602–1681). Er gehörte zu der neuen Generation von Astrologen, die aus dem Lateinischen übersetzte Bücher lesen und mit Horoskopen eigene Experimente anstellen konnten. 1651 sagte er die Pest und den großen Brand Londons im Jahre 1666 voraus. Einer verblüfften Untersuchungskommission, die ihn als Zeugen geladen hatte, konnte er nur sagen, daß beide Ereignisse in den Sternen geschrieben standen. In seiner Autobiographie erinnert er sich, daß er »vom Komitee mit großer Höflichkeit verabschiedet wurde«.

Im 18. Jahrhundert verlor die Astrologie hauptsächlich aus Mangel an fähigen Männern, die sie praktizierten, auf dem Kontinent an Boden; nicht jedoch in England, wo sie eifrig betrieben wurde und sogar die Hexengesetze von 1735 überlebte.

Mit dem steigenden Bildungsgrad im 19. Jahrhundert begannen die Menschen, die seltenen astrologischen Werke selbst zu lesen und ein persönliches Interesse an den Sternen, unter denen sie geboren waren, und ihrer Bedeutung zu zeigen. Der Berufsastrologe konnte trotz drohender Verfolgung seine Arbeit durchführen. Er wurde durch eine stetig wachsende Anhängerschaft ermutigt, die schließlich das Recht verlangte, sich eigene Gedanken über das Gelehrte machen zu dürfen.

Die ernstzunehmenden Astrologen unternahmen immer häufiger den Versuch, astrologische Prinzipien in rationalen, wissenschaftlichen Begriffen neu zu fassen. Im 20. Jahrhundert war endlich durch die Arbeiten bekannter Astrologen der Boden bereitet. Die Arbeit wird heute von einer neuen Generation weitergeführt, die noch wissenschaftlicher, intuitiver, unkonventioneller, schöpferischer, aufgeschlossener und erfinderischer arbeitet – wie es für die Pioniere des Wassermann-Zeitalters paßt.

Die Astrologie heute

Wie die Planeten das Leben beeinflussen

Wie ist es möglich, daß die Planeten das Leben eines Menschen beeinflussen? Durch die Jahrhunderte hindurch hatten Astrologen Schwierigkeiten, diese Frage zu beantworten, und natürlich hat die Glaubwürdigkeit der Astrologie darunter gelitten. Heute jedoch kann dank der Fortschritte der Physik in der zweiten Hälfte des 20. Jahrhunderts und eines besseren Verständnisses der Zeit, in der wir leben, diese Frage endgültig beantwortet werden.

Wenn die Astrologie als nachprüfbare Wissenschaft, die sie ja auch ist, betrachtet werden soll, dann muß sie sich auch im Lichte der jüngsten wissenschaftlichen Entdeckungen auf diesem Gebiet – der Himmelsmechanik – rechtfertigen können. Die Astrologie hat in gewisser Weise der Naturwissenschaft gegenüber einen Vorteil, weil sie behaupten kann, daß ihre Prinzipien das Grundschema des Lebens erklären, obwohl sie noch sehr viel lernen und in ihr Gedankengebäude einbringen muß. Die Wissenschaft kann das nicht; sie vermutet, daß sie es irgendwann auf ihre Weise auch schafft, aber ihre Methode besteht darin, jeden Schritt zu überprüfen und allmählich von einer Theorie zur anderen auf die wie auch immer geartete Wahrheit am Ende zuzuschreiten. Die Astrologie dagegen fängt mit dem Ende an. Offensichtlich wird es lange Zeit eine Kluft geben zwischen dem, was die Wissenschaft entdeckt, und die Astrologie schon zu wissen glaubt. Das schränkt jede Erklärung ein und erfordert ein gewisses Maß an Theorie und Spekulation, bis die Wissenschaft endlich aufgeholt hat. Aber Wissenschaft und Astrologie bewegen sich aufeinander zu und werden sich letztendlich treffen. Es gibt sogar jetzt schon so viele Gemeinsamkeiten für eine rationale Erklärung, die noch vor weniger als fünfzig Jahren unmöglich gewesen wäre.

Astrologie ist die Wissenschaft vom Elektromagnetismus: Sie wußte von ihm schon lange, bevor er überhaupt registriert wurde und diese Bezeichnung bekam. Wenn man dieses Grundkonzept einmal erfaßt hat, ist die Frage, wie die Planeten das Leben auf der Erde beeinflussen, schon halb beantwortet; die vollständige Antwort hängt von den nächsten wissenschaftlichen Entdeckungen auf dem Gebiet der Kybernetik ab. Die Naturwissenschaften haben in zwei speziellen Bereichen – mit dem Elektromagnetismus und der Kybernetik – die der Astrologie zugrundeliegende Wahrheit enthüllt und sind nun dabei, beide Fäden miteinander zu verknüpfen.

Da man vom Elektromagnetismus bis 1831 durch *Faraday* nichts wußte, ist es verständlich, daß sich die Astrologen jahrhundertelang dagegen wehrten, ihre Kunst mit rationalen Begriffen zu erklären. Sie wußten, wie Faraday, durch Experimente, daß ihr Wissen richtig war. Wäre dies nicht der Fall gewesen, wäre ihre Kunst schon bald eines natürlichen Todes gestorben. Wie konnten sie aber erklären, warum die Sache funktionierte? Faraday konnte den Elektromagnetismus ja auch nicht befriedigend erklären. Dies blieb *Maxwell* vorbehalten, der 40 Jahre später Faradays Entdeckungen in eine mathematische Formel übersetzte, die die Entwicklung der modernen Physik und der Elektronik erst ermöglichte.

Wie könnten nun die Astrologen der Antike, des Mittelalters und der Moderne ihre Kunst erklären, wenn die ihr zugrundeliegende Vorstellung noch nicht einmal wissenschaftlich formuliert, das wissenschaftliche Prinzip noch nicht verstanden worden war? Niemand kann dafür die Ungläubigen und Zweifler verantwortlich machen, denn sie wollten nur eine vernünftige Antwort auf eine vernünftige Frage: Wie funktioniert die Astrologie? Das war ungefähr so, als würde man jemanden, der noch nie etwas von Elektrizität gehört hat, auffordern, die Funktionsweise einer Glühbirne zu erklären. Die Antworten, die man zu geben versuchte, kamen stockend und waren wenig überzeugende Erklärungen in okkultem, metaphysischem oder magischem Jargon, der einzigen Sprache, um das Geheimnis der Elektronik zu beschreiben. Wie die Mathematik die Sprache der Himmelsmechanik ist, so besitzt auch die Astrologie eine eigene Sprache, um die von ihr erkannten Zusammenhänge auszudrücken. Die in beiden Sprachen benützten Symbole haben den gleichen Ursprung in der Vorzeit.

Der Tierkreis

Die Astrologie arbeitet mit dem Tierkreis, der auch als »Zodiakus« (aus griechisch: *zoion* = Tier und *kirkos* = Kreis) bezeichnet wird und spielt damit auf die Gewohnheit der Menschen des Altertums an, Sternbildern Tiernamen zu geben. An diesem Punkt enden alle Gemeinsamkeiten zwischen dem alten Tierkreis der Sternbilder und dem modernen, astrologischen Tierkreis des Raumes.

Die Astrologie ist sicherlich den Sterndeutern der Antike verpflichtet, die in den Sternsymbolen diesen Tierkreis des Raumes sahen, doch gibt es keinen Zusammenhang – außer in der Verwendung der gleichen Symbole – zwischen beiden. Diese Tatsache wird sehr oft übersehen und ist einer der Gründe dafür, daß die Astrologie nicht von viel mehr Menschen verstanden wird.

Der astrologische Tierkreis ist eine abstrakte Unterteilung der Raumsphäre um uns in 12 Segmente oder Zeichen. Das scheint im ersten Augenblick genauso weit hergeholt wie die Vorstellungen der alten Sterndeuter, aber dem ist nicht so, und die Gründe dafür werden klar, wenn man weitere Einzelheiten kennt. Diese zum Raum gehörenden 12 Zeichen sind Grundmuster menschlicher Charakteristika, sie verkörpern die 12 psychologischen Menschentypen oder die 12 Grundarten, in denen sich menschliche Individualität ausdrücken kann.

Die Zeichen sind:

Widder   Löwe   Schütze
Stier   Jungfrau   Steinbock
Zwillinge   Waage   Wassermann
Krebs   Skorpion   Fische

Die erste Eigenschaft des astrologischen Tierkreises liefert also die Einteilung in 12 fest umrissene Charaktere.

Die zweite Eigenschaft liefert 12 Grundbereiche menschlicher Aktivitäten. Diese Bereiche werden Häuser genannt und mit 1–12 bezeichnet.

Die Häuser und eine kurze Beschreibung ihrer Bedeutungen:

1. Persönlichkeit, ichbezogene Interessen, Lebensausblick.
2. Besitz, Einkommen, materielle Sicherheit.
3. Kommunikation mit der Umwelt; nahe Verwandte, Nachbarn, Briefe, Sprache, kurze Reisen, Intellekt.
4. Heimat, Kindheit, das Unbewußte, Traditionen, das psychologische Ich.
5. Selbstdarstellung, Vergnügen, Liebesaffären, Kinder, sinnliche Freuden, Kreativität, Vorstellungskraft, Talent.
6. Arbeit, Gesundheit, Pflicht, Haustiere, Ernährung, tägliche Aufgaben, Hygiene, Grundbedürfnisse.
7. Ehemann oder -frau, Geschäftspartner, Verträge, Ehe, Scheidung, rechtliche Angelegenheiten, soziales Bewußtsein.
8. Tod, Erbschaft, gemeinsame Gefühle, Geschlechtstrieb, Psychoanalyse, Steuern, Finanzen des Partners, Leben nach dem Tode.
9. Religion, weite Reisen, philosophische Erkenntnisse, Träume, fremde Länder, Publizität, organisierter Sport.
10. Öffentliches Ansehen, Ruhm, Fähigkeiten, Karriere und Beruf, Status, Vereinigungen, Regierung.
11. Gesellige Aktivitäten, Bindungen an die Gemeinschaft, Freunde, Gönner, Ideale, humanitäre Ziele, unerwartete Ereignisse.
12. Aufopfernde Dienste, Gefängnis, Exil, versteckte Feindschaften, Einschränkung, selbstgewählter Rückzug, Neurosen, Verrat, Krankenhaus, geheime Motive.

Jedes Haus ist eng mit einem Zeichen verbunden, beginnend mit dem Widder (Haus 1).

Beide Eigenschaften des Raumes bilden zusammen den Tierkreis – wie zwei Kreise, von denen einer langsam im anderen rotiert. Hält sich nun eine Energiequelle (ein Planet) in einem bestimmten Zeichen auf, so überträgt sich sein besonderer Einfluß auf eine Lebenssituation (Haus). Das Abbild beider Einflüsse zeigt sich auf der Erde, im Zentrum der zwei Kreise, als das Individuum und seine Umwelt. Dies ist, grob vereinfacht, die der heutigen Astrologie zugrundeliegende Vorstellung.

Da es nun zehn Planeten (Sonne und Mond zählen auch zu ihnen) gibt, die ständig in bestimmten Zeichen und Häusern strahlen, ist das Ergebnis eine faszinierende Vielfalt – das menschliche Leben, wie wir es kennen. Und es erfordert viel Geschick (die Kunst des Astrologen), es in bestimmte Grundmuster einzuteilen.

Es ist auch einzusehen, daß die Art von Energie, die ein Planet ausstrahlt, sowie seine Winkelposition bezüglich der Zeichen, Häuser und anderer Planeten eine wesentliche Bedeutung für das auf der Erde erscheinende Abbild hat. Deshalb muß man die charakteristischen Energien jedes Planeten beachten, die im folgenden beschrieben sind:

Sonne   Macht, Selbstdarstellung, Individualität.
Mond   Beeinflußbarkeit, Veränderlichkeit, Empfindsamkeit, Sympathie.
Merkur   Kommunikation, Intelligenz, Urteilskraft.
Venus   Anziehungskraft, Einheit, Schönheit, Evaluation (Wertbestimmung).
Mars   Aktivität, energische Äußerung, Selbstverwirklichung, Hitze, Unternehmungsgeist.
Jupiter   Erweiterung, Optimismus, Voraussicht.
Saturn   Beschränkung, Eingrenzung, Disziplin.
Uranus   drastische Veränderung, Unabhängigkeit, Erfindungsgeist, Originalität.
Neptun   Erhabenheit durch Auflösung von Bindungen, Loslösen vom Materiellen.
Pluto   Wiedergeburt, Säuberung, Erneuerung, Entschlossenheit.

Die Planeten erfüllen Zeichen und Häuser mit Energie und lassen so die Vielfalt des Lebens entstehen.

Es bleibt aber immer noch die Frage: Wie geschieht das alles? Die Antwort darauf ist einfach und erfolgt in vier Schritten.

Der erste Schritt befaßt sich mit den Erkenntnissen Einsteins. In seiner Allgemeinen Relativitätstheorie zeigt *Einstein,* daß der Raum draußen zwischen den Sternen und Planeten geometrisch ist, Besonderheiten aufweist, »Formen« annimmt – veränderlich ist. Dort im All ist »Raum« nicht so einheitlich, wie wir ihn hier auf der Erde kennen; er hat an verschiedenen Orten unterschiedliche Eigenschaften. Bei der Anwesenheit massereicher Körper wie der Planeten oder besonders der riesigen Sonnen und Sternansammlungen »biegt« er sich in einer Raum-Zeit-Krümmung.

Zweitens: Das Licht der Sonne und der Sterne und die Radiowellen aus den Tiefen des Alls sind elektromagnetischen Ursprungs. Das ganze Universum ist ein elektromagnetischer Komplex, unser Sonnensystem und unsere Magnetosphäre[1], das die Erde umgebende Feld, eingeschlossen.

Drittens: Die Kybernetik[2], der neue Wissenschaftszweig, der hinter den Entwicklungen auf dem Computersektor steht, hat in die Physik eine neue Größe eingebracht: die Information. Sie hat erkannt, daß ein gegenseitiger Informationsaustausch zwischen jedem elektromagnetischen Feld und den darin lebenden Organismen stattfindet.

Anders gesagt, die in einem elektromagnetischen Raum-Feld vorhandene »Information« ist ebenfalls in jeder Zelle jedes Organismus vorhanden. Das bedeutet, daß nicht die Sonnenstrahlung noch eine andere Strahlungsart Veränderungen in Zellen oder Zellaktivitäten hervorrufen, sondern der *gegenseitige Informationsaustausch,* der im Lebewesen durch Schwankungen des magnetischen Felds als Reaktion auf diese Strahlung ausgelöst wird. Die Planetenstrahlung gibt sozusagen für die Zelle den Startschuß, mit einem vorprogrammierten Ablauf zu beginnen.

Viertens: Alle Planeten, die durch das elektromagnetische Feld der Sonne ihre Bahn ziehen und dabei ihre eigene Energie abstrahlen, verursachen elektromagnetische Wellen, die, bei ungünstigen Aspekten untereinander oder zur Erde, für starke Störungen bei der Übertragung von Radiowellen verantwortlich sind. Eine amerikanische Rundfunkgesellschaft (RCA) hat ein Vorhersagesystem für diese Störungen nach astrologischen Kriterien entwickelt.[3] Das sind die naturwissenschaftlichen Überlegungen.

Zurück zur Astrologie: Der Zodiakus besteht aus einem Kreis von 12 charakteristischen Unterteilungen der äußeren Raum-Zeit, die der Astrologe die Zeichen nennt – Widder, Stier, Zwillinge usw. Diese 12 Unterteilungen wirken auf einen Punkt, der die irdische Raum-Zeit darstellt. Folglich sind die Zeichen mit ihren Eigenschaften oder Charakteristika universell gegenwärtig in und um jede lebende Zelle und schaffen die Grundlage für elektromagnetische Aktivität und Lebensäußerung nach genauen Richtlinien.

---

[1] Siehe Einleitung, S. 18
[2] Siehe Einleitung, S. 19
[3] Siehe Einleitung, S. 15

In gewisser Beziehung ist es leichter, das kosmische Prinzip zu verstehen als den Grund dafür, daß die Naturwissenschaft so lange brauchte, bis sie die Kybernetik auch auf dem Gebiet der Himmelskunde anwandte. Durch die Kosmobiologie, dem wissenschaftlichen Namen für die Astromedizin der Astrologie, wird dies jetzt nachgeholt.

Man hätte meinen können, daß sich nach all dem Spott, den sie über die Astrologie ausgegossen hat, die Wissenschaft in eine andere Richtung entwickelt; doch sie bewegt sich unaufhaltsam auf den Zodiakus zu.

Das Horoskop

Das Horoskop ist die graphische Darstellung der Planetenstellungen im Tierkreis zum Zeitpunkt der Geburt eines Menschen. Wie bei einer Landkarte kann man die hervorstechenden Merkmale bestimmen und so einigermaßen das Terrain im voraus sondieren und sichtbare Hindernisse vermeiden. Das Horoskop zeigt nicht nur den Charakter, die Triebe und Neigungen eines Menschen, sondern auch die Kräfte, die ihn als menschliches Wesen tatsächlich hervorbrachten. Was in dieser Darstellung zu sehen ist, wird immer sein ursprüngliches physisches und psychologisches Ich sein. Wenn der Zeitpunkt eines Ereignisses festgelegt werden kann, ist es möglich, seine Raumcharakteristik und Bedeutung zu erfahren. Das Horoskop ist die Schreibweise der Astrologie für die Raum-Zeit-Theorie der Naturwissenschaften in bezug auf Menschen und Ereignisse.

Bei 10 auf einzelne Zeichen des Tierkreises verteilten Planeten in einem Horoskop muß man natürlich erst einen Ausgangspunkt für die Deutung festlegen. Die Methode, die die meisten kennen, ist die Bestimmung des Zeichens, in dem die Sonne steht. Die Sonne ist zweifellos das wichtigste und größte Gestirn in unserem Sonnensystem, ihre energiespendende Kraft im Tierkreis lebenswichtig und dominierend. So bestimmt das Zeichen, das die Sonne am Geburtstag einnimmt, den Grundcharakter eines Menschen, den er immer in sich als sein Selbst fühlen wird.

Doch es gibt noch einen weiteren Teil der Persönlichkeit, der im Prinzip genauso wichtig ist – nämlich wie die Person von anderen gesehen wird. Man zeigt nicht immer seinen Tierkreiszeichencharakter, obwohl er stets »angeboren« und unverändert bleibt, sondern präsentiert der Umwelt einen weiteren Charakter, den, der vom Aszendenten beeinflußt wird.

Der Aszendent ist im Grunde genommen der Planet Erde. Ganz allgemein wird die Erde nicht zu den Planeten gerechnet, weil sie ja gewissermaßen im Brennpunkt des Horoskops steht; doch beeinflußt sie unser Leben auch durch den Tierkreis, und zwar dadurch, daß sie das Aszendentenzeichen mit Energie erfüllt.

Der Aszendent ist der Punkt, an dem die Erde am Geburtsort des Menschen mit dem Raum zusammentrifft: der Horizont. Wegen der Erddrehung steigt alle zwei Stunden ein neues Sternzeichen am Horizont auf. Deshalb braucht man zur Bestimmung des Aszendenten eine ziemlich genaue Angabe der Geburtszeit. Der Aszendent regiert, wie man auf seine Mitmenschen wirkt; er ist das Schicksal, dem man nicht entgeht, die Umwelt (Familie, Heimat, Ererbtes). In den meisten Fällen sind Aszendentenzeichen und Geburtszeichen verschieden; das erklärt, weshalb wir so oft anders fühlen als wir handeln, weshalb wir mißverstanden werden und andere mißverstehen, weshalb wir ein Gewissen haben. Das Geburtszeichen zeigt an, zu welcher Persönlichkeit wir uns schließlich und endlich entwickeln, der Aszendent, wie wir jetzt sind und welche Mittel wir im Kampf um dieses erhabene Ziel einsetzen müssen.

Der nächstwichtigste Planet im Horoskop ist der Mond. Er ist unser emotionales Selbst, unsere tief wurzelnde Vergangenheit, die zurück durch die Kindheit, den mütterlichen Einfluß, über die Erinnerung hinaus ins unbewußt erlebte Dunkel anderer Raum-Zeit-Krümmungen reicht. Durch den Mond in uns reagieren wir instinktiv und empfindsam.

Die Positionen aller weiteren Planeten im Horoskop müssen dann untersucht werden, um ein komplettes Bild zu gewinnen. Jede mögliche Position und der Aszendent ist auf den folgenden Seiten angegeben und deren Bedeutung erklärt.

Für den Berufsastrologen gibt es noch eine Reihe weiterer Faktoren, die in Betracht gezogen werden müssen. Ein Beispiel: Jeder Planet regiert ein Zeichen, manchmal sogar zwei, mitunter gemeinsam mit einem anderen Planeten. Ein Planet in seinem eigenen Zeichen hat einen stärkeren Einfluß. Unter den einzelnen Planeten gibt es »Freundschaften« und »Feindschaften«, d.h. ihre Grundenergien harmonieren oder disharmonieren. Es ist ganz natürlich, daß zwei »Feinde« Spannungen in einer Person bezüglich der von Zeichen oder

Haus bestimmten Angelegenheiten verursachen werden. Es gibt auch Zeichen, in denen ein Planet besonders stark (erhöht) ist, und solche, die Nachteile oder den »Abstieg« eines Menschen anzeigen. Einige Häuser sind besonders eng mit einer bestimmten Eigenschaft eines Planeten verbunden.

Die Zeichen selbst haben verschiedene Eigenschaften und Merkmale. Jedes hat eine elementare Natur, Feuer, Erde, Luft und Wasser. Die Feuerzeichen Widder, Löwe und Schütze sind leidenschaftlich und hitzig, die Erdzeichen Stier, Jungfrau und Steinbock praktisch und vorsichtig, die Luftzeichen Zwillinge, Waage und Wassermann intellektuell und kommunikativ, die Wasserzeichen Krebs, Skorpion und Fische schließlich emotional und empfindsam veranlagt.

Zeichen können positiv (Widder, Zwillinge, Löwe, Waage, Schütze, Wassermann) oder negativ (Stier, Krebs, Jungfrau, Skorpion, Steinbock, Fische) sein. Sie werden auch entsprechend den Eigenschaften kardinal, fixiert (fest) und veränderlich unterteilt: Die Kardinalzeichen Widder, Steinbock, Waage und Krebs symbolisieren den vorwärtsdrängenden Geist, die festen Zeichen Stier, Löwe, Skorpion und Wassermann Beständigkeit, sind dem Wechsel abgeneigt, und die veränderlichen Zeichen Zwillinge, Jungfrau, Schütze und Fische symbolisieren Anpassungsfähig- und Vielseitigkeit.

Schließlich gibt es auch noch die sehr wichtigen Aspekte zwischen den Planeten. Der Berufsastrologe muß die Gradabstände messen, die die Planeten in den Zeichen von den Häusern des Horoskops trennen und entscheiden, ob es sich um »gute« oder »schlechte« Winkelabstände handelt – d. h., ob sie leichte oder schwere Bedingungen schaffen.

In diesem Buch wurde all dies für Sie errechnet und die Erstellung Ihres Horoskops ist eine einfache Sache: Sie müssen nur ein paar Seiten aufschlagen und lesen. Doch zuerst sollten Sie Ihren vom Sonnenzeichen bestimmten Grundcharakter kennenlernen.

Freier Wille und Astrologie

Schränkt die Astrologie den freien Willen ein? So heißt die Frage, die viele Menschen beschäftigt, wenn sie beginnen, die kosmische Bedeutung zu verstehen.

Eines der damit verbundenen Probleme ist, daß viele von uns die Möglichkeit, zwischen etwas wählen zu können, als freien Willen mißverstehen. Die Astrologie zeigt, daß zwischen beiden ein mehr als deutlicher Unterschied besteht.

Wir alle wissen, daß wir im Augenblick der Wahl frei sind; ansonsten könnten wir nicht als verantwortliche Wesen handeln. Wir mögen Gründe haben, eine Sache gefühlsmäßig zu unterstützen und doch – aus Furcht, Rücksicht, Liebe – das Gegenteil zu tun, aber immer sind wir frei zu wählen, wenn sich die Gelegenheit bietet. Nur ist das eine ziemlich begrenzte Freiheit. Für den einzelnen bietet sich meist nur die Entscheidung zwischen: Werde oder werde ich nicht gehen oder anhalten, sprechen oder schweigen, ja oder nein sagen? Eine Alternative bietet offensichtlich keinen großen Entscheidungsspielraum. Diese eingeschränkte Wahlmöglichkeit kann man sicher nicht mit Freiheit gleichsetzen.

Diese eingeschränkte Wahlmöglichkeit dort, wo wir die Bürde unserer weltlichen Verpflichtungen spüren und oft den Weg der Pflicht wählen statt des Weges, den wir gefühlsmäßig als den für uns richtigen erkannt haben, wird durch das Aszendentenzeichen dargestellt. Wie schon gesagt, ist es der zweitwichtigste Faktor im Horoskop: Der Charakter oder die Persönlichkeit, die wir der Welt und unserer Umgebung zeigen – ob arm oder reich, verwaist oder geliebt, gesund oder krank –, wird von der Beziehung der Erde zum Tierkreis im Augenblick der Geburt bestimmt. Begrenzte Wahlmöglichkeit ist begrenzte Freiheit, ein Umstand unserer irdischen Existenz.

Der Wille ist eine ganz andere Sache. Er wird vom Sonnenzeichen verkörpert, dem Charakter, den wir durch unsere Persönlichkeit und irdischen Umstände erlangen werden. Die Stellung der Sonne ist ja der wichtigste Faktor im Horoskop.

Wie die Sonne, so hält sich auch unser Wille im Hintergrund unserer Wahlmöglichkeiten ausschöpfenden Persönlichkeit wie ein alter König, der die Mätzchen seines Kanzlers bei seinen begrenzten Entscheidungen beobachtet. Wie schon gesagt wurde: Den vom Sonnenzeichen bestimmten Charakter werden wir immer in uns als unser Ich fühlen. Wir mögen vielleicht alle täuschen können, ihn aber nicht. Wir können mit unseren begrenzten Wahlentscheidungen durchkommen, doch werden wir nicht glücklich und zufrieden dabei. Wir müssen noch einmal wählen, und immer wieder wählen, um die begrenzte Freiheit des Aszendenten auszuschöpfen.

Doch wenn wir durch unseren Aszendenten einen Sinn für unser Leben gefunden haben, werden wir auch den Willen haben, etwas zu tun oder zu sein. Das Wählen wird uns dann keinen Kummer mehr bereiten, weil wir die Wahl im Einklang mit unserem Lebenssinn, der mit unserem Geburtszeichencharakter verbunden ist, treffen. Das Besondere am Lebenssinn ist, daß er nicht auf ein Ziel gerichtet ist. Wahl, vom erdgebundenen Aszendentenzeichen abhängig, hat immer ein Ziel, eine Absicht, einen Zweck vor Augen.

Wenn der Lebenssinn eines Menschen darin besteht, gütig zu sein, dann wird er nie wählen müssen, was er zu tun hat – er wird gütig sein. Im Gegensatz zu dem, der sich ein Ziel gesetzt hat, wird er sich niemals fragen müssen, was er als nächstes machen will, wenn er sein Ziel erreicht hat. Wie kann er je sein Soll an Güte erfüllt haben, wenn jeder Augenblick seines Lebens eine neue Gelegenheit für den Beweis seiner Güte bringt?

Der Lebenssinn ist zeitlos, und die Person hat selten etwas Besonderes davon aufzuweisen. Lebenssinn ist gewollt und frei – mit anderen Worten: freier Wille – und leuchtet wie die Sonne über der Erde.

Jeder Mensch ist das Produkt seines Sonnenzeichencharakters und des Aszendentenzeichens. Deshalb gibt es auch so viele nette Leute.

Grenzfälle

Steht Ihr Sternzeichen unter zwei guten Sternen?

Die meisten Leute kennen die 12 Tierkreiszeichen und können auf Anhieb ihr Geburtszeichen nennen. Fragt man z. B. Menschen, die zwischen dem 19. und 25. Februar geboren sind, werden sie bestimmt sagen, sie seien Fische. Doch sind sie es wirklich? Einige Astrologen sagen, daß jemand, der in dem Zeitraum geboren wurde, in dem ein Zeichen von einem anderen abgelöst wird, wie es in den Tagen vom 19. bis 25. Februar der Fall ist, einen Mischtyp, einen Grenzfall zwischen Wassermann und Fische darstellt. Das bedeutet, daß sein Leben von beiden Sternzeichen beeinflußt wird; denn die Wirkung des Wassermanns dauert noch sechs Tage an.

Sehen Sie in den folgenden Tabellen nach, ob Sie zu Mischtypen gehören. Sie könnten einen Aspekt Ihrer Persönlichkeit – und einen Schlüssel zu Ihrem Charakter – finden, den Sie nie vermutet hätten.

Grenzfälle zwischen:

Widder und Stier
20.–26. April

Stier und Zwillinge
20.–26. Mai

Zwillinge und Krebs
21.–27. Juni

Krebs und Löwe
22.–28. Juli

Löwe und Jungfrau
22.–28. August

Jungfrau und Waage
23.–29. September

Waage und Skorpion
23.–29. Oktober

Skorpion und Schütze
22.–28. November

Schütze und Steinbock
21.–27. Dezember

Steinbock u. Wasserm.
20.–26. Januar

Wassermann u. Fische
19.–25. Februar

Fische und Widder
20.–26. März

Astro-Analysis

46

Jahr	Widder MÄRZ– APRIL	Stier APRIL– MAI	Zwillinge MAI– JUNI	Krebs JUNI– JULI	Löwe JULI– AUG.	Jungfrau AUG.– SEPT.	Waage SEPT.– OKT.	Skorpion OKT.– NOV.	Schütze NOV.– DEZ.	Steinbock DEZ.– JAN.	Wassermann JAN.– FEB.	Fische FEB.– MÄRZ
1910	22-20	21-21	22-21	22-23	24-23	24-23	24-23	24-22	23-22	23-20	21-19	20-21
1911	22-20	21-21	22-22	23-23	24-23	24-23	24-24	25-22	23-22	23-20	21-19	20-21
1912	21-19	20-20	21-21	22-22	23-23	24-22	23-23	24-22	23-21	22-20	21-19	20-20
1913	21-20	21-21	22-21	22-23	24-23	24-23	24-23	24-22	23-21	22-20	21-18	19-20
1914	21-20	21-21	22-21	22-23	24-23	24-23	24-23	24-22	23-22	23-20	21-18	19-20
1915	22-20	21-21	22-22	23-23	24-23	24-23	24-24	25-22	23-22	23-20	21-19	20-21
1916	21-19	20-20	21-21	22-22	23-23	24-22	23-23	24-22	23-21	22-20	21-19	20-20
1917	21-20	21-21	22-21	22-22	23-23	24-23	24-23	24-22	23-21	22-20	21-18	19-20
1918	21-20	21-21	22-21	22-23	24-23	24-23	24-23	24-22	23-22	23-20	21-18	19-20
1919	22-20	21-21	22-21	22-23	24-23	24-23	24-23	24-22	23-22	23-20	21-19	20-21
1920	21-19	20-20	21-21	22-22	23-22	23-22	23-23	24-22	23-21	22-20	21-19	20-20
1921	21-20	21-21	22-21	22-22	23-23	24-23	24-23	24-22	23-21	22-20	21-18	19-20
1922	21-20	21-21	22-21	22-23	24-23	24-23	24-23	24-22	23-22	23-20	21-18	19-20
1923	22-20	21-21	22-21	22-23	24-23	24-23	24-23	24-22	23-22	23-20	21-19	20-21
1924	21-19	20-20	21-21	22-22	23-22	23-22	23-23	24-22	23-21	22-20	21-19	20-20
1925	21-20	21-21	22-21	22-22	23-23	24-23	24-23	24-22	23-21	22-20	21-18	19-20
1926	21-20	21-21	22-21	22-23	24-23	24-23	24-23	24-22	23-22	23-20	21-18	19-20
1927	22-20	21-21	22-21	22-23	24-23	24-23	24-23	24-22	23-22	23-20	21-19	20-21
1928	21-19	20-20	21-21	22-22	23-22	23-22	23-23	24-22	23-21	22-20	21-19	20-20
1929	21-20	21-21	22-21	22-22	23-23	24-23	24-23	24-22	23-21	22-20	21-18	19-20
1930	21-20	21-21	22-21	22-23	24-23	24-23	24-23	24-22	23-22	23-20	21-18	19-20
1931	22-20	21-21	22-21	22-23	24-23	24-23	24-23	24-22	23-22	23-20	21-19	20-21
1932	21-19	20-20	21-21	22-22	23-22	23-22	23-23	24-22	23-21	22-20	21-19	20-20
1933	21-20	21-21	22-21	22-22	23-23	24-23	24-23	24-22	23-21	22-19	20-18	19-20
1934	21-20	21-21	22-21	22-23	24-23	24-23	24-23	24-22	23-22	23-20	21-18	19-20
1935	22-20	21-21	22-21	22-23	24-23	24-23	24-23	24-22	23-22	23-20	21-19	20-21
1936	21-19	20-20	21-21	22-22	23-22	23-22	23-23	24-21	22-21	22-20	21-19	20-20
1937	21-20	21-20	21-21	22-22	23-23	24-22	23-23	24-22	23-21	22-19	20-18	19-20
1938	21-20	21-21	22-21	22-23	24-23	24-23	24-23	24-22	23-22	23-20	21-18	19-20
1939	22-20	21-21	22-21	22-23	24-23	24-23	24-23	24-22	23-22	23-20	21-19	20-21

Grenzfälle

Jahr	Widder MÄRZ– APRIL	Stier APRIL– MAI	Zwillinge MAI– JUNI	Krebs JUNI– JULI	Löwe JULI– AUG.	Jungfrau AUG.– SEPT.	Waage SEPT.– OKT.	Skorpion OKT.– NOV.	Schütze NOV.– DEZ.	Steinbock DEZ.– JAN.	Wassermann JAN.– FEB.	Fische FEB.– MÄRZ
1940	21-19	20-20	21-21	22-22	23-22	23-22	23-23	24-21	22-21	22-20	21-19	20-20
1941	21-19	20-20	21-21	22-22	23-23	24-22	23-23	24-22	23-21	22-19	20-18	19-20
1942	21-20	21-21	22-21	22-23	24-23	24-23	24-23	24-22	23-21	22-20	21-18	19-20
1943	22-20	21-21	22-21	22-23	24-23	24-23	24-23	24-22	23-22	23-20	21-19	20-21
1944	21-19	20-20	21-21	22-22	23-22	23-22	23-23	24-21	22-21	22-20	21-19	20-20
1945	21-19	20-20	21-21	22-22	23-23	24-22	23-23	24-22	23-21	22-19	20-18	19-20
1946	21-20	21-21	22-21	22-22	23-23	24-23	24-23	24-22	23-21	22-20	21-18	19-20
1947	21-20	21-21	22-21	22-23	24-23	24-23	24-23	24-22	23-22	23-20	21-18	19-20
1948	21-19	20-20	21-21	22-22	23-22	23-22	23-23	24-21	22-21	22-20	21-19	20-20
1949	21-19	20-20	21-21	22-22	23-22	23-22	23-23	24-22	23-21	22-19	20-18	19-20
1950	21-20	21-21	22-21	22-22	23-23	24-23	24-23	24-22	23-21	22-20	21-18	19-20
1951	22-20	21-21	22-22	23-23	24-23	24-23	24-24	25-23	24-22	23-20	21-19	20-21
1952	21-20	21-21	22-21	22-22	23-23	24-23	24-23	24-22	23-21	22-21	22-19	20-20
1953	21-20	21-21	22-21	22-23	24-23	24-23	24-23	24-22	23-22	23-20	21-18	19-20
1954	22-20	21-21	22-21	22-23	24-23	24-23	24-23	24-22	23-22	23-20	21-19	20-21
1955	22-20	21-21	22-22	23-23	24-23	24-23	24-24	25-23	24-22	23-20	21-19	20-21
1956	21-20	21-21	22-21	22-22	23-23	24-23	24-23	24-22	23-21	22-21	22-19	20-20
1957	21-20	21-21	22-21	22-23	24-23	24-23	24-23	24-22	23-22	23-20	21-18	19-20
1958	22-20	21-21	22-21	22-23	24-23	24-23	24-23	24-22	23-22	23-20	21-19	20-21
1959	22-20	21-21	22-22	23-23	24-23	24-23	24-24	25-23	24-22	23-20	21-19	20-21
1960	21-20	21-21	22-21	22-22	23-23	24-23	24-23	24-22	23-21	22-21	22-19	20-20
1961	21-20	21-21	22-21	22-23	24-23	24-23	24-23	24-22	23-22	23-20	21-18	19-20
1962	22-20	21-21	22-21	22-23	24-23	24-23	24-23	24-22	23-22	23-20	21-19	20-21
1963	22-20	21-21	22-22	23-23	24-23	24-23	24-24	25-23	24-22	23-20	21-19	20-21
1964	21-20	21-21	22-21	22-22	23-23	24-23	24-23	24-22	23-21	22-21	22-19	20-20
1965	21-20	21-21	22-21	22-23	24-23	24-23	24-23	24-22	23-22	23-20	21-18	19-20
1966	22-20	21-21	22-21	22-23	24-23	24-23	24-23	24-22	23-22	23-20	21-19	20-21
1967	22-20	21-21	22-22	23-23	24-23	24-23	24-24	25-22	23-22	23-20	21-19	20-21
1968	21-20	21-20	21-21	22-22	23-23	24-22	23-23	24-22	23-21	22-20	21-19	20-20
1969	21-20	21-21	22-21	22-23	24-23	24-23	24-23	24-22	23-22	23-20	21-18	19-20

Astro-Analysis

Jahr	Widder MÄRZ–APRIL	Stier APRIL–MAI	Zwillinge MAI–JUNI	Krebs JUNI–JULI	Löwe JULI–AUG.	Jungfrau AUG.–SEPT.	Waage SEPT.–OKT.	Skorpion OKT.–NOV.	Schütze NOV.–DEZ.	Steinbock DEZ.–JAN.	Wassermann JAN.–FEB.	Fische FEB.–MÄRZ
1970	22-20	21-21	22-21	22-23	24-23	24-23	24-23	24-22	23-22	23-20	21-19	20-21
1971	22-20	21-21	22-22	23-23	24-23	24-23	24-24	25-22	23-22	23-20	21-19	20-21
1972	21-19	20-20	21-21	22-22	23-23	24-22	23-23	24-22	23-21	22-20	21-19	20-20
1973	21-20	21-21	22-21	22-22	23-23	24-23	24-23	24-22	23-22	23-20	21-18	19-20
1974	22-20	21-21	22-21	22-23	24-23	24-23	24-23	24-22	23-22	23-20	21-19	20-21
1975	22-20	21-21	22-22	23-23	24-23	24-23	24-24	25-22	23-22	23-20	21-19	20-21
1976	21-19	20-20	21-21	22-22	23-23	24-22	23-23	24-22	23-21	22-20	21-19	20-20
1977	21-20	21-21	22-21	22-22	23-23	24-23	24-23	24-22	23-21	22-20	21-18	19-20
1978	21-20	21-21	22-21	22-23	24-23	24-23	24-23	24-22	23-22	23-20	21-19	20-20
1979	22-20	21-21	22-21	22-23	24-23	24-23	24-24	25-22	23-22	23-20	21-19	20-21
1980	21-19	20-20	21-21	22-22	23-22	23-22	23-23	24-22	23-21	22-20	21-19	20-20
1981	21-20	21-21	22-21	22-22	23-23	24-23	24-23	24-22	23-21	22-20	21-18	19-20
1982	21-20	21-21	22-21	22-23	24-23	24-23	24-23	24-22	23-22	23-20	21-18	19-20
1983	22-20	21-21	22-21	22-23	24-23	24-23	24-23	24-22	23-22	23-20	21-19	20-21
1984	21-19	20-20	21-21	22-22	23-22	23-22	23-23	24-22	23-21	22-20	21-19	20-20
1985	21-20	21-21	22-21	22-22	23-23	24-23	24-23	24-22	23-21	22-20	21-18	19-20
1986	21-20	21-21	22-21	22-23	24-23	24-23	24-23	24-22	23-22	23-20	21-18	19-20
1987	22-20	21-21	22-21	22-23	24-23	24-23	24-23	24-22	23-22	23-20	21-19	20-21
1988	21-19	20-20	21-21	22-22	23-22	23-22	23-23	24-22	23-21	22-20	21-19	20-20
1989	21-20	21-21	22-21	22-22	23-23	24-23	24-23	24-22	23-21	22-20	21-18	19-20
1990	21-20	21-21	22-21	22-23	24-23	24-23	24-23	24-22	23-22	23-20	21-18	19-20

Der Charakter des Schützen

Niemand liebt das Leben mehr als Sie, lieber Schütze, und niemand hat es eiliger als Sie, ihm seinen Stempel aufzudrücken. Ihre Einstellung zum Leben ist anders, mutiger, mit gewöhnlichen Maßstäben gemessen vielleicht sogar etwas verrückt. Die meisten Leute würden Sie zwar als überaus ehrgeizig bezeichnen, doch sind Sie nicht so sehr am Erfolg interessiert; auch ein Mißerfolg wirft Sie nicht aus der Bahn. Die Spannung, etwas auszuprobieren, etwas Neues zu wagen ist das, wofür Sie leben.

Die meisten der anderen Tierkreiszeichen streben in der Regel nach einem greifbaren Ergebnis ihrer Bemühungen, der Schütze jedoch lehnt in seinem Innersten dieses Lebensziel verächtlich ab. Sie wünschen sich eine hohe Lebensqualität anstelle meßbarer, bisweilen kläglicher Erfolge. Ihren Mitmenschen erscheinen Sie impulsiv, rastlos, extravagant, zu Extremen neigend, doch diese Einschätzung durch andere ist eben oft der Preis der Freiheit. Sie werden weiterhin neues Terrain erschließen, die sich Ihnen bietenden Chancen wahrnehmen, um herauszufinden, was am Ende des Regenbogens auf Sie wartet.

Der Schütze ist eines der edelsten und selbstlosesten Zeichen des Tierkreises. Der Ihnen angeborene Hang zum Abenteuer und der Wunsch nach Veränderungen beruhen nicht auf egoistischen Erwägungen oder Launen. Nach alter astrologischer Überlieferung hat jedes Zeichen eine bestimmte Aufgabe in der Menschheitsentwicklung zu erfüllen. Die Ihre besteht darin, es zu wagen, sich über konventionelles Denken hinwegzusetzen, Neues in der Welt der Gedanken und Ideen zu entdecken und Ihr Wissen und Ihre Erkenntnisse anderen zu vermitteln, damit sie über sich hinauswachsen.

Jeder Schütze-Mensch führt diesen Auftrag seiner Persönlichkeit entsprechend aus. Die wichtigste Feststellung ist, daß jeder Schütze diesen Auftrag hat und auch durchführt.

Sie sind optimistisch, fröhlich, äußerst selbständig und unabhängig. (Wenn Sie voller Elan aufbrechen, neue Bereiche zu erschließen und sich über die möglicherweise auf Sie zukommenden Schwierigkeiten keine unnötigen Gedanken machen, brauchen Sie diese Eigenschaften.) Sie lieben Veränderungen, neue Ausblicke, weitere Horizonte und den Ihren Herzschlag beschleunigenden Anreiz körperlicher Bewegung. Sie sind auch ehrlich, offen, wahrheitsliebend, verabscheuen Leute, die es nicht sind. Sie haben einen ausgeprägten Gerechtigkeitssinn, üben Gnade und Barmherzigkeit und lassen sich von hehren Moralvorstellungen leiten. Sie sind hochintelligent und rechtschaffen, ein gütiger und aufrichtiger Freund. (Was könnte man auch anderes erwarten von einem Menschen, bei dem die Erfüllung seiner Aufgabe – anderen stets zu helfen – davon abhängt, akzeptiert zu werden, Vertrauen zu genießen und glaubwürdig zu sein?)

Es kann daher auch nicht überraschen, wenn man erfährt, daß man unter den geachtetsten Repräsentanten einer Gesellschaft oder Gruppe, ganz gleich welcher Größe, immer Schütze-Menschen findet. Sie sind geborene Lehrer, Philosophen und Kameraden, Juristen, Geistliche, Geschäftsleute, Politiker – und ganz gewöhnliche, rechtschaffene Bürger. Es spielt keine Rolle, in welch bescheidenen und unauffälligen Umständen sie auch leben, man wendet sich an sie um Rat und Hilfe.

Sie möchten beachtet werden. Diese Tatsache kann sich jedoch zu einer Untugend ausweiten, wenn Sie nämlich in Extreme verfallen, um die Aufmerksamkeit anderer auf sich zu lenken.

Sie sind so voller Schwung, so lebhaft und überschwenglich, daß Sie viel zu schnell zu weit gehen. Ihre Tugenden können zu Untugenden werden, wenn Sie sie übertreiben.

Das Symbol für das Zeichen Schütze ist der Zentaur mit gespanntem Bogen und aufgelegtem Pfeil.

Astro-Analysis

Diese Figur aus der Mythologie verkörpert die wesentlichen Charaktermerkmale des Schützen.

Der Zentaur ist ein altes Symbol für Autorität und Weisheit. Er hat den Körper und die Beine eines Pferdes und den Oberkörper eines Menschen und symbolisiert so die leichtfüßige Kraft des Pferdes und den Verstand und die Weisheit des Menschen, gewissermaßen die Einheit von Fleisch und Geist. In der heutigen Zeit könnte man fast die Pferdebeine durch die Räder eines Autos ersetzen (was in einigen modernen astrologischen Werken tatsächlich schon praktiziert wird!). Keinem macht das Reisen, das das Auto ermöglicht, mehr Spaß als dem Schützen. Für Sie ist Reisen nicht bloß eine faszinierende und anregende Erfahrung, sondern eine psychologische Notwendigkeit. Um Ihr emotionales Gleichgewicht und Ihre geistigen Kräfte zu erhalten, müssen Sie sich dauernd außerhalb Ihrer unmittelbaren Umgebung bewegen. Haben Sie nicht die Gelegenheit, wirklich zu reisen, dann machen Sie Reisen in Ihrer lebhaften Phantasie und bei der Lektüre eines Buches.

Setzen wir die Beschreibung Ihres Charakters, so wie er vom Zentaur symbolisiert wird, fort. Sie sind äußerst vital und körperbewußt und bewegen sich mit der gleichen instinktiven Sicherheit wie ein Tier. Auch wenn Sie längst in die Jahre gekommen und etwas behäbig und wohlbeleibter geworden sind (eine Möglichkeit, die bei Schützen immer besteht), so verrät Ihre Art sich zu bewegen doch immer noch eine gewisse Leichtigkeit.

Bewegung paßt zu Ihrem Wesen; Sie sehen besser aus, wenn Sie nicht untätig herumsitzen, und fühlen sich viel wohler, wenn Sie aktiv sind. Wenn Sie sich auch nur für kurze Zeit in Ihrer Entfaltung gehindert oder eingeengt fühlen, werden Sie verdrießlich.

Sie haben jedoch ein Problem, wenn Sie dauernd in Bewegung sind: Sie sind recht oft ziemlich ungeschickt und unbeholfen. In Ihrer Eile stolpern Sie über alle möglichen Dinge, rutschen Sie aus oder stoßen Sie sich. Sie sind so damit beschäftigt, Ihre Gedanken auf das Kommende einzustellen, daß Sie vergessen, was Sie im Augenblick tun. Der typische Schütze zerdeppert im Laufe der Jahre einiges an Porzellan.

Sie treiben gern Sport, lieben alle Aktivitäten im Freien, doch zeigen Sie kein so großes Interesse an Wettkampfsportarten. Tennis und Wassersport sagen Ihnen viel eher zu. Sie vermeiden wie ein leichtfüßiges Pferd (die eine Hälfte des Zentaurs!) jeden körperlichen Kontakt. Sie verlassen sich lieber auf Ihre geistigen Fähigkeiten und Ihre Schnelligkeit, um Ihre Wettkampfpartner zu übertreffen.

Auch im sexuellen Bereich haftet Ihrem hochentwickelten Körperbewußtsein nichts Grobes, Ungeschliffenes an; es zeigt sich auch hier die Kultiviertheit eines weisen Menschen und die gesunde Offenheit in sexuellen Dingen, die reine, beinahe animalische Freude an der Geschlechtlichkeit. Der typische Schütze-Mensch legt keinen übergroßen Wert auf Sex, ist nicht ausschließlich mit ihm befaßt oder von ihm besessen. Die Sexualität hat ihren bestimmten Platz in Ihrem Leben, und Sie leben sie in aller Freiheit und mit gebremster Leidenschaft aus. Sie mögen keine tränenreichen und emotionsgeladenen Liebeszenen; Liebe ist für Sie ein Spiel, das Sie jedesmal wieder neu fasziniert und frische Ideen erfordert. Sie werden nie Erfüllung im Sex finden, wenn er zur Gewohnheit oder zur Pflicht geworden ist.

Das Zeichen Schütze regiert die Hüften, die Oberschenkel und die Fortbewegungsmuskeln des Körpers. Alle zusammen bilden gewissermaßen das stabile Fundament für seine obere, »denkende« Hälfte (auch hier liegt der Vergleich mit dem Zentaur nahe).

Kein anderes Zeichen muß so mit vernünftigen Argumenten gebremst werden wie der Schütze. Sie brauchen einen Freund oder einen Angehörigen, der Ihnen ab und zu sagt, das Leben doch etwas langsamer anzugehen. Alte Abbildungen des Zentaurs zeigen ihn nicht nur in vollem Galopp, sondern auch im Begriff, einen Pfeil nach vorne abzuschießen, als wäre seine eigene Schnelligkeit nicht genug für die Dringlichkeit seiner Mission.

Auf was genau zielt der Schütze eigentlich ab, welches Ziel hat er vor Augen? Sie selbst wissen es nicht. Sie verfolgen jede Sache, an der Sie vorübergehend Interesse finden, mit dem gleichen Eifer und Elan, als wäre sie das Ziel aller Ihrer Wünsche. Sie haben auch nie einen Pfeil in Reserve, weil Sie Ihre Pfeile so schnell wieder abschießen, wie Sie sie in die Hand bekommen haben. Sie halten selten inne, um nachzusehen, ob Sie ins Schwarze getroffen haben oder um den Siegerpreis in Empfang zu nehmen. Für Sie ist das Vergnügen, das Ihnen die Jagd bereitet, Belohnung genug.

Dieses durch nichts aufzuhaltende und stets voller Hoffnungen steckende Zeichen steht im Tierkreis den Zwillingen gegenüber und hat deshalb auch einen engen Bezug zu diesem dritten, geistig sehr beweglichen und überaus intelligenten Zeichen. Während der Zwilling jedoch hauptsächlich in seiner Gedankenwelt lebt, sein Körper sich unruhig wie eine Marionette, scheinbar ziellos hin- und herbewegt, vermittelt der gereifte Schütze den Eindruck zielbewußten, ferne Ziele erahnenden Handelns. Bei ihm verhilft der Verstand zu kontrollierten Bewegungen und führt den Körper in eine Einheit von Fleisch und Geist, die sowohl das Individuum als auch die gesamte Menschheit kühn und furchtlos zu neuen Erkenntnissen vorantreibt.

Ihr Nervensystem reagiert ebenso empfindlich wie das des Zwillings, was sich vor allem in Ihrem Wunsch, überall gleichzeitig zu sein und Ihrer Vorliebe für die freie Natur und völlige Ungebundenheit zeigt. Doch im Gegensatz zum Zwilling sind Sie ein praktisch denkender Mensch, der seinen messerscharfen Verstand dazu benützt, realistische Vorhaben zu verwirklichen. Sie sind manchmal recht impulsiv, doch liegt dies daran, daß Sie oft blitzschnell die Ergebnisse von Vorhaben und Transaktionen erkennen. Sie vergeuden Ihre Zeit nicht mit nutzlosen, abstrakten Erwägungen, gehen den Dingen sofort auf den Grund und handeln. Sie machen Fehler, doch nur selten dadurch, daß Sie eine Sache hinauszögern. Ihr meist schnelles Reagieren ist das Geheimnis Ihrer geschäftlichen Erfolge.

In bezug auf alles, was mit Ihrer Arbeit zusammenhängt, liegen Sie mit Ihrem Urteil richtig, sobald es aber um Ihre Gefühle und Ihr Privatleben geht, liegen Sie recht oft schief. Eines Ihrer größten Probleme ist, daß Sie gleichzeitig mit zu vielen Vorhaben befaßt sind. Ihr Wunsch nach Abwechslung verleitet Sie häufig dazu, sich jedem interessanten Vorschlag, der auftaucht, zu widmen, und weil Sie dauernd auf Achse sind, hören Sie natürlich laufend von Dingen, die Ihnen vielversprechend erscheinen. Sie unterschätzen auch oft die auf Sie zukommenden Probleme, weil Sie sich nicht vor einem Scheitern fürchten. Sie sind von Ihrer Fähigkeit, sich durch Improvisieren durchzumogeln, vollkommen überzeugt und vertrauen darauf. Sie verzetteln sich meist, haben wenig Geduld, um sich mit Details zu befassen, überlassen diese Aufgabe anderen. Sie umreißen Ihre Pläne in groben, schwungvollen Zügen, sehen nur den Wald, nicht aber die Bäume.

Es passiert nicht selten, daß Sie zurückstecken müssen, um sich so aus unangenehmen Situationen, in die Sie sich durch Ihren Enthusiasmus selbst gebracht haben, ehrenvoll und ungeschoren zurückziehen zu können. Wenn Sie mal in der Klemme sitzen, arbeitet Ihr Verstand auf Hochtouren. Außerdem haben Sie eine Menge Übung darin, sich aus Schwierigkeiten herauszureden.

Schütze-Menschen sind Idealisten. Sie sind von dem ehrlichen Wunsch beseelt, die Welt zu verbessern und darüber hinaus, was noch mehr zählt, in der Regel dazu bereit, auch etwas dafür zu tun. Sie reden nicht nur, Sie packen auch mal mit an. Sie sind oft mit sozialreformerischen Vorhaben befaßt, stehen auf der Seite des kleinen Mannes, obwohl Sie oft mit den Großen Umgang haben. Sie sind gewöhnlich viel zu nüchtern und sachlich, um radikales Gedankengut zu vertreten, wissen, was zu verwirklichen ist und was nicht. Sie sind derjenige im Tierkreis, der große Visionen hat, aber kein Träumer ist. Sie setzen Ihre Phantasie für progressive und von der Gesellschaft gewünschte Ziele ein, sind ein fähiger Organisator, verstehen es wunderbar, komplizierte Sachverhalte auf einfachste Grundthesen zu reduzieren, so daß andere Ihren Ideen leicht folgen können. Sie möchten sich nicht streiten, geben viel lieber nach, setzen Ihre Vorstellungen ein andermal und auf andere Weise durch, solange es Ihnen nicht um Prinzipien geht.

Sie sind optimistisch, gewinnen jeder Sache eine positive Seite ab und zerstreuen die Zweifel Ihrer Mitmenschen duch die Einfachheit und Klarheit Ihrer Äußerungen. Sie sind aber trotzdem kein Narr, der das Unmögliche möglich machen will. Sie glauben immer selbst an das, was Sie anderen empfehlen, können sie mit Ihrem Enthusiasmus anstekken und so für sich einnehmen und auf Ihre Seite ziehen. Da Sie anderen Menschen völlig vertrauen, verstehen Sie es auch sehr gut, Verantwortung zu delegieren und sich die Begabung anderer zunutze zu machen, während Sie sich schon wieder anderweitig beschäftigen.

Sie sind gewöhnlich ein guter Gesprächspartner, dem es Spaß macht, sich mit einem ebenbürtigen Gegner mit Worten zu befehden. Sie drücken sich mündlich und schriftlich sehr klar aus, reden aber manchmal etwas zuviel, schließen ein Thema ohne Pause an das vorhergehende an. Trotzdem hört man Ihnen gern zu, weil Sie soviel Witz und Humor haben. Sie können interessant erzählen, nehmen aber Ihrer Geschichte bisweilen dadurch etwas an Wirkung, daß Sie in Ihrem Bestreben, schnell zur Pointe zu kommen, wichtige Einzelheiten auslassen. Doch Ihr Auftreten ist so angenehm oder humorvoll (oder beides), daß man Ihnen dies nicht übelnimmt. Sie verstehen es, Ihre Zuhörer in Ihren Bann zu ziehen und so eine Ihnen wohlgesonnene Atmosphäre zu schaffen (hierin liegt auch der

Grund, weshalb Schützen oft erfolgreiche und beliebte Schauspieler sind). Sie haben einen sehr feinen Humor; Sie treten zwar manchmal wie ein Komiker auf, doch haftet Ihrem Humor stets eine gewisse Kultiviertheit an, eine Feinheit, die sich auch dann zeigt, wenn Sie den Narren spielen oder sich wenig erwachsen benehmen.

Es gibt eine interessante astrologische Überlieferung über den Schützen und seine Art zu reden. Der Schütze ist eines der Zeichen (Zwillinge, Jungfrau und Fische sind die anderen), die eine Beziehung zur Artikulationsfähigkeit haben. Die in diesen Zeichen geborenen Menschen reden entweder sehr viel oder nur sehr wenig, haben manchmal sogar leichte Sprachfehler. Ganz offensichtlich muß der Schütze – der »Prediger« unter den Tierkreiszeichen – lernen, die goldene Mitte zu finden: weder geschwätzig noch schweigsam zu sein. Möglicherweise muß er recht hart an sich arbeiten. Sowohl der kluge Gelehrte als auch der fröhliche Schwätzer müssen lernen, so heißt es, daß die Ausdruckskraft der Sprache in ihrer sparsamen Anwendung liegt.

Der unbewußte Drang, sofort zur Sache zu kommen, ist ein Charakteristikum, das sich bei jedem typischen Schützen zeigt. Sie gehören zu den Menschen, die ihr Herz auf der Zunge tragen. Mit wenigen Worten können Sie es schaffen, daß fröhliche Partygäste in betretenes Schweigen verfallen oder die Gastgeberin in Tränen aufgelöst ins Schlafzimmer stürzt. Sie haben leider das unglückliche Geschick, ganz unschuldig Bemerkungen fallen zu lassen, die so voller schmerzhafter Wahrheit sind, daß man sie nicht einfach übergehen oder darüber lachen kann. Man könnte Ihnen jedoch nicht vorwerfen, Sie handelten in böser Absicht. Sie sind so herzlich, tolerant und verständnisvoll, daß ein bewußter Versuch, einen Mitmenschen zu beleidigen und zu verletzen, nicht Ihrem Charakter entspricht. Sie hängen auch nicht irgendwelchen Eifersüchteleien nach, sind nicht nachtragend.

Sie sind überaus ehrlich, sagen das, was Ihnen in den Sinn kommt, wobei Ihnen Ihre außergewöhnliche Intuition hilft, die sofort das Wesentliche erkennt. Sie sind oft recht erstaunt darüber, welche Bestürzung Ihre ungeschminkten Bemerkungen bei anderen verursachen. Ihr Problem ist, daß Sie gewissermaßen im Unterbewußtsein Ihre Aussagen formen, und dieses Unterbewußtsein die Grenzen, die gesellschaftlich notwendiges Taktgefühl setzt, nicht erkennen kann oder will.

Schütze-Menschen möchten be- und geliebt sein. Gehören Sie zum entwickelten Typ, so werden Sie keine faulen Kompromisse machen und eines Ihrer Prinzipien opfern, um beliebt und geachtet zu sein, doch machen Sie Versprechungen, die zu halten Sie dann »vergessen«. Schützen wissen, wie sie anderen gefallen können, sind anziehende, fröhliche Persönlichkeiten. Sie lassen sich von der Begeisterung des Augenblicks hinwegtragen und versprechen anderen alles mögliche – und müssen dann viel Zeit und Mühe darauf verwenden, die Leute zu beschwichtigen oder sich zu entschuldigen. Sie treten mutig wie selten jemand für moralisches Verhalten ein, setzen sich jedoch der Kritik aus, wenn Sie sich von übergroßem Optimismus und Enthusiasmus leiten lassen. Trotz Ihres gelegentlichen, Unruhe erzeugenden Übereifers können Sie auch sehr diplomatisch sein, wenn Sie versuchen, Ihren Willen duchzusetzen.

Sind Sie ein typischer Schütze-Mensch, dann lieben Sie Tiere, fühlen sich ihnen sehr eng verbunden (erinnern Sie sich an das Symbol des halb menschlichen, halb tierischen Zentaurs!). Auch wenn Sie nicht selbst ein Tier halten, so können Sie doch nicht zusehen, daß ein Tier hungern muß oder kein Zuhause hat, ohne etwas dagegen zu unternehmen. Einigen Leuten ist das Leiden eines Tieres vollkommen egal, eine Einstellung, die Ihnen einfach nicht verständlich ist. Hunde und Pferde mögen Sie besonders, aber auch Katzen finden möglicherweise bei Ihnen ein Zuhause; in der Regel sind sie Ihnen aber zu einzelgängerisch und ungesellig. Sie möchten Ihre vierbeinigen Lieblinge wie Freunde behandeln und so viel wie möglich gemeinsam mit ihnen unternehmen.

Ihr Heim ist für Sie ungeheuer wichtig. Es ist gewissermaßen Ihre Basis, der Platz, an den Sie immer gern zurückkehren. Andere leben nur für ihr Heim, doch das entspricht nicht Ihren Vorstellungen. Sie brauchen eine Wohnung, die so geräumig und komfortabel wie möglich ist. Sie können es nicht leiden, in beengten Verhältnissen zu leben. Wenn Sie ein Bauernhaus und eine Stadtwohnung hätten und einmal hier, einmal dort wohnen könnten, wären Sie in Ihrem Element. Da Sie gern mit anderen teilen, laden Sie so viele Leute wie nur möglich zu sich ein. Sie geben gern Parties und Einladungen – mal lustige Feten, mal Abendgesellschaften in kleinem Rahmen und entspannter Atmosphäre. Wenn Sie Gastgeber sind, scheuen Sie keine Kosten, möchten Sie Ihren Gästen nur das Beste bieten – und geben manchmal mehr dafür aus, als Sie es sollten, um einen nachhaltigen Eindruck zu hinterlassen. Jede Art von Einschränkung mißfällt Ihnen; Sie überziehen lieber Ihr Konto für einen denkwürdigen Abend, als dadurch zu überleben, daß Sie jeden Pfennig zweimal umdrehen, bevor Sie ihn ausgeben. Sie leben für den Augenblick und lassen es darauf ankommen, wie sich die Dinge in der Zukunft entwickeln.

Sie sind kein Mensch, der im üblichen Sinne für seine Familie sorgt. Sie sind sicherlich denen gegenüber, die mit Ihnen leben oder von Ihnen abhängig sind, sehr großzügig, gütig und mitfühlend, doch Ihre anderweitigen Interessen und Ihre warmherzige Sorge für die Menschheit als Ganzes erlegen Ihnen eine gewisse Zurückhaltung auf.

Schütze-Menschen sind wahrscheinlich diejenigen, die überall auf der Welt dafür sorgen, daß die Spielkasinos nicht pleite gehen. Das bedeutet nun nicht, daß alle Schützen Spieler sind, doch entspricht es ihrem Wissen, ihr Glück oft bis ins letzte herauszufordern. In der Regel ist Geld für Sie nur ein Mittel, um die Welt für sich zu erschließen; im Sparen liegt für Sie überhaupt kein Anreiz. Das Finanzgebaren des Schützen wirkt oft erschreckend auf die mehr nach Sicherheit strebenden Tierkreistypen, die ihn dann als unverantwortlich, verschwenderisch und extravagant bezeichnen. Die Astrologie hat jedoch eine Erklärung parat; es mag sich zwar wie ein Versuch anhören, die heitere, spaßige Seite des Schütze-Charakters zu beschönigen, doch wird sich zeigen, daß sich die astrologische Lehre wieder einmal als richtig erweist.

Das Zeichen Schütze wird von Jupiter regiert, dem Planeten des Reichtums und des Glücks, der für die Kräfte des Wachstums, für Erweiterung und Überfluß steht. Der »echte« Schütze-Mensch hat unwahrscheinliches Glück, fällt immer wieder auf die Füße, hat zwar ebenso viele Probleme wie jeder andere Mensch, aber irgendwie geht es für ihn gewöhnlich glücklich, zumindest aber so aus, daß er sich nicht darüber beklagen kann. Geld scheint Ihnen einfach zuzufliegen: Sie sind entweder schon wohlhabend und scheffeln noch mehr Geld, kommen aus einfachen Verhältnissen, und eine glückliche Fügung beschert Ihnen Reichtum, oder Sie sind ein Glücksspieler, der mit vollen Händen ausgibt und ein Leben in Luxus führt, das allerdings so schnell wieder vorbei sein kann, wie es begann.

Der dem reinen Typ entsprechende Schütze-Mensch weiß instinktiv, daß er sich keine allzu großen Sorgen um die Zukunft machen muß, und dieses Wissen liegt Ihrem unerschütterlichen Optimismus und Ihrer im allgemeinen guten Laune

zugrunde. (Macawber, eine Gestalt aus dem Roman »David Copperfield« von Charles Dickens, behauptete immer, daß ein Ereignis eintreten werde, das seine chronischen Geldschwierigkeiten beheben würde – er verkörpert damit den typischen Schützen.) Noch eine andere erstaunliche Sache gibt es im Zusammenhang mit Ihrem sagenhaften Glück: Sie scheinen instinktiv zu wissen, daß Sie Ihr Geld nicht behalten dürfen, daß für Sie der einzige Weg, wieder zu Geld zu kommen, derjenige ist, es in Umlauf zu bringen. Der Schütze, der kein Glück hat, ist gewöhnlich ein Mensch, der durch seinen Geiz, durch übertriebenes Sicherheitsstreben und übergroße Vorsicht diese Wechselwirkung unterbrochen hat (was sich auch im Horoskop als ungünstiger Einfluß zeigen wird). Die »Jupiter-Theorie« macht die Großzügigkeit, Leichtlebigkeit und Heiterkeit des Schützen verständlich. Sogar das Wort »jovial« – ein den Charakter des Schützen treffend beschreibendes Wort – ist abgeleitet von Jupiter.

In der Liebe haben Sie ein charakteristisches Problem. Für Sie ist es absolut notwendig, daß Sie sich einen Partner erwählen, der genau zu Ihnen paßt. Vermeiden Sie es unter allen Umständen, sich aufgrund oberflächlicher Verliebtheit an einen Partner zu binden. Im Kapitel »Der Schütze und die Liebe« werden ausführlich die Chancen für eine dauerhafte Verbindung mit Gefährten aus den einzelnen Tierkreiszeichen untersucht. Hier nur soviel: Sie heiraten oft mehrmals, und es gelingt Ihnen selten, Enttäuschungen und Desillusionierungen in Ihren Liebesbeziehungen zu vermeiden. Ihre Gefühlswelt, die so geordnet erscheint, gerät möglicherweise im nächsten Augenblick schon in heillose Verwirrung; Ihr Urteilsvermögen ist dann getrübt. Es ist sehr wichtig, daß Sie einen Partner haben, der versteht, daß Sie Ihre Freiheit und Unabhängigkeit brauchen; eifersüchtige und besitzergreifende Menschen können Ihnen das Leben zur Hölle machen. Der Mensch, mit dem Sie zusammenleben, muß Ihnen Freund und Liebespartner sein. Ein Waage-Partner wäre für Sie ideal, ein Skorpion-Partner dagegen völlig indiskutabel. Sie sind ein Mensch, der verheiratet glücklicher ist als ledig, vorausgesetzt, Sie treffen die richtige Wahl. Ihr Partner muß Geduld und Verständnis aufbringen können, Ihnen Zuneigung entgegenbringen, etwas abenteuerlustig und vor allem intelligent sein.

Sie können so störrisch wie ein Maulesel sein und auch ziemlich heftig werden, vertragen keine Kritik an Ihrer Person, besonders dann, wenn sie Ihr Äußeres betrifft. Sie können es ebenfalls nicht leiden, wenn man Ihnen ungerechtfertigterweise vorwirft, etwas Falsches gesagt oder getan zu haben. Wenn Ihnen dies passiert, dann gehen Sie an die Decke, und nach dem ersten Temperamentsausbruch werden Sie dann kalt wie ein Eisberg. Mit Ihren Bemerkungen können Sie andere sehr tief verletzen; Sie kümmern sich auch nachher nicht darum, zerschlagenes Porzellan eventuell wieder zu kitten.

Sie ernähren sich oft sehr gesundheitsbewußt und sind in dieser Beziehung für jeden Tick anfällig. Es macht Ihnen Spaß, neue Gerichte und Eßideen auszuprobieren. Möglicherweise haben Sie für zwei oder drei Wochen einen richtigen Diät-Tick und beschämen jeden anderen mit der Entschlossenheit, mit der Sie ihn durchhalten. Dann plötzlich vergessen Sie ihn – und arbeiten sich durchs neueste Kochbuch. Sie sind oft ein fähiger Koch, und es macht Ihnen Spaß, gelegentlich ein opulentes Mahl zuzubereiten. Wenn Sie in der richtigen Stimmung sind, dann fürchten Sie sich nicht vor den kompliziertesten Rezepten. Müssen Sie aber kochen, dann verliert die Sache für Sie schnell ihren Reiz. Jeden Tag für die ganze Familie zu kochen entspricht nicht Ihren Vorstellungen vom Leben. Die Arbeit im Haushalt und die sie begleitende Routine langweilen Sie bis zum äußersten. Es ist deshalb kein Wunder, daß nur wenige Schützen eine vielköpfige Familie haben.

Sie sind im Grunde ein künstlerisch veranlagter Mensch, der von Natur aus besondere Fähigkeiten auf den Gebieten von Kunst, Musik und Tanz besitzt. Wenn Sie sich nicht künstlerisch betätigen, so verstehen Sie doch etwas davon und schätzen diese Aktivitäten. Ihre Liebe zum geselligen Leben bringt Sie mit Leuten in Kontakt, die es mit kreativen Tätigkeiten zu etwas gebracht haben. Auch wenn Sie nicht unbedingt Experte sind, hört man sich gern Ihre Ansichten und Erkenntnisse an. Sie können sich praktisch über jedes Thema unterhalten, haben ein breites Allgemeinwissen. Sie wählen sich vorzugsweise Freunde, die Ihnen intellektuell ebenbürtig sind, finden sich aber auch in jeder anderen Gesellschaft zurecht. Sie lesen recht gern und haben oft besondere Begabung auf literarischem Gebiet, die Sie, wenn Sie wollen, entwickeln sollten.

Durch Ihre Ungeduld und Hast bringen Sie sich oft selbst in unnötige Schwierigkeiten. Manchmal verderben Sie Ihre guten Erfolgschancen dadurch, daß Sie voreilig handeln. Haben Sie sich zu einem bestimmten Handeln entschlossen, scheinen Sie nicht länger auf den richtigen Zeitpunkt warten zu können, um Ihr Vorhaben zu beginnen. Sie wollen schon auf den Zug aufspringen, bevor er überhaupt im Bahnhof ist, und fallen dabei manchmal auf die Nase.

Sie gehören bestimmt nicht zu den bestangezogenen Leuten, denn Bequemlichkeit ist Ihnen wichtiger als Eleganz (Sie achten auf saubere Kleidung, aber das ist ja beinahe selbstverständlich). Der Schütze-Mann ist recht eigenwillig in der Wahl seiner Garderobe, setzt sich über Kleidungskonventionen hinweg und trägt möglicherweise bei einem gesellschaftlichen Anlaß genau das, was man nicht erwartet. Er weiß, wann korrekte Kleidung wichtig ist und wann nicht; meist ist sie nicht so wichtig, wie es alle anderen wahrhaben wollen. Ein Schütze-Vater fuhr einmal am ersten Schultag vor einem teuren Internat vor und lud seine piekfein gekleideten Söhne aus, während er Shorts und ein T-Shirt trug und barfuß war. Er mußte einfach seine Ansicht nachdrücklich unter Beweis stellen.

Ein im Zeichen Schütze geborener Leiter einer Public-Relations-Firma besuchte das noble Kaufhaus eines Kunden. Er stiefelte in einem abgetragenen alten Anorak durch das Gebäude, während hinter ihm korrekt gekleidete Verwaltungsangestellte herliefen. Er war gerade von seinem Haus auf dem Lande zurückgekehrt und wollte sich keinesfalls die Gelegenheit entgehen lassen, auf seine Mißachtung für Kleiderordnungen aufmerksam zu machen.

Ein Schütze-Mann versäumt es selten, sich dramatisch und ohne viel Aufwand in Szene zu setzen. Wenn man ihn fragen würde, weshalb er nicht gleich ohne Hosen kommt, um seine Ansicht deutlich zu machen, so würde er einen für verrückt halten. Man sieht, er ist ziemlich konventionell in seiner Vorstellung, unkonventionell zu sein. Manchmal weiß der Schütze-Mann wirklich nicht, wie er sich anziehen soll, und sieht dann aus wie ein Schulbub in seinem ersten Anzug: mit nach oben stehenden Kragenspitzen und einer fürchterlichen Krawatte. Trotz alledem strahlt er eine unverkennbare Jugendlichkeit aus – keine Naivität, sondern verschmitzte Jungenhaftigkeit. Wenn der männliche Schütze aber wirklich einmal einen guten Eindruck machen will, wird er die richtige Kleidung tragen. Er will nur nicht, daß man es ihm vorschreibt, so einfach ist das.

Die Schütze-Frau möchte Bequemlichkeit und Eleganz verbinden, aber ihr individueller Kleidungsstil wird immer durchkommen. Sie geht mit der Mode, weigert sich aber, sich ihrem Diktat zu beugen, und findet oft einen eigenen Stil. Sie bevorzugt Kleidung, in der sie sich frei bewegen kann. Was sie trägt, hängt größtenteils von ihrer jeweiligen Stimmung ab.

Trotz Ihrer Impulsivität und Ihrer Ungeduld stehen Sie schlechte Zeiten mit bewundernswerter Ruhe durch. Tief in Ihrem Inneren verbirgt sich eine philosophische Weisheit, die, falls es die Umstände erfordern, zu einer Art stoischem Gleichmut wird. Unterschätzen Sie nie Ihre Durchhaltekraft. Vielleicht laufen Sie etwas ziellos in der Gegend herum, aber unter der Oberfläche steckt eine Charakterstärke, mit der immer zu rechnen ist. Der reife Schütze-Mensch lebt sein Leben so, wie es auf ihn zukommt.

Trotz des diesem Zeichen eigenen Eifers und seiner Heftigkeit haben Sie ein relativ ausgeglichenes Temperament. Dieses Zielbewußtsein, das schon erwähnt wurde, verleiht Ihnen innere Ruhe und Ausgeglichenheit, obwohl Sie an der Oberfläche manchmal recht hektisch erscheinen. Ihr Wesen hat zwei unterschiedliche Seiten, die zusammen für Ihre schwankenden Stimmungen verantwortlich sind: einerseits sind Sie wagemutig, rastlos und abenteuerlustig, andererseits zurückhaltend, für alles empfänglich und sensibel. Sie spüren instinktiv die Atmosphäre, die Menschen und Orte umgibt, fassen gewöhnlich sofort Vorlieben und Abneigungen.

Die ideale Erholung für Sie ist eine Tätigkeit, bei der Sie körperliche und geistige Aktivitäten miteinander verbinden können. Sie eignen sich für ernste und tiefergehende Studien jeglicher Art. Der Besuch von Vorträgen und die Teilnahme an Diskussionen könnten Ihnen den intellektuellen Anreiz vermitteln, den Sie brauchen. Sie sollten aber nie den Ruf der Natur mißachten. Sie müssen einfach Ihre geistigen Aktivitäten durch Sport und Spiel und Hobbies wie Wandern, Reiten und Radfahren unterbrechen. Sie brauchen viel frische Luft; ohne sie machen Sie Ihre Nerven kaputt. Eine der angenehmsten und verjüngendsten Freizeitbeschäftigungen für den von Jupiter regierten Menschen ist das Reisen, denn Reisen befriedigt Ihren Wunsch, andere Menschen kennenzulernen und gibt Ihnen Gelegenheit, andere Kulturen durch den Umgang mit ihren Menschen für sich zu erschließen.

Trotz Ihrer heiteren und fröhlichen Art, die Sie so beliebt macht, leiden auch Sie bisweilen unter dem bitteren und schmerzlichen Gefühl der Einsamkeit. Depressionen sind bei Ihnen nicht so häufig wie bei anderen Zeichen, doch auch Sie werden von ihnen befallen.

Manchmal bringen Sie sich für einen Freund in eine gefährliche Lage. Sie unternehmen etwas, das dann wie ein Bumerang auf Sie zurückschlägt und Ihnen allerlei Komplikationen einbringt. Ein andermal bringt Sie ihr impulsives und emotionales Wesen in Herzensangelegenheiten in verzwickte Situationen, aus denen es keinen Ausweg zu geben scheint. Ihr tief verwurzeltes Treuegefühl kann Sie dann davon abhalten, die auf der Hand liegenden Maßnahmen zu ergreifen und sich aus diesen Dingen herauszuwinden. Sie geraten mit Angehörigen und Freunden aneinander, die keinen guten Einfluß auf Sie ausüben. In solchen Fällen werden Sie traurig und fühlen sich einsam.

Die Astrologie rät Ihnen, der Sie doch ein so lebenslustiger Mensch sind, die Ursachen für Ihre Unzufriedenheit und Traurigkeit zu ergründen: sie liegen nämlich in Ihnen selbst. Trotz Ihrer Ehrlichkeit und Wahrheitsliebe sind Sie sich selbst gegenüber nicht immer ehrlich. Sie weigern sich oft, tiefer in Ihre Psyche einzudringen, weil Sie ganz einfach Angst davor haben, denn das, was Sie möglicherweise entdecken, könnte Sie unsicher machen und zur Flucht vor der Wirklichkeit veranlassen. Sie neigen viel eher dazu, den Weg des geringsten Widerstands zu gehen, sich an konventionelle Werte zu halten und ohne jede Hoffnung zu leiden, wenn die Gegenüberstellung mit der Realität Sie befreien würde.

Schütze-Menschen scheuen oft vor unangenehmen Dingen zurück, ignorieren sie und tun so, als ob nichts geschehen wäre. Bei unentwickelten Typen kann dies zu Übertreibungen und Lügen führen. Die Vorstellung des charakterlich wenig gereiften Schützen von seiner Freiheit ist eine unbeschwerte Lässigkeit, die es ihm erlaubt, sich großsprecherisch durchs Leben zu schlagen und jeden, der dumm genug ist, ihm zu glauben, anzupumpen und auszunützen.

Dies ist jedoch nur das negative Beispiel eines Schütze-Menschen. In der astrologischen Überlieferung verkörpert das Zeichen Schütze den Regenbogen – das Versprechen eines klaren Himmels, von Sonnenschein und frischer, gereinigter Luft nach dem Gewittersturm. Wieder taucht das Symbol des Bogens auf – diesmal allerdings ohne den Pfeil.

Der Schütze und die Liebe

Ihr Schütze-Mann

Sie mögen ihn, lieben ihn sogar? Nun, wie ist dieser Mann wirklich?

Impulsiv, lebhaft, mutig, und ein Mann, den Sie nur unter großen Schwierigkeiten zum Traualtar schleppen können. Sie sollten sich lieber von Anfang an mit der Tatsache abfinden, daß er kein häuslicher Typ ist. Suchen Sie aber einen Partner, der Ihnen ein guter Kamerad ist, der Sie immer wieder zum Lachen bringt und mit dem Sie eine wunderbare Zeit verleben werden, dann sind Sie bei ihm an der richtigen Adresse. Herr Schütze ist ein eingefleischter Junggeselle, ein jovialer, fröhlicher Zigeuner, der oft erst im mittleren Alter erwachsen wird.

Einige Schütze-Männer sind glücklich verheiratet, doch liegt dies hauptsächlich an ihren Frauen. Sie müssen diesen Mann verstehen lernen; er ist nicht der unbekümmerte Clown, den er so oft spielt. Er kann auch ernst sein, doch diese Seite seines Wesens lernen nur diejenigen kennen, die ihm sehr nahestehen. Sie können ihn nicht so behandeln wie die meisten anderen Männer: er ist ein ganz besonderer Knabe und braucht eine Frau, die selbst außergewöhnlich ist.

Er ist im Grunde ein gutmütiger Kerl, der nie, wenn er es vermeiden kann, die Gefühle eines anderen Menschen verletzt. Er hat hohe Ideale, möchte, daß es jedem – und dazu gehören auch die Frauen, die in seinem Leben eine Rolle spielen – besser geht. Als Junggeselle wird er klarstellen, daß er sich nicht reif für die Ehe hält, daß es ihm nicht im Traum einfallen würde, einem Mädchen sich und seine unruhige Art zuzumuten. Das nennt man ehrlich. Er ist kein romantischer Schwärmer, könnte einer Frau nichts vormachen. Er handelt sich eine Menge Körbe ein, findet aber auch viele Frauen, die ihn irgendwie mögen.

Wenn Sie sich Herrn Schütze angeln wollen, so müssen Sie ihm deutlich machen, daß Sie ihm seine Freiheit lassen. Gewöhnlich scheut er wie ein erschreckter Zentaur vor jeder Frau zurück, die glaubt, einen Anspruch auf ihn erheben zu können. Er möchte, daß seine Gefährtin wie ein Kamerad zu ihm ist und jeden Spaß mitmacht. Er wird Sie nicht jeden Abend sehen wollen, weil er oft mit seinen Freunden weggehen möchte, um Karten zu spielen, sich einen hinter die Binde zu gießen oder einfach nur, um Unsinn zu machen.

Es ist so seine Art, auf den letzten Drücker bei Ihnen vorbeizukommen und mit Ihnen ausgehen zu wollen (haben Sie schon etwas anderes vor, wird ihm das nichts ausmachen – er wird fröhlich pfeifend weggehen und dabei in seinem kleinen Notizbuch blättern). Wenn Sie ihm jedoch durch die Blume sagen können, daß Sie noch nichts vorhaben und es Ihnen nichts ausmacht, von ihm so ohne Vorwarnung zum Abendessen eingeladen zu werden, wird er sich freuen wie ein Schneekönig.

Denken Sie aber immer daran: kein Tadel, keine Eifersucht, keine besitzergreifende Liebe, aber auch keine bohrenden Fragen, wo er die letzten Tage gesteckt habe oder warum er denn nicht anrufen konnte, um Ihnen zu sagen, daß er später bei Ihnen vorbeikäme. Wenn Sie ihn einfangen wollen, müssen Sie diese Empfehlungen beherzigen. Er ist Bruder Leichtfuß in Person, der Stimmungsmacher auf jeder Party, der König der Narren. Wenn Sie sein Herz erobern können (was heißt, daß Sie die richtige Frau für ihn sind), wird es ihm eines Tages dämmern, daß Sie ein großartiges Mädchen sind, all die Eigenschaften haben, die er von einer Frau erwartet. Er wird von Ihren Reizen beeindruckt sein, Sie als Kameradin, beinahe so wie einen Kumpel behandeln... er liebt Sie... ob Sie ihn heiraten wollen?

Jeder Schütze-Mann entspricht mehr oder weniger dieser groben Beschreibung.

Er ist treu, nimmt sein Ehegelübde sehr ernst, vielleicht aber in einer anderen Weise, als Sie es erwarten. Er läßt sich möglicherweise aus einer Augenblickslaune mit anderen Frauen ein, achtet aber darauf, daß seine Eskapaden den Bestand Ihrer Ehe nicht gefährden. Seine Affären bedeuten ihm nicht so viel, als daß er durch sie vor die Wahl zwischen Ehefrau und Geliebter gestellt wird. Er ist ein Mann, der nichts anbrennen läßt, und außerdem zigeunert er so oft in der Weltgeschichte herum, daß er beinahe zwangsläufig ab und zu an einen männermordenden Vamp gerät.

Er möchte jedem Menschen gegenüber freundlich sein; das ist alles. Ehrlich.

Dieser Mann läßt sich in keine bestimmte Kategorie einordnen. Er wird selten rechtzeitig zum Essen nach Hause kommen, weil immer wieder etwas dazwischenkommt, das ihn aufhält oder seine Planungen durchkreuzt. Er wird häufig ein paar Tage auf Geschäftsreise gehen müssen, strengt sich echt an, um seinen Lebensunterhalt zu verdienen, ist bereit, länger und mehr als andere zu arbeiten. Seine Vitalität und seine Leistungsfähigkeit sind erstaunlich. Er kann tagelang voll aktiv sein und braucht dabei nur ein paar Stunden Schlaf und die geistige Anregung durch den Kontakt mit anderen Leuten. Man muß dies selbst gesehen haben, um es überhaupt glauben zu können. Das Problem dabei ist nur, daß er Beruf und Vergnügen so miteinander verbindet, daß Sie sich möglicherweise vernachlässigt fühlen. Er wird jedoch an Sie denken, Ihnen Geschenke mitbringen, viele neue Kleider kaufen, Sie allein in Urlaub schicken und immer wieder erfreut sein, Sie zu sehen. Die Frage ist nur, ob Sie für ihn sowohl Ehefrau als auch Gouvernante sein wollen.

Ihre Schütze-Frau

Sie mögen sie, lieben sie sogar? Wie ist diese Frau wirklich?

Vertrauensvoll, vertrauenswürdig, lebhaft, unbekümmert, und im Grunde ein Mädchen, das ledig bleiben möchte, sich aber ab und zu trotzdem leidenschaftlich verliebt.

Die Liebe ist für diese Frau nicht das Wichtigste in ihrem Leben. Sie sucht mehr nach geistesverwandten Gefährten und Gefährtinnen. In der Regel bevorzugt sie die Gesellschaft von Männern, weil mit ihnen eher als mit Frauen eine freimütige, aufrichtige Kameradschaft möglich ist, und Kameradschaft und das mit ihr verbundene Lachen, die Gespräche, Fröhlichkeit, die gemeinsamen Interessen und die spezielle Freiheit sind das, was für sie zählt.

Wo hat aber nun die Liebe ihren Platz? Diese kritisch urteilende Frau weiß, daß sie ihr eines Tages begegnen wird; sie glaubt an die wahre Liebe, aber sie hat Geduld – eine sehr weise Einstellung. Da sie immer unterwegs ist und so viele Leute kennenlernt, hofft sie, daß sie eines Tages den richtigen Mann trifft (vielleicht Sie?). In der Zwischenzeit macht sie sich ein schönes Leben; sie lebt sehr gern und hält es nicht für notwendig, nach der Liebe zu suchen – sie wird irgendwann von selbst kommen. Die Schütze-Eva ist eine wunderbare Frau, intelligent, geistreich, gesprächig und unheimlich ehrlich. Sie wird, wenn es in ihrer Macht steht, dafür sorgen, daß sie in keine dunklen Machenschaften hineingezogen wird. Niemandem darf durch ihr Handeln Schaden entstehen, das ist ihre Devise. Manchmal ist sie jedoch recht impulsiv, besonders in der Liebe, läßt sich – von der Begeisterung des Augenblicks angesteckt – auf eine Liebschaft ein. Sie nimmt manche Chance wahr, macht Fehler, denn durch ihre Vertrauensseligkeit läßt sie sich oft falsch beraten. Sie ist ehrlich und glaubt deshalb, daß es andere ebenfalls sind.

Diese Frau möchte die Welt sehen, reist sehr gern und kann nicht genug Leute und Länder kennenlernen. Sie ist sehr daran interessiert, neue Erfahrungen zu machen, muß, um Erfüllung zu finden und glücklich zu sein, ein aktives Leben führen.

Es ist absolut notwendig für sie, sich in ihren zwischenmenschlichen Beziehungen völlig frei und ungebunden zu fühlen. Jeder Mann, der versucht, sie zu besitzen oder ihr Vorschriften zu machen, hat keine Chance. Sie ist nicht eifersüchtig, denkt nicht daran, das Leben eines anderen zu kontrollieren. Sie vertritt sehr aufgeklärte und liberale Ansichten, glaubt daran, daß jeder selbst Entscheidungen für sich treffen muß und erwartet von ihrem Partner, daß er ihre Achtung vor den Rechten des Individuums teilt.

Das heißt nun aber nicht, daß, wenn Sie mit einer Schütze-Frau verheiratet sind, sie ihren eigenen Weg gehen will, – weit davon entfernt. Sie werden Gefährten sein, ein echtes Team, das durch Liebe und Verständnis, weniger durch die Einschränkungen, die Sie beide sich auferlegen, zusammenhalten wird. Diese Frau nimmt ihre Ehe sehr ernst, möchte, daß sie Bestand hat. Sie geht nicht in der

Arbeit im Haushalt auf, aber sie wird sie auf ruhige Art erledigen. Täglich wiederkehrende Arbeiten langweilen sie ein wenig; sie wird sie so schnell wie möglich hinter sich bringen und dann die Dinge tun, die ihr besser gefallen. Sie wird immer für Sie da sein, wenn Sie sie brauchen und die Liebe und Güte ihres Partners nicht ausnützen. Sie muß nur wissen, daß sie in ihrer Individualität nicht eingeschränkt ist. Solange Sie sie lieben und gut für sie sorgen, wird sie Ihnen treu sein.

Die Schütze-Frau hat viele Freunde, die sie gern zu sich einlädt: sie ist eine großartige Gastgeberin, ihre Begeisterungsfähigkeit und ihre Vitalität sind beinahe grenzenlos.

Sie ist sehr sportlich, möchte sich an der frischen Luft bewegen. Es wird ihr Spaß machen, mit Ihnen durch die Wälder zu streifen oder auf eine Bergwanderung zu gehen; Angeln, Reiten und die Jagd sollten ihr als Hobbies gefallen. Sie ist eine glückliche, gutgelaunte Gefährtin für eine Campingreise. Bei Sport und Spiel gibt sie nicht so schnell auf, hat unheimliche Nervenstärke und möchte beinahe alles einmal ausprobieren.

Die Schütze-Frau ist, wenn sie dem richtigen Mann begegnet, eine leidenschaftliche Geliebte. Ist sie es nicht, dann stimmt in Ihrem Verhältnis zueinander etwas nicht. Sie macht kein großes Tamtam um den Sex, aber sie wird nicht länger bei einem Mann bleiben, der es nicht versteht, ihr Interesse an der körperlichen Liebe zu wecken, und anstatt die Liebe zur Routine werden zu lassen, verzichtet sie lieber darauf. Obwohl diese Frau, wie schon gesagt, sehr leidenschaftlich sein kann, möchte sie zärtlich und sanft behandelt werden; der Charme eines Neandertalers verfängt bei ihr überhaupt nicht.

Wenn Sie eine Schütze-Frau heiraten, werden Sie feststellen, daß sie viel Interesse für Ihren Beruf aufbringt. Ihr Urteilsvermögen ist erstaunlich; Sie werden überrascht sein über die guten Ratschläge, die sie Ihnen geben kann, wenn Sie sie darum bitten. Sie ist keine Frau, die ihrem Gatten nachspioniert oder an ihm herumnörgelt. Sie kann aber sehr offen und freimütig ihre Meinung äußern.

Sie: Schütze – Er: Widder

Dieser Mann ist ein einziges Energiebündel, immer in Bewegung. Sie brauchen einen Partner, auf den Sie sich felsenfest verlassen können; Schütze-Frauen wollen keinen Mann, der seine Launen hat, sondern einen, der unkompliziert und direkt ist. Herr Widder könnte genau der richtige für Sie sein. Er wird mit Ihnen durch dick und dünn gehen und Sie nie im Stich lassen, wenn er sich für Sie entschieden hat.

Es fällt diesem Mann schwer, seine Gefühle zu verbergen. Er ist auch ungeheuer leidenschaftlich. Wenn er Ihnen sagt, daß er Sie liebt, dann meint er es auch wirklich.

Natürlich müssen noch andere Dinge für ihn sprechen als die Liebe. Es wäre gefährlich, wenn Sie sich von seiner Leidenschaft mitreißen ließen und so »profane« Dinge wie seine Zukunftsaussichten und seine Fähigkeit, für Sie zu sorgen, nicht in Erwägung zögen. Da er im Zeichen Widder geboren ist, gehört er zu den Menschen, die hart arbeiten, aber er wird möglicherweise sehr oft den Arbeitsplatz wechseln. Er ist auch ein Mann, der das Sagen haben will; zwischen Ihnen beiden könnte es zu Auseinandersetzungen darüber kommen, wer welche wichtigen Entscheidungen trifft.

Es ist Ihnen zu raten, sich auf eine längere Verlobungszeit einzurichten. Lernen Sie ihn erst richtig kennen, bevor Sie sich entschließen, ihm das Jawort zu geben.

Sie haben möglicherweise Schwierigkeiten, Ihre Gefühle auszudrücken, und er versteht dies nicht. Es fällt ihm auch ziemlich schwer, nur eine Frau zu lieben; ein Widder muß einfach immer wieder flirten. Sie dagegen lassen sich auf keine Tändeleien mit dem anderen Geschlecht ein und können nur mühsam Ihre Eifersucht verbergen, wenn er jedem hübschen Mädchen nachschaut.

Er ist ein leidenschaftlicher Mann, dem es vielleicht etwas an Zärtlichkeit fehlt; er ist ziemlich direkt. Es liegt an Ihnen, ihm beizubringen, Sie zärtlicher zu behandeln und ihn in die Liebeskunst einzuweisen.

Wenn Sie ihm das erste Mal begegnen, haben Sie möglicherweise das Gefühl, er sei zu schüchtern, um sich mit Ihnen zu verabreden. Lassen Sie sich von diesem ersten Eindruck nicht täuschen: er wird von Mars regiert, und Sie werden bald feststellen, daß bei ihm Taten mehr zählen als Worte.

Er ist extrovertierter* als Sie. Vielleicht langweilen Sie seine ständigen Gespräche über Politik; der Widder glaubt zu wissen, wie er die Welt zum Besseren verändern kann. Es wird eine Zeitlang

---

* für äußere Einflüsse empfänglich

dauern, bis er erkennt, daß Sie ihm in vielen Dingen ebenbürtig sind; von einer Frau würde er dies nicht erwarten. Es wird ihn daher auch ziemlich überraschen, daß Sie ihm wirklich gute Ratschläge für sein berufliches Fortkommen geben können.

Er möchte eine sehr weibliche Frau und könnte mit dem Typ der »Feministin« überhaupt nichts anfangen.

Er wird nichts dagegen haben, wenn Sie auch nach der Hochzeit weiter in Ihrem Beruf arbeiten, solange sich dies nicht negativ auf Ihre Ausgaben im Haushalt auswirkt. Er gehört zu den Männern, die die altmodische Auffassung vertreten, daß die Hauptaufgabe einer Frau darin besteht, ihren Gatten zu umsorgen und die Kinder aufzuziehen.

Neue Hobbies und Interessen nehmen ihn völlig gefangen. Seine Begeisterungsfähigkeit ist riesig, doch nur allzu bald wird er einer Sache überdrüssig.

Er wird Ihr Interesse an religiösen und philosophischen Themen nicht teilen. Der Widder lebt mehr für den Augenblick. Wahrscheinlich ist er auch recht sportlich – eine gemeinsame Basis. Ihnen beiden bereitet ein Tennis-Match oder eine lange Wanderung in der freien Natur viel Vergnügen.

Sie sind ein gutes Elternpaar, genau die Kombination, die Kinder zu glücklichen und ausgeglichenen Menschen erzieht.

Er ist ein Mann, der seinen Stolz hat; wenn Sie sehen, daß er dabei ist, einen Fehler zu machen, wird es Sie ein hartes Stück Arbeit kosten, ihn dazu zu bewegen, auf Sie zu hören.

Sie: Schütze – Er: Stier

Sie sind eine Frau, die ihren Stolz hat, und Herr Stier ist ein Mann mit Stolz. Möglicherweise sind Sie füreinander eine Nummer zu groß, denn keiner von Ihnen beiden ist bereit, auch nur ein wenig nachzugeben, wenn die Entscheidung für ein bestimmtes Handeln einmal gefallen ist. Wenn Sie natürlich in vielen Dingen übereinstimmen, könnte diese Beharrlichkeit Sie beide zu einem Paar zusammenschweißen, das sich durchsetzen kann.

Der Stier ist eigentlich dazu vorbestimmt, ein guter Ehemann zu sein. Wenn Sie ihn unvoreingenommen beurteilen – und eine Schütze-Frau kann das sehr gut –, werden Sie bald erkennen, welch hervorragende »Partie« er ist.

Er denkt praktisch und realistisch, ist aber keinesfalls ein langweiliger Kerl. Er hat Humor, eine Tatsache, die Sie zu schätzen wissen.

Er ist nicht der Mann, der sich zu einer Bindung drängen läßt. Er wird sich Zeit lassen, bis er mehr als nur ein flüchtiges Interesse an Ihnen zeigt. Wenn er Ihnen dann aber seine Liebe gesteht, dann können Sie sicher sein, daß er es auch wirklich ernst meint. Er hat ziemlich Angst davor, seine Freiheit zu verlieren, aber zum Glück sind Sie ja eine Frau, die nicht den Eindruck macht, sich einen Ehemann einfangen zu wollen.

Er ist ein cleverer Geschäftsmann; man muß schon einiges anstellen, will man ihn übers Ohr hauen. Wurde er von jemandem enttäuscht, so kann er diesem Menschen nie mehr vertrauen.

Er liebt ein gemütliches Zuhause; es wird Ihnen möglicherweise langweilig, weil er so viele Abende mit Ihnen daheim verbringen möchte. Es liegt an Ihnen, ihn dazu zu veranlassen, öfter mit Ihnen auszugehen.

Er wird nicht allzu begeistert sein, wenn Sie nach der Heirat eigene berufliche Interessen verfolgen wollen.

Sie werden sich daran gewöhnen müssen, daß er hübschen Mädchen schöne Augen macht, aber nehmen Sie seine Flirts nicht zu ernst, denn er braucht sie als Selbstbestätigung. Wenn er bis über beide Ohren in Sie verliebt ist, wird er Ihnen auch treu sein.

Er ist intelligent und kann sich über beinahe jedes Thema unterhalten.

Sie beide lieben schöne Dinge. Er wird die weibliche Note schätzen, die Sie Ihren eigenen vier Wänden geben, Ihnen die Ausstattung und Ausschmückung überlassen, obwohl er selbst ein paar äußerst nützliche Vorschläge bringen wird, da er künstlerisch begabt ist. Besitz ist für ihn sehr wichtig; er geht sparsam mit seinem Geld um, wird aber bereitwillig Geld ausgeben für Einrichtungsgegenstände, die eine gute Investition darstellen.

Er ist handwerklich recht geschickt. Sie werden nicht erst die Handwerker holen müssen, wenn für eine zerbrochene Fensterscheibe eine neue eingesetzt oder ein tropfender Wasserhahn repariert werden soll.

Es wird Ihnen möglicherweise schwerfallen, Ihr Leben so total einem Mann zu widmen, wie es der Stier erhofft und verlangt. Sie werden sich die sehr ernste Frage stellen müssen, ob Sie seine besitzergreifende Art ein ganzes Leben lang ertragen können.

Er setzt sich in seinem Beruf voll ein. Sie werden nie darum bangen müssen, daß die Rechnungen pünktlich bezahlt werden. Er wird dafür sorgen, daß Sie stets genügend Haushaltsgeld haben, aber von ihm ein neues Kleid zu bekommen, wird Ihnen einiges an Überredungskunst abverlangen.

Er hat eine positive, aggressive Einstellung zum Leben und wahrscheinlich nicht allzu viele enge Freunde. Er kann sehr selbständig sein, wenn er dazu gezwungen ist. Wenn Sie ihn einmal betrügen und dann seinem eiskalten, vernichtenden Blick begegnen, werden Sie verstehen, wie es ist, wenn eine Frau aufhört, im Leben eines Mannes eine Rolle zu spielen.

Herr Stier möchte, daß Sie ihm sowohl Freundin als auch Geliebte sind. Für ihn ist es wichtig, daß er mit der Frau, die er liebt, auf einer gemeinsamen Wellenlänge sendet. Solange Sie beide im Prinzip darin übereinstimmen, was Sie vom Leben erwarten, gibt es keinen Grund, weshalb Sie beide nicht miteinander glücklich werden sollten.

Er ist ein Mann, der immer da sein wird, wenn Sie ihn brauchen. Er wird darauf achten, daß die Kinder zu Gehorsam und ordentlichem Benehmen erzogen werden.

Sie: Schütze – Er: Zwilling

Das Leben mit dem Zwillinge-Mann wird voller Abwechslung sein. Wenn Sie zu den Schütze-Frauen gehören, denen es gefällt, ein Leben voller Aufregungen und dramatischer Entwicklungen zu führen, dann ist er der richtige Mann für Sie.

Es fällt ihm schwer, wichtige Entscheidungen zu treffen; er möchte sich auf nichts festlegen. Sie werden auf ihn aufpassen müssen, aber er kann es nicht leiden, wenn man ihm Vorschriften macht.

Er ist in einem Luft-Zeichen, Sie dagegen sind in einem Feuer-Zeichen geboren – weshalb Sie sich gegenseitig neue Anregungen geben werden. Sie werden ihm immer ein Rätsel bleiben, was gut so ist. Er ist sehr wißbegierig, möchte wissen, was in anderen Menschen vorgeht, und wenn er dann glaubt, es herausgefunden zu haben, kann er ziemlich rücksichtslos sein und sie einfach fallenlassen. Weil Sie nicht gern Ihre Gefühle in Worte fassen, fällt es ihm schwer, Ihr Wesen zu ergründen. Sie könnten genau die Frau sein, die Herrn Zwilling immer wieder von neuem fasziniert.

Die Frage stellt sich aber, wie stark Ihre mütterlichen Gefühle sind. Sind Sie bereit, einem Mann Mutter, Ehefrau, Geliebte und Kameradin in einem zu sein?

Seine Rastlosigkeit kann sehr anziehend wirken. Möglicherweise hasten Sie beide von einer Sache zur anderen, ohne dabei irgendwelche Fortschritte zu machen. Es wäre gut, wenn Sie einen stabilisierenden Einfluß auf diesen Mann ausüben könnten, ohne ihm das Gefühl zu geben, in seiner Bewegungsfreiheit eingeschränkt zu sein. Er braucht eine starke Persönlichkeit als Frau; Sie sind dies ganz sicher.

Er flirtet unheimlich gern. Sie werden sich schon einiges einfallen lassen müssen, daß er immer wieder in Ihr Bett zurückkehrt. Dieser Mann geht sehr schnell fremd.

Er wird viele Ihrer guten Eigenschaften bewundern. Für ihn ist es wichtig, eine Frau an seiner Seite zu haben, die ihm ab und zu die Wahrheit sagt. Er weiß nie, wann er aufhören muß und kann sich selbst großen Schaden zufügen, wenn er zu oft mit Alkohol und Drogen in Berührung kommt.

Sie beide liegen auf der gleichen Wellenlänge. Es wird oft passieren, daß er das, was Sie gerade denken, ausspricht.

Sie werden gern miteinander ausgehen. Wahrscheinlich haben Sie auch den gleichen Kunstgeschmack.

Er wird Ihnen gern die Hausarbeit überlassen; Tätigkeiten, die körperliche Anstrengungen erfordern, liegen ihm nicht.

Er ist künstlerisch veranlagt, was er oft als exzellenter Koch oder phantasievoller Gärtner beweist (solange jemand anders das Geschirr abspült oder Unkraut jätet).

Sie werden diesen von Merkur regierten Herrn von Zeit zu Zeit voranschubsen müssen; er braucht Ansporn. Es fällt ihm schwer, eine Arbeit zu tun, die sein Interesse nicht völlig in Anspruch nimmt. Er liebt die Abwechslung und lebt stets mit der fixen Idee, daß woanders alles besser ist.

Er wird nichts dagegen haben, wenn Sie eigene Interessen verfolgen; es ist wahrscheinlich sogar auch sein Wunsch, daß Sie Ihren Beruf nach der Hochzeit nicht aufgeben.

Er kann nicht gut mit Geld umgehen; er sollte ein kleines Bankkonto extra haben, um mal für ein paar Tage auf Reisen gehen zu können. Wenn er keinen Pfennig mehr in der Tasche hat, macht er eine Anleihe in der Haushaltskasse. Ist er jedoch finanziell gut gestellt, kann er sehr großzügig sein.

Wenn Sie sich in einen Zwillinge-Mann verlieben, der seine Wanderlust abgelegt hat und eine reife Persönlichkeit geworden ist, sollte alles in Ordnung sein. Ist dies jedoch nicht der Fall, werden Sie wahrscheinlich von Party zu Party und von Bar zu Bar ziehen, um dort das anregende Leben zu finden, das nur in der Phantasie dieses Mannes existiert.

Sie: Schütze – Er: Krebs

Irgendwann möchte auch eine Frau wie Sie sich irgendwo niederlassen und ein ruhiges und friedliches Leben führen. Haben Sie sich zu dieser Entscheidung durchgerungen, dann könnte Herr Krebs der richtige Mann für Sie sein.

Es wird ziemlich lange dauern, bis Sie merken, was in ihm vorgeht. Auf den ersten Blick scheint er ein unbekümmerter, heiterer Mensch zu sein, der sich um nichts Sorgen macht. Lernen Sie ihn aber näher kennen, merken Sie, daß Sie es mit einem recht komplizierten Charakter zu tun haben.

Er hat Angst davor, in seinen Gefühlen verletzt zu werden, und offenbart sich Ihnen erst dann, wenn er hundertprozentig sicher ist, daß er Ihnen vertrauen kann.

Er bewundert Ihr Selbstvertrauen und Ihre Fähigkeit, mit Leuten aus allen Gesellschaftsschichten gut auszukommen. Instinktiv erkennt er jedoch, daß Sie sich, genau wie er, irgendwo niederlassen wollen.

Wenn Sie sich in diesen Mann verlieben, wird Ihnen die Aufgabe zufallen, ihm dabei zu helfen, sich selbst zu finden. Er steigert sich oft viel zu sehr in seine Probleme hinein, leidet manchmal, wenn die Dinge nicht so laufen, wie er es sich vorgestellt hat, unter einer Art Verfolgungswahn und glaubt, die ganze Welt habe sich gegen ihn verschworen.

Er möchte Besitz und Vermögen erwerben, ist sehr um seine finanzielle Sicherheit besorgt und geht sehr sparsam mit seinem Geld um.

Wenn Sie ihn zu Ihrem Geliebten erwählen, werden Sie überrascht sein, wie leidenschaftlich dieser sonst so ruhige Mann sein kann. Sie werden gern mit ihm ins Bett gehen; sein Geschlechtstrieb ist sehr stark. Auf sexueller wie geistiger Ebene sollten Sie beide sich sehr gut verstehen.

Sie werden einiges aufgeben müssen, wenn Sie die Ehe mit einem Krebs-Mann in Erwägung ziehen. Er mag es genau wie Sie nicht, wenn man ihm Vorschriften macht. Er möchte zwar mit Ihnen über seine Probleme sprechen, doch haben Sie dann eine Ihrer Meinung nach logische Lösung für sie parat, wird er möglicherweise genau das Gegenteil tun. Für eine so offene, aufrichtige Frau ist ein solches Verhalten sehr irritierend.

Hat er erkannt, daß Sie die Frau seiner Träume sind, wird er mit Ihnen durch dick und dünn gehen. Ein im Zeichen Krebs geborener Mensch tritt nicht leichtfertig in den Stand der Ehe.

Er sieht es nicht gern, wenn andere wichtige Interessen Sie von zu Hause fernhalten. Er möchte, daß Sie daheimbleiben und alles vorbereiten, damit Sie beide, wenn er müde von der Arbeit kommt, einen gemütlichen Abend miteinander verbringen können.

Man sagt dem Krebs Geiz nach, doch das stimmt nicht. Er geht sparsam mit seinem Geld um, aber nur, weil er sicher sein möchte, gut für seine Lieben in der Zukunft vorgesorgt zu haben.

Sie werden ihn bisweilen ziemlich hart anpacken und darauf bestehen müssen, daß er mehr aus seinen Fähigkeiten macht, sonst dreht er Däumchen und redet nur von seinen Vorhaben, die er dann nie in die Tat umsetzt. Sie müssen sein Selbstbewußtsein stärken, denn wenn einiges schiefgeht, verzweifelt er sehr rasch. Mit der richtigen Aufmunterung jedoch ist er zu bemerkenswerten Leistungen fähig.

Es trifft zu, daß viele Schütze-Menschen mehr als einmal den Bund fürs Leben schließen; wollen Sie nicht zu ihnen gehören, so nehmen Sie sich einen Krebs-Mann zum Gatten. Er wird alles tun, um Ihrer Ehe Bestand zu verleihen, und darüber hinaus dafür sorgen, daß die Liebe nicht stirbt.

Er ist gut in Haus und Garten zu gebrauchen und wird Ihnen bei der Kindererziehung eine wertvolle Hilfe sein.

Sie: Schütze – Er: Löwe

Alle Anzeichen deuten darauf hin, daß Sie ein glückliches Paar werden. Sie haben wahrscheinlich viele gemeinsame Interessen und Ansichten. Eines aber sollten Sie sich merken: Herr Löwe mag es nicht, wenn man nicht seine Meinung teilt. Für ihn wäre es ein unmöglicher Zustand, wenn seine Partnerin andere Ansichten über die im Leben wichtigen Dinge hat.

Auf emotioneller wie auf sexueller Ebene haben Sie die gleiche Grundeinstellung und dieselben Erwartungen. Das sollte eine gute Ausgangsbasis sein.

Dies ist möglicherweise eine Verbindung, in der beide Partner sich gegenseitig bewundern. Sie beide setzen alles daran, die Wesenszüge des anderen, die Ihnen nicht gefallen, zu übersehen. Sie beide sind lebenslustig und können selbstlos lieben. Die Ehe ist ein gegenseitiges Geben und Nehmen, und Sie beide beherrschen dieses Wechselspiel.

Er ist ein Mann, der auffällt – manchmal sogar ein ziemlicher Angeber. Sie möchten einen Partner, der bereit ist, im Leben voranzukommen, wollen zu ihm aufschauen und ihn verehren können.

Sie beide wollen ein Leben in großem Stil führen. Engstirnigkeit und Pedanterie haben darin keinen Platz.

Sie werden etwas auf Ihre rechthaberische Art achten müssen, denn der König des Dschungels ist nur so lange sanft und ruhig, wie ihm nichts gegen den Strich geht, und dazu gehört, daß Sie nicht versuchen, das Kommando zu übernehmen.

Sie sind beide starke Persönlichkeiten. Wenn Sie einander lieben, müssen Sie sehr darauf achten, daß keiner stur auf seinem Standpunkt beharrt; gelegentlich wird der eine, ein anderes Mal der andere nachgeben müssen. Hoffentlich erkennen Sie beide, daß große innere Stärke erforderlich ist, es nicht jedesmal zu einer Auseinandersetzung kommen zu lassen. Da Sie Realist sind, werden Sie merken, wie gefährlich es für Ihre Partnerschaft wäre, wenn einer mit den Gefühlen des anderen spielen würde. Sorgen Sie dafür, daß aus Ihrer Ehe kein ständiger Machtkampf wird.

Sie sind sehr freimütig in Ihren Äußerungen; Sie sollten sich in diesem Punkt in acht nehmen. Außerdem können Sie sehr ironisch sein und dadurch den Löwen in seinem Stolz verletzen. Er kann es nicht leiden, wenn man ihn zum Narren macht. Er ist recht eifersüchtig, würde es sich nicht bieten lassen, wenn Sie mit anderen Männern flirten. Es sollten sich aber in diesem Punkt keine Schwierigkeiten ergeben, da Ihnen sowieso der Sinn nicht nach einem Abenteuer steht. Die Schütze-Frau will offen und ehrlich ihrem Partner gegenüber sein und keine krummen Sachen drehen.

Er hat seine festen Vorstellungen davon, wie Sie sein sollten, und diese männlich-gebieterische Einstellung zum schwachen Geschlecht ärgert Sie gelegentlich.

Herr Löwe besitzt eine ungeheure Ausdauer. Wenn er sich in den Kopf gesetzt hat, daß Sie seine Frau werden müssen, werden Sie ihm nur schwer widerstehen können, da er Ihnen Tag und Nacht überallhin folgen wird, bis Sie ihm endlich Ihr Jawort geben.

Ihre Freunde und Freundinnen werden Sie für ein großartiges Paar halten; jedenfalls sind Sie beide sehr beliebt. Der Löwe geht gern zu Parties, und auch Sie sagen selten nein, wenn es gilt, in der richtigen Gesellschaft »Rabatz zu machen«. Sie beide werden gerngesehene und -gelittene Gäste sein.

Sie sollten sich über Ihre finanzielle Sicherheit nicht den Kopf zerbrechen. Der Löwe-Mann wirtschaftet zwar sparsam, ist aber trotzdem kein Geizkragen.

Ein mahnendes Wort: erhoffen Sie sich nicht, zu viele eigene Interessen verfolgen zu können. Der Löwe erwartet von Ihnen, daß Sie stets an seiner Seite sind, wenn er Sie braucht.

Sie: Schütze – Er: Jungfrau

Sie werden sich nur langsam an die Art dieses Mannes gewöhnen können, weil Ihre Einstellung zum Leben so verschieden ist. Für Ihren Geschmack ist er möglicherweise viel zu pedantisch. Sie sind aufrichtig, er ist es ebenfalls, vermittelt aber den Eindruck, gelegentlich etwas zu oberflächlich zu sein.

Für Sie ist die Arbeit im Haushalt nicht das allein Seligmachende; Sie wollen ein stilvolles Leben führen. Vielleicht erwartet er von Ihnen als Hausfrau zuviel: sein Heim muß stets blitzblank sein. Er nimmt es mit der Hygiene übertrieben genau.

Sie beide haben unterschiedliche Temperamente, Ihre Einstellungen zum Leben sind in manchen Punkten entgegengesetzt. Sie sind in einem Feuer-Zeichen, er ist in einem Erd-Zeichen geboren. Sie bevorzugen eine raschere Gangart, während er langsam und methodisch vorgehen muß: er wird nie eine Entscheidung übers Knie brechen. Sie haben wahrscheinlich auch sehr unterschiedliche Interessen: während Sie gern in der freien Natur sind und Sport treiben, ist er nicht so scharf darauf, sich sportlich zu betätigen oder körperlich anzustrengen.

Dieser Mann verkörpert gewissermaßen die praktische Art zu denken und zu handeln. Er kann Sie verrückt machen, weil er immer wieder eine Schwachstelle in Ihren recht ausgefallenen Ideen entdeckt. Für Sie ist allein der Versuch maßgebend, nicht Erfolg oder Mißerfolg, für ihn dagegen zählt nur das, was bei einer Sache herauskommt.

Sie haben Sinn für Gerechtigkeit und Fair play, er jedoch wird Ihnen immer die Frage stellen, wer von Ihrem Handeln profitiere oder wem im Endeffekt geholfen sei. Sie werden solche theoretischen Erwägungen bald satthaben.

Dies scheinen recht düstere Aussichten für Sie zu sein, doch ist dem nicht in allem so. Dieser Mann hat viele gute Eigenschaften: seine geistigen Fähigkeiten werden Ihnen imponieren. Er hat ein umfangreiches Wissen und viel Geduld, um Ihnen Dinge zu erklären, die Ihnen noch nicht bekannt sind. Er wird Sie eine Menge lehren können, ohne dabei den Eindruck zu erwecken, er sei allwissend.

Seine Ratschläge stellen sich meist als sehr treffend heraus. Er hat Mitleid mit Leuten, denen es nicht so gut geht. Außerdem ist er ungeheuer ausdauernd: sei eine Arbeit auch noch so schwierig und mühsam, – hat er versprochen sie zu erledigen, dann steht er zu seinem Wort.

In mancher Hinsicht ist er der ideale Ehemann. Er ist bestimmt nicht der feurigste Liebhaber, aber er ist treu. Es ist sehr unwahrscheinlich, daß er ein Verhältnis mit einer anderen Frau beginnt, da er immer die Nachteile, die ein Ehebruch mit sich bringt, vor Augen hat. Bei den Jungfrau-Menschen regiert der Verstand die Gefühle.

Sie müssen ihm helfen, seine Hemmungen zu überwinden, denn er kann sehr prüde sein. Es liegt an Ihnen, ihm zu zeigen, daß Sex Spaß macht.

Er wird Sie in den Himmel heben und versuchen, Ihnen all das bieten zu können, was Ihr Herz begehrt. Er ist viel häuslicher als Sie: er möchte lieber die Füße hochlegen und fernsehen, als auf Parties zu gehen.

Er wird nicht entzückt sein, wenn Sie einen eigenen Freundeskreis aufbauen, denn er möchte alles mit seiner Partnerin gemeinsam erleben. Wenn Ihre Ehe Bestand haben soll, dann müssen Sie sehr viele gemeinsame Interessen haben.

Werden Sie einem so wenig leidenschaftlichen Mann treu sein können? Möglicherweise frustriert er Sie so, daß Sie sich nach einem anderen umsehen, der leidenschaftlicher und von einem Hauch Abenteuerlust umgeben ist. Sie müssen diese Frage erst sehr gründlich überdenken, bevor Sie ihn heiraten.

Alles in allem könnte der Jungfrau-Mann für Sie eine echte Herausforderung sein; wenn Sie ihn wirklich lieben, werden Sie ihr gewachsen sein.

Sie: Schütze – Er: Waage

Sie werden wahrscheinlich vom ersten Augenblick an gut mit dem geistig beweglichen, nach Harmonie strebenden Waage-Mann auskommen. Wahrscheinlich sind Sie genau die Frau, nach der er sucht. Sie sind eine realistisch denkende Evastochter, und er möchte keine Partnerin, die hohe Ansprüche an ihn stellt. Er schätzt seine persönliche Freiheit ebenso wie Sie. Sie könnten in einer harmonischen Partnerschaft zusammenfinden und doch Ihre Individualität und Unabhängigkeit behalten.

Es ist sehr gut möglich, daß Sie lange Zeit mit diesem Mann verlobt sind; Sie liegen zwar auf der gleichen Wellenlänge, aber keiner von Ihnen möchte überstürzt heiraten.

Sie haben mit ihm einen geistesverwandten Partner gefunden, der Sie bei gesellschaftlichen Anlässen begleiten kann. Er wird nie versuchen, Sie unter Druck zu setzen.

Er weiß, wohin er eine Frau ausführen kann. Sie werden bald merken, daß er Sie als Mensch näher kennenlernen will. Sex spielt eine wichtige Rolle in seinem Leben, doch weiß er auch, daß eine Beziehung nicht lange halten kann, wenn Sie beide nicht mehr gemeinsam haben als den Wunsch, miteinander ins Bett zu gehen.

Er ist ein raffinierter und phantasievoller Liebhaber. Manchmal sind Sie etwas schüchtern und könnten deshalb von seiner Leidenschaft und seiner Erfahrung unangenehm berührt sein. Vertrauen Sie sich ihm an: Für ihn ist es überaus wichtig, daß seine Partnerin als Frau Erfüllung findet. Es klappt aber nur, wenn Sie Ihre Hemmungen ablegen.

Er fühlt mit anderen Menschen, würde nie jemanden absichtlich in seinen Gefühlen verletzen. Trotzdem ist er manchmal recht streitlustig; bei einer Auseinandersetzung läßt er sich nicht so leicht in die Tasche stecken. Offene Feindseligkeiten vermeidet er jedoch, so gut es geht; er haßt sie. Seiner Meinung nach ist etwas nicht in Ordnung mit einem Menschen, der einen anderen beleidigt oder gar tätlich angreift. Er gibt oft nach, um einer häßlichen Szene aus dem Weg zu gehen.

Er ist sehr taktvoll gegenüber anderen Leuten. Sie werden es sich etwas abgewöhnen müssen, immer das zu sagen, was Ihnen gerade durch den Sinn geht. Sie möchten anderen nicht weh tun, aber gelegentlich sind Sie so offen, daß es schon beinahe an Brutalität grenzt. Sie sind manchmal recht burschikos in Ihrem Auftreten; arbeiten Sie ein wenig an sich und geben Sie sich ein wenig weiblicher.

Er mag Ihre ungezwungene und unbekümmerte Art. Ein Waage-Mensch kann nicht glücklich sein, wenn er sich unter Druck gesetzt fühlt. Genau wie Sie muß er glauben können, der Herr über sein eigenes Schicksal zu sein. Er kann es nicht leiden, wenn man ihn herumkommandiert.

Im finanziellen Bereich könnten Schwierigkeiten auftreten, denn keiner von Ihnen kann sparen. Sorgen Sie dafür, daß Sie einen gewissen Betrag längerfristig anlegen, sonst könnten Sie womöglich beide Ihr ganzes Geld für etwas völlig Nutzloses zum Fenster hinauswerfen.

Er ist ein echter Gentleman, der es versteht, Komplimente zu machen und auch meint, was er sagt. Er wird sofort bemerken, wenn Sie ein neues Kleid tragen.

Sie hören ihm gern zu, wenn er über seine Lieblingsthemen spricht; er ist in der Regel ein ausgezeichneter Gesprächspartner. Er kann andere für eine Sache begeistern, der sie sonst gleichgültig gegenüberstehen.

Es könnte sein, daß Sie die wichtigen Entscheidungen zu treffen haben. Sie machen das nicht gern, aber Herr Waage kann sich einfach nicht entschließen, welchen Weg er einschlagen soll, wenn er in seinem Leben an einen Wendepunkt kommt.

Für diesen Mann ist ein gemütliches Zuhause sehr wichtig, obwohl er es meist nur aufsucht, um sich zu erholen und neue Energien zu schöpfen.

Er wird daran arbeiten, Ihrer Ehe Bestand zu verleihen: tun Sie es ihm gleich.

Sie: Schütze – Er: Skorpion

Wenn Sie sich in einen Skorpion-Mann verlieben, werden Sie viele Ihrer Interessen zurückstellen müssen. Er ist ein interessanter, um nicht zu sagen faszinierender Mann. Möglicherweise fühlen Sie sich von ihm verzaubert.

Er erwartet nicht von seiner Partnerin, daß sie ihm sklavisch unterworfen ist, aber er möchte die Hauptrolle in Ihrem Leben spielen.

Er ist ein sehr körperbetont lebender Mensch; auf sexueller Ebene könnte es zu einem Zusammenprallen Ihrer gegensätzlichen Einstellungen kommen. Meist lebt er nur für die Befriedigung seiner sexuellen Wünsche; Ihnen sind diese Ausschließlichkeit und seine fast brutalen Annäherungsversuche unangenehm.

Es gibt keine Möglichkeit, diesen Mann herumzukommandieren. In der Partnerschaft mit ihm könnten Sie tatsächlich Ihre Identität verlieren. Er ist ein Mensch, der Sie schon nach kurzer Zeit an den Ansichten zweifeln läßt, die Sie Ihr ganzes bisheriges Leben vertreten haben, wenn sie sich auch nur geringfügig von den seinen unterscheiden.

Hat er nur den leisesten Grund zur Eifersucht, so leidet er sehr schwer. Wenn er auf einer Party sieht, wie Sie sich mit einem anderen Mann unterhalten, wird er immer denken, dieser wolle Sie verführen.

Er wird Ihnen keine Nettigkeiten ins Ohr flüstern; Taten zählen bei ihm mehr als Worte. Liebe und Haß liegen bei ihm eng beieinander. Hat jemand ihm unrecht getan, so kann er sehr rachsüchtig werden. Sehr oft hat er nur wenige wirkliche Freunde; der Grund dafür ist, daß er immer derjenige sein will, der das Sagen hat.

Die Verbindung zwischen Schütze und Skorpion könnte sich als sehr fruchtbar erweisen, wenn Sie bereit sind, es zu Ihrer Lebensaufgabe zu machen, diesen Mann zu umsorgen. Denken Sie aber daran, daß niemand aus seiner Haut herauskann und immer gewisse fundamentale Unterschiede zwischen Ihnen beiden bestehen bleiben. Sie werden sich fragen müssen, ob Ihre Liebe zu ihm wirklich groß genug ist, daß sie ein Leben lang anhält und alle Schwierigkeiten überwinden kann.

Sie gehören nicht zu den Frauen, die sich mit anderen Männern einlassen, wenn sie verheiratet sind. Das ist gut so; denn wenn er glaubt, daß Sie ihm Hörner aufsetzen, schreckt er auch vor Handgreiflichkeiten nicht zurück. Skorpion-Männer sind häufig körperlich nicht die größten, aber wenn sie in Wut geraten, »machen sie Hackfleisch« aus einem Kerl, der zweimal so groß ist.

Sie haben wahrscheinlich nicht den gleichen Geschmack in bezug auf Kunst und Musik.

Sie sollten sich klarwerden, wie Sie Ihre Kinder erziehen, denn Sie beide neigen dazu, all Ihre Emotionen und Interessen auf den Nachwuchs zu verwenden, was für die Kinder nicht gut ist, weil sie dadurch in ihrer Entwicklung gehemmt werden.

Herr Skorpion betrachtet die Haushaltsführung als Ihre Domäne, denn er ist einer jener altmodisch denkenden Männer, für die eine Frau an den heimischen Herd gehört.

Er kann sehr hart und ausdauernd arbeiten, weiß auch vernünftig mit Geld umzugehen. Ihr Haushaltsgeld wird großzügig bemessen sein, aber wahrscheinlich hält er vor Ihnen geheim, wieviel er auf seinem Konto hat.

Dieser Mann scheint einen Röntgenblick zu haben, wenn er andere Menschen einschätzt. Er kann nicht nur sofort einen Schwindler entlarven, was Sie auch ganz gut können, sondern auch die Schwächen und Fehler eines Menschen. Ein paar von Ihren humorvolleren Freunden halten ihn möglicherweise für einen, der mit übernatürlichen Mächten im Bunde steht.

Sie werden ihm beruflich sehr nützlich sein. Sie müssen sein Selbstvertrauen stärken und werden es auch tun, wenn er es verdient. Manchmal steigt ihm allerdings der Erfolg ein bißchen zu Kopf. Sorgen Sie dafür, daß er auf dem Teppich bleibt.

Sie: Schütze – Er: Schütze

Sie haben viel gemeinsam mit dem im gleichen Zeichen geborenen Mann; vielleicht das Wichtigste ist Ihr Sinn für Humor, der Ihnen beiden helfen wird, wenn die Dinge nicht so wie erhofft laufen. Sie haben auch die gleiche Art zu leben und fühlen sich in der Gesellschaft derselben Leute wohl. Das ist doch eine gute Ausgangsbasis.

Dieser Mann läßt sich nur sehr schwer einfangen, aber Sie gehören ja auch nicht zu den Frauen, die sich damit beeilen, unter die Haube zu kommen. Sie wollen einander erst genau kennenlernen, bevor Sie schließlich eine Ehe in Erwägung ziehen.

Sie werden einige Schwierigkeiten überwinden müssen. Keiner von Ihnen nimmt gern Verantwortung auf sich oder kann sich zu einer Entscheidung durchringen. Sie sind beide zufrieden damit, sich durchs Leben treiben zu lassen, und das kann gefährlich werden. Er ist ein Mann mit vielen Fähigkeiten, aber ab und zu braucht er einen aufmunternden Schubs nach vorne. Manchmal braucht er auch eine Frau, die ihm sagt, was er zu tun und zu lassen hat. Sind Sie aber bereit, diese Rolle zu übernehmen?

Er mag Arbeiten nicht, die zu Routine werden. Ihnen beiden fällt es nicht leicht, sich an einen »gewöhnlichen« Beruf mit festen Arbeitszeiten zu gewöhnen. Wenn Sie beide zusammen sind, finden Sie immer wieder neue Entschuldigungen, um sich nicht für ein bestimmtes Handeln entschließen zu müssen. Auf diese Weise verstreicht oft viel Zeit, bevor Sie produktive Schritte unternehmen.

Sie werden bald merken, daß mehr in diesem Mann steckt, als er anderen zu zeigen bereit ist. Schütze-Menschen tragen, wie Sie ja selbst wissen, ihre Gefühle nicht offen zur Schau. Dieser Mann wirkt auf andere oft als Bruder Leichtfuß oder als Stimmungskanone. Sie wissen es besser, wissen, daß sich dahinter einiges verbirgt. Er hat Angst davor, sein wahres Ich zu zeigen, vertraut anderen nur sehr ungern seine geheimsten Gedanken an.

Er fühlt mit denen, die vom Leben benachteiligt sind, und wird stets sein Möglichstes tun, um denen zu helfen, die schlechter dran sind als er.

Herr Schütze muß immer darauf achten, daß er nichts übertreibt; manchmal zeigt er wenig Charakterstärke. Es wäre gefährlich, wenn er in die Gesellschaft von Trinkern oder Glücksspielern geraten würde; denn er könnte versuchen wollen, sie in ihren Ausschweifungen zu übertreffen, um zu beweisen, was für ein Kerl er ist.

Sie werden die Familienfinanzen im Auge behalten müssen, denn Sie beide sind keine Finanzgenies. Denken Sie stets daran, daß das Geld, das Sie so gern für Luxusartikel ausgeben, erst einmal verdient werden muß. Denken Sie auch daran, daß Sie bestimmte Summen zurücklegen müssen, für die Ausbildung der Kinder oder eine Steuernachzahlung beispielsweise. Wenn Sie nur für den Augenblick leben, wird das Leben mit den Jahren immer schwieriger.

Er ist ein treuer Ehemann, der sein Ehegelübde sehr ernst nimmt.

Sie sollten öfter einmal ein Blatt vor den Mund nehmen. Sie sind beide sehr empfindlich und sagen möglicherweise in Ihrer Offenheit Dinge, die den anderen sehr tief treffen. Zwei Menschen, die einander stets sagen, was sie denken, landen möglicherweise schon ein paar Wochen nach der Hochzeit vor dem Scheidungsrichter.

In seinen Adern fließt Zigeunerblut; es könnte daher Schwierigkeiten geben, wenn Sie Kinder haben. Möglicherweise läßt er Sie allein mit Ihrer Verantwortung für die Familie.

Herr Schütze wird Ihr Haushaltsgeld sehr großzügig bemessen. Er möchte, daß Sie stets gepflegt und attraktiv aussehen; es interessiert ihn nicht, wieviel Sie für Ihre Garderobe ausgeben.

Für eine Ehe wird totale Unabhängigkeit zur Gefahr. Sie beide werden hart arbeiten und eine verantwortungsbewußtere Einstellung annehmen müssen, wenn Ihre Ehe glücklich werden soll.

Sie werden ihn merken lassen müssen, daß Sie ihn begehren. Wenn Sie ihm nicht immer wieder deutlich machen, daß Sie möchten, daß er zu Ihnen kommt, wird sein sexuelles Interesse an Ihnen erlahmen.

Sie: Schütze – Er: Steinbock

Sie sind genau der Typ einer extrovertierten* und realistisch denkenden Frau, die einen Steinbock-Mann aus seiner Selbstvergessenheit aufrütteln kann. Von allen Tierkreiszeichen scheint der Steinbock am meisten mit sich, seinen Gefühlen und Gedanken beschäftigt zu sein.

Er ist intelligent und setzt sich in seinem Beruf voll ein. Seine berufliche Karriere und der Erfolg liegen ihm sehr am Herzen. Er gibt sich nicht damit zufrieden, nur der zweite Mann in einem Unternehmen zu sein, sondern schielt immer mit einem Auge auf den Posten seines Chefs.

Er braucht viel Zuneigung und Zuwendung, möchte bei einer Party im Mittelpunkt stehen. Wenn man ihn nicht beachtet, wird er mürrisch und verdrießlich.

Auf den ersten Blick scheint Herr Steinbock ein Mann zu sein, der sich selbst genug ist, aber lassen Sie sich nicht täuschen. Unter seiner kühlen, zurückhaltenden Art verbirgt sich ein Mann mit romantischen Gefühlen, der an die wahre Liebe glaubt. Er ist nicht der Typ, der mit einer Frau nur ein flüchtiges Abenteuer sucht.

Er ist zu tiefen Gefühlen fähig. Er vergräbt sich nicht in seinen Beruf, weil er die übrige Welt ausschließen will; er ist intelligent genug zu erkennen, daß, wenn er glücklich ist bei dem, was er tut, er größere Erfolgschancen hat, und alles andere sich dann von allein regelt. Er weiß auch, wie wichtig eine gute Ehefrau für einen ehrgeizigen Mann sein kann.

Er ist sehr diszipliniert, paßt sich an. Seine Ansichten und sein Kunstgeschmack sind in der Regel sehr konservativ.

Wenn Sie ihn näher kennenlernen wollen, müssen Sie bereit sein, selbst die Initiative zu ergreifen, was einer Schütze-Frau aber gewöhnlich nicht leicht fällt.

Er redet manchmal etwas zuviel. Auf geistiger Ebene werden Sie mit ihm sehr gut verkehren können.

Er ist sehr schnell in seinen Gefühlen verletzt; Sie werden jederzeit Ihr ganzes diplomatisches Geschick aufwenden müssen. Hat er schlechte Laune, dann ist es am besten, wenn Sie ihn allein lassen, denn es ist beinahe unmöglich, einen Steinbock anzusprechen, der gerade ein seelisches Tief durchlebt. Wahrscheinlich kann er nicht einmal erklären, warum er ab und zu deprimiert ist.

Sie sind eine lebenslustige Person, die gern andere Menschen kennenlernt und zu Parties geht, er dagegen ist sehr zurückhaltend und hat gewöhnlich nur ein oder zwei echte Freunde. Es fällt ihm schwer, sich mit Fremden zu unterhalten. Beim ersten Zusammentreffen erscheint er Ihnen möglicherweise recht gleichgültig und unentschlossen. Die Wahrheit ist, daß er Angst vor Ihnen hat.

Dieser Mann wird über Ihre Einstellung zum Geld nicht glücklich sein, weil er sehr nach Sicherheit strebt. Er schließt wahrscheinlich alle möglichen Versicherungen und Sparverträge ab, um sein Auskommen im Alter sicherzustellen.

Sie mögen Leute, die ihre Probleme offen mit anderen besprechen und finden es daher höchst frustrierend, mit einem Mann liiert zu sein, der so viele Bereiche seines Lebens vor Ihnen geheimhält.

Es stellt sich die Frage, ob er Ihnen genug bieten kann, damit Sie ein Leben lang mit ihm glücklich sein werden. Es würde Ihnen nicht gefallen, viele Ihrer anderen Interessen für diesen Mann aufzugeben. Er ist besitzergreifend in seiner Art, weniger eifersüchtig.

Wenn Sie einem Steinbock-Mann begegnen, der mit sich selbst ins reine gekommen ist, bestehen größere Chancen, daß Sie als Paar glücklich werden.

Es ist recht unwahrscheinlich, daß er vom schmalen Pfad der ehelichen Tugend abweicht; er ist nicht der Typ, der Seitensprünge macht.

Sie sind im Grunde ein Optimist, er dagegen ist eher ein Pessimist – wahrscheinlich wirken Sie ausgleichend aufeinander. Wenn Sie daran glauben, daß Gegensätze sich anziehen, könnten Sie beide ein zufriedenes Leben führen und sich daran erfreuen, nicht in allen Dingen immer einer Meinung zu sein.

Er ist einer der leidenschaftlichsten Männer, die Sie je kennenlernen werden.

---

* für äußere Einflüsse leicht empfänglich

Sie: Schütze – Er: Wassermann

Sie werden diesen Mann wahrscheinlich sofort mögen. Es wird auch so sein, daß unter Ihren Freunden einige sind, die im Zeichen Wassermann geboren wurden, denn die Menschen aus Ihrem und seinem Zeichen sind ziemlich extrovertiert*. Sie werden sich von Anfang an mit diesem unkonventionellen Mann verstehen. Sie bewundern an ihm, daß er die Dinge auch tatsächlich anpackt, über die Sie nur reden.

Herr Wassermann ist zu großmütigen Taten fähig, handelt wirklich uneigennützig. Er ist bereit, sein Wohl dem der anderen unterzuordnen.

Nun, alle diese Eigenschaften sind in einer Freundschaft sehr wünschenswert, aber können Sie darauf eine Ehe aufbauen? Sie sind der Überzeugung, daß zwei Menschen alles miteinander teilen sollten, lieben ein gemütliches Heim und halten nichts von der Vorstellung, Ihren Partner mit vielen anderen teilen zu müssen. Er hat aber so viele anderweitige Interessen und Verpflichtungen, daß Sie sich manchmal fragen werden, welchen Platz Sie eigentlich in seinem Leben einnehmen.

Sie werden merken, daß er viel Verstand hat. Wenn er sich in Sie verliebt, wird er Himmel und Hölle in Bewegung setzen, um Ihr Herz zu erobern. Er ist sehr überzeugend, wenn er seine Ideen erläutert, ein eindrucksvoller Redner, der es versteht, die Zuhörer auf seine Seite zu bekommen.

Denken Sie daran, daß der Wassermann das Zeichen für Freundschaft, geselliges Leben, Hoffnungen und Ängste ist.

Er wird viele der Eigenschaften bewundern, die Sie besitzen, nicht aber er. Für schwache Frauen hat er nicht viel übrig. Er findet es phantastisch, wie Sie, wenn Sie es müssen, sich durchsetzen und auf eigenen Füßen stehen können.

Sie werden sehr frustriert sein, wenn Sie sehen, wie er all seine Energien und seine Zuneigung auf alles andere als das Heim und die Dinge, die Ihnen sehr viel bedeuten, verwendet. Sie verstehen sein Engagement für bestimmte Sachen, aber das wird Ihnen nicht viel helfen, seine Einstellung zum Leben zu verstehen.

Er wird alles, was mit dem Haushalt zusammenhängt, Ihnen allein überlassen; er wird nicht einmal merken, ob Sie die Wohnung geputzt haben oder nicht. Es wird ihm nie auffallen, wenn Sie in der Küche neue Vorhänge aufgemacht haben oder eine Vase mit frischen Blumen auf den Eßzimmertisch stellen.

Dieser Mann möchte die Welt verbessern und zu einem Paradies für uns alle machen. Wenn Sie ernste Absichten mit ihm haben und ihn halten wollen, werden Sie seine Hoffnungen und Wünsche leidenschaftlich unterstützen müssen.

Herr Wassermann ist sehr oft seiner Zeit voraus; das, was er heute erreichen will, wird wahrscheinlich erst in fünfzig Jahren geschehen. Viele brandmarken ihn als Revolutionär, der er möglicherweise ist, aber in der Regel befürwortet er friedliche Methoden, um eine Veränderung herbeizuführen.

Er wird Ihnen die Freiheit zugestehen, die Sie brauchen, doch liegt hierin auch eine Gefahr, denn Sie könnten eines Tages weggehen und nicht mehr zu ihm zurückkehren. Warum? Weil Sie das Gefühl haben, daß er es nicht einmal bemerken würde, ob Sie da sind oder nicht.

Wahrscheinlich wechselt er mehrere Male den Arbeitsplatz, denn er findet nur selten Erfüllung in seiner Arbeit. Er muß etwas tun, das wirklich Sinn hat.

Sie werden sehr viel aufgeben müssen, wenn Sie mit einem Wassermann eine gute Ehe führen wollen. Seien wir nicht allzu pessimistisch: Ihre anfänglichen Schwierigkeiten können dazu führen, daß Sie viel besser verstehen, was Liebe und Opfer aus Liebe zum Partner wirklich bedeuten. Sieht er es auch so, dann hat er damit etwas gefunden, nach dem zu streben es sich auch lohnt.

Sie: Schütze – Er: Fische

Das Leben mit dem Herrn aus dem Zeichen Fische wird voller Überraschungen sein. Sie werden nie wissen, wann er kommt oder wieder einmal einfach verschwindet. Zum Glück sind Sie eine Frau, der dauernde Abwechslung nichts ausmacht, und so könnten sie mit den Mätzchen dieses Mannes fertigwerden.

Wenn Sie ihm das erste Mal begegnen, scheint er Ihnen so hoch über den Wolken zu schweben, daß Sie nie daran glauben würden, daß er es zu etwas bringt. Er ist aber trotzdem zu großen Leistungen fähig, wenn er sich ganz auf sie konzentriert. Sein Enthusiasmus ist grenzenlos.

---

* äußeren Einflüssen aufgeschlossen

Er läßt sich nicht in eine bestimmte Kategorie einordnen, und Sie werden immer neue Aspekte seiner Persönlichkeit kennenlernen. War er eben noch bester Stimmung, kann er im nächsten Augenblick schon wieder tieftraurig sein. Manchmal ist er der gefühlvollste Mensch, und im nächsten Augenblick schon wieder eiskalt. Nur ein Dummkopf käme auf die Idee, seine Gutmütigkeit auszunützen.

Er kann unheimlich gut reden, scheint die Leute mühelos von seiner Denkweise überzeugen zu können, und dies wirkt sich positiv auf seine geschäftlichen Bemühungen aus: Er schafft es in Rekordzeit, einen neuen Auftrag für sich hereinzuholen. Er ist auch handwerklich nicht ganz ungeschickt.

Man kann ihm keine Charakterschwäche vorwerfen, aber es fällt ihm schwer, längere Zeit hindurch Interesse für ein bestimmtes Vorhaben aufzubringen.

Sie sind eine offene, direkte Person mit recht festen Grundsätzen. Sie werden feststellen, daß in einem Fische-Mann viele unterschiedliche Persönlichkeiten zu stecken scheinen.

Ihre Hast und Unruhe amüsiert ihn, und er fragt sich, weshalb Sie die ganze Zeit so aktiv sein müssen. Vielleicht sind Sie ein ganz gutes Gespann, denn er träumt manchmal recht gern und produziert neue Ideen, ist aber kein Mann, der sie in die Tat umsetzt.

Sagen wir es ganz offen: Wenn der Fische-Mann es im Alter von dreißig Jahren noch zu nichts gebracht hat, dann ist es unwahrscheinlich, daß er es je weit bringen wird. Vielleicht müssen Sie ihm den notwendigen Anstoß geben; hat er nämlich seiner Meinung nach genug geschafft, damit er in der nahen Zukunft nicht darben muß, so macht er sich's gemütlich und dreht Däumchen.

Sie müssen ihn mit Samthandschuhen anfassen, denn er kann es nicht verwinden, wenn ihn seine geliebte Partnerin hart anpackt. Seine Empfindlichkeit irritiert Sie möglicherweise. Er lebt nach dem Motto »Leben und leben lassen«. Er ist nicht geizig: Das, was er verdient, wird Ihnen gehören, damit Sie sich kaufen können, was Ihr Herz begehrt.

Er wird versuchen, gut mit Ihrer Familie auszukommen, denn er merkt, wie wichtig die Zuneigung Ihrer Lieben für Sie ist. Auch wenn er sich mit Ihrer Mutter nicht unbedingt versteht, wird er alles daransetzen, daß Sie nichts davon mitbekommen.

Wenn Sie ihn so nehmen, wie er ist und sich entschließen, bei ihm zu bleiben, wird Ihr Leben nie langweilig sein.

Er ist kein verschlossener Mensch, aber davon überzeugt, daß die Leute nur das über ihn wissen sollten, was unbedingt notwendig ist. Diese Einstellung ist der Ihren völlig entgegengesetzt. Trotzdem: Wenn Sie beide sich verstehen, wird er Ihnen stets gefallen wollen und Ihnen viele angenehme Überraschungen bereiten.

Kindern gegenüber ist er ungeheuer nachsichtig und läßt sich möglicherweise von ihnen auf der Nase herumtanzen. In seinem Herzen ist er selbst noch ein Kind; seine Versuche, den gestrengen Vater zu spielen, werden sehr amüsant sein. Er ist viel zu weich, und aus diesem Grund werden Sie diejenige sein müssen, die im Kinderzimmer für Ordnung sorgt.

Am wohlsten wird er sich fühlen, wenn er einen ruhigen Abend mit Ihnen allein verbringen kann. Er ist gern unter Menschen, aber sein Heim geht dem Fische-Mann über alles. Er liebt es, über vergangene Zeiten zu reden; Sie werden an langen Winterabenden – gemütlich vor dem offenen Kamin sitzend – seinen Erinnerungen lauschen. Er ist zu tiefer Einsicht in das Leben des Menschen fähig.

Er: Schütze – Sie: Widder

Um einen Mann lieben zu können, muß dieses vom Mars regierte Mädchen zu ihm aufschauen können. Sie müssen ein Mann sein, auf den es stolz sein und mit dessen Erfolgen es sich vor seinen Freundinnen und Freunden rühmen kann.

Die Widder-Frau möchte die dominierende Rolle spielen und das Gefühl haben, daß ihr Partner nach ihrer Pfeife tanzt. Wenn Sie nicht aufpassen, werden Sie völlig unter dem Pantoffel stehen – sie wird es zumindest versuchen, Sie zum Pantoffelhelden zu machen.

Sie schätzen Ihre persönliche Freiheit, und daher mißfällt Ihnen der Gedanke, eine Frau zu haben, die Ihnen Vorschriften macht. Auch in der Ehe bestehen Sie darauf, Ihre Individualität behalten und über Ihr Schicksal selbst entscheiden zu dürfen. Sie beide haben möglicherweise recht heftige Auseinandersetzungen.

Obwohl sie hohe Anforderungen an Sie stellt, wird sie Sie doppelt und dreifach dafür entlohnen. Hat sie ihren Traummann gefunden, dann gibt es im ganzen Tierkreis keine treuere Ehefrau.

Eine im Zeichen Widder geborene Frau möchte immer in Bewegung sein. Das Abenteuer reizt sie, beinahe jede Herausforderung ist ihr recht. Das Wort »scheitern« fehlt in ihrem Wortschatz. In Ihren Adern fließt Zigeunerblut, auch Sie halten es nicht lange am gleichen Ort aus. Solange Sie beide das gleiche Ziel haben, wird alles in Ordnung sein. Das Problem ist nur, daß Sie eher ein Einzelgänger sind und sie eine ziemlich eifersüchtige Frau ist, der es nicht paßt, wenn Sie zu oft allein ausgehen.

Diese Frau ist unheimlich empfindlich; wenn sie entdeckt, daß Sie sie hinters Licht geführt haben, wird das Feuer in ihren Augen sofort ersterben und sie kalt wie ein Eisberg werden.

In der Regel hat sie nur wenige Freundinnen. Es ist unwahrscheinlich, daß sie aktiv in einer Frauenvereinigung tätig ist oder zu Kaffeekränzchen geht. Sie fühlt sich wohler in der Gesellschaft von Männern, da sie recht sportlich und aggressiv ist. Es stimmt, daß sie sehr fordernd auftreten kann. Wenn sie wirklich verrückt nach Ihnen ist, fühlen Sie sich möglicherweise von ihr in Ihrer Bewegungsfreiheit eingeengt, vielleicht sogar von ihrer Zuneigung erdrückt. Sie wird sich nicht zieren und die schwer zu erobernde Dame spielen; hat sie sich verliebt, so läßt sie ihrer Leidenschaft freien Lauf.

Sie wird Ihnen gegenüber stets mit offenen Karten spielen. Sie bewundern ihre Ehrlichkeit.

Erfolg im Leben bedeutet für sie sehr viel, aber nicht nur der eigene, sondern auch der ihres Partners. Sie ist manchmal eine richtige Karrierefrau. Sie besitzt soviel Energie, daß sie sowohl den Haushalt führen als auch gleichzeitig noch berufstätig sein kann.

Die Widder-Eva möchte keinen Bruder Leichtfuß zum Partner, und auch das Aussehen eines Mannes spielt für sie keine allzu große Rolle. Sie interessiert sich mehr für Männer, die besondere Eigenschaften haben. Sie erkennt sehr schnell, wenn ihr einer etwas vormachen will.

Sie könnten genau derjenige sein, an den sie ihr Herz verliert. Eines ist sicher: Sie werden ihr immer Rätsel aufgeben. Es ist nicht gut für sie, wenn sie in einer Partnerschaft das Sagen hat, obwohl sie danach zu streben scheint.

Da sie stolz ist, sollten Sie sie nie in der Öffentlichkeit zurechtweisen. Manchmal läßt sie recht bissige Bemerkungen fallen, aber sie tut es nicht aus böser Absicht. Meistens versucht sie nur, geistreich zu sein.

Sie können ihren Mut nur bewundern. Auch wenn sie sich nicht wohlfühlt, wird sie weiterarbeiten und sich nichts anmerken lassen. Sie ist keine Frau, die sich beim ersten Anzeichen einer Erkältung ins Bett legt.

In Ihrer Ehe dürfen Liebe und Leidenschaft nicht absterben. Eine Widder-Eva ist eine Frau, die neurotisch wird, wenn sie keine sexuelle Erfüllung findet.

Sie sind ein Idealist, manchmal sogar ein Träumer. Mit ihr haben Sie eine Frau gefunden, die an Ihre Träume glaubt und alles tun wird, um Ihnen zu helfen, sie zu verwirklichen.

Er: Schütze – Sie: Stier

Sie müssen schon ein charakterlich gereifter Mensch sein, wenn Sie sich in eine Stier-Frau verlieben. Sie weiß nämlich, was sie will und läßt sich auf keine flüchtigen Abenteuer ein. Ein jugendlicher Schütze möchte sich ein schönes Leben machen, ist gelegentlich ziemlich ausgelassen, ja sogar kindisch. Die Stier-Eva wird sich Ihr unreifes Verhalten nicht bieten lassen. Wenn Sie ihr Herz gewinnen wollen, müssen Sie schon erwachsen werden.

Eine Stier-Frau zeigt nicht so gern ihre Gefühle; in dieser Beziehung ist sie sehr zurückhaltend. Sie ist nur an einer festen Bindung interessiert, denkt sehr realistisch – für Ihren Geschmack handelt sie möglicherweise ein bißchen zu langsam und bedacht.

Sie wird nicht über Sie richten, denn sie nimmt die Leute so, wie sie sind. Wenn Sie nicht ihr Typ sind, so wird sie es Ihnen frei heraus sagen. Sie ist eine Frau, die keine Zeit vergeudet, indem sie erst auf den Busch klopft. Da sie in einem von Venus regierten Zeichen geboren ist, ist sie Ihnen auch eine wundervolle Geliebte. Sie steckt voller Leidenschaft, ist aber ganz und gar Frau.

Sie hat einen regen Verstand, aber nicht viel für abstraktes Denken übrig, versteht es ausgezeichnet, die Stärken und Schwächen eines Menschen zu erkennen. Versuchen Sie nicht, ihr Honig um den Mund zu schmieren, denn sie weiß, ob Sie ernste Absichten haben oder nicht.

Sie ist eine äußerst zuverlässige Person; es würde ihr viele schlaflose Nächte bereiten, wenn sie jemanden, der sich auf sie verließ, im Stich gelassen hätte. Wenn Sie beide die Ehe miteinander eingehen, dann können Sie sicher sein, daß sie zu Ihnen steht, komme, was da wolle.

Dieser Frau liegt die Schufterei im Haushalt nicht so gut; was ihr aber Spaß machen wird, ist die Ausschmückung Ihres gemeinsamen Heims, denn sie ist künstlerisch recht begabt. Es wäre vielleicht gut, wenn Sie ihr eine Küchenhilfe besorgen könnten. Eine Stier-Frau möchte nicht dauernd an den Haushalt gebunden sein, liebt zwar ein gemütliches Zuhause, möchte aber auch noch andere Interessen verfolgen können.

Sie ist in der Regel eine hervorragende Köchin, die gern neue Rezepte ausprobiert. Allem, was sie tut, wird sie eine künstlerische Note verleihen.

Sie läßt sich Zeit und überlegt erst ganz genau, wenn sie wichtige Entscheidungen trifft. Sehr wahrscheinlich wird sie für eine längere Verlobungszeit plädieren.

Wenn Sie sie näher kennenlernen, werden Sie merken, daß Sie ein richtiger Glückspilz sind. Wann immer Sie niedergeschlagen sind, werden Sie dankbar sein, eine Stier-Frau an Ihrer Seite zu haben. In Krisenzeiten steht sie wie ein Fels in der Brandung.

Sie kann viel besser als Sie mit Geld umgehen. Es wäre am besten, wenn Sie ihr die Verwaltung der Familienfinanzen überlassen; sie wird dafür sorgen, daß die Rechnungen pünktlich bezahlt werden.

Versuchen Sie nicht, diese Frau zu ändern; sie hat sehr feste Ansichten. Ihr würde es nicht einfallen, Sie von Ihrer Einstellung zum Leben abbringen zu wollen. Lassen Sie sich mit ihr auf keine Diskussionen über grundsätzliche Fragen ein.

Sie wird Ihnen treu sein. Hat sie den Bund fürs Leben geschlossen, so ist sie nicht an Abenteuern interessiert. Sie wird ein Auge zudrücken, wenn Sie mit hübschen Mädchen flirten, denn Sie weiß ja, daß das so Ihre Art ist. Aber wehe Ihnen, wenn Sie einen Seitensprung begehen – sie wird Ihnen nur sehr schwer verzeihen können.

Die Stier-Dame liebt schöne Kleider; sie sind ihre einzige Schwäche. Sie möchte mit der Mode gehen und jederzeit gepflegt aussehen.

Wenn die Dinge einmal nicht so laufen, wie Sie beide es sich vorgestellt haben, wird sie sich nicht beklagen und bereit sein, eine Arbeit anzunehmen, um auch ein bißchen Geld in die Haushaltskasse zu bringen.

Sie werden ein gutes Elternpaar sein. Sie sind selbst manchmal noch wie ein Kind, aber Ihre Stier-Gattin wird dafür sorgen, daß Sie und die Kinder nicht über die Stränge schlagen.

Er: Schütze – Sie: Zwilling

Sie beide wären ein interessantes Paar, aber es könnten sich Probleme ergeben, wenn Sie ernstere Absichten miteinander hätten. Sie beide sind extrovertierte*, unbekümmerte Menschen, die ein angenehmes Leben führen möchten, aber leider wird keiner bereit sein, Verantwortung zu übernehmen und ernsthaft für den Lebensunterhalt zu sorgen.

Es fällt der Zwillinge-Frau sehr schwer, etwas ernst zu nehmen – auch die Liebe bildet da keine Ausnahme. Sie wissen nie, woran Sie mit ihr sind. Einmal scheint sie nicht mehr ohne Sie leben zu können, ein andermal schaltet sie ihre Lieblingssendung ein, sieht fern und läßt Sie einfach links liegen.

Sie werden es sich zu Ihrer Lebensaufgabe machen müssen, wollten Sie herausfinden, wie diese Frau wirklich ist. Denken Sie daran, daß sie im Zeichen Zwillinge geboren ist und Sie es gewissermaßen mit einer gespaltenen Persönlichkeit zu tun haben.

Diese von Merkur regierten Frauen sind nicht ganz so herzlos, wie sie manchmal scheinen. Aber, sie haben gelegentlich recht spitze Zungen und können sehr verletzende Bemerkungen machen. Sie haben möglicherweise das Gefühl, die Zwillinge-Frau lege es darauf an, Sie zu foppen – sie kann einfach nicht anders, muß immer wieder ihre kleinen Spielchen mit anderen treiben. Zu den Dingen, die sie einfach nicht ernst nimmt, zählt auch ihre eigene Person.

Das Alter spielt hier eine wichtige Rolle. Wenn Sie beide genug im Leben erlebt haben, sind die Chancen größer, mit dieser Frau eine gute Ehe zu führen. Sie beide sind äußerst neugierig, möchten wissen, was in der Welt vorgeht. Bei Ihnen beiden dauert es ziemlich lange, bis Sie erwachsen werden und mit sich und dem Leben zurechtkommen.

Sie braucht viel Verständnis. Sollten Sie versuchen, ihr Vorschriften zu machen und in irgendeiner Weise ihren Freiheitsdrang zu unterdrücken, wird sie Ihnen davonlaufen.

Sie werden nie aufhören, sich darüber zu wundern, wie schnell bei dieser Frau Stimmungen wechseln und wie rasch sich ihre Persönlichkeit verändern kann. Ist sie eben noch die brave Haus-

---

* äußeren Einflüssen zugeneigt

frau, die den Sonntagsbraten zubereitet, kann sie im nächsten Augenblick schon wieder das verführerische Partymädchen sein, das mit jedem tanzt. Nur ganz beiläufig bemerkt: Sie werden sich daran gewöhnen müssen, daß sie sehr viel flirtet. Wenn Sie verheiratet sind, wird sie sich kaum mit einem anderen ernsthaft einlassen, aber die Tändeleien mit dem anderen Geschlecht braucht sie wie die Luft zum Atmen.

Sie ist für alles zu haben; Sie beide werden sowohl Freunde als auch Verliebte sein. Ganz gleich, wie ausgefallen Ihre Vorschläge, sich zu amüsieren, auch sein mögen – und Sie kommen manchmal auf wirklich verrückte Ideen –, sie wird mitmachen, denn sie mag Abwechslung und den Reiz des Neuen.

Ihre Zwillinge-Partnerin geht gern auf Reisen, sucht förmlich den Tapetenwechsel. Sie hält es nicht lange am gleichen Ort aus. Hat sie die Wahl, so fliegt sie lieber zu ihrem Reiseziel, als daß sie sich für langsamere Transportmittel entscheidet. Sie weiß nicht immer, wohin sie eigentlich will, aber sie möchte schnell dorthin kommen.

Diese Frau braucht viel Liebe und Zuneigung; nach außen erscheint sie zwar ungeheuer lebhaft, aber eigentlich ist sie ein kleines, hilfloses Mädchen.

Lassen Sie sie auch nach der Hochzeit individuelle Interessen verfolgen. Sie würde sich zu Tode langweilen, wenn sie sich nicht anderweitig beschäftigen könnte, während Sie Ihrem Beruf nachgehen.

Diese Frau wird sich nicht beklagen, sondern versuchen, das Beste daraus zu machen, falls es Ihnen einmal etwas schlechter gehen sollte. Sie kann zwar auch ziemlich niedergeschlagen sein, aber sie glaubt fest daran, daß bald wieder bessere Zeiten für Sie beide anbrechen.

Auf Parties ist die Zwillinge-Eva in ihrem Element. Sie ist eine gute Gastgeberin; Ihr Chef wird von ihr begeistert sein. Sie versteht es, auch den mürrischsten Leuten ein Lächeln abzugewinnen.

Machen Sie sich mit der Tatsache vertraut, daß sie sehr verschwenderisch mit Geld umgeht, es aber nicht ausschließlich für sich ausgibt; viel eher wird sie Ihnen und den Kindern teure Sachen kaufen. Sie selbst können Ihr Geld auch nicht gerade gut einteilen; in dieser Beziehung müssen Sie beide sich etwas einfallen lassen. Sei es, wie es wolle, die Zwillinge-Frau sieht großzügig über einen Fehler hinweg, was Ihnen persönlich viel lieber ist als das andere Extrem.

Er: Schütze – Sie: Krebs

Wenn der Pfeil Amors Sie und eine Krebs-Frau getroffen hat, so werden Sie sich wahrscheinlich ziemlich verändern. Sie gehört zu den Frauen, die Ihnen Ihr Herumzigeunern abgewöhnen und Sie dazu bringen könnte, abends zu Hause zu bleiben. Sie ist ganz Frau, und wenn sie Sie liebt, werden Sie erst einmal merken, was Liebe eigentlich bedeutet. Die einzige Möglichkeit, sich mit dieser Frau einzulassen, ist entweder ganz oder überhaupt nicht.

Sie ist humorvoll, geistreich, intelligent und charmant. Denken Sie lieber daran, daß sie recht launisch ist. Sie kann einem Mann das Herz brechen; sie spielt bisweilen mit den Gefühlen anderer.

Die im Zeichen Krebs geborene Eva will keinen Mann verprellen. Wenn Sie sich bis über beide Ohren in sie verliebt haben, wird sie Sie ganz schön zappeln lassen. Sie möchte stets eine ganze Schar von Verehrern haben, denn das stärkt ihr Selbstvertrauen – trotz ihres mutigen Auftretens hat sie nämlich sehr wenig davon.

Sie wird ihre Meinung plötzlich und völlig unerwartet ändern, weiß selten genau, was sie eigentlich will, eine Tatsache, die Sie leicht auf die Palme bringen könnte. Sie mag es absolut nicht, wenn man ihr Vorschriften macht, und doch braucht sie einen Mann, der sie führt und lenkt. Es fällt ihr sehr schwer, sich an das zu erinnern, was sie gestern für jemanden empfand, es sei denn, sie begegnet ihrem Mann fürs Leben.

Vielleicht sind Sie für sie ein zu großer Herumtreiber, denn sie sucht nach Sicherheit und Geborgenheit, fühlt sich in den eigenen vier Wänden am wohlsten.

Irgendwie gelingt es ihr, alle möglichen Leute an ihren Problemen Anteil nehmen zu lassen. Wollen Sie ihr aber einen guten Rat geben, entgegnet sie Ihnen möglicherweise, Sie sollten sich nicht in ihre Angelegenheiten mischen.

Sie denkt fast immer an Geld; am liebsten hätte sie es körbeweise. Sie ist sehr sparsam und möchte finanziell abgesichert sein. Bevor sie sich ein neues Kleid kauft, überlegt sie sich erst, ob noch genügend für die Monatsmiete übrigbleibt.

Sie sieht es gern, wenn andere ihre Probleme bereinigen. Jeder, der für sie Partei ergreift, scheint in die komischsten Sachen verwickelt zu werden. Sie wartet auf einen Märchenprinzen, der um sie kämpft und sie verzaubert.

Wenn sich diese vom Mond regierte Frau in sich zurückzieht, wird es Sie einige Mühe kosten, bis sie sich wieder aus ihrem Panzer herauswagt. Möglicherweise sind Sie nicht immer bereit, sich in diesen Fällen so lange um sie zu kümmern, wie es nötig wäre, und das könnte zu Schwierigkeiten führen.

Wenn Sie sie heiraten, könnte die Telefonrechnung eine astronomische Höhe erreichen. Sie kann stundenlang mit ihrer Mutter telefonieren; wollen wir für Sie hoffen, daß Ihre Schwiegermutter ganz in der Nähe wohnt.

Spielen Sie nicht mit ihren Gefühlen, denn wenn Sie ihr sagen, daß Sie sie lieben, dann glaubt sie Ihnen. Wenn sie jemandem ihre Liebe schenkt, dann ist dies etwas ganz Besonderes. Sollten Sie sie verletzen, wird sie nur schwer darüber hinwegkommen.

Sie werden ihr Selbstvertrauen immer wieder stärken müssen. Sagen Sie ihr hundertmal am Tag, wie schön und was für eine wunderbare Gattin sie ist. Lassen Sie die Liebe und Romantik in Ihrer Ehe nicht sterben, führen Sie sie aus, gehen Sie mit ihr in gemütliche Restaurants und schenken Sie ihr Rosen zu besonderen Anlässen.

Wenn die Dinge anders als geplant verlaufen, wird sie die Ruhe bewahren. In Krisenzeiten behalten Krebs-Menschen oft als einzige die Übersicht und gehören zu den verläßlichsten. Diese Frau wird jedes Opfer für die Menschen, die sie liebt, auf sich nehmen.

Sie wird dem Mann, der das Glück hat, sie zur Frau zu bekommen, ein gemütliches Heim schaffen. Sie hat nichts dagegen, wenn Sie mal eine Nacht mit Ihren Freunden unterwegs sind – solange es bei Bier und Kartenspielen bleibt!

Sie könnten sich keine bessere Mutter für Ihre Kinder wünschen, denn nichts ist ihrer Meinung nach gut genug für ihre Familie. Sie werden aber darauf achten müssen, daß sie die Söhne nicht zu stark unter ihre Obhut nimmt und keine zu strengen Strafen austeilt, wenn sie unartig waren. Es dauert sehr lange, bis ihr der Geduldsfaden reißt, aber wenn sie einmal wütend wird, kann sie recht energisch werden.

Er: Schütze – Sie: Löwe

Sie sind beide sehr unabhängig und selbständig und in Feuer-Zeichen geboren. Es stellt sich die Frage, ob eine Verbindung zwischen Schütze und Löwe längere Zeit gutgehen kann. Das Haupthindernis für ein glückliches Zusammenleben ist die Tatsache, daß Sie so unterschiedliche Interessen haben.

Diese Frau kann sich beinahe an alles anpassen. Sie möchte ein angenehmes Leben führen, kann aber auch sehr diszipliniert sein, wenn sie es muß. Sie dagegen sind mal so, mal so, wissen manchmal nicht recht, was Sie wollen. Es besteht die Gefahr, daß Sie sich auseinanderleben, wenn die Flitterwochen endgültig vorüber sind.

Die Löwe-Frau ist stolz und möchte selbst das Sagen haben; sie wird nicht lange irgendwelche Befehle ausführen. Ist jedoch ihr zukünftiges Glück gefährdet, wird sie ihren Stolz vergessen und Kompromißlösungen akzeptieren.

Sie schätzen Ihre Freiheit, aber diese Frau wird sich nicht damit zufriedengeben, in den Hintergrund zu treten, während Sie allein im Rampenlicht stehen. Sie wird Ihr manchmal recht unreifes Benehmen sehr schnell satthaben.

Sie ist eine verführerische Person; ihre Freunde werden sie wahrscheinlich wie verrückt anhimmeln. Es macht ihr Spaß, mit ihnen zu flirten, aber zu mehr wird es nicht kommen. Zum Glück gehören Sie nicht zu den Eifersüchtigsten im Lande.

Es besteht die Möglichkeit zu einer harmonischen Ehe, aber Sie müssen sich gegenseitig viel Freiheit einräumen.

Sie scheint das sanfteste, weiblichste Wesen zu sein, das es gibt, aber wenn Sie sie zum Narren halten, wird sie ganz schön wütend werden.

Wenn Sie eine Löwe-Dame umwerben, sollten Sie nie vergessen, ihr Geschenke mitzubringen; sie möchte verwöhnt werden, will, daß ein Mann seine Liebe zu ihr recht deutlich beweist.

Nehmen Sie ihre Liebe nie als selbstverständlich hin. Sie gehen gern einmal mit Ihren Freunden aus, aber tun Sie es nicht, ohne vorher von Ihrer Löwe-Partnerin grünes Licht dafür erhalten zu haben. Sie wird nicht brav zu Hause sitzen wollen, während Sie alles Mögliche mit Ihren Kumpels anstellen.

Es gibt einige Eigenschaften, die sie an Ihnen bewundert. Sie möchte einen Partner, der Humor besitzt und ein kleiner Spaßvogel ist (was Sie sicherlich sind). Ihr wird Ihre Ehrlichkeit und Offenheit gefallen, denn sie ist selbst sehr aufrichtig.

Versuchen Sie nicht, sie herumzukommandieren, lassen Sie sie ihre Entscheidungen selbst treffen; sie ist eine sehr intelligente Frau, die sich sehr wohl eigene Gedanken machen kann. Sie braucht äußere Anregung, ist sehr wißbegierig. Sie werden überrascht sein, wie schnell sie sich wieder ans Lernen gewöhnen kann und neue Bildungsziele ins Auge faßt, auch wenn die Tage, als sie die Schulbank drückte, schon lange der Vergangenheit angehören.

Andere Frauen machen oft recht bissige Bemerkungen über sie, weil sie sie sehr oft um ihre direkte und sachliche Art beneiden.

Sie wird Ihnen nicht mehr Komplimente machen, als Sie verdienen, denn sie gehört nicht zu den Frauen, die einem Mann schön tun, um ihn sich so zu angeln; dazu ist sie viel zu stolz.

Sie beide haben eine lebhafte sexuelle Phantasie und sollten sich daher im Bett nie langweilen. Die Liebe wird für Sie stets ein abwechslungsreiches Spiel sein.

Diese Frau wird Ihnen beruflich eine große Hilfe sein; sie ist für jeden Mann, der vorankommen will, eine beinahe unersetzliche Kraft.

Sie beide werden erst eine Zeitlang warten wollen, bevor Sie sich mit dem Gedanken tragen, eine Familie zu gründen.

Er: Schütze – Sie: Jungfrau

Glauben Sie nicht alles, was Sie so über eine Frau aus dem Zeichen Jungfrau hören. Sie wird oft als eine schüchterne, zurückhaltende Frau bezeichnet, die so leidenschaftlich wie ein Eisberg ist. Das stimmt nicht; sie muß nur den richtigen Mann kennenlernen, der ihr dabei hilft, ihr wahres Wesen zu entdecken; Sie könnten der richtige sein.

Sie könnten eine Menge voneinander lernen. Sie sind ein Mensch, der das Leben mit Humor nimmt und über die Mittel verfügt, ihr beizubringen, daß man diese verrückte Welt nicht immer ernst nehmen sollte. Sie dagegen könnte Ihnen dabei helfen, ruhiger und häuslicher zu werden, denn im Grunde sehnen Sie sich nach einem gemütlichen Zuhause, auch wenn Sie nicht Ihre ganze Freizeit dort verbringen wollen. Sie gehört zu den Frauen, die Ihnen jene solide Basis schaffen können, von der aus Sie erfolgreich operieren können.

Sie ist etwas schüchtern. Wenn Sie in der ersten Zeit mit ihr ausgehen, errötet sie möglicherweise bis in die Haarspitzen über eine der Possen, die Sie in der Öffentlichkeit reißen. Obwohl sie Sie möglicherweise am Ärmel zieht und mit Ihnen schimpft, bewundert sie insgeheim Ihren Mut.

Nur dann, wenn sie weiß, daß sie Ihnen vertrauen kann, wird sie Ihnen ihre Liebe schenken. Sie ist nicht bereit, ihre wahren Gefühle einem Mann zu enthüllen, der vielleicht morgen schon wieder über alle Berge ist.

Es fällt ihr schwer, es zuzugeben, wenn sie einmal nicht recht hatte. Stoßen Sie sie nicht mit der Nase auf ihre Fehler, sondern gehen Sie mit gutem Beispiel voran.

Diese Frau strebt nach Vollkommenheit: Bei allem, was sie tut, möchte sie es zur Expertenschaft bringen. Sie wäre die ideale Sekretärin oder persönliche Referentin eines Managers. Sie verplempert ihre Zeit nicht, wird immer pünktlich sein.

Wenn diese Frau in der Nähe ist, sollten Sie sich kultiviert benehmen; streuen Sie die Zigarettenasche nicht auf den Boden, denn sie ist eine Hausfrau, die stolz auf ihre peinlich saubere Wohnung ist. Besitz und Vermögen bedeuten ihr viel, sie ist aber nicht geizig. Sie hängt an den Sachen, die sie so seit Jahren gesammelt hat. Überhaupt denkt sie oft an die Vergangenheit und kann in dieser Beziehung recht sentimental werden.

Sie ist bisweilen recht prüde, weil sie sehr feste Moralvorstellungen hat. Handelt jemand ihren Prinzipien zuwider, so schneidet sie diesen Menschen und trägt ihm die Sache möglicherweise jahrelang nach.

Sie mag es nicht, wenn Sie zu oft allein ausgehen, denn sie möchte so viel wie möglich gemeinsam mit Ihnen erleben; Sie aber fühlen sich durch diesen Wunsch oft in Ihrer Bewegungsfreiheit eingeengt.

Sie können sich recht geschmackvoll kleiden, wenn es Ihnen gerade so paßt, – eine Tatsache, die sie freuen wird. Wenn Sie mit einer Jungfrau-Dame ausgehen, dann sollten Sie auch dementsprechend angezogen sein. Sie werden sich Ihre Vorliebe für allzu saloppe Kleidung abgewöhnen müssen.

Drängen Sie sie nicht, mit Ihnen ins Bett zu gehen. Sie ist eine Frau, die sich mit allem Zeit läßt, gerade mit einer so wichtigen Sache wie der Liebe. Sie wird sich nicht leichtfertig mit einem Mann einlassen; flüchtige Abenteuer bedeuten ihr überhaupt nichts.

Ihre Jungfrau-Gattin will Ihnen immer treu sein. Wie bei allem anderen, so möchte sie auch ihre Ehe nicht scheitern sehen. Versuchen Sie auch nicht, sie hinters Licht zu führen, denn Aufrichtigkeit ist für sie eine unabdingbare Voraussetzung in einer Ehe. Beichten Sie ihr lieber, wenn Sie tatsächlich einen Seitensprung begangen haben sollten; sie wird Ihre Ehrlichkeit schätzen, wenn Sie reinen Tisch machen wollen. Ihre Offenheit ist in ihren Augen eine Ihrer größten Tugenden.

Die Frau aus diesem Zeichen wird Ihnen den Haushalt zu Ihrer vollsten Zufriedenheit führen. Alles wird ordentlich an seinem Platz sein, und sie wird in der Küche stehen und Ihnen ein Abendessen zubereiten, das Ihnen schon auf dem Nachhauseweg den Mund wäßrig macht.

In der Kindererziehung werden Sie ausgleichend wirken, denn sie ist recht streng mit den Kleinen.

Er: Schütze – Sie: Waage

Die Waage-Frau hat ähnliche Ansichten und Interessen wie Sie, und aus diesem Grund sollten Sie sich von Anfang an mit diesem lebhaften, nüchtern denkenden Mädchen verstehen.

Sie mögen Leute, die offen ihre Meinung sagen und sich nicht verstellen. Sie wird sich auf Sie verlassen, Ihnen aber nie zur Last fallen. Sie ist in der Lage, Erfolg im Beruf mit einem glücklichen Familienleben zu vereinen.

Die Waage-Frau ist intelligent genug, um zu wissen, wann sie die Initiative ergreifen und wann sie im Hintergrund bleiben muß. Es würde ihr nie einfallen, Ihre Stellung als Familienoberhaupt einnehmen zu wollen. Trotzdem können Sie beruhigt auf Geschäftsreise gehen, denn auch ohne Sie wird sie gut zurechtkommen und dafür sorgen, daß alles seinen geordneten Gang geht.

Eine Waage-Frau wird nicht jeden Ihrer Schritte überwachen, und Sie werden sich nie eingeengt oder eingesperrt vorkommen. Sie wird dafür sorgen, daß in Ihrer Ehe die Liebe und Romantik auch dann noch nicht gestorben ist, wenn Sie beide Ihre Goldene Hochzeit schon hinter sich haben.

Harmonie und Ausgleich liegen ihr sehr am Herzen. Sie denkt viel logischer als viele andere Frauen, wird alles erst zweimal überdenken, bevor sie sich zu einer Entscheidung durchringt.

Vielen Leuten kommt sie sehr kritisch vor, aber dieser Eindruck täuscht. Sie möchte nur die Ansicht eines jeden einzelnen über ein bestimmtes Thema kennenlernen, bevor sie sich dann entscheidet, für wen sie Partei ergreift.

Waage-Frauen sind gewöhnlich nicht sehr groß und äußerst weiblich – so wie Sie sich Ihre Partnerin wünschen.

Diese von Venus regierten Evastöchter wollen immer aktiv sein. Sie hat wahrscheinlich, abgesehen von ihrer Familie und ihrem Beruf, zahlreiche andere Interessen, treibt möglicherweise Sport; vielleicht kann sie sich sogar für eines der Hobbies ihres Gatten begeistern.

Sie wird nie versuchen, Sie unter den Pantoffel zu stellen; sie will, daß ihr Partner auch wirklich ein ganzer Mann ist.

Erwarten Sie nicht, Ihr Junggesellenleben fortsetzen zu können, wenn Sie bei einer Waage-Frau landen. Sie möchte sich auch ein schönes Leben machen und mag es deshalb nicht, wenn Sie sie mit der Arbeit im Haushalt allein lassen, während Sie sich amüsieren. Sie kann genauso unabhängig und selbständig sein wie Sie.

Denken Sie auch stets daran, daß die Waage das Zeichen für Partnerschaft und zwischenmenschliche Beziehungen ist. Sie können sich sicher vorstellen, wie wichtig es für eine im siebten Tierkreiszeichen geborene Frau ist, daß ihre Ehe nicht scheitert.

Mehr als alles andere möchte sie, daß Sie Erfolg im Beruf haben, aber nicht nur, weil sie weiß, daß Erfolg finanzielle Sicherheit bedeutet, sondern auch deshalb, weil sie erkannt hat, daß, wenn Sie mit Ihrem Beruf glücklich sind, sich alles andere dann beinahe von allein ergibt. Hinter ihrem Charme und ihrer Höflichkeit verbirgt sich ein wacher Verstand.

Wahrscheinlich möchte sie ein hochmodern eingerichtetes Haus. Im Haushalt möchte sie so zeit- und arbeitssparend wie möglich hantieren und ihre Zeit nicht damit vergeuden, Fußböden zu schrubben oder Kartoffeln zu schälen, wenn es dafür spezielle Geräte gibt. Sie gehört zu den Frauen, die sich als erstes eine Tiefkühltruhe anschaffen, weil sie wissen, daß man dadurch Zeit und Geld spart.

Wenn Sie seelisch an einem Tiefpunkt angelangt sind, wird sie Sie umsorgen und wieder aufmuntern. Eine Waage-Frau geht mit ihrem Partner durch dick und dünn.

Diese Frau sieht in jeder Kleidung gut aus, aber wenn es die Umstände erlauben, fühlt sie sich doch in Jeans und einem weiten Pullover (möglicherweise sogar einem, der Ihnen gehört) am wohlsten.

Sie wird eine liebe- und verständnisvolle Mutter sein, die den Kindern eine gute Kameradin sein möchte.

Er: Schütze – Sie: Skorpion

Sie laden einiges auf sich, wenn Sie sich für eine Skorpion-Frau entscheiden. Sie werden es schon nicht leichthaben, sie überhaupt kennenzulernen; schaffen Sie es dann doch, werden Sie von ihrer geheimnisvollen Art sofort fasziniert sein – sie ist ganz sicher eine Frau, in der mehr steckt, als man auf den ersten Blick vermutet. Sie dagegen könnte von Ihnen den Eindruck bekommen, als seien Sie recht oberflächlich. Diese Frau, die von Pluto regiert wird, nimmt das Leben ernst, nimmt alles vielleicht sogar zu ernst – vor allem sich selbst.

Sie mögen keine häßlichen Szenen. Sie putzen andere zwar gern herunter, aber trotzdem verabscheuen Sie Auseinandersetzungen, besonders mit Menschen, denen Sie gefühlsmäßig verbunden sind. Eine Skorpion-Frau dagegen kann nicht in einer engen Beziehung mit einem Mann ohne ein gewisses Maß an Spannung leben. Es ist so, als ob sie immer einen neuen Adrenalinstoß* braucht.

Sie hat nur Verachtung für Mädchen übrig, die sich wie die reine Unschuld in Person geben. Gegenüber Geschlechtsgenossinnen, die den Wunsch des Mannes, den Beschützer zu spielen, für sich ausnützen, kann sie recht böse Bemerkungen machen.

Viele Skorpion-Frauen sind recht burschikos. Sie werden ihr Herz nicht gewinnen, wenn Sie ihr auf die übliche Tour mit kleinen Geschenken kommen.

Das Leben mit dieser Frau wird keinesfalls einfach sein.

Machen Sie keine Dummheiten hinter ihrem Rücken, denn wenn Sie sie enttäuschen oder gar an der Nase herumführen, wird sie Ihnen das nie vergessen. Sie kann sehr rachsüchtig sein; möglicherweise dauert es ziemlich lange, bis sich die Gelegenheit bietet, es Ihnen heimzuzahlen, aber sie wird es tun. Die Rache der verschmähten Skorpion-Frau kann furchtbar sein.

Die Skorpion-Frau hat eine beunruhigende Art, das, was sie will, auch zu bekommen, ohne sich irgendwie anzustrengen. Wenn Sie ihr Typ sind, wird sie Sie in ihren Bann ziehen, ohne daß Sie es merken. Sie glauben, die Initiative zu ergreifen, doch seien Sie sich nicht so sicher.

* Nebennierenhormon

Sie ist ehrgeizig, möchte meist das Sagen haben, schätzt ihre persönliche Freiheit und will über ihr Schicksal allein entscheiden.

Es ist schon etwas Besonderes, wenn sich diese Frau in Sie verliebt. Sie sollten sich geschmeichelt fühlen, denn sie ist sehr wählerisch.

Sie neigt zu Exzessen, weil keine innere Stimme ihr sagt, wann sie aufhören soll. Es ist sehr gefährlich für einen Skorpion-Menschen, wenn er mit Alkohol oder Drogen in Berührung kommt.

Der Sex spielt eine herausragende Rolle in ihrem Leben. Ohne sexuelle Befriedigung kommt sie nur schwer mit dem Leben zurecht. Sie ist äußerst leidenschaftlich; wollen wir hoffen, daß Sie ihr in dieser Beziehung nicht unterlegen sind.

Sie beißt sich durch, ist eine richtige Kämpfernatur. Obwohl sie durch ihre Wißbegierde in alle möglichen seltsamen Situationen gerät, kommt sie stets ungeschoren davon. Sie ist recht verschlossen und spricht selten über ihre Vergangenheit. Sie werden jedoch überrascht sein, wieviel sie nach dem ersten Rendezvous über Sie weiß; denn sie versteht es, die Leute zu veranlassen, sich ihr zu offenbaren, ohne daß sie merken, was sie eigentlich tun.

Die Skorpion-Frau liebt ein gemütliches Zuhause; es wird ihr auch nichts ausmachen, ab und zu allein zu sein. Nutzen Sie dies aber nicht aus; wenn Sie zu oft mit Ihren Freunden losziehen, könnten Sie eines Tages nach Hause kommen, und sie ist ausgezogen.

Trotz ihres Wunsches, frei zu sein, läßt sie den Mann, den sie liebt, die wichtigen Entscheidungen treffen.

Es stimmt, daß die Skorpion-Frau von allen Frauen des Tierkreises diejenige ist, die mehr verdienen kann als ihr Ehemann. Solange Sie sie lieben und brauchen, wird sie nichts dagegen haben, die Familie zu ernähren.

Er: Schütze – Sie: Schütze

Eines ist sicher: Sie werden genau wissen, woran Sie mit dieser Frau sind, denn sie verstellt sich nicht und sagt, was sie denkt. Einigen geht diese Offenheit zu weit, aber wie viele Menschen gibt es auf dieser Welt, die die Wahrheit vertragen können?

Sie passen trotzdem gut zusammen. Wichtig ist, daß Sie beide viele gemeinsame Interessen haben. Wenn zwei Schütze-Menschen sich finden, wird eine Beziehung, die nur auf körperlicher Anziehungskraft aufgebaut ist, nicht lange halten.

Der männliche Schütze ist gewöhnlich etwas diplomatischer als der weibliche (was nicht viel zu bedeuten hat). Gelegentlich gibt sie Kommentare ab, die die Wahrheit auf brutale Art enthüllen. Denken Sie jedoch immer daran, daß es nicht ihre Absicht ist, jemanden zu verletzen.

Von Zeit zu Zeit muß Ihr Selbstvertrauen gestärkt werden; jedem Mann geht das so. Die Schütze-Frau wird aber nicht ohne weiteres bereit sein, es zu tun.

Versuchen Sie nicht, sie herumzukommandieren, zwingen Sie sie auch nicht zu einem bestimmten Handeln, denn diese Frau wird sich dagegen wehren und sich strikt weigern. Sie kann es nicht ausstehen, wenn ihr jemand sagt, was sie zu tun hätte.

Sie werden gern in ihrer Gesellschaft sein, denn sie ist zu jedem Ulk aufgelegt. Genau wie Sie verliert sie sehr schnell die Lust an einer Sache. Sie ist gern in ihren eigenen vier Wänden, will sich aber keinesfalls als Sklavin der Hausarbeit fühlen.

Die Schütze-Frau hat eine komische Einstellung zu ihrem Partner. In der Öffentlichkeit tut sie so, als hätte sie die Hosen an. Beobachten Sie sie einmal, wie sie anderen vormacht, sie träfe alle Entscheidungen. Zu Hause verhält sich die Sache ganz anders. Im Grunde möchte sie einen Mann, der sie führt, denn sie verachtet Schwäche und hat nichts für einen Knaben übrig, der in ihr einen Mutterersatz sucht.

Sie verstellt sich nicht, kann ihre Gefühle nicht verbergen. So wie sie aussieht, so fühlt sie auch in diesem Augenblick. Fragen Sie sie nie, was sie gerade dachte; wäre es wichtig gewesen, hätte sie es Ihnen von selbst erzählt.

Sie lernt gern andere Leute kennen und liebt es auszugehen. Wenn sie muß, bringt sie sehr viel Geduld auf. In Herzensangelegenheiten verläßt sie sich eher auf ihre Intuition als auf ihren Verstand.

Viele Schütze-Frauen möchten auch nach der Hochzeit weiter berufstätig sein; Sie werden wahrscheinlich nichts dagegen haben, weil sie es nämlich fertigbringt, die Sorgen für die Familie mit ihren beruflichen Anforderungen zu vereinbaren.

Wenn sie sich in einen Mann verliebt hat, dann himmelt sie ihn an und glaubt ihm jedes Wort. Sie wird sogar Ihre Meinung übernehmen und sie in der Öffentlichkeit so äußern, als wäre es ihre eigene. Sie ist beinahe zu vertrauensselig. Enttäuscht sie der Mann, den sie liebt, wird sie es lange Zeit nicht verwinden können.

Es wird ihr bestimmt nicht leichtfallen, Ihnen zu vergeben, falls Sie fremdgegangen sind. Sie hat nichts gegen Flirts, für sie bringt sie noch irgendwie Verständnis auf, aber wenn Sie sich ernster mit einer anderen Frau einlassen, wird sie nie mehr dasselbe für Sie empfinden.

Liebe ist für diese Frau mehr als sinnliches Verlangen. Sie gehört nicht zu den leidenschaftlichsten Frauen; auf sexuellem Gebiet wird viel davon abhängen, wie Sie sich verhalten. Sie kommt viel lieber längere Zeit ohne Sex aus, als daß sie ihn zur Gewohnheit werden läßt oder nur mit halbem Herzen dabei ist.

Sie kommt großartig mit Kindern zurecht, bevormundet sie aber etwas zu stark, wenn sie ins Teenageralter kommen.

Er: Schütze – Sie: Steinbock

Sie sind ziemlich ehrgeizig. Viele Menschen halten Sie zwar für eine Art Playboy, der nur darauf aus ist, sich ein schönes Leben zu machen, aber Sie selbst wissen, daß dies in Wirklichkeit nicht der Fall ist. Die Leute bilden sich oft ein vorschnelles und deshalb falsches Urteil. Wenn sie sich bemühen würden, Sie etwas näher kennenzulernen, würden sie merken, daß Sie vorankommen und Anerkennung ernten wollen. Die Steinbock-Frau ist wahrscheinlich diejenige, die Sie von Anfang so sieht, wie Sie wirklich sind.

Sie könnte genau die Frau sein, die Sie brauchen. Bei ihr haben Sie das Gefühl, daß sie weiß, wovon sie redet. In Ihren Ansichten stecken viele Wahrheiten.

Sie brauchen eine Frau, die in der Lage ist, die Sie vorantreibende Kraft zu sein. Erfolg bedeutet dieser Frau sehr viel. Sie wird immer dann an Ihrer Seite sein, um Ihr Selbstvertrauen zu stärken, wenn Selbstzweifel Sie beschleichen.

Sie wird nicht erlauben, daß Sie sich auf die faule Haut legen. Wenn Sie mit einer Steinbock-Eva liiert sind, dürfen Sie sich nicht auf Ihren Lorbeeren ausruhen.

Sie selbst ist eine Frau, die zupackt, sich durchbeißt und ebenfalls ehrgeizig ist. Sie kann sich einem Mann völlig verschreiben: obwohl ihr Beruf für sie sehr wichtig ist, wird sie ihn aufgeben, wenn sie das Gefühl hat, sie müsse stets für Sie da sein.

Sie geht sparsam mit Geld um. Sie werden erstaunt sein, wie wenig sie ausgibt und doch eine geschmackvolle Mahlzeit zubereiten kann.

Sie ist viel nervöser, als es scheint. Obwohl sie sich nach außen hin tapfer und mutig gibt, ist sie in ihrem Innersten sehr unsicher. Ihre Einstellung zum Leben wird ihr mehr Selbstvertrauen geben.

Die Steinbock-Frau ist fasziniert von der Macht und sehr daran interessiert, Leute kennenzulernen, die es zu etwas gebracht haben, aber nicht aus dem Grund, um diese Beziehungen für sich auszunützen, sondern weil sie wissen möchte, was in ihnen vorgeht. Sie ist ganz allgemein sehr wißbegierig.

Sie hat viel Geschmack und wird ihn bei der Einrichtung und Ausschmückung Ihres gemeinsamen Heims beweisen. Sie ist in mancher Hinsicht etwas altmodisch, will, daß alles korrekt gemacht wird und legt viel Wert auf Charme und gute Manieren. Sie werden sich etwas zusammennehmen müssen und dürfen weniger Possen reißen, wenn Sie sich mit ihr in der Öffentlichkeit zeigen.

Frauen, die in diesem Zeichen geboren sind, in dem Saturn regiert und Mars exaltiert ist, d. h. sein Einfluß sich am stärksten bemerkbar macht, sehnen sich nach Sicherheit und möchten Besitz erwerben. Sie möchten Geld nicht um des Geldes willen, sondern wegen der Macht, die es verleiht.

Verhalten Sie sich ihrer Familie gegenüber stets höflich und zuvorkommend. Es ist wichtig, daß Sie sich mit Ihren Schwiegereltern gut verstehen, denn eine Steinbock-Frau hat eine enge Bindung an ihre Verwandtschaft und möchte, daß sie stolz auf sie ist.

Sie ist sehr romantisch, sehnt sich nach der wahren Liebe und nicht nach kurzen Abenteuern. Es dauert möglicherweise etwas länger, bis Sie sie näher kennenlernen, aber drängen Sie sie nicht, denn sie läßt sich bei jeder Entscheidung Zeit.

Ihre Liebe zur Musik wird Sie erstaunen, und Sie werden merken, wie stark sie gefühlsmäßig reagieren kann, wenn sie ihre Lieblingssymphonie hört.

Die Steinbock-Frau nimmt das Leben so, wie es kommt, ist bereit, heute Opfer zu bringen, die sich erst in der Zukunft bezahlt machen. Sie wird mit Freuden sehen, wie Ihre Ersparnisse anwachsen; möglicherweise hat sie viel bessere Vorschläge für lohnende Investitionen als Sie. Sie wird beim Einkaufen stets eine erhebliche Summe Geldes sparen.

Ihre Einstellung zum Sex entspricht der Ihren; sie hat eine lebhafte Phantasie.

Lassen Sie sie mit anderen Männern flirten, denn für sie ist es nur ein harmloses Vergnügen.

Er: Schütze – Sie: Wassermann

Sie werden es schwerhaben, eine Wassermann-Frau kennenzulernen, d. h. ihr Wesen richtig zu erfassen. Sie kann unsterblich in Sie verliebt sein und doch immer eine gewisse Zurückhaltung an den Tag legen.

Sie dürfen diese Frau nie an sich binden, denn sie liebt ihre Freiheit, aber in einem anderen Sinne als Sie.

Sie sind stets auf der Suche nach einem angenehmen Leben, gehen gern zu Parties und wollen Ihren Spaß haben. Die Wassermann-Dame ist da ganz anders: sie ist ernst – vielleicht zu ernst für einen Schütze-Mann. Sie verschreibt sich den Sachen, für die sie kämpft und hat laufend mit Leuten zu tun, die Hilfe brauchen.

Sie ist genauso unabhängig und selbständig wie Sie und kann es absolut nicht leiden, wenn jemand ihr Vorschriften macht.

Die für den Bestand dieser Beziehung entscheidende Frage ist die, wie Sie beide sich Ihr Zusammenleben vorstellen. Sie möchten ein gemütliches, einladendes und komfortables Zuhause, sie jedoch wird in der Rolle der pflichtbewußten und fleißigen Hausfrau nicht glücklich sein. Sie hat das Gefühl, mehr leisten zu können, und damit hat sie recht.

Mit jedem Menschen, dem sie begegnet, fühlt sie sich irgendwie verbunden, und doch wird man kaum jemanden finden, der sagen könnte, sie richtig zu kennen.

Geld ist für sie nicht so wichtig; sie möchte auch nicht unbedingt ein größeres Vermögen erwerben.

Sie läßt sich auch nicht gern auf Kompromisse ein, hat ihre Prinzipien und hält sich an sie. Wassermänner sind Idealisten.

Denken Sie daran, daß der Wassermann das Zeichen für Freundschaft, gesellige Aktivitäten und ideelle Bestrebungen ist. Eine Wassermann-Frau kann nicht lange am gleichen Ort bleiben.

Wenn Sie in der Politik oder der Erziehung tätig sind, dann ist sie die ideale Partnerin für Sie. Sie möchte das Gefühl haben, daß ihr Mann einen erstrebenswerten Beruf ausübt. Wenn Sie auch dieser Überzeugung sind und Ihren Standpunkt deutlich machen, wird sie alles tun, um Ihnen zu helfen.

Ihre Wassermann-Partnerin ist nicht eifersüchtig, wird Sie nicht ausfragen, wo Sie waren, wenn Sie später nach Hause kommen. Ihrer Meinung nach sind Sie alt genug – oder sollten es zumindest sein –, um auf sich selbst aufzupassen.

Es passiert selten, daß eine Wassermann-Frau fremdgeht. Sie hat zwar bestimmt die Möglichkeit dazu, aber sie möchte ihr Leben nicht unnötig komplizieren. Sie kann ihre Energien auf andere Aufgaben verwenden.

Sie ist künstlerisch begabt, wird ihren guten Geschmack bei der Einrichtung Ihrer Wohnung beweisen. Außerdem wird sie die Einrichtung sehr preisgünstig beschaffen; machen Sie sich aber mit dem Gedanken vertraut, auf Sitzkissen sitzen zu müssen, anstatt sich auf der Couch räkeln zu können, wie Sie es bisher in Ihrem Leben sicher gewohnt waren.

Sie borgt nicht gern und verleiht auch nicht gern, kommt mit dem Geld aus, das ihr zur Verfügung steht. Sie unterstützt eher eine Sache als eine Person mit finanziellen Mitteln.

Sie kleidet sich irgendwie ungewöhnlich, trägt wahrscheinlich keine sehr feminine Kleidung, sieht aber trotz oder wegen ihrer unkonventionellen Garderobe äußerst attraktiv aus. Ihre Frisuren fallen auch aus dem Rahmen. Sie hat in vielen Dingen ziemlich ausgefallene Vorstellungen.

Mit der Mutterrolle kommt sie nicht immer gut zurecht. Sie ist zwar in der Lage, die Welt zu verbessern, doch die Verantwortung, auf ein Baby aufzupassen, bringt sie in Verlegenheit.

Sie beide haben einiges gemeinsam, und wenn Sie einander lieben, werden Sie eine glückliche Ehe führen können.

Er: Schütze – Sie: Fische

Das süße, verträumt blickende Fische-Mädchen wird Ihnen immer ein Rätsel bleiben. Sie ist ganz Frau, darüber gibt es keinen Zweifel. Sie braucht Ihren Schutz und hat mehr weiblichen Charme als die meisten anderen Frauen.

Vielleicht brauchen Sie eine selbständigere Partnerin. Sie spielen zwar die Rolle des Beschützers sehr gern, doch wollen Sie auch Ihre Freiheit. Diese Frau ist möglicherweise völlig von Ihnen abhängig. Außerdem liebt sie ein gemütliches Heim und kann nicht verstehen, weshalb Sie so oft mit Ihren Freunden ausgehen müssen. Die Ehe bedeutet für diese Frau völlige Hingabe und eine große Verpflichtung.

Es fehlt ihr an Selbstvertrauen, und in dieser Hinsicht üben Sie einen guten Einfluß auf sie aus. Ihre extrovertierte Persönlichkeit und Ihr Humor werden ihr dabei helfen, ihre Hemmungen abzulegen.

Eine Fische-Frau möchte einen Partner, der sie führen kann; sie wird es Ihnen überlassen, alle Entscheidungen zu treffen, will, daß Sie das Familienoberhaupt sind. Seien Sie aber auf der Hut: Sie wird hintenherum versuchen, Sie so weit zu bringen, das zu tun, was sie will. Sie versteht das Intrigieren. Aber wenn Sie sie lieben, werden Sie sowieso alles für sie tun.

Sie träumt gern in den Tag hinein; oft haben Sie den Eindruck, sie schwebe über den Wolken. Lassen Sie sich jedoch nicht von ihrem unschuldigen, verträumten Blick täuschen. Sie weiß genau, was um sie herum vorgeht. Ihre Einfühlungsgabe ist bemerkenswert.

Sie werden gern für sie sorgen, ihr das Frühstück ans Bett bringen und all die schönen Dinge kaufen, die sie sich wünscht.

Sie hat wenig Ehrgeiz, – eine Tatsache, die Sie möglicherweise ärgert. Sie möchten stets aktiv sein und verstehen deshalb sehr wahrscheinlich nicht, weshalb sie so unbekümmert herumlaufen kann und anscheinend an nichts denkt.

Eine Fische-Frau ist sehr schnell desillusioniert. Sie hält möglicherweise nicht viel von den gesellschaftlichen Verhältnissen, wie sie heute existieren, und hierin liegt auch der Grund, weshalb es ihr an Ehrgeiz fehlt. Es fällt ihr schwer, sich für etwas zu begeistern; sie fühlt sich eher einem Menschen als einer Aufgabe verpflichtet.

Wenn Sie eine Frau suchen, die glücklich damit ist, in der Sorge um Sie aufzugehen, dann müssen Sie nicht weitersuchen.

Sie ist eine hervorragende Gastgeberin, weiß, was ihren Gästen gefällt. Sie kocht sehr gern und wird sich freuen, wenn Sie Ihren Chef zum Essen mitbringen.

Es bereitet ihr viel Vergnügen, eine Wohnung hübsch und komfortabel einzurichten. Sie hat Geschmack und erkennt einen günstigen Kauf sofort.

Fische-Menschen lassen sich durch andere sehr leicht beeinflussen, zeigen sich von starken Persönlichkeiten sehr schnell beeindruckt. Dies ist nicht so gut für sie, denn es fällt ihnen schwer, zwischen Gut und Böse zu unterscheiden.

Sie ist stets auf der Suche nach etwas; wahrscheinlich sucht sie ihr wahres Ich.

Bei Ihnen beiden besteht die Gefahr eines Seitensprungs, aber Sie haben zumindest den festen Willen, einander treu zu sein. Sie entdecken an der Fische-Frau eine Eigenart, die es Ihnen leichtmachen wird, auf dem schmalen Pfad der ehelichen Tugend zu bleiben: sie scheint so schutz- und hilflos zu sein, daß Sie es nicht übers Herz brächten, ihr wehzutun. Die Liebe, die sie Ihnen entgegenbringt, bedeutet Ihnen viel zuviel, als daß Sie sie gefährden wollten. Wenn Sie sie wirklich lieben und ihre Träume nicht zerstören, wird sie Ihnen auch treu sein.

Auf sexueller Ebene sollten Sie sich gut verstehen. Sie brauchen eine Partnerin, die ganz Frau ist.

Der Schütze und seine Gesundheit

Im Vergleich zu anderen Zeichen stellt man fest, daß eine auffallend hohe Zahl von Schütze-Menschen weit über achtzig Jahre alt wird. Sie sind von Natur aus gesund (es sei denn, es zeigen sich ungünstige Einflüsse im Horoskop). Sie haben eine starke Konstitution mitbekommen – und die brauchen Sie ja auch bei der Hast, mit der Sie leben.

Ihre äußerst optimistische Lebenseinstellung tut natürlich auch noch ein übriges. In der Regel lassen Sie sich nicht durch Probleme deprimieren. Die Art, wie Sie jeden Ärger abschütteln, ist beneidenswert. Sie glauben an die Zukunft, beißen sich immer irgendwie durch, lassen sich nicht unterkriegen, sind stets fröhlich und guter Dinge – all das hilft Ihnen, gesund zu bleiben.

Vielleicht kennen Sie einen Schützen, der nicht so ist, sondern eher introvertiert*, beinahe verschlossen, doch zum Glück ist er recht selten. Der Schütze ist ein extrovertiertes**, hoffnungsfrohes Zeichen, und wenn ein in diesem Zeichen geborener Mensch eine gegensätzliche Veranlagung zeigt, sind meist ein höchst exzentrisches Verhalten und aus dem Rahmen fallende Gewohnheiten das Ergebnis.

Der Schütze-Mensch *braucht* unbedingt den dauernden Kontakt mit allen möglichen anderen Leuten und körperliche und geistige Beschäftigung, um gesund zu bleiben. Ihr Nervensystem ist hochempfindlich und so gestaltet, daß es die Freude und das Gefühl der Freiheit, das die Bewegung in der Natur vermittelt, unbedingt braucht. Sie müssen immer aktiv sein – Besuche machen, sich an einer Sportart, an einer Diskussion beteiligen, organisieren. Jede längerwährende Einschränkung in Ihrer Bewegungsfreiheit führt wahrscheinlich zu einem allmählichen Zusammenbruch.

Sie sind überdurchschnittlich widerstandsfähig gegen Krankheiten, was nicht überrascht bei dem Zeichen, das oft als der »Zigeuner« des Tierkreises bezeichnet wird. Sie werden sehr selten von ernsten Krankheiten befallen. Müssen Sie dann bei diesen seltenen Fällen im Bett bleiben, werden Sie wegen der Ihnen aufgezwungenen Inaktivität sehr schnell lustlos und unruhig. Es ist eine schwere Aufgabe, dafür zu sorgen, daß Sie im Bett bleiben, weil Ihre Unruhe möglicherweise für Sie schlimmere Folgen hat als die Krankheit selbst. Lieber würden Sie sich herumschleppen, wenn Sie nur aufstehen dürften.

Für Sie ist frische Luft sehr wichtig, und während des Genesungsprozesses brauchen Sie noch mehr davon als sonst. Sie sollten sich auch nicht irgendwie eingesperrt fühlen; Sie haben eine große Abneigung dagegen – es bedrückt Sie, macht Sie nervös und reizbar und verzögert Ihre Gesundung.

Sie erholen sich unheimlich schnell. Ihre Widerstandskraft, die Sie schon in Ihrer Jugend besitzen, scheint Ihnen bis ins mittlere Alter erhalten zu bleiben. Sie haben das Glück, überall sofort erholsamen Schlaf finden und so mit ein paar Minuten Schlaf jeden toten Punkt überwinden zu können. Sie bringen es oft fertig, viel frischer als alle anderen zu sein, weil Sie unbemerkt im Sessel ein kurzes Nickerchen gemacht haben.

Sie sind der geborene Sportler, wissen, wie Sie sich fit halten können. Sportliche Spiele und Übungen bereiten Ihnen viel Spaß. Sie nützen aber oft Ihre Vitalität nicht voll aus, weil Sie Ihre Energien verzetteln und so wenig Produktives zustande bringen.

Obwohl Sie durch Ihre Aktivitäten Kraft schöpfen, belasten Sie Ihre Gesundheit oft zu stark, lassen Sie sich von dem Hochgefühl, unbegrenzt lange aktiv sein zu können, einfach mitreißen. Wenn Sie Ihren Organismus überfordern, sind Sie für Krankheiten anfälliger, leiden möglicherweise an plötzlich ausbrechendem Fieber, Schwindelanfällen und

---

* nach innen gekehrt
** äußeren Einflüssen leicht zugänglich

Schüttelfrost. Abrupte Temperaturänderungen sollten Sie möglichst vermeiden. In Ihrer Hast vergessen Sie oft, sich bei nassem und kaltem Wetter entsprechend anzuziehen, und dadurch sind Sie anfälliger als andere für Grippe, Erkältungskrankheiten und durch Zugluft hervorgerufene Muskelschmerzen. Ihr unerschütterliches Vertrauen in Ihre Fähigkeit, jede Krankheit einfach abzuschütteln, ist manchmal wirklich übertrieben.

Das Zeichen Schütze regiert die Hüfte, die Oberschenkel und den Ischiasnerv, hat aber auch eine Verbindung zum Brustkorb, den Lungen, Händen, Füßen und dem Verdauungstrakt. Zu den häufigsten Beschwerden zählen Ischias, Verletzungen in der Hüftregion, Arthritis, Rheumatismus, Verdauungsstörungen und Gicht.

Schütze-Menschen weisen oft eine Gehbehinderung auf, erleiden Unfallverletzungen an Händen, Füßen oder Hüften, renken sich Gelenke aus. Da Sie so ungeduldig, rastlos und vergeßlich sind, verletzten Sie sich oft, indem Sie stolpern oder sich irgendwo stoßen.

Obwohl Sie im Grunde ein sehr vernünftiger Mensch sind, besteht die Gefahr, daß Sie zuviel essen und trinken. Schütze-Menschen schlingen in der Regel keine Unmengen in sich hinein, aber zu kalorienreiche Kost und zu viele Feiern verursachen Übergewicht; ähnlich ist es mit dem Alkoholgenuß. Zum Glück veranlaßt Sie der Ihnen angeborene Wunsch, sich fit zu halten, sich beim Essen etwas zurückzuhalten oder Diät zu leben, falls Ihre Gesundheit gefährdet ist. Sie haben eine unheimliche Willensstärke, wenn Sie sich ernsthaft zu einer Sache entschließen.

Der Schütze im Beruf

Falls Sie in Erwägung ziehen, einen Beruf zu ergreifen, der Ihnen viel Geld einbringt, Ihnen dafür aber wenig Gelegenheit bietet, andere Leute kennenzulernen und während des Tages aus dem Büro herauszukommen, dann vergessen Sie diese Überlegung schnellstens, denn Sie sind entweder unglücklich bei Ihrer Tätigkeit oder Sie kündigen sehr bald.

Glauben Sie aber andererseits nicht, daß Sie wegen Ihres Hangs zur Freiheit und zum Abenteuer glücklicher wären, wenn Sie eine Ein-Mann-Expedition durch die Sahara führen würden. Es ist nicht so, daß Ihnen dazu der Mut oder die geistigen Voraussetzungen fehlen oder Sie die körperlichen Strapazen nicht durchstehen würden, sondern Sie brauchen, auf welche Weise Sie Ihren Lebensunterhalt auch verdienen, ein Publikum, zu dem Sie eine Beziehung herstellen können. Alles Geld und alle Macht der Welt sind für Sie kein Ersatz für die Anerkennung durch andere.

Was sollten Sie nun aber tun? Sie könnten beispielsweise als Privatsekretär(in) oder als persönliche(r) Assistent(in) eines vielbeschäftigten Managers anfangen, der oft unterwegs ist und sich darauf verläßt, daß Sie alles für ihn organisieren und arrangieren. Sie kommen wunderbar mit anderen Leuten aus und wirken ausgleichend, falls Differenzen unter den einzelnen Parteien aufkommen sollten. Sie können auf zehn verschiedene Arten »Nein« sagen, ohne daß sich jemand abgewiesen oder beleidigt fühlt. Sie reisen unheimlich gern und wären deshalb ein glänzender Kurier, Reiseführer, Reisebegleiter oder Steward. Sie haben die geistigen Fähigkeiten, um es im Transportwesen sehr weit zu bringen. Beispielsweise besitzen Sie die Konzentrationsfähigkeit und die nötige Autorität, ein großes Düsenverkehrsflugzeug zu fliegen, obwohl es Ihnen vielleicht in der Pilotenkanzel etwas zu einsam ist und Ihnen der Aufenthalt zwischen den einzelnen Stationen zu lang vorkommt.

Bei der Berufswahl sollten Sie sich stets daran erinnern, daß in Ihnen ein Schauspieler steckt, der sich produzieren möchte. Wenn Sie in die Unterhaltungsbranche gehen, haben Sie überdurchschnittlich gute Chancen, einer der Großen zu werden, da Sie unheimlichen Elan und Ehrgeiz besitzen, die zusammen mit einem bestimmten Talent Sie bald an die Spitze bringen werden. Viele der berühmtesten Unterhaltungskünstler wurden in diesem Zeichen geboren. Finden Sie jedoch einen anderen Beruf, der Ihnen ähnliche Möglichkeiten zur Selbstdarstellung und zum Gewinn von Popularität und Ruhm bietet, werden Sie genauso glücklich sein.

Nehmen wir zum Beispiel das Rechtswesen, das auf den ersten Blick viel zu trocken und langweilig für einen so dynamischen Menschen wie Sie zu sein scheint. Tatsache ist jedoch, daß keine andere Tierkreiszeichen-Persönlichkeit sich besser für eine juristische Karriere eignet als der Schütze. Sie können besonders tiefschürfende Studien und Analysen betreiben, wollen den Dingen stets auf den Grund gehen und erkennen sofort das Wesentliche eines umstrittenen Punktes. Ihre anderen Stärken sind Ihre Wahrheitsliebe und der Umstand, daß Sie ein praktizierender Idealist sind, der an die Idee der Gerechtigkeit für alle glaubt. Sie sind so entwaffnend freimütig und grundehrlich.

In den etwas mühsamen Anfangsjahren Ihrer juristischen Karriere helfen Ihnen Ihre angeborenen Fähigkeiten und die Sorge für den Mitmenschen über Schwierigkeiten hinweg. Schütze-Menschen steigen oft in höchste Richter- und Regierungsämter auf, ihr gereiftes Urteilsvermögen und ihre weisen Ratschläge lassen sie zu beliebten und geachteten Führungspersönlichkeiten werden. Ganz gleich, welch hohes Amt sie bekleiden, sie scheinen der Öffentlichkeit besonders verbunden und für jeden einzelnen zugänglich zu sein.

Einige der brillantesten Richter, Rechtsanwälte

und Politiker wurden in diesem Zeichen geboren. In den höheren Positionen, die diesen Berufen offenstehen, findet der Schütze jenes aufregende Geschehen, jene Achtung und Amtswürde, die er so liebt.

Wenn diese von Jupiter regierten Menschen in öffentlichen Ämtern sitzen, achtet man ihre Art, eher den Geist als blind den Buchstaben des Gesetzes zu befolgen.

Beim typischen Schützen ist der Wunsch, die Geschicke der Menschheit wesentlich mitzubestimmen, stark ausgeprägt. Sie wären ein guter Lehrer, Dozent, Professor oder Redner. Wenn Sie dem reinen Typ sehr stark entsprechen, fällt Ihnen das intensive Studium einer Sache nur dann leicht, wenn Ihr Interesse durch das Wissen um den Zweck Ihres Tuns aufrechterhalten wird. Werden jedoch reformerische Bestrebungen in Ihnen entwickelt, dann sind Ihre Konzentrationsfähigkeit und Ihre Bereitwilligkeit zum Lernen grenzenlos. Denken Sie aber daran: Haben Sie eine Tätigkeit einmal aufgegeben, fällt es Ihnen schwer, sie wiederaufzunehmen.

Schützen wechseln oft mehrmals den Beruf, bevor sie sich endgültig für einen entscheiden. Manchmal sind sie schon weit über dreißig, bevor sie erkennen, was sie eigentlich in ihrem Leben wollen. Viel hängt natürlich von der Entwicklung der Gesamtpersönlichkeit ab. Je eher Sie »erwachsen« werden, desto größer sind Ihre Erfolgschancen. Im Charakter der Schützen findet sich gewöhnlich eine gewisse Wildheit, eine ungestüme Art, die natürlich unterdrückt werden muß, wollen Sie alle Ihre Möglichkeiten ausschöpfen.

Ihr Zeichen hat eine enge Beziehung zur Religion, Philosophie und zu höherem Wissen. Schützen entscheiden sich häufig für einen kirchlichen Beruf, in dem sie danach streben, eine aufgeklärte Einstellung zur überlieferten Lehre durchzusetzen. Sie sind selten von religiösem Eifer beseelt und konzentrieren sich hauptsächlich auf das Durchsetzen von zeitgemäßen Reformen. Das Zeichen Schütze hat auch eine Beziehung zu Fortschritten auf dem Gebiet der Medizin und anderer, von humanitären Zielsetzungen geprägter Naturwissenschaften. Nur wenige Schützen können dem Wunsch widerstehen, eine humanitäre Sache zu unterstützen. Viele Menschen, die in diesem Zeichen geboren sind, stehen karitativen Organisationen vor, opfern dieser Aufgabe sehr viel Zeit und wollen nicht einmal die ihnen entstehenden Kosten vergütet haben.

Sie besitzen Geschäftssinn, sind ein ausgezeichneter Geschäftspartner. Obwohl Sie in jungen Jahren oft den Beruf wechseln, bestehen gute Chancen, daß Sie sich schließlich irgendwann selbständig machen oder in eine Position aufsteigen, die Ihnen praktisch völlige Handlungsfreiheit läßt.

Als Chef halten Sie sich an demokratische Spielregeln, erlauben Sie jedem, seine Ansichten kundzutun – und machen das, was Ihnen am besten scheint. Sie lassen keinen Zweifel daran, daß die oberste Entscheidungsgewalt in Ihren Händen liegt. Sie regieren mit straffer, aber nicht zu fester Hand. Den Ihnen Untergebenen lassen Sie sehr viel Handlungsspielraum – Sie delegieren bisweilen zu viele Aufgaben, und Ihre Angestellten sind verwirrt, weil klare Direktiven fehlen und beklagen sich darüber, daß Sie ihnen zuviel aufhalsen.

In der Rolle des Vorgesetzten sind Sie nicht leicht zu beschreiben. Sie geben rasche, unkomplizierte Anweisungen, aber nur dann, wenn Sie es unbedingt für notwendig halten. Oft lassen Sie die Dinge einfach laufen, wenn man von Ihnen eine klare Entscheidung verlangt; Sie tun dies, weil Ihr bemerkenswertes Einfühlungsvermögen Ihnen rät, damit zu warten. Sie sind oft aufreizend lässig in Ihrer Art und erscheinen Ihren Untergebenen so, als hätten Sie nichts verstanden, aber meist haben Sie doch recht; Sie sehen nur eben etwas weiter in die Zukunft als sie.

Ein anderes Problem für Ihre Mitarbeiter ist, daß sie immer erst einen Termin mit Ihnen ausmachen müssen, um mit Ihnen sprechen zu können. Sie sind nicht unnahbar, ganz im Gegenteil: Sie gehören zu den Chefs, an die man sehr leicht herankommt. Nur sind Sie eben selten anzutreffen. Entweder sind Sie auf dem Weg zum Flughafen oder zu einer geschäftlichen Besprechung außerhalb, essen mit einem Kunden oder halten eine Rede vor irgendeiner Vereinigung.

Sie sind im Grunde ein freundlicher Chef, handeln aber manchmal in Ihrer Eile unbedacht. Niemand muß Sie daran erst erinnern, denn Ihr Gewissen führt sorgfältig Buch über Ihre Fehler und veranlaßt Sie dazu, alles zu tun, um sie wiedergutzumachen. Natürlich können Sie auch hart durchgreifen, aber Sie sind nie ungerecht. Haben Ihre Untergebenen Schwierigkeiten im persönlichen und privaten Bereich, so können sie stets auf Ihr Verständnis und Ihre Hilfe zählen; Sie werden nicht erst lange überlegen, bis Sie ihnen freigeben, eine Zulage zahlen oder ein Darlehen gewähren. Sie verlieren nie in Ihren Beziehungen zu anderen

Menschen das humanitäre Element aus den Augen.

Sie sind freundlich und heiter, aber trotz Ihres kollegialen Auftretens fühlt sich nur selten jemand mit Ihnen enger verbunden. Es existiert Ihrerseits immer eine schwer zu definierende Zurückhaltung, die Ihre persönliche Autorität sichert. Sie sind ehrlich und offen denen gegenüber, die für Sie arbeiten, und erwarten das Gleiche auch von ihnen. Sie können Falschheit nicht ausstehen. Sie werden einen Untergebenen nicht vor allen zusammenstauchen, aber unter vier Augen können Sie recht deutlich, ja sogar verletzend werden.

Als Arbeitnehmer halten Sie wenig von steifen Förmlichkeiten. Sie schwirren lieber in der ganzen Firma herum, halten hier und da ein kleines Schwätzchen und gehen mindestens zwei- oder dreimal in der Woche mit Kunden auf Spesen essen. Manchmal erwecken Sie den Eindruck zu großer Lässigkeit. Ein etwas zugeknöpfter Chef ist möglicherweise von Ihrer frischen und direkten Art abgestoßen, aber wenn er nur ein wenig Grips hat, wird er Ihre Unarten übersehen und auf Ihren Rat hören. Sie erwerben sich durch Ihre intelligenten und praktischen Geistesblitze einen guten Ruf.

Sie haben immer wieder Glück, das nicht nur Ihnen, sondern auch Ihren Vorgesetzten hilft. Sicher, Sie verzapfen auch mal Mist, aber irgendwie erwachsen sogar aus Ihren Fehlern noch Vorteile. Ihr Chef zerreißt Sie wahrscheinlich in der Luft, weil Sie vergessen haben, einen wichtigen Kostenvoranschlag wegzuschicken, und am nächsten Tag erfährt er dann, daß sich die Situation völlig verändert hat und er jetzt den doppelten Preis verlangen kann.

Es stimmt, daß Sie in kleinen Dingen sehr vergeßlich sind, aber wichtige Daten aus dem Geschäftsbereich entfallen Ihnen nie.

Sind Sie zwischen dem 23. November und dem 1. Dezember geboren, so besitzen Sie einen scharfen und kreativen Verstand. Eine künstlerische Tätigkeit, speziell auf dem Gebiet der Musik, sollte Ihnen liegen.

Sie besitzen auch ein erstklassiges Gespür für kommerzielle Dinge. Sie möchten in Ihrem Leben etwas Wertvolles leisten, haben genügend Ehrgeiz und Entschlußkraft, um in jeder Sparte erfolgreich zu sein. Sie müssen nur wissen, was Sie wollen. Vielleicht gefällt Ihnen eine erzieherische Tätigkeit. Moralische Rechtschaffenheit, Weisheit und Sensibilität zeichnen Sie aus. Sie sollten im Sozialwesen eine lohnende Aufgabe finden. Außerdem eignen Sie sich gut zum Geschäftspartner oder für die Zusammenarbeit mit vielen Leuten. Sie können Entwicklungen voraussehen und sind der geborene Organisator für kooperative Unternehmungen.

Sind Sie zwischen dem 2. und 11. Dezember geboren, so besitzen Sie Mut und Elan. Alle abenteuerlichen Unternehmungen gefallen Ihnen. Sie könnten sich auf militärischem Gebiet einen Namen machen. Sie sind äußerst ehrgeizig und lassen sich durch kein Hindernis in Ihrem Vorwärtsstreben aufhalten; Rückschläge bestärken Sie nur noch in Ihren Entschlüssen.

Sie sollten körperlich widerstandsfähig und zäh, kräftig und beweglich sein; falls dies zutrifft, bietet sich der Profisport für Sie an.

Sie sollten als Ingenieur, der mit großen Bauvorhaben befaßt ist, oder aber in der Geschäfts- und Finanzwelt Erfolg haben. Sie sind möglicherweise der Börsenmakler, der einen großen Spekulationsgewinn erwirtschaftet, indem er die Initiative ergreift.

Sie werden sich nicht in einem Beruf wohlfühlen, in dem Sie keine Möglichkeit haben, Ihren Pioniergeist zu beweisen. Achten Sie aber darauf, Hast und Sorglosigkeit nicht mit Entschlossenheit zu verwechseln.

Sie sollten die warnende Stimme Ihres Gefühls im Umgang mit anderen Leuten keinesfalls überhören. Versuchen Sie nicht, unter allen Umständen beliebt zu sein und verraten Sie vor allem Ihre Prinzipien nicht.

Eine Tätigkeit in der Werbung oder als Verkäufer könnte Ihnen die Herausforderung sein, die Sie brauchen.

Sind Sie zwischen dem 12. und 20. Dezember geboren, so können Sie andere sehr gut führen und lenken und aus diesem Grund in der Politik oder Verwaltung Ihren Weg machen. Sie besitzen die seltene Fähigkeit, anderen mehr Selbstvertrauen einzuflößen. Möglicherweise erreichen Sie dort am meisten, wo Ihr Erfolg von der Unterstützung durch die Öffentlichkeit abhängt. Als Journalist könnten Sie die Möglichkeit haben, sich auszuzeichnen.

Sie sind unternehmungsfreudig, kreativ und haben Ihren Stolz. Es ist Ihnen zu raten, Ihre Fähigkeiten nicht zu überschätzen. Es besteht bei Ihnen die Gefahr, daß Sie sich, ganz gleich, in welcher verantwortlichen Stellung Sie sitzen, übernehmen. Seien Sie auf der Hut vor Leuten, die versuchen, Ihre Gutmütigkeit auszunützen.

Eine Karriere in der Unterhaltungsbranche könnte Ihnen den Erfolg und Ruhm einbringen, den Sie sich herbeisehnen. Sie werden aber möglicherweise erst einige Opfer bringen müssen, bevor Sie allgemeine Anerkennung finden.

Sie sehen die Notwendigkeit für soziale Reformen. Jede Anstrengung in dieser Richtung wird wahrscheinlich von der Öffentlichkeit gewürdigt und unterstützt.

Sie sollten im Verlags-, Rundfunk- und Fernsehwesen oder der Public-Relations-Arbeit Erfolg erzielen können. Es lohnt sich bestimmt, eine literarische Begabung zu fördern.

Geld

Das Geld rinnt Ihnen viel schneller durch die Finger als Menschen, die in anderen Zeichen geboren sind. Sie geben es impulsiv aus und wären wahrscheinlich nie in der Lage, einen nennenswerten Betrag Ihres Einkommens auf die hohe Kante zu legen. Trotzdem erwerben Sie Besitz und Vermögen: Sie setzen auf riskante Spekulationen, die Ihnen schnellen Reichtum versprechen, und einige davon zahlen sich wirklich aus. Es ist schon ungewöhnlich, wenn ein typischer Schütze-Mensch in mittlerem Alter finanziell nicht gut gestellt ist.

Wenn Sie investieren, um Ihre Zukunft zu sichern, werden Sie merken, daß herkömmliche, solide Anlagearten vielversprechender sind als spekulative.

Sie erfreuen sich am Geld, indem Sie es ausgeben. Ihnen ist das Glück schon in die Wiege gelegt: irgendwie bringen Sie es immer fertig, sich mit Ihrer lässigen – um nicht zu sagen: ungenierten – Einstellung zu Ihrer persönlichen Finanzlage durchzuwursteln.

Geschäftspartner

Im folgenden wird dargestellt, wie sich die einzelnen Tierkreiszeichen als Geschäftspartner verhalten. Die Sonne, die den wichtigsten Einfluß im Horoskop ausübt, bestimmt den Grundcharakter, den die meisten Menschen, die im gleichen Zeichen geboren sind, gemeinsam haben. Es gibt jedoch Abweichungen, die sich aus der besonderen Stellung der anderen Planeten bei der Geburt ergeben. Wollen Sie nun den Charakter eines Geschäftspartners genauer untersuchen, ist es ratsam, sein oder ihr persönliches Horoskop zu erstellen, was für jedes einzelne Zeichen mit den Bänden aus der *Astro-Analysis*-Reihe möglich ist. Man muß nur die genaue Geburtszeit wissen. Dadurch kann jeder Mensch astro-analysiert und seine Grundcharakteristika können exakt umrissen werden.

Da sich von Natur aus bestimmte Zeichen besser oder schlechter miteinander vertragen, kann Ihnen die Aufstellung über die Verträglichkeit der Zeichen auf den Seiten 109ff. einen ersten groben Eindruck vermitteln, wie Sie mit einem Partner klarkommen.

Ihr Geschäftspartner aus dem Zeichen Widder

Mit einem Widder eine geschäftliche Verbindung einzugehen, kann eine riskante Sache sein. Sie werden seinen Charakter sehr genau kennenlernen müssen, wenn es zu einer erfolgreichen Zusammenarbeit kommen soll. Viel wird davon abhängen, wieweit Sie den Widder im Zaum halten können, ohne daß er oder sie das Gefühl hat, man schränke seine Freiheit ein oder wolle ihn oder sie gängeln.

Ein Widder kann viel in die Partnerschaft einbringen, hat aber auch seine negativen Seiten. Er ist der geborene Führer, wird sofort das Kommando übernehmen und das Gefühl haben wollen, die eigentliche treibende Kraft zu sein. Zu Beginn wird er Ihre Rolle als gleichberechtigten Kompagnon noch respektieren und beabsichtigen, es auch weiterhin so zu halten. Doch wenn die Sache richtig losgeht, dann kann er einfach nicht anders und trifft seine eigenen Entscheidungen. Dies ist vielleicht sein größter Fehler. Er nimmt immer an, er wisse den besten Weg, mit einer Situation fertig zu werden, und auch wenn Sie im Büro einander gegenüber sitzen, wird es ihm in neun von zehn Fällen nicht einmal in den Sinn kommen, sich mit Ihnen zu beraten. Widder sind furchtbar ungeduldig, können nicht warten, bis eine Sache vollständig abgeschlossen ist. Mit jemandem Rücksprache zu halten, bedeutet für sie Zeitverschwendung. Manchmal hat sie ihr Urteil nicht getrogen – sie sind in der Lage, einen großen Fisch an Land zu ziehen, wenn sie ihre Entscheidung mit solch einer Schnelligkeit getroffen haben, die alle ihre Konkurrenten weit hinter ihnen läßt. Ein andermal begehen sie auf die gleiche Weise katastrophale Fehler. Sie werden von Ihrem Partner gleich zu Beginn eine feste Zusicherung fordern müssen, daß er bei wichtigen Dingen nicht allein handelt. Seine Spontanität ist vielleicht seine größte Gabe, deshalb sollten Sie ihn in dieser Beziehung vorsichtig behandeln. Er wird Ihre Zusammenarbeit sofort aufkündigen, sobald er vermutet, Sie wollten ihm Befehle geben. Trotz seiner Fehler kann der Widder Ergindungsgabe und Einfallsreichvum in diese geschäftliche Verbindung einbringen. Er braucht eben nur die beruhigende Hand auf seiner Schulter, die ihn in seinem Eifer an zu impulsivem und übereiltem Handeln hindert. Der Widder ist kein Heckenschütze, immer offen zu Ihnen und wird Ihnen nicht in den Rücken fallen. Sie werden ihn auch niemals beim Griff in die Geldkassette überraschen.

Er hat große Energie, ist immer dabei, wenn etwas passiert und ist der Mann, der die schwierigen Aufgaben an der Geschäftsfront, die Kühnheit, Mut, Furchtlosigkeit und Einfallsreichtum verlangen, meistert. Er ist nicht der beste Mann – im Gegenteil, vielleicht einer der schlechtesten –, wenn es darum geht, eine Situation mit Diplomatie und Takt zu überstehen. Widder reden zu laut und zu selbstsicher über ihre einfachen Lösungen für die Probleme der Welt, als daß sie einem zögernden und erfahrenen Geschäftsmann Vertrauen einflößen könnten.

Widder beeindrucken meist durch ihr dynamisches Auftreten, einen schnell reagierenden, intuitiven Verstand und eine optimistische und positive Grundeinstellung. Doch sind sie auch etwas sorglos, leichtsinnig, allzu bereit, eine ungewisse Chance zu ergreifen, und sollten daher nicht die kleinen, aber um so wichtigeren Dinge erledigen; denn sie werden sehr schnell konzentrierter geistiger Anstrengung überdrüssig. Sie entwickeln zwar immer wieder große Initiative, doch fehlt es ihnen an Ausdauer. Sie sind dann am wertvollsten, wenn sie auf einen Anreiz hin reagieren können und nicht erst gezwungen sind, diesen Anstoß sich selbst zu erarbeiten. Sie können recht gut Anordnungen ausführen, haben aber die ärgerliche Angewohnheit, sie »verbessern« zu müssen. Sie möchten einer Sache ihren Stempel aufdrücken, als ob dies erst der Sache den besonderen Pfiff gibt und sie dadurch den Wert gewinnt, daß es lohnt, sich daran zu beteiligen. Wenn Sie in einer Diskussion Ihrem Teilhaber in für Ihre Pläne nicht entscheidenden Dingen nachgeben, werden Sie merken, daß er mit viel größerer Begeisterung arbeitet. Es gibt keinen Zweifel daran, daß ein Widder ungeheuere Energien und unbegrenzten Zeitaufwand in das steckt, was er oder sie einmal begonnen hat.

Denken Sie daran, daß Widder sehr selbstbewußt, recht aggressiv und häufig halsstarrig sind. Ihr Gegenüber ist wahrscheinlich einer der ehrgeizigsten Menschen, dem Sie je begegnen werden. Wenn Sie ihm direkten Widerstand entgegensetzen, wird er Sie bis zum letzten bekämpfen (Opposition führt bei ihm immer nur zu verstärktem Einsatz seiner Kräfte). Er hat ziemlich gefestigte Vorstellungen, kann aber das Interesse an einem Projekt sehr schnell verlieren, besonders dann, wenn es außer dem Einsatz großer Energie auch viel harte Arbeit erfordert.

Wenn Sie sich Ihre Aufgaben teilen, dann zeigt der Widder wenig Verständnis für Ihre Probleme. Seine Probleme sind die wichtigeren und dringlicheren, obwohl doch der Geschäftserfolg ein gemeinsames Ziel darstellt. Er möchte zu allererst Erfolg haben in den Dingen, für die er persönlich verantwortlich zeichnet; die Ziele eines Teams oder einer Partnerschaft sind immer zweitrangig.

Der Widder erwartet, eine Arbeit ohne viel Mühen erledigen zu können. Treten Komplikationen auf, insbesondere Verzögerungen durch in die Länge gezogene Diskussionen über im Grunde nebensächliche Punkte, ist es möglich, daß er sich entrüstet zurückzieht und es Ihnen überläßt, die Sache auszubaden.

Es liegt nicht im Wesen des Widders, erst einmal nachzudenken und die Voraussetzungen zu prüfen, bevor er sich an ein Projekt begibt; denn er möchte es ohne festes Konzept durchführen. Widder basteln lieber an einer Behelfslösung, die den Erfordernissen des Augenblicks genügt. Zu vorausschauenden Planern fehlt ihnen das Vorstellungsvermögen, und sie tappen immer wieder in die gleichen, wenn auch stets etwas anders getarnten Fallen.

Laufen gerade schwierige und heikle Verhandlungen, empfiehlt es sich, das Briefeschreiben selbst zu besorgen. Der Widder hat die Angewohnheit, in seiner Korrespondenz zu anmaßend und zu kurz angebunden zu sein. Gibt es zwei Möglichkeiten, denselben Gedanken auszudrücken, wird er oder sie unwissentlich immer die ungeschliffenere, mit anderen Worten, diejenige wählen, die am ehesten Ärger erregt.

Der Widder hängt, was Geschäft und Geschäftspartner betrifft, an herkömmlichen Formen und erwartet von Ihnen dementsprechendes Verhalten, wobei er dabei die Tatsache nicht erkennt, daß er gerade durch seine Ungeduld und sein impulsives Handeln zu unorthodoxen Methoden und Handlungsweisen gezwungen wird. Er kann recht unterschiedliche Laune haben und manchmal wegen der kleinsten Kleinigkeit explodieren, doch ist er selten nachtragend. Er neigt zu alten und erprobten Methoden, die er hie und da durch einen Geistesblitz ein bißchen modernisiert.

Der Widder entwickelt viel Phantasie im Alltag, die jedoch immer einen Bezug zur Praxis hat. Zuweilen bringt er die Wirklichkeit und seine eigenen Ansichten so durcheinander, daß man den Eindruck hat, er verdreht die Tatsachen.

Sollten Sie zufällig an einen passiven oder negativen Widder-Typ geraten, dann vergessen Sie am besten den Gedanken an eine Zusammenarbeit. Er ist ein trauriger Fall. Bevor Sie nicht seine Geburtsurkunde gesehen haben, werden Sie kaum glauben, daß er zu den sonst so energischen und sehr entschlossenen Menschen gehört. Er kann sich überhaupt nicht entscheiden, ist sich nicht sicher, was er tut, und wenn er etwas tut, dann ist es meist zu spät. Er verbringt die Zeit damit, sich Gedanken über den Ausgang einer Sache zu machen, anstatt besser einfach damit weiter zu machen.

Ihr Geschäftspartner aus dem Zeichen Stier

Nur in seltenen Fällen sind Stier-Mann oder -Frau keine guten Geschäftspartner. Gehen Sie mit ihnen eine Verbindung ein, dann wird viel für Sie dabei herauskommen. Wollen Sie aber durch Nacht- und-Nebel-Aktionen oder ähnlich riskante Unternehmungen auf die Schnelle Geld machen, sollten Sie sich lieber jemand anders aussuchen. Der Stier ist das Tierkreiszeichen, das Geld und Besitz symbolisiert, und jeder, der in diesem Zeichen zur Welt kam, hat die angeborene Gabe, beides zu erwerben. Er (oder sie natürlich) besitzt einen gesunden Geschäftssinn und ist häufig in der Rolle des zuverlässigen Bankiers, des erfolgreichen Geschäftsmannes, der Geld für andere Leute scheffelt, zu finden. Vertrauen Sie einem Stier eine Mark an, und in ein paar Jahren gibt er Ihnen fünfzig zurück – abzüglich seiner Ausgaben selbstverständlich. Er wird keine spektakulären Gewinne für Sie durch gewagte Aktionen aus eigener Initiative erzielen; denn er ist ein Mensch mit gleichbleibender Ausdauer und schafft sich sein Vermögen durch beständige Anstrengungen und mit dem berühmten Quentchen Glück gewöhnlich in dem Augenblick, wo es am nötigsten ist.

Sie sollten darauf achten, daß Ihre Zusammenarbeit keine langweilige Angelegenheit wird. Wenn Sie dem Stier die Geschäftsleitung übertragen, werden Sie bald merken, daß alles immer mehr in ausgetretenen Pfaden verläuft. Sie mögen zwar eine Sache laufen haben, die Geld abwirft, doch die Langeweile wird die Risikofreudigeren unter Ihnen die Wände hochgehen lassen; denn der Kompagnon liebt keine Experimente, hat eine Abneigung dagegen, eine Chance, die auch nur ein gewisses Risiko birgt, zu ergreifen. Er spielt das Spiel genau nach dem Lehrbuch – ein Auge stets darauf gerichtet, die eigene Sicherheit nicht zu gefährden.

Sie werden das Gehirn dieses Unternehmens sein müssen, das mühsame Organisieren und die Durchführung können Sie Ihrem zuverlässigen und unermüdlichen Teilhaber überlassen. Falls Sie sich auch persönlich mit ihm verstehen und zu einigen Zugeständnissen bereit sind, werden Sie mit dem Stier ein nicht zu erschütterndes Team bilden.

Der Stier ist intelligent, doch dabei kein Intellektueller, sehr konservativ und realistisch. Sie werden merken, daß Sie mit ihm Ihre Probleme vernünftig diskutieren können, daß sein gesunder Menschenverstand und seine praktische Art, die Dinge anzugehen, Ihre zuweilen hochfliegenden Pläne rasch wieder auf den Boden der Tatsachen zurückholen. Handelt es sich darum, größere Ausgaben oder ein etwas gewagteres Unternehmen bei ihm durchzusetzen, müssen Sie ihn mit Samthandschuhen anfassen und – auf einige bohrende Fragen gefaßt sein. Ein Stier haßt jede Veränderung, noch mehr aber eine Gefährdung seiner Finanzen. Er zählt nicht, wieviel Zeit und Mühe er investiert; doch wenn er seine Rücklagen angreifen oder seine schwer erarbeiteten Güter verpfänden soll, stellt der Stier sich auf seine starken Hinterfüße. (Sie wissen ja selbst aus dem letzten Spanienurlaub, wie so etwas aussieht!) Es braucht schon eine ganz gesunde Sache und viel Überredungskunst, um mit seiner Mitarbeit rechnen zu können.

Die Sturheit dieser Menschen kann geradezu unglaublich sein. Sie brauchen manchmal recht lange, bis sie etwas begreifen. Bisweilen glauben Sie trotz des Verständnisses, das sie zeigen, gegen eine Wand zu reden. Doch wenn sie einmal angebissen haben und ein Vorschlag ihnen gefällt, dann setzen sie sich voll und ganz ein. Sie haben das Ziel immer vor ihrem geistigen Auge und arbeiten darauf zu mit staunenswerter Hingabe und einer unbeirrbaren Zielstrebigkeit. Haben sie sich für einen Weg entschlossen, kann sie nichts mehr davon abbringen, jede noch folgende Erwägung wird unter dem Blickwinkel des zu erreichenden Ziels gemacht. Mit ihrer außergewöhnlichen Sturheit ist es ähnlich: Haben sie einmal erkannt, daß sie eine Ihrer Ideen nicht mögen, dann steht dieser Entschluß für immer und ewig, daran ist nicht mehr zu rütteln. Sie müssen also einen Weg finden, um mit diesem besonderen Charakterzug der Stiere, der ihnen des öfteren den Blick auf ihr eigenes Wohl versperrt, fertigzuwerden. Sonst könnten in Ihrer Partnerschaft dunkle Gewitterwolken aufziehen.

Ihr Geschäftsfreund hält sich recht starr an einmal erlernte Methoden und legt keinen Wert darauf, sich neue anzueignen; geistige Anstrengungen scheinen ihn zu ermüden, vielleicht langweilen sie ihn auch nur. Er möchte geistig und körperlich in Ruhe gelassen werden, es bequem haben. Dadurch, daß sie ihre ganze Routine einsetzen und methodisch und ihren Gewohnheiten entsprechend die Dinge angehen, erreichen Stiere tiefe Zufriedenheit und innere Beruhigung. Bei ihnen besteht immer die Gefahr, daß sie mit offenen Augen einschlafen, sich in ihre Bequemlichkeit und den geregelten Tagesablauf wie in einen Kokon einspinnen und sich so immer dann, wenn sie es für richtig halten, vor dem Zwang zu schöpferischer Tätigkeit zurückziehen können. Es ist notwendig, daß Sie Ihren Partner ab und zu wachrütteln. Wie Sie das tun, ohne Ihre geschäftliche Verbindung zu untergraben, hängt stark von Ihrer persönlichen Beziehung zueinander ab. Es gibt aber eine Möglichkeit, den Stier anzusprechen, ihn aus seiner Lethargie zu wecken und seine Aufmerksamkeit zu erregen, nämlich durch seine Gefühle. Seine Sensibilität ist viel weiter entwickelt als seine geistigen Wahrnehmungsfähigkeiten. Er erfühlt laufend seine Umwelt, ohne daß dies je richtig in sein Bewußtsein eindringt. Es ist so eine Art innerer Selbstgenügsamkeit. Ist man nicht so tief in seine Gefühlswelt eingedrungen, daß er sich mit den Ereignissen gefühlsmäßig identifizieren kann, dann verhält sich der Stier distanziert, bleibt unberührt von der Sache und glaubt sich zu nichts verpflichtet. Deshalb hält man ihn oft auch für geistig träge, deshalb lernen Stier-Kinder recht langsam in einem mit intellektuellem Ballast überfrachteten Schulsystem. Ihr Partner bildet hier keine Ausnahme.

Stiere haben eine gefühlsmäßige Bindung zu allem, was ihnen gehört, und darunter fallen auch ihre engsten Angehörigen. Jeden Plan, von dem sie fürchten, er könne ihre Lieben in Gefahr bringen, werden sie rundweg ablehnen. Kunst und Schönheit beeindrucken sie tief; für die Reize der Natur sind sie ebenfalls sehr empfänglich. Ein Tag auf dem Land gibt ihnen die Möglichkeit, ihr Gefühlsleben wieder in Ordnung zu bringen, besonders dann, wenn sie zu stark von der Hektik des Stadtlebens, das im Grunde nicht zu ihnen paßt, gefangen sind. Zuviel Bewegung um sie herum macht sie kopfscheu und trägt nur dazu bei, daß sie weitere Schutzwälle um sich aufbauen. Der Stier gehört zu den Erdzeichen, und das erklärt, warum diese Menschen dazu neigen, sich einzugraben und nach materiellen Reichtümern zu suchen.

Ihr Stier-Kompagnon ist ein ehrlicher und redlicher Mensch, der Sie nie um einen Pfennig anpumpen und sehr gewissenhaft die Konten führen und auf dem laufenden halten wird. Weil er aber ein schönes Leben liebt, können seine Ausgaben für Hobbys, Vergnügungen, Kleider und besonders für Essen und Trinken sehr hoch sein. Er lernt sehr oft einflußreiche Leute kennen und schließt mit ihnen Freundschaft, kann sich mit einer gewissen Selbstsicherheit frei in den »besseren Kreisen« bewegen.

Stier-Frauen und -Männer sind sanfte und ausgeglichene Menschen. Wie man sie nicht schnell für eine Sache begeistern kann, so muß man sich auch anstrengen, um sie in Rage zu bringen; denn sie gehören ganz sicher zu den Tierkreiszeichen, die am wenigsten Temperament besitzen. Sie strahlen Geduld und Selbstbeherrschung aus. Es gibt jedoch auch hier eine Grenze. Reizt man sie zu arg, dann können sie sich in eine solch blinde Wut steigern, daß für den, der das Ziel ihres Zorns ist, Gefahr für Leib und Leben droht.

Der negative Stier-Typ ist kein so schlechter Geschäftskollege wie einige andere charakterlich nicht voll entwickelte Zeichen. Wenigstens haben Sie an ihm jemanden, der jeden Pfennig für sich vereinnahmt und mit der Habgier eines alten Geizkragens hortet. Es wird aber so sein, daß Sie die Raffgier und rein materialistische Einstellung nicht ausstehen können. Unentwickelte Stier-Typen sind wahrscheinlich so bequem, schwerfällig, schwächlich und stur, sogar in kleinen Dingen, daß Sie sie lieber sich selbst und dem Zählen ihrer Moneten überlassen.

Ihr Geschäftspartner aus dem Zeichen Zwillinge

Auf den ersten Blick scheint ein Zwilling der ideale Partner für geschäftliche Zusammenarbeit zu sein. Seien Sie vorsichtig: Es ist nicht alles Gold, was glänzt.

Diese Menschen können sich fast jeder Situation anpassen. Sie sind in der glücklichen Lage, jedem Redner das Publikum zu sein, das er sich wünscht. Reden Sie mit einem Zwilling übers Geschäft, zeigt er großes Interesse und begrüßt sofort, was Sie sagen. Seine Antworten werden genau dem entsprechen, was Sie hören wollen. Sprechen Sie dann von einer beruflichen Zusammenarbeit, können Sie sich keinen verständnisvolleren Kompagnon wünschen; denn er scheint auch genauso wie Sie zu denken. Nun, lassen wir es erst einmal... In fünf Minuten kann die Sache ganz anders aussehen.

Dann hat der Zwilling nämlich seine Meinung geändert und vertritt einen gegenteiligen Standpunkt oder bekommt einen solchen Rappel, daß jeder sich verärgert abwendet.

Eine geschäftliche Verbindung mit diesem schwer zu fassenden Zeichen, das von Merkur regiert wird, kann gutgehen, doch ist es eine Frage des Wenn und Aber. Viel hängt dabei von Ihnen allein ab. Wenn Sie mit diesem schillernden und klugen Chamäleon zurechtkommen, können Sie nur dabei gewinnen. Die Betonung liegt auf »Wenn«!

Zwillinge sind schwer berechenbar und ändern sich sehr schnell. Ihnen bereitet es Schwierigkeiten, sich länger mit einer einzigen Sache zu beschäftigen. Befassen sie sich mit etwas, das sie anspricht, sind sie überaus geschickt und tüchtig, in vielen Fällen ganz einfach wie geschaffen für diese Aufgabe.

Ihr Zwilling-Teilhaber ist unübertroffen, wenn es darum geht, Kunden zu betreuen oder zu unterhalten: freundlich, zuvorkommend, gesprächig, mit einem feinen Sinn für Humor – er oder sie kann sich praktisch über jedes Thema unterhalten. Instinktiv wissen sie, worauf sie besonderen Wert legen müssen, um einen schwierigen Kunden zu überzeugen. Sie haben eine Art an sich, die Fremden das Gefühl vermittelt, sie wären schon lange gute Freunde, und die dazu beiträgt, daß sich diese Klienten wohlfühlen. Sogar sehr reservierte Leute streichen angesichts von soviel Charme, Witz und Freundlichkeit der aufgeschlossenen und liebenswerten Zwillinge bald die Segel.

Da der Zwilling ein Mensch des Geistes ist – intellektuell, logisch und vernünftig –, können Sie darauf zählen, daß er Ihnen laufend neue, brillante Ideen vorträgt. Alles, was Ihnen zu tun bleibt, ist, ihn auf ein Problem aufmerksam zu machen, und blitzschnell haben Sie eine Antwort – und wahrscheinlich auch schon eine gute Lösung. Jede Herausforderung, die seine Findigkeit und geistigen Fähigkeiten auf die Probe stellt, gefällt ihm am besten. Sind Sie ein Mensch, der sich nur mit den angenehmen Seiten eines Unternehmens befassen möchte, dann gibt es für Sie niemand Besseres für die Ausarbeitung und Vermarktung von Ideen als Herrn oder Frau Zwilling.

Er ist sehr scharfsinnig und urteilt kritisch. Wenn jemand einen anderen bei einem Geschäft übervorteilt, dann ist es der Zwilling, und nicht umgekehrt. Sie dagegen wird er nicht ausschmieren, denn er weiß genau, von wem er die Butter aufs Brot bekommt, und wenn er sich auf Sie verlassen kann, ist er Ihnen gegenüber ehrlich und arbeitsam. Es ist gut, wenn man einen Zwilling als Kompagnon hat; denn er wird eine Lüge oder faule Geschichte schon beim ersten »Äh...« als solche erkennen. Das Zeichen der Zwillinge symbolisiert geistige Aktivität, die mit Informationen pulsierenden Nervenenden, die nur darauf warten, zusammengeschaltet zu werden. Ihr Nervensystem ist so empfindlich, daß sich Körper und Geist in einem dauernden Unruhezustand befinden; diese Menschen leben durch ihre ungeheure Energie, die in rechte Bahnen geleitet werden muß, sonst drehen sie durch. Sie brauchen eine beruhigende, doch keinesfalls straffe Hand. Sie müssen Ihren Zwillings-Partner in dieser Beziehung wie ein rohes Ei behandeln. Weil er auf einen Appell an seine Vernunft und seine Logik sofort anspricht, wird er auch als erster Ihre Argumente verstehen, merken, worauf Sie hinauswollen und in allen Belangen mit Ihnen zusammenarbeiten, um Sie zufriedenzustellen. Versuchen Sie aber nicht, ihn zu gängeln. Er möchte kommen und gehen, wann er will. Sie erleben es selten, daß er von acht bis fünf neben Ihnen sitzt und über die Kontoführung nachdenkt oder langweilige Berichte schreibt. Solche Sachen erledigt er auch – doch gleichzeitig noch fünfzig andere Dinge am Tag. Im Umgang mit Zahlen und dem geschriebenen Wort ist er sehr gewandt. Nie übernimmt er einen Geschäftsbereich in seine alleinige Verantwortung und macht ihn zu seiner täglich wiederkehrenden Aufgabe. Er trägt auch seine Verantwortung, doch muß sie aus vielen kleinen Dingen bestehen.

Sie können Ihren Zwillings-Partner auch mitten in der Nacht anrufen und um seine Mitarbeit bei der Lösung eines Problems bitten. Dann kann es Ihnen passieren, daß er nicht zu Hause ist, weil er sich nach einem anstrengenden Tag im Geschäft zusammen mit Freunden erst einmal im Neonlicht der Stadt »entspannen« mußte. Er besitzt so viel Energie, und je mehr er arbeitet, desto weniger Ruhe scheint er zu brauchen. Er lädt seine Batterien gewissermaßen durch den dauernden Umgang mit Menschen auf.

Ist schwere körperliche Arbeit zu bewältigen, dann verlassen Sie sich besser nicht auf ihn. Er ist dafür geschaffen, schnell zu denken, nicht um zu schuften. Durch Schwerstarbeit wird seine Lebenskraft sehr bald erschöpft sein und er depressiv und verdrießlich reagieren. Er besitzt trotzdem viel Geschick in seinen Händen und kann, auch wenn er es niemals gelernt hat, auf der Schreibmaschine zu schreiben, in recht kurzer Zeit einen ordentlichen Brief heruntertippen.

Als Mittler und »ehrlicher Makler« stellt Ihr Teilhaber eine unersetzliche Hilfe dar. Er rauft sich mit dem Bankdirektor herum, staucht (vorzugsweise telefonisch) einen säumigen Zahler zusammen, setzt dabei seine ganze Gerissenheit ein und zwinkert Ihnen noch schelmisch zu, erfindet die plausibelsten Erklärungen für den späteren Liefertermin und tut (mit größtem Erfolg) sein möglichstes, um jeden, vom besten Kunden bis zum Lehrling, zufriedenzustellen.

Zwillings-Frauen und -Männer sind keine Kämpfertypen. Sie gehen jedem Ärger aus dem Weg und neigen dazu, durch einen Kompromiß oder geschicktes Verhandeln einen Ausweg zu finden, ohne die Ursache der Verstimmung zu beseitigen. Obgleich sie recht fähige Vorgesetzte sind, beklagen sich ihre Untergebenen darüber, daß sie von ihnen wie Nummern und ohne Achtung behandelt werden. Zwillinge geraten manchmal aus der Fassung, wenn die Dinge nicht wie geplant laufen und sausen dann sinnlos und aufgescheucht im Büro herum.

Wenn Ihr Partner aus dem Zeichen Zwillinge nicht viel mit dem Geschäft im Sinne haben sollte, dann wird er Ihr Vorgehen auch nicht kritisieren oder Böses im Sinn haben. Sollten Sie sich gestritten haben, ist er nicht nachtragend, wird nicht herumnörgeln oder Sie niederschreien. Er glaubt leidenschaftlich an das Recht der freien Meinungsäußerung – falls sich also die Gelegenheit ergeben sollte, ihm einige Wahrheiten zu stecken, wird er Ihnen dieses Recht nicht absprechen.

Wenn Sie einen Zwilling als Teilhaber in Ihr Geschäft aufnehmen, dann tun Sie ihm damit einen Gefallen, da er die Stütze braucht, die ihm ein verständnisvoller und sachlicher Freund geben kann. Seine vielseitigen und großen Talente und Fähigkeiten werden Sie dafür entschädigen.

Sein schöpferischer Verstand macht es dem Zwilling bisweilen schwer, bei einer einmal getroffenen Entscheidung zu bleiben. Sobald er sich zu etwas entschlossen hat, erkennt er auch schon andere Möglichkeiten. Er lebt in seiner Gedankenwelt und überholt sich immer wieder selbst. Mit seinem Intellekt, der blitzschnell und pausenlos arbeitet, revidiert und analysiert er laufend seine eigenen Gedanken. Er beteiligt sich an einem Unternehmen eher des geistigen Anreizes als des Profits wegen.

Den negativen Zwilling kann man als Partner vergessen, da er selten bei der Sache und ein Blender ist, der lieber für den Augenblick und mit dem Geld, was er so bekommt, lebt, als mit dem, was er sich tatsächlich erarbeiten könnte. Er kennt sich von einer Minute zur anderen selbst nicht mehr, ist unzuverlässig, oft herzlos und ohne Ausdauer.

Ihr Geschäftspartner aus dem Zeichen Krebs

Eine entwickelte Krebs-Persönlichkeit besitzt Sinn fürs Geschäftliche, kennt sich in der Finanzwelt aus, hat ein ausgezeichnetes Gespür für den richtigen Zeitpunkt und scheint in der Geschäftswelt das Ventil zu finden, um seinen bohrenden Ehrgeiz sinnvoll abzureagieren. Doch ist der Krebs nicht der ideale Partner, mit dem man auf geschäftlicher Ebene zusammenarbeiten kann.

Frauen und Männer aus diesem Zeichen sind recht launisch, und Sie werden oft das Gefühl haben, von einem Tag auf den anderen nicht mehr zu wissen, wo Sie mit Ihrem Partner stehen. Krebse können aufgeschlossen und freundlich, im nächsten Moment aber schon wieder introvertiert* und mürrisch sein und damit das Arbeitsklima stören. Haben sie privat Ärger, sei es Liebeskummer oder eine familiäre Angelegenheit, so können sie ihre Mutlosigkeit nicht so schnell abschütteln. Wie das Tier, das zum Symbol ihres Zeichens wurde, sind sie unter ihrem harten Panzer sehr weich, was man vom äußeren Anschein her nicht vermuten würde. Sie sind sehr schnell in ihrem Stolz verletzt und ziehen sich gekränkt in ihren Panzer zurück.

Ihr Krebs-Kompagnon wird Ihnen bald seinen klugen Geschäftssinn beweisen. Er wird bei bestimmten Gelegenheiten nicht viel sagen, doch wären Sie gut beraten, sich von ihm leiten zu lassen, wenn er einen bestimmten Kurs vorschlägt. Krebse machen grundsätzlich keine Vorschläge und Veränderungen, die sie nicht gründlich durchdacht oder »durchfühlt« haben; sie sind Menschen, die intuitiv handeln und sich mehr auf ihre inneren Gefühle als ihren Verstand verlassen. Oft »wissen« sie Dinge, und wenn man ihnen dann logische Fragen stellt, scheinen ihre Begründungen recht wirr und unvernünftig zu sein.

---

* = nach innen gekehrt

Sie werden eine große Ausdauer an ihrem Partner entdecken; er erwartet nicht, seine Ziele mit der gleichen Geschwindigkeit zu erreichen, wie andere es tun, sondern mit einer Hartnäckigkeit, die es ihm erlaubt, auch dann noch daran festzuhalten, wenn alles um ihn herum in die Brüche zu gehen scheint. Der Krebs-Geschäftsmann beherrscht die Ermüdungstaktik meisterlich: Er denkt sich einen ausgeklügelten Plan aus und zermürbt die Gegenpartei damit, manchmal sogar, ohne daß sie es merkt, daß er sich mit ihr im Kriegszustand befindet. Er arbeitet im stillen, schluckt Unternehmen, indem er den richtigen Zeitpunkt abpaßt, so lange, ohne Aufsehen zu erregen, Aktien kauft, bis er plötzlich alles kontrolliert. Rückschläge und Kritik schrecken ihn nicht. Selbst wenn alle seine Unternehmen zerschlagen werden, macht er weiter, baut wieder auf, als wäre nichts geschehen.

Es liegt in der Natur Ihres Krebs-Partners, so lange wie möglich im Hintergrund zu bleiben. Er liebt es nicht, offen an irgendwelchen Transaktionen beteiligt zu sein oder viel Aufhebens von einer Sache zu machen. Damit Sie beide gut miteinander auskommen, müssen Sie sich an seine eher altmodischen Methoden gewöhnen, denn er wird sich nicht ändern. Sie werden sich sagen: Wenn er Erfolge aufweisen kann, warum sollte er auch? Eine richtige Einstellung. Er hat recht starre Ansichten und zeigt viel Respekt vor dem einmal Erprobten. Nach seiner Meinung sind die »guten, alten Zeiten« den heutigen vorzuziehen. Gehören Sie zu den jungen Spritzern mit lauter neumodischen Ideen im Kopf, dann erwarten Sie nicht, daß der Krebs Ihre Begeisterung teilt. Ihm gehen nämlich schon moderne Möbel gegen den Strich. Sollten Sie gar Ihr Büro im Diskothekenstil ausstatten, wird er sich ein eigenes einrichten. Sein Arbeitsraum wird wohltuend an eine vergangene Zeit erinnern, bequem und anheimelnd und reich mit Antiquitäten, Souvenirs und ähnlichem geschmückt sein.

Trotz ihrer angeborenen Reserviertheit sind Krebs-Menschen sehr ehrgeizig – brauchen sie doch den Erfolg und das Gefühl, daß man zu ihnen aufschaut. Ein Krebs wird so lange mit Ihnen geschäftlich zusammenarbeiten, wie er durch Sie dahin kommen kann, wohin er will. Werden Sie als Geschäftspartner uninteressant, dann beurteilt er Sie nach Ihrer Persönlichkeit, und Sie werden sehr bald an seinen Launen oder Reaktionen merken, ob er Sie mag oder nicht.

Beim Krebs besteht immer die Gefahr, daß er zu schnell mit seinem Los zufrieden ist. Sein Motto lautet: Wenn alles gutgeht, warum sollte man etwas Neues probieren? Die Lage könnte sich aber so ändern, daß ohne neue Ideen Ihr gemeinsames Geschäft in die Binsen geht. Es liegt auch in Ihrem Interesse, daß Sie die Initiative ergreifen und sicherstellen, daß das Geschäft läuft. Der Krebs braucht ab und zu einen aufmunternden Tritt in den verlängerten Rücken – vorausgesetzt, Sie schaffen es, daß er sich lange genug von seinem bequemen Sitz erhebt, um diesen Tritt überhaupt anbringen zu können.

Einige weitere Wesenszüge sollen nicht unerwähnt bleiben: Der Krebs ist bisweilen recht unentschlossen. Er gehört bestimmt nicht zu der Sorte von Geschäftsleuten, die man zu einem Kundentreffen mitnimmt und von ihnen dort zündende Ideen erwarten kann; denn er ist viel zu schwerfällig und scheint oft nicht zu verstehen, worum es eigentlich geht, wenn er unter Beschuß gerät. Tatsächlich aber erfühlt er wieder einmal seinen Weg durch das Labyrinth der Probleme, nimmt alle Meinungen in sich auf und bereitet sich darauf vor, die Probleme in der behaglichen Isolation seines Büros oder seines Heims zu verdauen. Morgen oder übermorgen wird er Ihnen eine Antwort geben (und wahrscheinlich ist es sogar eine gute), doch jetzt im Augenblick würde er lieber davonrennen. Er haßt es, wenn man ihn unter Druck setzt, wenn er zu stark im Rampenlicht und im Kreuzfeuer der Meinungen steht. Vergessen Sie nicht, daß er ein Mensch ist, der seine Welt erfühlt, und Erfühltes kommt langsamer an die Oberfläche als Geistesblitze oder beschwichtigende Phrasen. Wenn er einen Vorschlag bringt, dann verfährt er dabei nicht oberflächlich. Dumm an der Sache ist nur, daß zu der Zeit, wo er endlich mit seiner Idee herausrückt, der Kunde sich häufig schon an eine andere Adresse gewandt hat.

Manche Leute haben den Krebs nicht gern um sich, weil sie den Muff der Vergangenheit, die ihm so am Herzen liegt, nicht ertragen können. Er stopft nämlich seinen Arbeitsbereich mit Nippsachen und allem möglichen Krimskrams voll, scheint nie etwas wegzuwerfen. Er ist eben recht romantisch, idealistisch, sentimental und leicht verletzlich. Er hat von sich eine viel zu hohe Meinung und möchte Sie immer glauben machen, daß seine Lebensaufgabe einen viel tieferen Sinn hat als das prosaische Streben nach geschäftlichem Erfolg. Wenn Sie Ihren Partner beleidigen, zieht er sich verdrossen in seinen Panzer zurück. Bekommt er nicht die Aufmerksamkeit, die ihm seiner Meinung nach zusteht, wird er ungeduldig, empfindlich und reizbar.

Der Krebs ist vorsichtig und sparsam. Er wird das gemeinsam erarbeitete Geld nicht unnütz ausgeben, es sei denn, er kann dafür eine ganze Bibliothek mit alten Büchern oder ein paar geschmackvolle Antiquitäten erstehen. Sie kommen viel besser mit ihm aus, wenn Sie seine Ansichten über die wesentlichen Aspekte des Lebens teilen und ihm von Zeit zu Zeit etwas Lob und Zustimmung angedeihen lassen. Wenn er glaubt, daß Sie ihn schätzen, wird er sich noch mehr anstrengen. Zwar fordert er immer, man möchte ihn doch allein lassen; doch, auf sich gestellt, würde er scheitern. Entwickeln Sie Fingerspitzengefühl und halten Sie ihn auf Kurs, ohne daß er zuviel davon merkt.

Ein Krebs ist ein guter Gastgeber, besonders bei sich daheim. Dann wird er ein Mahl auftischen, das sogar den anspruchsvollsten Kunden zufriedenstellt. Krebs-Menschen haben ein ausgezeichnetes Gedächtnis und können spannend erzählen; beides macht sie zu diesen ruhigen, aber freundlichen Gastgebern. Sie sind immer recht gut informiert. Sie laden Kunden lieber zu sich nach Hause als in ein Restaurant ein.

Sie neigen dazu, dort Angriffe auf ihre Person zu vermuten, wo keine sind und auch nie welche beabsichtigt waren. Sie haben eben nur ein dünnes Fell: Hat man sie einmal geärgert, dann vergessen sie es für alle Ewigkeit nicht. Sie werden nicht bösartig und stecken nicht voller Rachegelüste, doch lassen sie den Übeltäter nie mehr nahe an sich herankommen.

Der negative Krebs-Typ mag als stiller Teilhaber ganz in Ordnung sein, doch wenn er aktiv an der Geschäftsleitung beteiligt ist, machen ihn seine Launenhaftigkeit und Unentschlossenheit, seine andauernden Quengeleien und wenig fortschrittlichen Ansichten zu einem ungenießbaren Zeitgenossen, ohne den Sie viel besser auskommen.

Ihr Geschäftspartner aus dem Zeichen Löwe

Sie sollten sich gleich von Beginn an darauf einstellen: Der Löwe möchte keinesfalls die zweite Geige spielen. Er wird mit Ihnen zusammenarbeiten, alles für das gemeinsame Ziel einsetzen, doch beim ersten Anzeichen einer Eigenmächtigkeit Ihrerseits gibt es Krach. Er ist ein guter Geschäftspartner, doch wenn einer den Laden allein übernimmt, dann ist er es; was wiederum genau seiner Grundeinstellung entspricht.

Mit dem Löwen haben Sie den ausgeglichensten Vertreter aller Tierkreiszeichen erwischt. Löwen sind großmütig, willensstark und zuverlässig, besitzen eine ungeheure Energie bei der Arbeit. Wenn sie sich richtig in ein Projekt verbissen haben, dann besteht tatsächlich die Gefahr, daß sie sich zu Tode arbeiten. Es scheint so, als ob sie die Grenzen ihrer körperlichen und geistigen Leistungsfähigkeit nicht erkennen können (oder daß sie sich weigern, sie zu erkennen). Aber wenn Sie es lernen, richtig mit dem Löwen umzugehen, dann können Sie Ihrem Partner auftragen, was Sie wollen, und er wird mehr leisten, als Sie zu hoffen wagten.

Der erste Schritt auf dem Weg zu einer erfolgreichen Partnerschaft ist, dem Löwen von Anfang an ein Mitspracherecht einzuräumen. Sie werden diese Entscheidung nicht bedauern, denn während Sie sich mit Ihrem Aufgabengebiet beschäftigen, können Sie sicher sein, daß er seines gewissenhaft und fachmännisch erledigt. Doch achten Sie darauf, daß er in seinem Revier bleibt. Nach Löwenmanier könnte er nämlich versucht sein, in das Ihre überzuwechseln und anfangen, über Ihr Territorium zu herrschen. Einem Löwen kann man vertrauen; denn er greift immer von vorne und nicht hinterrücks an. In der Regel ist er viel zu stolz und sich seiner Würde viel zu bewußt, als daß er sich herabläßt und zu unehrlichen und gemeinen Mitteln greift. Glaubt er aber, daß er im Recht ist und nach seinen ziemlich idealistischen Prinzipien handeln muß, dann gibt er nicht mehr nach, komme, was wolle, und ohne Rücksicht auf das, was andere von ihm denken.

Ihm fällt es leicht, Kontakte zu knüpfen und Sie sollten diese seine Fähigkeit ausnützen. Er hat eine Persönlichkeit, die Eindruck hinterläßt, seine Grundeinstellung ist optimistisch und positiv, man respektiert ihn allseits. Im Grunde ist er jedoch ein recht eigenwilliger Mensch, mit dem auszukommen nicht ganz leichtfällt. Setzt er aber sein Sonntagsgesicht auf – quasi die Maske, die sein öffentliches Image darstellen soll –, so ist er ein liebenswerter und beliebter Zeitgenosse. Ihnen gegenüber als seinem Geschäftspartner legt er sich die aufreizende »Hab-ich-ja-schon-immer-gesagt«-Maske zu. Löwen halten sich für Orakel; trifft etwas tatsächlich so ein, wie sie es sich dachten, so werden sie Sie in jedem Einzelfall erneut darauf aufmerksam machen. Sie sind in mancher Hinsicht richtige

Alleswisser, die gern recht haben und wollen, daß jedermann sich dieser Tatsache bewußt wird. Was Sie kommentarlos übergehen würden, blasen sie zu einer großen Sache auf. Dies ist die eine, die kleingeistige Seite ihres Wesens.

Der Löwe ist von Grund auf ein Schauspieler, der die übertriebene Geste, die ausschmückende Floskel über alles liebt. Nichts erfreut ihn mehr als der Schrei der Bewunderung aus einem Publikum. Alles, was Sie tun müssen, damit der Löwe zufrieden schnurrt und Ihnen aus der Hand frißt, ist, ihm zu zeigen, wie sehr Sie seine Anstrengungen schätzen, und ihm wieder und wieder Komplimente aussprechen. Auf Schmeicheleien fällt er sofort herein. Das sollte für Sie aber kein Grund sein, unaufrichtig bei der Anerkennung seiner Gewissenhaftigkeit und Bereitwilligkeit zu sein.

Für knifflige und Routine-Arbeiten ist der Löwe wenig geeignet. Er ist ein geborener Führer und braucht das Gefühl, daß er die Fäden in der Hand hält. Bei kreativer Arbeit, die ihm einen großen Spielraum einräumt, ist er glücklich und produktiv. Löwen sind Menschen mit soliden Vorstellungen und fühlen sich recht häufig zur Schriftstellerei oder zur Unterhaltungsbranche hingezogen. Ihr Sinn fürs Dramatische ist hochentwickelt; erlaubt man ihnen zu große Freiheiten, können Löwen zu peinlichen Angebern und widerlichen Prahlhänsen werden.

Beim Umgang mit Kunden versteht der Löwe es, schnell deren Zutrauen und Vertrauen zu gewinnen. Obwohl sein Auftreten recht forsch und herrisch wirkt, stellt man seine Aufrichtigkeit selten in Frage. Er geht kaum ein Risiko ein, wenn er nicht mit ganzem Herzen dabei ist; denn für ihn ist es wesentlich, fest an das glauben zu können, was er unternimmt. Er verkauft keine falschen Ideen und Waren. Zuweilen identifiziert er sich so weit mit dem, was er tut, daß Kritik an seiner Tätigkeit für ihn Kritik an seiner Person bedeutet. Überhaupt vertragen Löwen Kritik nur sehr schlecht; sie können es fast nicht begreifen, daß man es tatsächlich wagt! Sie sind so selbstsicher, daß sie eine Beschwerde über ihre Person sofort als Mißverständnis seitens der anklagenden Partei abschmettern.

Ihr Kompagnon wird Sie bisweilen ganz schön aufregen und reizen. Er kann ohne Vorwarnung auftauchen und das sagen, was er gerade denkt, und nach ein paar Minuten tut er so, als wäre überhaupt nichts gewesen. Sollten Sie an seinem Verhalten Anstoß nehmen, wird er wahrscheinlich verletzt reagieren, obgleich keine große Gefahr besteht, daß er Ihnen das nachträgt. Löwen halten Rache und boshaften Groll für unter ihrer Würde, doch können sie recht deutlich auf Distanz gehen, und diese Distanz läßt sich nur schwer wieder verringern. Löwen sind erstklassige Organisatoren und lieben es, hin und wieder etwas zu wagen, obgleich sie sich in der Regel darüber im klaren sind, was auf sie zukommt, bevor sie Geld oder gar ihren Ruf aufs Spiel setzen. Sie können gut mit Geld umgehen, geben es aber gelegentlich mit beiden Händen aus, besonders für ihre Hobbys und Vergnügungen. Doch gewöhnlich haben sie für Notfälle etwas auf der hohen Kante oder wissen genau, wie lange ihre Finanzen reichen. Es ist nicht der Stil dieser Leute, sich um ein paar Groschen Gedanken zu machen; sie denken und sprechen in großen, runden Zahlen. Ihr Löwe-Teilhaber wird das Geschäft so bald als möglich erweitern wollen, nicht so sehr des Profits, sondern der Gelegenheit zum Ausbau seines Aufgaben- und Verantwortungsbereichs wegen. Er wird einiges an Ungeduld entwickeln, die sich, halten Sie sie nicht in bestimmten Grenzen, zu Rücksichtslosigkeit auswachsen kann. Seine Großzügigkeit, seine Freude an der Zurschaustellung und die Neigung, nach außen hin zu glänzen, bringen ihn manchmal dazu, für unnötige Dinge viel Geld in einer Zeit auszugeben, in der eine gewisse finanzielle Zurückhaltung geboten wäre.

Für zähe Verhandlungen sind Löwen nicht so gut geeignet; denn sie sind, ob Männer oder Frauen, auf diesem Gebiet nicht so beschlagen, wie sie sich selbst einbilden – in Wahrheit sind sie sehr leicht zu durchschauen. Ihr Verhandlungsgeschick hängt sehr von ihren eigenen Interessen ab; nur wenn ihre Vorstellungskraft sehr stark angesprochen ist, machen sie bis zum erfolgreichen Ende weiter. Gegenüber halben Sachen und unverbindlichen Absprachen verhalten sie sich gleichgültig; sie nötigen ihnen nur ein gelangweiltes Gähnen ab.

Sie werden bemerken, daß der Löwe eine Situation mit wenigen verbalen Pinselstrichen umreißen und darstellen kann. Er kann auf Details verzichten, die zwar wichtig sind, den Blick auf das Wesentliche aber verstellen und vielleicht sogar die Schönheit eines Arrangements nicht zur Wirkung kommen lassen. Er kann nicht nur ein informatives, sondern auch noch schönes Bild einer Sache zeichnen. Sein Hang zum Mystischen, der von der Herrschaft der Sonne in diesem Zeichen stammt, läßt den Löwen jedoch oft den Wald vor lauter Bäumen nicht sehen.

Führt sich Ihr Partner zu schulmeisterlich und

herrisch auf, dann müssen Sie dies eben mit ihm ausdiskutieren. Im allgemeinen kann man mit einem entwickelten Löwe-Typ ganz vernünftig reden, er oder sie wird sich Ihren Argumenten nicht verschließen und ein falsches Verhalten einsehen. Versuchen Sie aber nicht, einem Löwen die Leviten lesen zu wollen; behandeln Sie ihn vorsichtig. Wenn er Ihren Beobachtungen nicht zustimmt, dann können Sie jede Wette darauf eingehen, daß er sie mit seinen eigenen Erfahrungen verglichen hat. Sollte sein Stolz ihn davon abhalten, die Richtigkeit Ihrer Meinung einzugestehen, so wird er seine Haltung schnell ändern, wenn er Ihren Standpunkt erst einmal eingesehen hat.

Unter widrigen Umständen neigt der Löwe zur Resignation, führt die endlose Schlacht aber weiter. Hier kann ein verständnisvoller und mitfühlender Partner mit ein paar aufmunternden Worten seinen Mut wieder aufrüsten. Ansonsten würde er, alleingelassen, seine letzte Energie in einen Kampf bis aufs Messer investieren.

Der unentwickelte Löwe-Typ ist ein viel zu großer Schreihals, zu vorlaut, rücksichtslos, dogmatisch und eingebildet, als daß es jemand länger mit ihm aushält.

Ihr Geschäftspartner aus dem Zeichen Jungfrau

Hier haben Sie einen zuverlässigen, ausgeglichenen Partner, der hart und mit großer Geduld arbeitet. Sie werden bei diesem Mann oder dieser Frau nie Gefahr laufen, daß er oder sie sich in den Vordergrund drängt oder die erste Geige spielen will. Jungfrauen sind eher schüchtern und treten eher einen Schritt zurück; ihnen ist es lieber, wenn Sie den Applaus der Öffentlichkeit entgegennehmen und sie sich dafür darauf konzentrieren können, die Bücher und den Geschäftsablauf noch besser in den Griff zu bekommen. Das bedeutet nun wiederum nicht, daß Jungfrauen nicht gesellig sind, ganz im Gegenteil: Sie sind gern mit Leuten zusammen, die sie kennen und freuen sich auf ein Zusammentreffen in gewohnter Umgebung. Sie sind sehr gesprächig; ein unbekanntes Gesicht oder eine ungewohnte Situation mißfällt ihnen jedoch. Ihnen gefällt dagegen, wenn sie in der Gegend herumfahren und alte Bekannte oder Kunden aufsuchen können. Sie besitzen Intelligenz und sind gute Gesellschafter.

Sie werden merken, daß Sie mit Ihrem Geschäftspartner aus dem Zeichen Jungfrau sehr gut zusammenarbeiten können, daß er brauchbare Vorschläge bringt und sich stark dafür einsetzt, die Abwicklung der Geschäfte praktischer zu gestalten. Er wird jedoch nie versuchen, eine Entscheidung herbeizuzwingen oder seinen Willen durchzuboxen, denn er will ja gar nicht führen. Er ist besser geeignet für die Rolle des zweiten Mannes, der Anordnungen ausführt, anderen zuarbeitet. Machen Sie sich keine Sorgen, daß Sie ihn vielleicht beleidigen könnten, wenn Sie eine niedere Arbeit haben und alle anderen so rein zufällig von der Bildfläche verschwunden sind: Sie könnten keinen bereitwilligeren und zuverlässigeren Menschen für die Erledigung des alltäglich anfallenden Kleinkrams und der Routinearbeiten finden, da er sich mit offensichtlicher, wenn auch nicht übertriebener Freude in jede Aufgabe vertieft. Er nimmt alles peinlich genau, erfüllt seinen Auftrag gewissenhaft und arbeitet den ganzen Tag, ohne über die Schulter zu gucken und nachzusehen, was oder ob Sie überhaupt etwas tun.

Jungfrauen sind fortschrittlich denkende Menschen, doch nur im praktischen Bereich; selten erreichen ihre Ideen großes geistiges Format. Haben Sie sich erst einmal zusammengefunden, werden Sie sich erstaunt fragen, wie Sie es bisher überhaupt ohne die praktischen Ideen Ihres Teilhabers geschafft haben. Er hat die Gabe, spezielle Methoden der Arbeitsbewältigung zu entwickeln: Sollten Sie in Ihrem Büro oder in der Produktion ein Problem haben, dann ist er derjenige, der es lösen kann. Er ist *der* Experte für jede Art von Arbeitsabläufen im Betrieb. Was andere als übertriebene und ermüdende Kleinarbeit und statistischen Blödsinn abtun, das nimmt er bereitwillig in sich auf und setzt die Fakten hernach mit erstaunlichem Urteilsvermögen zu einer akzeptablen und zweckmäßigen Ordnung zusammen. Er strebt bei sich und in seiner Umgebung höchste Effektivität an und scheut sich nicht davor, auf den Knien herumzurutschen und den Fußboden sauberzumachen, wenn es unbedingt gemacht werden muß. Jungfrauen sind bescheiden und stellen keine hohen Ansprüche, sind häufig fast demütig in ihrer Haltung und fühlen sich nicht in ihrem Stolz verletzt, wenn man sie mit Arbeiten betraut, die andere für unter ihrer Würde halten.

Das heißt aber auch wieder nicht, daß Sie Ihren Teilhaber schikanieren und rücksichtslos über ihn hinweggehen können. Sie würden dies wahrscheinlich einem so zuvorkommenden und mit keinem Dünkel behafteten Menschen sowieso nicht antun wollen. Sollten Sie es aber versuchen, werden Sie bald erkennen, wie empfindlich er auf einen Angriff auf sein Ehrgefühl reagiert, das er zweifellos besitzt, auch wenn es Ihnen nicht sehr ausgeprägt erscheinen mag.

Der größte Fehler Ihres Kompagnons besteht darin, daß er äußerst kritisch ist, und das zuweilen völlig unnötigerweise. Sein streng urteilender Verstand beobachtet laufend um sich herum Dinge, die nicht in Ordnung sind. Wenn Ihr Verhalten nicht seinen Erwartungen entspricht, dann wird er es Ihnen mit erstaunlicher Offenheit und in aller Deutlichkeit sagen. Dies ist jedoch kein bösartiger oder destruktiver Wesenszug eines Jungfrau-Menschen, sondern nur der Versuch, hilfreich zu sein, Ihnen (oder jemand anderem in seiner Umgebung) zu erlauben, selbst darauf zu kommen, was richtiggestellt werden muß. Trotzdem ist es eine ärgerliche Angewohnheit von ihm. Die spitzen Bemerkungen, die er manchmal abschießt – besonders dann, wenn Sie sich mit wichtigen Kunden unterhalten –, können Sie an den Rand eines Schlaganfalls bringen. Trotzdem fällt die Kritik, die ein Jungfrau-Mensch äußert, nie so leicht oder tief verletzend wie die anderer, egoistischerer Typen aus.

Ihr Jungfrau-Partner wirtschaftet recht sparsam und ist ganz gut dazu geeignet, die finanzielle Abwicklung der Geschäfte und die Kontenführung zu übernehmen. Sie werden ihn (oder sie natürlich) aber daran hindern müssen, zu starken Nachdruck auf die Wirtschaftlichkeit Ihrer Unternehmungen zu legen und dadurch alle ehrgeizigen Projekte abzuwürgen. Er ist ein harter Verhandlungspartner und genau der Mann, der sich in finanziellen Angelegenheiten durchsetzen kann. Ihm macht es Spaß, bei solchen Unterhandlungen einen neunmalklugen oder leichtsinnigen Zeitgenossen übers Ohr zu hauen. Da er wenig Mitleid mit anderen hat und leidenschaftslos handelt, kann er bei diesen Gelegenheiten seine große Beherrschung und Gelassenheit ausspielen und bis zum für ihn erfolgreichen Ende ausharren. Doch im normalen Geschäftsablauf hindert ihn sein geringes Verständnis für die irrationalen Handlungsweisen, zu denen seine Mitmenschen fähig sind. Er geht eine Sache immer nur vernunftsmäßig an und bemerkt deshalb die feinen und sehr wichtigen Zwischentöne in einer Antwort nicht, die das heute übliche Geschäftsgebaren von einem Kuhhandel unterscheiden.

Jungfrauen sind, oder scheinen wenigstens so, ziemlich zugeknöpft und engstirnig. Sie *wissen* ganz genau, was richtig und was falsch ist, sie fühlen es nicht. Ihr Moralverständnis wurde ihnen in ihren jungen Jahren eingetrichtert und ist für sie ein Bezugssystem, das ganz selten einer Überprüfung und Veränderung unterworfen wird. In Wirklichkeit befassen sie sich weniger mit Moral als mit den richtigen Anstandsformen. Weil sie keine tiefen Gefühle entwickeln können und es ihnen häufig an Begeisterungsfähigkeit fehlt, lernen sie selten die leidenschaftliche, gefühlsbetonte Seite des Lebens kennen.

Sie sind Perfektionisten, deren Streben nach dem unerreichbaren Ideal sich in jedem ihrer Wesenszüge offenbart. Dies ist auch der Grund, wieso sie bereit sind, in jedem Job zu arbeiten: Irgendeiner muß es ja machen, damit das Leben weitergeht. Den Jungfrau-Menschen wird dieses Motiv natürlich nicht bewußt. Einige weniger realistisch und praktisch veranlagte Vertreter aus anderen Tierkreiszeichen sind der Meinung, die Jungfrauen sollten Perfektion mehr in sich selbst suchen. Doch, Gott sei Dank, geben sich die in diesem Erdzeichen geborenen Menschen so, wie sie sind. Sie wollen, daß alles an seinem Ort funktioniert und sind bereit, nicht nur darüber zu reden, sondern auch anzupacken.

Ihr Partner kann im Büro ganz schön Unruhe stiften, indem er Sachen, die man absichtlich von ihrem Platz entfernt hat, wieder dorthin zurückbringt, zum x-ten Mal seinen Schreibtisch saubermacht, das Telefonbuch schon wieder ordentlich zurückstellt, bevor Sie überhaupt einen Blick hineinwerfen konnten. Er ist nie zufrieden, beklagt sich andauernd, lebt durch eine nervöse Energie, die es erfordert, daß er sich laufend um etwas kümmert.

Trotz seiner vielen kleinen Fehler werden Sie persönlich mit Ihrem Geschäftspartner aus dem Zeichen der Jungfrau sehr gut zurechtkommen. Er gibt nicht vor, etwas zu sein, was er nicht ist, und erhofft vom Leben keine großen materiellen Segnungen. Er ist bisweilen so entgegenkommend, daß es einem schon wieder peinlich wird, und stets bereit, eine neue Idee auszuprobieren. Was können Sie eigentlich noch mehr erwarten? Sind Sie selbst ein Schütze, ein Fisch oder Zwilling, dann ist er für Sie viel zu pedantisch, eine gesichtslose, langweilige »graue Maus«.

Der negative Jungfrau-Typ wird selten überhaupt als Partner in ein Geschäft eintreten wollen und es vorziehen, als Angestellter weiterzuarbeiten, entweder als einer unter vielen oder in einer niederen Stellung, wo er sich genau an seine Anweisungen halten und so nörglerisch und besserwisserisch sein kann, wie er will, weil er weiß, daß er dabei seinen Arbeitsplatz nicht gefährdet.

Ihr Geschäftspartner aus dem Zeichen Waage

Mit einem Waage-Menschen haben Sie den idealen Geschäftspartner. Waage ist das Tierkreiszeichen, das Partnerschaft symbolisiert, was man ja schon an der bildlichen Darstellung mit den beiden im Gleichgewicht befindlichen Waagschalen der Justitia erkennt. Sie können praktisch kaum fehlgehen, wenn Sie einen Waage-Mann oder eine Waage-Frau als Teilhaber aufnehmen, weil sein oder ihr ganzes Wesen auf Zusammenarbeit eingestellt ist. Waagen sind die ausgeglichensten, zurückhaltendsten und am rationalsten denkenden Menschen im ganzen Tierkreis.

Waagen möchten Erfolg haben, werden alles in ihrer Macht Stehende tun, um die gemeinsam abgesteckten Ziele zu erreichen. Sie genießen auch die angenehmen Seiten des Lebens, die der Erfolg so mit sich bringt, und sind sich voll der Macht des Geldes, die Dinge leichter zu machen, bewußt. Ihr Waage-Kompagnon wird in der Aufbauphase Ihres Unternehmens alle Opfer auf sich nehmen, doch wenn das Geld dann endlich hereinkommt, können Sie darauf warten, daß er seinen Anteil (vielleicht auch ein bißchen mehr) für sich ausgeben will. Waagen lieben Luxus und ziehen ein hübsches Eigenheim, ein elegant ausgestattetes Büro und eine aufwendige Garderobe einem dicken Bankkonto vor.

Die Geschäftsfinanzen liegen in der Regel in guten Händen, wenn Sie sich entschlossen haben, Ihrem Teilhaber diesen Bereich zu überlassen. Er kann gut mit Zahlen umgehen und zeigt sein sehr feines Urteilsvermögen, wenn man ihm die Aufstellung des Investitionsplans überläßt. Sollte sein Charakter jedoch nicht voll und typisch entwickelt sein, besteht die Möglichkeit, daß sein mathematisches Geschick und die Liebe zu dem, was man mit Geld alles kaufen kann, ihn dazu verleitet, die Bücher zu frisieren. Eines ist sicher: Jede Unterschlagung wird sehr sauber und geschickt ausgeführt sein.

Waage-Typen sind eher konservativ und bestimmt keine Weltverbesserer, entwickeln zwar selten selbst Unternehmungsgeist, unterstützen dafür ausgereifte und ungewöhnliche Pläne mit Tatkraft und weiser Vorausschau. In einem Geschäft, das irgendwie mit akademischen Berufen, den Künsten oder Verschönerung und Dekoration zu tun hat, sind sie eine große Hilfe. Die Dinge, die diese Leute herstellen oder vertreiben, müssen fein verarbeitet sein oder aus Materialien mit angenehmen Strukturen bestehen. Sie brauchen eine saubere, harmonische und, wenn möglich, schöne Umgebung, um ihre besten Leistungen vollbringen zu können. Das sieht im ersten Augenblick überzogen aus, doch unter schlechten Bedingungen verlieren sie schnell den Mut, fühlen sich unglücklich und werden reizbar. Es ist schon oft vorgekommen, daß Waage-Menschen, die unter miserablen und ihnen nicht zusagenden Bedingungen arbeiteten, physisch krank wurden. Sogar wenn sich Ihr Partner seiner Veranlagung nicht bewußt sein sollte, liegt es in Ihrem Geschäftsinteresse, daß er oder sie nicht in einer solch widrigen, von Ihnen oder von einem Kunden geschaffenen Umgebung arbeiten muß!

Einen Waage-Menschen hat man gern um sich. Er oder sie wird nie versuchen, sich Ihnen aufzudrängen oder Sie zu unterdrücken. Er wird Sie sicherlich beeinflussen, die Richtung einzuschlagen, die er für die richtige hält – er kann das wirklich glänzend –, wird Sie aber nie drängen und sich mit Ihnen darüber streiten. Er erreicht es durch sanfte Überredung. Seine Taktik sieht so aus: Er pflanzt gewissermaßen das Samenkorn einer Idee in Ihr Gehirn ein und nährt es insgeheim mit seinen Vorschlägen. Zu dem Zeitpunkt, wo Sie diese Idee dann in die Tat umsetzen, glauben Sie, sie stamme ursprünglich von Ihnen. Er lächelt darauf nur wissend in sich hinein, wird aber nie darüber sprechen.

Waage-Typen kann man schwer auf eine Sache festnageln. Sie sind sanftmütig, äußerst taktvoll und haben jede angenehme Eigenschaft, werden sich nie mit Ihnen über Ihren speziellen Aufgabenbereich streiten. Sie betrachten den Partner als Mittel, ihre eigenen Ziele zu verfolgen, haben aber im Grunde ein echtes Interesse daran, daß ihr Partner zufrieden ist, denn der gegenteilige Wunsch entspräche auch ganz und gar nicht ihrem Wesen. Sie wissen, daß ihre Bestimmung im partnerschaftlichen Verhalten liegt und dieses die ihnen zugewiesene Aufgabe darstellt. Und deshalb werden sie Sie nicht verlassen – es sei denn, sie finden einen besseren Partner.

Waage-Frauen und -Männer glauben leidenschaftlich an Freiheit und Gleichheit, fordern dieses Recht für sich und für andere. Wenn es um dieses Thema geht, könnte Ihr Kompagnon für Sie überraschend aggressiv reagieren und, falls notwendig, ohne fremde Hilfe zur offenen Auseinandersetzung bereit sein. Er setzt sich stark für die Unterdrückten ein und wird einen kleinen Angestellten, der seinem Gefühl nach von der Firma oder seinen Arbeitskollegen unfair behandelt wurde, mit Vehemenz verteidigen.

In der Regel wird er sein Bestmögliches tun, um jede Verstimmung und jeden Streit zu vermeiden. Er kann glänzend mit Kunden umgehen, ist die Diplomatie und Gastfreundlichkeit in Person, spricht und schreibt ausdrucksvoll und ist einer der angenehmsten Zeitgenossen, dem Sie je begegnen werden. Hinter seiner Gelassenheit steckt ein reger Geist von großer intellektueller und analytischer Kraft, der ihm die Gabe verleiht, ein Problem schnell zu erfassen. Da Waage-Menschen nicht emotional sind, erlauben sie ihren Gefühlen selten, ihr Urteil zu beeinflussen. Deshalb haben sie im Geschäftsleben den zusätzlichen Vorteil, eine Situation gelassen und leidenschaftslos sehen zu können. Sollten die Wellen der Erregung einmal recht hoch schlagen, dann werden Sie gerne ihrem hilfreichen und objektiven Rat folgen.

Ihr Geschäftspartner aus dem Zeichen Waage wird Sie nie in den Hintergrund drängen, sondern immer, auch wenn Sie gerade nicht anwesend sind, dafür sorgen, daß Ihnen die Anerkennung und der Respekt, den Sie sich redlich erworben haben, entgegengebracht werden. Weil er nicht mit jemandem geschäftlich verbunden sein will, der eine schlechte Meinung von Ihnen hat und auch Ihr Vertrauter bleiben will, wird er nie versuchen, Ihr Selbstbewußtsein oder Ihre Kompetenzen zu untergraben. Sein Ziel wird sein, Ihre Partnerschaft mit der Aura von Harmonie und Übereinstimmung zu umgeben. Falls er Fehler entdeckt – er wird es – und kann sie nicht ausmerzen, ignoriert er sie und macht weiter, als würden sie nicht existieren.

Eines der Probleme mit einem Waage-Menschen ist seine häufige Unentschlossenheit. Er fühlt sich dann am wohlsten, wenn er auf etwas reagieren kann und nicht selbst die Initiative ergreifen muß. Beim Bestreben, zu einem Entschluß zu kommen, sieht er so viele Alternativen, daß der richtige Moment zum Handeln schon vorüber ist, was für Sie als seinen Partner recht ärgerlich sein kann. Eine weitere Sache, die Sie im Auge behalten müssen, ist seine Neigung, sich einfach treiben zu lassen. Er verliert leicht die Richtung, weil er sich mit anderen Ereignissen um sich herum befaßt und muß dann mit sanfter Gewalt wieder auf den richtigen Kurs gebracht werden. Waage-Typen sind ziemlich wißbegierig; sie sind zufrieden in der Rolle der ewigen Beobachter, die still die sich verändernde Szenerie in sich aufnehmen und wenig darauf achten, wo sie eigentlich hingehen. Da auch die schwächeren Typen sehr gewandte Redner sind, gelingt es wahrscheinlich, das ihnen von Geburt an fehlende Lebensziel mit einem überzeugenden Wortschwall zu kaschieren, der nichts als begrüßenswerte Absichten, diplomatische Platitüden und fragwürdige »Fakten« enthält.

Bei Diskussionen halten sich Waagen gern heraus, hängen ihr Mäntelchen je nachdem, aus welcher Richtung der Wind der mehrheitlichen Meinung weht, können innerhalb weniger Minuten einander widersprechende Ansichten vertreten, als ob es darum ginge, stets die Harmonie wiederherzustellen und nicht um die Ausarbeitung einer gangbaren Lösung. Ihr einziger Trieb scheint nur zu sein, allen gleichzeitig gefallen zu wollen!

Ihre Abneigung, ein klares »Nein« auszusprechen, vermittelt häufig den Eindruck, sie ließen sich leicht leiten. Sie lassen sich vielleicht von schwierigen Angestellten beeinflussen, die die Vorliebe eines Waage-Menschen ausnützen, immer wieder an das Gewissen zu appellieren, statt Disziplinarmaßnahmen zu ergreifen. In einer Partnerschaft hat dieser liebenswerte und angenehme Charakterzug jedoch ganz offensichtliche Vorteile.

Der negative Waage-Typ ist wahrscheinlich immer noch ein besserer Kompagnon als viele andere Zeichen, obwohl er oder sie unentschlossen, wankelmütig, leichtsinnig und faul ist. Gelingt es Ihnen, diese Fehler etwas auszugleichen, kann viel aus dieser Verbindung werden.

Ihr Geschäftspartner aus dem Zeichen Skorpion

Vergessen Sie den Skorpion als Geschäftspartner. Nun... nicht ganz. Die Skorpione haben ganz bestimmt ungeheure Fähigkeiten, wie z.B. eine beinahe unbegrenzte Geduld, übermenschliche Ausdauer und den leidenschaftlichen Drang nach Wahrheit. Doch ihr bei der geringsten Kleinigkeit überschäumendes Temperament macht sie zu den ungeeignetsten Geschäftspartnern. Zum Glück trifft man den Skorpion-Charakter in Reinkultur nur sehr selten an; er wird normalerweise durch die Stellung der anderen Planeten im Horoskop verändert und abgeschwächt. Man kann mit ruhigem Gewissen behaupten, daß jede Veränderung des extremen Charakters eine Verbesserung darstellt. Vielleicht ist der Mensch, den Sie zu Ihrem Teilhaber machen wollen, einer dieser brauchbaren, abgeschwächten Typen. (Sie können das mit Hilfe der gelben Tafeln aus dem Band »Skorpion« der *Astro-Analysis*-Reihe feststellen.)

Das erste, was Ihnen an Skorpion-Frauen oder -Männern auffällt, ist ihre alles durchdringende Intelligenz. Mit sparsamen Worten und erstaunlicher Genauigkeit gehen sie den Dingen gleich auf den Grund. Es kann sogar sein, daß Sie mit einem Skorpion nicht einmal in eine Diskussion kommen, wenn er Sie für nicht helle genug hält, es sei denn, er hätte ein weitergehendes Ziel im Auge. In diesem Falle wird er sich mit scharfem Blick alle Ihre Schwächen im Geiste notieren, Ihnen Honig ums Maul schmieren und Sie zu seinem Vorteil ausnützen.

Nehmen wir aber einmal an, er hält eine partnerschaftliche Zusammenarbeit für erstrebenswert und Sie für einen akzeptablen Vertreter der menschlichen Rasse. Dann wird er sofort mit der Arbeit beginnen und wissen wollen, welche Vorbereitungen bis zu diesem Zeitpunkt schon getroffen, welche Ziele und welcher potentielle Markt ins Auge gefaßt wurden. Sie müssen hier klare Auskünfte geben können; denn ein Skorpion hat die unheimliche Gabe, die Chancen für Erfolg oder Mißerfolg eines Unternehmens bestens abschätzen zu können. Er kann Jahre vorausblicken, zukünftige Entwicklungen erkennen, Trends vorausahnen, wird Ihre Pläne sofort mit computerhafter Genauigkeit analysieren – und dabei die gleichen Gefühlsregungen wie ein Computer zeigen. Taugt Ihr Plan etwas, dann wird er wahrscheinlich viel besser, als Sie die sich ergebenden Möglichkeiten einschätzen können – zumindest die langfristigen. Sie werden zugeben müssen, daß dies den Skorpion zu einem äußerst brauchbaren Kompagnon macht.

Das nächste, was Sie an einer Skorpion-Dame oder einem Skorpion-Herrn beeindruckt, ist ihre oder seine Gründlichkeit: Beide gehen nie unvorbereitet an den Start, alles ist vorher schon genauestens ausgearbeitet, analysiert und geplant – insbesondere die Stärke und die Schwächen der betroffenen Person. Skorpione haben einen beinahe unvorstellbar scharfen und klugen Verstand, der sich leicht die These Machiavellis zu eigen macht, daß der Einsatz jeden Mittels, auch des moralisch zu verwerfenden, gerechtfertigt ist, um ein erstrebenswertes Ziel zu erreichen. Diese Einstellung kann er ganz teuflisch auf die Spitze treiben. Nehmen wir aber an, daß Ihr Partner nicht zu den typischen Vertretern dieses Zeichens gehört. Sie könnten keinen besseren Helfer als ihn und seinen schlauen und skrupellosen Verstand haben, wenn es heißt, Ihren Rivalen ein Schnippchen zu schlagen.

Die unerschöpfliche Kraft Ihres Skorpion-Partners zur Ausdauer kann Ihnen direkt auf die Nerven gehen. Er gibt nie und nimmer auf halbem Wege auf. Wo sich ein Stier mit unverdrossener Zielstrebigkeit weiterplagt, setzt der Skorpion seine Gegner so unter Druck, daß sie gewöhnlich aufgeben, nachgeben, sich auf irgendeinen Kompromiß einlassen und sich ergeben, nur um diesem nervenaufreibenden Druck zu entgehen. Dem Skorpion selbst merkt man die Anspannung und Anstrengung, die er aufwenden muß, um diesen Druck immer aufrechtzuerhalten, überhaupt nicht an. Er könnte das jahrelang durchhalten. Ihm wird auch nicht flau in der Magengegend, wenn man Sie beide in der Mangel hat und das Ganze schon fast an Folter grenzt. Er besitzt eine so starke und widerstandsfähige Konstitution, daß er, um zu gewinnen, seine Sache buchstäblich bis zu seiner Selbstzerstörung durchboxt – ein Punkt, der normalerweise bei ihm viel später als bei jedem anderen erreicht ist. Aus all dem eben Gesagten ergibt sich der dem Skorpion vorauseilende Ruf seiner Zuverlässigkeit. Er nimmt eine Herausforderung nicht leichtfertig an, läßt sich auf keine Dummheiten ein, handelt geschickt und reibt sich im dauernden Kampf auf. Wenn dieser Mensch nicht zuverlässig sein soll, dann ist es keiner mehr.

Soviel zu den guten Seiten des Skorpions.

Als eine seiner schlechten Eigenschaften muß man seine außergewöhnliche Sturheit nennen. Seine erstaunliche Willenskraft macht ihn zu einem unbeugsamen Menschen. Er ordnet seine Ansichten in streng voneinander isolierten Bereichen, so daß sie untereinander keine Berührungspunkte haben. Ein Skorpion weiß ganz genau, welche Ansichten in jedem einzelnen dieser Bereiche seines Geistes zu finden sind, doch hat er kaum eine Vorstellung, zu was sie sich summieren. Wüßte er es, dann wäre er toleranter, würde er öfter verzeihen, selbst mehr Fehler machen, viel menschlicher sein.

Wie es nun aber einmal ist, er geht stets von seinen starren Meinungen aus. Eine dieser Meinungen mag einer anderen widersprechen, doch entsteht daraus für ihn kein ernsthafter Konflikt, weil der Verstand immer nur einen bewußten Gedanken entwickeln kann. Ein Skorpion verteidigt seine einander widersprechenden Ansichten mit unversöhnlichem Ernst, der die Zerstörung des Gegners beabsichtigt und nicht die logische Erörterung ihrer Argumente. Sollten Sie es als sein Partner wagen, ihn auf seine Inkonsequenz hinzuweisen, wird er explodieren und wüste Beschimpfungen ausstoßen – und vielleicht in seinem Oberstübchen insgeheim ein weiteres Kämmerlein einrichten, das er mit Ihrem Namen versieht und dort seine überkochende Wut aufspeichert!

Skorpione sind grausame und rachsüchtige Feinde. Und trotzdem sind sie in der Lage, wegen der seltsamen Widersprüchlichkeit, die dieses Zeichen charakterisiert, sich mit der gleichen unermüdlichen Leidenschaft ihren Lieben, einer Arbeit oder Sache zu widmen. Wählen Sie einen Skorpion als Partner, dann lassen Sie sich auf ein Lotteriespiel ein: Die Chancen stehen gegen Sie, doch bei jedem Spiel muß ja einer gewinnen.

Der Skorpion erwartet von Ihnen, daß Sie genauso hart arbeiten wie er. Sollten Sie – oder einer Ihrer Mitarbeiter – jedoch versuchen, mit ihm Schritt zu halten oder ihn gar zu übertreffen, gefährden Sie wahrscheinlich Ihre Gesundheit.

Er ist kein Diplomat und kommt deshalb immer gleich zur Sache. Er wird Ihnen, vielleicht sogar einem guten Kunden, unverblümt Bescheid stoßen, ohne die geringste Rücksicht auf persönliche Gefühle. Er verachtet die Zurschaustellung von Emotionen und erwartet, daß sich jeder nach außen ebenso leidenschaftslos verhält wie er. In seinem Inneren jedoch windet und quält er sich mit seiner Unzufriedenheit und unterdrückten Wünschen herum, versucht verzweifelt, über sich selbst hinauszuwachsen, ist sich aber nicht sicher, wie er es erreichen kann, ohne seine Emotionen noch stärker zu unterdrücken. Der Skorpion paßt sich nur schwer neuen und veränderten Bedingungen an. Haben Sie erst einmal Ihre gemeinsamen Ziele abgesteckt, dann wird er sie weiterverfolgen, komme, was wolle. Er ist ein Vertreter jener alten Schule von Geschäftsleuten, die lieber ihr Unternehmen in die Binsen gehen lassen, als sich und ihre Methoden zu ändern. Sie möchten vielleicht nach einem erfolgreichen Geschäftsjahr die Gunst der Stunde nützen und einen zweiten Urlaub machen – der Skorpion wird das nie wollen. Er wird das einmal festgesetzte Ziel in der Zukunft stets starr im Auge behalten; bevor es nicht erreicht ist, gibt es kein Nachlassen. Wenn er glaubt, er würde seine Position durch seine Abwesenheit schwächen, macht er keinen Urlaub, wenn nötig, jahrelang. Und wenn er schon im Sterben liegt, kommt er noch ins Büro und erfüllt sein Tagespensum.

Ihr Teilhaber liebt die Macht; der Wunsch nach Macht treibt ihn voran, sein Verlangen nach ihr ist unstillbar. Er ist ein angehender Tyrann und trägt den Marschallsstab schon im Tornister. Sein Moralbewußtsein hat keinen weiteren Bezugspunkt, nur seine Meinung ist die richtige. Manchmal gehen aus diesem Zeichen sehr edle Menschen hervor, in diesem besonderen Fall zeitigt diese ihre Doktrin dann gute Früchte. Doch für den gewöhnlichen Sterblichen aus dem Skorpion-Zeichen zählt nur sein Eigennutz. Was die finanzielle Seite angeht, kann das zu Unregelmäßigkeiten und Rücksichtslosigkeiten in ruinösem Ausmaß führen. Obwohl Ihr Partner eine große, persönliche Anziehungskraft besitzt, wird er nicht unbedingt beliebt bei Ihren Kunden sein. Er ist ein Typ, zu dem man sich entweder sofort hingezogen oder von ihm abgestoßen fühlt – ein zweifelhaftes Leumundszeugnis für jeden Geschäftspartner.

Ihr Geschäftspartner aus dem Zeichen Schütze

Als Geschäftspartner hat der Schütze einiges zu bieten. Gelingt es Ihnen, sich geschäftlich mit einem der gut entwickelten Schütze-Typen zu verbinden, dann haben Sie es geschafft. Diese Leute zeichnet eine unglaublich große Phantasie aus, die sie auch praktisch verwirklichen können, eine hohe Intelligenz, unermüdliche Aktivität und eine Ausgeglichenheit, die sie zur Führung jedes großen Unternehmens befähigt. Je größer die Sache, desto besser arbeitet ein Schütze.

Es ist fast überflüssig, darauf hinzuweisen, daß er nicht in ein Geschäft einsteigt, wo er sich mit allem möglichen Kleinkram, unbedeutenden Transaktionen und zeitraubender Korrespondenz herumärgern muß. Er ist ganz bestimmt kein guter Büroarbeiter und hat Schwierigkeiten, bei einer Rechnung das Komma richtig zu setzen.

Schützen können sich wunderbar anpassen, haben Erfolg, ob sie nun allein oder gemeinsam mit jemandem eine Sache unternehmen. Sie lieben die Leute, und die Leute lieben sie, obgleich sie keine engeren Bindungen zu ihnen eingehen. Für den Schützen sind die Menschen dazu da, daß er sich mit ihnen unterhalten oder mit ihnen Abenteuer erleben kann, jedoch nicht dazu, seine Gefühle mit ihnen zu teilen. Ihnen als seinem Partner gefällt seine heitere, aufgeschlossene Art und seine Geselligkeit, doch Sie werden nie das Gefühl haben, daß Sie ihm nahestehen. Es liegt eben nicht in seiner Art, sich näher mit jemandem einzulassen. Er liebt im wahrsten Sinne des Wortes die ganze Welt und strebt danach, ihr auf seine Weise zu dienen. Eine einzelne Person ist für ihn viel zu unzuverlässig. Ihr Schütze-Kompagnon sieht immer in die Zukunft, über das gegenwärtige Geschehen hinaus, das die meisten so gefangenhält und beschäftigt. Er ist ein außergewöhnlicher Glückspilz – auch zu Ihrem Glück. Sie werden überrascht bemerken, wie er immer wieder auf die Füße fällt, wenn er ins Stolpern gekommen ist. Diese Tatsache begründet wahrscheinlich auch seinen grenzenlosen Optimismus. Sogar dann, wenn er einen Mißerfolg verzeichnen muß, setzt er mit der gleichen naiven Erfolgserwartung wie zuvor sofort wieder auf die Zukunft. Als Folge davon neigt er dazu, zu viele Risiken einzugehen und mit Einsätzen zu spielen, die zu hoch sind, als daß man ein ruhiges Gewissen dabei haben könnte. Er braucht einen klugen Menschen, der ihn hier ein wenig bremst. Klug deshalb, weil er sich nicht herumkommandieren lassen will. Er wird jedoch auf eine taktvolle Behandlung ansprechen und sich einem guten Rat nicht verschließen. Wenn die Versuchung, sich auf ein gewagtes Spiel einzulassen, zu groß ist, dann überlassen Sie ihn nicht zu lange sich selbst!

In normalen finanziellen Angelegenheiten ist auf das Urteil des Schützen Verlaß. Sie werden seine ausgeglichene und sachliche Art schätzen, weil er die Vor- und Nachteile einer Situation schnell erkennt. Wenn in ihm das Gefühl aufkommt, daß sich ihm ein Abenteuer eröffnet – häufig ist es die Gelegenheit, neue Erfahrungen zu sammeln oder sich als Pionier zu beweisen –, dann scheint er sich gefühlsmäßig zu engagieren und verliert dadurch alle Maßstäbe. Die Folge davon ist, daß Ihr Schütze-Partner auf der Rennbahn Riesenbeträge verwettet oder ins Spielcasino geht. Hat ihn der Spielteufel erst einmal gepackt, kann man nicht mehr vernünftig mit ihm reden – bis er entweder Hemd und Hose verloren oder seine Gewinne wieder durchgebracht hat. Er kann an einem einzigen Abend all sein Geld zum Fenster hinauswerfen; denn Geld bedeutet ihm nicht viel. Der Schütze ist der große Geldverschwender nach dem Motto: Wie gewonnen, so zerronnen. Jupiter, der freud- und glückbringende Planet, herrscht in seinem Zeichen und liefert die Erklärung für den Glauben und das Vertrauen Ihres Partners auf sein immerwährendes Glück. Neuartige und außergewöhnliche Wagnisse auf dem geschäftlichen Sektor üben eine magische Anziehungskraft auf ihn aus. Obwohl er bestimmt kein Dummkopf ist, läßt er sich häufig mit Leuten ein, deren Ideen man normalerweise nicht als sichere Geschäftsgrundlagen bezeichnen würde. Er könnte sich zum Beispiel dazu entschließen, mit großem Enthusiasmus eine Erfindung zu fördern, die im Grunde niemand haben will. Es ist die Idee, die ihn beeindruckt, nicht der praktische Nutzen. Recht oft fällt er auf zweifelhafte Projekte herein, die er dann selbst auszubaden hat (und Sie müssen dabeistehen und ihm das Handtuch halten). Ziehen sich jedoch die Vorbereitungen dafür etwas in die Länge, so verliert er schnell das Interesse und richtet seine Aufmerksamkeit auf eine neue Sache. Natürlich sind einige der Typen im Umfeld des Schützen nicht ganz astrein. Da er kein mißtrauischer und kritisch urteilender Mensch ist, läßt er sich leicht täuschen. Sein Ruf kann durch solche Verbindungen geschädigt werden, und es liegt in Ihrem eigenen Interesse, wenn Sie seine Bekanntschaften etwas im Auge behalten.

Der Schütze steckt voller Energie, arbeitet hart, spielt mit harten Bandagen und lebt spartanisch. Sie werden sehr viel Vitalität brauchen, um mithalten zu können. Er neigt aber auch dazu, sich zu verzetteln, von einer Sache zur anderen zu eilen und wenig auf einem bestimmten Gebiet zustande zu bringen. Doch ist er ein schillernder und liebenswerter Charakter, und sein Sinn fürs Dramatische gibt ihm Stil. Gewöhnlich besitzt er Sinn für Humor und Spaß: Sie werden beobachten, daß er in Gesellschaft stets von einer dankbaren Zuhörerschaft umgeben ist. Sie können ihm zu jeder Zeit die Unterhaltung Ihrer Gäste überlassen und sicher sein, daß er sie bei Laune hält; denn er ist ein großzügiger, gesprächiger und einfallsreicher Gastgeber.

Ihr Partner wird Ihnen bei Konferenzen eine große Hilfe sein, da er sehr geschickt seine Ideen an den Mann bringt, das Rededuell liebt und schlagfertige Antworten geben kann. Er ist in der Lage, andere ganz geschickt auszufragen; mit wenigen Worten findet er die Vor- und Nachteile eines Vorschlags sehr schnell heraus. Seine Intuition ist zuweilen recht außergewöhnlich, er erfühlt die schwachen Punkte bei seinem Gegner sofort. Bei einem unentwickelten Schütze-Typen zeigt sich diese Eigenschaft als Offenheit, die beleidigend sein kann. Die natürliche Offenheit des entwickelten Typs ist erfrischend, doch erfordert sie eine abschwächende, gefühlsmäßige Rücksicht auf die Emotionen der Mitmenschen.

Bei geschäftlichen Transaktionen verleitet die Ungeduld Ihren Partner aus dem Zeichen Schütze zu voreiligem Handeln; denn es fällt ihm schwer zu warten, bis die notwendigen Vorverhandlungen abgeschlossen sind. Seine übereilten Reaktionen können schwierige Verhandlungen zum Scheitern verurteilen. Sein Vertrauen in seine eigene Fähigkeit, taktvoll zu sein – was in den meisten Fällen garantiert ist –, bringt ihn zu der Annahme, andere zu überzeugen, wenn er sie überhaupt nicht überzeugen kann. Die abschlägige Antwort am nächsten Morgen beweist dies gelegentlich.

Versprechungen, Versprechungen... ein weiterer Fehler des Schützen, der sich sehr früh in Ihrer Zusammenarbeit zeigen wird. Ihr Partner verspricht in seinem Enthusiasmus oft Sachen, die weit außerhalb seiner Möglichkeiten oder denen des Unternehmens liegen. Einem enttäuschten Kunden eine Erklärung geben oder die Versprechungen durch erhöhte Anstrengungen wettmachen zu müssen, kann für Sie zu einem entmutigenden und ärgerlichen Unterfangen werden.

Trotz seiner Unzulänglichkeiten, die einer erfolgreichen Partnerschaft nicht allzu abträglich sind, wird der Schütze nie versuchen, seinen Teil der Verantwortung auf Sie abzuwälzen, sondern seinen Aufgabenbereich energisch und gründlich abwickeln. Er ist kein Wichtigtuer, sondern ein verständnisvoller Mensch, der Sie gelegentlich mit seinem klugen und brauchbaren Rat überrascht.

Was die Gesundheit Ihres Partners betrifft, so sollten Sie wissen, daß es für ihn von höchster Wichtigkeit ist, daß er genügend Bewegung hat. Obwohl er dauernd auf den Beinen ist, braucht er gewöhnlich Sport und regelmäßiges Training, um seinen Körper fit und seine Leber funktionstüchtig zu halten.

Der unentwickelte Schütze-Typ ist rücksichtslos, geschwätzig und sehr phantasievoll. Er besteht auf seiner Freiheit, tun und lassen zu können, was er will, ist ungestüm und ein durchtriebener Glücksritter.

Ihr Geschäftspartner aus dem Zeichen Steinbock

Es gibt zwei verschiedene Steinbock-Typen. Der eine ist zahm wie eine Hausziege, damit zufrieden, an einem Pflock angebunden zu sein, mit roboterhafter Regelmäßigkeit Milch zu liefern, dauernd im Kreis herumzuwandern und dabei zu glauben, weit in der Welt herumzukommen. Der andere ist – wie der selbstsichere und besonnene Felsenkletterer, der sich zwar auch nicht allzu weit aus seinem angestammten Revier entfernt – doch wenigstens jemand, der immer dem Gipfel zustrebt.

Ein Steinbock-Geschäftspartner mit der Phantasie und den Neigungen des zahmen Milchlieferanten wird Ihnen garantiert sehr bald die Zusammenarbeit vermiesen, doch mit dem tatkräftigen Gebirgsbewohner ist es eine andere Sache.

Eine reife Steinbock-Persönlichkeit ist sehr zuverlässig, ehrlich, praktisch veranlagt, ausdauernd, vorsichtig und besitzt ein besseres Verständnis der geschäftlichen Zusammenhänge im allgemeinen als jedes andere Tierkreiszeichen. Ein Schütze mag eine viel größere Vorstellungskraft haben, doch ein Steinbock besitzt die Fähigkeit zu verwalten, ein weltweit operierendes Unternehmen zu durchschauen und dabei auch noch ganz genau zu wissen, was in jeder einzelnen Abteilung geschieht!

Seine Fähigkeit, die komplizierten Vorgänge in einem Mammutunternehmen zu erfassen, ist unerreicht. Steigen wir nun aus diesen schwindelerregenden Höhen herunter und befassen wir uns mit Ihrer Partnerschaft, wo es einige Probleme mit ihm geben kann. Ihr Steinbock-Teilhaber wird immer das letzte Wort haben wollen. Ein so in festen Kategorien denkender Mensch wie er, der darüber hinaus noch eine zentrale Kontrollfunktion in großem Umfang ausüben kann, wird auf einem gerüttelt Maß an Autorität für sich bestehen. Und es ist wahrscheinlich, daß strenge Disziplin nötig sein wird, um diese Autorität aufrechtzuerhalten.

Ein Steinbock denkt sehr konservativ und bringt große Geduld auf. Obwohl er einer der ehrgeizigsten Vertreter im Tierkreis ist, glaubt er nicht an neumodische Methoden, um sich den Weg in Spitzenpositionen zu bahnen, sondern verläßt sich auf in der Vergangenheit Erprobtes und Bewährtes. Warum denn herumexperimentieren, wenn die alten Methoden zuverlässig und sicher sind? Und wenn man nur lange und schwer genug arbeitet, kommt man stets zu etwas, sagt er sich.

Er wird ganz sicher schwer und mit unerschütterlicher Hingabe arbeiten – und von Ihnen das gleiche erwarten, der alte Sklaventreiber. Sollten Sie von ihm ein Lob erwarten, weil Sie zwölf Stunden an einem Stück geschuftet haben, so vergessen Sie es schnell. Diese Art der Anstrengung ist für Herrn oder Frau Steinbock eine Routinesache. Diese Leute halten nichts von Abkürzungen auf dem einmal eingeschlagenen Weg, obgleich auch für sie Zeit Geld ist und sie keine Minute vergeuden, wenn sie mit einer Sache angefangen haben. Doch den Steinbock erst einmal dazu bringen, mit etwas anzufangen, ist ein Problem für sich. Er zögert und windet sich, schätzt die Situation sorgfältig ab, um sich gegen Überraschungen zu wappnen.

Der Steinbock zieht stetiges Vorankommen einem spektakulären Aufstieg vor, verhält sich mißtrauisch gegenüber allem, das nicht einem bestimmten Muster folgt. Er fühlt sich in der Tat erst dann wohl, wenn er alles zu einer Routinesache gemacht hat; deshalb wird er als erstes, was er tut, die Arbeit auf gleichbleibende Formen, Verfahren und Methoden reduzieren – eine fixe Idee, die Sie mit organisierter Schinderei oder nervtötender Langeweile beschreiben würden. Trotzdem, einer muß sich intensiv um den Kleinkram kümmern, deshalb könnten Sie in dieser Beziehung mit einem Steinbock recht gut fahren.

Sie werden dann aber die Öffentlichkeitsarbeit bei Ihren Projekten übernehmen müssen, denn der Steinbock nimmt das Leben viel zu ernst, als daß er der gesellschaftlichen Seite eines Geschäfts etwas abgewinnen könnte. Vergnügen, so wie es andere Leute kennen, ist dem Steinbock auf seiner Felsenspitze nicht wichtig – die Arbeit ist für ihn das einzig Wahre. Bei seinem einzelgängerischen Wesen stehen die Chancen schlecht, mit Ihrem Teilhaber ein in der Öffentlichkeit stets geschlossen auftretendes Duo zu bilden. Sie werden sowieso regelmäßig allein ausgehen müssen, sozusagen als angenehme Abwechslung und um sich seinem strengen Einfluß zu entziehen.

Ob einer Zusammenarbeit mit dem Steinbock Erfolg beschieden sein wird oder nicht, hängt ganz von Ihrer persönlichen Einstellung ab. Wie Sie sicher schon mitgekriegt haben, ist Ihr Partner nicht dafür geeignet, in einem Zweigespann mitzuziehen. Er hat enormes Geschick in geschäftlichen Dingen, doch ist er streng und unnahbar in seinem Wesen, und alles Geschick der Welt hilft nichts, wenn zwei als Partner nicht persönlich miteinander auskommen.

Steinböcke sehen auf den Pfennig, können aber mit der Mark manchmal recht leichtsinnig umgehen. Sie wissen genau, wieviel Geld noch in der Gemeinschaftskasse für den Kaffee in der Frühstückspause ist. Wenn sich Ihr Teilhaber um die Konten kümmert, dann wird es keine Fehler geben; denn die Frauen und Männer aus diesem Zeichen sind in allem, was sie tun, äußerst genau. Sie halten sich an den Buchstaben des Gesetzes und lassen eine Chance, die ihnen der Geist des Gesetzes bietet, ungenützt. Sie erkennen die Grenzen ihrer Umgebung an. Ihre Aufgabe, so sehen sie es, besteht darin, mit den ihnen zur Verfügung stehenden Mitteln das Beste zu erreichen. Außerdem handelt man sich auf diese Weise weniger Ärger ein, und alles ist auch viel, viel einfacher und risikoloser. Steinböcke haben es gern, wenn man zu ihnen aufschaut, sie als zuverlässig, beständig und ausdauernd charakterisiert. Andere wollen, daß man sie ihrer menschlichen Qualitäten wegen in Erinnerung behält, nicht jedoch diese Menschen. Überflüssig zu sagen, daß das Tragen von Verantwortung für sie ebenso selbstverständlich ist wie das Atmen, zusätzliche Bürden und Probleme im Geschäft erschrecken sie keineswegs. Sie beugen sich den Umständen und bewegen sich mit ihrem bewundernswert systematischen Vorgehen Schritt für Schritt auf das erfolgreiche Ende zu, das, wie sie wissen, alle unermüdlichen Anstrengungen krönt. Sie machen sich keine unnötigen Sorgen über das zu erreichende Ziel, sondern konzentrieren sich auf die Mittel, es zu erreichen.

Die einzige Angst des Steinbocks ist die vor dem Verlust psychologischer oder materieller Sicherheit. Er findet tröstliche Selbstbestätigung im Respekt, den ihm andere entgegenbringen, wird sich niemals, wenn es irgendwie zu vermeiden ist, auf eine Sache einlassen, die ihn in den Augen der Öffentlichkeit in Mißkredit bringt. Da er selbst kein besonders mitfühlender Mensch ist, unterschätzt er die Macht der Gefühle und ihren Einfluß auf bisher nach einem festgelegten Schema ablaufende Situationen. Er wird durch plötzliche Veränderungen leicht aus der Bahn geworfen, wird an sich selbst unsicher, gereizt, bis er sich wieder in eingefahrenen Gleisen bewegen kann. Er arbeitet und spart für die Zukunft. Der Streß des Lebens in unserer modernen Zeit wirft ihn nicht um, ganz gleich, wie schwer er auch unter diesem Druck steht; er hat eben keine Nerven in dieser Beziehung. Oft entwickelt er für alle überraschend einen Sinn für Humor, der es ihm erlaubt, über sich selbst zu lachen, sogar in Gesellschaft anderer. Sie brauchen nicht über ihn zu lachen, doch er kann es! Das ist schon ein ziemlich weitreichendes Zugeständnis für eine sonst so selbstbewußte Person.

Ihr Partner ist selten freigebig, handelt fair, doch nicht spontan. Seinen Angestellten und Arbeitern zahlt er genau das, was vereinbart wurde – sie sollten nicht auf zusätzliche Vergünstigungen hoffen. Manchmal wird er aber für jemanden kämpfen, dessen Grund zur Klage er für gerechtfertigt hält. Zeit und Anstrengungen wird er großzügig für andere investieren, doch Geld und seine finanziellen Mittel behält er lieber für sich und die Seinen.

Wenn Sie mit einem Steinbock zusammenarbeiten, werden die Ideen und die Denkarbeit von Ihnen kommen müssen, weil er zu sehr dem Alten verhaftet und zu vorsichtig ist, um wirklich schöpferisch und erfinderisch tätig zu sein. Doch ist er sehr geschickt und einfallsreich, wenn es um materielle Sachen geht. Obwohl er kaum in der Lage ist, sich ein Bild vom angestrebten Ziel selbst zu machen, weil er von Grund auf ein viel zu egozentrischer Mensch ist, weiß er zu jeder Zeit, wo er sich befindet und auf was er zusteuert, nämlich *immer* auf die Wahrung seiner eigenen Interessen. Solange Ihre Interessen auf dem gleichen Sektor liegen, sollte sich Ihre Partnerschaft bewähren. Doch denken Sie daran, daß er, genau wie der Steinbock im Gebirge, lieber allein klettern möchte – die Gewinne könnten zu schmal sein, um sie mit jemandem teilen zu müssen.

Es genügt schon eine etwas härtere Einstellung, und der Steinbock wird dogmatisch, tyrannisch, gemein und hartherzig – und damit wird es für jeden normalen Menschen unmöglich, mit ihm zusammenzuarbeiten.

Ihr Geschäftspartner aus dem Zeichen Wassermann

Wassermänner sind gute Partner; ihre Ruhe und ihr bescheidenes Wesen wirkt ausgleichend auf jedes andere Tierkreiszeichen. Diese Partnerschaft sollte sich den Ruf einer soliden und vernünftigen Zusammenarbeit erwerben. Denken Sie aber daran, daß der Wassermann kein Energiebündel ist, nicht gern um etwas kämpft und schlecht in Notfällen zurechtkommt. Seine große Stunde schlägt erst nach der Schlacht, wenn er Wunden versorgt und die anfallenden Aufgaben des Alltags unter Einsatz seines großen Verstandes und seines praktischen Geschicks bravourös erledigt. Wenn Sie mit der Krise fertig werden – und für ein Geschäft, dem Erfolg beschieden sein soll, kann es nicht genug Krisen geben –, wird sich Ihr Wassermann-Teilhaber auf bewundernswerte Weise um die restlichen Dinge kümmern.

Wassermänner suchen nicht die Auseinandersetzung, jede Art von Unstimmigkeiten stört sie, sie streiten sich selten, und ihre angeborene Vorsicht hilft ihnen, unangenehme Situationen zu vermeiden. Sie sind freundliche und gutmütige Menschen, die mit Ihnen lieber ruhig und sachlich ein Thema durchsprechen, als Ihnen mit ihren Ansichten auf den Wecker zu fallen.

Es ist eine bekannte Tatsache, daß der Wassermann gewöhnlich kein besonderes Gespür für geschäftliche Dinge besitzt. Doch jede seiner sonstigen Eigenschaften kann sich, in viel größerem Umfang als bei anderen Tierkreiszeichen, auf die eine oder andere Weise sehr nützlich für Ihre Zusammenarbeit erweisen. Der Wassermann vereinigt in sich ein Stück von den guten Seiten, die jedes einzelne Zeichen aufweist. Sehen Sie sich in diesem Zusammenhang bitte den Abschnitt über die Verträglichkeit der Zeichen (S. 109 ff.) an, denn für manche Menschen verkörpert der Wassermann einfach zuviel des Guten, als daß sie mit ihm ein Team bilden möchten.

Er kann sich mitunter nicht sehr schnell zum Handeln entschließen, doch vertritt er recht großzügige Ansichten, ist tolerant und den Meinungen anderer gegenüber aufgeschlossen. Bemerkenswert sind an ihm auch die Geistesblitze, die er bezüglich wünschenswerter Verbesserungen und neuen Trends entwickelt. Der Wassermann hat viel von der Sanftheit der Waage und der Weitsicht des Schützen; er ist auf besondere Weise fortschrittlich. Er (oder sie selbstverständlich ebenso) wird nie die bestehende Ordnung auf den Kopf stellen, um neue Ideen durchzusetzen; er wird sie Ihnen – oder der Gesellschaft – erst einmal unterbreiten und Ihnen ermöglichen, sich ein eigenes Urteil zu bilden; denn er ist ein Mensch, der an eine stetige Fortentwicklung glaubt und nicht an revolutionäre Veränderungen. Im allgemeinen sind seine Ideen von so offensichtlichem Nutzen, daß sie sofort in das System übernommen werden, und diese Eigenschaft werden Sie an Ihrem Wassermann-Kompagnon besonders schätzen lernen. Wenn Sie auf seine oder ihre Vorschläge eingehen, sollte Ihr Unternehmen nach den von ihm vorgegebenen modernen und rationellen Richtlinien gut vorankommen.

In finanziellen Angelegenheiten ist er absolut vertrauenswürdig. Für sich kann er zwar bisweilen recht verschwenderisch Geld ausgeben, doch werden Sie nie feststellen, daß er über seine Verhältnisse lebt oder in die Ladenkasse greift, um ein Loch in seinem eigenen Geldbeutel zu stopfen. Er hat kein Interesse daran, viel Geld zu sparen, obwohl er sehr fleißig arbeitet, um es zu verdienen. Er hält nichts von Pfennigfuchserei, was das Geschäft angeht; er will, daß es aufwärtsgeht, und ist realistisch genug zu wissen, daß man ein gutes Image aufrechterhalten und erst einmal Geld ausgeben muß, um Geld zu verdienen. Wenn er eine Aufgabe nicht gutheißt, dann können Sie darauf setzen, daß er sich ganz genau überlegt hat, wo man das Geld zu größerem Nutzen verwenden kann. Es wird sich in barer Münze auszahlen, wenn Sie auf ihn hören.

Lassen Sie sich durch die gewisse Kühle und Distanziertheit im Wesen Ihres Partners nicht abschrecken. Wassermänner sind nicht leicht erregbar und emotional, doch besitzen sie einen grenzenlosen Optimismus – manchmal lassen sie sogar aus diesem Grund die Zügel schleifen. Zu besonderen Gelegenheiten werden die Wassermänner sehr enthusiastisch und bestimmt beweisen wollen, was sie können. Sollten Sie aber in diesen Fällen leidenschaftlichen Schwung und Feuereifer erwarten, so werden Sie auch hier vergeblich darauf warten; es gibt keine oder nur wenige Extreme im Charakter des Wassermanns. Im Grunde ist er zu Höherem geboren als es der Alltag üblicherweise von ihm fordert! (Dies wiederum ist eine Tatsache, die wir zu schätzen lernen werden, nun, da die Welt in das über 2000 Jahre dauernde Zeitalter im Zeichen des Wassermanns eingetreten ist.) Wassermänner sind Verstandesmenschen, dafür geschaffen, sich sowohl mit den Problemen der ganzen Menschheit als mit denen des Individuums auseinanderzusetzen. Obwohl sie in ihrem Innern intensive Gefühle hegen, zeigen sie sie selten. Diese Menschen sind nicht sentimental, obgleich sie sehr gütig und freundlich sind. Erwarten Sie von Ihnen keine Gefühlsduseleien.

Ihr Wassermann-Partner wird keine besonderen Ansprüche an Sie stellen, Ihre persönliche Unabhängigkeit respektieren und von Ihnen erwarten, daß Sie ihm gegenüber die gleiche Einstellung haben. Eine Sache, die Ihnen an ihm gefällt, ist seine Fähigkeit, die Neigungen und Abneigungen von Leuten, mit denen er in Kontakt kommt, vorauszuahnen. Bei schwierigen Verhandlungen wird diese Fähigkeit ein Aktivposten sein.

Es gibt viele Menschen, die den Wassermann und seine charakteristische Eigenschaft bewundern, in jeder Situation nach außen hin vollkommen gelassen zu erscheinen. Sehr oft verdeckt diese äußere Gelassenheit jedoch heftige innere Gefühlsregungen. Wassermann ist das Tierkreiszeichen für Freundschaft, und deshalb wird sein liebenswertes und sympathisches Wesen es Ihrem Partner ermöglichen, eine Vielzahl von Bekanntschaften zu schließen. In seinen Unterhaltungen wahrt er stets ein gewisses Niveau, wird nicht über Sie oder Ihre Freunde tratschen und keine Geheimnisse ausplaudern, keinen Vertrauensbruch begehen. Erwarten Sie aber auch von ihm keine überschwengliche Begeisterung, wenn Sie einmal eine wirklich glänzende Idee gehabt und Sie gemeinsam entschieden haben, diese Idee in Ihrem Unternehmen zu verwirklichen. Wenn er Ihrem Vorschlag zugestimmt hat, können Sie sicher sein, daß etwas Gutes dabei herauskommt. Und damit ist die Sache für ihn erledigt.

Was Moral angeht, so hält der Wassermann an traditionellen Werten fest; seine Vorstellungen von Freiheit und Fortschritt enthalten selten eine Verwässerung der überlieferten Ideale. Er geht gern auf Reisen und arbeitet und lebt gern in neuer Umgebung; doch plötzliche Veränderungen, von denen es den Anschein hat, als ob sie ihm viel häufiger als anderen Zeichen aufgezwungen werden, machen ihn unsicher, bringen ihn aus der Fassung.

Um mit Ihrem Kompagnon bestens auszukommen, müssen Sie erkennen, daß er idealistische Vorstellungen hat. Jedes Ansinnen, andere auszubeuten oder ein krummes Ding zu drehen, wird er sofort mißbilligen; mit seinem Gewissen schließt er keine Kompromisse. Je mehr Ihr Unternehmen in Richtung auf irgendeine Art allgemein anerkannter Dienstleistungen geht oder es unterstützenswerte humanitäre Ziele verfolgt, desto höher werden Sie die Begabungen, die er mitbringt, einschätzen.

Wassermänner sind fähige Vermittler, und man kann auf sie zählen, wenn es um die Beseitigung irgendwelcher Differenzen oder den Abbau von Spannungen geht. Sie haben für jeden die richtigen Worte übrig. Natürlich wollen wir nicht immer einen vernünftigen Rat, sondern manchmal auch einen unvernünftigen hören – doch der Wassermann ist ein verstandesmäßig so hochentwickelter Mensch, daß er dieses Spiel mit den Gefühlen nicht mitspielt. So ein netter und sanfter Mensch Ihr Partner auch ist, zuweilen ist er Ihnen zu anpassungsfähig und zeigt keine entschiedenen Reaktionen.

Er scheint auch unsicher zu werden und zu zögern, wenn Sie ihn zu einer Entscheidung drängen. Durch seinen Intellekt sieht er eine Situation immer aus vielen Blickwinkeln, die daraus resultierenden Erkenntnisse lassen ihm den Wunsch zum Handeln häufig vergehen.

Einem unentwickelten Wassermann-Typ werden Sie nie eine Entscheidung abringen können. Er oder sie lebt nach dem Motto: Wenn man überhaupt nichts tut, kann man auch keine Fehler machen. Diese Einstellung ist wahrscheinlich der größte Fehler!

Ihr Geschäftspartner aus dem Zeichen Fische

Fische-Menschen können ausgezeichnete Partner sein, doch nur dann, wenn Sie das Glück – oder den Scharfsinn – haben, einen entwickelten Fische-Typ auszuwählen. Ein unentwickelter wird Ihnen stets aus den Fingern rutschen, wenn Sie ihn packen oder auf eine bestimmte Sache festlegen wollen. Kein Mensch aus einem anderen Zeichen ist talentierter, sympathischer und angenehmer, aber auch keiner so aufreizend unentschlossen und unbestimmt in seinen Aussagen wie er.

Nehmen wir an, Ihr Partner gehört zum positiven Typ. Dann haben Sie an ihm oder ihr jemanden mit außergewöhnlicher Intuition und Einsicht und der Fähigkeit, die richtige Entscheidung zum richtigen Zeitpunkt zu treffen. Doch werden Sie von ihm keine Antwort erhalten, wann Sie sie wollen, weil ein Fisch nicht einfach so auf Knopfdruck reagiert; wenn man ihn zu stark unter Druck setzt, dann zerbricht er daran. Seine Methode ist, erst einmal zu warten, seine Geduld ist unerschöpflich, wenn er »seinen Weg« beschreitet. Den Leuten, mit denen er geschäftlich zu tun hat, erscheint das, was er macht, als unzulängliches Herumwursteln.

Man sagt im allgemeinen, ein Fisch sei ein besserer stiller Teilhaber als ein aktiver. Diese Ansicht rührt hauptsächlich von der Sorglosigkeit der Fische her, die in der Hetze des Geschäftsalltags fehl am Platze scheint. Wenn man ein Geschäft hat, macht man sich natürlich Sorgen, ist angespannt und erwartet, daß der Partner diese Sorgen teilt – der Fisch wird es aber nie tun. Obwohl er, wenn er will, kein schlechter Schauspieler ist, kann er einen solchen grundlegenden Verrat an seinen innersten Beweggründen nicht begehen. Seine Haltung hat man schon, neben anderen, wenig schmeichelhaften Ausdrücken, mit dem Begriff »Flucht vor der Realität« bezeichnet, doch ist es eher eine Sache des Glaubens an sich selbst und der Wahl des richtigen Zeitpunkts. Wenn Sie diesen Wesenszug Ihres Partners verstehen und zu würdigen wissen, kann Ihrer Verbindung nur Erfolg beschieden sein.

Das alles soll natürlich nicht heißen, daß sich der Fisch keine Sorgen macht und sich um nichts kümmert. Er ist dann sehr bestimmt, wenn die Dinge nicht so laufen, wie er es für richtig hält. Seine Vorstellungen brauchen mit den Ihren nicht unbedingt übereinzustimmen, doch müssen Sie sich in einem solchen Fall daran erinnern, daß der Fisch, obwohl er auf einer anderen Ebene arbeitet, genau wie Sie auch beabsichtigt, Ihre gemeinsamen Interessen zu wahren. Wenn Sie das einmal völlig verstanden haben, werden Sie diesen äußerst kreativen, empfindsamen und aufgeschlossenen Menschen erst richtig schätzen.

Die finanziellen Angelegenheiten sind in anderen Händen besser aufgehoben als in denen Ihres Fische-Teilhabers. Beim Umgang mit Geld verhält er sich recht widersprüchlich: Er ist freigebig, doch dabei zu sorglos, er spart und wirft das Gesparte mit vollen Händen zum Fenster hinaus, ohne für sein Geld einen wirklichen Wert zu bekommen. Er fällt auch oft auf die rührselige Geschichte vom großen Unglück herein, und sein mitfühlendes Herz bringt ihn dazu, tief in die Tasche zu greifen, ohne Rücksicht auf die Opfer, die diese seine Tat anderen – seien es nun die Familienangehörigen oder sein Partner – abverlangt. Es ist schon ein Risiko, wenn Sie dem Fisch die Verwaltung der Geschäftsfinanzen überlassen, wobei er Sie sicher nie absichtlich auch nur um einen Pfennig berauben wird. Sollten die finanziellen Mittel einmal knapp werden, dann kann er aber auch sehr sparsam wirtschaften und dafür sorgen, daß sie noch länger reichen. Doch alles, was er sich erspart, kann er mit einer einzigen, impulsiven Handlung wieder vergeuden; wenn es ihm gutgeht, gibt er freigebig und aufs Geratewohl alles aus.

Ihr Fische-Kompagnon ist ein sehr freundlicher und vertrauensvoller Mensch, doch gleichzeitig liegt er mit der Einschätzung seiner Mitmenschen stets richtig. Er beurteilt Charaktere äußerst treffend und zeigt dabei sehr viel Toleranz und Nachsicht gegenüber den Unzulänglichkeiten der menschlichen Natur. Er wird Ihre Schwächen sehr genau kennen, doch wird er deswegen nicht an Ihnen herumnörgeln oder überhaupt daran denken, diese Fehler, aus denen andere viel Aufhebens machen würden, zu erwähnen. Er wird auch nicht versuchen, Sie in den Schatten zu stellen oder Sie zu unterdrücken, sondern zieht sich zurück, ist oftmals direkt schüchtern und arbeitet lieber im Hintergrund. Ihm fallen die besten Sachen buchstäblich im Traum ein, und dann manipuliert er Leute und Ereignisse so, daß diese Träume auch Wirklichkeit werden! Wenn er mit einem ausgeglichenen und aktiven Partner zusammenarbeitet, kann er sich als die treibende Kraft im Hintergrund auszeichnen.

Akzeptiert er Sie als Geschäftspartner, dann wird er Sie nie für das verantwortlich machen, was falsch gelaufen ist und mit Ihnen durch dick und dünn gehen. Er wird auch niemandem erlauben, Sie in seiner Gegenwart herunterzuputzen. Wenn Sie ehrlich, aktiv und dynamisch sind, wird er Ihnen dabei helfen, Ihre Arbeit einfacher und effektiver zu gestalten, obwohl es ihm Unannehmlichkeiten bereitet.

Der Fisch ist eigentlich recht faul, tritt nur selten in die Welt der Tat und des Handelns ein, möchte lieber mit dem Strom schwimmen und in der von ihm geschaffenen Traumwelt seiner Gefühle leben. Doch wenn er fühlt, daß eine wirklich reizvolle Aufgabe auf ihn wartet – Ihre junge und aufregende Partnerschaft zum Beispiel –, dann wird er mit großer Bestimmtheit und Findigkeit auch gegen den Strom in Richtung auf die gemeinsamen Ziele hinschwimmen. Schwierig dabei ist eben nur, daß der Fisch erst einmal von einem Projekt gefangen sein muß, um überhaupt mit dem Schwimmen anzufangen; nur dann kann er seine besonderen Talente und Fertigkeiten zeigen. Er bevorzugt künstlerische Tätigkeiten und akademische Berufe, insbesondere in der schreibenden Zunft und im Verlagswesen.

Ihr Teilhaber wird bei seinen Mitarbeitern und Untergebenen sehr beliebt, manchmal sogar zu nachsichtig sein, denn er bringt Menschen in einer niederen Position sein tiefes Mitgefühl entgegen, auch wenn sie in ihrer Stellung nicht ausgebeutet werden und es ihnen gutgeht. Häufig gibt er nach, wenn ein härteres Durchgreifen angezeigt wäre. Wegen seiner fürsorglichen Einstellung bringt man ihm jedoch eine große Loyalität entgegen, die nicht selten der Grund für bessere Arbeitsleistungen und weniger Konflikte am Arbeitsplatz ist.

Der Fisch liebt ein schönes und angenehmes Leben und läßt sich manchmal vom Glanz des Augenblicks hinwegtragen und verliert dabei die Verbindung zur Realität. Falls er eine Gelegenheit hat, sich gehenzulassen, kann man sich nicht mehr völlig auf sein Urteilsvermögen verlassen. Der Fisch denkt sich, wenn er schon in dieser Welt leben muß, dann will er auch das Beste von ihr haben – Komfort, Bequemlichkeit, Achtung und Bewunderung, die ihm andere entgegenbringen, eine harmonische Umgebung.

Obwohl von Natur aus eher zurückhaltend, sind Fische gesellige Menschen, die sich einen Festzug lieber anschauen als ihn anzuführen. In der Gesellschaft ihnen bekannter Personen, die sie mögen, legen sie oft, wenigstens zeitweise, ihre Hemmungen ab, und es kommt eine extrovertierte* Persönlichkeit zum Vorschein, die jeden Spaß mitmacht. Wenn Ihr Kompagnon zu einer geschäftlichen Besprechung oder zu einem Arbeitsessen geht, dann achten Sie darauf, daß er seine Aktentasche und seine Unterlagen nicht vergißt, weil er gewöhnlich in Gedanken immer woanders und ein bißchen zerstreut ist (man könnte ihm zugute halten, er schmiedet wieder neue Pläne). Seine leicht zu beeindruckende Persönlichkeit wird durch die Anwesenheit unbeugsamer und zu keinem Kompromiß bereiter Menschen leicht durcheinandergebracht. Er kann einen übergenauen und auf seinen Forderungen beharrenden Menschen nicht leiden, und dieser wiederum ist von seiner Unentschlossenheit irritiert und will ihn immer gleich auf eine Sache festlegen. Der Fisch kann überraschend starrsinnig sein, und wenn man ihn dazu zwingt, in einer unfreundlichen Umgebung oder mit ihm unsympathischen Leuten zu arbeiten, wird er launisch und verbittert und jeden auf sein Unglück aufmerksam machen.

Der Fisch kann unauslotbare Tiefen kreativen Verständnisses erreichen, doch ist er schlecht dafür gerüstet, größerem Druck standzuhalten. Einer partnerschaftlichen Zusammenarbeit, der es gelingt, diese schwerwiegende Unausgeglichenheit auszugleichen, kann Erfolg beschieden sein.

---

* = auf äußere Einflüsse gerichtete

Verträglichkeit der Zeichen untereinander*

*) Die genannten Daten für den Beginn und den Schluß der Sternzeichen wechseln je nach Geburtsjahr (siehe rosa Tabellen). Sie hängen mit dem Stand der Sonne zusammen, der in den einzelnen Jahren um etliche Grade variiert.

WIDDER	21. März–20. April	**WAAGE**	23. September–22. Oktober
STIER	21. April–20. Mai	**SKORPION**	23. Oktober–22. November
ZWILLINGE	21. Mai–20. Juni	**SCHÜTZE**	23. November–20. Dezember
KREBS	21. Juni–20. Juli	**STEINBOCK**	21. Dezember–19. Januar
LÖWE	21. Juli–21. August	**WASSERMANN**	20. Januar–18. Februar
JUNGFRAU	22. August–22. September	**FISCHE**	19. Februar–20. März

Widder

Paßt sehr gut zu: Löwe und Schütze
Paßt gut zu: Stier, Zwillinge, Wassermann und Fische
Paßt wahrscheinlich nicht zu: Krebs – zu launisch und leicht verletzt
Waage – zu unentschlossen und vorsichtig
Steinbock – zu phantasielos und zu konservativ
Verhält sich neutral zu: Jungfrau und Skorpion

Stier

Paßt sehr gut zu: Jungfrau und Steinbock
Paßt gut zu: Zwillinge, Krebs, Fische und Widder
Paßt wahrscheinlich nicht zu: Wassermann – will zuviel verändern
Löwe – zu herrschsüchtig und eingebildet
Skorpion – zu spitzfindig und intrigant
Verhält sich neutral zu: Waage und Schütze

Zwillinge

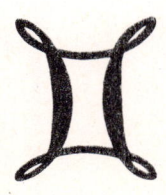

Paßt sehr gut zu: Waage und Wassermann
Paßt gut zu: Krebs, Löwe, Widder und Stier
Paßt wahrscheinlich nicht zu: Jungfrau – zu pedantisch, Umstandskrämer
Schütze – zu rastlos, genau wie sie selbst
Fische – zu sehr nach innen gekehrt und trübsinnig
Verhält sich neutral zu: Skorpion und Steinbock

Krebs

Paßt sehr gut zu:	Skorpion und Fische
Paßt gut zu:	Löwe, Jungfrau, Stier und Zwillinge
Paßt wahrscheinlich nicht zu:	Widder – grob und verletzend
	Waage – zu leichtsinnig
	Steinbock – zu materiell gesinnt
Verhält sich neutral zu:	Schütze und Wassermann

Löwe

Paßt sehr gut zu:	Schütze und Widder
Paßt gut zu:	Jungfrau, Waage, Zwillinge und Krebs
Paßt wahrscheinlich nicht zu:	Skorpion – zu berechnend
	Wassermann – leichtfertig, zeigt keine entscheidenen Reaktionen
	Stier – eigensinnig, schwerfällig
Verhält sich neutral zu:	Fische und Steinbock

Jungfrau

Paßt sehr gut zu:	Steinbock und Stier
Paßt gut zu:	Waage, Skorpion, Löwe und Krebs
Paßt wahrscheinlich nicht zu:	Schütze – leichtsinnig
	Fische – launisch, schwer ansprechbar
	Zwillinge – unzuverlässig, unstet
Verhält sich neutral zu:	Wassermann und Widder

Waage

Paßt sehr gut zu:	Wassermann und Zwillinge
Paßt gut zu:	Skorpion, Schütze, Löwe und Jungfrau
Paßt wahrscheinlich nicht zu:	Widder – aggressiv, brüsk
	Steinbock – langweilig, schwerfällig
	Krebs – erdrückend in seiner Zuneigung und Fürsorge
Verhält sich neutral zu:	Fische und Stier

Skorpion

Paßt sehr gut zu:	Fische und Krebs
Paßt gut zu:	Schütze, Steinbock, Jungfrau und Waage
Paßt wahrscheinlich nicht zu:	Wassermann – zu unpersönlich, aufreizend distanziert
	Stier – Zusammenprall zweier starker Willen
	Löwe – arrogant und protzend
Verhält sich neutral zu:	Widder und Zwillinge

Schütze

Paßt sehr gut zu:	Widder und Löwe
Paßt gut zu:	Steinbock, Wassermann, Waage und Skorpion
Paßt wahrscheinlich nicht zu:	Fische – viel zu introvertiert
	Zwillinge – oberflächlich, flatterhaft
	Jungfrau – engstirnig, zu umständlich
Verhält sich neutral zu:	Stier und Krebs

Steinbock

Paßt sehr gut zu:	Stier und Jungfrau
Paßt gut zu:	Wassermann, Fische, Skorpion und Schütze
Paßt wahrscheinlich nicht zu:	Widder – impulsiv, sprunghaft
	Krebs – deprimierend
	Waage – affektiert, unaufrichtig
Verhält sich neutral zu:	Zwillinge und Löwe

Wassermann

Paßt sehr gut zu:	Zwillinge und Waage
Paßt gut zu:	Schütze, Steinbock, Fische und Widder
Paßt wahrscheinlich nicht zu:	Stier – zu gesetzt
	Löwe – zu fordernd, anspruchsvoll
	Skorpion – zu besitzergreifend
Verhält sich neutral zu:	Krebs und Jungfrau

Fische

Paßt sehr gut zu:	Krebs und Skorpion
Paßt gut zu:	Steinbock, Wassermann, Widder und Stier
Paßt wahrscheinlich nicht zu:	Zwillinge – beunruhigend, rastlos
	Jungfrau – schwerfällig
	Schütze – zu spontan
Verhält sich neutral zu:	Löwe und Waage

Sollte eine Ihrer Beziehungen nicht mit dieser Aufstellung übereinstimmen, so bedeutet dies, daß andere, starke Einflüsse im Horoskop eines Menschen am Werk sind. Diese Einflüsse können im Detail durch die *Astro-Analysis* des betreffenden Zeichens ermittelt werden.

Freunde

Im folgenden wird dargestellt, wie sich die einzelnen Tierkreiszeichen als Freunde verhalten. Die Sonne, die den wichtigsten Einfluß im Horoskop ausübt, bestimmt den Grundcharakter, den die meisten Menschen, die im gleichen Zeichen geboren sind, gemeinsam haben. Es gibt jedoch Abweichungen, die sich aus der besonderen Stellung der anderen Planeten bei der Geburt ergeben. Wollen Sie nun den Charakter eines Menschen untersuchen, ist es ratsam, sein persönliches Horoskop zu erstellen, was für jedes Zeichen mit den Bänden aus der *Astro-Analysis*-Reihe möglich ist. Man muß nur die genaue Geburtszeit wissen. Dadurch kann jeder Mensch astro-analysiert und seine Grundcharakteristika können exakt umrissen werden.

Da sich bestimmte Zeichen besser oder schlechter miteinander vertragen, kann Ihnen die Aufstellung über die Verträglichkeit der Zeichen auf den Seiten 109 ff. einen ersten groben Eindruck vermitteln, wie Sie mit einem Freund oder einer Freundin klarkommen.

Der Widder als Freund

Ein Widder schließt gern Freundschaft, doch gibt *er* weitgehend die Bedingungen vor. Widder sind zu eigenwillig und planen zuviel, als daß sie der allgemeinen Vorstellung vom idealen Freund entsprechen. Doch ihre engsten Kameraden halten sie für großartig – sie schätzen die Art des männlichen oder weiblichen Widders, die Dinge in Bewegung zu bringen und sich immer neue Abwechslungen auszudenken. Nun ja, manchen Leuten gefällt es, wenn sie einen eigenen Zeremonienmeister um sich haben – und jeder, der einen guten Kumpel aus diesem Zeichen hat, wird zustimmen, daß dieser Titel die Lieblingsrolle dieser sehr aktiven und entschlossenen Menschen genau beschreibt.

Widder wollen stets neue Gesichter kennenlernen; sie brauchen das. Es wäre glatter Selbstmord, wenn sich die Widder von der Hauptschlagader des Lebens, und das sind die Menschen, abtrennen würden. Sie investieren ihre geistigen und emotionalen Anlagen in Bekanntschaften und brauchen den Kontakt zum weitestmöglichen Kreis von Persönlichkeiten, um das Beste aus sich zu machen. Der Umgang mit anderen zwingt sie auch dazu, sich Selbstbeschränkung und Rücksicht aufzuerlegen, denn beide sind nicht gerade ihre Stärke.

Widder schließen sich schnell einer Gruppe an. So begeistert und mitteilsam sie aber auch erscheinen mögen, sie halten immer ein Stück ihrer Persönlichkeit zurück und geben dieses Stück nie gegenüber einer zufälligen Bekanntschaft preis. Wahre Freundschaft hat für sie eine große Bedeutung; in dieser Beziehung sind sie sehr wählerisch und machen scharfe Unterschiede. Dies ist ein Grund dafür, daß sie normalerweise nur wenige, wirklich gute Freunde haben. Ein weiterer sind die sehr starren und festen Ansichten, die sie vertreten und leidenschaftlich verteidigen. Auch enge Beziehungen zu den Widdern widerstehen nicht immer den Spannungen, die durch ihre wütenden und streitlustigen verbalen* Ausbrüche verursacht werden; sie sind stets viel zu schnell mit ihrem Mundwerk. Nach einem vielversprechenden Beginn zeigen ihnen die meisten Leute sehr bald die kalte Schulter. Widder sind in der Regel nicht nachtragend und werden nicht Gleiches mit Gleichem vergelten (sie sind nicht bösartig). Wenn eine Bekanntschaft auseinandergeht, dann wenden sie sich ab und trotten in eine andere Richtung davon.

In Gesellschaft sorgen die in diesem Zeichen Geborenen für Unterhaltung. Sie haben die freche, impulsive Art eines Jungen oder Mädchens, die

---

* = mit Worten

manchmal schon an Naivität grenzt. Man muß oftmals den Kopf schütteln, so erfrischend impertinent und amüsant können sie sein; jeder kann nur raten, was sie als nächstes tun oder sagen werden. Das macht sie zu interessanten Charakteren, mit denen die Leute gern zusammen sind – zumindest einige. Wenn die Widder wollen, können sie sich sogar unter eine kultivierte Gesellschaft mischen, doch nur für kurze Zeit, denn beide extreme Charaktertypen werden einander bald überdrüssig.

Widder sind dauernd auf der Suche nach einem aufmerksamen Zuhörer, der über eine ihrer klugen, humorvollen oder einsichtigen Bemerkungen lacht oder sie beifällig aufnimmt. Dadurch werden sie angetrieben, sich selbst noch mehr zu übertreffen, und bevor sie es mitbekommen, haben sie einen Freund (ein Publikum) für einen Abend eingefangen.

Sie stehen fest und treu zu ihren engsten Freunden und entschuldigen großzügig einen Fehler. Ist ein Kamerad in Nöten, dann vergeuden sie keine Zeit mit mitleidigen Platitüden, sondern schreiten sofort zur Tat, wollen praktische Hilfe leisten. Ohne irgendwelche Vorbehalte sind diese spontan reagierenden Menschen bereit, in ihren Geldbeutel zu greifen oder herumzulaufen, um das zu organisieren, was nach ihrer Meinung zur Linderung einer Notlage notwendig ist.

Weil sie äußerst idealistisch eingestellt sind, sehen sie andere immer so, wie sie in Wirklichkeit überhaupt nicht sind. Ist der richtige emotionale Anstoß gegeben, so übertragen sie ihre tiefsten Sehnsüchte auf einzelne Personen und legen solch nachdrücklichen Wert auf die Freundschaft mit ihnen, daß dies sehr oft nur mit Ernüchterung, Enttäuschung – und einem Schock – enden kann, wenn den Widdern endlich die Augen aufgehen und ihnen die Wahrheit enthüllt wird. So sehr sich auch die Widder mit vielen anderen Menschen amüsieren und diese Abwechslung geradezu brauchen, so ziehen sie in der Hauptsache die Gesellschaft einiger weniger und vertrauter Kameraden vor, von denen sie sich verstanden fühlen und die die Aufrichtigkeit schätzen, die ihrem überheblichen Auftreten zugrunde liegt.

Sie brauchen auch ab und zu Momente, wo sie mit sich allein sein können.

Der Stier als Freund

Es gibt keinen treueren Freund als den aufrichtigen und ergebenen Stier. Es stimmt, daß von den Stieren keine großen, anregenden Impulse ausgehen – was sie bieten, ist eine solide, mitfühlende und warmherzige Freundschaft. Sie haben die Eigenschaften, die man am meisten braucht. Was kann man sich von einem Freund noch mehr wünschen?

Ein Stier kann recht lustig sein. Doch gewöhnlich sind Männer und Frauen aus diesem Zeichen ruhig und zurückhaltend, sie schätzen wahre Freundschaft sehr hoch ein und dienen ihre Freundschaft nicht wahllos an.

Stier-Menschen haben nicht selten Freunde in den höheren Rängen der Gesellschaft, dort, wo Geld und soziale Stellung zählen. Sie müssen selbst nicht reich sein oder Machtpositionen bekleiden, man akzeptiert sie auch so in den Kreisen der Wohlhabenden und Mächtigen, und sie nehmen den Platz unter ihnen ganz unbefangen und ohne peinliche Scheu ein.

Ein Wesenszug des Stiers, auf den andere ansprechen, ist seine angeborene Wertschätzung des Künstlerischen. Ihr Stier-Freund mag selbst kein Albrecht Dürer oder Thomas Mann sein oder über ein spezielles Wissen verfügen, doch wird seine geistige Verwandschaft mit allem Kreativen, Harmonischen und Schönen nur ganz selten nicht durchschimmern.

Auch wenn sie den ganzen Tag schwer im Beruf arbeiten, haben Stiere fast immer ein schöpferisches Hobby, das sie mit speziellen Freunden abends oder an Wochenenden betreiben. Dieses Steckenpferd kann überall angesiedelt sein zwischen handwerklicher Tätigkeit und reinem Vergnügen (Stiere laden sehr gern zum Essen ein). Die meisten von ihnen können ganz geschickt ein kleines Festessen mit ausgefallenen Speisen und dem zugehörigen Rahmen zusammenstellen. Nicht nur das, sie – insbesondere Frau Stier – bringen es auch noch fertig, ohne roten Kopf, tadellos gekleidet und gutgelaunt aus der Küche zu kommen.

Freunde besuchen Stiere gern daheim, weil er und sie hervorragende Gastgeber sind. Man kann auch damit rechnen, daß sie eine hübsche Wohnung besitzen, oft mit Garten oder in ländlicher Gegend. Ganz sicher jedoch ist ihr Heim mit stilvollen Möbeln ausgestattet und gemütlich, mit dem Hauch von Luxus, den sie sich leisten können.

Sie sind etwas unsicher und zögern, wenn es

darum geht, neue Freundschaften zu schließen. Sie halten sich selbst nicht für großartige Gesprächspartner und wissen nie ganz, wie sie das Eis brechen sollen. Sie neigen dazu, sich erst einmal beim Kontakteknüpfen zurückzuhalten und zu warten, daß die Ereignisse ihr Handeln diktieren; denn sie ergreifen ungern die Initiative. Das joviale Zustolpern auf einen Fremden liegt ihnen nicht; ihre Methoden der Verbrüderung sind feiner und würdevoller.

Es geschieht nicht selten, daß ein Stier mit dem Chef oder anderen »hohen Tieren« und deren Familien befreundet ist. Sie besuchen einander in ihren Häusern und pflegen eine jahrelange Freundschaft, ohne je die Rangordnung im Arbeitsalltag umzuwerfen. Stiere besitzen ein angeborenes Taktgefühl und werden den Leuten in höheren Positionen nie das Gefühl geben, sie wollten die Freundschaft zu ihrem Vorteil ausnützen. Sie selbst werden von aufgeblasenem und überheblichem Benehmen abgestoßen. Wenn sie sich entschlossen haben, eine Beziehung zu beenden, dann gibt es darüber keine Debatten mehr. Wenn Stiere den Glauben an einen Menschen verlieren, löschen sie ihn unwiderruflich aus ihrem Gedächtnis.

Sie neigen jedoch auch dazu, sich mit speziellen Freunden auf ein stilles und bequemes Plätzchen zurückzuziehen und dadurch allmählich ihre Spontaneität zu verlieren. Sie lassen sich von den immer gleichen Gesprächen und gewohnten Freizeitbeschäftigungen gefangennehmen. Sie verabscheuen es, ihre Freunde zu wechseln und vergessen zuweilen, ihre Freundschaften neu zu beleben. Es wird sich für den Stier auszahlen, wenn er ab und zu neue Kameraden hinzugewinnt. Und die Freunde des Stiers sollten sorgfältig darauf achten, daß auch sie selbst nicht in den immer gleichen Trott fallen.

Der Zwilling als Freund

Zwillinge haben gern viele Freunde um sich – doch gehen sie so wenig engere Bindungen ein wie nur möglich. Freundschaft bedeutet für sie Spaß, Nervenkitzel und geistige Anregungen, aber bitte keine weiterreichenden Verpflichtungen! Sie wollen nicht auf das festgenagelt werden, was sie letzte Woche sagten. Zwillinge können in der Aufregung eines Augenblicks alles mögliche sagen und erwarten von ihren Freunden, daß sie das verstehen. Nicht, daß sie unlogisch handeln, das keineswegs. Sie können noch aus jedem Unsinn etwas Logisches machen, so schnell und scharfsinnig ist ihr Verstand. Aber zu versuchen, einen Zwilling auf das festzulegen, was er oder sie gestern sagte? Sie belieben zu scherzen...

Seltsam ist nur, daß die wirklichen Freunde dieser schillernden Charaktere sie auch tatsächlich verstehen. Für sie sind sie zuverlässig, weil sie sie nehmen, wie sie sind – nämlich: sehr liebenswerte, unterhaltsame, optimistische, hilfreiche, intelligente und (meist) gutgelaunte Energiebündel.

Ein Zwilling hat wahrscheinlich mehr Telefonnummern von Freunden im Kopf als andere Leute Einträge in ihrem Adressenverzeichnis. Diese Frauen und Männer besitzen ein Gedächtnis für Fakten und Zahlen, das genauso bemerkenswert ist wie ihre Fähigkeit, zufällige Bekanntschaften zu machen. Sie haben überall Freunde. Wenn Zwillinge in eine Stadt kommen, wo sie niemand kennt, kann man darauf Wetten abschließen, daß sie sich bei ihrer Abfahrt ein Dutzend neuer Adressen merken können. Diese von Merkur regierten Individuen kennen so viele Freunde, daß sie für zwei Menschen reichen würden – wahrscheinlich auch aus diesem Grund ist ihr Zeichen das der Zwillinge.

Ein Zwilling gibt sich nicht nur mit einem einzigen Typ von Freunden zufrieden, wie es andere Zeichen tun, sondern sammelt Bekanntschaften aus allen sozialen Schichten: Unter ihnen sind wahrscheinlich ein paar Tramps, ebenso wie der Regierungspräsident. Ein Zwilling muß so verschiedenartige Persönlichkeiten kennen, um seine ganzen Ideen überhaupt loszuwerden, und je mehr Typen er zur gleichen Zeit um sich versammeln kann, desto glücklicher ist er. Er ist in der Lage, sich gleichzeitig über zwei oder drei Themen zu unterhalten – genauso, wie er es schafft, zwei Arbeiten zu erledigen oder drei Liebesaffären zur selben Zeit zu haben.

Zwillinge lieben die Abwechslung und das Neue, ihr Verstand ist scharf und wißbegierig. Sie langweilen sich sehr schnell, besonders mit schwerfälligen Leuten, die sich und das Leben zu ernst nehmen. Sie können zwar mit diesen Menschen oder über diese Menschen lachen, doch nur so lange, wie sie sich dabei amüsieren oder interessante Informationen sammeln. Ist das nicht mehr der Fall, dann sind die Kinder des Merkurs schon wieder bei der nächsten, unerwarteten Begegnung. Für jeden, der da mithalten möchte, kann es eine recht ermüdende Angelegenheit sein.

Sie diskutieren gern, aber nicht mit jemandem,

der nur rein gefühlsmäßig argumentiert. Manchmal verderben sie es sich mit Leuten, weil sie beim ersten Zusammentreffen einen gegenteiligen Standpunkt vertreten haben, nur aus dem einfachen Grund heraus, um ihren glänzenden Verstand auf deren Kosten etwas zu schärfen.

Diese quecksilbrigen Charaktere mögen frech, flatterhaft und inkonsequent erscheinen, manche halten sie für unsichere Kantonisten, doch keiner ihrer Freunde wird sie jemals als langweilig bezeichnen. Sie sind die Dreh- und Angelpunkte jeder Party oder jedes Treffens.

In gesellschaftlichen Kreisen kommen sie hervorragend zurecht, können sich fast jeder Situation anpassen und ein unverfängliches oder informatives Wortgeplänkel aufziehen, je nachdem, was gefordert ist, beleben die Gespräche mit amüsanten Anekdoten, geben brillante und schlagfertige Antworten. Sie haben die wundervolle Gabe, ihre Persönlichkeit der Stimmung im Raum anzupassen. Die engsten Vertrauten des Zwillings sind intellektuelle Typen, mit denen er abstraktere Themen, die ihn interessieren, diskutieren kann – und die nichts dagegen haben, zu unmöglichen Zeiten nur zum Plauschen angerufen zu werden.

Der Krebs als Freund

Krebse haben gern ein paar treue und vertraute Menschen um sich. Sie möchten auch gern das Gefühl haben, diesen Kameraden von Nutzen zu sein, und erfreuen sich des Respekts und der Achtung, die man ihnen entgegenbringt. Sie suchen ihre Freunde mehr nach ihren Gefühlen als nach verstandesmäßigen Kriterien aus; »fühlt« sich jemand für den Krebs richtig an, so ist fast sicher, daß er oder sie dieselben Interessen verfolgt und ähnliche Ansichten hat. Die Krebse entwickeln eine ungeheuere Sensitivität gegenüber den Schwingungen, die andere Leute aussenden.

Krebse haben ihre Launen und können dadurch diejenigen, die sie noch nicht richtig kennen, ganz schön irritieren. Vom einen auf den anderen Tag scheinen sie nicht mehr die gleiche Person zu sein. Ihr Temperament schwankt je nachdem, wo sie sind, mit wem sie zusammen sind, bisweilen sogar in Abhängigkeit vom Wetter! Ein männlicher oder weiblicher Krebs ist jedoch nicht so oberflächlich, wie es scheinen mag, und ihre echten Freunde lieben sie so, wie sie sind.

Die Intensität einer engen Freundschaft kann in gewissen Fällen Platzangst hervorrufen; denn der Krebs ist zwar recht mitfühlend und hilfreich, doch neigt er dazu, seine Nächsten zu stark abzuschirmen, sich zu eifrig um ihr Wohlergehen zu kümmern. Wer zum Objekt seiner Fürsorge geworden ist, fühlt sich manchmal von ihm vereinnahmt, in seiner persönlichen Entfaltung eingeschränkt. Wenn ein Krebs versucht, alles zu geben, dann geschieht es, daß er übermäßige Forderungen stellt; denn ein so empfindsamer Mensch wie er braucht sehr viel Zuneigung. Oft endet das damit, daß er sich tief verletzt fühlt, wenn seine Freunde die Zeit für gekommen sehen, sich aus dieser Umklammerung zu lösen und eine Abwechslung zu suchen.

Obwohl man Krebsen nicht Eitelkeit oder Ichbezogenheit nachsagen kann, sind sie beträchtlich stolz auf sich selbst, was bedeutet, daß man ihnen stets Wertschätzung entgegenbringen und sie laufend ihres Wertes versichern muß. Das bereitet keine Schwierigkeiten, weil sie ja recht liebenswerte Zeitgenossen sind. Trotzdem reagieren sie oft mimosenhaft, und man hat sie schnell beleidigt. Sie ziehen sich dann in den Schmollwinkel zurück und hüllen sich in mürrisches Schweigen, wenn man ihnen nicht genügend Aufmerksamkeit schenkt; für sie ist es unerträglich, von Freunden unterschätzt zu werden. Sie wissen auf ihre bescheidene Art ganz genau, was sie wert sind.

Freunde und Bekannte haben die Angewohnheit, dem Krebs alles anzuvertrauen. Oft ist er Mitwisser von viel mehr Geheimnissen als seine Kameraden zusammengenommen besitzen, doch käme er nie, nicht einmal beim vertraulichsten Gedankenaustausch, auf die Idee, sich über die Privatangelegenheiten anderer Leute auszulassen. Diese Art von Treue und Verständnis, zusammen mit der Aura hochherziger Ernsthaftigkeit, die ihn umgibt, bringt selbst weitläufige Bekannte dazu, sich bei ihm Rat zu holen und ihm intimste Dinge anzuvertrauen. Der Krebs hat eine Engelsgeduld und sehr viel gesunden Menschenverstand.

Krebse verabscheuen Streit und Zwietracht. Sie würden eher einem Freund nachgeben oder sich still und leise verdrücken, als sich auf eine harte Auseinandersetzung einlassen. Der Umgang mit aggressiven Menschen schlägt ihnen buchstäblich auf den Magen und kann sie krank machen.

Viele Leute merken nicht, wie empfindsam diese Kinder des Mondes sind, weil sie es fertigbringen, ihre Emotionen unter ihrem ruhigen und vertrauenerweckenden Äußeren zu verstecken.

Der Löwe als Freund

Das Problem mit Freunden aus dem Zeichen Löwe ist wahrscheinlich, daß sie zu großzügig und freigebig sind; oft versagen sie ihren Kameraden die Befriedigung, daß Freundschaft eine Angelegenheit gegenseitigen Gebens und Nehmens darstellt. Das hat nicht soviel mit den Dingen zu tun, die man mit Geld kaufen kann. Die Freundschaft des Löwen ist nicht erdrückend, wie sie es beim Krebs sein kann, sondern einfach überwältigend!

Wir sprechen natürlich über den entwickelten Löwe-Charakter. Der unreife Typ ist viel zu rechthaberisch, um Freunde für längere Zeit an sich zu binden. Doch auch der großmütige und großzügige Löwe muß oft erkennen, daß man eine Freundschaft mit Überdosen gutgemeinter Gefälligkeiten abtötet oder zumindest schädigt. Zu diesen Gefälligkeiten zählt auch das Verteilen guter Ratschläge; ein Löwe oder eine Löwin kann einfach nicht widerstehen und muß seine oder ihre Meinung äußern, gefragt oder ungefragt.

Trotzdem, Löwen sind treue und zuverlässige Freunde, und es gelingt ihnen gewöhnlich, ebenso großzügige und gütige Kameraden um sich zu sammeln. Das ist gut so, denn das sind die einzigen Leute, mit denen sie eine vernünftige und gute Beziehung aufbauen können.

Diese stolzen und gewöhnlich auch gebieterischen Charaktere fordern von ihren Freunden sehr viel Respekt, Beifall und Treue; materielle Dinge bedeuten ihnen im Vergleich überhaupt nichts. Jeder, der nicht irgendwie den Löwen bewundert, wird ihn nicht lange seinen Freund nennen können.

Löwen glauben wirklich das ganze Geschwätz vom König des Tierreichs. Sie neigen dazu, um sich Leute zu sammeln, die intellektuell mit ihnen auf einer Stufe stehen, aber gefühlsmäßig von ihnen abhängig sind. Sie lieben es, Hof zu halten, hier einen guten Rat zu geben, dort jemandes Problem zu lösen. Sie sind dann glücklich, wenn sie über ihre Freunde lächeln und sich als die große Vater- oder Mutterfigur fühlen können. Obwohl sie es wahrscheinlich nie zugeben würden, brauchen sie ihre Kumpels in Notfällen wirklich notwendig. Sind Sie der Freund eines Löwen, dann gefällt es Ihnen wahrscheinlich, auch stets ein bißchen anzugeben. Sie werden schon gemerkt haben, daß dieser sehr dem Konkurrenzdenken verhaftete Mensch so lange ruhig bleibt, wie Sie nicht die ganze Aufmerksamkeit auf sich ziehen. Sollte dies aber geschehen, können Sie sicher sein, daß er sich etwas ausdenkt, um sich wieder ins Rampenlicht zu setzen.

Löwen sind recht starr und einseitig in ihren Vorstellungen und Bestrebungen und deshalb fasziniert von rastlosen Typen mit vielseitigen Interessen, finden sie auf der anderen Seite aber auch etwas zu beunruhigend, weil solche Kameraden den Löwen und seine große Selbstsicherheit, sich auf dem einzig richtigen Weg zu befinden, ins Wanken bringen und ihn dazu zwingen, seine Ziele und Wünsche genauer zu überdenken. Gewöhnlich findet er sein Gleichgewicht (gleichbedeutend mit seinem Selbstbewußtsein) ziemlich schnell wieder, doch für kurze Zeit kommt er ins Schwimmen. Diese Art von Freunden tun dem Löwen tatsächlich einen Gefallen, indem sie einige seiner Vorstellungen aufbrechen und ihn aus seiner Selbstzufriedenheit aufwecken; er muß lernen, daß er nicht jedesmal recht haben kann. Löwen geraten häufig in zweifelhafte Gesellschaft, und ihre Freunde müssen sie da wieder herausholen. Sie können einen Charakter nicht gleich beim ersten Zusammentreffen richtig beurteilen. Sie fallen auf Schmeicheleien und falsche Freundschaftsgesten herein, besonders dann, wenn sie mit einem Hauch von Glanz verbrämt sind. Auf diese Weise schaffen es sogenannte Freunde und zufällige Bekanntschaften, den Schutzschild der Löwen zu durchdringen und sie zum Narren zu halten. Seltsamerweise fühlen sie sich nicht von Leuten hintergangen, die ihnen mit falschen Komplimenten Vergünstigungen abgegaunert haben.

Sowohl der Löwe-Mann als auch die Löwe-Frau besitzt eine starke persönliche Ausstrahlung, die es ihnen leichtmacht, viele Freunde zu gewinnen, von denen wiederum keine geringe Zahl in Regierungs- oder kommunalpolitischen Kreisen beheimatet ist. Einige dieser Freundschaften halten ein Leben lang. Löwen unterhalten ihre Spezis genauso gern bei sich zu Hause wie in bekannten Lokalen. Ein Löwe geht meist eine oder zwei dauerhafte Verbindungen mit Leuten im Ausland ein.

Mag kommen, was wolle, weder der Löwe noch die Löwin wird jemals einen Freund im Stich lassen.

Die Jungfrau als Freund

Mit Jungfrauen hat man es nicht leicht, in engeren Kontakt zu kommen. Sie mögen zwar von sich behaupten, sie hätten viele Freunde, doch andere würden es eher Bekanntschaften nennen. Es ist nicht einfach für die im Zeichen Jungfrau geborenen Menschen, die tiefe Bedeutung einer echten Freundschaft zu erkennen, die gefühlsmäßige und mitfühlende Bindung, die sich mit Worten nicht umschreiben läßt. Jungfrauen schließen Freundschaften auf intellektueller Basis; die Verbindung muß für sie einen Sinn ergeben. Ihren Beziehungen zu ihren Mitmenschen fehlt es im allgemeinen an Flexibilität.

Das heißt nun aber nicht, daß diese praktischen Menschen nicht zahlreiche Freunde hätten, die sie anrufen, besuchen und jederzeit um Hilfe bitten können – und umgekehrt natürlich ebenso. Doch sind sie sehr wählerisch und wollen auf keinen Fall, daß ihre Freunde ihnen persönliche Geheimnisse anvertrauen, da sie jede Art von Einmischung verabscheuen. Sie mischen sich nicht in die Angelegenheiten anderer ein und erwarten dann von diesen dieselbe Einstellung. Jungfrau-Menschen sind die gutfunktionierenden und gesunden Beziehungen am liebsten, in denen eine offene Diskussion der gemeinsamen Interessen möglich ist; Privatangelegenheiten sind bei diesen Aussprachen tabu. Nur einem Menschen, mit dem sie sich außergewöhnlich gut verstehen und dessen integere Einstellung sich stets von neuem beweist, vertrauen sie sich an. Und auch hier gilt, daß sie nicht verzweifelt nach jemandem suchen, dem sie ihre intimsten Geheimnisse mitteilen.

Wahrscheinlich lernen Sie einen im Zeichen Jungfrau geborenen Freund in einer Gruppe von Leuten kennen, die eins der vielseitigen Interessen dieser intelligenten und kritisch urteilenden Menschen teilen. Beim ersten Zusammentreffen sind sie zurückhaltend und ein bißchen ängstlich, halten sich etwas im Hintergrund, bis sie sich zurechtgefunden haben – was gewöhnlich bedeutet, daß sie eine recht treffende Charakterwertung aller Anwesenden vorgenommen haben.

Obwohl sehr ruhige, unauffällige Persönlichkeiten, so übernehmen Jungfrauen jedoch keine Statistenrollen. In Diskussionen zeigt sich ihr klarer und geschulter Verstand, der sie in die Lage versetzt, in Sekundenschnelle die praktischen Anwendungsmöglichkeiten eines Vorschlags zu erkennen. Wenn sie sprechen, hört man ihnen zu; denn man weiß, daß sie neben ihrer Kritik auch konstruktive Gedanken äußern.

Leute mit ähnlich gelagerten Interessen finden gewöhnlich Gefallen an den Jungfrau-Typen, weil sie zwar in ihrer Offenheit etwas streng urteilen, aber erfrischend ehrlich sind. Tatsächlich ist Ehrlichkeit einer ihrer hervorstechendsten Wesenszüge; man weiß immer, wo man mit Ihnen steht. Sie sind auch sehr gewissenhaft und idealistisch. Es passiert jedoch sehr oft, daß sich Jungfrau-Menschen mit ihren Freunden aufgrund von Meinungsverschiedenheiten entzweien. Während andere Charaktertypen in der Lage sind, die abweichende Ansicht eines guten Freunds in wesentlichen Dingen zu ignorieren, können die Jungfrau-Charaktere das in der Regel nicht. So lange wie möglich werden sie eine solche Situation tolerieren, doch ihre Natur zwingt sie schließlich doch dazu, den Bruch herbeizuführen. Sie müssen den Dingen stets auf den Grund gehen. Ihr Verstand besteht auf einer logischen Analyse; das Prinzip allein zählt. Und deshalb geht es zu oft mit der Freundschaft, dieser nicht genau zu bestimmenden Sache, schief.

Beim Sport und anderen Betätigungen im Freien lernt der Jungfrau-Mensch seine besten und engsten Freunde kennen. Er selbst gehört bestimmt nicht zu den knorrigen Typen, denen Wind und Wetter überhaupt nichts ausmachen, doch ist er sich sehr deutlich der Notwendigkeit bewußt, sich durch viel Bewegung an der frischen Luft fit zu halten, und die meisten seiner Kameraden teilen seine Ansichten über gesunde Lebensweise und Ernährung.

Wenn sich Jungfrauen jemanden zum Freund erwählen, dann sind sie unheimlich ehrlich zu ihm und werden es nicht dulden, daß ein Dritter hinter seinem Rücken schlecht über ihn redet. Sollte ihnen an ihrem Freund etwas nicht passen, dann sagen sie es ihm ganz offen. Sie sind ehrenwerte und rechtschaffene Menschen, und man kann sich darauf verlassen, daß sie das Richtige tun.

Die Waage als Freund

Waagen brauchen das Gefühl, zu jemandem zu gehören. Freundschaft ist für sie ebenso wichtig wie das Atmen. Doch ihre Beziehungen zu anderen scheinen oft viel inniger zu sein, als sie es in Wirklichkeit sind. Waagen schließen in der Regel keine tiefen, seelenergreifenden Freundschaften; dazu fehlen gewöhnlich in diesen Beziehungen die zwischen himmelhoch jauchzend und zu Tode betrübt schwankenden Gefühle. Freundschaft bedeutet für sie eine unterhaltsame und würdige Form, sich dagegen zu versichern, allein oder isoliert zu sein.

Waage ist das Zeichen der Partnerschaft. Und was Waage-Menschen angeht, besteht für sie auch kein wesentlicher Unterschied zwischen der Ehe und einer freundschaftlichen Verbindung. Der Grund für diese Einstellung liegt darin, daß sie Idealisten und keine Sensualisten sind. Für sie ist der Geliebte (die Geliebte) zu allererst einmal ein Freund (eine Freundin).

Waagen gehen selten ganz in einer Liaison auf und halten stets ein wesentliches Stück ihrer Persönlichkeit zurück, was oft den Eindruck einer gewissen Förmlichkeit, einer diskreten Vorsicht nach dem Motto: »Bitte nicht zu nahe herankommen«, hervorruft. Diese diskrete Vorsicht macht sie, zusammen mit ihren anderen positiven Eigenschaften, zu interessanten und wünschenswerten Gefährten; nichts ist ja so unwiderstehlich wie das, was einen anlockt, sich dann aber spröde verweigert.

Waagen sind charmant, unbekümmert, höflich und äußerst diplomatisch. Sie möchten, daß jeder, mit dem sie zusammenkommen, sie gern hat, sie zum Freund haben will – wirklich jeder, das heißt, mit Ausnahme von aggressiven, groben und brutalen Typen, denn die machen sie buchstäblich krank, sollten sie gezwungen sein, eine Zeitlang in deren Gesellschaft zu leben.

Das Zeichen Waage wird, wie Sie wissen, von der Venus regiert, dem Planeten der Liebe, Schönheit und Harmonie, und das sind auch genau die wesentlichen Eigenschaften, nach denen die Waagen in all ihren Beziehungen suchen. Wo immer sie gerade arbeiten, leben oder spielen, sie werden stets vom Künstlerischen, Eleganten und Angenehmen angezogen. Ihre liebsten Freunde sind diejenigen, die die schönen Künste ausüben, ihnen große Wertschätzung entgegenbringen oder ein spezielles Wissen über sie besitzen. Waage-Menschen selbst sind häufig auf diesem Gebiet begabt und machen zusammen mit Freunden ein Geschäft auf als Innenarchitekten, Designer, Coiffeure oder in anderen Berufssparten, die mit Schönheit und Verschönerung zu tun haben.

Waage-Menschen lieben das Vergnügen, werfen sich gern in Schale, um ihre Freunde in deren Wohnungen zu besuchen. Als Gäste oder Gastgeber sind sie freundlich und amüsant. Häufig gehören ihre Freunde zu den einflußreichsten und prominentesten Leuten der Stadt.

Freunde aus dem Zeichen Waage werden alles versuchen, um neue, interessante Leute für ihren Kreis zu gewinnen. Häufig sind sie dafür verantwortlich, daß zwei sich rein zufällig begegnen und schnell der Funke zwischen beiden überspringt. Sie sehen es gern, wenn andere Menschen sich gut unterhalten und sich wohl fühlen.

Die geistig beweglichen und extrovertierten* Waage-Menschen sind etwas launisch und ihr Verhalten ist dann schwer vorauszusehen. Manchmal lassen sie die schöne Maske fallen, und es zeigt sich, wie kritisch und scharf sie reagieren können und wie leicht sie ärgerlich werden, doch finden sie schnell ihr seelisches Gleichgewicht wieder. Nicht umsonst ist ihr Symbol die Waage.

Ihr Sinn für Würde und Gerechtigkeit ist sehr stark ausgeprägt. Jeder, der einen Untergebenen in ihrer Anwesenheit auf unfaire Weise behandelt, muß mit einem scharfen Verweis rechnen. Waage-Frauen und -Männer glauben mit ganzem Herzen, daß alle Menschen Brüder sind. Doch wenn es darum geht, dafür tatsächlich etwas zu tun, dann fehlen sie zumeist, weil sie in der Regel zu bequem sind, um Anstrengungen auf sich zu nehmen.

Waage-Individuen sind wunderbare Gefährten, doch ist es ihre Art, ihre Freunde auszunützen, um das zu bekommen, was sie haben wollen.

Der Skorpion als Freund

Skorpione können die Freunde sein, die die meisten Ansprüche stellen. Im Grunde sind sie nämlich Einzelgänger, nicht bereit, ihre Gefühle mit anderen zu teilen und wollen, daß alles nach ihrem Willen geht. Sie erwarten von Freunden, daß sie ihre Interessen genauso angestrengt verfolgen wie sie selbst; wenn nicht, sind sie vergessen. Ein Skorpion hat keinen Freund, solange er (oder sie) ihm nicht etwas zu geben vermag.

So hart es auch klingen mag, dies ist der Schlüssel zur außergewöhnlichen Persönlichkeit des reinen Skorpion-Typs. Zum Glück wird dieser reine Typ durch andere Faktoren im Horoskop abgeschwächt, obgleich natürlich die Grundtendenzen erhalten bleiben.

---

* = nach außen gerichteten

Es ist nicht leicht für den Skorpion, wahre Freunde zu finden, weil er sie nicht notwendig braucht. Und was man nicht notwendig braucht, ist in Notfällen entbehrlich.

Im allgemeinen hat der Skorpion aber den zwanghaften Wunsch, seinen starken Geschlechtstrieb zu befriedigen. Dieser Trieb dieses bemerkenswerten Zeichens kann aber den Skorpion in das andere Extrem verfallen lassen und ihn, immer noch allein, in sich selbst verleugnende Tiefen mystischer Erfahrung stoßen. Doch gewöhnlich richten Skorpion-Mann oder Skorpion-Frau ihre lüsternen Energien auf die Liebe. Er oder sie braucht deshalb unbedingt jemand vom anderen Geschlecht und wird dieser Person dienen und sie so behandeln, wie es notwendig ist, um sie nicht zu verlieren.

Zu was braucht der Skorpion also einen Freund? Als Echo seiner Ideen, als Resonanzboden oder als aufmerksamen Zuhörer? Das Problem ist, daß die Freunde des Skorpions ihn gewöhnlich in irgendeiner Beziehung brauchen, und das bringt ihn in eine beneidenswerte Position.

Die Persönlichkeit des Skorpions wirkt unheimlich anziehend auf einen Teil der Leute, auf den anderen ungemein abstoßend. Die von ihm angezogen werden, hegen tiefe Gefühle der Hingabe und Liebe für ihn, die der Skorpion aber wahrscheinlich überhaupt nicht braucht. Um in seiner Nähe bleiben zu können, müssen sie dieser tyrannischen, selbstsüchtigen, rachsüchtigen, mißtrauischen, intriganten, sturen und oft grausamen und gefühllosen Person gehorchen.

Natürlich gibt es immer Ausnahmen, die durch positive und günstige Einflüsse im Horoskop bestimmt werden. Die besser entwickelten Skorpion-Typen sind – wenn man sie nicht reizt – zuverlässige und verständnisvolle Freunde; sie werden mutig für einen Kameraden arbeiten und kämpfen. Aus ihrer Entschlossenheit und Geduld beziehen charakterschwache Gefährten häufig neue Kraft und Anregungen.

Wenn ein Skorpion jedoch eine Freundschaft von sich aus anstrebt, bedeutet das gewöhnlich, daß er tieferliegende Gründe dafür hat. Er könnte die Freundschaft zum Beispiel einem persönlichen Freund seines Chefs antragen. Er besitzt nämlich die erstaunliche Gabe, Situationen genau abwägen zu können und zu erkennen, wer als Sieger aus einem zu erwartenden Machtkampf hervorgehen wird – und mit wem er sich folglich gut stellen muß. Seine Fähigkeiten im Intrigenspiel werden von keinem anderen Zeichen erreicht; es gibt keine Grenzen für seine Verschlagenheit, wenn es um seine eigenen Interessen geht.

Der Skorpion kann sich leidenschaftlich und hingebungsvoll einer Sache oder Person widmen, die er liebt – und genauso heftig in seinem Haß oder seiner Abneigung gegen beide sein.

Er äußert selten seine Meinung, wenn er nicht danach gefragt ist und übernimmt die Ansichten anderer nicht ohne vorherige Überprüfung.

Wenn man unter Freundschaft gegenseitiges Vertrauen und Anteilnahme versteht, dann ist davon in einer Freundschaft mit dem Skorpion nicht viel zu merken.

Fragen Sie einen Skorpion danach: Er ist von jener kühlen, distanzierten Ehrlichkeit und wird dieser Feststellung wahrscheinlich sogar zustimmen.

Der Schütze als Freund

Schütze-Menschen sind wundervolle Gefährten, unbeschwert, witzig und äußerst intelligent, machen sich Freunde in allen Gesellschaftsschichten und ziehen welche aus allen Schichten an. Sie machen leidenschaftlich gern Experimente in ihrem Leben, reisen so weit und oft wie möglich – und den Mitmenschen gefällt es, wenn sie sich ihnen eine Zeitlang anschließen dürfen; denn mit den gutgelaunten Schützen gibt es selten Langeweile. Sie sind allem Neuen aufgeschlossen und springen mit solcher Lebenslust von Erfahrung zu Erfahrung, die andere, weniger energische Typen atemlos und verwundert zurückläßt.

Sie können aber auch sehr ernst sein. Ihre Liebe zum Spaß, ihr unkompliziertes Auftreten und der Hang zu Clownerien stellen nur die eine Seite ihres Charakters dar, die ihnen unbestreitbar Anziehungskraft verleiht und den Schützen zu einem der beliebtesten Tierkreiszeichen macht. Doch sind diese Leute auch sehr interessiert an den Problemen ihrer Mitmenschen, und sie werden jede Art von Projekten unterstützen, die darauf ausgerichtet sind, das Leben leichter und freier zu machen.

Die engsten Gefährten des Schützen sind ihm charakterlich sehr ähnlich, doch fesseln sie sich nicht aneinander – das Bindeglied ist reine Kameradschaft. Schützen bringen es fertig, ihre Zeit zwischen der ernsten und der fröhlichen Seite des Lebens aufzuteilen, ohne in einen inneren Konflikt zu geraten. Ihre Energie und Begeisterungsfähigkeit sind überschwenglich und grenzenlos.

Die eben genannten Wesenszüge beschreiben den positiven und reifen Typ eines unter diesem Zeichen geborenen Menschen. Beim negativen Typ sind diese Eigenschaften zu merkwürdigen, jedoch im wesentlichen noch erkennbaren Formen verzerrt. Er oder sie ist ein recht ausgelassener Mensch, der sich ein schönes Leben macht, oberflächliche, angeberische Freunde um sich schart, im Übermaß ißt und trinkt, Versprechen gibt, die er nie einzuhalten gedenkt, keinem Glücksspiel widerstehen kann und chronisch in Schulden steckt. Wegen der ihnen angeborenen Anziehungskraft können diese Leute einen schlechten Einfluß auf andere ausüben. Ihre Leichtlebigkeit und Verachtung jedweder Verantwortung scheint erstrebenswert; insbesondere junge Leute bewundern und imitieren ihre großspurige Freiheit.

Selbst die weiter entwickelten Schütze-Typen müssen gelegentlich ihre überschwengliche und impulsive Vernügungssucht zügeln. Das Partyleben und jede Art von Festivitäten kann auf sie einen unwiderstehlichen Reiz ausüben. Sogar ein ernster und vornehm gesinnter Schütze, eine Stütze der Gemeinschaft oder der Geschäftswelt, kann urplötzlich ausbrechen und sich und seine Freunde in peinliche und lächerliche Situationen bringen, die ihnen, bei Tageslicht besehen, unerklärlich sind.

Obgleich das sorglose Verhalten des Schützen den Verdacht nahelegt, er kümmere sich nicht um das, was man über ihn denkt, piesackt ihn sein Gewissen recht schmerzlich, und er versucht immer, sich auf irgendeine Weise zu bessern.

Schütze-Menschen sind großmütige und treue Freunde. Ihre engsten Vertrauten schätzen ihre ehrliche und offene Art und die hohen Ideale, die sie in bezug auf den Umgang mit den Mitmenschen hegen. Sie lieben ihre Freiheit und Unabhängigkeit und werden nie jemanden, auch wenn sie ein Richteramt ausüben sollten, seiner Freiheit berauben, ohne sich vorher ernste Gedanken gemacht zu haben.

Schützen versuchen, ihre Freunde an ihrem Erfahrungsschatz teilhaben zu lassen, indem sie ein persönliches Interesse an deren Problemen zeigen und sich bemühen, Lösungen anzubieten. Ihre Gastfreundlichkeit, Güte und freigebige Hand in Geldsachen ist unter ihren Freunden schon beinahe legendär.

Der Steinbock als Freund

Im Zeichen des Steinbocks geborene Menschen haben gewöhnlich nicht viele enge Vertraute. Ihr Hauptinteresse gilt der Arbeit; wenn sie ihr Tagespensum erledigt haben, dann entspannen sie sich in Gesellschaft eines Menschen, der weiß, daß jede Unterhaltung über private Angelegenheiten vom Steinbock selbst begonnen werden muß. Ihre Freunde sind meist zufällige Bekannte, die auch keinen Austausch intimster Geheimnisse erwarten.

Steinböcke können feste Freundschaften eingehen, und bei diesen seltenen Gelegenheiten sind sie so treu und zuverlässig wie jedes andere Sternzeichen. Doch der Freundeskreis des einzelnen Steinbocks weist nur eine sehr beschränkte Mitgliederzahl auf, und diese Mitglieder kommen nicht oft zusammen. Es genügt den Steinböcken zu wissen, daß jemand da ist, mit dem sie ihre Sorgen bereden können – falls sich die Notwendigkeit dazu jemals ergibt. Dies vermittelt ihnen das Gefühl der Sicherheit, das für ihr Glück und Wohlbefinden so wesentlich ist. Nicht die tatsächliche Ausübung dieser Option ist es, was zählt, denn eine tiefe, vertrauensvolle Freundschaft ist etwas, was der Steinbock in Reserve hält – oder in seinem Herzen – und wovon er wahrscheinlich nie gezwungen sein wird, Gebrauch zu machen.

Und weiter geht's mit der Show, die sie vor ihren Mitmenschen abziehen, um ihr wahres Gesicht zu verbergen. Man kann diese Menschen sehr leicht unterhalten: Sehr oft sind sie mit einer gemütlichen Plauderei, ein paar Drinks, guter Musik, einem netten Fernsehprogramm oder einer Diskussion über geschäftliche Angelegenheiten oder aktuelle Themen völlig zufrieden. Sie sind keine Romantiker mit geselligen Neigungen und nicht vergnügungssüchtig. Alles, was sie in Wirklichkeit wollen, ist eine vorübergehende Ablenkung von ihrer Hauptsorge, die, wenn sie älter werden, nur darin besteht, soweit wie möglich im Beruf voranzukommen und sich möglichst einen Namen zu erwerben.

Nur ihre engsten Freunde und die, die sie innig lieben, bemerken die außergewöhnliche Sensibilität der Steinböcke. Nach außen hin mögen sie stabil, robust und widerstandsfähig erscheinen, doch tief in ihrem Innern leiden sie unter mangelndem Selbstvertrauen, Unsicherheit und vagen, undefinierbaren Ängsten.

Beim ersten Zusammentreffen machen die Steinböcke meist einen ablehnenden und unnahbaren Eindruck. Oft ist das eine Pose, die sie sich zulegen, um ihre Unsicherheit zu überdecken. Der Steinbock ist so entschlossen, sich von niemandem in seinen Gefühlen verletzen zu lassen, daß er keinem auch nur die Chance gibt, ihn zu ignorieren oder ihm einen Korb zu geben, indem er überhaupt kein offenes Freundschaftsangebot ausspricht. Seine Gefühle versteckt er so sorgfältig, daß sie nie jemand erfährt.

Diejenigen sind wirkliche Freunde eines Steinbock-Mannes oder einer Steinbock-Frau, die sich die Mühe machen, geduldig und liebevoll den äußeren Schutzwall zu durchdringen und zu seiner tatsächlichen Persönlichkeit vorzustoßen. Es gibt keinen Zweifel darüber, daß diese Schutzschicht der Steinböcke schon in frühen Jahren zu wachsen beginnt. Ihre Kindheit verläuft oft recht traurig und in ungeordneten Verhältnissen, und diese Erfahrung lehrt sie, sogenannten engeren Beziehungen mit Argwohn zu begegnen.

Häufig erscheinen sie mißtrauisch, wenn ihnen jemand freundlich die Hand entgegenstreckt. Nicht daß sie diese Hand nicht ergreifen möchten; sie fragen sich nur nach dem schmerzlichen Preis, der zu zahlen ist, wenn einer den anderen im Stich läßt. Sie sind schon sehr ernste und sorgenvolle Menschen, diese Steinböcke.

Ein Steinbock, der sich von seinen Ängsten beherrschen läßt, wird verschlossen und zieht sich in sich selbst zurück. Dieser Vorgang kann ziemlich früh beginnen, manchmal sogar schon im Alter von fünfzehn bis zwanzig Jahren, obwohl der Steinbock in diesem Alter noch glücklich und für jeden Spaß zu haben scheint. Ein solcher Mensch ist oft sehr kritisch und unterdrückt seine Leidenschaften, die sich dann in sofortigen und heftigen Abneigungen gegen alles ausdrückt.

Alles in allem stehen die Chancen schlecht, daß der Steinbock für die Mehrzahl der Leute ein guter Freund sein wird.

Der Wassermann als Freund

Die Freundschaft mit einem Wassermann ist von höchster Güte; sie bringt, was man als seelische Befriedigung bezeichnen könnte, und sie ist für diejenigen, die mit diesen liebenswerten Individuen enger verbunden sind, oft eine stete Quelle neuer Inspirationen. Das überrascht nicht, denn das Zeichen des Wassermanns regiert Freundschaft, Gemeinschaften und die Zugehörigkeit zu Gruppen. Mit anderen Worten, ein Wassermann kann der ideale Freund sein.

Die Wassermänner sind weder eifersüchtig noch besitzergreifend; Leute, die sich wie Kletten an andere hängen und in einer Freundschaft eine gewisse Art der Exklusivität suchen, werden von ihnen bitter enttäuscht sein. Wassermänner fühlen sich dem Ideal der Kameradschaft, der ihm innewohnenden Freiheit und Bescheidenheit, die keine Ansprüche an den Partner stellt, nicht so sehr dem einzelnen Individuum gegenüber verpflichtet. In der Regel finden sie eher Freunde als zukünftige Ehegefährten, denn die Ehe würde sie zu stark einschränken und einengen, wo sich doch ihr ganzes Wesen nach einer Vielzahl geistiger Erlebnisse durch verschiedenartigste Kameraden sehnt.

Das alles soll natürlich nicht heißen, daß sie Übermenschen sind, die sich nicht auch nach Liebe, menschlicher Wärme und Zuneigung sehnen. Sie sind Idealisten, und ihr Alleinsein ist in vielen Fällen das Ergebnis ihrer Denk- und Verhaltensweisen, die nicht mit denen der breiten Masse konform gehen. Doch scheinen sie in sich einen Magneten zu tragen, der auf andere, wenn auch manchmal nur für kurze Zeit, eine anziehende Kraft ausübt.

Wassermänner haben ein echtes Interesse an zwischenmenschlichen Beziehungen. Obwohl sie nicht, wie die meisten, den Freund nur für sich allein haben wollen, sind sie sich der tieferen Inhalte der Freundschaft sehr deutlich bewußt; sie wissen, daß sie kein bequemer Weg ist, sich ein paar schöne Stunden zu machen. Sie geben ihr einen würdigen Rahmen, den sie stets wahren und sinnvoll ausfüllen. In der Freundschaft mit einem Wassermann behalten beide Seiten ihre Individualität.

Die Freunde des Wassermanns sind in der Regel intellektuelle, ernste Charaktere, die seine Pläne für eine soziale Reform, die das Leben der Masse erleichtern soll, und mit denen er seiner Zeit ein Stückchen voraus ist, gutheißen. Diejenigen, die den Fortschritt vorantreiben, sind selten gesellige Typen; denn ihre Ansichten unterscheiden sie und ihre engsten Verbündeten gewöhnlich zu stark von den übrigen, durchschnittlichen Leuten.

In einigen Fällen erwerben sie sich sogar den Ruf, Radikale und Revolutionäre zu sein. Zuweilen steigen kleine Gruppen von Wassermännern und ihren Freunden aus der Gesellschaft aus und weigern sich standhaft, ins Establishment zurückzukehren. Sie führen ein unkonventionelles Leben, um damit ihre Weigerung, zu bequemen, allgemein anerkannten Normen zurückzukehren, zu unterstreichen; denn sie halten diese für überholt und der freien Entfaltung hinderlich. In einigen Fällen führt ihr Übereifer bei der Identifikation mit einer Sache zu ernsten Zusammenstößen mit der Staatsgewalt.

Doch im allgemeinen sind die Wassermänner vernünftige Individuen, die sich gegenüber ihren Freunden sehr großzügig und gerecht verhalten. Sie besitzen ein feines Gespür für Geben und Nehmen; ihr Einfallsreichtum und brillanter Verstand wirkt sich oft positiv auf ihre Kameraden aus und hilft ihnen, das Beste aus sich zu machen.

Der typische Wassermann ist wegen seiner Intelligenz sehr wählerisch bei der Auswahl seiner Freunde, doch ist er keinesfalls ein Snob.

Der Fisch als Freund

Fische-Menschen sind stets auf der Suche nach dem idealen Freund; natürlich werden sie dabei recht oft enttäuscht. Ihr Problem ist, daß sie so ideale Vorstellungen von der Freundschaft haben, daß kein einziges menschliches Wesen in der Lage ist, sie zu erfüllen. Sie erwarten ganz einfach zuviel. Wenn sie dann das Unmögliche nicht bekommen haben, neigen sie sehr schnell dazu, das Interesse an der betreffenden Person zu verlieren. Nicht daß sie jemanden »verstoßen«, den sie einen Freund genannt haben; denn sie sind sich ihrer irrationalen Erwartungen bewußt und besitzen einen ausgesprochen großen Hang zur Treue. Diejenigen, die ihren Erwartungen nicht entsprachen, drängen sie in den Hintergrund ihres Bewußtseins und fahren mit der Suche nach dem Unerreichbaren fort.

Es fällt dem Fisch schwer, Liebe und Freundschaft voneinander zu trennen; viel zu oft fallen für ihn beide zusammen oder es wird aus beiden nichts.

Fische möchten nicht gern allein sein – und trotzdem brauchen sie Stunden, in denen sie sich in die Abgeschiedenheit zurückziehen können. Dies ist eine ihrer Charaktereigenschaften, die neue Bekannte verwirrt.

Sie fühlen sich wohl in anregender Gesellschaft und können sich in eine Erregung steigern, die fast an Ekstase grenzt. Doch am nächsten Tag sind sie wieder verschlossen, machen sich Selbstvorwürfe, können denen nicht mehr in die Augen sehen, mit denen sie so viel Spaß und Kameradschaft teilten. Dieses beunruhigende Auf und Ab der Gefühle ist eine subjektive Erfahrung, mit der nur die Fische richtig vertraut sind. Wenn aber das Telefon oder die Türglocke klingelt, verhalten sie sich gegenüber ihrem Freund natürlich und zuvorkommend und antworten in ruhigem Ton. Sie sind sehr gute Schauspieler, diese sanften und manchmal etwas seltsamen Leute.

Fische sind bisweilen bei der Auswahl ihrer Freunde schlecht beraten und lassen sich von ihrer Begeisterung, Kontakte zu knüpfen und sich anderen mitteilen zu können, hinwegtragen. Sie finden jemanden schon sympathisch und vertrauen sich ihm an, bevor sie überhaupt wissen, wie sie mit ihm dran sind, oder, noch wichtiger, bevor sie sich darum gekümmert haben, das Format ihrer Gefährten richtig einzuschätzen. Sie neigen stets zu dem Glauben, daß sich in ihren Beziehungen alles zum Besseren wandelt, obwohl sie die Erfahrung das genaue Gegenteil lehrt.

Die Freunde der Fische haben fast immer einen Hang zum Künstlerischen; in primitiver und grober Gesellschaft fühlen sie sich nicht wohl. Die Fische selbst sind ebenfalls sehr künstlerisch veranlagt. Obwohl sie vielleicht keine überdurchschnittlichen Leistungen auf einem Gebiet vollbringen können, inspirieren sie diejenigen, die das Talent dazu haben.

Es gibt nur wenige Fische, die nicht zu irgendeiner Zeit ihre Gefühle in Gedichte gefaßt haben. Doch wird in der Regel nur ein wirklich sehr guter Freund das Vorrecht genießen, diese Gedichte lesen zu dürfen; denn diese auf seltsame Art äußerst selbstkritischen Menschen vernichten ihre Werke immer wieder sehr schnell.

Fische besitzen die außergewöhnliche Gabe, die Menschen in ihrer Umgebung glücklich zu machen – außer wenn sie in ihrer eigenen Phantasie aus einer Freundschaft eine Liebesgeschichte machen. Dann widern sie die Freunde mit ihrer viel zu dick aufgetragenen Zuvorkommenheit und Liebe direkt an.

Diese Menschen können ihre Freunde sehr gut unterhalten, so daß diese sich bei ihnen wie zu Hause fühlen. Anderen zu Gefallen zu sein, gefällt den Fischen am besten.

Eltern

Im folgenden wird dargestellt, wie sich die einzelnen Tierkreiszeichen in der Elternrolle verhalten. Die Sonne, die den wichtigsten Einfluß im Horoskop ausübt, bestimmt den Grundcharakter, den die meisten Menschen, die im gleichen Zeichen geboren sind, gemeinsam haben. Es gibt jedoch Abweichungen, die sich aus der Stellung der anderen Planeten bei der Geburt ergeben. Eine wesentliche Rolle spielt natürlich das Geburtszeichen der Kinder.

Wollen Sie nun diese einzelnen Faktoren genauer untersuchen, ist es ratsam, die persönlichen Horoskope der Eltern und der Kinder zu stellen, was für jedes einzelne Zeichen mit den Bänden der *Astro-Analysis*-Reihe möglich ist. Man muß nur die genaue Geburtszeit wissen. Dadurch kann jeder Mensch astro-analysiert und seine Grundcharakteristika können exakt umrissen werden.

Da sich bestimmte Zeichen besser oder schlechter miteinander vertragen, kann Ihnen die Aufstellung über die Verträglichkeit der Zeichen auf den Seiten 109 ff. einen ersten groben Eindruck vermitteln, wie Eltern und Kinder miteinander auskommen.

Widder in der Elternrolle

Widder-Eltern sind freundlich, großzügig und recht streng zu ihren Kindern. Eine Widder-Mutter ist oft geeigneter für Erziehungsaufgaben als ein Widder-Vater. Beide sind nicht besonders mitfühlend oder verständnisvoll und haben Schwierigkeiten, die Welt mit den Augen des Kindes zu sehen, wahrscheinlich, weil sie sehr stolz auf ihre Sprößlinge sein wollen.

Der im Zeichen Widder geborenen Mutter liegt die Erziehung der Kinder sehr am Herzen. Sie hat sich in den Kopf gesetzt, sie so aufzuziehen, wie sie es für richtig hält, auch wenn sie sich dabei kaputtmachen sollte – oder, was wahrscheinlicher ist, die Nachbarn zur Verzweiflung treibt.

Widder-Mütter haben sehr fortschrittliche Vorstellungen von Kindererziehung, ihre Methoden sind häufig recht unkonventionell. Sie halten es für notwendig, ihren Jüngsten von Anfang an beizubringen, auf eigenen Füßen zu stehen, und dazu gehört auch, daß der dreijährige Sonnenschein der Familie überall herumkrabbeln und sich den Kaffee selbst in eine Tasse von Tantes bestem Porzellanservice schütten darf, sich mit einer Schere beschäftigt oder sich mit einem Farbstift an der Tapete zu schaffen macht, wenn die Mutter gerade einmal nicht auf ihn aufpassen kann. Frau Widder handelt beileibe nicht unverantwortlich, ganz bestimmt nicht. Nur führt eine Freiheit, die dem Kind gewährt wurde, in seinen Augen automatisch zur nächsten, und sie kann gar nicht anders und muß so weitermachen wie begonnen. Bei ihr zählt nur das Kind allein, und man muß sie bewundern, wie sie versucht, ihm das Rüstzeug zu vermitteln, um mit den praktischen Problemen des Lebens fertigzuwerden, ohne jede eigene Regung seiner kleinen Persönlichkeit zu ersticken.

Der Widder-Vater ist da etwas anders. Er hat auch sehr fortschrittliche Erziehungsmethoden, ist sehr stolz auf seine Nachkömmlinge und will nur das Beste für sie. Aber er wird nie erlauben, daß die Kleinen sein Leben so diktieren, wie es oft andere Väter zulassen. Sie nehmen einen besonderen Platz in seiner Gefühlswelt ein, und er wird dafür sorgen, daß sie nie materielle Not leiden. Doch ist er ein sehr beschäftigter Mann: Er wird zwar sein Möglichstes tun, um auch ihre emotionalen Bedürfnisse zu befriedigen, doch kann er das nicht allzu gut, sowieso nicht, wenn er es ganz bewußt tun will. Aber gewöhnlich lieben ihn seine Kinder und freuen sich über seine Art, wie er, der Eingebung des Augenblicks folgend, die Dinge tut, die sie erfreuen.

Unter dem Eindruck dauernder Forderungen seitens seiner Kinder verliert der Widder-Vater leicht die Geduld und wird gereizt. Beide Elternteile glauben, daß die Erfahrung ein guter Lehrmeister ist. Wenn sich das Kind erst die Finger verbrennen muß, um zu lernen, nicht an den heißen Ofen zu gehen, dann ist das nach ihrer Meinung ganz in Ordnung, soll es ruhig weitermachen. Die Mutter ist in dieser Beziehung nicht so hart und erreicht deshalb auch mehr bei den Kindern. Doch sind beide hervorragende Beispiele an Unabhängigkeit und Tatkraft für das heranwachsende Kind.

Das Tierkreiszeichen, in dem ein Kind geboren ist, hat natürlich erhebliche Bedeutung für Erfolg oder Mißerfolg der Erziehungsbemühungen der einzelnen Widder-Eltern.

Stiere in der Elternrolle

Stier-Männer und -Frauen beten ihre Kinder an und machen sie zum Mittelpunkt des Familienlebens, doch sind diese liebevollen und gütigen Menschen unter normalen Umständen viel zu klug, als daß sie die Kinder ihrem Ehepartner vorziehen: Die Frage stellt sich ihnen überhaupt nicht in dieser Form. Sie bringen es auf wundervolle Weise fertig, die Familie zu einer Einheit zusammenzuschweißen, und die Kinder wachsen gewöhnlich durch das Beispiel ihrer Stier-Eltern mit großer Hochachtung vor den Tugenden eines intakten Familienlebens auf. Solche Kinder führen später oft selbst glückliche Ehen.

Es überrascht deshalb nicht, daß ein Stier-Geborener häufig als der ideale Vater oder die ideale Mutter bezeichnet wird. Stier-Menschen sind gutherzige, sympathische Persönlichkeiten, die ihren Lieben ein tiefes, intuitives Verständnis entgegenbringen. In der Regel sucht man ihresgleichen, was die Haushaltsführung angeht, vergeblich.

Weil sie selbst empfindsame Naturen sind, wissen sie genau, welchen negativen Eindruck unschöne Szenen und Streit auf das kindliche Gemüt machen. Natürlich gibt es auch in ihrer Ehe Meinungsverschiedenheiten, doch geben sie eher nach – oder kriechen für kurze Zeit zu Kreuze –, als den Frieden im Haus zu stören.

Ihre Ansichten über Kindererziehung sind ziemlich konventionell, sie halten den traditionellen Weg für richtig – den Kindern von Anfang an gute Manieren, gutes Benehmen und einen gewissen Moralkodex beizubringen. Freiheitsliebe und Unabhängigkeit sind nach ihrer Meinung natürliche Charaktereigenschaften bei Kindern, die sich sicher fühlen und wissen, daß sie geliebt werden. Wenn man ihnen echte Werte mit auf den Weg geben kann – und wer, fragt der Stier, bestreitet, daß Herzensgüte und Freundlichkeit die goldenen Lebensregeln sind? –, dann besitzen die Kinder eine feste Grundlage, auf die sie aufbauen können.

Eines der Geheimnisse des Erziehungserfolges der Stier-Eltern ist die Tatsache, daß er und sie das Leben im eigenen Heim lieben; die häusliche Routine wird ihnen nicht langweilig, wie es bei vielen anderen Tierkreiszeichen der Fall ist. Ihr Heim ist für diese Leute nicht bloß der Platz zum Essen oder Schlafen – es ist der Ort, wo sie so komfortabel, elegant und harmonisch, wie dem Menschen irgend möglich, leben.

Stier-Eltern wissen sehr gut, wie wichtig die Umgebung und die Umweltbedingungen für die Entwicklung des Kindes sind. Sie leben vorzugsweise in einer Vorstadt im Grünen, recht weit vom Stadtzentrum entfernt, oder im Idealfall auf dem Land.

Stiere besitzen einen starken Schutzinstinkt und gehören zu den Leuten, für die eine Scheidung nur der allerletzte Ausweg ist, weil sie befürchten, daß eine Trennung die Kinder aus der Bahn werfen würde. Zum Wohl der wachsenden Familie erdulden sie beträchtliche persönliche Mühsale und Härten.

Das Tierkreiszeichen, in dem ein Kind geboren ist, hat natürlich erhebliche Bedeutung für Erfolg oder Mißerfolg der Erziehungsbemühungen der einzelnen Stier-Eltern.

Zwillinge in der Elternrolle

Elternschaft ist keine leichte Aufgabe für den typischen Zwilling-Mann oder die typische Zwilling-Frau. Ihr Temperament und ihre Einstellung zum Leben ist im allgemeinen zu jugendlich und schwankend, als daß sie einer sich entwickelnden Persönlichkeit die feste Führung und psychologische Sicherheit bieten können, die sie so notwendig braucht. Kinder, die das Beispiel des Zwillings an rastloser Aktivität und nervöser Aufregung mit der herkömmlichen Vorstellung vom ruhigen und zuverlässigen Bürger vergleichen, werden nur verwirrt und an sich selbst unsicher.

Zwillinge-Mütter werden wahrscheinlich in dieser Hinsicht etwas besser abschneiden als Zwillinge-Väter. Diese vielseitigen Frauen werden zwar nach der Heirat weiter einer Tätigkeit außer Haus nachgehen, doch wenn dann Kinder kommen, wird sie möglicherweise feststellen, daß sie beide Aufgaben nicht gleichzeitig bewältigen kann. Oder kann sie's vielleicht doch? Man weiß es bei den energischen und findigen Zwillinge-Frauen nie ganz sicher. Obwohl es manchmal so aussieht, als wären sie im Haushalt etwas nachlässig, verabscheuen sie Unsauberkeit und sind sehr eigen, wenn es darum geht, wie der Haushalt zu führen ist. Am liebsten wäre es ihnen, wenn sie jemand hätten, der sich ums Haus kümmert, während sie außer Haus ihre anderen Interessen wahrnehmen.

Ob Zwilling-Mann oder -Frau, sie lieben ihre Kinder, doch sind sie nicht bereit, ihr ganzes Leben nur nach ihnen einzurichten. Wenn sie es täten, würde das nach ihrer Meinung den Kindern einen falschen Eindruck vom Leben vermitteln. Sie haben ein starkes Interesse an der geistigen Entwicklung ihrer Sprößlinge und halten es für falsch, ihnen überholte Vorstellungen und Werte einzubleuen. Sie glauben an das Recht auf freie Meinungsäußerung, an Gedankenfreiheit und Unabhängigkeit – und diese Ideale versuchen sie, ihnen zu vermitteln.

In ihren Beziehungen zu Kindern lassen die Zwillinge sich mehr von ihrem Verstand als vom Gefühl leiten. Kritiker mögen ihnen vorwerfen, sie hätten zu wenig Herz. Sie neigen dazu, sie mehr mit Logik überzeugen zu wollen, als mit ihnen zu »fühlen«. Emotionell können Zwillinge und ihre Kinder meilenweit voneinander entfernt sein.

Der Zwilling-Vater reagiert sehr schnell gelangweilt auf das alltägliche Zusammenleben mit der Familie und wird versuchen, so oft wie möglich wegzugehen, sich vielleicht sogar einen Beruf suchen, der seine tagelange Abwesenheit erfordert. Er hegt jedoch eine starke Zuneigung zu seinen Kindern und zu seinem Heim. Es ist leicht möglich, daß er nach kurzer Abwesenheit plötzlich voller Erwartung und Aufgeregtheit heimkommt und jeden (besonders aber die Kinder) mit seiner guten Laune ansteckt.

Der Zwilling-Vater ist bisweilen übertrieben streng. Es kann sein, daß er den Part der erzürnten Autorität spielt, um seine eigenen Gefühle der Unsicherheit zu verbergen.

Zwillinge-Eltern stellen in der Regel fest, daß sie ihre Kinder viel besser lenken können, wenn sie eine ruhigere Atmosphäre in ihrem Heim schaffen.

Das Tierkreiszeichen, in dem ein Kind geboren ist, hat natürlich erhebliche Bedeutung für Erfolg oder Mißerfolg der Erziehungsbemühungen der einzelnen Zwillinge-Eltern.

Krebse in der Elternrolle

Im Zeichen Krebs Geborene halten sich oft für die besten Eltern der Welt. Krebse haben zwar eine ganze Menge Fähigkeiten, die sie für die Elternschaft geradezu geeignet erscheinen lassen (manche gehen sogar so weit, im Zeichen Krebs die Mutterschaft verkörpert zu sehen), doch sind sie das glatte Gegenteil der Zwillinge: ganz Herz und Gefühl und zu wenig Vernunft.

Krebse lieben ihre Kinder auf sehr sentimentale, überschwengliche und besitzergreifende Weise. Sie sind so entschlossen, sie zu beschützen und zu umhegen, daß sie sie dabei mit ihrer Zuneigung fast erdrücken.

Krebs-Eltern widmen sich völlig ihrem Heim und ihrer Familie, jede andere Tätigkeit ist im Vergleich zu dieser alles umfassenden Idee nebensächlich. Während die Kinder aufwachsen, gilt ihnen ihre einzige Sorge, keine Mühe ist ihnen zu groß; solange Geld vorhanden, wird den Sprößlingen kein Wunsch versagt.

Krebs-Vater und -Mutter haben fast das gleiche Temperament. Da der Krebs aber zu den weiblichen Zeichen gehört, treffen die charakteristischen Merkmale natürlich bei einer Frau noch mehr zu als bei einem Mann. Er ist launisch, wankelmütig, sentimental und vergißt sehr oft, welche hohen Anforderungen er an seine Familie als Ausgleich für seine aufopfernde Hingabe stellt. Wenn man ihn deshalb selbstsüchtig nennen würde, wäre er zuerst platt und dann aufs höchste entrüstet – und wird unumstößliche Beweise für die Opfer herunterrasseln, die er über Jahre hinweg für seine Familie brachte. Seine Familie könnte jedoch die leise Ahnung nicht losswerden, daß er sie trotz seiner liebevollen Fürsorge um seine Gefühle betrogen hat – daß der Preis, den er von ihr an Sympathie und Anerkennung seiner Tugenden in all den Jahren abnötigte, die ganze Sache nicht wert war. Seine Wichtigtuerei vor der Familie, sein Beharren auf allgemein anerkannten Verhaltensformen und seine strafende Kritik kann die Kinder nervös und gehemmt machen. Er scheint nicht über seine eigenen, hingebungsvollen Gefühle hinaus denken zu können.

Die Krebs-Mutter wird sich ihren Kindern mit liebevoller Hingabe widmen und sie verhätscheln und dann wieder mit übergroßer Strenge bestrafen, wenn sie nicht brav waren. Ihre Launen ändern sich abrupt, wenn sie sich ärgert. Dann bekommt diese Frau, die normalerweise tagaus, tagein ihren Kindern dient und das als ihr Privileg betrachtet, einen beinahe hysterischen Wutausbruch. Die Kinder werden oft ziemlich verwirrt durch diese innere Widersprüchlichkeit eines Erwachsenen.

Krebs-Eltern müssen ihre schwankenden Gefühle verstandesmäßig besser unter Kontrolle bringen, wenn sie ihre zu große Liebe mit mehr Weisheit ausgleichen wollen.

Das Tierkreiszeichen, in dem ein Kind geboren ist, hat natürlich erhebliche Bedeutung für Erfolg oder Mißerfolg der Erziehungsbemühungen einzelner Krebs-Eltern.

Löwen in der Elternrolle

Wie viele schon wissen, ist der Löwe das Zeichen für Kinder, und deshalb kann man von den Löwe-Männern und -Frauen erwarten, daß sie recht gute Eltern sind.

Sie sind äußerst ehrgeizig mit ihren Kindern, wollen, daß diese bei allem, was sie anfangen, Erfolg haben und sind bereit, dafür Sorge zu tragen, daß sie alle möglichen Vorteile genießen. Sie werden der Eigeninitiative ihrer Sprößlinge nicht entgegenstehen, doch werden sie sie wissen lassen, was sie von ihnen erwarten.

Der Erfolg dieser Taktik hängt in großem Maße vom Charakter des Kindes ab. Wenn man einige Kinder nämlich zu stark antreibt und zu viel von ihnen erwartet, kann das ihre Entwicklung beeinträchtigen oder dazu führen, daß sie es in späteren Jahren ihren Eltern übelnehmen.

Glücklicherweise ist der Löwe auch das Zeichen für tiefe, innige Liebe. Die ehrgeizigen Pläne der Eltern mit ihren Kindern werden gewöhnlich von tiefer Zuneigung und echtem Verständnis begleitet. Ein typischer Löwe wird ein Kind nicht über Gebühr vorantreiben.

Ganz gleich, in welchem Zeichen die Kinder geboren sind, sie werden sich alle der liebevollen Fürsorge und Stärke ihrer Eltern bewußt. Löwen werden ihren Nachkommen zuweilen außergewöhnliche Wünsche erfüllen, doch in der Regel werden sie eine Bedingung an die Erfüllung von Wünschen knüpfen, um ihnen eine verantwortungsvolle Lebenseinstellung zu vermitteln. Trotz des starken Bestrebens, ihre Kinder bei anderen Leuten vorzeigen zu wollen, behalten sie nur das im Auge, was für jedes einzelne Kind das beste ist, wenn es um fundamentale Fragen geht.

Löwe-Eltern (insbesondere der Löwe-Vater) führen ihre Familien so, als wäre es ihr eigenes, privates Königreich. Bringt die Familie ihnen keine Ehrerbietung und Aufmerksamkeit entgegen, dann können sie sehr einsilbig und mürrisch werden und sich gekränkt zurückziehen. Das ist eher eine List, um auf die Undankbarkeit ihrer Lieben (die es wirklich besser wissen sollten) aufmerksam zu machen, als eine echte Laune oder dumpfes Vorsichhinbrüten. Kommt dann die erwünschte Anerkennung, ist alles wieder in Butter.

Wenn Löwe-Eltern merken, daß die Sprößlinge einem Fremden oder einem Besucher mehr Aufmerksamkeit und Bewunderung als ihnen schenken, stellen sie manchmal lächerliche Sachen an, um aufzufallen. Die Kinder mögen das ganz lustig finden, doch sind die Auswirkungen dieses egozentrischen Wettstreits um ihre Gunst auf ihre Psyche nur schwer abzuschätzen.

Löwe-Eltern fallen von einem Extrem ins andere mit ihren Kindern; entweder verschwenden sie zuviel Aufmerksamkeit auf sie oder sie fordern zuviel von ihnen.

Das Tierkreiszeichen, in dem ein Kind geboren ist, hat natürlich erhebliche Bedeutung für Erfolg oder Mißerfolg der Erziehungsbemühungen der einzelnen Löwe-Eltern.

Jungfrauen in der Elternrolle

Ob Väter oder Mütter, Jungfrauen sind erstklassige Eltern, obwohl ihre jeweiligen Ehepartner sich um die emotionelle Entwicklung der Kinder kümmern sollten, weil dieser Aspekt der Erziehung nicht zu den Stärken der Jungfrau-Geborenen zählt.

Diese Eltern sind praktisch, sauber und ordentlich und lehren ihre Kinder auf bewundernswerte Weise, mit den Problemen des Alltags fertig zu werden. Sie legen besonderen Wert auf gesunde Ernährung und achten darauf, in ihren Sprößlingen das Bewußtsein für Reinlichkeit und Hygiene zu wecken.

Die Jungfrau-Mutter bringt den Kindern schon von klein auf die Tugenden guter Manieren, einer ordentlichen äußeren Erscheinung und eines moralisch einwandfreien Verhaltens bei. Sie läßt nichts verkommen und richtet ihr Augenmerk darauf, daß die Kinder, Jungen wie Mädchen, auch einen Teil der Arbeiten in Haus und Garten übernehmen und lernen, dabei methodisch vorzugehen.

Manchmal ist sie etwas knauserig mit dem Geld, wenn es sich um die Erfüllung kleiner persönlicher Wünsche handelt. Bei anderen Gelegenheiten ist sie dann ganz unerwartet großzügig, besonders, wenn sie glaubt, das Kind hätte sich eine Belohnung verdient. Ihre Sprößlinge müssen nichts entbehren, was zu den Grundbedürfnissen des Lebens gehört und bekommen immer ein gutes und nahrhaftes Essen.

Jungfrau-Eltern ermutigen ihre Kinder schon sehr bald, für etwaige schlechtere Zeiten zu sparen. Sie selbst sind keine sozialen Aufsteiger und auch nicht besonders ehrgeizig, doch wollen sie ihren Kindern von ganzem Herzen einen guten Start ins Leben sichern. Sie sind sich der Vorteile einer guten Ausbildung sehr bewußt und werden ihnen notfalls selbst Nachhilfestunden geben. Sie begreifen sehr schnell, worum es bei einer Aufgabe aus einem Schulbuch geht und haben die vorzügliche Gabe, die Dinge in klaren, knappen und logischen Gedankengängen erklären zu können.

Jungfrau-Eltern wollen, daß ihre Kinder auf eigenen Füßen stehen können und tun alles mögliche, um sie in dieser Beziehung zu fördern. Sie neigen aber dazu, die emotionalen Bedürfnisse eines Kindes zu übersehen, weil sie glauben, die praktische Seite bei der geistigen Entwicklung des Kindes wäre die wichtigere. Es fällt ihnen nicht leicht, ihre Liebe und Zuneigung zu beweisen. Obwohl sie selbst in ihrem Innern sehr empfindsam sind, fällt es ihnen sehr schwer, ihre wahren Gefühle zu zeigen. Sie lieben und sorgen sich sehr um ihre Sprößlinge, doch wird ihr Kind zärtliche Liebkosungen und enge, körperliche Kontakte missen.

Ein Jungfrau-Vater oder eine Jungfrau-Mutter neigen stark dazu, an ihren Kindern herumzunörgeln. Oft schränken sie auch die Freiheit, die andere Kinder normalerweise bei der Wahl ihrer Spiele genießen, viel zu stark ein.

Das Tierkreiszeichen, in dem ein Kind geboren ist, hat natürlich erhebliche Bedeutung für Erfolg oder Mißerfolg der Erziehungsbemühungen der einzelnen Jungfrau-Eltern.

Waagen in der Elternrolle

Waagen sind hervorragend für die Elternrolle geeignet; sie geben wahrscheinlich sogar die besten Eltern von allen Tierkreiszeichen-Typen ab. Sie haben eine wunderbare Art im Umgang mit Kindern, die bei allen ihren zwischenmenschlichen Beziehungen auf vielfältige Weise durchschimmert. Sie spielen gern mit Kindern; werden die Kinder älter, fühlen diese sich wirklich wohl in der Gesellschaft der Waagen und ihrer Freunde, die gern einen Spaß mitmachen und sich in ihre Spiele und Gespräche einmischen können, ohne unerwünschte Eindringlinge zu sein.

Im Grunde behandeln Waage-Männer und -Frauen Kinder mit der gleichen Rücksicht auf ihre Würde, die sie im Umgang mit ihren Freunden nehmen. Sie sind gutmütig und geduldig, drängen niemanden, sondern überzeugen ihn. Sie wissen instinktiv, was für ein Kind richtig ist. Sie leiten es an, seine eigene Wahl zu treffen, und stellen es nicht vor vollendete Tatsachen oder liefern ihm gar eine fertige Erklärung mit.

Weil Waagen so fair sind, erlauben sie es sich selbst nicht, ihre eigenen Abneigungen und Vorurteile einem sich entwickelnden Verstand aufzudrängen, noch erlauben sie es anderen, auf diese Weise Einfluß zu nehmen. Es überrascht schon, wie unnachgiebig und heftig sie reagieren, wenn ein Erwachsener – ganz gleich, in welchem Verhältnis er zum Kind steht – versucht, es zu unterdrücken und zu tyrannisieren. Obgleich sie die letzten sind, die eine Auseinandersetzung suchen, sind sie die ersten, die jedweder Ungerechtigkeit entgegentreten.

Waage-Eltern lieben Schönheit und Harmonie und werden alles in ihrer Macht Stehende tun, um in ihren Kindern ähnliche Gefühle zu wecken. Waagen bemühen sich darum, ihre Kinder sehr früh für eine der Künste – zum Beispiel die Musik oder die Malerei – zu interessieren, da sie glauben, es helfe ihrer geistigen Entwicklung und ermögliche ihnen, sich unter kreative und kultivierte Persönlichkeiten zu mischen. Sie sind keinesfalls Snobs; sie schätzen Kultur und verfeinerte Lebensart ganz hoch ein und können deshalb nicht anders, als ihre Kinder nach diesen Prinzipien zu erziehen.

Waagen besitzen die Gabe, jede Art von Unterweisung interessant zu gestalten, und die Kinder setzen deshalb alles daran, sie mit ihren Leistungen zufriedenzustellen. Diese Menschen sind sehr liebevolle Eltern, handeln in ihrer Liebe aber nicht unklug. Sie verderben ihre Sprößlinge nicht, indem sie sie mit materiellem Besitz überschütten oder ihnen jeden Handgriff abnehmen. Mäßigung in jeder Hinsicht heißt ihr Motto. Überschwengliche Gefühle und unaufrichtige Platitüden beeindrucken sie überhaupt nicht.

Da sie selbst unabhängige und spontan handelnde Naturen sind, achten sie darauf, daß diese Eigenschaften bei ihren Kindern nicht unterdrückt werden. Sie werden nie in Versuchung kommen, aus Eifersucht ihre Weiterentwicklung zu hemmen oder zu verzögern.

Das Tierkreiszeichen, in dem ein Kind geboren ist, hat natürlich erhebliche Bedeutung für Erfolg oder Mißerfolg der Erziehungsbemühungen der einzelnen Waage-Eltern.

Skorpione in der Elternrolle

Skorpion-Eltern führen in ihrer Familie gewöhnlich ein strenges Regiment. Diese Väter und Mütter können außerordentlich großzügig, sehr eifrig um das körperliche und geistige Wohl ihrer Kinder besorgt sein und sich äußerst bemühen, ihnen ein schönes Heim mit den modernsten Einrichtungen zu schaffen. Keiner könnte ihnen vorhalten, sie seien ihren Kindern nicht aufs tiefste verbunden, doch sind sie selten in der Lage, den Standpunkt des Kindes zu verstehen. Alles muß so sein, wie sie es vorhersehen. Das Ergebnis ist oft eine strenge und unnachgiebige Erziehung, unter der sich das Kind nicht entfalten kann.

Der Skorpion ist einer der Menschen des Tierkreises, der am klarsten und vernünftigsten denkt. Es ist schade, daß diese Männer und Frauen diese Gabe, mit der Realität fertig zu werden, nicht viel humaner anwenden können, wenn es um die Erziehung der Kinder geht. Ihre Funktion als Eltern besteht darin, eine integrierte Persönlichkeit schaffen zu helfen, durch die sich die Realität des kindlichen Charakters entfalten kann. Aber viel zu oft zerstören die strenge Disziplin fordernden Erziehungsmethoden der Skorpion-Eltern die Persönlichkeit des Kindes. Die Hauptaufgabe des Kindes ist deshalb zu gehorchen – schließlich ist das auch seine beste Art, sich zu verteidigen. Die Persönlichkeit, die ein solches Kind dann seiner Familie präsentiert, kann überhaupt keinen Bezug zu seinem tatsächlichen, inneren Zustand haben. Viele Kinder von Skorpionen warten nur auf den Moment, wo sie das strenge Regiment ihrer Familie abschütteln können. Andere wiederum sind so eingeschüchtert, daß sie gehemmt und unterjocht aufwachsen.

Der Skorpion-Vater ist in dieser Hinsicht meist der schlimmere Übeltäter von den zweien. Er herrscht häufig über sein Haus wie ein Baron in Feudalzeiten und besteht darauf, daß seine Frau und seine Kinder seine Befehle bis ins kleinste befolgen. Die tyrannischen und herrischen Methoden, die er oft anwendet, um ein erfolgreicher Geschäftsmann zu werden, überträgt er auch auf seine Familie.

Die Skorpion-Mutter ist sehr um den Haushalt besorgt und vergöttert ihre Kinder. Solange sie ihren Ehemann liebt, geht alles noch relativ gut. Doch wenn die Ehe auseinandergeht oder sie sich in einen anderen Mann verliebt, wird sie gewöhnlich dem Diktat ihrer leidenschaftlichen Natur folgen. Obwohl die materiellen Bedürfnisse der Kinder in jeder Beziehung erfüllt werden, kann ihre geistige Entwicklung schwer in Mitleidenschaft gezogen werden.

Skorpion-Eltern leiden bisweilen an unbegründeter und übertriebener Eifersucht, die den Zwang, die persönliche Freiheit des Kindes einzuschränken, noch verstärkt.

Das Tierkreiszeichen, in dem ein Kind geboren ist, hat natürlich erhebliche Bedeutung für Erfolg oder Mißerfolg der Erziehungsbemühungen der einzelnen Skorpion-Eltern.

Schützen in der Elternrolle

Der Schütze-Mann ist gewöhnlich zu sehr in seine eigene Freiheit verliebt, um einen guten Familienvater abgeben zu können. Er ist ein guter Kumpel, ein feiner Kamerad, doch wenn es heißt, er soll Kinder beaufsichtigen, dann erweist er sich gewöhnlich als ein totaler Versager. Schon seine eigene Familie fällt ihm auf die Nerven. Er möchte nicht daheim sitzen, sondern herumzigeunern und seine Ideen und seine Gefühle mit dem Rest der Menschheit teilen.

Was Familienleben und Elternschaft betrifft, so hat die Schütze-Mutter einen gefestigten Charakter. Sie besitzt viel gesunden Menschenverstand und eine tiefe, innere Weisheit, die es ihr ermöglichen, ihren Kindern gegenüber ausgeglichener zu sein. Sie glaubt auch an die Freiheit, doch sieht sie in ihr mehr einen geistigen Zustand als die Abwesenheit jeglicher physischer Einschränkungen und vermittelt dies auch so ihren Kindern.

Schütze-Eltern sind intellektuelle Typen, haben tolerante Ansichten und sind gewöhnlich gut über die Ereignisse in der Welt informiert. Meist sehen sie die Religion mehr unter einem philosophischen als einem dogmatischen Blickwinkel und lehren ihre Kinder Toleranz gegenüber den Meinungen anderer zu üben, aber Entscheidungen für sich allein zu treffen.

Schütze-Vater und -Mutter üben einen sehr guten moralischen Einfluß aus. Obgleich sie manchmal sehr direkt heraus sind, zählen ihre Offenheit und Ehrlichkeit zu ihren feinsten Charaktereigenschaften. Sie sind großherzig und großzügig, aber nicht übertrieben (außer wenn Vati mal mit den Jungen weggeht).

Den Kindern von Schütze-Eltern ist wohler, wenn sie ihre persönlichen Probleme der Mutter anvertrauen können. Vati könnte es, obwohl er genauso gute und hilfreiche Ratschläge geben kann, etwas peinlich werden, wenn man mit ihm intimere Angelegenheiten bespricht, denn er möchte, wenn möglich, sich nicht mit emotionalen Problemen seiner Familie befassen. Für ihn ist es auch bequemer, wenn sich seine Frau damit beschäftigt und ihn, wenn alles vorbei ist, den glücklichen Ausgang wissen läßt! Beide Elternteile werden darauf achten, daß ihre Sprößlinge sehr bald Interesse am Sport entwickeln und viel Bewegung an der frischen Luft haben. Bei Schütze-Eltern ist fast sicher, daß ein Kind große Zuneigung zu Tieren entwickelt.

Das Tierkreiszeichen, in dem ein Kind geboren ist, hat natürlich erhebliche Bedeutung für Erfolg und Mißerfolg der Erziehungsbemühungen der einzelnen Schütze-Eltern.

Steinböcke in der Elternrolle

Die Persönlichkeit von Steinbock-Eltern bewegt sich zwischen zwei Extremen. Auf der einen Seite können sie zu nachsichtig mit ihren Kindern sein, auf der anderen aber übermäßig streng, fordernd und abstoßend.

Die Steinbock-Frau findet jedoch in der Mutterrolle ein Ventil für ihre grausam unterdrückten Gefühle. Der Steinbock ist nirgendwo nur annähernd so selbstgenügsam, wie die in diesem Zeichen geborenen Individuen es fertigbringen, nach außen hin zu erscheinen.

Im allgemeinen hegen Steinbock-Eltern eine tiefe Liebe zu ihren Kindern und halten Kinder für notwendig, um den Sinn ihrer Ehe zu erfüllen. An ihre eigene Kindheit erinnern sie sich oft nur ungern wegen der ungeordneten Verhältnisse, besonders in der Beziehung zwischen Vater und Mutter. Sie haben lebhafte, gefühlsbeladene Erinnerungen an die in diesen Tagen erlebten, unglücklichen Stunden und bemühen sich, ihre Kinder vor ähnlich schmerzlichen Erfahrungen zu bewahren.

Ein charakterlich wenig gereifter Steinbock, insbesondere ein Steinbock-Vater, kann jedoch von seiner bitteren Vergangenheit so beeinflußt sein, daß er seinen Kindern gegenüber intolerant und ohne Mitgefühl ist. Er wird ihnen dann strenge Regeln auferlegen, die ganz normale Vergnügen einschränken und viel Wert auf Pflichterfüllung und Verantwortung legen. Er mag dies damit rechtfertigen, daß es nur zum eigenen Wohl der Kinder sei, und das Gefühl genießen, die Kinder respektieren ihn, wenn sie ihn in Wirklichkeit auch fürchten und in späteren Jahren sogar verachten.

Die Steinbock-Mutter hegt häufig ehrgeizige Pläne mit ihren Sprößlingen. Sie wird darauf achten, daß sie stets ordentlich angezogen sind, wenn sie weggehen, aber nicht so sehr darauf sehen, wenn sie im Haus bleiben. Sie neigt dazu, dauernd an ihnen herumzunörgeln, ihre Ausdrucksweise, ihre Manieren und ihr Verhalten zu verbessern. Ihr Ziel ist es, sie noch gesellschaftsfähiger und beliebter zu machen. Sie wird ein wachsames Auge auf ihre Ausbildung haben und darauf bestehen, daß die Hausaufgaben (und auch die Arbeiten im Haus) gemacht werden.

Steinbock-Eltern betrachten ihre Kinder oft als ihr Eigentum und können sehr eifersüchtig sein. Diejenigen unter ihnen, die ihren Kindern alles verzeihen und zu nachsichtig mit ihnen sind, erkennen oft, daß sie durch anderer Leute Kinder irritiert werden.

Steinbock-Mütter und -Väter werden ihre Kinder lehren, sorgfältig mit Geld umzugehen, obgleich sie selbst beim Geldausgeben bisweilen recht sorglos vorgehen.

Das Tierkreiszeichen, in dem ein Kind geboren ist, hat natürlich erhebliche Bedeutung für Erfolg und Mißerfolg der Erziehungsbemühungen der einzelnen Steinbock-Eltern.

Wassermänner in der Elternrolle

Wassermänner sind weise und reife Elternpersönlichkeiten. Sie wollen, daß sich das Kind zu einer eigenen Persönlichkeit entwickelt und nicht zu einem genauen Abbild von Vater oder Mutter.

Das Zeichen des Wassermanns regiert Brüderschaft und Verständnis; Wassermann-Eltern bauen in den Beziehungen zu ihren Kindern auf diese Eigenschaften. Obwohl sie sich mit ihnen eng verbunden fühlen, halten sie eine gewisse emotionale Distanz. Das Kind fühlt sich nie erstickt oder verwirrt durch unbedachte und widersprüchliche Handlungen aus Eifersucht oder süßlicher Gefühlsduselei. Wassermann-Mutter und -Vater ermutigen ihre Sprößlinge, keine Angst vor intellektuellen Herausforderungen zu haben, sondern Fragen zu stellen, die Meinungen anderer nicht blind zu übernehmen. Sie lehren sie, scharfsinnig und aufmerksam und nicht aus reinem Konkurrenzdenken zu handeln. Wie alle Eltern wollen auch sie, daß ihre Kinder erfolgreich sind, doch legen sie wenig Nachdruck auf materialistische Werte und egozentrischen Stolz: Wassermänner möchten zu allererst von ihren Kindern sagen können, sie hätten als Menschen Erfolg.

Wassermänner sind sanft und vernünftig im Umgang mit ihren Kindern. Sie bemühen sich zu allen Zeiten, in ihrem Sprößling Interesse zu wecken, so daß er das Gefühl hat, seinen eigenen Weg unter ihrer einfühlsamen und hilfreichen Leitung zu gehen.

Wassermann-Eltern sind sehr unabhängig, hegen große Ideale und humanitäre Gefühle. Ihre Ansichten über Kindererziehung sind häufig ihrer Zeit voraus, und sie werden deshalb von weniger fortschrittlichen Familienmitgliedern kritisiert. Doch stehen sie fest zu ihren Ansichten und lassen sich von Verwandten nicht hineinreden.

Geht es um die Wahrung der Disziplin, vertreten Wassermänner aufgeklärte, eigene Ansichten. Gewöhnlich werden sie nur sehr widerwillig zu körperlichen Züchtigungen Zuflucht nehmen. Ihnen fällt es auch schwer, Kinder zu tadeln, die zu jung sind, um auf einen Appell an ihre Vernunft zu reagieren. Manchmal werden sie von den Vertretern der alten Schule angeklagt, viel zu vieles durchgehen zu lassen.

Die Wassermann-Mutter wird ihre Kinder gewöhnlich recht adrett kleiden. Sie hält sie an, stets ehrlich zu sein und keine Kompromisse mit ihrem Gewissen zu schließen. Das Kind von Wassermann-Eltern wird so erzogen, daß es treu zur Familie und zu Freunden steht.

Das Tierkreiszeichen, in dem ein Kind geboren ist, hat natürlich erhebliche Bedeutung für Erfolg oder Mißerfolg der Erziehungsbemühungen der einzelnen Wassermann-Eltern.

Fische in der Elternrolle

Fische-Väter und -Mütter sind sanftmütig und liebevoll – doch läßt sich darüber streiten, ob sie wirklich mit den praktischen Anforderungen der Elternrolle fertig werden.

Niemand sonst hat so viel Freude an seinen Kindern wie die Fische-Eltern. Sie lesen ihnen jeden Wunsch von den Augen ab, hören sich verständnisvoll ihre kleinen und großen Probleme an, bewirten ihre Freunde und verziehen sie in jeder Beziehung.

Ihr Problem liegt darin, daß sie nur widerwillig die oft unangenehmen und lästigen Aufgaben der Elternschaft – Ausbildung und Gewöhnung an Disziplin – übernehmen. Dem Kind wird häufig alles erlaubt, so daß es völlig verzogen wird, und in allen seinen Beziehungen zu Menschen unvernünftige Forderungen stellt, wenn der andere Elternteil nicht fest und entschlossen durchgreift.

Es gibt jedoch zum Glück eine Rettung. Diese Leute tun alles in ihrer Macht Stehende, um aus ihren Kindern gesellschaftlich akzeptierte Menschen zu machen. Für das eigene Glück der Fische und ihre Zufriedenheit ist es äußerst wichtig, daß andere ihre Sprößlinge mögen.

Obwohl sie sich also geschickt um die unbequeme und ernste Aufgabe drücken, den Kindern Zucht und Ordnung beizubringen, nützen sie die wunderbare Gabe ihrer Überredungskunst, um ihnen soziale Tugenden einzuimpfen – bei jeder Gelegenheit werden sie ihre Ausdrucksweise, ihre Manieren und ihr Betragen korrigieren.

Beide, Fische-Mutter wie Fische-Vater, zerbrechen leicht unter dem Druck unharmonischer Verhältnisse in der Familie oder ihrer sonstigen Umgebung. Der Versuch, störrischer Kinder oder aufsässiger Teenager Herr zu werden, läßt sie an die Decke gehen – oder in die nächste Kneipe.

Fische-Eltern glauben gewöhnlich, gute Eltern zu sein – und haben dabei nicht ganz unrecht. Doch zum Wohl ihres Ehepartners und ihrer Kinder wird es sich für sie auszahlen, wenn sie lernen, etwas weniger weichherzig zu sein und nicht mehr alles durchgehen zu lassen.

Zweifellos bietet sich den Kindern der Fische die seltene Gelegenheit, mit geistig erhebenden Einflüssen in Kontakt zu kommen. Ebenso kann die Vorliebe ihrer Eltern für alles Künstlerische und Ästhetische einen segensreichen Einfluß auf die sich entwickelnde Persönlichkeit der Kinder ausüben.

Wenn auch eine spürbare Lenkung fehlt, so geben Fische-Eltern ihrer Familie doch sehr viel Liebe und Zuneigung und vermitteln ihr eine subtile Wertschätzung von Schönheit und Herzensgüte.

Das Tierkreiszeichen, in dem ein Kind geboren ist, hat natürlich erhebliche Bedeutung für Erfolg oder Mißerfolg der Erziehungsbemühungen der einzelnen Fische-Eltern.

Kinder

Im folgenden wird dargestellt, wie sich die einzelnen Tierkreiszeichen als Kinder verhalten. Die Sonne, die den wichtigsten Einfluß im Horoskop ausübt, bestimmt den Grundcharakter, den die meisten Menschen, die im gleichen Zeichen geboren sind, gemeinsam haben. Es gibt jedoch Abweichungen, die sich aus der Stellung der anderen Planeten bei der Geburt ergeben. Eine wesentliche Rolle spielt natürlich das Geburtszeichen der Eltern.

Wollen Sie nun diese einzelnen Faktoren genauer untersuchen, ist es ratsam, die persönlichen Horoskope der Kinder und der Eltern zu stellen, was für jedes einzelne Zeichen mit den Bänden der *Astro-Analysis*-Reihe möglich ist. Man muß nur die genaue Geburtszeit wissen. Dadurch kann jeder Mensch astro-analysiert und seine Grundcharakteristika können exakt umrissen werden.

Da sich bestimmte Zeichen besser oder schlechter miteinander vertragen, kann Ihnen die Aufstellung über die Verträglichkeit der Zeichen auf den Seiten 109 ff. einen ersten groben Eindruck vermitteln, wie Kinder und ihre Eltern miteinander auskommen.

Das Widder-Kind

Das Widder-Kind ist sehr gescheit (manchmal sogar hochbegabt) und gewöhnlich sehr weit entwickelt für sein Alter.

Zu viel Lob und zu viele Anspielungen auf seine Frühreife, von staunenden Erwachsenen ausgesprochen, bringen das Kind wahrscheinlich dazu, sich selbst noch übertreffen zu wollen und dadurch sein Nervenkostüm zu überanstrengen, was sich als Schlaflosigkeit, Überempfindlichkeit und in einer überkritischen Einstellung gegenüber seinen Spielkameraden und später seinen Freunden zeigt.

Das Widder-Kind ist leicht reizbar und muß mit viel Fingerspitzengefühl beruhigt werden. Sein wacher Verstand ist so empfänglich für jede in seiner Umgebung entstehende Möglichkeit zum Handeln, daß es ihm schwerfällt, sich längere Zeit auf eine einzige Sache zu konzentrieren. Es stürzt sich mit großer Begeisterung auf neue Aufgaben, doch wendet es sich wieder davon ab, lange bevor sie erledigt sind, manchmal aufgrund der Feststellung, daß diese Herausforderung im Rahmen seiner Fähigkeiten liegt und es deshalb das Interesse daran verliert. Liegt ein Spielzeug oder ein Spiel außerhalb seiner Fähigkeiten, wendet der kleine Widder ihm mißmutig den Rücken zu – macht es vielleicht sogar kaputt oder wirft es weg. Man sollte ihm beibringen, das zu vollenden, womit er angefangen hat. Die Chancen für den Erfolg dieser Bemühungen sind viel größer in einer Umgebung, wo er glaubt, die gebührende Anerkennung für sein Tun zu bekommen.

Schon von klein auf sollte man diese Kinder lehren, etwas langsamer zu machen, ohne aber ihre Spontanität zu weit einzuschränken. Ihre aufgeregten und plötzlichen Bewegungen führen wahrscheinlich zu mehr kleinen Unfällen, als es bei anderen Kindern üblich ist; sie werden immer irgendwo einen blauen Fleck, eine Brandblase oder eine Schramme haben. Es ist sehr wichtig für Widder-Jungen und -Mädchen, daß sie sich austoben können; viel Bewegung hilft, den Überschuß an nervöser Energie abzubauen, der ihrer Konzentrationsfähigkeit abträglich ist. Sie müssen lernen, daß es besser ist, sich besonnen und überlegt zu bewegen, als aufgeregt herumzurennen. Ihre Eltern sollten ihnen ein gewisses Gefühl für gleichmäßigen Rhythmus einimpfen, das ihre impulsive Handlungsweise nur selten zeigt.

Sportliche Betätigung ist wichtig für das Widder-Kind, und in der Regel ist es ein guter Sportler. Man sollte klugerweise Kindern schon in jungen

Jahren beibringen, sich geschickt und gefällig auszudrücken. Ihre große Energie und der Wunsch, erfolgreich zu sein, wird sie davon abhalten, funktionierende Rädchen in einem großen Räderwerk zu werden. Entweder kommen sie in einer Sparte an die Spitze eines Teams, oder sie hören auf und versuchen es mit einer anderen Tätigkeit, bis sie sich einen Namen gemacht haben.

Man sollte das Widder-Kind bei keiner seiner Tätigkeiten ermuntern, sich hervorzutun. Sind einschränkende, disziplinarische Maßnahmen notwendig, sollten sie mit sehr viel Fingerspitzengefühl ausgeführt werden, um den Stolz des Kindes nicht zu verletzen. Stolz regiert im Zeichen des Widders, und er ist der Schlüssel zu Würde und Vornehmheit, die sich ohne weiteres bei diesem Charaktertyp entwickeln.

Es ist von Bedeutung, daß ein kleiner Widder die Dinge auf eigene Faust erforschen darf und ihm nicht laufend gesagt wird, was er zu tun und zu lassen hat. Er macht gern Experimente, zuviel Überwachung und Einmischung nimmt er übel. Er lernt aus seinen Fehlern; er kann den gleichen Fehler mehr als einmal machen (was die Eltern ganz schön ärgern kann), doch das ist eben seine Art. Er sammelt viele Erfahrungen in seinem Leben, ihn reizt eher die Herausforderung als ein Endergebnis.

Das Widder-Kind zeigt oft schon früh künstlerische Begabungen, die man, sobald sie sichtbar werden, fördern sollte, ohne dabei Leistungen zu stark zu betonen.

Eines der Hauptprobleme ist seine überschäumende Phantasie. Man muß dem jungen Widder beibringen, nicht zu übertreiben und die Dinge und Ereignisse so zu beschreiben, wie sie wirklich sind, und nicht, wie er sie sich vorstellt.

Das Stier-Kind

Stier-Kinder sind in der Regel nette Kinder, vom Aussehen wie vom Wesen her. Sie haben aber einige, sehr deutliche Charakterzüge, die nicht sofort erkennbar sind und erst verstanden werden müssen, besonders von den Lehrern, um ihre normale, ausgeglichene Entwicklung zu ermöglichen.

Als erstes und wichtigstes brauchen Stier-Kinder Liebe und Zuneigung, denn sie sind sehr empfindsam und in ihrem Innersten unsicher. Häufig vermitteln sie den Eindruck einer wunderbaren Selbstsicherheit, doch geschieht das nur, um ihre Unsicherheit zu überdecken, die sich oft fast zu einem Minderwertigkeitskomplex auswächst.

Stiere sind im Grunde keine intellektuellen Wesen. Sie leben aus ihren Gefühlen, die dauernd neue Anregung erfahren müssen durch den Beweis und das Wissen, geliebt und geschätzt zu werden. Sie können einem Stier-Kind nicht einfach sagen, daß sie es lieben, sie müssen es ihm mit körperlichem Berühren – Zärtlichkeiten und Liebkosungen – oder mit liebevoller Aufmerksamkeit beweisen. Tun Sie das nicht, wird das Kind immer gleichgültiger, und es wird sich mit dem Älterwerden hemmungslos in sinnliche Genüsse stürzen als Ersatz für die liebevolle Behandlung, die es als Kind nicht erfuhr. Sollte ihm auch diese Möglichkeit verwehrt sein, so wird der Stier immer phlegmatischer und als Erwachsener eine langweilige und uninteressante Person.

Der kleine Stier hat eine außergewöhnliche Willenskraft, die sich bisweilen als schreckliche Halsstarrigkeit zeigt. Wenn er sich auf die Hinterfüße stellt, kann ihn keine Drohung und kein vernünftiges Argument erschüttern; er kann absolut unvernünftig sein. Auch hier wieder wird nur ein Appell an seine Gefühle ihn dazu bringen nachzugeben. Sollte er aber jemals die Beherrschung verlieren, könnte das zu einem denkwürdigen und verheerenden Ereignis werden.

Er ist ein sehr bescheidenes Kind und neigt dazu, seine eigenen Fähigkeiten zu unterschätzen. Man sollte ihn nicht kritisieren, um ihn zu besseren Leistungen anzuspornen, weil Kritik ihm nur das Gefühl gibt, noch minderwertiger zu sein und ihn dann vielleicht, aus Trotz, so überheblich macht, daß er dumme Fehler begeht. Er reagiert viel besser auf Lob und Ermutigungen.

Stier-Kinder sind nicht unbedingt lernbegierig; die üblichen Lehrmethoden verfangen bei ihnen nicht so gut. Um etwas lernen zu können, ist es notwendig, daß ihre Gefühle angesprochen sind und sie echtes Interesse an einem Schulfach zeigen. Bei diesen Jungen und Mädchen muß das zu Erlernende einen Bezug zu all ihren fünf Sinnen haben. Sollen sie Naturkunde lernen, dann müssen sie das Tier oder die Pflanze genau untersuchen, betasten und beriechen können. Beim Rechnen und anderen abstrakten Fächern muß der Lehrer einen Weg finden, sie durch Modelle und Anschauungsmaterial zur Teilnahme am Unterrichtsgeschehen anzuregen. Fehlende Einsicht in diese Zusammenhänge brandmarkt das Stier-Kind oft als langsamen Lerner, obwohl es das in Wirklichkeit nicht ist.

Freundschaften und Spielkameraden sind sehr wichtig für die kleinen Stiere. Wenn sie sich nicht mit Kindern treffen können, die sie mögen, werden sie körperlich und geistig träge und gleichgültig. Da sie das Vergnügen sehr lieben (weil es ihnen hilft zu lernen, intellektuelle Wesen zu sein), ist es möglich, daß sie sich Freunde suchen, die ihnen schlechte Gewohnheiten beibringen.

Behandelt man das Stier-Kind richtig und ermutigt es immer wieder, legt es schnell seine Furcht ab und wird eine freundliche und sympathische kleine Persönlichkeit. Es entwickelt wahrscheinlich handwerkliches und künstlerisches Geschick, und jedes Anzeichen in dieser Richtung sollte gefördert werden.

Das Zwillinge-Kind

Zwillinge-Kinder stecken gewöhnlich voller rastloser, nervöser Energie. Sie rührt von ihrem Verstand her, der wie ein fein eingestelltes elektronisches Instrument wirkt. Sie können einfach nicht ruhig bleiben, geistig wie körperlich. Sie müssen sich immer mit etwas befassen, das ihre Aufmerksamkeit erregt hat. Für Eltern und Lehrer kann das ganz schön anstrengend sein, hauptsächlich, weil diese liebenswerten Racker schneller das Interesse an einer Sache verlieren als die meisten Kinder. Wenn das geschieht, und niemand paßt auf sie auf, dann haben sie die unglaubliche Gabe, Unheil zu stiften!

Der kleine Zwilling ist ein äußerst gescheites Kind, lernt sehr schnell und hat einen wachen, fragenden Verstand, der immer den Grund für eine Sache wissen will, die seine Aufmerksamkeit erregt hat.

So oft wie irgend möglich sollte man den Zwillinge-Kindern sachlich antworten und sie nicht vor den Kopf stoßen, weil die Frage vielleicht ganz unwichtig ist. Auf diese Weise nehmen sie Informationen auf, jede Tatsache wird in ihrem hervorragenden Gedächtnis gespeichert und von dort abgerufen, wenn sie benötigt wird. In sehr kurzer Zeit kann man einem Zwillinge-Kind praktisch alles beibringen.

In seinen ersten Jahren kann es körperlich nicht allzu widerstandsfähig sein, weil sein ganzes Körpersystem unter der gleichbleibenden Spannung fiebernder, nervöser Aktivität steht. Sowie sich sein Körper daran anpaßt, wird es widerstandsfähiger, bis schließlich im Erwachsenenalter seine Gesundheit zum größten Teil von seiner geistigen Verfassung bestimmt wird. Genau wie ein Zwilling eine bemerkenswerte Energieleistung erbringen kann, wenn sich ihm neue, interessante Aspekte auftun, genauso schnell verliert er die Lust, wenn Langeweile und Niedergeschlagenheit ihn befallen.

Ein typisches Zwillinge-Kind braucht viel Bewegung, doch nicht in Form von rauhen und anstrengenden Sportarten. Sein behender und geschmeidiger Körper ermöglicht ihm, sich bei Spielen auszuzeichnen, die schnelles Denken und Technik und nicht brutale Kraft und Ausdauer erfordern.

Besonders wichtig für diese Jungen und Mädchen ist, daß sie so viel Schlaf und Ruhe wie möglich bekommen; was gewöhnlich leichter gesagt als getan ist. Wird es Zeit, sie zu Bett zu bringen, sollte man jede Aufregung, die die Phantasie anregen könnte, vermeiden; Geschichten und Fernsehsendungen vor dem Schlafengehen sollten sorgfältig ausgewählt werden. Gruselfilme und dergleichen verursachen fast sicher Alpträume und extreme Angst. Sogar noch im Alter von über zehn Jahren kann sich das Kind vorm Dunkeln fürchten.

Kleine Zwillinge übertreiben häufig und erzählen haarsträubende Lügen – mit bemerkenswerter Glaubwürdigkeit. Ihre Phantasie ist so rege, daß sie Abenteuer und dramatische Ereignisse im Geist erleben und Dichtung nicht von Wirklichkeit unterscheiden können (oder möglicherweise nicht wollen).

Sie sind exzellente Schauspieler, können Geräusche imitieren und charakteristische Gesten von Leuten nachahmen, die sie beobachtet haben. Manchmal leiden diese Kinder an einer leichten Sprachbehinderung – ihr Verstand funktioniert schneller als die Sprechwerkzeuge. Doch mit etwas Geduld und Verständnis kann sie überwunden werden. Ansonsten sind die Sprachfertigkeit und das Begriffsvermögen beim Zwillinge-Kind sehr gut entwickelt; manchmal ist es ein richtiges Plappermaul.

Das in diesem Zeichen geborene Kind ist eher intellektuell als sentimental, und es kann lange dauern, bis es seine Liebe und Zuneigung zeigt.

Das Krebs-Kind

Krebs-Kinder suchen Liebe und ein ruhiges Leben. Diese Jungen und Mädchen sind äußerst empfindsam und ängstlich. Obwohl sie sich nach Freunden sehnen, macht es ihnen ihr zurückhaltendes Wesen schwer, den ersten Schritt zu tun. Ihnen macht es keinen Spaß, allein zu sein, sie brauchen das Gefühl, zu jemandem zu gehören. Ein Krebs-Kind wird sich fest an jeden klammern, der es liebt. Die schwierigste Aufgabe für die Eltern ist, dieses empfindsame kleine Wesen mit sanftem Nachdruck ins rauhe Leben zu schieben.

Das Krebs-Kind gehört nicht unbedingt zu den klügsten und pfiffigsten, doch hat es viele angeborene Fähigkeiten, die eine vernünftige Erziehung ans Tageslicht bringen kann. Die Tendenz zum Spätentwickler verleiht den Entwicklungsjahren besonderes Gewicht.

Der kleine Krebs geht glänzend auf Erwachsene ein, die ihm ihr Vertrauen entgegenbringen. Für die, die ihn lieben, wird er fast alles tun. Verständnisvolle und aufgeschlossene Eltern und Lehrer werden versuchen, in ihm das Interesse an Spielen und Beschäftigungen zu wecken, die er getrost zusammen mit anderen Kindern unternehmen kann, denn man sollte ihm nicht das Gefühl des Alleingelassenseins geben. Das Ziel ist, ihn aus seiner Reserve zu locken, damit er selbständiger und offener wird. Das beste ist, ihn zu ermutigen, so viel wie möglich auf eigene Faust zu unternehmen und ihn auch merken zu lassen, daß er tatsächlich dabei Ergebnisse erzielt, die man lobend würdigen sollte.

Krebs-Kinder sind sehr gewissenhaft, wenn man sie mit einer Aufgabe betraut. Der psychologische Grund dafür ist ihre ständige Suche nach Bestätigung, und sie lernen schnell, daß der beste Weg, sie zu bekommen, die eifrige Erledigung einer Arbeit ist.

Diese Kinder sind nicht lernbegierig und intellektuell, obwohl sie es als Erwachsene werden können. Sie lernen durch ihre Gefühlseindrücke. Ideen und Gedankenkonzepte verwirren sie, wenn sie nicht deutlich mit Sinneswahrnehmungen verbunden sind. Sie müssen an einer Blume riechen, ein Lied singen, eine Frucht schmecken können, um über diese Dinge etwas zu lernen. Man sollte nicht erwarten, daß ein Krebs-Kind das Wesentliche einer Sache aufgrund einer Beschreibung mit Worten begreift – die bei den meisten Kindern genügen würde. Das Zeichen des Krebses ist das Symbol für Intuition und Sinneswahrnehmung, deshalb hängt die intellektuelle Entwicklung dieses Kindes von seinem *emotionalen* Verständnis ab. Erreichen es Eltern oder Lehrer erst einmal, im Krebs-Kind ein großes Interesse zu wecken, kann es gut sein, daß es sich für den Rest seines Lebens mit dieser Sache befaßt. Große schöpferische und künstlerische Karrieren können mit der richtigen Behandlung dieser ausgeglichenen kleinen Leute beginnen.

Auf der anderen Seite neigt der in diesem Zeichen geborene Mensch dazu, introvertiert* zu werden und seine Emotionen auszuleben – launisch, wankelmütig und lethargisch.

Weil das Krebs-Kind so überaus empfindsam ist, verliert es leicht den Mut und nimmt sich Kritik zu sehr zu Herzen. Ärger schlägt ihm auf den Magen. Überhaupt ist es für Erkältungen recht anfällig; seine Gesundheit in jungen Jahren könnte wenig stabil sein. Es wird öfter im Essen herumstochern und mehr weinen als andere Kinder.

Krebs-Kinder sind gewöhnlich sehr geschickt beim Anfertigen von Handarbeiten. In späteren Jahren zeigen sie außerordentliches Gespür in geschäftlichen Dingen, gepaart mit starkem Ehrgeiz.

Das Löwe-Kind

Das Löwe-Kind verfügt über sehr große körperliche und geistige Energien, und deshalb ist es von Bedeutung, daß Eltern und Lehrer es in richtige Bahnen lenken. Der kleine Löwe kann wegen seiner wuchtigen Entschlossenheit glauben, daß Erfolge ihm in den Schoß fallen. Er könnte von Beifall und Bewunderung so hingerissen sein, daß er den eigentlichen Wert seiner Leistung übersieht.

Das Löwe-Kind hat die angeborene Fähigkeit, andere zu führen, und wird sein Recht bei anderen Kindern durchsetzen. Das Problem dabei ist, daß er zum Herumkommandieren neigt, unnötigerweise sein Gewicht in die Waagschale wirft, angibt und jedem in Hörweite mit seinem prahlerischen Gebrüll auf die Nerven geht. In einigen Fällen wird aus dem kleinen Löwen ein »kleiner Cäsar«, der eine deutliche Liebe zur Macht zeigt, was bei einem Kind noch harmlos ist, bei einem Erwachsenen aber eine zu beanstandende Eigenschaft darstellt.

Das Löwe-Kind ist rege und liebenswert. Abgesehen von seinen frühen Versuchen der Selbstdar-

---

* = nach innen gekehrt

stellung strahlt sein Wesen eine gewisse Würde und Vornehmheit aus, auch sein Mut und seine Zivilcourage zeigen sich sehr bald. Obwohl das Löwe-Kind genauso ungehorsam ist wie jedes andere Kind, wird es selten zu gemeinen und boshaften Mitteln Zuflucht nehmen. Man muß ihm wahrscheinlich nur einmal sagen, daß es nicht richtig ist, Lügen zu erzählen. Der angeborene Sinn dieses Kindes für Treue steigert sich manchmal zu absurden Aktionen.

Löwe-Kinder sind voller Zuneigung und trotz ihrer Liebe zu Angeberei und der Sucht nach Bestätigung sehr empfindsam; ihre Intuition ist oft bemerkenswert. Ihr Stolz ist außergewöhnlich groß, und doch vergeben und vergessen diese Kinder schnell. Haben sie sich einmal zu etwas entschlossen, so kann sie nichts darin erschüttern.

Ein Löwe-Kind handelt oft impulsiv, besonders wenn es sich darum dreht, sich zu vergnügen; es fällt ihm schwer, eine Gelegenheit zum Amüsement auszulassen. Beim Spiel verliert es jedes Zeitgefühl und kommt erst nachts um neun zum Abendessen heim. Es bewegt sich gern an der frischen Luft und wird in vielen Sportarten seine Sache gut machen.

Der kleine Löwe verbringt zwar gern einmal eine Stunde in der Abgeschiedenheit, doch findet man ihn zumeist in einer Gruppe oder einem Klub, wo er sein Organisations- und Führungstalent beweisen kann.

Eltern eines Löwen im Teenageralter sollten Wert darauf legen, daß er oder sie eine Ausbildung in dem Beruf erhält, für den er bzw. sie sich interessiert. Die Lernfähigkeit des Löwen ist enorm; er sammelt und speichert Informationen nicht, sondern erfragt sie und versteht ihre Bedeutung. Er ist nie ganz zufrieden, wenn er den Grund für eine Handlung oder Anweisung nicht versteht. Als werdender Herrscher ist der Löwe nie ein bloßes Abbild der Laune eines anderen Menschen.

Tief im Charakter des Löwe-Kindes verwurzelt ist sein Ehrgeiz, ganz weit oben zu landen, obgleich es diesen inneren Trieb nicht verstehen mag. Seine beträchtlichen Energien und vielseitigen Begabungen kommen dann am besten zur Geltung, wenn sie in eine bestimmte Richtung gelenkt werden, sei es auf dem Gebiet der Kunst, Literatur, Politik, des Journalismus, der Naturwissenschaft oder des Managements.

Junge Löwen profitieren von einem guten Beispiel; umgekehrt sollte man sie nicht in schlechte Gesellschaft geraten lassen.

Das Jungfrau-Kind

Jungfrau-Kinder machen sich stets zu viele Sorgen, nehmen die kleinste Enttäuschung sehr ernst. Sie möchten, daß man sie gern hat, doch haben sie eine unglückliche Art, andere durch unpassende Kritik und Besserwisserei abzustoßen. Ein Jungfrau-Kind ist oft durch die negativen Reaktionen auf seine gutgemeinten Absichten verärgert und entmutigt. Obwohl bescheiden und zurückhaltend, sind diese Kinder von Natur aus fortschrittlich und optimistisch eingestellt; sie sind auch recht intelligent. Doch der kleinste Widerspruch oder Widerstand nimmt ihnen allen Wind aus den Segeln. Sie leben in großem Umfang von ihren guten Nerven. Sie analysieren laufend die Motive anderer Menschen und möchten für alles und jedes ein Grundprinzip finden. Die glatte Unmöglichkeit, diesen Wunsch zu erfüllen, erklärt ihr Hauptproblem.

Das Jungfrau-Kind liebt Ordnung und Methodik. Sind diese Prinzipien in der Familie und in der Schule verwirklicht, fühlt es sich wohl und sollte in keine Schwierigkeiten mehr kommen. In einem ungeordneten System, in dem die Leute unsicher sind, verlieren die Jungfrauen die Übersicht. Dies ist der Grund, warum ein Umzug in ein neues Heim, ein Schul- oder Berufswechsel für ein Jungfrau-Kind – oder in dem einen Fall für den Erwachsenen aus diesem Zeichen – ein traumatisches Erlebnis darstellt. Ein Astrologe behauptete sogar, man könne eine in diesem Zeichen geborene Katze völlig durcheinanderbringen, wenn man ihre Futterschüssel an einen anderen Platz stellt!

Die Schularbeiten selbst sind für das Jungfrau-Kind selten ein Problem. Es gehört zusammen mit dem Zwilling zu den Zeichen, denen man sehr leicht etwas beibringen kann. Es besitzt einen logischen und fragenden Verstand, der stets bestrebt ist, einen praktischen Sinn aus den erhaltenen Informationen herauszulesen. Ganz natürlich, daß Schulstunden für diese Jungen und Mädchen einen Sinn ergeben; oft zeigen sie besonderes Interesse an der Mathematik und den Naturwissenschaften. Sie sind recht erfinderisch, und es macht ihnen Spaß, neue Methoden zur Erledigung von Arbeiten zu entwickeln.

Das Jungfrau-Kind ist vorsichtig beim Schließen von Freundschaften; es ist kein sentimentaler oder emotionaler Charakter und beurteilt die Leute nach ihren Handlungen und Leistungen und nicht nach ihren Worten. Es ist ein Idealist und in seinem

Herzen ein Perfektionist, der alles am angestammten Platz und in einer logischen Ordnung haben will. Wenn es erkennt, daß ein Mensch nicht ehrlich zu sich selbst und zu seinem Charaktertyp steht (sein intellektueller Scharfsinn ist hervorragend), wird es ihm das sofort sagen, nicht um ihn verletzen zu wollen, sondern um ihm zu helfen. Dieser Wesenszug wird häufig falsch interpretiert, und seine Spielgefährten lehnen die Bemerkungen und die Einstellung des Kindes ab und ächten es.

Das Jungfrau-Kind braucht eine gute Ausbildung, um sich anderen gegenüber nicht minderwertig zu fühlen. In der Regel mag es keine engen körperlichen Kontakte – Zärtlichkeiten und Liebkosungen hält es wahrscheinlich sogar für unnötig und unangenehm. Seine feineren Gefühle müssen verständnisvoll und taktvoll behandelt werden, um zu verhindern, daß sich Überempfindlichkeit und aufgeregte Umständlichkeit in seinem Charakter festsetzen.

Jungfrau-Kinder können beim Essen recht pingelig sein und gegen bestimmte Nahrungsmittel eine sofortige Abneigung entwickeln. Sie können sich weigern, an einem Platz zu essen, weil er ihnen dreckig vorkommt, obgleich sie keine plausible Erklärung für diese Ansicht angeben können.

Diese Kinder lernen sehr schnell Sauberkeit und Hygiene, doch sollte man beide Punkte nicht überbetonen.

Das Waage-Kind

Das Waage-Kind ist ein zartes Geschöpf, weil es eine Mischung aus Intellekt und Emotionen ist, und diese beiden lassen sich nur schwer vereinigen. Diese Kinder sind gewöhnlich sehr intelligent, wissen aber selten, wie sie mit ihren Gefühlen umgehen sollen.

Waagen sehnen sich nach Liebe, sind aber zu schüchtern und zu zurückhaltend, um sie sich zu holen. Folglich hängen sie sich an jeden, können ihm aber nichts als Gegenleistung geben. Sie wägen laufend ab, was sie in ihren Beziehungen zu anderen tun, welchen Weg sie beschreiten sollen, was das Beste wäre. Als Ergebnis davon scheint es so, als hätten sie wenig Initiative, und wenn sie dann nicht von verständnisvollen Eltern und Lehrern geführt und geleitet werden, können sie aufwachsen, ohne von ihren vielen latenten Begabungen positiven Gebrauch zu machen.

Junge Waagen scheinen wenig Willenskraft zu besitzen, hauptsächlich aus den oben angeführten Gründen. Eine Idee erregt sie, sie stürzen sich mit Begeisterung auf diese Sache – und verlieren dann das Interesse und suchen nach etwas Neuem. Finden sie nichts Besonderes, verfallen sie in Apathie. Diese Kinder verspüren keinen großen Drang, ihre Fähigkeiten zu entwickeln; Ehrgeiz ist etwas, das sie erst lernen müssen. Sie verlassen sich lieber auf andere, als sich selbst anzustrengen. Man muß ihnen beibringen, methodisch vorzugehen – Spiele und Hobbys können dabei helfen. Wenn ihre Interessen nicht gewahrt werden – von den Eltern, die gewissermaßen als Partner fungieren –, können sie sehr schnell alles mögliche anstellen.

Kluge Eltern eines Waage-Kindes werden früh merken, daß ihr Kind künstlerische Neigungen hat und daß eine unfreundliche, rauhe, schmucklose und häßliche Umgebung die natürlichen Ausdrucksformen seiner Persönlichkeit einschränkt. In einer solchen Umgebung wird das Kind sehr nervös und zu einem ständigen Problem für die Eltern. Wird die den Waagen angeborene Liebe zu Schönheit und Harmonie einmal erkannt und gefördert, verbessern sich die Aussichten für eine stetige Entwicklung und für gute Leistungen. Aus diesen Gründen ist den Eltern zu raten, die Neigungen ihres Kindes in den Entwicklungsjahren genau zu beobachten und es auf den richtigen Weg zu führen.

Ein Waage-Kind wird sehr wahrscheinlich eher ein erfolgreicher Sänger, Tänzer, Schauspieler, Autor, Maler, Innenausstatter, Architekt und Spezialist für Verschönerungen, als sich im mörderischen Kampf der Geschäftswelt auszeichnen.

Seine Launenhaftigkeit und Eifersucht werden oft zum Problem. Diese Kinder sehnen sich verzweifelt nach Liebe, aber ihre Haltung gegenüber ihren Spielkameraden läßt häufig Gleichgültigkeit vermuten. Einmal sind sie glücklich und froh, im nächsten Augenblick schon wieder aus unerklärlichen Gründen niedergeschlagen und schweigsam. Je länger man sie allein läßt, desto mehr kehren sie sich nach innen und lassen ihren Launen freien Lauf. Hält dieser Zustand länger an, könnte das Kind aufwachsen und wenig Freunde finden, seine unvernünftige, vom Partner besitzergreifende Art der Grund für Enttäuschungen in seinem späteren Liebesleben sein.

Waage-Kinder sind gewöhnlich von schöner Gestalt und attraktiv. Sie besitzen eine Anziehungskraft, die auf andere Kinder wirkt, doch scheint es ihnen unmöglich, sie längere Zeit aufrechtzuerhalten, was sie natürlich verwirrt. Die Aufgabe der Eltern besteht darin, dem Waage-Kind mit Liebe und Verständnis beizubringen, seine emotionalen und geistigen Aktivitäten miteinander zu verbinden und sie auf selbstlose Weise in künstlerischem Schaffen und in der Übernahme sozialer Aufgaben auszudrücken.

Das Skorpion-Kind

Das Skorpion-Kind steckt voller geballter Energien, und die Richtung, die es in seiner Entwicklung nimmt, hängt größtenteils von dem Einfluß ab, den Eltern und Erzieher ausüben können. Der kleine Skorpion ist besonders willensstark. Er besitzt auch viele Fähigkeiten, die für seine späteren Jahre Erfolg versprechen als Chirurg, Zahnarzt, Psychiater, Naturwissenschaftler, Parapsychologe, Forscher, Rechtsanwalt, Kriminalpolizist oder Berufssoldat.

Kann man dieses Kind für konstruktive und produktive Arbeiten interessieren, gibt es nur wenig, was es nicht erreichen kann. Setzt der Skorpion sich einmal ein Ziel, wird er es beharrlich verfolgen; seine Fähigkeit, schwer und ausdauernd zu arbeiten, wird von keinem anderen Tierkreiszeichen übertroffen.

Das Problem ist nur, daß Skorpion-Kinder von einem ins andere Extrem fallen: Entweder sind sie sehr brav oder sehr ungezogen. Genießt das Kind nicht schon in früheren Jahren eine stetige Erziehung oder gerät es in schlechte Gesellschaft, so kann es zu einem egoistischen und tyrannischen Erwachsenen heranwachsen.

Der junge Skorpion besitzt einen scharfen, durchdringenden Verstand und läßt sich nicht lange durch oberflächliche und witzlose Spiele und Freizeitbeschäftigungen ablenken. In jedem Alter befassen sich Skorpione gern mit kniffligen Problemen, die für andere Kinder gleichen Alters und gleicher Erfahrung nur schwer zu lösen sind. Alles, was sie anfangen, tun sie mit Feuereifer und großer Freude – vorausgesetzt, sie sind echt daran interessiert.

Schularbeiten fallen ihnen leicht. Ärger gibt es nur dann, wenn sie kein befriedigendes Betätigungsfeld für ihre enorme Vitalität finden.

Es ist ratsam, wenn die Eltern eines Skorpion-Kindes zu ihm schon von Anfang an ehrlich und offen sind, weil diese Kinder eine fast mystische Gabe haben, Lügen und Täuschungsversuche zu entdecken. In einer freien und offenen Atmosphäre ist es auch weniger wahrscheinlich, daß sich die negative Seite des Skorpion-Charakters noch stärker entwickelt. Zu den üblichen Charakterschwächen des Skorpions zählen sein dumpfer Groll, Geheimniskrämerei und Eifersucht. Diese Fehler haben weniger Gelegenheit, sich in einer jungen Persönlichkeit festzufressen, die die Aufrichtigkeit und Ehrlichkeit seiner Eltern als Beispiel hat.

Der junge Skorpion ist sehr selbständig, doch überraschenderweise recht folgsam, wenn man ihn feinfühlig behandelt. Er mag nicht, wenn man ihn herumkommandiert, und wird auf eine solche Behandlung heftig und halsstarrig reagieren. Eltern, die vernünftig mit ihren Skorpion-Kindern reden und mit ihnen wie mit Erwachsenen umgehen, werden die besten Ergebnisse erzielen.

Der Scharfsinn und die Verständnisfähigkeit dieser Kinder können sich zu einem ärgerlichen Überlegenheitsgefühl auswachsen, wenn sie mit geistig nicht so regen Erwachsenen zusammen sind. Ihr Selbstbewußtsein ist enorm, Eitelkeit einer ihrer größten Fehler.

Das Skorpion-Kind ist manchmal so versessen darauf, seinen Kopf durchzusetzen, daß es zu hinterhältigen Mitteln greift, wenn ihm seine Spielkameraden Widerstand entgegensetzen. Es kann rachsüchtig sein und in einigen Fällen grausame Vergeltungsmaßnahmen einleiten. Sind die schlechten Eigenschaften bei diesen Jungen und Mädchen besonders stark ausgeprägt, können sie Rachepläne schmieden, während sie so tun, als wollten sie sich entschuldigen.

Das Schütze-Kind

Das Schütze-Kind ist ein Spätentwickler, freundlich, vertrauensvoll, optimistisch – ein liebenswertes Kind, das man gern um sich hat, wenn man seine zuweilen wechselhafte und schwer vorhersehbare Handlungsweise toleriert. Ein Schütze behält diese Eigenschaft bis weit ins Erwachsenenalter, manchmal sogar ein ganzes Leben lang. Sein Glaube und Vertrauen in die Menschheit ist einer seiner feinsten Charakterzüge. Doch dieser Glaube, so müssen viele Eltern schmerzlich feststellen, wird oft mißbraucht und ausgenützt.

Machen Sie sich deswegen keine Sorgen – der kleine Schütze tut es auch nicht. Er spielt gern, streift gern herum, um Leute zu besuchen, »Abenteuer« zu erleben. Diese Jungen und Mädchen sind viel zu sehr daran interessiert, immer unterwegs zu sein und das Leben so kennenzulernen, wie es tatsächlich ist, um viel Zeit fürs Lernen und Lesen zu haben. Sie sind jedoch geistig äußerst rege, begreifen schnell, obwohl es ihnen an Konzentrationsfähigkeit mangelt.

Schützen haben Tiere leidenschaftlich gern. Wenn sie z.B. ein Pferd haben und mit ihm auf Abenteuerreise und Entdeckungsfahrten gehen können, sind sie in ihrem Element. Die Eltern eines Schützen-Kindes sollten sich mit dem Gedanken vertraut machen, ums Haus eine große Menagerie mit vielen Tieren zu haben, auf die ihr Sprößling seine ganze Zuneigung verschwendet. Er wird manchmal in seinem Übereifer vergessen, die Tiere zu füttern, und nachher deswegen bittere Tränen der Reue weinen. Seine Zuneigung ist so echt, seine Absichten sind so ehrlich, daß es unklug wäre, wegen eines solchen Versäumnisses ein großes Theater zu veranstalten.

Junge Schützen neigen zur Ansicht, daß jeder Mensch gut ist; denn er selbst ist ja ehrlich, spontan und vertrauensvoll, hegt keine eigennützigen und falschen Gedanken. Trotzdem muß man ihm beibringen, daß es so etwas wie Täuschung und Betrug gibt, damit er von seiner angeborenen guten Urteilskraft vollen Gebrauch macht.

Ein Schütze-Kind stellt keine hohen Ansprüche für sich. Es möchte ein Heim, eine Familie (und Tiere) haben, wohin es stets zurückkehren kann. Diese Kinder können aber den Gedanken nicht ertragen, in ein streng reglementiertes Leben eingepfercht zu sein. Ihr Freiheitssinn ist ein wesentlicher Faktor in ihrer stetigen, den Horizont erweiternden Entwicklung. Eltern müssen in diesem Punkt viel Mühe aufwenden, um ein Gleichgewicht herzustellen zwischen der Notwendigkeit, dem Kind eine gewisse Beschränkung aufzuerlegen und ihm Verantwortungsgefühl beizubringen, und seinem angeborenen Drang, Erfahrungen zu machen. Die effektivste Art, sich das Interesse und die Mitarbeit des Kindes und damit das eben umrissene Ziel zu sichern, ist, es wie einen Kumpel zu behandeln und nicht zu versuchen, es herumzukommandieren. Der Schütze ist eher geschaffen für kameradschaftliche Zuneigung als für besitzergreifende Liebe, der beste Freund, den man sich wünschen kann.

Der junge Schütze muß dazu gebracht werden, eine verantwortungsvolle Lebenseinstellung zu gewinnen. Er glaubt, er könne auf sich selbst aufpassen. Er kann es aber selten, wenn es seinen Eltern nicht gelingt, ihm klarzumachen, daß er seine Ungeduld, Rast- und Rücksichtslosigkeit, Verschwendungssucht – und die anderen Untugenden eines Menschen, der jede Autorität und deren Kontrolle abschütteln möchte – etwas zügeln muß.

Im Beruf ist der Schütze-Jugendliche ehrgeizig und einfallsreich, neigt aber dazu, von einem Job in den anderen zu wechseln, weil er das langweilige Warten auf den nächsten Schritt nach oben nicht aushält.

Das Steinbock-Kind

Das Steinbock-Kind ist oft viel zu ernst, als daß es ihm guttut; häufig ist dies aber der Fehler eines Elternteils. Dieses Kind braucht eine wohldurchdachte, aber freundliche Behandlung, die Pflicht, Verantwortung und Beschränkungen nicht überbetont; denn es gibt schon zu viele dieser ernüchternden Elemente im Wesen des Steinbocks. Eine Übertreibung in diesem Punkt wird für das Kind nur noch weitere Probleme bei seiner Entwicklung schaffen.

Der kleine Steinbock braucht viel Lob und Zuneigung. Diese Jungen und Mädchen fürchten sich oft und sind mit sich äußerst unzufrieden. Kritik verletzt sie tief, nicht weil sie sich darüber ärgern, sondern weil sie unbewußt glauben, daß sie tatsächlich zutrifft. Offensichtlich brauchen die kleinen Leute eine ganz besondere elterliche Erziehungsmethode, um sich zu einer ausgeglichenen und heiteren Persönlichkeit zu entwickeln.

Nörgeln sie nie an diesem Kind herum; Kritik sollte so verpackt sein, daß die positive Alternative als die ideale Lösung erscheint. Jede Erziehungsmaßnahme sollte von Optimismus und Aufmunterung begleitet sein.

Bei diesem Zeichen sind die Positionen der anderen Planeten im Horoskop des Kindes von besonderer Bedeutung. Gibt es freundlichere und mildernde Einflüsse wie zum Beispiel Jupiter im Löwen, Schützen oder Widder, ist das Wesen des Kindes entsprechend weniger ernst. Diese Planetenkonfigurationen können im Band »Steinbock« der *Astro-Analysis*-Reihe ermittelt werden.

Das typische Steinbock-Kind ist sehr gehemmt. Es möchte Freunde finden, fühlt sich aber in der Gegenwart anderer, insbesondere von Fremden, unbehaglich. Da es außerdem recht zurückhaltend ist und zum Einzelgänger neigt, gewinnt es auch weniger Spielkameraden als üblich. Ohne Freunde jedoch, die es mitreißen, wird es noch mißtrauischer und argwöhnischer gegenüber zwischenmenschlichen Beziehungen und isoliert sich dadurch noch mehr.

Der kleine Steinbock macht seine Hausaufgaben sehr gut und ist ein williger Helfer in Haus und Garten. Er erledigt gern Botengänge und kleinere Arbeiten für Ältere, die ihm Vertrauen entgegenbringen, ist äußerst gewissenhaft und möchte jedem zu Gefallen sein. Lernen und Lesen macht ihm gewöhnlich Spaß, er zeigt besondere Fähigkeiten beim Sortieren und Katalogisieren von Details und Daten. Ihm liegen Hobbys, die etwas mit den Naturwissenschaften zu tun haben, wie zum Beispiel Chemie, Biologie, Astronomie usw., bei denen er seine beträchtlichen Denkfähigkeiten beweisen kann.

Je länger seine Ausbildung und Erziehung ausgedehnt werden kann, desto besser ist es für ihn vom sozialen Standpunkt aus. Er braucht den Umgang und die Gesellschaft mit Gleichaltrigen, um seine Schüchternheit zu überwinden.

Da der Steinbock eine ausgeprägte Begabung für praktische Dinge mitbringt, fühlt er sich im allgemeinen wohler bei einer Ausbildung, die in dieser Richtung liegt, als bei einer rein akademischen.

Menschen aus diesem Zeichen sind geborene Führernaturen und unheimlich ehrgeizig. Gelingt es dem kleinen Steinbock, Freunde gleichen Alters um sich zu scharen, beweist er viel Unternehmungsgeist, springt mit ihnen aber oft ziemlich rechthaberisch um.

Das Wassermann-Kind

Das Wassermann-Kind ist oft frühreif, jedoch auf eine schüchterne, unaufdringliche Weise. Kindliche Spiele und Beschäftigungen fesseln sein Interesse in den Entwicklungsjahren nicht so lange, wie das bei anderen Kindern der Fall ist. Wassermänner werden geistig sehr schnell erwachsen und sind lieber in der Gesellschaft Älterer, »wenn sie doch eigentlich spielen sollten«. Manchmal bezeichnet man sie als »altmodisch« wegen ihrer erwachsenen Art, doch spiegelt dies nur das dem Wassermann eigene, fortschrittliche Lebensverständnis wider.

Das Wassermann-Kind ist von Natur aus liebenswert und sehr gehorsam, wenn die Eltern und Lehrer vernünftig sind. Man bringt ihm Vertrauen entgegen, und es achtet genauestens darauf, seine Pflichten zu erfüllen. Man kann die Mitarbeit dieser Kinder nicht mit Drohungen oder Gewalt erzwingen. Sie sind sehr intellektuell und wollen schon in einem frühen Alter wissen, warum sie bestimmte Dinge tun sollen, andere wiederum nicht.

Die beste elterliche Erziehungsmethode ist, einen jungen Wassermann als geistig auf der gleichen Stufe stehend zu behandeln, sich ihm anzuvertrauen und umgekehrt sein Vertrauen nicht zu enttäuschen – mit anderen Worten, es als intelligenten Kameraden zu behandeln.

Obschon der kleine Wassermann ein liebes Kind von netter und angenehmer Wesensart ist, zeigt er seine Zuneigung auf eine bemerkenswert unpersönliche Weise. Er hängt nicht rührend an Personen, sondern bringt seine Zuneigung auf eine erwachsenere, freundschaftliche Art zum Ausdruck.

Diese Jungen und Mädchen sind keine besonders guten Schüler, und man muß ihnen bei den Hausaufgaben helfen. Trockenes Bücherwissen zu lernen und konzentriert dazusitzen, das fällt ihnen schwer. Ihr freiheitsliebender Verstand weist alle Versuche, ihr Denken in bestimmte Bahnen zu lenken, zurück. Kann man sie jedoch überzeugen, daß Bildung ein erstrebenswertes persönliches Ziel darstellt, werden sie sich ihren Aufgaben widmen und gewissenhaft arbeiten. Sie müssen wissen, daß alles, womit sie sich beschäftigen, sie in ihrer Entwicklung voranbringt.

Das Wassermann-Kind entwickelt keine egoistischen Triebe. Es möchte grundsätzlich der Gemeinschaft dienen. Materieller Besitz ist unwichtig, und diese gleichgültige Haltung festigt sich noch im Laufe der Jahre, und eine starke humanitäre Einstellung wird immer mehr sichtbar. Im Endeffekt entschließen sich Wassermänner dann zu einem naturwissenschaftlichen oder medizinischen Beruf, zu einer wohlfahrtspflegerischen oder sozialreformerischen Tätigkeit, kurz, zu einem Beruf, in dem sie ihren Drang zu helfen und zu dienen in großem Maße befriedigen können. Sie befassen sich nicht so sehr mit dem Individuum, sondern mit der breiten Masse, was auch ihre bisweilen so distanzierte Haltung erklärt.

Junge Wassermänner lieben Tiere und beweisen ihnen gegenüber einen großen Schutzinstinkt.

Dieses Kind trägt manchmal die Anlage zu überdurchschnittlicher – sogar genialer – Intelligenz in sich, die sich aber nicht unbedingt in konventionellen Formen äußert. Man muß seine Neigungen und Talente sehr genau beobachten, so daß ungewöhnliche Veranlagungen erkannt, verfeinert und gesteuert werden.

Das Fische-Kind

Das typische Fische-Kind ist hochintelligent, aber in seinen Gefühlen schwankend. Es glaubt, daß jede Sache und jeder Mensch gut ist, und deshalb scheint das Leben eines Fisches eine einzige Kette von Enttäuschungen zu sein.

Mit der unangenehmen Realität konfrontiert, ziehen sich Fische-Kinder in eine Traumwelt zurück, in der alles so perfekt ist, wie sie es sich ursprünglich dachten. Das Problem der Eltern liegt darin, diese kleinen Leute da wieder herauszulocken, ohne ihre Träume vollkommen zu zerstören, ihnen zu sagen, daß alles doch eigentlich nicht so schlimm ist und daß jeder Mensch in sich die Kraft besitzt, damit fertig zu werden.

Diese Kinder sind recht künstlerisch begabt und zeigen oft ein bemerkenswertes Talent für Tanz, Malerei und Literatur – besonders für das Schreiben von Gedichten. Sie sind sehr gehemmt und müssen immer wieder durch Liebe, Lob und Bewunderung ermuntert werden.

Gegenüber ihren eigenen Leistungen sind sie sehr kritisch und scheinen niemals die Perfektion zu erreichen, die ihr ganzes Wesen eigentlich verlangt. In ihrer Verzweiflung zerreißen sie, was sie gedichtet oder gezeichnet haben, sogar wenn es, mit normalen Maßstäben gemessen, ausgezeichnet gelungen war. Oder sie entschließen sich, was mit zunehmendem Alter immer wahrscheinlicher wird, es überhaupt nicht mehr zu versuchen, und meinen, daß Trägheit besser ist als der Schmerz des Versagens.

Junge Fische haben kein Vertrauen in ihre Fähigkeiten. Sie sind große Schauspieler und können sich für kurze Zeit eine gleichgültige und selbstsichere Haltung zulegen. Doch dann geschieht es, daß sie sich in die Abgeschiedenheit zurückziehen und weinen, bis sie wieder in die köstliche Welt ihrer lebhaften Phantasie versinken können. Diese Jungen und Mädchen sind im allgemeinen sehr ängstlich, schüchtern, schweigsam und sehr liebevoll. Sie besitzen aber auch starke geistige Qualitäten.

Man muß dem Fische-Kind sagen, daß zu harte Selbstkritik seinen Versuchen schadet, sich durch schöpferische Tätigkeit zu verwirklichen. Diese Jungen und Mädchen müssen erfahren, daß sie künstlerisch begabt sind und daß sogar ihr Mitleid für andere (bei ihnen viel stärker als bei anderen Zeichen) ein Akt der Liebe und Kreativität – vollendete Kunst – ist, zu dem andere nicht fähig sind. Von der praktischen Seite her müssen sie lernen, kompetenten Leuten zu erlauben, ihre Leistungen zu beurteilen, denn niemand ist kritischer gegenüber ihren Arbeiten als sie selbst. Diesen Jungen und Mädchen sollte man einen Sinn für die richtigen Größenverhältnisse vermitteln, damit sie verstehen, daß jeder Erfolg für einen anderen »Mißerfolg« bedeutet. Wichtig ist, im Kind den Wunsch zu wecken, etwas um der Arbeit selbst willen auszuführen und zu vollenden, aber ohne dabei den Wettbewerbsgedanken zu erwähnen oder gar herauszustellen.

Ihr Astro-Profil

Ergänzend zu diesen Seiten finden Sie die Planetentabellen (rosa), s. S. 161, aus denen Sie die Positionen der einzelnen Planeten zum Zeitpunkt Ihrer Geburt ablesen können. Die hier abgedruckte Liste soll Ihnen die Benutzung des Tabellenteils erleichtern und bei der Erstellung Ihres Horoskops (siehe S. 147) helfen.

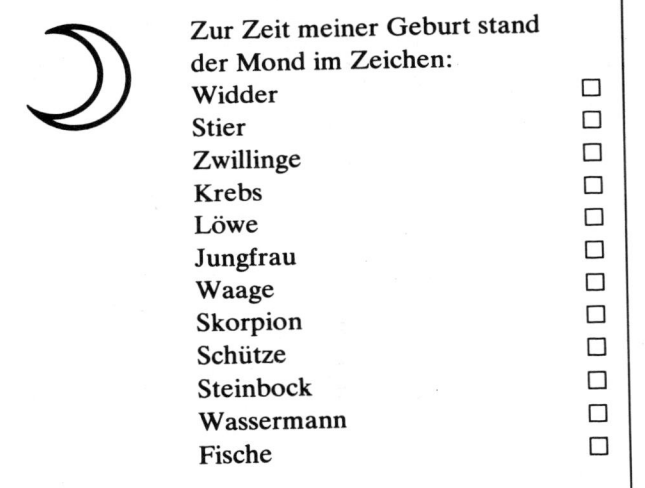

☽ Zur Zeit meiner Geburt stand der Mond im Zeichen:
- Widder ☐
- Stier ☐
- Zwillinge ☐
- Krebs ☐
- Löwe ☐
- Jungfrau ☐
- Waage ☐
- Skorpion ☐
- Schütze ☐
- Steinbock ☐
- Wassermann ☐
- Fische ☐

☿ Zur Zeit meiner Geburt stand Merkur im Zeichen:
- Widder ☐
- Stier ☐
- Zwillinge ☐
- Krebs ☐
- Löwe ☐
- Jungfrau ☐
- Waage ☐
- Skorpion ☐
- Schütze ☐
- Steinbock ☐
- Wassermann ☐
- Fische ☐

♀ Zur Zeit meiner Geburt stand Venus im Zeichen:
- Widder ☐
- Stier ☐
- Zwillinge ☐
- Krebs ☐
- Löwe ☐
- Jungfrau ☐
- Waage ☐
- Skorpion ☐
- Schütze ☐
- Steinbock ☐
- Wassermann ☐
- Fische ☐

♂ Zur Zeit meiner Geburt stand Mars im Zeichen:
- Widder ☐
- Stier ☐
- Zwillinge ☐
- Krebs ☐
- Löwe ☐
- Jungfrau ☐
- Waage ☐
- Skorpion ☐
- Schütze ☐
- Steinbock ☐
- Wassermann ☐
- Fische ☐

Astro-Analysis

♃ Zur Zeit meiner Geburt stand Jupiter im Zeichen:
- Widder ☐
- Stier ☐
- Zwillinge ☐
- Krebs ☐
- Löwe ☐
- Jungfrau ☐
- Waage ☐
- Skorpion ☐
- Schütze ☐
- Steinbock ☐
- Wassermann ☐
- Fische ☐

♄ Zur Zeit meiner Geburt stand Saturn im Zeichen:
- Widder ☐
- Stier ☐
- Zwillinge ☐
- Krebs ☐
- Löwe ☐
- Jungfrau ☐
- Waage ☐
- Skorpion ☐
- Schütze ☐
- Steinbock ☐
- Wassermann ☐
- Fische ☐

♅ Zur Zeit meiner Geburt stand Uranus im Zeichen:
- Widder ☐
- Stier ☐
- Zwillinge ☐
- Krebs ☐
- Löwe ☐
- Jungfrau ☐
- Waage ☐
- Skorpion ☐
- Schütze ☐
- Steinbock ☐
- Wassermann ☐
- Fische ☐

♆ Zur Zeit meiner Geburt stand Neptun im Zeichen:
- Widder ☐
- Stier ☐
- Zwillinge ☐
- Krebs ☐
- Löwe ☐
- Jungfrau ☐
- Waage ☐
- Skorpion ☐
- Schütze ☐
- Steinbock ☐
- Wassermann ☐
- Fische ☐

♇ Zur Zeit meiner Geburt stand Pluto im Zeichen:
- Widder ☐
- Stier ☐
- Zwillinge ☐
- Krebs ☐
- Löwe ☐
- Jungfrau ☐
- Waage ☐
- Skorpion ☐
- Schütze ☐
- Steinbock ☐
- Wassermann ☐
- Fische ☐

Ihr Horoskop

Dies ist das Horoskop eines Menschen, der am 31. Oktober um 17.15 Uhr geboren ist. Die Sonne steht im Skorpion und regiert das 7. Haus. Der Aszendent oder das Zeichen, das im 1. Haus regiert, ist der Stier. Aus diesem Grund ist dieser Mensch eine »Mischung« aus Skorpion und Stier.

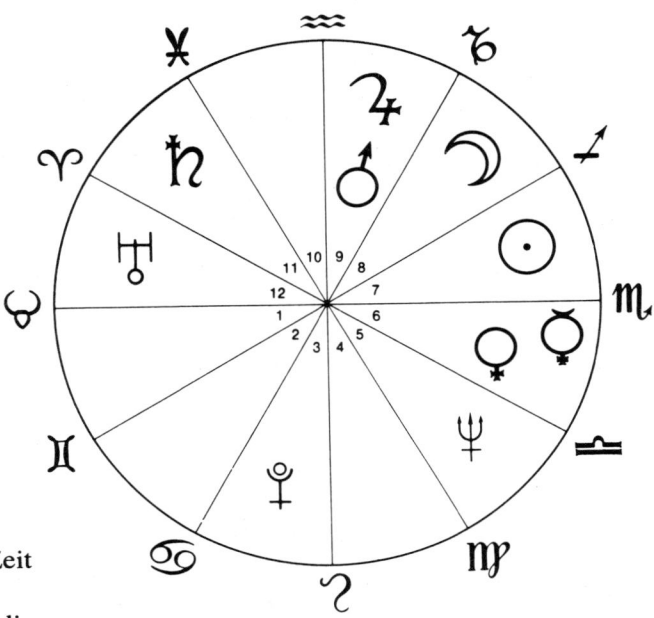

So konstruieren Sie Ihr Horoskop

1. Markieren Sie das 1. Haus (Nr. 1) mit der Zeit von 04.00–06.00 Uhr.
2. Markieren Sie gegen den Uhrzeigersinn die übrigen Häuser: 02.00–04.00 Uhr, 00.00 bis 02.00 Uhr, 22.00–00.00 Uhr, 20.00–22.00 Uhr, 18.00–20.00 Uhr, 16.00–18.00 Uhr, 14.00 bis 16.00 Uhr, 12.00–14.00 Uhr, 10.00–12.00 Uhr, 08.00–10.00 Uhr, 06.00–08.00 Uhr.
3. Tragen Sie nun die Sonne in das Feld mit der Uhrzeit ein, zu der Sie geboren sind.
4. Markieren Sie die Spitze dieses Hauses mit Ihrem Sonnenzeichen. Sie erhalten so eine Beschreibung Ihres Grundcharakters und Ihrer Grundtriebe und erkennen darüber hinaus, auf welchen Lebensbereich Sie am wahrscheinlichsten Ihre Energien und Aktivitäten konzentrieren.
5. Markieren Sie nun, ebenfalls gegen den Uhrzeigersinn, die übrigen Häuser der Reihe nach mit den Tierkreiszeichen, beginnend mit dem Zeichen, das auf Ihr Sonnenzeichen folgt. Sind Sie bei den Fischen angelangt, machen Sie mit dem Widder weiter, bis Sie zum Haus hinter Ihrem Zeichen kommen. 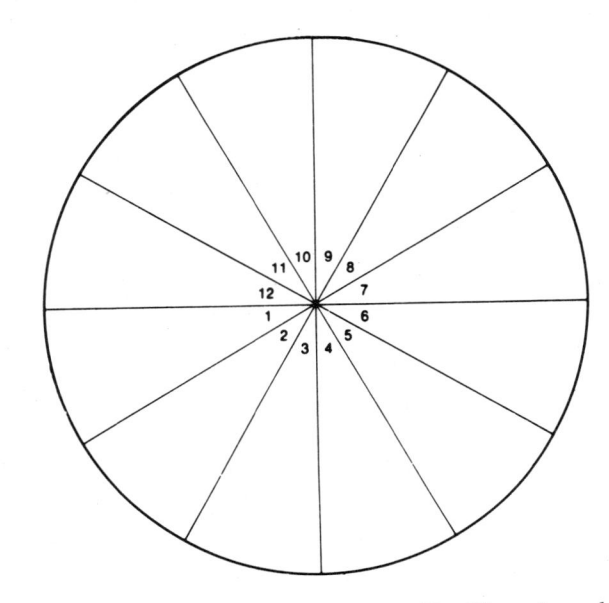
6. Schlagen Sie danach Ihr Astro-Profil nach und tragen Sie die Positionen der Planeten in das Horoskop ein.

Ihre Planeten – und was sie bedeuten*

*) Die genannten Daten für den Beginn und den Schluß der Sternzeichen wechseln je nach Geburtsjahr (siehe rosa Tabellen). Sie hängen mit dem Stand der Sonne zusammen, der in den einzelnen Jahren um etliche Grade variiert.

Schütze

Die rosa Tabellen enthalten alle Informationen, die Sie brauchen, um Ihre eigene *Astro-Analysis* – oder die jedes anderen zwischen dem 23. November und 20. Dezember Geborenen – in kurzer Zeit durchzuführen.

Wie Sie wissen, ist die Schütze-Charakteranalyse für jeden in diesem Zeichen geborenen Menschen gleich. Zweifellos haben Sie in dieser Beschreibung Ihre Grundwesenszüge wiedererkannt. Es gibt wahrscheinlich aber auch Bereiche, in denen Ihr Charakter der Beschreibung nicht ganz entsprach. Das ist ganz natürlich. Sie sind ein Schütze, aber auch ein Individuum. Mit Ihren Schütze-Vettern und -Basen haben Sie viele Charakterzüge gemeinsam, doch gibt es in Ihrem Verhalten fest umrissene, einzigartige Wesenszüge, die Sie zu dem machen, was Sie sind.

Welche Erklärung hat die Astrologie dafür? Sie »liest« die Positionen der anderen Planeten am Tage Ihrer Geburt, und sie bestimmt nicht nur die Position der Sonne. Die Sonne ist nur *ein* Faktor, wenn auch der weitaus wichtigste. Unsere Existenz hängt ganz von ihr allein ab, und deshalb bestimmt ihre Stellung im Tierkreis unseren Grundtyp. Es gibt aber noch neun weitere Planeten, deren Stellung im Horoskop den zugrunde liegenden Sonnenzeichencharakter beeinflußt und verändert.

Wo standen zum Beispiel Jupiter und Saturn, die größten Planeten, am Tag Ihrer Geburt? Diese beiden Planeten üben einen ungeheuren Einfluß sowohl auf das Sonnensystem als auch auf den Charakter und das Leben des Individuums aus. Nehmen wir einmal an, beide befanden sich in den Zwillingen, dem Zeichen, das der Sonne im Schützen genau gegenüberliegt. Die Naturwissenschaft hat festgestellt, daß diese Konfiguration* auf der Erde schwere Störungen im Funkverkehr hervorruft. Welche Auswirkungen hat diese Planetenstellung nun auf Sie – und auf Ihren elektromagnetischen Empfänger, Ihren bewußten und unbewußten Verstand? Nun, machen Sie folgendes:

Schlagen Sie die rosa Tabellen auf, und lesen Sie die Spalten rechts von Ihrem Geburtsdatum. Dadurch bekommen Sie die genaue Position jedes Planeten an jedem Tag. Fangen Sie mit dem Mond an und stellen Sie fest, welches Zeichen er besuchte. Dann schlagen Sie das Kapitel »Mond« auf und lesen die entsprechende Erklärung. Das gleiche machen Sie dann für die restlichen acht Planeten. Wenn Sie wollen, können Sie die gewonnenen Informationen in die Übersicht Ihres Astro-Profils eintragen. Vergessen Sie nicht, daß in der Astrologie Sonne und Mond zu den Planeten gerechnet werden und es nicht ungewöhnlich ist, daß gleich mehrere Planeten in einem Zeichen stehen.

Im Anschluß an diese einführenden Bemerkungen folgen kurze Beschreibungen der Einflüsse, die die zehn Planeten auf Ihr Leben ausüben.

Als nächstes finden Sie eine Welt-Zonenzeiten-Karte, die Ihnen helfen soll, die Position des Mondes zum genauen Zeitpunkt Ihrer Geburt festzulegen. Eine Erklärung der Zonenzeiten-Karte wird auf der folgenden Seite gegeben.

Diese Tabellen sind kinderleicht abzulesen, da die komplizierten mathematischen Berechnungen, die in der Astrologie notwendig sind, für Sie schon durchgeführt wurden. Sie zeigen die Planetenpositionen für jeden Tag Ihres Sternzeichens von 1910 bis 1990. Sehen Sie in den Tabellen nach, und lesen Sie dann die entsprechende Erklärung (Mond im Zeichen Jungfrau, Neptun im Zeichen Krebs usw.). Je mehr Sie lesen, um so überraschter werden Sie

* = Stellung zueinander; Aspekt.

sein, wie sich Ihnen viele Aspekte Ihrer Persönlichkeit offenbaren. Sie werden verborgene Stärken und Schwächen entdecken – deren Vorhandensein Sie schon geahnt haben mögen, es aber nicht in Worte fassen konnten. Sie werden erstaunt sein, wie die AstroAnalysis Ihnen hilft, sich selbst zu entdecken, und in dem Maße, wie sich Ihnen das Geheimnisvolle enthüllt, stellen Sie überrascht fest, wie die Astrologie genauestens Ihren Charakter beschreibt.

Einflüsse der Planeten

Während die Sonne unbestreitbar im Mittelpunkt unserer Existenz steht, verändern die Planeten ihren Einfluß je nach ihrem eigenen, besonderen Charakter, nach ihrer Stärke und ihrer Stellung. Da sich die Planeten um die Sonne drehen, müssen ihre Stellungen für jeden Tag, für jedes Jahr genau berechnet werden, um ihre Funktion und ihren Niederschlag in Ihrem Horoskop zu bestimmen – deshalb die rosa Tabellen. Auf diesen beiden Seiten wird die Bedeutung der Planeten kurz umrissen. Aber um das volle Ausmaß zu erkennen, wie die Planeten Ihr Leben beeinflußt haben – und es weiter beeinflussen –, müssen Sie die Tabellen aufschlagen, um ihre exakten Positionen am Tag Ihrer Geburt festzustellen.

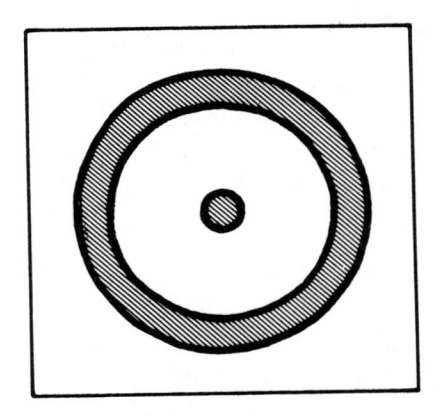

Die Sonne, die konstante, ewig scheinende Lebensquelle am Tage. Sie symbolisiert Stärke, Vitalität, Begeisterung, Großzügigkeit und die Fähigkeit, als gereiftes Individuum und kreative Kraft zu handeln; sie verkörpert auch die Summe der potentiellen Möglichkeiten eines Menschen.

Der Mond, er herrscht über unsere Gefühle, Gewohnheiten, Gebräuche und Stimmungen; seine Stellung zeigt schnell wechselnde Phasen des Verhaltens und in der Persönlichkeit an. Der Mond regiert das feminine Element in Männern und Frauen, die Frau im Leben eines Mannes, Fruchtbarkeit, Nahrung, Gesundheit im allgemeinen und die breite Masse.

Merkur ist der Planet des Verstandes und der Fähigkeit zur Kommunikation. Er regiert Sprechfertigkeit, Sprache, Mathematik, technisches Zeichnen und Design, Studenten, Boten – in der Tat jeden Beruf, in dem dem Verstand des Menschen Flügel wachsen!

Venus symbolisiert jene seltene und schwer zu definierende Harmonie, die die wahre Schönheit ist. Ihr Ideal ist die Flamme der geistigen Liebe, Aphrodite, die Göttin der Liebe. Sie bezeichnet Grazie, Zartheit, Empfindsamkeit und Charme; sie regiert die Liebe zur Natur, Vergnügen, Glück und Reichtum.

Mars ist Energie und Tatkraft, Mut und Kühnheit, kann aber auch gedankenlos und grausam, wild und zornig sein. Er regiert Militär, Chirurgen, Metzger und Geschäftsleute – jeden Beruf, der Verwegenheit, kühne Geschicklichkeit, feine Verfahrensmethoden und Eigeninitiative erfordert.

Jupiter regiert den glücklichen Zufall, Frohsinn, Gesundheit, Reichtum, Optimismus, Lebensglück, Erfolg und Freude. Er symbolisiert die gute Gelegenheit, etwas zu unternehmen; herrscht über Schauspieler, Politiker, Akademiker, Verlagswesen und Religion.

Saturn schafft Einschränkungen und zeigt die Grenzen der menschlichen Existenz auf. Er herrscht über die Zeit, das Alter, nüchterne Besonnenheit, symbolisiert Egoismus, Schweigsamkeit und Zurückhaltung, Diplomatie; er kann aber auch Depressionen, Eifersucht und Geiz bringen.

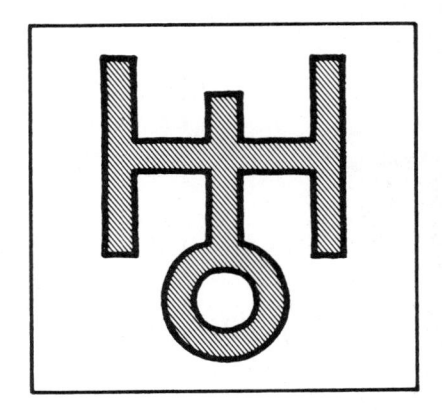

Uranus regiert Aufruhr, Revolution und plötzliche Veränderungen zum Guten wie zum Schlechten. Er beherrscht den genialen Intellekt, Erfindungsgeist, Technologie und den Fortschritt auf dem Gebiet der Elektronik, beeinflußt die bedeutenden Schritte der Menschheit nach vorn.

Uranus, Neptun und Pluto werden als die äußeren Planeten bezeichnet.

Neptun ist der Planet der Illusion. Zeigt er sich von seiner besten Seite, ist er der Planet des emotionalen Genius, der Dichtkunst, Musik und Inspiration und herrscht über viele Künste. Er bewirkt rauschbedingte Erlebnisse; zu seinen schlechtesten Aspekten gehören Drogensucht und Betrug. Er hat eine enge Beziehung zu jeder Art von Flucht aus der Realität und zur Täuschung der breiten Masse.

Pluto symbolisiert die Fähigkeit, den Lebensstil, die Gedanken und das Verhalten eines Menschen total und für immer zu verändern. Pluto regiert alle mächtigen Kräfte der Schöpfung und Zerstörung; er kann eine Machtgier mit starken Zwangsvorstellungen mit sich bringen. Er erschafft, zerstört und erschafft von neuem.

Welt-Zeitzonen-Karte

| -12 | -11 | -10 | -9 | -8 | -7 | -6 | -5 | -4 | -3 | -2 | -1 |

Erklärung siehe Seite 156

Zur Benutzung der Welt-Zeitzonen-Karte

Ihre genaue Geburtszeit ist sehr wichtig für die Erstellung eines exakten Horoskops. Sie spielt vor allem bei der Bestimmung der Mond-Position eine bedeutende Rolle, da, wie Sie in den rosa Planeten-Tabellen feststellen können, der Mond sich durch jedes Tierkreiszeichen bewegt. Er braucht einen Monat für diese Wanderung durch alle zwölf Zeichen, bleibt also ungefähr zweieinhalb Tage in jedem einzelnen Zeichen.

Die rosa Planeten-Tabellen sagen Ihnen nicht nur, welches Zeichen der Mond an einem bestimmten Tag »besuchte«, sondern geben Ihnen auch den genauen Zeitpunkt, an dem er in ein neues Zeichen eintritt.

Zum Beispiel:

März	MOND
22	
23	1.56 Jungfrau
24	
25	12.45 Waage

Dies bedeutet, daß am 23. März um 1.56 MEZ in Frankfurt/M. der Mond in das Zeichen Jungfrau eintrat, in diesem Zeichen bis zum 25. März um 12.56 Uhr verweilte und zu diesem Zeitpunkt in das Zeichen Waage eintrat.

Sie werden bemerkt haben, daß die Karte auf den beiden vorhergehenden Seiten in Zonen unterteilt ist. Stellen Sie nun fest, in welcher Zone Ihr Geburtsort liegt. Liegt er in der Zone, die mit »0« gekennzeichnet ist, so ist keine Umrechnung nötig. Wurden Sie jedoch in einer anderen Zone geboren, dann gibt Ihnen die Zahl in der Kopfleiste der Zone an, wieviel Stunden Sie von Ihrer Geburtszeit abziehen bzw. wie viele Stunden Sie zu ihr hinzuzählen müssen, um die in den Tabellen berechneten Zeiten benützen zu können. (Die in den Tabellen enthaltenen Zeitangaben beziehen sich auf Mitteleuropäische Zeit MEZ.)

Zum Beispiel:
Sie wurden nicht in der Zone »0« geboren, sondern am 25. März um 7.30 Uhr in New York. Da die in den Tabellen angegebenen Zeiten nur für die Menschen gelten, die in der Zone »0« geboren sind, müssen Sie eine kleine Umrechnung vornehmen. Dazu brauchen Sie die Zahl in der Kopfleiste der Zone, in der New York liegt: − 6. Um nun die New Yorker Ortszeit auf MEZ umzurechnen, müssen Sie zu Ihrer Geburtszeit 6 Stunden hinzurechnen und erhalten dann 13.30 Uhr, was bedeutet, wenn Sie nun die Tabelle aufschlagen, daß der Mond im Zeichen Waage stand.

März	MOND
23	1.56 Jungfrau
24	
25	12.45 Waage

Sind Sie dagegen am 25. März um 7.30 Uhr in Bukarest geboren, dann ist die Zahl in der Kopfleiste der Zone, in der Bukarest liegt, + 1. Sie müssen also 1 Stunde abziehen, um auf MEZ umzurechnen, und erhalten 6.30 Uhr. Das bedeutet, daß bei Ihrer Geburt der Mond im Zeichen Jungfrau stand.

Berücksichtigung der Sommerzeiten

Da die Geburtszeit für die Errechnung eines Horoskops und besonders für den Aszendenten möglichst genau sein muß, ist es wichtig, jene Jahre zu beachten, in denen man nach dem 1. und 2. Weltkrieg jeweils Sommerzeiten einführte und zum Teil sogar doppelte Sommerzeiten. Hier müssen im ersten Fall eine Stunde, im zweiten Fall zwei Stunden von der jeweiligen Geburtszeit in Abzug gebracht werden, um wieder auf die MEZ zu kommen. In der nachfolgenden Tabelle finden Sie die Einführungsdaten der Sommerzeiten.

Tabelle der Zonenzeiten:

Die Mitteleuropäische Zonenzeit (MEZ) wurde eingeführt in:

Norddeutschland	am	1. IV.	1893 0 Uhr
Süddeutschland	am	1. IV.	1892
Österreich	am	1. X.	1891
Schweiz	am	1. VI.	1894
Ungarn	am	1. X.	1891
Italien	am	1. XI.	1893
Jugoslawien	am	1. X.	1891
Norwegen	am	1. I.	1895
Schweden	am	1. I.	1900
Tschechoslowakei	am	1. X.	1891

Die Westeuropäische Zeit (WEZ) wurde eingeführt in:

Belgien	am	1. V.	1892

Frankreich	am 11. III.	1911
Elsaß-Lothringen	am 11. XI.	1918
England	am 1. X.	1880
Schottland	am 29. I.	1884
Irland	am 1. X.	1880
Luxemburg	am 1. XII.	1918
Portugal	am 1. I.	1912
Spanien	am 1. I.	1901

Die Osteuropäische Zeit wurde eingeführt in:

Bulgarien	am 30. XI.	1894
Estland	am 1. V.	1921
Griechenland	am 28. VII.	1916
Lettland	am 1. I.	1919
Litauen	bis 1920 (dann MEZ)	
Polen	am 16. IX.	1919
	dann MEZ ab 31. 5. 1922	
Rumänien	am 24. VII.	1931
UdSSR (Moskau)	1931	
Türkei	am 1. I.	1916

Vor der Einführung dieser Normalzeiten bestand überall die jeweilige Landeszeit!

Tabelle der Sommerzeiten:

In Deutschland wurden sog. »Sommerzeiten« eingeführt am:

1916 vom 30. IV. 23 Uhr bis 1. X. 1 Uhr (MEZ)

1917 vom 16. IV. 3 Uhr bis 17. IX. 3 Uhr (MEZ)

1918 vom 15. IV. 3 Uhr bis 16. IX. 3 Uhr (MEZ)

1940 vom 1. IV. 3 Uhr durchgehend bis
1942   2. XI. 2 Uhr (MEZ)

1943 vom 29. III. 3 Uhr bis 4. X. 2 Uhr (MEZ)

1944 vom 3. IV. 3 Uhr bis 2. X. 2 Uhr (MEZ)

1945 vom 2. IV. 3 Uhr bis 16. IX. 3 Uhr (MEZ) auch WEZ!

            bis 18. XI. 2 Uhr in den Ostzonen

1946 vom 14. IV. 3 Uhr bis 7. X. 3 Uhr
1947 vom 6. IV. 3 Uhr bis 11. V.

doppelte Sommerzeit:

1947 vom 11. V. 3 Uhr bis 29. VI. 3 Uhr!!

dann wieder »einfache« Sommerzeit:

1947 vom 29. VI. 3 Uhr bis 5. X. 3 Uhr
1948 vom 18. IV. 2 Uhr bis 3. X. 3 Uhr
1949 vom 10. IV. 2 Uhr bis 2. X. 3 Uhr

Im Falle der »einfachen« Sommerzeit ist eine Std. in Abzug zu bringen, im Falle der »doppelten« Sommerzeit zwei Stunden!

Testen Sie Ihre Eigenschaften!

Schütze

Auf dieser Seite finden Sie eine Reihe von Eigenschaften, die man für gewöhnlich dem Charakter des Schützen nachsagt. In der linken Spalte stehen die Eigenschaften, die man normalerweise als schlecht oder negativ bezeichnet, in der rechten die guten oder positiven. Seien Sie so ehrlich gegen sich selbst wie möglich und kreuzen Sie jeweils den Charakterzug an, der am ehesten auf Sie zutrifft. Dann zählen Sie die Kreuze in der linken und in der rechten Spalte zusammen. Ist die Summe der linken Spalte um 10 größer als die in der rechten, dann ist mit Ihnen etwas nicht in Ordnung, und Sie müssen schnellstens versuchen, Ihr Leben wieder ins Lot zu bringen. Haben Sie aber 10 Charakterzüge mehr in der rechten Spalte angekreuzt, sind Sie eine ausgeglichene Schütze-Persönlichkeit.

Können Sie jedes Jahr ein Kreuz in der linken Spalte ausradieren und dafür eines in der rechten machen, kommen Sie gut voran auf dem Weg zu Glück und Erfüllung.

Negativ

☐ rücksichtslos
☐ angeberisch
☐ nachlässig
☐ egoistisch
☐ unehrlich, träge
☐ unverbindlich
☐ rastlos, unfertig
☐ respektlos
☐ mit Vorurteilen behaftet
☐ taktlos, grob
☐ fehlgeleitet
☐ schwatzhaft, unrealistisch
☐ unmoralisch
☐ unverantwortlich
☐ zügellos
☐ verträumt, verzettelt
☐ gedankenlos
☐ verschwenderisch, übertreibend
☐ heuchlerisch
☐ unersättlich, gierig
☐ oberflächlich

☐ Summe

Positiv

☐ wahrheitsliebend
☐ human
☐ gutmütig, humorvoll
☐ gebildet
☐ abenteuerlustig
☐ ohne große Sorgen lebend
☐ tolerant, aufgeschlossen
☐ großzügig
☐ fröhlich
☐ enthusiastisch
☐ optimistisch
☐ ermunternd
☐ religiös, ehrfurchtsvoll
☐ durch nichts zu erschüttern
☐ erfolgreich, erfüllt
☐ gerechtigkeitsliebend
☐ weitgereist
☐ intelligent
☐ verständnisvoll
☐ jovial, gütig
☐ weitsichtig

☐ Summe

Der Mond

Der Planet

Der Mond ist ein Trabant der Erde, 384 000 km von ihr entfernt und der einzige »Planet«, der sich um die Erde dreht. Der Mond hat nur ein Viertel der Erdgröße und einen Durchmesser von 3476 km. Er umrundet die Erde in 27 Tagen, 7 Stunden und 43 Minuten. Die gleiche Zeit benötigt er, um sich einmal um seine eigene Achse zu drehen, und deshalb sehen wir immer die gleiche Seite des Mondes.

Der Mond besitzt keine schützende Atmosphäre. Seit Ewigkeiten ist er daher allen kosmischen Einflüssen ausgesetzt, darunter auch der Sonnenstrahlung. Unzählige Kollisionen mit festen Partikeln jeder Größe haben auf seiner Oberfläche Spuren wie von Pockennarben hinterlassen.

Das Mondlicht ist nur eine Reflexion des Sonnenlichtes; doch ist der Mond ein schlechter Reflektor, denn er strahlt nur 7 Prozent des eingefallenen Lichts wieder zurück.

Von der Erde aus sehen wir, wie der Mond innerhalb von 29½ Tagen bis zum Vollmond zunimmt und dann wieder abnimmt. Von einer Position im Weltraum aus könnten wir beobachten, daß, außer natürlich bei einer Mondfinsternis, eine Hälfte des Mondes immer von der Sonne erleuchtet wird, während die andere im Dunkeln liegt. Steht der Mond genau in der Linie zwischen Sonne und Erde, sehen wir nur die dunkle Seite (Neumond). Ist er auf seiner Umlaufbahn so weit gewandert, daß die Erde genau in der Linie zwischen Mond und Sonne steht, sehen wir seine voll erleuchtete Seite und können ihn als Vollmond in der Zeit zwischen Sonnenuntergang und dem nächsten Sonnenaufgang beobachten. Alle anderen Mondphasen liegen zwischen diesen beiden Ereignissen. Hat der Mond ein Viertel seines Umlaufs zurückgelegt, sehen wir, wie seine uns zugewandte Seite halb erleuchtet und halb im Dunkeln ist (Halbmond).

Obwohl der Mond ein Trabant der Erde ist, wirkt die Anziehungskraft der Sonne viel stärker auf ihn als die der Erde; die Sonne ist das gemeinsame Gravitationszentrum für beide Himmelskörper. Erde und Mond könnte man deshalb als Doppelplaneten bezeichnen.

Die Anziehungskraft des Mondes (zusammen mit der Sonne) verursacht die Gezeiten. Durch die gleichzeitige Drehung von Erde und Mond treten an einem Ort abwechselnd Ebbe und Flut auf. Bei Neu- und Vollmond ziehen Sonne und Mond gewissermaßen in eine Richtung, und dadurch ist der Tidenhub (Unterschied zwischen Hoch- und Niedrigwasserstand) besonders groß (Springtidenhub). Bei Halbmond stehen Sonne und Mond in einem rechten Winkel zueinander, und ihre Anziehungskräfte heben sich teilweise auf; deshalb ist der Tidenhub an diesen Tagen am niedrigsten (Nipptidenhub). Aufgrund der bekannten Mondbewegungen können die Gezeiten schon Jahre im voraus berechnet werden. Der Tidenhub beträgt im allgemeinen zwischen einem und drei Metern, kann aber in engen Buchten bis über 16 m betragen.

Symbolik

In der Mythologie wird der Mond durch die Göttin Luna, Selene, Artemis oder Diana verkörpert, der Königin der Nacht und Zwillingsschwester von Apollo, der Sonne. Sie ist die Herrscherin über die Tiere und die Göttin der Jagd, verkörpert Keuschheit genauso wie Fruchtbarkeit.

Als Schwester von Apollo hat sie viele Charakterzüge mit ihm gemeinsam. Sie trägt Pfeil und Bogen und besitzt die Macht, Plagen und den plötzlichen Tod zu schicken. Sie ist auch die Beschützerin der Kinder und der jungen Tiere. Genau wie Apollo ist auch sie unverheiratet, eine jungfräuliche Göttin, die sexuelle Verfehlungen streng bestraft. Als Göttin Artemis verwandelte sie Akteon, der sie beim Bade beobachtet hatte, in einen Hirsch, so daß ihn seine eigenen Jagdhunde in Stücke rissen. Man sagt ihr auch nach, sie habe den stattlichen Orion wegen seiner Unkeuschheit getötet. Die Jagdhunde der Artemis stellten auch die Nymphe Kallisto, nachdem Zeus sie verführt hatte.

Dichter und Lyriker haben zu allen Zeiten in den Lobpreis der Schönheit des Mondes eingestimmt. Der Mond wurde von den Priestern aller Völker verehrt. Der Mond nimmt zu, wächst wie ein Kind, unschuldig, passiv und für alles empfänglich, scheint als Vollmond wie die herrliche, jungfräuliche Weisheit der Sonne und inspiriert uns zu den phantastischen Träumen, das Unerreichbare erreichen zu wollen, nimmt wieder ab mit einem matten, traurigen Lächeln, das uns lockend dazu einlädt, es noch einmal zu versuchen.

Die im Altertum vertretene gedankliche Verbindung zwischen Mondphasen und Fruchtbarkeit, Wachstum und Verfall ist von den Naturwissenschaften bestätigt worden. Heute gehört es zum Allgemeinwissen, daß das Pflanzenwachstum vom Mond beeinflußt wird, daß der Gezeitenrhythmus von ihm abhängt und der Menstruationszyklus der Frau dem Mondumlauf durch die 12 Tierkreiszeichen = 28 Tage (28-Tage-Rhythmus) entspricht.

Astrologie

In der Astrologie wird der Einfluß des Mondes als kalt, feucht, fruchtbar und feminin bezeichnet. Weil sich sein sichtbares Antlitz täglich ändert, verkörpert er Veränderung, und als Folge davon wirkt sein Einfluß oft beunruhigend. Menschen mit starker Mondposition im Horoskop (Krebs als Geburtszeichen, als Aszendent, oder mit dem Mond im Zeichen Krebs) sind sehr schwankend in ihren Gefühlen.

Der Mond symbolisiert die Vergangenheit. Er herrscht über alle lebenspendenden und lebenserhaltenden Flüssigkeiten, sammelt in den Flüssigkeiten des Körpers und des Gehirns die persönliche Entwicklungsgeschichte eines Menschen und setzt sie fort. Durch die psychologischen und physischen Verdauungsvorgänge verwandelt er Erfahrungen in instinktive Funktionen, bringt die Vergangenheit ins gegenwärtige Leben des Menschen und erfreut und peinigt ihn mit seinen Erinnerungen und subjektiven Empfindungen, weist ihn warnend darauf hin, durch Ausbildung gewisser Verhaltensmuster, die zu vorhersehbaren Aktionen und Reaktionen im Verhalten führen, sein psychologisches Gleichgewicht zu stützen.

Der Mond verkörpert den Rhythmus von heute und morgen. Er herrscht über das Hin- und Herfluten des Gefühls und der Empfindungen von der Gegenwart in die Vergangenheit und von der Vergangenheit zurück in die Gegenwart – jenen inneren Austausch von Informationen, der es dem Menschen erlaubt, seine Seele und sein Denken neu zu beleben, in sich zu wissen, wo er heute im Vergleich zu gestern steht, beide Zeiträume als unterschiedliche Zeitbegriffe klar zu erkennen. Wie sich sein Wesen im Schlaf durch das Versinken in die Tiefen des Unbewußten wieder belebt, wird seine wache Phantasie durch das Hin- und Herfließen seiner Gefühle zwischen Vergangenheit und Gegenwart zu neuem Leben erweckt.

Die Sonne ist der bewußte, der Mond der unbewußte Teil der Persönlichkeit. Die Sonne zeigt an, was eine Person zu werden versucht, während der Mond beeinflußt, was diese Person zu überwinden versucht. Alle instinktiven und unbewußten Reaktionen sind im Mond begründet. Der Mond verkörpert die Mutter und jeden starken matriarchalischen oder familiären Einfluß, der einen tiefen Eindruck auf die Psyche hinterlassen hat und sich häufig als Patriotismus, als lebhaftes Bewußtsein für traditionelle Werte und Stolz auf die Leistungen der Vorfahren äußert.

Der Mond herrscht über Empfängnis, Schwangerschaft, Geburt und animalische Instinkte; er regiert das Kindesalter, die am leichtesten zu beeinflussende Phase der Persönlichkeitsentwicklung.

Als Verkörperung des Gewichts der Vergangenheit wirkt der Mond wie eine Bremse auf den vorandrängenden Einfluß der Sonne und lenkt unsere Entwicklung hin zum kosmischen Bewußtsein, das uns die Sonne in ihrer grenzenlosen Wohltätigkeit viel zu früh und mit einem den Verstand sprengenden Geistesblitz schenken würde.

Der Mond ist der Regulator am Pendel der Zeit, erhält aber nicht das Gleichgewicht zwischen Vergangenheit und Gegenwart, sondern die äußerst wichtige Wechselbeziehung zwischen beiden, die stetige und kontinuierliche Entwicklung des Menschen. Dadurch schützt, nährt und schürt er liebevoll den Funken des Lebens überall dort, wo er aufblitzt.

Die Gefühlsnatur des Mondes ist zwiespältig, aber nicht unregelmäßig – sie ist in dem Sinne schwankend, daß sie zwischen zwei Polen hin- und

Fortsetzung Seite 202

SCHÜTZE 1910

	ZEIT	MOND IM ZEICHEN	MERKUR	VENUS	MARS	JUPITER	SATURN	URANUS	NEPTUN	PLUTO
NOV.										
23	18.11	JUNGFRAU	SCHÜTZE	SKORPION	SKORPION	SKORPION	STIER	STEINBOCK	KREBS	ZWILLINGE
24			SCHÜTZE	SCHÜTZE	SKORPION	SKORPION	STIER	STEINBOCK	KREBS	ZWILLINGE
25			SCHÜTZE	SCHÜTZE	SKORPION	SKORPION	STIER	STEINBOCK	KREBS	ZWILLINGE
26	3.20	WAAGE	SCHÜTZE	SCHÜTZE	SKORPION	SKORPION	STIER	STEINBOCK	KREBS	ZWILLINGE
27			SCHÜTZE	SCHÜTZE	SKORPION	SKORPION	STIER	STEINBOCK	KREBS	ZWILLINGE
28	15.12	SKORPION	SCHÜTZE	SCHÜTZE	SKORPION	SKORPION	STIER	STEINBOCK	KREBS	ZWILLINGE
29			SCHÜTZE	SCHÜTZE	SKORPION	SKORPION	STIER	STEINBOCK	KREBS	ZWILLINGE
30			SCHÜTZE	SCHÜTZE	SKORPION	SKORPION	STIER	STEINBOCK	KREBS	ZWILLINGE
DEZ.										
1	4.13	SCHÜTZE	SCHÜTZE	SCHÜTZE	SKORPION	SKORPION	STIER	STEINBOCK	KREBS	ZWILLINGE
2			SCHÜTZE	SCHÜTZE	SKORPION	SKORPION	STIER	STEINBOCK	KREBS	ZWILLINGE
3	16.56	STEINBOCK	SCHÜTZE	SCHÜTZE	SKORPION	SKORPION	STIER	STEINBOCK	KREBS	ZWILLINGE
4			SCHÜTZE	SCHÜTZE	SKORPION	SKORPION	STIER	STEINBOCK	KREBS	ZWILLINGE
5			SCHÜTZE	SCHÜTZE	SKORPION	SKORPION	STIER	STEINBOCK	KREBS	ZWILLINGE
6	4.14	WASSERMANN	SCHÜTZE	SCHÜTZE	SKORPION	SKORPION	STIER	STEINBOCK	KREBS	ZWILLINGE
7			SCHÜTZE	SCHÜTZE	SKORPION	SKORPION	STIER	STEINBOCK	KREBS	ZWILLINGE
8	13.18	FISCHE	SCHÜTZE	SCHÜTZE	SKORPION	SKORPION	STIER	STEINBOCK	KREBS	ZWILLINGE
9			STEINBOCK	SCHÜTZE	SKORPION	SKORPION	STIER	STEINBOCK	KREBS	ZWILLINGE
10	19.16	WIDDER	STEINBOCK	SCHÜTZE	SKORPION	SKORPION	STIER	STEINBOCK	KREBS	ZWILLINGE
11			STEINBOCK	SCHÜTZE	SKORPION	SKORPION	STIER	STEINBOCK	KREBS	ZWILLINGE
12	22.09	STIER	STEINBOCK	SCHÜTZE	SKORPION	SKORPION	STIER	STEINBOCK	KREBS	ZWILLINGE
13			STEINBOCK	SCHÜTZE	SKORPION	SKORPION	STIER	STEINBOCK	KREBS	ZWILLINGE
14	22.37	ZWILLINGE	STEINBOCK	SCHÜTZE	SKORPION	SKORPION	STIER	STEINBOCK	KREBS	ZWILLINGE
15			STEINBOCK	SCHÜTZE	SKORPION	SKORPION	WIDDER	STEINBOCK	KREBS	ZWILLINGE
16	22.13	KREBS	STEINBOCK	SCHÜTZE	SKORPION	SKORPION	WIDDER	STEINBOCK	KREBS	ZWILLINGE
17			STEINBOCK	SCHÜTZE	SKORPION	SKORPION	WIDDER	STEINBOCK	KREBS	ZWILLINGE
18	22.53	LÖWE	STEINBOCK	STEINBOCK	SKORPION	SKORPION	WIDDER	STEINBOCK	KREBS	ZWILLINGE
19			STEINBOCK	STEINBOCK	SKORPION	SKORPION	WIDDER	STEINBOCK	KREBS	ZWILLINGE
20			STEINBOCK	STEINBOCK	SCHÜTZE	SKORPION	WIDDER	STEINBOCK	KREBS	ZWILLINGE
21	2.31	JUNGFRAU	STEINBOCK	STEINBOCK	SCHÜTZE	SKORPION	WIDDER	STEINBOCK	KREBS	ZWILLINGE
22			STEINBOCK	STEINBOCK	SCHÜTZE	SKORPION	WIDDER	STEINBOCK	KREBS	ZWILLINGE

1911

	ZEIT	MOND IM ZEICHEN	MERKUR	VENUS	MARS	JUPITER	SATURN	URANUS	NEPTUN	PLUTO
NOV.										
23	14.55	STEINBOCK	SCHÜTZE	WAAGE	ZWILLINGE	SKORPION	STIER	STEINBOCK	KREBS	ZWILLINGE
24			SCHÜTZE	WAAGE	ZWILLINGE	SKORPION	STIER	STEINBOCK	KREBS	ZWILLINGE
25			SCHÜTZE	WAAGE	ZWILLINGE	SKORPION	STIER	STEINBOCK	KREBS	ZWILLINGE
26	3.38	WASSERMANN	SCHÜTZE	WAAGE	ZWILLINGE	SKORPION	STIER	STEINBOCK	KREBS	ZWILLINGE
27			SCHÜTZE	WAAGE	ZWILLINGE	SKORPION	STIER	STEINBOCK	KREBS	ZWILLINGE
28	15.30	FISCHE	SCHÜTZE	WAAGE	ZWILLINGE	SKORPION	STIER	STEINBOCK	KREBS	ZWILLINGE
29			SCHÜTZE	WAAGE	ZWILLINGE	SKORPION	STIER	STEINBOCK	KREBS	ZWILLINGE
30			SCHÜTZE	WAAGE	STIER	SKORPION	STIER	STEINBOCK	KREBS	ZWILLINGE
DEZ.										
1	0.29	WIDDER	SCHÜTZE	WAAGE	STIER	SKORPION	STIER	STEINBOCK	KREBS	ZWILLINGE
2			SCHÜTZE	WAAGE	STIER	SKORPION	STIER	STEINBOCK	KREBS	ZWILLINGE
3	5.37	STIER	STEINBOCK	WAAGE	STIER	SKORPION	STIER	STEINBOCK	KREBS	ZWILLINGE
4			STEINBOCK	WAAGE	STIER	SKORPION	STIER	STEINBOCK	KREBS	ZWILLINGE
5	7.15	ZWILLINGE	STEINBOCK	WAAGE	STIER	SKORPION	STIER	STEINBOCK	KREBS	ZWILLINGE
6			STEINBOCK	WAAGE	STIER	SKORPION	STIER	STEINBOCK	KREBS	ZWILLINGE
7	6.54	KREBS	STEINBOCK	WAAGE	STIER	SKORPION	STIER	STEINBOCK	KREBS	ZWILLINGE
8			STEINBOCK	WAAGE	STIER	SKORPION	STIER	STEINBOCK	KREBS	ZWILLINGE
9	6.40	LÖWE	STEINBOCK	SKORPION	STIER	SKORPION	STIER	STEINBOCK	KREBS	ZWILLINGE
10			STEINBOCK	SKORPION	STIER	SCHÜTZE	STIER	STEINBOCK	KREBS	ZWILLINGE
11	8.29	JUNGFRAU	STEINBOCK	SKORPION	STIER	SCHÜTZE	STIER	STEINBOCK	KREBS	ZWILLINGE
12			STEINBOCK	SKORPION	STIER	SCHÜTZE	STIER	STEINBOCK	KREBS	ZWILLINGE
13	13.35	WAAGE	STEINBOCK	SKORPION	STIER	SCHÜTZE	STIER	STEINBOCK	KREBS	ZWILLINGE
14			STEINBOCK	SKORPION	STIER	SCHÜTZE	STIER	STEINBOCK	KREBS	ZWILLINGE
15	22.10	SKORPION	STEINBOCK	SKORPION	STIER	SCHÜTZE	STIER	STEINBOCK	KREBS	ZWILLINGE
16			STEINBOCK	SKORPION	STIER	SCHÜTZE	STIER	STEINBOCK	KREBS	ZWILLINGE
17			STEINBOCK	SKORPION	STIER	SCHÜTZE	STIER	STEINBOCK	KREBS	ZWILLINGE
18	9.08	SCHÜTZE	STEINBOCK	SKORPION	STIER	SCHÜTZE	STIER	STEINBOCK	KREBS	ZWILLINGE
19			STEINBOCK	SKORPION	STIER	SCHÜTZE	STIER	STEINBOCK	KREBS	ZWILLINGE
20	21.24	STEINBOCK	STEINBOCK	SKORPION	STIER	SCHÜTZE	STIER	STEINBOCK	KREBS	ZWILLINGE
21			STEINBOCK	SKORPION	STIER	SCHÜTZE	STIER	STEINBOCK	KREBS	ZWILLINGE
22			STEINBOCK	SKORPION	STIER	SCHÜTZE	STIER	STEINBOCK	KREBS	ZWILLINGE

1912 SCHÜTZE

	ZEIT	MOND IM ZEICHEN	MERKUR	VENUS	MARS	JUPITER	SATURN	URANUS	NEPTUN	PLUTO
NOV.										
23			SCHÜTZE	STEINBOCK	SKORPION	SCHÜTZE	ZWILLINGE	WASSERMANN	KREBS	ZWILLINGE
24	13.39	ZWILLINGE	SCHÜTZE	STEINBOCK	SKORPION	SCHÜTZE	ZWILLINGE	WASSERMANN	KREBS	ZWILLINGE
25			SCHÜTZE	STEINBOCK	SKORPION	SCHÜTZE	ZWILLINGE	WASSERMANN	KREBS	ZWILLINGE
26	16.35	KREBS	SCHÜTZE	STEINBOCK	SKORPION	SCHÜTZE	ZWILLINGE	WASSERMANN	KREBS	ZWILLINGE
27			SCHÜTZE	STEINBOCK	SKORPION	SCHÜTZE	ZWILLINGE	WASSERMANN	KREBS	ZWILLINGE
28	18.34	LÖWE	SCHÜTZE	STEINBOCK	SKORPION	SCHÜTZE	ZWILLINGE	WASSERMANN	KREBS	ZWILLINGE
29			SCHÜTZE	STEINBOCK	SKORPION	SCHÜTZE	ZWILLINGE	WASSERMANN	KREBS	ZWILLINGE
30	20.55	JUNGFRAU	SCHÜTZE	STEINBOCK	SCHÜTZE	SCHÜTZE	ZWILLINGE	WASSERMANN	KREBS	ZWILLINGE
DEZ.										
1			SCHÜTZE	STEINBOCK	SCHÜTZE	SCHÜTZE	STIER	WASSERMANN	KREBS	ZWILLINGE
2			SCHÜTZE	STEINBOCK	SCHÜTZE	SCHÜTZE	STIER	WASSERMANN	KREBS	ZWILLINGE
3	0.28	WAAGE	SCHÜTZE	STEINBOCK	SCHÜTZE	SCHÜTZE	STIER	WASSERMANN	KREBS	ZWILLINGE
4			SCHÜTZE	STEINBOCK	SCHÜTZE	SCHÜTZE	STIER	WASSERMANN	KREBS	ZWILLINGE
5	5.23	SKORPION	SCHÜTZE	STEINBOCK	SCHÜTZE	SCHÜTZE	STIER	WASSERMANN	KREBS	ZWILLINGE
6			SCHÜTZE	STEINBOCK	SCHÜTZE	SCHÜTZE	STIER	WASSERMANN	KREBS	ZWILLINGE
7	11.49	SCHÜTZE	SCHÜTZE	STEINBOCK	SCHÜTZE	SCHÜTZE	STIER	WASSERMANN	KREBS	ZWILLINGE
8			SCHÜTZE	STEINBOCK	SCHÜTZE	SCHÜTZE	STIER	WASSERMANN	KREBS	ZWILLINGE
9	20.11	STEINBOCK	SCHÜTZE	STEINBOCK	SCHÜTZE	SCHÜTZE	STIER	WASSERMANN	KREBS	ZWILLINGE
10			SCHÜTZE	STEINBOCK	SCHÜTZE	SCHÜTZE	STIER	WASSERMANN	KREBS	ZWILLINGE
11			SCHÜTZE	STEINBOCK	SCHÜTZE	SCHÜTZE	STIER	WASSERMANN	KREBS	ZWILLINGE
12	6.52	WASSERMANN	SCHÜTZE	STEINBOCK	SCHÜTZE	SCHÜTZE	STIER	WASSERMANN	KREBS	ZWILLINGE
13			SCHÜTZE	WASSERMANN	SCHÜTZE	SCHÜTZE	STIER	WASSERMANN	KREBS	ZWILLINGE
14	19.24	FISCHE	SCHÜTZE	WASSERMANN	SCHÜTZE	SCHÜTZE	STIER	WASSERMANN	KREBS	ZWILLINGE
15			SCHÜTZE	WASSERMANN	SCHÜTZE	SCHÜTZE	STIER	WASSERMANN	KREBS	ZWILLINGE
16			SCHÜTZE	WASSERMANN	SCHÜTZE	SCHÜTZE	STIER	WASSERMANN	KREBS	ZWILLINGE
17	7.56	WIDDER	SCHÜTZE	WASSERMANN	SCHÜTZE	SCHÜTZE	STIER	WASSERMANN	KREBS	ZWILLINGE
18			SCHÜTZE	WASSERMANN	SCHÜTZE	SCHÜTZE	STIER	WASSERMANN	KREBS	ZWILLINGE
19	17.52	STIER	SCHÜTZE	WASSERMANN	SCHÜTZE	SCHÜTZE	STIER	WASSERMANN	KREBS	ZWILLINGE
20			SCHÜTZE	WASSERMANN	SCHÜTZE	SCHÜTZE	STIER	WASSERMANN	KREBS	ZWILLINGE
21	23.44	ZWILLINGE	SCHÜTZE	WASSERMANN	SCHÜTZE	SCHÜTZE	STIER	WASSERMANN	KREBS	ZWILLINGE

1913

	ZEIT	MOND IM ZEICHEN	MERKUR	VENUS	MARS	JUPITER	SATURN	URANUS	NEPTUN	PLUTO
NOV.										
23	14.28	WAAGE	SCHÜTZE	SKORPION	KREBS	STEINBOCK	ZWILLINGE	WASSERMANN	KREBS	KREBS
24			SKORPION	SKORPION	KREBS	STEINBOCK	ZWILLINGE	WASSERMANN	KREBS	KREBS
25	16.11	SKORPION	SKORPION	SKORPION	KREBS	STEINBOCK	ZWILLINGE	WASSERMANN	KREBS	KREBS
26			SKORPION	SKORPION	KREBS	STEINBOCK	ZWILLINGE	WASSERMANN	KREBS	KREBS
27	17.54	SCHÜTZE	SKORPION	SKORPION	KREBS	STEINBOCK	ZWILLINGE	WASSERMANN	KREBS	KREBS
28			SKORPION	SKORPION	KREBS	STEINBOCK	ZWILLINGE	WASSERMANN	KREBS	KREBS
29	21.16	STEINBOCK	SKORPION	SKORPION	KREBS	STEINBOCK	ZWILLINGE	WASSERMANN	KREBS	KREBS
30			SKORPION	SKORPION	KREBS	STEINBOCK	ZWILLINGE	WASSERMANN	KREBS	KREBS
DEZ.										
1			SKORPION	SKORPION	KREBS	STEINBOCK	ZWILLINGE	WASSERMANN	KREBS	KREBS
2	3.47	WASSERMANN	SKORPION	SKORPION	KREBS	STEINBOCK	ZWILLINGE	WASSERMANN	KREBS	KREBS
3			SKORPION	SKORPION	KREBS	STEINBOCK	ZWILLINGE	WASSERMANN	KREBS	KREBS
4	14.00	FISCHE	SKORPION	SKORPION	KREBS	STEINBOCK	ZWILLINGE	WASSERMANN	KREBS	KREBS
5			SKORPION	SKORPION	KREBS	STEINBOCK	ZWILLINGE	WASSERMANN	KREBS	KREBS
6			SKORPION	SKORPION	KREBS	STEINBOCK	ZWILLINGE	WASSERMANN	KREBS	KREBS
7	2.45	WIDDER	SKORPION	SKORPION	KREBS	STEINBOCK	ZWILLINGE	WASSERMANN	KREBS	KREBS
8			SKORPION	SCHÜTZE	KREBS	STEINBOCK	ZWILLINGE	WASSERMANN	KREBS	KREBS
9	15.10	STIER	SKORPION	SCHÜTZE	KREBS	STEINBOCK	ZWILLINGE	WASSERMANN	KREBS	KREBS
10			SKORPION	SCHÜTZE	KREBS	STEINBOCK	ZWILLINGE	WASSERMANN	KREBS	KREBS
11			SKORPION	SCHÜTZE	KREBS	STEINBOCK	ZWILLINGE	WASSERMANN	KREBS	KREBS
12	1.04	ZWILLINGE	SKORPION	SCHÜTZE	KREBS	STEINBOCK	ZWILLINGE	WASSERMANN	KREBS	KREBS
13			SCHÜTZE	SCHÜTZE	KREBS	STEINBOCK	ZWILLINGE	WASSERMANN	KREBS	KREBS
14	8.09	KREBS	SCHÜTZE	SCHÜTZE	KREBS	STEINBOCK	ZWILLINGE	WASSERMANN	KREBS	KREBS
15			SCHÜTZE	SCHÜTZE	KREBS	STEINBOCK	ZWILLINGE	WASSERMANN	KREBS	KREBS
16	13.09	LÖWE	SCHÜTZE	SCHÜTZE	KREBS	STEINBOCK	ZWILLINGE	WASSERMANN	KREBS	KREBS
17			SCHÜTZE	SCHÜTZE	KREBS	STEINBOCK	ZWILLINGE	WASSERMANN	KREBS	KREBS
18	16.59	JUNGFRAU	SCHÜTZE	SCHÜTZE	KREBS	STEINBOCK	ZWILLINGE	WASSERMANN	KREBS	KREBS
19			SCHÜTZE	SCHÜTZE	KREBS	STEINBOCK	ZWILLINGE	WASSERMANN	KREBS	KREBS
20	20.18	WAAGE	SCHÜTZE	SCHÜTZE	KREBS	STEINBOCK	ZWILLINGE	WASSERMANN	KREBS	KREBS
21			SCHÜTZE	SCHÜTZE	KREBS	STEINBOCK	ZWILLINGE	WASSERMANN	KREBS	KREBS
22	23.21	SKORPION	SCHÜTZE	SCHÜTZE	KREBS	STEINBOCK	ZWILLINGE	WASSERMANN	KREBS	KREBS

SCHÜTZE 1914

	ZEIT	MOND IM ZEICHEN	MERKUR	VENUS	MARS	JUPITER	SATURN	URANUS	NEPTUN	PLUTO
NOV.										
23			SKORPION	SCHÜTZE	SCHÜTZE	WASSERMANN	KREBS	WASSERMANN	LÖWE	KREBS
24	11.52	FISCHE	SKORPION	SCHÜTZE	SCHÜTZE	WASSERMANN	KREBS	WASSERMANN	LÖWE	KREBS
25			SKORPION	SCHÜTZE	SCHÜTZE	WASSERMANN	KREBS	WASSERMANN	LÖWE	KREBS
26	22.46	WIDDER	SKORPION	SCHÜTZE	SCHÜTZE	WASSERMANN	KREBS	WASSERMANN	LÖWE	KREBS
27			SKORPION	SCHÜTZE	SCHÜTZE	WASSERMANN	KREBS	WASSERMANN	LÖWE	KREBS
28			SKORPION	SCHÜTZE	SCHÜTZE	WASSERMANN	KREBS	WASSERMANN	LÖWE	KREBS
29	11.21	STIER	SKORPION	SCHÜTZE	SCHÜTZE	WASSERMANN	KREBS	WASSERMANN	LÖWE	KREBS
30			SKORPION	SCHÜTZE	SCHÜTZE	WASSERMANN	KREBS	WASSERMANN	LÖWE	KREBS
DEZ.										
1	23.51	ZWILLINGE	SKORPION	SCHÜTZE	SCHÜTZE	WASSERMANN	KREBS	WASSERMANN	LÖWE	KREBS
2			SKORPION	SCHÜTZE	SCHÜTZE	WASSERMANN	KREBS	WASSERMANN	LÖWE	KREBS
3			SKORPION	SCHÜTZE	SCHÜTZE	WASSERMANN	KREBS	WASSERMANN	LÖWE	KREBS
4	11.18	KREBS	SKORPION	SCHÜTZE	SCHÜTZE	WASSERMANN	KREBS	WASSERMANN	LÖWE	KREBS
5			SKORPION	SCHÜTZE	SCHÜTZE	WASSERMANN	KREBS	WASSERMANN	LÖWE	KREBS
6	21.09	LÖWE	SKORPION	SKORPION	SCHÜTZE	WASSERMANN	KREBS	WASSERMANN	LÖWE	KREBS
7			SKORPION	SKORPION	SCHÜTZE	WASSERMANN	ZWILLINGE	WASSERMANN	LÖWE	KREBS
8			SCHÜTZE	SKORPION	SCHÜTZE	WASSERMANN	ZWILLINGE	WASSERMANN	LÖWE	KREBS
9	4.58	JUNGFRAU	SCHÜTZE	SKORPION	SCHÜTZE	WASSERMANN	ZWILLINGE	WASSERMANN	LÖWE	KREBS
10			SCHÜTZE	SKORPION	SCHÜTZE	WASSERMANN	ZWILLINGE	WASSERMANN	LÖWE	KREBS
11	10.06	WAAGE	SCHÜTZE	SKORPION	SCHÜTZE	WASSERMANN	ZWILLINGE	WASSERMANN	LÖWE	KREBS
12			SCHÜTZE	SKORPION	SCHÜTZE	WASSERMANN	ZWILLINGE	WASSERMANN	LÖWE	KREBS
13	12.22	SKORPION	SCHÜTZE	SKORPION	SCHÜTZE	WASSERMANN	ZWILLINGE	WASSERMANN	LÖWE	KREBS
14			SCHÜTZE	SKORPION	SCHÜTZE	WASSERMANN	ZWILLINGE	WASSERMANN	LÖWE	KREBS
15	12.39	SCHÜTZE	SCHÜTZE	SKORPION	SCHÜTZE	WASSERMANN	ZWILLINGE	WASSERMANN	KREBS	KREBS
16			SCHÜTZE	SKORPION	SCHÜTZE	WASSERMANN	ZWILLINGE	WASSERMANN	KREBS	KREBS
17	12.46	STEINBOCK	SCHÜTZE	SKORPION	SCHÜTZE	WASSERMANN	ZWILLINGE	WASSERMANN	KREBS	KREBS
18			SCHÜTZE	SKORPION	SCHÜTZE	WASSERMANN	ZWILLINGE	WASSERMANN	KREBS	KREBS
19	14.48	WASSERMANN	SCHÜTZE	SKORPION	SCHÜTZE	WASSERMANN	ZWILLINGE	WASSERMANN	KREBS	KREBS
20			SCHÜTZE	SKORPION	SCHÜTZE	WASSERMANN	ZWILLINGE	WASSERMANN	KREBS	KREBS
21	20.28	FISCHE	SCHÜTZE	SKORPION	SCHÜTZE	WASSERMANN	ZWILLINGE	WASSERMANN	KREBS	KREBS
22			SCHÜTZE	SKORPION	STEINBOCK	WASSERMANN	ZWILLINGE	WASSERMANN	KREBS	KREBS

1915

	ZEIT	MOND IM ZEICHEN	MERKUR	VENUS	MARS	JUPITER	SATURN	URANUS	NEPTUN	PLUTO
NOV.										
23			SKORPION	SCHÜTZE	LÖWE	FISCHE	KREBS	WASSERMANN	LÖWE	KREBS
24	10.38	KREBS	SKORPION	SCHÜTZE	LÖWE	FISCHE	KREBS	WASSERMANN	LÖWE	KREBS
25			SKORPION	SCHÜTZE	LÖWE	FISCHE	KREBS	WASSERMANN	LÖWE	KREBS
26	23.21	LÖWE	SKORPION	SCHÜTZE	LÖWE	FISCHE	KREBS	WASSERMANN	LÖWE	KREBS
27			SKORPION	SCHÜTZE	LÖWE	FISCHE	KREBS	WASSERMANN	LÖWE	KREBS
28			SKORPION	SCHÜTZE	LÖWE	FISCHE	KREBS	WASSERMANN	LÖWE	KREBS
29	10.32	JUNGFRAU	SKORPION	SCHÜTZE	LÖWE	FISCHE	KREBS	WASSERMANN	LÖWE	KREBS
30			SKORPION	SCHÜTZE	LÖWE	FISCHE	KREBS	WASSERMANN	LÖWE	KREBS
DEZ.										
1	18.05	WAAGE	SCHÜTZE	SCHÜTZE	LÖWE	FISCHE	KREBS	WASSERMANN	LÖWE	KREBS
2			SCHÜTZE	SCHÜTZE	LÖWE	FISCHE	KREBS	WASSERMANN	LÖWE	KREBS
3	21.28	SKORPION	SCHÜTZE	STEINBOCK	LÖWE	FISCHE	KREBS	WASSERMANN	LÖWE	KREBS
4			SCHÜTZE	STEINBOCK	LÖWE	FISCHE	KREBS	WASSERMANN	LÖWE	KREBS
5	21.46	SCHÜTZE	SCHÜTZE	STEINBOCK	LÖWE	FISCHE	KREBS	WASSERMANN	LÖWE	KREBS
6			SCHÜTZE	STEINBOCK	LÖWE	FISCHE	KREBS	WASSERMANN	LÖWE	KREBS
7	20.55	STEINBOCK	SCHÜTZE	STEINBOCK	LÖWE	FISCHE	KREBS	WASSERMANN	LÖWE	KREBS
8			SCHÜTZE	STEINBOCK	LÖWE	FISCHE	KREBS	WASSERMANN	LÖWE	KREBS
9	21.06	WASSERMANN	SCHÜTZE	STEINBOCK	LÖWE	FISCHE	KREBS	WASSERMANN	LÖWE	KREBS
10			SCHÜTZE	STEINBOCK	LÖWE	FISCHE	KREBS	WASSERMANN	LÖWE	KREBS
11			SCHÜTZE	STEINBOCK	LÖWE	FISCHE	KREBS	WASSERMANN	LÖWE	KREBS
12	0.03	FISCHE	SCHÜTZE	STEINBOCK	LÖWE	FISCHE	KREBS	WASSERMANN	LÖWE	KREBS
13			SCHÜTZE	STEINBOCK	LÖWE	FISCHE	KREBS	WASSERMANN	LÖWE	KREBS
14	6.34	WIDDER	SCHÜTZE	STEINBOCK	LÖWE	FISCHE	KREBS	WASSERMANN	LÖWE	KREBS
15			SCHÜTZE	STEINBOCK	LÖWE	FISCHE	KREBS	WASSERMANN	LÖWE	KREBS
16	16.16	STIER	SCHÜTZE	STEINBOCK	LÖWE	FISCHE	KREBS	WASSERMANN	LÖWE	KREBS
17			SCHÜTZE	STEINBOCK	LÖWE	FISCHE	KREBS	WASSERMANN	LÖWE	KREBS
18			SCHÜTZE	STEINBOCK	LÖWE	FISCHE	KREBS	WASSERMANN	LÖWE	KREBS
19	4.03	ZWILLINGE	SCHÜTZE	STEINBOCK	LÖWE	FISCHE	KREBS	WASSERMANN	LÖWE	KREBS
20			STEINBOCK	STEINBOCK	LÖWE	FISCHE	KREBS	WASSERMANN	LÖWE	KREBS
21	16.45	KREBS	STEINBOCK	STEINBOCK	LÖWE	FISCHE	KREBS	WASSERMANN	LÖWE	KREBS
22			STEINBOCK	STEINBOCK	LÖWE	FISCHE	KREBS	WASSERMANN	LÖWE	KREBS

1916 SCHÜTZE

	ZEIT	MOND IM ZEICHEN	MERKUR	VENUS	MARS	JUPITER	SATURN	URANUS	NEPTUN	PLUTO
NOV.										
23	1.43	SKORPION	SCHÜTZE	WAAGE	SCHÜTZE	WIDDER	LÖWE	WASSERMANN	LÖWE	KREBS
24			SCHÜTZE	WAAGE	SCHÜTZE	WIDDER	LÖWE	WASSERMANN	LÖWE	KREBS
25	5.10	SCHÜTZE	SCHÜTZE	WAAGE	SCHÜTZE	WIDDER	LÖWE	WASSERMANN	LÖWE	KREBS
26			SCHÜTZE	WAAGE	SCHÜTZE	WIDDER	LÖWE	WASSERMANN	LÖWE	KREBS
27	6.44	STEINBOCK	SCHÜTZE	WAAGE	SCHÜTZE	WIDDER	LÖWE	WASSERMANN	LÖWE	KREBS
28			SCHÜTZE	SKORPION	SCHÜTZE	WIDDER	LÖWE	WASSERMANN	LÖWE	KREBS
29	8.07	WASSERMANN	SCHÜTZE	SKORPION	SCHÜTZE	WIDDER	LÖWE	WASSERMANN	LÖWE	KREBS
30			SCHÜTZE	SKORPION	SCHÜTZE	WIDDER	LÖWE	WASSERMANN	LÖWE	KREBS
DEZ.										
1	10.31	FISCHE	SCHÜTZE	SKORPION	SCHÜTZE	WIDDER	LÖWE	WASSERMANN	LÖWE	KREBS
2			SCHÜTZE	SKORPION	STEINBOCK	WIDDER	LÖWE	WASSERMANN	LÖWE	KREBS
3	14.36	WIDDER	SCHÜTZE	SKORPION	STEINBOCK	WIDDER	LÖWE	WASSERMANN	LÖWE	KREBS
4			SCHÜTZE	SKORPION	STEINBOCK	WIDDER	LÖWE	WASSERMANN	LÖWE	KREBS
5	20.38	STIER	SCHÜTZE	SKORPION	STEINBOCK	WIDDER	LÖWE	WASSERMANN	LÖWE	KREBS
6			SCHÜTZE	SKORPION	STEINBOCK	WIDDER	LÖWE	WASSERMANN	LÖWE	KREBS
7			SCHÜTZE	SKORPION	STEINBOCK	WIDDER	LÖWE	WASSERMANN	LÖWE	KREBS
8	4.44	ZWILLINGE	SCHÜTZE	SKORPION	STEINBOCK	WIDDER	KREBS	WASSERMANN	LÖWE	KREBS
9			SCHÜTZE	SKORPION	STEINBOCK	WIDDER	KREBS	WASSERMANN	LÖWE	KREBS
10	15.13	KREBS	SCHÜTZE	SKORPION	STEINBOCK	WIDDER	KREBS	WASSERMANN	LÖWE	KREBS
11			SCHÜTZE	SKORPION	STEINBOCK	WIDDER	KREBS	WASSERMANN	LÖWE	KREBS
12			STEINBOCK	SKORPION	STEINBOCK	WIDDER	KREBS	WASSERMANN	LÖWE	KREBS
13	3.19	LÖWE	STEINBOCK	SKORPION	STEINBOCK	WIDDER	KREBS	WASSERMANN	LÖWE	KREBS
14			STEINBOCK	SKORPION	STEINBOCK	WIDDER	KREBS	WASSERMANN	LÖWE	KREBS
15	16.17	JUNGFRAU	STEINBOCK	SKORPION	STEINBOCK	WIDDER	KREBS	WASSERMANN	LÖWE	KREBS
16			STEINBOCK	SKORPION	STEINBOCK	WIDDER	KREBS	WASSERMANN	LÖWE	KREBS
17			STEINBOCK	SKORPION	STEINBOCK	WIDDER	KREBS	WASSERMANN	LÖWE	KREBS
18	3.46	WAAGE	STEINBOCK	SKORPION	STEINBOCK	WIDDER	KREBS	WASSERMANN	LÖWE	KREBS
19			STEINBOCK	SKORPION	STEINBOCK	WIDDER	KREBS	WASSERMANN	LÖWE	KREBS
20	11.52	SKORPION	STEINBOCK	SKORPION	STEINBOCK	WIDDER	KREBS	WASSERMANN	LÖWE	KREBS
21			STEINBOCK	SKORPION	STEINBOCK	WIDDER	KREBS	WASSERMANN	LÖWE	KREBS

1917

	ZEIT	MOND IM ZEICHEN	MERKUR	VENUS	MARS	JUPITER	SATURN	URANUS	NEPTUN	PLUTO
NOV.										
23			SCHÜTZE	STEINBOCK	JUNGFRAU	ZWILLINGE	LÖWE	WASSERMANN	LÖWE	KREBS
24	3.36	WIDDER	SCHÜTZE	STEINBOCK	JUNGFRAU	ZWILLINGE	LÖWE	WASSERMANN	LÖWE	KREBS
25			SCHÜTZE	STEINBOCK	JUNGFRAU	ZWILLINGE	LÖWE	WASSERMANN	LÖWE	KREBS
26	5.57	STIER	SCHÜTZE	STEINBOCK	JUNGFRAU	ZWILLINGE	LÖWE	WASSERMANN	LÖWE	KREBS
27			SCHÜTZE	STEINBOCK	JUNGFRAU	ZWILLINGE	LÖWE	WASSERMANN	LÖWE	KREBS
28	9.15	ZWILLINGE	SCHÜTZE	STEINBOCK	JUNGFRAU	ZWILLINGE	LÖWE	WASSERMANN	LÖWE	KREBS
29			SCHÜTZE	STEINBOCK	JUNGFRAU	ZWILLINGE	LÖWE	WASSERMANN	LÖWE	KREBS
30	14.49	KREBS	SCHÜTZE	STEINBOCK	JUNGFRAU	ZWILLINGE	LÖWE	WASSERMANN	LÖWE	KREBS
DEZ.										
1			SCHÜTZE	STEINBOCK	JUNGFRAU	ZWILLINGE	LÖWE	WASSERMANN	LÖWE	KREBS
2	23.36	LÖWE	SCHÜTZE	STEINBOCK	JUNGFRAU	ZWILLINGE	LÖWE	WASSERMANN	LÖWE	KREBS
3			SCHÜTZE	STEINBOCK	JUNGFRAU	ZWILLINGE	LÖWE	WASSERMANN	LÖWE	KREBS
4			SCHÜTZE	STEINBOCK	JUNGFRAU	ZWILLINGE	LÖWE	WASSERMANN	LÖWE	KREBS
5	11.08	JUNGFRAU	SCHÜTZE	STEINBOCK	JUNGFRAU	ZWILLINGE	LÖWE	WASSERMANN	LÖWE	KREBS
6			STEINBOCK	WASSERMANN	JUNGFRAU	ZWILLINGE	LÖWE	WASSERMANN	LÖWE	KREBS
7	23.40	WAAGE	STEINBOCK	WASSERMANN	JUNGFRAU	ZWILLINGE	LÖWE	WASSERMANN	LÖWE	KREBS
8			STEINBOCK	WASSERMANN	JUNGFRAU	ZWILLINGE	LÖWE	WASSERMANN	LÖWE	KREBS
9			STEINBOCK	WASSERMANN	JUNGFRAU	ZWILLINGE	LÖWE	WASSERMANN	LÖWE	KREBS
10	10.52	SKORPION	STEINBOCK	WASSERMANN	JUNGFRAU	ZWILLINGE	LÖWE	WASSERMANN	LÖWE	KREBS
11			STEINBOCK	WASSERMANN	JUNGFRAU	ZWILLINGE	LÖWE	WASSERMANN	LÖWE	KREBS
12	19.07	SCHÜTZE	STEINBOCK	WASSERMANN	JUNGFRAU	ZWILLINGE	LÖWE	WASSERMANN	LÖWE	KREBS
13			STEINBOCK	WASSERMANN	JUNGFRAU	ZWILLINGE	LÖWE	WASSERMANN	LÖWE	KREBS
14			STEINBOCK	WASSERMANN	JUNGFRAU	ZWILLINGE	LÖWE	WASSERMANN	LÖWE	KREBS
15	0.32	STEINBOCK	STEINBOCK	WASSERMANN	JUNGFRAU	ZWILLINGE	LÖWE	WASSERMANN	LÖWE	KREBS
16			STEINBOCK	WASSERMANN	JUNGFRAU	ZWILLINGE	LÖWE	WASSERMANN	LÖWE	KREBS
17	3.59	WASSERMANN	STEINBOCK	WASSERMANN	JUNGFRAU	ZWILLINGE	LÖWE	WASSERMANN	LÖWE	KREBS
18			STEINBOCK	WASSERMANN	JUNGFRAU	ZWILLINGE	LÖWE	WASSERMANN	LÖWE	KREBS
19	6.32	FISCHE	STEINBOCK	WASSERMANN	JUNGFRAU	ZWILLINGE	LÖWE	WASSERMANN	LÖWE	KREBS
20			STEINBOCK	WASSERMANN	JUNGFRAU	ZWILLINGE	LÖWE	WASSERMANN	LÖWE	KREBS
21	9.07	WIDDER	STEINBOCK	WASSERMANN	JUNGFRAU	ZWILLINGE	LÖWE	WASSERMANN	LÖWE	KREBS

SCHÜTZE 1918

	ZEIT	MOND IM ZEICHEN	MERKUR	VENUS	MARS	JUPITER	SATURN	URANUS	NEPTUN	PLUTO
NOV.										
23			SCHÜTZE	SCHÜTZE	STEINBOCK	KREBS	LÖWE	WASSERMANN	LÖWE	KREBS
24			SCHÜTZE	SCHÜTZE	STEINBOCK	KREBS	LÖWE	WASSERMANN	LÖWE	KREBS
25	6.53	JUNGFRAU	SCHÜTZE	SCHÜTZE	STEINBOCK	KREBS	LÖWE	WASSERMANN	LÖWE	KREBS
26			SCHÜTZE	SCHÜTZE	STEINBOCK	KREBS	LÖWE	WASSERMANN	LÖWE	KREBS
27	18.26	WAAGE	SCHÜTZE	SCHÜTZE	STEINBOCK	KREBS	LÖWE	WASSERMANN	LÖWE	KREBS
28			SCHÜTZE	SCHÜTZE	STEINBOCK	KREBS	LÖWE	WASSERMANN	LÖWE	KREBS
29			SCHÜTZE	SCHÜTZE	STEINBOCK	KREBS	LÖWE	WASSERMANN	LÖWE	KREBS
30	7.13	SKORPION	SCHÜTZE	SCHÜTZE	STEINBOCK	KREBS	LÖWE	WASSERMANN	LÖWE	KREBS
DEZ.										
1			SCHÜTZE	SCHÜTZE	STEINBOCK	KREBS	LÖWE	WASSERMANN	LÖWE	KREBS
2	19.19	SCHÜTZE	STEINBOCK	SCHÜTZE	STEINBOCK	KREBS	LÖWE	WASSERMANN	LÖWE	KREBS
3			STEINBOCK	SCHÜTZE	STEINBOCK	KREBS	LÖWE	WASSERMANN	LÖWE	KREBS
4			STEINBOCK	SCHÜTZE	STEINBOCK	KREBS	LÖWE	WASSERMANN	LÖWE	KREBS
5	5.40	STEINBOCK	STEINBOCK	SCHÜTZE	STEINBOCK	KREBS	LÖWE	WASSERMANN	LÖWE	KREBS
6			STEINBOCK	SCHÜTZE	STEINBOCK	KREBS	LÖWE	WASSERMANN	LÖWE	KREBS
7	13.51	WASSERMANN	STEINBOCK	SCHÜTZE	STEINBOCK	KREBS	LÖWE	WASSERMANN	LÖWE	KREBS
8			STEINBOCK	SCHÜTZE	STEINBOCK	KREBS	LÖWE	WASSERMANN	LÖWE	KREBS
9	19.45	FISCHE	STEINBOCK	SCHÜTZE	STEINBOCK	KREBS	LÖWE	WASSERMANN	LÖWE	KREBS
10			STEINBOCK	SCHÜTZE	STEINBOCK	KREBS	LÖWE	WASSERMANN	LÖWE	KREBS
11	23.30	WIDDER	STEINBOCK	SCHÜTZE	STEINBOCK	KREBS	LÖWE	WASSERMANN	LÖWE	KREBS
12			STEINBOCK	SCHÜTZE	STEINBOCK	KREBS	LÖWE	WASSERMANN	LÖWE	KREBS
13			STEINBOCK	SCHÜTZE	STEINBOCK	KREBS	LÖWE	WASSERMANN	LÖWE	KREBS
14	1.34	STIER	STEINBOCK	SCHÜTZE	STEINBOCK	KREBS	LÖWE	WASSERMANN	LÖWE	KREBS.
15			STEINBOCK	SCHÜTZE	STEINBOCK	KREBS	LÖWE	WASSERMANN	LÖWE	KREBS
16	2.50	ZWILLINGE	SCHÜTZE	SCHÜTZE	STEINBOCK	KREBS	LÖWE	WASSERMANN	LÖWE	KREBS
17			SCHÜTZE	STEINBOCK	STEINBOCK	KREBS	LÖWE	WASSERMANN	LÖWE	KREBS
18	4.38	KREBS	SCHÜTZE	STEINBOCK	STEINBOCK	KREBS	LÖWE	WASSERMANN	LÖWE	KREBS
19			SCHÜTZE	STEINBOCK	STEINBOCK	KREBS	LÖWE	WASSERMANN	LÖWE	KREBS
20	8.29	LÖWE	SCHÜTZE	STEINBOCK	WASSERMANN	KREBS	LÖWE	WASSERMANN	LÖWE	KREBS
21			SCHÜTZE	STEINBOCK	WASSERMANN	KREBS	LÖWE	WASSERMANN	LÖWE	KREBS
22	15.35	JUNGFRAU	SCHÜTZE	STEINBOCK	WASSERMANN	KREBS	LÖWE	WASSERMANN	LÖWE	KREBS

1919

	ZEIT	MOND IM ZEICHEN	MERKUR	VENUS	MARS	JUPITER	SATURN	URANUS	NEPTUN	PLUTO
NOV.										
23			SCHÜTZE	WAAGE	JUNGFRAU	LÖWE	JUNGFRAU	WASSERMANN	LÖWE	KREBS
24			SCHÜTZE	WAAGE	JUNGFRAU	LÖWE	JUNGFRAU	WASSERMANN	LÖWE	KREBS
25	6.45	STEINBOCK	SCHÜTZE	WAAGE	JUNGFRAU	LÖWE	JUNGFRAU	WASSERMANN	LÖWE	KREBS
26			SCHÜTZE	WAAGE	JUNGFRAU	LÖWE	JUNGFRAU	WASSERMANN	LÖWE	KREBS
27	18.36	WASSERMANN	SCHÜTZE	WAAGE	JUNGFRAU	LÖWE	JUNGFRAU	WASSERMANN	LÖWE	KREBS
28			SCHÜTZE	WAAGE	JUNGFRAU	LÖWE	JUNGFRAU	WASSERMANN	LÖWE	KREBS
29			SCHÜTZE	WAAGE	JUNGFRAU	LÖWE	JUNGFRAU	WASSERMANN	LÖWE	KREBS
30	3.58	FISCHE	SCHÜTZE	WAAGE	WAAGE	LÖWE	JUNGFRAU	WASSERMANN	LÖWE	KREBS
DEZ.										
1			SCHÜTZE	WAAGE	WAAGE	LÖWE	JUNGFRAU	WASSERMANN	LÖWE	KREBS
2	10.00	WIDDER	SCHÜTZE	WAAGE	WAAGE	LÖWE	JUNGFRAU	WASSERMANN	LÖWE	KREBS
3			SCHÜTZE	WAAGE	WAAGE	LÖWE	JUNGFRAU	WASSERMANN	LÖWE	KREBS
4	12.34	STIER	SCHÜTZE	WAAGE	WAAGE	LÖWE	JUNGFRAU	WASSERMANN	LÖWE	KREBS
5			SCHÜTZE	WAAGE	WAAGE	LÖWE	JUNGFRAU	WASSERMANN	LÖWE	KREBS
6	12.36	ZWILLINGE	SCHÜTZE	WAAGE	WAAGE	LÖWE	JUNGFRAU	WASSERMANN	LÖWE	KREBS
7			SCHÜTZE	WAAGE	WAAGE	LÖWE	JUNGFRAU	WASSERMANN	LÖWE	KREBS
8	11.55	KREBS	SCHÜTZE	WAAGE	WAAGE	LÖWE	JUNGFRAU	WASSERMANN	LÖWE	KREBS
9			SCHÜTZE	SKORPION	WAAGE	LÖWE	JUNGFRAU	WASSERMANN	LÖWE	KREBS
10	12.29	LÖWE	SCHÜTZE	SKORPION	WAAGE	LÖWE	JUNGFRAU	WASSERMANN	LÖWE	KREBS
11			SCHÜTZE	SKORPION	WAAGE	LÖWE	JUNGFRAU	WASSERMANN	LÖWE	KREBS
12	16.10	JUNGFRAU	SCHÜTZE	SKORPION	WAAGE	LÖWE	JUNGFRAU	WASSERMANN	LÖWE	KREBS
13			SCHÜTZE	SKORPION	WAAGE	LÖWE	JUNGFRAU	WASSERMANN	LÖWE	KREBS
14	23.53	WAAGE	SCHÜTZE	SKORPION	WAAGE	LÖWE	JUNGFRAU	WASSERMANN	LÖWE	KREBS
15			SCHÜTZE	SKORPION	WAAGE	LÖWE	JUNGFRAU	WASSERMANN	LÖWE	KREBS
16			SCHÜTZE	SKORPION	WAAGE	LÖWE	JUNGFRAU	WASSERMANN	LÖWE	KREBS
17	11.02	SKORPION	SCHÜTZE	SKORPION	WAAGE	LÖWE	JUNGFRAU	WASSERMANN	LÖWE	KREBS
18			SCHÜTZE	SKORPION	WAAGE	LÖWE	JUNGFRAU	WASSERMANN	LÖWE	KREBS
19	23.59	SCHÜTZE	SCHÜTZE	SKORPION	WAAGE	LÖWE	JUNGFRAU	WASSERMANN	LÖWE	KREBS
20			SCHÜTZE	SKORPION	WAAGE	LÖWE	JUNGFRAU	WASSERMANN	LÖWE	KREBS
21			SCHÜTZE	SKORPION	WAAGE	LÖWE	JUNGFRAU	WASSERMANN	LÖWE	KREBS
22	12.50	STEINBOCK	SCHÜTZE	SKORPION	WAAGE	LÖWE	JUNGFRAU	WASSERMANN	LÖWE	KREBS

1920 SCHÜTZE

	ZEIT	MOND IM ZEICHEN	MERKUR	VENUS	MARS	JUPITER	SATURN	URANUS	NEPTUN	PLUTO
NOV.										
23	18.59	STIER	SKORPION	STEINBOCK	STEINBOCK	JUNGFRAU	JUNGFRAU	FISCHE	LÖWE	KREBS
24			SKORPION	STEINBOCK	STEINBOCK	JUNGFRAU	JUNGFRAU	FISCHE	LÖWE	KREBS
25	20.57	ZWILLINGE	SKORPION	STEINBOCK	STEINBOCK	JUNGFRAU	JUNGFRAU	FISCHE	LÖWE	KREBS
26			SKORPION	STEINBOCK	STEINBOCK	JUNGFRAU	JUNGFRAU	FISCHE	LÖWE	KREBS
27	21.13	KREBS	SKORPION	STEINBOCK	STEINBOCK	JUNGFRAU	JUNGFRAU	FISCHE	LÖWE	KREBS
28			SKORPION	STEINBOCK	WASSERMANN	JUNGFRAU	JUNGFRAU	FISCHE	LÖWE	KREBS
29	21.36	LÖWE	SKORPION	STEINBOCK	WASSERMANN	JUNGFRAU	JUNGFRAU	FISCHE	LÖWE	KREBS
30			SKORPION	STEINBOCK	WASSERMANN	JUNGFRAU	JUNGFRAU	FISCHE	LÖWE	KREBS
DEZ.										
1	23.50	JUNGFRAU	SKORPION	STEINBOCK	WASSERMANN	JUNGFRAU	JUNGFRAU	FISCHE	LÖWE	KREBS
2			SKORPION	STEINBOCK	WASSERMANN	JUNGFRAU	JUNGFRAU	FISCHE	LÖWE	KREBS
3			SKORPION	STEINBOCK	WASSERMANN	JUNGFRAU	JUNGFRAU	FISCHE	LÖWE	KREBS
4	4.54	WAAGE	SKORPION	STEINBOCK	WASSERMANN	JUNGFRAU	JUNGFRAU	FISCHE	LÖWE	KREBS
5			SKORPION	STEINBOCK	WASSERMANN	JUNGFRAU	JUNGFRAU	FISCHE	LÖWE	KREBS
6	12.51	SKORPION	SKORPION	STEINBOCK	WASSERMANN	JUNGFRAU	JUNGFRAU	FISCHE	LÖWE	KREBS
7			SKORPION	STEINBOCK	WASSERMANN	JUNGFRAU	JUNGFRAU	FISCHE	LÖWE	KREBS
8	23.12	SCHÜTZE	SKORPION	STEINBOCK	WASSERMANN	JUNGFRAU	JUNGFRAU	FISCHE	LÖWE	KREBS
9			SKORPION	STEINBOCK	WASSERMANN	JUNGFRAU	JUNGFRAU	FISCHE	LÖWE	KREBS
10			SKORPION	STEINBOCK	WASSERMANN	JUNGFRAU	JUNGFRAU	FISCHE	LÖWE	KREBS
11	11.00	STEINBOCK	SCHÜTZE	STEINBOCK	WASSERMANN	JUNGFRAU	JUNGFRAU	FISCHE	LÖWE	KREBS
12			SCHÜTZE	WASSERMANN	WASSERMANN	JUNGFRAU	JUNGFRAU	FISCHE	LÖWE	KREBS
13	23.39	WASSERMANN	SCHÜTZE	WASSERMANN	WASSERMANN	JUNGFRAU	JUNGFRAU	FISCHE	LÖWE	KREBS
14			SCHÜTZE	WASSERMANN	WASSERMANN	JUNGFRAU	JUNGFRAU	FISCHE	LÖWE	KREBS
15			SCHÜTZE	WASSERMANN	WASSERMANN	JUNGFRAU	JUNGFRAU	FISCHE	LÖWE	KREBS
16	12.04	FISCHE	SCHÜTZE	WASSERMANN	WASSERMANN	JUNGFRAU	JUNGFRAU	FISCHE	LÖWE	KREBS
17			SCHÜTZE	WASSERMANN	WASSERMANN	JUNGFRAU	JUNGFRAU	FISCHE	LÖWE	KREBS
18	22.25	WIDDER	SCHÜTZE	WASSERMANN	WASSERMANN	JUNGFRAU	JUNGFRAU	FISCHE	LÖWE	KREBS
19			SCHÜTZE	WASSERMANN	WASSERMANN	JUNGFRAU	JUNGFRAU	FISCHE	LÖWE	KREBS
20			SCHÜTZE	WASSERMANN	WASSERMANN	JUNGFRAU	JUNGFRAU	FISCHE	LÖWE	KREBS
21	5.16	STIER	SCHÜTZE	WASSERMANN	WASSERMANN	JUNGFRAU	JUNGFRAU	FISCHE	LÖWE	KREBS

1921

	ZEIT	MOND IM ZEICHEN	MERKUR	VENUS	MARS	JUPITER	SATURN	URANUS	NEPTUN	PLUTO
NOV.										
23			SKORPION	SKORPION	WAAGE	WAAGE	WAAGE	FISCHE	LÖWE	KREBS
24	16.32	WAAGE	SKORPION	SKORPION	WAAGE	WAAGE	WAAGE	FISCHE	LÖWE	KREBS
25			SKORPION	SKORPION	WAAGE	WAAGE	WAAGE	FISCHE	LÖWE	KREBS
26	20.39	SKORPION	SKORPION	SKORPION	WAAGE	WAAGE	WAAGE	FISCHE	LÖWE	KREBS
27			SKORPION	SKORPION	WAAGE	WAAGE	WAAGE	FISCHE	LÖWE	KREBS
28			SKORPION	SKORPION	WAAGE	WAAGE	WAAGE	FISCHE	LÖWE	KREBS
29	2.06	SCHÜTZE	SKORPION	SKORPION	WAAGE	WAAGE	WAAGE	FISCHE	LÖWE	KREBS
30			SKORPION	SKORPION	WAAGE	WAAGE	WAAGE	FISCHE	LÖWE	KREBS
DEZ.										
1	9.33	STEINBOCK	SKORPION	SKORPION	WAAGE	WAAGE	WAAGE	FISCHE	LÖWE	KREBS
2			SKORPION	SKORPION	WAAGE	WAAGE	WAAGE	FISCHE	LÖWE	KREBS
3	19.44	WASSERMANN	SKORPION	SKORPION	WAAGE	WAAGE	WAAGE	FISCHE	LÖWE	KREBS
4			SKORPION	SKORPION	WAAGE	WAAGE	WAAGE	FISCHE	LÖWE	KREBS
5			SCHÜTZE	SKORPION	WAAGE	WAAGE	WAAGE	FISCHE	LÖWE	KREBS
6	8.04	FISCHE	SCHÜTZE	SKORPION	WAAGE	WAAGE	WAAGE	FISCHE	LÖWE	KREBS
7			SCHÜTZE	SKORPION	WAAGE	WAAGE	WAAGE	FISCHE	LÖWE	KREBS
8	20.34	WIDDER	SCHÜTZE	SCHÜTZE	WAAGE	WAAGE	WAAGE	FISCHE	LÖWE	KREBS
9			SCHÜTZE	SCHÜTZE	WAAGE	WAAGE	WAAGE	FISCHE	LÖWE	KREBS
10			SCHÜTZE	SCHÜTZE	WAAGE	WAAGE	WAAGE	FISCHE	LÖWE	KREBS
11	6.42	STIER	SCHÜTZE	SCHÜTZE	WAAGE	WAAGE	WAAGE	FISCHE	LÖWE	KREBS
12			SCHÜTZE	SCHÜTZE	WAAGE	WAAGE	WAAGE	FISCHE	LÖWE	KREBS
13	13.07	ZWILLINGE	SCHÜTZE	SCHÜTZE	WAAGE	WAAGE	WAAGE	FISCHE	LÖWE	KREBS
14			SCHÜTZE	SCHÜTZE	WAAGE	WAAGE	WAAGE	FISCHE	LÖWE	KREBS
15	16.10	KREBS	SCHÜTZE	SCHÜTZE	WAAGE	WAAGE	WAAGE	FISCHE	LÖWE	KREBS
16			SCHÜTZE	SCHÜTZE	WAAGE	WAAGE	WAAGE	FISCHE	LÖWE	KREBS
17	17.36	LÖWE	SCHÜTZE	SCHÜTZE	WAAGE	WAAGE	WAAGE	FISCHE	LÖWE	KREBS
18			SCHÜTZE	SCHÜTZE	WAAGE	WAAGE	WAAGE	FISCHE	LÖWE	KREBS
19	19.05	JUNGFRAU	SCHÜTZE	SCHÜTZE	WAAGE	WAAGE	WAAGE	FISCHE	LÖWE	KREBS
20			SCHÜTZE	SCHÜTZE	WAAGE	WAAGE	WAAGE	FISCHE	LÖWE	KREBS
21	21.55	WAAGE	SCHÜTZE	SCHÜTZE	WAAGE	WAAGE	WAAGE	FISCHE	LÖWE	KREBS

SCHÜTZE 1922

	ZEIT	MOND IM ZEICHEN	MERKUR	VENUS	MARS	JUPITER	SATURN	URANUS	NEPTUN	PLUTO
NOV.										
23	16.39	WASSERMANN	SKORPION	SCHÜTZE	WASSERMANN	SKORPION	WAAGE	FISCHE	LÖWE	KREBS
24			SKORPION	SCHÜTZE	WASSERMANN	SKORPION	WAAGE	FISCHE	LÖWE	KREBS
25			SKORPION	SCHÜTZE	WASSERMANN	SKORPION	WAAGE	FISCHE	LÖWE	KREBS
26	2.43	FISCHE	SKORPION	SCHÜTZE	WASSERMANN	SKORPION	WAAGE	FISCHE	LÖWE	KREBS
27			SKORPION	SCHÜTZE	WASSERMANN	SKORPION	WAAGE	FISCHE	LÖWE	KREBS
28	15.21	WIDDER	SCHÜTZE	SCHÜTZE	WASSERMANN	SKORPION	WAAGE	FISCHE	LÖWE	KREBS
29			SCHÜTZE	SKORPION	WASSERMANN	SKORPION	WAAGE	FISCHE	LÖWE	KREBS
30			SCHÜTZE	SKORPION	WASSERMANN	SKORPION	WAAGE	FISCHE	LÖWE	KREBS
DEZ.										
1	3.57	STIER	SCHÜTZE	SKORPION	WASSERMANN	SKORPION	WAAGE	FISCHE	LÖWE	KREBS
2			SCHÜTZE	SKORPION	WASSERMANN	SKORPION	WAAGE	FISCHE	LÖWE	KREBS
3	14.24	ZWILLINGE	SCHÜTZE	SKORPION	WASSERMANN	SKORPION	WAAGE	FISCHE	LÖWE	KREBS
4			SCHÜTZE	SKORPION	WASSERMANN	SKORPION	WAAGE	FISCHE	LÖWE	KREBS
5	22.31	KREBS	SCHÜTZE	SKORPION	WASSERMANN	SKORPION	WAAGE	FISCHE	LÖWE	KREBS
6			SCHÜTZE	SKORPION	WASSERMANN	SKORPION	WAAGE	FISCHE	LÖWE	KREBS
7			SCHÜTZE	SKORPION	WASSERMANN	SKORPION	WAAGE	FISCHE	LÖWE	KREBS
8	4.32	LÖWE	SCHÜTZE	SKORPION	WASSERMANN	SKORPION	WAAGE	FISCHE	LÖWE	KREBS
9			SCHÜTZE	SKORPION	WASSERMANN	SKORPION	WAAGE	FISCHE	LÖWE	KREBS
10	9.08	JUNGFRAU	SCHÜTZE	SKORPION	WASSERMANN	SKORPION	WAAGE	FISCHE	LÖWE	KREBS
11			SCHÜTZE	SKORPION	WASSERMANN	SKORPION	WAAGE	FISCHE	LÖWE	KREBS
12	12.40	WAAGE	SCHÜTZE	SKORPION	FISCHE	SKORPION	WAAGE	FISCHE	LÖWE	KREBS
13			SCHÜTZE	SKORPION	FISCHE	SKORPION	WAAGE	FISCHE	LÖWE	KREBS
14	15.14	SKORPION	SCHÜTZE	SKORPION	FISCHE	SKORPION	WAAGE	FISCHE	LÖWE	KREBS
15			SCHÜTZE	SKORPION	FISCHE	SKORPION	WAAGE	FISCHE	LÖWE	KREBS
16	17.29	SCHÜTZE	SCHÜTZE	SKORPION	FISCHE	SKORPION	WAAGE	FISCHE	LÖWE	KREBS
17			STEINBOCK	SKORPION	FISCHE	SKORPION	WAAGE	FISCHE	LÖWE	KREBS
18	20.38	STEINBOCK	STEINBOCK	SKORPION	FISCHE	SKORPION	WAAGE	FISCHE	LÖWE	KREBS
19			STEINBOCK	SKORPION	FISCHE	SKORPION	WAAGE	FISCHE	LÖWE	KREBS
20			STEINBOCK	SKORPION	FISCHE	SKORPION	WAAGE	FISCHE	LÖWE	KREBS
21	2.13	WASSERMANN	STEINBOCK	SKORPION	FISCHE	SKORPION	WAAGE	FISCHE	LÖWE	KREBS
22			STEINBOCK	SKORPION	FISCHE	SKORPION	WAAGE	FISCHE	LÖWE	KREBS

1923

	ZEIT	MOND IM ZEICHEN	MERKUR	VENUS	MARS	JUPITER	SATURN	URANUS	NEPTUN	PLUTO
NOV.										
23	13.32	ZWILLINGE	SCHÜTZE	SCHÜTZE	WAAGE	SKORPION	WAAGE	FISCHE	LÖWE	KREBS
24			SCHÜTZE	SCHÜTZE	WAAGE	SKORPION	WAAGE	FISCHE	LÖWE	KREBS
25			SCHÜTZE	SCHÜTZE	WAAGE	SCHÜTZE	WAAGE	FISCHE	LÖWE	KREBS
26	1.26	KREBS	SCHÜTZE	SCHÜTZE	WAAGE	SCHÜTZE	WAAGE	FISCHE	LÖWE	KREBS
27			SCHÜTZE	SCHÜTZE	WAAGE	SCHÜTZE	WAAGE	FISCHE	LÖWE	KREBS
28	12.02	LÖWE	SCHÜTZE	SCHÜTZE	WAAGE	SCHÜTZE	WAAGE	FISCHE	LÖWE	KREBS
29			SCHÜTZE	SCHÜTZE	WAAGE	SCHÜTZE	WAAGE	FISCHE	LÖWE	KREBS
30	20.15	JUNGFRAU	SCHÜTZE	SCHÜTZE	WAAGE	SCHÜTZE	WAAGE	FISCHE	LÖWE	KREBS
DEZ.										
1			SCHÜTZE	SCHÜTZE	WAAGE	SCHÜTZE	WAAGE	FISCHE	LÖWE	KREBS
2			SCHÜTZE	STEINBOCK	WAAGE	SCHÜTZE	WAAGE	FISCHE	LÖWE	KREBS
3	1.19	WAAGE	SCHÜTZE	STEINBOCK	WAAGE	SCHÜTZE	WAAGE	FISCHE	LÖWE	KREBS
4			SCHÜTZE	STEINBOCK	WAAGE	SCHÜTZE	WAAGE	FISCHE	LÖWE	KREBS
5	3.10	SKORPION	SCHÜTZE	STEINBOCK	SKORPION	SCHÜTZE	WAAGE	FISCHE	LÖWE	KREBS
6			SCHÜTZE	STEINBOCK	SKORPION	SCHÜTZE	WAAGE	FISCHE	LÖWE	KREBS
7	2.57	SCHÜTZE	SCHÜTZE	STEINBOCK	SKORPION	SCHÜTZE	WAAGE	FISCHE	LÖWE	KREBS
8			SCHÜTZE	STEINBOCK	SKORPION	SCHÜTZE	WAAGE	FISCHE	LÖWE	KREBS
9	2.35	STEINBOCK	SCHÜTZE	STEINBOCK	SKORPION	SCHÜTZE	WAAGE	FISCHE	LÖWE	KREBS
10			STEINBOCK	STEINBOCK	SKORPION	SCHÜTZE	WAAGE	FISCHE	LÖWE	KREBS
11	4.16	WASSERMANN	STEINBOCK	STEINBOCK	SKORPION	SCHÜTZE	WAAGE	FISCHE	LÖWE	KREBS
12			STEINBOCK	STEINBOCK	SKORPION	SCHÜTZE	WAAGE	FISCHE	LÖWE	KREBS
13	9.39	FISCHE	STEINBOCK	STEINBOCK	SKORPION	SCHÜTZE	WAAGE	FISCHE	LÖWE	KREBS
14			STEINBOCK	STEINBOCK	SKORPION	SCHÜTZE	WAAGE	FISCHE	LÖWE	KREBS
15	19.11	WIDDER	STEINBOCK	STEINBOCK	SKORPION	SCHÜTZE	WAAGE	FISCHE	LÖWE	KREBS
16			STEINBOCK	STEINBOCK	SKORPION	SCHÜTZE	WAAGE	FISCHE	LÖWE	KREBS
17			STEINBOCK	STEINBOCK	SKORPION	SCHÜTZE	WAAGE	FISCHE	LÖWE	KREBS
18	7.22	STIER	STEINBOCK	STEINBOCK	SCHÜTZE	SCHÜTZE	WAAGE	FISCHE	LÖWE	KREBS
19			STEINBOCK	STEINBOCK	SCHÜTZE	SCHÜTZE	WAAGE	FISCHE	LÖWE	KREBS
20	20.02	ZWILLINGE	STEINBOCK	STEINBOCK	SKORPION	SCHÜTZE	SKORPION	FISCHE	LÖWE	KREBS
21			STEINBOCK	STEINBOCK	SKORPION	SCHÜTZE	SKORPION	FISCHE	LÖWE	KREBS
22			STEINBOCK	STEINBOCK	SKORPION	SCHÜTZE	SKORPION	FISCHE	LÖWE	KREBS

1924 SCHÜTZE

NOV.	ZEIT	MOND IM ZEICHEN	MERKUR	VENUS	MARS	JUPITER	SATURN	URANUS	NEPTUN	PLUTO
23			SCHÜTZE	WAAGE	FISCHE	SCHÜTZE	SKORPION	FISCHE	LÖWE	KREBS
24	11.16	SKORPION	SCHÜTZE	WAAGE	FISCHE	SCHÜTZE	SKORPION	FISCHE	LÖWE	KREBS
25			SCHÜTZE	WAAGE	FISCHE	SCHÜTZE	SKORPION	FISCHE	LÖWE	KREBS
26	11.37	SCHÜTZE	SCHÜTZE	WAAGE	FISCHE	SCHÜTZE	SKORPION	FISCHE	LÖWE	KREBS
27			SCHÜTZE	SKORPION	FISCHE	SCHÜTZE	SKORPION	FISCHE	LÖWE	KREBS
28	10.59	STEINBOCK	SCHÜTZE	SKORPION	FISCHE	SCHÜTZE	SKORPION	FISCHE	LÖWE	KREBS
29			SCHÜTZE	SKORPION	FISCHE	SCHÜTZE	SKORPION	FISCHE	LÖWE	KREBS
30	11.27	WASSERMANN	SCHÜTZE	SKORPION	FISCHE	SCHÜTZE	SKORPION	FISCHE	LÖWE	KREBS
DEZ.										
1			SCHÜTZE	SKORPION	FISCHE	SCHÜTZE	SKORPION	FISCHE	LÖWE	KREBS
2	14.40	FISCHE	SCHÜTZE	SKORPION	FISCHE	SCHÜTZE	SKORPION	FISCHE	LÖWE	KREBS
3			STEINBOCK	SKORPION	FISCHE	SCHÜTZE	SKORPION	FISCHE	LÖWE	KREBS
4	21.14	WIDDER	STEINBOCK	SKORPION	FISCHE	SCHÜTZE	SKORPION	FISCHE	LÖWE	KREBS
5			STEINBOCK	SKORPION	FISCHE	SCHÜTZE	SKORPION	FISCHE	LÖWE	KREBS
6			STEINBOCK	SKORPION	FISCHE	SCHÜTZE	SKORPION	FISCHE	LÖWE	KREBS
7	6.35	STIER	STEINBOCK	SKORPION	FISCHE	SCHÜTZE	SKORPION	FISCHE	LÖWE	KREBS
8			STEINBOCK	SKORPION	FISCHE	SCHÜTZE	SKORPION	FISCHE	LÖWE	KREBS
9			STEINBOCK	SKORPION	FISCHE	SCHÜTZE	SKORPION	FISCHE	LÖWE	KREBS
10	17.53	ZWILLINGE	STEINBOCK	SKORPION	FISCHE	SCHÜTZE	SKORPION	FISCHE	LÖWE	KREBS
11			STEINBOCK	SKORPION	FISCHE	SCHÜTZE	SKORPION	FISCHE	LÖWE	KREBS
12			STEINBOCK	SKORPION	FISCHE	SCHÜTZE	SKORPION	FISCHE	LÖWE	KREBS
13	6.21	KREBS	STEINBOCK	SKORPION	FISCHE	SCHÜTZE	SKORPION	FISCHE	LÖWE	KREBS
14			STEINBOCK	SKORPION	FISCHE	SCHÜTZE	SKORPION	FISCHE	LÖWE	KREBS
15	19.12	LÖWE	STEINBOCK	SKORPION	FISCHE	SCHÜTZE	SKORPION	FISCHE	LÖWE	KREBS
16			STEINBOCK	SKORPION	FISCHE	SCHÜTZE	SKORPION	FISCHE	LÖWE	KREBS
17			STEINBOCK	SKORPION	FISCHE	SCHÜTZE	SKORPION	FISCHE	LÖWE	KREBS
18	7.04	JUNGFRAU	STEINBOCK	SKORPION	FISCHE	STEINBOCK	SKORPION	FISCHE	LÖWE	KREBS
19			STEINBOCK	SKORPION	WIDDER	STEINBOCK	SKORPION	FISCHE	LÖWE	KREBS
20	16.13	WAAGE	STEINBOCK	SKORPION	WIDDER	STEINBOCK	SKORPION	FISCHE	LÖWE	KREBS
21			STEINBOCK	SKORPION	WIDDER	STEINBOCK	SKORPION	FISCHE	LÖWE	KREBS

1925

NOV.	ZEIT	MOND IM ZEICHEN	MERKUR	VENUS	MARS	JUPITER	SATURN	URANUS	NEPTUN	PLUTO
23	2.39	FISCHE	SCHÜTZE	STEINBOCK	SKORPION	STEINBOCK	SKORPION	FISCHE	LÖWE	KREBS
24			SCHÜTZE	STEINBOCK	SKORPION	STEINBOCK	SKORPION	FISCHE	LÖWE	KREBS
25	6.34	WIDDER	SCHÜTZE	STEINBOCK	SKORPION	STEINBOCK	SKORPION	FISCHE	LÖWE	KREBS
26			SCHÜTZE	STEINBOCK	SKORPION	STEINBOCK	SKORPION	FISCHE	LÖWE	KREBS
27	11.47	STIER	SCHÜTZE	STEINBOCK	SKORPION	STEINBOCK	SKORPION	FISCHE	LÖWE	KREBS
28			SCHÜTZE	STEINBOCK	SKORPION	STEINBOCK	SKORPION	FISCHE	LÖWE	KREBS
29	18.52	ZWILLINGE	SCHÜTZE	STEINBOCK	SKORPION	STEINBOCK	SKORPION	FISCHE	LÖWE	KREBS
30			SCHÜTZE	STEINBOCK	SKORPION	STEINBOCK	SKORPION	FISCHE	LÖWE	KREBS
DEZ.										
1			SCHÜTZE	STEINBOCK	SKORPION	STEINBOCK	SKORPION	FISCHE	LÖWE	KREBS
2	4.22	KREBS	SCHÜTZE	STEINBOCK	SKORPION	STEINBOCK	SKORPION	FISCHE	LÖWE	KREBS
3			SCHÜTZE	STEINBOCK	SKORPION	STEINBOCK	SKORPION	FISCHE	LÖWE	KREBS
4	16.13	LÖWE	SCHÜTZE	STEINBOCK	SKORPION	STEINBOCK	SKORPION	FISCHE	LÖWE	KREBS
5			SCHÜTZE	STEINBOCK	SKORPION	STEINBOCK	SKORPION	FISCHE	LÖWE	KREBS
6			SCHÜTZE	WASSERMANN	SKORPION	STEINBOCK	SKORPION	FISCHE	LÖWE	KREBS
7	5.11	JUNGFRAU	SCHÜTZE	WASSERMANN	SKORPION	STEINBOCK	SKORPION	FISCHE	LÖWE	KREBS
8			SCHÜTZE	WASSERMANN	SKORPION	STEINBOCK	SKORPION	FISCHE	LÖWE	KREBS
9	16.50	WAAGE	SCHÜTZE	WASSERMANN	SKORPION	STEINBOCK	SKORPION	FISCHE	LÖWE	KREBS
10			SCHÜTZE	WASSERMANN	SKORPION	STEINBOCK	SKORPION	FISCHE	LÖWE	KREBS
11			SCHÜTZE	WASSERMANN	SKORPION	STEINBOCK	SKORPION	FISCHE	LÖWE	KREBS
12	0.57	SKORPION	SCHÜTZE	WASSERMANN	SKORPION	STEINBOCK	SKORPION	FISCHE	LÖWE	KREBS
13			SCHÜTZE	WASSERMANN	SKORPION	STEINBOCK	SKORPION	FISCHE	LÖWE	KREBS
14	5.20	SCHÜTZE	SCHÜTZE	WASSERMANN	SKORPION	STEINBOCK	SKORPION	FISCHE	LÖWE	KREBS
15			SCHÜTZE	WASSERMANN	SKORPION	STEINBOCK	SKORPION	FISCHE	LÖWE	KREBS
16	6.58	STEINBOCK	SCHÜTZE	WASSERMANN	SKORPION	STEINBOCK	SKORPION	FISCHE	LÖWE	KREBS
17			SCHÜTZE	WASSERMANN	SKORPION	STEINBOCK	SKORPION	FISCHE	LÖWE	KREBS
18	7.36	WASSERMANN	SCHÜTZE	WASSERMANN	SKORPION	STEINBOCK	SKORPION	FISCHE	LÖWE	KREBS
19			SCHÜTZE	WASSERMANN	SKORPION	STEINBOCK	SKORPION	FISCHE	LÖWE	KREBS
20	8.53	FISCHE	SCHÜTZE	WASSERMANN	SKORPION	STEINBOCK	SKORPION	FISCHE	LÖWE	KREBS
21			SCHÜTZE	WASSERMANN	SKORPION	STEINBOCK	SKORPION	FISCHE	LÖWE	KREBS

SCHÜTZE 1926

	ZEIT	MOND IM ZEICHEN	MERKUR	VENUS	MARS	JUPITER	SATURN	URANUS	NEPTUN	PLUTO
NOV.										
23			SCHÜTZE	SCHÜTZE	STIER	WASSERMANN	SKORPION	FISCHE	LÖWE	KREBS
24	12.10	LÖWE	SCHÜTZE	SCHÜTZE	STIER	WASSERMANN	SKORPION	FISCHE	LÖWE	KREBS
25			SCHÜTZE	SCHÜTZE	STIER	WASSERMANN	SKORPION	FISCHE	LÖWE	KREBS
26	23.37	JUNGFRAU	SCHÜTZE	SCHÜTZE	STIER	WASSERMANN	SKORPION	FISCHE	LÖWE	KREBS
27			SCHÜTZE	SCHÜTZE	STIER	WASSERMANN	SKORPION	FISCHE	LÖWE	KREBS
28			SKORPION	SCHÜTZE	STIER	WASSERMANN	SKORPION	FISCHE	LÖWE	KREBS
29	12.14	WAAGE	SKORPION	SCHÜTZE	STIER	WASSERMANN	SKORPION	FISCHE	LÖWE	KREBS
30			SKORPION	SCHÜTZE	STIER	WASSERMANN	SKORPION	FISCHE	LÖWE	KREBS
DEZ.										
1	23.36	SKORPION	SKORPION	SCHÜTZE	STIER	WASSERMANN	SKORPION	FISCHE	LÖWE	KREBS
2			SKORPION	SCHÜTZE	STIER	WASSERMANN	SKORPION	FISCHE	LÖWE	KREBS
3			SKORPION	SCHÜTZE	STIER	WASSERMANN	SCHÜTZE	FISCHE	LÖWE	KREBS
4	8.30	SCHÜTZE	SKORPION	SCHÜTZE	STIER	WASSERMANN	SCHÜTZE	FISCHE	LÖWE	KREBS
5			SKORPION	SCHÜTZE	STIER	WASSERMANN	SCHÜTZE	FISCHE	LÖWE	KREBS
6	14.51	STEINBOCK	SKORPION	SCHÜTZE	STIER	WASSERMANN	SCHÜTZE	FISCHE	LÖWE	KREBS
7			SKORPION	SCHÜTZE	STIER	WASSERMANN	SCHÜTZE	FISCHE	LÖWE	KREBS
8	19.21	WASSERMANN	SKORPION	SCHÜTZE	STIER	WASSERMANN	SCHÜTZE	FISCHE	LÖWE	KREBS
9			SKORPION	SCHÜTZE	STIER	WASSERMANN	SCHÜTZE	FISCHE	LÖWE	KREBS
10	21.43	FISCHE	SKORPION	SCHÜTZE	STIER	WASSERMANN	SCHÜTZE	FISCHE	LÖWE	KREBS
11			SKORPION	SCHÜTZE	STIER	WASSERMANN	SCHÜTZE	FISCHE	LÖWE	KREBS
12			SKORPION	SCHÜTZE	STIER	WASSERMANN	SCHÜTZE	FISCHE	LÖWE	KREBS
13	1.33	WIDDER	SKORPION	SCHÜTZE	STIER	WASSERMANN	SCHÜTZE	FISCHE	LÖWE	KREBS
14			SCHÜTZE	SCHÜTZE	STIER	WASSERMANN	SCHÜTZE	FISCHE	LÖWE	KREBS
15	4.24	STIER	SCHÜTZE	SCHÜTZE	STIER	WASSERMANN	SCHÜTZE	FISCHE	LÖWE	KREBS
16			SCHÜTZE	SCHÜTZE	STIER	WASSERMANN	SCHÜTZE	FISCHE	LÖWE	KREBS
17	8.02	ZWILLINGE	SCHÜTZE	STEINBOCK	STIER	WASSERMANN	SCHÜTZE	FISCHE	LÖWE	KREBS
18			SCHÜTZE	STEINBOCK	STIER	WASSERMANN	SCHÜTZE	FISCHE	LÖWE	KREBS
19	13.18	KREBS	SCHÜTZE	STEINBOCK	STIER	WASSERMANN	SCHÜTZE	FISCHE	LÖWE	KREBS
20			SCHÜTZE	STEINBOCK	STIER	WASSERMANN	SCHÜTZE	FISCHE	LÖWE	KREBS
21	21.20	LÖWE	SCHÜTZE	STEINBOCK	STIER	WASSERMANN	SCHÜTZE	FISCHE	LÖWE	KREBS
22			SCHÜTZE	STEINBOCK	STIER	WASSERMANN	SCHÜTZE	FISCHE	LÖWE	KREBS

1927

	ZEIT	MOND IM ZEICHEN	MERKUR	VENUS	MARS	JUPITER	SATURN	URANUS	NEPTUN	PLUTO
NOV.										
23			SKORPION	WAAGE	SKORPION	FISCHE	SCHÜTZE	FISCHE	LÖWE	KREBS
24	8.52	SCHÜTZE	SKORPION	WAAGE	SKORPION	FISCHE	SCHÜTZE	FISCHE	LÖWE	KREBS
25			SKORPION	WAAGE	SKORPION	FISCHE	SCHÜTZE	FISCHE	LÖWE	KREBS
26	19.58	STEINBOCK	SKORPION	WAAGE	SKORPION	FISCHE	SCHÜTZE	FISCHE	LÖWE	KREBS
27			SKORPION	WAAGE	SKORPION	FISCHE	SCHÜTZE	FISCHE	LÖWE	KREBS
28			SKORPION	WAAGE	SKORPION	FISCHE	SCHÜTZE	FISCHE	LÖWE	KREBS
29	5.04	WASSERMANN	SKORPION	WAAGE	SKORPION	FISCHE	SCHÜTZE	FISCHE	LÖWE	KREBS
30			SKORPION	WAAGE	SKORPION	FISCHE	SCHÜTZE	FISCHE	LÖWE	KREBS
DEZ.										
1	11.36	FISCHE	SKORPION	WAAGE	SKORPION	FISCHE	SCHÜTZE	FISCHE	LÖWE	KREBS
2			SKORPION	WAAGE	SKORPION	FISCHE	SCHÜTZE	FISCHE	LÖWE	KREBS
3	15.18	WIDDER	SKORPION	WAAGE	SKORPION	FISCHE	SCHÜTZE	FISCHE	LÖWE	KREBS
4			SKORPION	WAAGE	SKORPION	FISCHE	SCHÜTZE	FISCHE	LÖWE	KREBS
5	16.46	STIER	SKORPION	WAAGE	SKORPION	FISCHE	SCHÜTZE	FISCHE	LÖWE	KREBS
6			SKORPION	WAAGE	SKORPION	FISCHE	SCHÜTZE	FISCHE	LÖWE	KREBS
7	17.11	ZWILLINGE	SKORPION	WAAGE	SKORPION	FISCHE	SCHÜTZE	FISCHE	LÖWE	KREBS
8			SKORPION	WAAGE	SCHÜTZE	FISCHE	SCHÜTZE	FISCHE	LÖWE	KREBS
9	18.13	KREBS	SCHÜTZE	SKORPION	SCHÜTZE	FISCHE	SCHÜTZE	FISCHE	LÖWE	KREBS
10			SCHÜTZE	SKORPION	SCHÜTZE	FISCHE	SCHÜTZE	FISCHE	LÖWE	KREBS
11	21.37	LÖWE	SCHÜTZE	SKORPION	SCHÜTZE	FISCHE	SCHÜTZE	FISCHE	LÖWE	KREBS
12			SCHÜTZE	SKORPION	SCHÜTZE	FISCHE	SCHÜTZE	FISCHE	LÖWE	KREBS
13			SCHÜTZE	SKORPION	SCHÜTZE	FISCHE	SCHÜTZE	FISCHE	LÖWE	KREBS
14	4.30	JUNGFRAU	SCHÜTZE	SKORPION	SCHÜTZE	FISCHE	SCHÜTZE	FISCHE	LÖWE	KREBS
15			SCHÜTZE	SKORPION	SCHÜTZE	FISCHE	SCHÜTZE	FISCHE	LÖWE	KREBS
16	14.56	WAAGE	SCHÜTZE	SKORPION	SCHÜTZE	FISCHE	SCHÜTZE	FISCHE	LÖWE	KREBS
17			SCHÜTZE	SKORPION	SCHÜTZE	FISCHE	SCHÜTZE	FISCHE	LÖWE	KREBS
18			SCHÜTZE	SKORPION	SCHÜTZE	FISCHE	SCHÜTZE	FISCHE	LÖWE	KREBS
19	3.31	SKORPION	SCHÜTZE	SKORPION	SCHÜTZE	FISCHE	SCHÜTZE	FISCHE	LÖWE	KREBS
20			SCHÜTZE	SKORPION	SCHÜTZE	FISCHE	SCHÜTZE	FISCHE	LÖWE	KREBS
21	15.27	SCHÜTZE	SCHÜTZE	SKORPION	SCHÜTZE	FISCHE	SCHÜTZE	FISCHE	LÖWE	KREBS
22			SCHÜTZE	SKORPION	SCHÜTZE	FISCHE	SCHÜTZE	FISCHE	LÖWE	KREBS

1928　　　　　　　　　　SCHÜTZE　　　　　　　　　　170

	ZEIT	MOND IM ZEICHEN	MERKUR	VENUS	MARS	JUPITER	SATURN	URANUS	NEPTUN	PLUTO
NOV.										
23	0.08	WIDDER	SKORPION	STEINBOCK	KREBS	STIER	SCHÜTZE	WIDDER	JUNGFRAU	KREBS
24			SKORPION	STEINBOCK	KREBS	STIER	SCHÜTZE	WIDDER	JUNGFRAU	KREBS
25	2.26	STIER	SKORPION	STEINBOCK	KREBS	STIER	SCHÜTZE	WIDDER	JUNGFRAU	KREBS
26			SKORPION	STEINBOCK	KREBS	STIER	SCHÜTZE	WIDDER	JUNGFRAU	KREBS
27	2.23	ZWILLINGE	SKORPION	STEINBOCK	KREBS	STIER	SCHÜTZE	WIDDER	JUNGFRAU	KREBS
28			SKORPION	STEINBOCK	KREBS	STIER	SCHÜTZE	WIDDER	JUNGFRAU	KREBS
29	1.46	KREBS	SKORPION	STEINBOCK	KREBS	STIER	SCHÜTZE	WIDDER	JUNGFRAU	KREBS
30			SKORPION	STEINBOCK	KREBS	STIER	SCHÜTZE	WIDDER	JUNGFRAU	KREBS
DEZ.										
1	2.34	LÖWE	SKORPION	STEINBOCK	KREBS	STIER	SCHÜTZE	WIDDER	JUNGFRAU	KREBS
2			SCHÜTZE	STEINBOCK	KREBS	STIER	SCHÜTZE	WIDDER	JUNGFRAU	KREBS
3	6.22	JUNGFRAU	SCHÜTZE	STEINBOCK	KREBS	STIER	SCHÜTZE	WIDDER	JUNGFRAU	KREBS
4			SCHÜTZE	STEINBOCK	KREBS	STIER	SCHÜTZE	WIDDER	JUNGFRAU	KREBS
5	13.54	WAAGE	SCHÜTZE	STEINBOCK	KREBS	STIER	SCHÜTZE	WIDDER	JUNGFRAU	KREBS
6			SCHÜTZE	STEINBOCK	KREBS	STIER	SCHÜTZE	WIDDER	JUNGFRAU	KREBS
7			SCHÜTZE	STEINBOCK	KREBS	STIER	SCHÜTZE	WIDDER	JUNGFRAU	KREBS
8	0.49	SKORPION	SCHÜTZE	STEINBOCK	KREBS	STIER	SCHÜTZE	WIDDER	JUNGFRAU	KREBS
9			SCHÜTZE	STEINBOCK	KREBS	STIER	SCHÜTZE	WIDDER	JUNGFRAU	KREBS
10	13.29	SCHÜTZE	SCHÜTZE	STEINBOCK	KREBS	STIER	SCHÜTZE	WIDDER	JUNGFRAU	KREBS
11			SCHÜTZE	STEINBOCK	KREBS	STIER	SCHÜTZE	WIDDER	JUNGFRAU	KREBS
12			SCHÜTZE	WASSERMANN	KREBS	STIER	SCHÜTZE	WIDDER	JUNGFRAU	KREBS
13	2.28	STEINBOCK	SCHÜTZE	WASSERMANN	KREBS	STIER	SCHÜTZE	WIDDER	JUNGFRAU	KREBS
14			SCHÜTZE	WASSERMANN	KREBS	STIER	SCHÜTZE	WIDDER	JUNGFRAU	KREBS
15	14.34	WASSERMANN	SCHÜTZE	WASSERMANN	KREBS	STIER	SCHÜTZE	WIDDER	JUNGFRAU	KREBS
16			SCHÜTZE	WASSERMANN	KREBS	STIER	SCHÜTZE	WIDDER	JUNGFRAU	KREBS
17			SCHÜTZE	WASSERMANN	KREBS	STIER	SCHÜTZE	WIDDER	JUNGFRAU	KREBS
18	0.46	FISCHE	SCHÜTZE	WASSERMANN	KREBS	STIER	SCHÜTZE	WIDDER	JUNGFRAU	KREBS
19			SCHÜTZE	WASSERMANN	KREBS	STIER	SCHÜTZE	WIDDER	JUNGFRAU	KREBS
20	8.12	WIDDER	SCHÜTZE	WASSERMANN	ZWILLINGE	STIER	SCHÜTZE	WIDDER	JUNGFRAU	KREBS
21			STEINBOCK	WASSERMANN	ZWILLINGE	STIER	SCHÜTZE	WIDDER	JUNGFRAU	KREBS

1929

	ZEIT	MOND IM ZEICHEN	MERKUR	VENUS	MARS	JUPITER	SATURN	URANUS	NEPTUN	PLUTO
NOV.										
23	12.25	JUNGFRAU	SKORPION	SKORPION	SCHÜTZE	ZWILLINGE	SCHÜTZE	WIDDER	JUNGFRAU	KREBS
24			SCHÜTZE	SKORPION	SCHÜTZE	ZWILLINGE	SCHÜTZE	WIDDER	JUNGFRAU	KREBS
25	20.26	WAAGE	SCHÜTZE	SKORPION	SCHÜTZE	ZWILLINGE	SCHÜTZE	WIDDER	JUNGFRAU	KREBS
26			SCHÜTZE	SKORPION	SCHÜTZE	ZWILLINGE	SCHÜTZE	WIDDER	JUNGFRAU	KREBS
27			SCHÜTZE	SKORPION	SCHÜTZE	ZWILLINGE	SCHÜTZE	WIDDER	JUNGFRAU	KREBS
28	3.42	SKORPION	SCHÜTZE	SKORPION	SCHÜTZE	ZWILLINGE	SCHÜTZE	WIDDER	JUNGFRAU	KREBS
29			SCHÜTZE	SKORPION	SCHÜTZE	ZWILLINGE	SCHÜTZE	WIDDER	JUNGFRAU	KREBS
30	13.08	SCHÜTZE	SCHÜTZE	SKORPION	SCHÜTZE	ZWILLINGE	STEINBOCK	WIDDER	JUNGFRAU	KREBS
DEZ.										
1			SCHÜTZE	SKORPION	SCHÜTZE	ZWILLINGE	STEINBOCK	WIDDER	JUNGFRAU	KREBS
2			SCHÜTZE	SKORPION	SCHÜTZE	ZWILLINGE	STEINBOCK	WIDDER	JUNGFRAU	KREBS
3	0.27	STEINBOCK	SCHÜTZE	SKORPION	SCHÜTZE	ZWILLINGE	STEINBOCK	WIDDER	JUNGFRAU	KREBS
4			SCHÜTZE	SKORPION	SCHÜTZE	ZWILLINGE	STEINBOCK	WIDDER	JUNGFRAU	KREBS
5	12.58	WASSERMANN	SCHÜTZE	SKORPION	SCHÜTZE	ZWILLINGE	STEINBOCK	WIDDER	JUNGFRAU	KREBS
6			SCHÜTZE	SKORPION	SCHÜTZE	ZWILLINGE	STEINBOCK	WIDDER	JUNGFRAU	KREBS
7			SCHÜTZE	SCHÜTZE	SCHÜTZE	ZWILLINGE	STEINBOCK	WIDDER	JUNGFRAU	KREBS
8	1.26	FISCHE	SCHÜTZE	SCHÜTZE	SCHÜTZE	ZWILLINGE	STEINBOCK	WIDDER	JUNGFRAU	KREBS
9			SCHÜTZE	SCHÜTZE	SCHÜTZE	ZWILLINGE	STEINBOCK	WIDDER	JUNGFRAU	KREBS
10	11.57	WIDDER	SCHÜTZE	SCHÜTZE	SCHÜTZE	ZWILLINGE	STEINBOCK	WIDDER	JUNGFRAU	KREBS
11			SCHÜTZE	SCHÜTZE	SCHÜTZE	ZWILLINGE	STEINBOCK	WIDDER	JUNGFRAU	KREBS
12	18.46	STIER	SCHÜTZE	SCHÜTZE	SCHÜTZE	ZWILLINGE	STEINBOCK	WIDDER	JUNGFRAU	KREBS
13			SCHÜTZE	SCHÜTZE	SCHÜTZE	ZWILLINGE	STEINBOCK	WIDDER	JUNGFRAU	KREBS
14	21.44	ZWILLINGE	STEINBOCK	SCHÜTZE	SCHÜTZE	ZWILLINGE	STEINBOCK	WIDDER	JUNGFRAU	KREBS
15			STEINBOCK	SCHÜTZE	SCHÜTZE	ZWILLINGE	STEINBOCK	WIDDER	JUNGFRAU	KREBS
16	22.03	KREBS	STEINBOCK	SCHÜTZE	SCHÜTZE	ZWILLINGE	STEINBOCK	WIDDER	JUNGFRAU	KREBS
17			STEINBOCK	SCHÜTZE	SCHÜTZE	ZWILLINGE	STEINBOCK	WIDDER	JUNGFRAU	KREBS
18	21.36	LÖWE	STEINBOCK	SCHÜTZE	SCHÜTZE	ZWILLINGE	STEINBOCK	WIDDER	JUNGFRAU	KREBS
19			STEINBOCK	SCHÜTZE	SCHÜTZE	ZWILLINGE	STEINBOCK	WIDDER	JUNGFRAU	KREBS
20	22.49	JUNGFRAU	STEINBOCK	SCHÜTZE	SCHÜTZE	ZWILLINGE	STEINBOCK	WIDDER	JUNGFRAU	KREBS
21			STEINBOCK	SCHÜTZE	SCHÜTZE	ZWILLINGE	STEINBOCK	WIDDER	JUNGFRAU	KREBS

SCHÜTZE 1930

ZEIT	MOND IM ZEICHEN	MERKUR	VENUS	MARS	JUPITER	SATURN	URANUS	NEPTUN	PLUTO
NOV.									
23		SCHÜTZE	SKORPION	LÖWE	KREBS	STEINBOCK	WIDDER	JUNGFRAU	KREBS
24		SCHÜTZE	SKORPION	LÖWE	KREBS	STEINBOCK	WIDDER	JUNGFRAU	KREBS
25	8.25 WASSERMANN	SCHÜTZE	SKORPION	LÖWE	KREBS	STEINBOCK	WIDDER	JUNGFRAU	KREBS
26		SCHÜTZE	SKORPION	LÖWE	KREBS	STEINBOCK	WIDDER	JUNGFRAU	KREBS
27	20.32 FISCHE	SCHÜTZE	SKORPION	LÖWE	KREBS	STEINBOCK	WIDDER	JUNGFRAU	KREBS
28		SCHÜTZE	SKORPION	LÖWE	KREBS	STEINBOCK	WIDDER	JUNGFRAU	KREBS
29		SCHÜTZE	SKORPION	LÖWE	KREBS	STEINBOCK	WIDDER	JUNGFRAU	KREBS
30	9.05 WIDDER	SCHÜTZE	SKORPION	LÖWE	KREBS	STEINBOCK	WIDDER	JUNGFRAU	KREBS
DEZ.									
1		SCHÜTZE	SKORPION	LÖWE	KREBS	STEINBOCK	WIDDER	JUNGFRAU	KREBS
2	19.28 STIER	SCHÜTZE	SKORPION	LÖWE	KREBS	STEINBOCK	WIDDER	JUNGFRAU	KREBS
3		SCHÜTZE	SKORPION	LÖWE	KREBS	STEINBOCK	WIDDER	JUNGFRAU	KREBS
4		SCHÜTZE	SKORPION	LÖWE	KREBS	STEINBOCK	WIDDER	JUNGFRAU	KREBS
5	2.38 ZWILLINGE	SCHÜTZE	SKORPION	LÖWE	KREBS	STEINBOCK	WIDDER	JUNGFRAU	KREBS
6		SCHÜTZE	SKORPION	LÖWE	KREBS	STEINBOCK	WIDDER	JUNGFRAU	KREBS
7	6.30 KREBS	STEINBOCK	SKORPION	LÖWE	KREBS	STEINBOCK	WIDDER	JUNGFRAU	KREBS
8		STEINBOCK	SKORPION	LÖWE	KREBS	STEINBOCK	WIDDER	JUNGFRAU	KREBS
9	8.53 LÖWE	STEINBOCK	SKORPION	LÖWE	KREBS	STEINBOCK	WIDDER	JUNGFRAU	KREBS
10		STEINBOCK	SKORPION	LÖWE	KREBS	STEINBOCK	WIDDER	JUNGFRAU	KREBS
11	11.24 JUNGFRAU	STEINBOCK	SKORPION	LÖWE	KREBS	STEINBOCK	WIDDER	JUNGFRAU	KREBS
12		STEINBOCK	SKORPION	LÖWE	KREBS	STEINBOCK	WIDDER	JUNGFRAU	KREBS
13	14.04 WAAGE	STEINBOCK	SKORPION	LÖWE	KREBS	STEINBOCK	WIDDER	JUNGFRAU	KREBS
14		STEINBOCK	SKORPION	LÖWE	KREBS	STEINBOCK	WIDDER	JUNGFRAU	KREBS
15	18.20 SKORPION	STEINBOCK	SKORPION	LÖWE	KREBS	STEINBOCK	WIDDER	JUNGFRAU	KREBS
16		STEINBOCK	SKORPION	LÖWE	KREBS	STEINBOCK	WIDDER	JUNGFRAU	KREBS
17	23.57 SCHÜTZE	STEINBOCK	SKORPION	LÖWE	KREBS	STEINBOCK	WIDDER	JUNGFRAU	KREBS
18		STEINBOCK	SKORPION	LÖWE	KREBS	STEINBOCK	WIDDER	JUNGFRAU	KREBS
19		STEINBOCK	SKORPION	LÖWE	KREBS	STEINBOCK	WIDDER	JUNGFRAU	KREBS
20	7.14 STEINBOCK	STEINBOCK	SKORPION	LÖWE	KREBS	STEINBOCK	WIDDER	JUNGFRAU	KREBS
21		STEINBOCK	SKORPION	LÖWE	KREBS	STEINBOCK	WIDDER	JUNGFRAU	KREBS
22	16.45 WASSERMANN	STEINBOCK	SKORPION	LÖWE	KREBS	STEINBOCK	WIDDER	JUNGFRAU	KREBS

1931

ZEIT	MOND IM ZEICHEN	MERKUR	VENUS	MARS	JUPITER	SATURN	URANUS	NEPTUN	PLUTO
NOV.									
23		SCHÜTZE	SCHÜTZE	SCHÜTZE	LÖWE	STEINBOCK	WIDDER	JUNGFRAU	KREBS
24		SCHÜTZE	SCHÜTZE	SCHÜTZE	LÖWE	STEINBOCK	WIDDER	JUNGFRAU	KREBS
25	4.11 ZWILLINGE	SCHÜTZE	SCHÜTZE	SCHÜTZE	LÖWE	STEINBOCK	WIDDER	JUNGFRAU	KREBS
26		SCHÜTZE	SCHÜTZE	SCHÜTZE	LÖWE	STEINBOCK	WIDDER	JUNGFRAU	KREBS
27	13.07 KREBS	SCHÜTZE	SCHÜTZE	SCHÜTZE	LÖWE	STEINBOCK	WIDDER	JUNGFRAU	KREBS
28		SCHÜTZE	SCHÜTZE	SCHÜTZE	LÖWE	STEINBOCK	WIDDER	JUNGFRAU	KREBS
29	20.05 LÖWE	SCHÜTZE	SCHÜTZE	SCHÜTZE	LÖWE	STEINBOCK	WIDDER	JUNGFRAU	KREBS
30		SCHÜTZE	SCHÜTZE	SCHÜTZE	LÖWE	STEINBOCK	WIDDER	JUNGFRAU	KREBS
DEZ.									
1		SCHÜTZE	SCHÜTZE	SCHÜTZE	LÖWE	STEINBOCK	WIDDER	JUNGFRAU	KREBS
2	1.16 JUNGFRAU	STEINBOCK	STEINBOCK	SCHÜTZE	LÖWE	STEINBOCK	WIDDER	JUNGFRAU	KREBS
3		STEINBOCK	STEINBOCK	SCHÜTZE	LÖWE	STEINBOCK	WIDDER	JUNGFRAU	KREBS
4	4.43 WAAGE	STEINBOCK	STEINBOCK	SCHÜTZE	LÖWE	STEINBOCK	WIDDER	JUNGFRAU	KREBS
5		STEINBOCK	STEINBOCK	SCHÜTZE	LÖWE	STEINBOCK	WIDDER	JUNGFRAU	KREBS
6	6.42 SKORPION	STEINBOCK	STEINBOCK	SCHÜTZE	LÖWE	STEINBOCK	WIDDER	JUNGFRAU	KREBS
7		STEINBOCK	STEINBOCK	SCHÜTZE	LÖWE	STEINBOCK	WIDDER	JUNGFRAU	KREBS
8	8.05 SCHÜTZE	STEINBOCK	STEINBOCK	SCHÜTZE	LÖWE	STEINBOCK	WIDDER	JUNGFRAU	KREBS
9		STEINBOCK	STEINBOCK	SCHÜTZE	LÖWE	STEINBOCK	WIDDER	JUNGFRAU	KREBS
10	10.22 STEINBOCK	STEINBOCK	STEINBOCK	STEINBOCK	LÖWE	STEINBOCK	WIDDER	JUNGFRAU	KREBS
11		STEINBOCK	STEINBOCK	STEINBOCK	LÖWE	STEINBOCK	WIDDER	JUNGFRAU	KREBS
12	15.15 WASSERMANN	STEINBOCK	STEINBOCK	STEINBOCK	LÖWE	STEINBOCK	WIDDER	JUNGFRAU	KREBS
13		STEINBOCK	STEINBOCK	STEINBOCK	LÖWE	STEINBOCK	WIDDER	JUNGFRAU	KREBS
14	23.50 FISCHE	STEINBOCK	STEINBOCK	STEINBOCK	LÖWE	STEINBOCK	WIDDER	JUNGFRAU	KREBS
15		STEINBOCK	STEINBOCK	STEINBOCK	LÖWE	STEINBOCK	WIDDER	JUNGFRAU	KREBS
16		STEINBOCK	STEINBOCK	STEINBOCK	LÖWE	STEINBOCK	WIDDER	JUNGFRAU	KREBS
17	11.50 WIDDER	STEINBOCK	STEINBOCK	STEINBOCK	LÖWE	STEINBOCK	WIDDER	JUNGFRAU	KREBS
18		STEINBOCK	STEINBOCK	STEINBOCK	LÖWE	STEINBOCK	WIDDER	JUNGFRAU	KREBS
19		STEINBOCK	STEINBOCK	STEINBOCK	LÖWE	STEINBOCK	WIDDER	JUNGFRAU	KREBS
20	0.46 STIER	SCHÜTZE	STEINBOCK	STEINBOCK	LÖWE	STEINBOCK	WIDDER	JUNGFRAU	KREBS
21		SCHÜTZE	STEINBOCK	STEINBOCK	LÖWE	STEINBOCK	WIDDER	JUNGFRAU	KREBS
22	11.55 ZWILLINGE	SCHÜTZE	STEINBOCK	STEINBOCK	LÖWE	STEINBOCK	WIDDER	JUNGFRAU	KREBS

1932 SCHÜTZE

	ZEIT	MOND IM ZEICHEN	MERKUR	VENUS	MARS	JUPITER	SATURN	URANUS	NEPTUN	PLUTO
NOV.										
23	16.02	WAAGE	SCHÜTZE	WAAGE	JUNGFRAU	JUNGFRAU	WASSERMANN	WIDDER	JUNGFRAU	KREBS
24			SCHÜTZE	WAAGE	JUNGFRAU	JUNGFRAU	WASSERMANN	WIDDER	JUNGFRAU	KREBS
25	17.35	SKORPION	SCHÜTZE	WAAGE	JUNGFRAU	JUNGFRAU	WASSERMANN	WIDDER	JUNGFRAU	KREBS
26			SCHÜTZE	WAAGE	JUNGFRAU	JUNGFRAU	WASSERMANN	WIDDER	JUNGFRAU	KREBS
27	16.58	SCHÜTZE	SCHÜTZE	SKORPION	JUNGFRAU	JUNGFRAU	WASSERMANN	WIDDER	JUNGFRAU	KREBS
28			SCHÜTZE	SKORPION	JUNGFRAU	JUNGFRAU	WASSERMANN	WIDDER	JUNGFRAU	KREBS
29	16.20	STEINBOCK	SCHÜTZE	SKORPION	JUNGFRAU	JUNGFRAU	WASSERMANN	WIDDER	JUNGFRAU	KREBS
30			SCHÜTZE	SKORPION	JUNGFRAU	JUNGFRAU	WASSERMANN	WIDDER	JUNGFRAU	KREBS
DEZ.										
1	17.52	WASSERMANN	SCHÜTZE	SKORPION	JUNGFRAU	JUNGFRAU	WASSERMANN	WIDDER	JUNGFRAU	KREBS
2			SCHÜTZE	SKORPION	JUNGFRAU	JUNGFRAU	WASSERMANN	WIDDER	JUNGFRAU	KREBS
3	23.10	FISCHE	SCHÜTZE	SKORPION	JUNGFRAU	JUNGFRAU	WASSERMANN	WIDDER	JUNGFRAU	KREBS
4			SCHÜTZE	SKORPION	JUNGFRAU	JUNGFRAU	WASSERMANN	WIDDER	JUNGFRAU	KREBS
5			SCHÜTZE	SKORPION	JUNGFRAU	JUNGFRAU	WASSERMANN	WIDDER	JUNGFRAU	KREBS
6	8.38	WIDDER	SCHÜTZE	SKORPION	JUNGFRAU	JUNGFRAU	WASSERMANN	WIDDER	JUNGFRAU	KREBS
7			SCHÜTZE	SKORPION	JUNGFRAU	JUNGFRAU	WASSERMANN	WIDDER	JUNGFRAU	KREBS
8	20.41	STIER	SCHÜTZE	SKORPION	JUNGFRAU	JUNGFRAU	WASSERMANN	WIDDER	JUNGFRAU	KREBS
9			SCHÜTZE	SKORPION	JUNGFRAU	JUNGFRAU	WASSERMANN	WIDDER	JUNGFRAU	KREBS
10			SCHÜTZE	SKORPION	JUNGFRAU	JUNGFRAU	WASSERMANN	WIDDER	JUNGFRAU	KREBS
11	9.26	ZWILLINGE	SCHÜTZE	SKORPION	JUNGFRAU	JUNGFRAU	WASSERMANN	WIDDER	JUNGFRAU	KREBS
12			SCHÜTZE	SKORPION	JUNGFRAU	JUNGFRAU	WASSERMANN	WIDDER	JUNGFRAU	KREBS
13	21.27	KREBS	SCHÜTZE	SKORPION	JUNGFRAU	JUNGFRAU	WASSERMANN	WIDDER	JUNGFRAU	KREBS
14			SCHÜTZE	SKORPION	JUNGFRAU	JUNGFRAU	WASSERMANN	WIDDER	JUNGFRAU	KREBS
15			SCHÜTZE	SKORPION	JUNGFRAU	JUNGFRAU	WASSERMANN	WIDDER	JUNGFRAU	KREBS
16	8.11	LÖWE	SCHÜTZE	SKORPION	JUNGFRAU	JUNGFRAU	WASSERMANN	WIDDER	JUNGFRAU	KREBS
17			SCHÜTZE	SKORPION	JUNGFRAU	JUNGFRAU	WASSERMANN	WIDDER	JUNGFRAU	KREBS
18	17.06	JUNGFRAU	SCHÜTZE	SKORPION	JUNGFRAU	JUNGFRAU	WASSERMANN	WIDDER	JUNGFRAU	KREBS
19			SCHÜTZE	SKORPION	JUNGFRAU	JUNGFRAU	WASSERMANN	WIDDER	JUNGFRAU	KREBS
20	23.31	WAAGE	SCHÜTZE	SKORPION	JUNGFRAU	JUNGFRAU	WASSERMANN	WIDDER	JUNGFRAU	KREBS
21			SCHÜTZE	SCHÜTZE	JUNGFRAU	JUNGFRAU	WASSERMANN	WIDDER	JUNGFRAU	KREBS

1933

	ZEIT	MOND IM ZEICHEN	MERKUR	VENUS	MARS	JUPITER	SATURN	URANUS	NEPTUN	PLUTO
NOV.										
23			SKORPION	STEINBOCK	STEINBOCK	WAAGE	WASSERMANN	WIDDER	JUNGFRAU	KREBS
24	5.53	FISCHE	SKORPION	STEINBOCK	STEINBOCK	WAAGE	WASSERMANN	WIDDER	JUNGFRAU	KREBS
25			SKORPION	STEINBOCK	STEINBOCK	WAAGE	WASSERMANN	WIDDER	JUNGFRAU	KREBS
26	12.16	WIDDER	SKORPION	STEINBOCK	STEINBOCK	WAAGE	WASSERMANN	WIDDER	JUNGFRAU	KREBS
27			SKORPION	STEINBOCK	STEINBOCK	WAAGE	WASSERMANN	WIDDER	JUNGFRAU	KREBS
28	21.04	STIER	SKORPION	STEINBOCK	STEINBOCK	WAAGE	WASSERMANN	WIDDER	JUNGFRAU	KREBS
29			SKORPION	STEINBOCK	STEINBOCK	WAAGE	WASSERMANN	WIDDER	JUNGFRAU	KREBS
30			SKORPION	STEINBOCK	STEINBOCK	WAAGE	WASSERMANN	WIDDER	JUNGFRAU	KREBS
DEZ.										
1	7.46	ZWILLINGE	SKORPION	STEINBOCK	STEINBOCK	WAAGE	WASSERMANN	WIDDER	JUNGFRAU	KREBS
2			SKORPION	STEINBOCK	STEINBOCK	WAAGE	WASSERMANN	WIDDER	JUNGFRAU	KREBS
3	19.53	KREBS	SKORPION	STEINBOCK	STEINBOCK	WAAGE	WASSERMANN	WIDDER	JUNGFRAU	KREBS
4			SKORPION	STEINBOCK	STEINBOCK	WAAGE	WASSERMANN	WIDDER	JUNGFRAU	KREBS
5			SKORPION	STEINBOCK	STEINBOCK	WAAGE	WASSERMANN	WIDDER	JUNGFRAU	KREBS
6	8.48	LÖWE	SKORPION	WASSERMANN	STEINBOCK	WAAGE	WASSERMANN	WIDDER	JUNGFRAU	KREBS
7			SKORPION	WASSERMANN	STEINBOCK	WAAGE	WASSERMANN	WIDDER	JUNGFRAU	KREBS
8	20.58	JUNGFRAU	SKORPION	WASSERMANN	STEINBOCK	WAAGE	WASSERMANN	WIDDER	JUNGFRAU	KREBS
9			SKORPION	WASSERMANN	STEINBOCK	WAAGE	WASSERMANN	WIDDER	JUNGFRAU	KREBS
10			SKORPION	WASSERMANN	STEINBOCK	WAAGE	WASSERMANN	WIDDER	JUNGFRAU	KREBS
11	6.14	WAAGE	SKORPION	WASSERMANN	STEINBOCK	WAAGE	WASSERMANN	WIDDER	JUNGFRAU	KREBS
12			SCHÜTZE	WASSERMANN	STEINBOCK	WAAGE	WASSERMANN	WIDDER	JUNGFRAU	KREBS
13	11.21	SKORPION	SCHÜTZE	WASSERMANN	STEINBOCK	WAAGE	WASSERMANN	WIDDER	JUNGFRAU	KREBS
14			SCHÜTZE	WASSERMANN	STEINBOCK	WAAGE	WASSERMANN	WIDDER	JUNGFRAU	KREBS
15	12.46	SCHÜTZE	SCHÜTZE	WASSERMANN	STEINBOCK	WAAGE	WASSERMANN	WIDDER	JUNGFRAU	KREBS
16			SCHÜTZE	WASSERMANN	STEINBOCK	WAAGE	WASSERMANN	WIDDER	JUNGFRAU	KREBS
17	12.08	STEINBOCK	SCHÜTZE	WASSERMANN	STEINBOCK	WAAGE	WASSERMANN	WIDDER	JUNGFRAU	KREBS
18			SCHÜTZE	WASSERMANN	STEINBOCK	WAAGE	WASSERMANN	WIDDER	JUNGFRAU	KREBS
19	11.41	WASSERMANN	SCHÜTZE	WASSERMANN	STEINBOCK	WAAGE	WASSERMANN	WIDDER	JUNGFRAU	KREBS
20			SCHÜTZE	WASSERMANN	STEINBOCK	WAAGE	WASSERMANN	WIDDER	JUNGFRAU	KREBS
21	13.25	FISCHE	SCHÜTZE	WASSERMANN	STEINBOCK	WAAGE	WASSERMANN	WIDDER	JUNGFRAU	KREBS

SCHÜTZE 1934

NOV.	ZEIT	MOND IM ZEICHEN	MERKUR	VENUS	MARS	JUPITER	SATURN	URANUS	NEPTUN	PLUTO
23	17.28	KREBS	SKORPION	SCHÜTZE	JUNGFRAU	SKORPION	WASSERMANN	WIDDER	JUNGFRAU	KREBS
24			SKORPION	SCHÜTZE	JUNGFRAU	SKORPION	WASSERMANN	WIDDER	JUNGFRAU	KREBS
25			SKORPION	SCHÜTZE	JUNGFRAU	SKORPION	WASSERMANN	WIDDER	JUNGFRAU	KREBS
26	4.55	LÖWE	SKORPION	SCHÜTZE	JUNGFRAU	SKORPION	WASSERMANN	WIDDER	JUNGFRAU	KREBS
27			SKORPION	SCHÜTZE	JUNGFRAU	SKORPION	WASSERMANN	WIDDER	JUNGFRAU	KREBS
28	17.51	JUNGFRAU	SKORPION	SCHÜTZE	JUNGFRAU	SKORPION	WASSERMANN	WIDDER	JUNGFRAU	KREBS
29			SKORPION	SCHÜTZE	JUNGFRAU	SKORPION	WASSERMANN	WIDDER	JUNGFRAU	KREBS
30			SKORPION	SCHÜTZE	JUNGFRAU	SKORPION	WASSERMANN	WIDDER	JUNGFRAU	KREBS
DEZ.										
1	5.36	WAAGE	SKORPION	SCHÜTZE	JUNGFRAU	SKORPION	WASSERMANN	WIDDER	JUNGFRAU	KREBS
2			SKORPION	SCHÜTZE	JUNGFRAU	SKORPION	WASSERMANN	WIDDER	JUNGFRAU	KREBS
3	14.00	SKORPION	SKORPION	SCHÜTZE	JUNGFRAU	SKORPION	WASSERMANN	WIDDER	JUNGFRAU	KREBS
4			SKORPION	SCHÜTZE	JUNGFRAU	SKORPION	WASSERMANN	WIDDER	JUNGFRAU	KREBS
5	18.49	SCHÜTZE	SKORPION	SCHÜTZE	JUNGFRAU	SKORPION	WASSERMANN	WIDDER	JUNGFRAU	KREBS
6			SCHÜTZE	SCHÜTZE	JUNGFRAU	SKORPION	WASSERMANN	WIDDER	JUNGFRAU	KREBS
7	21.08	STEINBOCK	SCHÜTZE	SCHÜTZE	JUNGFRAU	SKORPION	WASSERMANN	WIDDER	JUNGFRAU	KREBS
8			SCHÜTZE	SCHÜTZE	JUNGFRAU	SKORPION	WASSERMANN	WIDDER	JUNGFRAU	KREBS
9	22.34	WASSERMANN	SCHÜTZE	SCHÜTZE	JUNGFRAU	SKORPION	WASSERMANN	WIDDER	JUNGFRAU	KREBS
10			SCHÜTZE	SCHÜTZE	JUNGFRAU	SKORPION	WASSERMANN	WIDDER	JUNGFRAU	KREBS
11			SCHÜTZE	SCHÜTZE	WAAGE	SKORPION	WASSERMANN	WIDDER	JUNGFRAU	KREBS
12	0.32	FISCHE	SCHÜTZE	SCHÜTZE	WAAGE	SKORPION	WASSERMANN	WIDDER	JUNGFRAU	KREBS
13			SCHÜTZE	SCHÜTZE	WAAGE	SKORPION	WASSERMANN	WIDDER	JUNGFRAU	KREBS
14	3.53	WIDDER	SCHÜTZE	SCHÜTZE	WAAGE	SKORPION	WASSERMANN	WIDDER	JUNGFRAU	KREBS
15			SCHÜTZE	SCHÜTZE	WAAGE	SKORPION	WASSERMANN	WIDDER	JUNGFRAU	KREBS
16	8.59	STIER	SCHÜTZE	STEINBOCK	WAAGE	SKORPION	WASSERMANN	WIDDER	JUNGFRAU	KREBS
17			SCHÜTZE	STEINBOCK	WAAGE	SKORPION	WASSERMANN	WIDDER	JUNGFRAU	KREBS
18	16.01	ZWILLINGE	SCHÜTZE	STEINBOCK	WAAGE	SKORPION	WASSERMANN	WIDDER	JUNGFRAU	KREBS
19			SCHÜTZE	STEINBOCK	WAAGE	SKORPION	WASSERMANN	WIDDER	JUNGFRAU	KREBS
20			SCHÜTZE	STEINBOCK	WAAGE	SKORPION	WASSERMANN	WIDDER	JUNGFRAU	KREBS
21	1.12	KREBS	SCHÜTZE	STEINBOCK	WAAGE	SKORPION	WASSERMANN	WIDDER	JUNGFRAU	KREBS
22			SCHÜTZE	STEINBOCK	WAAGE	SKORPION	WASSERMANN	WIDDER	JUNGFRAU	KREBS

1935

NOV.	ZEIT	MOND IM ZEICHEN	MERKUR	VENUS	MARS	JUPITER	SATURN	URANUS	NEPTUN	PLUTO
23	12.33	SKORPION	SKORPION	WAAGE	STEINBOCK	SCHÜTZE	FISCHE	STIER	JUNGFRAU	KREBS
24			SKORPION	WAAGE	STEINBOCK	SCHÜTZE	FISCHE	STIER	JUNGFRAU	KREBS
25	22.08	SCHÜTZE	SKORPION	WAAGE	STEINBOCK	SCHÜTZE	FISCHE	STIER	JUNGFRAU	KREBS
26			SKORPION	WAAGE	STEINBOCK	SCHÜTZE	FISCHE	STIER	JUNGFRAU	KREBS
27			SKORPION	WAAGE	STEINBOCK	SCHÜTZE	FISCHE	STIER	JUNGFRAU	KREBS
28	5.27	STEINBOCK	SKORPION	WAAGE	STEINBOCK	SCHÜTZE	FISCHE	STIER	JUNGFRAU	KREBS
29			SCHÜTZE	WAAGE	STEINBOCK	SCHÜTZE	FISCHE	STIER	JUNGFRAU	KREBS
30	10.57	WASSERMANN	SCHÜTZE	WAAGE	STEINBOCK	SCHÜTZE	FISCHE	STIER	JUNGFRAU	KREBS
DEZ.										
1			SCHÜTZE	WAAGE	STEINBOCK	SCHÜTZE	FISCHE	STIER	JUNGFRAU	KREBS
2	15.01	FISCHE	SCHÜTZE	WAAGE	STEINBOCK	SCHÜTZE	FISCHE	STIER	JUNGFRAU	KREBS
3			SCHÜTZE	WAAGE	STEINBOCK	SCHÜTZE	FISCHE	STIER	JUNGFRAU	KREBS
4	17.52	WIDDER	SCHÜTZE	WAAGE	STEINBOCK	SCHÜTZE	FISCHE	STIER	JUNGFRAU	KREBS
5			SCHÜTZE	WAAGE	STEINBOCK	SCHÜTZE	FISCHE	STIER	JUNGFRAU	KREBS
6	20.04	STIER	SCHÜTZE	WAAGE	STEINBOCK	SCHÜTZE	FISCHE	STIER	JUNGFRAU	KREBS
7			SCHÜTZE	WAAGE	WASSERMANN	SCHÜTZE	FISCHE	STIER	JUNGFRAU	KREBS
8	22.38	ZWILLINGE	SCHÜTZE	WAAGE	WASSERMANN	SCHÜTZE	FISCHE	STIER	JUNGFRAU	KREBS
9			SCHÜTZE	SKORPION	WASSERMANN	SCHÜTZE	FISCHE	STIER	JUNGFRAU	KREBS
10			SCHÜTZE	SKORPION	WASSERMANN	SCHÜTZE	FISCHE	STIER	JUNGFRAU	KREBS
11	2.55	KREBS	SCHÜTZE	SKORPION	WASSERMANN	SCHÜTZE	FISCHE	STIER	JUNGFRAU	KREBS
12			SCHÜTZE	SKORPION	WASSERMANN	SCHÜTZE	FISCHE	STIER	JUNGFRAU	KREBS
13	10.11	LÖWE	SCHÜTZE	SKORPION	WASSERMANN	SCHÜTZE	FISCHE	STIER	JUNGFRAU	KREBS
14			SCHÜTZE	SKORPION	WASSERMANN	SCHÜTZE	FISCHE	STIER	JUNGFRAU	KREBS
15	20.34	JUNGFRAU	SCHÜTZE	SKORPION	WASSERMANN	SCHÜTZE	FISCHE	STIER	JUNGFRAU	KREBS
16			SCHÜTZE	SKORPION	WASSERMANN	SCHÜTZE	FISCHE	STIER	JUNGFRAU	KREBS
17			SCHÜTZE	SKORPION	WASSERMANN	SCHÜTZE	FISCHE	STIER	JUNGFRAU	KREBS
18	8.57	WAAGE	STEINBOCK	SKORPION	WASSERMANN	SCHÜTZE	FISCHE	STIER	JUNGFRAU	KREBS
19			STEINBOCK	SKORPION	WASSERMANN	SCHÜTZE	FISCHE	STIER	JUNGFRAU	KREBS
20	21.00	SKORPION	STEINBOCK	SKORPION	WASSERMANN	SCHÜTZE	FISCHE	STIER	JUNGFRAU	KREBS
21			STEINBOCK	SKORPION	WASSERMANN	SCHÜTZE	FISCHE	STIER	JUNGFRAU	KREBS
22			STEINBOCK	SKORPION	WASSERMANN	SCHÜTZE	FISCHE	STIER	JUNGFRAU	KREBS

1936 SCHÜTZE

	ZEIT	MOND IM ZEICHEN	MERKUR	VENUS	MARS	JUPITER	SATURN	URANUS	NEPTUN	PLUTO
NOV.										
22	3.03	FISCHE	SCHÜTZE	STEINBOCK	WAAGE	SCHÜTZE	FISCHE	STIER	JUNGFRAU	KREBS
23			SCHÜTZE	STEINBOCK	WAAGE	SCHÜTZE	FISCHE	STIER	JUNGFRAU	KREBS
24	6.33	WIDDER	SCHÜTZE	STEINBOCK	WAAGE	SCHÜTZE	FISCHE	STIER	JUNGFRAU	KREBS
25			SCHÜTZE	STEINBOCK	WAAGE	SCHÜTZE	FISCHE	STIER	JUNGFRAU	KREBS
26	7.28	STIER	SCHÜTZE	STEINBOCK	WAAGE	SCHÜTZE	FISCHE	STIER	JUNGFRAU	KREBS
27			SCHÜTZE	STEINBOCK	WAAGE	SCHÜTZE	FISCHE	STIER	JUNGFRAU	KREBS
28	7.14	ZWILLINGE	SCHÜTZE	STEINBOCK	WAAGE	SCHÜTZE	FISCHE	STIER	JUNGFRAU	KREBS
29			SCHÜTZE	STEINBOCK	WAAGE	SCHÜTZE	FISCHE	STIER	JUNGFRAU	KREBS
30	7.44	KREBS	SCHÜTZE	STEINBOCK	WAAGE	SCHÜTZE	FISCHE	STIER	JUNGFRAU	KREBS
DEZ.										
1			SCHÜTZE	STEINBOCK	WAAGE	SCHÜTZE	FISCHE	STIER	JUNGFRAU	KREBS
2	10.49	LÖWE	SCHÜTZE	STEINBOCK	WAAGE	STEINBOCK	FISCHE	STIER	JUNGFRAU	KREBS
3			SCHÜTZE	STEINBOCK	WAAGE	STEINBOCK	FISCHE	STIER	JUNGFRAU	KREBS
4	17.36	JUNGFRAU	SCHÜTZE	STEINBOCK	WAAGE	STEINBOCK	FISCHE	STIER	JUNGFRAU	KREBS
5			SCHÜTZE	STEINBOCK	WAAGE	STEINBOCK	FISCHE	STIER	JUNGFRAU	KREBS
6			SCHÜTZE	STEINBOCK	WAAGE	STEINBOCK	FISCHE	STIER	JUNGFRAU	KREBS
7	3.56	WAAGE	SCHÜTZE	STEINBOCK	WAAGE	STEINBOCK	FISCHE	STIER	JUNGFRAU	KREBS
8			SCHÜTZE	STEINBOCK	WAAGE	STEINBOCK	FISCHE	STIER	JUNGFRAU	KREBS
9	16.28	SKORPION	SCHÜTZE	STEINBOCK	WAAGE	STEINBOCK	FISCHE	STIER	JUNGFRAU	KREBS
10			STEINBOCK	STEINBOCK	WAAGE	STEINBOCK	FISCHE	STIER	JUNGFRAU	KREBS
11			STEINBOCK	STEINBOCK	WAAGE	STEINBOCK	FISCHE	STIER	JUNGFRAU	KREBS
12	5.06	SCHÜTZE	STEINBOCK	WASSERMANN	WAAGE	STEINBOCK	FISCHE	STIER	JUNGFRAU	KREBS
13			STEINBOCK	WASSERMANN	WAAGE	STEINBOCK	FISCHE	STIER	JUNGFRAU	KREBS
14	16.24	STEINBOCK	STEINBOCK	WASSERMANN	WAAGE	STEINBOCK	FISCHE	STIER	JUNGFRAU	KREBS
15			STEINBOCK	WASSERMANN	WAAGE	STEINBOCK	FISCHE	STIER	JUNGFRAU	KREBS
16			STEINBOCK	WASSERMANN	WAAGE	STEINBOCK	FISCHE	STIER	JUNGFRAU	KREBS
17	1.43	WASSERMANN	STEINBOCK	WASSERMANN	WAAGE	STEINBOCK	FISCHE	STIER	JUNGFRAU	KREBS
18			STEINBOCK	WASSERMANN	WAAGE	STEINBOCK	FISCHE	STIER	JUNGFRAU	KREBS
19	8.42	FISCHE	STEINBOCK	WASSERMANN	WAAGE	STEINBOCK	FISCHE	STIER	JUNGFRAU	KREBS
20			STEINBOCK	WASSERMANN	WAAGE	STEINBOCK	FISCHE	STIER	JUNGFRAU	KREBS
21	13.23	WIDDER	STEINBOCK	WASSERMANN	WAAGE	STEINBOCK	FISCHE	STIER	JUNGFRAU	KREBS
22	21.25	STIER	STEINBOCK	WASSERMANN	WAAGE	STEINBOCK	FISCHE	STIER	JUNGFRAU	KREBS

1937

	ZEIT	MOND IM ZEICHEN	MERKUR	VENUS	MARS	JUPITER	SATURN	URANUS	NEPTUN	PLUTO
NOV.										
23			SCHÜTZE	SKORPION	WASSERMANN	STEINBOCK	FISCHE	STIER	JUNGFRAU	LÖWE
24	20.59	JUNGFRAU	SCHÜTZE	SKORPION	WASSERMANN	STEINBOCK	FISCHE	STIER	JUNGFRAU	LÖWE
25			SCHÜTZE	SKORPION	WASSERMANN	STEINBOCK	FISCHE	STIER	JUNGFRAU	LÖWE
26			SCHÜTZE	SKORPION	WASSERMANN	STEINBOCK	FISCHE	STIER	JUNGFRAU	LÖWE
27	4.23	WAAGE	SCHÜTZE	SKORPION	WASSERMANN	STEINBOCK	FISCHE	STIER	JUNGFRAU	KREBS
28			SCHÜTZE	SKORPION	WASSERMANN	STEINBOCK	FISCHE	STIER	JUNGFRAU	KREBS
29	14.49	SKORPION	SCHÜTZE	SKORPION	WASSERMANN	STEINBOCK	FISCHE	STIER	JUNGFRAU	KREBS
30			SCHÜTZE	SKORPION	WASSERMANN	STEINBOCK	FISCHE	STIER	JUNGFRAU	KREBS
DEZ.										
1			SCHÜTZE	SKORPION	WASSERMANN	STEINBOCK	FISCHE	STIER	JUNGFRAU	KREBS
2	3.06	SCHÜTZE	SCHÜTZE	SKORPION	WASSERMANN	STEINBOCK	FISCHE	STIER	JUNGFRAU	KREBS
3			SCHÜTZE	SKORPION	WASSERMANN	STEINBOCK	FISCHE	STIER	JUNGFRAU	KREBS
4	16.07	STEINBOCK	STEINBOCK	SKORPION	WASSERMANN	STEINBOCK	FISCHE	STIER	JUNGFRAU	KREBS
5			STEINBOCK	SKORPION	WASSERMANN	STEINBOCK	FISCHE	STIER	JUNGFRAU	KREBS
6			STEINBOCK	SKORPION	WASSERMANN	STEINBOCK	FISCHE	STIER	JUNGFRAU	KREBS
7	4.38	WASSERMANN	STEINBOCK	SCHÜTZE	WASSERMANN	STEINBOCK	FISCHE	STIER	JUNGFRAU	KREBS
8			STEINBOCK	SCHÜTZE	WASSERMANN	STEINBOCK	FISCHE	STIER	JUNGFRAU	KREBS
9	15.18	FISCHE	STEINBOCK	SCHÜTZE	WASSERMANN	STEINBOCK	FISCHE	STIER	JUNGFRAU	KREBS
10			STEINBOCK	SCHÜTZE	WASSERMANN	STEINBOCK	FISCHE	STIER	JUNGFRAU	KREBS
11	22.53	WIDDER	STEINBOCK	SCHÜTZE	WASSERMANN	STEINBOCK	FISCHE	STIER	JUNGFRAU	KREBS
12			STEINBOCK	SCHÜTZE	WASSERMANN	STEINBOCK	FISCHE	STIER	JUNGFRAU	KREBS
13			STEINBOCK	SCHÜTZE	WASSERMANN	STEINBOCK	FISCHE	STIER	JUNGFRAU	KREBS
14	2.49	STIER	STEINBOCK	SCHÜTZE	WASSERMANN	STEINBOCK	FISCHE	STIER	JUNGFRAU	KREBS
15			STEINBOCK	SCHÜTZE	WASSERMANN	STEINBOCK	FISCHE	STIER	JUNGFRAU	KREBS
16	3.42	ZWILLINGE	STEINBOCK	SCHÜTZE	WASSERMANN	STEINBOCK	FISCHE	STIER	JUNGFRAU	KREBS
17			STEINBOCK	SCHÜTZE	WASSERMANN	STEINBOCK	FISCHE	STIER	JUNGFRAU	KREBS
18	3.03	KREBS	STEINBOCK	SCHÜTZE	WASSERMANN	STEINBOCK	FISCHE	STIER	JUNGFRAU	KREBS
19			STEINBOCK	SCHÜTZE	WASSERMANN	STEINBOCK	FISCHE	STIER	JUNGFRAU	KREBS
20	2.50	LÖWE	STEINBOCK	SCHÜTZE	WASSERMANN	STEINBOCK	FISCHE	STIER	JUNGFRAU	KREBS
21			STEINBOCK	SCHÜTZE	WASSERMANN	WASSERMANN	FISCHE	STIER	JUNGFRAU	KREBS
22	5.00	JUNGFRAU	STEINBOCK	SCHÜTZE	WASSERMANN	WASSERMANN	FISCHE	STIER	JUNGFRAU	KREBS

SCHÜTZE 1938

175

	ZEIT	MOND IM ZEICHEN	MERKUR	VENUS	MARS	JUPITER	SATURN	URANUS	NEPTUN	PLUTO
NOV.										
23			SCHÜTZE	SKORPION	WAAGE	WASSERMANN	WIDDER	STIER	JUNGFRAU	LÖWE
24	13.40	STEINBOCK	SCHÜTZE	SKORPION	WAAGE	WASSERMANN	WIDDER	STIER	JUNGFRAU	LÖWE
25			SCHÜTZE	SKORPION	WAAGE	WASSERMANN	WIDDER	STIER	JUNGFRAU	LÖWE
26			SCHÜTZE	SKORPION	WAAGE	WASSERMANN	WIDDER	STIER	JUNGFRAU	LÖWE
27	1.59	WASSERMANN	SCHÜTZE	SKORPION	WAAGE	WASSERMANN	WIDDER	STIER	JUNGFRAU	LÖWE
28			SCHÜTZE	SKORPION	WAAGE	WASSERMANN	WIDDER	STIER	JUNGFRAU	LÖWE
29	14.28	FISCHE	SCHÜTZE	SKORPION	WAAGE	WASSERMANN	WIDDER	STIER	JUNGFRAU	LÖWE
30			SCHÜTZE	SKORPION	WAAGE	WASSERMANN	WIDDER	STIER	JUNGFRAU	LÖWE
DEZ.										
1			SCHÜTZE	SKORPION	WAAGE	WASSERMANN	WIDDER	STIER	JUNGFRAU	LÖWE
2	1.02	WIDDER	SCHÜTZE	SKORPION	WAAGE	WASSERMANN	WIDDER	STIER	JUNGFRAU	LÖWE
3			SCHÜTZE	SKORPION	WAAGE	WASSERMANN	WIDDER	STIER	JUNGFRAU	LÖWE
4	7.56	STIER	SCHÜTZE	SKORPION	WAAGE	WASSERMANN	WIDDER	STIER	JUNGFRAU	LÖWE
5			SCHÜTZE	SKORPION	WAAGE	WASSERMANN	WIDDER	STIER	JUNGFRAU	LÖWE
6	11.15	ZWILLINGE	SCHÜTZE	SKORPION	WAAGE	WASSERMANN	WIDDER	STIER	JUNGFRAU	LÖWE
7			SCHÜTZE	SKORPION	WAAGE	WASSERMANN	WIDDER	STIER	JUNGFRAU	LÖWE
8	12.06	KREBS	SCHÜTZE	SKORPION	WAAGE	WASSERMANN	WIDDER	STIER	JUNGFRAU	LÖWE
9			SCHÜTZE	SKORPION	WAAGE	WASSERMANN	WIDDER	STIER	JUNGFRAU	LÖWE
10	12.20	LÖWE	SCHÜTZE	SKORPION	WAAGE	WASSERMANN	WIDDER	STIER	JUNGFRAU	LÖWE
11			SCHÜTZE	SKORPION	WAAGE	WASSERMANN	WIDDER	STIER	JUNGFRAU	LÖWE
12	13.41	JUNGFRAU	SCHÜTZE	SKORPION	SKORPION	WASSERMANN	WIDDER	STIER	JUNGFRAU	LÖWE
13			SCHÜTZE	SKORPION	SKORPION	WASSERMANN	WIDDER	STIER	JUNGFRAU	LÖWE
14	17.31	WAAGE	SCHÜTZE	SKORPION	SKORPION	WASSERMANN	WIDDER	STIER	JUNGFRAU	LÖWE
15			SCHÜTZE	SKORPION	SKORPION	WASSERMANN	WIDDER	STIER	JUNGFRAU	LÖWE
16			SCHÜTZE	SKORPION	SKORPION	WASSERMANN	WIDDER	STIER	JUNGFRAU	LÖWE
17	0.14	SKORPION	SCHÜTZE	SKORPION	SKORPION	WASSERMANN	WIDDER	STIER	JUNGFRAU	LÖWE
18			SCHÜTZE	SKORPION	SKORPION	WASSERMANN	WIDDER	STIER	JUNGFRAU	LÖWE
19	9.32	SCHÜTZE	SCHÜTZE	SKORPION	SKORPION	WASSERMANN	WIDDER	STIER	JUNGFRAU	LÖWE
20			SCHÜTZE	SKORPION	SKORPION	WASSERMANN	WIDDER	STIER	JUNGFRAU	LÖWE
21	20.39	STEINBOCK	SCHÜTZE	SKORPION	SKORPION	WASSERMANN	WIDDER	STIER	JUNGFRAU	LÖWE
22			SCHÜTZE	SKORPION	SKORPION	WASSERMANN	WIDDER	STIER	JUNGFRAU	LÖWE

1939

	ZEIT	MOND IM ZEICHEN	MERKUR	VENUS	MARS	JUPITER	SATURN	URANUS	NEPTUN	PLUTO
NOV.										
23			SCHÜTZE	SCHÜTZE	FISCHE	FISCHE	WIDDER	STIER	JUNGFRAU	LÖWE
24	8.19	STIER	SCHÜTZE	SCHÜTZE	FISCHE	FISCHE	WIDDER	STIER	JUNGFRAU	LÖWE
25			SCHÜTZE	SCHÜTZE	FISCHE	FISCHE	WIDDER	STIER	JUNGFRAU	LÖWE
26	16.05	ZWILLINGE	SCHÜTZE	SCHÜTZE	FISCHE	FISCHE	WIDDER	STIER	JUNGFRAU	LÖWE
27			SCHÜTZE	SCHÜTZE	FISCHE	FISCHE	WIDDER	STIER	JUNGFRAU	LÖWE
28	21.10	KREBS	SCHÜTZE	SCHÜTZE	FISCHE	FISCHE	WIDDER	STIER	JUNGFRAU	LÖWE
29			SCHÜTZE	SCHÜTZE	FISCHE	FISCHE	WIDDER	STIER	JUNGFRAU	LÖWE
30			SCHÜTZE	SCHÜTZE	FISCHE	FISCHE	WIDDER	STIER	JUNGFRAU	LÖWE
DEZ.										
1	0.34	LÖWE	SCHÜTZE	STEINBOCK	FISCHE	FISCHE	WIDDER	STIER	JUNGFRAU	LÖWE
2			SCHÜTZE	STEINBOCK	FISCHE	FISCHE	WIDDER	STIER	JUNGFRAU	LÖWE
3	3.22	JUNGFRAU	SKORPION	STEINBOCK	FISCHE	FISCHE	WIDDER	STIER	JUNGFRAU	LÖWE
4			SKORPION	STEINBOCK	FISCHE	FISCHE	WIDDER	STIER	JUNGFRAU	LÖWE
5	6.23	WAAGE	SKORPION	STEINBOCK	FISCHE	FISCHE	WIDDER	STIER	JUNGFRAU	LÖWE
6			SKORPION	STEINBOCK	FISCHE	FISCHE	WIDDER	STIER	JUNGFRAU	LÖWE
7	9.58	SKORPION	SKORPION	STEINBOCK	FISCHE	FISCHE	WIDDER	STIER	JUNGFRAU	LÖWE
8			SKORPION	STEINBOCK	FISCHE	FISCHE	WIDDER	STIER	JUNGFRAU	LÖWE
9	14.35	SCHÜTZE	SKORPION	STEINBOCK	FISCHE	FISCHE	WIDDER	STIER	JUNGFRAU	LÖWE
10			SKORPION	STEINBOCK	FISCHE	FISCHE	WIDDER	STIER	JUNGFRAU	LÖWE
11	20.54	STEINBOCK	SKORPION	STEINBOCK	FISCHE	FISCHE	WIDDER	STIER	JUNGFRAU	LÖWE
12			SKORPION	STEINBOCK	FISCHE	FISCHE	WIDDER	STIER	JUNGFRAU	LÖWE
13			SKORPION	STEINBOCK	FISCHE	FISCHE	WIDDER	STIER	JUNGFRAU	LÖWE
14	5.45	WASSERMANN	SCHÜTZE	STEINBOCK	FISCHE	FISCHE	WIDDER	STIER	JUNGFRAU	LÖWE
15			SCHÜTZE	STEINBOCK	FISCHE	FISCHE	WIDDER	STIER	JUNGFRAU	LÖWE
16	17.16	FISCHE	SCHÜTZE	STEINBOCK	FISCHE	FISCHE	WIDDER	STIER	JUNGFRAU	LÖWE
17			SCHÜTZE	STEINBOCK	FISCHE	FISCHE	WIDDER	STIER	JUNGFRAU	LÖWE
18			SCHÜTZE	STEINBOCK	FISCHE	FISCHE	WIDDER	STIER	JUNGFRAU	LÖWE
19	6.02	WIDDER	SCHÜTZE	STEINBOCK	FISCHE	FISCHE	WIDDER	STIER	JUNGFRAU	LÖWE
20			SCHÜTZE	STEINBOCK	FISCHE	FISCHE	WIDDER	STIER	JUNGFRAU	LÖWE
21	17.28	STIER	SCHÜTZE	STEINBOCK	FISCHE	WIDDER	WIDDER	STIER	JUNGFRAU	LÖWE
22			SCHÜTZE	STEINBOCK	FISCHE	WIDDER	WIDDER	STIER	JUNGFRAU	LÖWE

1940 SCHÜTZE

	ZEIT	MOND IM ZEICHEN	MERKUR	VENUS	MARS	JUPITER	SATURN	URANUS	NEPTUN	PLUTO
NOV.										
22	16.57	JUNGFRAU	SKORPION	WAAGE	SKORPION	STIER	STIER	STIER	JUNGFRAU	LÖWE
23			SKORPION	WAAGE	SKORPION	STIER	STIER	STIER	JUNGFRAU	LÖWE
24	20.22	WAAGE	SKORPION	WAAGE	SKORPION	STIER	STIER	STIER	JUNGFRAU	LÖWE
25			SKORPION	WAAGE	SKORPION	STIER	STIER	STIER	JUNGFRAU	LÖWE
26	21.44	SKORPION	SKORPION	WAAGE	SKORPION	STIER	STIER	STIER	JUNGFRAU	LÖWE
27			SKORPION	SKORPION	SKORPION	STIER	STIER	STIER	JUNGFRAU	LÖWE
28	22.18	SCHÜTZE	SKORPION	SKORPION	SKORPION	STIER	STIER	STIER	JUNGFRAU	LÖWE
29			SKORPION	SKORPION	SKORPION	STIER	STIER	STIER	JUNGFRAU	LÖWE
30	23.52	STEINBOCK	SKORPION	SKORPION	SKORPION	STIER	STIER	STIER	JUNGFRAU	LÖWE
DEZ.										
1			SKORPION	SKORPION	SKORPION	STIER	STIER	STIER	JUNGFRAU	LÖWE
2			SKORPION	SKORPION	SKORPION	STIER	STIER	STIER	JUNGFRAU	LÖWE
3	4.16	WASSERMANN	SKORPION	SKORPION	SKORPION	STIER	STIER	STIER	JUNGFRAU	LÖWE
4			SKORPION	SKORPION	SKORPION	STIER	STIER	STIER	JUNGFRAU	LÖWE
5	12.41	FISCHE	SKORPION	SKORPION	SKORPION	STIER	STIER	STIER	JUNGFRAU	LÖWE
6			SKORPION	SKORPION	SKORPION	STIER	STIER	STIER	JUNGFRAU	LÖWE
7			SKORPION	SKORPION	SKORPION	STIER	STIER	STIER	JUNGFRAU	LÖWE
8	0.26	WIDDER	SKORPION	SKORPION	SKORPION	STIER	STIER	STIER	JUNGFRAU	LÖWE
9			SKORPION	SKORPION	SKORPION	STIER	STIER	STIER	JUNGFRAU	LÖWE
10	13.26	STIER	SCHÜTZE	SKORPION	SKORPION	STIER	STIER	STIER	JUNGFRAU	LÖWE
11			SCHÜTZE	SKORPION	SKORPION	STIER	STIER	STIER	JUNGFRAU	LÖWE
12			SCHÜTZE	SKORPION	SKORPION	STIER	STIER	STIER	JUNGFRAU	LÖWE
13	1.08	ZWILLINGE	SCHÜTZE	SKORPION	SKORPION	STIER	STIER	STIER	JUNGFRAU	LÖWE
14			SCHÜTZE	SKORPION	SKORPION	STIER	STIER	STIER	JUNGFRAU	LÖWE
15	10.17	KREBS	SCHÜTZE	SKORPION	SKORPION	STIER	STIER	STIER	JUNGFRAU	LÖWE
16			SCHÜTZE	SKORPION	SKORPION	STIER	STIER	STIER	JUNGFRAU	LÖWE
17	17.14	LÖWE	SCHÜTZE	SKORPION	SKORPION	STIER	STIER	STIER	JUNGFRAU	LÖWE
18			SCHÜTZE	SKORPION	SKORPION	STIER	STIER	STIER	JUNGFRAU	LÖWE
19	22.34	JUNGFRAU	SCHÜTZE	SKORPION	SKORPION	STIER	STIER	STIER	JUNGFRAU	LÖWE
20			SCHÜTZE	SKORPION	SKORPION	STIER	STIER	STIER	JUNGFRAU	LÖWE
21			SCHÜTZE	SCHÜTZE	SKORPION	STIER	STIER	STIER	JUNGFRAU	LÖWE
22	2.37	WAAGE	SCHÜTZE	SCHÜTZE	SKORPION	STIER	STIER	STIER	JUNGFRAU	LÖWE

1941

	ZEIT	MOND IM ZEICHEN	MERKUR	VENUS	MARS	JUPITER	SATURN	URANUS	NEPTUN	PLUTO
NOV.										
23	7.50	WASSERMANN	SKORPION	STEINBOCK	WIDDER	ZWILLINGE	STIER	STIER	JUNGFRAU	LÖWE
24			SKORPION	STEINBOCK	WIDDER	ZWILLINGE	STIER	STIER	JUNGFRAU	LÖWE
25	13.15	FISCHE	SKORPION	STEINBOCK	WIDDER	ZWILLINGE	STIER	STIER	JUNGFRAU	LÖWE
26			SKORPION	STEINBOCK	WIDDER	ZWILLINGE	STIER	STIER	JUNGFRAU	LÖWE
27	22.28	WIDDER	SKORPION	STEINBOCK	WIDDER	ZWILLINGE	STIER	STIER	JUNGFRAU	LÖWE
28			SKORPION	STEINBOCK	WIDDER	ZWILLINGE	STIER	STIER	JUNGFRAU	LÖWE
29			SKORPION	STEINBOCK	WIDDER	ZWILLINGE	STIER	STIER	JUNGFRAU	LÖWE
30	10.19	STIER	SKORPION	STEINBOCK	WIDDER	ZWILLINGE	STIER	STIER	JUNGFRAU	LÖWE
DEZ.										
1			SKORPION	STEINBOCK	WIDDER	ZWILLINGE	STIER	STIER	JUNGFRAU	LÖWE
2	23.00	ZWILLINGE	SKORPION	STEINBOCK	WIDDER	ZWILLINGE	STIER	STIER	JUNGFRAU	LÖWE
3			SCHÜTZE	STEINBOCK	WIDDER	ZWILLINGE	STIER	STIER	JUNGFRAU	LÖWE
4			SCHÜTZE	STEINBOCK	WIDDER	ZWILLINGE	STIER	STIER	JUNGFRAU	LÖWE
5	11.20	KREBS	SCHÜTZE	STEINBOCK	WIDDER	ZWILLINGE	STIER	STIER	JUNGFRAU	LÖWE
6			SCHÜTZE	WASSERMANN	WIDDER	ZWILLINGE	STIER	STIER	JUNGFRAU	LÖWE
7	22.42	LÖWE	SCHÜTZE	WASSERMANN	WIDDER	ZWILLINGE	STIER	STIER	JUNGFRAU	LÖWE
8			SCHÜTZE	WASSERMANN	WIDDER	ZWILLINGE	STIER	STIER	JUNGFRAU	LÖWE
9			SCHÜTZE	WASSERMANN	WIDDER	ZWILLINGE	STIER	STIER	JUNGFRAU	LÖWE
10	8.09	JUNGFRAU	SCHÜTZE	WASSERMANN	WIDDER	ZWILLINGE	STIER	STIER	JUNGFRAU	LÖWE
11			SCHÜTZE	WASSERMANN	WIDDER	ZWILLINGE	STIER	STIER	JUNGFRAU	LÖWE
12	14.41	WAAGE	SCHÜTZE	WASSERMANN	WIDDER	ZWILLINGE	STIER	STIER	JUNGFRAU	LÖWE
13			SCHÜTZE	WASSERMANN	WIDDER	ZWILLINGE	STIER	STIER	JUNGFRAU	LÖWE
14	17.47	SKORPION	SCHÜTZE	WASSERMANN	WIDDER	ZWILLINGE	STIER	STIER	JUNGFRAU	LÖWE
15			SCHÜTZE	WASSERMANN	WIDDER	ZWILLINGE	STIER	STIER	JUNGFRAU	LÖWE
16	18.08	SCHÜTZE	SCHÜTZE	WASSERMANN	WIDDER	ZWILLINGE	STIER	STIER	JUNGFRAU	LÖWE
17			SCHÜTZE	WASSERMANN	WIDDER	ZWILLINGE	STIER	STIER	JUNGFRAU	LÖWE
18	17.28	STEINBOCK	SCHÜTZE	WASSERMANN	WIDDER	ZWILLINGE	STIER	STIER	JUNGFRAU	LÖWE
19			SCHÜTZE	WASSERMANN	WIDDER	ZWILLINGE	STIER	STIER	JUNGFRAU	LÖWE
20	17.58	WASSERMANN	SCHÜTZE	WASSERMANN	WIDDER	ZWILLINGE	STIER	STIER	JUNGFRAU	LÖWE
21			SCHÜTZE	WASSERMANN	WIDDER	ZWILLINGE	STIER	STIER	JUNGFRAU	LÖWE
22	21.37	FISCHE	SCHÜTZE	WASSERMANN	WIDDER	ZWILLINGE	STIER	STIER	JUNGFRAU	LÖWE

SCHÜTZE

1942

	ZEIT	MOND IM ZEICHEN	MERKUR	VENUS	MARS	JUPITER	SATURN	URANUS	NEPTUN	PLUTO
NOV.										
23			SKORPION	SCHÜTZE	SKORPION	KREBS	ZWILLINGE	ZWILLINGE	WAAGE	LÖWE
24			SKORPION	SCHÜTZE	SKORPION	KREBS	ZWILLINGE	ZWILLINGE	WAAGE	LÖWE
25	9.18	KREBS	SKORPION	SCHÜTZE	SKORPION	KREBS	ZWILLINGE	ZWILLINGE	WAAGE	LÖWE
26			SCHÜTZE	SCHÜTZE	SKORPION	KREBS	ZWILLINGE	ZWILLINGE	WAAGE	LÖWE
27	22.09	LÖWE	SCHÜTZE	SCHÜTZE	SKORPION	KREBS	ZWILLINGE	ZWILLINGE	WAAGE	LÖWE
28			SCHÜTZE	SCHÜTZE	SKORPION	KREBS	ZWILLINGE	ZWILLINGE	WAAGE	LÖWE
29			SCHÜTZE	SCHÜTZE	SKORPION	KREBS	ZWILLINGE	ZWILLINGE	WAAGE	LÖWE
30	10.25	JUNGFRAU	SCHÜTZE	SCHÜTZE	SKORPION	KREBS	ZWILLINGE	ZWILLINGE	WAAGE	LÖWE
DEZ.										
1			SCHÜTZE	SCHÜTZE	SKORPION	KREBS	ZWILLINGE	ZWILLINGE	WAAGE	LÖWE
2	19.51	WAAGE	SCHÜTZE	SCHÜTZE	SKORPION	KREBS	ZWILLINGE	ZWILLINGE	WAAGE	LÖWE
3			SCHÜTZE	SCHÜTZE	SKORPION	KREBS	ZWILLINGE	ZWILLINGE	WAAGE	LÖWE
4			SCHÜTZE	SCHÜTZE	SKORPION	KREBS	ZWILLINGE	ZWILLINGE	WAAGE	LÖWE
5	1.07	SKORPION	SCHÜTZE	SCHÜTZE	SKORPION	KREBS	ZWILLINGE	ZWILLINGE	WAAGE	LÖWE
6			SCHÜTZE	SCHÜTZE	SKORPION	KREBS	ZWILLINGE	ZWILLINGE	WAAGE	LÖWE
7	2.32	SCHÜTZE	SCHÜTZE	SCHÜTZE	SKORPION	KREBS	ZWILLINGE	ZWILLINGE	WAAGE	LÖWE
8			SCHÜTZE	SCHÜTZE	SKORPION	KREBS	ZWILLINGE	ZWILLINGE	WAAGE	LÖWE
9	2.06	STEINBOCK	SCHÜTZE	SCHÜTZE	SKORPION	KREBS	ZWILLINGE	ZWILLINGE	WAAGE	LÖWE
10			SCHÜTZE	SCHÜTZE	SKORPION	KREBS	ZWILLINGE	ZWILLINGE	WAAGE	LÖWE
11	1.57	WASSERMANN	SCHÜTZE	SCHÜTZE	SKORPION	KREBS	ZWILLINGE	ZWILLINGE	WAAGE	LÖWE
12			SCHÜTZE	SCHÜTZE	SKORPION	KREBS	ZWILLINGE	ZWILLINGE	WAAGE	LÖWE
13	3.59	FISCHE	SCHÜTZE	SCHÜTZE	SKORPION	KREBS	ZWILLINGE	ZWILLINGE	WAAGE	LÖWE
14			SCHÜTZE	SCHÜTZE	SKORPION	KREBS	ZWILLINGE	ZWILLINGE	WAAGE	LÖWE
15	9.08	WIDDER	STEINBOCK	SCHÜTZE	SKORPION	KREBS	ZWILLINGE	ZWILLINGE	WAAGE	LÖWE
16			STEINBOCK	STEINBOCK	SCHÜTZE	KREBS	ZWILLINGE	ZWILLINGE	WAAGE	LÖWE
17	17.20	STIER	STEINBOCK	STEINBOCK	SCHÜTZE	KREBS	ZWILLINGE	ZWILLINGE	WAAGE	LÖWE
18			STEINBOCK	STEINBOCK	SCHÜTZE	KREBS	ZWILLINGE	ZWILLINGE	WAAGE	LÖWE
19			STEINBOCK	STEINBOCK	SCHÜTZE	KREBS	ZWILLINGE	ZWILLINGE	WAAGE	LÖWE
20	3.47	ZWILLINGE	STEINBOCK	STEINBOCK	SCHÜTZE	KREBS	ZWILLINGE	ZWILLINGE	WAAGE	LÖWE
21			STEINBOCK	STEINBOCK	SCHÜTZE	KREBS	ZWILLINGE	ZWILLINGE	WAAGE	LÖWE
22	15.47	KREBS	STEINBOCK	STEINBOCK	SCHÜTZE	KREBS	ZWILLINGE	ZWILLINGE	WAAGE	LÖWE

1943

	ZEIT	MOND IM ZEICHEN	MERKUR	VENUS	MARS	JUPITER	SATURN	URANUS	NEPTUN	PLUTO
NOV.										
23			SCHÜTZE	WAAGE	ZWILLINGE	LÖWE	ZWILLINGE	ZWILLINGE	WAAGE	LÖWE
24			SCHÜTZE	WAAGE	ZWILLINGE	LÖWE	ZWILLINGE	ZWILLINGE	WAAGE	LÖWE
25	3.07	SKORPION	SCHÜTZE	WAAGE	ZWILLINGE	LÖWE	ZWILLINGE	ZWILLINGE	WAAGE	LÖWE
26			SCHÜTZE	WAAGE	ZWILLINGE	LÖWE	ZWILLINGE	ZWILLINGE	WAAGE	LÖWE
27	8.31	SCHÜTZE	SCHÜTZE	WAAGE	ZWILLINGE	LÖWE	ZWILLINGE	ZWILLINGE	WAAGE	LÖWE
28			SCHÜTZE	WAAGE	ZWILLINGE	LÖWE	ZWILLINGE	ZWILLINGE	WAAGE	LÖWE
29	11.41	STEINBOCK	SCHÜTZE	WAAGE	ZWILLINGE	LÖWE	ZWILLINGE	ZWILLINGE	WAAGE	LÖWE
30			SCHÜTZE	WAAGE	ZWILLINGE	LÖWE	ZWILLINGE	ZWILLINGE	WAAGE	LÖWE
DEZ.										
1	14.01	WASSERMANN	SCHÜTZE	WAAGE	ZWILLINGE	LÖWE	ZWILLINGE	ZWILLINGE	WAAGE	LÖWE
2			SCHÜTZE	WAAGE	ZWILLINGE	LÖWE	ZWILLINGE	ZWILLINGE	WAAGE	LÖWE
3	16.36	FISCHE	SCHÜTZE	WAAGE	ZWILLINGE	LÖWE	ZWILLINGE	ZWILLINGE	WAAGE	LÖWE
4			SCHÜTZE	WAAGE	ZWILLINGE	LÖWE	ZWILLINGE	ZWILLINGE	WAAGE	LÖWE
5	20.01	WIDDER	SCHÜTZE	WAAGE	ZWILLINGE	LÖWE	ZWILLINGE	ZWILLINGE	WAAGE	LÖWE
6			SCHÜTZE	WAAGE	ZWILLINGE	LÖWE	ZWILLINGE	ZWILLINGE	WAAGE	LÖWE
7			SCHÜTZE	WAAGE	ZWILLINGE	LÖWE	ZWILLINGE	ZWILLINGE	WAAGE	LÖWE
8	0.30	STIER	STEINBOCK	SKORPION	ZWILLINGE	LÖWE	ZWILLINGE	ZWILLINGE	WAAGE	LÖWE
9			STEINBOCK	SKORPION	ZWILLINGE	LÖWE	ZWILLINGE	ZWILLINGE	WAAGE	LÖWE
10	6.35	ZWILLINGE	STEINBOCK	SKORPION	ZWILLINGE	LÖWE	ZWILLINGE	ZWILLINGE	WAAGE	LÖWE
11			STEINBOCK	SKORPION	ZWILLINGE	LÖWE	ZWILLINGE	ZWILLINGE	WAAGE	LÖWE
12	14.49	KREBS	STEINBOCK	SKORPION	ZWILLINGE	LÖWE	ZWILLINGE	ZWILLINGE	WAAGE	LÖWE
13			STEINBOCK	SKORPION	ZWILLINGE	LÖWE	ZWILLINGE	ZWILLINGE	WAAGE	LÖWE
14			STEINBOCK	SKORPION	ZWILLINGE	LÖWE	ZWILLINGE	ZWILLINGE	WAAGE	LÖWE
15	1.36	LÖWE	STEINBOCK	SKORPION	ZWILLINGE	LÖWE	ZWILLINGE	ZWILLINGE	WAAGE	LÖWE
16			STEINBOCK	SKORPION	ZWILLINGE	LÖWE	ZWILLINGE	ZWILLINGE	WAAGE	LÖWE
17	14.22	JUNGFRAU	STEINBOCK	SKORPION	ZWILLINGE	LÖWE	ZWILLINGE	ZWILLINGE	WAAGE	LÖWE
18			STEINBOCK	SKORPION	ZWILLINGE	LÖWE	ZWILLINGE	ZWILLINGE	WAAGE	LÖWE
19			STEINBOCK	SKORPION	ZWILLINGE	LÖWE	ZWILLINGE	ZWILLINGE	WAAGE	LÖWE
20	2.54	WAAGE	STEINBOCK	SKORPION	ZWILLINGE	LÖWE	ZWILLINGE	ZWILLINGE	WAAGE	LÖWE
21			STEINBOCK	SKORPION	ZWILLINGE	LÖWE	ZWILLINGE	ZWILLINGE	WAAGE	LÖWE
22	12.40	SKORPION	STEINBOCK	SKORPION	ZWILLINGE	LÖWE	ZWILLINGE	ZWILLINGE	WAAGE	LÖWE

1944 SCHÜTZE

	ZEIT	MOND IM ZEICHEN	MERKUR	VENUS	MARS	JUPITER	SATURN	URANUS	NEPTUN	PLUTO
NOV.										
22			SCHÜTZE	STEINBOCK	SKORPION	JUNGFRAU	KREBS	ZWILLINGE	WAAGE	LÖWE
23	7.16	FISCHE	SCHÜTZE	STEINBOCK	SKORPION	JUNGFRAU	KREBS	ZWILLINGE	WAAGE	LÖWE
24			SCHÜTZE	STEINBOCK	SKORPION	JUNGFRAU	KREBS	ZWILLINGE	WAAGE	LÖWE
25	9.55	WIDDER	SCHÜTZE	STEINBOCK	SKORPION	JUNGFRAU	KREBS	ZWILLINGE	WAAGE	LÖWE
26			SCHÜTZE	STEINBOCK	SCHÜTZE	JUNGFRAU	KREBS	ZWILLINGE	WAAGE	LÖWE
27	11.22	STIER	SCHÜTZE	STEINBOCK	SCHÜTZE	JUNGFRAU	KREBS	ZWILLINGE	WAAGE	LÖWE
28			SCHÜTZE	STEINBOCK	SCHÜTZE	JUNGFRAU	KREBS	ZWILLINGE	WAAGE	LÖWE
29	12.57	ZWILLINGE	SCHÜTZE	STEINBOCK	SCHÜTZE	JUNGFRAU	KREBS	ZWILLINGE	WAAGE	LÖWE
30			SCHÜTZE	STEINBOCK	SCHÜTZE	JUNGFRAU	KREBS	ZWILLINGE	WAAGE	LÖWE
DEZ.										
1	16.21	KREBS	SCHÜTZE	STEINBOCK	SCHÜTZE	JUNGFRAU	KREBS	ZWILLINGE	WAAGE	LÖWE
2			STEINBOCK	STEINBOCK	SCHÜTZE	JUNGFRAU	KREBS	ZWILLINGE	WAAGE	LÖWE
3	22.55	LÖWE	STEINBOCK	STEINBOCK	SCHÜTZE	JUNGFRAU	KREBS	ZWILLINGE	WAAGE	LÖWE
4			STEINBOCK	STEINBOCK	SCHÜTZE	JUNGFRAU	KREBS	ZWILLINGE	WAAGE	LÖWE
5			STEINBOCK	STEINBOCK	SCHÜTZE	JUNGFRAU	KREBS	ZWILLINGE	WAAGE	LÖWE
6	9.06	JUNGFRAU	STEINBOCK	STEINBOCK	SCHÜTZE	JUNGFRAU	KREBS	ZWILLINGE	WAAGE	LÖWE
7			STEINBOCK	STEINBOCK	SCHÜTZE	JUNGFRAU	KREBS	ZWILLINGE	WAAGE	LÖWE
8	21.29	WAAGE	STEINBOCK	STEINBOCK	SCHÜTZE	JUNGFRAU	KREBS	ZWILLINGE	WAAGE	LÖWE
9			STEINBOCK	STEINBOCK	SCHÜTZE	JUNGFRAU	KREBS	ZWILLINGE	WAAGE	LÖWE
10			STEINBOCK	STEINBOCK	SCHÜTZE	JUNGFRAU	KREBS	ZWILLINGE	WAAGE	LÖWE
11	9.40	SKORPION	STEINBOCK	WASSERMANN	SCHÜTZE	JUNGFRAU	KREBS	ZWILLINGE	WAAGE	LÖWE
12			STEINBOCK	WASSERMANN	SCHÜTZE	JUNGFRAU	KREBS	ZWILLINGE	WAAGE	LÖWE
13	19.48	SCHÜTZE	STEINBOCK	WASSERMANN	SCHÜTZE	JUNGFRAU	KREBS	ZWILLINGE	WAAGE	LÖWE
14			STEINBOCK	WASSERMANN	SCHÜTZE	JUNGFRAU	KREBS	ZWILLINGE	WAAGE	LÖWE
15			STEINBOCK	WASSERMANN	SCHÜTZE	JUNGFRAU	KREBS	ZWILLINGE	WAAGE	LÖWE
16	3.20	STEINBOCK	STEINBOCK	WASSERMANN	SCHÜTZE	JUNGFRAU	KREBS	ZWILLINGE	WAAGE	LÖWE
17			STEINBOCK	WASSERMANN	SCHÜTZE	JUNGFRAU	KREBS	ZWILLINGE	WAAGE	LÖWE
18	8.41	WASSERMANN	STEINBOCK	WASSERMANN	SCHÜTZE	JUNGFRAU	KREBS	ZWILLINGE	WAAGE	LÖWE
19			STEINBOCK	WASSERMANN	SCHÜTZE	JUNGFRAU	KREBS	ZWILLINGE	WAAGE	LÖWE
20	12.38	FISCHE	STEINBOCK	WASSERMANN	SCHÜTZE	JUNGFRAU	KREBS	ZWILLINGE	WAAGE	LÖWE
21			STEINBOCK	WASSERMANN	SCHÜTZE	JUNGFRAU	KREBS	ZWILLINGE	WAAGE	LÖWE

1945

	ZEIT	MOND IM ZEICHEN	MERKUR	VENUS	MARS	JUPITER	SATURN	URANUS	NEPTUN	PLUTO
NOV.										
23			SCHÜTZE	SKORPION	LÖWE	WAAGE	KREBS	ZWILLINGE	WAAGE	LÖWE
24	0.13	LÖWE	SCHÜTZE	SKORPION	LÖWE	WAAGE	KREBS	ZWILLINGE	WAAGE	LÖWE
25			SCHÜTZE	SKORPION	LÖWE	WAAGE	KREBS	ZWILLINGE	WAAGE	LÖWE
26	7.03	JUNGFRAU	SCHÜTZE	SKORPION	LÖWE	WAAGE	KREBS	ZWILLINGE	WAAGE	LÖWE
27			SCHÜTZE	SKORPION	LÖWE	WAAGE	KREBS	ZWILLINGE	WAAGE	LÖWE
28	17.20	WAAGE	SCHÜTZE	SKORPION	LÖWE	WAAGE	KREBS	ZWILLINGE	WAAGE	LÖWE
29			SCHÜTZE	SKORPION	LÖWE	WAAGE	KREBS	ZWILLINGE	WAAGE	LÖWE
30			SCHÜTZE	SKORPION	LÖWE	WAAGE	KREBS	ZWILLINGE	WAAGE	LÖWE
DEZ.										
1	5.42	SKORPION	SCHÜTZE	SKORPION	LÖWE	WAAGE	KREBS	ZWILLINGE	WAAGE	LÖWE
2			SCHÜTZE	SKORPION	LÖWE	WAAGE	KREBS	ZWILLINGE	WAAGE	LÖWE
3	18.29	SCHÜTZE	SCHÜTZE	SKORPION	LÖWE	WAAGE	KREBS	ZWILLINGE	WAAGE	LÖWE
4			SCHÜTZE	SKORPION	LÖWE	WAAGE	KREBS	ZWILLINGE	WAAGE	LÖWE
5			SCHÜTZE	SKORPION	LÖWE	WAAGE	KREBS	ZWILLINGE	WAAGE	LÖWE
6	6.22	STEINBOCK	SCHÜTZE	SCHÜTZE	LÖWE	WAAGE	KREBS	ZWILLINGE	WAAGE	LÖWE
7			SCHÜTZE	SCHÜTZE	LÖWE	WAAGE	KREBS	ZWILLINGE	WAAGE	LÖWE
8	16.31	WASSERMANN	SCHÜTZE	SCHÜTZE	LÖWE	WAAGE	KREBS	ZWILLINGE	WAAGE	LÖWE
9			SCHÜTZE	SCHÜTZE	LÖWE	WAAGE	KREBS	ZWILLINGE	WAAGE	LÖWE
10			SCHÜTZE	SCHÜTZE	LÖWE	WAAGE	KREBS	ZWILLINGE	WAAGE	LÖWE
11	0.20	FISCHE	SCHÜTZE	SCHÜTZE	LÖWE	WAAGE	KREBS	ZWILLINGE	WAAGE	LÖWE
12			SCHÜTZE	SCHÜTZE	LÖWE	WAAGE	KREBS	ZWILLINGE	WAAGE	LÖWE
13	5.12	WIDDER	SCHÜTZE	SCHÜTZE	LÖWE	WAAGE	KREBS	ZWILLINGE	WAAGE	LÖWE
14			SCHÜTZE	SCHÜTZE	LÖWE	WAAGE	KREBS	ZWILLINGE	WAAGE	LÖWE
15	7.27	STIER	SCHÜTZE	SCHÜTZE	LÖWE	WAAGE	KREBS	ZWILLINGE	WAAGE	LÖWE
16			SCHÜTZE	SCHÜTZE	LÖWE	WAAGE	KREBS	ZWILLINGE	WAAGE	LÖWE
17	8.03	ZWILLINGE	SCHÜTZE	SCHÜTZE	LÖWE	WAAGE	KREBS	ZWILLINGE	WAAGE	LÖWE
18			SCHÜTZE	SCHÜTZE	LÖWE	WAAGE	KREBS	ZWILLINGE	WAAGE	LÖWE
19	8.30	KREBS	SCHÜTZE	SCHÜTZE	LÖWE	WAAGE	KREBS	ZWILLINGE	WAAGE	LÖWE
20			SCHÜTZE	SCHÜTZE	LÖWE	WAAGE	KREBS	ZWILLINGE	WAAGE	LÖWE
21	10.36	LÖWE	SCHÜTZE	SCHÜTZE	LÖWE	WAAGE	KREBS	ZWILLINGE	WAAGE	LÖWE

SCHÜTZE 1946

	ZEIT	MOND IM ZEICHEN	MERKUR	VENUS	MARS	JUPITER	SATURN	URANUS	NEPTUN	PLUTO
NOV.										
23	16.45	SCHÜTZE	SKORPION	SKORPION	SCHÜTZE	SKORPION	LÖWE	ZWILLINGE	WAAGE	LÖWE
24			SKORPION	SKORPION	SCHÜTZE	SKORPION	LÖWE	ZWILLINGE	WAAGE	LÖWE
25			SKORPION	SKORPION	SCHÜTZE	SKORPION	LÖWE	ZWILLINGE	WAAGE	LÖWE
26	5.39	STEINBOCK	SKORPION	SKORPION	SCHÜTZE	SKORPION	LÖWE	ZWILLINGE	WAAGE	LÖWE
27			SKORPION	SKORPION	SCHÜTZE	SKORPION	LÖWE	ZWILLINGE	WAAGE	LÖWE
28	18.28	WASSERMANN	SKORPION	SKORPION	SCHÜTZE	SKORPION	LÖWE	ZWILLINGE	WAAGE	LÖWE
29			SKORPION	SKORPION	SCHÜTZE	SKORPION	LÖWE	ZWILLINGE	WAAGE	LÖWE
30			SKORPION	SKORPION	SCHÜTZE	SKORPION	LÖWE	ZWILLINGE	WAAGE	LÖWE
DEZ.										
1	5.26	FISCHE	SKORPION	SKORPION	SCHÜTZE	SKORPION	LÖWE	ZWILLINGE	WAAGE	LÖWE
2			SKORPION	SKORPION	SCHÜTZE	SKORPION	LÖWE	ZWILLINGE	WAAGE	LÖWE
3	13.00	WIDDER	SKORPION	SKORPION	SCHÜTZE	SKORPION	LÖWE	ZWILLINGE	WAAGE	LÖWE
4			SKORPION	SKORPION	SCHÜTZE	SKORPION	LÖWE	ZWILLINGE	WAAGE	LÖWE
5	16.44	STIER	SKORPION	SKORPION	SCHÜTZE	SKORPION	LÖWE	ZWILLINGE	WAAGE	LÖWE
6			SKORPION	SKORPION	SCHÜTZE	SKORPION	LÖWE	ZWILLINGE	WAAGE	LÖWE
7	17.27	ZWILLINGE	SKORPION	SKORPION	SCHÜTZE	SKORPION	LÖWE	ZWILLINGE	WAAGE	LÖWE
8			SKORPION	SKORPION	SCHÜTZE	SKORPION	LÖWE	ZWILLINGE	WAAGE	LÖWE
9	16.45	KREBS	SKORPION	SKORPION	SCHÜTZE	SKORPION	LÖWE	ZWILLINGE	WAAGE	LÖWE
10			SKORPION	SKORPION	SCHÜTZE	SKORPION	LÖWE	ZWILLINGE	WAAGE	LÖWE
11	16.50	LÖWE	SKORPION	SKORPION	SCHÜTZE	SKORPION	LÖWE	ZWILLINGE	WAAGE	LÖWE
12			SKORPION	SKORPION	SCHÜTZE	SKORPION	LÖWE	ZWILLINGE	WAAGE	LÖWE
13	19.12	JUNGFRAU	SCHÜTZE	SKORPION	SCHÜTZE	SKORPION	LÖWE	ZWILLINGE	WAAGE	LÖWE
14			SCHÜTZE	SKORPION	SCHÜTZE	SKORPION	LÖWE	ZWILLINGE	WAAGE	LÖWE
15			SCHÜTZE	SKORPION	SCHÜTZE	SKORPION	LÖWE	ZWILLINGE	WAAGE	LÖWE
16	1.08	WAAGE	SCHÜTZE	SKORPION	SCHÜTZE	SKORPION	LÖWE	ZWILLINGE	WAAGE	LÖWE
17			SCHÜTZE	SKORPION	STEINBOCK	SKORPION	LÖWE	ZWILLINGE	WAAGE	LÖWE
18	10.46	SKORPION	SCHÜTZE	SKORPION	STEINBOCK	SKORPION	LÖWE	ZWILLINGE	WAAGE	LÖWE
19			SCHÜTZE	SKORPION	STEINBOCK	SKORPION	LÖWE	ZWILLINGE	WAAGE	LÖWE
20	22.49	SCHÜTZE	SCHÜTZE	SKORPION	STEINBOCK	SKORPION	LÖWE	ZWILLINGE	WAAGE	LÖWE
21			SCHÜTZE	SKORPION	STEINBOCK	SKORPION	LÖWE	ZWILLINGE	WAAGE	LÖWE

1947

	ZEIT	MOND IM ZEICHEN	MERKUR	VENUS	MARS	JUPITER	SATURN	URANUS	NEPTUN	PLUTO
NOV.										
23	13.48	WIDDER	SKORPION	SCHÜTZE	LÖWE	SCHÜTZE	LÖWE	ZWILLINGE	WAAGE	LÖWE
24			SKORPION	SCHÜTZE	LÖWE	SCHÜTZE	LÖWE	ZWILLINGE	WAAGE	LÖWE
25	21.03	STIER	SKORPION	SCHÜTZE	LÖWE	SCHÜTZE	LÖWE	ZWILLINGE	WAAGE	LÖWE
26			SKORPION	SCHÜTZE	LÖWE	SCHÜTZE	LÖWE	ZWILLINGE	WAAGE	LÖWE
27			SKORPION	SCHÜTZE	LÖWE	SCHÜTZE	LÖWE	ZWILLINGE	WAAGE	LÖWE
28	0.55	ZWILLINGE	SKORPION	SCHÜTZE	LÖWE	SCHÜTZE	LÖWE	ZWILLINGE	WAAGE	LÖWE
29			SKORPION	SCHÜTZE	LÖWE	SCHÜTZE	LÖWE	ZWILLINGE	WAAGE	LÖWE
30	2.31	KREBS	SKORPION	SCHÜTZE	LÖWE	SCHÜTZE	LÖWE	ZWILLINGE	WAAGE	LÖWE
DEZ.										
1			SKORPION	STEINBOCK	JUNGFRAU	SCHÜTZE	LÖWE	ZWILLINGE	WAAGE	LÖWE
2	3.30	LÖWE	SKORPION	STEINBOCK	JUNGFRAU	SCHÜTZE	LÖWE	ZWILLINGE	WAAGE	LÖWE
3			SKORPION	STEINBOCK	JUNGFRAU	SCHÜTZE	LÖWE	ZWILLINGE	WAAGE	LÖWE
4	5.26	JUNGFRAU	SKORPION	STEINBOCK	JUNGFRAU	SCHÜTZE	LÖWE	ZWILLINGE	WAAGE	LÖWE
5			SKORPION	STEINBOCK	JUNGFRAU	SCHÜTZE	LÖWE	ZWILLINGE	WAAGE	LÖWE
6	9.17	WAAGE	SKORPION	STEINBOCK	JUNGFRAU	SCHÜTZE	LÖWE	ZWILLINGE	WAAGE	LÖWE
7			SKORPION	STEINBOCK	JUNGFRAU	SCHÜTZE	LÖWE	ZWILLINGE	WAAGE	LÖWE
8	15.27	SKORPION	SCHÜTZE	STEINBOCK	JUNGFRAU	SCHÜTZE	LÖWE	ZWILLINGE	WAAGE	LÖWE
9			SCHÜTZE	STEINBOCK	JUNGFRAU	SCHÜTZE	LÖWE	ZWILLINGE	WAAGE	LÖWE
10	23.50	SCHÜTZE	SCHÜTZE	STEINBOCK	JUNGFRAU	SCHÜTZE	LÖWE	ZWILLINGE	WAAGE	LÖWE
11			SCHÜTZE	STEINBOCK	JUNGFRAU	SCHÜTZE	LÖWE	ZWILLINGE	WAAGE	LÖWE
12			SCHÜTZE	STEINBOCK	JUNGFRAU	SCHÜTZE	LÖWE	ZWILLINGE	WAAGE	LÖWE
13	10.16	STEINBOCK	SCHÜTZE	STEINBOCK	JUNGFRAU	SCHÜTZE	LÖWE	ZWILLINGE	WAAGE	LÖWE
14			SCHÜTZE	STEINBOCK	JUNGFRAU	SCHÜTZE	LÖWE	ZWILLINGE	WAAGE	LÖWE
15	22.17	WASSERMANN	SCHÜTZE	STEINBOCK	JUNGFRAU	SCHÜTZE	LÖWE	ZWILLINGE	WAAGE	LÖWE
16			SCHÜTZE	STEINBOCK	JUNGFRAU	SCHÜTZE	LÖWE	ZWILLINGE	WAAGE	LÖWE
17			SCHÜTZE	STEINBOCK	JUNGFRAU	SCHÜTZE	LÖWE	ZWILLINGE	WAAGE	LÖWE
18	10.58	FISCHE	SCHÜTZE	STEINBOCK	JUNGFRAU	SCHÜTZE	LÖWE	ZWILLINGE	WAAGE	LÖWE
19			SCHÜTZE	STEINBOCK	JUNGFRAU	SCHÜTZE	LÖWE	ZWILLINGE	WAAGE	LÖWE
20	22.37	WIDDER	SCHÜTZE	STEINBOCK	JUNGFRAU	SCHÜTZE	LÖWE	ZWILLINGE	WAAGE	LÖWE
21			SCHÜTZE	STEINBOCK	JUNGFRAU	SCHÜTZE	LÖWE	ZWILLINGE	WAAGE	LÖWE
22			SCHÜTZE	STEINBOCK	JUNGFRAU	SCHÜTZE	LÖWE	ZWILLINGE	WAAGE	LÖWE

1948 SCHÜTZE

	ZEIT	MOND IM ZEICHEN	MERKUR	VENUS	MARS	JUPITER	SATURN	URANUS	NEPTUN	PLUTO
NOV.										
22			SKORPION	WAAGE	SCHÜTZE	STEINBOCK	JUNGFRAU	ZWILLINGE	WAAGE	LÖWE
23	19.47	JUNGFRAU	SKORPION	WAAGE	SCHÜTZE	STEINBOCK	JUNGFRAU	ZWILLINGE	WAAGE	LÖWE
24			SKORPION	WAAGE	SCHÜTZE	STEINBOCK	JUNGFRAU	ZWILLINGE	WAAGE	LÖWE
25	22.33	WAAGE	SKORPION	WAAGE	SCHÜTZE	STEINBOCK	JUNGFRAU	ZWILLINGE	WAAGE	LÖWE
26			SKORPION	SKORPION	SCHÜTZE	STEINBOCK	JUNGFRAU	ZWILLINGE	WAAGE	LÖWE
27			SKORPION	SKORPION	STEINBOCK	STEINBOCK	JUNGFRAU	ZWILLINGE	WAAGE	LÖWE
28	1.19	SKORPION	SKORPION	SKORPION	STEINBOCK	STEINBOCK	JUNGFRAU	ZWILLINGE	WAAGE	LÖWE
29			SKORPION	SKORPION	STEINBOCK	STEINBOCK	JUNGFRAU	ZWILLINGE	WAAGE	LÖWE
30	4.53	SCHÜTZE	SKORPION	SKORPION	STEINBOCK	STEINBOCK	JUNGFRAU	ZWILLINGE	WAAGE	LÖWE
DEZ.										
1			SCHÜTZE	SKORPION	STEINBOCK	STEINBOCK	JUNGFRAU	ZWILLINGE	WAAGE	LÖWE
2	10.20	STEINBOCK	SCHÜTZE	SKORPION	STEINBOCK	STEINBOCK	JUNGFRAU	ZWILLINGE	WAAGE	LÖWE
3			SCHÜTZE	SKORPION	STEINBOCK	STEINBOCK	JUNGFRAU	ZWILLINGE	WAAGE	LÖWE
4	18.35	WASSERMANN	SCHÜTZE	SKORPION	STEINBOCK	STEINBOCK	JUNGFRAU	ZWILLINGE	WAAGE	LÖWE
5			SCHÜTZE	SKORPION	STEINBOCK	STEINBOCK	JUNGFRAU	ZWILLINGE	WAAGE	LÖWE
6			SCHÜTZE	SKORPION	STEINBOCK	STEINBOCK	JUNGFRAU	ZWILLINGE	WAAGE	LÖWE
7	5.47	FISCHE	SCHÜTZE	SKORPION	STEINBOCK	STEINBOCK	JUNGFRAU	ZWILLINGE	WAAGE	LÖWE
8			SCHÜTZE	SKORPION	STEINBOCK	STEINBOCK	JUNGFRAU	ZWILLINGE	WAAGE	LÖWE
9	18.29	WIDDER	SCHÜTZE	SKORPION	STEINBOCK	STEINBOCK	JUNGFRAU	ZWILLINGE	WAAGE	LÖWE
10			SCHÜTZE	SKORPION	STEINBOCK	STEINBOCK	JUNGFRAU	ZWILLINGE	WAAGE	LÖWE
11			SCHÜTZE	SKORPION	STEINBOCK	STEINBOCK	JUNGFRAU	ZWILLINGE	WAAGE	LÖWE
12	6.06	STIER	SCHÜTZE	SKORPION	STEINBOCK	STEINBOCK	JUNGFRAU	ZWILLINGE	WAAGE	LÖWE
13			SCHÜTZE	SKORPION	STEINBOCK	STEINBOCK	JUNGFRAU	ZWILLINGE	WAAGE	LÖWE
14	14.39	ZWILLINGE	SCHÜTZE	SKORPION	STEINBOCK	STEINBOCK	JUNGFRAU	ZWILLINGE	WAAGE	LÖWE
15			SCHÜTZE	SKORPION	STEINBOCK	STEINBOCK	JUNGFRAU	ZWILLINGE	WAAGE	LÖWE
16	19.59	KREBS	SCHÜTZE	SKORPION	STEINBOCK	STEINBOCK	JUNGFRAU	ZWILLINGE	WAAGE	LÖWE
17			SCHÜTZE	SKORPION	STEINBOCK	STEINBOCK	JUNGFRAU	ZWILLINGE	WAAGE	LÖWE
18	23.02	LÖWE	SCHÜTZE	SKORPION	STEINBOCK	STEINBOCK	JUNGFRAU	ZWILLINGE	WAAGE	LÖWE
19			STEINBOCK	SKORPION	STEINBOCK	STEINBOCK	JUNGFRAU	ZWILLINGE	WAAGE	LÖWE
20			STEINBOCK	SCHÜTZE	STEINBOCK	STEINBOCK	JUNGFRAU	ZWILLINGE	WAAGE	LÖWE
21	1.18	JUNGFRAU	STEINBOCK	SCHÜTZE	STEINBOCK	STEINBOCK	JUNGFRAU	ZWILLINGE	WAAGE	LÖWE

1949

	ZEIT	MOND IM ZEICHEN	MERKUR	VENUS	MARS	JUPITER	SATURN	URANUS	NEPTUN	PLUTO
NOV.										
23			SCHÜTZE	STEINBOCK	JUNGFRAU	STEINBOCK	JUNGFRAU	KREBS	WAAGE	LÖWE
24	17.30	WASSERMANN	SCHÜTZE	STEINBOCK	JUNGFRAU	STEINBOCK	JUNGFRAU	KREBS	WAAGE	LÖWE
25			SCHÜTZE	STEINBOCK	JUNGFRAU	STEINBOCK	JUNGFRAU	KREBS	WAAGE	LÖWE
26			SCHÜTZE	STEINBOCK	JUNGFRAU	STEINBOCK	JUNGFRAU	KREBS	WAAGE	LÖWE
27	1.35	FISCHE	SCHÜTZE	STEINBOCK	JUNGFRAU	STEINBOCK	JUNGFRAU	KREBS	WAAGE	LÖWE
28			SCHÜTZE	STEINBOCK	JUNGFRAU	STEINBOCK	JUNGFRAU	KREBS	WAAGE	LÖWE
29	13.20	WIDDER	SCHÜTZE	STEINBOCK	JUNGFRAU	STEINBOCK	JUNGFRAU	KREBS	WAAGE	LÖWE
30			SCHÜTZE	STEINBOCK	JUNGFRAU	STEINBOCK	JUNGFRAU	KREBS	WAAGE	LÖWE
DEZ.										
1			SCHÜTZE	STEINBOCK	JUNGFRAU	WASSERMANN	JUNGFRAU	KREBS	WAAGE	LÖWE
2	2.21	STIER	SCHÜTZE	STEINBOCK	JUNGFRAU	WASSERMANN	JUNGFRAU	KREBS	WAAGE	LÖWE
3			SCHÜTZE	STEINBOCK	JUNGFRAU	WASSERMANN	JUNGFRAU	KREBS	WAAGE	LÖWE
4	14.26	ZWILLINGE	SCHÜTZE	STEINBOCK	JUNGFRAU	WASSERMANN	JUNGFRAU	KREBS	WAAGE	LÖWE
5			SCHÜTZE	STEINBOCK	JUNGFRAU	WASSERMANN	JUNGFRAU	KREBS	WAAGE	LÖWE
6			SCHÜTZE	WASSERMANN	JUNGFRAU	WASSERMANN	JUNGFRAU	KREBS	WAAGE	LÖWE
7	0.31	KREBS	SCHÜTZE	WASSERMANN	JUNGFRAU	WASSERMANN	JUNGFRAU	KREBS	WAAGE	LÖWE
8			SCHÜTZE	WASSERMANN	JUNGFRAU	WASSERMANN	JUNGFRAU	KREBS	WAAGE	LÖWE
9	8.26	LÖWE	SCHÜTZE	WASSERMANN	JUNGFRAU	WASSERMANN	JUNGFRAU	KREBS	WAAGE	LÖWE
10			SCHÜTZE	WASSERMANN	JUNGFRAU	WASSERMANN	JUNGFRAU	KREBS	WAAGE	LÖWE
11	14.29	JUNGFRAU	SCHÜTZE	WASSERMANN	JUNGFRAU	WASSERMANN	JUNGFRAU	KREBS	WAAGE	LÖWE
12			STEINBOCK	WASSERMANN	JUNGFRAU	WASSERMANN	JUNGFRAU	KREBS	WAAGE	LÖWE
13	18.42	WAAGE	STEINBOCK	WASSERMANN	JUNGFRAU	WASSERMANN	JUNGFRAU	KREBS	WAAGE	LÖWE
14			STEINBOCK	WASSERMANN	JUNGFRAU	WASSERMANN	JUNGFRAU	KREBS	WAAGE	LÖWE
15	21.12	SKORPION	STEINBOCK	WASSERMANN	JUNGFRAU	WASSERMANN	JUNGFRAU	KREBS	WAAGE	LÖWE
16			STEINBOCK	WASSERMANN	JUNGFRAU	WASSERMANN	JUNGFRAU	KREBS	WAAGE	LÖWE
17	22.33	SCHÜTZE	STEINBOCK	WASSERMANN	JUNGFRAU	WASSERMANN	JUNGFRAU	KREBS	WAAGE	LÖWE
18			STEINBOCK	WASSERMANN	JUNGFRAU	WASSERMANN	JUNGFRAU	KREBS	WAAGE	LÖWE
19			STEINBOCK	WASSERMANN	JUNGFRAU	WASSERMANN	JUNGFRAU	KREBS	WAAGE	LÖWE
20	0.00	STEINBOCK	STEINBOCK	WASSERMANN	JUNGFRAU	WASSERMANN	JUNGFRAU	KREBS	WAAGE	LÖWE
21			STEINBOCK	WASSERMANN	JUNGFRAU	WASSERMANN	JUNGFRAU	KREBS	WAAGE	LÖWE

SCHÜTZE 1950

	ZEIT	MOND IM ZEICHEN	MERKUR	VENUS	MARS	JUPITER	SATURN	URANUS	NEPTUN	PLUTO
NOV.										
23			SCHÜTZE	SCHÜTZE	STEINBOCK	WASSERMANN	WAAGE	KREBS	WAAGE	LÖWE
24	12.38	ZWILLINGE	SCHÜTZE	SCHÜTZE	STEINBOCK	WASSERMANN	WAAGE	KREBS	WAAGE	LÖWE
25			SCHÜTZE	SCHÜTZE	STEINBOCK	WASSERMANN	WAAGE	KREBS	WAAGE	LÖWE
26			SCHÜTZE	SCHÜTZE	STEINBOCK	WASSERMANN	WAAGE	KREBS	WAAGE	LÖWE
27	1.12	KREBS	SCHÜTZE	SCHÜTZE	STEINBOCK	WASSERMANN	WAAGE	KREBS	WAAGE	LÖWE
28			SCHÜTZE	SCHÜTZE	STEINBOCK	WASSERMANN	WAAGE	KREBS	WAAGE	LÖWE
29	13.00	LÖWE	SCHÜTZE	SCHÜTZE	STEINBOCK	WASSERMANN	WAAGE	KREBS	WAAGE	LÖWE
30			SCHÜTZE	SCHÜTZE	STEINBOCK	WASSERMANN	WAAGE	KREBS	WAAGE	LÖWE
DEZ.										
1	22.53	JUNGFRAU	SCHÜTZE	SCHÜTZE	STEINBOCK	WASSERMANN	WAAGE	KREBS	WAAGE	LÖWE
2			SCHÜTZE	SCHÜTZE	STEINBOCK	FISCHE	WAAGE	KREBS	WAAGE	LÖWE
3			SCHÜTZE	SCHÜTZE	STEINBOCK	FISCHE	WAAGE	KREBS	WAAGE	LÖWE
4	5.26	WAAGE	SCHÜTZE	SCHÜTZE	STEINBOCK	FISCHE	WAAGE	KREBS	WAAGE	LÖWE
5			STEINBOCK	SCHÜTZE	STEINBOCK	FISCHE	WAAGE	KREBS	WAAGE	LÖWE
6	8.15	SKORPION	STEINBOCK	SCHÜTZE	STEINBOCK	FISCHE	WAAGE	KREBS	WAAGE	LÖWE
7			STEINBOCK	SCHÜTZE	STEINBOCK	FISCHE	WAAGE	KREBS	WAAGE	LÖWE
8	8.16	SCHÜTZE	STEINBOCK	SCHÜTZE	STEINBOCK	FISCHE	WAAGE	KREBS	WAAGE	LÖWE
9			STEINBOCK	SCHÜTZE	STEINBOCK	FISCHE	WAAGE	KREBS	WAAGE	LÖWE
10	7.18	STEINBOCK	STEINBOCK	SCHÜTZE	STEINBOCK	FISCHE	WAAGE	KREBS	WAAGE	LÖWE
11			STEINBOCK	SCHÜTZE	STEINBOCK	FISCHE	WAAGE	KREBS	WAAGE	LÖWE
12	7.38	WASSERMANN	STEINBOCK	SCHÜTZE	STEINBOCK	FISCHE	WAAGE	KREBS	WAAGE	LÖWE
13			STEINBOCK	SCHÜTZE	STEINBOCK	FISCHE	WAAGE	KREBS	WAAGE	LÖWE
14	11.17	FISCHE	STEINBOCK	SCHÜTZE	STEINBOCK	FISCHE	WAAGE	KREBS	WAAGE	LÖWE
15			STEINBOCK	STEINBOCK	WASSERMANN	FISCHE	WAAGE	KREBS	WAAGE	LÖWE
16	19.02	WIDDER	STEINBOCK	STEINBOCK	WASSERMANN	FISCHE	WAAGE	KREBS	WAAGE	LÖWE
17			STEINBOCK	STEINBOCK	WASSERMANN	FISCHE	WAAGE	KREBS	WAAGE	LÖWE
18			STEINBOCK	STEINBOCK	WASSERMANN	FISCHE	WAAGE	KREBS	WAAGE	LÖWE
19	6.10	STIER	STEINBOCK	STEINBOCK	WASSERMANN	FISCHE	WAAGE	KREBS	WAAGE	LÖWE
20			STEINBOCK	STEINBOCK	WASSERMANN	FISCHE	WAAGE	KREBS	WAAGE	LÖWE
21	18.49	ZWILLINGE	STEINBOCK	STEINBOCK	WASSERMANN	FISCHE	WAAGE	KREBS	WAAGE	LÖWE

1951

	ZEIT	MOND IM ZEICHEN	MERKUR	VENUS	MARS	JUPITER	SATURN	URANUS	NEPTUN	PLUTO
NOV.										
24	9.04	WAAGE	SCHÜTZE	WAAGE	JUNGFRAU	WIDDER	WAAGE	KREBS	WAAGE	LÖWE
25			SCHÜTZE	WAAGE	WAAGE	WIDDER	WAAGE	KREBS	WAAGE	LÖWE
26	14.26	SKORPION	SCHÜTZE	WAAGE	WAAGE	WIDDER	WAAGE	KREBS	WAAGE	LÖWE
27			SCHÜTZE	WAAGE	WAAGE	WIDDER	WAAGE	KREBS	WAAGE	LÖWE
28	16.17	SCHÜTZE	SCHÜTZE	WAAGE	WAAGE	WIDDER	WAAGE	KREBS	WAAGE	LÖWE
29			SCHÜTZE	WAAGE	WAAGE	WIDDER	WAAGE	KREBS	WAAGE	LÖWE
30	16.23	STEINBOCK	SCHÜTZE	WAAGE	WAAGE	WIDDER	WAAGE	KREBS	WAAGE	LÖWE
DEZ.										
1			SCHÜTZE	WAAGE	WAAGE	WIDDER	WAAGE	KREBS	WAAGE	LÖWE
2	16.48	WASSERMANN	STEINBOCK	WAAGE	WAAGE	WIDDER	WAAGE	KREBS	WAAGE	LÖWE
3			STEINBOCK	WAAGE	WAAGE	WIDDER	WAAGE	KREBS	WAAGE	LÖWE
4	19.11	FISCHE	STEINBOCK	WAAGE	WAAGE	WIDDER	WAAGE	KREBS	WAAGE	LÖWE
5			STEINBOCK	WAAGE	WAAGE	WIDDER	WAAGE	KREBS	WAAGE	LÖWE
6			STEINBOCK	WAAGE	WAAGE	WIDDER	WAAGE	KREBS	WAAGE	LÖWE
7	0.19	WIDDER	STEINBOCK	WAAGE	WAAGE	WIDDER	WAAGE	KREBS	WAAGE	LÖWE
8			STEINBOCK	WAAGE	WAAGE	WIDDER	WAAGE	KREBS	WAAGE	LÖWE
9	8.06	STIER	STEINBOCK	SKORPION	WAAGE	WIDDER	WAAGE	KREBS	WAAGE	LÖWE
10			STEINBOCK	SKORPION	WAAGE	WIDDER	WAAGE	KREBS	WAAGE	LÖWE
11	17.50	ZWILLINGE	STEINBOCK	SKORPION	WAAGE	WIDDER	WAAGE	KREBS	WAAGE	LÖWE
12			STEINBOCK	SKORPION	WAAGE	WIDDER	WAAGE	KREBS	WAAGE	LÖWE
13			SCHÜTZE	SKORPION	WAAGE	WIDDER	WAAGE	KREBS	WAAGE	LÖWE
14	5.23	KREBS	SCHÜTZE	SKORPION	WAAGE	WIDDER	WAAGE	KREBS	WAAGE	LÖWE
15			SCHÜTZE	SKORPION	WAAGE	WIDDER	WAAGE	KREBS	WAAGE	LÖWE
16	18.05	LÖWE	SCHÜTZE	SKORPION	WAAGE	WIDDER	WAAGE	KREBS	WAAGE	LÖWE
17			SCHÜTZE	SKORPION	WAAGE	WIDDER	WAAGE	KREBS	WAAGE	LÖWE
18			SCHÜTZE	SKORPION	WAAGE	WIDDER	WAAGE	KREBS	WAAGE	LÖWE
19	6.50	JUNGFRAU	SCHÜTZE	SKORPION	WAAGE	WIDDER	WAAGE	KREBS	WAAGE	LÖWE
20			SCHÜTZE	SKORPION	WAAGE	WIDDER	WAAGE	KREBS	WAAGE	LÖWE
21	17.36	WAAGE	SCHÜTZE	SKORPION	WAAGE	WIDDER	WAAGE	KREBS	WAAGE	LÖWE
22			SCHÜTZE	SKORPION	WAAGE	WIDDER	WAAGE	KREBS	WAAGE	LÖWE

1952 SCHÜTZE

	ZEIT	MOND IM ZEICHEN	MERKUR	VENUS	MARS	JUPITER	SATURN	URANUS	NEPTUN	PLUTO
NOV.										
23			SCHÜTZE	STEINBOCK	WASSERMANN	STIER	WAAGE	KREBS	WAAGE	LÖWE
24	8.55	FISCHE	SCHÜTZE	STEINBOCK	WASSERMANN	STIER	WAAGE	KREBS	WAAGE	LÖWE
25			SCHÜTZE	STEINBOCK	WASSERMANN	STIER	WAAGE	KREBS	WAAGE	LÖWE
26	12.10	WIDDER	SCHÜTZE	STEINBOCK	WASSERMANN	STIER	WAAGE	KREBS	WAAGE	LÖWE
27			SCHÜTZE	STEINBOCK	WASSERMANN	STIER	WAAGE	KREBS	WAAGE	LÖWE
28	15.55	STIER	SCHÜTZE	STEINBOCK	WASSERMANN	STIER	WAAGE	KREBS	WAAGE	LÖWE
29			SCHÜTZE	STEINBOCK	WASSERMANN	STIER	WAAGE	KREBS	WAAGE	LÖWE
30	20.54	ZWILLINGE	SCHÜTZE	STEINBOCK	WASSERMANN	STIER	WAAGE	KREBS	WAAGE	LÖWE
DEZ.										
1			SCHÜTZE	STEINBOCK	WASSERMANN	STIER	WAAGE	KREBS	WAAGE	LÖWE
2			SCHÜTZE	STEINBOCK	WASSERMANN	STIER	WAAGE	KREBS	WAAGE	LÖWE
3	4.10	KREBS	SCHÜTZE	STEINBOCK	WASSERMANN	STIER	WAAGE	KREBS	WAAGE	LÖWE
4			SCHÜTZE	STEINBOCK	WASSERMANN	STIER	WAAGE	KREBS	WAAGE	LÖWE
5	14.23	LÖWE	SCHÜTZE	STEINBOCK	WASSERMANN	STIER	WAAGE	KREBS	WAAGE	LÖWE
6			SCHÜTZE	STEINBOCK	WASSERMANN	STIER	WAAGE	KREBS	WAAGE	LÖWE
7			SCHÜTZE	STEINBOCK	WASSERMANN	STIER	WAAGE	KREBS	WAAGE	LÖWE
8	2.58	JUNGFRAU	SCHÜTZE	STEINBOCK	WASSERMANN	STIER	WAAGE	KREBS	WAAGE	LÖWE
9			SCHÜTZE	STEINBOCK	WASSERMANN	STIER	WAAGE	KREBS	WAAGE	LÖWE
10	15.35	WAAGE	SCHÜTZE	STEINBOCK	WASSERMANN	STIER	WAAGE	KREBS	WAAGE	LÖWE
11			SCHÜTZE	WASSERMANN	WASSERMANN	STIER	WAAGE	KREBS	WAAGE	LÖWE
12			SCHÜTZE	WASSERMANN	WASSERMANN	STIER	WAAGE	KREBS	WAAGE	LÖWE
13	1.39	SKORPION	SCHÜTZE	WASSERMANN	WASSERMANN	STIER	WAAGE	KREBS	WAAGE	LÖWE
14			SCHÜTZE	WASSERMANN	WASSERMANN	STIER	WAAGE	KREBS	WAAGE	LÖWE
15	7.59	SCHÜTZE	SCHÜTZE	WASSERMANN	WASSERMANN	STIER	WAAGE	KREBS	WAAGE	LÖWE
16			SCHÜTZE	WASSERMANN	WASSERMANN	STIER	WAAGE	KREBS	WAAGE	LÖWE
17	11.17	STEINBOCK	SCHÜTZE	WASSERMANN	WASSERMANN	STIER	WAAGE	KREBS	WAAGE	LÖWE
18			SCHÜTZE	WASSERMANN	WASSERMANN	STIER	WAAGE	KREBS	WAAGE	LÖWE
19	13.23	WASSERMANN	SCHÜTZE	WASSERMANN	WASSERMANN	STIER	WAAGE	KREBS	WAAGE	LÖWE
20			SCHÜTZE	WASSERMANN	WASSERMANN	STIER	WAAGE	KREBS	WAAGE	LÖWE
21	14.46	FISCHE	SCHÜTZE	WASSERMANN	WASSERMANN	STIER	WAAGE	KREBS	WAAGE	LÖWE

1953

	ZEIT	MOND IM ZEICHEN	MERKUR	VENUS	MARS	JUPITER	SATURN	URANUS	NEPTUN	PLUTO
NOV.										
23	5.33	KREBS	SKORPION	SKORPION	WAAGE	ZWILLINGE	SKORPION	KREBS	WAAGE	LÖWE
24			SKORPION	SKORPION	WAAGE	ZWILLINGE	SKORPION	KREBS	WAAGE	LÖWE
25	11.41	LÖWE	SKORPION	SKORPION	WAAGE	ZWILLINGE	SKORPION	KREBS	WAAGE	LÖWE
26			SKORPION	SKORPION	WAAGE	ZWILLINGE	SKORPION	KREBS	WAAGE	LÖWE
27	21.42	JUNGFRAU	SKORPION	SKORPION	WAAGE	ZWILLINGE	SKORPION	KREBS	WAAGE	LÖWE
28			SKORPION	SKORPION	WAAGE	ZWILLINGE	SKORPION	KREBS	WAAGE	LÖWE
29			SKORPION	SKORPION	WAAGE	ZWILLINGE	SKORPION	KREBS	WAAGE	LÖWE
30	10.06	WAAGE	SKORPION	SKORPION	WAAGE	ZWILLINGE	SKORPION	KREBS	WAAGE	LÖWE
DEZ.										
1			SKORPION	SKORPION	WAAGE	ZWILLINGE	SKORPION	KREBS	WAAGE	LÖWE
2	22.30	SKORPION	SKORPION	SKORPION	WAAGE	ZWILLINGE	SKORPION	KREBS	WAAGE	LÖWE
3			SKORPION	SKORPION	WAAGE	ZWILLINGE	SKORPION	KREBS	WAAGE	LÖWE
4			SKORPION	SKORPION	WAAGE	ZWILLINGE	SKORPION	KREBS	WAAGE	LÖWE
5	9.08	SCHÜTZE	SKORPION	SKORPION	WAAGE	ZWILLINGE	SKORPION	KREBS	WAAGE	LÖWE
6			SKORPION	SCHÜTZE	WAAGE	ZWILLINGE	SKORPION	KREBS	WAAGE	LÖWE
7	17.33	STEINBOCK	SKORPION	SCHÜTZE	WAAGE	ZWILLINGE	SKORPION	KREBS	WAAGE	LÖWE
8			SKORPION	SCHÜTZE	WAAGE	ZWILLINGE	SKORPION	KREBS	WAAGE	LÖWE
9	23.59	WASSERMANN	SKORPION	SCHÜTZE	WAAGE	ZWILLINGE	SKORPION	KREBS	WAAGE	LÖWE
10			SKORPION	SCHÜTZE	WAAGE	ZWILLINGE	SKORPION	KREBS	WAAGE	LÖWE
11			SCHÜTZE	SCHÜTZE	WAAGE	ZWILLINGE	SKORPION	KREBS	WAAGE	LÖWE
12	4.46	FISCHE	SCHÜTZE	SCHÜTZE	WAAGE	ZWILLINGE	SKORPION	KREBS	WAAGE	LÖWE
13			SCHÜTZE	SCHÜTZE	WAAGE	ZWILLINGE	SKORPION	KREBS	WAAGE	LÖWE
14	8.06	WIDDER	SCHÜTZE	SCHÜTZE	WAAGE	ZWILLINGE	SKORPION	KREBS	WAAGE	LÖWE
15			SCHÜTZE	SCHÜTZE	WAAGE	ZWILLINGE	SKORPION	KREBS	WAAGE	LÖWE
16	10.23	STIER	SCHÜTZE	SCHÜTZE	WAAGE	ZWILLINGE	SKORPION	KREBS	WAAGE	LÖWE
17			SCHÜTZE	SCHÜTZE	WAAGE	ZWILLINGE	SKORPION	KREBS	WAAGE	LÖWE
18	12.28	ZWILLINGE	SCHÜTZE	SCHÜTZE	WAAGE	ZWILLINGE	SKORPION	KREBS	WAAGE	LÖWE
19			SCHÜTZE	SCHÜTZE	WAAGE	ZWILLINGE	SKORPION	KREBS	WAAGE	LÖWE
20	15.41	KREBS	SCHÜTZE	SCHÜTZE	WAAGE	ZWILLINGE	SKORPION	KREBS	WAAGE	LÖWE
21	21.24	LÖWE	SCHÜTZE	SCHÜTZE	SKORPION	ZWILLINGE	SKORPION	KREBS	WAAGE	LÖWE
22			SCHÜTZE	SCHÜTZE	SKORPION	ZWILLINGE	SKORPION	KREBS	WAAGE	LÖWE

SCHÜTZE 1954

	ZEIT	MOND IM ZEICHEN	MERKUR	VENUS	MARS	JUPITER	SATURN	URANUS	NEPTUN	PLUTO
NOV.										
23			SKORPION	SKORPION	WASSERMANN	KREBS	SKORPION	KREBS	WAAGE	LÖWE
24			SKORPION	SKORPION	WASSERMANN	KREBS	SKORPION	KREBS	WAAGE	LÖWE
25	8.02	SCHÜTZE	SKORPION	SKORPION	WASSERMANN	KREBS	SKORPION	KREBS	WAAGE	LÖWE
26			SKORPION	SKORPION	WASSERMANN	KREBS	SKORPION	KREBS	WAAGE	LÖWE
27	20.24	STEINBOCK	SKORPION	SKORPION	WASSERMANN	KREBS	SKORPION	KREBS	WAAGE	LÖWE
28			SKORPION	SKORPION	WASSERMANN	KREBS	SKORPION	KREBS	WAAGE	LÖWE
29			SKORPION	SKORPION	WASSERMANN	KREBS	SKORPION	KREBS	WAAGE	LÖWE
30	7.19	WASSERMANN	SKORPION	SKORPION	WASSERMANN	KREBS	SKORPION	KREBS	WAAGE	LÖWE
DEZ.										
1			SKORPION	SKORPION	WASSERMANN	KREBS	SKORPION	KREBS	WAAGE	LÖWE
2	15.38	FISCHE	SKORPION	SKORPION	WASSERMANN	KREBS	SKORPION	KREBS	WAAGE	LÖWE
3			SKORPION	SKORPION	WASSERMANN	KREBS	SKORPION	KREBS	WAAGE	LÖWE
4	20.34	WIDDER	SKORPION	SKORPION	WASSERMANN	KREBS	SKORPION	KREBS	WAAGE	LÖWE
5			SCHÜTZE	SKORPION	FISCHE	KREBS	SKORPION	KREBS	WAAGE	LÖWE
6	22.23	STIER	SCHÜTZE	SKORPION	FISCHE	KREBS	SKORPION	KREBS	WAAGE	LÖWE
7			SCHÜTZE	SKORPION	FISCHE	KREBS	SKORPION	KREBS	WAAGE	LÖWE
8			SCHÜTZE	SKORPION	FISCHE	KREBS	SKORPION	KREBS	WAAGE	LÖWE
9	10.17	ZWILLINGE	SCHÜTZE	SKORPION	FISCHE	KREBS	SKORPION	KREBS	WAAGE	LÖWE
10			SCHÜTZE	SKORPION	FISCHE	KREBS	SKORPION	KREBS	WAAGE	LÖWE
11	22.07	KREBS	SCHÜTZE	SKORPION	FISCHE	KREBS	SKORPION	KREBS	WAAGE	LÖWE
12			SCHÜTZE	SKORPION	FISCHE	KREBS	SKORPION	KREBS	WAAGE	LÖWE
13	23.49	LÖWE	SCHÜTZE	SKORPION	FISCHE	KREBS	SKORPION	KREBS	WAAGE	LÖWE
14			SCHÜTZE	SKORPION	FISCHE	KREBS	SKORPION	KREBS	WAAGE	LÖWE
15			SCHÜTZE	SKORPION	FISCHE	KREBS	SKORPION	KREBS	WAAGE	LÖWE
16	4.55	JUNGFRAU	SCHÜTZE	SKORPION	FISCHE	KREBS	SKORPION	KREBS	WAAGE	LÖWE
17			SCHÜTZE	SKORPION	FISCHE	KREBS	SKORPION	KREBS	WAAGE	LÖWE
18	13.52	WAAGE	SCHÜTZE	SKORPION	FISCHE	KREBS	SKORPION	KREBS	WAAGE	LÖWE
19			SCHÜTZE	SKORPION	FISCHE	KREBS	SKORPION	KREBS	WAAGE	LÖWE
20	1.44	SKORPION	SCHÜTZE	SKORPION	FISCHE	KREBS	SKORPION	KREBS	WAAGE	LÖWE
21			SCHÜTZE	SKORPION	FISCHE	KREBS	SKORPION	KREBS	WAAGE	LÖWE
22	14.35	SCHÜTZE	SCHÜTZE	SKORPION	FISCHE	KREBS	SKORPION	KREBS	WAAGE	LÖWE

1955

	ZEIT	MOND IM ZEICHEN	MERKUR	VENUS	MARS	JUPITER	SATURN	URANUS	NEPTUN	PLUTO
NOV.										
24			SKORPION	SCHÜTZE	WAAGE	JUNGFRAU	SKORPION	LÖWE	WAAGE	LÖWE
25	2.47	WIDDER	SKORPION	SCHÜTZE	WAAGE	JUNGFRAU	SKORPION	LÖWE	WAAGE	LÖWE
26			SKORPION	SCHÜTZE	WAAGE	JUNGFRAU	SKORPION	LÖWE	WAAGE	LÖWE
27	6.26	STIER	SKORPION	SCHÜTZE	WAAGE	JUNGFRAU	SKORPION	LÖWE	WAAGE	LÖWE
28			SCHÜTZE	SCHÜTZE	WAAGE	JUNGFRAU	SKORPION	LÖWE	WAAGE	LÖWE
29	7.11	ZWILLINGE	SCHÜTZE	SCHÜTZE	WAAGE	JUNGFRAU	SKORPION	LÖWE	WAAGE	LÖWE
30			SCHÜTZE	SCHÜTZE	SKORPION	JUNGFRAU	SKORPION	LÖWE	WAAGE	LÖWE
DEZ.										
1	6.47	KREBS	SCHÜTZE	STEINBOCK	SKORPION	JUNGFRAU	SKORPION	LÖWE	WAAGE	LÖWE
2			SCHÜTZE	STEINBOCK	SKORPION	JUNGFRAU	SKORPION	LÖWE	WAAGE	LÖWE
3	7.09	LÖWE	SCHÜTZE	STEINBOCK	SKORPION	JUNGFRAU	SKORPION	LÖWE	WAAGE	LÖWE
4			SCHÜTZE	STEINBOCK	SKORPION	JUNGFRAU	SKORPION	LÖWE	WAAGE	LÖWE
5	9.51	JUNGFRAU	SCHÜTZE	STEINBOCK	SKORPION	JUNGFRAU	SKORPION	LÖWE	WAAGE	LÖWE
6			SCHÜTZE	STEINBOCK	SKORPION	JUNGFRAU	SKORPION	LÖWE	WAAGE	LÖWE
7	15.49	WAAGE	SCHÜTZE	STEINBOCK	SKORPION	JUNGFRAU	SKORPION	LÖWE	WAAGE	LÖWE
8			SCHÜTZE	STEINBOCK	SKORPION	JUNGFRAU	SKORPION	LÖWE	WAAGE	LÖWE
9			SCHÜTZE	STEINBOCK	SKORPION	JUNGFRAU	SKORPION	LÖWE	WAAGE	LÖWE
10	0.59	SKORPION	SCHÜTZE	STEINBOCK	SKORPION	JUNGFRAU	SKORPION	LÖWE	WAAGE	LÖWE
11			SCHÜTZE	STEINBOCK	SKORPION	JUNGFRAU	SKORPION	LÖWE	WAAGE	LÖWE
12	12.34	SCHÜTZE	SCHÜTZE	STEINBOCK	SKORPION	JUNGFRAU	SKORPION	LÖWE	WAAGE	LÖWE
13			SCHÜTZE	STEINBOCK	SKORPION	JUNGFRAU	SKORPION	LÖWE	WAAGE	LÖWE
14			SCHÜTZE	STEINBOCK	SKORPION	JUNGFRAU	SKORPION	LÖWE	WAAGE	LÖWE
15	1.24	STEINBOCK	SCHÜTZE	STEINBOCK	SKORPION	JUNGFRAU	SKORPION	LÖWE	WAAGE	LÖWE
16			SCHÜTZE	STEINBOCK	SKORPION	JUNGFRAU	SKORPION	LÖWE	WAAGE	LÖWE
17	14.20	WASSERMANN	STEINBOCK	STEINBOCK	SKORPION	JUNGFRAU	SKORPION	LÖWE	WAAGE	LÖWE
18			STEINBOCK	STEINBOCK	SKORPION	JUNGFRAU	SKORPION	LÖWE	WAAGE	LÖWE
19			STEINBOCK	STEINBOCK	SKORPION	JUNGFRAU	SKORPION	LÖWE	WAAGE	LÖWE
20	2.02	FISCHE	STEINBOCK	STEINBOCK	SKORPION	JUNGFRAU	SKORPION	LÖWE	WAAGE	LÖWE
21	11.05	WIDDER	STEINBOCK	STEINBOCK	SKORPION	JUNGFRAU	SKORPION	LÖWE	WAAGE	LÖWE
22			STEINBOCK	STEINBOCK	SKORPION	JUNGFRAU	SKORPION	LÖWE	WAAGE	LÖWE

1956 SCHÜTZE

	ZEIT	MOND IM ZEICHEN	MERKUR	VENUS	MARS	JUPITER	SATURN	URANUS	NEPTUN	PLUTO
NOV.										
23			SCHÜTZE	WAAGE	FISCHE	JUNGFRAU	SCHÜTZE	LÖWE	SKORPION	JUNGFRAU
24	21.33	JUNGFRAU	SCHÜTZE	WAAGE	FISCHE	JUNGFRAU	SCHÜTZE	LÖWE	SKORPION	JUNGFRAU
25			SCHÜTZE	WAAGE	FISCHE	JUNGFRAU	SCHÜTZE	LÖWE	SKORPION	JUNGFRAU
26			SCHÜTZE	SKORPION	FISCHE	JUNGFRAU	SCHÜTZE	LÖWE	SKORPION	JUNGFRAU
27	1.11	WAAGE	SCHÜTZE	SKORPION	FISCHE	JUNGFRAU	SCHÜTZE	LÖWE	SKORPION	JUNGFRAU
28			SCHÜTZE	SKORPION	FISCHE	JUNGFRAU	SCHÜTZE	LÖWE	SKORPION	JUNGFRAU
29	6.36	SKORPION	SCHÜTZE	SKORPION	FISCHE	JUNGFRAU	SCHÜTZE	LÖWE	SKORPION	JUNGFRAU
30			SCHÜTZE	SKORPION	FISCHE	JUNGFRAU	SCHÜTZE	LÖWE	SKORPION	JUNGFRAU
DEZ.										
1	14.00	SCHÜTZE	SCHÜTZE	SKORPION	FISCHE	JUNGFRAU	SCHÜTZE	LÖWE	SKORPION	JUNGFRAU
2			SCHÜTZE	SKORPION	FISCHE	JUNGFRAU	SCHÜTZE	LÖWE	SKORPION	JUNGFRAU
3	23.37	STEINBOCK	SCHÜTZE	SKORPION	FISCHE	JUNGFRAU	SCHÜTZE	LÖWE	SKORPION	JUNGFRAU
4			SCHÜTZE	SKORPION	FISCHE	JUNGFRAU	SCHÜTZE	LÖWE	SKORPION	JUNGFRAU
5			SCHÜTZE	SKORPION	FISCHE	JUNGFRAU	SCHÜTZE	LÖWE	SKORPION	JUNGFRAU
6	11.17	WASSERMANN	SCHÜTZE	SKORPION	FISCHE	JUNGFRAU	SCHÜTZE	LÖWE	SKORPION	JUNGFRAU
7			SCHÜTZE	SKORPION	WIDDER	JUNGFRAU	SCHÜTZE	LÖWE	SKORPION	JUNGFRAU
8	23.57	FISCHE	SCHÜTZE	SKORPION	WIDDER	JUNGFRAU	SCHÜTZE	LÖWE	SKORPION	JUNGFRAU
9			STEINBOCK	SKORPION	WIDDER	JUNGFRAU	SCHÜTZE	LÖWE	SKORPION	JUNGFRAU
10			STEINBOCK	SKORPION	WIDDER	JUNGFRAU	SCHÜTZE	LÖWE	SKORPION	JUNGFRAU
11	11.37	WIDDER	STEINBOCK	SKORPION	WIDDER	JUNGFRAU	SCHÜTZE	LÖWE	SKORPION	JUNGFRAU
12			STEINBOCK	SKORPION	WIDDER	JUNGFRAU	SCHÜTZE	LÖWE	SKORPION	JUNGFRAU
13	20.15	STIER	STEINBOCK	SKORPION	WIDDER	JUNGFRAU	SCHÜTZE	LÖWE	SKORPION	JUNGFRAU
14			STEINBOCK	SKORPION	WIDDER	WAAGE	SCHÜTZE	LÖWE	SKORPION	JUNGFRAU
15			STEINBOCK	SKORPION	WIDDER	WAAGE	SCHÜTZE	LÖWE	SKORPION	JUNGFRAU
16	1.06	ZWILLINGE	STEINBOCK	SKORPION	WIDDER	WAAGE	SCHÜTZE	LÖWE	SKORPION	JUNGFRAU
17			STEINBOCK	SKORPICN	WIDDER	WAAGE	SCHÜTZE	LÖWE	SKORPION	JUNGFRAU
18	2.52	KREBS	STEINBOCK	SKORPION	WIDDER	WAAGE	SCHÜTZE	LÖWE	SKORPION	JUNGFRAU
19			STEINBOCK	SKORPION	WIDDER	WAAGE	SCHÜTZE	LÖWE	SKORPION	JUNGFRAU
20	3.12	LÖWE	SCHÜTZE	SKORPION	WIDDER	WAAGE	SCHÜTZE	LÖWE	SKORPION	JUNGFRAU
21			SCHÜTZE	SKORPION	WIDDER	WAAGE	SCHÜTZE	LÖWE	SKORPION	JUNGFRAU

1957

	ZEIT	MOND IM ZEICHEN	MERKUR	VENUS	MARS	JUPITER	SATURN	URANUS	NEPTUN	PLUTO
NOV.										
23	23.30	STEINBOCK	SCHÜTZE	STEINBOCK	SKORPION	WAAGE	SCHÜTZE	LÖWE	SKORPION	JUNGFRAU
24			SCHÜTZE	STEINBOCK	SKORPION	WAAGE	SCHÜTZE	LÖWE	SKORPION	JUNGFRAU
25			SCHÜTZE	STEINBOCK	SKORPION	WAAGE	SCHÜTZE	LÖWE	SKORPION	JUNGFRAU
26	7.18	WASSERMANN	SCHÜTZE	STEINBOCK	SKORPION	WAAGE	SCHÜTZE	LÖWE	SKORPION	JUNGFRAU
27			SCHÜTZE	STEINBOCK	SKORPION	WAAGE	SCHÜTZE	LÖWE	SKORPION	JUNGFRAU
28	18.17	FISCHE	SCHÜTZE	STEINBOCK	SKORPION	WAAGE	SCHÜTZE	LÖWE	SKORPION	JUNGFRAU
29			SCHÜTZE	STEINBOCK	SKORPION	WAAGE	SCHÜTZE	LÖWE	SKORPION	JUNGFRAU
30			SCHÜTZE	STEINBOCK	SKORPION	WAAGE	SCHÜTZE	LÖWE	SKORPION	JUNGFRAU
DEZ.										
1	6.57	WIDDER	SCHÜTZE	STEINBOCK	SKORPION	WAAGE	SCHÜTZE	LÖWE	SKORPION	JUNGFRAU
2			SCHÜTZE	STEINBOCK	SKORPION	WAAGE	SCHÜTZE	LÖWE	SKORPION	JUNGFRAU
3	18.47	STIER	STEINBOCK	STEINBOCK	SKORPION	WAAGE	SCHÜTZE	LÖWE	SKORPION	JUNGFRAU
4			STEINBOCK	STEINBOCK	SKORPION	WAAGE	SCHÜTZE	LÖWE	SKORPION	JUNGFRAU
5			STEINBOCK	STEINBOCK	SKORPION	WAAGE	SCHÜTZE	LÖWE	SKORPION	JUNGFRAU
6	4.00	ZWILLINGE	STEINBOCK	STEINBOCK	SKORPION	WAAGE	SCHÜTZE	LÖWE	SKORPION	JUNGFRAU
7			STEINBOCK	WASSERMANN	SKORPION	WAAGE	SCHÜTZE	LÖWE	SKORPION	JUNGFRAU
8	10.16	KREBS	STEINBOCK	WASSERMANN	SKORPION	WAAGE	SCHÜTZE	LÖWE	SKORPION	JUNGFRAU
9			STEINBOCK	WASSERMANN	SKORPION	WAAGE	SCHÜTZE	LÖWE	SKORPION	JUNGFRAU
10	14.23	LÖWE	STEINBOCK	WASSERMANN	SKORPION	WAAGE	SCHÜTZE	LÖWE	SKORPION	JUNGFRAU
11			STEINBOCK	WASSERMANN	SKORPION	WAAGE	SCHÜTZE	LÖWE	SKORPION	JUNGFRAU
12	17.29	JUNGFRAU	STEINBOCK	WASSERMANN	SKORPION	WAAGE	SCHÜTZE	LÖWE	SKORPION	JUNGFRAU
13			STEINBOCK	WASSERMANN	SKORPION	WAAGE	SCHÜTZE	LÖWE	SKORPION	JUNGFRAU
14	20.23	WAAGE	STEINBOCK	WASSERMANN	SKORPION	WAAGE	SCHÜTZE	LÖWE	SKORPION	JUNGFRAU
15			STEINBOCK	WASSERMANN	SKORPION	WAAGE	SCHÜTZE	LÖWE	SKORPION	JUNGFRAU
16	23.36	SKORPION	STEINBOCK	WASSERMANN	SKORPION	WAAGE	SCHÜTZE	LÖWE	SKORPION	JUNGFRAU
17			STEINBOCK	WASSERMANN	SKORPION	WAAGE	SCHÜTZE	LÖWE	SKORPION	JUNGFRAU
18			STEINBOCK	WASSERMANN	SKORPION	WAAGE	SCHÜTZE	LÖWE	SKORPION	JUNGFRAU
19	3.31	SCHÜTZE	STEINBOCK	WASSERMANN	SKORPION	WAAGE	SCHÜTZE	LÖWE	SKORPION	JUNGFRAU
20			STEINBOCK	WASSERMANN	SKORPION	WAAGE	SCHÜTZE	LÖWE	SKORPION	JUNGFRAU
21	8.48	STEINBOCK	STEINBOCK	WASSERMANN	SKORPION	WAAGE	SCHÜTZE	LÖWE	SKORPION	JUNGFRAU
22			STEINBOCK	WASSERMANN	SKORPION	WAAGE	SCHÜTZE	LÖWE	SKORPION	JUNGFRAU

SCHÜTZE 1958

	ZEIT	MOND IM ZEICHEN	MERKUR	VENUS	MARS	JUPITER	SATURN	URANUS	NEPTUN	PLUTO
NOV.										
23	15.31	STIER	SCHÜTZE	SCHÜTZE	STIER	SKORPION	SCHÜTZE	LÖWE	SKORPION	JUNGFRAU
24			SCHÜTZE	SCHÜTZE	STIER	SKORPION	SCHÜTZE	LÖWE	SKORPION	JUNGFRAU
25			SCHÜTZE	SCHÜTZE	STIER	SKORPION	SCHÜTZE	LÖWE	SKORPION	JUNGFRAU
26	4.00	ZWILLINGE	SCHÜTZE	SCHÜTZE	STIER	SKORPION	SCHÜTZE	LÖWE	SKORPION	JUNGFRAU
27			SCHÜTZE	SCHÜTZE	STIER	SKORPION	SCHÜTZE	LÖWE	SKORPION	JUNGFRAU
28	14.51	KREBS	SCHÜTZE	SCHÜTZE	STIER	SKORPION	SCHÜTZE	LÖWE	SKORPION	JUNGFRAU
29			SCHÜTZE	SCHÜTZE	STIER	SKORPION	SCHÜTZE	LÖWE	SKORPION	JUNGFRAU
30	23.41	LÖWE	SCHÜTZE	SCHÜTZE	STIER	SKORPION	SCHÜTZE	LÖWE	SKORPION	JUNGFRAU
DEZ.										
1			SCHÜTZE	SCHÜTZE	STIER	SKORPION	SCHÜTZE	LÖWE	SKORPION	JUNGFRAU
2			SCHÜTZE	SCHÜTZE	STIER	SKORPION	SCHÜTZE	LÖWE	SKORPION	JUNGFRAU
3	6.17	JUNGFRAU	SCHÜTZE	SCHÜTZE	STIER	SKORPION	SCHÜTZE	LÖWE	SKORPION	JUNGFRAU
4			SCHÜTZE	SCHÜTZE	STIER	SKORPION	SCHÜTZE	LÖWE	SKORPION	JUNGFRAU
5	10.31	WAAGE	SCHÜTZE	SCHÜTZE	STIER	SKORPION	SCHÜTZE	LÖWE	SKORPION	JUNGFRAU
6			SCHÜTZE	SCHÜTZE	STIER	SKORPION	SCHÜTZE	LÖWE	SKORPION	JUNGFRAU
7	12.28	SKORPION	SCHÜTZE	SCHÜTZE	STIER	SKORPION	SCHÜTZE	LÖWE	SKORPION	JUNGFRAU
8			SCHÜTZE	SCHÜTZE	STIER	SKORPION	SCHÜTZE	LÖWE	SKORPION	JUNGFRAU
9	13.02	SCHÜTZE	SCHÜTZE	SCHÜTZE	STIER	SKORPION	SCHÜTZE	LÖWE	SKORPION	JUNGFRAU
10			SCHÜTZE	SCHÜTZE	STIER	SKORPION	SCHÜTZE	LÖWE	SKORPION	JUNGFRAU
11	13.47	STEINBOCK	SCHÜTZE	SCHÜTZE	STIER	SKORPION	SCHÜTZE	LÖWE	SKORPION	JUNGFRAU
12			SCHÜTZE	SCHÜTZE	STIER	SKORPION	SCHÜTZE	LÖWE	SKORPION	JUNGFRAU
13	16.39	WASSERMANN	SCHÜTZE	SCHÜTZE	STIER	SKORPION	SCHÜTZE	LÖWE	SKORPION	JUNGFRAU
14			SCHÜTZE	SCHÜTZE	STIER	SKORPION	SCHÜTZE	LÖWE	SKORPION	JUNGFRAU
15	23.13	FISCHE	SCHÜTZE	STEINBOCK	STIER	SKORPION	SCHÜTZE	LÖWE	SKORPION	JUNGFRAU
16			SCHÜTZE	STEINBOCK	STIER	SKORPION	SCHÜTZE	LÖWE	SKORPION	JUNGFRAU
17			SCHÜTZE	STEINBOCK	STIER	SKORPION	SCHÜTZE	LÖWE	SKORPION	JUNGFRAU
18	9.47	WIDDER	SCHÜTZE	STEINBOCK	STIER	SKORPION	SCHÜTZE	LÖWE	SKORPION	JUNGFRAU
19			SCHÜTZE	STEINBOCK	STIER	SKORPION	SCHÜTZE	LÖWE	SKORPION	JUNGFRAU
20	22.38	STIER	SCHÜTZE	STEINBOCK	STIER	SKORPION	SCHÜTZE	LÖWE	SKORPION	JUNGFRAU
21			SCHÜTZE	STEINBOCK	STIER	SKORPION	SCHÜTZE	LÖWE	SKORPION	JUNGFRAU
22			SCHÜTZE	STEINBOCK	STIER	SKORPION	SCHÜTZE	LÖWE	SKORPION	JUNGFRAU

1959

	ZEIT	MOND IM ZEICHEN	MERKUR	VENUS	MARS	JUPITER	SATURN	URANUS	NEPTUN	PLUTO
NOV.										
24			SCHÜTZE	WAAGE	SKORPION	SCHÜTZE	STEINBOCK	LÖWE	SKORPION	JUNGFRAU
25	19.40	WAAGE	SCHÜTZE	WAAGE	SKORPION	SCHÜTZE	STEINBOCK	LÖWE	SKORPION	JUNGFRAU
26			SKORPION	WAAGE	SKORPION	SCHÜTZE	STEINBOCK	LÖWE	SKORPION	JUNGFRAU
27	22.21	SKORPION	SKORPION	WAAGE	SKORPION	SCHÜTZE	STEINBOCK	LÖWE	SKORPION	JUNGFRAU
28			SKORPION	WAAGE	SKORPION	SCHÜTZE	STEINBOCK	LÖWE	SKORPION	JUNGFRAU
29	22.12	SCHÜTZE	SKORPION	WAAGE	SKORPION	SCHÜTZE	STEINBOCK	LÖWE	SKORPION	JUNGFRAU
30			SKORPION	WAAGE	SKORPION	SCHÜTZE	STEINBOCK	LÖWE	SKORPION	JUNGFRAU
DEZ.										
1	21.12	STEINBOCK	SKORPION	WAAGE	SKORPION	SCHÜTZE	STEINBOCK	LÖWE	SKORPION	JUNGFRAU
2			SKORPION	WAAGE	SKORPION	SCHÜTZE	STEINBOCK	LÖWE	SKORPION	JUNGFRAU
3	21.36	WASSERMANN	SKORPION	WAAGE	SKORPION	SCHÜTZE	STEINBOCK	LÖWE	SKORPION	JUNGFRAU
4			SKORPION	WAAGE	SCHÜTZE	SCHÜTZE	STEINBOCK	LÖWE	SKORPION	JUNGFRAU
5			SKORPION	WAAGE	SCHÜTZE	SCHÜTZE	STEINBOCK	LÖWE	SKORPION	JUNGFRAU
6	1.17	FISCHE	SKORPION	WAAGE	SCHÜTZE	SCHÜTZE	STEINBOCK	LÖWE	SKORPION	JUNGFRAU
7			SKORPION	WAAGE	SCHÜTZE	SCHÜTZE	STEINBOCK	LÖWE	SKORPION	JUNGFRAU
8	9.01	WIDDER	SKORPION	SKORPION	SCHÜTZE	SCHÜTZE	STEINBOCK	LÖWE	SKORPION	JUNGFRAU
9			SKORPION	SKORPION	SCHÜTZE	SCHÜTZE	STEINBOCK	LÖWE	SKORPION	JUNGFRAU
10	19.57	STIER	SKORPION	SKORPION	SCHÜTZE	SCHÜTZE	STEINBOCK	LÖWE	SKORPION	JUNGFRAU
11			SKORPION	SKORPION	SCHÜTZE	SCHÜTZE	STEINBOCK	LÖWE	SKORPION	JUNGFRAU
12			SKORPION	SKORPION	SCHÜTZE	SCHÜTZE	STEINBOCK	LÖWE	SKORPION	JUNGFRAU
13	8.25	ZWILLINGE	SKORPION	SKORPION	SCHÜTZE	SCHÜTZE	STEINBOCK	LÖWE	SKORPION	JUNGFRAU
14			SCHÜTZE	SKORPION	SCHÜTZE	SCHÜTZE	STEINBOCK	LÖWE	SKORPION	JUNGFRAU
15	21.01	KREBS	SCHÜTZE	SKORPION	SCHÜTZE	SCHÜTZE	STEINBOCK	LÖWE	SKORPION	JUNGFRAU
16			SCHÜTZE	SKORPION	SCHÜTZE	SCHÜTZE	STEINBOCK	LÖWE	SKORPION	JUNGFRAU
17			SCHÜTZE	SKORPION	SCHÜTZE	SCHÜTZE	STEINBOCK	LÖWE	SKORPION	JUNGFRAU
18	8.58	LÖWE	SCHÜTZE	SKORPION	SCHÜTZE	SCHÜTZE	STEINBOCK	LÖWE	SKORPION	JUNGFRAU
19			SCHÜTZE	SKORPION	SCHÜTZE	SCHÜTZE	STEINBOCK	LÖWE	SKORPION	JUNGFRAU
20	19.29	JUNGFRAU	SCHÜTZE	SKORPION	SCHÜTZE	SCHÜTZE	STEINBOCK	LÖWE	SKORPION	JUNGFRAU
21			SCHÜTZE	SKORPION	SCHÜTZE	SCHÜTZE	STEINBOCK	LÖWE	SKORPION	JUNGFRAU
22			SCHÜTZE	SKORPION	SCHÜTZE	SCHÜTZE	STEINBOCK	LÖWE	SKORPION	JUNGFRAU

1960 SCHÜTZE

	ZEIT	MOND IM ZEICHEN	MERKUR	VENUS	MARS	JUPITER	SATURN	URANUS	NEPTUN	PLUTO
NOV.										
23	8.07	WASSERMANN	SKORPION	STEINBOCK	KREBS	STEINBOCK	STEINBOCK	LÖWE	SKORPION	JUNGFRAU
24			SKORPION	STEINBOCK	KREBS	STEINBOCK	STEINBOCK	LÖWE	SKORPION	JUNGFRAU
25	10.53	FISCHE	SKORPION	STEINBOCK	KREBS	STEINBOCK	STEINBOCK	LÖWE	SKORPION	JUNGFRAU
26			SKORPION	STEINBOCK	KREBS	STEINBOCK	STEINBOCK	LÖWE	SKORPION	JUNGFRAU
27	15.53	WIDDER	SKORPION	STEINBOCK	KREBS	STEINBOCK	STEINBOCK	LÖWE	SKORPION	JUNGFRAU
28			SKORPION	STEINBOCK	KREBS	STEINBOCK	STEINBOCK	LÖWE	SKORPION	JUNGFRAU
29	22.59	STIER	SKORPION	STEINBOCK	KREBS	STEINBOCK	STEINBOCK	LÖWE	SKORPION	JUNGFRAU
30			SKORPION	STEINBOCK	KREBS	STEINBOCK	STEINBOCK	LÖWE	SKORPION	JUNGFRAU
DEZ.										
1			SKORPION	STEINBOCK	KREBS	STEINBOCK	STEINBOCK	LÖWE	SKORPION	JUNGFRAU
2	8.02	ZWILLINGE	SKORPION	STEINBOCK	KREBS	STEINBOCK	STEINBOCK	LÖWE	SKORPION	JUNGFRAU
3			SKORPION	STEINBOCK	KREBS	STEINBOCK	STEINBOCK	LÖWE	SKORPION	JUNGFRAU
4	18.53	KREBS	SKORPION	STEINBOCK	KREBS	STEINBOCK	STEINBOCK	LÖWE	SKORPION	JUNGFRAU
5			SKORPION	STEINBOCK	KREBS	STEINBOCK	STEINBOCK	LÖWE	SKORPION	JUNGFRAU
6			SKORPION	STEINBOCK	KREBS	STEINBOCK	STEINBOCK	LÖWE	SKORPION	JUNGFRAU
7	7.20	LÖWE	SKORPION	STEINBOCK	KREBS	STEINBOCK	STEINBOCK	LÖWE	SKORPION	JUNGFRAU
8			SCHÜTZE	STEINBOCK	KREBS	STEINBOCK	STEINBOCK	LÖWE	SKORPION	JUNGFRAU
9	20.12	JUNGFRAU	SCHÜTZE	STEINBOCK	KREBS	STEINBOCK	STEINBOCK	LÖWE	SKORPION	JUNGFRAU
10			SCHÜTZE	STEINBOCK	KREBS	STEINBOCK	STEINBOCK	LÖWE	SKORPION	JUNGFRAU
11			SCHÜTZE	WASSERMANN	KREBS	STEINBOCK	STEINBOCK	LÖWE	SKORPION	JUNGFRAU
12	7.05	WAAGE	SCHÜTZE	WASSERMANN	KREBS	STEINBOCK	STEINBOCK	LÖWE	SKORPION	JUNGFRAU
13			SCHÜTZE	WASSERMANN	KREBS	STEINBOCK	STEINBOCK	LÖWE	SKORPION	JUNGFRAU
14	14.07	SKORPION	SCHÜTZE	WASSERMANN	KREBS	STEINBOCK	STEINBOCK	LÖWE	SKORPION	JUNGFRAU
15			SCHÜTZE	WASSERMANN	KREBS	STEINBOCK	STEINBOCK	LÖWE	SKORPION	JUNGFRAU
16	17.02	SCHÜTZE	SCHÜTZE	WASSERMANN	KREBS	STEINBOCK	STEINBOCK	LÖWE	SKORPION	JUNGFRAU
17			SCHÜTZE	WASSERMANN	KREBS	STEINBOCK	STEINBOCK	LÖWE	SKORPION	JUNGFRAU
18	17.15	STEINBOCK	SCHÜTZE	WASSERMANN	KREBS	STEINBOCK	STEINBOCK	LÖWE	SKORPION	JUNGFRAU
19			SCHÜTZE	WASSERMANN	KREBS	STEINBOCK	STEINBOCK	LÖWE	SKORPION	JUNGFRAU
20	16.50	WASSERMANN	SCHÜTZE	WASSERMANN	KREBS	STEINBOCK	STEINBOCK	LÖWE	SKORPION	JUNGFRAU
21			SCHÜTZE	WASSERMANN	KREBS	STEINBOCK	STEINBOCK	LÖWE	SKORPION	JUNGFRAU

1961

	ZEIT	MOND IM ZEICHEN	MERKUR	VENUS	MARS	JUPITER	SATURN	URANUS	NEPTUN	PLUTO
NOV.										
23			SKORPION	SKORPION	SCHÜTZE	WASSERMANN	STEINBOCK	JUNGFRAU	SKORPION	JUNGFRAU
24	17.22	KREBS	SKORPION	SKORPION	SCHÜTZE	WASSERMANN	STEINBOCK	JUNGFRAU	SKORPION	JUNGFRAU
25			SKORPION	SKORPION	SCHÜTZE	WASSERMANN	STEINBOCK	JUNGFRAU	SKORPION	JUNGFRAU
26			SKORPION	SKORPION	SCHÜTZE	WASSERMANN	STEINBOCK	JUNGFRAU	SKORPION	JUNGFRAU
27	3.02	LÖWE	SKORPION	SKORPION	SCHÜTZE	WASSERMANN	STEINBOCK	JUNGFRAU	SKORPION	JUNGFRAU
28			SKORPION	SKORPION	SCHÜTZE	WASSERMANN	STEINBOCK	JUNGFRAU	SKORPION	JUNGFRAU
29	15.26	JUNGFRAU	SKORPION	SKORPION	SCHÜTZE	WASSERMANN	STEINBOCK	JUNGFRAU	SKORPION	JUNGFRAU
30			SKORPION	SKORPION	SCHÜTZE	WASSERMANN	STEINBOCK	JUNGFRAU	SKORPION	JUNGFRAU
DEZ.										
1			SCHÜTZE	SKORPION	SCHÜTZE	WASSERMANN	STEINBOCK	JUNGFRAU	SKORPION	JUNGFRAU
2	4.08	WAAGE	SCHÜTZE	SKORPION	SCHÜTZE	WASSERMANN	STEINBOCK	JUNGFRAU	SKORPION	JUNGFRAU
3			SCHÜTZE	SKORPION	SCHÜTZE	WASSERMANN	STEINBOCK	JUNGFRAU	SKORPION	JUNGFRAU
4	14.30	SKORPION	SCHÜTZE	SKORPION	SCHÜTZE	WASSERMANN	STEINBOCK	JUNGFRAU	SKORPION	JUNGFRAU
5			SCHÜTZE	SKORPION	SCHÜTZE	WASSERMANN	STEINBOCK	JUNGFRAU	SKORPION	JUNGFRAU
6	21.24	SCHÜTZE	SCHÜTZE	SCHÜTZE	SCHÜTZE	WASSERMANN	STEINBOCK	JUNGFRAU	SKORPION	JUNGFRAU
7			SCHÜTZE	SCHÜTZE	SCHÜTZE	WASSERMANN	STEINBOCK	JUNGFRAU	SKORPION	JUNGFRAU
8			SCHÜTZE	SCHÜTZE	SCHÜTZE	WASSERMANN	STEINBOCK	JUNGFRAU	SKORPION	JUNGFRAU
9	1.31	STEINBOCK	SCHÜTZE	SCHÜTZE	SCHÜTZE	WASSERMANN	STEINBOCK	JUNGFRAU	SKORPION	JUNGFRAU
10			SCHÜTZE	SCHÜTZE	SCHÜTZE	WASSERMANN	STEINBOCK	JUNGFRAU	SKORPION	JUNGFRAU
11	4.12	WASSERMANN	SCHÜTZE	SCHÜTZE	SCHÜTZE	WASSERMANN	STEINBOCK	JUNGFRAU	SKORPION	JUNGFRAU
12			SCHÜTZE	SCHÜTZE	SCHÜTZE	WASSERMANN	STEINBOCK	JUNGFRAU	SKORPION	JUNGFRAU
13	6.42	FISCHE	SCHÜTZE	SCHÜTZE	SCHÜTZE	WASSERMANN	STEINBOCK	JUNGFRAU	SKORPION	JUNGFRAU
14			SCHÜTZE	SCHÜTZE	SCHÜTZE	WASSERMANN	STEINBOCK	JUNGFRAU	SKORPION	JUNGFRAU
15	9.45	WIDDER	SCHÜTZE	SCHÜTZE	SCHÜTZE	WASSERMANN	STEINBOCK	JUNGFRAU	SKORPION	JUNGFRAU
16			SCHÜTZE	SCHÜTZE	SCHÜTZE	WASSERMANN	STEINBOCK	JUNGFRAU	SKORPION	JUNGFRAU
17	13.39	STIER	SCHÜTZE	SCHÜTZE	SCHÜTZE	WASSERMANN	STEINBOCK	JUNGFRAU	SKORPION	JUNGFRAU
18			SCHÜTZE	SCHÜTZE	SCHÜTZE	WASSERMANN	STEINBOCK	JUNGFRAU	SKORPION	JUNGFRAU
19	18.49	ZWILLINGE	SCHÜTZE	SCHÜTZE	SCHÜTZE	WASSERMANN	STEINBOCK	JUNGFRAU	SKORPION	JUNGFRAU
20			SCHÜTZE	SCHÜTZE	SCHÜTZE	WASSERMANN	STEINBOCK	JUNGFRAU	SKORPION	JUNGFRAU
21	1.50	KREBS	STEINBOCK	SCHÜTZE	SCHÜTZE	WASSERMANN	STEINBOCK	JUNGFRAU	SKORPION	JUNGFRAU
22			STEINBOCK	SCHÜTZE	SCHÜTZE	WASSERMANN	STEINBOCK	JUNGFRAU	SKORPION	JUNGFRAU

SCHÜTZE

1962

	ZEIT	MOND IM ZEICHEN	MERKUR	VENUS	MARS	JUPITER	SATURN	URANUS	NEPTUN	PLUTO
NOV.										
23			SKORPION	SKORPION	LÖWE	FISCHE	WASSERMANN	JUNGFRAU	SKORPION	JUNGFRAU
24	11.34	SKORPION	SCHÜTZE	SKORPION	LÖWE	FISCHE	WASSERMANN	JUNGFRAU	SKORPION	JUNGFRAU
25			SCHÜTZE	SKORPION	LÖWE	FISCHE	WASSERMANN	JUNGFRAU	SKORPION	JUNGFRAU
26	22.43	SCHÜTZE	SCHÜTZE	SKORPION	LÖWE	FISCHE	WASSERMANN	JUNGFRAU	SKORPION	JUNGFRAU
27			SCHÜTZE	SKORPION	LÖWE	FISCHE	WASSERMANN	JUNGFRAU	SKORPION	JUNGFRAU
28			SCHÜTZE	SKORPION	LÖWE	FISCHE	WASSERMANN	JUNGFRAU	SKORPION	JUNGFRAU
29	8.00	STEINBOCK	SCHÜTZE	SKORPION	LÖWE	FISCHE	WASSERMANN	JUNGFRAU	SKORPION	JUNGFRAU
30			SCHÜTZE	SKORPION	LÖWE	FISCHE	WASSERMANN	JUNGFRAU	SKORPION	JUNGFRAU
DEZ.										
1	15.26	WASSERMANN	SCHÜTZE	SKORPION	LÖWE	FISCHE	WASSERMANN	JUNGFRAU	SKORPION	JUNGFRAU
2			SCHÜTZE	SKORPION	LÖWE	FISCHE	WASSERMANN	JUNGFRAU	SKORPION	JUNGFRAU
3	20.53	FISCHE	SCHÜTZE	SKORPION	LÖWE	FISCHE	WASSERMANN	JUNGFRAU	SKORPION	JUNGFRAU
4			SCHÜTZE	SKORPION	LÖWE	FISCHE	WASSERMANN	JUNGFRAU	SKORPION	JUNGFRAU
5			SCHÜTZE	SKORPION	LÖWE	FISCHE	WASSERMANN	JUNGFRAU	SKORPION	JUNGFRAU
6	0.17	WIDDER	SCHÜTZE	SKORPION	LÖWE	FISCHE	WASSERMANN	JUNGFRAU	SKORPION	JUNGFRAU
7			SCHÜTZE	SKORPION	LÖWE	FISCHE	WASSERMANN	JUNGFRAU	SKORPION	JUNGFRAU
8	2.00	STIER	SCHÜTZE	SKORPION	LÖWE	FISCHE	WASSERMANN	JUNGFRAU	SKORPION	JUNGFRAU
9			SCHÜTZE	SKORPION	LÖWE	FISCHE	WASSERMANN	JUNGFRAU	SKORPION	JUNGFRAU
10	3.08	ZWILLINGE	SCHÜTZE	SKORPION	LÖWE	FISCHE	WASSERMANN	JUNGFRAU	SKORPION	JUNGFRAU
11			SCHÜTZE	SKORPION	LÖWE	FISCHE	WASSERMANN	JUNGFRAU	SKORPION	JUNGFRAU
12	5.23	KREBS	SCHÜTZE	SKORPION	LÖWE	FISCHE	WASSERMANN	JUNGFRAU	SKORPION	JUNGFRAU
13			STEINBOCK	SKORPION	LÖWE	FISCHE	WASSERMANN	JUNGFRAU	SKORPION	JUNGFRAU
14	10.22	LÖWE	STEINBOCK	SKORPION	LÖWE	FISCHE	WASSERMANN	JUNGFRAU	SKORPION	JUNGFRAU
15			STEINBOCK	SKORPION	LÖWE	FISCHE	WASSERMANN	JUNGFRAU	SKORPION	JUNGFRAU
16	19.01	JUNGFRAU	STEINBOCK	SKORPION	LÖWE	FISCHE	WASSERMANN	JUNGFRAU	SKORPION	JUNGFRAU
17			STEINBOCK	SKORPION	LÖWE	FISCHE	WASSERMANN	JUNGFRAU	SKORPION	JUNGFRAU
18			STEINBOCK	SKORPION	LÖWE	FISCHE	WASSERMANN	JUNGFRAU	SKORPION	JUNGFRAU
19	6.42	WAAGE	STEINBOCK	SKORPION	LÖWE	FISCHE	WASSERMANN	JUNGFRAU	SKORPION	JUNGFRAU
20			STEINBOCK	SKORPION	LÖWE	FISCHE	WASSERMANN	JUNGFRAU	SKORPION	JUNGFRAU
21	19.18	SKORPION	STEINBOCK	SKORPION	LÖWE	FISCHE	WASSERMANN	JUNGFRAU	SKORPION	JUNGFRAU
22			STEINBOCK	SKORPION	LÖWE	FISCHE	WASSERMANN	JUNGFRAU	SKORPION	JUNGFRAU

1963

	ZEIT	MOND IM ZEICHEN	MERKUR	VENUS	MARS	JUPITER	SATURN	URANUS	NEPTUN	PLUTO
NOV.										
24	6.31	FISCHE	SCHÜTZE	SCHÜTZE	SCHÜTZE	WIDDER	WASSERMANN	JUNGFRAU	SKORPION	JUNGFRAU
25			SCHÜTZE	SCHÜTZE	SCHÜTZE	WIDDER	WASSERMANN	JUNGFRAU	SKORPION	JUNGFRAU
26	11.25	WIDDER	SCHÜTZE	SCHÜTZE	SCHÜTZE	WIDDER	WASSERMANN	JUNGFRAU	SKORPION	JUNGFRAU
27			SCHÜTZE	SCHÜTZE	SCHÜTZE	WIDDER	WASSERMANN	JUNGFRAU	SKORPION	JUNGFRAU
28	12.50	STIER	SCHÜTZE	SCHÜTZE	SCHÜTZE	WIDDER	WASSERMANN	JUNGFRAU	SKORPION	JUNGFRAU
29			SCHÜTZE	SCHÜTZE	SCHÜTZE	WIDDER	WASSERMANN	JUNGFRAU	SKORPION	JUNGFRAU
30	12.15	ZWILLINGE	SCHÜTZE	STEINBOCK	SCHÜTZE	WIDDER	WASSERMANN	JUNGFRAU	SKORPION	JUNGFRAU
DEZ.										
1			SCHÜTZE	STEINBOCK	SCHÜTZE	WIDDER	WASSERMANN	JUNGFRAU	SKORPION	JUNGFRAU
2	11.45	KREBS	SCHÜTZE	STEINBOCK	SCHÜTZE	WIDDER	WASSERMANN	JUNGFRAU	SKORPION	JUNGFRAU
3			SCHÜTZE	STEINBOCK	SCHÜTZE	WIDDER	WASSERMANN	JUNGFRAU	SKORPION	JUNGFRAU
4	13.20	LÖWE	SCHÜTZE	STEINBOCK	SCHÜTZE	WIDDER	WASSERMANN	JUNGFRAU	SKORPION	JUNGFRAU
5			SCHÜTZE	STEINBOCK	SCHÜTZE	WIDDER	WASSERMANN	JUNGFRAU	SKORPION	JUNGFRAU
6	18.28	JUNGFRAU	SCHÜTZE	STEINBOCK	STEINBOCK	WIDDER	WASSERMANN	JUNGFRAU	SKORPION	JUNGFRAU
7			STEINBOCK	STEINBOCK	STEINBOCK	WIDDER	WASSERMANN	JUNGFRAU	SKORPION	JUNGFRAU
8			STEINBOCK	STEINBOCK	STEINBOCK	WIDDER	WASSERMANN	JUNGFRAU	SKORPION	JUNGFRAU
9	3.22	WAAGE	STEINBOCK	STEINBOCK	STEINBOCK	WIDDER	WASSERMANN	JUNGFRAU	SKORPION	JUNGFRAU
10			STEINBOCK	STEINBOCK	STEINBOCK	WIDDER	WASSERMANN	JUNGFRAU	SKORPION	JUNGFRAU
11	15.05	SKORPION	STEINBOCK	STEINBOCK	STEINBOCK	WIDDER	WASSERMANN	JUNGFRAU	SKORPION	JUNGFRAU
12			STEINBOCK	STEINBOCK	STEINBOCK	WIDDER	WASSERMANN	JUNGFRAU	SKORPION	JUNGFRAU
13			STEINBOCK	STEINBOCK	STEINBOCK	WIDDER	WASSERMANN	JUNGFRAU	SKORPION	JUNGFRAU
14	3.54	SCHÜTZE	STEINBOCK	STEINBOCK	STEINBOCK	WIDDER	WASSERMANN	JUNGFRAU	SKORPION	JUNGFRAU
15			STEINBOCK	STEINBOCK	STEINBOCK	WIDDER	WASSERMANN	JUNGFRAU	SKORPION	JUNGFRAU
16	16.21	STEINBOCK	STEINBOCK	STEINBOCK	STEINBOCK	WIDDER	WASSERMANN	JUNGFRAU	SKORPION	JUNGFRAU
17			STEINBOCK	STEINBOCK	STEINBOCK	WIDDER	WASSERMANN	JUNGFRAU	SKORPION	JUNGFRAU
18			STEINBOCK	STEINBOCK	STEINBOCK	WIDDER	WASSERMANN	JUNGFRAU	SKORPION	JUNGFRAU
19	3.29	WASSERMANN	STEINBOCK	STEINBOCK	STEINBOCK	WIDDER	WASSERMANN	JUNGFRAU	SKORPION	JUNGFRAU
20			STEINBOCK	STEINBOCK	STEINBOCK	WIDDER	WASSERMANN	JUNGFRAU	SKORPION	JUNGFRAU
21	12.29	FISCHE	STEINBOCK	STEINBOCK	STEINBOCK	WIDDER	WASSERMANN	JUNGFRAU	SKORPION	JUNGFRAU
22			STEINBOCK	STEINBOCK	STEINBOCK	WIDDER	WASSERMANN	JUNGFRAU	SKORPION	JUNGFRAU

1964 SCHÜTZE

	ZEIT	MOND IM ZEICHEN	MERKUR	VENUS	MARS	JUPITER	SATURN	URANUS	NEPTUN	PLUTO
NOV.										
23	22.00	LÖWE	SCHÜTZE	WAAGE	JUNGFRAU	STIER	WASSERMANN	JUNGFRAU	SKORPION	JUNGFRAU
24			SCHÜTZE	WAAGE	JUNGFRAU	STIER	WASSERMANN	JUNGFRAU	SKORPION	JUNGFRAU
25			SCHÜTZE	WAAGE	JUNGFRAU	STIER	WASSERMANN	JUNGFRAU	SKORPION	JUNGFRAU
26	1.31	JUNGFRAU	SCHÜTZE	SKORPION	JUNGFRAU	STIER	WASSERMANN	JUNGFRAU	SKORPION	JUNGFRAU
27			SCHÜTZE	SKORPION	JUNGFRAU	STIER	WASSERMANN	JUNGFRAU	SKORPION	JUNGFRAU
28	6.56	WAAGE	SCHÜTZE	SKORPION	JUNGFRAU	STIER	WASSERMANN	JUNGFRAU	SKORPION	JUNGFRAU
29			SCHÜTZE	SKORPION	JUNGFRAU	STIER	WASSERMANN	JUNGFRAU	SKORPION	JUNGFRAU
30	15.32	SKORPION	SCHÜTZE	SKORPION	JUNGFRAU	STIER	WASSERMANN	JUNGFRAU	SKORPION	JUNGFRAU
DEZ.										
1			STEINBOCK	SKORPION	JUNGFRAU	STIER	WASSERMANN	JUNGFRAU	SKORPION	JUNGFRAU
2			STEINBOCK	SKORPION	JUNGFRAU	STIER	WASSERMANN	JUNGFRAU	SKORPION	JUNGFRAU
3	2.25	SCHÜTZE	STEINBOCK	SKORPION	JUNGFRAU	STIER	WASSERMANN	JUNGFRAU	SKORPION	JUNGFRAU
4			STEINBOCK	SKORPION	JUNGFRAU	STIER	WASSERMANN	JUNGFRAU	SKORPION	JUNGFRAU
5	14.54	STEINBOCK	STEINBOCK	SKORPION	JUNGFRAU	STIER	WASSERMANN	JUNGFRAU	SKORPION	JUNGFRAU
6			STEINBOCK	SKORPION	JUNGFRAU	STIER	WASSERMANN	JUNGFRAU	SKORPION	JUNGFRAU
7			STEINBOCK	SKORPION	JUNGFRAU	STIER	WASSERMANN	JUNGFRAU	SKORPION	JUNGFRAU
8	3.58	WASSERMANN	STEINBOCK	SKORPION	JUNGFRAU	STIER	WASSERMANN	JUNGFRAU	SKORPION	JUNGFRAU
9			STEINBOCK	SKORPION	JUNGFRAU	STIER	WASSERMANN	JUNGFRAU	SKORPION	JUNGFRAU
10	16.00	FISCHE	STEINBOCK	SKORPION	JUNGFRAU	STIER	WASSERMANN	JUNGFRAU	SKORPION	JUNGFRAU
11			STEINBOCK	SKORPION	JUNGFRAU	STIER	WASSERMANN	JUNGFRAU	SKORPION	JUNGFRAU
12			STEINBOCK	SKORPION	JUNGFRAU	STIER	WASSERMANN	JUNGFRAU	SKORPION	JUNGFRAU
13	1.12	WIDDER	STEINBOCK	SKORPION	JUNGFRAU	STIER	WASSERMANN	JUNGFRAU	SKORPION	JUNGFRAU
14			STEINBOCK	SKORPION	JUNGFRAU	STIER	WASSERMANN	JUNGFRAU	SKORPION	JUNGFRAU
15	6.32	STIER	STEINBOCK	SKORPION	JUNGFRAU	STIER	WASSERMANN	JUNGFRAU	SKORPION	JUNGFRAU
16			STEINBOCK	SKORPION	JUNGFRAU	STIER	WASSERMANN	JUNGFRAU	SKORPION	JUNGFRAU
17	8.21	ZWILLINGE	SCHÜTZE	SKORPION	JUNGFRAU	STIER	FISCHE	JUNGFRAU	SKORPION	JUNGFRAU
18			SCHÜTZE	SKORPION	JUNGFRAU	STIER	FISCHE	JUNGFRAU	SKORPION	JUNGFRAU
19	8.03	KREBS	SCHÜTZE	SKORPION	JUNGFRAU	STIER	FISCHE	JUNGFRAU	SKORPION	JUNGFRAU
20			SCHÜTZE	SCHÜTZE	JUNGFRAU	STIER	FISCHE	JUNGFRAU	SKORPION	JUNGFRAU
21	7.32	LÖWE	SCHÜTZE	SCHÜTZE	JUNGFRAU	STIER	FISCHE	JUNGFRAU	SKORPION	JUNGFRAU

1965

	ZEIT	MOND IM ZEICHEN	MERKUR	VENUS	MARS	JUPITER	SATURN	URANUS	NEPTUN	PLUTO
NOV.										
23	3.58	SCHÜTZE	SCHÜTZE	STEINBOCK	STEINBOCK	ZWILLINGE	FISCHE	JUNGFRAU	SKORPION	JUNGFRAU
24			SCHÜTZE	STEINBOCK	STEINBOCK	ZWILLINGE	FISCHE	JUNGFRAU	SKORPION	JUNGFRAU
25	12.46	STEINBOCK	SCHÜTZE	STEINBOCK	STEINBOCK	ZWILLINGE	FISCHE	JUNGFRAU	SKORPION	JUNGFRAU
26			SCHÜTZE	STEINBOCK	STEINBOCK	ZWILLINGE	FISCHE	JUNGFRAU	SKORPION	JUNGFRAU
27			SCHÜTZE	STEINBOCK	STEINBOCK	ZWILLINGE	FISCHE	JUNGFRAU	SKORPION	JUNGFRAU
28	0.04	WASSERMANN	SCHÜTZE	STEINBOCK	STEINBOCK	ZWILLINGE	FISCHE	JUNGFRAU	SKORPION	JUNGFRAU
29			SCHÜTZE	STEINBOCK	STEINBOCK	ZWILLINGE	FISCHE	JUNGFRAU	SKORPION	JUNGFRAU
30	12.40	FISCHE	SCHÜTZE	STEINBOCK	STEINBOCK	ZWILLINGE	FISCHE	JUNGFRAU	SKORPION	JUNGFRAU
DEZ.										
1			SCHÜTZE	STEINBOCK	STEINBOCK	ZWILLINGE	FISCHE	JUNGFRAU	SKORPION	JUNGFRAU
2			SCHÜTZE	STEINBOCK	STEINBOCK	ZWILLINGE	FISCHE	JUNGFRAU	SKORPION	JUNGFRAU
3	0.23	WIDDER	SCHÜTZE	STEINBOCK	STEINBOCK	ZWILLINGE	FISCHE	JUNGFRAU	SKORPION	JUNGFRAU
4			SCHÜTZE	STEINBOCK	STEINBOCK	ZWILLINGE	FISCHE	JUNGFRAU	SKORPION	JUNGFRAU
5	9.11	STIER	SCHÜTZE	STEINBOCK	STEINBOCK	ZWILLINGE	FISCHE	JUNGFRAU	SKORPION	JUNGFRAU
6			SCHÜTZE	STEINBOCK	STEINBOCK	ZWILLINGE	FISCHE	JUNGFRAU	SKORPION	JUNGFRAU
7	14.28	ZWILLINGE	SCHÜTZE	STEINBOCK	STEINBOCK	ZWILLINGE	FISCHE	JUNGFRAU	SKORPION	JUNGFRAU
8			SCHÜTZE	WASSERMANN	STEINBOCK	ZWILLINGE	FISCHE	JUNGFRAU	SKORPION	JUNGFRAU
9	16.57	KREBS	SCHÜTZE	WASSERMANN	STEINBOCK	ZWILLINGE	FISCHE	JUNGFRAU	SKORPION	JUNGFRAU
10			SCHÜTZE	WASSERMANN	STEINBOCK	ZWILLINGE	FISCHE	JUNGFRAU	SKORPION	JUNGFRAU
11	18.09	LÖWE	SCHÜTZE	WASSERMANN	STEINBOCK	ZWILLINGE	FISCHE	JUNGFRAU	SKORPION	JUNGFRAU
12			SCHÜTZE	WASSERMANN	STEINBOCK	ZWILLINGE	FISCHE	JUNGFRAU	SKORPION	JUNGFRAU
13	19.37	JUNGFRAU	SCHÜTZE	WASSERMANN	STEINBOCK	ZWILLINGE	FISCHE	JUNGFRAU	SKORPION	JUNGFRAU
14			SCHÜTZE	WASSERMANN	STEINBOCK	ZWILLINGE	FISCHE	JUNGFRAU	SKORPION	JUNGFRAU
15	22.35	WAAGE	SCHÜTZE	WASSERMANN	STEINBOCK	ZWILLINGE	FISCHE	JUNGFRAU	SKORPION	JUNGFRAU
16			SCHÜTZE	WASSERMANN	STEINBOCK	ZWILLINGE	FISCHE	JUNGFRAU	SKORPION	JUNGFRAU
17			SCHÜTZE	WASSERMANN	STEINBOCK	ZWILLINGE	FISCHE	JUNGFRAU	SKORPION	JUNGFRAU
18	3.41	SKORPION	SCHÜTZE	WASSERMANN	STEINBOCK	ZWILLINGE	FISCHE	JUNGFRAU	SKORPION	JUNGFRAU
19			SCHÜTZE	WASSERMANN	STEINBOCK	ZWILLINGE	FISCHE	JUNGFRAU	SKORPION	JUNGFRAU
20	11.02	SCHÜTZE	SCHÜTZE	WASSERMANN	STEINBOCK	ZWILLINGE	FISCHE	JUNGFRAU	SKORPION	JUNGFRAU
21			SCHÜTZE	WASSERMANN	STEINBOCK	ZWILLINGE	FISCHE	JUNGFRAU	SKORPION	JUNGFRAU
22	20.28	STEINBOCK	SCHÜTZE	WASSERMANN	STEINBOCK	ZWILLINGE	FISCHE	JUNGFRAU	SKORPION	JUNGFRAU

SCHÜTZE 1966

	ZEIT	MOND IM ZEICHEN	MERKUR	VENUS	MARS	JUPITER	SATURN	URANUS	NEPTUN	PLUTO
NOV.										
23			SKORPION	SCHÜTZE	JUNGFRAU	LÖWE	FISCHE	JUNGFRAU	SKORPION	JUNGFRAU
24			SKORPION	SCHÜTZE	JUNGFRAU	LÖWE	FISCHE	JUNGFRAU	SKORPION	JUNGFRAU
25	7.37	STIER	SKORPION	SCHÜTZE	JUNGFRAU	LÖWE	FISCHE	JUNGFRAU	SKORPION	JUNGFRAU
26			SKORPION	SCHÜTZE	JUNGFRAU	LÖWE	FISCHE	JUNGFRAU	SKORPION	JUNGFRAU
27	17.30	ZWILLINGE	SKORPION	SCHÜTZE	JUNGFRAU	LÖWE	FISCHE	JUNGFRAU	SKORPION	JUNGFRAU
28			SKORPION	SCHÜTZE	JUNGFRAU	LÖWE	FISCHE	JUNGFRAU	SKORPION	JUNGFRAU
29			SKORPION	SCHÜTZE	JUNGFRAU	LÖWE	FISCHE	JUNGFRAU	SKORPION	JUNGFRAU
30	0.50	KREBS	SKORPION	SCHÜTZE	JUNGFRAU	LÖWE	FISCHE	JUNGFRAU	SKORPION	JUNGFRAU
DEZ.										
1			SKORPION	SCHÜTZE	JUNGFRAU	LÖWE	FISCHE	JUNGFRAU	SKORPION	JUNGFRAU
2	6.02	LÖWE	SKORPION	SCHÜTZE	JUNGFRAU	LÖWE	FISCHE	JUNGFRAU	SKORPION	JUNGFRAU
3			SKORPION	SCHÜTZE	JUNGFRAU	LÖWE	FISCHE	JUNGFRAU	SKORPION	JUNGFRAU
4	9.48	JUNGFRAU	SKORPION	SCHÜTZE	JUNGFRAU	LÖWE	FISCHE	JUNGFRAU	SKORPION	JUNGFRAU
5			SKORPION	SCHÜTZE	WAAGE	LÖWE	FISCHE	JUNGFRAU	SKORPION	JUNGFRAU
6	12.44	WAAGE	SKORPION	SCHÜTZE	WAAGE	LÖWE	FISCHE	JUNGFRAU	SKORPION	JUNGFRAU
7			SKORPION	SCHÜTZE	WAAGE	LÖWE	FISCHE	JUNGFRAU	SKORPION	JUNGFRAU
8	15.18	SKORPION	SKORPION	SCHÜTZE	WAAGE	LÖWE	FISCHE	JUNGFRAU	SKORPION	JUNGFRAU
9			SKORPION	SCHÜTZE	WAAGE	LÖWE	FISCHE	JUNGFRAU	SKORPION	JUNGFRAU
10	18.14	SCHÜTZE	SKORPION	SCHÜTZE	WAAGE	LÖWE	FISCHE	JUNGFRAU	SKORPION	JUNGFRAU
11			SKORPION	SCHÜTZE	WAAGE	LÖWE	FISCHE	JUNGFRAU	SKORPION	JUNGFRAU
12	22.32	STEINBOCK	SCHÜTZE	SCHÜTZE	WAAGE	LÖWE	FISCHE	JUNGFRAU	SKORPION	JUNGFRAU
13			SCHÜTZE	SCHÜTZE	WAAGE	LÖWE	FISCHE	JUNGFRAU	SKORPION	JUNGFRAU
14			SCHÜTZE	STEINBOCK	WAAGE	LÖWE	FISCHE	JUNGFRAU	SKORPION	JUNGFRAU
15	5.21	WASSERMANN	SCHÜTZE	STEINBOCK	WAAGE	LÖWE	FISCHE	JUNGFRAU	SKORPION	JUNGFRAU
16			SCHÜTZE	STEINBOCK	WAAGE	LÖWE	FISCHE	JUNGFRAU	SKORPION	JUNGFRAU
17	15.18	FISCHE	SCHÜTZE	STEINBOCK	WAAGE	LÖWE	FISCHE	JUNGFRAU	SKORPION	JUNGFRAU
18			SCHÜTZE	STEINBOCK	WAAGE	LÖWE	FISCHE	JUNGFRAU	SKORPION	JUNGFRAU
19			SCHÜTZE	STEINBOCK	WAAGE	LÖWE	FISCHE	JUNGFRAU	SKORPION	JUNGFRAU
20	3.40	WIDDER	SCHÜTZE	STEINBOCK	WAAGE	LÖWE	FISCHE	JUNGFRAU	SKORPION	JUNGFRAU
21			SCHÜTZE	STEINBOCK	WAAGE	LÖWE	FISCHE	JUNGFRAU	SKORPION	JUNGFRAU
22	16.07	STIER	SCHÜTZE	STEINBOCK	WAAGE	LÖWE	FISCHE	JUNGFRAU	SKORPION	JUNGFRAU

1967

	ZEIT	MOND IM ZEICHEN	MERKUR	VENUS	MARS	JUPITER	SATURN	URANUS	NEPTUN	PLUTO
NOV.										
23			SKORPION	WAAGE	STEINBOCK	JUNGFRAU	WIDDER	JUNGFRAU	SKORPION	JUNGFRAU
24	21.45	JUNGFRAU	SKORPION	WAAGE	STEINBOCK	JUNGFRAU	WIDDER	JUNGFRAU	SKORPION	JUNGFRAU
25			SKORPION	WAAGE	STEINBOCK	JUNGFRAU	WIDDER	JUNGFRAU	SKORPION	JUNGFRAU
26			SKORPION	WAAGE	STEINBOCK	JUNGFRAU	WIDDER	JUNGFRAU	SKORPION	JUNGFRAU
27	1.48	WAAGE	SKORPION	WAAGE	STEINBOCK	JUNGFRAU	WIDDER	JUNGFRAU	SKORPION	JUNGFRAU
28			SKORPION	WAAGE	STEINBOCK	JUNGFRAU	WIDDER	JUNGFRAU	SKORPION	JUNGFRAU
29	3.14	SKORPION	SKORPION	WAAGE	STEINBOCK	JUNGFRAU	WIDDER	JUNGFRAU	SKORPION	JUNGFRAU
30			SKORPION	WAAGE	STEINBOCK	JUNGFRAU	WIDDER	JUNGFRAU	SKORPION	JUNGFRAU
DEZ.										
1	3.11	SCHÜTZE	SKORPION	WAAGE	STEINBOCK	JUNGFRAU	WIDDER	JUNGFRAU	SKORPION	JUNGFRAU
2			SKORPION	WAAGE	WASSERMANN	JUNGFRAU	WIDDER	JUNGFRAU	SKORPION	JUNGFRAU
3	3.26	STEINBOCK	SKORPION	WAAGE	WASSERMANN	JUNGFRAU	WIDDER	JUNGFRAU	SKORPION	JUNGFRAU
4			SKORPION	WAAGE	WASSERMANN	JUNGFRAU	WIDDER	JUNGFRAU	SKORPION	JUNGFRAU
5	5.59	WASSERMANN	SKORPION	WAAGE	WASSERMANN	JUNGFRAU	WIDDER	JUNGFRAU	SKORPION	JUNGFRAU
6			SCHÜTZE	WAAGE	WASSERMANN	JUNGFRAU	WIDDER	JUNGFRAU	SKORPION	JUNGFRAU
7	12.20	FISCHE	SCHÜTZE	WAAGE	WASSERMANN	JUNGFRAU	WIDDER	JUNGFRAU	SKORPION	JUNGFRAU
8			SCHÜTZE	SKORPION	WASSERMANN	JUNGFRAU	WIDDER	JUNGFRAU	SKORPION	JUNGFRAU
9	22.44	WIDDER	SCHÜTZE	SKORPION	WASSERMANN	JUNGFRAU	WIDDER	JUNGFRAU	SKORPION	JUNGFRAU
10			SCHÜTZE	SKORPION	WASSERMANN	JUNGFRAU	WIDDER	JUNGFRAU	SKORPION	JUNGFRAU
11			SCHÜTZE	SKORPION	WASSERMANN	JUNGFRAU	WIDDER	JUNGFRAU	SKORPION	JUNGFRAU
12	11.32	STIER	SCHÜTZE	SKORPION	WASSERMANN	JUNGFRAU	WIDDER	JUNGFRAU	SKORPION	JUNGFRAU
13			SCHÜTZE	SKORPION	WASSERMANN	JUNGFRAU	WIDDER	JUNGFRAU	SKORPION	JUNGFRAU
14			SCHÜTZE	SKORPION	WASSERMANN	JUNGFRAU	WIDDER	JUNGFRAU	SKORPION	JUNGFRAU
15	0.18	ZWILLINGE	SCHÜTZE	SKORPION	WASSERMANN	JUNGFRAU	WIDDER	JUNGFRAU	SKORPION	JUNGFRAU
16			SCHÜTZE	SKORPION	WASSERMANN	JUNGFRAU	WIDDER	JUNGFRAU	SKORPION	JUNGFRAU
17	11.23	KREBS	SCHÜTZE	SKORPION	WASSERMANN	JUNGFRAU	WIDDER	JUNGFRAU	SKORPION	JUNGFRAU
18			SCHÜTZE	SKORPION	WASSERMANN	JUNGFRAU	WIDDER	JUNGFRAU	SKORPION	JUNGFRAU
19	20.21	LÖWE	SCHÜTZE	SKORPION	WASSERMANN	JUNGFRAU	WIDDER	JUNGFRAU	SKORPION	JUNGFRAU
20			SCHÜTZE	SKORPION	WASSERMANN	JUNGFRAU	WIDDER	JUNGFRAU	SKORPION	JUNGFRAU
21			SCHÜTZE	SKORPION	WASSERMANN	JUNGFRAU	WIDDER	JUNGFRAU	SKORPION	JUNGFRAU
22	11.22	JUNGFRAU	SCHÜTZE	SKORPION	WASSERMANN	JUNGFRAU	WIDDER	JUNGFRAU	SKORPION	JUNGFRAU

1968 SCHÜTZE

	ZEIT	MOND IM ZEICHEN	MERKUR	VENUS	MARS	JUPITER	SATURN	URANUS	NEPTUN	PLUTO
NOV.										
23			SKORPION	STEINBOCK	WAAGE	WAAGE	WIDDER	WAAGE	SKORPION	JUNGFRAU
24	12.03	WASSERMANN	SKORPION	STEINBOCK	WAAGE	WAAGE	WIDDER	WAAGE	SKORPION	JUNGFRAU
25			SKORPION	STEINBOCK	WAAGE	WAAGE	WIDDER	WAAGE	SKORPION	JUNGFRAU
26	15.54	FISCHE	SKORPION	STEINBOCK	WAAGE	WAAGE	WIDDER	WAAGE	SKORPION	JUNGFRAU
27			SKORPION	STEINBOCK	WAAGE	WAAGE	WIDDER	WAAGE	SKORPION	JUNGFRAU
28	23.27	WIDDER	SCHÜTZE	STEINBOCK	WAAGE	WAAGE	WIDDER	WAAGE	SKORPION	JUNGFRAU
29			SCHÜTZE	STEINBOCK	WAAGE	WAAGE	WIDDER	WAAGE	SKORPION	JUNGFRAU
30			SCHÜTZE	STEINBOCK	WAAGE	WAAGE	WIDDER	WAAGE	SKORPION	JUNGFRAU
DEZ.										
1	9.59	STIER	SCHÜTZE	STEINBOCK	WAAGE	WAAGE	WIDDER	WAAGE	SKORPION	JUNGFRAU
2			SCHÜTZE	STEINBOCK	WAAGE	WAAGE	WIDDER	WAAGE	SKORPION	JUNGFRAU
3	22.06	ZWILLINGE	SCHÜTZE	STEINBOCK	WAAGE	WAAGE	WIDDER	WAAGE	SKORPION	JUNGFRAU
4			SCHÜTZE	STEINBOCK	WAAGE	WAAGE	WIDDER	WAAGE	SKORPION	JUNGFRAU
5			SCHÜTZE	STEINBOCK	WAAGE	WAAGE	WIDDER	WAAGE	SKORPION	JUNGFRAU
6	10.44	KREBS	SCHÜTZE	STEINBOCK	WAAGE	WAAGE	WIDDER	WAAGE	SKORPION	JUNGFRAU
7			SCHÜTZE	STEINBOCK	WAAGE	WAAGE	WIDDER	WAAGE	SKORPION	JUNGFRAU
8	23.03	LÖWE	SCHÜTZE	STEINBOCK	WAAGE	WAAGE	WIDDER	WAAGE	SKORPION	JUNGFRAU
9			SCHÜTZE	STEINBOCK	WAAGE	WAAGE	WIDDER	WAAGE	SKORPION	JUNGFRAU
10			SCHÜTZE	WASSERMANN	WAAGE	WAAGE	WIDDER	WAAGE	SKORPION	JUNGFRAU
11	9.59	JUNGFRAU	SCHÜTZE	WASSERMANN	WAAGE	WAAGE	WIDDER	WAAGE	SKORPION	JUNGFRAU
12			SCHÜTZE	WASSERMANN	WAAGE	WAAGE	WIDDER	WAAGE	SKORPION	JUNGFRAU
13	18.08	WAAGE	SCHÜTZE	WASSERMANN	WAAGE	WAAGE	WIDDER	WAAGE	SKORPION	JUNGFRAU
14			SCHÜTZE	WASSERMANN	WAAGE	WAAGE	WIDDER	WAAGE	SKORPION	JUNGFRAU
15	22.31	SKORPION	SCHÜTZE	WASSERMANN	WAAGE	WAAGE	WIDDER	WAAGE	SKORPION	JUNGFRAU
16			SCHÜTZE	WASSERMANN	WAAGE	WAAGE	WIDDER	WAAGE	SKORPION	JUNGFRAU
17	23.28	SCHÜTZE	STEINBOCK	WASSERMANN	WAAGE	WAAGE	WIDDER	WAAGE	SKORPION	JUNGFRAU
18			STEINBOCK	WASSERMANN	WAAGE	WAAGE	WIDDER	WAAGE	SKORPION	JUNGFRAU
19	22.33	STEINBOCK	STEINBOCK	WASSERMANN	WAAGE	WAAGE	WIDDER	WAAGE	SKORPION	JUNGFRAU
20			STEINBOCK	WASSERMANN	WAAGE	WAAGE	WIDDER	WAAGE	SKORPION	JUNGFRAU
21	22.01	WASSERMANN	STEINBOCK	WASSERMANN	WAAGE	WAAGE	WIDDER	WAAGE	SKORPION	JUNGFRAU
22			STEINBOCK	WASSERMANN	WAAGE	WAAGE	WIDDER	WAAGE	SKORPION	JUNGFRAU

1969

	ZEIT	MOND IM ZEICHEN	MERKUR	VENUS	MARS	JUPITER	SATURN	URANUS	NEPTUN	PLUTO
NOV.										
23	22.00	ZWILLINGE	SCHÜTZE	SKORPION	WASSERMANN	WAAGE	STIER	WAAGE	SKORPION	JUNGFRAU
24			SCHÜTZE	SKORPION	WASSERMANN	WAAGE	STIER	WAAGE	SKORPION	JUNGFRAU
25			SCHÜTZE	SKORPION	WASSERMANN	WAAGE	STIER	WAAGE	SKORPION	JUNGFRAU
26	8.11	KREBS	SCHÜTZE	SKORPION	WASSERMANN	WAAGE	STIER	WAAGE	SKORPION	JUNGFRAU
27			SCHÜTZE	SKORPION	WASSERMANN	WAAGE	STIER	WAAGE	SKORPION	JUNGFRAU
28	20.23	LÖWE	SCHÜTZE	SKORPION	WASSERMANN	WAAGE	STIER	WAAGE	SKORPION	JUNGFRAU
29			SCHÜTZE	SKORPION	WASSERMANN	WAAGE	STIER	WAAGE	SKORPION	JUNGFRAU
30			SCHÜTZE	SKORPION	WASSERMANN	WAAGE	STIER	WAAGE	SKORPION	JUNGFRAU
DEZ.										
1	9.14	JUNGFRAU	SCHÜTZE	SKORPION	WASSERMANN	WAAGE	STIER	WAAGE	SKORPION	JUNGFRAU
2			SCHÜTZE	SKORPION	WASSERMANN	WAAGE	STIER	WAAGE	SKORPION	JUNGFRAU
3	20.16	WAAGE	SCHÜTZE	SKORPION	WASSERMANN	WAAGE	STIER	WAAGE	SKORPION	JUNGFRAU
4			SCHÜTZE	SKORPION	WASSERMANN	WAAGE	STIER	WAAGE	SKORPION	JUNGFRAU
5			SCHÜTZE	SCHÜTZE	WASSERMANN	WAAGE	STIER	WAAGE	SKORPION	JUNGFRAU
6	3.30	SKORPION	SCHÜTZE	SCHÜTZE	WASSERMANN	WAAGE	STIER	WAAGE	SKORPION	JUNGFRAU
7			SCHÜTZE	SCHÜTZE	WASSERMANN	WAAGE	STIER	WAAGE	SKORPION	JUNGFRAU
8	6.42	SCHÜTZE	SCHÜTZE	SCHÜTZE	WASSERMANN	WAAGE	STIER	WAAGE	SKORPION	JUNGFRAU
9			SCHÜTZE	SCHÜTZE	WASSERMANN	WAAGE	STIER	WAAGE	SKORPION	JUNGFRAU
10	7.21	STEINBOCK	STEINBOCK	SCHÜTZE	WASSERMANN	WAAGE	STIER	WAAGE	SKORPION	JUNGFRAU
11			STEINBOCK	SCHÜTZE	WASSERMANN	WAAGE	STIER	WAAGE	SKORPION	JUNGFRAU
12	7.28	WASSERMANN	STEINBOCK	SCHÜTZE	WASSERMANN	WAAGE	STIER	WAAGE	SKORPION	JUNGFRAU
13			STEINBOCK	SCHÜTZE	WASSERMANN	WAAGE	STIER	WAAGE	SKORPION	JUNGFRAU
14	8.58	FISCHE	STEINBOCK	SCHÜTZE	WASSERMANN	WAAGE	STIER	WAAGE	SKORPION	JUNGFRAU
15			STEINBOCK	SCHÜTZE	WASSERMANN	WAAGE	STIER	WAAGE	SKORPION	JUNGFRAU
16	12.56	WIDDER	STEINBOCK	SCHÜTZE	FISCHE	WAAGE	STIER	WAAGE	SKORPION	JUNGFRAU
17			STEINBOCK	SCHÜTZE	FISCHE	SKORPION	STIER	WAAGE	SKORPION	JUNGFRAU
18	19.36	STIER	STEINBOCK	SCHÜTZE	FISCHE	SKORPION	STIER	WAAGE	SKORPION	JUNGFRAU
19			STEINBOCK	SCHÜTZE	FISCHE	SKORPION	STIER	WAAGE	SKORPION	JUNGFRAU
20			STEINBOCK	SCHÜTZE	FISCHE	SKORPION	STIER	WAAGE	SKORPION	JUNGFRAU
21	4.29	ZWILLINGE	STEINBOCK	SCHÜTZE	FISCHE	SKORPION	STIER	WAAGE	SKORPION	JUNGFRAU
22			STEINBOCK	SCHÜTZE	FISCHE	SKORPION	STIER	WAAGE	SKORPION	JUNGFRAU

SCHÜTZE

1970

	ZEIT	MOND IM ZEICHEN	MERKUR	VENUS	MARS	JUPITER	SATURN	URANUS	NEPTUN	PLUTO
NOV.										
23	16.39	WAAGE	SCHÜTZE	SKORPION	WAAGE	SKORPION	STIER	WAAGE	SCHÜTZE	JUNGFRAU
24			SCHÜTZE	SKORPION	WAAGE	SKORPION	STIER	WAAGE	SCHÜTZE	JUNGFRAU
25			SCHÜTZE	SKORPION	WAAGE	SKORPION	STIER	WAAGE	SCHÜTZE	JUNGFRAU
26	3.25	SKORPION	SCHÜTZE	SKORPION	WAAGE	SKORPION	STIER	WAAGE	SCHÜTZE	JUNGFRAU
27			SCHÜTZE	SKORPION	WAAGE	SKORPION	STIER	WAAGE	SCHÜTZE	JUNGFRAU
28	11.02	SCHÜTZE	SCHÜTZE	SKORPION	WAAGE	SKORPION	STIER	WAAGE	SCHÜTZE	JUNGFRAU
29			SCHÜTZE	SKORPION	WAAGE	SKORPION	STIER	WAAGE	SCHÜTZE	JUNGFRAU
30	16.06	STEINBOCK	SCHÜTZE	SKORPION	WAAGE	SKORPION	STIER	WAAGE	SCHÜTZE	JUNGFRAU
DEZ.										
1			SCHÜTZE	SKORPION	WAAGE	SKORPION	STIER	WAAGE	SCHÜTZE	JUNGFRAU
2	19.45	WASSERMANN	SCHÜTZE	SKORPION	WAAGE	SKORPION	STIER	WAAGE	SCHÜTZE	JUNGFRAU
3			SCHÜTZE	SKORPION	WAAGE	SKORPION	STIER	WAAGE	SCHÜTZE	JUNGFRAU
4	22.56	FISCHE	STEINBOCK	SKORPION	WAAGE	SKORPION	STIER	WAAGE	SCHÜTZE	JUNGFRAU
5			STEINBOCK	SKORPION	WAAGE	SKORPION	STIER	WAAGE	SCHÜTZE	JUNGFRAU
6			STEINBOCK	SKORPION	WAAGE	SKORPION	STIER	WAAGE	SCHÜTZE	JUNGFRAU
7	2.04	WIDDER	STEINBOCK	SKORPION	SKORPION	SKORPION	STIER	WAAGE	SCHÜTZE	JUNGFRAU
8			STEINBOCK	SKORPION	SKORPION	SKORPION	STIER	WAAGE	SCHÜTZE	JUNGFRAU
9	5.25	STIER	STEINBOCK	SKORPION	SKORPION	SKORPION	STIER	WAAGE	SCHÜTZE	JUNGFRAU
10			STEINBOCK	SKORPION	SKORPION	SKORPION	STIER	WAAGE	SCHÜTZE	JUNGFRAU
11	9.34	ZWILLINGE	STEINBOCK	SKORPION	SKORPION	SKORPION	STIER	WAAGE	SCHÜTZE	JUNGFRAU
12			STEINBOCK	SKORPION	SKORPION	SKORPION	STIER	WAAGE	SCHÜTZE	JUNGFRAU
13	15.33	KREBS	STEINBOCK	SKORPION	SKORPION	SKORPION	STIER	WAAGE	SCHÜTZE	JUNGFRAU
14			STEINBOCK	SKORPION	SKORPION	SKORPION	STIER	WAAGE	SCHÜTZE	JUNGFRAU
15			STEINBOCK	SKORPION	SKORPION	SKORPION	STIER	WAAGE	SCHÜTZE	JUNGFRAU
16	0.22	LÖWE	STEINBOCK	SKORPION	SKORPION	SKORPION	STIER	WAAGE	SCHÜTZE	JUNGFRAU
17			STEINBOCK	SKORPION	SKORPION	SKORPION	STIER	WAAGE	SCHÜTZE	JUNGFRAU
18	12.05	JUNGFRAU	STEINBOCK	SKORPION	SKORPION	SKORPION	STIER	WAAGE	SCHÜTZE	JUNGFRAU
19			STEINBOCK	SKORPION	SKORPION	SKORPION	STIER	WAAGE	SCHÜTZE	JUNGFRAU
20			STEINBOCK	SKORPION	SKORPION	SKORPION	STIER	WAAGE	SCHÜTZE	JUNGFRAU
21	1.02	WAAGE	STEINBOCK	SKORPION	SKORPION	SKORPION	STIER	WAAGE	SCHÜTZE	JUNGFRAU
22			STEINBOCK	SKORPION	SKORPION	SKORPION	STIER	WAAGE	SCHÜTZE	JUNGFRAU

1971

	ZEIT	MOND IM ZEICHEN	MERKUR	VENUS	MARS	JUPITER	SATURN	URANUS	NEPTUN	PLUTO
NOV.										
23	6.52	WASSERMANN	SCHÜTZE	SCHÜTZE	FISCHE	SCHÜTZE	ZWILLINGE	WAAGE	SCHÜTZE	WAAGE
24			SCHÜTZE	SCHÜTZE	FISCHE	SCHÜTZE	ZWILLINGE	WAAGE	SCHÜTZE	WAAGE
25	12.48	FISCHE	SCHÜTZE	SCHÜTZE	FISCHE	SCHÜTZE	ZWILLINGE	WAAGE	SCHÜTZE	WAAGE
26			SCHÜTZE	SCHÜTZE	FISCHE	SCHÜTZE	ZWILLINGE	WAAGE	SCHÜTZE	WAAGE
27	16.04	WIDDER	SCHÜTZE	SCHÜTZE	FISCHE	SCHÜTZE	ZWILLINGE	WAAGE	SCHÜTZE	WAAGE
28			SCHÜTZE	SCHÜTZE	FISCHE	SCHÜTZE	ZWILLINGE	WAAGE	SCHÜTZE	WAAGE
29	17.08	STIER	SCHÜTZE	SCHÜTZE	FISCHE	SCHÜTZE	ZWILLINGE	WAAGE	SCHÜTZE	WAAGE
30			SCHÜTZE	STEINBOCK	FISCHE	SCHÜTZE	ZWILLINGE	WAAGE	SCHÜTZE	WAAGE
DEZ.										
1	17.26	ZWILLINGE	SCHÜTZE	STEINBOCK	FISCHE	SCHÜTZE	ZWILLINGE	WAAGE	SCHÜTZE	WAAGE
2			SCHÜTZE	STEINBOCK	FISCHE	SCHÜTZE	ZWILLINGE	WAAGE	SCHÜTZE	WAAGE
3	18.53	KREBS	SCHÜTZE	STEINBOCK	FISCHE	SCHÜTZE	ZWILLINGE	WAAGE	SCHÜTZE	WAAGE
4			SCHÜTZE	STEINBOCK	FISCHE	SCHÜTZE	ZWILLINGE	WAAGE	SCHÜTZE	WAAGE
5	23.18	LÖWE	SCHÜTZE	STEINBOCK	FISCHE	SCHÜTZE	ZWILLINGE	WAAGE	SCHÜTZE	WAAGE
6			SCHÜTZE	STEINBOCK	FISCHE	SCHÜTZE	ZWILLINGE	WAAGE	SCHÜTZE	WAAGE
7			SCHÜTZE	STEINBOCK	FISCHE	SCHÜTZE	ZWILLINGE	WAAGE	SCHÜTZE	WAAGE
8	7.42	JUNGFRAU	SCHÜTZE	STEINBOCK	FISCHE	SCHÜTZE	ZWILLINGE	WAAGE	SCHÜTZE	WAAGE
9			SCHÜTZE	STEINBOCK	FISCHE	SCHÜTZE	ZWILLINGE	WAAGE	SCHÜTZE	WAAGE
10	19.20	WAAGE	SCHÜTZE	STEINBOCK	FISCHE	SCHÜTZE	ZWILLINGE	WAAGE	SCHÜTZE	WAAGE
11			SCHÜTZE	STEINBOCK	FISCHE	SCHÜTZE	ZWILLINGE	WAAGE	SCHÜTZE	WAAGE
12			SCHÜTZE	STEINBOCK	FISCHE	SCHÜTZE	ZWILLINGE	WAAGE	SCHÜTZE	WAAGE
13	8.02	SKORPION	SCHÜTZE	STEINBOCK	FISCHE	SCHÜTZE	ZWILLINGE	WAAGE	SCHÜTZE	WAAGE
14			SCHÜTZE	STEINBOCK	FISCHE	SCHÜTZE	ZWILLINGE	WAAGE	SCHÜTZE	WAAGE
15	19.37	SCHÜTZE	SCHÜTZE	STEINBOCK	FISCHE	SCHÜTZE	ZWILLINGE	WAAGE	SCHÜTZE	WAAGE
16			SCHÜTZE	STEINBOCK	FISCHE	SCHÜTZE	ZWILLINGE	WAAGE	SCHÜTZE	WAAGE
17			SCHÜTZE	STEINBOCK	FISCHE	SCHÜTZE	ZWILLINGE	WAAGE	SCHÜTZE	WAAGE
18	5.07	STEINBOCK	SCHÜTZE	STEINBOCK	FISCHE	SCHÜTZE	ZWILLINGE	WAAGE	SCHÜTZE	WAAGE
19			SCHÜTZE	STEINBOCK	FISCHE	SCHÜTZE	ZWILLINGE	WAAGE	SCHÜTZE	WAAGE
20	12.33	WASSERMANN	SCHÜTZE	STEINBOCK	FISCHE	SCHÜTZE	ZWILLINGE	WAAGE	SCHÜTZE	WAAGE
21			SCHÜTZE	STEINBOCK	FISCHE	SCHÜTZE	ZWILLINGE	WAAGE	SCHÜTZE	WAAGE
22	18.10	FISCHE	SCHÜTZE	STEINBOCK	FISCHE	SCHÜTZE	ZWILLINGE	WAAGE	SCHÜTZE	WAAGE

1972 SCHÜTZE

	ZEIT	MOND IM ZEICHEN	MERKUR	VENUS	MARS	JUPITER	SATURN	URANUS	NEPTUN	PLUTO
NOV.										
23	1.32	KREBS	SCHÜTZE	WAAGE	SKORPION	STEINBOCK	ZWILLINGE	WAAGE	SCHÜTZE	WAAGE
24			SCHÜTZE	WAAGE	SKORPION	STEINBOCK	ZWILLINGE	WAAGE	SCHÜTZE	WAAGE
25	3.13	LÖWE	SCHÜTZE	SKORPION	SKORPION	STEINBOCK	ZWILLINGE	WAAGE	SCHÜTZE	WAAGE
26			SCHÜTZE	SKORPION	SKORPION	STEINBOCK	ZWILLINGE	WAAGE	SCHÜTZE	WAAGE
27	8.26	JUNGFRAU	SCHÜTZE	SKORPION	SKORPION	STEINBOCK	ZWILLINGE	WAAGE	SCHÜTZE	WAAGE
28			SCHÜTZE	SKORPION	SKORPION	STEINBOCK	ZWILLINGE	WAAGE	SCHÜTZE	WAAGE
29	17.16	WAAGE	SCHÜTZE	SKORPION	SKORPION	STEINBOCK	ZWILLINGE	WAAGE	SCHÜTZE	WAAGE
30			SKORPION	SKORPION	SKORPION	STEINBOCK	ZWILLINGE	WAAGE	SCHÜTZE	WAAGE
DEZ.										
1			SKORPION	SKORPION	SKORPION	STEINBOCK	ZWILLINGE	WAAGE	SCHÜTZE	WAAGE
2	4.43	SKORPION	SKORPION	SKORPION	SKORPION	STEINBOCK	ZWILLINGE	WAAGE	SCHÜTZE	WAAGE
3			SKORPION	SKORPION	SKORPION	STEINBOCK	ZWILLINGE	WAAGE	SCHÜTZE	WAAGE
4	17.23	SCHÜTZE	SKORPION	SKORPION	SKORPION	STEINBOCK	ZWILLINGE	WAAGE	SCHÜTZE	WAAGE
5			SKORPION	SKORPION	SKORPION	STEINBOCK	ZWILLINGE	WAAGE	SCHÜTZE	WAAGE
6			SKORPION	SKORPION	SKORPION	STEINBOCK	ZWILLINGE	WAAGE	SCHÜTZE	WAAGE
7	6.07	STEINBOCK	SKORPION	SKORPION	SKORPION	STEINBOCK	ZWILLINGE	WAAGE	SCHÜTZE	WAAGE
8			SKORPION	SKORPION	SKORPION	STEINBOCK	ZWILLINGE	WAAGE	SCHÜTZE	WAAGE
9	17.53	WASSERMANN	SKORPION	SKORPION	SKORPION	STEINBOCK	ZWILLINGE	WAAGE	SCHÜTZE	WAAGE
10			SKORPION	SKORPION	SKORPION	STEINBOCK	ZWILLINGE	WAAGE	SCHÜTZE	WAAGE
11			SKORPION	SKORPION	SKORPION	STEINBOCK	ZWILLINGE	WAAGE	SCHÜTZE	WAAGE
12	3.32	FISCHE	SKORPION	SKORPION	SKORPION	STEINBOCK	ZWILLINGE	WAAGE	SCHÜTZE	WAAGE
13			SCHÜTZE	SKORPION	SKORPION	STEINBOCK	ZWILLINGE	WAAGE	SCHÜTZE	WAAGE
14	9.59	WIDDER	SCHÜTZE	SKORPION	SKORPION	STEINBOCK	ZWILLINGE	WAAGE	SCHÜTZE	WAAGE
15			SCHÜTZE	SKORPION	SKORPION	STEINBOCK	ZWILLINGE	WAAGE	SCHÜTZE	WAAGE
16	13.00	STIER	SCHÜTZE	SKORPION	SKORPION	STEINBOCK	ZWILLINGE	WAAGE	SCHÜTZE	WAAGE
17			SCHÜTZE	SKORPION	SKORPION	STEINBOCK	ZWILLINGE	WAAGE	SCHÜTZE	WAAGE
18	13.25	ZWILLINGE	SCHÜTZE	SKORPION	SKORPION	STEINBOCK	ZWILLINGE	WAAGE	SCHÜTZE	WAAGE
19			SCHÜTZE	SCHÜTZE	SKORPION	STEINBOCK	ZWILLINGE	WAAGE	SCHÜTZE	WAAGE
20	12.57	KREBS	SCHÜTZE	SCHÜTZE	SKORPION	STEINBOCK	ZWILLINGE	WAAGE	SCHÜTZE	WAAGE
21			SCHÜTZE	SCHÜTZE	SKORPION	STEINBOCK	ZWILLINGE	WAAGE	SCHÜTZE	WAAGE

1973

	ZEIT	MOND IM ZEICHEN	MERKUR	VENUS	MARS	JUPITER	SATURN	URANUS	NEPTUN	PLUTO
NOV.										
23			SKORPION	STEINBOCK	WIDDER	WASSERMANN	KREBS	WAAGE	SCHÜTZE	WAAGE
24	16.12	SCHÜTZE	SKORPION	STEINBOCK	WIDDER	WASSERMANN	KREBS	WAAGE	SCHÜTZE	WAAGE
25			SKORPION	STEINBOCK	WIDDER	WASSERMANN	KREBS	WAAGE	SCHÜTZE	WAAGE
26			SKORPION	STEINBOCK	SCHÜTZE	WASSERMANN	KREBS	WAAGE	SCHÜTZE	WAAGE
27	4.14	STEINBOCK	SKORPION	STEINBOCK	WIDDER	WASSERMANN	KREBS	WAAGE	SCHÜTZE	WAAGE
28			SKORPION	STEINBOCK	WIDDER	WASSERMANN	KREBS	WAAGE	SCHÜTZE	WAAGE
29	17.18	WASSERMANN	SKORPION	STEINBOCK	WIDDER	WASSERMANN	KREBS	WAAGE	SCHÜTZE	WAAGE
30			SKORPION	STEINBOCK	WIDDER	WASSERMANN	KREBS	WAAGE	SCHÜTZE	WAAGE
DEZ.										
1			SKORPION	STEINBOCK	WIDDER	WASSERMANN	KREBS	WAAGE	SCHÜTZE	WAAGE
2	5.32	FISCHE	SKORPION	STEINBOCK	WIDDER	WASSERMANN	KREBS	WAAGE	SCHÜTZE	WAAGE
3			SKORPION	STEINBOCK	WIDDER	WASSERMANN	KREBS	WAAGE	SCHÜTZE	WAAGE
4	14.50	WIDDER	SKORPION	STEINBOCK	WIDDER	WASSERMANN	KREBS	WAAGE	SCHÜTZE	WAAGE
5			SKORPION	STEINBOCK	WIDDER	WASSERMANN	KREBS	WAAGE	SCHÜTZE	WAAGE
6	20.08	STIER	SKORPION	STEINBOCK	WIDDER	WASSERMANN	KREBS	WAAGE	SCHÜTZE	WAAGE
7			SKORPION	STEINBOCK	WIDDER	WASSERMANN	KREBS	WAAGE	SCHÜTZE	WAAGE
8	21.58	ZWILLINGE	SKORPION	WASSERMANN	WIDDER	WASSERMANN	KREBS	WAAGE	SCHÜTZE	WAAGE
9			SCHÜTZE	WASSERMANN	WIDDER	WASSERMANN	KREBS	WAAGE	SCHÜTZE	WAAGE
10	21.52	KREBS	SCHÜTZE	WASSERMANN	WIDDER	WASSERMANN	KREBS	WAAGE	SCHÜTZE	WAAGE
11			SCHÜTZE	WASSERMANN	WIDDER	WASSERMANN	KREBS	WAAGE	SCHÜTZE	WAAGE
12	21.46	LÖWE	SCHÜTZE	WASSERMANN	WIDDER	WASSERMANN	KREBS	WAAGE	SCHÜTZE	WAAGE
13			SCHÜTZE	WASSERMANN	WIDDER	WASSERMANN	KREBS	WAAGE	SCHÜTZE	WAAGE
14	23.22	JUNGFRAU	SCHÜTZE	WASSERMANN	WIDDER	WASSERMANN	KREBS	WAAGE	SCHÜTZE	WAAGE
15			SCHÜTZE	WASSERMANN	WIDDER	WASSERMANN	KREBS	WAAGE	SCHÜTZE	WAAGE
16			SCHÜTZE	WASSERMANN	WIDDER	WASSERMANN	KREBS	WAAGE	SCHÜTZE	WAAGE
17	3.55	WAAGE	SCHÜTZE	WASSERMANN	WIDDER	WASSERMANN	KREBS	WAAGE	SCHÜTZE	WAAGE
18			SCHÜTZE	WASSERMANN	WIDDER	WASSERMANN	KREBS	WAAGE	SCHÜTZE	WAAGE
19	11.45	SKORPION	SCHÜTZE	WASSERMANN	WIDDER	WASSERMANN	KREBS	WAAGE	SCHÜTZE	WAAGE
20			SCHÜTZE	WASSERMANN	WIDDER	WASSERMANN	KREBS	WAAGE	SCHÜTZE	WAAGE
21	22.21	SCHÜTZE	SCHÜTZE	WASSERMANN	WIDDER	WASSERMANN	KREBS	WAAGE	SCHÜTZE	WAAGE
22			SCHÜTZE	WASSERMANN	WIDDER	WASSERMANN	KREBS	WAAGE	SCHÜTZE	WAAGE

SCHÜTZE

1974

	ZEIT	MOND IM ZEICHEN	MERKUR	VENUS	MARS	JUPITER	SATURN	URANUS	NEPTUN	PLUTO
NOV.										
23			SKORPION	SCHÜTZE	SKORPION	FISCHE	KREBS	SKORPION	SCHÜTZE	WAAGE
24	13.00	WIDDER	SKORPION	SCHÜTZE	SKORPION	FISCHE	KREBS	SKORPION	SCHÜTZE	WAAGE
25			SKORPION	SCHÜTZE	SKORPION	FISCHE	KREBS	SKORPION	SCHÜTZE	WAAGE
26	22.04	STIER	SKORPION	SCHÜTZE	SKORPION	FISCHE	KREBS	SKORPION	SCHÜTZE	WAAGE
27			SKORPION	SCHÜTZE	SKORPION	FISCHE	KREBS	SKORPION	SCHÜTZE	WAAGE
28			SKORPION	SCHÜTZE	SKORPION	FISCHE	KREBS	SKORPION	SCHÜTZE	WAAGE
29	3.58	ZWILLINGE	SKORPION	SCHÜTZE	SKORPION	FISCHE	KREBS	SKORPION	SCHÜTZE	WAAGE
30			SKORPION	SCHÜTZE	SKORPION	FISCHE	KREBS	SKORPION	SCHÜTZE	WAAGE
DEZ.										
1	7.22	KREBS	SKORPION	SCHÜTZE	SKORPION	FISCHE	KREBS	SKORPION	SCHÜTZE	WAAGE
2			SKORPION	SCHÜTZE	SKORPION	FISCHE	KREBS	SKORPION	SCHÜTZE	WAAGE
3	9.32	LÖWE	SCHÜTZE	SCHÜTZE	SKORPION	FISCHE	KREBS	SKORPION	SCHÜTZE	WAAGE
4			SCHÜTZE	SCHÜTZE	SKORPION	FISCHE	KREBS	SKORPION	SCHÜTZE	WAAGE
5	11.41	JUNGFRAU	SCHÜTZE	SCHÜTZE	SKORPION	FISCHE	KREBS	SKORPION	SCHÜTZE	WAAGE
6			SCHÜTZE	SCHÜTZE	SKORPION	FISCHE	KREBS	SKORPION	SCHÜTZE	WAAGE
7	14.43	WAAGE	SCHÜTZE	SCHÜTZE	SKORPION	FISCHE	KREBS	SKORPION	SCHÜTZE	WAAGE
8			SCHÜTZE	SCHÜTZE	SKORPION	FISCHE	KREBS	SKORPION	SCHÜTZE	WAAGE
9	19.15	SKORPION	SCHÜTZE	SCHÜTZE	SKORPION	FISCHE	KREBS	SKORPION	SCHÜTZE	WAAGE
10			SCHÜTZE	SCHÜTZE	SKORPION	FISCHE	KREBS	SKORPION	SCHÜTZE	WAAGE
11			SCHÜTZE	SCHÜTZE	SCHÜTZE	FISCHE	KREBS	SKORPION	SCHÜTZE	WAAGE
12	1.35	SCHÜTZE	SCHÜTZE	SCHÜTZE	SCHÜTZE	FISCHE	KREBS	SKORPION	SCHÜTZE	WAAGE
13			SCHÜTZE	SCHÜTZE	SCHÜTZE	FISCHE	KREBS	SKORPION	SCHÜTZE	WAAGE
14	10.05	STEINBOCK	SCHÜTZE	STEINBOCK	SCHÜTZE	FISCHE	KREBS	SKORPION	SCHÜTZE	WAAGE
15			SCHÜTZE	STEINBOCK	SCHÜTZE	FISCHE	KREBS	SKORPION	SCHÜTZE	WAAGE
16	20.49	WASSERMANN	SCHÜTZE	STEINBOCK	SCHÜTZE	FISCHE	KREBS	SKORPION	SCHÜTZE	WAAGE
17			SCHÜTZE	STEINBOCK	SCHÜTZE	FISCHE	KREBS	SKORPION	SCHÜTZE	WAAGE
18			SCHÜTZE	STEINBOCK	SCHÜTZE	FISCHE	KREBS	SKORPION	SCHÜTZE	WAAGE
19	9.13	FISCHE	SCHÜTZE	STEINBOCK	SCHÜTZE	FISCHE	KREBS	SKORPION	SCHÜTZE	WAAGE
20			SCHÜTZE	STEINBOCK	SCHÜTZE	FISCHE	KREBS	SKORPION	SCHÜTZE	WAAGE
21	21.35	WIDDER	SCHÜTZE	STEINBOCK	SCHÜTZE	FISCHE	KREBS	SKORPION	SCHÜTZE	WAAGE
22			SCHÜTZE	STEINBOCK	SCHÜTZE	FISCHE	KREBS	SKORPION	SCHÜTZE	WAAGE

1975

	ZEIT	MOND IM ZEICHEN	MERKUR	VENUS	MARS	JUPITER	SATURN	URANUS	NEPTUN	PLUTO
NOV.										
23	21.48	LÖWE	SKORPION	WAAGE	KREBS	WIDDER	LÖWE	SKORPION	SCHÜTZE	WAAGE
24			SKORPION	WAAGE	KREBS	WIDDER	LÖWE	SKORPION	SCHÜTZE	WAAGE
25			SKORPION	WAAGE	KREBS	WIDDER	LÖWE	SKORPION	SCHÜTZE	WAAGE
26	2.05	JUNGFRAU	SCHÜTZE	WAAGE	ZWILLINGE	WIDDER	LÖWE	SKORPION	SCHÜTZE	WAAGE
27			SCHÜTZE	WAAGE	ZWILLINGE	WIDDER	LÖWE	SKORPION	SCHÜTZE	WAAGE
28	4.48	WAAGE	SCHÜTZE	WAAGE	ZWILLINGE	WIDDER	LÖWE	SKORPION	SCHÜTZE	WAAGE
29			SCHÜTZE	WAAGE	ZWILLINGE	WIDDER	LÖWE	SKORPION	SCHÜTZE	WAAGE
30	6.37	SKORPION	SCHÜTZE	WAAGE	ZWILLINGE	WIDDER	LÖWE	SKORPION	SCHÜTZE	WAAGE
DEZ.										
1			SCHÜTZE	WAAGE	ZWILLINGE	WIDDER	LÖWE	SKORPION	SCHÜTZE	WAAGE
2	8.34	SCHÜTZE	SCHÜTZE	WAAGE	ZWILLINGE	WIDDER	LÖWE	SKORPION	SCHÜTZE	WAAGE
3			SCHÜTZE	WAAGE	ZWILLINGE	WIDDER	LÖWE	SKORPION	SCHÜTZE	WAAGE
4	11.59	STEINBOCK	SCHÜTZE	WAAGE	ZWILLINGE	WIDDER	LÖWE	SKORPION	SCHÜTZE	WAAGE
5			SCHÜTZE	WAAGE	ZWILLINGE	WIDDER	LÖWE	SKORPION	SCHÜTZE	WAAGE
6	18.14	WASSERMANN	SCHÜTZE	WAAGE	ZWILLINGE	WIDDER	LÖWE	SKORPION	SCHÜTZE	WAAGE
7			SCHÜTZE	WAAGE	ZWILLINGE	WIDDER	LÖWE	SKORPION	SCHÜTZE	WAAGE
8			SCHÜTZE	SKORPION	ZWILLINGE	WIDDER	LÖWE	SKORPION	SCHÜTZE	WAAGE
9	3.53	FISCHE	SCHÜTZE	SKORPION	ZWILLINGE	WIDDER	LÖWE	SKORPION	SCHÜTZE	WAAGE
10			SCHÜTZE	SKORPION	ZWILLINGE	WIDDER	LÖWE	SKORPION	SCHÜTZE	WAAGE
11	16.07	WIDDER	SCHÜTZE	SKORPION	ZWILLINGE	WIDDER	LÖWE	SKORPION	SCHÜTZE	WAAGE
12			SCHÜTZE	SKORPION	ZWILLINGE	WIDDER	LÖWE	SKORPION	SCHÜTZE	WAAGE
13			SCHÜTZE	SKORPION	ZWILLINGE	WIDDER	LÖWE	SKORPION	SCHÜTZE	WAAGE
14	4.39	STIER	SCHÜTZE	SKORPION	ZWILLINGE	WIDDER	LÖWE	SKORPION	SCHÜTZE	WAAGE
15			STEINBOCK	SKORPION	ZWILLINGE	WIDDER	LÖWE	SKORPION	SCHÜTZE	WAAGE
16	15.12	ZWILLINGE	STEINBOCK	SKORPION	ZWILLINGE	WIDDER	LÖWE	SKORPION	SCHÜTZE	WAAGE
17			STEINBOCK	SKORPION	ZWILLINGE	WIDDER	LÖWE	SKORPION	SCHÜTZE	WAAGE
18	22.49	KREBS	STEINBOCK	SKORPION	ZWILLINGE	WIDDER	LÖWE	SKORPION	SCHÜTZE	WAAGE
19			STEINBOCK	SKORPION	ZWILLINGE	WIDDER	LÖWE	SKORPION	SCHÜTZE	WAAGE
20			STEINBOCK	SKORPION	ZWILLINGE	WIDDER	LÖWE	SKORPION	SCHÜTZE	WAAGE
21	3.54	LÖWE	STEINBOCK	SKORPION	ZWILLINGE	WIDDER	LÖWE	SKORPION	SCHÜTZE	WAAGE
22			STEINBOCK	SKORPION	ZWILLINGE	WIDDER	LÖWE	SKORPION	SCHÜTZE	WAAGE

1976 SCHÜTZE

	ZEIT	MOND IM ZEICHEN	MERKUR	VENUS	MARS	JUPITER	SATURN	URANUS	NEPTUN	PLUTO
NOV.										
23	17.05	STEINBOCK	SCHÜTZE	STEINBOCK	SCHÜTZE	STIER	LÖWE	SKORPION	SCHÜTZE	WAAGE
24			SCHÜTZE	STEINBOCK	SCHÜTZE	STIER	LÖWE	SKORPION	SCHÜTZE	WAAGE
25	19.32	WASSERMANN	SCHÜTZE	STEINBOCK	SCHÜTZE	STIER	LÖWE	SKORPION	SCHÜTZE	WAAGE
26			SCHÜTZE	STEINBOCK	SCHÜTZE	STIER	LÖWE	SKORPION	SCHÜTZE	WAAGE
27			SCHÜTZE	STEINBOCK	SCHÜTZE	STIER	LÖWE	SKORPION	SCHÜTZE	WAAGE
28	1.48	FISCHE	SCHÜTZE	STEINBOCK	SCHÜTZE	STIER	LÖWE	SKORPION	SCHÜTZE	WAAGE
29			SCHÜTZE	STEINBOCK	SCHÜTZE	STIER	LÖWE	SKORPION	SCHÜTZE	WAAGE
30	12.02	WIDDER	SCHÜTZE	STEINBOCK	SCHÜTZE	STIER	LÖWE	SKORPION	SCHÜTZE	WAAGE
DEZ.										
1			SCHÜTZE	STEINBOCK	SCHÜTZE	STIER	LÖWE	SKORPION	SCHÜTZE	WAAGE
2			SCHÜTZE	STEINBOCK	SCHÜTZE	STIER	LÖWE	SKORPION	SCHÜTZE	WAAGE
3	0.42	STIER	SCHÜTZE	STEINBOCK	SCHÜTZE	STIER	LÖWE	SKORPION	SCHÜTZE	WAAGE
4			SCHÜTZE	STEINBOCK	SCHÜTZE	STIER	LÖWE	SKORPION	SCHÜTZE	WAAGE
5	13.39	ZWILLINGE	SCHÜTZE	STEINBOCK	SCHÜTZE	STIER	LÖWE	SKORPION	SCHÜTZE	WAAGE
6			SCHÜTZE	STEINBOCK	SCHÜTZE	STIER	LÖWE	SKORPION	SCHÜTZE	WAAGE
7			STEINBOCK	STEINBOCK	SCHÜTZE	STIER	LÖWE	SKORPION	SCHÜTZE	WAAGE
8	1.22	KREBS	STEINBOCK	STEINBOCK	SCHÜTZE	STIER	LÖWE	SKORPION	SCHÜTZE	WAAGE
9			STEINBOCK	STEINBOCK	SCHÜTZE	STIER	LÖWE	SKORPION	SCHÜTZE	WAAGE
10	11.12	LÖWE	STEINBOCK	WASSERMANN	SCHÜTZE	STIER	LÖWE	SKORPION	SCHÜTZE	WAAGE
11			STEINBOCK	WASSERMANN	SCHÜTZE	STIER	LÖWE	SKORPION	SCHÜTZE	WAAGE
12	18.55	JUNGFRAU	STEINBOCK	WASSERMANN	SCHÜTZE	STIER	LÖWE	SKORPION	SCHÜTZE	WAAGE
13			STEINBOCK	WASSERMANN	SCHÜTZE	STIER	LÖWE	SKORPION	SCHÜTZE	WAAGE
14			STEINBOCK	WASSERMANN	SCHÜTZE	STIER	LÖWE	SKORPION	SCHÜTZE	WAAGE
15	0.14	WAAGE	STEINBOCK	WASSERMANN	SCHÜTZE	STIER	LÖWE	SKORPION	SCHÜTZE	WAAGE
16			STEINBOCK	WASSERMANN	SCHÜTZE	STIER	LÖWE	SKORPION	SCHÜTZE	WAAGE
17	3.02	SKORPION	STEINBOCK	WASSERMANN	SCHÜTZE	STIER	LÖWE	SKORPION	SCHÜTZE	WAAGE
18			STEINBOCK	WASSERMANN	SCHÜTZE	STIER	LÖWE	SKORPION	SCHÜTZE	WAAGE
19	3.54	SCHÜTZE	STEINBOCK	WASSERMANN	SCHÜTZE	STIER	LÖWE	SKORPION	SCHÜTZE	WAAGE
20			STEINBOCK	WASSERMANN	SCHÜTZE	STIER	LÖWE	SKORPION	SCHÜTZE	WAAGE
21	4.13	STEINBOCK	STEINBOCK	WASSERMANN	SCHÜTZE	STIER	LÖWE	SKORPION	SCHÜTZE	WAAGE

1977

	ZEIT	MOND IM ZEICHEN	MERKUR	VENUS	MARS	JUPITER	SATURN	URANUS	NEPTUN	PLUTO
NOV.										
23	0.10	STIER	SCHÜTZE	SKORPION	LÖWE	KREBS	JUNGFRAU	SKORPION	SCHÜTZE	WAAGE
24			SCHÜTZE	SKORPION	LÖWE	KREBS	JUNGFRAU	SKORPION	SCHÜTZE	WAAGE
25	11.49	ZWILLINGE	SCHÜTZE	SKORPION	LÖWE	KREBS	JUNGFRAU	SKORPION	SCHÜTZE	WAAGE
26			SCHÜTZE	SKORPION	LÖWE	KREBS	JUNGFRAU	SKORPION	SCHÜTZE	WAAGE
27			SCHÜTZE	SKORPION	LÖWE	KREBS	JUNGFRAU	SKORPION	SCHÜTZE	WAAGE
28	0.21	KREBS	SCHÜTZE	SKORPION	LÖWE	KREBS	JUNGFRAU	SKORPION	SCHÜTZE	WAAGE
29			SCHÜTZE	SKORPION	LÖWE	KREBS	JUNGFRAU	SKORPION	SCHÜTZE	WAAGE
30	12.54	LÖWE	SCHÜTZE	SKORPION	LÖWE	KREBS	JUNGFRAU	SKORPION	SCHÜTZE	WAAGE
DEZ.										
1			SCHÜTZE	SKORPION	LÖWE	KREBS	JUNGFRAU	SKORPION	SCHÜTZE	WAAGE
2			STEINBOCK	SKORPION	LÖWE	KREBS	JUNGFRAU	SKORPION	SCHÜTZE	WAAGE
3	0.06	JUNGFRAU	STEINBOCK	SKORPION	LÖWE	KREBS	JUNGFRAU	SKORPION	SCHÜTZE	WAAGE
4			STEINBOCK	SKORPION	LÖWE	KREBS	JUNGFRAU	SKORPION	SCHÜTZE	WAAGE
5	8.24	WAAGE	STEINBOCK	SCHÜTZE	LÖWE	KREBS	JUNGFRAU	SKORPION	SCHÜTZE	WAAGE
6			STEINBOCK	SCHÜTZE	LÖWE	KREBS	JUNGFRAU	SKORPION	SCHÜTZE	WAAGE
7	12.34	SKORPION	STEINBOCK	SCHÜTZE	LÖWE	KREBS	JUNGFRAU	SKORPION	SCHÜTZE	WAAGE
8			STEINBOCK	SCHÜTZE	LÖWE	KREBS	JUNGFRAU	SKORPION	SCHÜTZE	WAAGE
9	13.22	SCHÜTZE	STEINBOCK	SCHÜTZE	LÖWE	KREBS	JUNGFRAU	SKORPION	SCHÜTZE	WAAGE
10			STEINBOCK	SCHÜTZE	LÖWE	KREBS	JUNGFRAU	SKORPION	SCHÜTZE	WAAGE
11	12.27	STEINBOCK	STEINBOCK	SCHÜTZE	LÖWE	KREBS	JUNGFRAU	SKORPION	SCHÜTZE	WAAGE
12			STEINBOCK	SCHÜTZE	LÖWE	KREBS	JUNGFRAU	SKORPION	SCHÜTZE	WAAGE
13	12.00	WASSERMANN	STEINBOCK	SCHÜTZE	LÖWE	KREBS	JUNGFRAU	SKORPION	SCHÜTZE	WAAGE
14			STEINBOCK	SCHÜTZE	LÖWE	KREBS	JUNGFRAU	SKORPION	SCHÜTZE	WAAGE
15	14.10	FISCHE	STEINBOCK	SCHÜTZE	LÖWE	KREBS	JUNGFRAU	SKORPION	SCHÜTZE	WAAGE
16			STEINBOCK	SCHÜTZE	LÖWE	KREBS	JUNGFRAU	SKORPION	SCHÜTZE	WAAGE
17	20.13	WIDDER	STEINBOCK	SCHÜTZE	LÖWE	KREBS	JUNGFRAU	SKORPION	SCHÜTZE	WAAGE
18			STEINBOCK	SCHÜTZE	LÖWE	KREBS	JUNGFRAU	SKORPION	SCHÜTZE	WAAGE
19			STEINBOCK	SCHÜTZE	LÖWE	KREBS	JUNGFRAU	SKORPION	SCHÜTZE	WAAGE
20	5.55	STIER	STEINBOCK	SCHÜTZE	LÖWE	KREBS	JUNGFRAU	SKORPION	SCHÜTZE	WAAGE
21			STEINBOCK	SCHÜTZE	LÖWE	KREBS	JUNGFRAU	SKORPION	SCHÜTZE	WAAGE

SCHÜTZE 1978

	ZEIT	MOND IM ZEICHEN	MERKUR	VENUS	MARS	JUPITER	SATURN	URANUS	NEPTUN	PLUTO
NOV.										
23			SCHÜTZE	SKORPION	SCHÜTZE	LÖWE	JUNGFRAU	SKORPION	SCHÜTZE	WAAGE
24			SCHÜTZE	SKORPION	SCHÜTZE	LÖWE	JUNGFRAU	SKORPION	SCHÜTZE	WAAGE
25	9.07	WAAGE	SCHÜTZE	SKORPION	SCHÜTZE	LÖWE	JUNGFRAU	SKORPION	SCHÜTZE	WAAGE
26			SCHÜTZE	SKORPION	SCHÜTZE	LÖWE	JUNGFRAU	SKORPION	SCHÜTZE	WAAGE
27	16.38	SKORPION	SCHÜTZE	SKORPION	SCHÜTZE	LÖWE	JUNGFRAU	SKORPION	SCHÜTZE	WAAGE
28			SCHÜTZE	SKORPION	SCHÜTZE	LÖWE	JUNGFRAU	SKORPION	SCHÜTZE	WAAGE
29	20.23	SCHÜTZE	SCHÜTZE	SKORPION	SCHÜTZE	LÖWE	JUNGFRAU	SKORPION	SCHÜTZE	WAAGE
30			SCHÜTZE	SKORPION	SCHÜTZE	LÖWE	JUNGFRAU	SKORPION	SCHÜTZE	WAAGE
DEZ.										
1	21.45	STEINBOCK	SCHÜTZE	SKORPION	SCHÜTZE	LÖWE	JUNGFRAU	SKORPION	SCHÜTZE	WAAGE
2			SCHÜTZE	SKORPION	SCHÜTZE	LÖWE	JUNGFRAU	SKORPION	SCHÜTZE	WAAGE
3	22.36	WASSERMANN	SCHÜTZE	SKORPION	SCHÜTZE	LÖWE	JUNGFRAU	SKORPION	SCHÜTZE	WAAGE
4			SCHÜTZE	SKORPION	SCHÜTZE	LÖWE	JUNGFRAU	SKORPION	SCHÜTZE	WAAGE
5			SCHÜTZE	SKORPION	SCHÜTZE	LÖWE	JUNGFRAU	SKORPION	SCHÜTZE	WAAGE
6	0.37	FISCHE	SCHÜTZE	SKORPION	SCHÜTZE	LÖWE	JUNGFRAU	SKORPION	SCHÜTZE	WAAGE
7			SCHÜTZE	SKORPION	SCHÜTZE	LÖWE	JUNGFRAU	SKORPION	SCHÜTZE	WAAGE
8	4.41	WIDDER	SCHÜTZE	SKORPION	SCHÜTZE	LÖWE	JUNGFRAU	SKORPION	SCHÜTZE	WAAGE
9			SCHÜTZE	SKORPION	SCHÜTZE	LÖWE	JUNGFRAU	SKORPION	SCHÜTZE	WAAGE
10	10.52	STIER	SCHÜTZE	SKORPION	SCHÜTZE	LÖWE	JUNGFRAU	SKORPION	SCHÜTZE	WAAGE
11			SCHÜTZE	SKORPION	SCHÜTZE	LÖWE	JUNGFRAU	SKORPION	SCHÜTZE	WAAGE
12	18.56	ZWILLINGE	SCHÜTZE	SKORPION	SCHÜTZE	LÖWE	JUNGFRAU	SKORPION	SCHÜTZE	WAAGE
13			SCHÜTZE	SKORPION	STEINBOCK	LÖWE	JUNGFRAU	SKORPION	SCHÜTZE	WAAGE
14			SCHÜTZE	SKORPION	STEINBOCK	LÖWE	JUNGFRAU	SKORPION	SCHÜTZE	WAAGE
15	4.51	KREBS	SCHÜTZE	SKORPION	STEINBOCK	LÖWE	JUNGFRAU	SKORPION	SCHÜTZE	WAAGE
16			SCHÜTZE	SKORPION	STEINBOCK	LÖWE	JUNGFRAU	SKORPION	SCHÜTZE	WAAGE
17	16.38	LÖWE	SCHÜTZE	SKORPION	STEINBOCK	LÖWE	JUNGFRAU	SKORPION	SCHÜTZE	WAAGE
18			SCHÜTZE	SKORPION	STEINBOCK	LÖWE	JUNGFRAU	SKORPION	SCHÜTZE	WAAGE
19			SCHÜTZE	SKORPION	STEINBOCK	LÖWE	JUNGFRAU	SKORPION	SCHÜTZE	WAAGE
20	5.35	JUNGFRAU	SCHÜTZE	SKORPION	STEINBOCK	LÖWE	JUNGFRAU	SKORPION	SCHÜTZE	WAAGE
21			SCHÜTZE	SKORPION	STEINBOCK	LÖWE	JUNGFRAU	SKORPION	SCHÜTZE	WAAGE
22	17.40	WAAGE	SCHÜTZE	SKORPION	STEINBOCK	LÖWE	JUNGFRAU	SKORPION	SCHÜTZE	WAAGE

1979

	ZEIT	MOND IM ZEICHEN	MERKUR	VENUS	MARS	JUPITER	SATURN	URANUS	NEPTUN	PLUTO
NOV.										
23			SKORPION	SCHÜTZE	JUNGFRAU	JUNGFRAU	JUNGFRAU	SKORPION	SCHÜTZE	WAAGE
24	11.37	WASSERMANN	SKORPION	SCHÜTZE	JUNGFRAU	JUNGFRAU	JUNGFRAU	SKORPION	SCHÜTZE	WAAGE
25			SKORPION	SCHÜTZE	JUNGFRAU	JUNGFRAU	JUNGFRAU	SKORPION	SCHÜTZE	WAAGE
26	15.18	FISCHE	SKORPION	SCHÜTZE	JUNGFRAU	JUNGFRAU	JUNGFRAU	SKORPION	SCHÜTZE	WAAGE
27			SKORPION	SCHÜTZE	JUNGFRAU	JUNGFRAU	JUNGFRAU	SKORPION	SCHÜTZE	WAAGE
28	18.17	WIDDER	SKORPION	SCHÜTZE	JUNGFRAU	JUNGFRAU	JUNGFRAU	SKORPION	SCHÜTZE	WAAGE
29			SKORPION	STEINBOCK	JUNGFRAU	JUNGFRAU	JUNGFRAU	SKORPION	SCHÜTZE	WAAGE
30	20.55	STIER	SKORPION	STEINBOCK	JUNGFRAU	JUNGFRAU	JUNGFRAU	SKORPION	SCHÜTZE	WAAGE
DEZ.										
1			SKORPION	STEINBOCK	JUNGFRAU	JUNGFRAU	JUNGFRAU	SKORPION	SCHÜTZE	WAAGE
2			SKORPION	STEINBOCK	JUNGFRAU	JUNGFRAU	JUNGFRAU	SKORPION	SCHÜTZE	WAAGE
3	0.03	ZWILLINGE	SKORPION	STEINBOCK	JUNGFRAU	JUNGFRAU	JUNGFRAU	SKORPION	SCHÜTZE	WAAGE
4			SKORPION	STEINBOCK	JUNGFRAU	JUNGFRAU	JUNGFRAU	SKORPION	SCHÜTZE	WAAGE
5	5.03	KREBS	SKORPION	STEINBOCK	JUNGFRAU	JUNGFRAU	JUNGFRAU	SKORPION	SCHÜTZE	WAAGE
6			SKORPION	STEINBOCK	JUNGFRAU	JUNGFRAU	JUNGFRAU	SKORPION	SCHÜTZE	WAAGE
7	13.10	LÖWE	SKORPION	STEINBOCK	JUNGFRAU	JUNGFRAU	JUNGFRAU	SKORPION	SCHÜTZE	WAAGE
8			SKORPION	STEINBOCK	JUNGFRAU	JUNGFRAU	JUNGFRAU	SKORPION	SCHÜTZE	WAAGE
9			SKORPION	STEINBOCK	JUNGFRAU	JUNGFRAU	JUNGFRAU	SKORPION	SCHÜTZE	WAAGE
10	0.34	JUNGFRAU	SKORPION	STEINBOCK	JUNGFRAU	JUNGFRAU	JUNGFRAU	SKORPION	SCHÜTZE	WAAGE
11			SKORPION	STEINBOCK	JUNGFRAU	JUNGFRAU	JUNGFRAU	SKORPION	SCHÜTZE	WAAGE
12	13.30	WAAGE	SKORPION	STEINBOCK	JUNGFRAU	JUNGFRAU	JUNGFRAU	SKORPION	SCHÜTZE	WAAGE
13			SCHÜTZE	STEINBOCK	JUNGFRAU	JUNGFRAU	JUNGFRAU	SKORPION	SCHÜTZE	WAAGE
14			SCHÜTZE	STEINBOCK	JUNGFRAU	JUNGFRAU	JUNGFRAU	SKORPION	SCHÜTZE	WAAGE
15	1.09	SKORPION	SCHÜTZE	STEINBOCK	JUNGFRAU	JUNGFRAU	JUNGFRAU	SKORPION	SCHÜTZE	WAAGE
16			SCHÜTZE	STEINBOCK	JUNGFRAU	JUNGFRAU	JUNGFRAU	SKORPION	SCHÜTZE	WAAGE
17	9.36	SCHÜTZE	SCHÜTZE	STEINBOCK	JUNGFRAU	JUNGFRAU	JUNGFRAU	SKORPION	SCHÜTZE	WAAGE
18			SCHÜTZE	STEINBOCK	JUNGFRAU	JUNGFRAU	JUNGFRAU	SKORPION	SCHÜTZE	WAAGE
19	14.55	STEINBOCK	SCHÜTZE	STEINBOCK	JUNGFRAU	JUNGFRAU	JUNGFRAU	SKORPION	SCHÜTZE	WAAGE
20			SCHÜTZE	STEINBOCK	JUNGFRAU	JUNGFRAU	JUNGFRAU	SKORPION	SCHÜTZE	WAAGE
21	18.13	WASSERMANN	SCHÜTZE	STEINBOCK	JUNGFRAU	JUNGFRAU	JUNGFRAU	SKORPION	SCHÜTZE	WAAGE
22			SCHÜTZE	STEINBOCK	JUNGFRAU	JUNGFRAU	JUNGFRAU	SKORPION	SCHÜTZE	WAAGE

1980 SCHÜTZE

	ZEIT	MOND IM ZEICHEN	MERKUR	VENUS	MARS	JUPITER	SATURN	URANUS	NEPTUN	PLUTO
NOV.										
23			SKORPION	WAAGE	STEINBOCK	WAAGE	WAAGE	SKORPION	SCHÜTZE	WAAGE
24	8.21	KREBS	SKORPION	WAAGE	STEINBOCK	WAAGE	WAAGE	SKORPION	SCHÜTZE	WAAGE
25			SKORPION	SKORPION	STEINBOCK	WAAGE	WAAGE	SKORPION	SCHÜTZE	WAAGE
26	12.24	LÖWE	SKORPION	SKORPION	STEINBOCK	WAAGE	WAAGE	SKORPION	SCHÜTZE	WAAGE
27			SKORPION	SKORPION	STEINBOCK	WAAGE	WAAGE	SKORPION	SCHÜTZE	WAAGE
28	20.39	JUNGFRAU	SKORPION	SKORPION	STEINBOCK	WAAGE	WAAGE	SKORPION	SCHÜTZE	WAAGE
29			SKORPION	SKORPION	STEINBOCK	WAAGE	WAAGE	SKORPION	SCHÜTZE	WAAGE
30			SKORPION	SKORPION	STEINBOCK	WAAGE	WAAGE	SKORPION	SCHÜTZE	WAAGE
DEZ.										
1	8.14	WAAGE	SKORPION	SKORPION	STEINBOCK	WAAGE	WAAGE	SKORPION	SCHÜTZE	WAAGE
2			SKORPION	SKORPION	STEINBOCK	WAAGE	WAAGE	SKORPION	SCHÜTZE	WAAGE
3	21.01	SKORPION	SKORPION	SKORPION	STEINBOCK	WAAGE	WAAGE	SKORPION	SCHÜTZE	WAAGE
4			SKORPION	SKORPION	STEINBOCK	WAAGE	WAAGE	SKORPION	SCHÜTZE	WAAGE
5			SKORPION	SKORPION	STEINBOCK	WAAGE	WAAGE	SKORPION	SCHÜTZE	WAAGE
6	8.58	SCHÜTZE	SCHÜTZE	SKORPION	STEINBOCK	WAAGE	WAAGE	SKORPION	SCHÜTZE	WAAGE
7			SCHÜTZE	SKORPION	STEINBOCK	WAAGE	WAAGE	SKORPION	SCHÜTZE	WAAGE
8	19.12	STEINBOCK	SCHÜTZE	SKORPION	STEINBOCK	WAAGE	WAAGE	SKORPION	SCHÜTZE	WAAGE
9			SCHÜTZE	SKORPION	STEINBOCK	WAAGE	WAAGE	SKORPION	SCHÜTZE	WAAGE
10			SCHÜTZE	SKORPION	STEINBOCK	WAAGE	WAAGE	SKORPION	SCHÜTZE	WAAGE
11	3.36	WASSERMANN	SCHÜTZE	SKORPION	STEINBOCK	WAAGE	WAAGE	SKORPION	SCHÜTZE	WAAGE
12			SCHÜTZE	SKORPION	STEINBOCK	WAAGE	WAAGE	SKORPION	SCHÜTZE	WAAGE
13	10.03	FISCHE	SCHÜTZE	SKORPION	STEINBOCK	WAAGE	WAAGE	SKORPION	SCHÜTZE	WAAGE
14			SCHÜTZE	SKORPION	STEINBOCK	WAAGE	WAAGE	SKORPION	SCHÜTZE	WAAGE
15	14.22	WIDDER	SCHÜTZE	SKORPION	STEINBOCK	WAAGE	WAAGE	SKORPION	SCHÜTZE	WAAGE
16			SCHÜTZE	SKORPION	STEINBOCK	WAAGE	WAAGE	SKORPION	SCHÜTZE	WAAGE
17	16.37	STIER	SCHÜTZE	SKORPION	STEINBOCK	WAAGE	WAAGE	SKORPION	SCHÜTZE	WAAGE
18			SCHÜTZE	SKORPION	STEINBOCK	WAAGE	WAAGE	SKORPION	SCHÜTZE	WAAGE
19	17.40	ZWILLINGE	SCHÜTZE	SCHÜTZE	STEINBOCK	WAAGE	WAAGE	SKORPION	SCHÜTZE	WAAGE
20			SCHÜTZE	SCHÜTZE	STEINBOCK	WAAGE	WAAGE	SKORPION	SCHÜTZE	WAAGE
21	19.05	KREBS	SCHÜTZE	SCHÜTZE	STEINBOCK	WAAGE	WAAGE	SKORPION	SCHÜTZE	WAAGE

1981

	ZEIT	MOND IM ZEICHEN	MERKUR	VENUS	MARS	JUPITER	SATURN	URANUS	NEPTUN	PLUTO
NOV.										
23	18.38	SKORPION	SKORPION	STEINBOCK	JUNGFRAU	WAAGE	WAAGE	SCHÜTZE	SCHÜTZE	WAAGE
24			SKORPION	STEINBOCK	JUNGFRAU	WAAGE	WAAGE	SCHÜTZE	SCHÜTZE	WAAGE
25			SKORPION	STEINBOCK	JUNGFRAU	WAAGE	WAAGE	SCHÜTZE	SCHÜTZE	WAAGE
26	7.01	SCHÜTZE	SKORPION	STEINBOCK	JUNGFRAU	WAAGE	WAAGE	SCHÜTZE	SCHÜTZE	WAAGE
27			SKORPION	STEINBOCK	JUNGFRAU	WAAGE	WAAGE	SCHÜTZE	SCHÜTZE	WAAGE
28	19.53	STEINBOCK	SKORPION	STEINBOCK	JUNGFRAU	SKORPION	WAAGE	SCHÜTZE	SCHÜTZE	WAAGE
29			SCHÜTZE	STEINBOCK	JUNGFRAU	SKORPION	WAAGE	SCHÜTZE	SCHÜTZE	WAAGE
30			SCHÜTZE	STEINBOCK	JUNGFRAU	SKORPION	WAAGE	SCHÜTZE	SCHÜTZE	WAAGE
DEZ.										
1	8.09	WASSERMANN	SCHÜTZE	STEINBOCK	JUNGFRAU	SKORPION	WAAGE	SCHÜTZE	SCHÜTZE	WAAGE
2			SCHÜTZE	STEINBOCK	JUNGFRAU	SKORPION	WAAGE	SCHÜTZE	SCHÜTZE	WAAGE
3	18.16	FISCHE	SCHÜTZE	STEINBOCK	JUNGFRAU	SKORPION	WAAGE	SCHÜTZE	SCHÜTZE	WAAGE
4			SCHÜTZE	STEINBOCK	JUNGFRAU	SKORPION	WAAGE	SCHÜTZE	SCHÜTZE	WAAGE
5			SCHÜTZE	STEINBOCK	JUNGFRAU	SKORPION	WAAGE	SCHÜTZE	SCHÜTZE	WAAGE
6	0.49	WIDDER	SCHÜTZE	STEINBOCK	JUNGFRAU	SKORPION	WAAGE	SCHÜTZE	SCHÜTZE	WAAGE
7			SCHÜTZE	STEINBOCK	JUNGFRAU	SKORPION	WAAGE	SCHÜTZE	SCHÜTZE	WAAGE
8	3.31	STIER	SCHÜTZE	STEINBOCK	JUNGFRAU	SKORPION	WAAGE	SCHÜTZE	SCHÜTZE	WAAGE
9			SCHÜTZE	WASSERMANN	JUNGFRAU	SKORPION	WAAGE	SCHÜTZE	SCHÜTZE	WAAGE
10	3.31	ZWILLINGE	SCHÜTZE	WASSERMANN	JUNGFRAU	SKORPION	WAAGE	SCHÜTZE	SCHÜTZE	WAAGE
11			SCHÜTZE	WASSERMANN	JUNGFRAU	SKORPION	WAAGE	SCHÜTZE	SCHÜTZE	WAAGE
12	2.42	KREBS	SCHÜTZE	WASSERMANN	JUNGFRAU	SKORPION	WAAGE	SCHÜTZE	SCHÜTZE	WAAGE
13			SCHÜTZE	WASSERMANN	JUNGFRAU	SKORPION	WAAGE	SCHÜTZE	SCHÜTZE	WAAGE
14	3.10	LÖWE	SCHÜTZE	WASSERMANN	JUNGFRAU	SKORPION	WAAGE	SCHÜTZE	SCHÜTZE	WAAGE
15			SCHÜTZE	WASSERMANN	JUNGFRAU	SKORPION	WAAGE	SCHÜTZE	SCHÜTZE	WAAGE
16	6.40	JUNGFRAU	SCHÜTZE	WASSERMANN	JUNGFRAU	SKORPION	WAAGE	SCHÜTZE	SCHÜTZE	WAAGE
17			SCHÜTZE	WASSERMANN	WAAGE	SKORPION	WAAGE	SCHÜTZE	SCHÜTZE	WAAGE
18	13.59	WAAGE	STEINBOCK	WASSERMANN	WAAGE	SKORPION	WAAGE	SCHÜTZE	SCHÜTZE	WAAGE
19			STEINBOCK	WASSERMANN	WAAGE	SKORPION	WAAGE	SCHÜTZE	SCHÜTZE	WAAGE
20			STEINBOCK	WASSERMANN	WAAGE	SKORPION	WAAGE	SCHÜTZE	SCHÜTZE	WAAGE
21	0.40	SKORPION	STEINBOCK	WASSERMANN	WAAGE	SKORPION	WAAGE	SCHÜTZE	SCHÜTZE	WAAGE

# SCHÜTZE 1982

	ZEIT	MOND IM ZEICHEN	MERKUR	VENUS	MARS	JUPITER	SATURN	URANUS	NEPTUN	PLUTO
NOV.										
23	18.42	FISCHE	SCHÜTZE	SCHÜTZE	STEINBOCK	SKORPION	WAAGE	SCHÜTZE	SCHÜTZE	WAAGE
24			SCHÜTZE	SCHÜTZE	STEINBOCK	SKORPION	WAAGE	SCHÜTZE	SCHÜTZE	WAAGE
25			SCHÜTZE	SCHÜTZE	STEINBOCK	SKORPION	WAAGE	SCHÜTZE	SCHÜTZE	WAAGE
26	4.07	WIDDER	SCHÜTZE	SCHÜTZE	STEINBOCK	SKORPION	WAAGE	SCHÜTZE	SCHÜTZE	WAAGE
27			SCHÜTZE	SCHÜTZE	STEINBOCK	SKORPION	WAAGE	SCHÜTZE	SCHÜTZE	WAAGE
28	9.31	STIER	SCHÜTZE	SCHÜTZE	STEINBOCK	SKORPION	WAAGE	SCHÜTZE	SCHÜTZE	WAAGE
29			SCHÜTZE	SCHÜTZE	STEINBOCK	SKORPION	WAAGE	SCHÜTZE	SCHÜTZE	WAAGE
30	11.36	ZWILLINGE	SCHÜTZE	SCHÜTZE	STEINBOCK	SKORPION	SKORPION	SCHÜTZE	SCHÜTZE	WAAGE
DEZ.										
1			SCHÜTZE	SCHÜTZE	STEINBOCK	SKORPION	SKORPION	SCHÜTZE	SCHÜTZE	WAAGE
2	11.58	KREBS	SCHÜTZE	SCHÜTZE	STEINBOCK	SKORPION	SKORPION	SCHÜTZE	SCHÜTZE	WAAGE
3			SCHÜTZE	SCHÜTZE	STEINBOCK	SKORPION	SKORPION	SCHÜTZE	SCHÜTZE	WAAGE
4	12.27	LÖWE	SCHÜTZE	SCHÜTZE	STEINBOCK	SKORPION	SKORPION	SCHÜTZE	SCHÜTZE	WAAGE
5			SCHÜTZE	SCHÜTZE	STEINBOCK	SKORPION	SKORPION	SCHÜTZE	SCHÜTZE	WAAGE
6	14.33	JUNGFRAU	SCHÜTZE	SCHÜTZE	STEINBOCK	SKORPION	SKORPION	SCHÜTZE	SCHÜTZE	WAAGE
7			SCHÜTZE	SCHÜTZE	STEINBOCK	SKORPION	SKORPION	SCHÜTZE	SCHÜTZE	WAAGE
8	19.12	WAAGE	SCHÜTZE	SCHÜTZE	STEINBOCK	SKORPION	SKORPION	SCHÜTZE	SCHÜTZE	WAAGE
9			SCHÜTZE	SCHÜTZE	STEINBOCK	SKORPION	SKORPION	SCHÜTZE	SCHÜTZE	WAAGE
10			SCHÜTZE	SCHÜTZE	STEINBOCK	SKORPION	SKORPION	SCHÜTZE	SCHÜTZE	WAAGE
11	2.30	SKORPION	STEINBOCK	SCHÜTZE	WASSERMANN	SKORPION	SKORPION	SCHÜTZE	SCHÜTZE	WAAGE
12			STEINBOCK	SCHÜTZE	WASSERMANN	SKORPION	SKORPION	SCHÜTZE	SCHÜTZE	WAAGE
13	12.28	SCHÜTZE	STEINBOCK	STEINBOCK	WASSERMANN	SKORPION	SKORPION	SCHÜTZE	SCHÜTZE	WAAGE
14			STEINBOCK	STEINBOCK	WASSERMANN	SKORPION	SKORPION	SCHÜTZE	SCHÜTZE	WAAGE
15			STEINBOCK	STEINBOCK	WASSERMANN	SKORPION	SKORPION	SCHÜTZE	SCHÜTZE	WAAGE
16	0.16	STEINBOCK	STEINBOCK	STEINBOCK	WASSERMANN	SKORPION	SKORPION	SCHÜTZE	SCHÜTZE	WAAGE
17			STEINBOCK	STEINBOCK	WASSERMANN	SKORPION	SKORPION	SCHÜTZE	SCHÜTZE	WAAGE
18	13.13	WASSERMANN	STEINBOCK	STEINBOCK	WASSERMANN	SKORPION	SKORPION	SCHÜTZE	SCHÜTZE	WAAGE
19			STEINBOCK	STEINBOCK	WASSERMANN	SKORPION	SKORPION	SCHÜTZE	SCHÜTZE	WAAGE
20			STEINBOCK	STEINBOCK	WASSERMANN	SKORPION	SKORPION	SCHÜTZE	SCHÜTZE	WAAGE
21	1.56	FISCHE	STEINBOCK	STEINBOCK	WASSERMANN	SKORPION	SKORPION	SCHÜTZE	SCHÜTZE	WAAGE
22			STEINBOCK	STEINBOCK	WASSERMANN	SKORPION	SKORPION	SCHÜTZE	SCHÜTZE	WAAGE

1983

	ZEIT	MOND IM ZEICHEN	MERKUR	VENUS	MARS	JUPITER	SATURN	URANUS	NEPTUN	PLUTO
NOV.										
23			SCHÜTZE	WAAGE	WAAGE	SCHÜTZE	SKORPION	SCHÜTZE	SCHÜTZE	SKORPION
24			SCHÜTZE	WAAGE	WAAGE	SCHÜTZE	SKORPION	SCHÜTZE	SCHÜTZE	SKORPION
25	1.20	LÖWE	SCHÜTZE	WAAGE	WAAGE	SCHÜTZE	SKORPION	SCHÜTZE	SCHÜTZE	SKORPION
26			SCHÜTZE	WAAGE	WAAGE	SCHÜTZE	SKORPION	SCHÜTZE	SCHÜTZE	SKORPION
27	4.03	JUNGFRAU	SCHÜTZE	WAAGE	WAAGE	SCHÜTZE	SKORPION	SCHÜTZE	SCHÜTZE	SKORPION
28			SCHÜTZE	WAAGE	WAAGE	SCHÜTZE	SKORPION	SCHÜTZE	SCHÜTZE	SKORPION
29	6.58	WAAGE	SCHÜTZE	WAAGE	WAAGE	SCHÜTZE	SKORPION	SCHÜTZE	SCHÜTZE	SKORPION
30			SCHÜTZE	WAAGE	WAAGE	SCHÜTZE	SKORPION	SCHÜTZE	SCHÜTZE	SKORPION
DEZ.										
1	10.42	SKORPION	SCHÜTZE	WAAGE	WAAGE	SCHÜTZE	SKORPION	SCHÜTZE	SCHÜTZE	SKORPION
2			SCHÜTZE	WAAGE	WAAGE	SCHÜTZE	SKORPION	SCHÜTZE	SCHÜTZE	SKORPION
3	15.58	SCHÜTZE	SCHÜTZE	WAAGE	WAAGE	SCHÜTZE	SKORPION	SCHÜTZE	SCHÜTZE	SKORPION
4			SCHÜTZE	WAAGE	WAAGE	SCHÜTZE	SKORPION	SCHÜTZE	SCHÜTZE	SKORPION
5	23.29	STEINBOCK	STEINBOCK	WAAGE	WAAGE	SCHÜTZE	SKORPION	SCHÜTZE	SCHÜTZE	SKORPION
6			STEINBOCK	WAAGE	WAAGE	SCHÜTZE	SKORPION	SCHÜTZE	SCHÜTZE	SKORPION
7			STEINBOCK	SKORPION	WAAGE	SCHÜTZE	SKORPION	SCHÜTZE	SCHÜTZE	SKORPION
8	9.41	WASSERMANN	STEINBOCK	SKORPION	WAAGE	SCHÜTZE	SKORPION	SCHÜTZE	SCHÜTZE	SKORPION
9			STEINBOCK	SKORPION	WAAGE	SCHÜTZE	SKORPION	SCHÜTZE	SCHÜTZE	SKORPION
10	21.54	FISCHE	STEINBOCK	SKORPION	WAAGE	SCHÜTZE	SKORPION	SCHÜTZE	SCHÜTZE	SKORPION
11			STEINBOCK	SKORPION	WAAGE	SCHÜTZE	SKORPION	SCHÜTZE	SCHÜTZE	SKORPION
12			STEINBOCK	SKORPION	WAAGE	SCHÜTZE	SKORPION	SCHÜTZE	SCHÜTZE	SKORPION
13	10.17	WIDDER	STEINBOCK	SKORPION	WAAGE	SCHÜTZE	SKORPION	SCHÜTZE	SCHÜTZE	SKORPION
14			STEINBOCK	SKORPION	WAAGE	SCHÜTZE	SKORPION	SCHÜTZE	SCHÜTZE	SKORPION
15	20.32	STIER	STEINBOCK	SKORPION	WAAGE	SCHÜTZE	SKORPION	SCHÜTZE	SCHÜTZE	SKORPION
16			STEINBOCK	SKORPION	WAAGE	SCHÜTZE	SKORPION	SCHÜTZE	SCHÜTZE	SKORPION
17			STEINBOCK	SKORPION	WAAGE	SCHÜTZE	SKORPION	SCHÜTZE	SCHÜTZE	SKORPION
18	3.24	ZWILLINGE	STEINBOCK	SKORPION	WAAGE	SCHÜTZE	SKORPION	SCHÜTZE	SCHÜTZE	SKORPION
19			STEINBOCK	SKORPION	WAAGE	SCHÜTZE	SKORPION	SCHÜTZE	SCHÜTZE	SKORPION
20	7.02	KREBS	STEINBOCK	SKORPION	WAAGE	SCHÜTZE	SKORPION	SCHÜTZE	SCHÜTZE	SKORPION
21			STEINBOCK	SKORPION	WAAGE	SCHÜTZE	SKORPION	SCHÜTZE	SCHÜTZE	SKORPION
22	8.44	LÖWE	STEINBOCK	SKORPION	WAAGE	SCHÜTZE	SKORPION	SCHÜTZE	SCHÜTZE	SKORPION

1984　　　　　　　　　　SCHÜTZE

	ZEIT	MOND IM ZEICHEN	MERKUR	VENUS	MARS	JUPITER	SATURN	URANUS	NEPTUN	PLUTO
NOV.										
23			SCHÜTZE	STEINBOCK	WASSERMANN	STEINBOCK	SKORPION	SCHÜTZE	STEINBOCK	SKORPION
24			SCHÜTZE	STEINBOCK	WASSERMANN	STEINBOCK	SKORPION	SCHÜTZE	STEINBOCK	SKORPION
25	1.18	STEINBOCK	SCHÜTZE	STEINBOCK	WASSERMANN	STEINBOCK	SKORPION	SCHÜTZE	STEINBOCK	SKORPION
26			SCHÜTZE	STEINBOCK	WASSERMANN	STEINBOCK	SKORPION	SCHÜTZE	STEINBOCK	SKORPION
27	7.08	WASSERMANN	SCHÜTZE	STEINBOCK	WASSERMANN	STEINBOCK	SKORPION	SCHÜTZE	STEINBOCK	SKORPION
28			SCHÜTZE	STEINBOCK	WASSERMANN	STEINBOCK	SKORPION	SCHÜTZE	STEINBOCK	SKORPION
29	16.35	FISCHE	SCHÜTZE	STEINBOCK	WASSERMANN	STEINBOCK	SKORPION	SCHÜTZE	STEINBOCK	SKORPION
30			SCHÜTZE	STEINBOCK	WASSERMANN	STEINBOCK	SKORPION	SCHÜTZE	STEINBOCK	SKORPION
DEZ.										
1			SCHÜTZE	STEINBOCK	WASSERMANN	STEINBOCK	SKORPION	SCHÜTZE	STEINBOCK	SKORPION
2	4.43	WIDDER	STEINBOCK	STEINBOCK	WASSERMANN	STEINBOCK	SKORPION	SCHÜTZE	STEINBOCK	SKORPION
3			STEINBOCK	STEINBOCK	WASSERMANN	STEINBOCK	SKORPION	SCHÜTZE	STEINBOCK	SKORPION
4	17.21	STIER	STEINBOCK	STEINBOCK	WASSERMANN	STEINBOCK	SKORPION	SCHÜTZE	STEINBOCK	SKORPION
5			STEINBOCK	STEINBOCK	WASSERMANN	STEINBOCK	SKORPION	SCHÜTZE	STEINBOCK	SKORPION
6			STEINBOCK	STEINBOCK	WASSERMANN	STEINBOCK	SKORPION	SCHÜTZE	STEINBOCK	SKORPION
7	4.21	ZWILLINGE	STEINBOCK	STEINBOCK	WASSERMANN	STEINBOCK	SKORPION	SCHÜTZE	STEINBOCK	SKORPION
8			SCHÜTZE	STEINBOCK	WASSERMANN	STEINBOCK	SKORPION	SCHÜTZE	STEINBOCK	SKORPION
9	12.57	KREBS	SCHÜTZE	STEINBOCK	WASSERMANN	STEINBOCK	SKORPION	SCHÜTZE	STEINBOCK	SKORPION
10			SCHÜTZE	WASSERMANN	WASSERMANN	STEINBOCK	SKORPION	SCHÜTZE	STEINBOCK	SKORPION
11	19.09	LÖWE	SCHÜTZE	WASSERMANN	WASSERMANN	STEINBOCK	SKORPION	SCHÜTZE	STEINBOCK	SKORPION
12			SCHÜTZE	WASSERMANN	WASSERMANN	STEINBOCK	SKORPION	SCHÜTZE	STEINBOCK	SKORPION
13	23.36	JUNGFRAU	SCHÜTZE	WASSERMANN	WASSERMANN	STEINBOCK	SKORPION	SCHÜTZE	STEINBOCK	SKORPION
14			SCHÜTZE	WASSERMANN	WASSERMANN	STEINBOCK	SKORPION	SCHÜTZE	STEINBOCK	SKORPION
15			SCHÜTZE	WASSERMANN	WASSERMANN	STEINBOCK	SKORPION	SCHÜTZE	STEINBOCK	SKORPION
16	2.52	WAAGE	SCHÜTZE	WASSERMANN	WASSERMANN	STEINBOCK	SKORPION	SCHÜTZE	STEINBOCK	SKORPION
17			SCHÜTZE	WASSERMANN	WASSERMANN	STEINBOCK	SKORPION	SCHÜTZE	STEINBOCK	SKORPION
18	5.28	SKORPION	SCHÜTZE	WASSERMANN	WASSERMANN	STEINBOCK	SKORPION	SCHÜTZE	STEINBOCK	SKORPION
19			SCHÜTZE	WASSERMANN	WASSERMANN	STEINBOCK	SKORPION	SCHÜTZE	STEINBOCK	SKORPION
20	7.59	SCHÜTZE	SCHÜTZE	WASSERMANN	WASSERMANN	STEINBOCK	SKORPION	SCHÜTZE	STEINBOCK	SKORPION
21			SCHÜTZE	WASSERMANN	WASSERMANN	STEINBOCK	SKORPION	SCHÜTZE	STEINBOCK	SKORPION

1985

	ZEIT	MOND IM ZEICHEN	MERKUR	VENUS	MARS	JUPITER	SATURN	URANUS	NEPTUN	PLUTO
NOV.										
23			SCHÜTZE	SKORPION	WAAGE	WASSERMANN	SCHÜTZE	SCHÜTZE	STEINBOCK	SKORPION
24	14.08	STIER	SCHÜTZE	SKORPION	WAAGE	WASSERMANN	SCHÜTZE	SCHÜTZE	STEINBOCK	SKORPION
25			SCHÜTZE	SKORPION	WAAGE	WASSERMANN	SCHÜTZE	SCHÜTZE	STEINBOCK	SKORPION
26			SCHÜTZE	SKORPION	WAAGE	WASSERMANN	SCHÜTZE	SCHÜTZE	STEINBOCK	SKORPION
27	3.09	ZWILLINGE	SCHÜTZE	SKORPION	WAAGE	WASSERMANN	SCHÜTZE	SCHÜTZE	STEINBOCK	SKORPION
28			SCHÜTZE	SKORPION	WAAGE	WASSERMANN	SCHÜTZE	SCHÜTZE	STEINBOCK	SKORPION
29	15.24	KREBS	SCHÜTZE	SKORPION	WAAGE	WASSERMANN	SCHÜTZE	SCHÜTZE	STEINBOCK	SKORPION
30			SCHÜTZE	SKORPION	WAAGE	WASSERMANN	SCHÜTZE	SCHÜTZE	STEINBOCK	SKORPION
DEZ.										
1			SCHÜTZE	SKORPION	WAAGE	WASSERMANN	SCHÜTZE	SCHÜTZE	STEINBOCK	SKORPION
2	2.00	LÖWE	SCHÜTZE	SKORPION	WAAGE	WASSERMANN	SCHÜTZE	SCHÜTZE	STEINBOCK	SKORPION
3			SCHÜTZE	SKORPION	WAAGE	WASSERMANN	SCHÜTZE	SCHÜTZE	STEINBOCK	SKORPION
4	10.14	JUNGFRAU	SCHÜTZE	SCHÜTZE	WAAGE	WASSERMANN	SCHÜTZE	SCHÜTZE	STEINBOCK	SKORPION
5			SKORPION	SCHÜTZE	WAAGE	WASSERMANN	SCHÜTZE	SCHÜTZE	STEINBOCK	SKORPION
6	15.33	WAAGE	SKORPION	SCHÜTZE	WAAGE	WASSERMANN	SCHÜTZE	SCHÜTZE	STEINBOCK	SKORPION
7			SKORPION	SCHÜTZE	WAAGE	WASSERMANN	SCHÜTZE	SCHÜTZE	STEINBOCK	SKORPION
8	17.56	SKORPION	SKORPION	SCHÜTZE	WAAGE	WASSERMANN	SCHÜTZE	SCHÜTZE	STEINBOCK	SKORPION
9			SKORPION	SCHÜTZE	WAAGE	WASSERMANN	SCHÜTZE	SCHÜTZE	STEINBOCK	SKORPION
10	18.14	SCHÜTZE	SKORPION	SCHÜTZE	WAAGE	WASSERMANN	SCHÜTZE	SCHÜTZE	STEINBOCK	SKORPION
11			SKORPION	SCHÜTZE	WAAGE	WASSERMANN	SCHÜTZE	SCHÜTZE	STEINBOCK	SKORPION
12	18.01	STEINBOCK	SKORPION	SCHÜTZE	WAAGE	WASSERMANN	SCHÜTZE	SCHÜTZE	STEINBOCK	SKORPION
13			SCHÜTZE	SCHÜTZE	WAAGE	WASSERMANN	SCHÜTZE	SCHÜTZE	STEINBOCK	SKORPION
14	19.17	WASSERMANN	SCHÜTZE	SCHÜTZE	WAAGE	WASSERMANN	SCHÜTZE	SCHÜTZE	STEINBOCK	SKORPION
15			SCHÜTZE	SCHÜTZE	SKORPION	WASSERMANN	SCHÜTZE	SCHÜTZE	STEINBOCK	SKORPION
16	23.51	FISCHE	SCHÜTZE	SCHÜTZE	SKORPION	WASSERMANN	SCHÜTZE	SCHÜTZE	STEINBOCK	SKORPION
17			SCHÜTZE	SCHÜTZE	SKORPION	WASSERMANN	SCHÜTZE	SCHÜTZE	STEINBOCK	SKORPION
18			SCHÜTZE	SCHÜTZE	SKORPION	WASSERMANN	SCHÜTZE	SCHÜTZE	STEINBOCK	SKORPION
19	8.38	WIDDER	SCHÜTZE	SCHÜTZE	SKORPION	WASSERMANN	SCHÜTZE	SCHÜTZE	STEINBOCK	SKORPION
20			SCHÜTZE	SCHÜTZE	SKORPION	WASSERMANN	SCHÜTZE	SCHÜTZE	STEINBOCK	SKORPION
21	20.42	STIER	SCHÜTZE	SCHÜTZE	SKORPION	WASSERMANN	SCHÜTZE	SCHÜTZE	STEINBOCK	SKORPION

SCHÜTZE 1986

	ZEIT	MOND IM ZEICHEN	MERKUR	VENUS	MARS	JUPITER	SATURN	URANUS	NEPTUN	PLUTO
NOV.										
23			SKORPION	SKORPION	WASSERMANN	FISCHE	SCHÜTZE	SCHÜTZE	STEINBOCK	SKORPION
24	13.47	JUNGFRAU	SKORPION	SKORPION	WASSERMANN	FISCHE	SCHÜTZE	SCHÜTZE	STEINBOCK	SKORPION
25			SKORPION	SKORPION	WASSERMANN	FISCHE	SCHÜTZE	SCHÜTZE	STEINBOCK	SKORPION
26	19.59	WAAGE	SKORPION	SKORPION	WASSERMANN	FISCHE	SCHÜTZE	SCHÜTZE	STEINBOCK	SKORPION
27			SKORPION	SKORPION	FISCHE	FISCHE	SCHÜTZE	SCHÜTZE	STEINBOCK	SKORPION
28			SKORPION	SKORPION	FISCHE	FISCHE	SCHÜTZE	SCHÜTZE	STEINBOCK	SKORPION
29	2.14	SKORPION	SKORPION	SKORPION	FISCHE	FISCHE	SCHÜTZE	SCHÜTZE	STEINBOCK	SKORPION
30			SKORPION	SKORPION	FISCHE	FISCHE	SCHÜTZE	SCHÜTZE	STEINBOCK	SKORPION
DEZ.										
1	3.09	SCHÜTZE	SKORPION	SKORPION	FISCHE	FISCHE	SCHÜTZE	SCHÜTZE	STEINBOCK	SKORPION
2			SKORPION	SKORPION	FISCHE	FISCHE	SCHÜTZE	SCHÜTZE	STEINBOCK	SKORPION
3	2.29	STEINBOCK	SKORPION	SKORPION	FISCHE	FISCHE	SCHÜTZE	SCHÜTZE	STEINBOCK	SKORPION
4			SKORPION	SKORPION	FISCHE	FISCHE	SCHÜTZE	SCHÜTZE	STEINBOCK	SKORPION
5	2.24	WASSERMANN	SKORPION	SKORPION	FISCHE	FISCHE	SCHÜTZE	SCHÜTZE	STEINBOCK	SKORPION
6			SKORPION	SKORPION	FISCHE	FISCHE	SCHÜTZE	SCHÜTZE	STEINBOCK	SKORPION
7	4.51	FISCHE	SKORPION	SKORPION	FISCHE	FISCHE	SCHÜTZE	SCHÜTZE	STEINBOCK	SKORPION
8			SKORPION	SKORPION	FISCHE	FISCHE	SCHÜTZE	SCHÜTZE	STEINBOCK	SKORPION
9	10.50	WIDDER	SKORPION	SKORPION	FISCHE	FISCHE	SCHÜTZE	SCHÜTZE	STEINBOCK	SKORPION
10			SKORPION	SKORPION	FISCHE	FISCHE	SCHÜTZE	SCHÜTZE	STEINBOCK	SKORPION
11	20.12	STIER	SCHÜTZE	SKORPION	FISCHE	FISCHE	SCHÜTZE	SCHÜTZE	STEINBOCK	SKORPION
12			SCHÜTZE	SKORPION	FISCHE	FISCHE	SCHÜTZE	SCHÜTZE	STEINBOCK	SKORPION
13			SCHÜTZE	SKORPION	FISCHE	FISCHE	SCHÜTZE	SCHÜTZE	STEINBOCK	SKORPION
14	7.43	ZWILLINGE	SCHÜTZE	SKORPION	FISCHE	FISCHE	SCHÜTZE	SCHÜTZE	STEINBOCK	SKORPION
15			SCHÜTZE	SKORPION	FISCHE	FISCHE	SCHÜTZE	SCHÜTZE	STEINBOCK	SKORPION
16	20.10	KREBS	SCHÜTZE	SKORPION	FISCHE	FISCHE	SCHÜTZE	SCHÜTZE	STEINBOCK	SKORPION
17			SCHÜTZE	SKORPION	FISCHE	FISCHE	SCHÜTZE	SCHÜTZE	STEINBOCK	SKORPION
18			SCHÜTZE	SKORPION	FISCHE	FISCHE	SCHÜTZE	SCHÜTZE	STEINBOCK	SKORPION
19	8.45	LÖWE	SCHÜTZE	SKORPION	FISCHE	FISCHE	SCHÜTZE	SCHÜTZE	STEINBOCK	SKORPION
20			SCHÜTZE	SKORPION	FISCHE	FISCHE	SCHÜTZE	SCHÜTZE	STEINBOCK	SKORPION
21	20.31	JUNGFRAU	SCHÜTZE	SKORPION	FISCHE	FISCHE	SCHÜTZE	SCHÜTZE	STEINBOCK	SKORPION
22			SCHÜTZE	SKORPION	FISCHE	FISCHE	SCHÜTZE	SCHÜTZE	STEINBOCK	SKORPION

1987

	ZEIT	MOND IM ZEICHEN	MERKUR	VENUS	MARS	JUPITER	SATURN	URANUS	NEPTUN	PLUTO
NOV.										
23	12.32	STEINBOCK	SKORPION	SCHÜTZE	WAAGE	WIDDER	SCHÜTZE	SCHÜTZE	STEINBOCK	SKORPION
24			SKORPION	SCHÜTZE	WAAGE	WIDDER	SCHÜTZE	SCHÜTZE	STEINBOCK	SKORPION
25	14.14	WASSERMANN	SKORPION	SCHÜTZE	SKORPION	WIDDER	SCHÜTZE	SCHÜTZE	STEINBOCK	SKORPION
26			SKORPION	SCHÜTZE	SKORPION	WIDDER	SCHÜTZE	SCHÜTZE	STEINBOCK	SKORPION
27	16.42	FISCHE	SKORPION	SCHÜTZE	SKORPION	WIDDER	SCHÜTZE	SCHÜTZE	STEINBOCK	SKORPION
28			SKORPION	SCHÜTZE	SKORPION	WIDDER	SCHÜTZE	SCHÜTZE	STEINBOCK	SKORPION
29	20.37	WIDDER	SKORPION	STEINBOCK	SKORPION	WIDDER	SCHÜTZE	SCHÜTZE	STEINBOCK	SKORPION
30			SKORPION	STEINBOCK	SKORPION	WIDDER	SCHÜTZE	SCHÜTZE	STEINBOCK	SKORPION
DEZ.										
1			SKORPION	STEINBOCK	SKORPION	WIDDER	SCHÜTZE	SCHÜTZE	STEINBOCK	SKORPION
2	2.07	STIER	SKORPION	STEINBOCK	SKORPION	WIDDER	SCHÜTZE	SCHÜTZE	STEINBOCK	SKORPION
3			SKORPION	STEINBOCK	SKORPION	WIDDER	SCHÜTZE	SCHÜTZE	STEINBOCK	SKORPION
4	9.15	ZWILLINGE	SCHÜTZE	STEINBOCK	SKORPION	WIDDER	SCHÜTZE	SCHÜTZE	STEINBOCK	SKORPION
5			SCHÜTZE	STEINBOCK	SKORPION	WIDDER	SCHÜTZE	SCHÜTZE	STEINBOCK	SKORPION
6	18.22	KREBS	SCHÜTZE	STEINBOCK	SKORPION	WIDDER	SCHÜTZE	SCHÜTZE	STEINBOCK	SKORPION
7			SCHÜTZE	STEINBOCK	SKORPION	WIDDER	SCHÜTZE	SCHÜTZE	STEINBOCK	SKORPION
8			SCHÜTZE	STEINBOCK	SKORPION	WIDDER	SCHÜTZE	SCHÜTZE	STEINBOCK	SKORPION
9	5.42	LÖWE	SCHÜTZE	STEINBOCK	SKORPION	WIDDER	SCHÜTZE	SCHÜTZE	STEINBOCK	SKORPION
10			SCHÜTZE	STEINBOCK	SKORPION	WIDDER	SCHÜTZE	SCHÜTZE	STEINBOCK	SKORPION
11	18.31	JUNGFRAU	SCHÜTZE	STEINBOCK	SKORPION	WIDDER	SCHÜTZE	SCHÜTZE	STEINBOCK	SKORPION
12			SCHÜTZE	STEINBOCK	SKORPION	WIDDER	SCHÜTZE	SCHÜTZE	STEINBOCK	SKORPION
13			SCHÜTZE	STEINBOCK	SKORPION	WIDDER	SCHÜTZE	SCHÜTZE	STEINBOCK	SKORPION
14	6.40	WAAGE	SCHÜTZE	STEINBOCK	SKORPION	WIDDER	SCHÜTZE	SCHÜTZE	STEINBOCK	SKORPION
15			SCHÜTZE	STEINBOCK	SKORPION	WIDDER	SCHÜTZE	SCHÜTZE	STEINBOCK	SKORPION
16	15.41	SKORPION	SCHÜTZE	STEINBOCK	SKORPION	WIDDER	SCHÜTZE	SCHÜTZE	STEINBOCK	SKORPION
17			SCHÜTZE	STEINBOCK	SKORPION	WIDDER	SCHÜTZE	SCHÜTZE	STEINBOCK	SKORPION
18	20.32	SCHÜTZE	SCHÜTZE	STEINBOCK	SKORPION	WIDDER	SCHÜTZE	SCHÜTZE	STEINBOCK	SKORPION
19			SCHÜTZE	STEINBOCK	SKORPION	WIDDER	SCHÜTZE	SCHÜTZE	STEINBOCK	SKORPION
20	22.08	STEINBOCK	SCHÜTZE	STEINBOCK	SKORPION	WIDDER	SCHÜTZE	SCHÜTZE	STEINBOCK	SKORPION
21			SCHÜTZE	STEINBOCK	SKORPION	WIDDER	SCHÜTZE	SCHÜTZE	STEINBOCK	SKORPION
22	22.21	WASSERMANN	SCHÜTZE	STEINBOCK	SKORPION	WIDDER	SCHÜTZE	SCHÜTZE	STEINBOCK	SKORPION

1988 SCHÜTZE

	ZEIT	MOND IM ZEICHEN	MERKUR	VENUS	MARS	JUPITER	SATURN	URANUS	NEPTUN	PLUTO
NOV.										
23	14.13	ZWILLINGE	SKORPION	WAAGE	WIDDER	ZWILLINGE	STEINBOCK	SCHÜTZE	STEINBOCK	SKORPION
24			SKORPION	SKORPION	WIDDER	ZWILLINGE	STEINBOCK	SCHÜTZE	STEINBOCK	SKORPION
25	18.22	KREBS	SKORPION	SKORPION	WIDDER	ZWILLINGE	STEINBOCK	SCHÜTZE	STEINBOCK	SKORPION
26			SCHÜTZE	SKORPION	WIDDER	ZWILLINGE	STEINBOCK	SCHÜTZE	STEINBOCK	SKORPION
27			SCHÜTZE	SKORPION	WIDDER	ZWILLINGE	STEINBOCK	SCHÜTZE	STEINBOCK	SKORPION
28	1.53	LÖWE	SCHÜTZE	SKORPION	WIDDER	ZWILLINGE	STEINBOCK	SCHÜTZE	STEINBOCK	SKORPION
29			SCHÜTZE	SKORPION	WIDDER	ZWILLINGE	STEINBOCK	SCHÜTZE	STEINBOCK	SKORPION
30	13.00	JUNGFRAU	SCHÜTZE	SKORPION	WIDDER	ZWILLINGE	STEINBOCK	SCHÜTZE	STEINBOCK	SKORPION
DEZ.										
1			SCHÜTZE	SKORPION	WIDDER	STIER	STEINBOCK	SCHÜTZE	STEINBOCK	SKORPION
2			SCHÜTZE	SKORPION	WIDDER	STIER	STEINBOCK	SCHÜTZE	STEINBOCK	SKORPION
3	1.57	WAAGE	SCHÜTZE	SKORPION	WIDDER	STIER	STEINBOCK	STEINBOCK	STEINBOCK	SKORPION
4			SCHÜTZE	SKORPION	WIDDER	STIER	STEINBOCK	STEINBOCK	STEINBOCK	SKORPION
5	13.52	SKORPION	SCHÜTZE	SKORPION	WIDDER	STIER	STEINBOCK	STEINBOCK	STEINBOCK	SKORPION
6			SCHÜTZE	SKORPION	WIDDER	STIER	STEINBOCK	STEINBOCK	STEINBOCK	SKORPION
7	22.56	SCHÜTZE	SCHÜTZE	SKORPION	WIDDER	STIER	STEINBOCK	STEINBOCK	STEINBOCK	SKORPION
8			SCHÜTZE	SKORPION	WIDDER	STIER	STEINBOCK	STEINBOCK	STEINBOCK	SKORPION
9			SCHÜTZE	SKORPION	WIDDER	STIER	STEINBOCK	STEINBOCK	STEINBOCK	SKORPION
10	5.07	STEINBOCK	SCHÜTZE	SKORPION	WIDDER	STIER	STEINBOCK	STEINBOCK	STEINBOCK	SKORPION
11			SCHÜTZE	SKORPION	WIDDER	STIER	STEINBOCK	STEINBOCK	STEINBOCK	SKORPION
12	9.26	WASSERMANN	SCHÜTZE	SKORPION	WIDDER	STIER	STEINBOCK	STEINBOCK	STEINBOCK	SKORPION
13			SCHÜTZE	SKORPION	WIDDER	STIER	STEINBOCK	STEINBOCK	STEINBOCK	SKORPION
14	12.54	FISCHE	SCHÜTZE	SKORPION	WIDDER	STIER	STEINBOCK	STEINBOCK	STEINBOCK	SKORPION
15			STEINBOCK	SKORPION	WIDDER	STIER	STEINBOCK	STEINBOCK	STEINBOCK	SKORPION
16	16.04	WIDDER	STEINBOCK	SKORPION	WIDDER	STIER	STEINBOCK	STEINBOCK	STEINBOCK	SKORPION
17			STEINBOCK	SKORPION	WIDDER	STIER	STEINBOCK	STEINBOCK	STEINBOCK	SKORPION
18	19.12	STIER	STEINBOCK	SCHÜTZE	WIDDER	STIER	STEINBOCK	STEINBOCK	STEINBOCK	SKORPION
19			STEINBOCK	SCHÜTZE	WIDDER	STIER	STEINBOCK	STEINBOCK	STEINBOCK	SKORPION
20	22.44	ZWILLINGE	STEINBOCK	SCHÜTZE	WIDDER	STIER	STEINBOCK	STEINBOCK	STEINBOCK	SKORPION
21			STEINBOCK	SCHÜTZE	WIDDER	STIER	STEINBOCK	STEINBOCK	STEINBOCK	SKORPION

1989

	ZEIT	MOND IM ZEICHEN	MERKUR	VENUS	MARS	JUPITER	SATURN	URANUS	NEPTUN	PLUTO
NOV.										
23			SCHÜTZE	STEINBOCK	SKORPION	KREBS	STEINBOCK	STEINBOCK	STEINBOCK	SKORPION
24			SCHÜTZE	STEINBOCK	SKORPION	KREBS	STEINBOCK	STEINBOCK	STEINBOCK	SKORPION
25	10.14	SKORPION	SCHÜTZE	STEINBOCK	SKORPION	KREBS	STEINBOCK	STEINBOCK	STEINBOCK	SKORPION
26			SCHÜTZE	STEINBOCK	SKORPION	KREBS	STEINBOCK	STEINBOCK	STEINBOCK	SKORPION
27	22.30	SCHÜTZE	SCHÜTZE	STEINBOCK	SKORPION	KREBS	STEINBOCK	STEINBOCK	STEINBOCK	SKORPION
28			SCHÜTZE	STEINBOCK	SKORPION	KREBS	STEINBOCK	STEINBOCK	STEINBOCK	SKORPION
29			SCHÜTZE	STEINBOCK	SKORPION	KREBS	STEINBOCK	STEINBOCK	STEINBOCK	SKORPION
30	9.27	STEINBOCK	SCHÜTZE	STEINBOCK	SKORPION	KREBS	STEINBOCK	STEINBOCK	STEINBOCK	SKORPION
DEZ.										
1			SCHÜTZE	STEINBOCK	SKORPION	KREBS	STEINBOCK	STEINBOCK	STEINBOCK	SKORPION
2	18.42	WASSERMANN	SCHÜTZE	STEINBOCK	SKORPION	KREBS	STEINBOCK	STEINBOCK	STEINBOCK	SKORPION
3			SCHÜTZE	STEINBOCK	SKORPION	KREBS	STEINBOCK	STEINBOCK	STEINBOCK	SKORPION
4			SCHÜTZE	STEINBOCK	SKORPION	KREBS	STEINBOCK	STEINBOCK	STEINBOCK	SKORPION
5	1.48	FISCHE	SCHÜTZE	STEINBOCK	SKORPION	KREBS	STEINBOCK	STEINBOCK	STEINBOCK	SKORPION
6			SCHÜTZE	STEINBOCK	SKORPION	KREBS	STEINBOCK	STEINBOCK	STEINBOCK	SKORPION
7	6.11	WIDDER	SCHÜTZE	STEINBOCK	SKORPION	KREBS	STEINBOCK	STEINBOCK	STEINBOCK	SKORPION
8			STEINBOCK	STEINBOCK	SKORPION	KREBS	STEINBOCK	STEINBOCK	STEINBOCK	SKORPION
9	7.59	STIER	STEINBOCK	STEINBOCK	SKORPION	KREBS	STEINBOCK	STEINBOCK	STEINBOCK	SKORPION
10			STEINBOCK	STEINBOCK	SKORPION	KREBS	STEINBOCK	STEINBOCK	STEINBOCK	SKORPION
11	8.16	ZWILLINGE	STEINBOCK	WASSERMANN	SKORPION	KREBS	STEINBOCK	STEINBOCK	STEINBOCK	SKORPION
12			STEINBOCK	WASSERMANN	SKORPION	KREBS	STEINBOCK	STEINBOCK	STEINBOCK	SKORPION
13	8.51	KREBS	STEINBOCK	WASSERMANN	SKORPION	KREBS	STEINBOCK	STEINBOCK	STEINBOCK	SKORPION
14			STEINBOCK	WASSERMANN	SKORPION	KREBS	STEINBOCK	STEINBOCK	STEINBOCK	SKORPION
15	11.50	LÖWE	STEINBOCK	WASSERMANN	SKORPION	KREBS	STEINBOCK	STEINBOCK	STEINBOCK	SKORPION
16			STEINBOCK	WASSERMANN	SKORPION	KREBS	STEINBOCK	STEINBOCK	STEINBOCK	SKORPION
17	18.22	JUNGFRAU	STEINBOCK	WASSERMANN	SKORPION	KREBS	STEINBOCK	STEINBOCK	STEINBOCK	SKORPION
18			STEINBOCK	WASSERMANN	SKORPION	KREBS	STEINBOCK	STEINBOCK	STEINBOCK	SKORPION
19			STEINBOCK	WASSERMANN	SCHÜTZE	KREBS	STEINBOCK	STEINBOCK	STEINBOCK	SKORPION
20	4.47	WAAGE	STEINBOCK	WASSERMANN	SCHÜTZE	KREBS	STEINBOCK	STEINBOCK	STEINBOCK	SKORPION
21			STEINBOCK	WASSERMANN	SCHÜTZE	KREBS	STEINBOCK	STEINBOCK	STEINBOCK	SKORPION

SCHÜTZE 1990

	ZEIT	MOND IM ZEICHEN	MERKUR	VENUS	MARS	JUPITER	SATURN	URANUS	NEPTUN	PLUTO
NOV.										
23			SCHÜTZE	SCHÜTZE	ZWILLINGE	LÖWE	STEINBOCK	STEINBOCK	STEINBOCK	SKORPION
24			SCHÜTZE	SCHÜTZE	ZWILLINGE	LÖWE	STEINBOCK	STEINBOCK	STEINBOCK	SKORPION
25	8.31	FISCHE	SCHÜTZE	SCHÜTZE	ZWILLINGE	LÖWE	STEINBOCK	STEINBOCK	STEINBOCK	SKORPION
26			SCHÜTZE	SCHÜTZE	ZWILLINGE	LÖWE	STEINBOCK	STEINBOCK	STEINBOCK	SKORPION
27	15.06	WIDDER	SCHÜTZE	SCHÜTZE	ZWILLINGE	LÖWE	STEINBOCK	STEINBOCK	STEINBOCK	SKORPION
28			SCHÜTZE	SCHÜTZE	ZWILLINGE	LÖWE	STEINBOCK	STEINBOCK	STEINBOCK	SKORPION
29	17.37	STIER	SCHÜTZE	SCHÜTZE	ZWILLINGE	LÖWE	STEINBOCK	STEINBOCK	STEINBOCK	SKORPION
30			SCHÜTZE	SCHÜTZE	ZWILLINGE	LÖWE	STEINBOCK	STEINBOCK	STEINBOCK	SKORPION
DEZ.										
1	17.23	ZWILLINGE	SCHÜTZE	SCHÜTZE	ZWILLINGE	LÖWE	STEINBOCK	STEINBOCK	STEINBOCK	SKORPION
2			SCHÜTZE	SCHÜTZE	ZWILLINGE	LÖWE	STEINBOCK	STEINBOCK	STEINBOCK	SKORPION
3	16.29	KREBS	STEINBOCK	SCHÜTZE	ZWILLINGE	LÖWE	STEINBOCK	STEINBOCK	STEINBOCK	SKORPION
4			STEINBOCK	SCHÜTZE	ZWILLINGE	LÖWE	STEINBOCK	STEINBOCK	STEINBOCK	SKORPION
5	17.02	LÖWE	STEINBOCK	SCHÜTZE	ZWILLINGE	LÖWE	STEINBOCK	STEINBOCK	STEINBOCK	SKORPION
6			STEINBOCK	SCHÜTZE	ZWILLINGE	LÖWE	STEINBOCK	STEINBOCK	STEINBOCK	SKORPION
7	20.41	JUNGFRAU	STEINBOCK	SCHÜTZE	ZWILLINGE	LÖWE	STEINBOCK	STEINBOCK	STEINBOCK	SKORPION
8			STEINBOCK	SCHÜTZE	ZWILLINGE	LÖWE	STEINBOCK	STEINBOCK	STEINBOCK	SKORPION
9			STEINBOCK	SCHÜTZE	ZWILLINGE	LÖWE	STEINBOCK	STEINBOCK	STEINBOCK	SKORPION
10	4.02	WAAGE	STEINBOCK	SCHÜTZE	ZWILLINGE	LÖWE	STEINBOCK	STEINBOCK	STEINBOCK	SKORPION
11			STEINBOCK	SCHÜTZE	ZWILLINGE	LÖWE	STEINBOCK	STEINBOCK	STEINBOCK	SKORPION
12	14.29	SKORPION	STEINBOCK	SCHÜTZE	ZWILLINGE	LÖWE	STEINBOCK	STEINBOCK	STEINBOCK	SKORPION
13			STEINBOCK	STEINBOCK	ZWILLINGE	LÖWE	STEINBOCK	STEINBOCK	STEINBOCK	SKORPION
14			STEINBOCK	STEINBOCK	ZWILLINGE	LÖWE	STEINBOCK	STEINBOCK	STEINBOCK	SKORPION
15	2.45	SCHÜTZE	STEINBOCK	STEINBOCK	STIER	LÖWE	STEINBOCK	STEINBOCK	STEINBOCK	SKORPION
16			STEINBOCK	STEINBOCK	STIER	LÖWE	STEINBOCK	STEINBOCK	STEINBOCK	SKORPION
17	15.36	STEINBOCK	STEINBOCK	STEINBOCK	STIER	LÖWE	STEINBOCK	STEINBOCK	STEINBOCK	SKORPION
18			STEINBOCK	STEINBOCK	STIER	LÖWE	STEINBOCK	STEINBOCK	STEINBOCK	SKORPION
19			STEINBOCK	STEINBOCK	STIER	LÖWE	STEINBOCK	STEINBOCK	STEINBOCK	SKORPION
20	4.00	WASSERMANN	STEINBOCK	STEINBOCK	STIER	LÖWE	STEINBOCK	STEINBOCK	STEINBOCK	SKORPION
21			STEINBOCK	STEINBOCK	STIER	LÖWE	STEINBOCK	STEINBOCK	STEINBOCK	SKORPION
22	14.48	FISCHE	STEINBOCK	STEINBOCK	STIER	LÖWE	STEINBOCK	STEINBOCK	STEINBOCK	SKORPION

herschwingt, doch in dem Sinne konstant, als daß dieser Rhythmus regelmäßig und voraussagbar ist (wie die Gezeiten). So schwankt das Individuum je nach dem Druck der Zeit und der Umstände zwischen schmerzlichen und angenehmen Emotionen.

Der Mond herrscht über die Bewegung und das Volumen, aber nicht über das eigentliche Wesen des Meeres. Der Mond schafft die einfachen Lebensformen, damit das Bewußtsein aus ihnen das Beste machen kann. Er regiert die Öffentlichkeit, die gesichtslose, breite Masse und ihre gemeinsame, emotionale Reaktion im Unterschied zum Individuum und der sozialen Ordnung.

In der Physiologie regiert der Mond die Verdauungssäfte, die Absonderungen der Drüsen des Lymphsystems, den Magen, die Brüste, die Ovarien und das sympathische Nervensystem, das in einem engen Zusammenhang mit den Gefühlen, Gemütszuständen und Begierden steht.

Der Mond im Zeichen Widder

Rumms! Hier kommt es zu einem frontalen Zusammenstoß zwischen der starren Kälte des Mondes und der unerträglichen Hitze des Widder. Keine von beiden Eigenschaften verträgt sich mit der anderen, und das Ergebnis ist eine innere Spannung; entweder Sie werden mit ihr fertig und erreichen dadurch viel, oder sie macht Sie fertig und Ihr Leben zu einem dauernden, nervenaufreibenden Konflikt.

Sie reagieren instinktiv, haben großes Vertrauen in Ihre Sinne. Sie warten nicht erst einmal, um nachzudenken, die Dinge abzuwägen, sondern nehmen sie so, wie sie sind. Ihre Einschätzung der Lage erfolgt stets sofort und ist häufig äußerst zutreffend. Sie sind dann in Ihrem Element, wenn Sie in einer Situation arbeiten können, die Taten und von Moment zu Moment unterschiedliche Anpassung verlangt. Sie brauchen nicht genau die Richtung zu wissen, in die Sie steuern; Sie folgen einem Weg mit der Geschwindigkeit eines geölten Blitzes und finden so das erforderliche Gleichgewicht. Halten Sie inne, verlieren Sie dieses Gleichgewicht und werden unruhig, gereizt und empfindlich, sind leicht zu provozieren und aus der Fassung zu bringen. Sie brausen sehr schnell auf, schlagen blind um sich und sagen Dinge, die Sie später bereuen könnten.

Sie sind äußerst empfänglich, immer aufnahmebereit für das, was um Sie herum geschieht. Erfolg macht Sie noch erregter, angespannter und bereiter, sich selbst noch stärker voranzutreiben. Sie begeistern sich sehr leicht für etwas und sind allzeit bereit, bei jeder auftauchenden und erfolgversprechenden Sache mitzumachen. Oberflächlich gesehen, scheinen Sie ziemlich förmlich zu sein, doch suchen Sie stets nach einer Chance, die Initiative an sich zu reißen, andere anzuführen, allein loszuschlagen. In ganz kurzer Zeit stehen Sie an der Spitze und lassen andere nach Ihrer Pfeife tanzen. Sie sind sich Ihrer selbst sehr sicher und würden sich lieber auf Ihre eigenen Eindrücke verlassen, als auf einen Rat Dritter zu hören. Das kann gefährlich sein: Sie machen auf diese Weise Fehler. Sie fühlen sich nicht zu Leuten hingezogen, die Ihnen sagen, wie Sie etwas anpacken sollen, denn Sie sind ein unabhängiger Geist. Gewöhnlich zeigen Sie Interesse an okkulten Wissenschaften; Ihre seherischen Fähigkeiten sind äußerst gut entwickelt.

Die zwiespältige Natur des Mondes verleitet Sie dazu, sich über Kleinigkeiten maßlos zu ärgern, doch bei größeren Angelegenheiten handeln Sie entschlossen und rasch. Sie scheinen sich an Kinkerlitzchen aufzureiben und um sie wie eine aufgescheuchte Glucke herumzuhüpfen. Ihre Fähigkeiten machen Sie bestens für einen Beruf geeignet, in dem der Erfolg von schnellen Entscheidungen abhängt. Je größer die Einsätze, um so größer Ihre Befriedigung und Ihre Kompetenz. Haben Sie verschiedene Berufe zur Auswahl, wählen Sie häufig absichtlich den, der ein Risiko einschließt. Sie leben, um zu fühlen und handeln, ohne je eine Pause machen zu müssen, sind impulsiv und sehr oft vorschnell. Ihr Unternehmungs- und Erfindungsgeist läßt andere, insbesondere Arbeitgeber, über diese Fehler hinwegsehen. Gewöhnlich haben Sie Erfolg und landen in einer Position, die Ihnen Autorität verleiht.

Sie reisen sehr gern und sind oft mit einer Aufgabe betraut, die sich auch auf Öffentlichkeitsarbeit erstreckt. Sie haben eine sehr überzeugende Art und können viele Leute dazu bringen, Ihnen zu folgen und Ihre Sache zu unterstützen. Sie sind äußerst idealistisch eingestellt und können veränderte Bedingungen großen Stils befürworten, doch fehlt es Ihnen gewöhnlich an der Ausdauer und Konzentration, um Ihre missionarischen Anstrengungen zu einem greifbaren Ergebnis zu führen.

Ein Mann, bei dem der Mond im Widder zu finden ist, könnte in seinem Leben Schwierigkeiten mit den Frauen haben; denn er wird von einer Affäre zur andern eilen, sehr unbeständig und nie wirklich dazu bereit sein, sich irgendwo niederzulassen, da er kein häuslicher Typ ist. Er wirkt auf leidenschaftliche, eigensinnige und wenig praktisch denkende Frauen, die zwar sehr intelligent, aber schwierig sein können und sich von ihm ganz bestimmt nicht unterdrücken lassen. Die Ehe könnte für den Mond-Widder-Mann eine recht kurze und stürmische Erfahrung sein. Wird der Mond jedoch durch andere Planeten gut aspektiert, kann ihm die Frau eine große Hilfe bei der Karriere und im Berufsleben sein.

Es mag sein, daß Sie Ihre Eltern und Ihre Familie lieben, doch wird es immer Spannungen und Konflikte geben. Irgend jemand hat einmal gesagt, daß der Mond im Widder wie eine Rose im Feuer ist. Im Normalfall ziehen Sie es vor, mit älteren, lieben Menschen aus einer gewissen Distanz zu verkehren, um Mißverständnisse und Streit zu vermeiden.

Es kann auch sein, daß Sie lebhafte Erinnerungen an die ehrgeizigen Pläne haben, die Ihre Mutter früher mit Ihnen hatte, und Sie dagegen im Unterbewußtsein noch einige Ressentiments hegen.

Mütter mit dieser Mond-Widder-Kombination können versucht sein, das Leben ihrer Kinder bis ins Erwachsenenalter hinein zu bestimmen; häufig fehlt ihnen auch die Fähigkeit, mit den praktischen Anforderungen des Lebens fertig zu werden.

Die Kehrseite der Medaille

Es kann sein, daß Sie aus einer Begeisterung heraus sehr viel Energie verschwenden und absolut nichts erreichen, alles an Ihnen nur Schau, Schaumschlägerei und leeres Geschwätz ist. Sie beginnen ein Projekt und lassen es ohne Rücksicht auf die anderen, die mit darinstecken, fallen, weil Sie kein Interesse mehr haben. Ihr Idealismus grenzt schon beinahe an Fanatismus. Wahrscheinlich machen Sie auch unbedachte und indiskrete Äußerungen in der Öffentlichkeit und ruinieren Ihren guten Ruf durch unbedachtes, vorschnelles Handeln. Sie haben Ihr Temperament nur schwer unter Kontrolle und richten damit manchen Schaden an, Ihre fehlende innere Stabilität kann leicht zu einem Zusammenbruch führen. Sie sind ein unangenehmer Rebell ohne Grund. Ihre Untreue in der Ehe verursacht das Elend des Partners. In der Elternrolle verhalten Sie sich möglicherweise gedankenlos und diktatorisch.

Der Mond im Zeichen Stier

Diese Position des Mondes im Horoskop ist sehr günstig und bringt gewöhnlich Besitz und andere Annehmlichkeiten des Lebens mit sich. Hier wird die Wirkung des Mondes verstärkt, seine emotionalen Sensoren finden einen aufnahmebereiten und fruchtbaren Grund in der Erde und schlagen tiefe und fruchtbringende Wurzeln. Der Mond im Stier kann recht produktive Ergebnisse bewirken, keine großen Veränderungen zwar, aber konstruktive Tätigkeiten im materiellen Bereich.

Sie sind eine zuverlässige Person, ändern Ihre Einstellung nicht leichtfertig und aus einer Laune heraus und wollen Ihren Besitz, den Sie sich einmal erworben haben, nicht durch irgendwelche dummen Experimente verlieren. Sie sind ein Mensch, der sein Leben auf einem festen Fundament aufbauen möchte.

Sie handeln intuitiv und sind leicht zu beeinflussen, Ihre Konzentrationsfähigkeit ist groß. Sie sind aufmerksam und verstehen zuzuhören, wenn Sie es wollen. Sie nehmen die Dinge eher gefühlsmäßig wahr, als die hinter ihnen stehende Idee zu begreifen. Bei Ihnen gibt es keine Blitzentscheidungen und -reaktionen; Sie möchten erst in aller Ruhe und Gemütlichkeit Ihre Eindrücke verdauen, bevor Sie zu einem Entschluß kommen. Wenn Sie sich aber zu etwas entschlossen haben, dann ist diese Entscheidung endgültig. Sie stehen zu Ihren Prinzipien, komme, was wolle, setzen sie in die Tat um und arbeiten unbeirrbar auf Ihre einmal gesteckten Ziele hin.

Sie lieben Ihre Familie. Es gibt etwas in der Vergangenheit, in Ihrer Kindheit, das durch nichts, was seitdem geschehen ist, ersetzt werden kann. Sie sind sehr nostalgisch, und diese Ihre Sehnsüchte werden durch dauerndes Kramen in der Erinnerung befriedigt. Sie denken oft an Ihr Zuhause, Ihre Großeltern, Ihre Vorfahren und Ihre Bindungen zur Vergangenheit, sind nachdenklich und erfreuen sich in der liebevollen Erinnerung an vergangene Tage. Ihr Gedächtnis ist sehr gut.

Sie besitzen einen ausgezeichneten Geschäftssinn und haben viele einflußreiche und wohlhabende Freunde, obwohl Sie selbst nicht unbedingt zu den Reichen gehören. Sie verstehen es hervorragend, Geld zu scheffeln und es klug anzulegen; Ihr Kapital wächst zwar nicht über Nacht, doch mit einer Stetigkeit, die garantiert, daß Sie eines Tages wohlhabend sind und es Ihnen gutgeht. Was die öffentliche Meinung und den Geschmack der Masse angeht, so besitzen Sie die Fähigkeit, immer den richtigen Zeitpunkt zu erkennen und abzupassen. Sie können Ihr Geld im Rohstoffhandel, insbesondere mit landwirtschaftlichen Produkten, verdienen; ein sechster Sinn sagt Ihnen den richtigen Zeitpunkt für Kauf und Verkauf. Genossenschaften, Großhandelsorganisationen und Konsortien, in denen Sie Ihre Interessen mit denen anderer verbinden können, bieten Ihnen erfolgversprechende Möglichkeiten. Auch Restaurants, Reformhäuser und andere Unternehmungen der Lebensmittelbranche und des Gaststättengewerbes sollten Ihnen ein lukratives Auskommen sichern. Im Wohnungsbau und Immobilienhandel eröffnen sich Ihnen besondere Möglichkeiten, speziell mit großen Siedlungsprojekten, die für kleine Gemeinden interessant sind. Auch in der Bauwirtschaft stehen Ihre Sterne günstig.

Sie sind höflich, freundlich und sympathisch, aber kein Abenteurertyp. Für revolutionäre Modetrends und Marotten haben Sie nichts übrig. Sie erfreuen sich an den besten Dingen, die die etablierte Ordnung zu bieten hat – das Klassische und Traditionelle. Ihnen macht es überhaupt nichts aus, den alten Anzug, das alte Kleid wie ein neues Stück zu tragen, solange es elegant und gut aussieht. Sie lieben die angenehmen Dinge des Lebens sehr, was dazu führen kann, daß Sie dem Komfort, gutem Essen und Sex übermäßig frönen. Ihr Geschmacks- und Tastsinn sind sehr gut entwickelt. Manchmal tun Sie geheimnisvoll mit Ihren Aktivitäten. Sie gewinnen leicht Freunde, sind ein aufmerksamer Gastgeber. Sie sind romantisch und fühlen sich, obwohl von Natur aus vorsichtig, stark zum anderen Geschlecht hingezogen. Sie sind ehrgeizig und wollen bei allem, was Sie tun, Hervorragendes leisten.

Sie sind konservativ und dem Konventionellen verhaftet, obwohl Ihr Gefühlsleben dem bisweilen zu widersprechen scheint. Sie sind kein Verfechter neuer Ideen, sondern eher ein Erneuerer als ein Neuerer, der alte Ideen in ein neues, attraktives Gewand kleidet.

Die Frauen im Leben eines Mond-Stier-Mannes sind praktisch, liebevoll und häuslich. Er kann auf ihre Treue und durch nichts zu erschütternde Unterstützung in schwierigen Zeiten und Umständen zählen. Es ist jedoch auch möglich, daß sie sich gefühlsmäßig wie Kletten an ihn hängen, es schwierig wird, sich von ihnen freizumachen, wenn man sich zur Trennung entschlossen hat. Sind Sie eine Frau, werden Sie diesen Charakterzug bei sich wie bei Ihren Kolleginnen beobachten.

Menschen, bei denen der Mond im Stier steht, haben oft eine angenehme Stimme und können gut singen. Sie wählen deshalb wahrscheinlich einen Beruf, der mit dem Rundfunk, öffentlichen Reden oder der Schallplattenindustrie zu tun hat.

Die Kehrseite der Medaille

Es kann sein, daß Sie mit Ihrer konservativen Einstellung ein richtig langweiliger Typ sind, es Ihnen völlig an Originalität mangelt. Sie neigen auch sehr wahrscheinlich zu übermäßiger Eßlust und untergraben Ihre Gesundheit durch Übergewicht. Ihre Liebe zum Alkohol kann zum Problem werden, besonders für Ihre Familie. Möglicherweise fühlen Sie sich auch in undurchsichtiger Gesellschaft wohl oder erwählen sich Kameraden mit zweifelhaftem Ruf und verschlagenen und geheimnistuerischen Gewohnheiten. Ihren Lieben gegenüber sind Sie zu besitzergreifend und können Ihre Kinder dazu treiben, sich Verständnis und Mitgefühl bei anderen zu holen. Möglich ist, daß Sie zu früh heiraten und später darunter leiden. Sie neigen dazu, teilnahmslos dabeizustehen und zuzusehen, wenn andere unfair behandelt werden, um selbst ja keine Unannehmlichkeiten zu bekommen, nur ein Lippenbekenntnis zu Ihren Idealen abzulegen, weil Sie zu faul oder überhaupt nicht in der Lage sind zu handeln.

Der Mond im Zeichen Zwillinge

Eine unruhige Kombination, die Sie zwar mit großen intellektuellen Fähigkeiten ausstattet, aber auch mit der Neigung, an der Oberfläche der Dinge dahinzuschlittern – mehr in der Absicht, möglichst viel mitmachen zu können, als einen bleibenden Eindruck zu hinterlassen. Sie besitzen die Fähigkeit, aber verspüren nicht die Lust, sich mit fundamentalen Fragen zu beschäftigen. Geistig wie körperlich sind Sie sehr aktiv, Sie lesen gern, befassen sich immer mit verschiedenen Themen auf einmal, besuchen gern andere Leute, besonders in ihrem Heim. Sie lieben Ausflüge, flotte Spaziergänge, viele Gespräche. Oft haben Sie eine spezielle Eignung für Mathematik und Naturwissenschaften, und auch ihre literarischen Fähigkeiten sind recht beeindruckend. Das Wahrnehmungsvermögen Ihrer Sinne ist außergewöhnlich: Sie nehmen Eindrücke ungeheuer schnell auf und können sie mit erstaunlicher Zungenfertigkeit in Worte kleiden oder sie in Prosa- oder poetischer Form niederschreiben. Dann vergessen Sie sie, als ob sie nie zuvor existiert hätten.

Sie finden Ihr Vergnügen auf geistige Art, nicht durch tatsächliche Sinneswahrnehmungen. Sie sind mitfühlend und human. Für Sie sind Emotionen dann wertvoll, wenn sie Ideen wecken, Gelegenheiten zum Handeln und zur Ablenkung bieten, Kontakte und Bewegung mit sich bringen. Für Sentimentalitäten haben Sie wenig Zeit; Sie schwelgen nicht in Ihren Gefühlen. Sie wissen aber auch ganz genau, was im Kreis der Familie geschieht; Sie zeigen ein lebhaftes Interesse an dem, was Ihre Lieben tun, und möchten sich darüber durch Briefe, Telefonate und Besuche auf dem laufenden halten. Sie sprechen gern über die Vergangenheit, aber nicht mit dem nostalgischen Wunsch, sie wieder auferstehen zu lassen. Sie sind dann sehr ernst, wenn es um familiäre oder persönliche Angelegenheiten geht.

Sie lassen sich leicht begeistern und schnell zu neuen Unternehmungen überreden, bei denen Sie dann viel Enthusiasmus zeigen. Sie wollen immer noch etwas dazulernen, begreifen auch schnell und sind ein geborener Imitator. Mit der Geschwindigkeit eines Computers verarbeiten Sie Informationen und geben sie genau wieder, wo immer Sie einen aufmerksamen Zuhörer finden; selten fügen Sie etwas aus eigenem Antrieb hinzu, wenn Sie Informationen wiederholen, denn Sie sind zu sehr damit beschäftigt, sie anderen mitzuteilen, als daß Sie sich erst in Ihre innerste Gefühlswelt versenken, und dann mit einer emotional gefärbten Schilderung wieder auftauchen. Ihnen scheint eine nicht ganz ausgegorene Sache lieber zu sein als gar keine.

Ihr Geruchssinn ist sehr gut entwickelt, ebenso Ihr musikalisches Gehör. Ohne dauernde, andersartige geistige Stimulation leidet wahrscheinlich Ihre Gesundheit, weil Sie dann nervös und reizbar werden. Es ist notwendig, daß Sie Ihre Phantasie lebhaft beschäftigen. Sie gehören zu den Leuten, die ein Buch oder eine Geschichte nur halb lesen, ohne den Wunsch zu haben, bis zum Ende weiterzulesen: Sie suchen nicht nach einem befriedigenden Ende oder einer Schlußfolgerung, sondern nach der Gelegenheit, etwas Neues beginnen zu können. Sie reisen gern, lieben Neuigkeiten.

Sie besitzen ein Gefühl für Sprache und Fremdsprachen. Sie ziehen es vor, den Leuten das zu sagen, was sie hören möchten, und kümmern sich nicht darum, ihnen Ihre Ansichten zu vermitteln. Sie erzählen auch einmal eine Lüge, weil sie besser ankommt als die Wahrheit. Für Sie ist der Intellekt wie ein Spielzeug, mit dem zu spielen Sie nie müde werden. Genau diese Einstellung bewirkt, daß das Temperament des Zwillings andere so »täuschen« kann. Er steht fast unter dem Zwang, geistreiche Bemerkungen kontern, überzeugend seine Posen wechseln zu müssen, ohne Argwohn zu erregen, die Gläubigkeit anderer auf die Probe zu stellen. Materielle Gewinne sind für Sie nur eine Zugabe. Das Spiel allein zählt, nicht die kleingeistige Befriedigung, für sich den Gewinn eines Punkts verbuchen zu können. Sie sind nicht boshaft, auch nicht absichtlich grausam, doch manchmal müssen Sie einfach Ihre intellektuellen Sparringspartner in die Mangel nehmen (oder, wie Sie sagen würden, etwas aufstacheln), damit Ihr messerscharfer Verstand auch so bleibt.

Sie sind launisch und kehren wahrscheinlich Ihre Probleme lieber unter den Teppich, als sich mit ihnen auseinanderzusetzen. Sie hassen Streit und Zank – Sie werden kilometerweit laufen (und das macht Ihnen sogar Spaß), um eine Szene zu vermeiden. Doch schaffen Sie es oft, sich durch unüberlegtes Handeln und mangelnde Vorsicht in schwierige und peinliche Situationen zu bringen.

Sie neigen dazu, Ihren Beruf und Ihren Wohnort regelmäßig zu wechseln. Wenn Sie einmal seßhaft werden, können Sie ein guter Reporter, Verkäufer, Schriftsteller, Lehrer oder Vertreter werden. Ein Beruf, der Kontakt zur breiten Masse mit sich bringt, zahlt sich für Sie häufig aus.

Für eine Karrierefrau ist diese Stellung des Mondes günstig, denn sie bringt keine besondere Vorliebe für die Arbeit im Haushalt auf und legt keinen Nachdruck auf Romanzen und Liebesaffären. Doch gibt der Mond diesen Frauen die notwendige weibliche Vitalität, sich mit beträchtlicher Zielstrebigkeit der Erfüllung ihrer Wünsche zu widmen. Ohne einen starken intellektuellen Antrieb kann der weibliche Verstand unter dieser Konstellation besonders leichtfertig sein.

Die Frauen im Leben eines Mannes, bei dem der Mond im Zeichen Zwillinge steht, müssen mehr Grips haben als schön sein, um sein Interesse und seine Aufmerksamkeit aufrechtzuerhalten. Sie sind selten begeisterte Hausfrauen, wahrscheinlich launisch in der Liebe und suchen gierig nach Neuigkeiten und Anregungen.

Die Kehrseite der Medaille

Sie könnten ein Schwindler oder glaubhafter Lügner sein, der sich nicht lange auf etwas anderes als seine egoistischen Interessen konzentrieren kann, sich selbst gern reden hört und dem es gefällt, Uneinigkeit unter anderen zu stiften. Sie denken sich nichts dabei, wenn Sie rücksichtslos, mitleidlos und kühl berechnend handeln, um Ihre Pläne zu verwirklichen. Ihre Mutter oder Ihre Familie mag Sie wahrscheinlich nicht besonders. Sie können unzuverlässig, inkonsequent und kindisch sein. Ihnen ist das Zweckmäßige wichtiger als das, was fair und gerecht ist. Ihre sorglose und fröhliche Art könnte nur eine List sein, um einen Menschen zu verbergen, der undiszipliniert, nicht willens und nicht reif genug ist, die Herausforderungen des Lebens, gleich unter welchen Bedingungen, anzunehmen.

Der Mond im Zeichen Krebs

Sie sind ein richtiges Naturkind, lieben alles Schöne, und Ihre Sinne sind genauestens auf Ihre Umgebung und die Menschen, mit denen Sie zusammenkommen, eingestimmt. Sie passen sehr gut in Ihre Umgebung und sind bereit, bei allem mitzumachen, was um Sie herum passiert – vorausgesetzt, es geschieht mit genügend Harmonie und ein bißchen Zärtlichkeit.

Der Krebs ist das Zeichen des Mondes, und darin ist er wirklich zu Hause, seine positiven Eigenschaften werden verstärkt, seine negativen abgeschwächt. Doch es besteht die Möglichkeit, daß Sie zu stark zur Bequemlichkeit neigen (auch Gelassenheit und Sanftmut kann man zu weit treiben). Bei dieser Kombination fällt es Ihnen leicht, in einen Zustand des Sichtreibenlassens und jede Mühe scheuender Trägheit zu sinken.

Sie sind weniger wankelmütig, und Ihr Temperament ist etwas wärmer als bei Leuten, bei denen der Mond eine andere Position einnimmt. Sie sind sehr um das Wohl Ihrer Familie und Ihrer Sprößlinge besorgt, hegen lebhafte Erinnerungen an Ihre Kindheit, besonders an Ihre Mutter. Die Sorgen und Freuden dieser Kindheitstage nehmen einen Großteil Ihrer Gedanken in Anspruch. Sie denken gern, erinnern sich an die Vergangenheit und brüten manchmal über damals erlittene Enttäuschungen und Ungerechtigkeiten nach. Bei dieser Kombination tritt nicht selten ein Mutter-Komplex auf.

Unbewußt fühlen Sie sich zu Menschen hingezogen, bei denen Sie sich beschützt fühlen und die Sie für zuverlässig halten. Sie selbst entwickeln einen starken Beschützerinstinkt und neigen dazu, viel Wirbel um Ihre Lieben zu veranstalten.

Sie sind liebevoll in der Elternrolle und als Ehepartner, überschütten Ihren Partner und alle, die emotional von Ihnen abhängig sind, mit Ihrer Zuneigung. Sie würden lieber zu Hause arbeiten und werden sogar ein geringeres Einkommen in Kauf nehmen, um es auch tatsächlich tun zu können, wenn sich die Gelegenheit dazu ergibt. Sie tun alles in Ihrer Macht Stehende, um Ihren Lebensbereich so komfortabel und gemütlich wie möglich auszustatten, haben gern ein paar Antiquitäten um sich; Ihre Bibliothek enthält gewöhnlich einiges an geschichtlichen Werken.

Sie sind sehr leicht zu beeindrucken. Ihr Verstand nimmt die Dinge lieber in sich auf, als selbst aktiv zu werden – das heißt, Sie denken lieber über etwas nach, als eigene Gedankenkonzepte zu entwickeln. Ein Gedanke ist für Sie mehr ein Gefühl als ein geistiges Bild. Für Stimmungen sind Sie äußerst empfänglich und nehmen sie sofort in sich auf. Aber Ihre Reaktionen kommen langsam und unsicher, und Sie lassen sich Zeit, bevor Sie Ihr Urteil abgeben. Sie fühlen sich nicht wohl, wenn Sie unter wenig stabilen Bedingungen leben müssen oder selbst in Unruhe versetzt werden. Sie sind lieber mit sich allein, nehmen Eindrücke in sich auf und verarbeiten sie, bis Sie den Zeitpunkt für gekommen halten, sich wieder in die Welt hineinzuwagen und ihr die Wohltat Ihres Entschlusses angedeihen zu lassen. Zu diesem Zeitpunkt ist es jedoch meist zu spät, die Gelegenheit ist verstrichen. Sie werden nicht viel zustande bringen, wenn Sie sich nicht selbst bis an die Grenze Ihrer Leistungsfähigkeit antreiben oder andere, energiespendende Faktoren in Ihrem Horoskop vorhanden sind.

Es ist möglich, daß Sie zu gründliche Überlegungen anstellen, um wirklich kreativ zu sein. Sie besitzen gewissermaßen das Rohmaterial für brillante Leistungen, aber selten die dazu erforderliche Spontanität. Gleichgültige Zufriedenheit und geistige Trägheit sind die Hindernisse.

Sie lieben Annehmlichkeiten und Komfort und verstehen sich am besten mit Leuten, die in derselben Richtung denken. Sie lieben Besuche und unterhalten sich gern mit andern. Da Sie eine Vorliebe für gutes Essen und Trinken haben, können Sie Probleme mit Ihrem Gewicht haben, besonders dann, wenn Sie nicht genug Bewegung haben. Sie passen sich einer harmonischen Gesellschaft sehr gut an und reagieren sehr feinfühlig auf die tieferen Gefühle anderer, und dies in einem Maße, daß Sie selbst gefühlsmäßig aus dem Gleichgewicht kommen. Ihre Begeisterung für eine Sache kommt und geht. Obwohl Sie mit dem Einsatz all Ihrer Kraft für eine gerechte Sache kämpfen können, kann ein plötzlicher Sinneswechsel Ihnen jeden Willen nehmen, damit weiterzumachen.

Paradoxerweise haben Sie eine Art an sich, sich ins Rampenlicht der Öffentlichkeit zu rücken. Obgleich Sie zurückhaltend sind und sich Ihr ganzes Wesen dagegen sträubt, werden Sie in Kontroversen und Diskussionen hineingezogen, die großes Aufsehen erregen. Ihr eigenes Verhalten ist bisweilen auffallend inkonsequent; Sie können mit der Unbekümmertheit eines Trapezkünstlers zwischen zwei sich widersprechenden Standpunkten hin- und herschwingen. Ihre extreme Sensibilität macht Ihnen häufig psychische Vorgänge bewußt, die anderen verborgen bleiben. Sie »wissen« um Dinge, ohne daß man sie Ihnen gesagt hat.

Sie sind gefühlvoll, mitfühlend und human. Obwohl Sie sich Ihrer Sinne voll bewußt sind, erlauben Sie ihnen nicht, Sie in große körperliche Aktivitäten zu verwickeln. Sie bevorzugen Sinnesfreuden. Sie geben einen guten Schauspieler und Mimen ab, können Emotionen heraufbeschwören wie andere Erinnerungen. Gewöhnlich lieben Sie Poesie, Musik und das Theater.

Diese Stellung des Mondes ist nicht so günstig für Frauen, weil sie bei ihnen die Neigung hervorruft, sich zu sehr der Gnade der Männer in ihrem Leben auszuliefern. Da sie sich passiv verhalten und leicht beeindrucken lassen, kann man sehr leicht Einfluß auf sie ausüben; oft werden sie unterdrückt und von oben herab behandelt. Fast alle Menschen mit dem Mond im Zeichen der Zwillinge laufen Gefahr, ausgenutzt zu werden.

Bei Männern bedeutet diese Kombination gewöhnlich, daß die Frauen in ihrem Leben zum mütterlichen Typ gehören. Voller Zuneigung und romantischer Vorstellungen kleben sie wie Pech an einem Mann. Sind sie mit ihm verheiratet, ist ihre Treue über jeden Zweifel erhaben.

Die Kehrseite der Medaille

Möglicherweise sind Sie körperlich und geistig träge. Sie können so leicht zu beeinflussen sein, daß es schon Dummheit ist, haben keine eigene Meinung. Eine übertriebene Liebe zu Ihrer Mutter oder ein ständiges Andenken an sie macht Sie zu einem schwierigen Menschen, mit dem zu leben oder verheiratet zu sein nicht leicht ist. Sie können launisch und mürrisch sein – eben noch heiter, im nächsten Augenblick schon wieder griesgrämig. Ihre Launenhaftigkeit führt dazu, daß andere nichts mehr auf Ihre Versprechen geben. Sie machen »das Schicksal« für Ihre Fehler und Schwächen verantwortlich und versäumen es, einen vernünftigen Sinn für Verantwortung zu entwickeln. Wahrscheinlich sind sie auch sehr verwöhnt und glauben, das Recht zu besitzen, von der Gesellschaft umsorgt zu werden, ohne sich selbst anstrengen zu müssen. Sie lassen Ihren Lüsten und Gelüsten freien Lauf und sind nur mit der Suche nach sinnlichen Genüssen beschäftigt.

Der Mond im Zeichen Löwe

Sie sind sich Ihrer selbst sehr sicher und dramatisieren mit Vorliebe eine Situation. Obwohl Sie einen wachen und schnell arbeitenden Verstand besitzen, lassen Sie sich weitgehend von Ihren Emotionen leiten. Bei Ihnen kommen Liebe und Zuneigung an erster Stelle, und bekommen Sie beides nicht, werden Sie verzagt und ziehen sich in sich selbst zurück. Sie müssen unbedingt das Gefühl haben, daß andere Sie brauchen, schätzen und Ihnen ihre Bewunderung aussprechen. Zum Glück sind Sie eine warmherzige und liebenswerte Persönlichkeit, die auf ihre Mitmenschen ansprechend wirkt, und deshalb fehlt es Ihnen selten an Bewunderern, Mitarbeitern und angenehmen Weggenossen, deren Anwesenheit Sie vor der Unsicherheit schützt, die in den Tiefen Ihrer Seele lauert.

Sie sind sehr ehrgeizig, besitzen Geschäftssinn und fürchten sich nicht vor der Verantwortung. Sie haben die Absicht, die Welt auf die eine oder andere Weise zu beeindrucken. Manchmal verlieren Sie die Kontrolle über diesen Trieb, und er degeneriert zu pompöser Übertreibung, Angeberei und aufdringlicher Eitelkeit. Sie sind ein geborener Schauspieler, dessen bewundernswert breite Palette emotionaler Ausdrucksarten auf ein vernünftiges Maß beschränkt werden muß.

Gewöhnlich sind Sie sehr beliebt beim anderen Geschlecht; man könnte Ihre Fähigkeit zu lieben als »alles verzehrend« bezeichnen. Es spielt keine Rolle, wie oft Sie sich verlieben: Sie lieben jedesmal mit Ihrer ganzen Persönlichkeit – was für das

Objekt Ihrer Liebe schmeichelnd, tröstlich und beruhigend ist. Doch nach kurzer Zeit – wenn Sie so lange bei diesem Partner geblieben sein sollten – empfindet man Ihre Zuneigung als etwas erdrückend, bestimmt jedoch als zu beschützend.

Sie opfern sich auf; wenn Sie Ihr Wort gegeben oder Ihr Herz verschenkt haben, erfüllen Sie jede eingegangene Verpflichtung. Obwohl Sie möglicherweise unter dem Druck ungünstiger Umstände leiden, werden Sie selten ein Versprechen nicht einlösen. Eine Ausnahme machen Sie nur dann, wenn die betreffende Person Ihre Anstrengungen und Treue für selbstverständlich hält: Dann brechen Sie mit einer aufsehenerregenden Zurschaustellung Ihrer Unabhängigkeit und Entrüstung alle Verbindungen ab.

Sie sind allem gegenüber positiv eingestellt, entschlossen, optimistisch und voller Hoffnungen. Ihnen ist die Macht, andere zu führen und zu Ihrer Gefolgschaft zu machen, angeboren. Ihre Tatkraft läßt Sie keine Grenzen anerkennen; wo ein Wille ist, da gibt es für jeden, bei dessen Geburt der Mond im Zeichen Löwe steht, auch einen Weg. Aber es muß schon etwas Besonderes sein, um Sie zur Anteilnahme zu bewegen; Sie sind nicht der Typ, der nach einem fast vergessenen Fall oder Kreuzzug sucht, um seine Energie dafür einzusetzen. Sie sind recht bestimmt in Ihren Ansichten und Empfindungen. Sind Sie nicht an einem Projekt oder einer Sache interessiert, sollte niemand hoffen, Ihre Aufmerksamkeit darauf lenken zu können. Sie sind nicht so neugierig wie andere, zumindest nicht auf intellektuellem Gebiet. Sie brauchen einen emotionalen Anreiz, um erst einmal in Bewegung zu kommen. Sie sind zufrieden, mit dem Gleichmut des Löwen in der Sonne liegen zu können. Wenigstens so lange, wie Ihnen niemand auf den Schwanz tritt. Zeigen Sie einmal Interesse, lernen Sie sehr schnell.

Sie sind stolz, rechtschaffen und großzügig, lieben Ihr Heim und haben ehrgeizige Pläne mit Ihren Sprößlingen. Gehören Sie zum starken Geschlecht, dann könnten die Frauen in Ihrem Leben etwas rechthaberisch sein und dazu neigen, Ihre Aktivitäten »zu Ihrem eigenen Vorteil« in eine bestimmte Richtung zu lenken versuchen. In jedem Fall werden sie jedoch einen starken und günstigen Einfluß ausüben, besonders im geistigen und intellektuellen Bereich. Frauen, bei denen der Mond im Löwen steht, haben für gewöhnlich eine ausgeglichenere Persönlichkeit als die Männer. Die Männer sind nämlich etwas egoistischer und neigen dazu vorzupreschen, die Gefühle anderer Leute nicht zu beachten und verächtlich alle äußeren Einflüsse abzutun.

Sie sind eine adrette Person und achten auf Ihre äußere Erscheinung. Es ist fast sicher, daß Sie auch eine prominente Persönlichkeit in Ihrer Gemeinde oder Stadt werden wollen. In vielen Fällen werden Menschen mit dieser Kombination bekannte Persönlichkeiten, besonders in der Unterhaltungsbranche. Gewöhnlich können Sie auch auf die Unterstützung von Leuten in hohen Positionen rechnen. Sie sind genußsüchtig und lieben das Vergnügen, doch irgendwie wählen Sie den Zeitpunkt für Entspannung, Unterhaltung und Ausschweifungen recht klug und vermeiden damit Auswirkungen auf Ihre Arbeit und Ihren Ruf, da beide für Sie von äußerster Wichtigkeit sind. In Ihrem Liebesleben sind Sie selten glücklich; Ihnen fällt es sehr schwer, impulsiven Affären mit hierzu bereiten, schmeichelnden Gespielen oder Gespielinnen zu widerstehen.

Luxusgegenstände wie Schmuck, Pelze, teure Anzüge und flotte Autos können Ihre Schwäche sein. Sie lieben Musik, Kunst, Literatur, sind häufig auch recht kreativ auf diesen Gebieten und verdienen damit Ihren Lebensunterhalt. Organisierter Sport könnte Sie ebenfalls interessieren, entweder als Freizeitbeschäftigung oder als Geschäftsgrundlage.

Die Kehrseite der Medaille

Sie könnten zu einem hemmungslos genußsüchtigen Wrack werden. Ihr arrogantes und eingebildetes Auftreten macht Sie unbeliebt und zwingt Sie dazu, stets neue Leute suchen zu müssen, auf die Sie noch Eindruck machen. Wichtigtuerei ist wahrscheinlich Ihre größte Schwäche. Obwohl körperlich voll entwickelt, scheinen Sie geistig und intellektuell unreif. Ihre Vorstellung von Liebe und Zuneigung könnte nicht mehr sein als Lustbefriedigung und freies Gewährenlassen. Was Sie an sich als Empfindsamkeit bezeichnen würden, ist für andere Selbstbemitleidung und Jammerei. Ihr Streben, im Rampenlicht zu stehen, könnte wie ein Bumerang auf Sie zurückkommen – es ist wahrscheinlicher, daß Sie berüchtigt sind und nicht berühmt. Sie laufen Gefahr, immer wieder in Skandale verwickelt zu werden, wenn Sie nicht die notwendige Lektion der Selbstbeherrschung lernen.

Der Mond im Zeichen Jungfrau

Sie sind praktisch und intelligent – und wahrscheinlich der effektivste und sich am wenigsten beklagende Arbeiter des ganzen Tierkreises. Sie pflügen durch einen Ozean von Details wie der Bug eines Schiffes. Sie haben die besondere Gabe, noch wirksamere Methoden zur Erledigung der anfallenden Arbeit zu entwickeln, erwarten dafür aber keine Privilegien oder besondere Ehren. In mancher Hinsicht sind Sie der ideale Arbeitnehmer – ehrlich, fleißig, genau, praktisch und bemerkenswert bescheiden.

Sie sind eher zurückhaltend und sich Ihrer selbst viel weniger sicher, als es den Anschein hat. Dieses fehlende Selbstvertrauen läßt sich oft auf den Einfluß Ihrer Mutter oder einer anderen Mutterfigur zurückführen, die die Angewohnheit hatte, an Ihnen herumzunörgeln. Mitfühlende Wärme könnten Sie in Ihrer Familie entbehrt haben. Es ist auch möglich, daß Sie als Kind die gefühlsmäßige Verantwortung für ein anderes, schwer unter Druck stehendes Familienmitglied übernahmen. Die Vorurteile, die Sie von den beherrschenden Figuren jener Tage abschauten, haben Sie wahrscheinlich auch heute noch. Die Unfähigkeit, mit Ihren eigenen Gefühlen ins reine zu kommen, macht es Ihnen schwer, die Gefühle anderer zu verstehen. Sie haben Ihre Emotionen ziemlich unter Kontrolle, wenigstens sieht es so aus; doch besteht die Gefahr, daß Sie sie niemals richtig verstehen.

Sie sind im Grunde ein intellektueller Mensch, doch erwerben Sie kein Wissen, nur um gut informiert zu sein wie Ihr vom Merkur regiertes Gegenstück, der Zwilling. Alles, was Sie lernen oder in sich aufnehmen, versuchen Sie, in praktischen Nutzen umzusetzen. Sie sind ein sehr beständiger, verläßlicher Charakter, der mit beiden Beinen auf dem Boden der Tatsachen steht.

Sie sind sehr auf Gesundheit und gesunde Ernährung bedacht und ein Hygiene-Fanatiker. Sie wissen, daß Krankheiten durch Bakterien verbreitet werden, und Sie haben, wenn es sich nur irgendwie vermeiden läßt, keine Lust, sich von ihnen ans Krankenlager fesseln zu lassen. Sie achten auf regelmäßige Körperpflege und halten Ihr Haus makellos sauber. Sie können es nicht leiden, krank zu sein – es gibt tatsächlich nichts Nervenaufreibenderes für Sie, als im Bett liegenbleiben zu müssen.

Sie haben Ihre Eigenheiten, was Ernährung betrifft, kaufen Ihre »biologisch reinen« Nahrungsmittel meist nur im Reformhaus und müssen immer wieder neue Rezepte ausprobieren, die auf vielen frischen Produkten, Fruchtsäften und möglicherweise auch noch Fleischersatz auf Pflanzenbasis basieren. Wenn Sie nicht vorsichtig sind mit Ihrem Essen, könnten Sie an Funktionsstörungen des Magens leiden.

Überläßt man Sie sich selbst, machen Sie einfach unbekümmert weiter. Sie sind im stillen ehrgeizig und erreichen viel, wenn Sie für eine größere Organisation arbeiten.

Sie haben ein ausgezeichnetes Gedächtnis und lernen schnell. Sie sind vielseitig begabt; einige Ihrer Talente fallen Ihren Kollegen nicht einmal auf, weil Sie alles andere wollen, als sich groß herauszustellen. Klar und objektiv äußern Sie Ihre Meinung, streben aber nicht danach, andere damit zu beeindrucken. Ganz unabsichtlich tun Sie das trotzdem, besonders mit Ihren neuen Ideen und Ansätzen zur Problemlösung. Sie stellen keine Ansprüche, sind entwaffnend bescheiden, sogar bis zu dem Punkt, sich dauernd unter Wert zu verkaufen. Ihnen genügt zu wissen, daß man Sie schätzt. Ihnen macht es nichts aus, wenn jemand mit einer Ihrer guten Ideen ein Vermögen macht, solange er Ihnen Anerkennung entgegenbringt.

Sie sind nicht geizig oder hinter dem Geld her wie der Teufel hinter der Seele; Sie erwarten nicht mehr als den fairen Lohn für Ihre Arbeit. Sie können sorgfältig mit dem Pfennig rechnen und sind ein kluger Finanzfachmann.

Bei Frauen, bei denen der Mond im Zeichen Jungfrau zu finden ist, läuft der Haushalt wie geschmiert – alles ist an seinem Platz, funktioniert und trägt zu Bequemlichkeit und Arbeitserleichterung bei, doch ihr Heim strahlt keine Wärme aus. Vielleicht schließt diese übertriebene Effektivität eine intolerante Haltung gegenüber menschlichen Schwächen und Fehlern ein. Gerade im Bereich der zwischenmenschlichen Beziehungen leidet ein Mond-Jungfrau-Mensch gewöhnlich am meisten, weil er im Grunde nicht fähig ist, sich mit den Gefühlen anderer zu identifizieren. Leidenschaft und romantische Gefühle sind für diese Leute mehr ein geistiges Konzept als schmerzliche Sehnsüchte und ekstatische Gefühle. Diese Frauen verlieben sich eher intellektuell als emotional in ihre Männer. Ihre Seele muß schon ganz tief aufgewühlt sein, bevor sie auf übliche Weise zu lieben beginnen. Gewöhnlich lernen sie auf negative Weise aus einer unglücklichen Ehe oder Liebesbeziehung und leiden insgeheim, ohne sich zu beklagen.

Sie haben die ärgerliche Angewohnheit, Leute immer sofort zu analysieren, und versuchen, ihre Fehler zu korrigieren. Obwohl Sie im Grunde nur gute Absichten hegen, wird dieser Trieb oft zwanghaft und entwickelt sich unweigerlich zu bissiger Kritik und verletzender Aufrichtigkeit zurück.

Wissenschaftliche Untersuchungen machen Ihnen Spaß, und Sie besitzen nicht nur ein vorübergehendes Interesse an okkulten Dingen. Ihre Intuition grenzt oft an Hellseherei.

Die Kehrseite der Medaille

Sie sind verbittert, äußern bissige Kritik und beklagen sich laufend, haben kein freundliches Wort für andere übrig. In Ihrer Familie nutzen Sie Ihren scharfen Verstand, um die Probleme nur oberflächlich zu streifen, bieten Allheilmittel, aber selten wirkliche Lösungen an. Ihre ewige Nörgelei bringt die Kinder und alle, die mit Ihnen leben, gegen Sie auf. Ihnen scheint es unmöglich, Ihre Nase aus den Angelegenheiten anderer Leute herauszuhalten. Sie langweilen, weil Sie sich stets wiederholen, sind oberflächlich und umständlich. Sie sind wahrscheinlich auch ein Hypochonder. Ihr Putzfimmel und die Angst vor falscher Ernährung können schließlich krankhaft werden.

Der Mond im Zeichen Waage

Sie lieben Kameradschaft und sind in der Tat auch ein feiner Kamerad. Alles an Ihnen scheint in eine Persönlichkeitsstruktur zu passen, die darauf angelegt ist, die Mitmenschen anzuziehen und ihnen zu gefallen. Sie besitzen eine Ausstrahlung, die, auch wenn Sie nicht besonders attraktiv sein sollten, eine kurze Begegnung mit Ihnen zu einem erinnerungswerten Ereignis macht. Bei näherer Bekanntschaft werden Sie noch interessanter – als möglicher Liebespartner, Freund oder vertrauenerweckender, zuverlässiger Geschäftspartner. Die Waage ist das Zeichen der Partnerschaft und der Mond die Macht der Gefühle. Zusammen ergeben sie, wie Sie sich vorstellen können, einige stürmische Beziehungen zum anderen Geschlecht.

Emotional sind Sie recht unbekümmert. Sie nehmen andere so, wie Sie sie vorfinden und gehören zu den verständnisvollsten Vertretern des ganzen Tierkreises. Sie wollen andere nicht umkrempeln, umerziehen oder bessern; Sie wollen sich nur in ihrer Gesellschaft wohlfühlen. Es überrascht deshalb nicht, daß Sie sehr beliebt sind. Sie sind ein ausgezeichneter Zuhörer, und man kann sicher sein, daß Sie zum richtigen Zeitpunkt das Richtige sagen. Erzählen die Leute Ihnen von ihren Sorgen, sind Sie verständnisvoll, teilen ihren Kummer und sprechen Mut zu. Aber obwohl Sie die herzlichste Anteilnahme äußern, sind die Chancen, daß Sie praktisch etwas zur Lösung des Problems unternehmen, gleich Null!

Nicht daß Sie zwei Gesichter zur Schau tragen oder falsch sind: Ihnen fehlt ganz einfach die Fähigkeit, die Dinge ins Rollen zu bringen. Sie sind im Grunde kein körperliches Wesen, eher ein sinnliches als fleischliches. Ihr Problem ist, daß Sie emotional unheimlich anpassungsfähig sind und voller Idealismus auf jedes Gefühl reagieren, das andere auf Sie loslassen. Sie geben den Leuten genau das, was sie zur Wiederherstellung ihres emotionalen Gleichgewichts brauchen. Man könnte deshalb schließen, sie besäßen keine eigenen echten Gefühle, doch ist das falsch. Ihr wesentlicher Wunsch besteht darin, überall dort, wo sie nicht herrscht, emotionale Harmonie wiederherzustellen.

Aus diesem Grund ist es einfach zu verstehen, warum Sie so höflich und diplomatisch sind – und warum so gesellig, Sie Leute daheim besuchen, Sie in Ihrer Wohnung unterhalten und im allgemeinen immer dort zu finden sind, wo Gruppen sich versammeln. Ihre Funktion im Tierkreis ist, die Menschen in Harmonie zusammenzubringen, alle möglichen Brücken zwischen verstimmten Personen zu schlagen.

Aber es gibt eine Art von Disharmonie, vor der Sie meilenweit davonlaufen: nämlich vor jeder Form von Streit, Grobheiten und Uneinigkeit. Sie können so etwas nicht ausstehen. Wenn Sie nur merken, daß ein Streit im Anzug ist, sind Sie schon weg! Bei Gesprächen steuern sie geschickt um kontroverse Themen herum. Sollte Sie jemand bezichtigen, Sie würden Dinge unter den Tisch fallen lassen oder wankelmütig sein, weisen Sie dies überzeugend und mit entwaffnendem Charme zurück. Ihre an Hexerei grenzende Fähigkeit, subtile Ablenkungsmanöver durchzuführen, ist so groß, daß Ihre Kontrahenten für einen Augenblick den Faden verlieren und Ihnen die Möglichkeit geben, das Thema zu wechseln! Nun gut, dies geschieht vielleicht unabsichtlich, doch machen Sie sich selbst etwas vor, und man könnte Sie schließlich für einen Betrüger halten, der krumme Touren macht.

Eine schmutzige, ungemütliche und unharmonische Umgebung bringt Sie völlig durcheinander, und Sie werden launisch und unglücklich unter diesen Bedingungen, können so nicht arbeiten.

Ihre hochentwickelten Sinne erhöhen noch Ihre angeborene Vorliebe für alles Ästhetische und Schöne. Ihre Wertschätzung für die Musik, Malerei und die übrigen schönen Künste zeigt oft eine kreative Fähigkeit an, die Ihnen ein befriedigendes und lukratives Auskommen sichern könnte, wenn sie genützt würde.

Sie lieben fesche, modische Kleidung. Ihr Geschmack in den meisten Dingen ist teuer. Die Chance, in Ihrem Leben erfolgreich zu sein, ist größer in einer Partnerschaft, als wenn Sie es allein versuchen. Wahrscheinlich heiraten Sie sehr jung.

Die Frauen im Leben von Männern mit dem Mond im Zeichen Waage sind meist gebildet, selbständig, sanft, kultiviert und leidenschaftlich, ohne zuviel zu fordern. Sie könnten darauf bestehen, auch nach der Heirat ihr eigenes Leben zu führen, was im übrigen auch ein Kennzeichen der mit dieser Kombination geborenen Frauen ist. Das Gefühl, von anderen akzeptiert zu werden, ist notwendig für Ihr persönliches Glück und macht sie sehr anfällig für Schmeicheleien. Was man von Ihnen denkt oder sagt, ist Ihnen möglicherweise wichtiger als die Wahrheit. Die Neigung zu geselligen Feiern und zum Vergnügen führt wahrscheinlich zur Ausbildung einer leichtfertigen Persönlichkeit.

Die Kehrseite der Medaille

Möglicherweise sind Sie ein flatterhafter Mensch, der nur dem Vergnügen nachjagt. Man nimmt Sie nur selten ernst, weil Sie keine festen Werte zu besitzen scheinen. Sie sind leicht zu beeinflussen und können manchmal einfach nicht »Nein« sagen, auch wenn es am besten für Sie wäre. Sie sind faul, neigen zu übermäßigem Essen und haben kein anderes Lebensziel, als von denen mit mehr Geld und höherem sozialen Status akzeptiert zu werden. Frieden um jeden Preis kann zu einer fixen Idee werden, die Sie einiges kostet – besonders an Selbstachtung.

Der Mond im Zeichen Skorpion

In Ihrem Wesen liegt etwas Radikales, sogar Fanatisches. Finden Sie eine Sache, der Sie dienen können, werden Sie sie nie aufgeben, ungeachtet aller dagegenstehenden Kräfte. Sollten Sie aber nie eine Art und Weise finden, um Ihre zerstörerischen Energien loszuwerden, bekommen Sie Schwierigkeiten. Beginnen wir damit: Wahrscheinlich findet sich in Ihrem Wesen ein starker sinnlicher Einschlag. Die Suche nach sexueller Befriedigung könnte sie auf verschlungene und bisweilen emotional selbstquälerische Pfade führen. Erotische Träume und Gedanken nehmen Sie ganz gefangen und stimulieren Ihre Phantasie bis zur Überspanntheit. In dieser Kombination liegt viel, das zugleich kreativ und destruktiv wirkt.

Sie sind energisch, aktiv, leidenschaftlich und willensstark. Sie vertrauen niemandem Ihre innersten Gefühle und geheimsten Gedanken an: Enthüllen andere ihre Geheimnisse bei einem offenen Austausch von Vertraulichkeiten, bleiben Sie stumm, denn Offenheit ist nicht Ihre Art. Sie erzählen den Leuten nur das, was sie wissen sollen. Obwohl Sie in mancher Beziehung impulsiv sind, erlauben Sie sich selten eine spontane Zurschaustellung Ihrer innersten Gefühle. Diese Selbstunterdrückung führt zum Aufbau ungeheurer Energien, die in konstruktive Bahnen gelenkt werden müssen.

Der unentwickelte Typ eines Menschen mit dieser Kombination ist ein absoluter Hedonist, d.h. ein Mensch, der nur nach Sinneslust und Genuß strebt. Die Sinne werden fast ausschließlich als Übermittler von Sinnesfreuden genützt; Wissen wird als zufällig entstehendes Nebenprodukt betrachtet, dessen Hauptaufgabe nur darin besteht, neue Möglichkeiten sinnlicher Anregungen zu schaffen. Diese Leute können in schreckliche Tiefen abartigen menschlichen Verhaltens herabsinken und enden häufig damit, daß sie sich selbst zugrunde richten. Drogen und Alkohol verschlimmern ihre Misere sehr oft noch. Da sie keine erwähnenswerten echten Werte haben, sind sie hinterlistig, rachsüchtig und grausam. Rächender Haß ist ihre automatische Reaktion auf jeden, der sie übers Ohr haut.

Sie sind ein Einzelgänger mit großem Vertrauen in Ihre eigenen Fähigkeiten. Wenn etwas gemacht werden muß, halten Sie es nur selten für notwendig, jemanden um Hilfe zu bitten. Sie arbeiten lieber allein, in Ihr Büro verbarrikadiert, weg von der Kameradschaft Ihrer Kollegen. Sie leisten sehr viel, streichen zu allererst unnötige Details und können unglaublich lange arbeiten, ohne müde zu werden oder die Konzentration zu verlieren. Sie lassen sich nie unterkriegen. Sie sind leicht zu verwirren, werden sich aber an eine freundliche Geste mit unerwarteter Zartheit erinnern. Ihr Verhalten ist schroff und oft ungehobelt; Sie möchten immer gleich zur Sache kommen, reden nicht viel, es sei denn, es handelt sich um eines Ihrer Lieblingsthemen. Dann können Sie begeisternde Reden schwingen, mit wie aus der Pistole geschossenen Sätzen eine Sache diskutieren, wobei Sie keinen Zweifel daran lassen, daß Sie ein Meister auf diesem Gebiete sind, und betonen, welch scharfsinnige Einsichten Sie in die Dinge haben. Sie haben eine besondere Begabung, fundamentale Tatsachen sofort zu begreifen. Gewöhnlich zeigen Sie Interesse an wissenschaftlichen Untersuchungen und sind besonders gut geeignet, Gedankengänge herauszuarbeiten und in ein brauchbares System zu bringen. Ihre scharfen und wachen Sinne machen Sie oft zu einem außergewöhnlich guten Beobachter.

Die Frauen in Ihrem Leben treten wahrscheinlich sehr bestimmt auf und sind ein wenig skrupellos. Sie wissen ganz genau, was sie wollen, und sind bereit, auch unredliche, subtile Mittel einzusetzen, um es zu erreichen. Zeit spielt beim Erreichen ihrer Ziele keine Rolle. Diese Frauen sind intelligent, ehrgeizig und couragiert. Sie mögen keine Veränderungen und haben sehr feste Meinungen. Wenn sie aber einmal ihre Ansichten ändern und sich entschlossen haben, eine bestimmte Richtung zu unterstützen, können sie recht revolutionäre Veränderungen hervorrufen. Diese können für andere zuweilen ziemlich beunruhigend und unbequem sein, doch wird man sie schließlich als zeitgemäße Reformen und notwendige Schönheitsoperationen anerkennen.

Mütter, bei denen der Mond im Zeichen Skorpion steht, sollten darauf achten, daß ihre ehrgeizigen Pläne mit ihren Kindern nicht deren angeborene Talente und kreative Triebe ersticken. Die Willensstärke der Menschen mit dieser Kombination ist so groß, daß sie auch aus bester Absicht eine sich entwickelnde Persönlichkeit erdrücken und mißgestalten können.

Die Kehrseite der Medaille

Sie könnten hoffnungslos korrupt sein, ohne jede moralische Skrupel und sexuell verdreht. Drogenabhängigkeit und Alkoholismus machen Sie zu jemandem, mit dem man nicht zusammen leben kann. Sie würden Ihre Großmutter verkaufen, um Ihre Ziele zu erreichen. Entweder richtet Sie eine Frau völlig zugrunde, oder Ihnen bleibt – im anderen Extremfall – die Gesellschaft von Frauen die meiste Zeit des Lebens versagt. Eifersucht kann jede Chance für eine glückliche Ehe zerstören. Viele abartige Dinge könnten zu Ihrer Vorstellung von Entspannung werden. Durch Ihre Herrschsucht und die herzlos ehrgeizigen Pläne für Ihre Kinder werden aus ihnen genaue Abbilder Ihrer selbst.

Der Mond im Zeichen Schütze

Sie sind ein Idealist und haben es schwer, das zu bekommen, was Sie suchen und möglicherweise nicht einmal genauer definieren können. Sie brauchen aber auch gar kein fest umrissenes Ziel, um voranzukommen; oft wechseln Sie Ihren Wohnort, noch öfter Ihren Arbeitsplatz, sind immer in Bewegung in diese oder jene Richtung auf einen neuen Horizont zu.

Die wichtigste Überlegung für Sie zu jeder Zeit ist, sich frei zu fühlen. Sie haben nichts gegen Disziplin, aber Sie hören nie auf, ihre Gültigkeit auf die Probe zu stellen. Sie wollen nicht an die Ansichten anderer Leute gekettet oder durch ihre Überzeugung eingeschränkt sein. Wenn es Wahrheit auf dieser Welt gibt – und Sie glauben sicher daran –, dann werden Sie sie für sich finden. Sie sind ein recht lebhaftes, gutgelauntes Energiebündel.

Sie sind sehr gesellig und amüsieren sich in gemischter Gesellschaft. Sie sind leidenschaftlich genug, was Sex angeht, doch freuen Sie sich über eine gute Kameradschaft noch mehr. Sie hören gern die Ansichten anderer über das Leben und filtern diese durch Ihre eigenen Erfahrungen. Sie sind so etwas wie ein Wanderphilosoph: immer darauf aus, die Bedeutung der Dinge in sich aufzunehmen, und nicht abgeneigt, sich über die eigene Vorstellung vom Sinn des Lebens auszulassen. Sie sind ebenso tolerant gegenüber den Standpunkten anderer, wie Sie es von ihnen gegenüber den Ihren erwarten. Möglicherweise haben Sie schon in Ihrer Jugend eine frühe Bekanntschaft mit einseitigen Ansichten durch die Auseinandersetzungen mit Familienmitgliedern gehabt. Sie werden jedem zuhören und Ihre eigenen Schlüsse ziehen, doch bedeutet das nicht, daß man Ihnen sagen muß, woran Sie glauben sollen.

Sie kommen selten zur Ruhe, körperlich und geistig. Gewöhnlich ziehen Sie irgendeinen weitreichenden Plan in Erwägung und bestehen in Ihrer nicht zu kurierenden Ungeduld darauf, daß damit begonnen wird, bevor die notwendigen Vorarbeiten abgeschlossen sind. Deshalb machen Sie oft Fehler – weil Sie dazu neigen, wichtige Details zu übersehen. Ihr Optimismus ist schon beinahe krankhaft. Sie stürzen sich mit der Zuversicht eines Neunjährigen in ein Wagnis und fragen sich dann, was falsch gelaufen ist, wenn Sie bis über beide Ohren drinstecken. Sie lernen nicht schnell aus Ihren überstürzt begangenen Fehlern. Obwohl Sie Ihre Verluste gewöhnlich irgendwie im Rahmen halten, lassen Sie sich immer wieder auf einen kühnen Versuch ein.

Die Göttin Fortuna lächelt Ihnen wie keinem anderen. Vielleicht führt Ihre großzügige, hochherzige und wohltätige Art dazu, daß die gleiche Behandlung auch Ihnen widerfährt. Mit Leuten in einer höheren Position kommen Sie sehr gut aus; sie tun Ihnen öfter einen Gefallen, als sie diesen verweigern. Sie verstehen es auch, Ihre Beliebtheit so auszunützen, daß Sie, angesichts der Dinge, die Sie verkaufen, oder des kreativen Talents, das Sie zur Schau stellen, die Aufmerksamkeit der Menge anziehen und Berühmtheit erlangen können. Es besteht aber auch die Gefahr, daß Sie mit den Gefühlen der Öffentlichkeit spielen und ihr das sagen, was sie hören möchte, und nicht die Wahrheit. Haben Sie erst einmal Erfolg, neigen Sie zu einer moralisierenden Haltung und zweckbestimmtem Handeln.

Ihre leichtherzige Einstellung macht Sie zu einem angenehmen Freund oder Kameraden, aber nicht unbedingt zum geeigneten Ehepartner. Sie sind nicht für ein häusliches Glück geschaffen, da Sie zu unpersönlich handeln und nicht jemanden für sich allein haben möchten, um es überhaupt mit anderen Menschen aus dem Tierkreis zu versuchen, mit Leuten, die das Gefühl, gebraucht zu werden, haben müssen. Sie neigen zum Motto »leben und leben lassen«, und in der Liebe bedeutet das, daß Sie Ihre eigenen Wege gehen, wann immer Ihnen der Sinn danach steht. Jedes Anzeichen von Eifersucht wird Frauen mit dieser Kombination gewöhnlich weglaufen lassen – möglicherweise in die Arme eines vorübergehend interessanten und (wenigstens zeitweise) sehr verständnisvollen Gentlemans.

Sie lieben das Leben in der Natur und das Gefühl der Freiheit und Unabhängigkeit, das es Ihnen gibt. Manchmal sind Sie recht hitzig, besonders, wenn jemand – Ihr Ehepartner z. B. – versucht, Sie herumzukommandieren. Sie haben die unangenehme Gabe, tief in die Menschen hineinsehen zu können und laut die volle Wahrheit über ihre Motive und Ansichten zu verkünden. Aus diesem Grund hält man Sie oft für eine widerliche Person, obgleich Sie in den meisten Fällen Ihre Worte nicht vorher abwägen und Beifall oder Buh-Rufe eben nehmen, wie sie kommen. Sie sagen Ihre Meinung offen und frei heraus.

Sie sind echt besorgt um das Wohlergehen Ihrer Mitmenschen und haben eine verständnisvolle Beziehung zu allen Tieren.

Die Kehrseite der Medaille

Sie können ein schwadronierender Aufschneider sein, der sorglos und dumm sein Geld zum Fenster hinauswirft. Gewöhnlich wollen Sie Ihre aufgeblasene Meinung von sich selbst durch unmögliche Versprechungen stützen. Ihre verschwenderische und unverantwortliche Einstellung könnte dazu führen, daß Sie laufend in Schulden stecken und für Ihre Familie keinen gesicherten Lebensstandard aufrechterhalten können, obwohl oder weil Sie bei Ihren Lieblingskumpanen sehr freigebig sind. Sie leben von Ihren Einfällen. Sich einen schönen Tag machen, das steht wahrscheinlich ganz oben auf Ihrer Prioritätenliste. Hinter einer rechtschaffenen Fassade mag sich bei Ihnen ein engstirniger, bigotter Langweiler verbergen.

Der Mond im Zeichen Steinbock

Dies ist keine allzu gute Konstellation, besonders für Frauen. Die Kombination macht beide Geschlechter zu kalt und wenig einfühlsam reagierenden, autoritären Menschen, auch wenn sie überhaupt nicht so sein wollen. Die Umstände, insbesondere während Ihrer Kindheit, haben Sie wahrscheinlich die rauhe Seite des Lebens kennenlernen lassen. Die meisten Leute mit dieser Kombination wappnen sich unbewußt dagegen, noch einmal so verletzt zu werden. Frauen müssen spezielle Anstrengungen unternehmen, um ihren weiblichen Charme nicht zu verlieren. Männer wie Frauen fühlen, mit einiger Berechtigung, daß ihr Leben hart und schwer sein wird.

Erinnern Sie sich aber daran, daß andere Einflüsse im Horoskop diese Wirkungen abschwächen können. Die Neigung zu Disziplinierung und Einschränkung kann, mit anderweitiger Hilfe, zum Guten gewendet werden. Der Mond im Zeichen Steinbock kann zum Wesen eines erfolgreichen Industriekapitäns gehören. Doch müssen Sie sich auf harte und mühsame Arbeit gefaßt machen und mit einer Hingabe, die Sie von anderen isoliert, an die Sache herangehen, um diesen Erfolg zu erreichen.

Der Mond im Steinbock trübt die Empfänglichkeit für menschliche Gefühle, die Sinne fließen nicht über in ein eindrucksvolles, plasmisches Mitgefühl; sie sind bloße Träger von Information, die mit scharfsinniger Effektivität im Kampf des Individuums um Macht und Erfolg eingesetzt wird. Der Ehrgeiz ist die treibende Kraft. Die Fähigkeit, auch unter schikanösen und entmutigenden Bedingungen weiterzumachen, ist wirklich erstaunlich. Die bloße, ausdauernde Anstrengung führt gewöhnlich zum Erfolg, meist auch zu Ruhm und Ansehen in der Öffentlichkeit.

Es gibt aber auch die Möglichkeit, daß alles schiefgeht – ein schlechter Ruf ist dann der Lohn für diesen Kampf. Mond-Steinbock-Leute machen sich gewöhnlich Feinde und rufen lange Zeit nur feindselige Reaktionen hervor, weil sie ihrem Ehrgeiz so viel Nachdruck geben, ihr Verstand kühl berechnend ist und sie wenig Rücksicht auf die Gefühle ihrer Mitmenschen üben. Stellt sich Erfolg ein, so versucht sehr oft ein Gegner, ob er sich als solcher zu erkennen gab oder nicht, den Einfluß oder Ruf der betroffenen Person zu zerstören.

Sie sind sehr gut für verantwortungsvolle Posten geeignet, in denen geschicktes Taktieren und strenge Autorität zählen. Sie können anderen sehr gut Vertrauen einflößen. Ihr Organisationstalent und die Fähigkeit, andere dafür zu interessieren, Ihnen beim Verfolgen Ihrer speziellen Ziele zu helfen, nötigt Bewunderung ab. Daß Sie sich immer zurückhalten und etwas abweisend wirken, trägt nur dazu bei, Ihre Autorität zu vergrößern. In Ihrem Innersten sind Sie aber schüchtern und unsicher, sogar ängstlich.

Es ist nichts Außergewöhnliches für ein Mond-Steinbock-Kind, zur Übernahme von Verantwortung gezwungen zu sein, die für sein Alter viel zu groß ist, und die schwerste aller Lektionen lernen zu müssen – daß nur der eine Belohnung bekommt, der sie sich auch verdient. Das stimmt natürlich nicht immer, aber für einen sich entwickelnden Verstand, der sich nach Liebe und Mitgefühl sehnt, scheint diese Lektion deutlich und unumstößlich zu lehren: Wer Überragendes leistet, wird auch bewundert. Auf diese Weise verbraucht der Wille zum Erfolg in konkreten und unbestreitbaren Dingen Energien, die auf andere Art viel glückbringender auf Zärtlichkeit und Verständnis verwendet werden könnten.

Sind Sie ein Mann, dann sind die Frauen in Ihrem Leben wahrscheinlich aufrichtig, zuverlässig, anspruchsvoll und etwas abstoßend durch die ihnen fehlende Herzenswärme. Sind Sie eine Frau, dann werden die Männer in Ihrem Leben auf Sie nicht eifersüchtig sein, aber sehr realistisch und praktisch. Nebenbei bemerkt: Es wird keine Mißverständnisse über Ihre Beziehung geben, und davon profitieren die Männer möglicherweise mehr als Sie.

Männer mit dieser Kombination heiraten oft ältere Frauen oder erst sehr spät. Ihre Gattinnen oder Geliebten bringen ihnen selten Glück und tragen manchmal sogar zu ihrem Niedergang bei. Das Junggesellenleben ist keine schwer zu erfüllende oder ungewöhnliche Rolle für diese Männer.

Mütter mit dieser Kombination sollten sich besonders anstrengen, um ihren Kindern die notwendige Liebe und Zuneigung zu geben. Sie brauchen sich keine Sorgen zu machen um die Abwicklung der Haushaltspflichten und wie sie den Kindern praktisch etwas beibringen, denn diese Fähigkeiten sind ihnen angeboren. Als erste Pflicht ihren Sprößlingen gegenüber sollten sie ihnen liebevolle Güte und Verständnis entgegenbringen. Sie teilen die landläufige Meinung über das, was in der Kindererziehung angebracht ist, nicht.

Die Kehrseite der Medaille

Sie sind ehrgeizig, aber wissen nicht genau, sind unsicher, in welche Richtung Sie gehen. Sie hören nie auf, sich Sorgen zu machen. Besitzen Sie irgendeine Art von Autorität, sind Sie kleinlich, kritisch, nörglerisch, quengelig und gefühllos. Sie mögen andere nicht, die beliebt sind, produktiver arbeiten oder begabter sind als Sie. Sie können kein Lob aussprechen, wenn es geboten wäre, und haben für niemanden ein nettes Wort übrig. Ihnen fehlt die Fähigkeit zu kreativem Handeln. Da Sie stets verzweifelt versuchen, Aufmerksamkeit auf sich zu lenken, könnten Sie sogar so weit gehen, Ihren Chefs in den Hintern zu kriechen und Tatsachen nach Ihrer Vorstellung hinzubiegen. Die Frustration, Ihre Wünsche nicht wahr werden lassen zu können, macht Sie oft zu einem chronisch depressiven Menschen.

Der Mond im Zeichen Wassermann

Sie sind eine interessante und ausgeglichene Person, als angenehmer Kamerad wahrscheinlich unübertroffen, aber als ernstzunehmender Heiratskandidat sind Sie nicht unbedingt ein Volltreffer. Sie lieben die Freiheit viel zu sehr und sind zu unkonventionell, um sich länger mit einem einzigen Partner häuslich einzurichten. Denken Sie aber daran, daß Treue Ihnen viel bedeutet, und Sie beabsichtigen auch, Ihr Wort zu halten, doch sind Sie in Wirklichkeit für bruderschaftliche und nicht allzu enge Bindungen geschaffen. Und wenn der Ruf an Sie ergeht, eine ungewöhnliche Sache zu verbreiten oder ihr zu dienen, dann müssen Sie halt los, wenn Sie das Wanderfieber packt. Sie werden Ihrem Partner auf Ihren Wanderungen nicht prinzipiell untreu, aber diese plötzlichen Spritztouren in die Freiheit strapazieren die Nerven und Gefühle eines jeden, der an Ihnen hängt, sehr stark.

Freiheit ist wahrscheinlich das Schlüsselwort für die Charakterisierung Ihres Wesens; sie ist bei Ihnen auch kein rein physischer Impuls. Sie sind in der Hauptsache ein Geistesmensch, ein kreativer Idealist. Sie halten gern Ansprachen, glauben nicht nur leidenschaftlich an die Gedankenfreiheit, sondern praktizieren sie auch auf konstruktive Weise. Sie weigern sich, sich von annehmbaren Denkformen und Gewohnheiten einschränken zu lassen. Ihre Ideen sind in der Tat originell, Sie stecken voller Einfälle und Inspirationen. Sie besitzen die seltene Gabe, sich von allem ein geistiges Bild machen zu können, manchmal sogar den Hauch eines Genies. Die geistige Kraft, die Gesellschaft zu verändern und zu erneuern, wird häufig durch den lunaren Wassermann repräsentiert.

So in vorderster Front zu stehen, birgt natürlich einige Risiken. Zum einen mag man Sie für exzentrisch halten, was Sie aber nicht über Gebühr aufregt, weil Sie ja selbst wissen, daß Sie die Dinge anders sehen. Sie sind aber auch bewundernswert tolerant gegenüber allen Standpunkten; tatsächlich reichen Ihre Sympathien genauso weit wie Ihre Vorstellungskraft, und das macht Sie emotional so stabil und versetzt Sie zugleich in die Lage, die Ängste und Vorurteile anderer zu verstehen. Ihre Worte sind es wert, daß man jedesmal genau zuhört, denn möglicherweise haben Sie frische Ideen, die, im Lichte einiger der heutigen, akuten Probleme betrachtet, einen Sinn ergeben.

Sie sind liebenswürdig und höflich und ein Mensch, mit dem man hervorragend zusammenarbeiten kann. Ihnen ist es lieber, mit einem Team als mit Einzelpersonen zusammenzuarbeiten, weil Sie sich nach kurzer Zeit durch die sich entwickelnde persönliche Bindung gehemmt fühlen würden. Ihr natürlicher Trieb ist darauf gerichtet, der Menschheit in ihrer Gesamtheit zu dienen, und nicht, Ehe und Elternschaft anzustreben. Das heißt aber wiederum nicht, daß Ihnen ein normales Familienleben nicht gefällt; aber sich mit einem Ansprüche stellenden und phantasielosen Ehepartner oder Kind befassen zu müssen kann für Sie schrecklich frustrierend sein. Früher oder später werden Sie dann explodieren und etwas völlig Unerwartetes tun. Man kann aber darauf warten, daß Sie jeder Situation, in der Sie eine bindende Zusage machen oder eine Bindung eingehen müssen, den Rücken kehren und vor ihr fliehen. Sie zeigen starkes Interesse an außergewöhnlichen Dingen und Themen, besonders an solchen, die der Hauch des Geheimnisvollen umgibt und bei denen Sie Ihre bemerkenswerte Intuition einsetzen können. Wenn Sie ein Mensch sind, der ein normales Leben führt ohne große Möglichkeiten im Beruf zu umfassendem schöpferischen Denken, dann haben Sie wahrscheinlich schon vor langer Zeit die hier beschriebenen Charakteristika als eine nur bei Ihnen auftretende Art von Verirrung verworfen. Sie könnten Ihre schöpferische Leistungsfähigkeit unter den Scheffel stellen – und es wird Zeit, daß die Welt sie zu Gesicht bekommt! Das Zeitalter des Wassermanns hat uns wundervolle elektronische und mechanische Hilfsmittel zur Verfügung gestellt, und als Mensch, bei dem der Mond im Zeichen Wassermann steht, haben auch Sie Anteil an diesem erfinderischen Potential. Möglicherweise liegt Ihnen wissenschaftliches Arbeiten, obwohl Sie auch die Befähigung zu Sozialarbeit, zu politischer und erzieherischer Betätigung besitzen. Der Mond im Wassermann bringt gewöhnlich ein besonderes Interesse an okkulten Dingen mit sich, und nicht selten besitzt ein solches Individuum übersinnliche Kräfte. Viele dieser Menschen begreifen und akzeptieren die Astrologie sehr schnell und zeigen manchmal ein gewisses Maß an hellseherischen Fähigkeiten. Sie sammeln Wissen nicht aus Neugier oder um andere damit zu beeindrucken, sondern um Ihr Verständnis universaler Prinzipien zu erweitern.

Mit dieser Kombination neigen Sie dazu, sich Vereinigungen anzuschließen, die humanitäre und edle Zielsetzungen verfolgen. Sie besitzen einen starken reformerischen Drang und haben den Wunsch, das Los aller Menschen zu verbessern. Wenn Sie sich einer solchen humanitären Kampagne anschließen, dann machen Sie keine halben Sachen, sondern werben mit dem Einsatz Ihrer ganzen Person für die öffentliche Unterstützung Ihrer Ziele. Sie scheuen auch nicht davor zurück, sensationelle Ankündigungen über die Medien zu verbreiten, um andere damit zu überraschen und zu schockieren, damit sie Ihre Sache unterstützen.

Freunde und Liebespartner sind für die meisten Ihrer Sorgen und die Stunden, in denen Sie sich unglücklich fühlen, verantwortlich.

Die Kehrseite der Medaille

Möglicherweise sind Sie ein rastloser Wanderer, der von Arbeitsplatz zu Arbeitsplatz und von Ort zu Ort zieht, für Ideen eintritt, auf die niemand anspricht. Ihre Freunde sind wahrscheinlich Dropouts* und erfolglose Weltverbesserer. Ihre radikalen Ansichten und Ihr unberechenbares Verhalten in der Öffentlichkeit haben bestimmt zu Zusammenstößen mit dem Gesetz und der etablierten Ordnung geführt, Skandale und Ihr schlechter Ruf haben jede Erfolgsaussicht, die vielleicht bestand, schon zunichte gemacht. Ihre Versuche, Ihre Unabhängigkeit zu demonstrieren, können anderen unnötigen Kummer bereiten. Unerwartete Schwierigkeiten und Sorgen können Sie verbittern und leicht dazu führen, daß Sie andere durch unbedachtes Handeln oder spitze und bissige Bemerkungen verletzen.

---

* = Menschen, die aus der bürgerlichen Gesellschaft oder einer sozialen Gruppe ausbrechen.

Der Mond im Zeichen Fische

Sie sind eine erstaunliche, verblüffende, überraschende und verführerische Persönlichkeit, mit der das Zusammenleben schwierig ist und die denen, die sich für Sie verantwortlich fühlen, manches Kopfzerbrechen bereitet. Aber als ein Mensch, mit dem man gelegentlich zusammenkommt, als Kamerad, Kumpel und Vertrauter, sind Sie Spitze. Sie sind entweder eine gute oder eine schlechte Nachricht, was hauptsächlich davon abhängt, wie sehr die andere Partei an Sie gefühlsmäßig gebunden ist.

Sie leben in einer Phantasiewelt, in der es keine Zwänge gibt und in der Sie die Hauptrolle spielen. Geldmangel oder die Notwendigkeit, mit unharmonischen Situationen fertig zu werden, machen Sie fertig und schaffen bei Ihnen ein Gefühl der Unsicherheit. In solchen Augenblicken – besonders dann, wenn Sie eine Frau sind – werfen Sie sich einer verläßlichen Person, die Sie gewöhnlich irgendwo in der Hinterhand halten, an die Brust und legen ein die Seele wieder aufrichtendes Bekenntnis Ihrer Fehler und der Unfähigkeit, ihrer Herr zu werden, ab. Dann reden Sie sich, eingehüllt in die Wärme der liebevollen und tröstlichen Anwesenheit Ihres Vertrauten, alles von der Seele, bis die rauhe Wirklichkeit (soweit sie Sie betrifft) sich auflöst. Wenn Sie dann wieder auf die Erde zurückkehren (Sie haben bestimmt von einem Traum oder einem Kindheitserlebnis erzählt), beginnen Sie von neuem, bis sich die Probleme wieder vor Ihnen auftürmen.

Der Mensch, zu dem Sie immer kommen können, ist der wichtigste in Ihrem Leben, besonders, wenn Sie eine Frau sind. Gehört er dem männlichen Geschlecht an, dann liebt er Sie über alle Maßen, denn in den dunklen, schrecklichen Augenblicken Ihrer Selbstzweifel kann man Sie nur durch selbstlose und keine Ansprüche stellende Liebe trösten. Es ist für einen Mann oder eine ältere Frau nicht schwierig, ein Mond-Fische-Mädchen zu lieben; denn Sie strahlen eine süße, Anlehnung suchende, unselbständige und unschuldige Hilflosigkeit aus, wenn Sie sich niedergeschlagen fühlen.

Zu anderen Zeiten, wenn Sie die Welt nicht so schlecht behandelt, möchten Sie viele Leute um sich haben, brauchen Sie Abwechslung und Anregungen. Jetzt genügt nicht nur ein einziger Mensch, sondern jetzt brauchen Sie Leben und Aufregungen, und jeder, der Sie dabei etwas zurückhalten will (ja, auch Ihr verläßlichster Freund in der Not), wird spüren, daß Sie seinen zur Vorsicht mahnenden Zeigefinger brüsk zurückweisen.

Befinden Sie sich in einem gefühlsmäßigen Hoch, sind Sie optimistisch, voller Hoffnungen, fröhlich und allem Anschein nach extrovertiert.* Wenn sich der Wind dreht (und das kann innerhalb von wenigen Stunden passieren), geben Sie sofort auf und stürzen in Depressionen, Ängste und Furcht, und wenn Sie ein besonders schlimmer Fall sind, in verschiedene Stufen der Paranoia.** Aber wie tief Sie auch fallen, Sie rappeln sich immer wieder hoch. Wie die vom Mond verursachten Gezeiten, so wechseln auch Ihre Stimmungen, Sie sind nie lange in der gleichen.

Es ist gerade diese Zwiespältigkeit, die Sie zu einem so faszinierenden Charakter macht. Doch liegt natürlich auch eine ernste Gefahr in so extremen Verhaltensweisen, und sogar in Zeiten, wo Sie in Hochstimmung sind, weigern Sie sich, die Welt so zu sehen, wie sie wirklich ist. Sie sind ein unverbesserlicher Romantiker, spinnen sich Ihre eigenen Träume zusammen und erwarten, daß sich die Realität Ihnen anpaßt. Es überrascht deshalb nicht, daß Sie zahlreiche Enttäuschungen erleben und Ihnen einiges an Mißgeschick widerfährt. Bei widrigen Umständen ziehen Sie sich noch weiter in Ihre Phantasiewelt zurück. Als Folge von Streß und ohne eine gütig führende Hand laufen Sie Gefahr, vollständig den Kontakt mit den Tatsachen zu verlieren.

Sie opfern sich auf, sind großzügig und sanftmütig. Weil Sie sich in weltlichen Dingen leicht beeinflussen lassen und nachgiebig sind, sind Sie skrupellosen Menschen ausgeliefert und werden oft ausgenutzt. Wegen der Stellung des Mondes zeigt sich bei Ihnen eine emotionale Abhängigkeit von Sinnesempfindung, was bisweilen zu sexueller Promiskuität*** führt. In manchen Fällen wird bei Drogen oder dem Alkohol Zuflucht gesucht, um die Vorstellungskräfte noch zu stärken und den Rückzug aus der Welt noch deutlicher werden zu lassen. Die meisten Leute mit dieser Kombination zeigen eine zwanghafte Notwendigkeit, allein sein zu müssen, gewöhnlich nach einer Periode von Aufregungen und sozialen Kontakten.

Sie lieben alles Schöne und ausgeglichene Menschen; Kunst in jeder Form gefällt Ihnen. Meist beweisen Sie eine besonders kreative Begabung auf dem Gebiet der Literatur, Dichtkunst, des Tanzes oder der Schauspielkunst, die verborgen bleiben könnte, wenn Sie nicht eine spezielle Anstrengung unternehmen, um Ihre angeborene Trägheit zu überwinden, die manchmal fälschlicherweise als Faulheit bezeichnet wird und diese Kombination charakterisiert. Ihre unbewußte Neigung, komplementäre* Gefühle zum Wohle der Sie umgebenden Menschen zu zeigen, macht Sie zu einem recht unberechenbaren Typ. Auf jeden Fall aber sichert dies die Harmonie in Ihren aufgezwungenen Beziehungen, die sehr wichtig für Sie ist. Es ist aber auch Ihre Art, dafür zu sorgen, daß die Leute Sie mögen – was bei Ihnen eine verzweifelte Sehnsucht darstellt. Sie sind für übersinnliche Empfindungen empfänglich und haben manchmal Alpträume.

Die Kehrseite der Medaille

Sie könnten ein genußsüchtiger Mensch sein, der sich aus der Realität flüchtet, süchtig nach Narkotika, Alkohol und sexueller Befriedigung. Es ist auch möglich, daß Sie Anhänger einer radikalen Sekte oder Persönlichkeit sind. Überdrehte Empfindsamkeit macht Sie anfällig für gefährliche Praktiken, wie z. B. den Versuch der Kommunikation mit körperlosen Energien oder sogar Teufelsverehrung. Möglicherweise sind Sie faul, schlampig, handeln auf gut Glück und sind unfähig, Ihren Lebensunterhalt auf übliche Weise zu verdienen. Gefängnis, Krankenhäuser und Nervenheilanstalten könnten in Ihrem Leben eine auffallende Rolle spielen. – Meist setzen Sie auch zuviel Fett an.

---

* = für äußere Einflüsse empfänglich.
** = Wahnvorstellung(en), Geistesgestörtheit.
*** = Sexueller Verkehr ohne dauernde Bindung

* = sich gegenseitig ergänzende

Merkur

Der Planet

Merkur ist der kleinste und sonnennächste Planet des Sonnensystems. Sein Durchmesser beträgt 4840 km (im Vergleich der Durchmesser der Erde: 12756 km). Er kreist in einer Entfernung von 58 Millionen km um die Sonne, die Erde in 150 Mill. km.

Manchmal kann man den Merkur (wenn man weiß, wo man ihn zu suchen hat) kurz vor Sonnenaufgang am östlichen und kurz nach Sonnenuntergang am westlichen Horizont beobachten. Der Planet dreht sich um die Sonne wie der Mond um die Erde; seine Bahn ist der Sonne so nah, daß er sich, wenn er überhaupt sichtbar ist, kurz nach dem Verschwinden der Sonne unter dem Horizont dem Blick ebenfalls entzieht. Das Hauptproblem bei der Betrachtung mit dem bloßen Auge ist (abgesehen von der Blendung durch das Sonnenlicht) seine Größe: In einem maßstabgetreuen Modell hätte die Sonne einen Durchmesser von 1,37 m, der Merkur dagegen die Größe einer Erbse. Er erscheint meist als kleiner, schwarzer Punkt im Strahlenkranz der Sonne.

Der Merkur besitzt keine Atmosphäre. Hätte er eine, so würden sich die Sonnenstrahlen in ihr brechen, und wir könnten einen Lichtkranz um den Planeten sehen. Er ist ein Planet mit starken Temperaturunterschieden. Da er für eine Umdrehung um seine eigene Achse genauso lange braucht wie für eine ganze Umdrehung um die Sonne, ist eine Seite immer der Sonnenstrahlung und -hitze ausgesetzt, während die andere in ewiger Nacht und tiefer Kälte liegt (Merkur zeigt uns, wie der Mond, immer nur eine Seite).

Ein Merkur-Jahr – die Zeit, die er für eine volle Umrundung der Sonne braucht – beträgt nur 88 Erdentage. Seine mittlere Bahngeschwindigkeit beträgt rasante Werte im Vergleich zur eher langsamen Geschwindigkeit.

Symbolik

Merkur oder Hermes, wie ihn die Griechen nannten, ist der Bote von Zeus, dem Beherrscher des Himmels und Göttervater. Da dieser Planet der Sonne, dem herrschenden Gestirn, am nächsten ist und er ihr zu folgen oder voranzuschreiten scheint (beide sind nie mehr als 28 Bogen-Grad voneinander entfernt), symbolisiert Merkur die Weisheit des Schöpfers und die vitale Intelligenz im Menschen.

Wenn Denken ein Verknüpfungsvorgang ist, der auf den Reflexionen des Verstandes, auf Gedächtnis und Erfahrung beruht, dann repräsentiert Merkur den brillanten Geistesblitz, der neue und bedeutende Verbindungen herstellt zu den praktischen Notwendigkeiten des Menschen und dem sich entwickelnden Bewußtsein.

Der Fortschritt und die Aufwärtsentwicklung der menschlichen Rasse hängen vom analytischen Genie des Merkur und seiner Urteilskraft ab. Er ist die reine Intelligenz, die nicht an Zeit und Raum gebunden ist und erst über das Denken dem Menschen bewußt wird.

Die Doppelnatur des Planeten – eine Seite ewig im Sonnenlicht, die andere in ewiger Dunkelheit – bezeichnet symbolhaft die dauernde und notwendige Unterscheidung zwischen dem Bewußten und Unbewußten im Menschen.

Merkur kann die kompliziertesten Ideen erklären, glänzende Konzepte formulieren. Als Mittler zwischen Geist, Verstand und Materie hat er selbst keine besondere Präferenz*, sondern stellt nur die direkte Verbindung untereinander her. Er dient dem einfachsten Wunsch ebenso wie dem erhabensten Trachten und Sehnen.

Er erfand die Lyra (indem er Kuhdärme über den leeren Panzer einer Schildkröte spannte). Mu-

* Präferenz = Vorrangstellung

sik, Kunst und Wissenschaft haben ihren Ursprung in ihm; ihm verdanken Zauberer ihre Geschicklichkeit. Wer sich mit der höchsten Intelligenz in Stille und Einsamkeit beraten möchte, ist auf seine Vermittlung angewiesen. Merkur verkörpert die Macht des Menschen, seine innere Welt der Gedanken und Gefühle zu erforschen, ohne die Welt um sich herum aus dem Blick zu verlieren. Unter seiner gönnerhaften Anleitung gelang es dem Menschen, die Wechselwirkungen zwischen Makrokosmos und Mikrokosmos zu entdecken.

Für die Antike war er der Gott der Klugheit und Schlauheit und der Gott der Diebe. Ihm wird die Begründung der Astronomie, die Schaffung von Maßen und Gewichten, der Tonleiter und des Box- und Turnsports zugeschrieben. Man sagte auch, daß er über Würfelspiele herrsche. Man verehrte ihn als den Gott der Redekunst: In der Apostelgeschichte heißt es, die Leute von Lystra hätten den Apostel Paulus für Merkur gehalten, »weil er das Wort geführt hatte«. Und weil ein Götterbote meist Frieden bringt und den Warenaustausch begünstigt, verehrte man ihn als den Gott des friedlichen Handelns. Merkur wird meist als Jüngling mit dem Petastos (dem breitkrempigen Hut mit Flügeln) oder geflügelten Sandalen dargestellt, einen Caduceus (Heroldsstab) aus dem Holz des Olivenbaums in der Hand: Die den Stab zierenden Bänder wurden später durch Schlangen ersetzt, ein altes Symbol der Weisheit.

Astrologie

Als Jüngling ist Merkur zu jedem Schabernack aufgelegt, ein schelmischer Possenreißer, der wenig Verantwortungsgefühl und Konzentrationsfähigkeit zeigt. Er ist ein gutgelaunter, verschmitzter Laufbursche, dessen Kapriolen sogar den strengsten Göttern ein Lächeln abnötigen.

Die Klugheit Merkurs muß in die richtigen Bahnen gelenkt werden, denn er kann sich ebenso in einen Hochstapler und Betrüger verwandeln wie in einen brillanten wissenschaftlichen Forscher. Der reine Merkur-Intellekt muß kultiviert, mit etwas Wertvollem und Bedeutendem verbunden werden, muß einen erhabenen Zweck erfüllen, denn sonst verliert er sich im Vergnügen an seiner eigenen, leidenschaftslosen Leistungsfähigkeit.

Merkur legt gern eine kleine Pause ein, um danach erst weiterzugehen. Er hat Schwierigkeiten, die Dinge zu durchschauen, etwas Dauerhaftes aufzubauen, weil er stets auf der Suche nach Neuem, immer in Bewegung ist. Seine Mission besteht darin, sein Wissen anderen mitzuteilen, und wenn ihm das nicht zufriedenstellend gelingt oder er kein Aufgabengebiet findet, das er bearbeiten kann, dann verschwendet er seine phantastischen intellektuellen Energien entweder mit oberflächlichen Handlungen oder vergeudet seine beträchtliche Überzeugungskraft, um unnötige Zweifel zu säen, falsche Hoffnungen zu wecken oder Hoffnungen zunichte zu machen. Sein Drang ist es, über Lebensprobleme nachzudenken – und deshalb zum Teufel mit der Zufriedenheit!

Merkur ist leicht reizbar, unbeständig und rastlos, seine Laune steht und fällt mit der Umgebung, die auch die Leute einschließt, mit denen er zusammen ist. Er braucht eine väterliche Hand auf der Schulter, die ihn nicht so sehr zurückhält, als ihn leitet – eine weise führende Hand wie die des vernünftigen und charakterfesten Jupiter, der das Wohl der ganzen Menschheit im Sinn hat und sich nicht scheut, seinen Boten, wenn nötig, zu tadeln oder zu bestrafen; oder aber den beruhigenden Einfluß des Saturn, der Merkur die Weisheit lehren und seinen Leichtsinn und seine Eitelkeit abgewöhnen kann. Die das Vergnügen liebende Venus dagegen könnte Merkur mit ihrer Fülle von Attraktionen überwältigen und noch mehr ablenken. Merkur wird niemals gute Begleiter entbehren müssen, doch muß er sich vor dem impulsiven Element des Mars, der Unbeständigkeit und Veränderlichkeit des Mondes und der übermäßigen Stimulation durch die Sonne in acht nehmen.

Merkur als der Abgesandte der Sonne erlaubt uns, über die Grenzen des Instinkts hinaus die Dinge zu erkennen. Er selbst steht jenseits von Gut und Böse, ist das Bindeglied zwischen den höchsten Idealen und unseren individuellen Neigungen. Er ist der Blitz am pechschwarzen Himmel diskursiven* Denkens, der uns das Leben auf der Erde in der Reflexion durch unsere Sinne enthüllt.

Ohne den Gedankenblitz merkurischen Intellekts würde das Zentrum von Licht und Leben – die Sonne – eine unverständliche Größe bleiben. Aus diesem Grunde hat Merkur, physiologisch gesehen, eine enge Verbindung mit dem zentralen Nervensystem, dem Gehirn, allen Sinneswahrnehmungen und Sinnesorganen. Er verbindet die Außenwelt mit unserer eigenen, speziellen Natur, stellt das

---

* geschwätzigen Denkens (oder: alltäglichen Denkens).

Bindeglied dar zwischen innerer und äußerer Welt, die Wechselbeziehung zwischen objektiver und subjektiver Realität.

Merkur im Zeichen Widder

Sie sind ein begeisternder und tüchtiger Ideenlieferant, einige Ideen sind sogar beinahe genial. Sie haben einen schnell reagierenden Verstand, sind der Schrecken aller langsam Denkenden und das Aushängeschild der Abteilung »Neue Erfindungen« in Ihrer Firma. Sie haben keine Angst davor, mit Ihren Vorschlägen in Neuland vorzustoßen, und auch keine Mühe, sie sofort durch eine hervorragende Darbietung geistiger Akrobatik zu rechtfertigen. Ob alle Ihrer Ideen zu verwirklichen sind, sei dahingestellt, aber nur wenige sind unerschrocken genug, Sie zu einer öffentlichen Diskussion über dieses Thema herauszufordern. Ihre schlagfertige Antwort ist wie ein Degen in Ihrer Hand, mit dem Sie äußerst geschickt zustoßen und parieren können. Wenn Ihre Rivalen oder Gegner vorschlagen, Sie sollten Ihre Pläne in die Tat umsetzen, dann flüchten Sie sich wahrscheinlich schutzsuchend in einen Nebelvorhang plausibel klingender Entschuldigungen.

Normalerweise geben Sie einen erstklassigen Verwaltungsbeamten, leitenden Angestellten oder Generaldirektor ab, weil Sie Situationen schnell analysieren und erfassen können. Ihre Fähigkeit, realistisch denken und überlegte Anordnungen geben zu können, macht Sie geeignet für Führungsaufgaben; Ihre präzisen Anweisungen in Notfällen machen Eindruck.

Obwohl Sie sehr kreativ sind, gelingt es Ihnen nicht, ohne fortwährende Stimulierung durch Veränderungen und Neuigkeiten andauerndes Interesse an einer Idee zu zeigen. Ihre Konzentration steigt und fällt sprunghaft und geht unter dem Streß ständiger Wiederholung und verstärkter Anstrengungen leicht verloren. Sie sind hervorragend, wenn es darum geht, anderen zu sagen, wie sie etwas tun sollen, aber unfähig, Ihre eigenen Instruktionen bis zum Ende durchzuführen.

Sie sind ein Literaturliebhaber, lesen und schreiben gern und diskutieren ein Thema stundenlang, wenn Sie jemanden treffen, der über literarisches Wissen verfügt. Schriftsteller und andere Literaten schätzen Ihre Fähigkeit, eine Situation aus verschiedenen Blickwinkeln zu sehen. Sie können gute, vernünftige Ratschläge geben, obwohl Sie selbst sie nicht befolgen könnten. Sie verlassen sich auf Ihren Verstand, um Ihre Anhänger im Zaum zu halten; wenn Sie wollen, sind Sie der beste Demagoge*.

Sie sind kein Gesprächspartner, der stereotype Ansichten äußert, sondern stellen gern neue Ideen in den Raum, die Sie meist erst in dem Augenblick bedenken, in dem Sie sie mit der Überzeugungskraft eines tief grübelnden Denkers aussprechen. Sie sind Dreh- und Angelpunkt aller Gespräche bei einer Party und schaffen es meist, auch die langweiligste Gesellschaft zu amüsieren, vorausgesetzt, Sie haben das Gefühl, daß man Ihnen genügend Aufmerksamkeit schenkt. Manchmal übertreiben Sie auch und berauschen sich an Ihrer eigenen Stimme. Als Erzähler, der die Geschichten so variiert, wie es den Zuhörern gefällt, haben Sie fast keine Konkurrenz. Die Leute kommen zu Ihnen, weil Sie ihren Problemen aufmerksam zuhören und nicht versuchen, ihnen Moralpredigten zu halten oder sie zu verurteilen. Ihre intellektuelle Energie ist erstaunlich. Sie können sich schnell mitteilen: Die Worte fließen mit beeindruckender Schärfe oder charmanter Überzeugungskraft aus Ihrem Munde oder Ihrer Feder.

Sind Sie im Zeichen der Fische geboren, besitzen Sie die Gabe, menschliche Gefühle subtil und mit tiefem Verständnis zu schildern; sind Sie ein Widder, so identifizieren Sie sich leidenschaftlich, manchmal sogar rücksichtslos, mit Ihren Ideen, und als Stier besitzen Sie ein untrügliches Gespür für Geschäfte und finanzielle Transaktionen.

Mit dem Merkur im Zeichen Widder bekommen Ihre intellektuellen Aktivitäten durch die pionierhaften Neigungen dieses Zeichens einen Hauch von Abenteuer. Sie sind bereit zu intellektuellen Experimenten, wo andere aus Furcht vor einem Fehlschlag oder sich lächerlich zu machen zurückschrecken würden. Sie sind derjenige, der eine neue Idee vorträgt, der erste, der einen neuen Stil kreiert oder befürwortet, sei es in der Literatur, der Musik, in der Welt des Denkens oder der Erfindungen. Weil Ihr Verstand so aktiv und aufgeschlossen ist, kann er Ihnen ein treuer Diener, aber auch ein tyrannischer Herr sein.

* Volks(ver)führer

Die Kehrseite der Medaille

Möglicherweise wollen Sie immer sofort Ihren Kopf durchsetzen und sind sehr ungehalten, wenn Sie auf Opposition treffen. Als Arbeitgeber könnten Sie so darauf bestehen, daß man Ihre Anordnungen und Befehle mit großem Eifer ausführt, daß Sie fast wie ein Diktator erscheinen. Wahrscheinlich fehlt es Ihnen auch an Methode, Ausdauer und System, und deshalb springen Sie von einer Sache zur anderen. Einige von Ihnen leiden körperlich unter ihren Wut- und Leidenschaftsausbrüchen; ständige und heftige Kopfschmerzen könnten die Folge dieser Anfälle sein. Bösartigund Halsstarrigkeit könnte Ihre Fähigkeit, andere zu führen, negativ beeinflussen. Manchmal diktieren Sie die Bedingungen, wenn ein Kompromiß notwendig wäre, und sind grob und direkt, wenn Feingefühl gefordert ist, weil Sie vergessen, wie verletzend Sie sein können. In einer Diskussion sehen Sie nur die Ihnen angenehme Seite einer Sache, verwechseln schlaues Taktieren mit Stärke, haben mehr Ihre Wirkung auf Ihre Umgebung im Auge als die Sache selbst. Befolgen andere die von Ihnen aufgestellten Regeln nicht, dann werden Sie verdrießlich, kritisch, zynisch und streitsüchtig. Sie sind schnell mit Ihrer Meinung zu jedem Thema bei der Hand, lehnen es aber ab, anderen zuzuhören. Wenn Sie Ihre Redefertigkeit als Rettungsanker in allen Notfällen betrachten, werden Sie merken, daß Ihre Mitmenschen nicht alles so leichtgläubig schlucken, wie Sie es sich vorgestellt hatten. Diejenigen, von denen Sie glaubten, sie schon zu Ihren Vorstellungen bekehrt zu haben, könnten sich am Ende gegen Sie stellen.

Merkur im Zeichen Stier

Der arbeitsame und methodische Einfluß des Stier-Zeichens verbindet Ihre merkurischen Eigenschaften mit der Realität, und Sie nutzen Ihren Verstand und Ihre beträchtlichen intellektuellen Fähigkeiten, um noch mehr materiellen Reichtum anzuhäufen. Sie denken praktisch, sehen sich erst um, bevor Sie loslegen, Ihre Ideen haben Gehalt. Sie sind ein tiefer Denker oder ein wirklich konservativer Mensch oder auch beides. Arbeiten Sie auf dem wissenschaftlichen Sektor, sind Sie in Ihrem Element, wenden vorsichtig Ihre gut durchdachten Theorien an, beobachten sorgfältig und zeichnen die Ergebnisse auf. Sie ziehen keine übereilten Schlüsse, denn Sie arbeiten geduldig, solide, konstruktiv. Ihr Ziel ist, das zu erhalten, was Sie erworben haben und, wenn möglich, ohne zusätzliche Risiken einzugehen, noch viel mehr anzusammeln. Sie sind oft halsstarrig und hassen Veränderungen, denn Sie lieben alte und erprobte Methoden. In eine Machtposition gelangt, werden Sie darauf achten, daß Fortschritte durch vorsichtige Evolution und nicht Revolution erreicht werden.

Aus der Geschichte wissen wir, daß Menschen, bei deren Geburt Merkur im Stier zu finden ist, großen Einfluß auf ihre jeweilige Zeit ausgeübt haben, aber ihr Beitrag war gewöhnlich nur durch unnachgiebige Selbstbeschränkung möglich, die den Weg für neue Epochen leuchtenden Fortschritts ebnete. Diese Kombination verleiht häufig politischen Scharfsinn, aber nicht einen solchen spektakulärer Art. Politiker mit dieser Konstellation kommen gewöhnlich in Krisenzeiten an die Macht, in denen eine Rückkehr zu soliden und traditionellen Methoden notwendig ist, um Vertrauen und Ordnung wiederherzustellen. Sie führen ihre Anhänger *zurück* – zu solch fundamentalen Werten wie Verantwortung, Ausdauer, Geduld und Sparsamkeit (manche werden jetzt sagen, daß es Zeit für das Erscheinen eines Merkur-Stier-Staatsmannes auf der Weltbühne ist). Nicht die kreative Leistung dieser Menschen ist das, was beeindruckt, sondern eher ihre Fähigkeit, eine feste Basis zu errichten, auf der andere aufbauen und sie zu großen Taten und Entdeckungen benützen können.

Sie halten an Ihren Prinzipien mit großer Hartnäckigkeit fest. Sie brauchen erst einige Zeit, bevor Sie sich entschieden haben, was Sie vom Leben wollen, doch wenn Sie Ihren Entschluß gefaßt haben, lassen Sie sich meist nie mehr davon abbringen, und Sie werden Ihre Ziele mit beinahe sklavischem Eifer verfolgen. Hat sich eine Idee erst einmal in Ihrem Hirn festgesetzt, versuchen Sie, möglichst viele Informationen zu sammeln, um diese Idee zu nähren.

Mit dieser Planetenkonstellation haben Sie eine recht gute Chance, zu Geld zu kommen, da hier den gewöhnlich kapriziösen und flatterhaften Neigungen des Merkur eine Richtung vorgegeben wird. Der Erwerbstrieb des Stiers und die geistige Hexerei des Merkurs schaffen zusammen häufig Reichtum. Sie haben die geistige Fähigkeit, zu lesen und dabei Fakten in sich aufzunehmen, doch sind Sie ein Sachkundiger, der seine Lektionen lieber vom Leben als von Lehrern, Schulen und Büchern lernt. So sehr Sie auch die Theorie achten, erkennen Sie jedoch, daß sie durch praktische Erfahrungen gestützt sein muß. Sie gehen niemals ein Wagnis ein, ohne das Terrain sorgfältig sondiert und das nötige Wissen erworben zu haben. Sie überlassen den Erfolg nicht dem Zufall und treffen lieber Vorsichtsmaßnahmen. Sie bauen lieber erst einen soliden Raum und füllen ihn dann geduldig und beharrlich mit Inhalt, lassen sich nur schwer von Ihren Zielen ablenken. Langsam aber sicher zermürben Sie Ihre Gegner, so wie das Meer die Küstenlinie auswäscht. Sie beherrschen den Abnützungskrieg wie kein anderer.

Sie würden einen zuverlässigen Bankier abgeben, da Sie finanzielle Zusammenhänge verstehen und sich an orthodoxe Methoden und konservative Geschäftspraktiken halten; Sie sind ein guter Verwalter des Geldes anderer wie auch Ihres eigenen. Sie sind gesellig, freundlich und liebevoll. Musik, Dichtung und bildende Kunst üben oft eine größere Anziehung auf Sie aus, als es normalerweise der Fall ist. Ihnen ist die Wertschätzung schöner Dinge angeboren, und Sie wissen häufig sehr gut Bescheid über das Sammeln von Kunstgegenständen. Sie lieben die Gesellschaft des anderen Geschlechts, haben genügend intellektuelle Interessen, die Sie zu einem Menschen machen, den man gern trifft, und sind sich Ihrer Fähigkeit, sich in schwierigen Situationen charmant aus der Affäre ziehen zu können, wohl bewußt.

Bei Leuten mit dieser Kombination ist es nicht ungewöhnlich, daß sie durch Heirat Reichtum, Besitz und sozialen Status erwerben, sie sich mehr zu höheren sozialen Schichten hingezogen fühlen als zu der, aus der sie kommen. Eine angenehme, zufriedene und entspannte Persönlichkeit hilft ihnen, dort akzeptiert zu werden, wo man andere als unerwünschte Eindringlinge ablehnen würde. Bei vielen berühmten Schlagersängern steht der Merkur im Zeichen Stier. Musik und Tanz sind zwei Bereiche, in denen Sie Hervorragendes leisten können.

Die Kehrseite der Medaille

Durch Ihre Abneigung gegen jede Veränderung könnten Sie in ein eintöniges Gleichmaß verfallen und daher wenig Nutzen aus den Gedankengängen und subtilen Möglichkeiten ziehen, die Merkur zu bieten hat, weil Ihre Pläne viel zu erdgebunden sind. Sie mögen die Stärke und die massive Konstitution des Stiers haben, aber ohne den verfeinernden Einfluß des lebhaften und impulsiven Planeten sind Ihre Ansichten starr und wiederholen sich laufend. Sie könnten viel zu sehr nach Ihren Gewohnheiten leben, ein langweiliger Mensch sein. Manchmal haben Sie unkontrollierte Wutausbrüche und sind unheimlich gereizt. Möglicherweise leben Sie nur, um Geld und eine angesehene Stellung zu erwerben. Ihr Verstand regiert Ihr Herz. Bargeld, Besitz und geselliges Leben könnten allein Ihre höchsten Ziele sein.

Merkur im Zeichen Zwillinge

Das Leben ist für Sie kein solches Rätsel wie für manch anderen. Sie sehen die Dinge auf höchst rationale Weise und sind überzeugt, daß die allermeisten Probleme mit intellektuellen Mitteln zu lösen sind. Weil Sie daran glauben, daß die Logik die einfachste Antwort auf alles darstellt, geben Sie wenig auf Gefühle, obgleich Sie von Natur aus mitfühlend sind. Sie sind der Meinung, man solle das Leben auf intellektueller Basis leben, mit der Vernunft als einziger Richtschnur.

Sie können große Zusammenhänge erkennen und wichtige Überlegungen anstellen; bisweilen schwingen sich Ihre Gedanken zu geistigen Höhenflügen auf. Dann reden Sie wie ein Buch, äußern kluge Gedanken, sind wißbegierig und irritiert, wenn andere die Fakten nicht so klar sehen wie Sie, obgleich Ihre »Fakten« für andere wahrscheinlich reine Gedankengänge sind. Sie gehen aus einem Streitgespräch durch die bloße Kraft Ihrer Logik als Sieger hervor, doch der Lösung des praktischen Problems, das es in Gang brachte, ist man keinen Schritt nähergekommen. Sie sind ein Meister des oberflächlichen Denkens, erfassen blitzschnell Ideen, bevor sie von schwerfälligeren Konkurrenten überhaupt wahrgenommen werden. Oft sind Sie ein guter Redner und gewinnen Unterstützung dadurch, daß Sie sich auf populäre Ideen beschränken. Sie liegen auf der gleichen Wellenlänge wie der normale, wißbegierige Typ, der interessante Informationen erfahren will, aber nicht notwendigerweise die Wahrheit. Manchmal scheinen Sie albern zu sein, aber nie dumm und langweilig. Weil Sie eben in einer geistigen Welt leben, erscheint Ihr Verhalten Ihren mehr weltlich gesinnten Kameraden manchmal recht dumm. Sie sind der ideale Journalist, denn Sie können berichten oder schnell interpretieren, ohne sich mit den praktischen Konsequenzen auseinanderzusetzen, haben die Gabe, Themen zu erhellen und Ideen zu natürlichen Folgen zu verbinden. In Wirklichkeit handeln Sie aber nicht so intuitiv oder instinktiv, wie es den Anschein hat. Ihre eigentliche intellektuelle Stärke liegt in Ihrem stets wachen Bewußtsein, der Fähigkeit, zwei Seiten gleichzeitig zu sehen, sowohl in die Dinge hinein als darüber hinaus. Für Sie muß alles eine kausale Erklärung haben, Ihr Verstand arbeitet wie ein Prüfgerät, das Reihenuntersuchungen notiert und nach Fehlern oder Lücken in der logischen Ordnung sucht.

Für Sie gibt es keine mysteriösen Fälle; solche gibt es nur, um von Ihnen gelöst zu werden. Sie verachten Leute, die blind an etwas glauben, und sind ungehalten über solche, die ihren Gefühlen und Empfindungen erlauben, ihr Denken zu beeinflussen. Sie versuchen auch nicht alles, um mit Menschen ins Gespräch zu kommen, die ein ganz normales und träges Leben führen. Sie sind höflich, aber... Sie brauchen ganz einfach eine Ihrem Wesen entsprechende Gesellschaft, Leute, die Gedankengänge schnell ohne zusätzliche Erklärungen begreifen. Sie brauchen das Herumstreifen, Reisen und den Gedankenaustausch. Ein Wechsel der Umgebung kann Sie eine völlig neue Richtung verfolgen lassen. Sie lassen sich leicht beeinflussen und ablenken und können sich nicht länger auf eine Sache konzentrieren, suchen eher gedankliche Vielfalt als Tiefgang, wollen frei und ungebunden von Regeln und Ihrer Umgebung sein. Sie können ein hervorragender Sprachwissenschaftler werden. Ihr köstlicher Humor hilft Ihnen, Gedanken in angenehmer Form mitzuteilen. Ihr Verstand arbeitet präzise wie ein Computer. Sie sind gut informiert, offen und einfallsreich, haben selten Vorurteile, aber zahlreiche Interessen.

Bei handwerklichen Tätigkeiten, die manuelles Geschick erfordern, sollten Sie sich hervortun. Sie könnten ein fähiger Zimmermann oder Tischler, Maler, Stenograf, Schneider oder Zauberer werden. Sie lieben philosophische Spekulation, Neuerungen, Literatur und Wissenschaft. Sie könnten sich erfolgreich mit der Untersuchung okkulter Dinge befassen, erwerben sich gern unbekanntes Wissen.

Ihre Persönlichkeit könnte von jener kühlen, intellektuellen Art geprägt sein, die zwar im Beruf oder in einer Position, die Autorität erfordert, von Nutzen sein, unter anderen Umständen aber Ihre Mitmenschen einschüchtern und abstoßen kann. Sie haben die besondere Gabe, die Dinge so zu sehen, wie sie sind, ohne Ihr Urteil durch emotionale Rücksichten beeinflussen zu lassen. Sie treffen unpopuläre Entscheidungen, die umstritten sind, nicht weil fehlerhafte Logik hinter ihnen steckt, sondern weil sie keine Rücksicht auf die Gefühle des Durchschnittsmenschen nehmen.

Sie sind bestimmt kein Gefühlsmensch, doch Witz und Humor des Merkur strahlen eine solche Wärme aus, von der sich andere unwillkürlich angezogen fühlen. Bei vielen Schauspielern und Komödianten steht Merkur im Zeichen der Zwillinge.

Die Kehrseite der Medaille

Sie leben viel zu sehr auf der geistigen Ebene, und Sie strahlen daher keine menschliche Wärme aus. Es könnte Ihnen schwerfallen, sich ernsthaft mit gewöhnlichen Leuten zu unterhalten; Klatsch könnte Ihr Hauptzeitvertreib sein. Seelische Beklemmungen und Arbeitsüberlastung machen Sie anfällig für Nervenzusammenbrüche, Ihre Rastlosigkeit macht es Ihnen unmöglich, sich irgendwo häuslich niederzulassen. Möglicherweise gelingt es Ihnen nicht, etwas von Dauer zu schaffen. Sie neigen zur Nachahmung, ohne selbst schöpferisch tätig zu werden. Ihre Nervosität verursacht sehr wahrscheinlich Schlaflosigkeit.

Merkur im Zeichen Krebs

Ihr Verstand ist passiv und aufnehmend. Sie besitzen die ungewöhnliche Gabe, Fakten, besonders solche über die Vergangenheit, aufzunehmen. Sehr oft findet man unter Ihnen Leute, die sich näher mit Geschichte befassen, Antiquitätensammler und -händler, Geisteswissenschaftler. Sie sind besonnen, taktvoll und veranstalten alles mögliche, um den Leuten zu gefallen. Sie würden einen erstklassigen Diplomaten abgeben. In Ihrem Eifer, einen angenehmen Eindruck zu hinterlassen, können Sie Ihre eigenen Überzeugungen verleugnen und das sagen, was andere hören wollen. Es ist sehr gut möglich, daß Sie sich in dem verlieren, was einmal zufällig Ihre Aufmerksamkeit erregt hat. Oft sind Sie ein Bücherwurm oder ein pflichtbewußter Bibliothekar. Ein von Ihnen begonnenes literarisches Unterfangen wird bestimmt etwas mit der Geschichte von Völkern oder Geschlechtern zu tun haben oder eine einfühlsame Biographie geschichtlicher Größen sein.

Sie sind nicht besonders originell, sondern verlassen sich, offen gesagt, sehr oft in Ihren Meinungen und Urteilen auf einen ähnlich gelagerten Fall. Sie gehorchen lieber einer Regel, als sich mit Alternativen* herumzuschlagen. Sie finden eine Gelegenheit zum Ausdruck Ihrer Persönlichkeit meist in einem ruhigen Bereich menschlicher Aktivitäten, wo Sie nicht stark unter Konkurrenzdruck oder Streß stehen. Sie sind äußerst empfindsam; Ihre Intuition überrascht andere, doch für Sie ist sie eine wesentliche Gabe. Mühsame Erklärungen brauchen Sie nicht, da Sie den springenden Punkt sehr schnell durch intuitive Übertragung erkennen und häufig eine Argumentation schon begriffen haben, bevor der Redner überhaupt mit seinen einleitenden Bemerkungen fertig ist. Sie wissen Sachen, ohne daß man Sie Ihnen gesagt hat, aber wissen nicht, wie Sie sie erfahren haben.

Sie können die Gesellschaft von Menschen nicht ausstehen, die nicht mit Ihnen harmonieren, ziehen sich still und ohne Erklärung aus unharmonischen Situationen zurück und machen auch kein Aufhebens daraus. Sie können Leute nicht leiden, die sich mit Ihnen streiten wollen, doch sind Sie äußerst mitfühlend und verständnisvoll, Ihr Mitleid ist schnell erregt. Leid und Schmerz eines jeden Lebewesens bestürzt Sie. Sie haben zwar recht starke Vorlieben und Abneigungen, doch sind Sie sehr tolerant gegenüber Meinungen und Überzeugungen anderer. Ihr Motto heißt »leben und leben lassen«.

Sie sind ein geborener Psychologe, können tief in die Vergangenheit (oder die Seele eines Mitmenschen) sehen, ohne Partei zu ergreifen. Ihr Verständnis für Symbolik und Phantasie übertrifft dasjenige bei weitem, das man schon normalerweise Ihrem Charaktertyp zuschreibt. Sie erkennen feinste Zwischentöne, die manchmal jenseits des Rationalen liegen, und deshalb wirft man Ihnen bisweilen vor, Sie reagierten unlogisch.

Sie haben eine Art an sich, die das Vertrauen anderer gewinnt; sehr oft berichtet man Ihnen Vertrauliches. Sie werden das in Sie gesetzte Vertrauen nie enttäuschen und erteilen sehr oft Ratschläge, die Menschen, die sich in Not befinden, den Mut zum Weitermachen geben.

Ihr Gedächtnis ist hervorragend, könnte aber im Alter nachlassen. Sie sind leicht zu beeindrucken und lassen sich manchmal zu schnell zu etwas überreden. Sie sind kreativ und künstlerisch veranlagt,

---

* Entscheidung zwischen zwei Möglichkeiten.

Ihr Gefühl für Rhythmus kann aus Ihnen einen herausragenden Tänzer, Turner oder Leichtathleten, aber auch einen Dichter, Musiker oder Schriftsteller werden lassen. Sie haben nicht selten Erfolg auf dem Unterhaltungssektor. Möglicherweise haben Sie eine enge Bindung zu Ihrer Mutter und der Familie Ihrer Mutter. Reisen regen Sie an, besonders, wenn Sie dabei auf einem Schiff unterwegs sind. Sie sind eine ruhige, gesellige Person und denen ein guter und großzügiger Freund, die Sie sich erwählt haben. Sie möchten von Ihren Freunden geachtet sein und lassen sich leicht durch freundliche Gesten einnehmen. Ein Appell an Ihre Gefühle wirkt bei Ihnen viel eher als ein Appell an Ihren Verstand, ein Lob bringt Sie dazu, sich noch stärker zu engagieren.

Ihre Sicht der Dinge ist umfassend, Sie haben einen weiten Horizont. Ihr Verstand ist möglicherweise nicht ganz so hervorragend wie bei Leuten mit anderen Merkur-Kombinationen, doch Ihre Menschenliebe und Ihre Achtung vor den Gefühlen, speziell vor den Ängsten anderer, macht Sie zu einem ganz besonderen Menschen. Ihre Phantasie ist sehr lebhaft und kann Ihnen zuweilen tatsächlich Kummer bereiten. Sie neigen dazu, durch allzu großes Mitgefühl selbst recht verzagt zu werden. Wenn Sie von einem Unglück hören, stellen Sie sich die Vorgänge bildlich vor und empfinden großes Mitleid für die Betroffenen. Sie wissen genau, was Ihre Familie braucht, und tun alles, um sie zu beschützen und zu umsorgen. Ihre Kinder liegen Ihnen besonders am Herzen. Sie sehen auf Ihre Familie, um bewundert zu werden. Ein größeres Vertrauen in Ihre eigene Urteilsfähigkeit ist wünschenswert. Sie haben den aufrichtigen Wunsch, Ihren Mitmenschen zu helfen.

Die Kehrseite der Medaille

Möglicherweise treiben Sie dahin wie ein steuerloses Schiff, leben in einer Phantasiewelt und langweilen jeden zu Tode mit Ihren Geschichten aus der Vergangenheit, besonders aber mit Kindheitserinnerungen. Ihnen fehlt es an Urteilsvermögen. Sie flüchten sich wahrscheinlich auch in Lügen, um sich Anerkennung und Beifall zu sichern, lassen sich von Ihren Gewohnheiten leiten, um sich nicht durchsetzen zu müssen. Sie widmen sich einer Sache nach der anderen, ohne etwas von dauerhaftem Wert zu leisten. Ihr ungewöhnlich leicht zu beeinflussendes Wesen macht Sie zu einem bereitwilligen Opfer der Umstände. Sie lassen sich zu sehr von der Meinung anderer leiten. Sie hängen kurz einer irrigen Ansicht an, wenden sich von ihr ab und werden im nächsten Augenblick schon wieder von einer neuen falschen Idee begeistert. Ihr Verstand könnte träge werden. Sie neigen dazu, sich selbst gegenüber nicht ehrlich zu sein, weil Sie immer versuchen, anderen zu gefallen. In Ihrem Streben nach Bestätigung könnten Sie zu einem Schwindler werden. Sie könnten recht engstirnig sein.

Merkur im Zeichen Löwe

Sie glauben mit ganzem Herzen und ganzer Seele an Ihre Überzeugungen, spüren, daß Sie etwas zu sagen haben, und wollen die Welt es wissen lassen – und gewöhnlich ist es auch wert, daß man Ihnen zuhört. Diese Kombination ist eine der besten für den Einfluß des Merkurs; hier harmoniert er gut mit der ausgleichenden Würde der Sonne, die im Löwen regiert. Sie sind eine warmherzige Persönlichkeit und zeigen in der Regel sicheres Auftreten. Ihre Worte vermitteln eine persönliche Überzeugung, die nur selten kein Interesse weckt. Ihre Zuhörer mögen dem nicht zustimmen, was Sie sagen, doch werden sie die artikulierte und eindrucksvolle Weise, wie Sie Ihre Sache vertreten, bewundern.

Sie reagieren unfreundlich auf jemanden, der Ihre Meinung nicht teilt, und fassen es als persönliche Kränkung auf. Dies wirft ein sehr ungünstiges Licht auf Ihre Fähigkeit, zwischen Dichtung und Wahrheit, Wesentlichem und Unwesentlichem zu unterscheiden. Sie denken direkt und positiv. Selten liegt eine böse Absicht in Ihrem Handeln; wenn Sie es mit einem ungläubigen Thomas zu tun haben, sind Sie wahrscheinlich überrascht, daß tatsächlich jemand wagt, Ihr Urteilsvermögen in Frage zu stellen oder zu behaupten, es gäbe noch eine andere Sicht der Dinge. Weil Sie glauben, daß der Ihre der einzig richtige Standpunkt ist, umgeben Sie sich möglichst mit Ja-Sagern.

Sie sind ehrgeizig und werden wahrscheinlich auch in Ihrer Sparte an die Spitze gelangen. Sie haben das Zeug zum Manager, besitzen Organisationstalent und wären ein erstklassiger Generaldirektor. Das Nachrichten- und Fernmeldewesen wäre besonders günstig für Sie. Sie können schnelle und durchdachte Anweisungen geben, sind fortschrittlich eingestellt, entschlossen und ausdauernd. Ihre Persönlichkeit strahlt Vitalität und Sicherheit aus. Sie haben das gewisse Etwas, das aus der harmonischen Mischung des feinen Intellekts (Merkur) und der mitfühlenden Wärme der Sonne stammt. Sie sind intuitiv und lieben die Menschen, wollen ihnen mit Ihrem Rat helfen und sie von Ihrer Erfahrung profitieren lassen. Sie gehören nicht dem intellektuellen Typ an, der in seinem Elfenbeinturm sitzt, großartige Pläne entwickelt und sie dann anderen zur Verwirklichung überläßt: Sie sind ein Macher. Können Sie selbst etwas nicht tun, verlangen Sie es auch von keinem anderen. Sie fordern Loyalität von Ihren Untergebenen ebenso wie von Ihren Lieben. Sie haben viel Herz und viel Hirn: Bei Ihnen verbinden sich intellektuelle und emotionale Eigenschaften zu einem seltenen Gleichgewicht harmonischer Aktionen und Reaktionen. Sie haben Kinder und Tiere gern, lieben Musik, die schönen Künste und das andere Geschlecht. Sie suchen das Vergnügen und neigen dabei zu Übertreibungen.

In den meisten Fällen bekleiden Sie eine Position, die Autorität verleiht. Sie wollen Ihren Kopf durchsetzen, und das hauptsächlich, weil Sie echt glauben, daß Ihre Ideen die besten für das Wohl aller sind. Für sich fordern Sie Anerkennung, Bewunderung und Respekt; bringt man Ihnen diese Ehrerbietungen entgegen, brauchen Sie nicht viel mehr. Sie können außergewöhnlich großmütig und selbstlos sein. Da Sie zum Führen geboren sind, reagieren Sie scharf auf jede Form von Ungehorsam. Sie explodieren manchmal vor Wut, was aber nicht lange anhält; Sie tragen niemandem etwas nach. Selten lassen Sie sich soweit herab und greifen zu unlauteren Mitteln. Oft benehmen Sie sich auffallend und großtuerisch. Sie möchten andere gern mit Ihren Leistungen beeindrucken. Sie genießen große Anlässe und die Gesellschaft berühmter Leute. Sie denken in großen Maßstäben. Bei dieser Kombination kommt es oft vor, daß ein genialer Mensch Kontakt zu den Massen findet. Nun ist nicht jeder Merkur-Löwe-Mensch ein Genie, doch sogar die einfachste Person mit dieser Kombination entwickelt Ideen und übt Einflüsse aus, die weit über ihre unmittelbare Umgebung hinausreichen. Bei einigen der bedeutendsten (und berüchtigtsten) Begründern von Weltreichen in der Geschichte stand Merkur bei der Geburt im Zeichen Löwe, ebenso bei zahlreichen Denkern, deren kühne Ideen dazu beitrugen, die Menschheit auf dem Gebiet der Religion, Astrologie, Literatur und der anderen Massenkommunikationsmittel aufzuklären. Häufig zeigt sich bei Leuten mit dieser

Konstellation ein starkes Element von Tapferkeit und Mut: Sie fürchten sich nicht davor, ihren Ruf oder gar ihr Leben für ihre Überzeugung zu riskieren. Oft zeichnet sie starke persönliche Ausstrahlung aus.

Möglicherweise können Sie gut singen oder besitzen eine andere Eigenschaft, mit der Sie die Leute unterhalten und zu sich heranziehen können. Unter den richtigen Umständen finden Ihre Reden Widerhall beim Publikum und tragen Sie in eine Machtposition. Sie könnten eine Berühmtheit in der darstellenden oder schreibenden Zunft werden. Sie können Ihre Ideen solange verkaufen, wie Sie selbst daran glauben. Sie sind kein guter Demagoge oder Volksverführer. Bei allem, was Sie tun, schauen Sie über die Schulter und suchen ein potentielles Publikum. Vor allem durch beifällige Anerkennung blühen Sie auf, und das ist auch der Grund, warum Sie stets im Rampenlicht stehen wollen. Sie erledigen Ihre Arbeit immer zu voller Zufriedenheit, nicht allein wegen Ihres noblen Charakters, sondern weil Ihr Feuereifer durch Schmeicheleien und die Zuneigung Ihrer Mitmenschen noch angefacht wird.

Die Kehrseite der Medaille

Möglicherweise sind Sie eingebildet und arrogant, in ständiger Ich-Bewunderung, stellen Ansprüche, die Sie nicht verdient haben. Sie sind wahrscheinlich ein Snob. Ihre Ansichten könnten zu starr sein, Ihr großer Stolz und Ihr Streben nach Autorität zu lästiger Prahlerei degenerieren. Sie sind ein Angeber, der andere mit seiner herablassenden Art und seinem pompösen Auftreten abschreckt, dort seinen Rat anbietet, wo er nicht erwünscht ist, eine Intoleranz und kritische Ader an den Tag legt, die ihn von den Leuten entfremden, die ihm am besten helfen könnten. Sie sind vielleicht ein intellektueller Maulheld. Ihr Machtstreben könnte Sie zur Zerstörung treiben; aus falsch verstandenem Gerechtigkeitssinn, Eifer, oder einem Gefühl der Allmacht zerstören Sie das, was Sie am meisten lieben. Bei Alkohol und Drogen neigen Sie zum Exzeß. Maßlose Übertreibung ist eine Gefahr, die bei allen Vergnügungen für Sie besteht.

Merkur im Zeichen Jungfrau

Eine sehr starke Position für Merkur, denn er regiert das Zeichen Jungfrau und wird deshalb erhöht, was bedeutet, daß sein Einfluß noch beachtlich vergrößert wird. Sie haben einen feinen, scharfsinnigen Verstand, können eine Angelegenheit detailliert und präzise analysieren. Sie gehen die Dinge vom Standpunkt der Vernunft an und erlauben in der Regel Ihren Gefühlen nicht, intellektuelle Überlegungen umzustoßen. Menschliche Schwächen übersehen Sie, können aber auch recht unnachsichtig sein – nichts ärgert Sie mehr als die blinde Dummheit Ihrer Mitmenschen. Für einige Ihrer Freunde sind Sie zu computerhaft und zu streng in Ihrem Denken.

Sie sind skeptisch, kritisch und analysieren genau. Ihre größte Befriedigung liegt darin, alles schön an seinen Platz zu stellen und dies in allen Lebensbereichen tun zu können. Hier verleiht der Merkur der Jungfrau-Eigenschaft, den Haushalt der Welt in Ordnung zu bringen, zusätzliche Wirkung. Betrachtet man die große Unordnung in der Welt, dann sind Sie unaufhörlich damit beschäftigt, geistige Einschätzungen vorzunehmen, auszugleichen, neu zu arrangieren und zu verbessern. Für jeden, der nicht so wie Sie für Anstrengungen geeignet ist, die nur selten belohnt werden, wäre dies ein ermüdendes Geschäft, aber Sie werden damit fertig, obgleich diese Anstrengungen Sie in einem dauernden Reizzustand halten und man Ihre Absichten manchmal mißversteht. Sie verstehen nur schwer, warum sich nicht jeder so wie Sie darüber im klaren ist, wie wünschenswert Methode und Ordnung sind. Oft sind Sie von der gleichgültigen Reaktion der Leute auf Ihr Drängen enttäuscht und frustriert. Sie sind nur selten ganz zufrieden. Wenn Sie Ihre Urteilsfähigkeit nicht auf eine sinnvolle Beschäftigung richten können, richten Sie sie meist auf die Menschen in Ihrer Umgebung und erwerben sich den Ruf, allzu kritisch und umständlich zu sein und sich überall einzumischen.

Sie sind ein realistischer Mensch, zeigen nicht die Weitschweifigkeit, die Merkur in seinem anderen Zeichen, den Zwillingen, charakterisiert. Ihr Charakter bildet den Gegenpol – rein praktisch und zweckmäßig ausgerichtet. Sie verleihen dem brillanten, aber schwer auszurechnenden Einfluß des Merkurs Stabilität, verwenden Ihre geistigen Kräfte eher auf praktische Sachen als auf abstrakte Ziele. Sie eignen sich bestens für geisteswissenschaftliche Forschungsarbeiten, weil Sie ein Meister detaillierter Auswertung sind. Sie analysieren die Informationen, sichten, vergleichen und verarbeiten die wichtigsten Fakten. Laborarbeiten, wissenschaftliche Untersuchungen, Mathematik, Buchführung – bei jeder Aufgabe, die einen kontrollierten und geschulten Verstand erfordert, werden Sie glänzen. Sie lieben Tätigkeiten, die Planung und Erfindungsgabe voraussetzen. Kreuzworträtsel sind ein Kinderspiel für Sie – oder haben Sie beim letzten Mal einen Begriff etwa nicht gefunden? Sie sind glücklicher, wenn Sie sich mit einer Vielzahl von Details beschäftigen können, als wenn Sie sich mit einem größeren Gesamtbild auseinandersetzen müssen. Durch Ihre Befähigung zu peinlich genauen Forschungen und Untersuchungen können Sie dazu beitragen, das Wissen der Menschheit zu vergrößern. Sie überarbeiten eine Sache eher, als daß Sie sie erneuern. Beim Lernen sind Sie so schnell, daß Sie sich manchmal nicht lange genug konzentrieren und sich an das Gelernte nicht lange erinnern können, obwohl Ihr Gedächtnis unübertroffen ist, wenn Sie es nur nutzen wollen.

Sie sind kein leicht zu überzeugender Mensch und möchten erst eine Sache vollständig verstanden haben, bevor sie sich ihr verschreiben. Nur über die Vernunft kann man Sie ansprechen. Da Sie über so große intellektuelle Kräfte verfügen, besteht die Gefahr, daß Sie das menschliche Element in Ihren Überlegungen übersehen. Sie könnten vergessen, daß viele Leute zwar oft ein Lippenbekenntnis für die Macht der Vernunft ablegen, sie ihr Leben aber noch öfter nach einer Mischung aus Eigeninteressen, Vorurteilen und Emotionen führen.

Sie sind von Natur aus ruhig und ernst und leiden schmerzlich an fehlendem Selbstbewußtsein, obwohl Sie das meist überdecken können. Sie vermeiden Kraftproben und legen sich in grundsätzlichen Fragen nicht auf einen starren Standpunkt fest, weil Sie so selbstkritisch sind, daß Sie eine rechthaberische Position nicht lange einnehmen können.

Sie sind an allen intellektuellen Beschäftigungen interessiert, prahlen aber nicht selbstherrlich mit Ihren Leistungen. Sie könnten ein fähiger Sprachwissenschaftler werden. Ihre Überzeugungskraft durch das gesprochene und geschriebene Wort ist beträchtlich, obgleich sich bei Ihnen die Tendenz zeigt, zu sehr ins Detail zu gehen und dadurch andere zu langweilen. Bei Ihnen fehlt wahrscheinlich auch die gewisse Ausstrahlung von Wärme durch ihre bloße körperliche Anwesenheit, und deshalb gelingt es Ihnen nicht, bei anderen emotionale Leidenschaft zu wecken. Sie könnten jedem unwiderlegbar beweisen, warum es besser wäre, wenn alle nur Wasser trinken würden, und die ganze Welt stimmt Ihnen zu – und trinkt trotzdem weiterhin, was ihr gefällt.

Ihre Vorliebe, Geheimnisse zu lösen, bringt Sie manchmal zum Studium okkulter Wissenschaften. Sie können ausführlich über jedes Thema schreiben, das Ihr Interesse und Ihre Neugier geweckt hat. Sie bestehen gewöhnlich darauf, Informationen aus erster Hand zu bekommen, und sind deshalb in der Lage, so genaue Beschreibungen zu geben. Viele Schriftsteller mit bemerkenswerter Beobachtungsgabe haben diese Kombination. Sie versuchen in der Regel, andere von Ihrem Wissen profitieren zu lassen, obwohl Sie sich niemandem aufdrängen (es sei denn, Ihr Sonnenzeichen ist der Löwe).

Sie haben ein besonderes Talent, spezielle Methoden der Arbeitsbewältigung zu entwickeln. Wenn es eine Lösung für ein Problem gibt, dann kann man damit rechnen, daß Sie sie finden. Ihr scharfsinniger Verstand trägt rasch einen Berg von Mutmaßungen auf ein kleines Häufchen von Tatsachen und statistischen Ergebnissen ab. Körperliche Fitness interessiert Sie besonders. So wie Sie danach streben, jede Kleinigkeit an ihren Platz zu stellen, so wollen Sie auch dafür sorgen, daß die Leute dadurch gut in ihre Umgebung passen, indem sie gesund bleiben. Sie sind ein starker Befürworter von Sauberkeit und Hygiene, sind fest von der Wichtigkeit gesunder Ernährung durch frische und bekömmliche Nahrungsmittel überzeugt und möchten anderen mit Ihrem ausgewogenen und nahrhaften Speisezettel ein leuchtendes Beispiel sein.

Die Kehrseite der Medaille

Möglicherweise überfahren Sie ganz einfach jeden Gegner, verehren die kalte Vernunft als höchstes Gut. Der Buchstabe des Gesetzes ist für Ihr Urteil so wichtig, daß jeder Schimmer einer menschlichen Regung unterdrückt wird. Sie könnten zu reizbar, unbeweglich und distanziert sein, um erfolgreich mit praktischen Dingen fertig zu werden, ein unnachgiebiger Kritiker, der glaubt, ganz allein zu wissen, wie etwas getan werden muß. Sie suchen viel zu sehr nach Fehlern, um einmal ein Lob aussprechen zu können, veranstalten ein großes Theater über unwichtige Kleinigkeiten, sind egoistisch und sarkastisch. Wahrscheinlich sind Sie ein Gesundheitsfanatiker und legen denen, die mit Ihnen leben, unnötige Verhaltensregeln auf; Ihr Sauberkeitsfimmel kann sich ins Unkontrollierbare steigern. Sie sind geizig mit Ihrem Geld, und die Abneigung, Liebe und Zuneigung zu zeigen, könnte Sie schließlich zu einem nüchternen, gefühllosen und unnachgiebigen Individuum machen. Sollten Sie eine Machtposition bekleiden, können Sie zum leichtfertigen Despoten werden.

Merkur im Zeichen Waage

Diese Stellung des Merkurs macht Sie äußerst aufgeschlossen und zu intellektuellen Leistungen fähig. Ihre wohldurchdachten Beurteilungen bestehen oft durch ihre bloße Logik und sind gerechtfertigt, doch im Drunter und Drüber des Alltags zögern Sie eher und zeigen sich unentschlossen, was das Leben für Sie etwas schwierig macht. Ein intuitiver Gedankenblitz, wie Sie etwas anfangen sollen, wird durch den planvollen Versuch, vor dem Handeln erst einmal alle Pros und Kontras abzuwägen, zunichte gemacht, und so verpassen Sie gute Gelegenheiten. Der erste Gedanke ist bei Ihnen oft der beste, es zahlt sich nicht aus, stets auf Nummer Sicher zu gehen. Bedenken Sie auch, daß Sie nicht hoffen können, es jedem recht zu machen. Sie sind ziemlich unbeständig. Sie erkennen eine Situation glänzend, entscheiden sich für eine Handlungsweise – und machen im letzten Augenblick etwas anderes. So erfrischend Ihre Aufgeschlossenheit auch ist, sie birgt einige Gefahren. Zum einen könnten Sie sich zu leichtsinnigen Unternehmungen hingezogen fühlen, Ihre Neugier könnte Sie von einer Sache zur anderen locken und Sie davon abhalten, etwas wirklich Dauerhaftes und Wertvolles zustande zu bringen.

Sie streben ehrgeizig nach intellektuellen Kenntnissen, Sie machen sich sehr viel Mühe, um Projekte aufzustellen, sie mit den verschiedensten Leuten zu besprechen und einen Berg von Fachliteratur aufzustapeln. Aber wenn die Zeit zum Handeln, zu einer konzentrierten Anstrengung kommt, haben Sie sich (aber stets die Form wahrend) schon wieder einer anderen Sache zugewandt. Deshalb neigen Sie dazu, sich umfangreiches Wissen über zahlreiche Themen anzueignen, haben aber wenig praktische Erfahrung auf einem bestimmten Gebiet. Körperliche Arbeit liegt Ihnen nicht, obwohl Sie sehr geschickt mit Ihren Händen beim Anfertigen von Handarbeiten und ähnlichem sind.

Sie haben eine charmante Art, das Richtige zu sagen, reagieren schnell auf die unterschiedlichen Interessengruppen in einer Zuhörerschaft, verstehen es gut, sie unter einen Hut zu bringen oder sie wenigstens gleichzeitig davon zu überzeugen, Sie hätten ihr spezielles Problem verstanden. Sie haben ein Auge für künstlerische Details und können eine wertvolle Rolle spielen, wenn es heißt, einem literarischen oder künstlerischen Werk den letzten Schliff zu geben. Sie machen die Tüpfelchen aufs »i« wie ein Künstler und nicht wie ein Pedant.

Sie strahlen Autorität und Weisheit aus, verbinden in Ihren Beurteilungen Herz und Verstand aufs beste. Befindet sich die Sonne ebenfalls im Zeichen Waage, so haben Sie einen Intellekt von beträchtlicher Feinheit. Sie können abstrakte Ideen auf sehr interessante Art ausdrücken, fühlen sich gewöhnlich zu Musik, Literatur und Rednertum hingezogen.

Steht die Sonne dagegen im Zeichen Jungfrau, sind Sie mehr fürs Praktische und werden auch mit der rauheren Seite des Lebens fertig, ohne Ihr feines Empfindungsvermögen zu verlieren. Mit der Sonne im Skorpion besitzen Sie ein psychologisches Gespür, das Ihnen bei Geschäftsverhandlungen sehr zum Vorteil gereichen kann. Merkur im Zeichen Waage sollte aus Ihnen einen sehr ausgeglichenen Charakter machen, doch ist das Gleichgewicht hier im zentralen Zeichen des Tierkreises schon so empfindlich, daß es leicht durch andere Aspekte im Horoskop zerstört werden kann. Sie sollten keine Schlüsse ziehen, bevor Sie nicht die anderen Einflüsse (die gelben und grauen Tabellen eingeschlossen) berücksichtigt und gegeneinander abgewogen haben – eine Beschäftigung, die dem Merkur-Waage-Menschen gut liegt.

Ihre Berufswahl hängt größtenteils von den Leuten ab, die in diesem Lebensabschnitt den größten Einfluß auf Sie ausüben. So wie Sie Ihre Gefährten wechseln, so ändern sich auch wahrscheinlich Ihre Ansichten, und das spiegelt sich gewöhnlich in der Art und im Stil Ihrer Arbeit wider. Es ist deshalb für junge Leute mit dieser Kombination wichtig, sich solche Kameraden auszuwählen, die ihren flexiblen und fügsamen Verstand in richtige Bahnen leiten, so daß sie sich stets vorwärtsbewegen – und sich keine Ausrutscher leisten.

Astro-Analysis

Sie haben gern Freunde um sich und lieben ein geselliges Leben, sind besonders zur Zusammenarbeit mit Partnern geeignet. In der Ehe brauchen Sie die intellektuelle Partnerschaft mehr als die körperliche Nähe Ihres Ehegefährten. Manchmal führt diese Kombination auch zu einer Heirat, die eine finanzielle Einbuße oder einen Verlust an sozialem Prestige mit sich bringt, kann aber auch eine Ehe mit einem entfernten Verwandten bedeuten. Ihr feiner Geschmack, Ihre tadellosen Manieren und Ihre Gabe, gebildete Gespräche zu führen, machen Sie zum perfekten Gastgeber oder zu einem gerngesehenen Gast.

Die Kehrseite der Medaille

Sie sind möglicherweise willensschwach und lassen sich leicht beeinflussen; Ihre Taktlosigkeit und die Art, sich auszudrücken, könnten Sie unbeliebt machen. Sie könnten unaufrichtig und leicht zu durchschauen sein, schließlich sogar zu einem gesellschaftlich Geächteten werden. Sie neigen zu unredlichem Handeln und verlassen sich auf Ihre Wortgewandtheit, um unangenehme Situationen zu überdecken, ohne den echten Versuch zu unternehmen, sie zu beseitigen. Sie könnten ein schamloser Opportunist sein. Wahrscheinlich stimmen Sie jedem zu, um sich ein Wortgefecht mit ihm zu ersparen, und geben nach, obwohl Sie wissen, daß Sie recht haben. Sie flüchten sich aus der Realität, indem Sie sich mit Lügen aus einer Situation herauswinden, um der Wahrheit nicht ins Gesicht sehen zu müssen, leben lieber in einer Welt Ihrer Tagträume und verbringen Ihre Zeit damit, über andere zu klatschen und ihnen Übles nachzureden.

Merkur im Zeichen Skorpion

Weil bei dieser Kombination der Bewegungsspielraum zwischen Gut und Böse so weit gesteckt ist und stark von weiteren verändernden Einflüssen im Horoskop abhängt, müssen Sie selbst entscheiden, welche Charakterzüge in der folgenden Beschreibung, die gezwungenermaßen eine Analyse von Extremen ist, auf Sie zutreffen.

Der typische Merkur-Skorpion-Mensch besitzt einen Verstand von unübertroffener Klarheit und Kraft. Sie vereinen höchsten intellektuellen Scharfsinn mit dem leidenschaftlichen Ungestüm der Gefühle, können das Beste im Menschen verkörpern, aber auch das Schlimmste, schwanken zwischen Himmel und Hölle. Sie besitzen fast hellseherische Fähigkeiten und sind in der Lage, über die normalen Grenzen des Verstandes hinauszusehen. Ihre Wahrnehmungsfähigkeit ist so effektiv, daß es beinahe unmöglich ist, Sie zu täuschen. Sie riechen den falschen Braten schon von weitem.

Sie sind überkritisch, äußerst mißtrauisch und argwöhnisch. Sie haben an sich schon all die Ungerechtigkeiten beobachtet, zu denen Menschen fähig sind und erkennen sie deshalb (wenn auch meistens unbewußt) sofort an anderen. Sie sind wachsam, vorsichtig und von einer verbitterten Intoleranz besessen, die sich allzu gern in totaler Verachtung ausdrückt. Sie kennen kein Mitleid mit Ihrem Gegner und nehmen zu jedem Mittel und jeder Hinterlist Zuflucht, die Ihnen den Sieg oder die Rache ermöglichen könnte. Ihre Fähigkeit, zu hassen und geduldig auf den Augenblick der Vergeltung zu warten, ist teuflisch; Sie sind ein heimtückischer, skrupelloser Feind.

Sie sind mutig, verwegen, einfallsreich und stets darauf bedacht, Ihren schnellen und durchdringenden Verstand zu beweisen, lieben das Katz-und-Maus-Spiel mit Ihrem Gegner, ködern den Arglosen ganz raffiniert und manövrieren ihn in eine Situation, wo er sich eine Blöße geben muß. Sie schlagen zu, um zu verletzen, nicht um zu töten, um langsam zu ruinieren, nicht um gleich zu zerstören. Sie höhlen sein Selbstvertrauen mit Sticheleien aus, Ihre versteckten Anspielungen sind Teil eines teuflischen Plans. Ein sechster Sinn sagt Ihnen genau, wann und wo Sie zuschlagen müssen, wann Ihr Konkurrent psychologisch am schwächsten ist. Sie tun geheimnisvoll mit Ihren persönlichen Interessen und schirmen sie schlau nach außen ab. Sie hassen es, sich jemandem anvertrauen zu müssen, und weigern sich, jemanden in Ihr Vertrauen zu ziehen. Auf der anderen Seite aber hören Sie gern den Geheimnissen anderer, ihren dummen und vertrauensvollen Äußerungen, zu. Sie verachten die, die Ihnen Widerstand entgegensetzen wollen, und tun die Ansichten von Leuten, die Sie für unterlegen halten, geringschätzig ab. Sie erleiden viele Enttäuschungen und haben mehr Sorgen als andere mit Ihren Verwandten, Nachbarn und Partnern.

Sie könnten ein guter Geheimagent sein, weil Sie eine Tarnung für unbestimmte Zeit aufrechterhalten können, oder aber bei der Aufdeckung von Versicherungsbetrug, Verschwörungen und verwickelten Finanzskandalen helfen. Ihre körperliche und nervliche Ausdauer ist groß, Ihr Mut im Angesicht der Gefahr ebenso. Sie lieben es, einen anderen, besonders einen Gegner, der einen Ruf zu verteidigen hat, mit Ihren geistigen Fähigkeiten auszuspielen, sind stolz auf Ihren scharfen Verstand und Ihre Findigkeit. Sie besitzen einen starken Sexualtrieb und lieben erotische Lektüre und Gespräche.

Sie sind von geheimnisvollen Dingen fasziniert und lösen besonders gern jene Fälle, an denen andere mit ihren geistigen Voraussetzungen gescheitert sind; Sie fühlen sich speziell zur Erforschung des Okkulten und zur Metaphysik hingezogen. Ihr durchdringender, subtiler und intuitiver Verstand ist der Grund dafür, daß man Sie zu den tiefsten und schöpferischsten mystischen Denkern zählt, die den menschlichen Geist zu höherer Einsicht brachten. Ihre Hartnäckigkeit und Ihr weiter intellektueller Horizont eignen Sie für eine Rolle in der Politik. Sie bewähren sich glänzend in einem Machtkampf, besonders wenn mit allen erlaubten und unerlaubten Mitteln gekämpft wird. Bei einer Auseinandersetzung im Betrieb, im Büro oder im Sitzungssaal erwarten Sie kein Mitgefühl und keine Schonung und werden diese Rücksicht sicher auch nicht gegenüber anderen zeigen. Sie haben den notwendigen Mut, um auch hinter Ihrer Überzeugung zu stehen. Die Ruhe und Gelassenheit gerade dann, wenn Sie unter Druck geraten, ist eine Ihrer am meisten demoralisierenden Waffen und Sie vergessen nie, sie einzusetzen.

Der häufig schädliche Einfluß des Merkurs im Zeichen Skorpion wird gemildert, wenn die Sonne im Zeichen Waage steht. Diese Persönlichkeit ist etwas nachgiebiger, weniger ätzend in ihren Äußerungen, neigt eher zur Satire als zum Auslachen oder zu bösartiger Kritik. Aber der Hang zum Streiten und Opponieren ist immer noch vorhanden.

Steht die Sonne zusammen mit Merkur im Zeichen Skorpion, bringt dies eine größere Fähigkeit zu nobler Geduld und seelischer Kraft mit sich und erhöht die intuitiven Wahrnehmungsfähigkeiten. Die Sonne-im-Schütze-Kombination erweitert den geistigen Horizont, macht ihn weniger selbstbezogen und verstärkt das Interesse an philosophischen Studien.

Die Kehrseite der Medaille

Über sie wurde ja schon oben gesprochen. Es ist möglich, daß unentwickelte Persönlichkeiten mit dieser Kombination zum Sadismus neigen, dumpf vor sich hin brüten und ihren Groll wenigstens teilweise dadurch abbauen können, indem sie böse und skandalöse Gerüchte über ihre Rivalen und Gegner in Umlauf setzen. Ihre Eifersucht kann zu solch destruktiver Wut ausarten, daß sie nicht davor zurückschrecken, sich selbst zu opfern, um eine alte Rechnung zu begleichen.

Merkur im Zeichen Schütze

Sie sind eine recht launische Person. Ihr Verstand ist immer auf Empfang geschaltet, bereit, Ideen aufzunehmen und weiterzuverbreiten. Sowie ein Gedanke aufgenommen wird, wird er auch schon schnell weitergeleitet, und ein neuer Gedanke tritt an diese Stelle. Manchmal sind Sie fast ein Genie und können Ideen und Beobachtungen wie ein Maschinengewehr herunterrattern, wobei Sie mit erstaunlicher Zielsicherheit immer wieder ins Schwarze treffen. Aber Ihre schnell abgefeuerten Gedanken haben keinen Tiefgang und können nicht durchgezogen werden. Sie enttäuschen, weil Ihre bemerkenswerte Intuition* niemals durch fundiertes Wissen und Erfahrung aus erster Hand unterstützt wird.

Sie sind gern überaus aktiv, körperlich wie geistig, und können noch einer oder zwei Nebenbeschäftigungen neben Ihrem Hauptberuf nachgehen, machen gern verschiedene Dinge zur gleichen Zeit. Sie treffen und unterhalten sich gern mit anderen Leuten. Sie können stundenlang mit jemandem sprechen, kommen von einem Thema auf das andere, stellen und beantworten Fragen, aber erinnern sich am Schluß nicht mehr an das Wesentliche. Trotz Ihres brillanten Verstandes können Sie nur klug daherreden und treten oft ins Fettnäpfchen, weil Sie weder die Zeit, noch die Fähigkeit haben, eine Situation richtig einzuschätzen. Weil Sie sich nicht konzentrieren können, sind Sie zwar klug, handeln aber unklug und sind nicht in der Lage, die Folgen Ihrer Bemerkungen zu bedenken.

Trotz allem sind Sie ein aufrichtiger Mensch, einfach und ehrlich, an Ihnen ist nichts Hinterlistiges. Im Gegensatz zu Merkur-Skorpion-Menschen ist es Ihnen unmöglich, absichtlich grausam zu sein; solch eine schlimme Idee käme Ihnen erst gar nicht in den Sinn. Sollten Sie tatsächlich einmal lügen,

* = ahnendes Erfassen

dann aus dem Augenblick heraus. Da Ihnen jede böse Absicht fehlt, sind Sie schon von Ihrem Temperament her nicht für in die Länge gezogene Fehden geeignet.

Sie lieben Ihre Freiheit und sind ein eifriger und lautstarker Verfechter der freien Meinungsäußerung. Sie sind impulsiv, oft sogar ein Rebell, können sich mit der Autorität nicht anfreunden und ärgern sich über jede Zurschaustellung ihrer Macht. Weil Sie Ungerechtigkeiten nicht ausstehen können, kämpfen Sie oft auf der Seite der Unterdrückten. Sie sind ehrgeizig und besitzen einen erstaunlich weiten Horizont, es scheint Ihnen aber unmöglich zu sein, sich länger auf ein Ziel zu konzentrieren, und Sie lassen sich gewöhnlich ablenken, ohne es überhaupt zu merken.

Der Erfolg bleibt Ihnen meist bis in Ihr Alter versagt, weil Sie viel zu oft unterwegs sind, um dabei zu sein, wenn die Beförderungen ausgesprochen werden. Sie leben, um zu leben, nicht um zu arbeiten. Sie sind an Bildung interessiert, obwohl Sie sie persönlich nicht zu ernst nehmen, wenn das bedeutet, sich in Ihren jungen Jahren auf den Hosenboden setzen zu müssen. Sie reisen gern und möchten wahrscheinlich andere Länder kennenlernen, obwohl Sie auch sehr glücklich sind, wenn Sie zahlreiche kurze Reisen machen, kurz bei anderen Leuten vorbeischauen und Kontakte pflegen können.

Sie verspüren oft den starken Drang, das Leben und seine Geheimnisse ganz verstehen zu wollen, glauben fest an die erlösende Macht der Moralgesetze. Sie achten Wissenschaft und Religion, lieben philosophische Diskussionen und meinen von sich, zu Recht oder Unrecht, über diese Themen sehr gut informiert zu sein. Ist der Schütze auch Ihr Sonnenzeichen, dann besitzen Sie Talent zum Schreiben und Lehren, was zu weiten Reisen und ungewöhnlichen Erfahrungen führen könnte. Die Sonne im Steinbock dagegen beschreibt einen viel solideren Bürger mit der Fähigkeit, Gesetze zu schaffen, und einen, der darauf achtet, daß sie auch befolgt werden (»Gesetze« heißt in diesem Fall die Verwirklichung eines gesellschaftlich-moralischen Konzepts in der Familie oder Umgebung dieser Person). Die Sonne im Skorpion wiederum wendet den visionären Blick des Merkur-Schütze-Menschen eher nach innen, bringt Selbsterkenntnis und das Talent für Soziologie und Psychologie.

Die Kehrseite der Medaille

Sie könnten unfähig sein, Ihre Ideen mit den Tatsachen des Lebens zu vereinbaren, besitzen kein gereiftes Urteilsvermögen und können Gedanken nicht gegeneinander abwägen – Sie sind ganz einfach kein Realist. Sie ziehen möglicherweise eine große Schau ab, um andere zu drängen, nach einem höheren Lebensziel zu streben, Sie selbst aber verkehren in leichtsinniger Gesellschaft und erreichen offenkundig gar nichts. Sie sind taktlos und verletzend wegen Ihrer Unbedachtheit, schnell mit Versprechungen bei der Hand und sehr langsam, wenn Sie sie einlösen sollen. Ihre Ungeduld und Rastlosigkeit hält Sie davon ab, etwas Wertvolles zu leisten.

Merkur im Zeichen Steinbock

Diese Merkur-Position ist von Vorteil, weil der brillante, aber unbeständige Planet hier keine Chance hat, aus der Bahn zu kommen. Er verbindet sich leicht und vorteilhaft mit den Charakteristika des Steinbock-Zeichens, das eine kühle, kalkulierende und ernste Mentalität, einen rational denkenden, disziplinierten und anspruchsvollen Verstand darstellt. Das Ergebnis ist eine würdevolle, vernünftige, praktische, ernste und weise Person.

Sie interessieren sich selten für leichtsinniges Geschwätz. Ein Hauch von Zielstrebigkeit ist vorhanden. Wenn Sie mal den Mund aufmachen, dann lohnt es sich zuzuhören; denn man kann damit rechnen, daß Sie Ihre Ideen erst dem Säurebad der Vernunft unterzogen haben. Sollten sie aber dennoch falsch oder unannehmbar sein, dann nicht deshalb, weil Sie ein Detail übersehen oder nicht gründlich genug nachgeforscht hatten, sondern weil Sie bei der Beurteilung des Problems einen Fehler gemacht haben.

Ihr Gedächtnis ist ausgezeichnet, und Sie stopfen es auch nicht mit leerem Geschwätz und oberflächlichen Informationen voll. Die einzigen Details, die Sie darin aufnehmen, sind solche, von denen Sie wissen, daß sie Ihnen nützen werden. Ihre Konzentrationsfähigkeit ist genauso hervorragend. Sie verstehen es, die ganze Kraft der Wahrnehmung mit gleichbleibender Intensität auf das Problem des Augenblicks zu richten. Weil Ihr Verstand immer mit einer schwerwiegenden Überlegung beschäftigt ist (die Welt ist voller Probleme für den, der sie sucht), könnten Sie gegenüber den

Menschen, die die angenehmere Seite des Lebens suchen, intolerant sein. Wahrscheinlich fehlt Ihnen der Sinn für Humor, und Sie haben es schwer, sich einer rein geselligen Atmosphäre anzupassen. Sie sind entschlossen, Erfolg zu haben, und Merkur stellt die notwendige Intelligenz zur Verfügung. Sie sind beständig, ehrlich und taktvoll, neugierig auf alles, was Ihre eigenen, ehrgeizigen Interessen berührt. Ihr Verstand kann sich mit der kleinsten Kleinigkeit befassen, ohne dabei für einen Augenblick den Gesamtplan aus dem Auge zu verlieren. Sie nehmen Verantwortung auf sich. Sogar wenn Sie falsch liegen, fordern Sie einem unwillkürlich Respekt ab, ihr besonnener Ernst umgibt Sie mit dem Hauch von Weisheit.

Sie sind zurückhaltend, vorsichtig und mißtrauisch, sind vielleicht zu moralistisch eingestellt, als daß Sie viele Freunde gewinnen können. Wenn diese Merkur-Steinbock-Kombination nicht durch andere Einflüsse gemildert wird, besteht die Gefahr, daß Sie sich von Ihren Mitmenschen absondern und sich eine kalte Verstandeswelt schaffen, in der nur Sie leben können.

Man fragt Sie oft um Ihren weisen Rat, und Sie freuen sich auch darüber, die Rolle der Vertrauten und Ratgeber spielen zu können. Sie nehmen sich aber in dieser Rolle viel zu ernst.

Sie versuchen immer, Ihren Verstand weiterzuentwickeln: Sie sind stark an den Wissenschaften, der Chemie, Philosophie und dem Management interessiert. Sie mögen mit dem Lauf der Dinge in der Welt unzufrieden sein, aber Ihr angeborenes diplomatisches Geschick und Ihr korrektes Verhalten bewahrt andere meist davor, daran Anstoß zu nehmen. Sie sind sich Ihrer Würde voll bewußt und vergeben selten jemandem, der Sie verletzt hat.

Sie müssen sich gegen Depressionen schützen. Obwohl Ihr Geist so beständig ist, können sich Ihre Stimmungen ziemlich abrupt ändern. Sie können plötzlich von einem Extrem ins andere fallen, und diese angeborene Fähigkeit, sich auf emotionaler Ebene schnell anzupassen, macht Sie vorübergehend unsicher und peinigt Sie mit vagen und übermäßigen Ängsten. Ihre reife und genaue Untersuchung der allgemeinen Lage der Menschheit kann Sie zu einer pessimistischen Weltsicht verleiten, was Sie aber durch eine flexiblere und fröhlichere Einstellung vermeiden können.

Ist der Schütze Ihr Sonnenzeichen, so besitzen Sie einen ausgedehnten geistigen Horizont, und Ihre Aufmerksamkeit ist nicht so stark auf einen Punkt konzentriert, Ihre Neugier geht über Ihre unmittelbare Aufgabe und Ihre egoistischen Interessen hinaus. Sie könnten dann Ihre Hoffnung in der Religion sehen und Optimismus spüren, Ihre Weisheit dafür einsetzen, andere in praktischen Alltagsangelegenheiten zu unterrichten.

Steht Ihre Sonne im Wassermann, so stürzen Sie sich wahrscheinlich in organisierte Forschungsprojekte, die darauf abzielen, erkannte wissenschaftliche oder soziale Probleme weltweit zu lösen. Sie sind auch viel kreativer und nicht so beschränkt in Ihren Wahrnehmungen. Sind Sonne und Merkur gemeinsam im Zeichen Steinbock zu finden, so sind Sie eine ernste Person, die fest an ihre Überzeugungen glaubt. Sind Ihre Vorstellungen richtig, dann leisten Sie möglicherweise einen bedeutenden Beitrag zum Wissen der Menschheit, müssen aber vorher erst tapfer kämpfen, um Widerstände zu überwinden. Sind Ihre Ansichten aber falsch, dann führen Sie ein Leben in strenger Isolation und sind gefangen in Ihrer eigenen, engen Gedankenwelt.

Die Kehrseite der Medaille

Sie könnten ein religiöser Fanatiker sein. Ihre Engstirnigkeit macht Sie grausam und tyrannisch, zu einem Störenfried, der jedem den Spaß verdirbt und Depressionen und Trübsinn verbreitet. Ihre Beurteilungen fallen zu hart aus. Wahrscheinlich sind Sie auch egoistisch und geizig, ein unnachgiebiger und ernster Chef, der um so tyrannischer wird, je mehr Autorität er erwirbt, sind mürrisch und schlechter Laune, weil Sie sich einbilden, man beleidigt Sie laufend.

Merkur im Zeichen Wassermann

Sie besitzen die Gabe, bei einer Streitfrage beide Seiten zu verstehen, ohne für eine Partei zu ergreifen. Dieser Gleichmut kann zu Mißverständnissen bei Familienmitgliedern oder Freunden führen, die in emotional geladenen Situationen gewöhnlich eine gewisse Parteinahme fordern. Aber Sie sind viel zu unabhängig gesinnt, um darauf einzugehen, es sei denn, es handele sich um eines Ihrer Lieblingsthemen. Dann können Sie genauso einseitig sein wie jeder andere auch, manchmal sogar bis an den Rand des Fanatismus.

Sie haben einen feinen, beweglichen und vielseitig interessierten Verstand. Die Kleinigkeiten des Alltags mit ihrer Oberflächlichkeit reizen Sie nur am Rande. Sie erwerben Wissen, um es dort einzusetzen, wo es zum größtmöglichen Nutzen der größtmöglichen Zahl von Menschen gereicht. Wissenschaftliche Forschungen üben eine besondere Anziehungskraft auf Sie aus. Ihr Verstand kann komplizierte Sachverhalte erfassen und mit bemerkenswerter Intuition* genau die Schwachpunkte herausfinden. Sie sind fähig, Lösungen anzubieten, die in ihrem Umfang und ihrer Originalität atemberaubend sind.

Sie fühlen sich oft zum Nachrichten- und Fernmeldewesen hingezogen und benützen es, um Ihre Ideen zu verbreiten und die Aufmerksamkeit auf notwendige Reformen zu lenken. Die Arbeit bei Rundfunk, Fernsehen, Buch-, Zeitungs- und Zeitschriftenverlagen ist bei Leuten mit dieser Kombination recht häufig anzutreffen.

Sie können die menschliche Natur sehr gut beurteilen, sind aber auch sehr tolerant dem gegenüber, was Sie finden. In der Regel sind Sie nicht der Typ, der tiefe emotionale Bindungen eingeht – Wassermänner verkörpern die erfinderischen und humanitären Impulse und müssen daher objektiv sein, um bestens »funktionieren« zu können. Den Emotionalismus mit den ihn begleitenden Vorurteilen versuchen Sie auch aus Ihrem Privatleben herauszuhalten; sollten Sie eine Liebesaffäre beginnen, dann verhalten Sie sich für einen gewöhnlichen Partner meist ein bißchen zu gleichgültig und kurz angebunden. Sie brauchen eine ganz bestimmte Person, die Sie nicht dauernd mit Forderungen nach Zuneigung quält, die Sie nicht erfüllen können. Eine Ausnahme hiervon gäbe es nur, wenn die Fische Ihr Sonnenzeichen sind.

Sie fühlen sich in Gruppen wohler, weil Sie dann zu jedem freundlich sein und mit Ihren Geschäften weitermachen können. Diese »Geschäfte« haben gewöhnlich ein hehres Ziel, das von einem Plan zur Ernährung der Millionen Hungernden in der Welt bis zu einem Programm reichen mag, mit dem man öffentliche Unterstützung für einen wohltätigen Zweck gewinnen will. Sie treten oft Clubs, Gesellschaften und Bewegungen bei, die die allgemeine Wohlfahrt zum Inhalt haben.

Sie sind gern in Gesellschaft und freuen sich, wenn Sie sich mit Menschen unterhalten, die ebenso neue und anregende Ideen entwickeln wie Sie. Da Sie ja recht intelligent sind, reizt Sie die Herausforderung einer Diskussion unterschiedlicher Standpunkte; bisweilen gehen Sie sogar so weit, daß Sie einen Vorschlag vertreten, an den Sie überhaupt nicht glauben – einfach aus der Befriedigung heraus, Ihren Intellekt an einem Gegner zu schärfen.

Ihr soziales Gewissen ist wahrscheinlich viel höher entwickelt als das Ihrer Familie oder Ihrer Freunde. Ihre Versuche, in anderen ein Interesse für bedeutendere Aspekte des Lebens zu wecken, könnte Ihnen den Ruf eines Exzentrikers und Weltverbesserers einbringen.

Ist die Sonne ebenfalls im Zeichen des Wassermanns zu finden, dann sind die geschilderten Charakteristika noch deutlicher ausgeprägt, und Sie möchten Ihre Persönlichkeit noch intensiver ausdrücken. Bei dieser Kombination wäre es besser, wenn Sie die Verzweigungen dessen, was Sie versuchen, erkennen und noch größere Möglichkeiten in Ihrem Verstand sehen könnten. Für den wissenschaftlichen Denker führen tiefe theoretische Spekulationen und geistige Eingebungen zu Erfindungen und Neuerungen, die über die ursprünglich ins Auge gefaßten noch hinausgehen.

Bei der Kombination Sonne im Steinbock und Merkur im Wassermann liegt der Nachdruck auf Handeln, Ideen werden genauer auf ihre sofortige, praktische Anwendbarkeit hin untersucht. Es besteht hier die Neigung, mehr spekulative und experimentelle Vorschläge abzulehnen. Künstlerische Vollendung ist nicht so wichtig; Worte werden klar und in realistischem Stil gesetzt.

Menschen, die im Zeichen Fische geboren sind und den Merkur im Zeichen Wassermann haben, sind überaus sensitiv und können ihre Gefühle und Ideen auf künstlerische Weise mitteilen. Die humanitären Instinkte werden noch erhöht, und der Wunsch, anderen zu helfen, ist mehr auf die Person bezogen und emotional gefärbt.

Die Kehrseite der Medaille

Ihre Denkprozesse sind sprunghaft und verwirrend. Immer gerade dann, wenn Sie Ihre Zuhörer gefesselt haben, schweifen Sie ab, flechten eine unangebrachte und einfältige Beobachtung ein oder verlieren den roten Faden in Ihren Gedanken. Wahrscheinlich fällt es Ihnen schwer, drei Gedanken logisch zu verknüpfen, ohne irgendwie abgelenkt zu werden. Ihr Verstand ist wach und wißbegierig, hüpft von einem zufälligen Ereignis zum

---

* = ahnendes Erfassen

andern, kann sich aber nicht länger auf eine Sache beschränken. Sie wählen sich Freunde, die Ihnen intellektuell unterlegen sind. Wenn man Sie kritisiert oder Ihnen in einer Streitfrage Widerstand entgegensetzt, kommen Sie wahrscheinlich ins Stottern oder werden gehässig, reagieren ungehalten.

Merkur im Zeichen Fische

Sie sind kein großer wissenschaftlicher Denker, Ihr Denkvermögen ist nicht gerade bemerkenswert. Aber, weiß Gott, Sie haben ein ungeheueres Verständnis für die Menschen und wissen vieles, was andere nicht wissen. Das Ganze soll natürlich nicht heißen, Sie wären nicht intelligent, im Gegenteil. Es ist eben so, daß der Einfluß der Fische Sie dazu zwingt, auf logische Prozesse zu verzichten und sich hauptsächlich von Instinkt und Eingebung leiten lassen.

Sie haben ein sehr gutes Gedächtnis, besonders für Ihre Kindertage. Sie verbringen viel Zeit damit, durch dieses Labyrinth in Ihrem Gehirn zu spazieren, über dies und jenes nachzudenken, einen Funken einer erstaunlichen Wahrheit im Zusammenhang mit vergangenen Ereignissen aufzufangen. Während andere immer kopflastiger werden, indem sie Unmengen von nutzlosen Informationen sammeln (das meiste davon taugt sowieso nur für Quizsendungen im Fernsehen), bilden Sie sich durch das Medium innerer Empfindungen und Emotionen – das heißt, durch Selbsterkenntnis. Dies ist eine recht starke Medizin, und daran liegt es auch, daß Sie bei vielen Gelegenheiten anderen, die die reine Vernunft anbeten, den geistigen Todesstoß versetzen, indem Sie Prophezeiungen machen, die zutreffend sind und Wirklichkeit werden. Nun gut, Sie sind ein tiefer Denker. Und obwohl Sie recht launisch und bisweilen unheimlich vage sind, beweisen Sie dauernd aufs neue, daß es in dieser schönen Welt noch etwas Tieferes als einen vernünftigen und klugen Verstand gibt!

Sie besitzen aber dennoch sehr viel gesunden Menschenverstand, und wenn es darum geht, Ihren eigenen Weg durchzusetzen, indem Sie anderen etwas vormachen, dann bringen Sie jedesmal eine prämienreife Leistung. Sie nehmen eine Sache schnell in sich auf und reagieren spontan. Eine ungeheuere Fähigkeit, anderen gegenüber Mitgefühl und Verständnis für ihre intimsten Probleme zu zeigen, sichert Ihnen dauernd neue Freunde. Diese Menschen mögen zwar nicht lange in Ihrem Leben eine Rolle spielen, doch werden sie Sie nie vergessen.

Es ist nichts Ungewöhnliches für Menschen mit der Merkur-Fische-Kombination, in Krankenhäusern oder ähnlichen Einrichtungen beschäftigt zu sein, wo sie ihr Mitleid durch praktische Fürsorge ausdrücken können. Bedenken Sie, daß, wenn Sie Ihren Selbstaufopferungstrieb nicht befriedigen können, Sie durch eine unfreundliche Umgebung leicht aus dem Gleichgewicht kommen. Für jeden anderen scheint z. B. ein Ort einladend und harmonisch zu sein, doch Sie empfinden nur die disharmonischen psychischen Eindrücke, die frühere Inhaber dieses Platzes oder Ereignisse zurückgelassen haben. Gefühlsverwirrungen und physische Krankheiten können die Folge sein. Mit einem Merkur-Fische-Menschen ein Haus zu kaufen, das kann ein langer Auswahlprozeß sein, bei dem erst alle nicht greifbaren, emotionalen Hindernisse beseitigt werden müssen.

Sie lieben das Vergnügen und die Abwechslung, sind gern in anregender Gesellschaft, bis der Drang nach Abgeschiedenheit Sie wieder übermannt.

Sie drücken sich um Verantwortung und werfen Ihre Sorgen auf den einen, der Ihnen am nächsten steht und am liebsten ist. Sie werden von Minderwertigkeitsgefühlen überfallen und sehnen sich danach, eine unbestimmte Schuld zu tilgen. Sie sind nicht dafür geeignet, mit dauerndem geistigen Druck fertig zu werden; wenn man Sie aber dazu zwingt, könnte es zu einem Nervenzusammenbruch führen. Sie sind in der Lage, okkulte und mystische Dinge mit großer Einsicht zu beschreiben.

Steht Ihre Sonne ebenfalls im Zeichen der Fische, so könnte Ihre Konzentrationsfähigkeit behindert sein, und Sie versuchen, die harte Realität durch eine Traumwelt zu ersetzen. Man kann Sie leicht kränken, Sie sind unheimlich leicht zu beeindrucken und werden sehr oft mißverstanden, daß Sie so wenig soziale Kontakte knüpfen wie nur möglich. Durch die Sonne in dieser Position wird Ihre Inspiration noch erhöht und Sie schreiben möglicherweise Gedichte, die zu lesen nur sehr wenigen Menschen je vergönnt sein wird.

Steht die Sonne im Zeichen des Wassermanns, wird der Drang, an groß angelegten Unternehmungen mit humanitären Zielsetzungen mitzuwirken, unwiderstehlich, sogar bis zu dem Punkt, daß dafür eine erfolgversprechende berufliche Karriere unterbrochen wird. Wahrscheinlich reisen Sie auch an ungewöhnliche Orte und beschäftigen sich irgendwann damit, für eine mysteriöse Angelegenheit eine Lösung zu finden. Steht die Sonne im Widder, so sind Sie positiver eingestellt und lassen sich nicht so leicht unterkriegen oder täuschen sich selbst nicht durch Ihre Phantasien. Bei dieser Position besteht eine reelle Chance, daß Inspiration zur Tat wird. Aufschlußreiche psychische Einsichten werden Sie möglicherweise veröffentlichen.

Die Kehrseite der Medaille

Ihre idealistischen und wortreichen Vorstellungen zur Rettung der Menschheit sind wahrscheinlich nur leeres Stroh. Sie reden stundenlang über die Vergangenheit; kommt aber die Zeit zum Handeln, verschwinden Sie einfach oder geben jemandem oder einer Sache die Schuld für Ihre Trägheit. Sie begegnen einem Widerstand mit feiger Unterwerfung und sind unfähig, Ihren Verpflichtungen nachzukommen. Wahrscheinlich leben Sie vom Mitgefühl anderer, das Sie mit Lügengeschichten über Ihr Unglück erregt haben.

Zweifel an Ihrer eigenen geistigen Gesundheit könnten eine recht miserable und bemitleidenswerte Existenz noch verschlimmern.

Venus

Der Planet

Die Venus ist der hellste aller Planeten und umrundet die Sonne zwischen den Bahnen von Merkur und Erde. Dieser Planet ist uns am nächsten. Er nähert sich der Erde bis auf 40 Millionen km. Der Durchmesser der Venus ist fast so groß wie der der Erde – 12 400 km. Das Venusjahr dauert 225 Erdentage; ihre Bahn um die Sonne ist fast kreisförmig, und deshalb bewegt sie sich beinahe immer in 108 Millionen km Entfernung von der Sonne.

Genau wie die anderen Planeten kreist auch die Venus in der gleichen Richtung wie die Erde um unser Zentralgestirn. Sie ist aber der einzige Planet, bei dem die Drehrichtung um die eigene Achse entgegengesetzt der Umlaufsrichtung liegt.

Die Venus wird auch oft als Morgen- und Abendstern bezeichnet, je nachdem, wann sie sichtbar ist, was von der Jahreszeit abhängt. Beobachtet man sie von der Erde aus, so ist sie nie mehr als 48 Grade von der Sonne entfernt. Als Abendstern können wir sie 3 Stunden und 12 Minuten lang nach Sonnenuntergang sehen. Wenn die Venus am hellsten strahlt, leuchtet sie sechsmal heller als Jupiter und fünfzehnmal heller als Sirius, der hellste Stern am Himmel.

1962 maß die amerikanische Raumsonde Mariner 2 eine Oberflächentemperatur der Venus von ungefähr +500 Grad C. 1967 landeten die Russen eine Instrumentenkapsel ihres Venus-4-Forschungssatelliten weich auf dem Planeten. Die von ihr durchgeführten Messungen ergaben eine lebensfeindliche Umgebung mit hohem atmosphärischen Druck und einer fast hundertprozentigen Kohlendioxid-Atmosphäre. Die Landungen von Venus 5 und 6 kurz nacheinander im Jahre 1969 brachten Informationen über den mysteriösen weißen Wolkenschleier des Planeten, der für sein relativ hohes Rückstrahlvermögen verantwortlich ist.

Die Dichte dieses Planeten ist fast dieselbe wie die der Erde und ist 5,23mal größer als die Dichte des Wassers (Erde: 5,52).

Symbolik

Venus oder Aphrodite ist die Göttin der Zuneigung, der Sehnsucht und der ewigen Liebe und wurde in der Antike mit dem Frühling, der Weiblichkeit und allem Schönen in Verbindung gebracht. Man sagt, sie sei die Tochter von Uranus und wäre nackt dem Meer entstiegen, so wie es Botticelli auf seinem berühmten Gemälde »Die Geburt der Venus« dargestellt hat.

Nach Homer wurde Venus ihrem Gatten Vulkan untreu und verliebte sich in Ares oder Mars, den Gott des Krieges. Venus hatte viele Liebhaber und viele Kinder. Ihre Liebe zu dem sterblichen Adonis ist der Vorwurf zu Shakespeares Verserzählung *Venus und Adonis*. Homer erzählt uns von ihrer leidenschaftlichen Liebe zu Anchises, dem sie Äneas gebar, den Helden von Vergils Gedichtepos. Venus war also schon eine recht lebenslustige Dame.

Sie besaß einen Zaubergürtel, der seinem Träger unwiderstehliche Anziehungskraft verleiht. Tauben und Sperlinge waren ihre heiligen Tiere.

Astrologie

Venus bezeichnet im Horoskop das Liebesleben eines Menschen, die Vergnügungen und den Luxus, den er sich leistet, seine gesellschaftliche Anpassung und die »Verfeinerung aller rohen Kräfte«, die zu vornehmem Verhalten und künstlerischem Ausdruck führt.

Sie verkörpert auch innere Ruhe und Entspannung, Schönheit, Lässigkeit und Vergnügungssucht. Übt Venus in Ihrem Horoskop einen starken

Einfluß aus, so könnten Sie ein oberflächlicher und leichtsinniger Mensch sein, der die schönen Seiten des Lebens genießt und das Wesentliche vergißt, der ein charmanter, aber inkonsequenter Gesprächspartner, zu jedem nett und sehr beliebt in den höchsten Gesellschaftskreisen ist. Sie können der ideale Gastgeber sein, all die wunderbaren Eigenschaften besitzen, die Beziehungen liebenswert und befriedigend machen, solange Sie sich von den härteren und ernsteren Realitäten des Lebens fernhalten können.

Venus hat wie der Mond im wesentlichen einen weiblichen und fruchtbaren Charakter, beide regieren die feineren und sanfteren emotionalen Empfindungen von Männern und Frauen. Für sich allein neigen beide zu Schwankungen, Disziplin- und Ziellosigkeit, aber mit Hilfe positiverer und zielgerichteter Einflüsse im Horoskop machen sich die Talente der Venus oft sehr günstig bemerkbar und schaffen stets etwas künstlerisch Gefallendes und Erhebendes. Viel hängt von dem Zeichen ab, in dem der Planet steht und von den Aspekten mit anderen Planeten im Horoskop. Eine Beschreibung der Eigenschaften der Venus in den einzelnen Zeichen finden Sie im Anschluß, die guten oder adversativen Aspekte entnehmen Sie bitte den gelben Tabellen.

Venus wird auch als das »kleine Glück« bezeichnet, nach Jupiter, dem würdigen und charakterfesten Planeten, dem »großen Glück«. Venus ist der mehr nach materialistischen Gütern und irdischen Freuden strebende Planet. Sie bringt Mann und Frau Glück, indem sie die Geschlechter zueinander finden läßt; sie ist die verfeinerte Liebeskunst. Sie herrscht über Kleidung, Farben, Tanz, Gesang und die lockenden Gesten, die untrennbar mit dem Liebeswerben verbunden sind. Sie hält die sich zueinander sehnenden Liebenden erst noch etwas auf Distanz und besteht auf Anstandsformen und zärtlichem Werben vor dem die Liebe erfüllenden Akt der Vereinigung. Venus ist ganz Wunsch und Verlangen, niemals grobe und wollüstige Gier; jede Grobheit oder Gewalttätigkeit kommt aus einer anderen Quelle.

Venus regiert die magnetische Anziehungskraft der Schönheit, die Symmetrie und Proportion einschließt, ist der Genius der Kunst und die Inspiration für alles Künstlerische. Venus verkörpert Partnerschaft, Großzügigkeit, gegenseitiges Geben, ein angenehmes Wesen, gute Laune – und vor allem Harmonie.

Venus herrscht in zwei Tierkreiszeichen – Stier und Waage. Der Stier gehört zu den Erd-Zeichen und steht für Besitz, Geld, Sicherheit, den Sinn für Werte – alles, was man erwirbt und mit dem man verbunden ist, was eine neue Einheit symbolisiert. Die Waage gehört zu den Luft-Zeichen und verkörpert den Wunsch zu verbinden, durch eine nach außen zielende Anstrengung zu vereinen, Harmonie in Beziehungen zu bringen, Umstände auszugleichen, gleichzustellen, so daß alles als ein Ganzes ruht.

Eine Venus, die nicht adversativ (ungünstig) aspektiert ist, verleiht bemerkenswerte Schönheit, nicht unbedingt im gewöhnlichen Sinn wie »Stattlichkeit« und »Anmut«, sondern eine ätherische Feinheit der Form, eines Wesenszuges – das gewisse Etwas an einer Person, das dem inneren Auge auffällt. Venus stattet einen Mann oder eine Frau mit einem guten Geschmack aus, vor allem in bezug auf Kleidung, und mit verfeinerten Manieren, was sich meist in der Art widerspiegelt, wie ein Heim ausgestattet und ausgeschmückt ist.

Venus-Menschen sind gewöhnlich sehr beliebt, besonders beim anderen Geschlecht. Da ihre Aufgabe darin besteht, Mißklänge und Uneinigkeit zu beseitigen und Beziehungen zu harmonisieren, sind sie im allgemeinen äußerst höflich und charmant, sehr angenehme Gesellschafter, mitfühlend, gefällig, liebenswert und gütig. Als Folge davon sind sie gewöhnlich sehr gefragt als Gefährten und erhalten viele Geschenke, Einladungen und Komplimente; manchmal überschüttet man sie förmlich damit. All das führt aber dazu, daß sie schlecht gerüstet sind, mit widrigen physischen Situationen fertig zu werden – Armut, Elend und Entbehrung läßt sie gewöhnlich schnell den Mut verlieren.

Venus zeigt oft auch eine sehr bestimmte und schroffe Reaktion. Bei Herausforderungen kann sie unerwartet reagieren. Der Stier-Mensch läßt erst sehr viele Provokationen über sich ergehen, bevor er wütend den Kopf senkt und mit all der blinden Wut des gereizten Stiers angreift. Der Waage-Mensch wird alles Erdenkliche versuchen, um zu besänftigen und zu versöhnen, aber wenn er glaubt, es würde eine Ungerechtigkeit begangen, dann werden seine Augen vor Zorn funkeln und er wird mit einer impulsiven und aggressiven Entrüstung losschlagen, die vom Liebhaber der Venus im Tierkreis und ihrem Gegenspieler stammt – von keinem anderen als dem hitzigen und ungestümen Mars!

Venus im Horoskop: Bei guten Aspekten werden ihre positiven Eigenschaften, je nach dem Zeichen, in dem sie zu finden ist, geprägt, im Stier und in der Waage steht sie in ihren eigenen Zeichen. Aber bei adversativen (ungünstigen) Aspekten wird die Sache nicht ganz einfach sein. In gewisser Weise sind wir alle mehr oder weniger Venus-Menschen!

Venus-Menschen lieben Gedichte, Musik, gutes Essen, gedämpftes Licht und ein nettes Gespräch, singen, malen oder sind bildhauerisch tätig. Sie haben Sinn für Innendekoration, Architektur und manchmal auch für die Zusammenstellung von Blumenarrangements. Oft übernehmen sie die geschäftliche Seite bei der Herstellung von Qualitätsmöbeln für Wohnung und Büro.

In der Physiologie herrscht Venus (was nicht überrascht) über die venöse Blutzirkulation und alle Rückflußphasen der Körperkreisläufe zu ihren Ausgangsorganen. Essen, die Nahrungsaufnahme und das zufriedene Gefühl, das sie verursacht, sowie alle anderen Vorgänge, die dem Menschen Befriedigung verschaffen, sind die Domäne der Venus. Zu ihr gehören auch die Kehle (Stier) und die Nieren (Waage).

Venus im Zeichen Widder

Sie sind eine leidenschaftliche, rastlose und sexuell attraktive Person, Ihr Auge schweift immer umher und erfaßt schnell die Möglichkeit zu einer Eroberung; Sie handeln mit großem Eifer und viel impulsivem Charme. Sie sind stets auf der Jagd nach dem Schönen im Leben, sei es nun eine Frau, ein Mann, eine Erfahrung oder ein materielles Gut — es scheint Ihnen aber immer zu entwischen, und obwohl Sie bei Ihrer Suche nie Erfolg haben, geben Sie sie niemals auf.

Sie sind ein interessanter und hochbegabter Mensch, eilen von einer Sache zur anderen, sind gewöhnlich künstlerisch veranlagt und begabt, obgleich Sie selten Ihr ganzes Potential an kreativer Ausdruckskraft erkennen, weil Sie dazu weder die Zeit noch die Geduld haben. Sie lenken Ihren künstlerischen Trieb auf eine verwirrende Vielzahl von Tätigkeiten, einige davon betreiben Sie mit erstaunlicher Energie. Sie stellen Ihre körperliche Gewandtheit gern zur Schau, sind ein eleganter Tänzer, Eiskunstläufer, Turner und dergleichen. Ihr überragendes Können sollte sich auch beim Fußball oder Basketball zeigen, Sie sind aber weniger ein Kämpfertyp als ein glänzender Techniker, der die Zuschauer mit seinen technischen Kabinettstückchen zu Beifallsstürmen hinreißt.

Sie sind ein heftig reagierender Mensch, doch Ihre Emotionen sind nur oberflächlich. Sie können mit einem Feuereifer, der aber ebenso schnell wieder verpufft, bei der Sache sein. Sie sind ein Idealist, dessen Vorstellungen von der Liebe und vom Leben nur selten mit der Wirklichkeit übereinstimmen, suchen nach einer Perfektion, die nie zu erreichen ist. Ihren Mitmenschen erscheinen Sie recht unbeständig und launenhaft. Keine Zweierbeziehung ist bei Ihnen von Dauer, weil Ihre Partner nur wenig Hoffnung haben können, jemals Ihren abstrakten Maßstäben voll zu entsprechen. Für Sie ist Liebe eine geistige Sache, die sich hinter, aber nicht in den Gefühlen verbirgt. Sie winkt Ihnen lockend zu — und Sie rennen los und stürzen sich impulsiv in das stürmische Meer der Emotionen. Sie gehen dabei recht zielstrebig vor, denn Sie lassen sich von Ihrem Verstand, nicht von Ihrem Herzen leiten. Sie schwanken zwischen brennendem Verlangen und kühler Distanziertheit, so daß Ihre Lieben nie ganz sicher wissen, wo sie mit Ihnen vom einen zum andern Augenblick stehen werden. Wenn Sie sich dafür entscheiden, seßhaft zu werden, dann werden Sie erst ganz aggressiv alle Rivalen und Mitbewerber abwehren, Sie werden nie die zweite Geige spielen.

Möglicherweise heiraten Sie sehr früh, zu einer Zeit, wo Ihre idealistischen Vorstellungen noch nicht durch Erfahrung gedämpft wurden; deshalb heiraten Sie wahrscheinlich auch mehr als einmal. Man könnte Sie schmerzlich enttäuscht haben, aber die Wunden verheilen bei Ihnen schnell. Sie versuchen es nochmals, und noch einmal, immer wieder. Sie müssen jemanden lieben und geliebt werden, doch wissen Sie nicht, wie Sie das anfangen sollen. Sie können sich in die *Vorstellung* von der Liebe verlieben — und dabei die wirkliche Liebe versäumen. Ohne Liebe fühlen Sie sich verloren und versinken in brütende Niedergeschlagenheit. Sie sind ein einziger Widerspruch: ein unverbesserlicher Romantiker, der dauernd auf der Suche nach neuen Sinneseindrücken ist. Sie verlieren sich im falschen Glanz dieser Jagd.

Für eine Frau ist die Venus-Widder-Kombination nicht unbedingt die beste. Die weiche, feminine Venus wird durch die aggressive Maskulinität des Widder, der ja von Mars regiert wird, zerstört. Die von Venus beherrschte Seite des Charakters einer solchen Frau hat keine Gelegenheit, sich charmant zu entfalten, die Dinge in ein attraktives

Astro-Analysis

Muster zu ordnen, zu schwelgen. Das Wesen ihrer Liebe wird fordernd, impulsiv, sogar rücksichtslos – obgleich es immer gebend sein wird. Der forsche Widder ist mehr ein Ritter in glänzender Rüstung, der heranprescht und nach der Schlacht *allein* in den Sonnenuntergang hineinreitet. Für die weibliche Charakterseite eines Menschen, die sich nach der Geborgenheit eines Heims und nach Kindern sehnt, ist dies natürlich ein Nachteil. Manchmal glauben sich diese Leute von sich selbst verfolgt. Sie brauchen jemanden, der sie beherrscht, und das kann ihr Grundproblem lösen.

Sie sehnen sich nach der Geborgenheit, der Liebe, aber wenn Sie sie dann finden, ärgern Sie sich über die Beschränkungen, die sie Ihrer Freiheit auferlegt, und lehnen sich dagegen auf.

Sie sind kein zahmer, gefühlvoller Mensch, aber auch beileibe kein hartherziger und reagieren schnell auf jede Bitte um Hilfe. Ihre freigebige Großzügigkeit kann schon fast ein Fehler sein. Sie setzen Zeit und Geld für einen Menschen in Not oder eine lohnenswerte Sache ein. Ihr Mitgefühl ist schnell erregt. Sehr oft nehmen Sie Situationen und Menschen so, wie sie Ihnen auf den ersten Blick erscheinen, und werden getäuscht.

Die Kehrseite der Medaille

Sie lassen sich möglicherweise ganz vom Verstand beherrschen, zeigen keine edleren Gefühle, sind ein herzloser, vagabundierender Verführer, ein zu ständigem Wechsel neigender Abenteurer auf der ewigen Suche nach Sinnesfreuden und ihrer Befriedigung, der seine künstlerischen Talente als Tarnung seiner niederen Absichten und seiner Exzesse benützt. Sie sind rücksichtslos und grausam, Ihre impulsiven und unbedachten Handlungen machen das Leben für die, die Sie lieben und mit Ihnen leben, zur Qual. Wahrscheinlich reagieren Sie sehr heftig, wenn andere Ihren unmöglich zu erfüllenden emotionalen Ansprüchen nicht gerecht werden. Sie könnten versuchen, sich die Leute zu kaufen, und daran glauben, daß Geld und Geschenke eine angemessene Belohnung für Liebe und Zuneigung sind. Sie sind unzufrieden, frustriert und martern sich selbst. Ihre Verbitterung und innere Leere machen Ihnen das Älterwerden zu einer Seelenqual.

Venus im Zeichen Stier

Sie haben eine sehr einfache und direkte Einstellung zur Liebe. Für Sie bedeutet, einen anderen Menschen zu lieben, ihn physisch und mit ganzem Herzen zu lieben. Wenn Sie das tun und vielleicht noch gleichzeitig Ihr Leben bequemer machen können – beispielsweise durch eine Geldheirat –, dann leben Sie glücklich und zufrieden bis an Ihr Lebensende. Nun ist dies ein Traum, den wahrscheinlich alle Sterblichen träumen, aber die Verwirklichung dieses Traums ist schon fast ein charakteristisches Kennzeichen für die Venus-Stier-Kombination.

Der Planet der romantischen Liebe, der Schönheit und der Liebe zum Komfort ist im Stier in seinem eigenen Zeichen zu finden. Wie die bezaubernde, liebevolle und anmutige Frau, die sie verkörpert, fühlt Venus sich hier zu Hause. Der Stier ist das Zeichen für Geld und Besitz. Zwischen beiden, Venus und Stier, besteht gewöhnlich eine enge Verbindung.

Sie sind praktisch und unkompliziert in Ihrem Liebesleben. Sie erkennen, daß Ihnen die Sehnsucht nach Komfort und Sicherheit angeboren ist und daß es Ihnen leichter fällt, in einer angenehmen Umgebung Zuneigung und Liebe zu zeigen. Sie sind auch bereit, auf diese Dinge – und, wie es oft geschieht, auch auf den richtigen Menschen, der sie mitbringt, zu warten. Dies ist ein Grund, warum Leute, bei deren Geburt Venus im Zeichen Stier stand, gewöhnlich Spätentwickler auf sexuellem Gebiet sind; sie scheinen unbewußt zu wissen, daß sie eventuell lange auf den richtigen Ehegefährten warten müssen, und gehen deshalb die Risiken und möglichen Komplikationen eines zu früh begonnenen Sexuallebens nicht ein. Andere Aspekte im Geburtshoroskop müssen natürlich auch noch in Erwägung gezogen werden.

In der Zwischenzeit arbeiten Sie fleißig daran, sich den ganzen Komfort zu schaffen, nach dem Sie sich sehnen. Nur selten legen Sie die Hände in den Schoß und sind untätig; denn Sie wissen genau, was Sie wollen, und arbeiten mit großer Geduld und Bestimmtheit darauf hin. Sie umgeben sich gern mit Besitztümern, weil Ihnen das die Sicherheit gibt, keiner materiellen Zwangslage zum Opfer zu fallen; allein schon der Gedanke daran erschreckt Sie. Sie möchten aber auch, daß alles, was Sie besitzen, elegant und schön ist. Sie betrachten Ihren Körper als Ihren höchsten Besitz und legen besonderen Wert darauf, ihn strahlend gesund zu erhalten und adrett zu kleiden. Sie besitzen einen Sinn für geschmackvolle und geeignete Kleidung.

Mit dem gleichen künstlerischen Geschmack richten Sie auch Ihr Heim ein – ebenso Ihr Büro, wenn Ihre Position es erlaubt. Sie fühlen sich wohl in einer netten Gesellschaft und mischen sich unter Leute aus der höchsten sozialen Schicht, zu der Sie Zugang finden. Sie suchen das Vergnügen zwar nicht krampfhaft, aber doch recht entschlossen. Sie sind ein liebenswerter und freundlicher Mensch, mit Ihnen wird man schnell warm, und man freut sich, in Ihrer Gesellschaft zu sein. Sie machen sehr gern Geschenke und weiden sich an den freudigen Gefühlen, die sie bei anderen hervorrufen. Ein Grund, warum Sie wohlhabend sein wollen, ist der, daß Sie dann in der Lage sind, Einladungen zu geben und andere am Luxus Ihres Heims teilhaben zu lassen. Es hat auch einen psychologischen Grund, daß Sie das Gefühl des Besitzes brauchen: Dann können Sie nämlich den Akt des Gebens und Nehmens zu dem herrlichen Gefühl vereinen, zwei gegensätzliche Dinge harmonisch verbunden zu haben.

Sie haben die Vorliebe, angenehme Wirkungen zu erzielen, sind ein Bewunderer natürlicher Schönheit. Was den Sex betrifft, so sind Sie maßvoll und gesittet, aber reden ganz freimütig darüber und schämen sich Ihres Körpers und seiner Nacktheit nicht. Sex ist für Sie die natürlichste Sache auf der Welt – wenn Sie sich erst einmal entschlossen haben, diesem Trieb nachzugeben. Sie sind ein emotionales und mitfühlendes Wesen. Idealistische und platonische Liebe bedeutet Ihnen nicht viel. Sie sind entweder mit einem Menschen in Einklang oder sind es nicht; Sie sind sich aber stets Ihrer persönlichen Anziehungskraft und der subtilen Macht Ihrer bloßen körperlichen Anwesenheit und Ihrer Bewegungen bewußt. Sie vermitteln den Eindruck großer Leidenschaftlichkeit und der Fähigkeit zu lieben und geliebt zu werden. Und so ist es auch tatsächlich... aber nur so lange, wie es Ihnen paßt. Dann, und nur dann, sind Sie zu all dem fähig, was Venus verspricht.

Wahrscheinlich erben Sie eine Geldsumme. Sie können Erfolg in einer geschäftlichen Partnerschaft haben. Künstlerische Betätigungen bieten Ihnen eine Chance, zu größter Zufriedenheit zu kommen, doch sind Sie nicht unbedingt besonders schöpferisch veranlagt – es sei denn, es gibt andere günstige Einflüsse im Horoskop. Sie sind im Grunde konservativ eingestellt und vertrauen eher auf erprobte Methoden, als durch Experimentieren Risiken einzugehen. Männer mit dieser Kombination haben ein intuitives Verständnis für Frauen und wirken sehr anziehend auf sie. Sie lieben das häusliche Leben und sorgen gut für ihre Familien. Venus-Stier-Frauen schätzen männliche Eigenschaften und bleiben selten ledig.

Die Kehrseite der Medaille

Sie könnten zu schnell zu überzeugen, zu leicht für etwas einzunehmen sein, lassen sich wahrscheinlich von Ihren Gefühlen leiten und sind unfähig, reife und rationale Beurteilungen zu treffen. Sie können schrecklich anmaßend sein, geben sich gekünstelt und affektiert in Sprache und Verhalten – ein hohlköpfiger sozialer Aufsteiger, der damit zufrieden ist, sich in dem Licht zu baden, das von den Reichen und Berühmten ein wenig auch auf ihn reflektiert wird. Sie könnten unfähig sein, die Probleme und Freuden des Lebens einfach und direkt anzugehen. Die Aussicht auf das Alter erschreckt Sie. Sie können ungewöhnlich anfällig für rein körperliche Attraktivität sein und Ihren Geschlechtstrieb nur wenig beherrschen.

Venus im Zeichen Zwillinge

Sie sind kein leidenschaftlicher Mensch im herkömmlichen Sinne. Ihre Kontakte zum anderen Geschlecht knüpfen Sie mit Begeisterung, aber ohne viel leidenschaftliches Feuer. Die zu irdischen Sinnesfreuden neigende, emotionale Venus ist gegenüber den zu den Luftzeichen gehörenden, ungestümen und intellektuellen Zwillingen im Nachteil und verliert in dieser Kombination viel von ihrer Wärme und der Kraft zur hingebungsvollen Zuneigung. Anstatt die Erfahrung durch Gefühle zu bewerten und einzuschätzen, deutet sie sie nun vernunftsgemäß. Die Zwillinge sind das Zeichen des Intellekts, der Gedankenwelt, der Vernunft und kalten Logik. Die liebende Venus lebt hier im Geist und nicht im Körper.

Sie lieben geistig. Sie beginnen Liebesaffären um der geistigen Vorstellung von der Liebe willen und werden oft enttäuscht. Sie erträumen sich Wunschbilder und Situationen, deren Ansprüche die Menschen nicht erfüllen können und die die Umstände nicht erlauben. Sie idealisieren Ihre Anziehungskräfte. Sie versetzen sich in einen geistigen Zustand des Verlangens hinein, der zwar erregend, aber nur von kurzer Dauer ist. Sie können eine leidenschaftliche Beziehung nicht lange aufrechterhalten – Ihre Liebesaffären müssen laufend durch Ihre Phantasie neu belebt werden; denn Ihre Energie ist rastlosen, nervösen Ursprungs und lebt aus dem Widerstreit und dem Kontrast von Ideen.

Sie verstehen die Liebe – können über sie außerordentlich einsichtig schreiben oder reden –, doch Sie erleben die Liebe nicht in ihrer ganzen, wundervollen Tiefe, wie gewöhnliche leidende und sich peinigende Liebende sie erfahren, sondern nur als flüchtige, oberflächliche Wahrnehmung. Manchmal sind Sie sehr eifersüchtig auf andere; doch ist es immer eine vom Verstand beherrschte Zuneigung, die schwindet, sobald Sie einen Menschen gut kennen oder Ihnen eine neue Wissensquelle als Ersatz zur Verfügung steht.

Sie haben gern Bewunderer um sich und schaffen es gewöhnlich auch, jeweils mehrere um sich zu scharen, denn Sie sind ein interessanter und amüsanter Gesellschafter, der sich über fast jedes Thema unterhalten kann. Venus gibt Ihnen die künstlerische Begeisterung, um auch das erlesenste Publikum zu beeindrucken.

Venus verfeinert Ihren Verstand hin zum Lyrischen, Poetischen und Phantasievollen. Sie können sich wie kein anderer von der menschlichen Umgebung lösen. Als Autor, Schauspieler oder Unterhalter, der die Schwächen und Absurditäten des Lebens beschreibt oder nachahmt, sind Sie unübertroffen.

Sie lieben Aufsehen und Abwechslung, besonders den Flirt. Weil Ihre emotionalen Anker nur an einer kurzen Kette hängen und nur selten bis auf den Grund reichen, bringen Sie es fertig, mehrere Verhältnisse zur gleichen Zeit zu unterhalten. Obwohl diese Liebeleien Ihnen oft ziemlich Kopfzerbrechen bereiten, genießen Sie den Spaß, die Aufregung und die Gefahr mehrerer Affären, verfangen und lösen sich mit der Geschwindigkeit eines Irrwischs aus romantischen Verstrickungen. Ihnen gefallen die Pflichten des Ehelebens nicht. Sollten Sie tatsächlich heiraten, dann meist zweimal. Sie finden selten den Partner, den Sie suchen, aber durch eine der Launen der menschlichen Natur, die Sie so gut verspotten können, bestehen Sie auf Treue bei Ihrer Umgebung. Venus-Zwillinge-Menschen haben gern einen »Harem« intelligenter und lebhafter Männer und Frauen um sich, die sie zu jeder Tages- und Nachtzeit besuchen oder anrufen können.

Sie locken das andere Geschlecht auf unbestimmt ausgeklügelte Weise mit der Andeutung eines Versprechens, einer sanften Verlockung, einem Hauch verfeinerter und geheimnisvoller Vertrautheit, die, wenn man nach ihr greift, einfach nicht mehr da ist. Sie erfreuen, enttäuschen, erfreuen von neuem.

Sie reisen gern. Sie machen nicht gern schwere körperliche Arbeit, lernen nicht gern die Schattenseiten des Lebens kennen. Sie fühlen sich zu Berufen halb künstlerischer Art hingezogen, in denen Sie Ihre Begabung, originelle Ideen zu entwickeln, und Ihren Erfindungsgeist beweisen können. Die Musik, das Theater, der Lehrerberuf und die schreibende Zunft ziehen Sie ebenfalls in den Bann, doch manchmal hindert Sie fehlende Schulbildung, die Sie in Ihrer unruhigen Jugend versäumt haben, am Weiterkommen.

Die Venus-Zwillinge-Frau hat eine eher materielle Einstellung, was die Liebe betrifft. Möglicherweise setzt sie ihr schlaues Köpfchen und ihren Sexappeal dafür ein, Geld und Geschenke von den von ihr bezauberten Bewunderern zu bekommen.

Diese Kombination bringt bei Mann und Frau den Hang zu kleinen Betrügereien und die Pfiffigkeit, bemerkenswert plausible Geschichten zu ihrer Tarnung zu erfinden, mit sich.

Die Kehrseite der Medaille

Möglicherweise sind Sie ein schwatzhafter Nassauer, der Essen und Trinken bei seinen Freunden schnorrt und sich auf Kosten eines jeden, der ihm über den Weg läuft, bereichert, der charakterlich unreif und ohne den leisesten Ehrgeiz ist und sich durchs Leben lügt und betrügt, anstatt zu arbeiten. Wahrscheinlich werden Sie in irgendeine Betrugssache verwickelt, die etwas mit Kunst, Antiquitäten, Gemälden oder ähnlichem zu tun hat. Sie neigen zur Bigamie und setzen Ihren Charme und Ihr gutes Mundwerk dafür ein, um Geld oder Güter aus anderen herauszupressen, besonders dann, wenn diese Sie irgendwie mögen. Ohne sich Gedanken zu machen, betrügen Sie diejenigen, die Vertrauen in Sie gesetzt haben, und überlassen Ihre Verantwortung ganz munter anderen, die sehen sollen, wie sie damit fertig werden. Sie könnten ein Nachtschwärmer von der üblen Sorte sein, der nur in Bars herumlungert. Die Einsamkeit in der Masse könnte Ihr spezielles Kreuz sein.

Venus im Zeichen Krebs

Obwohl Sie das Gefühl brauchen, jemanden zu lieben und wieder geliebt zu werden, sind Sie nicht der Typ, der der Liebe oder Gefährten nachjagt, in deren Gesellschaft er sich wohlfühlt. Sie warten lieber ab – weil Sie wissen, daß die Liebe doch eines Tages auch zu Ihnen kommt. Sie werden nie sagen, sie sei nicht gekommen, denn morgen ist ja auch noch ein Tag. Sie haben den festen Glauben – bisweilen etwas zu fest – an das ewige Gesetz des Lebens, das so lauten soll, daß jedes und jeder schließlich das bekommt, was es oder er sich wünscht. Dies erklärt wahrscheinlich, warum Sie den Annäherungsversuchen eines anderen Menschen so schwer widerstehen können. Sie brauchen Liebe, und wenn sie jemand anbietet, dann nehmen Sie sie an. Ihre Neigung, Liebe so zu nehmen, als wäre sie ein großzügiges Geschenk des Schicksals, bringt Sie manchmal in beträchtliche Schwierigkeiten.

Venus ist der Planet der gegenseitigen Anziehung der Geschlechter und Krebs das Zeichen für Wachstum; zusammen produzieren sie verführerische Melodien. Aber diese Liebeslieder handeln nicht nur von der körperlichen Anziehungskraft. Sie lieben Ihre Familie innig und sind ihr gefühlsmäßig stark verbunden, schützen und umsorgen Ihre Lieben mütterlich, bauen ihnen ein Nest, das so bequem, weich und warm ist, wie einem Menschen nur irgend möglich, sorgen für ihre Nahrung, verhätscheln und umhegen sie. Mit der gleichen Wertschätzung möchten auch Sie verwöhnt werden. Für Sie ist Ihr Heim der beruhigende, emotionale Mittelpunkt, wo Sie sich zufrieden und ungestört und mit allem umgeben, was Ihnen lieb ist, ausruhen können – und wo man Sie wiederum genauso wegen Ihrer guten Eigenschaften liebt und bewundert. Unter all diesen Voraussetzungen sind Sie ein treuer und häuslicher Partner.

Sie sind aber ein bißchen zu weich. Venus macht Sie verwundbar für die Machenschaften Ihrer Lieben, die Sie ausnützen wollen. Man kann Sie leicht unter Druck setzen – aggressive Persönlichkeiten können Sie emotional in Stücke reißen, obwohl Sie nicht zeigen würden, daß man Sie verletzt hat. Dann verfallen Sie in dumpfes Brüten, werden unglücklich und sinken in tiefe Mutlosigkeit. Möglicherweise haben Sie einen Mutterkomplex. Wahrscheinlich stehen einer Ehe auch einige Hindernisse im Weg. Ihr Leben verläuft nur selten glatt und reibungslos.

Sie brauchen ein geeignetes Ventil für Ihre Emotionen, denn sie in sich aufzustauen ist genauso, als ob Sie Gift nehmen würden – es schadet Ihrer Gesundheit. Möglicherweise leiden Sie an Verdauungs- und Magenbeschwerden, die nur schwer zu diagnostizieren sind. Jemanden zu haben, den Sie lieben und dem Sie dienen können, ist die beste Medizin für Sie – für Ihre psychologische, emotionale und physische Gesundheit.

Wenn Sie Ihre Zuneigung nicht auf Ihre Familie oder jemand anders verschwenden können, richten Sie Ihr Augenmerk möglicherweise auf die Bedürfnisse der Menschheit und dienen einer Sache mit sklavischer Unterwürfigkeit. In manchen Fällen verschreiben solche Menschen ihr Leben Gott allein; zum Märtyrertum ist es dann kein zu großer Schritt mehr, als daß sie ihn nicht tun könnten.

Bei dieser Kombination sind heimliche Liebesaffären nicht selten. Ihr aufnahmefähiges, mitfühlendes und liebevolles Wesen ist besonders attraktiv für Menschen, die von ihren Ehepartnern enttäuscht wurden. Wahrscheinlich gehen Sie mehr als eine Ehe ein. Eine beträchtlich ältere oder auch jüngere Person kann in Ihrem Liebesleben eine auffällige Rolle spielen. Neben einer starken Leidenschaftlichkeit könnte auch eine tiefe, wechselseitige Bindung zu metaphysischen und okkulten Dingen bestehen. Sie bringen mystischen Dingen eine hohe Wertschätzung entgegen, die viel tiefer geht als orthodoxer, religiöser Glaube. Sie lieben die Mysterien des Lebens. Sie sind ein für übersinnliche Kräfte empfänglicher Mensch, ein Medium, obwohl Sie diese Tatsache nicht in der Öffentlichkeit bekanntgeben.

Sie sind wohltätig, ehrlich und gütig. Sie reden gern mit Leuten und hören genauso gern zu; Sie würden einen hervorragenden Lehrer oder Krankenpfleger abgeben; denn andere spüren Ihr Verständnis und werden dadurch ermutigt. Ihre Liebe zum Heim macht Sie zu einem guten Koch und fähigen Menschen im Haushalt. Bisweilen wählen sie einen Beruf, den andere als nicht Ihren Begabungen entsprechend und unter Ihrem gesellschaftlichen Niveau liegend betrachten.

Ihre Gefährten können ruhig aus niedrigeren Gesellschaftsschichten kommen, und es macht Ihnen nichts aus, sich von Zeit zu Zeit mit Leuten anzufreunden, die eine Pechsträhne haben, und sie bei sich aufzunehmen.

Obwohl Sie von Natur aus zurückhaltend sind, können Sie Berühmtheit in der Öffentlichkeit erlangen. Gewöhnlich verdienen Sie Ihr Geld im

Handel mit Flüssigkeiten; das Immobiliengeschäft kann auch gewinnbringend für Sie sein.

Sie lieben Schönes und fühlen sich zu Musik, Literatur und Kunst hingezogen. Insgeheim verspüren Sie den Wunsch nach dem Glanz und eleganten Lebensstil der Vergangenheit (natürlich auch nach der Art und Weise, wie man damals seine Liebe bezeugte).

Die Kehrseite der Medaille

Sie sind möglicherweise überaus sinnlich, können nie »Nein« sagen und erwerben sich durch Ihr gewährendes Verhalten einen schlechten Ruf. Sie sind wahrscheinlich ein emotionales Wrack, immer gleichzeitig zwischen verschiedenen Leidenschaften und Lieben hin- und hergerissen, auf lächerliche Weise schüchtern und gehemmt. Die hysterischen und emotionsgeladenen Szenen, die Sie machen, sind Ihrer Familie und allen, die mit Ihnen verbunden sind, ein Greuel. Sie können charakterlich so instabil sein, daß Sie meinen, Sie hätten keine permanente Identität. Auf der anderen Seite sind Sie ein rückschrittlicher Mensch in Ihren sozialen Beziehungen. Ihre engstirnige, besitzergreifende Art macht die, die Sie lieben, unglücklich. Sie sind außerordentlich empfänglich für Schmeicheleien.

Venus im Zeichen Löwe

Sie können sich nicht dagegen wehren: Sie ziehen einfach die Aufmerksamkeit des anderen Geschlechts auf sich. Sie lieben es, wenn man Sie bewundert, und verstehen es auch, Ihre Auftritte dramatisch zu verbrämen und genau den richtigen Zeitpunkt dafür zu wählen. Sie wissen immer ganz genau, wer Sie beachtet und wer nicht, es aber tun sollte. Ihre Sprache und Ihre Bewegungen verraten Gewandtheit – Sie sind das Musterbeispiel eines Schauspielers oder einer Schauspielerin und wissen Ihrem Publikum zu gefallen. Sie sind Daniel (oder Daniela) in der Löwengrube und warten darauf, daß die Löwen Ihnen aus der Hand fressen.

Sie lieben das Vergnügen, besonders in einer luxuriösen Umgebung. Die einflußreichsten und berühmtesten Leute der Stadt kommen zu Ihren Parties. Sie versinken nie in Ehrfurcht oder lassen sich die Schau stehlen. Ihr angeborenes Talent zur Schauspielerei garantiert, daß Sie stets den Löwenanteil der Aufmerksamkeit bekommen, sogar in der erlauchtesten Gesellschaft – und gewöhnlich nicht unverdient. Ihr Talent, Ihre Persönlichkeit darzustellen, kann man nur bewundernd mitansehen. Je mehr persönlichen Einsatz ein gesellschaftlicher Ansatz erfordert, desto besser ist Ihre Leistung. Ihre Kunst ist die Kunst, attraktiv zu wirken; das Ergebnis, verständlicherweise, Popularität.

Sie leisten oft Schrittmacherdienst in der Mode oder für irgendeine Marotte. Venus gibt Ihnen die Fähigkeit, Farbe und Form zu einem allen gefallenden Muster zusammenzustellen, und der Löwe gibt Ihnen magische Kraft, sie als nachahmenswerten Stil zu propagieren. Der schmale Grat zwischen einem Konservativen und einem Außenseiter ist oft nicht mehr als der ausdrucksvolle Spürsinn, den diese Kombination verleiht.

Sie sind sehr warmherzig und gütig, doch muß man Ihren Stolz berücksichtigen und Ihnen gebührenden Respekt zollen. Obwohl Ihre Gestik übertrieben und manchmal großspurig ist, steht Ihre Aufrichtigkeit außer Zweifel. Sie sind darauf aus, zu beeindrucken, um Bewunderung zu wecken, doch sind Sie sich der tieferen Gefühle der Leute bewußt. Sie verachten alles Kleinmütige, Hinterlistige, Gemeine und Ungerechte. Sie teilen Ihr Glück gern mit anderen, und eine Gelegenheit, einem anderen eine unerwartete Freude machen zu können, freut Sie.

Sie lieben Aufregung in all ihren, die Sinne ansprechenden Formen. Ohne romantische Liebe können Sie nicht leben, obwohl sie oft die Ursache von Enttäuschungen und Sorgen ist. Sie lieben mit dem Herzen – jede Liebe ist die Liebe Ihres Lebens. Sie sind mit Gefühlen und Geld großzügig gegenüber einem Fehler und unermüdlich in Ihren Anstrengungen, dem, den Sie lieben, zu gefallen. Umgekehrt erwarten Sie natürlich die gleiche Behandlung und Zuneigung. Es überrascht deshalb nicht, daß Sie häufig enttäuscht werden und tief verzweifelt sind. Nichts macht Sie unglücklicher als zu entdecken, daß Ihr Partner auch nur ein Mensch ist und genau die gleichen Schwächen hat, die Sie an sich manchmal nicht sehen wollen. Bis Sie lernen, daß Ihre große Fähigkeit zu lieben eine uneigennützige Funktion hat, die über individuelle Wünsche hinausgeht, geschieht es Ihnen immer wieder, daß Sie sich verlieben, dienen und enttäuscht werden.

Sie verdienen gewöhnlich Ihr Geld mit einer kreativen Tätigkeit, speziell mit dem Schreiben oder in der Unterhaltung. In selteneren Fällen kann diese Kombination eine Selbstlosigkeit hervorbringen, die danach trachtet, der Menschheit zu dienen, ohne den Versuch zu unternehmen, das Ansehen der Person dadurch zu vergrößern.

Wenn Sie das gesellschaftliche Leben zu sehr in Anspruch nimmt, besteht die Gefahr, daß Sie sich in Oberflächlichkeiten verlieren. Der starke Wunsch, bewundert zu werden, im Gespräch zu sein, kann dazu führen, daß Sie sich übertriebene Sorgen über Kleidung, Frisur, oberflächliche Beziehungen, Klatsch und ähnliches machen. Der Wunsch, Eindruck zu machen, kann zu extremen Formen der Affektiertheit, auch bei der Sprechweise, führen. Übermäßiges Essen, Trinken und Partyleben kann Ihre Gesundheit beeinträchtigen.

Sie haben einen guten Riecher, um eine gute Investitionsmöglichkeit zu erkennen, wenn Sie eine sehen, und sind sehr wahrscheinlich ein erfolgreicher Spieler und Spekulant, vorausgesetzt, Sie handeln so lange nicht, bis Sie wissen, daß die Sache astrein ist. Junge Menschen sind gut für Sie und bringen Ihnen oft Glück. Die meisten Ihrer Freunde sind wahrscheinlich jünger als Sie. Früher oder später vergrößern Sie bestimmt Ihren Besitz durch eine Erbschaft.

Die Kehrseite der Medaille

Sie verlieben sich häufig in Menschen, die Ihre Zuneigung nicht erwidern oder Sie betrügen, haben in Ihrem Liebesleben schon oft sehr an gebrochenem Herzen gelitten. Sie sind großspurig, eingebildet und ein Angeber. Obwohl Sie sich nach Liebe sehnen, zieht Ihr Verhalten diejenigen an, die Ihnen Liebe nicht geben können. Sie halten fälschlicherweise Lust für Liebe. Gewinnen Sie die Zuneigung eines anderen, dann machen Sie sich selbst alles kaputt, weil Sie so herrisch und besitzergreifend sind. Wenn man Ihnen nicht genügend Aufmerksamkeit (man könnte beinahe sagen: Verehrung) entgegenbringt, werden Sie mürrisch, nörglerisch und versuchen Streit anzufangen. Ihre Kleidung ist geschmacklos grell und aufgedonnert. Sind Sie eine Frau, dann übertreiben Sie mit dem Parfüm, Make-up und Schmuck. Ihr Geschmack in Kunstdingen ist kitschig und gewöhnlich. Alles, was im Grunde schön ist, wenn man es nicht überbetont, wird von Ihnen übertrieben.

Venus im Zeichen Jungfrau

Sehen wir der Tatsache ins Gesicht: Sie schenken Ihre Liebe nicht spontan, sondern verteilen Ihre Zuneigung wohlüberlegt. Sie verlieben sich nie hoffnungslos bis über beide Ohren, schlagen nie alle Mahnungen zur Vorsicht in den Wind oder teilen Ihr Leben leidenschaftlich mit jemandem. Nein, Sie nicht. Sie lieben auf eine völlig andere Weise – mit Ihrem Verstand und mit Ihren Diensten. Sie bringen es selten fertig, genau das auszudrücken, was Sie fühlen. Die Welt verdankt Ihrem Persönlichkeitstyp sehr viel, obwohl man Sie häufig mißversteht. Sie verkörpern die Tugend der größten Nützlichkeit. Sie verschwenden Ihre Energien in der Regel nicht auf erotische oder sentimentale Höhenflüge – oder Bauchlandungen. Man kann Sie verwirrt erleben, doch sind Sie dabei selten hysterisch. Bei dieser Kombination sind die übrigen Einflüsse im Horoskop von großer Wichtigkeit. Diese Beschreibung bezieht sich nur auf die Stellung der Venus im Zeichen Jungfrau, berücksichtigt keine weiteren Einflüsse. Isoliert gesehen, ist diese Position für den Planeten der Liebe und Schönheit ungünstig, seine Wirkung wird vom Verstand unterdrückt. Die im Anschluß beschriebenen Auswirkungen können durch mildernde, wärmende Einflüsse im Horoskop, wie zum Beispiel durch die Sonne im Zeichen Löwe oder Waage, abgeschwächt werden.

Sie sind vor allem praktisch eingestellt, denn Sie wissen, Sie müssen in dieser Welt leben, und versuchen, es zu tun. Sie wählen Ihre Liebespartner nach bestem Wissen und Gewissen aus und vergessen dabei nie die Möglichkeit einer Heirat oder dauerhaften Bindung. Sie verstehen nur schwer, wie Leute eine Ehe nur aus leidenschaftlichen Impulsen heraus eingehen können, wo es doch noch so viele andere Dinge zu bedenken gibt. Sie möchten das Gefühl haben, daß Sie Ihrem Gefährten helfen können, indem Sie ihn oder sie von Ihren Erfahrungen profitieren lassen – Sie wollen Ihren Liebespartner bessern. Haben Sie dann einmal einen vernünftigen Partner gefunden, mit dem Sie zusammenleben wollen, dann machen Sie das Beste daraus. Sogar wenn Streitigkeiten und Zwietracht aufkommen, machen Sie weiter und lassen Sie es nicht zum Bruch kommen.

Sie sind äußerst empfindlich und sehen Fehler sehr schnell. Ihr Wunsch ist zu helfen, zu verbessern, zu reformieren, und deshalb sagen Sie es laut, wenn Sie an jemandem eine Schwäche entdecken. Obwohl Ihre Absichten die besten sind, erwerben Sie sich oft den Ruf, überkritisch und ausgesprochen unverschämt zu sein. Die Tatsache, daß das, was Sie sagen, gewöhnlich die Wahrheit ist, hilft Ihnen aber nicht, Ihre Freunde zu halten. Aber so sind Sie eben. Vielleicht ist das ein Grund dafür, daß Sie zwar Bekanntschaften beinahe herausfordern, sich aber vor engen Bindungen sehr in acht nehmen. Diese Zurückhaltung kann auf Leute wirken, die kühle Gleichgültigkeit und Selbstbeherrschung bewundern.

Tatsächlich besitzen Sie ein brennendes Bedürfnis, geschätzt und geachtet zu sein. Sie sind nicht ausschließlich auf Ihr Glück bedacht, aber sehnen sich verzweifelt danach, gebraucht zu werden. Ist das einmal der Fall, dann ist der Weg frei für Sie, eifrig und ohne zu fragen zu dienen – und Sie sind sehr glücklich dabei.

Wenn Sie schon unfähig sind, die Leidenschaft der Liebe auszudrücken, so sind Sie mehr als andere in der Lage, die Liebesdienste zu erfüllen. Es gibt keine Grenze für Ihre pflichtgetreue Hingabe, sei es als Arbeitnehmer, Ehemann, Ehefrau oder in der Elternrolle.

Sie schaffen ein gemütliches Heim für Ihren Partner oder Ihre Familie. Oder aber Sie setzen sich auf unterwürfige Weise mit selbstloser Hingabe für eine Sache ein. Sehr oft bedeutet Ihre Unfähigkeit, einen Menschen als Objekt Ihrer Liebe zu finden, daß die ganze Welt von ihr profitiert. Als Arzt oder Krankenpfleger zeigen Sie große Zärtlichkeit und Fürsorge, verbunden mit verständnisvoller Rücksicht auf das Wohl des Patienten. Wo andere mit ihrem Mitleid übertreiben und Schaden anrichten, besitzen Sie die Stärke und Weisheit, sich aus Güte zurückzuhalten. Sind andere, günstige Einflüsse vorhanden, so können Sie oft materiell durch Ihren Partner gewinnen. Doch ist diese Kombination dafür bekannt, daß das Glück durch das andere Geschlecht kommt. Sie neigen dazu, sich mit Liebespartnern einzulassen, die sich als materialistisch, kalt und gefühllos herausstellen. Nicht ungewöhnlich sind auch Romanzen, die geheim bleiben müssen und zu denen man sich nicht bekennen darf, Eheschließungen, die immer wieder verschoben werden, und Affären mit chronisch Kranken oder Menschen aus unteren Schichten.

Die Kehrseite der Medaille

Wahrscheinlich wird jeder Ihrer Versuche, Gefühle zu zeigen, mißverstanden und bereitet Ihnen Kummer. Während Sie sich danach sehnen, geliebt zu werden, wirken Ihre Nörgelei und Ihr anspruchsvolles Wesen abstoßend. Möglicherweise lassen Sie sich nur von Ihrem Verstand, nicht von Ihrem Herzen leiten und sind absichtlich zu seelischen Grausamkeiten fähig. Da Ihnen jedes Mitgefühl fehlt, trampeln Sie auf den Gefühlen anderer herum. In extremen Fällen verdienen Sie Geld mit Drogenschmuggel oder anderen Tätigkeiten, die eine mitleidlose Gleichgültigkeit gegenüber menschlichem Leiden und Elend beweisen. Sie werden durch den Umgang mit kleinen Kriminellen oder ähnlichen unerwünschten Charakteren in Skandale verwickelt.

Venus im Zeichen Waage

Schönheit und Harmonie sind wesentliche Voraussetzungen für Sie, um das Leben genießen zu können. Das gilt nicht nur für Ihre Umgebung, sondern auch für Ihre Gefährten bis hin zu Ihren Ansichten, Ihren Gewohnheiten und Ihrer Sprache. Ihnen ist alles Schwerfällige, jeder Mißton, jede Grobheit, Angeberei, Plumpheit oder Geschmacklosigkeit zuwider. Bei dieser erstaunlich idealistischen Unterscheidungsfähigkeit könnte man meinen, daß Ihnen in dieser Welt, die mehr durch ihre Taktlosigkeiten als ihre Tugenden auffällt, schwere Zeiten bevorstehen und Ihre Empfindsamkeit dauernd in Mitleidenschaft gezogen wird. Doch dem ist nicht so. Sie sind viel geschickter. Sie bauen sich überlegt und mit großem Erfolg eine eigene, persönliche Welt relativen Friedens und relativer Harmonie auf.

Sie erleben natürlich auch schlimme Momente und Enttäuschungen, doch dauern sie nicht lange. Wenn Sie eine Situation mit Ihrem unbeschreiblichen Charme nicht harmonisieren können, dann entfernen Sie sich einfach.

Sie sind vor allem ein geselliger Mensch. Sie lieben es, sich fein zu machen, zu Parties zu gehen, sich zu amüsieren, zu begrüßen, willkommen zu heißen, sich zu unterhalten – alles auf einem gewissen Niveau. Wenn Ihnen die Sache zu laut und ausgelassen wird, dann ziehen Sie sich lieber in einen Sessel zurück, reden mit einem gleichgesinnten Gefährten über das Wetter oder ein aktuelles

Thema und beobachten amüsiert, was vorgeht. Sie lieben kultivierte Freizeitbeschäftigungen und Neuheiten. Nichts gefällt Ihnen mehr, als mit Leuten aus den oberen Schichten der Gesellschaft zu verkehren – mit den Wohlhabenden und Einflußreichen (zu denen Sie häufig selbst gehören). Ihre Gefährten und Freunde sind gewöhnlich künstlerisch und philosophisch angehauchte Typen, von denen einer oder auch zwei auf ihrem jeweiligen Gebiet zu den Berühmtheiten gehören. Sie haben eine Vorliebe für Malerei, Poesie und Musik und könnten sich in einer dieser Künste auszeichnen. Ihre angeborene Liebe zu Schönheit und Harmonie spiegelt sich in Ihrem ausgezeichneten Geschmack wider. Wahrscheinlich verdienen Sie Ihren Lebensunterhalt in einem Beruf, der mit Verschönerung zu tun hat, beispielsweise als Innenausstatter, in einem Kosmetikberuf, als Coiffeur oder Architekt.

Sie haben eine starke persönliche Anziehungskraft, sowohl körperlich als auch emotional. Unbewußt wirken Sie auf die Leute, die auch Ihnen gefallen. Früher hätte man dazu gesagt, Sie hätten etwas von einem Zauberer. Sie verzaubern, strahlen ein Versprechen aus, das nur in der erweckten Neugier der anderen Person existiert. Sie sind mitfühlend, gütig und versöhnlich, stehen quasi immer mit der Ölkanne bereit, um mit dem Öl die Wogen zu glätten, und zwar schon beim ersten Anzeichen dafür, daß sie hochschlagen werden. Sie blühen auf durch Aufmerksamkeit, die man Ihnen entgegenbringt. Sie haben Freude an dem Spiel, das da heißt, nett, höflich, zuvorkommend, diplomatisch zu sein – und man kann Sie nie ganz durchschauen. Niemand weiß besser als Sie, daß aus Vertraulichkeit meist Geringschätzigkeit wird; solange Sie also Ihr wirkliches Ich verbergen, wissen Sie, daß Ihr Zauber wirkt.

Doch die Liebe ändert das alles. Sind sie verliebt, dann geben Sie sich ganz hin, mit Herz und Verstand. Manchmal sind Sie mehr in die Liebe selbst verliebt als in die betreffende Person. Emotionen machen Sie blind. Sie neigen dazu, Ihre Liebespartner auf ein Niveau zu heben, das das menschliche Wesen nie erreichen kann. Dies liegt daran, daß das Wesen Ihrer Liebe mehr idealistischer als physischer Natur ist. Nur wenige Menschen erreichen die hohe Vollkommenheit, die von dieser Kombination gefordert wird. Deshalb erwerben sich Venus-Waage-Menschen manchmal den Ruf, ihre Partner häufiger zu wechseln als andere.

Sie lieben all die verfeinerten Formen des Liebeswerbens, die Blumen, Telefongespräche, netten Worte, Pralinen, das teure rosa Briefpapier – und die ganzen förmlichen einleitenden Spielchen. Sir Walter Raleigh, der englische Seefahrer, der seinen Umhang in den Schmutz warf, damit Königin Elizabeth I. darüber schreiten konnte, verkörpert die feinen Tugenden des Gentlemans, die die Frauen bewundern und denen die Männer applaudieren.

Das Ritual der Liebe bedeutet Ihnen mehr als die Erfüllung der Liebe. Partnerschaften bringen Ihnen gewöhnlich Glück und Geld.

Die Kehrseite der Medaille

Sie sind außerordentlich grausam gegenüber denen, die Sie lieben, als Frau flatterhaft, als Mann unbeständig, wenden sich ab und kommen wieder zurück mit Versprechungen, die Sie nicht halten. Sie sind faul und spielen mit den Gefühlen anderer, um das zu bekommen, was Sie möchten. Sie machen viel Aufhebens von Ihrer künstlerischen Begabung und Ihrem guten Geschmack, beide sind aber recht bescheiden. Sie verzehrt eine tiefe Sehnsucht nach der Verfeinerung, die Sie in sich selbst nicht finden können. Ihre krampfhaften Anstrengungen, in höhere gesellschaftliche Schichten zu gelangen, sind ein Witz. Sie verhalten sich unmoralisch und leben in der ständigen Gefahr, entlarvt zu werden. Ihre Partner betrügen, enttäuschen und bestehlen Sie. Sie haben extravagante Hobbys und kommen selten aus den roten Zahlen. Hexerei und Geheimkulte, bei denen sexuelle Riten praktiziert werden, üben wahrscheinlich große Anziehungskraft auf Sie aus. Ihr Familienleben verläuft sehr unglücklich.

Venus im Zeichen Skorpion

Dies ist keine gute Position für Venus, den Planeten der Liebe und Schönheit. Sie wird gereizt, plump und liederlich in diesem Zeichen, aus Liebe wird Gier und Besitzergreifen vom Partner. Gewalt, Haß und der Wunsch nach Rache tauchen auf. Die Leidenschaft wird eine fürchterliche Kraft, die nach Befriedigung verlangt ... oder etwas anderem. Die Gefühle, anstatt abgerundet und sanft überredend zu sein, arbeiten mit der Wirkung einer Steinaxt. Nichts Wertvolles wird in einer Liebesaffäre oder einer Ehe mit einem Menschen mit dieser Kombination überdauern.

Doch, halt! So kann es schlimmstenfalls kommen. Es könnte keine Beschreibung von Ihnen oder Ihres Lebens sein, denn es gibt zahlreiche verändernde Faktoren im Horoskop, die berücksichtigt werden müssen. So wichtig auch diese Stellung der Venus ist, sie ist nur ein Einzelfaktor in Ihrem Geburtshoroskop. Nur ein Beispiel: Stehen Sonne und Merkur im Zeichen Waage oder Schütze, so mildern sie die ursprüngliche Wirkung von Venus im Zeichen Skorpion. Vergessen Sie auch nicht, daß die Umstände Ihrer Erziehung und Bildung ebenfalls einen Einfluß ausüben. Gehören Sie zu den entwickelten Typen, die die Lektion der Selbstbeherrschung gelernt haben – der Skorpion bietet ungeheure Möglichkeiten dazu –, dann treten diese beunruhigenden Charakteristika niemals zutage. Zweifellos werden Sie ihren Druck spüren, doch können sie auf eine sinnvolle und produktive Tätigkeit gerichtet werden. Geschieht das nicht, dann wird sich in Ihrem Leben abzeichnen, was passiert.

Das andere Geschlecht bedeutet für Sie gewöhnlich Kummer und Sorgen. Obgleich Sie leidenschaftlich sind und als Liebhaber aufregend, übertreiben Sie alles, nur die Übersättigung scheint Sie zufriedenzustellen. Sie wollen mehr und mehr, wollen Körper und Seele besitzen. Sie sind eigensinnig und sind absolut dazu entschlossen, Ihren Kopf auch durchzusetzen. Ihre wütende und tyrannische Eifersucht macht wahrscheinlich Ihr Eheleben zu einem einzigen Unglück, Ihren Ehepartner zu einem nervlichen Wrack, gefangen in Ihrem Mißtrauen, Ihrem Argwohn und Ihrer Grausamkeit. Gewalt, verbitterte Streitereien und Rachsucht gehören ebenfalls zu dieser niederschmetternden Szenerie. Sie heiraten wahrscheinlich nur des Geldes wegen oder als Teil eines teuflischen Plans, um an eine Erbschaft zu kommen. In bezug auf das andere Geschlecht gibt es nur wenig, was Leute mit dieser Kombination nicht für ihr selbstsüchtiges Vergnügen oder ihren Profit ausbeuten würden. Vom sozialen Standpunkt aus betrachtet, besteht die Neigung zu einem primitiven Leben, in dem sexuelle Perversitäten ohne große Fragen und das Risiko vor Entdeckung ausgelebt werden können. Das Kriminellenmilieu mit seiner Geheimnistuerei und Verherrlichung der Gewalt kann eine unwiderstehliche Anziehung auf Sie ausüben. Skandale und Anklagen wegen Körperverletzung folgen Ihnen wie ein langer Schatten.

Sie lieben das Vergnügen, den Luxus und sinnliche Genüsse. Sie sind sehr um das Wohlergehen des Menschen besorgt, den Sie am meisten lieben, und beweisen schnell Ihre Zuneigung, teilen das, was Ihnen gehört, mit Ihrem Partner, sind großzügig gegenüber Freunden und geben gern viel aus. Obwohl Sie irgendwann in Ihrem Leben Geld oder Besitz erben werden, dauert es wahrscheinlich sehr lange, bis dieses Erbe Ihnen überschrieben wird.

Möglicherweise sind Ihre geschäftlichen Partnerschaften nur unter sehr großen Veränderungen glücklich, erzielen Sie materielle Gewinne meist dann, wenn Kummer und Sorgen am größten sind.

Sie unterdrücken dauernd Ihre starken Emotionen, was Sie frustriert, gereizt, unruhig und unzufrieden macht. Die sich anstauende Energie ist oft kurz vor dem Überkochen, und Ihnen bleibt nur die Möglichkeit, sie zu bändigen, oder Sie explodieren zu selbstzerstörerischen Aktionen. Sie lernen Himmel und Hölle kennen. Im Bereich dieser Kombination liegt die höchste mystische und religiöse Erfahrung, doch nur, wenn Sie Ihre unglaubliche Leidenschaft und Ihr nur zweckgerichtetes Handeln einschränken können.

Sie sind nicht besonders künstlerisch veranlagt, aber praktisch und tüchtig. Ihr Verstand ist scharf und durchdringend, so daß Sie sehr gut dazu geeignet sind, Geheimnisse zu ergründen. Okkulte und mystische Dinge faszinieren Sie wahrscheinlich. Irgendwann in Ihrem Leben könnten Sie sich dazu bewogen fühlen, Ihre Emotionen mit einer außergewöhnlichen Zurschaustellung von Willenskraft zu läutern und sich völlig einer geistigen Erneuerung zu verschreiben. Dann werden Sie wahrscheinlich eine starke, zersetzende, aber hilfreiche Persönlichkeit anziehen.

Die Kehrseite der Medaille

Menschen mit dieser Kombination können zu tiefer Verderbtheit herabsinken, neigen auch zu verabscheuungswürdig grausamen Taten. Um ihren unersättlichen Trieb nach emotionaler Befriedigung zu stillen, könnten sie an sonderbaren Experimenten aller Art teilnehmen, von denen einige nicht ohne Blutvergießen abgehen oder bei denen sexuelle Erregung durch sadistische Praktiken hervorgerufen wird. Die Verderbtheit kann so weit fortgeschritten sein, daß es für das Individuum unmöglich ist, ein normales Leben zu führen. Trunksucht und Geschlechtskrankheiten sind nichts Ungewöhnliches. Tragödien und Treuebruch können zu drastischen Änderungen des Lebensstils führen.

Venus im Zeichen Schütze

Sie sind ein idealistischer Liebhaber und enttäuschen etwas, wenn es um sinnliche Freuden geht. Dabei ist alles so vielversprechend an Ihnen: Sie leuchten wie ein Stern in jeder Gesellschaft, sind als Frau lebhaft und verführerisch, als Mann männlich und auf Frauen wirkend. Doch im Bett ist Ihr Licht eher wie eine Neonröhre – weniger als lauwarm beim Betasten.

Ihre Zuneigung und Ihre Leidenschaften sind wirklich zu breit gefächert, als daß Sie ein einzelner Mensch befriedigen könnte. Sie sind nicht in der Lage, sich längere Zeit auf einen Körper und die Wünsche eines Partners zu konzentrieren. Fleischeslust muß nach Ihrer Meinung ausgelebt werden, stellt aber keine Sache dar, bei der man sich länger aufhalten muß. Ihr Blick wendet sich immer zum Horizont, Sie streben nach dem Unbekannten, möchten durch Ihren Verstand die Beschränkungen des Leibes überschreiten und das bedeutet, daß Sie immer wandern, neue Leute kennenlernen und neue Interessen entdecken müssen.

Eine einzige Beziehung bringt Ihnen selten die Erfüllung; sollte sie es tatsächlich tun, dann haben Sie sehr viel Glück. Sie brauchen im Grunde einen Partner, der Ihnen hilft, sich persönlich weiterzuentwickeln, der Ihre Liebe zu kultivierten Freunden teilt – und Ihnen sehr viel freien Spielraum läßt!

Sie sind ein viel besserer Freund als ein Liebespartner, für Kameradschaft, eine kurze, heitere Begegnung, für Spaß und Spielchen geschaffen – und für das nächste glückliche Zusammentreffen. In Ihren Beziehungen zum anderen Geschlecht neigen Sie zu Foppereien, wecken Hoffnungen, die Sie nicht erfüllen. Sie lieben die Abwechslung. Sie reisen sehr gern. Ihnen fällt es schwer, sich mit dem häuslichen Alltag abzufinden. Obwohl Sie Ihre Kinder lieben, beschäftigt sich Ihr Verstand gewöhnlich mit der Möglichkeit, wie Sie für eine Zeitlang von ihnen loskommen, sich von Ihrer Verantwortung befreien können, lange genug, um nachzusehen, was hinter dem Horizont liegt und dann zurückzukommen. Sie sind als Ehegatte nicht sehr zuverlässig. Obgleich Ihre Absichten redlich sind, fällt es Ihnen sehr schwer, den ganzen Aufwand der Haushaltsgründung und -führung durchzustehen.

Sie fühlen, Sie haben der Welt etwas Besonderes zu geben – sind sich aber nicht sicher, was es ist. Es könnte eine Art universeller Sorge sein, die Sie in philosophischen oder religiösen Idealen ausdrücken, oder vielleicht, indem Sie sich einem vom sozialen Standpunkt aus wünschenswerten Projekt verschreiben. Möglicherweise liegt das Geheimnis für Sie auch einfach darin, Ihre Freundschaft möglichst vielen Menschen aller Rassen und Kulturen anzubieten. Im Grunde dienen Sie lieber einer Sache als einer Person.

Sie lieben die freie Natur und besitzen einen feinen Sinn für das Schöne. Geschäftliche Partnerschaften verlaufen meist erfolgreich für Sie und bringen gewöhnlich materielle Gewinne. Es ist überhaupt nicht ungewöhnlich, wenn Menschen mit dieser Kombination des Geldes wegen oder um voranzukommen heiraten.

Ihre Liebespartner erfüllen selten Ihre hohen Erwartungen. Eine Enttäuschung ist schon genug, um Sie abzustoßen. Ständige Grobheiten und Taktlosigkeiten bringen die Affäre dann völlig zum Scheitern.

Sie sind impulsiv in Ihren Emotionen, unbeständig in Ihrer Zuneigung und heiraten wahrscheinlich mehrmals. Sie flirten lieber, als eine tiefergehende Liebesbeziehung einzugehen. Oft wird auch das Liebesleben der Venus-Schütze-Menschen so kompliziert, daß die einzige Lösung, die sie sehen, das »Sich-aus-dem-Staub-machen« ist. Tun sie es dann, so nur, um sich gleich wieder ganz in eine ähnliche Situation zu verstricken. Weil zwischen der inneren Gemütstiefe und dem oberflächlichen Verhalten dieser Leute ein solch krasser Unterschied besteht, scheinen sie so lange zu brauchen, um aus ihren Fehlern zu lernen.

Venus im Zeichen Schütze bedeutet oft auch, daß sich diese Menschen zu Ausländern hingezogen fühlen. Auf den Reisen durch andere Länder werden die Emotionen noch intensiviert, und leidenschaftliche Liebesaffären sind möglich. Das Gefühl der Freiheit, das den Aufenthalt in einer ungewohnten und fremden Umgebung begleitet, scheint sie zu berauschen.

Die Kehrseite der Medaille

Ihre emotionale Verantwortungslosigkeit hat wahrscheinlich alle Ihre Chancen, glücklich zu werden, zunichte gemacht. Sie machen immer und immer wieder die gleichen Fehler, bringen sich und andere dadurch zur Verzweiflung. Oft haben Sie Freunde mit einem schlechten Ruf, die Sie anscheinend nicht abschütteln können. Sie neigen zu einer unglücklich verlaufenden Affäre mit einem Nachbarn oder Verwandten. Denen, die Sie lieben, zeigen Sie die kalte Schulter, haben auf der anderen Seite aber einen Narren an denen gefressen, von denen Sie glauben, daß sie Ihnen helfen können. Haben Sie Kinder, so schicken Sie sie lieber in ein Internat, als ihnen ein richtiges Heim zu schaffen, und entschuldigen sich damit, es wäre gut für sie. Sie sind ganz von Ihren selbstsüchtigen Vergnügungen eingenommen. Sie verstehen es recht gut, gleichzeitig zwei oder drei Verhältnisse einzugehen und jedem zu versichern, er oder sie wäre die einzige, große Liebe.

Venus im Zeichen Steinbock

Vorsicht heißt Ihr Stichwort für die Liebe. Sie gehen nicht übereilt feste Bindungen ein und riskieren es nicht, sich durch verfrühte Annäherungsversuche einen Korb einzuhandeln. Die Liebe nimmt bei Ihnen im allgemeinen einen separaten Bereich ein, um den Sie sich erst kümmern, wenn andere, wichtigere Bereiche wie Arbeit, Einkommen und Stellung befriedigend durchorganisiert sind. Doch das Leben erlaubt selten eine solch saubere Planung – wie Sie zweifellos schon festgestellt haben!

Diese Kombination prägt einen entwickelten und einen unentwickelten Persönlichkeitstyp. Der unentwickelte ist allem Irdischen sehr verbunden und recht schwerfällig, schwermütig und langweilig. Der alles einschränkende Planet Saturn herrscht im Steinbock und zerdrückt buchstäblich bei unreifen Menschen den Einfluß der Venus, des Planeten der Liebe und Schönheit. Diese Individuen machen zahllose Liebesbekanntschaften und sind zu keiner spontanen Reaktion und Gefühlsäußerung fähig. Jede Handlung ist genau durchdacht, einziger Maßstab ist das Eigeninteresse. Gewöhnlich können sie der Versuchung nicht widerstehen, mit den Gefühlen anderer zu spielen, wenn sich eine Möglichkeit zu einem materiellen Gewinn bietet. Diese Leute kann man nur dann treffen, wenn sie es auch an ihrem Geldbeutel spüren; häufig heiraten sie des Geldes oder besserer Berufsaussichten wegen.

Die »Guten« mit dieser Kombination sind ganz anders. Obwohl auch Sie äußerst ehrgeizig und von der Macht und einer hohen gesellschaftlichen Stellung fasziniert sind, brauchen Sie anderen nicht auf den Köpfen herumzutrampeln, um an die Spitze zu gelangen, denn Sie erregen Aufmerksamkeit durch Ihre ernste und verantwortliche Lebenseinstellung. Sie arbeiten sehr hart und haben seltenes Organisationstalent. Auf dem von Ihnen gewählten Fachgebiet verkörpern Sie Willenskraft, Konzentrationsfähigkeit und Unternehmungsgeist. Autoritätspersonen vertrauen Ihnen instinktiv und befördern Sie gewöhnlich schnell in eine leitende Position.

Sie haben das übermäßige Verlangen, geachtet und respektiert zu werden, und tun nichts, um Ihren sozialen Status oder Ihren Ruf als Geschäftsmann aufs Spiel zu setzen. Sie sind diplomatisch, klug, zurückhaltend und kommen sehr gut mit Ihren Mitarbeitern, Kollegen und Vorgesetzten aus. Sie können sich gewöhnlich darauf verlassen, daß Ältere Ihnen helfen.

Venus im Zeichen Steinbock charakterisiert oft einen Spätentwickler auf sexuellem Gebiet. Je später Sie heiraten, desto besser sind Ihre Erfolgsaussichten. Am Anfang werden Sie Schwierigkeiten haben, sich an die Zweisamkeit zu gewöhnen. Ihr Ehegefährte wird sich daran gewöhnen müssen, daß Sie Ihre Zuneigung nur widerwillig zeigen, besonders in der Gegenwart anderer. Sie können recht eifersüchtig sein und hohe Anforderungen in der Liebe stellen. Ihre Eifersucht ist eine Kompensationshandlung für das Gefühl der Unsicherheit, das bisweilen Ihre normalerweise stabile Seelenverfassung überfällt, und gewöhnlich gibt es auch keinen Grund für diese Furcht. Wenn Sie schließlich mit jemandem zusammenleben oder sich in eine Situation hineingefunden haben, identifizieren Sie sich völig damit. Soweit es von Ihnen abhängt, ist Ihre Ehe von Dauer; Sie haben kein Interesse daran, Ihren Ehepartner zu betrügen.

Sie könnten jemanden heiraten, der beträchtlich älter oder jünger als Sie ist. Ihr familiäres Glück fällt Ihnen nicht in den Schoß, Sie müssen es sich schon erarbeiten. Sorgen und Liebe sind nie weit voneinander entfernt, denn die warmherzige und fruchtbare Venus kann in der kühlen und felsigen Umgebung des Steinbocks nicht richtig gedeihen. Es besteht die Gefahr, daß Sie (oder Ihr Partner) in eine gewisse Routine verfallen und sich einseitigen Interessen widmen, die zu gegenseitiger Entfremdung, Gleichgültigkeit, Gefühlskälte und schließlich zu Ablehnung führen.

Ihre Willensenergie macht Sie in späteren Jahren zu einem wohlhabenden und einflußreichen Menschen. Möglicherweise besitzen Sie ein schönes Haus, aber kein gemütliches Heim. Sie neigen auch dazu, Ihre Nächsten, auch Ihre Kinder, gefühlsmäßig »verhungern« zu lassen, weil zu viele praktische Erwägungen jede Chance für ein normales, glückliches Familienleben beseitigen. Sie sind nicht der Typ, der sich auf Parties und Gesellschaften herumtreibt. Wenn Sie sich ein paar Stunden von der Arbeit freimachen können, dann sitzen Sie lieber gemütlich im Sessel und lesen ein informatives Buch oder sehen sich etwas Lehrreiches im Fernsehen an.

Sie haben kein besonders gutes Auge für das Schöne und selten eine besondere Fertigkeit auf künstlerischem Gebiet. Aber Sie achten ein korrektes Verhalten. Standhaftigkeit, Treue und all die anderen Tugenden, die einen moralisch einwandfreien Lebenswandel auszeichnen, werden von Ihnen als höchste Werte erachtet.

Man kann Sie leicht kränken und Sie werden es, wie der Elefant, nie vergessen.

Die Kehrseite der Medaille

Man könnte die menschliche Seite in Ihrer geistigen Entwicklung schmerzlich vermissen. Sie sind dann ein berechnender, habgieriger, bemitleidenswerter, gesellschaftlich isolierter Mensch. Wahrscheinlich können Sie niemanden als Ihren Freund bezeichnen. Auch kann Ihre Ehe in die Brüche gegangen sein, oder Sie sind unglücklich mit einem Partner, der gefühlskalt, fordernd und gleichgültig ist. Sie leben nur, um das zu besitzen, was Sie haben wollen, alle edleren Gefühle, die Sie einst besaßen, sind durch Ihren Egoismus und Ihre Gewinnsucht abgestumpft worden. Ihre beruflichen Erfolgschancen werden möglicherweise durch unzuverlässige und treulose Geschäftspartner zunichte gemacht. Sie könnten auch Ihrem Machtkomplex übermäßig frönen, indem Sie sich Leuten in einer niedrigeren Stellung gegenüber als Herr aufspielen und mit Leuten Umgang haben, die in der besseren Gesellschaft nicht erwünscht sind.

Venus im Zeichen Wassermann

Sie lieben jeden Menschen, ganz einfach. Natürlich gehen Sie nicht mit jedem ins Bett; in dieser Beziehung sind Sie recht wählerisch, haben eine Vorliebe für anregende, provozierende und recht unkonventionelle Partner. Für die meisten Leute führt die Liebe zur Ehe, zum Zusammenleben, aber Venus läßt Sie sich nach mehr sehnen. Die Liebe ist für Sie mehr eine geistige Idee als ein Gefühl, Sie sehen sie mehr als eine umfassende, überwältigende, anregende, reformierende, universelle Kraft – die nur selten in gewöhnlichen Beziehungen zu finden ist. Sie wollen eine endlose Fortsetzung der romantischen Gefühle, des Reizes des Neuen, der Anregungen – und früher oder später erkennen Sie, daß dies nur möglich ist, wenn Sie die ganze Menschheit lieben.

In mancher Hinsicht sind Sie etwas seltsam, niemals so offen oder verschlossen, wie Sie erscheinen. Sie sind ein bevorzugtes Opfer des Schicksals, Ihnen passieren die seltsamsten Sachen, einfach so aus heiterem Himmel. So sehr Sie auch versuchen, offen und aufrichtig zu sein, irgendwann werden Sie gewöhnlich doch zu heimlichen Liebesaffären gezwungen. In Verbindung mit Liebesaffären sind Ihnen verblüffende und sogar groteske Ereignisse nicht fremd. Solche Erfahrungen können wirklich über Nacht Ihren Lebensstil ändern und Sie möglicherweise sogar auf die andere Seite der Erdkugel flüchten lassen.

Sie besitzen die außergewöhnliche Fähigkeit, genaue Charakteranalysen anzufertigen. Ihr gefühlsmäßiges Erfassen einer Persönlichkeit dringt direkt zum Herzen des Menschen vor. Als Künstler – beispielsweise als Maler oder Schriftsteller – können Sie lebhafte Eindrücke von Leuten schildern, die, obwohl unbestimmt und abstrakt, in ihrem Charakter unverkennbar sind. Man versucht häufig, Ihnen etwas aufzuschwatzen, doch gewährt Ihnen Ihr bemerkenswerter Instinkt meist Einblick in die Motive anderer. Ohne Widerspruch gehen Sie jedoch auf eine kleine Täuschung ein, als seien Sie sich unbewußt im klaren darüber, daß Sie Ihre Gabe nicht falsch anwenden dürfen. Mit anderen zusammen Musik zu hören, ist wahrscheinlich die schönste Entspannung für Sie. Neben Ihrer Wertschätzung für Melodien besitzen Sie auch ein Gefühl für Rhythmus.

Es macht Ihnen Spaß, Leute zu treffen, und Sie schließen leicht Freundschaften. Wahrscheinlich haben Sie einen größeren Bekanntenkreis als alle anderen in Ihrer Familie, ausgenommen die vielleicht, deren Sonnenzeichen der Wassermann ist. Sie unterhalten sich auch gern mit Fremden und kommen gelegentlich mit irgendeinem armen Kerl nach Hause, der für die Nacht ein Dach über dem Kopf braucht. Zu Ihren Freunden gehören meist auch Bohemiens und ähnliche Typen, deren Ideen nicht unbedingt mit denen der Gesellschaft übereinstimmen. Ihre eigenen Ansichten sind ebenfalls unkonventionell und ihrer Zeit irgendwie voraus, und Sie diskutieren sie gern mit Gleichgesinnten. Sie sind bewundernswert tolerant gegenüber allen Glaubensrichtungen. Selbst wenn sie den Ihren widersprechen, sind Sie echt daran interessiert, die Haltung ihrer Anhänger zu verstehen, und können ihnen zuhören, ohne sie zu unterbrechen. Sie haben wirklich lieber viele Freunde als eine einzige tiefe, persönliche Bindung.

In Ihrem Herzen sind Sie ein Wanderer und Reisender. Ihre Unabhängigkeit und Freiheit bedeutet Ihnen mehr, als Sie selbst erkennen können – bis Sie eine von beiden verlieren. Dann sehen Sie sich dauernd nach einer Gelegenheit zur Flucht um. Aus dem Wunsch heraus, Ihr Gefühl der Freiheit behalten zu können, heiraten Sie möglicherweise erst in der zweiten Hälfte Ihres Lebens (wenn das dann Ihre zweite Ehe ist, fühlten Sie sich in der ersten, die Sie aus einem jugendlichen Impuls heraus eingingen, zu stark eingeengt).

Sie freuen sich auch über platonische Beziehungen und zeigen eine kultivierte und intellektuelle Einstellung, auf die tiefe Denker ansprechen. Sie sind in manchen Ihrer Überzeugungen beinahe fanatisch ehrlich und fürchten sich nicht davor, für Ihre Freunde den Kopf hinzuhalten. Bevor Sie sich aus dem aktiven Arbeitsleben zurückziehen, haben Sie wahrscheinlich die meisten Ihrer früheren Hoffnungen und Wünsche realisiert.

Finanziell zahlt es sich für Sie am besten aus, wenn Sie mit Partnern, Gesellschaften, genossenschaftlichen Konzernen und öffentlichen Unternehmen zusammenarbeiten.

Die Kehrseite der Medaille

Sie sind ein zielloser Mensch, ein Befürworter einer aussichtslosen Sache und ein Freund der leicht Verrückten am Rande der Gesellschaft. Frauen sind für den größten Teil Ihres Unglücks verantwortlich. Sie zeigen keine Achtung vor der Ehe oder anderen Formen des Zusammenhalts in der Gesellschaft. Sie schlafen mit ständig wechselnden Partnern, nicht weil Sie sexuell so überragend sind, sondern weil Sie Ihre Sehnsucht nach Freiheit und dem Ausdruck Ihrer Gefühle dramatisieren wollen. Möglicherweise unterstützen Sie Anarchie und Gesetzlosigkeit als Mittel zur Zerstörung der verhaßten Autorität, haben aber keine klare Vorstellung von dem, was an ihre Stelle treten soll.

Venus im Zeichen Fische

Sie verbringen viel Zeit Ihres Lebens damit, nach der Liebe – der wahren Liebe – Ausschau zu halten. Sie finden sie – oder auch nicht. Haben Sie keinen Erfolg, dann haben Sie nie das Gefühl, Ihre irdische Mission erfüllt zu haben. Haben Sie sie gefunden, erfahren Sie eine ekstatische, erbauende Vollkommenheit. Doch ist sie von Dauer? Hält sie vielleicht ewig an? Es ist sehr wahrscheinlich, daß Sie entdecken, daß sie es nicht ist. Doch werden Sie die Befriedigung haben zu wissen, daß Sie inniger und verzehrender geliebt haben, als andere überhaupt zu träumen wagen.

Venus zeigt sich im Zeichen Fische idealistisch, emotional und liebend von ihrer besten Seite. Hier sucht die Göttin der Liebe und Schönheit nach etwas, das in dieser Welt möglicherweise nicht zu finden ist. Doch das hält sie nicht davon ab, es trotzdem zu suchen.

Sie sind gütig, großzügig, empfindsam und voller Mitgefühl. Die Selbstaufopferung in der Liebe ist für Sie eine natürliche Sache – tatsächlich neigen Sie dazu, sich viel zu bereitwillig einem anderen auszuliefern, viel zu eifrig in Anbetung des von Ihnen geliebten Menschen zu versinken. Wo auch immer Ihre zarten Gefühle erregt werden, können Sie nicht widerstehen, in die Rolle des selbstlosen Trösters oder des verzauberten, anbetenden Liebhabers zu schlüpfen. Natürlich machen Sie andere, stärkende Einflüsse im Horoskop praktischer in Ihrem Verhalten, mehr auf Ihre Selbsterhaltung achtend, vorausgesetzt, man betrachtet diese Eigenschaften für erstrebenswerter. Die Sonne im Widder oder Steinbock zum Beispiel verleiht eine stärker auf das eigene Selbst bedachte Einstellung.

Für sich allein gesehen, übt Venus im Zeichen Fische einen umsorgenden und selbstverleugnenden Impuls aus und macht Sie gleichzeitig launenhaft. Auf der Suche nach der Liebe breiten Sie wahrscheinlich Ihr Netz der liebevollen Zuneigung über ein weites Gebiet aus. Ganz unbewußt fangen Sie dabei eine Menge seltsamer Vögel, gelegentlich aber auch einen ernsthaft in Betracht zu ziehenden Kandidaten. Stellt er sich nicht als der erhoffte Partner heraus, dann werden Sie seiner sehr schnell müde und ziehen weiter. Der Abgott, dem Sie nachstellen, ist die Person, die Ihren speziellen Idealen, von denen einige keinen Bezug zur menschlichen Natur haben, entspricht. Doch sind Sie gewillt, die Löcher in den Charakteren, die Sie finden, mit Ihrer unglaublich plastischen Vorstellungskraft auszustopfen. Als Folge davon werden Sie häufig enttäuscht und leiden an gebrochenem Herzen.

Die Liebe zu einem Menschen ist nicht die einzige Saite auf der Violine Ihrer Gefühle. Sie reagieren auch leidenschaftlich auf jede Form menschlichen Kummers und Leidens, sammeln jeden vom Schicksal Versprengten auf, der Ihre Aufmerksamkeit erregt und dienen ihm mit Ihrer ganzen Fürsorge. Da manche dieser Leute nicht immer die Opfer der Umstände sind, sondern eher an den Folgen seelischer Unausgeglichenheit leiden, kommen Sie auch nicht ungeschoren aus der Sache heraus. Sie haben die unglückliche Angewohnheit, stets die falschen Leute anzuziehen, die Ihr mildes, nachgiebiges Mitgefühl ausnützen. Venus im Zeichen Fische kann von Gaunern und Opportunisten recht schlimm mißbraucht werden. Verlieben Sie sich aber in eine wirklich hilflose, vom Schicksal benachteiligte, abhängige Person, dann könnte es wirklich klappen. Doch der Druck der weltlichen Verantwortung, die Frage, woher das Geld für die Rechnungen kommt, muß einem Dritten überlassen werden. Sie sind ein schlechter Kämpfer, wenn es heißt, mit der grausamen Realität fertig zu werden. Lieben – und Sterben – ist leicht für Sie, zu leben fällt Ihnen schwer. Venus im Zeichen Fische wird von der köstlichen Empfindung erfüllt, einem anderen alles zu gewähren.

Zutrauen liegt tief in Ihrem Wesen. Sie sind nicht nachtragend, vergeben viel zu gern und zeigen zu großes Verständnis, als daß Sie sich Feinde machen würden.

Obwohl Sie gesellig, gutgelaunt und gastfreundlich sind und sich gern mit dem anderen Geschlecht abgeben, sind Sie eher romantisch als sinnlich. Sie könnten jedoch mehr als einmal heiraten. Sie lieben Behaglichkeit und Komfort und wünschen ehrlich, daß die ganze Welt in Frieden lebt. So sehr Sie auch Ihre Familie lieben, werden Sie sie nicht unbedingt einem Fremden vorziehen, der Ihrer Meinung nach Ihre Hilfe braucht. Menschen mit dieser Kombination arbeiten oft freiwillig oder von Berufs wegen in Krankenhäusern und ähnlichen Institutionen.

Die Aufgabe, sich einen Lebensunterhalt zu verdienen, die andere spielend bewältigen, könnte Sie bedrücken. Wenn Ihre Gefühle nicht angesprochen sind, haben Sie kein großes Durchhaltevermögen. An erster Stelle steht bei Ihnen der Wunsch, gebraucht zu werden, und dann sind Ihre Energien gewaltig. Werden Sie von niemandem gebraucht, dann verlieren Sie das Interesse an allem und ziehen sich in die Welt Ihrer romantischen Tagträume zurück.

Sie besitzen eine tiefe Wertschätzung für alles Schöne in der Kunst und in der Natur und lieben die Musik ganz besonders. Als Komponist, Tänzer, Schriftsteller, Künstler oder Dichter beweisen Sie Ihre große Inspiration.

Die Kehrseite der Medaille

Sie befinden sich auf einem falschen Weg, sind verschlossen und unfähig, den Tatsachen ins Auge zu sehen, nehmen vor der kleinsten Herausforderung Reißaus. Sie besitzen überhaupt keinen Ehrgeiz und kein Ziel, lassen sich in Ihrer Traumwelt treiben und sind auf die Unterstützung Ihrer Freunde und Ihrer Familie angewiesen. Sie sind sehr leicht zu beeinflussen und hysterisch emotional, Wachs in den Händen eines jeden, der bereit ist, Ihnen zu sagen, was Sie tun sollen. Sie fürchten sich so vor einem Fehlschlag und vor Kritik, daß Sie wenig mehr als niedrige Dienste übernehmen. Möglicherweise verlieren Sie Geld durch Täuschung oder Betrug oder durch Ihr eigenes konfuses Denken. In Ihrem Liebesleben finden sich wahrscheinlich zahlreiche Affären, die geheim bleiben müssen, sowie unheimliche und erschütternde Erfahrungen.

Mars

Der Planet

Mars ist der erste und erdnächste der äußeren Planeten. Venus gehört zu den inneren Planeten, weil ihre Bahn sonnennäher als die der Erde verläuft; alle Planeten, die jenseits der Erdbahn kreisen, wie Mars oder Jupiter, werden äußere Planeten genannt. Die mittlere Entfernung Sonne – Erde beträgt 149,6 Millionen km, die Entfernung Sonne – Mars 227,9 Millionen km.

Das Mars-Jahr, die Zeit, die er braucht, um die Sonne einmal zu umkreisen, ist 687 Tage, nicht ganz zwei Erdjahre. Da Mars ja zu den äußeren Planeten gehört, kann er nie, wie Mond, Merkur und Venus, zwischen Erde und Sonne erscheinen. Mars ist kleiner als die Erde und mit einem Durchmesser von 6800 km fast doppelt so groß wie der Mond. Der Planet dreht sich in 24 Std., 37 Min., 23 Sek. um seine eigene Achse; seine Masse ist nur ein Zehntel der Erdmasse.

Der Mars hat eine rötliche Farbe und kann am Nachthimmel als rötlicher Punkt beobachtet werden. Alle 15 Jahre kommt er uns am nächsten – auf 55 Millionen km und scheint dann mit der Helligkeit des Sirius, des hellsten Sterns. Diese größte Annäherung tritt 1984 wieder ein.

Die amerikanische Raumsonde Mariner 9 führte in den Jahren 1971/72 umfangreiche Untersuchungen der Mars-Oberfläche durch und erforschte dabei ca. 85 Prozent der Oberfläche sehr genau. Vorher hatten die Sonden Mariner 6 und 7 schon festgestellt, daß Mars ein toter Planet ohne hervorstechende Oberflächenmerkmale ist, doch Mariner 9 zeigte, daß er sehr interessante und charakteristische Strukturen aufweist, von denen einige völlig neue Fragen aufwarfen. Eine wichtige Feststellung war, daß Wasser eine aktive Rolle in der Evolutionsgeschichte des Mars spielte. Fotos zeigen vier größere geologische Regionen: eine Polarregion mit terrassenähnlichen Formationen und tiefen Einschnitten, ein Äquatorplateau, das von tiefen Schluchten durchzogen ist und Spuren von Erosion durch Wasser zeigt, eine vulkanische Region und ein großes, von Kratern übersätes Gebiet, ähnlich dem Mond. Die Russen haben ebenfalls Sonden zum Mars geschickt.

Mars besitzt zwei kleine Monde: Phobos (Durchmesser ca. 20 km) und Deimos (ca. 13 km). Phobos dreht sich so unglaublich schnell um den Mars, daß er dreimal pro Tag auf- und untergeht.

Symbolik

Ares oder Mars, wie ihn die Römer nannten, war der Gott des Krieges und einer der 12 großen Gottheiten des Olymp, der Sohn von Zeus (Jupiter), des höchsten Gottes, und Hera (Juno), der großen Göttin der vorhellenischen, matriarchalischen Kultur. Er stammte aus Thrakien, wo ein wildes und kriegerisches Volk lebte, und verkörpert deshalb Streit, Zerstörung und Krieg. Man sagt von Mars, er kämpfe um des Kampfes willen. Bei den Griechen war er nicht beliebt, denn sie verachteten sinnlose Kriege und diejenigen (wie die Thraker), die gern Schlachten schlugen. Die griechischen Mythen spiegeln diese feindliche Haltung dem Mars gegenüber wider.

Nach der Legende wurde er von allen Göttern außer dreien gehaßt. Zu den dreien gehörte Aphrodite oder Venus. Mars war ihr Geliebter, und beide wurden zusammen von Aphrodites Ehemann in einem unsichtbaren Netz gefangen und dem Spott der Götter preisgegeben.

Mars war im Krieg nicht unbesiegbar. Andere Götter verwundeten und besiegten ihn mehrmals. Einmal wurde er 13 Monate gefangengehalten, ehe Merkur ihn befreite.

Es überrascht nicht, daß der Gott des Krieges dagegen bei den Römern hohes Ansehen und Verehrung genoß. Er regierte über den ersten Monat des römischen Jahres (März–Widder) und wurde mit dem achten Monat des römischen Jahres in Verbindung gebracht (Oktober–Waage, eines der Zeichen, in dem Venus regiert). An bestimmten Tagen in diesen Monaten wurden Zeremonien zu Ehren von Mars abgehalten. Ihm waren zwei Tempel in Rom geweiht, der eine war ein Opfertisch, der andere ein Tor, durch das die Soldaten marschierten.

Astrologie

In der Astrologie wird der Einfluß des Mars als trocken, wild und männlich bezeichnet. Im Horoskop verkörpert er die nach außen wirkende physische Kraft, bezeichnet die Energie, sowohl die konstruktive als auch die destruktive, jeweils abhängig von seiner Position und seinen Aspekten im Horoskop. Mars hat eine enge Verbindung zum Ehrgeiz und den Wünschen, symbolisiert die Sinne und herrscht über die animalischen Instinkte des Menschen. Normalerweise hält man ihn für einen bösartigen Planeten; aber wenn er gut aspektiert ist und sich positiv ausdrücken kann, verkörpert er Mut, Ausdauer, Stärke, Selbstbewußtsein und die treibende Kraft, die jedes Wagnis, Heldentaten eingeschlossen, erfordert. Weitere Mars-Eigenschaften sind Initiative, Kampf- und Streitlust, scharfer Verstand, die Fähigkeit, über ein Thema zu diskutieren, Unabhängigkeit, imponierende Entschlossenheit, der Ehrgeiz, auch unter ungünstigen Voraussetzungen materielle Erfolge zu erzielen, Charakterstärke – und vor allem die Fähigkeit, andere zu führen.

Mars verleiht einem Menschen auch außergewöhnliche Muskelkraft, die Kraft, etwas praktisch auszuführen, und ein großes Organisationstalent, das sich aktiv betätigen und nicht nur im Hintergrund die Fäden ziehen möchte. Ohne Mars wäre es unmöglich, das zu nützen, was die anderen Planeten anbieten. Mars ist erfinderisch und geistreich; er verleiht die Mittel, fast jedes gewünschte materielle Ziel zu erreichen. Wie ein guter Soldat weiß Mars, wann er zuschlagen und wann er sich zurückziehen muß, er greift nicht unüberlegt an. Der entwickelte Mars-Typ vereint in sich physische Freuden und geistiges Wohlbefinden. Doch die negative Seite des Mars-Einflusses ist voller Schrecken. Steht der Planet in einem ungünstigen Winkel zur Erde, so kommt es zu Gewalttaten. Morde, Vergewaltigungen und Körperverletzungen werden begangen, Katastrophen finden statt, Feuersbrünste brechen aus. Wird Mars im Horoskop ungünstig beeinflußt, so ist der unter seinem Einfluß Geborene unbesonnen, ungestüm, streitlustig, jähzornig und verwegen, will sich immer streiten und geht keiner Auseinandersetzung aus dem Weg. Je nach der Art des Einflusses kann er aber auch schwach und feige, selbst ein Opfer der Aggression sein. (Zuwenig Mars-Einfluß ist ebenso schädlich wie zuviel.) Oder er ist ein rücksichtsloser und brutaler Kerl, der immer auf einen Kampf brennt, ihn aber häufig verliert, weil er ärgste animalische Wut in anderen Menschen hervorruft. Er könnte sich dem Alkohol ergeben. Wo es eine Meinungsverschiedenheit gibt, verläßt er sich auf seine rohe Kraft anstatt auf vernünftige Argumente. Er handelt erst einmal, denkt später, schlägt um sich, trifft auf Widerstand, kommt ins Stolpern, wird zu Fall gebracht. Ihm passieren sehr oft Unfälle; er ist sorglos, nimmt unnötige Risiken auf sich, reagiert aggressiv und kampflustig. Auf die eine oder andere Weise läßt er seine ungeheure Energie immer so ab, daß sie ihm Unglück oder irgendeinen Kummer bringt.

Ein gut aspektierter Mars schafft einen starken, vitalen und stabilen Charakter. Solche Menschen haben gewöhnlich Erfolg bei allem, was sie unternehmen. Sie geben überlegenen Kräften nicht nach, schlagen aber auch nicht blind gegen sie los; sie besitzen das richtige »Gespür« für den Kampf und sehen die Notwendigkeit ein, den richtigen Zeitpunkt abzuwarten. Sie räumen geschäftig die Hindernisse aus, die ihnen den Weg zur praktischen Durchführung ihrer Ziele versperren. Diese Leute spielen immer die Rolle dessen, der siegt, erobert. Wenn dann alles bedacht ist, dann schreiten sie auch tatkräftig und entschlossen zum Sieg, was von der Gesellschaft akzeptiert wird. In Kriegszeiten sind das die Männer, die Schlachten gewinnen, die unfähige, etablierte Befehlsgewalt beiseite schieben, sich den Weg von den unteren Dienstgraden in den Generalsrang, zu Sieg und Ruhm emporkämpfen.

In der Liebe ist Mars für das Beste wie das Schlimmste verantwortlich. So wie die Erde zwischen den Bahnen der Venus und des Mars steht, so ist der Mensch auch der Kollisionspunkt von Liebe und Gewalt. Die eine ist ohne die andere nicht vollständig; zusammen sind sie eine leidenschaftliche, starke Macht. Die schlimmsten Aspekte der Sexualität werden vom Mars regiert.

Solche Leute stillen ihren sexuellen Hunger, ohne einen Gedanken an das Leid zu verschwenden, das sie jemandem zufügen. Auf der anderen Seite schaffen Mars und Venus zusammen die Liebe, die alles, auch das Leben, opfert, um den anderen zu retten. Es gibt niemanden, der auf praktische Art treuer ist als ein Mars-Freund.

Als Liebender ist Mars von überschwenglicher, kreativer Energie erfüllt, ist impulsiv, unkompliziert und direkt, hat ein vitales sexuelles Verlangen. Wenn er diesen starken Grundtrieb nicht ungezwungen und regelmäßig ausleben kann, ist er nicht in der Lage, sich voll seinen praktischen Tätigkeiten zu widmen, da ihn die Gedanken an sexuelle Dinge ablenken. Diese quälenden Gedanken können nur durch die eine große Vereinigung mit Venus beseitigt werden.

Mars ist der Herrscher im Zeichen Widder und Mitregent im Zeichen Skorpion. Der Widder ist das erste Zeichen des Tierkreises, hat positiven Charakter und verkörpert die »Anstoßenergie«, den ersten Energieschub in die Welt hinein, den Anfang, die keimende Saat, den Körper, die Kraft und den Impuls; er symbolisiert ebenso Initiative, Unternehmungsgeist, Führungskraft, Mut, Unabhängigkeit und den pionierhaften, unbezähmbaren Abenteurergeist.

Der Skorpion ist das geheimnisumwobene achte Zeichen, hat negativen Charakter und zählt zu den Wasser-Zeichen, das Kraftwerk unterdrückter Energie, starker Emotionen, die sich durch die Sexualität unbewußt mit ihrer Quelle wiedervereinigen wollen. Der Skorpion ist schwierig, geheimnistuerisch, zielbewußt, durchdringend – der Brennpunkt von Tod und Wiedergeburt. Er ist der Phönix der Unsterblichkeit, der in jedem darauf wartet, sich aus der kalten Asche des Selbst zu erheben.

Physiologisch bedeutet Mars die Widerstands- und Abwehrkraft des Körpers gegen eindringende Krankheiten und Fremdkörper. Fieber und Entzündungen sind ein Anzeichen dafür, daß diese Kräfte am Werk sind. Mars herrscht auch über die Ausscheidung der Abfallprodukte des Körpers. So wie Venus die aufnehmenden Körpersäfte regiert, so herrscht Mars über die ausscheidenden: die Beseitigung von Abfallprodukten als Urin, die Absonderung von Samenflüssigkeit aus den männlichen Keimdrüsen, von Eizellen aus den Eierstöcken, das Schwitzen. Mars hat eine Verbindung zum Muskelapparat, dem sympathischen Nervensystem und den roten Blutkörperchen. Bei einem starken Mars-Einfluß ist die betreffende Person sehr anfällig für Verbrennungen, Verbrühungen, Fieber, Schnittwunden, Entzündungen und Unfälle. Mars ist der physische Aspekt der Liebe – Leidenschaft und Lust. Venus schafft den Reiz, die Anziehungskraft, Mars liefert den sinnlichen Antrieb und die männlichen Geschlechtsorgane.

Mars im Zeichen Widder

Sie haben einen eisernen Willen, lassen sich nie von Ihrem Ziel abbringen. Sie beschäftigen sich mit etwas anderem, ehe Sie mit einer Arbeit fertig sind – aber nur, weil es Ihnen gerade paßt. Man wird Ihnen nichts vorschreiben können, denn Sie sind völlig unabhängig. Wenn notwendig, bekämpfen Sie Widerstände bis aufs Messer, oder Sie arbeiten ohne fremde Hilfe oder Ermutigung bis zum Umfallen, um Ihre Pläne durchzuführen. Mars wurde schon immer mit Eisen assoziiert – mit der Pflugschar und mit dem Schwert. Mit beiden erzielen Ihre Hände gute Ergebnisse.

In dieser Position, in seinem eigenen Zeichen, ist der mächtige Mars doppelt so stark und kräftig. Ob das, was Sie beginnen, zu etwas Gutem oder Schlechtem wird – und das hängt von anderen Einflüssen im Horoskop ab –, Sie tun es mit Tatkraft und Nachdruck. Widder und Mars symbolisieren den Körper, das dynamische Prinzip des Handelns. Sie sind die geborenen Führer, überlegen nicht lange, sind eher Draufgänger und Abenteurer, denken aber zuerst an sich. Die erste Überlegung dabei heißt: »Zuerst komme ich.« Sie sind nicht so sehr von Natur aus individualistisch als ein Draufgänger, ein Abenteurer, der für sein eigenes Wohl kämpft.

Aber mit Geld und weltlichen Gütern sind Sie nicht geizig und selbstsüchtig; Sie geben großzügig, freigebig, oft ohne erst nachzudenken. Sie sehnen sich nach Aufregung und Freiheit, nicht so sehr nach materieller Absicherung über Geld und Gut. Aus einem Impuls heraus lassen Sie alles hinter sich, wenn Sie glauben, eine neue, noch zu erobernde Welt zu sehen. Für alle sichtbar schütten Sie Ihre Güter aus – sollen sie nehmen, was sie wollen, Hauptsache, Sie kommen dorthin, wo etwas los ist. Sie werden sich auch nicht ärgern, wenn Ihnen Ihr Preis vorenthalten wird – solange Sie gewinnen.

Sie sind offen, freimütig und direkt, es gibt keine Hintertürchen zu Ihrem Wesen. Sie kommen stets für alle sichtbar durch den Haupteingang, mit dem sicheren Selbstvertrauen eines Soldaten. Sie haben nichts zu verbergen, sind so, wie Sie sind. Die Tatsache, daß Sie bei Ihrem großartigen Einmarsch vielleicht unabsichtlich ein paar Fensterscheiben kaputtgemacht haben, stört Sie überhaupt nicht.

Mars in dieser Position verleiht Glanz und Führungskraft, ausgezeichnet für einen Mann oder eine Frau der Tat. Er verleiht Entschlossenheit und die praktische Fähigkeit zum Erfolg im Leben, ob im Konkurrenzkampf des Geschäftslebens oder in den Wirren der Politik. Sie sind ein guter Propagandist und wissen, wie man eine Idee populär macht. Ihr Schaffen als Schriftsteller, Musiker oder Künstler kann weite Anerkennung finden. Sie sind erfinderisch und schöpferisch, ein echter Pionier auf dem Gebiet, das Sie sich erwählt haben. Denn wenn es um Verschwörungen und Intrigen geht, dann sind Sie wahrscheinlich derjenige, der nicht mitmacht. Sie sind zu impulsiv und ungeduldig, um bei Unternehmen erfolgreich zu sein, die Takt und diplomatisches Geschick erfordern. Sie werfen eher den Fehdehandschuh hin und warten darauf, daß irgend jemand es wagt, ihn aufzuheben. Sollte sich jedoch kein Gegner zeigen, dann sind Sie matt gesetzt.

Sie sind jähzornig und leicht zu reizen. Wenn Sie sich nicht in Selbstbeherrschung üben, sind Ihre Wutausbrüche wahrscheinlich recht heftig. Sie sind nicht nachtragend und schaffen gern sofort wieder klare Verhältnisse. Sie sind anfällig für Verletzungen durch irgendwelche Unfälle. Menschen mit dieser Kombination haben gewöhnlich eine Narbe von einer alten Verletzung am Kopf oder im Gesicht. Möglicherweise müssen Sie früher als üblich eine Brille tragen oder aus therapeutischen Gründen eine Sonnenbrille aufsetzen.

Ihr Verhalten ist manchmal ungehobelt und aggressiv. Sie glauben ernsthaft daran, Sie seien der Herr über Ihr eigenes Schicksal und wollen nicht überrumpelt werden. Sie wollen dauernd etwas unternehmen, aber bisweilen lassen Sie sich von den Vorgängen so gefangennehmen, daß Sie das erwünschte Ziel aus den Augen verlieren. Sie müssen Ihre Willenskraft dazu benützen, die Dinge zu durchschauen, dem Drang zu widerstehen, Ihre Aufmerksamkeit auf eine neue Herausforderung zu richten, bevor die alte zur Zufriedenheit abgeschlossen ist. Sie mögen Detailarbeiten nicht. Wenn die Zeit zum Aufräumen kommt, sind Sie wahrscheinlich schon verschwunden. Menschen, denen Lärm und Geschäftigkeit etwas ausmachen, haben Sie nicht gern um sich. Ständiges, ange-

strengtes Arbeiten und geduldige Zusammenarbeit liegen Ihnen nicht, und Routineaufgaben machen Sie fast verrückt. Sogar wenn Sie sich mit einer Tätigkeit nicht beeilen müssen, setzen Sie sich selbst einen Termin und treiben jeden zum gleichen Tempo an.

Sie haben einen starken Sexualtrieb und eine ungeheure Energie, die Sie ausleben müssen. Es ist wichtig für Ihre Gesundheit, daß Sie Ihre Gefühle und Wünsche nicht unterdrücken, denn Sie müssen sie sowohl ungezwungen ausdrücken, als auch Ihrer Selbstbeherrschung unterwerfen können. Sie brauchen einen Partner, der physisch zu Ihnen paßt und die Einfachheit Ihrer Denkprozesse versteht. Sie sind ein Idealist: Wenn Sie sich mit einer Person, einer Sache oder einem Prinzip identifizieren, dann kennen Sie keine Halbheiten.

Sie treiben gern aktiv Sport, sind körperlich robust. Sie tun alles, um Ihren Körper gesund und fit zu halten.

Die Kehrseite der Medaille

Wahrscheinlich denken Sie zuviel an Sex und die Befriedigung dieses Triebes. Ein äußerst gewalttätiges und unkontrolliertes Temperament könnte Sie zu einer Gefahr für Leib und Leben machen. Ihre Ungeduld und Unbekümmertheit erschwert es Ihnen, einen Beruf auszuüben. Möglicherweise sind Sie brüsk und brutal, ist Ihre Sprache und Sprechweise vulgär und herausfordernd. Sie sind gefühllos gegenüber den Gefühlen anderer Leute, taktlos und streitlustig. Eine übertrieben optimistische Einstellung verzerrt Ihre Urteilsfähigkeit. Ihr Haß auf Details macht Sie möglicherweise zu einem nachlässigen Planer.

Mars im Zeichen Stier

Mars befindet sich in diesem Zeichen in einem Dilemma; denn er kann hier nicht so nach außen wirken, wie zum Beispiel im Widder und seine ungestüme Brillanz und Originalität so freizügig versprühen, sondern muß das festhalten, was ihm gehört, und dauernd das sammeln, was er möchte. Er muß mehr materiell eingestellt sein, mehr auf das Erwerben und Besitzen aus sein – insgesamt viel gesetzter sein –, als es seinem kraftvollen, die Tat liebenden Wesen guttut. Hier im Stier, dem Zeichen für Geld und weltliche Güter, wird der

Einfluß des Mars zum Nachteil. Seine antreibende Energie wird zu Halsstarrigkeit. Doch obwohl sich Mars nicht wohl fühlt, kann dies eine gute Kombination sein. Mars im Zeichen Stier bedeutet Schwerstarbeit – aber gewöhnlich auch einen beträchtlichen Anteil an den angenehmen Dingen, die die Welt zu bieten hat.

Sie wollen zu Geld kommen; Sie geben das ganz sachlich zu. Sie kennen die Seelenruhe, die die Sicherheit vermittelt, und Sie streben danach, sie zu bekommen. Sie sind nicht an moralisierenden Geschichten oder philosophischen Theorien interessiert, welche Mittel man auf dem Weg zum Erfolg einsetzen sollte und welche nicht. Wenn Sie eine Chance zum Handeln sehen, dann setzen Sie sich in Bewegung. Und Sie bleiben mit einer solch verbissenen Entschlossenheit in Bewegung, die eine Niederlage nicht eingestehen würde, bevor das Ziel erreicht ist.

Obgleich Sie gewöhnlich über den längeren Weg zum Erfolg gehen müssen, könnte der Aufstieg trotzdem mühsam sein und durch Hindernisse verlangsamt werden. Manchmal, auf halbem Weg zum Gipfel, sehen Sie sich um und fragen sich, ob es sich überhaupt gelohnt hat. Möglicherweise schaffen Sie sich Schwierigkeiten, indem Sie vorpreschen und Probleme anpacken, bevor sie überhaupt entstehen. Sie sind ein praktischer Mensch. Sie wissen, daß Sie vor allem an dem hängen, was Sie gewinnen.

Aber paradoxerweise lassen Sie sich eventuell nach all Ihren Anstrengungen, sich den Preis zu sichern, diesen Preis letzten Endes aus den Händen reißen. Es ist beinahe so, als ob Sie gewillt sind, auf das Erwünschte zu verzichten, nicht aber vor den Hindernissen zu kapitulieren, die Sie von ihm trennen. Sie halten inne, machen eine Pause. Und dann nehmen Sie Ihre Anstrengungen mit der gleichen Zähigkeit wieder auf. Bisweilen neigen Sie dazu, von einem Extrem ins andere zu fallen – ruhig und nachgiebig, dann plötzlich halsstarrig und aggressiv, hemmungslos genußsüchtig, dann asketisch; freigebig, dann raffgierig. In mancher Hinsicht sind Sie ein wandelnder Widerspruch, in sich unausgeglichen.

Sie haben einen sehr starken Sexualtrieb. Möglicherweise beherrscht die körperliche Liebe Ihre Gedanken und Gefühle. Die normalerweise in diesem Venus-Zeichen zu findende Verfeinerung wird durch das sinnliche Verlangen zerstört. Stehen der Befriedigung Ihres Triebes Hindernisse entgegen, werden Sie rasend oder grollen vor sich hin, je nach den anderen Einflüssen in Ihrem Horoskop. Ihre zwanghafte Neigung, Ihren Besitz zu erhalten, kann sich auch auf die Menschen ausdehnen, die Sie lieben; Sie können eifersüchtig und grausam sein – ein mißtrauischer, zähnefletschender Wachhund. Ein gut aspektierter Mars im Zeichen Stier macht Sie zu einem erfahrenen und beim anderen Geschlecht sehr beliebten Liebespartner. Es besteht aber die Gefahr, daß die Stabilität Ihres Charakters darunter leidet, wenn Sie zu viel Ihrer Energie auf diese Beziehungen verschwenden. Die Ehe könnte eine stürmische und beschwerliche Erfahrung sein.

Sie sind ein konservativer Mensch, bei dem man sich darauf verlassen kann, daß er Anordnungen genau ausführt und seine Arbeit gut erledigt. Trotzdem bevorzugen Sie eine Stellung, in der Sie Ihre eigenen Entscheidungen innerhalb eines größeren Rahmens treffen können. Mit Mars im Stier, dem Zeichen der Natur, kann ein Mann ein fähiger Ingenieur, Brückenbauer oder Bauarbeiter werden, der seine Begabung dafür einsetzt, die Gestalt einer Landschaft zu verändern. Früher war eine Frau mit dieser Kombination gewöhnlich beruflich oder freiwillig mit einer Tätigkeit beschäftigt, die viel Körperkraft und Ausdauer erforderte – auch wenn es sich nur darum handelte, mit einer schwer zu lenkenden Familie fertig zu werden. Heute werden Frauen in solch schweren Berufen sogar ausgebildet und sind in der Lage, dieselbe Arbeit wie Männer zu verrichten.

Sie geben auch einen fähigen leitenden Angestellten ab, der organisieren und Anweisungen erteilen kann. Sie können sich ein Ziel mit großer Genauigkeit vorstellen und es verwirklichen. Sie sind dort am erfolgreichsten, wo ein bestimmtes Eigeninteresse mit im Spiel ist.

Sie können auch ein erfolgreicher Schriftsteller oder Künstler werden, der eine besondere Ausdrucksweise hat für alles Sinnliche, Leidenschaftliche; Ihr Stil ist realistisch und eher klassisch als stimulierend, ähnlich dem von Mars im Zeichen Widder. Ein lebhaftes Bewußtsein der körperlichen Kraft, eine anmutige Art sich zu bewegen und die Fähigkeit der Muskelkoordination kann aus Menschen mit dieser Kombination gute Ballett-Tänzer, Turner oder Eiskunstläufer machen.

Obwohl Sie darauf bedacht sind, Geld und Besitz zu erwerben, können Sie für Ihr Vergnügen oder die Dinge, die Sie lieben, auch großzügig Geld ausgeben.

Die Kehrseite der Medaille

Sie sind starrköpfig und wollen einfach den Standpunkt eines anderen nicht einsehen. Sorgen könnten durch Ihren Besitz oder plötzliche Geldkrisen entstehen. Möglicherweise überfahren Sie Ihre Gegner wie eine Dampfwalze, und verfügen Sie auch nur ein bißchen über Autorität, bestrafen Sie die Unschuldigen mit den Schuldigen, nur weil Sie auch auf der falschen Seite standen. Wahrscheinlich haben Sie einen Machtkomplex, der dazu führt, daß Sie darauf bestehen, Ihre Widersacher nicht nur zu bestrafen, sondern sie völlig zu besiegen. Sie können vor Eifersucht rasen und unvernünftig besitzergreifend sein. Ihr Sinn für alles Schöne und Feine kann sich auf die Dinge beschränken, die Ihnen gehören oder die Sie beherrschen. Es kann auch sein, daß Sie Schwierigkeiten mit Gerichten haben und eine Erbschaft verlieren. Ihre Arroganz macht Sie zu einem eingebildeten Chef, zu einem sturen Vater oder zu einer gefühllosen Mutter. Sie neigen zu unmoralischem Verhalten im Sexualleben und sind ein gleichgültiger Materialist bei der Verfolgung Ihrer Ziele.

Mars im Zeichen Zwillinge

Sie haben wirklich großartige Ideen – manchmal sogar beinahe göttliche Eingebungen – und keine Schwierigkeiten, andere zur Tat anzuspornen. Sie haben das Zeug zu einem hervorragenden Politiker, überzeugenden Verkäufer, provozierenden Schriftsteller oder Dozenten, tüchtigen persönlichen Referenten oder einem aggressiven und wortgewaltigen Debattierer oder Rechtsanwalt. Sie können nicht nur glänzend einen Standpunkt darlegen, sondern auch Begeisterung in einem Publikum wecken. Wenn Sie wollen, sind Sie ungestüm und schonungslos offen; tänzerisch leicht und verletzend durch Ihren scharfen Verstand und Ihren Sarkasmus, wenn es Ihnen paßt. Sie sind ein (Volks-)Verführer, ein Stimmungsmacher, ein Ideologe, der den Leuten sagen kann, wie sie das Unmögliche anpacken sollen.

Doch fehlt es Ihnen an starker physischer Energie. Sie tun Ihr Bestes, um schwere Arbeit zu vermeiden. Sie haben eine nervöse Energie, die den Verstand aktiviert. Hier in den Zwillingen, dem Zeichen des Intellekts, drückt sich die große Kraft des Mars in einer Vielzahl von Ideen und Konzepten aus. Sie sind ein energiegeladener Denker, Ihr Verstand ist immer beschäftigt und rastlos. Sie wollen die Dinge verändern – meist, damit sie Ihnen besser gefallen – und benutzen andere dazu, es für Sie zu tun. Sie sind das Gehirn, die geistige Kapazität hinter der Sache. Sie wollen, daß etwas geschieht. Sie bauen die verbalen Brücken, damit andere darüber von der Welt der gedanklichen Vorstellung in die Realität schreiten können. Ihre Ideen können buchstäblich die Welt in Brand setzen. Sie sind der Menschentyp, der eine Ideologie begründet, für die die nächste Generation möglicherweise kämpft oder stirbt.

Sind sie ein Mars-Zwillinge-Denker in einer kleinen Welt, dann leisten Sie genauso viel; Ihre Mitarbeiter, Freunde und Bekannten sind gleichermaßen beeindruckt. Sie sind gesprächig, ein impulsiver Debattierer und Diskutierer, reden selten Unsinn, es sei denn, es gibt andere, störende Einflüsse im Horoskop. Sie sind praktisch und reden, um ein effektives Handeln hervorzurufen. Die Tatsache, daß Sie nie selbst handeln, ist nebensächlich. Ihre Aufgabe besteht darin, den Weg aufzuzeigen. Sie bewirken, daß ein idealistischer Plan machbar und wünschenswert klingt.

Sie besitzen handwerkliche Geschicklichkeit. Obwohl man Sie nicht dazu bringen wird, eine Maschine auseinanderzunehmen, so wissen Sie doch, was gemacht werden muß. Sie sind sehr geschickt mit Ihren Händen. Sie sind erfinderisch, manchmal beinahe genial. Es gibt nur wenige Situationen, denen Sie nicht gewachsen sind. Sie blättern gern Handbücher durch, werfen einen Blick auf Pläne, um zu sehen, ob Sie sie nicht verbessern können.

Sie haben vielseitige Interessen. Sie sind dauernd unterwegs, treffen Leute, knüpfen Kontakte, leben hauptsächlich von Ihrer nervösen Energie. Sie sind empfindlich und sehr leicht erregbar, man kann Sie auch leicht aus der Fassung bringen. Sie legen manchmal eine erstaunliche Inkonsequenz in Ihren Ansichten an den Tag; Sie sind in der Lage, einen entgegengesetzten Standpunkt zu dem einzunehmen, den Sie eben noch mit großartig sicherem Auftreten befürwortet haben.

Sie haben möglicherweise eine Liebesgeschichte mit einem Verwandten. Zwei Ehen sind nicht selten. Häufig haben Sie zwei Verhältnisse zur gleichen Zeit.

Sie sind nicht abgeneigt, zu übertreiben oder die Unwahrheit zu sagen, wenn es Ihrer Sache hilft oder einer Ihrer Erzählungen mehr Nachdruck verleiht. Physische Gewalt ist etwas, was Sie vermeiden möchten. Ihre Waffen sind das Wort und der Einfluß, den Sie auf Menschen und Ereignisse haben. Sie können einen Widersacher sehr schnell mit Ihrer spitzen Zunge zurechtstutzen. Sie fechten mit Worten mit Ihrem Feind, um herauszufinden, wo er eine schwache Stelle hat und Sie ihn schnell und sauber treffen können.

Sie lesen gern und fühlen sich zu erzieherischen und bildenden Aktivitäten hingezogen. Sie würden gern lehren oder Vorlesungen halten. Sie lieben Reisen, die Naturwissenschaften, besonders die Chemie. Sie besitzen die Fähigkeit zu deduktivem* Denken; Ihre Folgerungen ergeben gewöhnlich einen Sinn und sind äußerst gut durchzuführen.

Ihr Hauptfehler ist, daß Sie kein Durchhaltevermögen besitzen. Obwohl Ihre Ideen brauchbar sind, müssen sie von anderen ausgeführt werden. Was Sie tun, scheint von der Ihnen zur Verfügung stehenden Energie abzuhängen, die aber durch die Vielfalt Ihrer Interessen aufgebraucht wird und nicht von einem einzigen Ziel. Sie beginnen etwas um des Handelns, der Aufregung, des geistigen Antriebs, nicht des Ergebnisses willen. Obwohl Ihre Einsicht in die Dinge und Ihre Wahrnehmungsfähigkeit sehr groß sind, lassen Sie sich leicht ablenken und sollten deshalb lernen, sich besser zu konzentrieren.

Sie sind körperlich agil, haben aber nicht die Robustheit, um in Wettkampfsportarten zu überragen, die hohe Ansprüche an Ihre körperliche Kondition stellen. Manchmal sind Sie besonders durch Unfälle gefährdet und neigen zu Verletzungen der Schultern, Arme und Hände. Möglicherweise leiden Sie auch an nervösen Erschöpfungszuständen.

Die Kehrseite der Medaille

Es könnte sein, daß Sie eine häßliche Sprache sprechen und ein unangenehmer Nörgler sind, Ihren schnell reagierenden Verstand dazu benützen, anderen unnötig Unbehagen zu verursachen und sie in Verlegenheit zu bringen, besonders in Gegenwart Dritter. Nachbarn, Verwandte und Ihre Mitarbeiter könnten Ihnen Sorgen machen. Geschwister schaffen besondere Probleme; es kann zu schmerzlichen Trennungen oder zu Entfremdung kommen. Wahrscheinlich haben Sie Ihre Ausbildung vernachlässigt, und aus diesem Grund haben Sie es schwer, voranzukommen. Sie rauchen übermäßig stark oder nehmen Drogen, um Ihre Nerven zu beruhigen. Die Lunge könnte Ihnen Schmerzen bereiten. Sie sind unentschlossen; möglicherweise stottern Sie oder leiden an einer ärgerlichen Sprachbehinderung.

Mars im Zeichen Krebs

Diese Kombination bezeichnet den wahren Künstler, ob es nun ein Maler, Schriftsteller, Bildhauer, Philosoph, Musiker – oder ein sanfter Humanist ist. Der heftige und energische Mars im Krebs, dem aufnahmebereiten, vom Mond regierten Wasser-Zeichen, scheint eine unerwartet magische Kraft hervorzubringen. Hier sind die Männer und Frauen zu finden, die dem der Kunst zugrunde liegenden Gedanken und nicht der Mode dienen, die Menschen, die ihre universale Einheit und Zeitlosigkeit enthüllen, die zwar selbst sterblich sind, deren Werk aber unsterblich ist: Shakespeare, Michelangelo, Dante, Petrarka, Byron, Balzac, Kant, Kopernikus. Auch Sie besitzen etwas von dieser magischen Kraft.

Sie sind ehrgeizig und fleißig, aber auch launisch und haben nicht die Ausdauer, sich kontinuierlich mit einer Sache zu beschäftigen. Doch können Sie auf die Dinge warten, die Sie wollen. Sie sind ein Meister des Zermürbungskrieges, Sie reiben Ihre Gegner so auf, wie das Meer die härtesten Klippen zernagt. Mars rührt Sie in den Tiefen Ihrer Seele an, Sie schießen an die Oberfläche hoch, haben plötzliche Temperaments- und Wutausbrüche. Sie sind rebellisch und weigern sich, Ihren Bewegungsspielraum einengen und sich herumkommandieren zu lassen. Die Autorität und ihre Posen ärgern Sie.

Sie wollen Sicherheit, die von Gesetzen garantierte Sicherheit ebenso wie die Ihres Heims. Aber Ihnen gefallen anderer Leute Vorstellungen von Sicherheit nicht besonders; Sie wollen Ihre eigenen durchsetzen. Gesetze gehen vielfach an den Menschen vorbei, schaffen neue Machtzentren, die eher noch mehr einschränken als neue Freiheiten bringen, eher noch mehr umsorgen als schützen, eher strafen als Rechtsbrüche verhindern – und das ist die Ursache Ihres Protestes und Ihrer Auflehnung. Sie werden oft mißverstanden und als Nonkonformist* bezeichnet, der aus dem Hinterhalt

---

* = ableitendem

* Ein Mensch, der sich nicht den allgemein üblichen Anschauungen unterordnet.

schießt und keine positiven Ideale besitzt. Sie möchten lieber sehen, daß die Welt nach dem gleichen Prinzip wie Heim und Familie gelenkt wird – mit Liebe nämlich; doch sind Sie realistisch genug (und auch durch häusliche Erfahrungen gereift), um zu wissen, daß die Chancen für die Verwirklichung dieser Idee sehr schlecht stehen.

Sie sind schöpferisch, unabhängig und unternehmungslustig. Sie lieben Ihr Heim und insbesondere das Familienideal, doch Ihr häusliches Leben wird oft durch Einflüsse von innen und außen gestört. Sie haben sich dauernd mit Störungen auseinanderzusetzen und scheinen sich nie länger ruhig niederlassen zu können.

Ihre Einstellung zur Tat wird eher von Ihren Gefühlen als vom Verstand bestimmt. Ihr instinktives Wissen ist ganz erstaunlich, und Sie haben gelernt, sich darauf zu verlassen. Deshalb ist die sich normalerweise zeigende Impulsivität des Mars in dieser Position weniger übereilt und rücksichtslos, sondern greift auf das Wissen der menschlichen Erfahrung zurück, das tief im Unterbewußtsein des Krebses gespeichert ist.

In Ihrem Innern gärt es oft, und das schlägt Ihnen auf den Magen und stört den Verdauungsprozeß. Wenn Sie Ihre Frustrationen* nicht abbauen und ihren Ärger nicht etwas zügeln und insgesamt ruhiger werden, bekommen Sie Magengeschwüre und Beschwerden im Verdauungsapparat. Ein bißchen mehr Humor könnte Ihnen ganz gut bekommen. Werden diese selbstzerstörerischen Kräfte auf eine einzige Anstrengung konzentriert, können Sie erstaunliche Fortschritte erreichen; werden sie nicht konstruktiv genutzt, sind diese Energien schädlich.

Sie sind leicht beleidigt und nachtragend. Sie ärgern sich, unterdrücken diesen Ärger, grollen vor sich hin. Sie neigen dazu, sich von Alkohol, Drogen oder Nikotin abhängig zu machen. Wahrscheinlich hatten Sie in jüngeren Jahren eine schwere Auseinandersetzung, und dies hat ein Trauma im Unbewußten hinterlassen. Es ist auch möglich, daß in Ihrer Kindheit ein Todesfall oder eine Trennung einen tiefen Eindruck gemacht haben. Mars gibt Ihnen die Fähigkeit zu einer objektiven Selbstanalyse, die, wenn Sie sie nutzen, helfen kann, den emotionalen Druck abzubauen, der sich dadurch aufstauen konnte, daß Sie bestimmte Dinge ignorierten oder ablehnten.

Sie sind wahrscheinlich mit einer Arbeit beschäftigt, die Initiative und Unternehmungsgeist erfordert. Ein Beruf, in dem Sie oft ins Ausland fahren oder lange Inlandsreisen machen müssen, kann sehr rentabel sein. Berufe, die mit Kindern, Häusern, Nahrung oder dem Meer zu tun haben, sind ebenfalls erfolgversprechend. Diese Kombination zeigt teilweise schwere körperliche Arbeit an, und dazu muß man auch die starken Anforderungen rechnen, die die Sorge für Familie und Heim mit sich bringt.

Möglicherweise müssen Sie unverhofft umziehen – mehrmals sogar. Nicht vorhersehbare Umstände könnten zu plötzlichen Veränderungen in vielen Bereichen Ihres Lebens führen.

Die Kehrseite der Medaille

Unglückliche Kindheitserfahrungen können Ihre Einstellung zum Leben immer noch verdüstern. Wahrscheinlich bedrücken Sie traurige Erinnerungen; versuchen Sie, sich davon freizumachen (und Sie tun es laufend), so werden Sie gereizt und fühlen sich seelisch nicht wohl dabei. Es kann sein, daß Sie nur wenig mit Ihrem Ehepartner oder dem Menschen, mit dem Sie zusammenleben, gemeinsam haben. Ihr Heim ist möglicherweise die Arena für Sorgen, Schwierigkeiten und Kummer. Was Besitz oder Erbschaften angeht, so haben Sie damit wahrscheinlich kein Glück. Unfälle, Diebstahl, Feuer, Sturm und Wasser sind die möglichen Ursachen für Verluste und Verletzungen. Sie könnten Schwierigkeiten mit den Augen haben.

Mars im Zeichen Löwe

Sie stecken voller Energie und Vitalität und wissen ganz genau, was Sie wollen – zur Spitze vorstoßen, natürlich! Es ist nicht der Goldschatz am Ende des Regenbogens, der Sie interessiert, sondern Macht und Ruhm – besonders der Ruhm. Sie machen auf Schau, und Sie wissen das auch. Immer dann, wenn jemand dabei ist und Sie beobachten kann, dramatisieren Sie jedes Gefühl und jede Tat. Sie hören nie auf, für ein Publikum zu spielen. Sie sind eine unterhaltsame, unternehmungslustige und anregende Person. Lästerzungen mögen behaupten, Sie seien eitel und egoistisch, doch müssen auch sie zugeben, daß Sie Ihren Zuschauern immer eine Vorstellung bieten, die ihr Geld wert ist. Sie sind ein warmherziger, großzügiger und leidenschaftlicher

---

* Vermeintliche Enttäuschungen; Gefühl, ein Versager zu sein.

Charakter. In der Liebe ergreifen Sie völlig von Ihrem Partner Besitz und geben ihm aber dafür auch alles, was Sie haben. Sie sind ungestüm und leidenschaftlich, hoffnungslos romantisch und neigen dazu, in der Begeisterung des Augenblicks Versprechungen zu machen, die Sie besser unterlassen hätten. Äußerst gewissenhaft – und stolz, wie Ihre Kritiker hinzufügen würden – streben Sie danach, Ihr Wort nie zu brechen. Es ist ganz natürlich, daß Sie, wenn sich Ihre Leidenschaft etwas abgekühlt hat, ein paar schwierige und/oder lästige Verpflichtungen am Hals haben.

Trotzdem, Sie sind ein Mensch der Tat. Sie schaffen an einem Tag mehr als andere in einer ganzen Woche, arbeiten dabei aus Ihrer Eingebung heraus und lassen sich vom Herzen leiten. Zeigt sich eine Herausforderung, dann scheinen Sie, ohne groß nachdenken zu müssen, sofort zu wissen, was getan werden muß, und machen sich furchtlos ans Werk. Sie haben einen außergewöhnlichen Glauben ans Leben – nicht nur ans bloße Überleben –, der selten das für Sie dabei entstehende Risiko abschätzt. Wenn Sie etwas tun, dann muß es sich für Sie lohnen. Warum also warten? Sie haben keine Zeit, sich zu fürchten oder zu sorgen. Für Sie gibt es nur ein Entweder-Oder. Gelegenheiten werden von Mars-Löwe-Menschen nur selten nicht wahrgenommen.

Aber es geht nicht alles so kinderleicht, wie Sie bestimmt auch schon festgestellt haben. Sie gehen oft das kleine Stückchen zu weit – was für andere schon viel zu weit ist. Extreme üben eine fast fatale Anziehungskraft auf Sie aus. In der Liebe sind Sie, wie schon erwähnt, oft überhastet und impulsiv, verachten Unentschlossenheit und scheren sich nicht um die Konsequenzen. Ihre Vorliebe für das Vergnügen und das Partyleben kostet Sie eine schöne Stange Geld. Sie sind ein bißchen einfältig und vertrauen anderen naiv. Manchmal werden Sie von durchtriebenen Typen aufs Kreuz gelegt (Sie sind überraschend leicht durch Schmeicheleien und Lob zu täuschen, und ein persönliches Kompliment, sei es noch so ausgefallen, scheint Ihnen selten unangebracht zu sein).

Sie sind zum Führen geboren und erfreuen sich beständig des Vertrauens derer, die eine Autoritätsposition bekleiden. Sie erreichen Macht und Befehlsgewalt mit einer natürlichen Selbstverständlichkeit. Sie sind für Gerechtigkeit und Fairness und werden die Sache eines Unterprivilegierten oder einer Minderheit so verteidigen, als wäre es Ihre eigene. Bisweilen sind Sie so rechthaberisch, daß es schon an Dogmatismus grenzt. Das Ergebnis davon: Sie schaffen sich völlig unnötig Widerstand und Feinde. Sie könnten zum Beispiel zu weit gehen, wenn Sie Ihren Vorgesetzten eine Sache unterbreiten; obwohl sie gewöhnlich auf Ihrer Seite stehen, neigen Sie dazu, sie bis an die Grenzen ihrer Toleranz zu treiben. Es passiert Ihnen schnell, daß Sie sich den Ruf erwerben, widerspenstig und aggressiv zu sein. Ihr überhastetes Handeln und Ihre Rücksichtslosigkeit können zu Ihrem Niedergang führen.

Obgleich Sie recht feste Ansichten haben, sind Sie bereit, dem zuzuhören, was andere zu sagen haben. Diese Bereitschaft hält Sie aber niemals davon ab, Ihre eigenen Vorstellungen nachdrücklich zu vertreten. Sie sind ein einfallsreicher Debattierer und neigen dazu, Dichtung als Wahrheit auszugeben, wenn Sie glauben, damit durchkommen zu können. Welchen Beruf Sie auch wählen, Sie werden immer in eine leitende Stellung aufsteigen. Es liegt in Ihrem eigenen Interesse, Ihren Übereifer zu zügeln und dafür zu sorgen, nicht mit einer speziellen Idee oder Richtung identifiziert zu werden. Der Fanatismus lauert in dieser Kombination, besonders wenn es sich um politische oder soziale Kreuzzüge handelt.

Sie sind wahrscheinlich am erfolgreichsten in einem Beruf, der etwas mit Regierung und Verwaltung, der Börse oder der Unterhaltungsbranche zu tun hat. Hinter Mars im Zeichen Löwe verbergen sich oft musikalische Fähigkeiten.

Sie sorgen dafür, daß Sie genügend Bewegung bekommen und treiben aktiven Wettkampfsport. Obwohl Sie etwas anfällig für Unfälle sind, lieben Sie Geschwindigkeit und das Risiko.

Die Kehrseite der Medaille

Sie sind verrückt nach Macht, Ihnen fehlen aber die positiven Eigenschaften einer Führungspersönlichkeit. Ihr diktatorisches und kriegerisches Verhalten schafft Ihnen mehr Feinde als Freunde – Sie machen sich sogar die zu Feinden, von denen Sie glauben, Sie würden ihnen helfen. Ihr Liebesleben ist möglicherweise von Tragödien überschattet, die meisten Ihrer Lieben enden mit Enttäuschungen oder Sorgen. Ihre Spielleidenschaft und Extravaganz lassen Sie finanziell auf keinen grünen Zweig kommen und bereiten Ihnen zusätzlichen Kummer. Menschen in Machtpositionen schenken Ihnen anfänglich Vertrauen, verlieren es aber sehr bald. Sie sind ein kecker Angeber, unbeholfen, reizbar und neigen dazu, andere für Ihr Unglück verantwortlich zu machen. Setzt man Ihnen Widerstand entgegen, werden Sie dickköpfig, nehmen eine drohende Haltung ein und werden gewalttätig.

Mars im Zeichen Jungfrau

Es mag nicht leicht sein, aber schließlich erreichen Sie Ihre Ziele doch. Mars macht Sie ein bißchen ungeduldig, zu sehr darauf bedacht, etwas anderes zu beginnen, wenn Sie damit weitermachen sollten, was Sie schon begonnen haben. Der ungestüme, energische Planet verursacht besondere Rückschläge, aber wenn Sie sich auf ein spezielles Ziel festgelegt haben – wirklich ganz fest –, kann Sie nicht mehr viel davon abbringen. Das Geheimnis ist eben, daß Sie wissen, was Sie wollen.

In Ihrem Beruf sind Sie der geborene Spezialist. Sie haben das besondere Talent, die Arbeit in geregelte Abläufe zu bringen. Ihre Ideen sind originell und äußerst praktisch, und es ist ganz sicher, daß Sie in jedem Berufszweig, den Sie wählen, Herausragendes leisten. Die Wissenschaften bieten ein fruchtbares Betätigungsfeld für Ihren einfallsreichen und analytischen Verstand. Sie haben ein lebhaftes Interesse an der Medizin, Hygiene, Ernährung und an Nahrungsmitteln – auf jedem dieser Gebiete könnten Sie Erfolg haben. Ihre Fähigkeit, mit Details fertig zu werden, ohne die Konzentration zu verlieren, eignet Sie bestens für Forschungsprojekte. Sie sollten sich aber auch in einem medizinisch-technischen Beruf, als Mechaniker oder Ingenieur, einen Namen machen.

Sie sind kein leidenschaftlicher Mensch, haben alle Ihre Gefühle gut unter Kontrolle. Einigen Ihrer Bekannten erscheinen Sie etwas zu kaltblütig. Emotionale und leicht erregbare Charaktere können Sie nur schwer verstehen und sind vielleicht gar nicht bereit, es wirklich zu versuchen. Es ist ganz gut, wenn man Sie in Notfällen um sich hat, weil es Ihnen Ihre Distanziertheit erlaubt, eine objektive Ansicht zu vertreten. Manchmal aber spielen Sie Gefühle vor, die Sie nicht fühlen – das geschieht besonders dann, wenn Ihre Lieben beunruhigt oder zu anspruchsvoll sind. Diese schauspielerische Fähigkeit führt häufig dazu, daß Mars-Jungfrau-Menschen eine erfolgreiche Bühnen- oder Filmkarriere machen.

Sie besitzen viel mehr Energie, als Sie zeigen. Weil Sie eher zu einer konservativen Haltung neigen, machen Sie sich ruhig und methodisch an die Arbeit. Sogar wenn der Druck am größten ist, bringen Sie es noch fertig, Ihre Ruhe zu behalten und genauso effektiv weiterzuarbeiten, als würde nichts Ungewöhnliches passieren. Sie besitzen Willensstärke, sind auf eine stille Weise scharfsinnig und ehrgeizig. Rückschläge stören Ihre Arbeit nicht; wenn nötig, fangen Sie eben noch einmal von vorne an. In mancher Hinsicht schafft Mars im Zeichen Jungfrau den idealen Arbeitnehmer.

Da Sie dazu neigen, sich Sorgen zu machen, es aber nicht merken zu lassen, leiden Sie an nervösen Verdauungsbeschwerden. Ansonsten schaffen Sie es durch peinliche Hygiene und gesunde Ernährung, gesund und fit zu bleiben.

Sie lassen sich von Ihrem Weg nicht abbringen, um nach Liebesaffären Ausschau zu halten. Sie lieben die Gesellschaft des anderen Geschlechts, reden gern über Romanzen und flirten manchmal ein bißchen, aber wenn es dann ernst werden sollte, möchten Sie den Aufruhr der Gefühle, der immer zur Liebe gehört, vermeiden. Sie sind mehr ein intellektueller als sinnlicher Typ. Sie unterhalten sich und klatschen auch gern einmal ein bißchen. Sie haben eher puritanische Ansichten, bevorzugen die alten Werte, die sich schon lange bewährt haben. Legen Sie sich auf eine moralische Wertvorstellung oder eine Ethik fest, so können Sie mit einem solchen Maß an Überzeugung für sie eintreten, daß es schon an eine Moralpredigt grenzt.

Sie vertreten die Ansicht, daß man für seinen Lohn eine entsprechende Arbeitsleistung bringen muß und halten das zur Zeit übliche Gerede von der individuellen Freiheit nur für eine Entschuldigung, um sich vor Verantwortung zu drücken. Sie möchten Besitz erwerben, sind aber nicht geldgierig. Sparsamkeit ist Ihnen angeboren.

Sie lieben das gesellige Leben und sind ein angenehmer Gastgeber. Sie halten nichts von Verschwendung und fühlen sich auch nicht zum Luxus hingezogen. Ihre wichtigsten Prioritäten außerhalb des Berufs sind Komfort, ein sauberes Haus, und daß alles einwandfrei funktioniert. Sie sind nicht der Typ, der andere überfällt, warten auf eine Einladung, anstatt »nur eben mal so vorbeizuschauen«. Sie sind taktvoll, bescheiden und viel weniger selbstbewußt, als es Ihr distanziertes und »profihaftes« Verhalten vermuten läßt. Sie planen sorgfältig und beginnen selten etwas, bevor Sie nicht errechnet haben, daß die Chancen gut für Sie stehen. Obwohl Sie Probleme bei der Arbeit kühn und unternehmungslustig angehen, zeigen Sie wenig Mut zum Risiko und zu Handlungen im persönlichen Bereich, die ein gewisses Wagnis darstellen.

Die Kehrseite der Medaille

Sie haben ein Herz aus Stein und zeigen nur hochnäsige Verachtung für die Gefühle der gewöhnlichen Leute. Sie sind stolz, halsstarrig, reizbar und sehr einsam in Ihrer Zurückhaltung. Werden Sie nicht dauernd durch Ihre Arbeit ermutigt, verlieren Sie den Mut. Sie fangen viel an, bringen aber wenig zu Ende. Ihre Nerven sind immer zum Zerreißen gespannt, obwohl sie nach außen so beherrscht erscheinen. Sie merken sich genau, wenn man Sie gekränkt hat, und werden bei der ersten Gelegenheit Rache üben. Durch Freunde, Mitarbeiter, Untergebene, Streiks und Probleme bei der Arbeit erleiden Sie Verluste. Sie sind sarkastisch und streitlustig, denken in eine Richtung, tun aber etwas anderes.

Mars im Zeichen Waage

Sie haben ein ausgeprägtes soziales Gewissen. Sie sind sich der Ungleichheit und der Ungerechtigkeiten, unter denen Ihre Mitmenschen leiden müssen, sehr deutlich bewußt – und manchmal kocht es in Ihnen aus Unmut darüber. Obwohl Sie Gewaltanwendung bestimmt nicht schätzen, können Sie trotzdem verstehen, warum viele Anwälte der Menschlichkeit in der Vergangenheit zur Gewalt Zuflucht nehmen mußten, um die Welt von einem Übel zu befreien. Unter den richtigen Umständen geraten auch Sie in Versuchung, das gleiche zu tun. Krieg, um dem Krieg Einhalt zu gebieten! Kann das wirklich je gutgehen? Dies ist der Konflikt, mit dem Sie in Ihrem Inneren zu leben lernen müssen – oder sie müssen ihn lösen.

Mars, der Gott des Krieges, fühlt sich hier nicht allzu wohl. Venus, die Göttin der Liebe und Harmonie, herrscht im Zeichen Waage. Liebe und Krieg vertragen sich nicht. Bei der Liebe fallen sich der Krieger Mars und die schöne Göttin Venus voller wilder Leidenschaft und Ekstase in die Arme. Wenn es aber ums Zusammenleben geht, kämpfen sie wie Hund und Katze miteinander.

Sie heiraten gewöhnlich recht früh und wahrscheinlich mehr als einmal. Enttäuschung folgt ausnahmslos jedem Versuch, eine dauerhafte Liebesbeziehung aufzubauen. Streit, gegenseitige Anklagen und Unglück sind die Regel, nicht die Ausnahme. Das andere Geschlecht übt einen großen Einfluß auf Ihr Leben aus. Sogar Ihre Berufswahl und Ihre Karriere scheinen von diesen Beziehungen berührt zu sein.

Sie sind impulsiv und ungestüm in der Liebe. Sind Sie ein Mann, so verwirren Sie die Frauen mit Ihrem Charme, Ihrer Höflichkeit und mit der Leidenschaftlichkeit Ihrer Gefühle. Als Frau sind Sie eine explosive Mischung aus Weiblichkeit und reiner Sinnlichkeit. Unausweichlich endet es in Liebe und Krieg – oder, im schlechtesten Fall, mit einem Waffenstillstand, bei dem sich die Kontrahenten säbelrasselnd gegenüberstehen.

Ein Mars-Waage-Mensch braucht ein Lebensziel, und zwar nicht um seinetwillen, sondern weil er etwas Greifbares für die Gesellschaft leisten will. Diese Position verleiht Ihnen eine große Urteilskraft und ein wachsames Auge sowie die Entschlossenheit, Ihre Entschlüsse bis zum bittern Ende durchzuhalten. Sie können eine Situation von zwei Seiten aus betrachten, ohne sich gefühlsmäßig für eine zu engagieren. Andere hören auf Ihren Rat. Sie sind realistisch und können, wenn sich die Gelegenheit ergibt, zu einer bekannten Figur in der Öffentlichkeit werden oder zu einer Berühmtheit in Ihrem Gesellschaftskreis.

Ihre Fähigkeit, das Schwert mit einer festen und freundlichen Geste zu präsentieren, macht Sie zu einem eindrucksvollen Diplomaten oder zu einem ausgezeichneten Gegner in der politischen Arena. Sie hätten das Zeug zu einem gerissenen Staatsmann, einem ranghohen Militär oder zu einem Reformen durchsetzenden Anwalt. Wegen Ihres klaren Verstandes und Ihrer ruhigen Hand bei Feingefühl erfordernden Aufgaben eignen Sie sich ebenfalls zum Chirurgen. Sie sind ein Idealist, der das Leben genau beobachtet und sich öfter, als ihm guttut, über die Ungerechtigkeiten aufregt, die er sieht. Trotz der von Ihrem Verstand ausgehenden Kraft zur Beherrschung fahren Sie gelegentlich wütend und voller redlicher Entrüstung auf und verwickeln sich in Konflikte und Streitigkeiten, die die ärgerliche Angewohnheit haben, sich auszudehnen. Ein hitziges Wort oder eine ungestüme Tat von Ihnen scheint genug zu sein, um eine Kettenreaktion bei unzähligen Leuten auszulösen. Oft müssen Sie aber erst einmal Ihre eigenen Gefühlsaufwallungen überwinden, bevor Sie zur Tat schreiten. Ihnen sind Hindernisse, Feindschaft und Opposition nicht fremd.

Sie haben starke künstlerische Neigungen, besonders zur Poesie, zur Malerei und zur Musik. Was immer Sie kreativ schaffen, es hat eine unverwechselbare Vitalität an sich. Sie haben viele Freunde, von denen viele in akademischen Berufen arbeiten. Sie lieben es, sich mit ihnen bei einem guten Essen und einem Tropfen zu treffen und freimütige Diskussionen zu führen, die bis in die frühen Morgenstunden dauern können. Sie sind eine Nachteule und erwachen erst dann zu vollem Leben, wenn der Tanz losgeht. Sie erfreuen sich an angeregter Spekulation über philosophische oder religiöse Themen. Ihre politischen Ansichten sind ganz interessant und gewöhnlich fundiert.

Ihr Hauptproblem besteht darin, die unharmonischen und ärgerlichen Elemente, die Sie spüren, auszugleichen. Wenn Sie versuchen, die Übel in der Welt zu beseitigen, ohne den Kriegszustand in Ihrem sich nach Frieden sehnenden Innern zu beenden, dann werden Sie Schwierigkeiten haben, Ihr Glück zu finden. Der Schlüssel dabei ist die Erkenntnis, daß nicht die Mittel das Ziel rechtfertigen; die Mittel sind das eigentliche Ziel.

Die Kehrseite der Medaille

Sie müssen um alles erst kämpfen, nichts fällt Ihnen in den Schoß. Sollte Ihnen doch etwas in den Schoß fallen, dann verschwindet es bald wieder oder wird zerstört. Sie haben kein Glück in der Liebe. Rachsüchtige Frauen kosten Sie viel Geld. Sie geraten leicht mit Ihren Freunden und Partnern in Streit und sind oft unvernünftig. Unglückliche Umstände und offene Feindschaft haben Sie daran gehindert, Ihre höchsten Ambitionen zu verwirklichen. Sie fühlen sich vom Schicksal grausam betrogen. Sie zeigen sich einer Lage unter Zurschaustellung großer Energie und Begeisterung gewachsen, verlieren aber bald den Mut und fühlen sich ausgebrannt. Sie sind trotz blendenden Starts ein Versager. Eifersüchtige Verbündete machen es sich zur Gewohnheit, Ihr Selbstvertrauen auszuhöhlen. Ihre fehlerhafte Beurteilung von Sachen und Personen ist der Grund für die meisten Ihrer Sorgen.

Mars im Zeichen Skorpion

Gut oder böse? Nennen Sie es, wie Sie wollen, Sie haben die Wahl. Nirgendwo sonst im Tierkreis wartet ein solch riesiges Energiepotential darauf, in eine bestimmte Richtung gelenkt zu werden, als wenn Mars, der Planet der Energie und Kraft, im Skorpion, dem Zeichen unterdrückter oder verborgener Kraft, pulsiert. Energie und unterdrückte und verborgene Kraft? Es gibt ein Wort dafür: Sex. Der Sexualtrieb hat hier seinen Ursprung.

Dies sollte man aber nicht so auslegen, als ob jeder Mars-Skorpion-Mensch verrückt nach Sex wäre; das ist nicht der Fall. Diese Leute haben Zugang zu einer mächtigen Energie direkt an ihrer Quelle, tief im Unbewußten. Es stimmt, daß sie irgendwie gelenkt werden muß, wenn sie durch die Sinne an die Oberfläche kommt. Es stimmt ebenfalls, daß solch eine fundamentale Kraft dazu neigt, sich einen heftigen, eigenwilligen und durchdringenden Ausdruck zu verschaffen. Dieser Ausdruck könnte das Verlangen nach sexueller Befriedigung, Grausamkeit um ihrer selbst willen oder ein rücksichtsloses Streben nach Macht sein. Diese Kraft könnte aber auch leicht dazu eingesetzt werden, durch jemanden, der sich durch strenge Selbstdisziplin uneigennützigen Zielen verschrieben hat, die Ungerechtigkeiten in der Welt auszumerzen. Es überrascht nicht, daß diese Kombination die Fähigkeit zu eiserner Selbstbeherrschung und unerschütterlicher Entschlossenheit gibt – wenn sich das Individuum erst einmal entschlossen hat, welchen Weg es beschreiten will. Alle Mars-Skorpion-Menschen entdecken sehr früh in ihrem Leben, daß sie auf einem Vulkan von Gefühlen leben. Sie entwickeln ein repressives* Temperament, das anderen als kühle, berechnende Klugheit und völlige Selbstgenügsamkeit erscheint.

Sie sind praktisch, nüchtern und sachlich und gehören zu den Schwerstarbeitern des Tierkreises. Um Ihre Ziele zu erreichen, können Sie mit beinahe übermenschlicher Ausdauer unter den härtesten Bedingungen schuften. Haben Sie sich zu etwas entschlossen, dann geben Sie nie auf, doch muß Ihnen das Ziel persönlich wünschenswert sein. Niemand auf der Erde wird Sie dazu bringen, eine Sache gegen Ihren Willen zu tun, obwohl Sie, wenn es Ihnen paßt, aus wirtschaftlicher Notwendigkeit handeln. Manchmal hält man Sie für faul, doch sind das diejenigen, die nicht verstehen, daß Sie zu denen gehören, die von sich aus etwas beginnen und nicht auf einen äußeren Anstoß warten. Es ist nicht ungewöhnlich für Sie, daß Sie Ihre Bequemlichkeit opfern, um Ihre Ambitionen zu verwirklichen.

* = unterdrückend, hemmend

Sie sind ein unbarmherziger und schwer arbeitender Mensch, der nicht mit Halbheiten oder guten Absichten zufrieden ist. Gibt man Ihnen den kleinen Finger, nehmen Sie gleich die ganze Hand und melden sofort weitere Ansprüche an. Man kann Sie nicht aufhalten; gleichzeitig sind Sie aber auch diplomatisch, weltgewandt und höflich, wenn es Ihnen paßt. Sie erkennen, wie wichtig gesellschaftsfähige Umgangsformen sind, um sich die Mitarbeit anderer zu sichern, obwohl Sie auch recht ungehobelt sein können, wenn Sie unachtsam sind.

Sie haben einen scharfen, durchdringenden Verstand und verstehen es ausgezeichnet, den Dingen auf den Grund zu gehen. Sie erforschen den Verstand eines anderen Menschen mit der gleichen unpersönlichen Präzision, mit der ein Mars-Skorpion-Chirurg einen Gehirntumor herausschneidet. Man findet diese Kombination bei Leuten, die ihr Auskommen durch die verschiedenartigsten Formen von Analyse verdienen, zum Beispiel im Bergbau, in den Naturwissenschaften und der Psychotherapie. Sie finden gern Lösungen für mysteriöse Fälle und könnten sich zu okkulten und psychischen Untersuchungen hingezogen fühlen. Manchmal verändert ein Gedankenblitz tiefer mystischer Einsicht Ihren ganzen Lebensstil. Mars-Skorpion-Menschen besitzen oft angeborene handwerkliche Fähigkeiten. Sie sind selbst körperlich recht stark und erfreuen sich an dem Gefühl, starke Maschinen benützen zu können.

Sie passen sich nicht leicht an und haben sehr feste Ansichten. Sie setzen sich lieber ein klares Ziel und halten durch dick und dünn an ihm fest; auf diese Weise kommen Sie nie in Verlegenheit. In sich verändernden Situationen, in denen Sie keine festen Bezugspunkte haben, leiden Sie an beträchtlicher Anspannung, obwohl Sie es nach außen hin nie zeigen würden. Ihr schlimmster Feind ist die Ungewißheit. Zum Glück spüren Sie sie selten.

Die Gefahr lockt Sie, und Sie neigen dazu, körperliche Risiken einzugehen. Bei dieser Kombination lauert stets ein gewaltsamer und unerwarteter Tod. Ohne mildernde Einflüsse irgendwo im Horoskop sind Sie ein egoistischer Mensch und denken sich nichts dabei, wenn Sie andere einfach brutal übergehen.

Geheimnistuerei, ein Hang zur Rache und die stille Kenntnis ihrer erotischen Gedanken charakterisieren Mars-Skorpion-Menschen.

Die Kehrseite der Medaille

Sie achten die Rechte anderer überhaupt nicht. Sie nehmen, soviel Sie können, von dem, was Sie gerade sehen. Sie sehen verächtlich auf gewöhnliche Leute herab und nutzen sie schändlich für Ihre sinnlichen und anderen egoistischen Wünsche aus. Sie sind despotisch, tyrannisch, streitsüchtig, sarkastisch, rachsüchtig und verspritzen beißende Kritik. Sie denken zuviel an Sex, sind besessen von lüsternen erotischen Gedanken, grausam, gewissenlos, gewalttätig und sexuell abartig veranlagt oder das Opfer anderer mit den gleichen Charakterzügen. Ihre Sorgen entstehen durch die, die für Sie arbeiten; eine geheime Liebesbeziehung mit einem dieser Menschen endet möglicherweise tragisch. Größere Operationen und ernstere Unfälle sind ebenfalls wahrscheinlich.

Mars im Zeichen Schütze

Gäbe man Ihnen die Möglichkeit, dann wären Sie gern ein Wandervogel. Sie lieben Reisen und Abenteuer, schließen schnell Freundschaften und haben eine unstillbare Lust am Leben. Vor allem aber sind Sie unabhängig. Sie lieben die Freiheit – die Freiheit, dahin gehen zu können, wohin Sie wollen, wann und wie Sie wollen, das sagen zu können, was Ihnen paßt. Ganz offensichtlich sind Sie kein allzu guter Fang als Ehepartner. Aber trotz Ihrer unsteten Gewohnheiten und Neigungen bringen Sie es gewöhnlich fertig, sich einen Platz in der Gesellschaft zu sichern.

Sie sind ein guter Kumpel, beliebt und stecken voller Vitalität. Nur wenige können mit Ihnen mithalten, wenn Sie von einer Sache zur anderen eilen, gefesselt von den Neuigkeiten, fasziniert von Experimenten und Erkundungen, ohne Furcht vor der Gefahr. In einer riskanten Situation sind Sie echt wagemutig.

Sie sind kein Mensch, der große Ausdauer hat, lange bei einer Sache bleibt. Sie sind in Ihrem Herzen ein Sportler: »ein leichtfüßiger Faustkämpfer«, so könnte man Sie bezeichnen. Ihr Kampfstil ist der: Sie steigen stolz in den Ring, schlagen den Gegner zu Boden, schleifen ihn aus dem Ring, sind selbst möglicherweise schwer gezeichnet und bluten wie irre, weil es sich eben nicht vermeiden ließ, und ziehen dann schneidig weiter zum nächsten Turnier. Obwohl Mars ein Krieger ist, beweist er keine Ausdauer im Zermürbungskrieg, hat kein

Interesse an einem glanzlosen Sieg, weil der Gegner nach langem Belagerungszustand aufgegeben hat.

Sie haben einen scharfen, aktiven und schöpferischen Verstand, Ihr Denken ist sehr optimistisch und in die Zukunft gerichtet. Sie stellen laufend Fragen, sind immer auf der Suche, bleiben aber nie lange genug, um vollen Nutzen aus der Antwort zu schöpfen. Ihr Hauptinteresse scheint im Morgen und nicht im Heute zu liegen. Hinter dem Horizont liegt das Versprechen, das die Gegenwart nicht bietet. Bringen Sie es fertig, sich einer Sache zu widmen, leisten Sie oft Hervorragendes, aber Ihr Interesse ebbt bald ab, läßt Sie dem Ende des Regenbogens nachjagen, wo, wie Sie glauben, das Glück zu finden ist.

Sie sind in jedem Beruf, in dem Sie Ihre angeborenen Triebe ausleben können, zu guten Leistungen fähig; jeder andere Beruf wird für Sie zur Schinderei. Sie könnten ein ausgezeichneter Vertreter im Außendienst, Gastprofessor, ein von Veranstaltung zu Veranstaltung reisender Politiker, der um Unterstützung für seine Sache wirbt, Abenteuerschriftsteller, militärischer Befehlshaber oder Raumfahrer sein. Können Sie Ihren Verstand auf eine Sache konzentrieren und all Ihre Energie und intellektuellen Fähigkeiten darauf richten, gibt es keine Grenzen für das, was Sie erreichen können. Der springende Punkt dabei ist, daß Sie wissen müssen, was Sie wollen, und daß Sie sich mit den Problemen in der Reihenfolge ihres Entstehens befassen, anstatt vorauszupreschen und sich sofort mit ihnen auseinanderzusetzen.

Sie zeigen ein lebhaftes Interesse an sozialen, philosophischen und religiösen Themen. Obwohl Sie zögern, die orthodoxen Dogmen gleich zurückzuweisen, sind Sie ungehalten über die Beschränkungen, die sie dem Denken des Individuums auferlegen. Oft lassen Sie sich in heitere Wortgefechte hineinziehen und äußern Ihre Ansichten auf gut formulierte und nachdrückliche Weise. Ihre Meinungen weichen oft von denen des Establishments ab. Ihre Sprache ist offen und aufrichtig und sichert Ihnen zusammen mit Ihren strengen Ansichten über Moral und Gerechtigkeit gewöhnlich aufmerksame Zuhörer in jeder Gesellschaft. Manchmal verwirren Sie andere mit persönlichen Beobachtungen, die zwar wegen ihrer Genauigkeit, nicht aber wegen ihrer taktvollen Äußerung bemerkenswert sind.

Sie lieben die Gesellschaft anderer und haben viele nette Gefährten. Ihnen gefallen aufregende Freiluft-Sportarten und -Spiele. Sie sind ein vom Glück begünstigter, impulsiver Spieler und scheinen einen sechsten Sinn dafür zu besitzen. Verlieren Sie, dann haben Sie die glückliche Angewohnheit, es sofort zu vergessen und sich mit dem gleichen Optimismus und derselben guten Laune ins nächste Abenteuer stürzen zu können.

Einfachheit in jeder Form gefällt Ihnen. Sie verabscheuen Unredlichkeit und Geziertheit; man kann sich darauf verlassen, daß Sie jederzeit Ihre ehrliche Meinung sagen. Sie sind besonders kritisch gegenüber Leuten, die sich verstellen und Allüren haben, und fürchten sich nicht davor, es in der Öffentlichkeit auch verlauten zu lassen. Sie werden es nicht zulassen, daß die Angst vor dem, was andere von Ihnen denken, Ihre freie Meinungsäußerung einschränkt. Sie werden sehr wahrscheinlich finanziell durch eine Heirat gewinnen und heiraten möglicherweise mehr als einmal. Sie könnten auch durch Erbschaften und Ihre soziale Stellung zu Geld kommen.

Die Kehrseite der Medaille

Gerichtsurteile gehen wahrscheinlich gegen Sie aus und haben ruinöse Auswirkungen. Ihnen fehlt das Gefühl für die richtige Größenordnung, und Sie bereiten sich selbst unnötige Schwierigkeiten und Mühen durch Ihr übereiltes und unbesonnenes Handeln. Sie übertreiben, um anderen zu imponieren, und machen unmögliche Versprechungen. Nachbarn, Geschwister und andere Verwandte bringen Ihnen kein Glück, der Tod eines dieser Menschen kann einen tiefen Eindruck auf Ihr Leben hinterlassen. Ihre religiöse Überzeugung, Ihre unorthodoxen Vorstellungen und Ihre Skepsis zerstören möglicherweise Ihre Karriere und Ihre gesellschaftliche Stellung. Sie könnten dummerweise alles riskieren für ein Spiel, das mit gezinkten Karten gespielt wird.

Mars im Zeichen Steinbock

Dies ist die beste Stellung im Horoskop für die ungestüme Energie des Mars. Hier verbindet sich die wunderbare, treibende Kraft mit dem Organisationstalent des Steinbocks und schafft Sie – einen Menschen, der einem auf jedem Gebiet, das er sich erwählt, Respekt abnötigt und der ganz sicher (wenn sich keine störenden Einflüsse im Horoskop zeigen) in eine leitende oder gar die Chef-Position aufsteigt.

Ihre Arbeit oder Ihre Karriere ist das Wichtigste in Ihrem Leben. Sie sind fast aggressiv ehrgeizig und entschlossen, sich einen Namen zu machen. Keine noch so große Verantwortung schreckt Sie ab – im Gegenteil, Sie wachsen mit ihr. Sie sind sogar bereit, sich die Verantwortung anderer auch noch aufzubürden, wenn Sie glauben, das sei notwendig. Sie besitzen bemerkenswerte Ausdauer und (als taktisches Mittel) Geduld. Sie arbeiten Tag und Nacht, um Ihre Ziele zu erreichen, und fürchten sich nicht davor, »den Vorschlaghammer zu nehmen und ein paar wohlgezielte Schläge anzubringen«, wenn ein Hindernis oder die Opposition sich als zu stark erweist. Es muß schon ein außergewöhnlicher Mensch sein, der Ihnen Widerstand leisten kann. Zum Glück versuchen es nur wenige. Ihr Aufstieg verläuft im allgemeinen recht glatt, da Sie die Gabe besitzen, alle verfügbaren Kräfte auf eine einzige, mächtige und dauerhafte Anstrengung zu richten, wobei Sie als der lenkende und alles zusammenhaltende Geist sehr aktiv sind. Dieser Kunstgriff erspart Ihnen weitgehend die Notwendigkeit, kämpfen zu müssen, die so oft den Handelnden ermüdet, bevor er zu seinem Ziel gelangt. Wie ein erfahrener Segler nützen Sie die Seitenwinde, um voranzukommen. Diese Strategie mag zwar einen kleinen Umweg bedeuten, doch ist es für alle einfacher und das Endergebnis noch besser.

Sie sind eine dynamische und Achtung gebietende Persönlichkeit, können andere inspirieren, sei es nun ein einfacher Arbeiter oder der Generaldirektor persönlich. Den Leuten macht es Spaß, mit Ihnen und für Sie zu arbeiten; vor allem aber respektieren sie Sie. Und nichts macht Sie glücklicher, als wegen Ihrer praktischen Fähigkeiten und Ihrer Weisheit geschätzt zu werden.

Sie sind ernst und streng, wenn es nötig sein sollte. Sie erwarten Gehorsam von Ihren Untergebenen und verstehen es glänzend, daß man Ihnen diesen Gehorsam entgegenbringt, ohne daß es zu Konfrontationen kommt. Sie sind sehr genau, wissen exakt, was Sie wollen, und können gewöhnlich jede Arbeit, die Sie von einem anderen verlangen, auch vormachen. Genügsamkeit ist für Sie keine große Anstrengung. Sie setzen höchstes Vertrauen in Ihre eigenen Fähigkeiten, aber Ihr eindrucksvolles Fachwissen und Ihr Scharfsinn könnten die Initiative Ihrer Mitarbeiter einschränken.

Sie können gewöhnlich mit der Unterstützung finanzkräftiger Leute rechnen. Sie sind in Geschäftskreisen als solider und seriöser Partner bekannt. Sie sind nicht abgeneigt, eine günstige Gelegenheit auszunützen, eine Chance wahrzunehmen, wenn andere zögern. Es ist Ihr Stil, daß Sie genau wissen, was in jeder Abteilung Ihrer Organisation vorgeht, und Sie informieren sich laufend über neue Entwicklungen und Trends auf dem Markt. Obwohl es Ihnen Spaß macht, eine etwas riskante Sache einzugehen, ist sie selten ein großes Wagnis.

Der Scharfsinn und das eifrige Bemühen um Verantwortung mögen sich in der Jugend eines Mars-Steinbock-Menschen nicht unbedingt so stark zeigen. Bisweilen scheinen diese jungen Leute eine ausgesprochene Vorliebe für das Vergnügen zu haben und undiszipliniert zu sein. Dies ist jedoch nur eine Entwicklungsstufe. Der Steinbock beeinflußt die Umstände meist so, daß die Jugendlichen sich amüsieren können, aber nur, wenn sie laufend Schwierigkeiten und Rückschläge überwinden. Die dem Charakter zugrunde liegende Ernsthaftigkeit und Bedeutungsschwere kann man gewöhnlich schon erkennen, obwohl sie nur sporadisch aufblitzen.

Nun, wie steht es mit der Liebe für die reife Person mit dieser Kombination? Hier haben wir einen Mann oder eine Frau, die beide nur auf echte Zuneigung reagieren. Nur sie durchdringt die zähe Schicht der Hemmungen, die ihre Gefühle vor Verletzungen schützt und rührt die heftigen Sehnsüchte auf, die darunter pulsieren. Doch Liebe muß wirklich echt sein. Werden diese Menschen von jemandem ehrlich geliebt, so werden sie ihm auf immer und ewig treu sein. Liebende mit dieser Kombination sind leicht zu verletzen, und wenn man sie vor den Kopf stößt, leiden sie entsetzlich.

Es besteht bei Ihnen immer die Gefahr, daß Sie sich übernehmen. Obgleich Sie gewaltige geistige und körperliche Anstrengungen für längere Zeit auf sich nehmen können, muß diese Tatsache dadurch gerechtfertigt sein, daß Sie Erfolg haben. Läßt der Erfolg zu lange auf sich warten oder müssen Sie sich zuviel ärgern, kann das Ihre Frustration so weit steigern, daß sie sich schließlich gewaltsam entlädt.

Die Kehrseite der Medaille

Sie haben ein grausames und heftiges Temperament, das eine Gefahr für Leib und Leben sein kann. Keine Ihrer Angelegenheiten scheint jemals reibungslos zu verlaufen; Sie sind meist das Opfer von Verzögerungen und Fehlern, ein Opfer der

Untauglichkeit und Bosheit anderer Leute. Gerade jetzt in diesem Augenblick wird eines Ihrer Projekte wahrscheinlich wieder einmal aus unerklärlichen Gründen aufgehalten. Sie könnten den besten aller Pläne haben, doch sind Sie nicht in der Lage, das Interesse derer zu wecken, deren Mitarbeit notwendig ist. Sie haben die Angewohnheit, Ihre Zeit mit Kleinigkeiten und schlecht geplanten Vorhaben zu verschwenden. Eine Liebesbeziehung mit einem älteren oder aus einer niedrigeren Schicht stammenden Partner, die Sie in frühen Jahren eingingen, hat sich wahrscheinlich schon in mehr als einer Beziehung als katastrophal herausgestellt.

Mars im Zeichen Wassermann

Sie wollen wahrscheinlich die Welt durch Ihre Ideen verändern und sie zu einem angenehmeren Ort zum Leben machen. Das Dumme ist nur, daß Sie es so schrecklich eilig haben und es Ihnen in Ihrer Hast möglicherweise nur gelingt, alles auf den Kopf zu stellen — und uns alle unglücklich zu machen und in eine unbequeme Lage zu bringen.

Treten Sie etwas kürzer, seien Sie geduldig und setzen Sie Ihr gutes Werk fort. Sie haben das richtige Gespür und die nötige Vorstellungskraft. Sie sind der Menschentyp, dem die Welt einige der besten Reformideen verdankt. Sie sind ein echter Intellektueller, der das Wohl der Menschheit im Sinn hat. Sie bemerken die haarfeinen Risse in der Gesellschaft, schon bevor sie sich zu großen Klüften politischer Unzufriedenheit und Auseinandersetzungen öffnen. Sie sind beinahe ein Hellseher. Sie fordern entschiedenes Handeln. Ihr Verstand ist scharf, dynamisch und durchdringend. Ihr großartiges und schöpferisches Denken exponiert Sie — manchmal so weit, daß Sie der einsame Rufer in der Wüste sind.

Ihre Argumente überzeugen, Ihre Verstandeskraft ist untadelig. Sie fürchten sich vor keiner Auseinandersetzung mit Worten und sagen genau das, was Sie denken. Doch gelegentlich werden Sie dabei aufgeregt; dann sind Sie impulsiv, eigensinnig und machen unbedachte Äußerungen. Überhaupt neigen Sie, mit Mars im Zeichen Wassermann, dazu, übereilt und unbesonnen zu handeln. Ihre Ansichten sind recht fest, und Sie lassen sie nicht gern verwässern.

Sie sind mehr ein Denker als Tatmensch, dafür gerüstet, andere durch Ihre stimulierende Gegenwart und zündenden Slogans zum Handeln anzupeitschen. Sie lieben ein freies und angenehmes Leben. Einschränkungen, die Ihnen Ihr Beruf oder Ihre Familie auferlegt, sind Ihnen ein Ärgernis. Sie sind glücklicher mit Gruppen von Leuten als in einer gefühlsmäßigen Verstrickung mit einem oder zweien von ihnen. Bohemiens üben die größte Anziehungskraft auf Sie aus: Sie bewundern ihre uneingeschränkte Lebensweise und ihre Ungezwungenheit, die beide bei Ihnen ähnlich ausgeprägt sind. Diese Typen zeigen sich von Ihren eher revolutionären Ansichten begeistert und geben Ihnen das Gefühl, nicht so exzentrisch zu sein, sondern nur immer mißverstanden zu werden.

Mars im Zeichen Wassermann verleiht gewöhnlich die Fähigkeit zur Schriftstellerei sowie ein weitreichendes Interesse an der Literatur. Sie benützen Ihre Feder (wahrscheinlich aber eine elektrische Schreibmaschine), um Ihre Ideen zu propagieren oder um sich öffentliche Unterstützung für Ihr Lieblingsprojekt zu sichern. Sie sind nie zufrieden mit den Ergebnissen; Sie müssen stets noch weiter voranschreiten. Haben Sie ein Projekt zu Ende geführt, so greifen Sie sofort mit der gleichen Begeisterung und dem gleichen idealistischen Eifer ein neues auf. Unter welchen Umständen auch immer, Sie schaffen es irgendwie, aus der breiten Masse herauszuragen — sogar durch eine so simple Geste wie die auffallende Art, sich zu kleiden.

Es ist nichts Ungewöhnliches bei Menschen mit dieser Kombination, daß sie öffentliches Ansehen gewinnen. Sie haben oft mit internationalen Hilfsorganisationen zu tun, zum Beispiel mit denen der Vereinten Nationen, des Roten Kreuzes und anderen Vereinigungen, die sich der Ausrottung von Krankheiten, des Hungers und der Armut sowie des Schutzes der Menschenrechte verschrieben haben.

Mars im Zeichen Wassermann wirkt wie ein Katalysator, der ungewöhnliche Ereignisse und plötzliche Veränderungen unter den Leuten mit dieser Kombination verursacht. Sogar in einer ruhigen und privaten Unterhaltung können Ihre außergewöhnlichen Ansichten andere so bewegen, daß dies weitreichende und sogar drastische Auswirkungen hat. Sie verkörpern den revolutionären Geist und die Freisetzung revolutionärer Kräfte, die die Gefühle der Masse, die so lange durch Ungerechtigkeiten und Ungleichheit unterdrückt wurden, entzünden.

Sie sind recht gut geeignet für einen medizinischen Beruf, eine Tätigkeit auf dem Gebiet der

Wohlfahrt, Sozialarbeit, Politik, der Psychiatrie oder der Naturwissenschaften. Ihren unternehmungslustigen und erfinderischen Verstand sollte auch die Elektronik oder die Lösung der Probleme in der Raumfahrt reizen. Sie könnten ebenso ein kompetenter Dozent über Psi-Kräfte (parapsychologische* Wahrnehmungen) sein und Talent für experimentelle Arbeiten auf diesem Gebiet mitbringen.

Bei allen Ihren Tätigkeiten werden Sie bessere Leistungen erzielen, wenn Sie auf sich selbst einen konstanten Druck ausüben und nicht nach Lust und Laune arbeiten.

Die Kehrseite der Medaille

Sie sind viel zu unabhängig, als daß man Sie ernst nehmen könnte. Ihr ungehobeltes und gefühlloses Verhalten stößt die Leute ab, die Sie und Ihre Ansichten unterstützen würden. Sie reden nur, sind ein hoffnungsloser Fall, bringen nichts zuwege, wenn Sie sich mit einem praktischen Problem befassen. In Ihrem Innern sind Sie voller nervöser Spannungen und geben ein Bild von Labilität** und unterdrückter Hysterie. Wenn Sie Ihre Beherrschung verlieren, können Sie zum Berserker werden. Möglicherweise werden Sie von Freunden verraten und in jungen Jahren von einem Elternteil getrennt.

Mars im Zeichen Fische

Sie werden oft von Ihren eigenen Gedanken gequält und sind gehemmt durch Ihre Unfähigkeit, Ihre Pläne zu verwirklichen. *Sie* wissen genau, was Sie wollen – Sie können sich in Ihrer Phantasie jede Kleinigkeit ausmalen – doch wenn es darum geht, es in die Praxis umzusetzen, scheitern Sie oft. Es gibt Ausnahmen, große sogar, weil Mars der Planet der Energie und Kraft ist. Ist Mars gut aspektiert (was Sie anhand der gelben Tabellen feststellen können), vermittelt er die nötige Kraft, um den schwächenden Einfluß des Zeichens Fische zu überwinden. Trotz günstiger Konstellationen werden Sie immer Schwierigkeiten haben, praktische Anstrengungen erfolgreich zu verwirklichen. Die Fische neigen zur Selbstaufopferung, sind empfindsam und seelisch-geistig orientiert, das glatte Gegenteil zur kriegerischen Aggressivität und Heftigkeit des Mars. Dies ist wahrscheinlich die schwierigste Position für den ungestümen Mars im ganzen Tierkreis.

Sie haben wahrscheinlich in solchen Berufen den größten Erfolg, die die Anpassung an die Emotionen anderer Leute erfordern, oder in jenen, wo Sie sich auf abstrakte und subtile Weise ausdrücken können, um die zarteren Gefühle anderer anzusprechen. Als Schauspieler können Sie mit Ihrem Publikum sehr befriedigend kommunizieren, aber auf einer nicht näher zu bestimmenden Wellenlänge. Mars bringt die Energie für die Tat, die Fische schränken sie ein. Das Ergebnis könnte eine verblüffend langsame Art sein, sich zu bewegen, die aufregend, sogar anstößig wirkt, aber sehr ausweichend ist. Diese Kombination könnte einen erstklassigen Tänzer hervorbringen.

Sie könnten auch als Schriftsteller oder Künstler erfolgreich sein, weil Sie auch hier wieder Gefühle, ja sogar Leidenschaften, durch einen eher einfühlsamen als klaren Stil erregen können. Die Fähigkeit, schnell den emotionalen* Ausdruck zu ändern, ist bei Menschen mit dieser Kombination deutlich ausgeprägt. Aber so hilfreich dieser Wesenszug für ein kreatives Schaffen ist, er verursacht große innere Verwirrungen. Der ständige Gefühlszwiespalt, in dem diese Leute stecken, macht sie argwöhnisch gegenüber ihren Stimmungen. Sie neigen zu Depressionen aus der Hoffnungslosigkeit heraus, niemals so normal sein zu können, wie nach ihrer Meinung die Menschen um sie herum sind. Was Sie aber nicht erkennen, ist, daß dieses »Normalsein«, nach dem sie sich in Augenblicken der Verzweiflung so sehr sehnen, ihr wunderbares künstlerisches Potential** zerstören würde.

Sie haben den heftigen Wunsch, von allen geliebt zu werden, beliebt zu sein; doch die Umstände sind meist gegen Sie, besonders soweit die breite Öffentlichkeit betroffen ist. In jedem Fall aber, ganz gleich, wie hoch man Sie einschätzt – sei es nun die ganze Welt oder seien es nur Ihre engsten Freunde –, Sie werden nie zufrieden sein. Das bedeutet nun nicht, daß Sie noch mehr Ansehen genießen wollen. Es ist nur so, daß in Ihren Träumen, in denen Sie einen großen Teil Ihres Lebens schon

---

* = außersinnliche
** = Schwäche, Unsicherheit, Beeinflußbarkeit

* = gefühlsbetont.
** = Leistungsfähigkeit, Kraftvorrat

durchspielen, bevor es dann tatsächlich geschieht, das Gefühl, Erfolg zu haben und geachtet zu sein, ganz anders ist.

Sie beweisen Mut im Angesicht des Unglücks, das bei Ihnen oft durch Liebesaffären kommt. Sie lieben Aufregung und Geheimnisvolles und können sich Hals über Kopf in die Menschen verlieben, die diese Eigenschaften zu bieten scheinen. Doch wenn es nicht die wahre Liebe ist – die Mars-Fische-Menschen nur sehr selten begegnet –, läßt Ihre Zuneigung bald nach. Gewöhnliche Menschen, seien sie auch noch so attraktiv, besitzen nicht den tiefgründigen Charakter, um Ihrer intuitiven Überprüfung, die eigentlich nach der immerwährenden Liebe sucht, standzuhalten. Sie ergötzen sich an anderen Leuten und lesen sie wie Bücher.

Sie sind sehr leicht zu beeinflussen und lassen sich bisweilen zu leicht führen. Sie passen sich lieber an, als Widerstand zu leisten, wenn keine große Sache auf dem Spiel steht. Sie lassen sich nicht dazu verleiten, Einwände zu erheben, nur damit Ihre Stimme auch zu hören ist. Ihr Geltungsbedürfnis geht viel tiefer – Sie manipulieren Menschen und Situationen lieber im stillen und unauffällig, und ein sich anpassender und aufnahmefähiger Charakter ist (wie Sie nur allzu gut wissen) sehr dazu geeignet.

Die Kehrseite der Medaille

Sie leiden schwer an Ihrer Unentschlossenheit und Ihren schwankenden Stimmungen. Ihre Freunde lernen, vorsichtig mit Ihnen umzugehen, weil sie wissen, daß Sie jetzt freundlich und verbindlich sein können, im nächsten Augenblick aber schon wieder voll bitterer Verärgerung. Ihre Heirat wird wahrscheinlich hinausgezögert. Sie werden möglicherweise von Ihren Liebespartnern verlassen oder durch ein nicht ganz legales Verhältnis in einen Skandal verwickelt. Weil Sie mit dem Leben nicht fertig werden, könnte es sein, daß Sie sich in Alkohol oder in Drogen flüchten. Sie neigen vielleicht zur Promiskuität* und Permissivität**, sind aber nicht in der Lage, Ihre sexuellen Sehnsüchte zu befriedigen. Sie sind träge, sehr leicht deprimiert, und scheinen nicht lange in einem Beruf bleiben zu können.

* = Verkehr mit verschiedenen Partnern.
** = freies Gewährenlassen

Jupiter

Der Planet

Jupiter ist der größte Planet des Sonnensystems und nach der Venus der hellste. Sein Durchmesser beträgt 142 800 km (Erde: 12 756 km). Jupiter ist 778 Millionen km von der Sonne entfernt und nähert sich der Erde bis auf 591 Millionen km.

Der riesige »leere« Raum zwischen Mars- und Jupiter-Bahn – unvorstellbare 550 Millionen km – ist mit »kosmischem Müll« angefüllt. Dieser Bereich wird als »Asteroiden-Gürtel« bezeichnet. Jupiter braucht zwölf Jahre, um den Tierkreis einmal zu durchlaufen. Trotz seiner riesigen Größe dreht er sich in 10 Stunden um seine eigene Achse, während die Erde dazu 24 Stunden braucht. Die Bereiche in Polnähe sind nicht ganz gefestigt, und deshalb treten unterschiedliche Rotationszeiten für einzelne Jupiter-Regionen auf. Wegen der geringen Dichte des Planeten und seiner hohen Umdrehungsgeschwindigkeit sehen seine Pole deutlich abgeplattet aus.

Die auffallenden Strukturen in der Atmosphäre des Planeten sind hellere und dunklere Zonen oder Bänder, die parallel zum Äquator verlaufen und sich langsam verändern, sowie der »Große Rote Fleck«. Dieser Fleck ist ungefähr 40 000 km lang und scheint, obwohl auch er sich verändert, ein stabileres Gebilde als die Bänder zu sein. Im Januar 1610 machte Galilei Geschichte, indem er die Jupiter-Monde entdeckte. Er nannte sie nach seinem Förderer Cosimo Medici die »Medici-Planeten«. Man kann sie schon mit guten Feldstechern beobachten. Sie umkreisen Jupiter in 2 bis 17 Tagen. Es wurden noch acht weitere, kleinere Jupiter-Monde entdeckt. Einer dreht sich in ganz geringer Entfernung mit einer Geschwindigkeit von 1600 km in der Minute um den Planeten.

Jupiter besteht hauptsächlich oder vielleicht auch ganz aus Gasen. Wasserstoff, Methan und Ammoniak konnten in seiner Atmosphäre festgestellt werden. Die Raumsonde Pioneer 10 passierte im Dezember 1973 den Planeten in einer Entfernung von 130 000 km und funkte Farbbilder und Daten zur Erde, bevor er sich weiter aus dem Sonnensystem entfernte.

Symbolik

Zeus oder Jupiter, wie ihn die Römer nannten, war der höchste der Götter des Olymp. Er war der mächtigste Herrscher über die von den alten Griechen verehrten Gottheiten, die auf dem Gipfel des Berges Olymp wohnten. Er wurde als der Vater der Menschen bezeichnet; man hielt ihn möglicherweise sogar für den Herrscher über das Schicksal. Die Römer sahen in ihm den Beschützer des Gesetzes, den Hüter der Gerechtigkeit und der Tugend, den Verteidiger der Wahrheit.

Jupiter war der Sohn von Kronos, der fürchtete, von seinen Söhnen abgesetzt zu werden, und sie deshalb sofort nach ihrer Geburt verschlang. Doch seine Gattin Rhea gab ihm nach der Geburt von Jupiter einen Stein zum Vertilgen, und der junge Gott wurde in einer Höhle auf Kreta aufgezogen. Im Jahr 1900 erforschten Archäologen diese sogenannte »Geburtshöhle« und fanden dem Jupiter geweihte Gaben, die mindestens schon aus der Zeit 2000 v. Chr. stammten. Die Legende berichtet, daß die Priester der Rhea mit ihren Waffen in der Höhle lärmten, um das Schreien des kleinen Jupiters zu übertönen, und daß eine Bergziege seine Amme war. Diese Bergziege wurde dadurch belohnt, daß sie als das Sternzeichen Steinbock unter die Sterne gesetzt wurde.

Jupiter zeugte vier olympische Gottheiten mit sterblichen Frauen: Merkur, Artemis oder Diana (den Mond), Apollo (den Gott der Weissagung) und Dionysos (den Gott des Weins).

Jupiter galt als der Gott des Donners, der Blitz

war seine Waffe. Ihm waren die Eiche, der Adler und die Berggipfel geweiht; man opferte ihm hauptsächlich Ziegen, Kühe und Stiere. Manchmal wird er mit einem Kranz aus Eichenlaub oder Blättern des Olivenbaumes auf dem Haupt dargestellt. Das Rauschen des Eichenlaubs hielt man für seine Stimme.

Die Attribute, die Jupiter in der Hand hielt, waren das Zepter, ein Blitz, ein Adler und ein Symbol des Sieges.

Astrologie

Jupiter ist ungestüm, vornehm, wohltätig, fruchtbringend und männlichen Charakters. Er verkörpert das Joviale, Optimistische, Expansive, Heitere, Positive und Würdige im Menschen. Er ist der, der für alles sorgt, der Beschützer und Wahrer des Gesetzes, der großzügige und geniale Helfer.

Jupiter wird in der Astrologie als das »große Glück« bezeichnet. Er bringt nicht nur materielle Güter im Überfluß, sondern ist auch die Quelle der philosophischen Weisheit. Er teilt oft eine Lehre aus, indem er im letzten Moment, wenn alles schon verloren scheint, als Retter erscheint. Saturn ist ebenfalls ein großer Lehrer, doch lehrt er durch Einschränkung, Versagung und Mißgeschick und ohne (sofort sichtbare) rettende Gnade. Jupiters Wesen bringt Erfüllung; er schenkt materielle Güter und Erfolg. Jupiter ist die Kraft, die es uns ermöglicht, Schicksalsprüfungen mit philosophischer Festigkeit in dem Wissen durchzustehen, daß wir an Weisheit und Erfahrung zunehmen werden. Er verkörpert den glücklichen Abschluß, den großen Beschützer. Die einzige Gefahr, die von einem Jupiter in einer guten Position droht, ist die, daß man die Möglichkeit, die er bietet, nicht erkennt oder nicht voll ausnützt.

Menschen, bei denen Jupiter eine herausragende Stellung im Horoskop einnimmt, sind großzügig und scharfsinnig, besitzen große intellektuelle Fähigkeiten und ein glänzendes Urteilsvermögen. Ihre Beobachtungen treffen oft genau ins Schwarze. Sie streben nach einem höheren Verständnis der Moral und der religiösen Ideale und zeigen einen tiefen Respekt vor Gesetz und Ordnung. Ihr Gewissen erinnert sie laufend daran, daß Gerechtigkeit und Ehrbarkeit in letzter Konsequenz vom Individuum abhängen. Diese Männer und Frauen sind vielseitig interessiert, logisch, entschlossen und äußerst selbstbewußt.

Der Jupiter-Mensch ist gewöhnlich glücklich, extrovertiert, gesellig und liebenswert. Er oder sie amüsiert sich gern, ist gastfreundlich und hat meist viele Freunde. Diese Menschen zeigen häufig ein ausgesprochenes Interesse an Rechtsproblemen und betreiben gern philosophische und religiöse Studien. Sie haben eine Vorliebe für Reisen in fremde Länder, und bevor sie eine solche Reise antreten können, reden sie schon begeistert von den Orten, die sie besuchen wollen, und lesen darüber nach.

Der Einfluß des Jupiters zielt auf Erweiterung und Ausdehnung, ist kreativ und glückbringend. Wenn er nicht in einer ungünstigen Stellung steht, verleiht er sehr viel von dem, was nach glücklichem Zufall aussieht. Der betreffende Mensch wird entweder schon in eine reiche Familie geboren, mit einem Einkommen versorgt oder in seinem späteren Leben wohlhabend. Diese Männer und Frauen haben meist ein unglaubliches Zutrauen in ihr glückliches Schicksal und sind verschwenderisch großzügig, wenn eigentlich Sparsamkeit geraten erscheint, oder gehen recht leichtfertig mit ihrem Besitz um. So leicht, wie sie ihr Geld verdienen, so leicht geben sie es auch wieder aus.

Jupiter-Menschen lieben den Sport und Leibesübungen. Gewöhnlich entwickeln sie einen starken, muskulösen Körperbau und werden in späteren Jahren untersetzt und dick. Da Jupiter der Planet der Erweiterung und Ausdehnung ist, neigen sie auch schon in mittlerem Alter dazu, etwas Fett anzusetzen. Jupiter herrscht im Schützen, dem neunten Zeichen des Tierkreises, das eine enge Verbindung zu langen Reisen und höheren Studien hat. Zusammen mit Uranus regiert er das zwölfte Zeichen des Tierkreises, die Fische, die zu den Wasserzeichen gehören und ebenfalls eine Verbindung zu langen Reisen, dem Leben in der Fremde und zu tiefer religiöser Einsicht haben.

Ein Jupiter-Mensch ist sehr an Bildung interessiert. Er hat das Zeug für einen kompetenten Richter, Rechtsanwalt, Bankier, Makler oder Arzt. Diese Leute sind in der Regel für Ehren-, Vertrauens- oder Machtpositionen in Geschäfts- oder Gesellschaftskreisen geeignet. Große Wohlfahrtsorganisationen, religiöse Stiftungen oder Gesellschaften mit philanthropischen* Zielen bieten ihnen oft den Bewegungsspielraum, um ihre besonderen Begabungen nutzen zu können.

---

* = menschenfreundlich

Ein schlecht plazierter Jupiter verursacht Rastlosigkeit und Unsicherheit. Der betreffende Mensch neigt dann zu extremen Ansichten und wird zu einem religiösen oder politischen Fanatiker. Übergroßer Optimismus und Sorglosigkeit könnten ihr Urteilsvermögen negativ beeinflussen. Durch schlechte Investitionen, Glücksspiele oder extravagante Leidenschaften kommt es zu Verlusten. Diese Leute verschulden sich hoch, borgen wahllos Geld, kommen Ihren Verpflichtungen nicht mehr nach und führen ein faules, dem Luxus verhaftetes, seichtes Leben ohne jeden erhebenden philosophischen oder religiösen Gedanken.

Jupiter verkörpert die Kraft einheitlichen Wachstums im Organismus, den Drang zu reifen, das Bewußtsein dadurch zu erweitern, die gesammelten Erfahrungen zu verstehen und nicht bloß Wissen anzuhäufen. Jupiter strebt danach, unsere Fehler und Unzulänglichkeiten durch die Entwicklung von Fähigkeiten in anderen Bereichen auszugleichen. Das Gewissen wird durch das unbewußte Wissen von diesen Schwächen geformt. Das Gewissen ist der motivierende Faktor im Jupiter-Menschen; von ihm wird er dauernd an die Notwendigkeit von Gerechtigkeit, Moral, Gnade und Gesetz – das von Menschen geschaffene wie das religiöse – erinnert. Physiologisch regiert Jupiter das Körperwachstum und ist mit dem Fetthaushalt, der Leber (der größten Körperdrüse) und der Hypophyse*, die die Hormonproduktion steuert, verbunden.

Jupiter im Zeichen Widder

Sie sind ein Mensch mit großem Ehrgeiz und großen Ambitionen. Sie möchten immer an die Spitze kommen, ganz gleich, welche Sparte Sie sich ausgesucht haben. Sie sind nicht damit zufrieden, in die Fußstapfen anderer treten zu können. Sie erklären sich bereit, sich einer Lehre zu unterziehen, aber nur für kürzeste Zeit und aus reiner Notwendigkeit; doch sobald Sie glauben, Sie seien qualifiziert genug, machen Sie sich auf in die weite Ferne, wo Sie Ihre Originalität, Initiative und Ihre Führungsqualitäten beweisen und tun können, was Sie wollen.

Sie geben sich nirgends mit dem zweiten Platz zufrieden. Diese Kombination verleiht Ihnen eine aggressive Entschlossenheit, zum Wohle aller Betroffenen und nicht nur zum eigenen Wohl erfolgreich zu sein. Sie haben das echte Gefühl, im Leben eine Mission erfüllen zu müssen. Sie haben keinen Glauben im herkömmlichen Sinne – tatsächlich sind Sie recht skeptisch gegenüber religiösen Doktrinen –, aber Sie glauben von ganzem Herzen, daß die Kräfte tief in Ihrem Innern Sie an einen vorherbestimmten Punkt bringen werden.

Sie sind immer darauf aus, Ihren geistigen Horizont zu erweitern. Sie reisen gern, tun gern, der Eingebung des Augenblicks folgend, große Dinge. Sie verabscheuen Detailarbeiten und meiden Routinetätigkeiten wie die Pest. Sie haben Organisationstalent, das richtige Gespür, viele Leute und große Unternehmungen zu leiten; Sie sind eine geborene Führungskraft. Männer sind ausgezeichnete militärische Befehlshaber, Frauen sind genauso begabt auf anderen Gebieten; beiden Geschlechtern gemeinsam ist das Bestreben, sich einen guten Ruf zu erwerben. Können Sie das noch mit Bravour und dem Hauch einer Heldentat erreichen, sind Sie noch zufriedener. Sie können in die Politik gehen – und bereichern und beleben die politische Szene mit neuen Ideen, die in der Öffentlichkeit ankommen und die hartnäckigen Reaktionäre wie begossene Pudel dastehen lassen. Ihre Ideen sind wahrscheinlich so neuartig, daß es im ersten Moment so scheint, als seien sie nicht zu verwirklichen. Doch Sie besitzen die Fähigkeit, Ihren Standpunkt intelligent und nachdrücklich klarzumachen. Sie laufen dann zu Ihrer Bestform auf, wenn Sie Ihre Ideen gegen Angriffe aus dem konservativen und reaktionären Lager verteidigen müssen.

Sie arbeiten nicht gern in einer untergeordneten Stellung, und in der Regel gelingt es Ihnen auch, schließlich in eine unabhängige und Autorität verschaffende Position vorzudringen. Die Leute respektieren Sie, weil Sie stets genau zu wissen scheinen, in welche Richtung Sie marschieren. Sie besitzen eine enorme Begeisterungsfähigkeit und Energie – manchmal lassen Sie sich von Ihrem Optimismus und Ihrem Selbstvertrauen hinwegtragen und machen Versprechungen, die Sie nicht halten können. Ihre Großzügigkeit und der Wunsch zu helfen gewinnen ebenfalls oft die Oberhand bei Ihnen. Sie behaupten, Sie werden etwas tun, und merken dann, daß Sie dazu nicht in der Lage sind.

Sie haben eine angeborene Begabung für die Literatur, die Naturwissenschaften und die Juristerei.

---

* = Hirnanhangdrüse

Sie haben im allgemeinen Glück mit spekulativen Investitionen, obgleich dies besonders von anderen Einflüssen im Horoskop abhängt. Dem Glücksspiel verdanken Sie entweder alles oder Ihren Ruin. Junge Menschen spielen gewöhnlich bei Ihren Unternehmungen eine herausragende und glückbringende Rolle. Sehr oft verschafft eine Heirat den Menschen mit dieser Kombination Geld oder größeres gesellschaftliches Ansehen. Auf der anderen Seite sind Sie aber auch so in der Lage, sich durch Ihre Qualifikationen und Ihren unermüdlichen Einsatz einen Namen in der Welt zu machen.

Möglicherweise wechseln Sie zu irgendeinem Zeitpunkt im Leben Ihren Beruf. Ihre Geschäftsinteressen können so weit verzweigt sein, daß Sie ganz schön auf Zack sein müssen, um zu wissen, was los ist, denn man kennt Ihre freigebige Art; Sie haben stets eine große Gesellschaft um sich, wann immer Sie wollen. Sie bevorzugen den geistesverwandten, intellektuellen Freundestyp, mit dem Sie eine ganze Palette von Themen diskutieren können. Sie freuen sich über nichts mehr als über eine neue Umgebung und neue Gesichter. Sie sind sehr daran interessiert, Ihre Lebenserfahrungen zu vergrößern; Sie wollen das Gefühl haben, alles wenigstens einmal versucht zu haben. Sie entwickeln eine eher pragmatische* als idealistische, fest umrissene Lebensphilosophie, doch wenn sich Ihre Ansichten einmal ausgeprägt haben, können sie starr und dogmatisch werden. Sie könnten dann immer Ihren Willen durchsetzen wollen und mit anderen Leuten streiten. Sie treiben gern Sport und beweisen gern Ihre ausgezeichnete Fähigkeit, Bewegung zu koordinieren, sind lieber Aktiver als Zuschauer.

Die Kehrseite der Medaille

Sie könnten zuviel vom Leben erwarten und deshalb laufend enttäuscht werden. Das Glücksspiel kann für Sie zu einer Sucht und zu Ihrem Ruin werden. Sie könnten ein Maulheld sein, der, um Aufmerksamkeit zu erregen, jedem alles verspricht und dann den Leuten aus dem Weg gehen muß, die er enttäuscht hat. Möglicherweise handeln Sie unrealistisch und verlassen sich auf Ihr Glück, wenn der gesunde Menschenverstand Sie davor warnt. Ihr Wunsch, Erfahrungen zu sammeln, kann zu einer aufgeregten Suche nach sinnlicher Befriedigung entarten.

* = sachbezogen

Jupiter im Zeichen Stier

Sie lieben das Vergnügen und die Annehmlichkeiten Ihres Heimes sehr. Das Geld scheint Ihnen zuzufliegen (Sie haben gar nichts dagegen, daß es so ist), doch sind Sie auch bereit, hart für das zu arbeiten, was Sie wollen. Diese Kombination mit dem Überfluß bringenden Jupiter im Stier, dem Zeichen für Einkommen und materiellen Erwerb, macht Sie zu einem von Natur aus bevorzugten Menschen.

Sie sind warmherzig, großzügig, zurückhaltend und gütig, lieben die Schönheit in allen ihren Formen. Sie brauchen nicht selbst ein Künstler zu sein, doch sind Sie sehr wahrscheinlich ein Kunstkenner oder -sammler. Sie statten Ihr Heim gern mit eleganten und schönen Dingen aus, die andere bewundern. Neben dem ästhetischen Genuß erfreuen Sie sich auch an dem Gefühl der Sicherheit, das der Besitz wertvoller Objekte mit sich bringt. In der Regel gehört Ihnen eine herrliche Büchersammlung, in der viele Bände über religiöse, metaphysische und philosophische Themen stehen.

Ihr großes Ziel ist das Geldverdienen und die Vergrößerung Ihres Besitzes. Sie haben die richtige Nase, wenn es darum geht, daß Ihr Geld wieder Geld verdient. Ob Sie nun für sich oder einen Arbeitgeber arbeiten, man kann bei Ihnen gewöhnlich damit rechnen, daß Sie einen Profit erwirtschaften. Sie sind besonders geeignet für den Bausektor, das Bankenwesen, das Immobiliengeschäft und den Bergbau. Mit dieser Kombination sind Sie ein potentieller Industriemagnat. Wie Sie Ihre Geschäfte aufbauen, grenzt schon an Hexerei, doch Sie verlassen sich dabei auf solide und erprobte Methoden und sträuben sich dagegen, unnötige Wagnisse einzugehen. Sie investieren klug und verteilen das Risiko auf viele Unternehmen. Sie sind entschlossen; Sie arbeiten auf Ihre geplanten Ziele mit unermüdlicher Ausdauer zu. Ihre Fähigkeit, wie der sagenumwobene König Midas alles, was Sie in die Hand nehmen, zu Gold zu machen, kann sich auch im Ölgeschäft, bei riesigen Bauprojekten, in der Landwirtschaft und der Industrie beweisen. Obwohl Ihre Ideen oft recht fortschrittlich, manchmal sogar radikal sind, setzen Sie sie systematisch ein. Je schneller Sie Ihre Handlungsweise auf eine Routineangelegenheit reduzieren können, desto glücklicher sind Sie. In Ihrem Innersten sind Sie vorsichtig und konservativ.

Ihre Liebe zum angenehmen Leben kann Sie extravagant machen; Sie lieben es, im Luxus zu schwimmen. Sie könnten sich dadurch verschulden, daß Sie sich immer nur das Beste leisten, sei es beim Essen und Trinken, beim Vergnügen oder beim Wohnen. Wenn es um sinnliche Genüsse geht, verfallen Sie leicht in Extreme. Sie fühlen sich stark zum anderen Geschlecht hingezogen.

Obwohl Sie gern über fremde Länder lesen und reden, sind Sie kein begeisterter Reisender, es sei denn, Ihre Fahrten haben etwas mit dem Geschäft oder mit Bildung zu tun. Müssen Sie in eine Stadt im Ausland reisen, so genießen Sie es (vorausgesetzt, Sie reisen erster Klasse), doch in Ihrem tiefsten Herzen ziehen Sie die Geborgenheit der gewohnten Umgebung, besonders die Ihres Heims, vor. Sie sind Ihrer Familie aufs engste verbunden und genießen es, gut für sie zu sorgen. Manchmal haben Sie etwas übersteigerte Vorstellungen von dem, was Sie für Ihre Lieben tun; ein andermal machen Sie großzügige Versprechungen, die Sie nie erfüllen können. Das häusliche Leben ist Ihr Element: Sie sitzen gern in Ihrem Lieblingssessel, befühlen das feine Holz der Möbel, schreiten auf teuren Teppichen. Sie haben gern Gäste um sich und zeigen Ihren Besitz her. Sie haben eine Vorliebe für wertvollen Schmuck, Gemälde, Miniaturen, Porzellan und handgearbeitete Objekte.

Sie helfen Leuten, die sich selbst helfen, das heißt, Sie schaffen anderen lieber Möglichkeiten, die sie dann ergreifen können, als daß Sie ihnen direkt etwas zukommen lassen. Sie sind ein fairer und großzügiger Arbeitgeber, aber dulden nicht, daß man Sie hintergeht. Sie wollen, daß beiden Seiten Gerechtigkeit widerfährt. Wenn es die Situation erfordert, können Sie sehr bestimmt auftreten und hart bleiben.

Sie haben starke religiöse Neigungen, lassen aber Ihre alltäglichen Aktivitäten nicht durch sie behindern. Ihre Ethik ist praktisch und direkt: Sie glauben, daß, wenn Sie andere in weltlichen Dingen fair und gerecht behandeln, Sie damit im großen und ganzen alle religiösen Leitsätze beachten.

Mit dem Jupiter im Zeichen Stier haben Sie wahrscheinlich eine angenehme Stimme und können gut singen. Viele begabte Schauspieler und Sänger haben diese Jupiter-Stier-Kombination.

Sehr wahrscheinlich haben Sie einen finanziellen Vorteil aus der Heirat, aus Partnerschaften und Erbschaften. Ihre Kinder können Ihnen Grund geben, auf sie stolz zu sein.

Die Kehrseite der Medaille

Ihre Liebe zum Luxus kann Ihre Gesundheit zerstören. Wahrscheinlich essen Sie zuviel, haben Probleme mit Ihrem Gewicht, geben zuviel aus und sind laufend in den roten Zahlen. Glücksspiele könnten all Ihre Chancen ruinieren. Ihre Kinder entsprechen möglicherweise nicht den in sie gesetzten Erwartungen. Ihr Kunstgeschmack ist so gewöhnlich, daß Sie Ihr Haus mit billigen und kitschigen Sachen ausstaffieren und sie für künstlerisch wertvoll halten. Es könnte sein, daß Sie durch und durch ein Materialist sind, der nur für das Vergnügen lebt, das ihm sein Besitz (und dazu gehören die Menschen, die er liebt) bereitet. Ihre eigene Fähigkeit zu lieben könnte genauso oberflächlich sein wie die Platitüden, die Sie dauernd von sich geben. Wahrscheinlich sind Sie ein heuchlerischer religiöser Fanatiker. Ihre Ehe- oder Geschäftspartner könnten Sie demütigen. Es droht der Verlust einer Erbschaft. Sie lassen sich leicht durch Versprechungen an der Nase herumführen, sind gleichgültig und träge und geben schnell auf.

Jupiter im Zeichen Zwillinge

Ihre Ideen sind grandios. Ihr Verstand reicht über den normalen Horizont hinaus – sogar über diese Welt hinaus. Sie sind ein Meister im Aufgreifen abstrakter Ideen und können sie auch klug vertreten. Sie sind redegewandt, überzeugend, amüsant, intelligent, sympathisch, können sich Gehör verschaffen, besitzen große Kenntnissse und sprechen eine ausdrucksvolle Sprache. Doch bleibt gewöhnlich eine Frage unbeantwortet, wenn Sie Ihren Vortrag beendet haben: Wird Ihr Plan auch wirklich funktionieren? Sehr oft ist die Antwort darauf ein Nein.

In dieser Kombination verbindet sich der joviale, optimistische und auf Erweiterung zielende Jupiter mit dem nervösen, unruhigen Intellekt des Luftzeichens Zwillinge. Das Ergebnis ist oft nicht befriedigend. Jupiter ist hier in diesem Zeichen im Nachteil. Nicht daß der Planet sich mit den Zwillingen nicht verträgt; es ist nur so, daß er es nicht schafft, seine Eigenschaften in diesem oft konfusen Zeichen durchzusetzen.

Sie sind ein Mensch, der fest an die Fähigkeit des Verstandes glaubt, die Probleme der Welt lösen zu können. Ihr Ziel ist, Wissen zu sammeln. Sie halten

Schulbildung und Studium für sehr wichtig und möchten sich am liebsten mindestens einen akademischen Titel erwerben. Sie wollen auch so weit wie möglich reisen, um die Dinge als Augenzeuge mitzuerleben, um Menschen kennenzulernen, mit ihnen zu reden, Gedanken auszutauschen, Briefe zu schreiben und dadurch ein bestens informierter Mensch zu werden. Sie sind nicht nur ein schlaues Kind, sondern auch ein unruhiges. Sie sind dauernd auf Achse. Sie schließen gern Freundschaften – damit Sie schnell mal bei Ihren Freunden vorbeischauen, sie zu jeder Zeit anrufen können. Sie streuen Ihre Ideen und Meinungen großzügig um sich, wie eine Bäuerin, die den Hühnern Futterkörner hinwirft. Doch sind Sie selten lange genug an einem Ort, um auch einmal die Eier einsammeln zu können! Sie wissen ein wenig Bescheid über eine ganze Menge von Themen, doch fehlt Ihnen die Konzentration, sich lange und intensiv mit einer Sache zu befassen. In der Tat sind Sie aber selten im Nachteil, weil Ihr feiner Intellekt und Ihr gutes Gedächtnis es Ihnen erlauben, in den meisten Situationen aus dem Stegreif zu improvisieren und dabei eine erstaunliche Belesenheit zur Schau zu stellen.

Sie streben danach, Ihren Lebensunterhalt durch eine geistige Beschäftigung zu verdienen. Sie sind nicht gerade ein praktischer Mensch. Routineaufgaben und manuelle Arbeit sind Ihnen ein Greuel; Sie sind ein Theoretiker, ein Visionär. Sie sind ein glänzender Gesellschafter und gewandt in Rede und Schrift, während andere Schritt für Schritt vorgehen müssen, um Ihre Ideen zu verwirklichen. Sie geben einen glänzenden Diplomaten, Schriftsteller, Lehrer, Redner, Schauspieler, Sprachwissenschaftler, Bankier oder Versicherungsagenten ab. Sie können auch auf dem Gebiet des Lufttransports, beim Rundfunk oder Fernsehen Erfolg haben. Mit dem Alter könnten diejenigen, die zur schreibenden Zunft gehören, mehr zum Verlagswesen tendieren und sich dort großer Erfolge erfreuen. Wahrscheinlich spielen Sie auch ein Musikinstrument. Versuchen Sie es doch einmal mit dem Komponieren; Sie sollten auch dazu in der Lage sein und könnten vielleicht sogar Ihren Lebensunterhalt damit verdienen.

Sie sind ein Idealist, der sich seine Chancen, etwas Dauerhaftes zu schaffen, selbst dadurch verdirbt, daß er von einer Sache zur anderen springt. Sie verzetteln Ihre geistigen wie körperlichen Energien. Sie leben für die augenblickliche Befriedigung; die Versprechungen der Zukunft sind für Sie eben nur Versprechungen. Es gelingt Ihnen aber trotz Ihres Wesens, etwas auf praktische Art fertigzubringen; Sie sind oft ganz erfolgreich und vom Glück begünstigt. Ihre Gefühle sind stark humanitär ausgeprägt. Obwohl Ihre Einstellung zu den Problemen anderer Leute gewöhnlich durch den Verstand bestimmt wird, sind Sie gütig und mitfühlend.

Sie machen sich schnell und leicht Freunde und ziehen oft auch die falschen Leute an – die Draufgänger und Intriganten. Sie sind nicht mißtrauisch und manchmal viel zu vertrauensselig, so daß Sie sich von diesen Leuten einwickeln lassen, besonders in geschäftlichen Dingen. Neue, mit einem gewissen Risiko behaftete Wagnisse und Vorschläge, besonders solche, die etwas von der Norm abweichen, müssen gründlich analysiert werden.

Sie heiraten wahrscheinlich zweimal. Sie sind kein häuslicher Typ, werden aber trotzdem Ihr Bestes geben, um Ihren Ehegefährten glücklich zu machen. Sie brauchen eher einen intellektuellen als emotionalen Partner, einen, der versteht, daß Sie kommen und gehen müssen, wie es Ihnen gefällt. Sie sind ein ziemlich unordentlicher Mensch, was sich manchmal auch an Ihrer Wohnung zeigt. Reisen, Verwandte und Briefwechsel verursachen möglicherweise Schwierigkeiten in Ihrer Ehe. Vielleicht heiraten Sie sogar einen Verwandten oder engen Bekannten.

Sie haben einen ausgeprägten Sinn für philosophisches Denken; Ihre Ideen auf diesem Gebiet sind manchmal recht originell und provozierend. Es lohnt sich, Ihnen zuzuhören, doch sprechen Sie hauptsächlich den Verstand an und befriedigen dadurch die tieferen menschlichen Sehnsüchte nicht, die eher vom Glauben als vom Verstand abhängen.

Die Kehrseite der Medaille

Ihre Ansichten und schriftlich geäußerten Gedanken könnten andere gegen Sie aufbringen. Plötzlich auftretende Schwierigkeiten machen es Ihnen unmöglich, in Ihrem Beruf weiterzumachen. Die Umstände könnten Sie dazu zwingen, immer auf Reisen zu sein, und Sie wären nicht in der Lage, sich irgendwo seßhaft zu machen, auch wenn Sie es wollten. Ihre Ehe zerbricht möglicherweise, und die Scheidung oder Trennung kostet Sie eine Stange Geld. Vielleicht müssen Sie auch arbeiten, um eine andere Person noch zu unterstützen, und deshalb bleibt nur sehr wenig für Sie übrig. Meinungsverschiedenheiten mit Verwandten oder die

Trennung von ihnen können unter betrüblichen Umständen geschehen. Ein geschäftliches Unterfangen im Verlagswesen könnte schiefgehen. Man könnte Ihnen Ihre besten Ideen oder Pläne stehlen. Wahrscheinlich reden Sie sich in einen Job hinein und dann auch wieder heraus. Möglicherweise stehen Sie wie unter dem Zwang, den neuesten Klatsch zu verbreiten.

Jupiter im Zeichen Krebs

Dies ist eine sehr günstige Position für Jupiter. Im allgemeinen bedeutet sie, daß Sie auf Rosen gebettet sind. Sie sind ein wohltätiger, beliebter, unternehmungslustiger und gutgelaunter Mensch. Gewöhnlich sind Ihnen die Umstände günstig gesonnen. Jupiters Glück und Wachstum bringender Einfluß ist im Zeichen Krebs am stärksten. Sie sind ein Mensch, dessen Mitgefühl man leicht erregen kann. Sie bemühen sich, anderen praktisch zu helfen, und versuchen aufrichtig, die Probleme Ihrer Mitmenschen zu verstehen. Bei Ihnen verbinden sich Verstand und Gefühl zu einem seltenen Gleichgewicht, was Sie zu einem gütigen, wohlwollenden und ausgeglichenen Menschen macht.

Sie haben eine starke gefühlsmäßige Bindung an Ihre Familie und an Ihr Heim, beschützen Ihre Lieben und tun alles in Ihrer Macht Stehende, damit sie in der Welt vorankommen, auch wenn sie Ihre Hilfe nicht verdient haben sollten. Sie versuchen erfolgreich, dem traditionellen, eleganten und angenehmen Lebensstil, den Sie angenommen haben, entsprechend zu leben. Sie versagen sich keine Annehmlichkeit, streben danach, sich in Ihrem Heim mit all den Sachen zu umgeben, die Sie lieben. Dazu gehören nicht nur die Dinge, die für das Auge angenehm sind, sondern auch solche, die an die Vergangenheit erinnern. Sie haben eine Vorliebe für Antiquitäten und Erinnerungsstücke. Wahrscheinlich bewahren Sie an einem besonderen Ort eine Familienbibel auf, die von Generation zu Generation weitervererbt wird. Ihre Möbel, Ihre Wohnungseinrichtung spiegeln Ihre Bewunderung für klassische Linienführung und Formen wider. Es gibt viele Nippsachen, mit denen sentimentale Erinnerungen verknüpft sind. Alte Fotos, Briefe, ein Familienwappen, abgegriffene ledergebundene Bücher werden ausgestellt oder wenigstens mit liebevoller Fürsorge aufbewahrt.

Sie lieben Reisen, besonders solche per Schiff oder zu Orten am Meer. Sie reisen aus Geschäfts- oder Bildungsgründen, haben aber auch nichts gegen eine reine Vergnügungsfahrt. Sind Sie unterwegs, denken sie an zu Hause, und umgekehrt. Sie schaffen es gewöhnlich, ein- oder zweimal im Jahr wegzufahren, und das hilft Ihnen, Ihre Liebe zum Heim wie auch Ihre Reiselust zu befriedigen.

Ihr Urteil in finanziellen Angelegenheiten ist äußerst zutreffend; sehr oft hilft Ihnen auch das Glück. Geldverdienen macht Ihnen Freude, aber keine größere als die, es wieder auszugeben. Sie sind ein Mensch mit großer Selbstbeherrschung; auf natürliche und nicht affektierte Art werden Sie mit allem fertig. Der Einfluß einer glücklichen und ungestörten Kindheit schafft in Jupiter-Krebs-Menschen gewöhnlich ein tiefes Gefühl der Sicherheit. Eine verständnisvolle und fürsorgliche Mutter ist ebenfalls ein Kennzeichen dieser Gruppe, falls keine ungünstigen Einflüsse auftreten. Sie zeigen sich der Welt mit zurückhaltendem Optimismus und Selbstvertrauen. Dies erweckt den – zutreffenden – Eindruck, daß Sie Ihre Aufgaben mehr als befriedigend lösen können.

Frauen mit dieser Kombination können ganz gut auf sich selbst aufpassen, wenn dem Ernährer der Familie etwas zugestoßen sein sollte. Alle Menschen mit dieser Kombination profitieren sehr wahrscheinlich irgendwann in ihrem Leben von einer Erbschaft und kommen zu Geld, ohne dafür arbeiten zu müssen. Die Männer verschaffen sich oft durch ihre Frauen einen finanziellen Vorteil. Sie sind ein angenehmer Gastgeber, lieben das häusliche Leben, tischen das beste Essen und Trinken auf. Ihre Vorliebe für gutes Essen und das angenehme Leben kann zu Gewichtsproblemen führen, mit denen Sie sich früher oder später befassen müssen, um Ihrer Gesundheit nicht zu schaden. Sie lieben die angenehme Seite des Lebens, riskieren aber, Ihre Persönlichkeitsentwicklung zu hemmen, wenn Sie zuviel Energie auf das Vergnügen verschwenden.

Sie sind patriotisch und interessieren sich sehr für öffentliche Angelegenheiten und Politik, halten sich stets auf dem laufenden über die Ereignisse in der Welt. Sie wissen intuitiv von den Nöten der Menschen, und Ihre politischen Ansichten sind es wert, daß man sie beachtet.

Sie sind für eine Vielzahl von Berufen geeignet. Im allgemeinen sind Sie in den Bereichen am erfolgreichsten, in denen eine Einschätzung der Stimmung in der Öffentlichkeit und des in ihr vorherrschenden Geschmacks gefordert ist, oder aber auf dem Gebiet der Versorgung der Masse mit den lebensnotwendigen Gütern. Dazu gehören die Politik, die Fertigungsindustrie, der Großhandel, Transportunternehmen und große Unternehmen, die mit Flüssigkeiten und Erfrischungsgetränken handeln. Jupiter-Krebs-Frauen heiraten oft Prominente. Sie sind aber auch ausgezeichnete Krankenschwestern und Kindergärtnerinnen.

Ihre religiösen Ansichten werden gewöhnlich schon in der Kindheit geprägt. Sie sind entweder ein getreues Glied der Kirche oder vertreten eine selbst entwickelte Philosophie, die die gegenseitige Abhängigkeit gesellschaftlicher Gruppen und die Moralgesetze, die durch die Familieneinheit ausgedrückt werden, besonders herausstellt.

Die Kehrseite der Medaille

Wird diese Kombination durch andere Faktoren ungünstig beeinflußt, dann führt rücksichtslose Extravaganz wahrscheinlich zu allen möglichen Komplikationen und ins Unglück. Exzesse im Sexualleben, beim Essen und Trinken können durch diese Kombinationen verursacht werden. Auch Ihre Gesundheit leidet durch Ihre unvernünftige Lebensweise. Innere Konflikte, verursacht durch die Unfähigkeit, mit dem Widerstreit von Intellekt und Gefühlen fertig zu werden, suchen möglicherweise in Drogen und im Alkohol einen Ausweg.

Jupiter im Zeichen Löwe

Alles an Ihnen ist auf Erweiterung gerichtet – und wahrscheinlich kostet Sie das auch eine Menge Geld, wenn Sie das volle Potential dieser sehr günstigen Kombination widerspiegeln. In einigen Fällen ist sie sogar zu günstig, und die betreffende Person wird zum Sklaven ihres großen Ehrgeizes, der reichste, bestgekleidete, beliebteste und einflußreichste Mensch in weitem Umkreis zu sein. Auf diese Weise kommen Sie nicht in den Genuß dessen, was Geld und soziale Stellung in einem bescheideneren Rahmen alles bieten können. Ein Jupiter, dessen Einfluß überhaupt nicht eingeschränkt wird, neigt zum Exzeß; im Zeichen Löwe wird sein Einfluß oft noch verstärkt.

Trotzdem bleibt die Tatsache, daß Sie, mit Jupiter im gebieterischen Löwen, die Fähigkeit und das Glück haben, sich in eine herausragende Position in Ihrer jeweiligen Gemeinschaft hocharbeiten zu können. Ob Sie diese Chance dadurch vergeben, daß Sie in Extreme verfallen, ist Ihre Sache.

Als reife Persönlichkeit mit dieser Kombination sind Sie großzügig, warmherzig und sehr darauf bedacht, daß jedem Ihrer Mitmenschen Gerechtigkeit widerfährt. Sie versuchen, auf der Welt einen guten Eindruck zu hinterlassen, und möchten, daß man sich mit echter Zuneigung an Sie erinnert. Ihr Ehrgeiz ist grenzenlos (alles, was Sie anfangen, läuft in großem Stil ab), doch Ihre hochfliegenden Pläne werden durch ein großmütiges, würdevolles und edles Wesen unterstützt.

Obwohl Sie Komfort und Luxus lieben und im Grunde extravagant sind, neigen Sie dazu, diese angenehmen Dinge als Ihr »Recht« zu betrachten. Sie sind ein aufrichtiger, ehrlicher Typ und haben ein angeborenes Zielbewußtsein, das Gefühl, von höheren Mächten geleitet zu werden – warum sollten Sie also mit einem wohlwollenden Schicksal hadern? Andere könnten zu der Ansicht kommen, Sie seien manchmal ein bißchen zu großspurig.

Sie steigen unweigerlich in eine Autoritätsposition auf und genießen all die Ehren und Privilegien, die sie mit sich bringt. Sie besitzen ausgezeichnete Führungseigenschaften und sind besonders gut geeignet für einen Posten in der Regierungsbürokratie oder in großen Gesellschaften. Sie haben Elan, viel Selbstvertrauen, gute Laune und einen Sinn fürs Dramatische. Ihre Untergebenen respektieren und bewundern Sie. Man ist Ihnen treu ergeben, verehrt Sie bisweilen sogar wie einen Helden, was die Eifersucht Ihrer Vorgesetzten wecken könnte.

Sie sind der ideale Leiter einer Werbeagentur. Sie wären auch eine ausgezeichnete Repräsentationsfigur, der Mann, der, wenn nötig, auch einmal einspringt und kleinere Aufgaben übernimmt, aber sich sonst ein schönes Leben macht und das Vergnügen genießt. Die Filmindustrie könnte das passende Medium für Ihre Talente sein, oder aber das Managergeschäft, die Durchführung und Organisation von Tourneen international bekannter Stars. Möglicherweise werden Sie sogar selbst berühmt.

Sie sind ein stolzer und leidenschaftlicher Liebespartner – als Mann gebieterisch, als Frau voller Hingabe an den Mann, der (zu Ihrer Zufriedenheit) beweisen kann, daß er Ihrer würdig ist; Sie haben es gern, wenn man Ihnen nachläuft. Sie glauben, daß in jeder Gesellschaft Ihnen die Hauptaufmerksamkeit zusteht. Gesellschaftliche Popularität ist Ihnen so wichtig, daß Sie einen großen Teil Ihres Einkommens (oder Spesenkontos) für Parties und ähnliche Gelegenheiten ausgeben, um Ihre gesellschaftliche Stellung zu bewahren. Sie sind ein wundervoller Gastgeber.

Sie besitzen sowohl Kunstsinn als auch eine echte Liebe zur Kunst. Ihre künstlerischen Präferenzen, sei es in der Malerei, Musik oder Bildhauerei, spiegeln entweder das Spektakuläre und Pompöse oder das kostbar Konservative wider – keine dazwischenliegende Richtung. Sie wissen ganz genau, was Sie mögen und was nicht. Sie sind selten unentschlossen oder verwirrt. Sie beschäftigen sich auch mit philosophischen Themen und der Literatur und versuchen sich möglicherweise irgendwann in Ihrem Leben mit dem Bücherschreiben.

Sie haben ein außergewöhnliches Urteilsvermögen in geschäftlichen und finanziellen Angelegenheiten und erwerben sich gewöhnlich den Ruf von Weisheit und Voraussicht in alltäglichen Dingen. In der Regel haben Sie kein Glück mit spekulativen Investitionen.

Die Kehrseite der Medaille

Möglicherweise reißen Sie den ganzen Ruhm an sich und vergessen dabei, diejenigen zu würdigen, denen ebenfalls Dank gebührt. Sie machen sich wichtig, prahlen, sind überheblich und ein unverbesserlicher Verschwender. Ihre Gesundheit ist nicht so gut, wie Sie vielleicht glauben, weil Sie zuwenig Bewegung haben, zuviel essen und trinken. Sie stecken immer in den roten Zahlen und borgen laufend von Freunden. Sie sind ein Emporkömmling, ein Wichtigtuer, verblendet von äußerem Schein und Affektiertheit. Beinahe jedesmal suchen Sie sich die falschen Freunde. Durch Ihre Liebe zu Glanz und Prunk, zu allem Verrückten, Aufgedonnerten, sind Sie leicht zu täuschen. Ihr Liebesleben ist eine Folge von Enttäuschungen und Auseinandersetzungen um Geld und Besitz.

Jupiter im Zeichen Jungfrau

Ihr Verstand ist ideal dazu geeignet, mit der hektischen Aktivität und der Hast der modernen Geschäftswelt fertig zu werden. Sie sind nicht der Typ eines Industriemagnaten, der in seinem Elfenbeinturm sitzt, die Fäden einer großen Organisation in Händen hält oder sie nur nach außen repräsentiert. Ihr Ziel ist, dort dabeizusein, wo Tag für Tag gearbeitet wird, wo Sie in die Produktion, in den Vertrieb eingreifen und am Ort Management-Entscheidungen treffen können. Sie sind keiner, der ein Industrieimperium aufbaut; Sie sind eher der Typ, der ein kommerzielles Unternehmen an der Basis vergrößert.

Expansion aufgrund vernünftiger und praktischer Überlegungen heißt Ihre Devise. Sie übersehen niemals die kleinen Dinge, besitzen einen unfehlbaren Instinkt, auch die einfachsten Ideen zu Vorschlägen zu machen, die sich auszahlen. Jedes Ihrer Hobbys kann Ihnen gewöhnlich Geld bringen. Details fesseln Sie – Ihr scharfsinniger Verstand hilft Ihnen, die kleinsten und wesentlichsten Einzelheiten zu isolieren, damit Sie sie in einer richtigen Folge anwenden können. Sie wissen, daß bei einem solch analytischen Verstand wie dem Ihren die Beachtung von Details zu praktischen Lösungen führt – im übrigen sind es ja winzige Atome, die miteinander verbunden die ganze Welt der Materie bilden.

Sie sind ein genauer Planer, und wenn man Ihnen zuviel Spielraum läßt, fahren Sie sich in materialistischen Erwägungen fest. Unter Ihrer fähigen Leitung sind alle Systeme, die für Leistung, Ordnung und das leibliche Wohl sorgen, in »Bereit«-Stellung – aber wohin führt das alles schließlich und endlich? Für Sie mag diese Frage nicht wichtig sein; aber für andere, die wissen, daß das menschliche Glück nicht von einer gutbezahlten 35-Stunden-Woche, einer ohne Unterbrechung laufenden Fertigungsstraße oder einer Tiefkühltruhe im Haus abhängt, ist das nicht ganz so einfach. Um es ganz offen zu sagen: Sie sehen alles viel zu sehr vom intellektuellen Standpunkt aus und sind, sollten keine mildernden Einflüsse im Horoskop vorhanden sein, emotional verarmt. Lebensqualität hängt nicht von dem ab, was man messen oder wiegen kann. Sie neigen zu Unnachgiebigkeit und stereotypem Verhalten; Ihnen fehlt keinesfalls Phantasie, sondern Spontaneität und die Fähigkeit, sich in Gesellschaft zu entspannen. Ihre Reserviertheit und Ihr steifes Verhalten lähmen Ihr Leben in der Gesellschaft. Sie schließen nur schwer Freundschaften und neigen dann auch noch dazu, solche Freunde zu wählen, die Ihre geistigen Interessen teilen, keine Verbindungen anzustreben, die ein gewisses Einfühlungsvermögen voraussetzen.

Wissenschaftliche Themen faszinieren Sie. Sie untersuchen gern solche Möglichkeiten, wie etwa, ob es Leben auf anderen Planeten gibt. Philosophisches Spekulieren liegt Ihnen ebenfalls. Sie haben eine angeborene Begabung für technologische Forschungen. Jupiter-Jungfrau-Menschen findet man oft bei der Arbeit mit Computern oder anderen hochentwickelten elektronischen Geräten in modernen Industrie- oder Forschungslaboratorien. Sie zeigen ein spezielles Interesse an Hygiene und gesunder Ernährung und beschäftigen sich auf die eine oder andere Weise damit, Ihre darüber gewonnenen Kenntnisse und Ansichten zu propagieren.

Sehr wahrscheinlich machen Sie Geschäftsreisen ins Ausland und heiraten sogar jemanden, den Sie dort treffen. Es ist möglich, daß Ihr Ehepartner finanziell nicht so gut dasteht oder intellektuell nicht Ihrem Niveau entspricht. Die Umstände Ihrer Heirat können recht sonderbar sein. In Ihren mittleren Jahren erfreuen Sie sich wahrscheinlich größeren Komforts und eines kultivierteren Lebensstils, als man es Ihnen in Ihren jungen Jahren vorausgesagt hätte.

Sie haben die Gabe, sich schriftlich wie mündlich klar auszudrücken und sind in der Lage, Bücher über Ihre Reisen oder auch Hand- und Fachbücher über Ihr spezielles Arbeitsgebiet zu verfassen. Sie könnten ein guter Lehrer oder Dozent sein.

Sie kommen gut mit Ihren Mitarbeitern und Angestellten aus. Ihre Ehrlichkeit und Offenheit wirkt anziehend, die Vorgesetzten vertrauen Ihnen. Manchmal sind Sie überkritisch, und das verwirrt andere. Sie sind in religiösen Dingen ziemlich skeptisch eingestellt, und wenn Sie freimütig darüber Ihre Meinung äußern, klingt es recht intolerant. Sie glauben, daß, wenn die Menschen im alltäglichen Leben das Richtige tun würden, es keiner dogmatischen Mahnungen mehr bedürfte.

Die Kehrseite der Medaille

Ihren Ideen fehlt der Tiefgang, und sie verraten die Unfähigkeit, das Leben so zu sehen, wie es wirklich ist. Ihre Vorschläge verdecken gewöhnlich nur die Probleme und liefern keine Lösungen. Sie können sich nicht konzentrieren und verlassen sich auf Ihre Schlauheit, um sich durchzumogeln. Sie reden und schreiben aus Effekthascherei, übertreiben die einfachsten Situationen und erwerben sich den Ruf, Ihre Zeit und die anderer Leute mit Nebensächlichkeiten zu verplempern. Ihr Ehrgeiz übersteigt Ihre Fähigkeiten bei weitem. Sie haben kein Glück in der Liebe, Ihre Ehe führt wahrscheinlich zu ärgerlichen Einschränkungen und verlorenen Chancen. Sie lesen begeistert, aber lernen dabei nichts von Bedeutung.

Jupiter im Zeichen Waage

Es war einmal ein gütiger, zuvorkommender und liebenswürdiger Mensch, der mehr Gutes als Böses in den anderen sah und der sich ehrlich darum bemühte, Frieden dorthin zu bringen, wo immer er auch ging, und der stets seine eigenen Interessen verleugnete, damit anderen Gerechtigkeit widerfahre. Erkennen Sie diesen Menschen? Sie sind es – vorausgesetzt, es gibt unter den übrigen Einflüssen im Horoskop keine »Spielverderber«.

Diese Kombination bringt eine so weite Sicht der Dinge mit sich, die über das begrenzte Ich hinausgeht und die höchsten Bestrebungen der Menschheit als Ganzes umfaßt. Würden Sie den reinen Einfluß des Jupiter im Zeichen Waage darstellen, so möchten Sie lieber dienen als bedient werden – nicht auf sklavische Weise, denn Ihre Begabungen und Fähigkeiten liegen sowieso nicht in physischen Anstrengungen. Sie sind ein intellektuelles und ästhetisches Wesen. Sie besitzen alles, was im Menschen verfeinert oder bewundernswert ist, in einem seltenen Gleichgewicht. Sie verkörpern den Geist des »Fair play«*. Sie sind gerecht und können deshalb richten.

Nun, nicht jeder Jupiter-Waage-Mensch kann ein Heiliger oder höchster Richter sein. Doch das Grundprinzip erweist sich stets aufs neue und drückt sich immer wieder durch das Individuum aus, ganz gleich, wie gewöhnlich oder von anderen nicht zu unterscheiden sein Leben auch sein mag.

Sie brauchen einen Beruf, in dem Sie diese fundamentalen Triebe ausdrücken können. Sie sind eine empfindsame Seele und fühlen sich deshalb in unharmonischer und verkommener Umgebung oder unter groben und aggressiven Menschen nicht wohl (sollten Ihre gegenwärtigen Arbeitsbedingungen so sein, dann wird Jupiter wahrscheinlich adversativ** aspektiert). Sie werden mit einer Arbeit sehr zufrieden sein, die ein leicht künstlerisches Element oder einen hohen humanistischen Wert zum Inhalt hat. Sie glänzen dort, wo Sie Ihr ausgezeichnetes Urteilsvermögen, das nicht auf die Richterrolle beschränkt ist, einsetzen können. Sie könnten aber ebenso leicht Befriedigung in einer Beschäftigung in der chemischen Industrie finden, wo Sie einen Bestandteil gegen den anderen auf-

---

* = gerechtes, anständiges Verhalten
** = gegensätzlich

wägen, um einen besseren Kosmetikartikel, einen neuartigen Kunststoff oder einen gefälligeren Farbstoff zu entwickeln, oder als Juwelier oder Goldschmied. In dieser angenehmen Kombination liegt auch eine angeborene Wertschätzung für die Schriftstellerei, die Dichtkunst und den Gesang. Doch scheinen Sie Ihre Möglichkeiten am besten verwirklichen zu können, indem Sie Ihr soziales Gewissen als Rechtsanwalt und Richter, oder in der hingebungsvollen Einsicht als Prophet, Mystiker oder religiöser Führer ausdrücken. Sie könnten auch als Bankier, Makler, Ingenieur, Elektrofachmann, Architekt oder Designer erfolgreich sein. Sie können sich nur schlecht dem harten Wettbewerb und den rauhen Methoden der Geschäftswelt anpassen.

Obwohl Sie es oft fertigbringen, die Angelegenheiten anderer Leute zu ordnen, sind Sie nicht so gut dafür geeignet, die eigenen zu regeln. Sie neigen dazu, die finanzielle Seite zu vernachlässigen, und bringen sich dadurch in Schwierigkeiten. Sie bewegen sich gern in höheren Gesellschaftskreisen und genießen die dort gebotenen Festlichkeiten. Dies und Ihre Vorliebe für schöne und teure Dinge, modische Kleidung eingeschlossen, macht Sie zum Verschwender – wenn Sie das Geld dazu haben.

Sie quält der, man könnte sagen, verderbliche Wunsch, von Ihren Gefährten geliebt und geachtet zu werden. Solange noch irgendein Zweifel in Ihnen steckt, ob Sie dieses Ziel erreicht haben, leiden Sie schmerzlich daran und treiben es fast zu weit, um die Leute mit Höflichkeit und Gastfreundlichkeit zu gewinnen. Sie sind dem Wunsch, einen guten Eindruck zu machen, so verfallen, daß Sie bisweilen alte Freunde vernachlässigen, um sich um zufällige Bekannte zu kümmern.

Freunde bringen Ihnen im allgemeinen Glück, in finanziellen wie gesellschaftlichen Dingen.

Sie pflegen gewöhnlich enge Beziehungen zu einflußreichen Leuten. Geld und gesellschaftliches Ansehen kommen oft durch Partner. Sie haben Glück in der Liebe und führen gewöhnlich auch eine glückliche Ehe. Kinder von Jupiter-Waage-Menschen sind meist sehr intelligent.

Die Kehrseite der Medaille

Die Frauen in Ihrem Leben sind nachtragend, extravagant und haben zwei Gesichter. Sie werden häufig durch Freunde und Vertraute enttäuscht. So sehr Sie es auch versuchen, Sie kommen nicht in die richtigen Gesellschaftskreise. Die Leute werden durch Ihr aalglattes Verhalten und Ihre offensichtliche Unaufrichtigkeit abgestoßen. Sie haben Probleme mit Ihrem Gewicht oder kleiden sich auffällig und geschmacklos. Sie sind affektiert, geben an und können sich nicht mit Ihrer Position im Leben anfreunden. Sie versuchen stets, den anderen in allem noch zu übertreffen. Rechtsanwälte und Gerichtsverfahren bringen Ihnen kein Glück. Sie werden oft mit Leuten konfrontiert, die sich weigern, Ihren Standpunkt einzusehen.

Jupiter im Zeichen Skorpion

Rätselhafte Fälle, Geheimnisse und die Bekenntnisse anderer Menschen spielen gewöhnlich im Leben der Jupiter-Skorpion-Menschen eine herausragende Rolle.

Sie besitzen eine seltsame Anziehungskraft für diejenigen, die jemanden suchen, dem sie sich anvertrauen können, und oft sind die Informationen, die man Ihnen mitteilt, ernsterer Art, die Ihnen so etwas wie eine Handhabe gegen diese Leute geben. Unter normalen Umständen (was von den anderen Einflüssen im Horoskop abhängt) würden Sie niemanden verraten; doch ändert dies nichts an der Tatsache, daß Sie es verstehen, so zu tun, als wüßten Sie mehr, als Sie zugeben, und bringen so andere dazu, »Bekenntnisse« abzulegen. Es überrascht deshalb nicht, daß man diese Kombination oft in den Horoskopen von Spionen, Kriminalpolizisten, Privatdetektiven, Psychiatern findet – und auch bei religiösen Fanatikern!

Sie sind ein Mensch voller Emotionen, doch können Sie Ihre Gefühle sehr gut verstecken. Sie können in Extreme – gefährliche Extreme – verfallen, doch erlauben Sie es anderen nur selten, das Anzeichen einer Schwäche bei Ihnen zu entdecken, das ihren Glauben, Sie seien eine Person, die genau wisse, was sie wolle, erschüttern würde. Es ist gerade diese enorme Selbstbeherrschung, die Sie zu einem so wertvollen Aktivposten in Notfällen macht. Sie zerbrechen nicht unter Druck oder ziehen die eigene Fähigkeit, schließlich doch die Oberhand zu behalten, in Zweifel. Sie sind im Grunde der Typ mit Nerven wie Drahtseilen, der ein fähiger Chirurg, Zahnarzt oder militärischer Befehlshaber wäre.

Eines Ihrer Probleme ist die Neigung, die gleichen schwerwiegenden Fehler mehrmals zu machen. Es sieht so aus, als ob Sie dieselben Situationen immer wieder anziehen würden und Sie, durch den bloßen Glauben an sich selbst hypnotisiert, zur Annahme verleiten, diesmal mit ihnen fertig werden zu können, was aber leider nur selten der Fall ist. Nur wenige Leute sind geeigneter als Sie, Schwierigkeiten und unangenehme Lagen durchzustehen. Sie haben einen eisernen Willen; haben Sie sich erst einmal ein Ziel gesetzt, lassen Sie sich unter keinen Umständen mehr davon abbringen.

Sie sind begeisterungsfähig und scharfsinnig, äußerst ehrgeizig und haben ein großes Verlangen nach Macht. Besitzen Sie sie dann, versuchen Sie in der Regel, die Bedingungen so fundamental zu verändern, daß sie nie mehr umgekehrt werden können, und zerstören dadurch unwiderruflich die alte Ordnung. »Zerstören« ist das geeignete Wort für diese Kombination: Diese Leute können bereitwillige Handlanger der Zerstörung sein (oder aber des konstruktiven Aufbaus). Sie lieben es, Menschenmassen, Maschinen und Baumaterial zu führen und zu manipulieren. Die religiös ausgerichteten unter Ihnen werden zu Fanatikern, die, wenn man ihnen die Möglichkeit gibt, drastische Veränderungen in ihrer unmittelbaren Umgebung verursachen.

Jupiter-Skorpion-Menschen sind häufig Ingenieure, die mit großen Bauprojekten, besonders Dammbauten, Entwässerungssystemen und Abwasserbeseitigung, beschäftigt sind. Hohe Regierungsposten reizen Sie ebenfalls. Doch besteht, wie immer, wenn ein Skorpion in die Sache verwickelt ist, die Gefahr, daß er seine Macht für seine Eigeninteressen mißbraucht. Im öffentlichen Leben erlaubt diese Kombination unbegrenzte Gesetzlosigkeit und tyrannisches Verhalten.

Sie sind stolz – manchmal überheblich –, aber nicht egoistisch. Ihr Verstand ist sehr fein und zu sehr schwer verständlichen, analytischen Folgerungen fähig. Gibt es zwei Wege, ein Problem anzupacken, dann kann man bei Ihnen darauf wetten, daß Sie den indirekten Weg zuerst versuchen. Sie halten sanfte Überredung und geschicktes Taktieren für das beste, aber wenn diese Methoden fehlschlagen, zögern Sie nicht, mit der Peitsche zu drohen oder, unter den richtigen Umständen, Gewalt anzuwenden.

Sie bringen es meist fertig, in den Kreisen zu verkehren, in denen Macht und Autorität ausgeübt werden. Ihr Talent, Gelegenheiten zum Geldverdienen förmlich zu riechen, ist phänomenal. Ihre Art ist es, sich still und leise wichtige, aber kleine Anzeichen oder Veränderungen zu notieren und mit erstaunlicher Geduld die richtige Zeit für Ihr Handeln abzuwarten. Die Wahl des rechten Zeitpunkts ist bei vielen Dingen Ihre Spezialität. Intuitiv erkennen Sie Investitionsmöglichkeiten, die sich später auszahlen.

Es besteht bei jungen Leuten mit dieser Kombination die Gefahr, daß sie in ihrem Wunsch, tiefer in die Erkenntnis einzudringen, mit Drogen experimentieren und dabei die auftretenden Suchtgefahren völlig übersehen.

Die Kehrseite der Medaille

Ihr Urteilsvermögen hat sich als falsch herausgestellt, doch machen Sie immer noch spekulative Investitionen und erleiden dabei Verluste. Ihr Liebesleben verläuft unglücklich und hat Sie wahrscheinlich schon in mehr als einen Rechtsstreit verwickelt. Streitereien, Feindschaft und Eifersucht schaden Ihrem beruflichen Fortkommen. Ihre »Freunde« sind unzuverlässig und haben Sie schon mehrmals verkauft. Ihr bitterer Neid auf jemanden in einer höheren Position bringt Ihnen möglicherweise seine Feindschaft ein und verdirbt Ihre eigene Chance. Das Geld aus Erbschaften wird wahrscheinlich durch Anwalts- und Gerichtskosten aufgefressen. Größere Probleme könnten auch im sexuellen Bereich liegen.

Jupiter im Zeichen Schütze

Dies ist eine glückliche Kombination. Der geniale Jupiter, der Planet des Erfolges und größeren Reichtums, steht in seinem Zeichen, und sein Einfluß wird dadurch verstärkt. Das Zeichen Schütze steht für Beschäftigungen, die normalerweise nichts mit dem harten Kampf um den Lebensunterhalt zu tun haben – Reisen, Philosophie, Religion und Sport im Freien. Das Ergebnis ist eine aktive, unabhängige und gutgelaunte Person – eben Sie.

Sie haben wahrscheinlich schon bemerkt, daß Ihnen Geld oder andere Dinge, die Sie im Leben brauchen, beinahe zufliegen. Nicht daß Sie alles im Überfluß haben, doch scheint genügend von dem, was Sie zur Fortführung der gegenwärtigen Aufgaben brauchen, vorhanden zu sein (solange Sie sich keine übergroßen Sorgen machen). Dies ist das erste Phänomen, das diese Kombination oft begleitet.

Das zweite ist eine Warnung: Sie haben nur so lange Glück, wie Sie nicht den Glauben an Ihr Glück verlieren! Mit anderen Worten: Haben Sie Geld, dann müssen Sie es auch ausgeben und nicht versuchen, es zu behalten. Ganz allgemein gilt die Regel: Solange Sie es ausgeben, kommt es auch wieder herein; hören Sie damit auf, versiegt auch Ihre Geldquelle.

Es überrascht also nicht, daß Sie ein unverbesserlicher Optimist sind; und Ihr Optimismus – zusammen mit Ihrem ungezwungenen und natürlichen Verhalten – macht Sie bei Ihren Freunden und Bekannten beliebt und zu einem gerngesehenen Gast. Sie betreiben gern Konversation und möchten so viele verschiedene Menschentypen wie nur möglich kennenlernen. Sie beobachten andere sehr genau, und dies zeigt sich dann als ein Interesse an ihren Problemen und als der Wunsch, soviel wie möglich zu helfen. Sie haben ein recht weites Interesse an vielen Themen, besonders an den Naturwissenschaften, der ernsten Literatur, an Rechtsfragen und Tieren. Sie sind bemerkenswert freimütig, und bisweilen treffen Ihre Bemerkungen zu anderen Leuten über sie so genau zu, daß sie beleidigend wirken. Doch Ihr offenes und augenscheinlich aufrichtiges Verhalten garantiert gewöhnlich, daß sich jedes ungute Gefühl sofort auflöst. Sie besitzen außerdem viel Humor und machen gern einen Spaß, was es Ihnen leichtmacht, schnell Freunde zu gewinnen.

Ihr scharfer, klarer Verstand ist besonders dafür geeignet, Ideen zu entwickeln, wie Sie zu Geld kommen. Sie verlassen sich größtenteils auf Ihre Intuition und sind deswegen beim Glücksspiel und Spekulieren so erfolgreich. Ein sechster Sinn warnt Sie, wenn andere lügen oder die Situationen Gefahren bergen. Sie sind der Typ, der Sekunden, bevor das Dach einstürzt, aus einem überfüllten öffentlichen Gebäude geht und als Grund dafür angibt, er »hätte das Gefühl gehabt, das sei das Beste, was er gerade tun könnte«. Sie lieben das Vergnügen und besuchen gern andere Leute, sind als Gast wie als Gastgeber großzügig. Was immer Sie für Ihr Vergnügen tun, Sie tun es freigebig und mit einem Hauch von Großtuerei. Ihre Parties sind wahrscheinlich sehr beliebt. Das Nachtleben fasziniert Sie ebenfalls.

Sie besitzen viel Humor und versuchen, gütig und rücksichtsvoll zu sein. Sie werden niemanden wissentlich verletzen oder täuschen. Sie lassen sich von Ihrem Gewissen leiten, und sollte Sie jemals ein Reuegefühl bedrücken, werden Sie nichts unversucht lassen, die Sache mit einer großzügigen Geste oder von Herzen kommenden Entschuldigungen aus der Welt zu schaffen. Sie tolerieren die Schwächen anderer Leute, und es ist bei Ihnen eine ganz natürliche Sache, daß Sie Mitgefühl zeigen und Ihre Hilfe anbieten. Sie sind im allgemeinen hochherzig, gerecht und weitsichtig.

Obgleich Sie bürokratische Einschränkungen der Freiheit und viele veraltete Traditionen verachten, ist Ihre Einstellung in religiösen Dingen eher orthodox. Ihrer Meinung nach ist es der von den großen Religionen vertretene Moralkodex, der die Gesellschaft vor dem Zusammenbruch unter den übermäßigen Spannungen und Belastungen der Gegenwart bewahrt. Sie neigen eher dazu, Reformen zu befürworten, die eine Mehrheit der denkenden Menschen, wie Sie selbst einer sind, akzeptieren kann, als revolutionäre Ideen zu billigen.

Sie zeigen ein waches Interesse an Bildung, doch hegen Sie einige Zweifel an der Nützlichkeit eines Teils des Wissens, das in Schulen gelehrt wird. Sie unterstützen eher ein Schulsystem, das mehr Wert auf praktische Erfahrungen und Mitarbeit legt. Sie glauben auch, daß Reisen eine der schönsten Arten zu lernen ist.

Man sollte nicht vergessen, daß diese Kombination auch eine Persönlichkeit hervorbringen kann, deren Ansichten über das Leben ernst und tiefgründig sind, wie es zu einem im Grunde metaphysisch orientierten Zeichen paßt. Durch diese Lebenseinstellung macht sich dann die sonst gezeigte, nach außen gerichtete Jovialität weniger bemerkbar: Der betreffende Mensch ist gütig und freundlich, aber zurückhaltend und schwerfällig.

Die Kehrseite der Medaille

Parties, Vergnügungen und andere gesellschaftliche Ereignisse enden für Sie meist unglücklich; Streitereien und Mißverständnisse sind an der Tagesordnung. Ihre Anstrengungen, anderen zu gefallen, bringen selten den erwünschten Erfolg. Ihre Liebespartner komplizieren Ihr Leben und belasten Sie mit vielen unnötigen Kosten. Obwohl Sie den Sport lieben, kann es sein, daß Sie durch ihn einige Sorgen oder Pech hatten. Manchmal haben Sie Glück beim Spekulieren, doch auf lange Sicht gesehen, gehören Sie zu den Verlierern, und das Verlieren könnte zu einer nicht zu ändernden, zwanghaften Gewohnheit werden. Auslandsreisen führen gewöhnlich irgendwie zu einem Verlust oder bringen Ärger.

Jupiter im Zeichen Steinbock

Es besteht kaum ein Zweifel, daß Sie sich in Ihrem Beruf stetig an die Spitze vorarbeiten. Sie haben ein großes Verantwortungsgefühl, das richtige Gespür für finanzielle Transaktionen, Geschäftssinn und den mächtigen Drang zum Erfolg. Sie brauchen vielleicht etwas länger als notwendig, bis Sie Ihre Ziele erreichen, denn Sie sind sehr gründlich und scheuen davor zurück, Risiken einzugehen.

Jupiter-Steinbock-Menschen fühlen sich meist gleichzeitig zwischen zwei Richtungen hin- und hergerissen: Jupiter ist der Planet des Optimismus und der Expansion, Steinbock das Zeichen für Vorsicht, Zurückhaltung und Bedachtsamkeit. Diese Kombination verursacht Spannungen in einer Persönlichkeit, doch werden sie oft gemildert, wenn man die ihnen zugrunde liegende Ursache erkennt. Sie neigen zum Beispiel dazu, mit kleinen Geldbeträgen vorsichtig und sparsam umzugehen – doch handelt es sich um größere Summen, und besonders dann, wenn Ihr gesellschaftliches Ansehen oder Ihr Image als Geschäftsmann mit hineinspielt, geben Sie mit vollen Händen aus. Dies ist nicht einmal ein schlechter Charakterzug: Er erlaubt Ihnen, Ersparnisse anzusammeln und eine gute Ausgangsposition zu schaffen, und hindert Sie daran, Ihr Geld zum Fenster hinauszuwerfen, um Eindruck zu schinden. Klares und scharfsinniges Denken steckt immer hinter Ihren finanziellen Transaktionen. Sie geben ruhig ein paar Mark aus, um eine zu verdienen, doch kann man bei Ihnen sicher sein, daß Sie kein allzu großes Risiko eingehen. Sie können aber auch ganz geschickt Ihre Fehler und oft recht hohen Ausgaben rechtfertigen.

Sie sind außerdem eine Mischung aus Begeisterungsfähigkeit und Vorsicht. Wenn Sie eine gute Idee haben – was oft geschieht –, lassen Sie sich von den Erfolgsaussichten so hinwegtragen, um dann im letzten Moment (oder wenn Sie auf das erste Hindernis treffen) von plötzlichen Zweifeln und von Unentschlossenheit geplagt zu werden. Das ist ebenfalls kein schlechter Charakterzug. Ihre angeborene Zurückhaltung zwingt Sie dazu, die Tatsachen erst gründlich zu untersuchen, die Sie, auf der ersten Woge der Begeisterung reitend, übersehen haben. Natürlich bedeutet Ihr Zögern bisweilen, daß Sie gute Gelegenheiten verstreichen lassen, doch wenn Sie einmal gelernt haben, mit den Widersprüchen in Ihrem Wesen fertig zu werden, werden Sie reelle Fortschritte machen.

Jupiter-Steinbock-Menschen sind geborene Führungspersönlichkeiten, die meist im Geschäftsbereich, wo eine solide und gediegene Leistung zählt, zu finden sind. Sie sind besonders für leitende Aufgaben geeignet, bei denen sich praktische Erfahrung mit Führungskraft und Organisationstalent paaren muß. Je größer das Unternehmen und die Verantwortung, desto eher werden sich diese Leute hervortun. Ihre ernste Einstellung beeindruckt Ihre Vorgesetzten und sichert Ihnen den Respekt und den Gehorsam (oder auch die Mitarbeit) Ihrer Untergebenen. Ein hoher Regierungsposten oder eine Karriere, die in der Leitung einer großen öffentlichen Anstalt oder eines Finanzunternehmens gipfelt, liegt ebenfalls im Bereich des Möglichen. Diese Leute sind auch in der Lage, multinationale Unternehmen, deren Interessen weit gestreut und komplex sind, zu führen.

Sie sind einfallsreich und handeln gelegentlich unorthodox, besonders, wenn Ihre Weiterbildung in reiferen Jahren davon betroffen ist. Sie sind ein eifriger Leser, befassen sich gern eingehender mit einem Thema und haben wahrscheinlich eine Verbindung zur Politik, zu den Naturwissenschaften oder sogar zu einer religiösen Organisation. Ihre Lebensphilosophie ist es wert, daß man sie sich anhört; nur muß man Sie erst überreden, sie zu enthüllen.

Sie sind viel weniger selbstbewußt, als es nach Ihrem Auftreten den Anschein hat. In Wirklichkeit leiden Sie sehr an Ihrer Unsicherheit, obwohl Sie nicht einmal Grund dazu hätten und tun, um sie zu überdecken, alles in Ihrer Macht Stehende, Ihren Ruf und Ihren guten Namen zu bewahren. Für Sie ist die Achtung und die Wertschätzung, die andere, besonders solche in höheren Positionen, Ihnen zollen, sehr wichtig. Sie werden von Kritik tief getroffen, besonders wenn sie in der Öffentlichkeit ausgesprochen wurde. Die Angst vor dem, was andere über Sie denken, kann bei Ihnen zur Selbstqual werden. In Anwesenheit Dritter zum Narren gehalten zu werden ist für Sie unerträglich – und Sie werden es der für Ihre Demütigung verantwortlichen Person niemals vergeben.

Sie haben die große Fähigkeit, mit Details umgehen, wirtschaftliche und rationelle Methoden entwickeln zu können. Berufe, die etwas mit Grund und Boden zu tun haben, wie zum Beispiel die Landwirtschaft, der Bergbau oder der Immobilienhandel, liegen Ihnen. Sie sollten auch in der verarbeitenden Industrie oder als Großhändler erfolgreich sein. Wo immer Ausdauer, planvolles

Vorgehen und Klugheit, zusammen mit einem gewissen Stil, gefordert werden, sollten Sie sich auszeichnen.

Die Kehrseite der Medaille

Sie stürzen sich mit großem Enthusiasmus in neue Vorhaben und ziehen sich plötzlich ohne ersichtlichen Grund zurück. In Ihrem Innern sind Sie möglicherweise ein nervliches Wrack, trauen sich nicht, aus Angst vor einem Fehlschlag, etwas wirklich Konstruktives zu beginnen. Ihre Furcht vor dem, was man über sie denkt, wird beinahe krankhaft. Sie machen sich zu viele Sorgen, die bei Ihnen auf den Magen schlagen. Wahrscheinlich sind Sie auch kleinlich und geizig. Sie sind unnötigerweise zu kritisch und zu streng mit Ihren Untergebenen und machen unterwürfige Bücklinge vor Ihren Vorgesetzten. Sexuelle Verderbtheit und ein grober Humor werden zu den negativen Seiten dieser Kombination gerechnet. Wahrscheinlich sind Freunde die Ursache für Sorgen. Möglicherweise sind Sie gezwungen, für die Fehler anderer zu büßen und zu bezahlen.

Jupiter im Zeichen Wassermann

Ihre Fähigkeit, Gutes zu tun, ist beträchtlich. Andere sind vielleicht praktischer veranlagt, haben eine größere Robustheit und können deswegen körperlich mehr leisten, doch sind Sie im wahrsten Sinne des Wortes das »Gehirn« bei der ganzen Sache. Sie sind äußerst idealistisch, auf Ihre Weise ein Visionär, ein Mensch, der über die offensichtlichen Wirkungen hinaus die zu beseitigenden oder zu verbessernden Ursachen sieht. Sachlichere und nüchterner denkende Leute, die einem Hungernden lieber noch einen Teller Suppe geben, als die für seine Armut verantwortlichen Ursachen zu beseitigen, bezeichnen Sie manchmal als unrealistisch.

Der Wassermann ist das Zeichen, das mit den neuesten elektronischen Erfindungen, die viel von der Schufterei aus unserem Leben, besonders im modernen Haushalt, beseitigt haben, in Verbindung gebracht wird. Jupiter ist der Planet des materiellen Glücks und der Weisheit. Tierkreiszeichen und Planet verbinden sich hier auf natürliche Weise und schaffen einen Menschen, der nicht nur seinen Mitmenschen auf praktische Art und ein für allemal helfen will, sondern dies oft mit neuen und ungewöhnlichen Mitteln tut.

Sie sind hervorragend für Sozial- und Wohlfahrtsaufgaben und wissenschaftliche Arbeiten geeignet. Sie würden einen fähigen Soziologen oder Gewerkschaftsführer abgeben. Sie haben eine ungeheure Vorstellungskraft, die es Ihnen erlaubt, so groß angelegte humanitäre Vorhaben wie die, die mit dem Roten Kreuz, der Heilsarmee oder den weltweiten Kampagnen gegen den Hunger zu tun haben, ins Auge zu fassen und zu planen. Sie besitzen eine besondere Gabe auf dem Gebiet der Verwaltung, besonders der Finanzverwaltung einer Organisation für die Verteilung der Mittel unter schwierigen Bedingungen, speziell auf internationaler Ebene. Gewöhnlich leisten Sie Hervorragendes bei der Arbeit im Ausland.

Im normalen Geschäftsleben könnten Sie Ihre Eigeninteressen vernachlässigen und dazu neigen, die Rentabilität dem Wohl Ihrer Angestellten und anderer zu opfern – mit vorhersehbarem Ergebnis. Der Personentyp, zu dem Sie gehören, verfolgt mit seinem Ehrgeiz keine besonderen materiellen Ziele. Es ist gewöhnlich besser für Sie, wenn Sie für eine große Organisation arbeiten, in der Ihre Energie nicht durch Buchführungsprobleme gemindert wird. Ganz kurz gesagt: Sie wollen keinen Profit erwerben, sondern sich einer Sache verschreiben können.

In akademischen Berufen kommen Ihnen die Unabhängigkeit und Originalität, die Jupiter im Zeichen Wassermann entwickelt, zugute und lassen Sie auf sozialem Gebiet besonders kreativ tätig sein, so zum Beispiel in der Architektur, Medizin, im Bankwesen, in der Politik, der Erziehung und Bildung, der Städteplanung und ähnlichem, wo Sie Reformen einführen, neue Leitsätze, Stilrichtungen und Grundmuster niederlegen können, damit die nächste Generation ihnen folgen kann.

Sie lieben solche Aufgaben, die laufend Ihre Findigkeit und Phantasie auf die Probe stellen. Ein normaler Routinejob, in dem Sie von acht bis fünf arbeiten müßten, würde Sie die Wand hochgehen lassen. Kommerzielle Berufe reizen Sie nicht unbedingt, es sei denn, sie würden Ihnen die Möglichkeit bieten, Ihre angeborene unkonventionelle Art zu befriedigen und zu beweisen.

Sie schließen leicht Freundschaften und können beinahe mit jedem Charaktertyp harmonieren. Sie sind kein sentimentaler Mensch; man bezeichnet Sie manchmal als distanziert und kühl in Ihrer Art,

Ihre Zuneigung auszudrücken. Dies ist im Grunde richtig – aber nicht deswegen, weil Sie sich keine Sorgen um jemanden machen. Sie sehen über die Grenzen der beschränkten persönlichen Bindungen hinaus und erkennen, daß diese das höhere Prinzip der Brüderlichkeit und das des Niederreißens von Klassenschranken – beide Prinzipien halten Sie für sehr erstrebenswert – behindern könnte.

Sie werden sehr wahrscheinlich auf verschiedenste Weise durch Freunde und Bekannte gewinnen. Sie kommen in beinahe jeder Gruppensituation zurecht. Sie streben die Macht nicht um ihrer selbst willen an, sondern halten sie für ein Mittel, um Reformen durchzusetzen. Ihre Freunde verwickeln Sie oft in seltsame Situationen. Ihr Leben ist plötzlichen und dramatischen Veränderungen unterworfen. Sie lesen gern über außersinnliche Wahrnehmungen und andere telepathische oder spiritistische Erfahrungen. Ihre Intuition ist großartig.

Die Kehrseite der Medaille

Sie sind so unberechenbar, daß es schon bedenklich ist; man kann sich nicht von einem auf den anderen Augenblick auf Sie verlassen. Sie haben außergewöhnliche Vorstellungen über Politik und soziale Reformen, von denen einige so weit hergeholt sind, daß Sie auf taube Ohren stoßen müssen. Obwohl Sie dauernd für Veränderungen oder eine revolutionäre Idee eintreten, scheinen Sie selbst nie etwas Konkretes dafür zu tun. Zu Ihren Freunden zählen Spinner, Eigenbrötler und andere Wirrköpfe, die am Rande der Gesellschaft stehen. Sie bleiben nicht lange genug in einem Beruf, um voranzukommen. Sie haben nur eine sehr geringe Chance, eine glückliche Ehe zu führen. Liebesaffären enden unweigerlich mit Trennung. Sie lassen sich viel zu leicht von den Meinungen und Idealen anderer beeinflussen.

Jupiter im Zeichen Fische

Die Leute können einfach nicht anders: Sie müssen Sie gernhaben, sie schließen Sie sofort in ihr Herz. Andere können wahrscheinlich packendere Geschichten erzählen, geistreichere Gespräche führen, klüger und intelligenter erscheinen. Sie sprechen die Gefühle Ihrer Mitmenschen auf eine einfachere Art an: über die Seele. Sie kümmern sich um die Menschen, um alle Menschen und leiden vielfach selbst darunter, wenn sie Kummer oder Sorgen haben. Mit Jupiter im Zeichen Fische sind Sie in der Lage, bei anderen Gefühle anzusprechen und aufzuwühlen, von denen diese selbst nicht wußten, daß sie in ihnen vorhanden sind.

Sie brauchen eine Beschäftigung, in der der Intellekt eine große Rolle spielt. Zweifellos werden Sie finden, was Sie suchen – schließlich und endlich –, aber für geraume Zeit werden Sie von Beruf zu Beruf wechseln. Sie bleiben nie dort, wo Sie unglücklich sind; Sie können es nicht bei einer Arbeit aushalten, bei der Sie unter Druck stehen und die konzentriertes Denken erfordert. Ihre Fähigkeit, durch Ihren Charme mit Arbeitgebern und Arbeitskollegen auszukommen, befriedigt Sie nicht – Sie müssen eine Funktion erfüllen, die Ihnen wünschenswert erscheint. Sie möchten irgendwie der gesamten Menschheit dienen. Wenn Sie diesen besonderen Wunsch verstehen, sollten Sie sich eine Menge Zeit und Ärger ersparen können, wenn Sie das nächste Mal den Beruf wechseln oder woanders nach einer befriedigenden Tätigkeit ausschauen.

Viele von Ihnen finden Zufriedenheit in einem künstlerischen Beruf, besonders als Schauspieler oder Tänzer. Diese Art von Tätigkeit erlaubt es Ihnen, direkt mit einem Publikum zu kommunizieren und dessen emotionale Reaktion zu spüren. Ohne den Anreiz des Austauschs von Gefühlen bleibt Ihr Leben leer. Der intellektuelle Persönlichkeitstyp übt auf Sie nur sehr wenig Anziehungskraft aus. Wenn Sie mit Ihrem Gefährten keine ausgesprochene Einheit sein können, werden Sie gelangweilt, unruhig und unglücklich.

Sie sind gütig, mitfühlend und unglaublich idealistisch. Ihre Liebe zur Menschheit und Ihr Mitgefühl gegenüber den Unterdrückten, Armen und Kranken ist sehr bewegend in einer Welt, die nicht unbedingt vor Mitleid überfließt. Sie arbeiten mit selbstlosem Einsatz, um den Menschen in Gefängnissen, Krankenhäusern, Sanatorien usw. zu helfen, vorausgesetzt, in ihnen glimmt der kleine Funke, von dem Sie wissen, daß er in beinahe jeder menschlichen Brust zu finden ist, aber manchmal durch die Weltlichkeit und den Intellektualismus verdunkelt wird. Finden Sie ihn bei einem Individuum nicht, dann wenden Sie sich still von ihm ab. Oft werden den Jupiter-Fische-Menschen öffentliche Ehrungen und Anerkennung für ihr humanitäres Wirken ausgesprochen. Leider finden nicht alle von ihnen eine Aufgabe, der sie dienen können, und deshalb leiden sie beträchtlich an Frustrationen und Hoffnungslosigkeit.

Sie sind sehr sensibel und besitzen beinahe mediale Fähigkeiten. Kaum eine Nacht vergeht, in der Sie nicht eine Art prophetischen Traum haben oder eine seltsame Erfahrung machen. Sie können manchmal direkt hellsehen und haben wahrscheinlich schon einige Visionen gehabt. Bisweilen ist es für Menschen mit dieser Kombination schwer, zwischen der Realität und ihren Tagträumen zu unterscheiden, hauptsächlich deswegen, weil so viele wahr zu werden scheinen.

Es ist wichtig, daß sie einen Freund oder Liebespartner haben, der Ihre jenseitsgerichteten Gefühle versteht und dem Sie Ihre Träume und geheimen Wünsche anvertrauen können. Bevor Sie aber eine solch intime Beziehung dieser Art eingehen, muß die betreffende Person ihre tiefe Liebe, ihre Treue und ihr Verständnis erst beweisen. Sie sind in der Regel viel wählerischer bei der Auswahl Ihrer Vertrauten als bei der Ihrer Liebespartner. Da Sie nicht das starke Körperbewußtsein der meisten Leute besitzen, neigen Sie dazu, körperliche Schmerzen und Mißhandlungen zu ignorieren. Sind Sie krank, so spüren Sie, daß Sie sich selbst heilen können – aber erst, nachdem Sie genügend gelitten haben. Sie beklagen sich nicht.

So sehr Sie auch eine lebhafte Gesellschaft um sich lieben, brauchen Sie regelmäßig Zeiten der Abgeschiedenheit, denn ohne sie werden Sie reizbar, niedergeschlagen und äußerst selbstkritisch. Die Gemeinschaft mit der Natur hebt Ihre Stimmung wieder. Musik beruhigt oder regt Sie an, je nach Ihrer Stimmung. Das Meer und der Wald bieten Ihnen idyllische Entspannung.

Sie müssen vorsichtig sein, daß Sie nicht das Interesse an weltlichen Ereignissen verlieren und sich in Ihre eigene Traumwelt zurückziehen. Das geschieht nämlich besonders dann, wenn Sie keine Möglichkeit finden, Ihre altruistischen Triebe auszuleben, oder wenn Sie gezwungen sind, in einer stark wettbewerbsorientierten oder unharmonischen Umgebung zu arbeiten.

Die Kehrseite der Medaille

Möglicherweise nützen Mitglieder des anderen Geschlechts Ihr zur Zusammenarbeit bereites, gütiges und sanftes Wesen aus. Sie lassen sich leicht täuschen oder überreden. Sie ziehen es vielleicht vor, sich ziellos und ohne Ehrgeiz treiben zu lassen, anstatt sich einen Platz in der Welt zu sichern. Sie fühlen sich nie zufrieden oder irgendwo zu Hause. Obwohl Sie Erfolg haben und respektiert werden wollen, sind Sie nicht bereit, die notwendigen Anstrengungen zu unternehmen. Sie sind träge, unentschlossen, launisch – und hassen sich selbst. Einige Menschen mit dieser Kombination sind eingefleischte Lügner, die einfach nicht anders können, als sogar die einfachste Aussage zu übertreiben und dann bei Betrügereien Zuflucht nehmen zu müssen, um in Ruhe und Frieden zu leben.

Saturn

Der Planet

Saturn wird als der schönste Planet des Sonnensystems bezeichnet. Mit dem bloßen Auge sieht man ihn als hellen »Stern«, doch im Fernrohr erkennt man das Ringsystem, das den Planeten umgibt, und seine strahlenden, kontrastreichen Farben. Er erscheint als blaue Kugel mit drei gelben Ringen gegen den samtschwarzen Hintergrund des äußeren Weltraums.

Saturn ist der sechste Planet (von der Sonne aus gezählt) und nach Jupiter der zweitgrößte. Sein Durchmesser beträgt 120 800 km und ist damit neunmal größer als der der Erde. Er dreht sich in $10^{1}/_{4}$ Stunden einmal um seine eigene Achse, eine enorme Geschwindigkeit bei solch einer gewaltigen Größe. Sein Volumen ist 736mal so groß wie das der Erde, doch seine Masse (Gewicht) ist nur das 95fache der Erdmasse.

Die Saturnbahn verläuft in 1,427 Milliarden km Entfernung von der Sonne. Saturn nähert sich der Erde bis auf 1,2 Milliarden km und braucht für eine Umdrehung um die Sonne beinahe $29^{1}/_{2}$ Jahre, was bedeutet, daß er sich $2^{1}/_{2}$ Jahre in einem Tierkreiszeichen aufhält. Wie Jupiter, so ist auch Saturn in Wolkenbänder gehüllt. Diese Bänder sind nicht so deutlich wie die des Jupiter, scheinen aber stabiler zu sein; gelegentlich zeigen sich helle Flecken in ihnen.

Die Saturn-Ringe wurden erstmals 1655 mit einem Fernrohr beobachtet. Sie bestehen aus Myriaden* von kleinen Trabanten oder kosmischen Staubpartikeln. Der äußerste Ring ist etwas dunkler, dann folgt ein schwarzer Zwischenraum. Der mittlere Ring ist der hellste und breiteste. An ihn schließt sich wieder eine dünne, dunkle Zone an, und danach folgt der dritte, innere Ring, der auch als Flor- oder Krepp-Ring bezeichnet wird, weil er dem Gewebe des so bezeichneten Kleiderstoffes ähnelt.

Die Gesamtbreite des Ringes beträgt 64 000 km. Der äußere Ring ist 17 800 km breit, der mittlere 29 000 km und der Krepp-Ring 17 600 km. Der Krepp-Ring steht ungefähr 11 000 km über der Saturn-Oberfläche.

Außerhalb des Ring-Bereiches besitzt Saturn mindestens 10 Monde. Einer von ihnen, Titan, ist mit einem Durchmesser von 5000 km einer der größten Trabanten im Sonnensystem.

Symbolik

Saturn oder Kronos, wie er von den Griechen genannt wurde, war der Gott des Ackerbaus und der Begründer der Zivilisation und der gesellschaftlichen Ordnung. Er war der rebellische Sohn von Uranus, dem ersten höchsten Gott. Mit einem Stein und einer Sichel bewaffnet, besiegte er seinen Vater, der ihn darauf verfluchte und prophezeite, daß auch Saturn seinerseits von seinem Sohn abgesetzt werde. Um dies zu verhindern, verschlang Saturn jedes seiner Kinder nach der Geburt. Doch als sein jüngster Sohn Zeus (Jupiter) geboren wurde, täuschte ihn seine Gemahlin und gab ihm statt dessen einen Stein. Der junge Gott aber wurde in einer Höhle aufgezogen. Im einem zehn Jahre dauernden Krieg besiegte Jupiter schließlich seinen Vater Saturn. Der alte Mann, mit einer Sichel oder einer Sense in der Hand, wurde zum Hüter der Zeit, ein verbitterter, altersschwacher Mensch, dessen Augen bedeutungsschwer vom Stundenglas in seiner Hand auf alles Neue und Junge in der Welt blicken.

---

* = einer unzählig großen Menge

Astrologie

Der Einfluß des Saturns ist schwer, einschränkend und dauerhaft. Er ist melancholisch, kalt, trocken, wenig fruchtbar, beständig, defensiv, hart, geheimnisvoll, nervös, bindend und männlich. Er ist schwerfällig, langsam und ernst und übt eine äußerst starke und wichtige Wirkung im Horoskop aus.

Saturn wird als der »Gesetzbringer« bezeichnet. Er ist der letzte der persönlichen Planeten. Jenseits seiner Bahn befinden sich die drei übrigen bekannten Planeten des Sonnensystems – Uranus, Neptun und Pluto –, die aber so lange für eine volle Umdrehung um die Sonne brauchen (84, 165 und 248 Jahre), daß ihr Einfluß viel allgemeiner ist und sich eher als allmähliche Veränderungen und Entwicklungen im Charakter von Gruppen und Menschengenerationen als von Individuen niederschlägt.

Der Stellung des Saturn im Weltraum entspricht auch seine Stellung zum Menschen – er wirkt am Rande. Er verkörpert die Zeit, die dem Menschen auf der Erde zur Verfügung steht – und deren Ende. Er ist die Grenze, die niemand mit seiner körperlichen Existenz überschreiten kann. Saturn hält Menschen und Leben innerhalb spezifischer Grenzen. In dieser Eigenschaft symbolisiert er das Gesetz, dem das menschliche Verhalten unterworfen ist; die Selbstdisziplin, die es dem Menschen ermöglicht, sich selbst in der Gewalt zu haben; das Pflichtgefühl, das verantwortliches Handeln erlaubt; die Geduld und Ausdauer, die Leistungen erst möglich machen, und die Überlegung, die zur Ausprägung einer gewissen Befangenheit führt, zu der auch die unvermeidbare Erkenntnis des Getrenntseins von anderen Wesen, der Isolation und Einsamkeit gehört.

Saturn ist der Herrscher im Steinbock, dem zehnten Zeichen des Tierkreises. Der Steinbock verkörpert den sozialen Status eines Individuums, der sich aus der Verantwortung und der Selbstdisziplin zusammensetzt. Saturn ist der Mitregent im elften Zeichen, dem Wassermann (zusammen mit Uranus).

Saturn steht für die Haut und das Skelett. Wie die Haut engt er ein und beschützt zugleich – von außen. Wie das Skelett formt und verstärkt er – von innen. Zwischen Haut und Skelett liegen die lebenswichtigen Funktionen und Organe.

Aus dem eben Gesagten läßt sich unschwer ableiten, daß Saturn der Planet der Einschränkung, der harten Arbeit und der Hemmung ist. Sein Einfluß verursacht schwere Zeiten, indem er uns ererbte Lasten, unkontrollierbare Ereignisse und die Konsequenzen von Irrtümern in der Vergangenheit aufbürdet. Saturn verkörpert die Distanz zwischen dem Menschen und seinen Zielen. Die Gesetze des Saturn sind von höchster Gerechtigkeit: Jeder bekommt genau das, was er verdient hat, ob er es nun glaubt oder nicht. Die Gesetze des Saturn geben nicht nur, sondern fordern gleichzeitig – indem er dafür sorgt, daß das Individuum sich mit seinen Charakterschwächen auseinandersetzt. Diese Schwächen müssen erst überwunden werden, bevor der Mensch dann endlich das genießen kann, was jenseits von Haut, Skelett und allen Einschränkungen liegt: die Freiheit, er selbst zu sein.

Saturn vergeudet die Zeit des Menschen, hemmt seinen Fortschritt trotz seiner verdoppelten Anstrengungen, zehrt seine Energien und Mittel auf, benutzt andere, um zu hindern, zu enttäuschen und zu frustrieren. Akzeptiert man aber einmal die Strenge des Saturn und hat man seine Lektionen gelernt, dann enthüllt der »Gesetzbringer« sein wahres Wesen und belohnt reichlich.

Saturn hemmt bisweilen die Dinge, die von anderen Planeten im Horoskop versprochen werden, denn er ist ja der Herr über die Zeit. Seine Funktion besteht darin, daß keiner etwas von dauerndem Wert bekommt, was er sich nicht verdient hat. Ein andermal versagt Saturn nichts – und das Individuum leidet unter all den Wohltaten und all dem Überfluß, weil es nicht darauf vorbereitet war, damit fertig zu werden.

Ein gut aspektierter Saturn übt einen veredelnden und Würde verleihenden Einfluß aus. Die Person ist gewissenhaft und fleißig, wählt möglicherweise den schwereren Weg, um die Dinge anzupacken, doch geschieht das oft aus Gründlichkeit und der Neigung, Geduld und gewissenhafte Pflichterfüllung mit Verantwortung gleichzusetzen. Man kann sich bei einem solchen Menschen darauf verlassen, daß er das Beste aus seinen Anlagen und Fähigkeiten macht. Diese Menschen, ob Mann oder Frau, besitzen einen Moralbegriff, der sie dazu zwingt, immer das Richtige zu tun. Sie sind verschwiegen und können ein Geheimnis für sich behalten, gehen einem Problem auf den Grund, sehen es in der richtigen Perspektive und schlagen praktikable Lösungen vor. Ihr Rat ist realistisch, objektiv, stets nüchtern und sachlich. Sie sind konservativ, beschreiten nur ungern Neuland. Stehen Sie unter Beschuß, sind sie sich dessen voll bewußt, zeigen aber Zurückhaltung und Selbstbeherrschung; stehen sie unter Druck, haben sie sich bewundernswert in der Gewalt. Sie haben eine ernste und vorsichtige Einstellung zum Leben, verschwenden kein Geld und können jederzeit über ihre Mittel Rechenschaft ablegen, sind sparsam, aber nicht geizig.

Ein adversativ* aspektierter Saturn schafft eine Persönlichkeit, die dazu neigt, sich laufend zu beklagen und zu jammern. Dieser Mensch hat Pech, läßt gute Gelegenheiten ungenutzt, kommt nur langsam vom Fleck. Er neigt zu Egoismus, grübelt zuviel, bemitleidet sich selbst und ist sehr kritisch denen gegenüber, die das Leben nicht so ernst nehmen. Ein solches Individuum ist geizig, gemein und unbeliebt. Entweder muß er zu hart für sein Geld arbeiten oder er ist zu knauserig, um es für normale Annehmlichkeiten und Vergnügungen auszugeben. Er steckt voller Ängste und leidet gewöhnlich an langwierigen, schwer zu diagnostizierenden und oft depressiven Krankheiten.

Physiologisch herrscht der Saturn über den Knochenbau und die Haut, über Kristallisationen im Körper und die Einschränkungen des Körperwachstums. Als Verkörperung der Zeit gibt er dem Körper Gestalt, legt dem Wachstum die nötigen Grenzen auf; außerdem regiert er den Alterungs- und Verknöcherungsprozeß. Saturn hat auch eine Verbindung zur Milz, Gallenblase, zu den Knien, den Zähnen, zum Innenohr und dem Vorderlappen der Hypophyse**, in dem Hormone gebildet werden, die die Keimdrüsen steuern.

Zahnschmerzen und Erkältungen sind die häufigsten »Saturn«-Krankheiten.

Saturn im Zeichen Widder

Obwohl Sie ehrgeizig sind, ist Ihr Weg nach oben sehr hart und steinig. Sie müssen für alles, was Sie haben, schwer arbeiten. Dies ist eine ungünstige Kombination: Saturn sitzt wie ein tonnenschwerer Bleiklotz auf der Schulter des starken und impulsiven Widder. Es fällt Ihnen schwer, sich zu bewegen. Sich mit Schnelligkeit und Schwung fortzubewegen, wie Sie es sonst so oft tun, ist Ihnen unmöglich gemacht.

* = gegensätzlich
** = Hirnanhangdrüse

Trotz dieser ernsten Behinderung sind Sie entschlossen, erfolgreich zu sein. In der ersten Hälfte Ihres Lebens geht es Ihnen gewöhnlich nicht so gut, doch ist es der Zeitabschnitt, in dem Sie die Charakterstärke entwickeln, die Sie schließlich zum Erfolg führt. Saturn wird dafür sorgen, daß Sie mit vielen Hindernissen und widrigen Umständen kämpfen müssen.

Ihre beste Chance, sich einen Namen zu machen – was Sie am meisten herbeisehnen –, ist die durch wagemutige Unternehmungen, die die Phantasie der Allgemeinheit beschäftigen. Ihnen ist es wahrscheinlich eher möglich, sich einen Ruf aufzubauen, als Millionär zu werden. Da Sie den großen Wunsch haben, respektiert und geschätzt zu sein, sollte Ihnen die eben gemachte Voraussage auch zusagen. Ihre Fähigkeit, auch angesichts ungünstigster Aussichten trotzdem auszuharren, macht Sie zu einem Pioniertyp. Sie gehören zu der Menschensorte, die für Jahre in der feindlichen Wildnis verschwindet, zahlreiche Entbehrungen auf sich nimmt und schließlich mit dem heiligen Gral auftaucht und von der Öffentlichkeit begeistert gefeiert wird.

Sie gehören nicht zu den Leuten, die gut mit anderen auskommen. Sie sind eher ein Einzelgänger, einer, der sich lieber allein plagt; einige sagen sogar, ein Verlierer (zumindest am Anfang). Ihr Leben scheint nie mit Ihren hochfliegenden Plänen übereinzustimmen: Sie verpassen immer die große Gelegenheit – entweder sind Sie zu früh oder zu spät dran oder aber, Sie erfahren nichts davon. Sie beneiden oft die anderen, die anscheinend jedesmal den Durchbruch schaffen. Sie ärgern sich sehr leicht; Sie sammeln langsam in sich eine solche Wut an, die dann plötzlich zur Explosion kommt. Doch genauso schnell greift die eiserne Hand der Selbstdisziplin ein, und Sie haben Ihre Gefühle wieder im Griff. Und das Ganze geht wieder von vorne los.

Sie geben einen guten Soldaten ab, denn Sie sind jemand, der auf Zucht und Ordnung achtet. Sie zeigen selten Ihre Gefühle, außer wenn Sie kritisieren oder korrigieren wollen. Sie wissen, daß Autorität eine gewisse Zurückhaltung erfordert. Wenn Sie nicht versuchen, die Beschränkungen, die Sie sich selbst auferlegt haben, etwas zu lockern, dann werden Sie anmaßend. Als Vater oder Mutter können Sie zu streng sein; als Mensch zu stark darauf bedacht, Ihre Einstellung auch gegen alle Widerstände durchzusetzen.

Sie haben selten das Glück einer glücklichen Ehe. Entweder ist Ihr Partner eifersüchtig oder überträgt seine Gefühle der Unsicherheit auf Sie. Ihre Abneigung, sich an den üblichen gesellschaftlichen Aktivitäten zu beteiligen, bringt Ihnen nichts ein. In einer lustigen Gesellschaft werden Sie leicht mürrisch, nörgeln und lassen sich auf Streitereien ein. In Ihrem Herzen ziehen Sie es vor, allein zu sein oder aber in der Gesellschaft eines Kumpans, der Ihre ziemlich pessimistische Lebenseinstellung teilt. In Ihrem Innern trauen Sie Menschen irgendwie nicht und neigen zum Egoismus.

Sie haben Verstand, obwohl er möglicherweise nicht so hervorragend ist, wie es Ihr Verhalten vorgibt. Läßt man Sie jedoch allein, so können Sie im stillen nachdenken, und das hilft Ihnen, Ihre Emotionen zu stabilisieren. Sie sind sich Ihrer sehr sicher, wenn Sie sich mit praktischen Dingen befassen. Es sind die inneren Spannungen und Belastungen, die Ihnen am meisten zu schaffen machen.

Sie können, wenn Sie es wollen, recht diplomatisch und ganz eindrucksvoll sein. Ihr reserviertes und sachliches Verhalten erweckt den Eindruck verborgener Stärke, Fähigkeit und Weisheit. Sie möchten gern eine Machtposition in einer großen Organisation bekleiden. Sie wollen wegen Ihrer Leistungen, besonders aber wegen Ihres Verantwortungsgefühls, bewundert werden und sehnen sich danach, diese nach außen zur Schau getragenen Eigenschaften in eine innere Realität zu verwandeln.

Sie leiden möglicherweise an chronischen Beschwerden, die es Ihnen schwermachen, mit anderen unter gleichen Bedingungen in Wettbewerb zu treten. Doch haben Sie die innere Stärke, sich dagegen aufzulehnen, und erlauben es den gesundheitlichen Behinderungen nicht, Sie zu überwältigen. In den Stunden, in denen Sie mutlos und deprimiert sind, hilft es Ihnen, sich daran zu erinnern, daß Saturn, der Gesetzbringer, dessen Einfluß Sie so hemmt, dies am Ende reichlich belohnt.

Die Kehrseite der Medaille

Möglicherweise sind Sie ein puritanischer Despot, ein Schrecken Ihrer Familie, Ihres Büros oder Ihrer Gemeinde. Sie sind einsam und haben keine Freunde. Mit Ihren Depressionen und Ihrem weinerlichem Gejammere gehen Sie jedem auf die Nerven. Das einzige, was Sie von Ihrem herrischen Vater gelernt haben, ist, gegenüber Ihrer Familie oder als Chef noch strenger und schikanöser aufzutreten. Sie könnten auch versuchen, andere zu ihrem eigenen Wohl zu bessern, machen aber dabei ihr Leben kaputt. Sie könnten einer der übereifrigen Missionare sein, die ausziehen, um ein unzivilisiertes Volk zu »retten«, deren einziger Erfolg aber darin besteht, ihre Kultur und ihre Selbstachtung zerstört zu haben. Minderwertigkeitsgefühle plagen Sie. Wahrscheinlich leiden Sie an starken Kopf- und Zahnschmerzen, haben Schwierigkeiten beim Hören und mit den Augen.

Saturn im Zeichen Stier

Sie klammern sich viel zu stark an Ihren weltlichen Besitz, als daß Sie ihn richtig genießen könnten. Geld und Besitz erwerben Sie so langsam und mühsam, daß Sie in der ständigen Furcht leben, beides durch eine Laune des Schicksals zu verlieren. Ohne einen erbitterten Kampf geben Sie nichts auf, was Ihnen einmal gehört – und auch nicht den zwanghaften Ehrgeiz, noch mehr und immer noch mehr zu erlangen. Sie wissen, daß mit dem Reichtum auch Ansehen, Achtung und Prestige kommen – und diese bedeuten Ihnen mindestens genausoviel wie die Sicherheit, nach der Sie sich sehnen.

Sie sind nachdenklich und gütig. Sie lassen sich nicht zu vorschnellen Handlungen hinreißen, obwohl Sie auch plötzlich in Wut geraten können, wenn man Sie nur lange genug belästigt. Soweit es in Ihren Möglichkeiten steht, führen Sie ein ruhiges und geregeltes Leben. Sie denken lieber etwas länger nach, bevor Sie irgendwelche Schritte unternehmen, denn Sie wollen immer im voraus genau wissen, in welche Richtung sie führen. Sie setzen Ihre Ziele ebenfalls schon recht frühzeitig fest, und da alle Pros und Kontras bedacht worden sind (Sie hoffen es), sehen Sie selten eine Notwendigkeit, Ihre Pläne zu ändern oder auf den Rat der anderen zu hören. Sie ackern unverdrossen weiter. Unerwartete Ereignisse bringen Sie aber aus der Fassung, und es fällt Ihnen schwer, plötzliche Korrekturen zu unternehmen: Sie sind nicht anpassungsfähig. Sie arbeiten viel lieber für jemand anders oder im Rahmen einer großen Organisation, in der Sie Ihre Autorität einsetzen können, ohne sich Sorgen um Ihre Sicherheit machen zu müssen. Ihre größte Stärke liegt in der Fähigkeit zur Ausdauer und zur Überwindung von Hindernissen; Ihre Entschlossenheit ist unerschütterlich. Die Dinge, nach denen Sie im Leben streben, fliegen Ihnen nicht zu; Sie gehören bestimmt nicht zu den Glückspilzen.

Aber Ihre zähe Beharrlichkeit bringt Sie schließlich doch dahin, wohin Sie wollen. Sie sind sparsam mit Ihrem Geld und kommen ohne Luxus aus, obwohl auch Sie die Annehmlichkeiten des Lebens schätzen, wenn Sie einmal das Gefühl haben, sie sich leisten zu können. Sie versuchen zu sparen, doch ist es ein langwieriges und entmutigendes Unterfangen: Irgend etwas zehrt gewöhnlich immer an den angesammelten Geldern. Viele Ihrer Probleme entstehen durch Verwandte, besonders durch ältere. Möglicherweise haben Sie Pflichten oder Sorgen mit älteren Verwandten, oder müssen sie finanziell unterstützen; andere unglückliche Erfahrungen im häuslichen Bereich bringen Verluste und Sorgen. Es könnte ein ungutes Verhältnis zwischen Ihnen und Ihren Nachbarn herrschen.

Die meisten Ihrer Ängste werden durch das Geld oder die Liebe verursacht. Sie sind unentschlossen und schmieden das Eisen nur selten, wenn es heiß ist. Ihnen fehlt das Vertrauen in Ihre Wahl des richtigen Zeitpunkts: Sie zögern. Wenn Sie in der Liebe endlich doch handeln, dann meist zum falschen Zeitpunkt, oder Sie suchen die falsche Person aus. Sie könnten ganz deprimiert sein über das Rauf und Runter in Ihren Beziehungen, wenn Sie anfangen, sie mit denen anderer zu vergleichen. Sie behalten Ihre Emotionen zu sehr für sich; Sie müssen Ihre Gefühle und geheimen Gedanken einmal »auslüften«, sie einem anderen Menschen offenbaren. Ihre ständige Zurückhaltung und Selbstbeschränkung verleitet Sie zum Grübeln, einer Art emotionaler Inzucht, aus der Furcht, eingebildete Kränkungen und dumpf brodelnder Groll entstehen. Sie vergessen und vergeben nicht schnell.

Sie kommen durch klug gewählte Investitionen zu Geld. Sie gehen stets auf Nummer Sicher. Sie wissen alles über die Risiken der Methoden, wie man schnell zu Geld kommen kann, kennen die schlaflosen und nervenaufreibenden Nächte, wenn etwas schiefgeht. Das ist nichts für Sie. Jeder darf sich glücklich schätzen, bei dem Sie auf der Gehaltsliste stehen; denn Sie halten die Kosten niedrig, weil Sie wissen, wie man rationalisieren kann, und auch in der Lage sind, Maßnahmen, die aus wirtschaftlichen Gründen getroffen werden müssen, anderen diplomatisch zu erklären. Im persönlichen Bereich handeln Sie klug und sparsam. Man kann Ihnen vorbehaltlos sein Geld anvertrauen. Sie werden nichts tun, was Ihrem Ruf schaden oder andere zu einer respektlosen Haltung bringen könnte. Sie fühlen sich jedem und allem moralisch verpflichtet. Trotz Ihrer Nervosität kann man sich auf Sie auch verlassen, wenn alle unter Druck stehen; Sie helfen anderen, ihre Panik und Hysterie zu überwinden.

Sie lieben die natürliche Schönheit; die Ordnung und Exaktheit der Natur fasziniert Sie. Oft fühlen Sie sich zu wissenschaftlichen Studien oder Berufen hingezogen, die mit Gartenbau, Viehzucht und Botanik zu tun haben.

Die Kehrseite der Medaille

Sie könnten bedauernswert gehemmt sein und deshalb nicht mit anderen gesellschaftlich verkehren können. Die Angst vor unsicheren Verhältnissen macht Sie geizig und habgierig. Wahrscheinlich machen Sie sich so viele Sorgen, daß es zu einem Nervenzusammenbruch kommt. Ihr Heim ist möglicherweise kein glücklicher Ort. Es fällt Ihnen unsagbar schwer, anderen eine einfache, freundliche Geste zu zeigen. Sie sind teilnahmslos in der Liebe und haben kein Gefühl für Schönheit. Alle Ihre Gedanken sind nur auf das Erreichen materialistischer Ziele eingestellt.

Saturn im Zeichen Zwillinge

Sie sind ein Mensch mit großen intellektuellen Fähigkeiten. Sie denken und schreiben inspirativ und tiefgründig. Sie würden einen ausgezeichneten Mathematiker, theoretischen oder praktischen Naturwissenschaftler, Dozenten, Lehrer oder Rechtsanwalt abgeben. Sie könnten es ebenfalls in Handel und Gewerbe als Kaufmann, Verleger, Drucker oder Makler zu etwas bringen. Sogar in den einfachsten Berufen bemerkt man Ihre klugen Ansichten und Ihren beweglichen Verstand.

Mit dieser Saturn-Position erhält das intellektuelle Zeichen Zwillinge den beruhigenden Einfluß des weisen und erfahrenen Planeten. Dies ist eine fruchtbare und solide Verbindung.

Sie sind sich dessen, was um Sie herum vorgeht, sehr bewußt. Sie sammeln dauernd Informationen, merken sich aber nur diejenigen, die Ihnen später von praktischem Nutzen sein können. Sie besitzen die Fähigkeit, das Unwesentliche zu vergessen und sich an das Wesentliche erinnern zu können. Trotzdem sind Sie in der Lage, auch einmal eine spaßige Geschichte mit viel Witz zu erzählen.

Sie neigen dazu, sich mit einer Vielzahl von Themen gleichzeitig zu befassen. Obwohl Sie von einer Sache zur anderen eilen, geschieht dies nicht aus Oberflächlichkeit. Sie nehmen alles in sich auf, Sie verstehen es; Sie beschäftigen sich nicht mit etwas, um eine Menge nutzloser Informationen zu sammeln. Sie sind ein intellektuelles Wesen. Für Ihre Gesundheit und Ihr Wohlbefinden ist es wichtig, daß sich Ihr Verstand mit irgend etwas befaßt. Andere, viel einfacher denkende Menschen würden unter diesen ständigen Gehirnaktivitäten leiden und an den Rand eines Nervenzusammenbruchs gebracht, Sie aber fühlen sich in Ihrem Element.

Sie sind weltmännisch gewandt und gebildet. Unter den richtigen Umständen würden Sie ein hervorragender Diplomat, älterer Staatsmann, Staatschef oder Präsident sein. Sie sind sehr ernst, bewahren sich aber immer einen frischen, jugendlichen Humor, eine gewisse Naivität, die Sie, besonders in späteren Jahren, recht liebenswert macht. Sie sind zu großen Anstrengungen auf dem Gebiet der Literatur fähig. Sie besitzen eine außergewöhnliche Beobachtungsgabe und das geistige Rüstzeug, das, was Sie sehen, in einer anschaulichen und mitreißenden Sprache zu schildern. Ihr Begriffsvermögen ist bemerkenswert.

Gewöhnlich werden Sie von durch Verwandte, besonders Geschwister, verursachte Schwierigkeiten, Schicksalsprüfungen und Sorgen heimgesucht. Verantwortungen, die Sie aus dieser Richtung aufgehalst bekommen, schränken Ihre Freiheit und Unabhängigkeit ein. Wahrscheinlich erhebt man auch falsche Anschuldigungen gegen Sie. Gerichtsverfahren, die Sie anstrengen, gehen ungünstig für Sie aus, oder sie zeitigen erst nach langen Verzögerungen einen Erfolg. Am Ende werden die Anschuldigungen gegen Sie zwar zurückgewiesen, doch wird der Schaden, den Ihr guter Ruf erlitten hat, nie mehr ganz wiedergutzumachen sein. Es besteht auch die Möglichkeit, daß Sie einen Teil Ihres Lebens im Ausland, im Exil, verbringen müssen. Reisen bringen Ihnen nicht viel Glück. Worte, die Sie in Eile oder Wut mündlich oder schriftlich geäußert haben, könnten zu Verleumdungsklagen führen, Ihre Nachbarn könnten Ihnen ebenfalls Ärger machen. Die eben geschilderten Erfahrungen sowie die stark intellektuelle Natur von Saturn im Zeichen Zwillinge könnten Sie verbittert und zynisch werden lassen. Ohne günstige Aspekte könnte es Ihrer Persönlichkeit an menschlicher Wärme fehlen; Sie sind möglicherweise zu hartherzig und fordernd. Unaufrichtigkeit und fehlende Objektivität könnten sich einschleichen.

In der Regel schafft die Saturn-Zwillinge-Kombination einen Menschen mit hochgesteckten Idealen. Sie haben ein feines Gespür dafür, die Dinge richtig zu machen, und praktizieren auch, was Sie predigen. Sie sind verantwortungsbewußt und ernst, vertrauen jedoch bisweilen den falschen Leuten und werden deshalb im Stich gelassen. Enttäuschungen verursachen bei Ihnen gewöhnlich Depressionen. Ihre Phantasie beeinflußt bisweilen Ihr Urteilsvermögen, und Sie sehen Situationen, besonders ungünstige, dann so, wie Sie sie gern sehen möchten, was natürlich unweigerlich zu einer neuen Enttäuschung führt. Eine philosophisch weise Einstellung könnte Ihnen helfen, Ihre angeborene Nervosität etwas abzulegen.

Diese Kombination bedeutet oft, daß die Erziehung und Bildung in jungen Jahren unterbrochen oder verzögert wird. Es wird dann schwierig, in die gewählte Berufssparte einzusteigen. Möglicherweise wissen Sie aber auch nicht, welche Richtung Sie einschlagen sollen, weil Sie unsicher sind, was Sie überhaupt vom Leben erwarten. Not und Mühsal in jungen Jahren sind mehr als wahrscheinlich. Sie können Beschwerden im Brustkorb, besonders mit den Lungen haben.

Die Kehrseite der Medaille

Ihre Depressionen können Sie auf Selbstmordgedanken bringen. Sie sehnen sich nach Liebe, tun aber nichts, um sie sich zu verdienen. Sie sind möglicherweise ein unverbesserlicher Pessimist, der sich der Selbsttäuschung hingibt, ein Realist zu sein. Sie sind anderen gegenüber beleidigend und kritisch. Sie verpassen gute Gelegenheiten aus Angst vor einem Mißerfolg; aber: Wer nicht wagt, der nicht gewinnt. Ihr Denken ist schwerfällig und wenig originell, Ihre Sprechweise irritierend langsam und abgehackt. Ihre Dickköpfigkeit macht Sie zu einem Einzelgänger, der niemanden hat, mit dem er sich unterhalten kann. Sie handeln teilweise unlogisch und konfus.

Saturn im Zeichen Krebs

Sie machen sich ununterbrochen Sorgen: über Mutter, Familie, Haus oder Wohnung, Zukunft, Kindheit, Kinder und Vergangenheit. Sie können selten das Gefühl der Unsicherheit und Minderwertigkeit ablegen – außer wenn Sie sich in die

Freuden sinnlicher Befriedigung durch Sex, gutes Essen und Trinken, Alkohol oder ähnliches stürzen. Doch nachher fangen Sie wieder an, sich Sorgen zu machen.

Saturn im Zeichen Krebs ist ungefähr so, als würde man Brot in Wasser werfen. Das Brot verliert seine Festigkeit, zerfällt. Der Einfluß des Saturn kann sich hier nicht durchsetzen, ist äußerst schwach. Seine Disziplin, Moralität und Ausdauer werden größtenteils aufgelöst.

Doch es besteht immer noch eine Möglichkeit zu außergewöhnlichen Leistungen. Wenn sich Saturn-Krebs-Menschen einer Aufgabe widmen – sei es ein akademischer Beruf, ein künstlerisches Unterfangen oder eine Betätigung im geschäftlichen Bereich –, dann vereinigen sie die besten Eigenschaften von Saturn und Krebs in sich und bringen erstaunliche Leistungen. Ist ihre Aufgabe aber beendet, versinken sie wieder in Trägheit, Lethargie und liederlichem Verhalten.

Sie sind überaus empfindsam. Ihre Emotionen, die in Ihrer Kindheit durch Ihre Umgebung so fein abgestimmt wurden, diktieren auch heute noch Ihre Reaktionen. Sie wurden entweder mit zuviel Liebe umsorgt oder mußten Liebe entbehren. Hatten Sie zuviel Liebe, dann vermissen Sie sie jetzt, sehnen sich nach ihr, fühlen sich ihrer beraubt, unsicher. Mußten Sie Liebe entbehren, vermissen Sie sie immer noch, sehnen sich nach ihr, fühlen sich ihrer beraubt, unsicher. Sie sind ein Gefangener Ihrer Vergangenheit, der zu weich, zu furchtsam und ohne das nötige Selbstvertrauen ist, sich von ihr zu befreien.

Sie unternehmen nicht gern etwas Neues. Der Drang, bahnbrechende Arbeit zu leisten und mit anderen in Wettbewerb zu treten, beunruhigt Sie. Sie überlegen sich zwar, etwas Neuartiges zu beginnen und es auf eigene Faust zu versuchen, doch verwerfen Sie diese Idee sehr bald. Sie halten lieber an dem fest, von dem Sie wissen, daß Sie es tun können, was sich bewährt hat und was von Ihren Freunden und besonders Ihren Lieben akzeptiert wurde. Sie werden durch die Ihnen in Ihrer Kindheit auferlegten Beschränkungen an der freien Entfaltung gehindert. Gewöhnlich gehören zu Ihrem geistigen Hintergrund Sorgen und Leid im Zusammenhang mit älteren Verwandten oder Ihrer Familie. Möglicherweise haben Sie mitbekommen, wie Ihre Mutter mit schwierigen Verhältnissen fertig werden mußte, und waren gezwungen, einen Teil ihrer Sorgen zu teilen oder einen Teil der Belastungen auf sich zu nehmen. Bisweilen findet sich in Ihrer Lebensgeschichte auch eine strenge, von der Mutter ausgeübte Disziplin, die die Reaktionen des Erwachsenen immer noch beeinflusst und bestimmt. Jede dieser Erfahrungen wächst sich zu einem Komplex aus, zu einem Gefühl der Leere, Unsicherheit und Ungewißheit. Ihre übliche Verteidigungsreaktion darauf ist, keine Risiken einzugehen, nichts zu unternehmen – was Sie träge und schlaff erscheinen läßt. Sie kommen stets wieder auf die Dinge zurück, von denen Sie wissen, daß Sie ihnen vertrauen und sich daran erfreuen können – nämlich Ihre Sinne, sinnliche Vergnügen – oder aber, Sie stürzen sich in die Arbeit, die Ihnen Spaß macht, wenn Sie überhaupt das Glück hatten, eine solche zu finden.

Saturn beraubt das Kind, wenn er nicht sehr gut aspektiert ist, vieler Annehmlichkeiten und sonst üblicher Vergnügungen. Oder er versagt sie dem Menschen in reiferen Jahren, zerstört seine Karriere oder straft ihn mit einem einsamen Lebensabend in Armut. Diese Kombination verursacht auch Krankheiten, die gewöhnlich den Magen oder die weibliche Brust befallen. Schwächende Krankheiten oder Behinderungen wie Tumore und Geschwüre – und Übergewicht – treten häufig auf.

Saturn-Krebs-Menschen versuchen verzweifelt, ihre Existenz zu rechtfertigen: Das ist ihr Hauptproblem. Bei diesem Versuch sehnen sie die Bewunderung ihrer Lieben herbei und werden mürrisch, wenn sie ihnen nicht entgegengebracht wird. Vor dem Rest der Familie spielen sie sich als Märtyrer auf und legen zu große Betonung auf ihre fast sklavische Hingabe, mit der sie als Hausfrau oder Familienernährer arbeiten und die man ihnen nicht dankt. Sie versuchen auch verzweifelt, Anerkennung oder ein lobendes, wohlwollendes Zunicken von ihrem Chef, vom Polizeipräsidenten oder einer anderen – im Grunde von jeder – hochgestellten Persönlichkeit zu erhalten. Ihnen bereitet es sogar Vergnügen, wenn ein Polizist auf der Straße an ihnen vorbeigeht: Das gibt ihnen das befriedigende Gefühl, die Gesetze geachtet zu haben, auf der Seite des Gesetzes zu stehen. Sie wollen, daß man ihnen laufend versichert: »Ihr macht alles richtig. Euer Leben ist dadurch gerechtfertigt.« Dann sind sie glücklich – für eine Weile wenigstens.

Menschen mit dieser Kombination können den Beschützertrieb des Krebses mit der Disziplin des Saturn verbinden und gleichzeitig ihre inneren Gefühle dadurch befriedigen, daß sie auf maßgebender Ebene für die Rechte der Armen, Kranken, in Not Geratenen und Unterprivilegierten kämpfen.

Astro-Analysis

Die Kehrseite der Medaille

Sie sind möglicherweise unerträglich launisch, veränderlich und unzuverlässig. Je mehr Sie auf sexuellem Gebiet zur Promiskuität* neigen, desto deprimierter und unzufriedener werden Sie. Übermäßiges Essen macht Sie dick und träge und bereitet Ihnen Unannehmlichkeiten. Drogenabhängigkeit könnte sich verheerend auswirken. Die Leute lachen hinter Ihrem Rücken über die Entschuldigungen, die Sie vorbringen, um Ihre Exzesse zu rechtfertigen, oder Sie erregen nur noch Mitleid. Wahrscheinlich haben Sie einen quälenden Mutter- oder Vaterkomplex. Ihr Unglück läßt sich größtenteils auf die Lügen zurückführen, die Sie erzählen.

Saturn im Zeichen Löwe

Situationen, in denen Sie Führungsqualitäten oder Liebe beweisen müssen, stellen möglicherweise zu hohe Anforderungen an Ihre Person und gipfeln in Enttäuschung oder gebrochenem Herzen. Sie sind zwar eine geborene Führungspersönlichkeit, doch in mancher Hinsicht eine zu strenge. Sie gehören nicht zu dem sympathischen Löwe-Typ, der von seinem Thron steigt und sich zwanglos unter seine Untertanen mischt. Sie sind ein Saturn-Löwe-Mensch: Obwohl auch Sie zum Herrscher geeignet sind, sind Sie sich der Würde und des Rangunterschiedes, den Ihre Position mit sich bringt, zu sehr bewußt. Würde und Rangunterschied können, so glauben Sie vorbehaltlos, nur dadurch erhalten werden, daß Sie einsam und isoliert über den anderen stehen.

Das Zeichen Löwe charakterisiert eine warmherzige, menschliche und großzügige Persönlichkeit; Saturn ist der Planet schwerer Verantwortung und kalter Einschränkungen. Dies ist eine weniger günstige Kombination, die zwar oft zu Macht und beneidenswerten Erfolgen in weltlichen Dingen führt, aber selten persönliche Befriedigung oder echtes Glück bringt.

Sie sind ein Verfechter harter Arbeit und tun pedantisch Ihre Pflicht. Obwohl Sie sich zur Unterhaltungsbranche hingezogen fühlen oder in einem Beruf arbeiten, der anderen Freude bringen soll, benehmen Sie sich selten ungezwungen und machen einmal bei einem Spaß mit. Dieses Verhalten, so glauben Sie, würde Ihrem Ansehen nicht bekommen. Sie könnten in Ihrem Beruf einsame Spitze sein und Ihr Publikum wirklich amüsieren, doch ist es für Sie immer nur ein Beruf, niemals ein Ausdruck Ihrer echten Gefühle.

Was Ihre echten Gefühle sind, ist selbst für Sie ein kleines Geheimnis. Wie jeder Mensch sehnen Sie sich nach Liebe, und tief in Ihnen steckt auch sehr viel Liebe, die danach drängt, freigelassen und mit jemandem geteilt zu werden. Doch im allgemeinen wird das bei der Saturn-Löwe-Kombination nicht geschehen. Sie haben große Schwierigkeiten, Ihre Emotionen auszudrücken. Wenn Sie es versuchen, dann wirkt das meist ungeschickt und unbeholfen, das Ergebnis ist unbefriedigend. Menschen mit dieser Kombination kommen häufig schon sehr früh in ihrem Leben zu dem Entschluß, ihre Gemütsregungen nicht mehr zu zeigen. Als Schutz legen sie sich eine zurückhaltende und distanzierte Haltung zu, die andere entmutigt, sie überhaupt emotional anzusprechen. Sie ziehen sich bequem hinter diesen Schutz wie in eine Rüstung zurück, von der sie sich nur selten wieder befreien können.

Bisweilen finden Saturn-Löwe-Menschen ein Ventil für ihre Emotionen, indem sie sich in einen Partner aus niedrigeren Gesellschaftsschichten verlieben. In diesen Fällen glauben sie, daß allein ihr Zusammensein mit diesem Menschen schon als Ausdruck ihrer Zuneigung und Achtung genügt und es keiner weiteren Gefühlsbezeugungen mehr bedarf. Es geht jedoch nicht immer so glatt: Verbitterung und Skandale sind oft das Ergebnis.

Sie können glänzend organisieren, sind gelassen in Notfällen und verstehen es, große Menschengruppen mit einer Autorität zu führen, die andere selten in Frage stellen. Sie handeln konstruktiv, praktisch und eindrucksvoll und sollten, vorausgesetzt, es ergibt sich die Möglichkeit, keine Schwierigkeiten haben, in der Politik oder im Regierungsapparat in eine Machtposition aufzusteigen. Ihr diplomatisches Geschick ist bemerkenswert.

Im Geschäftsleben oder als Arbeitnehmer sind Sie der richtige Mann für eine Tätigkeit in einer Gesellschaft. Bei Ihnen kommt zuerst die Organisation, Ihre eigenen Interessen stellen Sie zurück. Es versteht sich beinahe von selbst, daß ein aufmerksames und fortschrittlich denkendes Management Sie bald für eine Beförderung vorsieht.

In Ihrem Privatleben zeigt Ihr Lebensstil extreme Verhaltensweisen zwischen äußerster Spar-

---

* = Verkehr mit wechselnden Partnern

samkeit und großer Prachtentfaltung. Sind Sie wohlhabend, so umgeben Sie sich möglicherweise mit allem Komfort und allen Annehmlichkeiten, haben aber trotzdem niemanden, mit dem Sie alles teilen können. Unter normalen Umständen genießen Sie ab und zu das Beste, was Küche und Keller zu bieten haben – laden aber niemand dazu ein. »Splendid isolation«, das »glänzende Alleinsein«, könnte Ihre Devise sein.

Haben Sie sich auf etwas festgelegt, dann beweisen Sie Mut bei Ihrem Handeln, sind aber vorsichtig, bevor Sie zu Ihren Entscheidungen kommen. Sie lassen sich nur schwer von dem eingeschlagenen Kurs abbringen; man kann sich bei Ihnen darauf verlassen, daß Sie alle Für und Wider schon vorher gegeneinander abgewogen haben. Sie zeigen sich selten von einem Appell an Ihre Gefühle beeindruckt. Gerechtigkeit und Logik besitzen für Sie viel mehr Überzeugungskraft.

Die Kehrseite der Medaille

Sie sind ein strenger Zuchtmeister und haben sehr starre Ansichten, von denen die meisten sowieso veraltet sind. Sie möchten zwar mit der Zeit gehen, doch Mißtrauen und Vorbehalte in Ihrem Innern halten Sie zurück. Mit Kindern sind Sie zu streng und unnachgiebig. Einige Ihrer Sorgen wurden wahrscheinlich von den Kindern verursacht. Sie glauben, Ihr Weg ist der einzig richtige. Untergebene und Angehörige des anderen Geschlechts, die ein geringeres soziales Ansehen genießen als Sie, bereiten Ihnen möglicherweise ernste Probleme. Menschen, die sich nicht offen als Ihre Freunde zu erkennen geben, arbeiten gegen Sie. Manchmal leiden Sie an Depressionen und schwer definierbaren Schmerzen. Ihr Liebesleben ist stets eine Quelle für Probleme, Mißverständnisse und Sorgen. Sie gefährden Ihre Gesundheit, weil Sie zuviel und zu hart arbeiten.

Saturn im Zeichen Jungfrau

See sind zu besonderen Leistungen fähig. Sie besitzen einen scharfen, kreativen, praktischen und disziplinierten Verstand. Man kann sich darauf verlassen, daß Sie Ihre Aufgaben gewissenhaft erledigen und ohne nachzulassen so lange wie nötig daran arbeiten. Sie halten Ihr Wort, sind ein ausgezeichneter Arbeitnehmer und der ideale Mann für einen verantwortungsvollen Posten in einem akademischen Beruf, besonders, wenn dabei die Lehre eine Rolle spielt.

Doch Sie machen sich zu große Sorgen. Es vergeht kaum ein Tag, an dem Sie kein vages Gefühl der Unsicherheit verspüren. Schwermut und Depressionen überfallen Sie ohne Vorwarnung. Was die Arbeit angeht, so ist Ihr Verstand in diesen Zeiten klar und leistungsfähig, aber Ihre persönlichen Beziehungen leiden. Andere können sich nur schwer mit Ihrer melancholischen Stimmung abfinden. Die Tatsache, daß oft überhaupt kein echter Grund dafür vorliegt, macht Ihre Bekannten und Kollegen nur unnachsichtiger.

Sie arbeiten um der Arbeit willen. Nichts gefällt Ihnen besser, als sich in Ihrem Büro zu vergraben und sich mit einem kniffligen Problem zu befassen, das eine längere Konzentration erfordert. Sie sind besonders an wissenschaftlichen Forschungen interessiert. Ihr analytischer Verstand kann Details mit großer Genauigkeit aussieben. Alle Forschungs- und Laborarbeiten reizen Sie. Sie sollten als Universitätsprofessor Hervorragendes leisten können.

Saturn-Jungfrau-Menschen zeichnen sich oft besonders in Berufen auf dem Gebiet der Ernährung, Gesundheit und Hygiene aus. In ihrem Privatleben schenken sie diesen Gebieten starke Beachtung und entwickeln sich manchmal zu Gesundheitsaposteln und Hypochondern. Sie sind häufig recht kompetente Redner und Schriftsteller und verlegen sich möglicherweise auf das Dozieren oder das Verfassen von Büchern über ihre Lieblingsthemen. Leistung und Ordnung sind zwei Begriffe, die sie hochhalten. Ihre Studien sind in der Regel darauf ausgerichtet, jemanden oder etwas (selten sich selbst) zu verbessern. Deswegen scheinen sie auch so ungewöhnlich kritische und kleinliche Individuen zu sein und entfremden sich den Leuten, die alles etwas leichter nehmen, weniger pedantisch und mit dem Motto »leben und leben lassen« zufrieden sind.

Sie sind ein wenig mißtrauisch gegenüber Ihren Mitmenschen und besonders argwöhnisch gegenüber neuen Situationen. Sie verfolgen die Lockerung der moralischen Grundsätze in der modernen Gesellschaft sehr wachsam und reagieren darauf ziemlich prüde. Ihre Ansichten sind traditionell und orthodox; Sie sehen selten einen Grund, sie zu ändern. Sie schließen keine schnellen Freundschaften, obgleich Sie eine nette Unterhaltung mit Leuten, die Ihre intellektuellen Interessen teilen, sehr schätzen. Ihr Verhalten ist ruhig, ernst und zurückhaltend. Sie bleiben lieber im Hintergrund und beobachten das Leben von dieser Warte aus. Sie sind höflich, diplomatisch und verschwiegen.

Mit Geld gehen Sie vorsichtig und manchmal ein bißchen knauserig um. Sie fühlen sich weniger verletzbar, wenn Sie etwas auf Ihrem Bankkonto haben. Sie leben eher ein bescheidenes Leben. Es käme Ihnen nie in den Sinn, Ihr Geld für großartige Vergnügungen zum Fenster hinauszuwerfen. Die Extravaganzen anderer Leute ärgern Sie.

Sie finden Entspannung und Freude an einfachen Beschäftigungen, die in der Regel Ihren Arbeitsgewohnheiten ähneln. Viele Leute mit dieser Kombination verwenden beträchtliche Zeit auf ihre Hobbys. Bisweilen entwickeln sie sie zu einer solchen Perfektion, daß sie kommerziell nutzbar werden.

Ihre Fähigkeit, längere Zeit zu arbeiten, ohne sich ablenken zu lassen, ermöglicht es Ihnen meist, auf Ihrem Fachgebiet an die Spitze zu gelangen.

Die mittleren Jahre sind im allgemeinen die erfolgreichsten und produktivsten. In Ihren jungen Jahren hatten Sie wahrscheinlich Schwierigkeiten zu Hause und in der Schule. Wahrscheinlich landen Sie als Ergebnis Ihrer nicht nachlassenden Anstrengungen und kluger Investitionen in einer finanziell gesicherten Position.

Die düstere, strenge und etwas pessimistische Lebenseinstellung der Saturn-Jungfrau-Menschen verhilft ihnen in der Ehe zu keinem Glück. Sie haben möglicherweise Schwierigkeiten mit ihren heranwachsenden Kindern, die sich kleine Tyranneien nicht bieten lassen.

Die Kehrseite der Medaille

Die Ehe und geschäftliche Partnerschaften verlaufen möglicherweise sehr unglücklich. Ihre dauernde Kritik an anderen macht Sie zu einem Ärgernis. Sie sind auch viel zu schnell bei der Verurteilung Ihrer eigenen Schwächen und Fehler und unternehmen keine echten Anstrengungen, sie zu korrigieren. Negatives Denken kann bei dieser Kombination eine Art Krankheit sein. Sie sind unnötig geizig mit Ihrem Geld und haben wahrscheinlich die Kunst des spontanen Gebens schon verlernt. Ihre jungen Jahre waren von Krankheiten und Sorgen gekennzeichnet. Erinnerungen daran, die Sie nicht löschen können, quälen Sie immer noch. Wenn Sie sich keine optimistischere Gemütsverfassung zulegen und nicht aufhören, sich über Bagatellen zu ärgern, steuern Sie möglicherweise auf einen Nervenzusammenbruch zu.

Saturn im Zeichen Waage

Hier ist der Künstler zu finden, der nach Jahren hingebungsvoller Anstrengungen im verborgenen endlich triumphiert. Hier finden wir den weisesten Richter. Hier sehen wir aber auch den ehrlichen, klugen, aber frustrierten Politiker, der der korrupten und unfähigen Regierungsausübung anderer zusehen muß, während er auf den Ruf wartet, der ihn nie erreichen wird.

Saturn ist der ewige, strenge Zuchtmeister, der, wo immer er erscheint, die Aufgaben erschwert. Und trotzdem: Wurde die Aufgabe mit Disziplin und Selbstlosigkeit zufriedenstellend gelöst, dann teilt er mit untadeliger Fairneß auch eine Belohnung aus. Unsere eigene Beurteilung dessen, wie wir gearbeitet haben, spielt für Saturn keine Rolle; denn er ist der einzig kompetente Richter. In der Waage steht Saturn im Zeichen des Gleichgewichts. Haben Sie all Ihre Bilanzen ausgeglichen, dann ist alles in Ordnung. Wenn nicht, dann seien Sie vorsichtig.

Sie sind ein künstlerisch veranlagter und hochherziger Mensch, der die meiste Freude aus den Beziehungen mit anderen schöpft. Sie haben viele Freunde und Bekannte. Weil Kunst und gesellige Vergnügen die besten Mittel sind, andere kennenzulernen, gefallen Ihnen diese Tätigkeiten. Sie haben stets einen Hintergedanken: Sie beabsichtigen, mit Ihnen als Zentrum die Menschen noch enger zusammenzubringen, die zwischen ihnen bestehenden Differenzen auszuräumen und ihre positiven Eigenschaften zu harmonisieren.

Sie halten Mäßigung in allem für ein gutes Rezept – bei reserviertem und kultiviertem Verhalten, bei Manieren und künstlerischen Geschmacksrichtungen, und vor allem bei gutem Willen und der Bereitschaft zu friedlichem Zusammenleben. Aber so sehr Sie es auch versuchen, auf diesem Mittelweg zu bleiben, Sie werden laufend von einer Seite auf die andere geworfen, wie von einem Pendel der Gefühle. Wo Sie Ordnung herstellen wollen, verursachen Sie in der Regel ein Durcheinander. Doch Ihr außergewöhnlicher Takt und Ihr gutes Urteilsvermögen retten oft die Situation.

In der Ehe hängt viel davon ab, ob Saturn adversativ* aspektiert ist (Sie können dies anhand der gelben Tabellen feststellen). Im allgemeinen profitieren Saturn-Waage-Menschen vom stabilisierenden Einfluß eines Partners. Waage ist das Zeichen der Partnerschaft, aber Saturn stellt hohe Anforderungen, die, begegnet man ihnen nicht mit der richtigen Einstellung, Hindernisse aufwerfen und schwierige Umstände schaffen. Partnerschaften haben oft am Anfang nicht sichtbare Fehler, die Sorgen und Unglück bringen können.

Sowohl geschäftliche wie eheliche Beziehungen können unter aufreibenden Bedingungen über Jahre andauern, oder sie werden schnell beendet, und es werden neue begründet, mit genau den gleichen Ergebnissen. Saturn-Waage-Menschen heiraten häufig mehr als einmal. Sie erreichen selten ihre romantischen Ideale, obwohl sie sie niemals ablegen. Sie lassen sich von dem, was ist, niemals den Blick auf das, was sein könnte, versperren.

Frauen bringen Menschen mit dieser Kombination im allgemeinen kein Glück. Sind Sie eine Frau, dann versuchen die Frauen in Ihrem Leben möglicherweise, hinter Ihrem Rücken Schwierigkeiten zu machen, Ihren Ruf oder Ihre Position irgendwie zu untergraben. Für lebenslange Fehden ist eine deutlich erkennbare Möglichkeit vorgezeichnet. Sind Sie ein Mann, dann haben Sie wahrscheinlich durch die offene Feindschaft oder Gleichgültigkeit von Frauen schon beträchtliche Verluste oder seelischen Schmerz erleiden müssen. Möglicherweise hat man Ihnen schon früh das Herz gebrochen, und diese Wunde heilt nie richtig. Plötzliche Trennungen, mitten in glücklichen Verhältnissen, und das Auftauchen einer alten, beinahe schon vergessenen Liebe sind zu erwarten. Es kann sein, daß Frauen Ihnen auch Schwierigkeiten mit dem und im Beruf verursachen.

Sie sind intelligent, besonders für wissenschaftliche Arbeit geeignet und könnten sich auf dem Gebiet der Medizin und der Rechtswissenschaft auszeichnen. Auf künstlerischem Gebiet hängt Ihr Erfolg weitgehend davon ab, wie gut Sie fundamentale Techniken beherrschen. Sollten Sie versuchen, Ihre Ausbildung und die Zeit des Erfahrungen-Sammelns abzukürzen, erleiden Sie wahrscheinlich irgendwann in der Zukunft, wenn ein Erfolg sehr wichtig für Ihre Karriere ist, einen Fehlschlag.

Obwohl Sie von Ihrem Wesen her vor jeder Konfliktsituation zurückscheuen, werden Sie oft in scharfe Auseinandersetzungen und Streitereien verwickelt. Sie halten es für notwendig, falsche Voraussetzungen zu korrigieren, besonders dann, wenn ein anderer Mensch in unfairer Weise kritisiert wird. Der Unterprivilegierte hat einen festen Platz in Ihrem Herzen, und Sie riskieren recht viel für ihn.

Die Kehrseite der Medaille

Durch Vertragsbrüche, Gerichtsverfahren und unehrliche Partner erleiden Sie wahrscheinlich Verluste. Ihr Liebesleben zeichnet sich möglicherweise nur durch die Vielzahl der Affären aus, die unglücklich enden, Ihre Heirat verzögert sich.

Saturn im Zeichen Skorpion

Manchmal erreicht ein Mensch mit dieser Kombination Erfolg und Einfluß, wird aber plötzlich in Mißkredit gebracht und kann sich nicht mehr der Gunst seiner Bewunderer und Gönner erfreuen. Die Fehler und Schwächen Ihres Wesens finden sich wahrscheinlich auch bei Ihren engsten Vertrauten. Bis Sie lernen, mit ihnen zu leben, und die richtige Lehre daraus ziehen, haben Sie nur eine geringe Chance, Ihre Frustrationen zu überwinden. Sie sind ein starker Charakter, obwohl Sie es nicht unbedingt zeigen, weil Sie recht schlau sind und genau wissen, wann ein angenehmes und liebenswürdiges Äußeres den gewünschten Effekt erzielt. Bei den meisten Beziehungen, die Sie anstreben, haben Sie weitergehende Motive. Im Grunde sind Sie nämlich ein Einzelgänger, und wenn Sie also jemandem die Hand reichen, kann man recht sicher sein, daß Sie mehr im Sinn haben als Freundschaft oder einfaches Interesse.

Sie sind ernst, gewissenhaft und verschlossen. Es geht viel in Ihnen vor, von dem niemand auf der Welt je erfährt. Sie unterdrücken Ihre Emotionen absichtlich, haben sich fest in der Gewalt, so daß Ihr wahres Ich nie zum Vorschein kommt und Sie anderen gegenüber wie ein Rätsel erscheinen. Ihr stärkster Trieb ist der nach Macht, und Sie sind in dieser Beziehung gefährlicher als jeder andere, der die Macht sucht, weil Sie das entscheidende Geheimnis der Machterlangung gelöst haben, nämlich, daß man erst Macht über sich selbst haben muß.

* = gegensätzlich

In den Menschen mit dieser Kombination brennen die Gefühle mit unterdrücktem Ungestüm. Skorpion ist das Zeichen für sexuelle Energie, die auf irgendeine Weise freigelassen werden muß. Saturn, der kalte, schwerfällige und einschränkende Planet, wirkt hier dagegen wie ein riesiges Absperrventil. In dem Maße, wie sich der Druck aufbaut, wird die Notwendigkeit, die kreative Kraft des Skorpions freizusetzen, immer größer, und die betreffende Person wird zur Kunst, zur Herrschaft, zu mystischen Leistungen, Gesetzlosigkeit und sexueller Befriedigung getrieben. Zum Glück dämpft Saturn das destruktive Potential dieser Energie und ermöglicht es im allgemeinen, sie zu zügeln und auf dynamische und gesellschaftlich akzeptable Weise loszuwerden.

Sie arbeiten lieber hinter den Kulissen. Ihr feiner und durchdringender Verstand ist hervorragend dazu geeignet, andere zu manipulieren und alle Arten von Geheimnissen zu lösen. In den Naturwissenschaften können Sie diese Fähigkeit als Geologe oder Archäologe einsetzen, der in die Geheimnisse der Vergangenheit eindringt, oder aber als Astronom, der Zeit und Raum erforscht. Sie könnten ebenso in der mikroskopischen Forschung oder der Psychiatrie Hervorragendes leisten. Der Mystizismus* und das Okkulte reizen Sie ebenfalls, weil Sie gern in die Tiefen des Verstandes und der Gefühle eindringen. Die Ausbildung spielt bei Ihnen eine wesentliche Rolle, damit Sie Ihre angeborenen Fähigkeiten in effektive Methoden umwandeln können.

In der Liebe sind Sie äußerst leidenschaftlich und leiden möglicherweise an übertriebener Eifersucht. Sie sind Ihren Lieben gegenüber treu und erwarten die gleiche Treue auch von ihnen. Werden Sie in der Liebe hintergangen, schlagen Sie wild um sich, warten geduldig auf den Augenblick der Rache oder ziehen sich in sich zurück und leiden innerlich brennend, nach außen aber würdevoll, in aller Stille. Sie sind stolz, aber nicht arrogant, hochmütig, aber nicht eitel, wild entschlossen, wenn Sie sich einmal entschieden haben und sehr bestimmt in Ihren Ansichten. Menschen mit dieser Kombination sind erstklassige Spione, Agenten und Versicherungsdetektive. Sie verstehen es ausgezeichnet, Ergebnisse auf indirektem Weg oder durch Hintertürchen zu erzielen. Da sie von Natur aus mißtrauisch und argwöhnisch sind, zeigen sie sich selten von einer menschlichen Schwäche überrascht. Sie sind in der Lage, unglaubliche Entbehrungen, körperliche Leiden und geistige Qualen durchzustehen, um ihre Ziele zu erreichen. Sie können auch äußerst egoistisch und despotisch sein.

Sie haben ein gewalttätiges Temperament, bringen es aber gewöhnlich fertig, es unter Kontrolle zu halten (vorausgesetzt, Saturn ist nicht adversativ* aspektiert – siehe gelbe Tabellen). Sie betrachten Ihre Unabhängigkeit als unverletzlich und können recht bösartig reagieren, wenn jemand versucht, sie einzuschränken. Sie sind selten so kühl, ruhig und gefaßt, wie Sie scheinen. Tatsache ist, daß Sie manchmal von Gefühlen der Unsicherheit und des Versagens überfallen werden, obwohl es Ihnen in der Regel gelingt, sie durch Ihre bloße Willenskraft zu besiegen.

Die Kehrseite der Medaille

Ihre Gesundheit mag in Ihren jungen Jahren instabil sein, doch haben Sie das Erwachsenenalter erreicht, ist Ihre körperliche Widerstandskraft außergewöhnlich. Werden jedoch die Ihnen zur Verfügung stehenden Energien nicht für höhere Ziele eingesetzt, könnte das Sexualleben zu einem Problem werden und zu gesundheitlichen Schwierigkeiten führen. Der plötzliche Tod eines Menschen bringt wahrscheinlich größere Veränderungen in Ihrem Lebensstil mit sich. Sie haben möglicherweise die gleichen schweren Fehler in Ihrem Leben schon mehr als einmal gemacht. Komplexe, die Reichtum, Sexualleben und Macht betreffen, könnten psychologische Probleme verursachen.

Saturn im Zeichen Schütze

Aus verschiedenen Gründen ist dies eine günstige Position. Sie bedeutet, daß Sie hohe Ideale hegen, einen starken Wunsch verspüren, der Menschheit zu helfen, bereit sind, praktisch etwas für Ihre Überzeugungen zu tun, und sich nicht in schwärmerischen Diskussionen erschöpfen. Sie sind auf Ihre Weise eine das Gute fördernde, treibende Kraft. Da aber Saturn, der Planet der Einschrän-

---

* = Wunderglaube, Glaubensschwärmerei

* = gegensätzlich

kung und Hemmung, im Schützen – dem Zeichen für begrenzten Optimismus – steht, können Sie schwierig zu durchschreitendes Gelände, ermüdende und ärgerliche Umwege erwarten. Doch es besteht kein Zweifel, daß Sie, wenn Sie Ausdauer zeigen, schließlich ans Ziel kommen.

Sie haben ein starkes soziales Gewissen. Sie könnten ein erstklassiger Politiker, Schriftsteller, Dozent oder Minister sein, der sein Wissen und seine Autorität dafür einsetzt, auf die Mißstände in der Gemeinschaft hinzuweisen. Sie haben die Energie, den Weitblick und die organisatorischen Fähigkeiten, um an der Basis, wo der dauernde Kontakt mit der Öffentlichkeit es Ihnen ermöglicht, die Meinung zu formen, Kampagnen zu starten.

Natürlich kann nicht jeder eine herausragende Rolle in dieser Welt spielen, aber diese Kombination verleiht Ihnen die Fähigkeit, diese Eigenschaften in gewissem Maße in jedem Beruf, den Sie wählen, zu beweisen. Die halbe Schlacht ist schon geschlagen, wenn Sie erkennen, daß Ihre inneren Triebe, die sich einer lohnenden Sache widmen müssen, keine Verirrungen, sondern real und wertvoll sind und Sie die Fähigkeit haben, die Initiative zu ergreifen.

Sie sind ein philosophisch weiser Mensch, besonders nachdem Sie die Lebensmitte erreicht haben. Sie lernen aus widrigen Umständen und Rückschlägen. Je mehr Sie kämpfen müssen und Ihre zuversichtliche und gutgelaunte Lebenseinstellung beibehalten, desto weiser werden Sie. Ihre Meinung wird von Freunden und Bekannten sehr hoch eingestuft. Sie handeln oder reden nicht leichtfertig, obwohl Sie stets eine freundliche und unabhängige Haltung einnehmen. Sie versuchen, hinter das Offensichtliche zu blicken – meditieren über Ihre eigenen Probleme, aber machen sich keine Sorgen über sie. Sie verlassen sich sehr auf Ihre Intuition, die Ihnen wohlüberlegte Lösungen eingibt.

Im Geschäftsleben sind Sie nüchtern, sachlich und direkt und fürchten sich nicht, die Dinge beim Namen zu nennen. Sie sind offen und fair bei Ihren Unterhandlungen und mögen keine Dummköpfe oder Gauner. Sie haben ein besonderes Gespür dafür, günstige Gelegenheiten schon lange vorher zu sehen, und machen beinahe sicher Ihr Geld mit Projekten, die zukünftige Entwicklungen vorwegnehmen. Sie können es sich leisten, Ihre Vorahnungen zu verwirklichen; denn Sie wissen aus Erfahrung, daß Sie sich auf sie verlassen können. Sie können das Weshalb nicht erklären, denn es hängt mit der prophetischen Natur des metaphysischen Zeichens Schütze zusammen. Die Anwesenheit von Saturn, dem Planeten des Geschäftslebens und der Verwaltung, bringt den kommerziellen Gesichtspunkt ein.

Sie sind leicht in Ihren Gefühlen zu verletzen. Ihre Emotionen lassen sich auch leicht von den Sorgen und dem Unglück anderer anrühren. Sie sind gütig, mitleidig und zuvorkommend. Kritik trifft Sie jedoch sehr tief. Sie haben das Gefühl, diese Art der Behandlung nicht verdient zu haben, denn Sie putzen ja andere auch nicht herunter und versuchen, sie möglichst nicht zu verletzen. Tatsache ist, daß Sie sehr darauf achten, nichts zu tun, was die Leute dazu bringen könnte, den Respekt vor Ihnen zu verlieren.

Sie wollen, daß man Sie mag, doch manchmal steht dieser Wunsch im Widerspruch zu Ihrem angeborenen Drang, offen und ehrlich zu sein, und verursacht Unsicherheit und Gewissensbisse. Einer der Nachteile dieser Kombination ist der, daß trotz Ihrer hohen Achtung vor ethischer und moralischer Rechtschaffenheit Ihre eigenen Methoden oder Motive irgendwann in Ihrem Leben öffentlich in Frage gestellt werden. Beträchtliche Seelenqualen könnten daraus entstehen. Möglicherweise sind Sie völlig unschuldig, werden aber gezwungen, für jemand anders den Kopf hinzuhalten. So oder so werden Ihre Ehre und Ihr Ruf darunter leiden.

Sie vergessen eine Kränkung nur sehr langsam. Werden Sie von Ihren Vorgesetzten zurechtgewiesen, reagieren Sie möglicherweise zu heftig, äußern sich zu unverblümt und schaden sich dadurch. Als Folge davon werden Ihre Beförderung und Ihr berufliches Fortkommen verzögert. Wenn Sie lernen, diese ziemlich unvernünftigen Gefühlsausbrüche zu dämpfen und zu unterdrücken, sollten Sie durch Ihre positiven Eigenschaften wie Ausdauer, Verantwortungsgefühl und kreatives Denken bald die Aufmerksamkeit derer, auf die es ankommt, auf sich ziehen.

Die Kehrseite der Medaille

Sie glauben vielleicht, daß Moralpredigten eine praktische Hilfe für andere sind. Ihre altmodischen Vorstellungen lassen sich nicht mehr auf heutige Verhältnisse anwenden. Wahrscheinlich verstehen Sie nur sehr wenig von den neuesten Entwicklungen auf dem wirtschaftlichen Sektor; Ihre Investitionen sind zwar gesichert, werfen aber nur winzige

Erträge ab. Ihr Urteilsvermögen ist schlecht, weil Sie nicht bereit sind, Risiken einzugehen – Sie setzen höchstens Ihren Ruf durch seltsame persönliche Verbindungen und unbedachte Schritte aufs Spiel. Skandale treffen wahrscheinlich Ihre Familie und Freunde besonders tief. Verleumdungsklagen stehen Ihnen möglicherweise ins Haus. Haben Sie Erfolge erreicht, könnte es sein, daß man Sie ihrer beraubt. Gesundheitliche Beschwerden und nervöse Leiden im Alter führen zunehmend zu Depressionen.

Saturn im Zeichen Steinbock

Saturn im Zeichen Steinbock schafft einen Menschen mit sehr weltlicher und materialistischer Einstellung. Für das Erreichen ehrgeiziger Ziele und den Aufstieg zur Macht ist dies eine sehr günstige Kombination, doch ohne andere, abschwächende Einflüsse im Horoskop könnte diese Persönlichkeit zu hartherzig, streng, egozentrisch und habgierig sein, um das Glück, das normalerweise von einem entspannten Gemütszustand ausgeht, kennenzulernen. Hier ist das Leben ein sehr ernstes Geschäft, und die Arbeit mit ihren konkreten Belohnungen stellt möglicherweise den Anfang und das Ende aller Bestrebungen dar.

Sie sind wild entschlossen, Erfolg zu haben. Sie möchten sich einen Ruf aufbauen, damit andere in Respekt und Achtung vor Ihnen versinken. Sie sind sehr zuverlässig und arbeiten hart. Sie lassen einen Vorgesetzten – oder jemand anderen, der Ihnen beim Erreichen Ihrer Ziele helfen könnte – nie im Stich. Sie legen Wert darauf, im Stillen gute Kontakte mit Leuten in höheren Positionen zu pflegen, da Sie glauben, Sie könnten nie genug Beziehungen haben, um Ihren Erfolg in der Zukunft zu sichern. Sie sind höflich und taktvoll, unverbesserlich konservativ, haben diplomatische Überzeugungskraft und vor allem Ausdauer.

Sie sind sehr wählerisch bei der Auswahl von Freunden und Liebespartnern. Der Gedanke an eine tief emotionale Bindung bereitet Ihnen Unbehagen. Sie sind bei weitem nicht so gesetzt und Herr Ihrer Gefühle, wie Sie sich gern zeigen. Sie haben in der Tat sehr große Angst davor, ausgelacht oder gekränkt zu werden. Sie riskieren lieber gar nichts in bezug auf Freundschaft und Liebe, als sich eine Abfuhr einzuhandeln.

Sie scheinen oft unglückliche Erfahrungen direkt anzuziehen. Freunde lassen Sie häufig auf die eine oder andere Weise im Stich, in der Liebe haben Sie auch kein Glück. Vielleicht liegt es an Ihrem unnatürlichen Argwohn. Sie versuchen die ganze Zeit so verzweifelt, auf Nummer Sicher zu gehen, daß Sie am Ende unmögliche Kompromisse in Ihren persönlichen Beziehungen eingehen. Wenn Venus, Sonne oder Jupiter nicht in den Zeichen Jungfrau oder Stier stehen, oder aber – mit geringerer Wirkung – in den Zeichen Fische oder Skorpion, dann wird Ihre Ehe wahrscheinlich langweilig und unglücklich verlaufen. Ob Sie verheiratet sind oder bei Ihren Eltern leben, Sie haben nur eine geringe Chance, den Sorgen und dem Pech zu entkommen. Menschen mit dieser Kombination bleiben häufig bis an ihr Lebensende allein – oder leben nur für ihre Arbeit. Ihre chronischen Ängste verursachen möglicherweise Krankheiten und psychische Probleme.

Nicht ohne Grund haben Sie großes Vertrauen in Ihre Fähigkeiten. Sie denken scharfsinnig, Ihr Intelligenzgrad liegt weit über dem Durchschnitt. Sie können den Plan für ein geschäftliches Vorhaben bis ins kleinste Detail zerlegen und kurz und prägnant alle seine Schwachstellen aufzeigen. Gleichzeitig sind Sie in der Lage, das größte Projekt zu planen, ohne ein einziges, wichtiges Detail zu übersehen – und schaffen auch noch die Organisation, um es zu verwirklichen. Unter den richtigen Umständen können Sie sich auf kommerziellem Gebiet zu jeder Höhe aufschwingen. Sie sind im Grunde aus dem Holz, aus dem Industriekapitäne geschnitzt werden, doch könnten Sie dafür den Preis der Isolation von menschlichen Gefühlen (die für andere ein Grund zu leben sind) bezahlen müssen.

Sie sind zum Schreiben begabt, obwohl Ihnen dies noch nicht einmal aufgefallen sein mag. Sie können abstrakte Ideen klar ausdrücken und die kompliziertesten Informationen in einfaches, verständliches Deutsch fassen. Sie sind ebenfalls für wissenschaftliche Arbeiten geeignet, bei denen das Ziel vorgegeben ist, Fakten herauszukristallisieren und praktikable Theorien zu formulieren. Sie sollten ein sehr guter Lehrer sein. Wahrscheinlich aber können Sie (wenn Sie die Chance dazu haben) beim Aufbau und der Führung eines eigenen Geschäfts den besten Nutzen aus Ihren Begabungen ziehen und gleichzeitig Ihren unbändigen Wunsch nach Unabhängigkeit befriedigen.

Trotz Ihrer ungewöhnlich großen Ausdauer werden Sie möglicherweise depressiv und melancholisch. Die Fortschritte, die Sie machen, sind selten groß genug, um Ihren Ehrgeiz zu befriedigen. Sie scheinen auch auf mehr Hindernisse zu treffen als andere. Widerstand ärgert Sie manchmal, drängt Ihre Zurückhaltung beiseite – und Sie bekommen einen Wutausbruch. Haben Sie eine verantwortliche Stellung inne, kann es passieren, daß Sie sich zu wichtig machen und darauf achten, daß andere ihre Verpflichtungen bis ins kleinste erfüllen. Werden die von Ihnen geschätzten Ziele in Gefahr gebracht, könnten Sie rücksichtslos handeln. Mit dieser Kombination sollten Sie versuchen, daran zu denken, daß sich Erfolg erst nach beharrlichen Anstrengungen angesichts lang anhaltender Schwierigkeiten und widriger Umstände einstellt.

Die Kehrseite der Medaille

Möglicherweise heiraten Sie, um einem unglücklichen Familienleben zu entfliehen, kommen aber vom Regen in die Traufe. Die Liebe verursacht Probleme. Ihre Freunde sind unzuverlässig. Sie sind anderen gegenüber mißtrauisch und argwöhnisch, und aus diesem Grunde meiden sie Ihre Gesellschaft. Sie fühlen sich einsam und unglücklich, bedrückt von den Sorgen, die von Ihrem Egoismus verursacht werden. Sie sind ein Familientyrann und unnötig streng mit Kindern. Es kann sein, daß Sie sich in jemanden verlieben, der Ihnen geistig unterlegen ist. Gewöhnlich wählen Sie den schwereren Weg, als normale Risiken einzugehen. Sie sind dickköpfig und weigern sich, auf gutgemeinte Ratschläge zu hören.

Saturn im Zeichen Wassermann

Dies ist eine gute, möglicherweise sogar die beste Position im Tierkreis für Saturn. Sie macht Sie zu einem extrovertierten* und sehr verantwortungsvollen Menschen. Sie kümmern sich echt um Ihre Mitmenschen, sind sich der diesen auferlegten Beschränkungen deutlich bewußt, jedoch überzeugt davon, daß die Hälfte davon überflüssig ist und allmählich durch liberaleres und aufgeklärteres Denken abgeschüttelt werden kann. Sie haben erkannt, daß politische und soziale Mißstände nicht über

* = nach außen gerichtet, äußeren Einflüssen zugeneigt.

Nacht beseitigt werden können – in dieser Beziehung sind Sie nicht so radikal wie einige der Leute, deren Sonnenzeichen der Wassermann ist. Sie glauben an Evolution und nicht an Revolution. Sie sind aber willens, eine aktive Rolle zu übernehmen, um den Dingen den Anstoß in die richtige Richtung zu geben.

Sie haben sehr viel gesunden Menschenverstand, der das Produkt eines wachen Verstandes ist, der aus jeder Erfahrung lehrt. Ihre Vorstellungen sind nüchtern und realistisch. Sie sind in einem Beruf in Ihrem Element, in dem der Teamgeist sehr wichtig ist. Sie wissen den Wert der Zusammenarbeit zu schätzen und haben das Talent, völlig unterschiedliche Persönlichkeiten in vollster Harmonie zusammenzubringen. Sie spielen nicht den einen gegen den anderen aus. Obwohl Sie manchmal selbstherrliche Züge an den Tag legen können, respektieren Sie die Sehnsucht jedes einzelnen nach Freiheit und Unabhängigkeit. Ihre Art ist es, eine gemeinsame Aufgabe zu formulieren, an der jeder selbständig mitarbeiten kann, vorzugsweise aber unter Ihrer Leitung. Ihnen fällt sehr leicht Autorität zu, und andere scheinen sie nicht in Frage zu stellen, was Sie zu einem idealen Gruppenleiter macht. Viele Saturn-Wassermann-Menschen sind in Forschungslaboratorien beschäftigt, wo sich viele Wissenschaftler gemeinsam um die Lösung eines Problems bemühen.

Möglicherweise erleben Sie eine ungewöhnliche, aber dauerhafte Ehe oder Liebesbeziehung. Sie werden von Ihrem Partner bei zahlreichen Gelegenheiten getrennt, aber eine Trennung zerschneidet nie das Band, das Sie fest aneinander bindet. Sie sind nicht der Typ, der leichtsinnig Abenteuer eingeht; Sie spielen nicht mit den Gefühlen anderer, Sie sind treu. Was immer Sie unternehmen, Sie gehen diese Sache mit einer ernsten und verantwortungsbewußten Einstellung an. Sie haben viele Bekannte und weitreichende Kontakte im Umkreis Ihres Berufs.

Wahrscheinlich sind Sie eine Autorität auf Ihrem Gebiet oder werden in späteren Jahren eine solche. In Ihren jungen Jahren könnte die Karriere, die Sie einschlagen, noch nicht genau festgelegt sein. Anscheinend unüberwindbare Schwierigkeiten könnten Sie davon abhalten, Ihren Wunschberuf zu ergreifen. Doch am Ende werden Saturn-Wassermann-Menschen dank ihres feinen Intellekts, ihrer Ausdauer (die sie zeigen, wenn ein Vorhaben sie interessiert) und der Fähigkeit, mit anderen auszukommen, an ihr Ziel gelangen.

Astro-Analysis

Sie sind freundlich und besonnen, höflich und wohlwollend. Wenn etwas getan werden muß, dann nehmen Sie die Sache in die Hand. Sie befassen sich gern mit wissenschaftlichen Studien, besonders in reiferem Alter, und betrachten sie als gutes Mittel, Ihren Verstand jung und vital zu erhalten. Sie sind ein tiefer Denker, der sich mit Themen beschäftigt, die andere für zu tiefschürfend und abstrakt halten. Sie bringen es häufig zu bemerkenswerten Leistungen auf künstlerischen Gebieten, die an die Mathematik grenzen, zum Beispiel musikalische Kompositionen, moderne Bühneninszenierungen, Choreographie. Spiele und Spielzeuge, die auf magnetische oder elektrische Effekte aufbauen, sind möglicherweise dem Hirn eines Saturn-Wassermann-Menschen entsprungen. Diese Leute sind auch dafür verantwortlich, daß so viele technische Neuerungen zu Dekorations- oder Unterhaltungszwecken in unser Heim Eingang gefunden haben. Psychedelische* Farben und Effekte wurden ebenfalls von ihnen entwickelt.

Sie sind besonders dazu befähigt, Ihre Ideen in Worte zu kleiden. Als Dozent können Sie das langweiligste Thema spannend darbieten, Sie wissen genau, wie man ein Publikum bei Laune hält. Jede Arbeit, die Sie in engeren Kontakt mit der Öffentlichkeit bringt oder von öffentlicher Unterstützung abhängt, kann Sie berühmt werden lassen.

Sehr oft sind Sie bereit, eine Rolle im Hintergrund zu übernehmen, und erlauben es anderen, die Anerkennung, die eigentlich Ihnen gehört, einzuheimsen. Dies ist nur möglich, weil Sie nicht geltungsbedürftig sind; Sie schätzen die Arbeit selbst höher ein als die Anerkennung. Die Wertschätzung Ihrer Kollegen bedeutet Ihnen im allgemeinen mehr als der Applaus der Öffentlichkeit. Diese Kombination schafft oft ein großes Interesse an okkulten Dingen, besonders am praktischen Studium der Astrologie.

Die Kehrseite der Medaille

Ihr anmaßendes Wesen macht Sie zu einem unbeliebten Teamkameraden. Sie scheinen immer in die entgegengesetzte Richtung als alle anderen gehen zu wollen. Sie sind ein »Stänkerer«; Sie reden zuviel über Sachen, von denen Sie nichts verstehen, und bringen andere dazu, sich zu beklagen. Sie können es nicht haben, wenn man Ihnen sagt, was Sie tun sollen, und möchten es den oder dem Betreffenden irgendwie heimzahlen. Möglicherweise vertreten Sie extreme politische Ansichten, die wegen Ihres autokratischen und kommunistischen Gehalts Anstoß erregen. Doch handeln Sie nicht so mutig, wie es Ihre politische Überzeugung ist; Entschuldigungen sind Ihr Ersatz für Taten. Ihre radikalen Ideen stoßen auf eine feindliche Haltung in der Öffentlichkeit und führen zu Ihrer gesellschaftlichen Ächtung. Oder aber, man hält Sie für einen komischen Kauz, und Sie machen keinerlei Eindruck. Konflikte mit dem Gesetz sind möglich.

Saturn im Zeichen Fische

Sie sind ein Mensch mit besonderen Eigenschaften, von denen sich einige noch nicht bemerkbar gemacht haben mögen. Sie sind im Grunde kreativ, künstlerisch und kultiviert. Was Sie der Welt zu geben haben, entspringt Ihrer Fähigkeit, zur Natur der Dinge vorzustoßen – oder, wenn Sie es lieber anders nennen wollen, zum universellen Geist, zur Ebene der psychischen Ursachen. Das ist etwas verwirrend – besonders für Sie, da Sie ja sowieso schon das von den Fischen, dem zu den Wasserzeichen gehörenden, letzten Zeichen des Tierkreises, verkörperte Leben zwischen Realität und Irrealität leben müssen. Die Anwesenheit von Saturn, dem nüchternen, sachlichen und praktischen Planeten, erleichtert es Ihnen etwas, die außergewöhnlichen Dinge, die in Ihrem Verstand vorgehen, konkret auszudrücken.

Viele Erfinder, Philosophen, Dichter und einfühlsame Schriftsteller haben diese Kombination. Setzt sich der Einfluß dieser Kombination ungehindert durch, so erlaubt Sie Ihnen, Inspirationen aus der nebulösen Masse der Eindrücke, die Sie in Ihrem Innern fühlen, zu empfangen, sie der reinigenden Kraft Saturns in Ihrem Verstand auszusetzen und... die weltbewegende Entdeckung oder das klassische Meisterwerk nimmt feste Gestalt an.

Saturn bringt die Fische, das Zeichen des Mystischen und der Selbstaufopferung, in mehr als einer Weise auf den Boden der Tatsachen. Gewöhnlich setzt er diese äußerst empfindsamen Menschen voll den Härten des irdischen Kampfes aus. Häufig, besonders wenn der Planet adversativ* ist (siehe

---

* = auf einem Trance-Zustand beruhend, oft durch Drogen hervorgerufen

* = gegensätzlich

gelbe Tabellen), müssen sie beträchtliche physische Mühsale auf sich nehmen. Ihnen bleibt lange Zeit der materielle Erfolg und die Anerkennung, die sie eigentlich verdient haben, versagt. Ihre Freunde und Bekannten sind oft ihre schlimmsten Feinde, oder es scheint zumindest so.

Das große Problem für diese Leute ist, nicht die Hoffnung zu verlieren und auch angesichts der enormen Hindernisse entschlossen zu bleiben. Sie neigen dazu, beim ersten Anzeichen von Widerstand aufzugeben – das Handtuch schon vor dem ersten Schlagabtausch zu werfen. Diese Leute sind aber trotzdem sehr sympathisch, und wenn ihre Gefühle stark genug angesprochen sind, zu großen Leistungen fähig. Auf humanitärem Gebiet arbeiten sie besonders gern, und man findet sie oft in Krankenhäusern, Gefängnissen und anderen Einrichtungen, wo sie für Arme, Behinderte und Unterprivilegierte sorgen. Bisweilen wird ihnen höchstes Lob für ihre Hingabe und Aufopferung zuteil. Diese Leute haben erkannt, daß es wirklich andere gibt, die noch schlechter dran sind als sie selbst, und so ertragen sie ihr eigenes Los und ihre Unzulänglichkeiten still und ohne sich zu beklagen, wie Heilige.

Sie sind nicht so materialistisch eingestellt wie viele andere. Trotzdem möchten Sie gern vorankommen, beliebt und geachtet sein. Ihre Schwierigkeit liegt darin, die nötige Willenskraft aufzubringen und sich einer Sache lange genug zu widmen, um Ergebnisse zu erzielen. Sie können nicht umhin, sich immer wieder zu fragen, ob weltliche Ziele diesen Kampf überhaupt wert sind, insbesondere deswegen, weil die Früchte Ihrer Anstrengungen eines Tages sowieso verschwinden. Sie wissen anderen zu dienen, erfreuen sich an Komfort und Annehmlichkeiten, verstehen aber nicht, warum man habgierig sein und seinen Seelenfrieden opfern muß, um materielle Erfolge aufweisen zu können.

Haben Sie eine Position erreicht, die Ehre und Prestige mit sich bringt, so fällt es Ihnen schwer, sie zu halten. Sie können einfach nicht so handeln, wie es andere von Ihnen erwarten, denn Sie schätzen nicht die gleichen festen und zweckdienlichen Werte wie die breite Masse. Geld bedeutet Ihnen wenig mehr, als daß man damit die lebensnotwendigen Dinge kaufen kann. Bisweilen finden Saturn-Fische-Menschen Befriedigung im Märtyrertum der Armut. Sie sind jedoch geistig hervorragend gerüstet, um mit weltlichen Problemen fertig zu werden: Denn sie sind klug, erkennen günstige Gelegenheiten sofort und besitzen die seltene Gabe, Charaktere schon beim ersten Zusammentreffen genauestens beurteilen zu können. Viele Menschen mit dieser Kombination sind sehr an mystischen Dingen, dem Okkulten und der Parapsychologie* interessiert. Ihre emotionale Aufnahmefähigkeit liefert Wissen und Erfahrungen aus erster Hand über diese Materie. Können sie keine Karriere mit ihren PSI-Kräften machen, benutzen sie sie möglicherweise im geheimen, oft mit beunruhigenden Ergebnissen.

Die Kehrseite der Medaille

Sie werden vom Pech verfolgt. Ihr Liebesleben ist voller Sorge und Enttäuschungen. Sie neigen dazu, sich mit Menschen zu verbinden, die so herrisch sind, daß sie Ihr ganzes Leben bestimmen und Ihnen nur ganz wenig Freiheit einräumen. Oder Sie suchen sich schwache, aber skrupellose Partner aus, die Sie ausbeuten, schlecht behandeln, täuschen und mißbrauchen. Wahrscheinlich haben Sie schon mehr Leid, sogar tragische Fälle ertragen müssen als andere. Möglicherweise sind Ihr Unglück und Ihre Frustrationen auf Ihre pessimistische und gleichgültige Einstellung und Ihre Abhängigkeit zurückzuführen.

---

* = Teil der Psychologie, die sich mit der Erforschung außersinnlicher Erscheinungen befaßt.

Uranus

Der Planet

Uranus ist von der Sonne aus gezählt der siebte Planet des Sonnensystems. Sein Durchmesser von 47 600 km ist beinahe das Vierfache des Erddurchmessers. Er kreist in einer Entfernung von 2,870 Milliarden km um die Sonne, braucht für eine Umrundung 84 Jahre und rotiert in 10 Stunden 48 Minuten um seine eigene Achse. Uranus ist im wahrsten Sinne des Wortes ein »exzentrischer« Planet – er ist von exzentrischen Wolkenbändern umgeben, und seine Achse ist um 98 Grad geneigt (Neigung der Erdachse: 23 Grad). Dies bedeutet, daß der Planet gewissermaßen auf der Seite liegt und daß an zwei entgegengesetzten Punkten seiner Kreisbahn die Sonne senkrecht über den Polen zu stehen scheint. Steht die Sonne gerade über dem Nordpol, so liegt die südliche Halbkugel des Uranus völlig im Dunkeln – jedesmal für 20 Jahre. Nach Vollendung einer halben Umdrehung um die Sonne hat dann die nördliche Halbkugel ihre zwanzigjährige »Nacht«.

Uranus wurde offiziell 1781 von William Herschel, einem Musiker, dessen Hobby die Astrologie war, entdeckt. Eigentlich war er aber schon beinahe 100 Jahre vorher bei verschiedenen Gelegenheiten von John Flamsteed, dem ersten Königlichen Astrologen Englands, gesehen und beschrieben worden. Flamsteed war der Astrologe, für den König Charles II. das Observatorium von Greenwich bauen ließ, und der den Zeitpunkt für die Grundsteinlegung aufgrund astrologischer Daten bestimmte. Das von ihm erstellte Horoskop für das Observatorium ist heute noch zu besichtigen.

Uranus ist der letzte Planet, den man mit bloßem Auge beobachten kann. Aber ein Beobachter auf dem Uranus könnte die Erde nicht sehen – Uranus ist so weit draußen im Weltraum, daß die Erde nur 3 Grad von der Sonne entfernt zu sein scheint und sich dadurch der Beobachtung entzieht.

Uranus hat fünf Monde, die alle nach Gestalten benannt sind, die in den Werken von William Shakespeare und Alexander Pope auftreten.

Über 100 Jahre wurde der Planet nach seinem Entdecker Herschel benannt, obwohl ein berühmter zeitgenössischer Astronom, Johann Bode (1747–1826), den Namen »Uranus« vorgeschlagen hatte. (Bode war der Mann, der die Proportionalität der Entfernungen von der Sonne zu den Planeten – das Bodesche Gesetz – aufstellte.) Es wundert nicht, daß der Name »Herschel« sich nicht halten konnte, wenn man die symbolische und astrologische Bedeutung des Planeten betrachtet.

Symbolik

In der Mythologie war Uranus der erste Gott, der Sohn der Erde, auch Gaia oder Ge genannt, die aus dem leeren Raum, dem Chaos, entstammte. Er war der Vater von Saturn, der Großvater von Jupiter und der Urgroßvater von Merkur und Mars. Urania ist die Muse der Astrologie.

Astrologie

In Übereinstimmung mit der außergewöhnlichen Folgerichtigkeit in der Evolution des astrologischen Wissens wurde Uranus erst dann entdeckt, als der menschliche Verstand bereit war, mit seinem Einfluß auf konstruktive Art fertig zu werden. Vor diesem Zeitpunkt beeinflußten seine seltsamen und exzentrischen Kräfte nur das Unbewußte; Uranus war ein Teil der gesamten Kräfte des Lebens, einer der wunderlichen Einfälle der Natur, den man eben ertragen mußte im Gegensatz zu einer positiven Macht, die man zur Besserung des Menschen und zur Vertiefung des Wissens der Menschheit einspannen konnte.

Die Entdeckung von Uranus fällt mit der naturwissenschaftlichen Epoche (dem Zeitalter der Aufklärung) zusammen und leitete die plötzlichen und erschütternden Ereignisse und Umwälzungen des Zeitalters der Revolution ein. Die von Uranus regierte Epoche umfaßt die Französische Revolution und die Napoleonischen Kriege, die ersten Experimente mit der Elektrizität, die Abschaffung des Sklavenhandels, die ersten antiseptischen Operationen, die Erfindung der Lokomotive, des Flugzeugs, des Fernsehens usw.

Uranus ist der erste der drei Planeten, die jenseits der Saturn-Bahn ihre Kreise ziehen und deren Einfluß eher auf die Allgemeinheit als auf die Person einwirkt. Da der Planet sieben Jahre in jedem Zeichen verbringt, beeinflußt er große Gruppen von Menschen auf die gleiche Weise. Uranus sagt man nach, er schaffe die Unterschiede in der Zielsetzung, der Einstellung und dem Zeitgeschmack, die eine Generation so deutlich von der anderen unterscheidet. Er ist gewissermaßen der Generationskonflikt.

Uranus ist der Planet des Genius, der über den Intellekt hinausreicht. Darin eingeschlossen sind die Intuition, außersinnliche Wahrnehmungen, die Astrologie, warnende Träume, Hellseherei, das Wahrnehmen von Stimmen aus dem Jenseits, Visionen, Elektrizität, Magnetismus und Erfindungen.

Er wird als seltsamer und bösartiger Planet bezeichnet. Er handelt ohne vorherige Überlegung. Er ist die Kraft, die die Natur einsetzt, um etablierte Ordnungen, Gesellschaften und Zivilisationen zu zerstören, so daß völlig neue Ordnungen und Zyklen beginnen können. Er ist die Macht hinter neuen politischen Überzeugungen, die die alten, oft mit ungeheurer Zerstörungskraft und Not und Elend verbreitend, hinwegfegen. Er war die Macht hinter der bolschewistischen Oktoberrevolution, hinter dem amerikanischen Unabhängigkeitskrieg und all den anderen sozialen und politischen Revolutionen der letzten zwei Jahrhunderte; und er wird auch die Macht sein, die diese Systeme stürzt, wenn sie veraltet sind, keine neuen Impulse mehr entwickeln, also stagnieren.

Uranus bedeutet Umbruch, Originalität, Erfindungsgabe, Aufruhr, Freiheit, Fanatismus, Schock, Trennung. Er ist unabhängig, begeisternd, unkonventionell, bösartig, drastisch, radioaktiv, modern, tut das Unerwartete. Er verkörpert Scheidung, Bombenabwürfe, Sprengstoffe, Abenteuer, Kraftstoffe, Astrologen, Autos, Mikroskope, Elektrogeräte, Legierungen, Elektronen, Astronomie und Raumschiffe. Er symbolisiert Reform, kreative Inspirationen, Anarchie – und freies, keinerlei Gesetze achtendes sexuelles Verhalten.

Uranus ist der Regent (zusammen mit Saturn) im Zeichen Wassermann, dem elften Zeichen des Tierkreises.

Der Einfluß des Uranus verleiht der betreffenden Person prophetische Gaben und versetzt sie in die Lage, das Ergebnis geschäftlicher und wissenschaftlicher Vorhaben mit großer Genauigkeit vorherzusehen. Diese Leute haben ein »Gefühl« und ein Wissen, das nicht aus den normalen Denkprozessen stammt. Aufgrund ihrer Einsichten handeln sie schnell. Da sie ihren Zeiten so weit voraussehen können, werden sie häufig von konventionell Gesinnten als Exzentriker gebrandmarkt. Ihre Phantasie ist äußerst stark und konstruktiv; sie finden für alles einen Weg, um es noch zu verbessern. Und sie sind stets davon überzeugt, daß sie recht haben. Der Uranus-Mensch liebt elektronische Spielereien und Apparate, besonders Radios, Tonbandgeräte und alle elektrisch betriebenen Musikinstrumente und Geräte. Er erfreut sich an zyklischen Rhythmen in der Musik und liebt gewöhnlich laute Töne.

Diese Männer und Frauen haben viele Freunde und Bekannte und sind sehr gesellig. Doch sie sind nicht emotional und fühlen sich eher an Gruppen als an Individuen gebunden. Sie pflegen Beziehungen mit Gefährten, die ihre ausgefallenen Ideen schätzen und vom Intellekt her geeignet sind, über sie zu diskutieren. Sie hören sich gern unorthodoxe Ansichten und Meinungen anderer an und sind bemerkenswert frei von Vorurteilen. Sie wirken anziehend auf teilweise recht komische Leute, die, wie sie selbst, bisweilen als am Rande der Gesellschaft stehende Käuze, Wirrköpfe und Extremisten bezeichnet werden. In Wirklichkeit sind diese Leute die Avantgarde für neue politische Ideen und gesellschaftliche Sitten und Gebräuche. Die Blumenkinder, Hippies und Ausgeflippten der sechziger Jahre waren Ausbrüche der von Uranus inszenierten Seelen-Welle. Nicht allen gelang es, die Gesellschaft zu revolutionieren oder eine dauerhafte gesellschaftliche Erscheinung zu werden, doch auf die eine oder andere Weise haben sie eine Wirkung hinterlassen.

Der Uranus-Typ ist ein großer Menschenfreund und glaubt leidenschaftlich an die Freiheit aller. Er versteht aber auch, daß das Individuum leiden, sogar sterben muß, um die neue Ordnung zu schaffen.

Seine realistische Einstellung gegenüber den Veränderungen läßt ihn leidenschaftslos und distanziert erscheinen. Manchmal läßt er sich von seinen fortschrittlichen Zielen zu sehr begeistern und wird selbstherrlich, sogar despotisch, größenwahnsinnig. Das, was er für das Beste für das Ganze hält, nimmt keine Rücksicht auf einen Teil des Ganzen, das Individuum wird entbehrlich. Der Uranus-Typ kann, von einer Idee besessen, seine hehren Ideale vergessen und zu einem betrügerischen, lügnerischen Propagandisten werden.

Der Einfluß von Uranus bringt die Menschen dazu, unberechenbar zu handeln. Unerwartete Dinge passieren ihnen und um sie herum. Plötzliche Veränderungen, neue Situationen, schicksalsschwere Begegnungen, unerwartete Trennungen – alle sind das Werk von Uranus. Es hat keinen Zweck, sich an die Vergangenheit oder das Alte zu klammern. Von Uranus frei oder mit seiner Macht vereint zu sein, erfordert die Bereitschaft, ohne den Blick zurück voranzuschreiten.

Physiologisch hat Uranus eine Verbindung zum pathetischen Nervensystem. Man sagt, er sei die Ursache für plötzliche Nervenzusammenbrüche, Krämpfe, krampfartige Anfälle und Lähmungen, alle Arten geistiger Störungen, Hysterie und körperlicher Mißbildungen. Für sexuelle Perversionen und Homosexualität wird Uranus ebenfalls verantwortlich gemacht, da er die endokrinen Keimdrüsen regiert.

Uranus im Zeichen Widder

Sie warten sehr ungeduldig darauf, der Welt zu sagen und zu zeigen, wozu Sie in der Lage sind. Ihre Ideen sind oft brillant, Ihre Originalität bei Ihren Gefährten bekannt. Doch sind Sie häufig viel zu sehr in Eile. Sie packen eine Sache an, ohne Ihre Schritte durchdacht zu haben. Anfangs kommen Sie wunderbar voran, verlieren dann aber die Richtung. Sie machen glänzende Vorschläge, haben sofort Lösungen parat – und treten ins Fettnäpfchen. Sie sind unberechenbar und impulsiv, aber nie langweilig.

Sie sind beinahe besessen von der Liebe zu Freiheit und Unabhängigkeit. Sie werden sich mit keiner Situation abfinden, in der Sie gebunden sind. Ein geregelter Tagesablauf würde Sie verrückt machen. Wenn Sie in Ihrem Beruf nicht die Gelegenheit haben, Ihre Initiative und Originalität zu beweisen, dann kündigen Sie. Sie stecken voller Ideen, sind einfallsreich und besonders gut für Arbeiten geeignet, die mit wissenschaftlichen Entdeckungen und Entwicklungen zusammenhängen. Sie sind der ideale Techniker des Raumfahrtzeitalters. Sie haben den speziellen »Draht« zur Elektronik und im gesellschaftlichen Bereich zu sozialen Reformen. Sie besitzen den Verstand, der mit einem Geistesblitz Probleme, die den Fortschritt auf einem bestimmten Gebiet der Technologie lange verzögert haben, im Nu löst. Sie handeln intuitiv und inspirativ. Sie bringen gern Verbesserungen an, verwenden neue und fortschrittliche Verfahrensweisen. Sie haben ein lebhaftes Interesse an Erziehung und Bildung und halten es für sehr wichtig, daß Kinder nach liberalen und modernen Methoden erzogen werden.

Sie verstehen es, auf sich aufmerksam zu machen. Wenn Sie sich in der Öffentlichkeit bewegen, dann steht oft Ihr Name in der Zeitung. Doch ist das Aufsehen in der Öffentlichkeit, das Sie erregen, nicht immer günstig. Sie sind ein viel zu freier Denker, um einem positiven Image entsprechen zu können. Ihr hitziges und eigensinniges Temperament geht manchen Leuten gegen den Strich. Uranus im Zeichen Widder kann bedeuten, daß der Person ein schlechter Ruf vorauseilt. Sie sind manchmal recht brüsk und taktlos. Sie wollen immer, daß die Dinge in Bewegung bleiben, und überrollen bisweilen die geduldigen, arbeitsamen Leute, die erst nachdenken, bevor sie etwas anfangen, wie eine Dampfwalze. Sie sind bekannt für Ihre intellektuellen Energien und Einsichten und sind häufig recht ungeduldig mit denen, die etwas langsamer denken, besonders dann, wenn diese Ihre radikalen Ideen nicht sofort begreifen. Sie geben häufig die Hoffnung auf, daß das Establishment jemals versteht, was Sie vorhaben. Es könnte sein, daß Sie Ihrer Zeit zu weit voraus sind.

Ihr Enthusiasmus ist bemerkenswert. Sie stehen immer unter Spannung. Sie verbringen den größten Teil Ihrer Freizeit damit, Kontakte mit einem großen Bekanntenkreis zu pflegen. Oft entzweien Sie sich mit Ihren Gefährten, finden aber schnell wieder neue. Sie lassen sich gern auf Wortgefechte ein. Sie sind unbeständig: Sie verlieren plötzlich das Interesse an Menschen und Vorhaben. Sie haben die ärgerliche Angewohnheit, mittendrin die Pferde wechseln zu wollen, schlagen unbekümmert aus heiterem Himmel eine entgegengesetzte Richtung ein. Sie sind heute für dies, morgen für das, nur selten fällt Ihnen Ihre Inkonsequenz auf.

Sie haben Kummer mit der Liebe. Ihren Partnern fällt es schwer, sich auf Ihren Lebensstil einzustellen. Haben Sie einen Partner gefunden, dann möchten Sie ihn ganz für sich. Sie wünschen sich einen Ehegefährten, wollen aber kommen und gehen, wie es Ihnen gefällt. Wegen Ihrer ungewöhnlichen Vitalität und Ihrer persönlichen Anziehungskraft haben Sie keine Schwierigkeiten, sich für das andere Geschlecht interessant zu machen. Ihre Vorstellungen von Freiheit und Gleichheit kommen sehr gut an. Ihr Lebensstil wirkt ebenfalls auf andere: Sie scheinen sehr viel zu versprechen. Doch wenn es heißt, mit jemandem zu teilen, fehlt Ihnen der Mut. Großzügigkeit ist nicht genug.

Streitereien, Trennung und Scheidung sind bei dieser Kombination nicht selten. Da Sie so eigensinnig und halsstarrig sind, handeln Sie unbedacht und können sich nicht beherrschen. Sie machen dumme, haarsträubende Dinge, reden, wie Ihnen der Schnabel gewachsen ist, und beleidigen andere unabsichtlich mit Ihrer offenen Art. Sie neigen auch zur Rücksichtslosigkeit. Irgendwie passieren Ihnen oft Unfälle.

Sie müssen förmlich auf Reisen gehen. Sie lieben es, ungehindert umherzustreifen, andere Leute zu treffen, fremde Kulturen kennenzulernen, Ihre Ideen zu verbreiten, möglichst von einem Tag auf den anderen zu leben. Sie werden der gleichen Umgebung sehr schnell müde und ziehen häufig um.

Die Kehrseite der Medaille

Sie kümmern sich überhaupt nicht um Sicherheit und bringen oft Ihr Leben und das anderer in Gefahr. Sie sollten besonders vorsichtig im Umgang mit explosiven Stoffen, Waffen und Elektrizität sein. Als Autofahrer können Sie zur Gefahr werden. Sie sind möglicherweise ein geistiger Tyrann, der seinen Untergebenen und denen, die nicht so gescheit sind wie er, das Leben sauer macht. Sie weisen gute Ratschläge zurück, aus diesem Grund geht einiges schief, und Sie leiden darunter. Jede Art von Einschränkung kann Sie zu einem unkontrollierbaren Wutausbruch verleiten. Sie könnten ein Außenseiter sein, der keine Achtung vor Autorität zeigt. Haben Sie Ihre revolutionären Triebe nicht mehr in der Gewalt, kommen Sie mit dem Gesetz in Konflikt. Gerechtigkeit ist für Sie möglicherweise die Chance, das Gesetz zu überlisten. Sie sind viel zu schnell gelangweilt, um etwas Dauerhaftes aufzubauen.

Uranus im Zeichen Stier

Sie sind der Typ, der sich ein großes Unternehmen aufbaut – und es über Nacht wieder verliert. Sie haben wahrscheinlich schon lange gemerkt, daß Ihr finanzielles und geschäftliches Schicksal im Vergleich zu dem anderer Leute ausgesprochene Höhen und Tiefen umfaßt. Sie erleiden stets unerwartete Rückschläge; auf der anderen Seite machen Sie mit der gleichen Geschwindigkeit Gewinne, oder das Glück fällt Ihnen einfach in den Schoß. Dies ist das Ergebnis der recht inkongruenten* Verbindung von Uranus und Stier.

Der Stier ist das Zeichen für Einkommen, Besitz und Grundstückseigentum – solider, irdischer Werte. Uranus dagegen ist die Kraft für überraschende und erregende Veränderungen, die eine neue Ordnung schaffen. Beide zusammen sind ein ungleiches Paar.

Sie erwerben Geld und Besitz am besten auf unorthodoxe Weise. Obwohl Sie möglicherweise in einem traditionellen Beruf arbeiten, können Sie neue und ausgefallene Möglichkeiten sofort erkennen. Sie sehen günstige Gelegenheiten, lange bevor andere sie mitbekommen. Handeln Sie nach Ihren Intuitionen, dann sind Sie in der Regel auch erfolgreich. Sie haben eine besonders glückliche Hand für Investitionen in Grundstücke und Kapitalgesellschaften; gewöhnlich sind Sie der erste, der zeichnet. Sie sind der Typ, der einen neuen Trend oder einen neuen Kreislauf im Geschäftsleben in Gang setzt. Sie sind klug und stecken voller Einfälle.

Sie sind dann in Ihrem Element, wenn Sie in einer Gruppe oder einer lockeren Partnerschaft arbeiten können. Sie sind viel zu unabhängig, als daß Sie sich auf starre und feste Spielregeln und bindende Übereinkommen mit anderen festlegen lassen. Wenn Sie in Ihren gemeinschaftlichen Anstrengungen aber ein gesundes Gleichgewicht herstellen, können Sie derjenige sein, der die Ideen und Energien liefert, von denen alle Betroffenen profitieren. Die größte Bedrohung für Ihre materielle Sicherheit und Ihr Fortkommen ist Ihre Unfähigkeit, auf Ratschläge zu hören. Entweder glauben Sie, alles schon zu wissen, oder Sie halten sich dickköpfig an Ihre Pläne, weil Sie sie nicht ändern wollen. Auf diese Weise fordern Sie Verluste und

---

* nicht übereinstimmend, sich nicht deckend.

Mißerfolge geradezu heraus. Einige könnten so weit gehen und behaupten, daß Napoleon, auch ein Uranus-Stier-Mensch, besiegt wurde, weil er nicht auf den Rat seiner Vertrauten hörte.

Im Geschäfts- wie im Privatleben fühlen sich viele Leute zu Ihnen hingezogen. Haben Sie Erfolg, so neigen Sie dazu, um sich eine Schar von Schmarotzern zu sammeln, die Ihnen Ihr Geld abnehmen und aus Ihrem Einfluß Nutzen ziehen wollen. Sie müssen vorsichtig sein, wem Sie vertrauen, und sich absichern, daß die Leute und Vorhaben, die Sie unterstützen, auch in Ordnung sind. Diese Typen könnten Ihnen auch Ihre geldbringenden Ideen klauen. Sie haben eine bemerkenswerte Willenskraft und sind entschlossen, es zu etwas zu bringen. Solange Sie Vertrauen in das haben, was Sie tun, können Sie auch gegen alle Widerstände vorankommen. Doch neigen Sie dazu, gleichzeitig mehrere Ziele ins Auge zu fassen. Da Sie nicht jedem die gleiche Aufmerksamkeit schenken können, arbeiten Sie stoßweise, treiben mal die eine, mal die andere Sache voran. Obwohl Sie eine nie zu versiegen scheinende Energie besitzen, wird es Ihnen ein bißchen langweilig, jeweils nur eine Sache zu tun. Sie verfolgen ein klares Ziel, nämlich, erfolgreich zu sein, doch verzetteln Sie sich durch die Art und Weise, wie Sie es angehen.

Sie besitzen beträchtliche künstlerische Fähigkeiten, die Sie entweder in der Musik oder in der Literatur beweisen können. Uranus im Zeichen Stier verleiht der Stimme eine eindrucksvolle Kraft; viele prominente Sänger und Schauspieler weisen in ihren Horoskopen diese Kombination auf. Ist Uranus ungünstig aspektiert, könnten Sie Beschwerden im Kehlkopf oder mit den Geschlechtsorganen haben.

In Ihrem Liebesleben geht nicht alles reibungslos, obwohl Sie durch Ihren Partner finanzielle Vorteile haben. Ihre Popularität und Ihr unstetes Verhalten mißfällt Ihren Liebespartnern. Die Eifersucht, das Mißtrauen und die Versuche Ihres Gefährten, Sie in ein normales, geregeltes Leben zu pressen, machen es Ihnen unmöglich, zur Ruhe zu kommen. Diese negativen Einflüsse können aber größtenteils durch günstige Aspekte im Horoskop ausgeglichen werden; eine glückliche und beiderseits befriedigende Ehe ist dann möglich. Die Einflüsse von Mond, Jupiter und Venus, die Sie den rosa Tabellen entnehmen können, müssen berücksichtigt werden.

Die Kehrseite der Medaille

Sie haben keinen Sinn für Farbzusammenstellungen, kleiden sich nachlässig oder altmodisch. Sie sind möglicherweise unvernünftig dickköpfig, weigern sich, auf gutgemeinte Ratschläge zu hören, und treiben Pläne voran, die nicht beliebt sind und Ihnen kein Glück bringen. Ihren Versuchen, sich auf künstlerischem Gebiet zu betätigen, fehlt das nötige Feingefühl, sie wirken protzig und auffallend. In finanziellen Angelegenheiten gehen Sie unvernünftige Risiken ein; fehlendes Urteilsvermögen und Unbesonnenheit machen Sie zu einem schlechten Geldverwalter. Die einander widersprechenden Wünsche nach Sicherheit und Unabhängigkeit verursachen Nervosität und Unruhe. Wahrscheinlich sind Sie zu denen, die Ihnen Widerstand entgegensetzen, grausam und rachsüchtig.

Sind Sie in einer Gruppe, können Sie ein Störfaktor sein, indem Sie radikale Vorschläge machen, die die Harmonie und den Zusammenhalt untergraben.

Uranus im Zeichen Zwillinge

Sie sind ein überaus aktiver und einfallsreicher Denker. Ihr Verstand befähigt Sie in hervorragendem Maße für fortschrittliche wissenschaftliche Arbeiten. Sie begreifen die abstraktesten Ideen, von der Kernspaltung bis zum komplizierten Funktionieren des Computers. Das ist aber noch nicht alles. Sie besitzen die geistigen Möglichkeiten, diese Wissensgebiete durch Ihren Beitrag an neuen und schöpferischen Gedanken zu erweitern. Sie wären ein erstklassiger Logiker, in jedem Wissenschaftszweig ein hervorragender Theoretiker und ein gewandter Schriftsteller.

Sie sind aber nicht einer von denen, die körperlich arbeiten. Sie lassen lieber Ihren Verstand arbeiten, und der funktioniert blitzschnell. In Ihr Bewußtsein dringen Ideen, die Ihnen Einsichten und Lösungen für alle Arten von Problemen – von denen einige Sie zu diesem Zeitpunkt überhaupt nicht betreffen – vermitteln. Sie besitzen eine außerordentlich durchdringende, visionäre Kraft, die laufend neue, fortschrittliche Gedanken produziert.

Finden Sie keinen Beruf, mit dem Sie Ihre Ideen verknüpfen können, so erwerben Sie sich möglicherweise den Ruf, ein etwas komischer Kauz zu sein. Ihre Ansichten sind zu radikal, zu revolutionär, zu modern, als daß sie normale Leute begreifen können. Ihre allzu modernen Stellungnahmen zu umstrittenen Themen schockieren manchmal die Öffentlichkeit.

Erfolg oder die Verbindung mit in der Öffentlichkeit anerkannten Projekten verleihen Ihren fortschrittlicheren oder ausgefalleneren Ideen mehr Glaubwürdigkeit und größeren Zuspruch. Es ist nicht ungewöhnlich, daß man Uranus-Zwillinge-Menschen als Exzentriker bezeichnet. Sie drücken sich auch auf ungewöhnliche Weise aus. Sie machen spitze, oft zu freimütige Bemerkungen, ohne aber jemanden beleidigen zu wollen. Sie sind in der Lage, gleichzeitig verschiedene Standpunkte zu würdigen und bei Unstimmigkeiten schnell einen akzeptablen Kompromiß auszuarbeiten. Das Schreiben bietet ihnen ein weites Feld der Betätigung und ermöglicht ihnen, ihre Ideen in logischer Form zu vermitteln, die konservative Meinung, die Ihnen in der Regel ablehnend gegenübersteht, vorauszuahnen und Antworten darauf zu geben.

Mit Uranus im Zeichen Zwillinge besitzen Sie zweifellos Fähigkeiten auf dem Gebiet der PSI-Kräfte* und der außersinnlichen Wahrnehmungen und können, wenn sich die Chance ergibt, über diese Dinge schreiben. Ob Sie es wissen oder nicht, Sie sind auf die eine oder andere Weise ein Experte auf dem Gebiet der Kommunikation; Sie müssen nur noch die Ihnen passende Rolle finden. Ihr vielseitig interessierter und kluger Verstand kann Ideen geistreich und ansprechend vermitteln. Sie wären ein guter Lehrer, Musiker, Sekretär, Rechtsanwalt, Redner, Dozent oder ein beliebter Kommentator für wissenschaftliche Themen. Sie haben Sprachgefühl und könnten ein Dolmetscher sein. Die Möglichkeit zu Reisen, die dieser Beruf bietet, vergrößert noch seine Attraktivität.

Sie reisen gern und lieben die Begegnungen mit anderen Leuten. In der Regel tendieren Sie mehr zu den Intellektuellen und zählen zu Ihren Bekannten auch Leute mit radikalen und extremen Ansichten. Zu Ihren engsten Freunden gehören Literaten und Wissenschaftler. Gegenüber Reformen zeigen Sie mitfühlendes Verständnis. Früher oder später erregen die meisten ausgefalleneren Dinge Ihre Aufmerksamkeit.

Sie mußten sich wahrscheinlich schon mehreren abrupten Veränderungen in Ihrem Leben anpassen. Viele Wohnungswechsel unterbrachen Ihre schulische Ausbildung, oder aber die Umstände machten Ihnen den normalen Einstieg ins Berufsleben unmöglich. Ihr starker Wunsch zu studieren und zu lernen, könnte erst im Erwachsenenalter erfüllt werden. Sie könnten das Gefühl haben, daß Ihnen, obwohl Sie intelligenter sind als Ihre Konkurrenten, wegen Ihrer fehlenden Schulbildung nicht die Anerkennung zuteil wird, die Sie eigentlich verdienen. Wahrscheinlich wird auch Ihr berufliches Fortkommen durch diesen Nachteil gefährdet.

Einige der eben erwähnten Probleme wurden möglicherweise von Verwandten verursacht. Uranus im Zeichen Zwillinge bedeutet Schwierigkeiten und die Trennung von Verwandten, besonders Geschwistern. Nachbarn könnten ebenfalls eine Quelle von Kummer und Unglück sein. Briefe, Telefongespräche und Klatsch haben ungünstige Auswirkungen.

Die Kehrseite der Medaille

Sie haben möglicherweise so wenig vitale Kraft und Energie, daß Sie es selten fertigbringen, Ihren eigenen Weg zu gehen. Wahrscheinlich werden Sie das Opfer absurden Geschwätzes und können sich nicht rechtfertigen. Die Freundschaft mit zwielichtigen Zeitgenossen schadet Ihrem Ruf. Bei jeder Reise werden Sie von unerwarteten Schwierigkeiten heimgesucht, wie zum Beispiel vom Verlust von Gepäck. Familienglück könnte Ihnen stets versagt bleiben. Es kann sein, daß Sie in späteren Jahren gezwungen sind, Ihren Beruf zu wechseln oder Ihre beruflichen Kenntnisse auf den neuesten Stand zu bringen. Sie können Ihre Gedanken nicht koordinieren und eine logische Beweisführung längere Zeit durchstehen.

Uranus im Zeichen Krebs

Sie sind in der Lage, das Interesse der Öffentlichkeit zu wecken, wenn Sie dafür sorgen, daß Sie Ihre Talente voll entwickeln, und entschlossen handeln. Sie sind feinfühlig und zurückhaltend, ziehen sich lieber zurück, als voranzustreben. Sie sind ehrgeizig und möchten sich einen Namen machen, doch wenn die Zeit zum Handeln kommt, scheuen Sie die Anstrengung. Uranus im Zeichen Krebs gibt Ihnen die Chance, sich auszuzeichnen, zwar nicht auf marktschreierische Weise (was Sie nur beunru-

---

* übersinnliche Kräfte

higen würde), sondern leise überzeugend (was Ihrem ruhigen und sanften Wesen eher entspricht).

Sie können auf künstlerischem Gebiet Erfolg haben. Sie besitzen einen feinen Sinn für das Schöne und das tiefe innere Verlangen nach Vollkommenheit; beide Eigenschaften versetzen Sie in die Lage, eine besondere Note zu jeder kreativen Tätigkeit, die Sie unternehmen, beizutragen. Sie können ein überdurchschnittlicher Maler, Bildhauer, Schriftsteller – oder Verfechter humanitärer Ziele – sein und dazu den Schwung und die Originalität des Uranus ohne die sonst störenden Wirkungen mitbringen. Sie sind ein Vertreter der Evolution, nicht der Revolution. Doch erst einmal müssen Sie Ihre Passivität überwinden.

Sie könnten auch auf wenig aggressive Weise Erfolg in der Politik, der Werbung, auf dem Gebiet der Literatur oder des Verlagswesens haben. Sie sind ein Meister der sanften Überredungskunst. Im Geschäftsleben verschafft Ihnen Ihre angeborene Gabe zu wissen, was die Öffentlichkeit will und was nicht, einen Vorteil, den Sie nutzen sollten. Sie haben eine persönliche Anziehungskraft, die auf Menschengruppen wirkt. Diese Leute hören dem zu, was Sie zu sagen haben, lesen Ihre Werke oder fördern Ihre Unternehmungen. Sie sollten sich als Inhaber eines erstklassigen Restaurants, Gourmet, Lieferant und Importeur von Speisen und Getränken auszeichnen. Ihre Vorliebe für Gebräuche und Dinge aus der Vergangenheit macht Sie zum geborenen Antiquitätensammler. Diese Kombination ist oft bei der durch Funk und Fernsehen berühmten Persönlichkeit zu finden, die mit dem Charme eines Gentleman ihre Meinung zu wichtigen und aktuellen Themen äußert.

Es ist wahrscheinlich, daß Sie Ihren Gefühlen und Ihrer Intuition eher als Ihrem Verstand gehorchen. Sie reagieren sehr empfindsam auf Ihre Umgebung, besonders auf die tieferen Emotionen der Leute um Sie herum. Sie werden von Ihrem Unterbewußtsein stark motiviert und tun oft Dinge, ohne zu wissen weshalb. Die Sorgen Ihrer Mitmenschen und das Leiden von Tieren können Sie tief treffen. Ungerechtigkeiten – gegen Sie oder andere gerichtet – erregen Ihren Ärger und Ihre Entrüstung.

Sie haben die Fähigkeiten eines Mediums und können, wenn Sie wollen, diese dazu einsetzen, um anderen, die Kummer haben, zu helfen. Da Sie so feinfühlig reagieren und leicht erregbar sind, sind Sie anfällig für plötzlich auftretende, nervöse Beschwerden; hysterische Anfälle und flatternde Herztätigkeit könnten zum Problem werden. Ebenso können Magenbeschwerden, speziell Magengeschwüre und -krämpfe, auftreten.

Ihr Familienleben verläuft möglicherweise sehr unruhig. So sehr Sie Ihr Heim und Ihre Familie lieben, es könnte Ihnen unmöglich sein, die familiären Beziehungen im Gleichgewicht zu halten. Umwälzende Ereignisse und plötzliche Abreisen führen zu langer Abwesenheit von den Menschen, die Sie am meisten lieben. Kaum sind Sie wieder vereint, wird Ihnen eine neue Trennung aufgezwungen. In der Liebe sind Sie zu unberechenbar und lieben Parties und die Gesellschaft anderer zu sehr, um eine starke eheliche Bindung einzugehen. Sie könnten sich Ihren Sorgen und Enttäuschungen teilweise dadurch entziehen wollen, daß Sie mit jedem, der Ihnen gerade über den Weg läuft, eine Liebesaffäre eingehen. Gerichtsverfahren, die Ihr Heim oder Ihren Besitz betreffen, verursachen Verluste, Ärger und Krankheiten. Der im Kindesalter ausgeübte Einfluß eines exzentrischen Elternteils hindert Sie immer noch und färbt auf Ihre Lebenseinstellung ab.

Sie sind ein treuer Patriot und nehmen aktiven Anteil an der Arbeit einer politischen Organisation, besonders in Krisenzeiten. Ihre Ansichten sind nicht einheitlich genug, um einer bestimmten politischen Richtung die Treue halten zu können, doch glauben Sie gern, der Grund dafür sei, daß Sie nach allen Seiten offen bleiben möchten. Ihr Herz ist mit Ihrem Vaterland. Ihre politische Hauptsorge gilt der Wahrung der nationalen Einheit, damit die Werte der Vergangenheit nicht verlorengehen.

Die Kehrseite der Medaille

Sie sind rastlos, launisch, unzuverlässig und sich selbst ein Fremder. Freunden und Kollegen scheint Ihr Verhalten seltsam. Ihre radikalen und eigentümlichen Ansichten werden öffentlich kritisiert. Möglicherweise reagieren Sie überempfindlich auf das, was die Leute sagen, und sind schnell beleidigt. Das Alleinsein ist besonders schrecklich für Sie. Können Sie nicht Ihren Kopf durchsetzen oder wird Ihnen zu wenig Aufmerksamkeit geschenkt, so werden Sie gereizt, launisch, mürrisch und ungeduldig. Sind Sie ein Mann, so kann es sein, daß eine Frau Ihren guten Ruf zerstört. Sind Sie eine Frau, dann wurden Sie möglicherweise von einer exzentrischen Mutter hart und unverhältnismäßig bestraft. Es kann sein, daß Sie an Zwangsvorstellungen leiden. Nervöse Verdauungsstörungen und Magengeschwüre sind möglich.

Uranus im Zeichen Löwe

Sie haben großes Verlangen nach Freiheit und Unabhängigkeit, und trotzdem kann es sein, daß Sie anderen beides versagen. Sie glauben an sich selbst. Sie fühlen sich – nicht ganz ohne Berechtigung – zum Führer jeder Gruppe berufen, der Sie angehören. Sie sind der Ansicht, Sie wüßten, was gut für andere ist, und wenn Sie herrschsüchtig und rechthaberisch erscheinen, geschieht dies in der Regel deshalb, weil Sie echt das Gefühl haben, daß Ihnen die Interessen der anderen Partei am Herzen liegen.

Das ist alles gut und schön. Sie haben viele gute Eigenschaften. Doch sind Sie ein bißchen zu unbeständig und aufgeregt, um denen größeres Vertrauen einzuflößen, die Ihnen nach Ihrem Wunsch folgen sollen.

Der Löwe ist das königliche Zeichen der Herrschaft und der Herrscher; Uranus dagegen ist der Planet der ungewöhnlichen und unerwarteten, abrupten und erschütternden Veränderungen. Diese beiden arbeiten kaum Hand in Hand, doch bringt diese Kombination häufig brillante Ideen (die manchmal sogar an das Geniale grenzen), neuartige Pläne und atemberaubende wissenschaftliche Entdeckungen hervor.

Sie sind ein Mensch, dessen Leben durch bemerkenswerte Veränderungen gekennzeichnet ist. Sie scheinen einen Kurs nicht für längere Zeit beibehalten zu können, und zwar nicht aus dem Grund, daß Sie dauernd Ihre Meinung ändern oder sich nicht konzentrieren können (weit gefehlt), sondern weil die Umstände Sie zu packen und in die entgegengesetzte Richtung zu schleudern scheinen. Von daher bekommen Sie keine große Chance, eine Sache bis ins letzte durchzuhalten. Zukunftspläne zu schmieden, kann ein Alptraum werden. Trotzdem, Sie führen ein interessantes Leben. Sie werden sich nicht mit einer langweiligen 08/15-Existenz zufriedengeben. Sie bestehen darauf, ein bißchen anders zu sein.

Wahrscheinlich fühlen Sie sich zur Unterhaltungs- und Freizeitbranche hingezogen. Sie lieben pompöse Situationen und alles, was zu einem Spektakel beiträgt. Als Stuntman*, verantwortlicher Mann für Spezialeffekte oder als Public-Relations- oder Werbemanager, der sich auf das Produzieren von Ideen spezialisiert, ist der Uranus-Löwe-Typ unerreicht. Sie lieben es, im Rampenlicht zu stehen, ein Publikum zu haben, und man kann bei Ihnen sicher sein, daß Sie beinahe jedes Risiko eingehen, um Beifall zu bekommen und als Held gefeiert zu werden.

Sie fühlen sich auch zu Sonderlingen hingezogen und geraten häufig mit denen in Konflikt, die das Establishment stützen.

Ihr Liebesleben verläuft turbulent, oft sogar stürmisch. Sie lernen den Gipfel des Glücks und die Tiefen der Verzweiflung kennen. Es fällt Ihnen schwer, längere Zeit auf der gleichen Gefühlsebene zu bleiben. Sie haben laufend neue Affären – oder überhaupt keine für einen längeren Zeitraum. Sind Sie verheiratet, fällt es Ihnen nicht leicht, Trennungen und Entfremdung zu vermeiden. Seltsame und plötzliche Ereignisse können Sie genauso von einem geliebten Menschen trennen wie Sie mit ihm wieder zusammenbringen. Wo Ihre Zuneigung im Spiel ist, passiert selten etwas »Normales« oder Langweiliges.

Ihre Ansichten grenzen oft an das Exzentrische. Sie verwirren mit Ihren unkonventionellen und unorthodoxen Methoden sehr oft Ihre Kollegen, Freunde und sogar Vorgesetzte. Sie versuchen lieber in voller Absicht, eine andere Verfahrensweise auszuprobieren, als eine erprobte und bewährte anzuwenden. Ihr Leitspruch lautet: Alles kann verbessert werden. Sie sind nur in einem Beruf glücklich, in dem Sie mit Ihren Ideen praktisch experimentieren und herumprobieren können.

Es überrascht nicht, daß so ein unabhängiger und rebellischer Charakter Schwierigkeiten hat, Befehle zu befolgen. Wenn man Sie nicht mit Samthandschuhen anfaßt oder Sie Ihren Vorgesetzten respektieren, werden Sie beim ersten Anzeichen von Willkür davonrennen. Sie können es nicht leiden, wenn man Ihnen sagt, was Sie tun sollen. Sind Sie selbst aber zu einer Autoritätsperson geworden, dulden Sie keinen Widerspruch.

Sie sind bienenfleißig und setzen alles, was Sie haben, für ein Projekt ein. Sie wollen die Welt mit Ihren Ideen verändern und machen kein Geheimnis daraus, daß man Sie beachten soll, während Sie es tun. Menschen mit dieser Kombination neigen dazu, durch das Tragen auffälliger Kleidung und Frisuren und das Fahren extravaganter Autos die Aufmerksamkeit auf sich zu lenken.

---

* Ersatzmann für einen Schauspieler, der in gefährlichen Situationen für ihn eingesetzt wird.

Die Kehrseite der Medaille

Möglicherweise hatten Sie Schwierigkeiten im Elternhaus oder in der Familie. Der plötzliche Tod eines geliebten Menschen hat Sie in tiefe Trauer gestürzt. Sie sind wahrscheinlich ein Störenfried, ein Aufschneider und Prahlhans. Die Leute ärgern sich über Ihre dogmatische Einstellung. Sie haben ungewöhnliche Vorlieben und Abneigungen, die ans Irrationale grenzen. Sie sind gefährlich dickköpfig und impulsiv. Ihre Rücksichtslosigkeit und Mißachtung gegenüber allen Konventionen machen Sie zu einem schlechten Beispiel für die Kinder. Kinder bringen Ihnen wahrscheinlich Verluste und Kummer. Sie neigen zu heftigen Wutausbrüchen, die, obwohl sie nicht lange anhalten, die Menschen um Sie in Angst und Schrecken versetzen. Sind Sie eine Frau, so sind die Männer in Ihrem Leben unberechenbar, und es wird schwer sein, mit ihnen zusammenzuleben.

Uranus im Zeichen Jungfrau

Sie können sich mit guten Erfolgschancen einer Vielfalt von Beschäftigungen widmen. Sie verfolgen für sich keine besonders ehrgeizigen Ziele, doch haben Sie die Absicht, einen guten Artikel herzustellen oder eine gute Arbeit zu liefern. Sie arbeiten vorzugsweise in einem Beruf, in dem Sie Ihre Begabung, neue Methoden zu entwickeln und nützliche Apparate zu erfinden, voll ausspielen können. Kommt es irgendwo in der Produktion zu einem Engpaß, kann man sich darauf verlassen, daß Sie eine einfache Problemlösung finden. Ob an der Werkbank oder in einem akademischen Beruf, Sie bringen überall eine solide Leistung.

Um das Beste herauszuholen, müssen Sie es vermeiden, schubweise zu arbeiten. Sie brauchen eine Beschäftigung, in der Sie sich festbeißen können, so zum Beispiel in der Lösung mechanischer Probleme, in der Aufgabe, Gruppen in praktischen Fächern zu unterrichten, oder ganz allgemein bei der Überwachung von kontinuierlichen Arbeitsvorgängen.

Ihre Spezialität ist die wissenschaftliche Forschung, wenn es Ihnen gelingt, darin Fuß zu fassen. Ihr brillanter Verstand ist hervorragend geeignet für das Sichten riesiger Mengen von Details, ohne daß dabei die Konzentration nachläßt oder Sie das Interesse verlieren.

Menschen mit dieser Kombination stehen oft in vorderster Linie bei Laborarbeiten in der chemischen Industrie. Sie sind brennend interessiert an den neuesten Versuchen zur Reinhaltung von Luft, Wasser und Boden, befassen sich mit allen Gesichtspunkten der Ernährung und sind häufig in der Lage, z.B. neue Schlankheitsdiäten oder Formeln zur Verbesserung des Vitamingehalts von Grundnahrungsmitteln in Entwicklungsländern zu entwickeln. Beiträge auf dem Gebiet der Hygiene, Biologie und eventuell der Elektronik könnten Ihnen Anerkennung einbringen. Sie sind im allgemeinen ein ruhiger und zurückhaltender Charakter, aber ziemlich halsstarrig, wenn Sie glauben, im Recht zu sein. Sie bringen es fertig, auch dann nach außen hin gelassen zu erscheinen, wenn Sie sich in einem inneren Gefühlsaufruhr befinden, was sehr oft geschieht. Wenn die Menschen mit dieser Kombination nicht lernen, sich zu entspannen, zu lachen, sich selbst nicht so ernst zu nehmen und anderen mehr zu vertrauen, werden Sie introvertiert und legen ein exzentrisches Verhalten an den Tag.

Uranus im Zeichen Jungfrau verkörpert den geistesabwesenden Professor, der sich mit seinen übergeordneten Interessen so identifiziert, daß er die emotionalen Bewegungen in seinen persönlichen Beziehungen nur passiv mitmacht, sie nicht verarbeitet. Dies ist aber nicht erwünscht. Der sich aufstauende Druck der Gefühle muß in entsprechende gesellschaftliche Aktivitäten und nicht in seltsame Verhaltensmuster umgewandelt werden. Je länger die elektrisierende Energie von Uranus im Zeichen Jungfrau unterdrückt wird, desto größer wird die Möglichkeit, daß geistige Störungen auftreten.

Sie haben einen wißbegierigen Verstand. Sie befragen laufend Ihre Umwelt und versuchen, die erhaltenen Antworten auf neue und originelle Weise zusammenzusetzen. Sie wollen, daß Ihre Leistungen von höchstem praktischen Nutzen für möglichst viele Leute sind.

Sie würden gute Arbeit in einer Abteilung der Ministerial- oder Kommunalverwaltung leisten, wo Ihre fortschrittlichen Ideen eine direkte Hilfe für die Öffentlichkeit wären. Ein anderer vielversprechender Bereich ist die herstellende Industrie, in der Massenproduktionsverfahren jedem das Leben leichter machen würden. Sie sollten auch Bücher über Ihre Arbeit schreiben oder Ihren Lebensunterhalt mit Dozieren verdienen können. Sie sind ein unterhaltsamer Redner, wenn Sie Ihre Lieblingsthemen erklären, und sind selten um eine kluge oder humorvolle Bemerkung verlegen.

Die Kehrseite der Medaille

Ihr Verhalten ist abrupt und unruhig. Sie kommen selten gut mit Mitarbeitern oder Untergebenen aus. Ihre Qualitäten als Manager oder Führungskraft scheinen hauptsächlich Nörgelei und Schikanen zu sein. Beißende Kritik ist Ihr größter Trumpf. Als Vorgesetzter wird Ihr Erfolg durch Arbeitsauseinandersetzungen, fehlende Bereitschaft zur Mitarbeit, zu starres Beharren auf Vorschriften und Feindschaft geschmälert. Sie können sich nicht konzentrieren, Ihr Hirn arbeitet nicht kontinuierlich. Sie vertreten Ihre Ansichten über Ernährung und Hygiene recht fanatisch, sind aber inkonsequent bei der praktischen Anwendung Ihrer Ideen. Sie sind unzuverlässig und scheinen manchmal zu vergessen, wo Sie eigentlich sind. Bei unentwickelten Uranus-Jungfrau-Menschen treten nicht selten Nervenkrankheiten und geistige Verwirrung auf.

Uranus im Zeichen Waage

Ihr privates und gesellschaftliches Leben ist zahlreichen abrupten Schwankungen unterworfen. Eine Zeitlang kommen Sie spielend mit den Leuten zurecht. Doch dann tritt plötzlich eine starke Veränderung ein, entweder in Ihrer Umwelt, in Ihnen selbst oder in den äußeren Umständen, und alles wird niemals mehr so wie zuvor. Das Ganze ist ärgerlich, aufregend, zum Verzweifeln... amüsant. Eines ist allerdings sicher: Es ist nie langweilig.

Diese Schwankungen werden von Uranus verursacht, dem Planeten, der alles, was er berührt, aktiviert – für kurze Zeit. Waage ist das Zeichen für Gleichgewicht, ein Zustand, der dadurch erreicht wird, daß man auf eine Waagschale etwas hinzutut oder von ihr etwas wegnimmt. Kommt nun Uranus hinzu, kommt es zu Störungen des Gleichgewichts. Aus diesem Grund sind Sie immer damit beschäftigt, die Harmonie, nach der Sie sich in Ihren Beziehungen sehnen, wiederherzustellen.

Freunde sind Ihnen eine große Hilfe; sie sind größtenteils für den Erfolg in Ihrem Leben wie für das Vergnügen und den intellektuellen Anreiz verantwortlich, den Ihre offene Mentalität braucht. Bekannte, die Sie im Beruf oder Privatleben kennenlernen, werden gewöhnlich zu Ihren Vertrauten, und viele von ihnen gehören zu den einflußreichsten Leuten. Sie haben die Fähigkeit, gerade die Leute auf sich aufmerksam zu machen, mit denen Sie sich verstehen und sind in der Regel von mehr Kameraden umgeben als der Durchschnittsmensch. Doch die Zusammensetzung Ihres Bekanntenkreises ändert sich laufend. Neue Freunde kommen hinzu, alte gehen – und nicht immer im guten! Uranus kann aus Freunden Feinde machen. Scharfe und hitzige Auseinandersetzungen zerstören häufig Ihre Träume von idyllischer Freundschaft.

Das gleiche Problem beeinträchtigt Ihr Liebesleben. Und trotzdem erleben Sie Momente höchsten Glücks – manchmal sogar Momente der Ekstase –, wenn sie die Waagschale in Höhen erhebt, die andere nie erfahren werden. Der Sturz in die Tiefen ist natürlich um so erschütternder. Doch wenn die Menschen mit dieser Kombination reifer werden und lernen, mit ihren schwankenden Emotionen zu leben, finden sie genügend Entschädigungen, die alles sehr wohl lebenswert machen. Mit einem adversativ* aspektierenden Uranus jedoch (siehe gelbe Tabellen) ist es möglich, daß Zwietracht und Unglück einen unverhältnismäßig hohen Anteil am Leben ausmachen.

Sie sind ein künstlerisch veranlagter Mensch, der besondere Interessen an Musik, Malerei und Literatur zeigt. Zu Ihren engsten Vertrauten gehören Menschen, die sich auf diesen Gebieten auskennen. Sie sind von den neuesten wissenschaftlichen Entdeckungen fasziniert und lieben Diskussionen über Entwicklungen in der Elektronik und der Raumfahrt, ebenso Unterhaltungen über Pseudowissenschaften, die gerade in aller Munde sind. Die Möglichkeiten der Astrologie reizen Sie, und obwohl Sie vielleicht nicht die Zeit haben, sich näher damit zu befassen, sind Sie ein begeisterter Leser der gerade erschienenen Bücher. Ihre eigenen Ansichten zu den Themen, die Sie interessieren, sind oft recht originell und fortschrittlich. Bietet Ihnen ein entsprechender Beruf die Möglichkeit, so können Sie in Ihrem Bereich einen einzigartigen Beitrag leisten.

Man hält Ihre Ansichten für ihrer Zeit voraus, vielleicht sogar für ein wenig exzentrisch. Aus diesem Grund suchen Sie sich unkonventionelle Gefährten, die bereit sind, Ihnen zuzuhören. Sie sind für Sie nicht nur eine aufmerksame Zuhörerschaft, sondern gefallen Ihnen auch deshalb, weil sie intellektuell so flexibel und kreativ sind und aus diesem Grund eine angenehmere Gesellschaft für Sie. Ihre Lebensgewohnheiten haben etwas von denen eines

---

* gegensätzlich

Bohemiens an sich. Sie kleiden sich gern merklich anders und statten Ihre Wohnung mit modernsten Möbeln aus. Sie sind rastlos und lieben Veränderungen. Sie neigen zu heftigen Temperamentsausbrüchen, die aber nur von kurzer Dauer sind.

Uranus-Waage-Menschen heiraten oft sehr plötzlich, bisweilen in jugendlichem Alter und unter erstaunlichen Umständen. Ihr Liebesleben schockiert häufig ihre Familien und traditionell gesinnte Freunde und Bekannte. Geschäftliche wie sexuelle Partnerschaften kehren sich meist um – nicht notwendigerweise zum Guten oder Schlechten –, verursachen aber gewöhnlich Verwunderung und Konsternation bei anderen.

Die Kehrseite der Medaille

Der plötzliche Tod eines geliebten Menschen oder Freundes hat eine Leere in Ihrem Leben hinterlassen. Freundschaften halten selten den durch Ihr heftiges Temperament und Ihre wechselnden Launen verursachten Belastungen stand. Sie verlieren Ihre besten Freunde und behalten diejenigen, die Ihre Vorliebe für Luxus und Vergnügen teilen. Ihre Ehe endet möglicherweise in Scheidung oder mit dem Tod des Partners. Das unberechenbare Verhalten eines Partners kann dazu führen, daß Sie in Skandale verwickelt und der Lächerlichkeit preisgegeben sind. Sie erregen Feindschaft und Widerspruch bei den Leuten und scheinen niemals Verständnis und Mitgefühl zu wecken, auch wenn Sie es verdient hätten.

Uranus im Zeichen Skorpion

Dies ist eine sehr starke Position – die Möglichkeiten, materielle Erfolge zu erzielen und einen Eindruck auf die Gesellschaft zu hinterlassen, sind groß. Doch genauso groß sind die Möglichkeiten für Mißerfolge. Viel hängt von den Aspekten zu Uranus ab (siehe gelbe Tabellen). Theoretisch gibt es drei Wege, unter denen die Menschen mit dieser Kombination wählen können: erstens, ein Beruf in der Medizin oder den Naturwissenschaften oder eine andere konstruktive Tätigkeit, bei der ihr durchdringender Verstand und ihr Forscherdrang zum Nutzen aller eingesetzt werden können; zweitens, Treulosigkeit, Verschlagenheit und Gesetzlosigkeit, Dinge, in denen der Uranus-Skorpion-Mensch es leider zu Meisterleistungen bringen kann; und drittens, unkontrollierte Leidenschaften und Jagd nach sinnlicher Befriedigung, die einen unentwickelten Menschen mit dieser Kombination versklaven kann. Auf jedem dieser drei Wege wird der betreffende Mensch schonungslose Hingabe an den Tag legen.

Sie sind entschlossen, es zu etwas zu bringen. Sie setzen sich schon sehr früh ein Ziel und arbeiten beharrlich darauf zu. Die Umstände ändern sich jedoch oft sehr schnell und zwingen Sie zu Umwegen, doch der Glaube an sich selbst und Ihren letztendlichen Sieg schwindet nie. Sie gehören zu den eigensinnigsten Vertretern des ganzen Tierkreises. Sie werden niemals aufgeben, wenn Sie auf Widerstand oder Hindernisse stoßen.

Ihre Methoden sind neuartig und unkonventionell und erwecken oft die Bewunderung Ihrer Gefährten. Sie besitzen die Gabe, zukünftige Entwicklungen vorauszusehen, und können die Leute mit Ihrem scharfen Verstand und Ihrem diplomatischen Geschick dahingehend manipulieren, daß sie die Schritte unternehmen, die in Ihre Strategie passen. Ihr Taktgefühl ist jedoch in der Regel auf Situationen beschränkt, in denen Sie glauben, einen Vorteil herausschinden zu können. Ansonsten ist Ihr Verhalten eher ungehobelt und aggressiv. Wenn Sie wollen, haben Sie eine sehr spitze Zunge und neigen dazu, Ihre Mitarbeit jederzeit aufzukündigen.

In mancher Hinsicht sind Sie unberechenbar – in einem Augenblick kühn und abenteuerlustig, im nächsten zurückhaltend und vorsichtig. Gewöhnlich tun Sie sehr geheimnisvoll und enthalten Ihren Vertrauten aus keinem ersichtlichen Grunde selbst unwichtige Informationen vor. Innerhalb einer Gruppe arbeiten Sie lieber allein. Sie wissen um den Wert der Zusammenarbeit, doch werden Sie sich auf kein Vorhaben einlassen, das kein festes und praktisches Ziel verfolgt. Leichte Konversation liegt Ihnen nicht. Parties, bei denen Frauen in der Überzahl sind und zu viel »gegackert« wird, interessieren Sie nicht.

Bei Ihrer Arbeit benutzen Sie die modernsten Maschinen, die es gibt. Sie sind selbst auf technisch-mechanischem Gebiet recht bewandert, basteln gern an Maschinen und elektrischen Geräten herum oder lesen Fachartikel über die neuesten Erfindungen auf diesem Sektor.

Sie haben ein explosives Temperament. Ihre Familie, Ihre Arbeitskollegen und insbesondere Ihre Untergebenen haben es wahrscheinlich schon gelernt, Sie nie zu sehr zu reizen. Sie führen sich so auf, daß es anderen gegen den Strich geht; Sie spielen sich auf, sind dogmatisch und diktatorisch. Doch gleichzeitig besitzen Sie eine persönliche Anziehungskraft, so daß die Leute dazu neigen, nur Ihre guten Eigenschaften zu sehen und Ihre Fehler zu übersehen. Schwächere Charaktertypen, die in Ihrer Gesellschaft sehr ängstlich sind, ziehen sich an Ihrer Stärke hoch. Nur wenige, die Sie kennen, werden jemals versuchen, sich Ihre Feindseligkeit einzuhandeln oder Sie auszutricksen.

Sie belächeln viele der von der Gesellschaft sehr geachteten Werte und sähen sie lieber durch Ihre eigenen ersetzt. Die Tatsache, daß Sie sich in der Minderheit befinden, tut Ihrem Enthusiasmus und Ihrem Ungestüm keinen Abbruch.

Sie sind ein sinnlicher und leidenschaftlicher Liebhaber, obgleich Ihre Beziehungen zum anderen Geschlecht selten reibungslos verlaufen. Ihre Ehe zeichnet sich möglicherweise durch heftige Auseinandersetzungen, stürmische, emotionsgeladene Szenen und liebevolle Versöhnungen aus.

Werden Ihre Energien in richtige Bahnen gelenkt, so verfügen Sie über große künstlerische und kreative Kräfte, die sich bisweilen als außergewöhnlich mystische Einsichten offenbaren. Uranus im Zeichen Skorpion hat einige der hervorragendsten Musiker, Maler und Schriftsteller – Künstler, die eher etwas enthüllen als bloß darstellen – hervorgebracht. Diese Kombination verleiht ebenfalls das geistige Potential für chirurgische Medizin, Psychiatrie, Erfindungen, Philosophie – und nicht zuletzt fürs Geldverdienen.

Die Kehrseite der Medaille

Möglicherweise sind Sie grob, schlecht gelaunt, heftig, grüblerisch, grausam, nachtragend und rachsüchtig. In Ihrem Liebesleben gibt es keine Romantik, Ihre Beziehungen zum anderen Geschlecht enden mit Tragödien und Skandalen. Unentwickelte Charaktertypen mit dieser Kombination sind unheimlich unberechenbar und unzuverlässig und nur mit der Suche nach sexueller Befriedigung beschäftigt. Ihr anomales Verhalten bringt Sie gewöhnlich in die Gesellschaft von zwielichtigen Typen aus der Unterwelt.

Uranus im Zeichen Schütze

Menschen mit dieser Kombination sind meist dabei behilflich, die öffentliche Meinung zu verändern und zu verfeinern. Sie entwickeln ein Identitätsgefühl mit dem Mann auf der Straße, das begrenzte materielle Wünsche beiseite schiebt und ihm neue Welten des Denkens und der Erfüllung erschließt.

Sie glauben an Freiheit und Unabhängigkeit für jedermann. Sie haben erkannt, daß der Mensch sich oft selbst in veralteten Dogmen und der automatischen Unterstützung unglaubwürdig gewordener Autorität gefangenhält. Sie wollen diese Fesseln beseitigen – nicht mit Rebellion und Gewalt, sondern durch Umerziehung und aufgeklärtes Denken.

So verkündet Uranus im Zeichen Schütze eine neue Botschaft, verleiht Religion, Philosophie, Moral, Ethik, Erziehung und Bildung und dem Gesetz eine realistischere Bedeutung. Auf der mehr weltlichen Ebene sind die Menschen mit dieser Kombination wahrscheinlich die Initiatoren neuer Möglichkeiten des Reisens über große Entfernungen, von technischen Entwicklungen, die die Kommunikationswege zwischen den Völkern verkürzen und von wissenschaftlichen Entdeckungen, die dabei helfen, Armut und Not auszurotten. Das Ziel Ihrer Tätigkeiten ist es, die Menschheit als Ganzes näher an das Konzept der universalen Würde heranzubringen.

Sie sind in Ihrem Herzen ein Abenteurer. Wenn es Ihnen nicht gelingt, fremde Länder zu besuchen oder an wagemutigen Erkundungsfahrten teilzunehmen, dann erleben Sie diese Reisen in Ihrer Phantasie. Sie sind ein begeisterter Leser und Zuhörer. Tag und Nacht spuken fortschrittliche und hilfreiche Ideen durch Ihr Gehirn. In jedem Berufszweig leisten Sie einen wertvollen Beitrag. »Vielseitig interessierter, toleranter Träumer« ist die zutreffende Bezeichnung für den Menschen, bei dem diese Kombination ihren besten Einfluß zeigt. Bekommen Sie die Chance, dann sind Sie kühn, mutig und kümmern sich nicht um Gefahren. Sie wären sicher einer der alten Forschungsreisenden und Entdecker gewesen – und was für einen Spaß es Ihnen gemacht hätte, mit den Eingeborenen zu trommeln!

Sie ändern Ihre Ansichten oft und abrupt, doch meist hin zum Fortschrittlichen. Sie ersetzen laufend alte Ansichten durch neue. Für Sie bedeutet das Leben, Erfahrungen zu sammeln, und deshalb sollte man seinen Verstand mit der Zeit gehen lassen. Da Sie (tief in Ihrem Innern) hauptsächlich an der Wahrheit über den Menschen und über universelle Prinzipien interessiert sind, lassen Sie sich nicht durch viele Meinungen beeinflussen. Sie wissen, daß persönliche Meinungen offenkundig unzuverlässig sind und größtenteils von den Umständen, der Bildung und Erziehung des Individuums abhängen. Sie verlassen sich lieber auf Tatsachen. Das ist wahrscheinlich der Grund dafür, daß Sie ein Erziehungssystem befürworten, das auf tatsächlichen Erfahrungen basiert. Sie sind argwöhnisch gegenüber dem in Schulen gelehrten Wissen und gegenüber akademischen Gewißheiten. Das Leben selbst und ein wachsamer und aufgeschlossener Verstand sind Ihrer Meinung nach die besten Lehrer. Nun denn, die meisten Ihrer Ansichten sind ihrer Zeit voraus; gelegentlich verwickeln sie Sie in heiße Diskussionen mit denjenigen, die konservative und traditionelle Werte schätzen.

Sie gehören nicht zu den Leuten, die man leicht mundtot machen kann. Sie glauben fest an das Recht der freien Meinungsäußerung. Oft beleidigen Sie andere mit Ihren freimütigen Bemerkungen, obgleich Ihr spontanes und aufrichtiges Wesen die Schärfe dieser Schüsse mit der Wortkanone in der Regel abschwächt.

Großzügigkeit ist zu Ihrer zweiten Natur geworden. Sie geben jedem in Not Geratenen, ohne groß nachzudenken (wenige müssen Sie erst darum bitten). Sie legen sehr viel Wert auf Kameradschaft. Sie sind nicht auf gefühlsmäßige Bindungen aus, weil Sie sie als Beschränkungen Ihrer Freiheit empfinden.

Sie sind äußerst intuitiv und haben starke Vorahnungen; Ihre Träume sind manchmal prophetisch. Menschen mit dieser Kombination haben nicht selten Visionen.

Die Kehrseite der Medaille

Sie sind dauernd in Bewegung, schaffen es aber nicht, etwas Wertvolles zu leisten. Ihr unbekümmertes Wesen und die Unfähigkeit, sich zu konzentrieren, machen Sie unzuverlässig und vergeßlich – obwohl Ihnen stets eine gute Entschuldigung für Ihre Unpünktlichkeit einfällt. Sie sehen sich oft in Ihrer Phantasie als Weiser oder Führer, aber laufen sofort davon, wenn Sie nur eine kleine Verantwortung übernehmen sollen. Sie geben Geld großzügig und impulsiv aus, besonders gern aber das Geld, das Ihnen nicht gehört. Sie wetten unheimlich gern und lassen sich auch dann auf ein Wagnis ein, wenn die Chancen für Sie nur minimal sind. Sie verlassen sich auf Ihr gutes Mundwerk, um aus Schwierigkeiten herauszukommen. Lange Reisen bringen Ihnen kein Glück. Probleme entstehen durch Partner und Verwandte.

Uranus im Zeichen Steinbock

Sie sind unheimlich ehrgeizig und ein äußerst fähiger Kopf – eine Kraft, die man beachten muß. Ihrem unbezähmbaren Willen widersteht fast nichts. Mit dieser Kombination ist es wichtig zu wissen, welchen Weg Sie einschlagen wollen, was Sie vom Leben erwarten; denn es bestehen nur geringe Zweifel – vorausgesetzt, Uranus ist günstig aspektiert (siehe gelbe Tabellen) –, daß Sie Ihr Ziel schließlich erreichen. Es wäre schade, wenn Sie Ihre Kraft und Ihre Fähigkeiten auf unwesentliche Aktivitäten verschwenden würden.

Trotz der Ernsthaftigkeit und Disziplin dieser Kombination ist es Ihnen möglich, ohne ersichtlichen Grund eine völlig andere Richtung einzuschlagen. Dies ist auf den doppelten Einfluß von Uranus im Zeichen des Steinbocks zurückzuführen. Der Steinbock ist das Zeichen fürs Geschäftsleben und steht für Verantwortung, Zurückhaltung, Klugheit und Ausdauer. Uranus dagegen ist der Planet plötzlicher Veränderungen, des Unerwarteten, das wie ein elektrischer Schock wirkt. Uranus nimmt dem Steinbock viel von seiner Schwerfälligkeit und Trägheit und stärkt seine Talente.

Doch Uranus wird bisweilen von den Bewegungen der anderen Planeten beeinflußt, und bei diesen Gelegenheiten kommen jene unerklärlichen inneren Widersprüche zum Vorschein, die Sie in Ihrem Wesen schon bemerkt haben müssen. Und Sie, zusammen mit Ihren Kollegen, sind verwundert über diese Veränderungen. Sie werden plötzlich ratlos und ein wenig exzentrisch. In Ihrem Innern fühlen Sie sich beunruhigt und sind unsicher, in welche Richtung Sie gehen. In diesen Augenblicken vertreten Sie möglicherweise ganz radikale Ansichten und wollen, daß die bestehende Ordnung umgestoßen wird. Sie handeln dann auch impulsiv – und unklug – und weigern sich hartnäckig, die Standpunkte anderer Leute zu würdigen.

Uranus im Zeichen Steinbock macht Sie jedoch in der Regel zu einem erstklassigen Geschäftsmann und leitenden Angestellten. Ihr Verstand arbeitet schnell und durchdringend, und trotzdem tiefschürfend in seiner Fähigkeit, praktisch zu denken. Ihre Geschäftsmethoden sind neu und fortschrittlich. Sie sind entschlossen, an die Spitze vorzustoßen, und während Sie nach oben klettern, bringen Sie das Ihnen unterstellte System und die Ihnen übertragene Organisation auf den neuesten Stand der Dinge. Sie bewundern vielseitig interessierte und kreative Menschen und umgeben sich mit solchen Leuten. Sie haben keine Zeit für Spießer und veraltete Ideen.

Sie arbeiten hart und haben ein besonderes Talent, das Beste aus Ihren Angestellten herauszuholen. Sie und Ihre Kollegen arbeiten gern mit Ihnen zusammen, weil sie wissen, daß Sie ein fähiger Mann sind und gewöhnlich Erfolg haben mit dem, was Sie anfangen. Sie sind besonders dafür geeignet, die Leitung einer großen Organisation, speziell einer kommunalen und öffentlichen Institution, zu übernehmen. Sie tendieren zu Vertrauensstellungen und solchen Positionen, die ein außergewöhnliches Verantwortungsgefühl erfordern.

Sie respektieren die Freiheit des einzelnen und haben immer ein offenes Ohr für die Proteste, Einwände und Argumente anderer – obwohl Sie vielleicht nicht mit Ihnen übereinstimmen. Sie besitzen einen ausgesprochenen Sinn fürs Fair play*. Sie werden von niemandem fordern, etwas gegen seine Prinzipien zu tun, wenn Sie dieser Person vertrauen. Obgleich Sie manchmal etwas zurückhaltend sind, halten Sie es für richtig, die Initiative zu ergreifen. Ein kühnes Unterfangen, das Ihnen eine Herausforderung, aber kein Wagnis bietet, wird Sie jederzeit ansprechen.

Sie haben ein gutes Gespür für genaue, langfristige Einschätzungen der Lage. Ihre Logik, Ihr Weitblick und Ihr entwickeltes soziales Gewissen eignen Sie zur Übernahme einer Rolle in der Politik oder der Regierung.

Sie sind ebenfalls fähig, sich schriftlich und mündlich recht deutlich auszudrücken, besonders wenn Sie die Aufmerksamkeit auf soziale Mißstände lenken wollen. Sie ergreifen selten das Wort, wenn Sie nichts mitzuteilen haben. Sie sind bekannt für Ihre satirischen Bemerkungen.

---

* Anständiges Verhalten gegenüber dem Partner

Die Kehrseite der Medaille

Ihre Kindheitserinnerungen sind wegen des Vaters oder einer Respektperson etwas belastet. Leute in höheren Positionen neigen dazu, Sie ungerecht zu behandeln, und sind verantwortlich für finanzielle Verluste und Ängste. Wahrscheinlich mußten Sie sich eine neue Karriere aufbauen oder wurden von Umständen, die Sie nicht ändern konnten, gezwungen, häufig Ihren Arbeitsplatz zu wechseln. Ihr berufliches Fortkommen könnte an einer einzigen Person hängen, die Sie nicht mag oder Ihren Aufstieg behindert. Bei einer unentwickelten Persönlichkeit mit dieser Kombination besteht die Möglichkeit, daß Vorgesetzte öffentliche Kritik üben oder falsche Anschuldigungen erheben. Diese Uranus-Stellung macht den Menschen auch willensschwach, launisch und unberechenbar.

Uranus im Zeichen Wassermann

Wahrscheinlich haben Sie durch Ihre Unfähigkeit, die Standpunkte anderer zu verstehen, Schwierigkeiten im Beruf und im Privatleben. Einige Leute bezeichnen Sie als möglicherweise verstockt, weil Sie stets im Widerspruch zur allgemein akzeptierten Meinung stehen. Dies mag zwar recht bewundernswert sein, wenn Sie sich für ein lohnenswertes Ziel einsetzen oder versuchen, eine Reform gegen eine unnachgiebige Obrigkeit durchzusetzen, doch im Privatleben kann es ziemlich ärgerlich sein.

Trotzdem, der Ärger, den Uranus im Zeichen Wassermann anderen Individuen verursachen mag, ist oft ein Gewinn für die unterdrückte Gesellschaft; denn Menschen mit dieser Kombination sorgen sich, auch wenn sie ein ganz normales Leben führen, sehr um ihren Mitmenschen. Sie haben den echten Wunsch, daß er sich emanzipiert, und werden alles in ihrer jeweiligen Macht Stehende versuchen, um ihm zu helfen, sei es nun, daß sie in Gesprächen oder Leserbriefen ihre Ideen propagieren oder eigene, kleine halbpolitische Gruppen von Agitatoren, Aktivisten und Protestlern gründen.

Erinnern Sie sich daran, daß wir im Zeitalter des Wassermanns leben, und seit es um die Jahrhundertwende angebrochen ist, haben noch nie so viele Könige, Herrscher, Despoten und kleine Bonzen den Hut nehmen müssen.

Sie sind ein hochherziger, freiheitsliebender

Mensch mit besten Absichten. Obwohl Ihre Ansichten ein wenig unkonventionell und ihrer Zeit voraus sind, achten die Leute Sie wegen Ihrer Aufrichtigkeit und Überschwenglichkeit. Sie sind in einem großen Kreis zufälliger Bekanntschaften sehr beliebt. In welchem Beruf Sie auch arbeiten, Sie haben bald viele hilfreiche Kontakte – die eine lange Liste füllen würden – aufgebaut. Ihre ungezwungene, freundliche und unbekümmerte Art, zusammen mit der Tatsache, daß Sie ein kluger und interessanter Gesprächspartner sind, machen Sie zu einem angenehmen und unterhaltsamen Gesellschafter.

Ihren Freunden gegenüber sind Sie treu. Sie gehen keine tiefen emotionalen Bindungen ein, sondern finden die Gemeinsamkeit auf intellektuellem Gebiet – und durch Brüderlichkeit, durch die Sie sich mit den meisten Leuten verbunden fühlen. Sie sind gern und viel unterwegs, besuchen Freunde, die Sie aus Vereinen oder Clubs oder Vereinigungen kennen. Sie interessieren sich für seltsame und ungewöhnliche Dinge, und dies bringt Sie in Kontakt mit Gleichgesinnten. Sehr oft sind Uranus-Wassermann-Menschen und ihre Freunde Bohemiens, die sich anders kleiden und wenig mit der etablierten Gesellschaft gemeinsam haben.

In Ihrem Liebesleben sind Sie Ihrem jeweiligen Partner treu. Sie werden ihn nicht täuschen, solange Sie sich zusammengehörig fühlen. Sie brauchen immer wieder einen Tapetenwechsel, nicht aus sinnlichen Gründen, sondern weil Sie im Grunde ein geistiges Wesen und von frischen Anregungen abhängig sind, um selbst neue Ideen zu entwickeln. Ein Partner, der dies nicht versteht, wird Sie verlieren.

Sie sind bestens geeignet für die Arbeit in Teams und Gruppen oder in großen Organisationen, die humanistische Ziele verfolgen. Die Naturwissenschaften üben eine besondere Anziehungskraft auf Sie aus. Sie möchten gern an einer modernen Technologie mitarbeiten, wie Sie sie in Raumfahrtprogrammen, in der Elektronik und in der Strahlenforschung finden.

Uranus im Zeichen Wassermann schafft einen Menschen, dessen Verstand besonders schnell arbeitet und kluge Ideen produziert. Ihre hochentwickelte Intuition verleiht Ihnen geistige Brillanz. Ihre Fähigkeit zu erfinderischem Denken kann an das Geniale grenzen. Manchmal versteigen sich Ihr Verstand und Ihre Phantasie in solche Höhen, daß sich eine gewisse »Jenseitsgerichtetheit« einschleicht und Sie seltsam erscheinen läßt.

Ein Mensch mit dieser Kombination, der politische Neigungen hat, läßt sich wahrscheinlich von seiner Begeisterungsfähigkeit und von Slogans so hinwegtragen, daß er das ursprüngliche Ziel aus den Augen verliert. In diesen Fällen wird aus Feuereifer leicht Fanatismus. Im Extremfall verkümmert eine begrüßenswerte Anstrengung auf humanitärem Gebiet zu diktatorischer Raserei.

Die Kehrseite der Medaille

Möglicherweise sind Sie radikal gegen die Gesellschaft eingestellt und halten alles Herkömmliche für falsch. Freunde und Partner verlassen oder verraten Sie. Leute in höheren Positionen können eine Hetzjagd gegen Sie einleiten. Es kann sein, daß Sie an Verletzungen leiden, die Sie sich bei plötzlichen Stürzen zuziehen, oder aber, Sie werden von einem Rowdy angefallen. Sie sind rüde, taktlos und haben keine Prinzipien. Sie nutzen Freunde für Ihr Streben nach Macht aus. Wahrscheinlich sind Sie unberechenbar, aufsässig und fanatisch.

Uranus im Zeichen Fische

Vom materiellen Standpunkt aus gesehen, ist dies keine besonders günstige Position. Es ist ungefähr so, als ob man ein glühendes Hufeisen in einen Eimer Wasser taucht. Zischende Dampfwolken, und nicht dynamische Kraft, sind das Ergebnis.

Die Kraft, die Sie besitzen, ist eine innere, die sich in Verfeinerung, Sensibilität, Kunstsinn, in tiefer Würdigung und in Verständnis des Schmerzes und des Leidens in der Welt ausdrückt. Sie sind übersinnlich veranlagt. Wahrscheinlich hören Sie Stimmen, sehen Visionen und spüren Stimmungen, die andere, die sich im gleichen Raum aufhalten, nicht beachten. Sie haben auch sonderbare und wirre Träume, manche davon sind prophetischer Natur. Manchmal wachen Sie aufgeschreckt, aber ohne ersichtlichen Grund, mitten in der Nacht auf. Möglicherweise stehen Sie Ihren übersinnlichen Erfahrungen pessimistisch gegenüber, denn sie bedrücken Sie bisweilen tagelang.

Uranus im Zeichen Fische symbolisiert das Zusammentreffen zweier intuitiver Kräfte. Die Kraft des Uranus ist auffällig und positiv, die des Zeichens Fische gedämpft und negativ. Sind die restlichen Faktoren im Horoskop günstig, dann hat dieser Mensch die Fähigkeit, seine extreme Sensibilität zur Erforschung und zum Verständnis der unsichtbaren Kräfte einzusetzen, die viele Bereiche unseres Lebens beherrschen. Auf diese Weise kann er seinen Drang befriedigen, der Menschheit zu dienen und ihr eine Hilfe zu sein, indem er in rationalen Begriffen seine Erfahrungen beschreibt. Diese Kombination mit ihrer Neigung zur Kunst und zum kreativen Ausdruck bringt oft besonders talentierte Schriftsteller hervor, deren Werk wegen seiner Subtilität und Finesse bemerkenswert ist. Ihre Liebe zum Ungewöhnlichen sorgt dafür, daß die Thematik, über die Sie schreiben, nie langweilig oder banal ist.

Uranus-Fische-Menschen können sich ebenfalls sehr erfolgreich der Astrologie widmen oder sind aktiv an Untersuchungen des Okkulten beteiligt. Sie können anderen, die einen geliebten Menschen verloren haben, ein großer Trost sein.

Machen sie von ihren übersinnlichen Fähigkeiten keinen rechten Gebrauch, so neigen diese Leute zu übertriebener innerer Einkehr und flüchten sich in eine Welt der Tagträume und der Illusion. Ein Beruf, der in Kranken- und Waisenhäusern oder ähnlichen öffentlichen Institutionen ausgeübt wird, wirkt oft sehr anziehend auf Menschen mit dieser Kombination. Auf dem Gebiet der Medizin und besonders der Wohlfahrt können sie ihren erfindungsreichen Verstand dafür einsetzen, Kranken und Behinderten das Leben zu erleichtern. Ihre Neuerungen und Erfolge in dieser Beziehung stehen nicht immer in der Zeitung, denn öffentliche Anerkennung bringt man dem Uranus-Fische-Typ nicht leicht entgegen, und sollte es einmal der Fall sein, dann ist es meist ein flüchtiger Ruhm. Diese Leute erfahren jedoch köstliche persönliche Befriedigung aus dem Wissen, anderen, die weniger privilegiert sind als sie selbst, zu dienen.

Fische ist das Zeichen der Selbstaufopferung und trotz seines krampfartigen Ehrgeizes mehr auf das Vollbringen guter Werke als die Aussicht auf Ruhm aus. Diese Menschen strahlen ein Mitgefühl aus, das im Unterbewußtsein wirkt. Andere erkennen diese angeborene Herzensgüte und Sorge und versuchen alles, um ihnen zu helfen, ohne sich dessen bewußt zu sein. Es scheint so, als ob die Kräfte des Guten in diesen Menschen bei denen in ihrem Umkreis eine ähnliche Reaktion hervorrufen. Ein Kranker, dem ein Uranus-Fische-Mensch hilft, könnte davon so bewegt sein, daß er sich zu extremen Äußerungen seiner Dankbarkeit und seiner tiefen Zuneigung veranlaßt fühlt.

Die Kehrseite der Medaille

Sie werden dauernd vom Leben enttäuscht, hauptsächlich deshalb, weil es selten Ihren Träumen voller Selbsttäuschungen entspricht. Obwohl Sie die höchsten Ideale haben, fehlt Ihnen die Willenskraft, nach ihnen zu handeln. Sie sind deprimiert über Ihre Mißerfolge und sehnen sich ständig nach einer Chance, neu anfangen zu können, die sich aber selten bietet. Sie wechseln häufig Ihren Wohnsitz. Unerwartete Umkehrungen der Ereignisse und Schwierigkeiten lassen Sie verzweifeln. Sie kommen im Beruf nur langsam voran. Ihre Freunde sind unzuverlässig, Ihre Vorgesetzten Ihnen feindlich gesinnt, Ihre Liebespartner ohne Mitgefühl. Gewöhnlich werden Sie von den Leuten, mit denen Sie am liebsten zusammen sind, getrennt. Skandale und ein schlechter Ruf lassen sich möglicherweise nur schwer vermeiden.

Neptun

Der Planet

Der geheimnisvolle Neptun, 1846 entdeckt, ist der achte Planet des Sonnensystems; nur Pluto ist noch weiter von der Sonne entfernt als er. Sogar in den allergrößten Teleskopen erscheint er nie größer als ein kleiner Punkt, denn seine Entfernung zur Sonne ist beinahe unvorstellbar (4,496 Milliarden km). Man kann keine Einzelheiten auf seiner Oberfläche erkennen.

Neptun ist einer der Riesenplaneten. Mit einem Durchmesser von 44 600 km ist er beinahe viermal so groß wie die Erde, und obwohl auch er an den Polen etwas abgeplattet ist, entspricht seine Gestalt am ehesten der einer Kugel. Genau wie die anderen äußeren Planeten dreht sich Neptun sehr schnell um die eigene Achse, und zwar in 15 Stunden 48 Minuten.

Neptun braucht 165 Jahre, um die Sonne einmal zu umkreisen. Seit seiner Entdeckung hat er eine Umrundung noch nicht abgeschlossen; dies wird erst im Jahr 2011 der Fall sein. Das bedeutet auch, daß der Planet beinahe 14 Jahre in einem Tierkreiszeichen verweilt.

Interessante Umstände begleiteten die Entdeckung Neptuns am 23. September 1846. Jahrelang hatten Astronomen spekuliert und gerechnet, um die zunehmenden Bahnabweichungen von Uranus zu erklären. Man vermutete einen anderen riesigen kosmischen Körper in seiner Nähe, der ihn mit seiner Schwerkraft beeinflußt – doch wo war er? Der französische Astronom Urbain Jean Joseph Leverrier berechnete die Bahn des hypothetischen Planeten mathematisch. Einige Monate später entdeckte der deutsche Astronom Johann Gottfried Galle den Neptun durch ein Teleskop – seine Bahn wich nur um 1 Grad von der durch Leverrier vorausberechneten ab!

Neptun hat zwei Monde, Triton und Nereide. Triton, ebenfalls 1846 erstmals beobachtet, ist mit einem Durchmesser von 8000 km der größte bekannte Trabant im Sonnensystem, größer als Mars und Venus. Triton umkreist Neptun in einem Abstand von 353 600 km und ist damit seinem Zentralplaneten näher als der Mond der Erde. Nereide, 1949 entdeckt, beschreibt eine Bahn, die ihn 5 bis 8 Millionen km von Neptun entfernt.

Symbolik

Neptun, von den Griechen Poseidon genannt, war der älteste Sohn von Saturn. Nachdem Saturn abgesetzt worden war, losten Neptun und seine Brüder Jupiter und Hades um die einzelnen Herrschaftsbereiche, und er gewann das Meer, wo er dann in einem Palast am Meeresgrund wohnte. Neptuns Herrschaftssymbol ist der Dreizack, der ursprünglich, so glaubt man, einen Blitz darstellen sollte, mit dem er die Erde erschüttern und die Wellen beruhigen konnte.

Astrologie

Neptun hat eine Verbindung zur Formlosigkeit und Verfeinerung durch Auflösung, ferner zur Beeinflußbarkeit und Phantasie. Er ist die Kraft hinter der äußeren Erscheinung der Dinge, der Täuschende und Enthüllende. Er verkörpert das Psychische im Gegensatz zum Physischen, den Geist im Gegensatz zum Fleisch, die Flucht aus dem Irdischen durch das Wecken äußerst sensitiver Wahrnehmungsfähigkeiten. Er ist das mystische Bindeglied zwischen den Ebenen der Inspiration und des Genius und den Künstlern und Visionären*, die der Welt großartige Meisterwerke der Musik, Dicht-

---

* = Phantast, Träumer, Hellseher, Schwärmer

kunst, Literatur und Formgebung, erhebende geistige Wahrheiten und rührendes Mitleid geben. Er ist das Medium zum Guten wie zum Schlechten zwischen den Menschen und ihren höchsten Bestrebungen, welcher Art sie auch sein mögen.

Neptun ist eine Erhöhung der Venus, des Planeten der Liebe und Schönheit. Neptun idealisiert diese Gefühle zu einer mächtigen, brennenden, aber immateriellen und nebulösen Kraft, die eher durchdringt als beharrt, eher erlöst als bessert. Er ist die mysteriöse und unbewußte Kraft, die den Menschen von der Materie befreit und ihm enthüllt, was von Bedeutung ist und was nicht. Er ist der Weg durch die Mechanismen des Körpers und des Ich zu höchstem Bewußtsein. Er ist auf ihre eigenen, feinsten Vibrationen eingestimmte Materie.

Neptun verbindet den Menschen mit den irreführenden Kräften seines Unterbewußtseins. Bei Neptun sind die Dinge selten so, wie sie scheinen. Er verursacht sonderbare, undefinierbare Gefühle, Empfindungen und Wahrnehmungen. Er ist die übersinnliche Kraft hinter den für übersinnliche Eindrücke empfänglichen Medien, dem Hypnotiseur und dem Hypnotisierten. Er ist für die Beeinflußbarkeit, die mystische Erfahrung und Tagträume und alles, was mit dem »Übernatürlichen« zusammenhängt, verantwortlich. Er kann die Sensibilität zu einem solchen Grad steigern, daß die Gefühle anderer – sogar die Gefühle, die die anderen durch ihre Anwesenheit auf unbeseelten Objekten hinterlassen – erkannt und emotional identifiziert werden können, ohne daß dabei die Denkprozesse eingeschaltet werden. Im ganzen handelt es sich also um eine erhöhte Einfühlungsgabe in Menschen oder Dinge. Werden Sie in Ihrem Horoskop stark von Neptun beeinflußt, so ist die Summe der günstigen und adversativen* Aspekte zwischen Neptun und den anderen Planeten größer als die Summe der neutralen Aspekte (was Sie leicht anhand der gelben Tabellen feststellen können). Es liegt an Ihnen, die richtigen Schlüsse aus den folgenden Beschreibungen zu ziehen.

Ein günstig aspektierter Neptun bedeutet, daß Sie eine verinnerlichte Person sind, empfindsam, feinsinnig und hellseherisch begabt. Da Sie so überaus sensitiv sind, liegen Ihre Gefühlsäußerungen nah an der Oberfläche und werden recht leicht aufgewühlt. Deshalb brauchen Sie auch manchmal die Einsamkeit und die Stille, um Ihr psychisches Gleichgewicht wiederherzustellen. Wenn Ihre Gefährten diese Tatsache nicht verstehen, können sie auch Ihre ganze Person nicht verstehen. Nach außen erscheinen Sie sehr charmant und freundlich, doch ist dies größtenteils eine Maske, und obwohl Ihre Natur Sie zwingt, sie zu tragen, sind Sie sich bewußt, daß es eine Täuschung ist. Sie haben starkes und lebhaftes spiritistisches Verständnis, das vage Sehnsüchte schaffen kann, die dadurch, daß sie abgelehnt werden, ins Bewußtsein dringen. Sie können einem Druck nur schwer längere Zeit standhalten; Sie geben nach und erleiden möglicherweise sofort einen Nervenzusammenbruch.

Ein adversativ aspektierter Neptun kann einen Menschen schaffen, der sich in seine Traumwelt flüchtet und nicht versucht, auf seine Umgebung einzuwirken, sie zu verbessern oder zu verändern. Dieser Charaktertyp handelt unzuverlässig und nimmt Zuflucht zu Drogen und Alkohol, um seine halluzinatorische Existenz aufrechtzuerhalten. Psychosomatische* Erkrankungen sind bei diesen Leuten nicht selten; sie besitzen die außerordentliche Fähigkeit, die Symptome bestimmter Krankheiten allein durch einen Gedanken hervorzurufen. Bekommen sie dann den Anstoß aus ihrer Umgebung, den sie wollten (oder läßt man sie ihren Kopf durchsetzen), dann sind sie im nächsten Moment wieder kerngesund. Unentwickelte Neptun-Typen nützen ihren beträchtlichen Charme, um andere im Geschäfts- und Privatleben zu täuschen, können zu vertrauenerweckenden Gaunern und Hochstaplern werden. Es kann auch sein, daß sie ihrem Körper durch ihre Promiskuität** und Permissivität*** schaden.

Neptun regiert die Fische, das zwölfte und letzte Tierkreiszeichen, und macht seinen Einfluß am stärksten im Krebs geltend.

Krebs und Fische sind beide Wasser-Zeichen. Der Planet herrscht über das Meer, Öl, Chemikalien und andere Flüssigkeiten. Seine Entdeckung fällt mit bestimmten neuen Trends zusammen, die in Beziehung zu seinem Wesen stehen: Die Lehre von der Heilkraft des Magnetismus (Mesmerismus) breitete sich über Europa aus; der moderne Spiritualismus in Amerika und England entstand; Narkosemittel wurden erstmals bei Operationen benutzt usw. Da der Planet beinahe 14 Jahre in einem

---

* = gegensätzlich

* auf seelisch-körperlicher Ursache beruhend.
** Verkehr mit verschiedenen Partnern.
*** freies Gewährenlassen.

Zeichen verbringt, sind seine Einflüsse weniger spezifisch für das Individuum als die der persönlichen Planeten oder sogar die des Uranus (7 Jahre im gleichen Zeichen). Trotzdem werden diese Einflüsse durch die Charakteristika des Zeichens, das Neptun bei der Geburt einnimmt, ausgedrückt. Neptun ist nicht der »Generationenkonflikt«, wie Uranus ihn verkörpert; er symbolisiert die verborgenen Unterströmungen in der kollektiven Psyche, die teilweise in den Menschen arbeitet und jede Generation langsam zu einem Punkt führt, von dem aus die nächste im Bewußtsein aufbauen kann. Für Neptun sind Krieg und Frieden, Hungersnot und Überfluß im Grunde genommen unwesentliche Nebensächlichkeiten, die Angelegenheiten der anderen Planetenkräfte. Neptun kümmert sich um die *inneren* Veränderungen, die diese Ereignisse bewirken. Der Einfluß Neptuns, wie der Blitz, den der alte Gott benutzte, um die Erde zu erschüttern und die See zu beruhigen, zertrümmert die materialistischen Werte, an die Individuen und Generationen glauben würden.

Die Energie des Planeten ist eine umwandelnde Kraft, die in Ermangelung eines besseren und wissenschaftlicheren Ausdrucks »seelisch« genannt wird. Die Seele, wie Neptun, kann man nicht definieren, doch ihre Wirkungen sind unverkennbar. Während die Revolutionen des Uranus außerhalb des Menschen stattfinden, revolutioniert Neptun von innen heraus. Die Nebelschleier des Neptuns scheinen ziellos hin- und herzuwogen, doch die Nebelhaftigkeit ist Teil des Umwandlungsprozesses.

Der Materialist, der zum nächsten evolutionären Schritt in seinem Bewußtsein bereit ist, wird von Neptun so gnadenlos getrieben, daß schließlich Verwirrung seine Sicherheit völlig auflöst. Der Mensch, der sich schon auf ein geistiges Bewußtsein und höhere Werte zubewegt, wird von der gleichen Kraft innerlich erhöht und bestärkt.

Neptun ist, im Gegensatz zu den inneren Planeten von Merkur bis Saturn, eine jenseitige Kraft. Seine Macht wirkt länger als die Dauer eines Lebens und auf ein nicht materielles Lebensziel hin. Er macht keine realen Andeutungen, keine Versprechungen – nur winzige Impulse zum Weitermachen. Die Wirkung des Neptuns zielt auf Anteilnahme hin, und deshalb ist der typische Neptun-Mensch (oder Fische-Mensch) leidenschaftlich, leidenschaftslos und mitleidvoll zugleich am Fortschritt der Menschheit beteiligt. Dieses persönliche Engagement für die Höherentwicklung der Menschheit kann illusorisch, erleuchtend, verwirrend, beglückend, irreführend, erhaben, göttlich oder chaotisch sein – es hängt vom Individuum ab.

Physiologisch hat Neptun eine Verbindung zu den Seh- und Gehörnerven, dem Rückenmarkskanal und den nervösen und geistigen Prozessen im allgemeinen. Markante Aspektverletzungen verursachen tiefsitzende Neurosen, ernste emotionale und geistige Störungen und unheilbare Geisteskrankheiten.

Neptun im Zeichen Krebs (1902–1916)

Sie sind ein Mensch, der einige sehr ungewöhnliche Ereignisse im Zusammenhang mit Ihrer Familie oder mit Ihrem Heim erfährt. Ihre Kindheit war nicht so, wie sie anderen erscheint. Sie hatten wahrscheinlich Gründe, bestimmte Umstände Ihrer Kindheit geheimzuhalten, oder aber Sie wurden von einem Familienmitglied getäuscht, und die Erinnerung daran und die damit verbundenen Assoziationen stehen Ihnen noch lebhaft vor Augen.

Sie wurden zu einer Zeit geboren, in der traumatische Veränderungen in der Welt vor sich gingen. Ihre Generationen wurden von Menschen erzogen, die zum ersten Mal die Härten eines weltweiten Krieges zu spüren bekamen. Ihre Aufgabe bestand darin, eine lebensfähige Gesellschaft auf dem unsicheren Grund ererbter Fehler und Ungewißheiten zu errichten. Sie gehören zu einer Übergangsgeneration, und Sie sind sich nie ganz sicher, ob das, was Sie geschaffen haben, wesentlich besser ist als das, was vorher war.

Sie neigen zur Passivität und lassen die Zügel schleifen, sind nicht zu entschlossenem und positivem Handeln vorbestimmt. Mit Neptun im Zeichen Krebs erfühlen Sie sich Ihren Weg sehr sorgfältig im voraus; große und schwungvolle Gesten gehören nicht zu Ihrem Wesen. Sie gehen Probleme irgendwie mit einer negativen Einstellung an. Die Leute, insbesondere Ihre Familie oder Ihre Kinder, könnten dazu neigen, Sie nicht weiter zu beachten, Sie in gewisser Weise zu übergehen. Sie sind zu mitfühlend und zu liebevoll. Sie haben in der Vergangenheit viele Enttäuschungen erlebt.

Sie reisen gern und haben wahrscheinlich schon mindestens eine Ozeanreise hinter sich. Sie würden lieber per Schiff als per Flugzeug reisen, müssen aber die moderne Art wählen, um Zeit und Geld zu sparen. Sie trennen sich nicht gern für längere Zeit von Ihrem Zuhause. Sie sind ein Mensch, der als Vater oder Mutter möglicherweise zu nachgiebig war. Disziplin war nie Ihre Stärke; Sie wollten die Kinder lieber in einer entspannten und häuslichen Atmosphäre aufziehen. Einige Ihrer Ansichten über familiäre Angelegenheiten hat man als ein bißchen komisch bezeichnet. Sie haben aber wahrscheinlich merken müssen, daß Ihre Kinder, so sehr Sie auch versuchten, sie mit Liebe und Zuneigung zu führen und zu leiten, nur selten so reagieren, wie Sie es erwartet hätten. Sie haben manchmal das Gefühl, daß Sie von Ihren Lieben nicht wirklich geschätzt wurden (und noch werden). Das hindert Sie aber nicht daran, sich weiter sehr um Familienangelegenheiten zu sorgen und zu kümmern.

Sie besaßen schon immer eine übersinnliche Fähigkeit, die sich wahrscheinlich schon das erste Mal in Ihrer Kindheit zeigte. Sie reagieren äußerst empfindsam auf die Stimmungen anderer Leute, und, ohne daß sie ein Wort mit Ihnen wechseln, wissen Sie genau, was sie fühlen. Sie haben auch tiefe geistige Einsichten. Obgleich Sie darüber nicht oft sprechen, helfen Sie Ihnen, mit dem Alltag fertig zu werden und das Leben besser zu verstehen. Manchmal haben Sie Vorahnungen, die äußerst präzise zutreffen.

Sie sind idealistisch eingestellt, gebildet und lieben die Natur, sind recht sentimental und lieben alle Kontakte zur Vergangenheit, erinnern sich voller Nostalgie an die »gute alte Zeit«. Sie umgeben sich mit Antiquitäten und anderen Gegenständen, die Sie an die Zeiten erinnern, die Sie am meisten bewundern, besonders aber mit Objekten, die Ihnen von älteren Familienmitgliedern vererbt wurden. Die Liebe zu Ihrer Mutter war oder ist sehr tief; in Ihrer Kindheit übte sie großen Einfluß auf Sie aus und könnte Ihnen dabei geholfen haben, Ihre übersinnlichen Kräfte zu entwickeln, oder Sie auf geistiger Ebene gefördert haben.

Sie lieben Ihr Vaterland von ganzem Herzen. Obwohl Sie normalerweise zurückhaltend sind, können Sie in Krisenzeiten oder politischen Notlagen einen glühenden Patriotismus an den Tag legen. In anderen Zeiten nehmen Sie aktiv Anteil an den Geschehnissen, indem Sie sich durch Zeitungen und Zeitschriften informieren. Sie sind ein treuer Anhänger jener Partei, die nach Ihrem Dafürhalten für die Erhaltung traditioneller Werte steht.

Die Kehrseite der Medaille

Sie sind rastlos, unzufrieden und selten in der Lage, länger an einem Ort zu bleiben. Ihre leichte Beeinflußbarkeit macht Sie zu einem Neurotiker, mit dem man nur sehr schwer zusammenleben kann. Sonderbare und sogar unheimliche Erfahrungen im Kindesalter haben tiefe Wunden in Ihrem Geist hinterlassen, die nie richtig verheilt sind. Ihr Familienleben verläuft kompliziert und unglücklich. Sie leiden an Nervosität und Ängsten. Ihre pessimistische und düstere Gemütsverfassung schreckt andere ab und macht Sie zu einem einsamen Menschen. Möglicherweise leiden Sie an chronischen Verdauungsbeschwerden oder Magengeschwüren. Sie könnten sich an einem Täuschungsversuch beteiligen müssen, der Ihr Heim oder Ihre Familie betrifft, Ihre politischen Ansichten sind extrem, und man hält Sie für ein wenig exzentrisch.

Neptun im Zeichen Löwe (1917–1929)

Dies ist eine sehr gute Position für Neptun. Sie vermittelt den angeborenen Wunsch und die Fähigkeit, der Welt und Ihrem Mitmenschen auf praktische Art zu dienen. Sie möchten das Alte abschaffen und das Neue einführen. Aber ob Ihre Ziele erstrebenswert sind oder nicht, hängt hauptsächlich davon ab, wie Neptun im Horoskop aspektiert ist: Sie sind entweder ein Quell der Hoffnung oder ein Quell der Sorge. Dazwischen liegt fehlgeleiteter Optimismus.

Viele der wirkungsvollsten Revolutionäre wurden geboren, als Neptun im Zeichen Löwe stand. Die führenden Köpfe der amerikanischen Unabhängigkeitsbewegung und viele der kämpfenden Männer hatten diese Kombination, ebenso zahlreiche Persönlichkeiten der Französischen Revolution, wie Robespierre, Danton – und Marie Antoinette. Obwohl diese auf der anderen Seite stand, glaubte sie (fehlgeleiteter Optimismus) an das, was sie verkörperte, und versuchte nicht, mit den Revolutionären zu verhandeln, bevor sie enthauptet wurde. Ein weiteres Beispiel für gegensätzliche Kräfte, die beide für ihre Vorstellung von Freiheit kämpften, waren Präsident Kennedy und der kommunistische Revolutionär Fidel Castro. Bei beiden stand Neptun bei der Geburt im Zeichen Löwe, ebenso wie bei Oliver Cromwell, der (beinahe vierhundert Jahre früher) die puritanische Rebellion gegen die englische Krone anführte, und Christopher Columbus, der eine damals revolutionäre Theorie bewies – daß die Erde eine Kugel und nicht eine Scheibe ist.

Sie sind ehrgeizig, gewissenhaft und besonnen, neigen zum Geistigen und fühlen sich dazu berufen, die Bedingungen zu ändern, statt sie fortbestehen zu lassen. Sie haben einen scharfen Verstand und empfindsame Emotionen. Sie können die Gefühle der Massen interpretieren und sich auf künstlerische und unterhaltende Weise ausdrücken, was mit Beifall begrüßt wird. Sie sind ein Produkt Ihrer Generation, die der Welt die Filmindustrie schenkte. Durch dieses Medium der schönen Scheinwelt wurden Glanz, Romantik und Starverehrung in das sonst so prosaische Leben von Millionen von Menschen gebracht. Neptun im Zeichen Löwe verleiht oft die Ausstrahlung unwiderstehlichen Charmes und eine Popularität, die schon an Heldenverehrung grenzt. Viele der Superstars aus Politik, von der Leinwand, der Medizin und Philosophie haben diese Kombination.

Neptun im Zeichen Löwe macht Sie gesellig und zu einem Liebhaber des Vergnügens und der freien Natur. Sie haben ein besonderes Verhältnis zu Kindern: Sie können ihnen zu einer weniger materialistischen Einstellung verhelfen, ohne ihren natürlichen Ehrgeiz zu zerstören. Sie fördern künstlerische und kreative Triebe bei anderen, da Sie den ehrlichen Wunsch haben, daß sie ihre besten Fähigkeiten entwickeln. Zu Ihren eigenen Interessen gehören die Dichtkunst, Musik, Malerei und Theater. Sie können ein fähiger Buch- oder Bühnenautor, Schauspieler oder Unterhaltungskünstler sein.

Bisweilen haben Sie seltsame Gefühle und Intuitionen, von denen Sie einige überhaupt nicht beschreiben können. Gewöhnlich wissen Sie, ohne groß nachdenken zu müssen, was Sie zu tun haben. Sie verlassen sich ein wenig mehr auf Ihre Gefühle und Sympathien als auf Ihren Verstand, doch in Ihren persönlichen Beziehungen bestehen Sie auf vernünftigem Handeln und lenken Ihre Energien auf praktische und zweckmäßige Anstrengungen. Kunst, Ideen und Reformen sind für Sie nicht Themen, über die man nur redet; sie erfordern nach Ihrer Meinung Taten, Entschlossenheit und Hingabe – Eigenschaften, die Sie durch Ihr eigenes Beispiel bei anderen wecken.

Ihr Liebesleben verläuft unruhig; im Laufe der Jahre hatten Sie einige schwere Enttäuschungen zu verkraften. Was Sie angeht, so hat Liebe als Ausdruck der Persönlichkeit oder egoistisches Bedürfnis bei Ihnen keine Chance. Möglicherweise werden Sie getäuscht, oder Ihnen bricht wegen der Trennung von der großen Liebe Ihres Lebens das Herz. Es gibt immer genug Menschen, denen Sie Ihre Liebe schenken oder die Sie lieben, doch treten nach einiger Zeit Umstände auf, die Sie trennen, sei es physisch oder psychisch. Der innere Trieb Neptuns ist auf eine distanziertere und durchdringendere Liebe gerichtet, die egoistische Befriedigung dem Wohl aller opfert. Sie müssen eine humanitäre Aufgabe finden, die groß und würdig genug ist, um all die Liebe und Hingabe aufnehmen zu können, zu der Sie fähig sind.

Die Kehrseite der Medaille

Sie leben möglicherweise nur um des Vergnügens willen und untergraben so Ihre Gesundheit und beruflichen Chancen. Sie stürzen sich von einer Liebesaffäre in die andere und finden nie Befriedigung. Ihre Jagd nach physischer Befriedigung kann zu Völlerei und Trunksucht führen. Vielleicht gab es im Elternhaus schon Erziehungsmängel. Sie ziehen zwielichtige Gestalten an. Wahrscheinlich sind Sie ein Sklave Ihrer Gefühle und Emotionen und können sie nicht vernünftig kontrollieren. Sie geben Ihr Geld so schnell, wie Sie es verdienen, für eine großzügige Lebensweise und für Vergnügungen aus. Sie machen eine Schau aus Ihrer Großzügigkeit, weil Sie versuchen wollen, Aufmerksamkeit zu erregen und sich Anerkennung zu verschaffen. Sie sind egoistisch, ein Angeber und Großsprecher. Es kann sein, daß Ihre Bildung nicht ausreicht und Sie gezwungen sind, Zeugnisse zu »berichtigen«. Sie sind charakterschwach, feige, faul oder tyrannisch. Ihre engsten Gefährten sind Ja-Sager.

Neptun im Zeichen Jungfrau (1930–1942)

Sie sind ein gütiger und geduldiger Mensch, besonders wenn Sie sich mit dem befassen, was man oft für die weniger wichtigen Dinge im Leben hält. Sie geben den kleinsten Kleinigkeiten ihren richtigen Platz im System der Dinge, und diese Aufmerksamkeit dehnen Sie auch auf das Tier- und Pflanzenleben aus. Sie widmen sich mitleidig den kleinen Geschöpfen – den Grashüpfern, Fischen, Würmern, Vögeln, Blumen, kleinen Tieren, Büschen – und nehmen an, daß die größeren Dinge auf sich selbst aufpassen können.

Sie wollen auch den Menschen helfen, die das selbst nicht können – die Kranken, Alten und Kinder, die arm und unterprivilegiert sind. Für andere haben Sie nicht so viel Mitgefühl übrig; gut, andere Leute muß es auch geben, aber es fällt Ihnen schwer, sie zu lieben. Tatsache ist, daß Sie recht zurückhaltend und sogar schüchtern in Gesellschaft sind, Sie lieben Geselligkeit und Gespräche, doch sind Ihre Emotionen nicht leicht zu erregen; Sie machen den Eindruck, angeregt zu sein, lassen sich aber nicht begeistern. Sie wären ein hervorragender Krankenpfleger, Gartenbauer, Zoologe oder Landwirt. Wissenschaftliche Themen, die mit Gesundheit zu tun haben, interessieren Sie ebenfalls. Ihnen würde es leichtfallen und gefallen, Ihren Lebensunterhalt in der Medizin, der Pharmazie oder Chemie zu verdienen. Sie haben einige außergewöhnliche Ansichten über Ernährung und setzen sie mit lebhafter Begeisterung in die Praxis um, bis Sie sie zugunsten besserer (oder noch ausgefallenerer) Ernährungsgrundsätze verwerfen. Sie schreiben gern über richtige Ernährung und sind nicht abgeneigt, Briefe an Zeitungen oder Freunde zu schicken, in denen Sie Ihre neuesten Theorien und Entdeckungen haarklein beschreiben. Sie sind auch ein sehr guter Koch. Sie sind sich der Notwendigkeit für Hygiene sehr bewußt und könnten dabei in Extreme verfallen, sich laufend die Hände waschen oder ähnliches tun.

Sie haben sehr bestimmte Ansichten über Arbeitsbedingungen und die mißliche Lage der Arbeiter. Sie möchten das Los derer, die ausgebeutet werden, verbessern, neigen aber dazu, die Unzulänglichkeiten einiger dieser Menschen in dieser Umgebung zu übersehen. Ist Neptun ungünstig aspektiert, könnten Ihre Beurteilung der Lage von falschen Voraussetzungen ausgehen und Sie Faulheit fälschlicherweise für Mangel an Aufstiegsmöglichkeiten halten. Sie sind sehr an Erziehung und Bildung im allgemeinen interessiert, möchten, daß jeder eine möglichst lange und umfassende Ausbildung genießt, vergessen aber in Ihrem Übereifer, daß diejenigen, denen das Lernen schwerfällt, unter dieser Anordnung sehr unglücklich wären.

Sie besitzen besondere übersinnliche Fähigkeiten, die es Ihnen ermöglichen, Situationen mit großer Genauigkeit vorherzusehen. Sie können sich bestimmte Umstände sehr lebhaft vorstellen und sofort die Vor- oder Nachteile erkennen, die Ereignisse mit sich bringen werden. Napoleon hatte diese okkulten Einsichten. Er kannte die Menschen, konnte abschätzen, was sie tun würden. Er war in der Lage, in staatspolitischen Dingen Jahre vorauszublicken, und entwickelte ein Gedankenkonzept dessen, was die Zukunft erforderte. Teile seiner Gesetzessammlung, des »Code Civil«, der das französische Rechtssystem reformierte, sind heute noch in Kraft; die Nachwelt wird durch die Ideen, die er entwickelte, laufend an ihn erinnert. (Sogar Nebensächlichkeiten dieses Gedankengebäudes scheinen zu überdauern: Es war Napoleon, der die italienische Nationalflagge entwarf.) Doch die allgemeine Tendenz bei Neptun im Zeichen Jungfrau läuft darauf hinaus, der übersinnlichen Vision zu erlauben, den Platz geistiger Einsicht einzunehmen, vom Wunsch gefangen zu sein, die Dinge in gutem Zustand zu belassen, ohne die inneren Umstände zu harmonisieren. Materielle Erwägungen sowie von Menschen geschaffene Gesetze und menschliche Weisheit werden zu den höchsten Werten (was ohne Zweifel schließlich auch zum Sturz Napoleons führte).

Ihre übersinnliche Wahrnehmungsfähigkeit macht Sie zu einem besonders geeigneten Erforscher okkulter Phänomene. Sie besitzen auch die schriftstellerischen Fähigkeiten, Ihre Erkenntnis in klarer und logischer Sprache zu beschreiben. Viele Astrologen haben diese Kombination.

Sie lieben das Leben in den oder am Rande der Städte. Selbst wenn Sie auf dem Lande wohnen, arbeiten Sie in einem dichter besiedelten Gebiet und machen regelmäßig Abstecher in die Städte. Sie sind für Arbeiten auf architektonischem Gebiet und für das technische Zeichnen begabt. Sie können große Bauprojekte entwickeln – Industriekomplexe, Einkaufszentren, Trabantenstädte – und sie entweder bis ins letzte Detail planen oder bauen.

Die Kehrseite der Medaille

Möglicherweise haben Sie ein Herz aus Stein und kümmern sich um niemanden, leben ein anspruchsvolles und gründliches Leben für Ihren Egoismus und sind nicht abgeneigt, andere lange zu täuschen, um Ihre eigenen Vorstellungen durchzusetzen. Sie sind ein Hypochonder, dessen Schwächen Drogen und Alkohol sind. Wahrscheinlich neigen Sie zu der Ansicht, die Welt schulde Ihnen Ihren Lebensunterhalt, und leben von Sozialhilfe,

Almosen und Ihrer Gerissenheit. Ihre sexuellen Neigungen könnten abartig sein. Im Beruf könnten Sie selten Ihr Tagespensum leisten, wenn es sich durch Betrügereien und Irreführungen vermeiden läßt. Sie setzen Ihre Begabungen zum Schreiben und Redenhalten dafür ein, um anderen Geld aus der Tasche zu ziehen. Sie haben eine scharfe Zunge, mit der Sie zerstörende Kritik äußern und anderen dadurch viel Leid verursachen können.

Neptun im Zeichen Waage (1943–1956)

Man hat Sie, die Menschen der vierziger und fünfziger Jahre, die »Generation der Liebe« genannt, weil Sie versucht haben, den Gedanken der Liebe in dieser Welt durchzusetzen, und zwar auf ruhige und passive Art, mit »Sit-ins« und vor allem eben mit Liebe. Wenn Sie dabei Erfolg hatten, dann ist daraus ein reformierender Impuls geworden, der sich tief in der menschlichen Psyche niedergeschlagen hat. Seine Auswirkungen werden durch die fundamentalen Triebe der Generation, die der Ihren folgt – die Neptun-Skorpion-Menschen – oberflächlich verdeckt. Als Individuum glauben Sie immer noch an Liebe, Frieden und Gleichheit. Doch Ihre Generation, die die Blumenkinder und die »Make love, not war«*-Bewegung hervorbrachte, verlor ihren Einfluß als weltbeherrschende Kraft im Jahre 1957, als Neptun das Zeichen Waage für 154 Jahre verließ. Ihr Verstand beschäftigt sich dauernd damit, wie das Los der Menschheit erleichtert werden kann. Die Waage ist das Zeichen der Kunst, Liebe, Schönheit und Gerechtigkeit, Neptun der Planet durchdringender, reformierender, geistiger Kraft. Deshalb sind Ihre höheren Bestrebungen noch verfeinerter, als es normalerweise in kreativen und humanistischen Kreisen der Fall ist. Diese Tatsache macht Sie zu einem Individuum voller Idealismus, dem es aber an Durchsetzungsvermögen mangelt. Obwohl Ihre Vorstellungen über die Rechte des Menschen fest in Ihnen verwurzelt sind, fehlt Ihnen die Kraft, die Ordnung der Dinge zu verändern. Da die Reformen, die Sie durchsetzen wollen, von inneren Veränderungen abhängen, sehen Sie keine deutlichen Anzeichen dauerhafter Wirkung Ihrer Anstrengungen.

Sie haben Ihre Vorlieben und Ihr Verhalten verfeinert, sind eher ein intellektuelles als physisches Wesen. Ihre Phantasie ist äußerst lebhaft und erhebt sich oft über weltliche Probleme hinaus in das Reich hehrer Ideale und großartiger Bestrebungen. Wenn es aber dann um die Probleme des Alltags geht, verlieren Sie leicht den Mut. Sie möchten nicht gern mit den eintönigen Aufgaben des Lebens zu tun haben und machen keinen Hehl aus Ihrer Abneigung. Sie wünschen sich einen eleganten Lebensstil, geschliffene Umgangsformen, gute Manieren, eine friedliche und angenehme Umgebung und die Gesellschaft künstlerisch interessierter, begabter und gebildeter Menschen. Sie fühlen sich zu Kunst, Musik, Philosophie, Literatur und sozialen Reformen hingezogen.

Sie lieben die Liebe, neigen dazu, sie zu idealisieren, doch in der rauhen Wirklichkeit werden Ihre Illusionen oft zerstört; aber es gelingt Ihnen immer wieder, eine neue vergeistigte Vision zu schaffen. Dies gelingt Ihnen, weil Sie an die Liebe glauben, nicht an die, die von einer zynischen Gesellschaft mit heuchlerischen Konventionen praktiziert wird, sondern an jene, von der Sie wissen, wie sie sein kann. Ihr Traum von der Liebe macht es Ihnen möglich, einem Menschheitstraum anzuhängen, zu glauben, daß sie eines Tages doch auf Erden verwirklicht wird.

Sie sind beliebt und in gesellschaftlichen Kreisen gefragt, haben eine Schwäche für die zu kurz Gekommenen und versuchen alles, um Nachbarn oder anderen, die unglücklich oder wirtschaftlich schlechter gestellt sind als Sie, zu helfen. Ihr Mitleid, Verständnis, Charme und Ihre Liebe zur Harmonie machen Sie zu einem wünschenswerten und angenehmen Gesellschafter. Als Liebespartner sind Sie zart und liebevoll. Sollte aber Neptun adversativ* aspektiert sein, so reagieren Sie möglicherweise zu emotional, sind launisch und neigen zu sexueller Promiskuität**. Ihre Liebesaffären führen häufig zu sonderbaren Situationen und enden oft in von beiden Seiten nicht erwünschten Trennungen.

Sie sind recht entschieden in Ihren Ansichten, daß es mehr Gerechtigkeit in dieser Welt geben muß, und können bei Diskussionen über dieses Thema laut und ziemlich aggressiv werden. Doch Neptun neigt dazu, Ihr Urteilsvermögen negativ zu

---

* = »Macht Liebe – nicht Krieg!«

* gegensätzlich.
** Verkehr mit mehreren Partnern.

beeinflussen, wenn Sie sich mit einer Sache identifizieren, und Sie müssen auf gute Ratschläge hören, da Sie sonst das, was Sie gerade fördern wollen, zerstören.

Mystische, mysteriöse und magische Dinge faszinieren Sie, Sie haben ein starkes Interesse am Okkulten. Doch Sie brauchen die Ermutigung oder die Anregungen durch einen anderen Menschen oder eine Gruppe, um auf diesem Gebiet aktiv zu werden. Sie entwickeln eine spezielle Vorliebe für gute Filme und das Fernsehen, lieben Tanz und Musik. Wissenschaftliche Entdeckungen, besonders die Erforschung des Weltalls, erregen Sie.

Die Kehrseite der Medaille

Sind Sie eine Frau, so sind Sie vermutlich eine Heulsuse, ein hysterisches Weib, das jeden Moment ohne ersichtlichen Grund in Tränen ausbricht. Sind Sie ein Mann, so sind Sie möglicherweise emotional unausgeglichen und nicht in der Lage, ein kontroverses Thema zu diskutieren, ohne sich persönlich angegriffen zu fühlen. Ihr Liebesleben kann eine einzige Reihe von Katastrophen sein, die zu zerbrochenen Familien führt. Sie denken zuviel an Sex und können keiner Gelegenheit widerstehen, Ihr sexuelles Verlangen zu befriedigen. Sie machen es sich zur Aufgabe, Harmonie zwischen den Leuten herzustellen; Ihnen gelingt es aber nur, Feindschaft, Mißverständnisse und Ärger heraufzubeschwören. Wahrscheinlich sind Sie ein Weltverbesserer, der sich überall einmischt und beim ersten Anzeichen von harter Arbeit, Widerstand oder Druck, zusammenbricht. Es kann sein, daß Sie sich vor Verantwortung drücken. Ihre Vorstellung von sozialer Reform könnte nicht weiter reichen als Ihr Wunsch, Ihren Namen in der Zeitung zu sehen oder ihn im Rundfunk lobend erwähnt zu hören.

Neptun im Zeichen Skorpion (1957–1969)

Neptun hält sich in jedem Tierkreiszeichen ungefähr 14 Jahre auf, und seine Wirkung macht sich mehr bei Generationen als bei Individuen bemerkbar. Er beeinflußt die unbewußten Handlungen und Denkweisen, die, obwohl sie von Individuen ausgedrückt werden, sozusagen zu kollektiven Charakteristika einer Zeit werden.

Neptun befand sich ungefähr von 1957 bis 1970 im Zeichen Skorpion. Dies war die Zeit, als die Meinungsmacher beschlossen, den Sex unter der Bettdecke hervorzuholen und ihn ins Rampenlicht der Öffentlichkeit zu zerren. Es gab heftige und entrüstete Proteste gegen Bühnenstücke wie »Hair« und »Oh, Calcutta!« und die zunehmende Freizügigkeit auf Leinwand und Bildschirm, doch allmählich wurde aus den lautstarken Protesten ein von vielen nicht mehr beachtetes Gemurmel.

Neptun ist der Planet zarter Enthüllungen und der Skorpion das Zeichen für Sex, Geheimnisse und die Erforschung des Mysteriösen. Der Skorpion ist auch ein Zeichen, in dem grausame und abartige Dinge passieren können, und wenn wir uns an diese Zeiten erinnern, fallen uns sofort die zahlreichen unterhaltsamen, aber auch blutrünstigen Spionage-Geschichten und -filme ein, die Brutalität und Grausamkeit des Vietnam-Krieges, die Ermordung der Kennedy-Brüder und anderer, das Auftauchen der Rauschgiftszene mit ihren von Neptun stammenden Illusionen und allen vom Skorpion verursachten Auswüchsen und Leiden.

Aber aus all diesen Seelenqualen entwickelte sich viel, was erneuernd und regenerierend auf das menschliche Denken wirkte. Und diejenigen von Ihnen, die unter diesem Einfluß geboren wurden, werden die Möglichkeit haben zu beweisen, was das genauer bedeutet, wenn sie um das Jahr 2000 auf den Regierungsbänken und in Machtpositionen sitzen.

Sie können Heuchelei und Affektiertheit nicht ausstehen, wollen, daß die Welt alle Unehrlichkeiten und Anmaßungen ablegt. Sie glauben an die Aufrichtigkeit – auch wenn sie verletzend sein sollte –, obgleich Ihre Methoden manchmal bei anderen den Eindruck erwecken, bei Ihnen heiligen die Mittel den Zweck. Aber vor allem glauben Sie an die Ehrlichkeit gegenüber sich selbst. Dies kann eine traumatische Erfahrung nicht nur für Sie selbst, sondern auch für diejenigen sein, die mit Ihnen arbeiten und leben müssen. Sie reichen nicht immer an Ihre rigorosen Ideale heran, aber Sie versuchen es immer wieder. Sie sind unheimlich eigensinnig und haben den unerschütterlichen Glauben an Ihren Sieg über alle Widerstände.

Sie besitzen ein aufbrausendes Temperament, das Sie aber gewöhnlich in der Gewalt haben; Tatsache ist, daß Sie möglichst keines Ihrer Gefühle zeigen. Obwohl Ihre Gefühlsäußerungen recht heftig sind und sich sehr oft in einem von Ihnen unterdrückten Zustand des Aufruhrs befinden, kann man dies nicht an Ihrem Äußeren erkennen. Sie sind zurückhaltend und verschwiegen, zweifelnd und argwöhnisch, machen sich nur wenige Freunde. Sie haben gelernt, die Dinge nach ihrem äußeren Schein zu beurteilen.

Sie sind von Berichten über okkulte Dinge fasziniert und hatten schon zahlreiche eigene Erfahrungen auf diesem Gebiet, speziell in Ihrer Jugend. Ihre Träume sind meist recht lebhaft und symbolisieren manchmal zukünftige Ereignisse. Menschen mit dieser Kombination haben Visionen in Zeiten, wo sie stark unter Streß stehen, und kurz nach einer Krise!

Sie sollten in jedem Beruf erfolgreich sein, in dem ein durchdringender und findiger Verstand erforderlich ist. Sie könnten Ihre beträchtlichen Begabungen auf dem Gebiet der Psychiatrie, des Ingenieurwesens, Maschinenbaus, der Chirurgie, Chemie, bei Nachforschungen und Untersuchungen oder in einer militärischen Laufbahn beweisen.

Eine der Gefahren, die bei Neptun im Zeichen Skorpion auftreten, ist die Neigung zu übermäßigem Alkoholgenuß und Experimenten mit Drogen. Sie möchten alle Formen der Wahrnehmung kennenlernen und Ihre Erfahrungen in allen Bereichen erweitern.

Die Kehrseite der Medaille

Sie sind wahrscheinlich von einigen fixen Ideen besessen, die denen das Leben schwermachen, die mit Ihnen leben müssen. Treten bei dieser Kombination adversative Aspekte auf, so werden Sie möglicherweise von brutalen Trieben gepeinigt, Ihr unersättliches Streben nach Macht über andere und sexueller Befriedigung zu stillen. In einigen Fällen sind Sie selbst das hilflose Opfer verkommener und bösartiger Typen. Das Pech haftet an Ihren Füßen und verläßt Sie erst, wenn für Sie in der materiellen Welt nichts mehr zu holen ist. In einer letzten Verzweiflung ist eine Art geistiger Erneuerung möglich.

Neptun im Zeichen Schütze (1970–1983)

Diese Generation wird aus unverbesserlichen Idealisten bestehen und unglaublich optimistisch über die Zukunft der Menschheit sein – wenn nur die anderen Menschen die Dinge genauso sehen würden. Während die Neptun-Schütze-Menschen erkennen werden, daß es viele Mißstände in der Welt gibt, neigen sie dazu, sie mit Worten und Ideen zu bekämpfen, dadurch, daß sie die öffentliche Meinung dagegen mobil machen, anstatt mit direkten Aktionen die Ursachen zu beseitigen. Sie richten ihren Blick in die Zukunft, selten auf die Gegenwart.

Sie werden begeisternde, weitreichende und originelle Vorstellungen entwickeln. Von ihnen Einzelheiten ihrer umfassenden Pläne zu verlangen wäre genauso, als würde man einen Millionär fragen, wieviel Geld er denn nun auf den Pfennig genau habe – es ist völlig unwichtig: Er ist ja Millionär. Mit einigen groben Pinselstrichen umreißen sie, was sie meinen, und überlassen es dann denen mit geringerer Erleuchtung und Intelligenz, das Bild auszumalen.

Diese Taktik erweist sich sowohl bei geschäftlichen wie humanitären Vorhaben als erfolgreich; denn sie werden sich ohne Zweifel mit den willigen Helfern umgeben können, bevor sie losschwirren und irgendwo ein neues Projekt starten.

Ihre Intuition wird manchmal erstaunlich sein; es wird so aussehen, als ob sie in der Lage sind, genau das zu erkennen, was nötig ist, um aus zukünftigen Ereignissen das Beste zu machen. Die Neptun-Schütze-Menschen werden sich durch nichts davon abbringen lassen, ihre Vorahnungen in die Tat umzusetzen, und sie sogar mit Geld und ihrem Ruf unterstützen.

Ihre soziale Gesinnung dehnt sich auf ein starkes Interesse an Bildung aus, besonders an jener Bildung, die den Verstand für erhabenere Prinzipien und Ideale empfänglich macht. Im Bereich der Religion und Metaphysik entwickeln sie wahrscheinlich einige sehr originelle Ideen. Neptun im Zeichen Schütze neigt dazu, die mystische Erfahrung mit einigen der weniger erklärbaren Phänomenen der derzeitigen PSI*-Experimente und des Okkultismus zu verbinden. Sie werden die Barrieren beseitigen und zeigen, wie die goldenen Regeln oder alten Religionen immer noch gültig sind: sie erfordern einen erweiterten Anwendungsbereich, nicht notwendigerweise eine weitere Auslegung. Sie glauben, daß Ideen die Kraft haben, den menschlichen Verstand zu verändern, und sie werden diese Kraft auf meßbare Art beweisen. Sie sind gegen

---

* Parapsychologie: Teil der Psychologie, die sich mit außersinnlichen Erkenntnissen beschäftigt.

starres Denken, sondern glauben an die Wahrheit – und daran, daß jeder Gedanke neu von ihr ausgehen sollte.

Ebenso wie sie ihren Verstand gern schweifen lassen, so halten diese Menschen ihren Körper dauernd in Bewegung. Sie suchen das Leben im Freien, Spiele und Sport. Sie fordern Reisen, so weit und so oft wie möglich, Reisen sowohl durch ihre Phantasie wie in fremde Länder.

Die Fähigkeit, sich ausdrücken zu können, eignet sie für eine journalistische Karriere ebenso wie für das Schreiben von Reisebüchern und -beschreibungen. Je mehr sie herumreisen und auf Entdeckungsfahrten gehen können, desto glücklicher und produktiver sind sie. Sie werden auch kompetente Künstler sein, die sich an keinen Ort gebunden fühlen, sich nicht von ihrem großen Besitz binden lassen. Eine wissenschaftliche Karriere, die ihnen erlauben würde, exotische Länder zu erkunden oder mit Menschen anderer Rassen zusammenzuleben und vergleichende Kulturanalysen zu erstellen, sollte diesen Idealisten ebenfalls verlockend erscheinen. Tief wurzelnde Emotionen erreichen oft den Siedepunkt und machen sie zu rastlosen Menschen, körperlich wie geistig. Zu diesen Gelegenheiten handeln sie dann möglicherweise ohne nachzudenken und leben dann, um ihre Taten zu bedauern.

Ihre Träume sind bisweilen seltsam prophetisch. Der Sinn für Humor ist entscheidend, um den Sturz in vage Depressionen zu vermeiden.

Die Kehrseite der Medaille

Weite Reisen und Besuche in fremden Ländern enden für diese Menschen wahrscheinlich oft mit seltsamen Erlebnissen. Angehörige fremder Kulturen, besonders die, die auffallend freundlich sind, versuchen, sie zu betrügen. Ihre politischen und religiösen Überzeugungen werden ganz sicher von Mächtigen kritisiert und sie sind dann der Lächerlichkeit preisgegeben. Übersinnliche Erfahrungen und schreckliche Träume machen den Schlaf selbst zu einem Alptraum. Ihre Konzentrationsfähigkeit ist möglicherweise gering, ihre religiösen Überzeugungen sind irreführend; beide Faktoren könnten zu Leid und Unglück für andere führen.

Neptun im Zeichen Steinbock (1984–1997)

Diese Menschen werden Wert darauf legen, daß eine bessere Ordnung auf Erden verwirklicht wird, daß die Rohstoffe besser verteilt werden können. Sie werden die Überzeugung vertreten, daß wirksame – möglichst globale – politische und bürokratische Kontrollen die einzige Antwort auf den seit Urzeiten wogenden Kampf des Menschen um Vorherrschaft ist. Sie werden beweisen, wenn sie die Chance dazu haben, daß sie das Leben für jeden leichter machen können – wenn man sie ihre Ideen verwirklichen läßt. Das größte Problem wird ihre Neigung sein, sich auf die materiellen Nöte des Menschen zu konzentrieren, und sie werden dabei die tiefe menschliche Sehnsucht nach geistiger Erfüllung vergessen.

Neptun verbringt durchschnittlich 14 Jahre in jedem Tierkreiszeichen, und deshalb wirkt sein Einfluß (der hauptsächlich unbewußter Natur ist) durch alle Individuen, die in dieser Zeit geboren werden, als Gesamtausdruck dieser Generation. Der Einfluß des Planeten ist eher durchdringend als direkt, mehr motivierend als aktivierend; er ist die mächtige Kraft, die hinter den Kulissen wirkt. Was hier beschrieben wird, zeigt sich als verbreitete Einstellung und »allgemeine Stimmung«.

Diese Menschen sind glänzende Praktiker, überaus gründlich, und sie unternehmen keinen Schritt, ohne vorher jede Möglichkeit durchgespielt zu haben. In ihrer Fähigkeit, die Dinge abzuschätzen, abzuwägen und auszuloten, scheint ihr Verstand von höherer Warte inspiriert. Aus ihnen können begabte Physiker, Chemiker und Ingenieure werden; als Top-Manager können sie die größten Organisationen leiten, und man darf sich bei ihnen darauf verlassen, daß sie die Kosten senken und die Profite erhöhen.

Als Politiker werden sie zwar nicht unbedingt beliebt sein, haben aber dafür die Tugend, Versprechen auch wirklich in die Tat umzusetzen. Sie leben nach dem Buchstaben und nicht nach dem Geist der Gesetze. Einige ihrer Anhänger hoffen im stillen, daß sie keinen Erfolg haben; denn alle Betroffenen werden ihrer Methoden, obwohl sie recht wirksam sind, nach gewisser Zeit überdrüssig. Während sie im Menschen den Wunsch nach Veränderung – nach jeder Art von Veränderung – wecken, befreien sie ihn von der aufgezwungenen Sterilität und Herrschaft der Sicherheit. Angesichts von Widerständen beweisen sie Mut und Entschlossenheit, und obwohl sie von Natur aus vorsichtig und besonnen sind, werden sie flexibel und geschickt handeln, um ihre Position zu verteidigen.

Ihr Privatleben wird sehr wahrscheinlich recht glücklos verlaufen, angefangen mit Problemen in der Familie während ihrer Kindheit. Das Eheleben wird durch fehlende Spontaneität und menschliche Wärme bei beiden Partnern negativ beeinflußt. Was so vielversprechend begonnen haben mag, kann bald zu unpersönlichen Kompromissen und völliger gegenseitiger Mißachtung führen.

Diese Menschengruppe wird wahrscheinlich irgendeine Verbindung zur Unterhaltungsbranche, zu Tanz, Musik und Schauspielerei haben, aber eher eine organisatorische oder zuarbeitende Rolle als eine künstlerische übernehmen. Bei dieser Kombination wird sich jedes künstlerische Flair* zweifellos auf die hervorragende Qualität der von ihnen hergestellten, verarbeiteten und gelieferten Dinge beschränken. Ein Neptun-Steinbock-Mensch könnte zum Beispiel ein Drucker sein, der ansprechendes Verpackungsmaterial, Lesestoff, Glückwunschkarten, Notenblätter und spezielle Techniken erfordernde Farbdrucke herstellt.

Es besteht die große Wahrscheinlichkeit, daß diese Menschen unter lebhaften und schmerzlichen Träumen leiden, in denen sie in aller Öffentlichkeit von Autoritätspersonen kritisiert werden. In diesen Träumen werden sie von ihren eigenen, unverantwortlichen Handlungen erschreckt oder mit der Realität der Armut im Alter konfrontiert.

Unsicherheit, Mißerfolge und das Gefühl, nicht geachtet zu werden, machen sie häufig deprimiert, obgleich in Wirklichkeit kein echter Grund dafür vorliegt.

Die Kehrseite der Medaille

Diese Generation könnte unsicher und unentschlossen sein und sich darauf verlassen, daß andere Entscheidungen für sie treffen; sie wartet zu lange und verpaßt dadurch die besten Gelegenheiten. Diese Menschen machen sich viel zu viele Sorgen – Ergebnis: Ihre Verdauung leidet darunter. Sie nehmen sich zwar vor, entschlossener und energischer zu werden, doch sobald sie unter Druck geraten, fallen sie wieder um. Im Familienleben warten einige sonderbare Situationen auf sie; wahrscheinlich »liegt im Keller noch eine Leiche«, die sie bedrückt; oder aber ein Geschäftsskandal zerstört ihren Ruf und ihre Hoffnungen. Familienmitglieder komplizieren ihr Leben auf ungewöhnliche Art und Weise.

---

* = Spürsinn

Pluto

Der Planet

Pluto wurde vor knapp 50 Jahren entdeckt. Er ist der letzte bekannte Planet unserer Sonne. Wie im Fall von Neptun wurde seine Existenz lange vor seiner Entdeckung vermutet. Um die Jahrhundertwende stellten die Astronomen fest, daß die Neptun-Bahn von einem Körper, der sich noch weiter draußen im Weltall befinden mußte, in zunehmendem Maße beeinflußt wurde. Um den neuen Planeten zu lokalisieren, baute Dr. Percival Lowell ein Observatorium bei Flagstaff in Arizona, installierte ein 33-cm-Teleskop – ein in dieser Zeit recht ansehnliches Instrument –, hatte aber keinen Erfolg bei seiner Suche. Dann, im Jahr 1930, fand ein Student der Astrologie, C.W. Tombaugh, den Planeten und fotografierte ihn. Ort der Handlung: das Lowell-Observatorium.

Diese Entdeckung war eine wahre Großtat. Pluto ist mit seinem Durchmesser von 5850 km nicht einmal halb so groß wie die Erde und unvorstellbare 5,946 Milliarden km von der Sonne entfernt – die 39fache Entfernung Sonne–Erde.

Pluto braucht von allen Planeten am längsten für eine Umrundung der Sonne – 248 Jahre –, und seine Bewegung ist sehr unregelmäßig. Während die anderen Planeten sich nur in geringen Gradabweichungen vom Wege der Sonne (der Ekliptik) bewegen, beträgt die Abweichung bei Pluto 17 Grad. Er verweilt theoretisch 24 Jahre in jedem Tierkreiszeichen, doch wegen seiner unregelmäßigen Bahn schwankt dieser Zeitraum zwischen 13 und 32 Jahren.

Symbolik

Pluto oder Hades, wie er bei den Griechen genannt wurde, war der Herrscher über die Toten und die Unterwelt. Er war ein Sohn Saturns und der Bruder von Jupiter und Neptun. Nachdem Saturn von seinen Söhnen abgesetzt worden war, teilten die drei sich die Weltherrschaft und losten um die einzelnen Bereiche. Pluto gewann die Unterwelt. Die Menschen in der Antike setzten Pluto mit Reichtum gleich; denn das Gold, die Rohedelsteine und vergrabenen Schätze standen in seiner Obhut. Von daher stammt auch das Wort »Plutokratie«: die Herrschaft der Reichen.

Astrologie

Wenn ein Planet entdeckt wird, dann decken sich seine Grundcharakteristika mit den Trends und Ereignissen, die sich im Leben der Menschheit zeigen. Es scheint, daß die mythologischen Begriffsinhalte ausnahmslos zutreffen. Plutos Entdeckung im Jahr 1930 fällt mit dem Aufstieg des Gangstertums, der Herrschaft derer aus der Unterwelt zusammen, die für Geld und Macht andere versklaven, berauben und töten. Sie markierte den Weg Hitlers an die Macht und seinen Versuch, eine Herrenrasse zu schaffen, indem er alle ausrotten wollte, die er als »Untermenschen« bezeichnete – wie etwa die Juden. Es war der Zeitraum der Erpresser und Schieber, des Mob und der Gerechtigkeit mit dem Maschinengewehr; die Zeit der großen Bosse mit ihren Psychosen und Wahnvorstellungen, die nach außen hin ehrbare Leute blieben, während sie hinter den Kulissen die Fäden des Verbrechens in den Händen hielten. Es war auch die Zeit vor dem mörderischsten Krieg der Geschichte, beginnend mit der schlimmsten wirtschaftlichen Niedergangsphase seit Menschengedenken.

Die Aufgabe der Astrologen bestand darin, das Tierkreiszeichen zu finden, das Pluto gehört. Alle Planeten herrschen in einem Zeichen – das heißt, es gibt ein Zeichen (manchmal zwei), das eine charakteristische Beziehung zu den Lebensprinzipien oder den Kräften hat, die jeder einzelne Planet verkörpert. Im Falle von Pluto zweifelte man nie echt daran, das richtige Zeichen gefunden zu haben, doch mußte diese Annahme durch die Ereignisse bestätigt werden. Das hat beinahe 50 Jahre gedauert, doch gibt es heute nur sehr wenige ernstzunehmende Astrologen, die bestreiten, daß Pluto der Herrscher im Zeichen Skorpion ist*. Der Skorpion ist das Zeichen des Todes und anderer Dinge wie die Erlösung, des Geheimnisses, der Vernichtung, der Unterdrückung, des Argwohns, der Erbschaften, der Vererbung, der Durchdringung, der Heftigkeit, der Nachforschung – und des Sex.

Andere Zeichen und Planeten beeinflussen das Liebesleben eines Menschen, aber Skorpion und Pluto beziehen sich auf den vom Fortpflanzungstrieb, von der Liebe und den feineren Emotionen entblößten Geschlechtsakt. Es ist der Geschlechtsakt als Kraft, zu den Ursprüngen des Seins vorzudringen, über bewußte Motive hinaus; der Trieb, die Libido so intensiv auf einen Punkt zu konzentrieren, daß sie Hemmungen des Verlangens überwindet und Befreiung, Selbstvergessenheit und die Einheit mit sich selbst erreicht.

Pluto verkörpert die Macht des Geldes und des Geschlechtstriebs, doch nicht im Sinne universal gültiger Währungen, für die man bestimmte Präferenzen oder Privilegien eintauschen kann. In Pluto verkörpern Geld und Sex zwei Urtriebe, die jeder Mensch früher oder später in sich zu beherrschen lernen muß, und indem er das tut, wandelt er den Trieb – das persönliche Bedürfnis nach Präferenzen und Privilegien – in Reichtum und die Kraft zu individueller Selbstgenügsamkeit um.

Da Pluto durchschnittlich 24 Jahre in jedem Zeichen verweilt, beherrscht er die zu Veränderung führenden Massenbewegungen in jeder Generation. Er ist konstruktiv und destruktiv, das Prinzip, das uns die Segnungen der Atomenergie ebenso gab wie die Furcht vor der Atombombe. Er verkörpert die lindernde Kraft der Psychologie, die heilende Wirkung der Psychiatrie, die Zerstörung der Persönlichkeit durch Gehirnwäsche, die Erniedrigung durch Propaganda, die Vorteile der Massenkommunikation durch Zeitungen und Funk und Fernsehen, die von den gleichen Medien verursachte Massenhysterie. Er ist in sich selbst ein Widerspruch: ein Umgestalter und Zerstörer.

Wo auch immer Pluto in Ihrem Horoskop erscheint, Sie werden Widersprüche in sich entdecken. Sie können stark und energisch sein, zeigen aber trotzdem Nerven, kennen heftige Abneigung und verzehrende Liebe. Sie könnten habgierig sein und sich gleichgültig gegenüber den Dingen zeigen, wenn sie einmal Ihnen gehören.

Pluto ist der letzte der drei »geistigen« Planeten. Alle seine Wirkungen auf das Individuum sind darauf gerichtet, die physischen Gewohnheiten zu ändern, die das psychische Sein in eine Zwangsjacke gepreßt haben. Er erschüttert die eingeführte Ordnung, die etablierten Verhaltensmuster, zerstört plötzlich und lehrt dann das Individuum, neu aufzubauen, aber nicht mehr so, wie es vorher war, sondern mit der wunderbaren kreativen Freiheit, einen neuen Beginn wagen zu können, sich dabei aber die Fehler der Vergangenheit vor Augen zu halten.

Pluto schafft geteilte Meinungen, gewöhnlich über Themen, die sehr viele Menschen betreffen. Er unterteilt die Menschen in kleine, straff organisierte Gruppen, stellt eine Gruppierung gegen die andere, so daß auch eine schwer erkämpfte Reform auf fortschrittliches Gedankengut und sogar revolutionäre Veränderungen Rücksicht nehmen muß. Pluto symbolisiert die Automation, macht die menschliche Arbeitskraft durch Maschinen überflüssig und zwingt den Menschen dazu, neue Tätigkeiten zu entwickeln, die – wenigstens vorläufig – nicht von Maschinen geleistet werden können. Pluto verkörpert dauernde Wiederholung und Reproduktion: Er ist der Geist der Massenproduktion und hat dem Menschen die Höllenhunde der Technik auf den Hals gehetzt; diese zwingen ihn dazu, ununterbrochen neue Fertigkeiten zu lernen und zu entwickeln, um ihnen zu entkommen.

Pluto gibt dem Menschen eine Doppelgesichtigkeit, so daß seine Persönlichkeit jeweils beide Extreme umfaßt. Ist der Planet günstig aspektiert, dann kann die Person diese Gegensätze ausgleichen und die daraus entstehende Energie in rechte Bahnen lenken. Pluto bringt eine Begabung auf medizinischem und wirtschaftlichem Gebiet mit, besonders für theoretische Arbeiten, die sich mit fortschrittshemmenden Problemen befaßt. Radikale politische Aktionen stammen ebenfalls von Pluto. Er verleiht große geistige Einsichten, die zu neuen und populären Lebensphilosophien führen, wie etwa die von den Beatles und den ihnen folgen-

---

* Bis zu Plutos Entdeckung wurde dem Mars (der auch jetzt noch Mitregent ist) die Regentschaft im Zeichen Skorpion zugeschrieben. In den nächsten Jahrhunderten wird im Skorpion der Einfluß des Mars langsam dem Plutos weichen. Mars bleibt selbstverständlich der alleinige Herrscher im Zeichen Widder.

den Größen der Pop-Szene vertretenen, die allmählich die krassen und hysterischen Emotionen jeder Generation idealisieren.

Ein adversativ* aspektierter Pluto macht die Person zum Opfer ihrer Widersprüche. So kann das Individuum zu einem bösartigen Genie, einem großartig veranlagten Halunken, einem grausamen Diktator, einem schlimmen Gangster werden – oder aber unter diesen Typen leiden müssen.

Physiologisch wird Pluto mit den Keimdrüsen und ihrem Einfluß auf den Verstand und den Willen in Verbindung gebracht. Er ist die Kraft der Erneuerung durch Zerstörung, und dies gilt physisch wie psychisch. Pluto zwingt die unbewußten Blockaden in der Psyche an die Oberfläche; die Ursachen von Neurosen müssen beseitigt werden, entweder dadurch, daß man sie sich bewußt macht oder sie auslebt. Dieser Prozeß könnte schwierig sein und zu nervösen oder geistigen Störungen führen, wenn der Planetenaspekt verletzt ist. In Extremfällen kann es zu Gewalttaten, unmoralischem Verhalten und zur Selbstzerstörung kommen.

Pluto im Zeichen Zwillinge (1881–1914)

Sie sind ein Mensch, der stets sagt, was er denkt, haben Ihre eigenen Ansichten über viele Themen und lassen sich nicht von den Gefühlen anderer Leute abhalten, sie auch zu äußern. Sie sagen sich, das, was Sie denken, ist richtig und muß gesagt werden. Sie haben nicht viel übrig für engstirnige und wenig aufgeschlossene Menschen und unterhalten sich auch nicht gern mit solchen, die veraltete Vorstellungen vertreten. Obwohl Sie sich schon in reifem Alter befinden und auf zahlreiche Erinnerungen zurückblicken können, hängen Sie nicht aus sentimentalen Gründen an altmodischen Ideen. Die Werte, die Sie heute schätzen, sind solche, von denen Sie glauben, daß sie sich bewährt haben. Einige der Normen, die gegenwärtig gültig sind, erregen Ihren Argwohn, und besonders mißtrauisch sind Sie denen gegenüber, die von den zur Zeit regierenden politischen Führern vertreten werden.

Sie zeigen ein aktives Interesse an allem, was um Sie herum vorgeht, und lesen gern Zeitungen, sehen sich die Nachrichten im Fernsehen an und halten sich auf dem laufenden. Auf Ihre Weise haben Sie es erreicht, Anerkennung für Ihre Begabungen zu gewinnen. Auch wenn Sie zu keiner in der Öffentlichkeit bekannten Figur geworden sind, haben Sie auf Ihrem Gebiet eine solche Wirkung hinterlassen, die Ihnen guten Grund zu persönlicher Zufriedenheit gibt.

Sie sind ein Mensch, der an viele Veränderungen in seinem Leben gewöhnt ist, nichts kann Sie jetzt noch schockieren; Sie sind auf beinahe alles vorbereitet. Sie waren schon in verschiedenen Bereichen tätig, haben wahrscheinlich mindestens einmal ganz von vorn beginnen müssen und/oder einige Berufe ausgeübt. Sie sind gut im Umgang mit Zahlen und haben sicherlich in Ihrer Zeit eine hübsche Summe Geld verdient, obwohl Sie möglicherweise nicht allzuviel davon haben retten können.

Sie sind teilweise recht extrem und widersprüchlich in Ihrem Wesen, leiden unter Ihren abrupten Stimmungswechseln und fühlen sich vom Leben enttäuscht und niedergeschlagen. Sie können andere mit Ihrer positiven Einstellung beeinflussen, aber auch melancholisch und deprimiert sein, verstehen es jedoch, sich bald wieder zu fangen. Sie sind gewöhnlich in der Lage, sich in jeder Debatte zu behaupten, und recht geschickt beim Vertuschen Ihrer Fehler oder Schwächen. Sie schätzen Situationen sehr schnell und genau ein und können Charaktere ausgezeichnet beurteilen; niemand kann Sie lange an der Nase herumführen.

Sie sind intuitiv, suchen dauernd nach Wegen, um die Dinge zu verbessern, haben niemals das Gefühl, das Beste sei schon erreicht. Es ist für Sie selbstverständlich, an ein Leben nach dem Tod zu glauben; Sie wissen, daß es noch etwas gibt, was entdeckt werden muß.

Sie haben immer ein Talent für die Behandlung und den Umgang mit Menschengruppen bewiesen, sie sich durch Ihre Logik geneigt zu machen und sie zu überzeugen. Sie wären ein fähiger Lehrer, Autor von Lehrbüchern, Designer oder Theoretiker. Sie lieben es, alte Vorstellungen beiseite zu räumen und neue, leicht verständliche Kriterien festzulegen, die es den Leuten ermöglichen, schnell und wirksam zu handeln und zu arbeiten.

Sie sind sehr empfindsam und nervlich angespannt. Sie haben sich stets einer übersinnlichen Begabung erfreut, die Ihnen ein echtes Verständnis okkulter Dinge verleiht. Sie sind zu tiefen geistigen Einsichten fähig, die Ihnen helfen, die Gründe für etwaige persönliche Mißerfolge zu erkennen.

---

* = gegensätzlich

Die Kehrseite der Medaille

Sie haben möglicherweise nie irgendeinen Erfolg erzielt. Ihre Unfähigkeit, sich auf eine Sache zu konzentrieren und Ihre plötzlichen Stimmungswechsel zu kontrollieren, läßt wahrscheinlich im Arbeitsleben nur wenig von Ihnen erwarten. Sind Sie eine Frau, waren Sie möglicherweise schon mehrere Male verheiratet und haben immer noch nicht gefunden, wonach Sie suchen. Es kann sein, daß Sie einen abartigen Sinn für Humor haben und ihn dadurch befriedigen, indem Sie andere foppen und beschimpfen. Oder aber, Sie sind verletzend kritisch, ein bösartiges Lästermaul, das andere quält. Sie neigen dazu, andere mit sehr strengen Maßstäben zu messen, scheitern aber kläglich daran, selbst nach diesen Maßstäben zu leben. Möglicherweise sind Sie ein Betrüger, der seine Freunde bei Spielen oder im Geschäftsleben mit der gleichen Kaltblütigkeit betrügt, mit der er in einer größeren Organisation eine Unterschlagung begehen würde.

Pluto im Zeichen Krebs (1915–1938)

In Ihrem Wesen spiegelt sich eine Generation, die viele der traditionellen Joche, besonders in bezug auf Familie und Heim, abgeschüttelt hat. Sie waren nicht bereit, ein Sklave veralteter Vorstellungen zu sein. Sie gehören zu den ersten »modernen« Menschen, speziell, was die Emanzipation der Frau betrifft. Mit Ihrer Generation begann die Revolution in der Küche: Die alten, mühsam zu handhabenden Geräte flogen hinaus und wurden durch neue Herde, Kühlschränke, Waschmaschinen, Spülen und viele andere zeitsparende Apparate ersetzt, die es den Frauen ermöglichen, auch außerhalb des Heims tätig zu werden. Die Frauen rafften ihre Röcke, ließen ihre Rocksäume in ungeahnte Höhen rutschen und entdeckten, daß einfache, leichte Kleidung bequem, modisch und weiblich ist.

Sie schnitten aber nicht alle alten Zöpfe ab; das ist auch ganz und gar nicht Ihre Art. Tatsache ist, daß Sie die größte Befriedigung darin fanden, das Althergebrachte zu verbessern, und das wollen Sie in allen Lebensbereichen erreichen. Sie möchten neue Maßstäbe entwickeln, die auf dem beruhen, was sich in der Erfahrung bewährt hat, und haben versucht, Ihre Familie nach diesen Grundsätzen zu führen. Sie wären wahrscheinlich nicht so weit gegangen wie die heutige permissive* Gesellschaft; aber Sie versuchen, aufgeschlossen zu sein, weil Sie die Notwendigkeit für Erfahrungen durch Erfolg und Mißerfolg erkennen.

Sie sind zu tiefen inneren Gefühlen fähig und ziehen das meiste Ihrer Kraft und Ihres Verständnisses aus Ihren Emotionen – vernünftige und intellektuelle Erwägungen scheinen bei Ihnen erst an zweiter Stelle zu kommen. Sie wissen genau, was für Sie richtig ist, ohne groß darüber nachdenken zu müssen; Ihre Überzeugungen scheinen aus Ihrem Unbewußten zu stammen. Sie verbreiten gern neue Ideen, sind entschlossen, andere von Ihrer Erfahrung profitieren zu lassen und haben auch das Talent, die Dinge, die Sie empfehlen, so darzustellen, daß sie von der Mehrheit akzeptiert werden. Hat eine Idee Ihre Zustimmung gefunden, dann scheint sie akzeptabler und beliebter zu werden.

Ihr Gedächtnis in phänomenal; Sie können sich deutlich an kleinste Kleinigkeiten in Ihrem Privatleben erinnern, können am laufenden Band Anekdoten erzählen. Sie zeigen lebhaftes Interesse an der Archäologie; historische Themen langweilen Sie nie. Ihnen macht es besonderen Spaß, die Biographien solcher Menschen zu lesen, die für bedeutende soziale Veränderungen verantwortlich waren.

Sie können sich oft genau auf das einstimmen, was andere denken oder fühlen, und das verleiht Ihnen die Fähigkeit vorauszuahnen, was andere tun werden, besonders in Notfällen und in Krisen. Sie interessieren sich auch oft für geologische Studien. Manchmal haben Pluto-Krebs-Menschen eine unterbewußte Begabung zum Aufspüren von Bodenschätzen, was sie besonders für einen Beruf im Bergwesen geeignet macht.

Da Pluto oft für die Umkehrung von Situationen verantwortlich ist, ist es auch nicht ungewöhnlich, daß Mütter oder Ehefrauen arbeiten gehen und die Männer die Hausarbeiten ganz oder teilweise übernehmen.

Viele von Ihnen haben eine Beschäftigung in der Unterhaltungsbranche gefunden. Möglicherweise sind Sie auch in der Werbung erfolgreich. Berufe, in denen die Konkurrenz sehr stark ist, gefallen Ihnen vielleicht am besten. Funk und Fernsehen könnten Sie ebenfalls reizen. Die Herstellung von Tiefkühlkost oder Lebensmittelkonserven, von

---

* = gewährenlassende

ganzen Produktgruppen oder die Verpackungsindustrie sind Bereiche, in denen es Menschen mit dieser Kombination zu etwas bringen können.

Die Kehrseite der Medaille

Sie sondern sich möglicherweise von anderen ab und führen ein einsames, nach innen gekehrtes und zurückgezogenes Leben. Oder aber, Sie sind unerträglich diktatorisch, besonders gegenüber Verwandten und Freunden. Wahrscheinlich sind Sie ein ehrgeiziger Egoist, der selten etwas erreicht, weil er dauernd damit beschäftigt ist, anderen vorzuschreiben, was sie tun sollen, oder versucht, ihre Anstrengungen abzuwerten. Sind Sie eine Frau, so könnten Sie Ihre Kinder oder Ihre Familie vernachlässigen, um in Ihrem Beruf vorwärtszukommen. Sie fühlen sich vom Leben für Familie und Haushalt gelangweilt und vergeuden Zeit und Geld damit, nach Ablenkungen zu suchen.

Pluto im Zeichen Löwe (1939–1957)

Alles, was Sie tun wollen, geschieht in großem Maßstab. Sie sind kreativ und künstlerisch veranlagt, wollen alle, aber auch wirklich alle, von Ihren Erfahrungen profitieren lassen. Sie machen keine halben Sachen. Ihre ungeheure Energie und Ihren unermüdlichen inneren Antrieb setzen Sie bei allen Ihren Unternehmungen ein. Sie wären ein erstklassiger Schauspieler, Unterhaltungskünstler oder kreativer Künstler, sind immer darauf bedacht, einen Eindruck in der Öffentlichkeit zu hinterlassen. Wahrscheinlich fühlen Sie sich auch zu einer wissenschaftlichen Disziplin hingezogen, in der Sie einige zeitgemäße Entdeckungen machen. Aber auf welchem Gebiet Sie auch arbeiten, Sie werden die Aufmerksamkeit der Öffentlichkeit erregen und sich glänzend in Szene zu setzen wissen.

Sie und Ihre Generation glauben, alles besser machen zu können – und Sie haben es schon auf vielfältige Weise bewiesen. Sie gehören zu der Epoche, in der die meisten Könige gestürzt wurden und in der das Syndrom der 30-Tage-Regierung entstand. Sie bestanden darauf, daß das alte Herrschaftssystem abgeschafft wurde, doch niemand – nicht einmal Sie selbst – scheinen ganz genau zu wissen, was an seiner Stelle zu schaffen ist. Es stimmt aber, daß Sie viele der überfälligen und unzeitgemäßen Dinge beseitigen. Das ist Ihr ganzes Wesen: versuchen, die Bedingungen zu verbessern, oft auch, indem Sie den entgegengesetzten Kurs einschlagen.

Sie gehören zu der Zeit, die die jungen Leute ins Rampenlicht stellte. Die Teenager entdeckten, daß auch sie sich Gehör verschaffen konnten – und mit welcher Lautstärke sie es taten! Sie erkannten ihre beträchtliche wirtschaftliche Macht und von nun an mußten Hersteller, die auf ihre Unterstützung hofften, sich nach ihnen richten. Das Fernsehen kam und begann seinen Siegeszug; die Jagd nach Geld, Vergnügen und Sex wurde mehr und mehr zum Lebensziel der Massen.

Sie und Ihre Generation sind gerade dabei, die Herrschaft in der Welt zu übernehmen. Während der nächsten Jahre werden sie in jedem Land, in jeder Gesellschaft, im Bereich der Politik, der Wissenschaften, Medizin, der Rechtswissenschaften usw. ans Ruder kommen, und man kann sich darauf verlassen, daß Sie einige Veränderungen durchsetzen werden. Sie werden die Chance haben, sich mit den Problemen auseinanderzusetzen, die gleichzeitig mit Ihrer Generation entstanden, und die dann, ebenso wie Sie, ausgereift sind. Die älteren Staatsmänner und die Hüter der alten Ordnung werden Ihnen das Feld überlassen müssen und am Rande des Geschehens zusehen dürfen, wie Sie mit dem Drachen Ihrer Zeit kämpfen. Sie lieben ein Publikum; nun, hier haben Sie es.

Sie sind eine Führungspersönlichkeit. Sie haben es nie gemocht, sich mit den Dingen einfach abfinden zu müssen; Sie wollen alles besser machen, entwickeln neue Ideen in der Kunst, Unterhaltung und der Welt des Theaters. Sie wollen das Erziehungs- und Bildungssystem überholen, und einige Ihrer Vorschläge sind recht unkonventionell und heftig umstritten. Trotzdem werden Sie sie verwirklichen. Jeder Löwe muß seinen Kopf durchsetzen.

Sie sind ein Abenteurer, und der Gedanke daran, die Verantwortung für die Zukunft zu übernehmen, erschreckt Sie nicht. Sie möchten lieber, daß die Fäden in Ihrer Hand zusammenlaufen als in der eines anderen. Sie wissen wenigstens, daß Ihnen das Wohl aller am Herzen liegt. Sie kneifen nicht vor Schwierigkeiten und Gefahren, da Sie von Natur aus mutig sind und den tiefen Glauben an Ihre im Leben zu erfüllende Mission haben. Ihre Generation wird mehr mit dem Raum anfangen, als zum Mond zu fahren. Sie werden neue Welten erforschen, wozu auch Expeditionen ins Reich der Parapsychologie* gehören. Die Welt der unsichtbaren Kräfte – das Hellsehen, das Hören von Stimmen aus dem Jenseits und die vergeistigte Gegenwart – wartet darauf, von Ihnen erforscht zu werden; sie stellt eine Herausforderung dar, die über die Fähigkeiten der Materialisten von gestern hinausgeht.

Die Kehrseite der Medaille

Möglicherweise sind Sie ein Rassist, der seine Ideen mit Haß und Gewalt verbreitet. Blutvergießen, Brutalität und Revolution könnten Ihre Methoden sein, um Veränderungen herbeizuführen. Sie sind wahrscheinlich ein Unruhestifter, der sich nach Ruhm sehnt und sich jeder populären Idee anschließt. Ihr einziges Ziel mag sein, sich einen Ruf zu erwerben, sei es nun ein guter oder ein schlechter. Es kann auch sein, daß Sie im Herzen ein Diktator sind, der seine Familie oder seine Untergebenen mit Furcht und Androhungen von Repressalien regiert. Möglicherweise neigen Sie im Sexualleben zur Promiskuität** und zu unmoralischen Handlungen.

Pluto im Zeichen Jungfrau (1958–1971)

Sie gehören einer Zeit an, in der es Veränderungen auf dem Gebiet der Medizin und in der Anwendung von Chemikalien gab. Versuche wurden unternommen, um die Erde reinzuhalten und die chemischen Vorgänge im menschlichen Körper zu verbessern. Jungfrau ist das Zeichen, das Gesundheit verkörpert, Pluto ist die Kraft der Verjüngung, des Todes und der Wiedergeburt, oft durch Umkehrung von Vorgängen. So war es nun Ihre Epoche, die bahnbrechend für Herztransplantationen und die Entwicklung verfeinerter Techniken der Ersatzteil-Chirurgie wirkte. Der Drogenmißbrauch als Einstieg zu den die Grenzen des Verstandes sprengenden Erfahrungen war weitverbreitet, das psychedelische*** Zeitalter dämmerte herauf und unter dem Einfluß des Rauschgifts LSD (= Lysergsäurediäthylamid) versuchten Menschen, wie Vögel zu fliegen und stürzten sich von Gebäuden.

Das Zeichen Jungfrau steht auch für Ernährung und Nahrungsmittel, und in dieser Zeit bildete sich das Umweltbewußtsein. Zum ersten Mal erkannten die Menschen, daß sie sich durch den übermäßigen Gebrauch von Insektiziden, Konservierungsmitteln und Hormonen langsam vergifteten und daß die industriellen Abfallprodukte, die in die Atmosphäre und ins Wasser gelangen, uns genauso wirksam töten. Das neue Schlagwort hieß *Ökologie**, die Verschmutzung der Umwelt mußte beendet werden, die Regierungen erließen alle möglichen Gesetze. Doch die Meere, Flüsse, Seen und die Luft sammelten immer mehr Gifte an.

Wenn Sie und Ihre Generation um das Ende dieses Jahrhunderts einmal auf den Regierungsbänken (die dann sehr wahrscheinlich aus Kunststoff sein werden) und in Machtpositionen sitzen, dann werden diese Ängste erneut und in verstärktem Maße auftreten. Dann werden Sie Ihre Chance bekommen, zum Wohl der ganzen Menschheit eine endgültige Lösung für die Mißstände zu finden, die die ersten Jahre Ihrer irdischen Existenz begleiteten.

Das Zeichen Jungfrau symbolisiert ebenfalls Arbeit und Arbeiter. Plutos Wanderungen durch dieses Zeichen sah den Beginn vom Ende der Ausbeutung: Die Arbeitnehmer wurden sich ihrer Macht bewußt, ließen die Unternehmer ihren starken Arm spüren, stellten Forderungen, riefen zu Streiks auf und bezogen Streikposten. Die Völker der Dritten Welt erzwangen sich den Zugang zur politischen Weltbühne – entschlossen, sich Anerkennung und gleiche Rechte zu sichern, auch wenn es zu Gewaltanwendung und Spaltungen kommen sollte.

Im Einklang mit Plutos extremer Natur verunsicherte Gesetzlosigkeit in teilweise brutalen Formen – wie Flugzeugentführung, Entführungen, Gewalttaten und Morde aus politischen Gründen, Drogenhandel, die dem System innewohnenden Schwächen und die Studentenbewegung –, eine bewundernde, verwirrte Welt – was kommt als nächstes?

---

* = Teil der Psychologie, die sich mit der Erforschung außersinnlicher Wahrnehmungen beschäftigt.
** Verkehr mit mehreren Partnern
*** = durch Rauschmittel hervorgerufene Gemütszustände

* = die Wissenschaft von den Umweltbeziehungen

Pluto im Zeichen Waage (1972–1983)

Diese Generation wird in einer Zeit geboren, in der die Habenden und die Habenichtse der Welt sich unter entgegengesetzten Vorzeichen – ein typischer Pluto-Effekt – gegenüberstehen. Das Ereignis, das diese Entwicklung weltweit signalisierte (und zwar, als der Planet seinen Einfluß in der Waage fest durchgesetzt hatte), war die Ölkrise.

Ende 1973 und Anfang des Jahres 1974 erhöhten die ölexportierenden arabischen Staaten den Ölpreis um 400 Prozent mit der Begründung, sie könnten sonst die von der Inflation in der westlichen Welt in die Höhe getriebenen Preise für dringend notwendige Güter nicht mehr bezahlen. In den westlichen Ländern jagte eine Krise die andere, als die Regierungen verzweifelt versuchten, die durch diese plötzliche Aktion verursachten Defizite in ihren Handelsbilanzen auszugleichen.

Die Waage ist das Zeichen für Ausgleich und Gleichgewicht und steht für Gerechtigkeit durch Gleichheit. Sie ist das Zeichen für Frieden, aber auch für Krieg und Aggression, die oft für notwendig gehalten werden, um Ungerechtigkeiten zu beseitigen und eine funktionierende Harmonie herzustellen.

Pluto ist der Planet deutlicher Extreme, die das Ende der einen und den Beginn einer neuen Phase markieren. Er regiert die Unterwelt, die Tiefen der Erde, die Lagerstätten von Gold (Finanzen) und Öl. Durch die Waage versucht Pluto, ohne Partei zu nehmen, das Gleichgewicht zu korrigieren, indem er die unter seiner Herrschaft stehenden Reichtümer auswertet.

Die Generation der Pluto-Waage-Kinder verkörpert den charakteristischen Drang, dort die Gleichheit herzustellen, wo sie zu fehlen scheint. Dies wird sich auf nationaler wie internationaler Ebene sehr deutlich auswirken, wenn diese Generation um das Jahr 2016 zu Macht und Einfluß kommt.

Diese Generation wird sich mit ungeheuren Problemen (Gesetzen für eine Weltwirtschaft?) konfrontiert sehen, die der heutigen Generation unlösbar erscheinen. Aber die Pluto-Waage-Herrscher von morgen werden das Bewußtsein haben, sich wirksam mit den Konsequenzen der Krisen auseinanderzusetzen, die in ihrer Welt entstanden.

Pluto im Zeichen Skorpion (1984–1995)

Während dieser elf Jahre, in denen Pluto sich im Zeichen Skorpion aufhält, wird sich der Mensch wahrscheinlich entscheiden, ob er die meisten seiner Artgenossen auf der Erde ausrottet. Skorpion ist das destruktivste und gefühlloseste Tierkreiszeichen: Macht, und nur die Macht allein, zählt hier. Der einzige Trieb strebt nach dem Sieg um jeden Preis und entgegen allen Voraussetzungen. Bei Pluto, dem Planeten der Extreme und des totalen Neubeginns nach plötzlichem Ende, scheint das Ergebnis beinahe festzustehen. Beinahe...

Der Skorpion ist aber auch das Zeichen, das für die Fähigkeit des Menschen steht, durch mutige Selbstdisziplin die Macht über sich selbst zu gewinnen. Er ist das Zeichen sowohl der höchsten Ideale als auch der niedersten Regungen. Nur hier kann die Seele durch die Gewalt über sich selbst zu solchen Ebenen des Bewußtseins vordringen, die den Menschen an den Beginn des langerwarteten Goldenen Zeitalters bringen können.

Pluto besitzt die richtige transformierende Energie für diesen Prozeß; denn er ist der Planet der Eneuerung, zu dessen Extremen Tod und Wiedergeburt gehören. Er verkörpert ebenfalls das Geld und die tief im Schoß der Erde liegenden, ungenutzten Bodenschätze, wie zum Beispiel (vielleicht) eine neue Energiequelle aus dem geschmolzenen Erdkern.

Mit der Reife des Bewußtseins kann Pluto im Zeichen Skorpion den Menschen mit all den materiellen Mitteln ausstatten, um weltweit bis jetzt nur erträumte Reformen auf sozialem und wirtschaftlichem Sektor durchzusetzen. Dann werden vielleicht Friede und guter Wille auf der Erde mehr als ein wunderschönes Gedankenkonzept sein.

Pluto-Skorpion-Kinder haben dieses Potential, solche Höhen (oder Tiefen) des Bewußtseins zu erreichen. Sie werden um das Jahr 2029 ihren Platz unter den Mächtigen einnehmen. Diese Generation wird so oder so in der Lage sein, mit den Auswirkungen der Krisen fertig zu werden, mit denen sie zusammen in diese Welt geboren wurde.

Planetenaspekte

Der nächste Schritt in Ihrer Astroanalyse ist das Ablesen der Planetenaspekte (gelbe Tabellen).

Sie haben ja schon die Position aller Planeten an Ihrem Geburtstag ermittelt (rosa Tabellen) und die Bedeutungen dieser Planetenpositionen kennengelernt. Nun können Sie noch tiefer in die Materie eindringen und die sehr wichtigen Planetenaspekte in Ihrem Horoskop aufsuchen.

Wenn sich die Planeten um die Sonne bewegen, bilden sie unterschiedliche Winkel mit der Sonne und untereinander. Planetenaspekte sind die Beziehungen und Winkel aller Planeten in bezug auf die Erde. Jede Winkelbeziehung hat eine eigene Bedeutung. Sie können mit einem Blick erkennen, ob die Aspekte zwischen Ihren Planeten »günstig«, »adversativ« (gegensätzlich, ungünstig) oder »neutral« sind.

Eine Bemerkung zu günstig und adversativ (gegensätzlich):

Kein Charakteristikum darf in der Astrologie isoliert gesehen werden. Wir sind keine einzelligen Lebewesen, die nur auf einen Reiz reagieren. Wir reagieren dauernd auf zahlreiche Reize, und jede Reaktion wird eine andere Reaktion bestimmen. Wir sind ohne Zweifel komplexe Lebewesen mit interessanten Persönlichkeiten und faszinierenden Dimensionen in unserem Verhalten.

In der Astrologie verursachen einige der Planetenaspekte Spannungen, Belastungen und Unbehagen, andere wiederum wirken harmonisch ausgleichend. »Adversative« Aspekte sind Spannungs- aspekte, verkörpern den Kampf, bewirken entgegengesetzte Kräfte und entwickeln daher widersprechende Charakterzüge. »Günstige« Aspekte sind die stabilen Planetenbeziehungen, die leicht miteinander zu kombinierenden Energien.

Alle Energien fließen und wirken zusammen und schaffen ein vollkommenes menschliches Wesen. Ein Leben ist voller Kämpfe, Unruhen und Konflikte, ein anderes verläuft freudig, reibungslos und froh. Günstige und adversative Aspekte zusammen bilden das »Rohmaterial« für die Persönlichkeit des Menschen und für geistiges Wachstum.

Zu viele günstige Aspekte können einen Menschen schaffen, der am Leben vorbeigeht, da ihm alles zu leicht gemacht wird, der keine innere Entwicklung durchmacht, da ihm der Antrieb dazu zu fehlen scheint, für ihn nicht die Notwendigkeit besteht, etwas zu versuchen – es gibt nichts, wonach er streben kann, nichts, was er überwinden muß. Adversative Aspekte sind die Katalysatoren, die den Menschen stärken. Die erfolgreichsten Leute, die Leute, die ihre Lebensführung ändern, sind selten diejenigen, deren Horoskope zu günstig sind. Seien Sie deshalb dankbar, wenn Sie einige adversative Aspekte finden.

Schlagen Sie also zuerst die Tabelle auf, die für Ihr Sonnen-(Geburts-)Zeichen – Sonne im Widder, Sonne im Stier etc. – zutrifft. Die anderen Planeten stehen dann untereinander in der ersten Spalte, beginnend mit dem Mond. In der Kopfleiste der Tabelle stehen die 12 Tierkreiszeichen. Um nun den Aspekt eines bestimmten Planeten zur Sonne festzustellen, schauen Sie unter der Position des Planeten nach, und dort finden Sie »G« für günstig, »A« für adversativ, gegensätzlich und »N« für neutral.

Danach schlagen Sie die folgenden Seiten mit den Kapiteln Sonne und Mond, Sonne und Venus, Sonne und Mars usw. auf und lesen die Bedeutung der Aspekte. Im Anschluß daran gehen Sie zurück zu den Tabellen und führen das gleiche für alle anderen Planeten – Mond, Merkur, Venus, Mars etc. – in ihren entsprechenden Tierkreiszeichen durch.

Sonne im Widder

	WIDDER	STIER	ZWILLINGE	KREBS	LÖWE	JUNGFRAU	WAAGE	SKORPION	SCHÜTZE	STEINBOCK	WASSERMANN	FISCHE
MOND	G	N	G	A	G	N	A	N	G	A	G	N
MERKUR	G	N	G	A	G	N	A	N	G	A	G	N
VENUS	G	N	G	A	G	N	A	N	G	A	G	N
MARS	A	N	G	A	G	N	A	N	G	A	G	N
JUPITER	G	N	G	A	G	N	A	N	G	A	G	N
SATURN	A	N	G	A	G	N	A	N	G	A	G	N
URANUS	A	N	G	A	G	N	A	N	G	A	G	N
NEPTUN	A	N	G	A	G	N	A	N	G	A	G	N
PLUTO	A	N	G	A	G	N	A	N	G	A	G	N

Sonne im Stier

	WIDDER	STIER	ZWILLINGE	KREBS	LÖWE	JUNGFRAU	WAAGE	SKORPION	SCHÜTZE	STEINBOCK	WASSERMANN	FISCHE
MOND	N	G	N	G	A	G	N	A	N	G	A	G
MERKUR	N	G	N	G	A	G	N	A	N	G	A	G
VENUS	N	G	N	G	A	G	N	A	N	G	A	G
MARS	N	A	N	G	A	G	N	A	N	G	A	G
JUPITER	N	G	N	G	A	G	N	A	N	G	A	G
SATURN	N	A	N	G	A	G	N	A	N	G	A	G
URANUS	N	A	N	G	A	G	N	A	N	G	A	G
NEPTUN	N	A	N	G	A	G	N	A	N	G	A	G
PLUTO	N	A	N	G	A	G	N	A	N	G	A	G

Sonne in den Zwillingen

	WIDDER	STIER	ZWILLINGE	KREBS	LÖWE	JUNGFRAU	WAAGE	SKORPION	SCHÜTZE	STEINBOCK	WASSERMANN	FISCHE
MOND	G	N	G	N	G	A	G	N	A	N	G	A
MERKUR	N	N	N	N	N	N	N	N	N	N	N	N
VENUS	G	N	G	N	G	A	G	N	A	N	G	A
MARS	G	N	A	N	G	A	G	N	A	N	G	A
JUPITER	G	N	G	N	G	A	G	N	A	N	G	A
SATURN	G	N	A	N	G	A	G	N	A	N	G	A
URANUS	G	N	A	N	G	A	G	N	A	N	G	A
NEPTUN	G	N	A	N	G	A	G	N	A	N	G	A
PLUTO	G	N	A	N	G	A	G	N	A	N	G	A

G = Günstig   N = Neutral   A = Adversativ (gegensätzlich)

Sonne im Krebs

	WIDDER	STIER	ZWILLINGE	KREBS	LÖWE	JUNGFRAU	WAAGE	SKORPION	SCHÜTZE	STEINBOCK	WASSER-MANN	FISCHE
MOND	A	G	N	G	N	G	A	G	N	A	N	G
MERKUR	N	N	N	N	N	N	N	N	N	N	N	N
VENUS	A	G	N	G	N	G	A	G	N	A	N	G
MARS	A	G	N	A	N	G	A	G	N	A	N	G
JUPITER	A	G	N	G	N	G	A	G	N	A	N	G
SATURN	A	G	N	A	N	G	A	G	N	A	N	G
URANUS	A	G	N	A	N	G	A	G	N	A	N	G
NEPTUN	A	G	N	A	N	G	A	G	N	A	N	G
PLUTO	A	G	N	A	N	G	A	G	N	A	N	G

Sonne im Löwen

	WIDDER	STIER	ZWILLINGE	KREBS	LÖWE	JUNGFRAU	WAAGE	SKORPION	SCHÜTZE	STEINBOCK	WASSER-MANN	FISCHE
MOND	G	A	G	N	G	N	G	A	G	N	A	N
MERKUR	N	N	N	N	N	N	N	N	N	N	N	N
VENUS	G	A	G	N	G	N	G	A	G	N	A	N
MARS	G	A	G	N	A	N	G	A	G	N	A	N
JUPITER	G	A	G	N	G	N	G	A	G	N	A	N
SATURN	G	A	G	N	A	N	G	A	G	N	A	N
URANUS	G	A	G	N	A	N	G	A	G	N	A	N
NEPTUN	G	A	G	N	A	N	G	A	G	N	A	N
PLUTO	G	A	G	N	A	N	G	A	G	N	A	N

Sonne in der Jungfrau

	WIDDER	STIER	ZWILLINGE	KREBS	LÖWE	JUNGFRAU	WAAGE	SKORPION	SCHÜTZE	STEINBOCK	WASSER-MANN	FISCHE
MOND	N	G	A	G	N	G	N	G	A	G	N	A
MERKUR	N	N	N	N	N	N	N	N	N	N	N	N
VENUS	N	G	A	G	N	G	N	G	A	G	N	A
MARS	N	G	A	G	N	A	N	G	A	G	N	A
JUPITER	N	G	A	G	N	G	N	G	A	G	N	A
SATURN	N	G	A	G	N	A	N	G	A	G	N	A
URANUS	N	G	A	G	N	A	N	G	A	G	N	A
NEPTUN	N	G	A	G	N	A	N	G	A	G	N	A
PLUTO	N	G	A	G	N	A	N	G	A	G	N	A

G = Günstig   N = Neutral   A = Adversativ (gegensätzlich)

Sonne in der Waage

♎	WIDDER	STIER	ZWILLINGE	KREBS	LÖWE	JUNGFRAU	WAAGE	SKORPION	SCHÜTZE	STEINBOCK	WASSER-MANN	FISCHE
MOND	A	N	G	A	G	N	G	N	G	A	G	N
MERKUR	N	N	N	N	N	N	N	N	N	N	N	N
VENUS	A	N	G	A	G	N	G	N	G	A	G	N
MARS	A	N	G	A	G	N	A	N	G	A	G	N
JUPITER	A	N	G	A	G	N	G	N	G	A	G	N
SATURN	A	N	G	A	G	N	A	N	G	A	G	N
URANUS	A	N	G	A	G	N	A	N	G	A	G	N
NEPTUN	A	N	G	A	G	N	A	N	G	A	G	N
PLUTO	A	N	G	A	G	N	A	N	G	A	G	N

Sonne im Skorpion

♏	WIDDER	STIER	ZWILLINGE	KREBS	LÖWE	JUNGFRAU	WAAGE	SKORPION	SCHÜTZE	STEINBOCK	WASSER-MANN	FISCHE
MOND	N	A	N	G	A	G	N	G	N	G	A	G
MERKUR	N	N	N	N	N	N	N	N	N	N	N	N
VENUS	N	A	N	G	A	G	N	G	N	G	A	G
MARS	N	A	N	G	A	G	N	A	N	G	A	G
JUPITER	N	A	N	G	A	G	N	G	N	G	A	G
SATURN	N	A	N	G	A	G	N	A	N	G	A	G
URANUS	N	A	N	G	A	G	N	A	N	G	A	G
NEPTUN	N	A	N	G	A	G	N	A	N	G	A	G
PLUTO	N	A	N	G	A	G	N	A	N	G	A	G

Sonne im Schützen

♐	WIDDER	STIER	ZWILLINGE	KREBS	LÖWE	JUNGFRAU	WAAGE	SKORPION	SCHÜTZE	STEINBOCK	WASSER-MANN	FISCHE
MOND	G	N	A	N	G	A	G	N	G	N	G	A
MERKUR	N	N	N	N	N	N	N	N	N	N	N	N
VENUS	G	N	A	N	G	A	G	N	G	N	G	A
MARS	G	N	A	N	G	A	G	N	A	N	G	A
JUPITER	G	N	A	N	G	A	G	N	G	N	G	A
SATURN	G	N	A	N	G	A	G	N	A	N	G	A
URANUS	G	N	A	N	G	A	G	N	A	N	G	A
NEPTUN	G	N	A	N	G	A	G	N	A	N	G	A
PLUTO	G	N	A	N	G	A	G	N	A	N	G	A

G = Günstig   N = Neutral   A = Adversativ (gegensätzlich)

Sonne im Steinbock

	WIDDER	STIER	ZWILLINGE	KREBS	LÖWE	JUNGFRAU	WAAGE	SKORPION	SCHÜTZE	STEINBOCK	WASSERMANN	FISCHE
MOND	A	G	N	A	N	G	A	G	N	G	N	G
MERKUR	N	N	N	N	N	N	N	N	N	N	N	N
VENUS	A	G	N	A	N	G	A	G	N	G	N	G
MARS	A	G	N	A	N	G	A	G	N	A	N	G
JUPITER	A	G	N	A	N	G	A	G	N	G	N	G
SATURN	A	G	N	A	N	G	A	G	N	A	N	G
URANUS	A	G	N	A	N	G	A	G	N	A	N	G
NEPTUN	A	G	N	A	N	G	A	G	N	A	N	G
PLUTO	A	G	N	A	N	G	A	G	N	A	N	G

Sonne im Wassermann

	WIDDER	STIER	ZWILLINGE	KREBS	LÖWE	JUNGFRAU	WAAGE	SKORPION	SCHÜTZE	STEINBOCK	WASSERMANN	FISCHE
MOND	G	A	G	N	A	N	G	A	G	N	G	N
MERKUR	N	N	N	N	N	N	N	N	N	N	N	N
VENUS	G	A	G	N	A	N	G	A	G	N	G	N
MARS	G	A	G	N	A	N	G	A	G	N	A	N
JUPITER	G	A	G	N	A	N	G	A	G	N	G	N
SATURN	G	A	G	N	A	N	G	A	G	N	A	N
URANUS	G	A	G	N	A	N	G	A	G	N	A	N
NEPTUN	G	A	G	N	A	N	G	A	G	N	A	N
PLUTO	G	A	G	N	A	N	G	A	G	N	A	N

Sonne in den Fischen

	WIDDER	STIER	ZWILLINGE	KREBS	LÖWE	JUNGFRAU	WAAGE	SKORPION	SCHÜTZE	STEINBOCK	WASSERMANN	FISCHE
MOND	N	G	A	G	N	A	N	G	A	G	N	G
MERKUR	N	N	N	N	N	N	N	N	N	N	N	N
VENUS	N	G	A	G	N	A	N	G	A	G	N	G
MARS	N	G	A	G	N	A	N	G	A	G	N	A
JUPITER	N	G	A	G	N	A	N	G	A	G	N	G
SATURN	N	G	A	G	N	A	N	G	A	G	N	A
URANUS	N	G	A	G	N	A	N	G	A	G	N	A
NEPTUN	N	G	A	G	N	A	N	G	A	G	N	A
PLUTO	N	G	A	G	N	A	N	G	A	G	N	A

G = Günstig   N = Neutral   A = Adversativ (gegensätzlich)

Mond im Widder

	WIDDER	STIER	ZWILLINGE	KREBS	LÖWE	JUNGFRAU	WAAGE	SKORPION	SCHÜTZE	STEINBOCK	WASSER-MANN	FISCHE
SONNE	G	N	G	A	G	N	A	N	G	A	G	N
MERKUR	G	N	G	A	G	N	A	N	G	A	G	N
VENUS	G	N	G	A	G	N	A	N	G	A	G	N
MARS	A	N	G	A	G	N	A	N	G	A	G	N
JUPITER	G	N	G	A	G	N	A	N	G	A	G	N
SATURN	A	N	G	A	G	N	A	N	G	A	G	N
URANUS	A	N	G	A	G	N	A	N	G	A	G	N
NEPTUN	A	N	G	A	G	N	A	N	G	A	G	N
PLUTO	A	N	G	A	G	N	A	N	G	A	G	N

Mond im Stier

	WIDDER	STIER	ZWILLINGE	KREBS	LÖWE	JUNGFRAU	WAAGE	SKORPION	SCHÜTZE	STEINBOCK	WASSER-MANN	FISCHE
SONNE	N	G	N	G	A	G	N	A	N	G	A	G
MERKUR	N	G	N	G	A	G	N	A	N	G	A	G
VENUS	N	G	N	G	A	G	N	A	N	G	A	G
MARS	N	A	N	G	A	G	N	A	N	G	A	G
JUPITER	N	G	N	G	A	G	N	A	N	G	A	G
SATURN	N	A	N	G	A	G	N	A	N	G	A	G
URANUS	N	A	N	G	A	G	N	A	N	G	A	G
NEPTUN	N	A	N	G	A	G	N	A	N	G	A	G
PLUTO	N	A	N	G	A	G	N	A	N	G	A	G

Mond in den Zwillingen

	WIDDER	STIER	ZWILLINGE	KREBS	LÖWE	JUNGFRAU	WAAGE	SKORPION	SCHÜTZE	STEINBOCK	WASSER-MANN	FISCHE
SONNE	G	N	G	N	G	A	G	N	A	N	G	A
MERKUR	G	N	G	N	G	A	G	N	A	N	G	A
VENUS	G	N	G	N	G	A	G	N	A	N	G	A
MARS	G	N	A	N	G	A	G	N	A	N	G	A
JUPITER	G	N	G	N	G	A	G	N	A	N	G	A
SATURN	G	N	A	N	G	A	G	N	A	N	G	A
URANUS	G	N	A	N	G	A	G	N	A	N	G	A
NEPTUN	G	N	A	N	G	A	G	N	A	N	G	A
PLUTO	G	N	A	N	G	A	G	N	A	N	G	A

G = Günstig   N = Neutral   A = Adversativ (gegensätzlich)

Mond im Krebs

	WIDDER	STIER	ZWILLINGE	KREBS	LÖWE	JUNGFRAU	WAAGE	SKORPION	SCHÜTZE	STEINBOCK	WASSERMANN	FISCHE
SONNE	A	G	N	G	N	G	A	G	N	A	N	G
MERKUR	A	G	N	G	N	G	A	G	N	A	N	G
VENUS	A	G	N	G	N	G	A	G	N	A	N	G
MARS	A	G	N	A	N	G	A	G	N	A	N	G
JUPITER	A	G	N	G	N	G	A	G	N	A	N	G
SATURN	A	G	N	A	N	G	A	G	N	A	N	G
URANUS	A	G	N	A	N	G	A	G	N	A	N	G
NEPTUN	A	G	N	A	N	G	A	G	N	A	N	G
PLUTO	A	G	N	A	N	G	A	G	N	A	N	G

Mond im Löwen

	WIDDER	STIER	ZWILLINGE	KREBS	LÖWE	JUNGFRAU	WAAGE	SKORPION	SCHÜTZE	STEINBOCK	WASSERMANN	FISCHE
SONNE	G	A	G	N	G	N	G	A	G	N	A	N
MERKUR	G	A	G	N	G	N	G	A	G	N	A	N
VENUS	G	A	G	N	G	N	G	A	G	N	A	N
MARS	G	A	G	N	A	N	G	A	G	N	A	N
JUPITER	G	A	G	N	G	N	G	A	G	N	A	N
SATURN	G	A	G	N	A	N	G	A	G	N	A	N
URANUS	G	A	G	N	A	N	G	A	G	N	A	N
NEPTUN	G	A	G	N	A	N	G	A	G	N	A	N
PLUTO	G	A	G	N	A	N	G	A	G	N	A	N

Mond in der Jungfrau

	WIDDER	STIER	ZWILLINGE	KREBS	LÖWE	JUNGFRAU	WAAGE	SKORPION	SCHÜTZE	STEINBOCK	WASSERMANN	FISCHE
SONNE	N	G	A	G	N	G	N	G	A	G	N	A
MERKUR	N	G	A	G	N	G	N	G	A	G	N	A
VENUS	N	G	A	G	N	G	N	G	A	G	N	A
MARS	N	G	A	G	N	A	N	G	A	G	N	A
JUPITER	N	G	A	N	N	G	N	G	A	G	N	A
SATURN	N	G	A	G	N	A	N	G	A	G	N	A
URANUS	N	G	A	G	N	A	N	G	A	G	N	A
NEPTUN	N	G	A	G	N	A	N	G	A	G	N	A
PLUTO	N	G	A	G	N	A	N	G	A	G	N	A

G = Günstig   N = Neutral   A = Adversativ (gegensätzlich)

Mond in der Waage

☾	WIDDER	STIER	ZWILLINGE	KREBS	LÖWE	JUNGFRAU	WAAGE	SKORPION	SCHÜTZE	STEINBOCK	WASSERMANN	FISCHE
SONNE	A	N	G	A	G	N	G	N	G	A	G	N
MERKUR	A	N	G	A	G	N	G	N	G	A	G	N
VENUS	A	N	G	A	G	N	G	N	G	A	G	N
MARS	A	N	G	A	G	N	A	N	G	A	G	N
JUPITER	A	N	G	A	G	N	G	N	G	A	G	N
SATURN	A	N	G	A	G	N	A	N	G	A	G	N
URANUS	A	N	G	A	G	N	A	N	G	A	G	N
NEPTUN	A	N	G	A	G	N	A	N	G	A	G	N
PLUTO	A	N	G	A	G	N	A	N	G	A	G	N

Mond im Skorpion

☾	WIDDER	STIER	ZWILLINGE	KREBS	LÖWE	JUNGFRAU	WAAGE	SKORPION	SCHÜTZE	STEINBOCK	WASSERMANN	FISCHE
SONNE	N	A	N	G	A	G	N	G	N	G	A	G
MERKUR	N	A	N	G	A	G	N	G	N	G	A	G
VENUS	N	A	N	G	A	G	N	G	N	G	A	G
MARS	N	A	N	G	A	G	N	A	N	G	A	G
JUPITER	N	A	N	G	A	G	N	G	N	G	A	G
SATURN	N	A	N	G	A	G	N	A	N	G	A	G
URANUS	N	A	N	G	A	G	N	A	N	G	A	G
NEPTUN	N	A	N	G	A	G	N	A	N	G	A	G
PLUTO	N	A	N	G	A	G	N	A	N	G	A	G

Mond im Schützen

☾	WIDDER	STIER	ZWILLINGE	KREBS	LÖWE	JUNGFRAU	WAAGE	SKORPION	SCHÜTZE	STEINBOCK	WASSERMANN	FISCHE
SONNE	G	N	A	N	G	A	G	N	G	N	G	A
MERKUR	G	N	A	N	G	A	G	N	G	N	G	A
VENUS	G	N	A	N	G	A	G	N	G	N	G	A
MARS	G	N	A	N	G	A	G	N	A	N	G	A
JUPITER	G	N	A	N	G	A	G	N	G	N	G	A
SATURN	G	N	A	N	G	A	G	N	A	N	G	A
URANUS	G	N	A	N	G	A	G	N	A	N	G	A
NEPTUN	G	N	A	N	G	A	G	N	A	N	G	A
PLUTO	G	N	A	N	G	A	G	N	A	N	G	A

G = Günstig   N = Neutral   A = Adversativ (gegensätzlich)

Mond im Steinbock

☾♑	WIDDER	STIER	ZWILLINGE	KREBS	LÖWE	JUNGFRAU	WAAGE	SKORPION	SCHÜTZE	STEINBOCK	WASSER-MANN	FISCHE
SONNE	A	G	N	A	N	G	A	G	N	G	N	G
MERKUR	A	G	N	A	N	G	A	G	N	G	N	G
VENUS	A	G	N	A	N	G	A	G	N	G	N	G
MARS	A	G	N	A	N	G	A	G	N	A	N	G
JUPITER	A	G	N	A	N	G	A	G	N	G	N	G
SATURN	A	G	N	A	N	G	A	G	N	A	N	G
URANUS	A	G	N	A	N	G	A	G	N	A	N	G
NEPTUN	A	G	N	A	N	G	A	G	N	A	N	G
PLUTO	A	G	N	A	N	G	A	G	N	A	N	G

Mond im Wassermann

☾♒	WIDDER	STIER	ZWILLINGE	KREBS	LÖWE	JUNGFRAU	WAAGE	SKORPION	SCHÜTZE	STEINBOCK	WASSER-MANN	FISCHE
SONNE	G	A	G	N	A	N	G	A	G	N	G	N
MERKUR	G	A	G	N	A	N	G	A	G	N	G	N
VENUS	G	A	G	N	A	N	G	A	G	N	G	N
MARS	G	A	G	N	A	N	G	A	G	N	A	N
JUPITER	G	A	G	N	A	N	G	A	G	N	G	N
SATURN	G	A	G	N	A	N	G	A	G	N	A	N
URANUS	G	A	G	N	A	N	G	A	G	N	A	N
NEPTUN	G	A	G	N	A	N	G	A	G	N	A	N
PLUTO	G	A	G	N	A	N	G	A	G	N	A	N

Mond in den Fischen

☾♓	WIDDER	STIER	ZWILLINGE	KREBS	LÖWE	JUNGFRAU	WAAGE	SKORPION	SCHÜTZE	STEINBOCK	WASSER-MANN	FISCHE
SONNE	N	G	A	G	N	A	N	G	A	G	N	G
MERKUR	N	G	A	G	N	A	N	G	A	G	N	G
VENUS	N	G	A	G	N	A	N	G	A	G	N	G
MARS	N	G	A	G	N	A	N	G	A	G	N	A
JUPITER	N	G	A	G	N	A	N	G	A	G	N	G
SATURN	N	G	A	G	N	A	N	G	A	G	N	A
URANUS	N	G	A	G	N	A	N	G	A	G	N	A
NEPTUN	N	G	A	G	N	A	N	G	A	G	N	A
PLUTO	N	G	A	G	N	A	N	G	A	G	N	A

G = Günstig   N = Neutral   A = Adversativ (gegensätzlich)

Merkur im Widder

☿♈	WIDDER	STIER	ZWILLINGE	KREBS	LÖWE	JUNGFRAU	WAAGE	SKORPION	SCHÜTZE	STEINBOCK	WASSERMANN	FISCHE
SONNE	N	N	N	N	N	N	N	N	N	N	N	N
MOND	G	N	G	A	G	N	A	N	G	A	G	N
VENUS	G	N	G	A	G	N	A	N	G	A	G	N
MARS	A	N	G	A	G	N	A	N	G	A	G	N
JUPITER	G	N	G	A	G	N	A	N	G	A	G	N
SATURN	A	N	G	A	G	N	A	N	G	A	G	N
URANUS	A	N	G	A	G	N	A	N	G	A	G	N
NEPTUN	A	N	G	A	G	N	A	N	G	A	G	N
PLUTO	A	N	G	A	G	N	A	N	G	A	G	N

Merkur im Stier

☿♉	WIDDER	STIER	ZWILLINGE	KREBS	LÖWE	JUNGFRAU	WAAGE	SKORPION	SCHÜTZE	STEINBOCK	WASSERMANN	FISCHE
SONNE	N	N	N	N	N	N	N	N	N	N	N	N
MOND	N	G	A	G	A	G	N	A	N	G	A	G
VENUS	N	G	N	G	A	G	N	A	N	G	A	G
MARS	N	A	N	G	A	G	N	A	N	G	A	G
JUPITER	N	G	N	G	A	G	N	A	N	G	A	G
SATURN	N	A	N	G	A	G	N	A	N	G	A	G
URANUS	N	A	N	G	A	G	N	A	N	G	A	G
NEPTUN	N	A	N	G	A	G	N	A	N	G	A	G
PLUTO	N	A	N	G	A	G	N	A	N	G	A	G

Merkur in den Zwillingen

☿♊	WIDDER	STIER	ZWILLINGE	KREBS	LÖWE	JUNGFRAU	WAAGE	SKORPION	SCHÜTZE	STEINBOCK	WASSERMANN	FISCHE
SONNE	N	N	N	N	N	N	N	N	N	N	N	N
MOND	G	N	G	N	G	A	G	N	A	N	G	A
VENUS	G	N	G	N	G	A	G	N	A	N	G	A
MARS	G	N	A	N	G	A	G	N	A	N	G	A
JUPITER	G	N	G	N	G	A	G	N	A	N	G	A
SATURN	G	N	A	N	G	A	G	N	A	N	G	A
URANUS	G	N	A	N	G	A	G	N	A	N	G	A
NEPTUN	G	N	A	N	G	A	G	N	A	N	G	A
PLUTO	G	N	A	N	G	A	G	N	A	N	G	A

G = Günstig   N = Neutral   A = Adversativ (gegensätzlich)

Merkur im Krebs

	WIDDER	STIER	ZWILLINGE	KREBS	LÖWE	JUNGFRAU	WAAGE	SKORPION	SCHÜTZE	STEINBOCK	WASSERMANN	FISCHE
SONNE	N	N	N	N	N	N	N	N	N	N	N	N
MOND	A	G	N	G	N	G	A	G	N	A	N	G
VENUS	A	G	N	G	N	G	A	G	N	A	N	G
MARS	A	G	N	A	N	G	A	G	N	A	N	G
JUPITER	A	G	N	G	N	G	A	G	N	A	N	G
SATURN	A	G	N	A	N	G	A	G	N	A	N	G
URANUS	A	G	N	A	N	G	A	G	N	A	N	G
NEPTUN	A	G	N	A	N	G	A	G	N	A	N	G
PLUTO	A	G	N	A	N	G	A	G	N	A	N	G

Merkur im Löwen

	WIDDER	STIER	ZWILLINGE	KREBS	LÖWE	JUNGFRAU	WAAGE	SKORPION	SCHÜTZE	STEINBOCK	WASSERMANN	FISCHE
SONNE	N	N	N	N	N	N	N	N	N	N	N	N
MOND	G	A	G	N	G	N	G	A	G	N	A	N
VENUS	G	A	G	N	G	N	G	A	G	N	A	N
MARS	G	A	G	N	A	N	G	A	G	N	A	N
JUPITER	G	A	G	N	G	N	G	A	G	N	A	N
SATURN	G	A	G	N	A	N	G	A	G	N	A	N
URANUS	G	A	G	N	A	N	G	A	G	N	A	N
NEPTUN	G	A	G	N	A	N	G	A	G	N	A	N
PLUTO	G	A	G	N	A	N	G	A	G	N	A	N

Merkur in der Jungfrau

	WIDDER	STIER	ZWILLINGE	KREBS	LÖWE	JUNGFRAU	WAAGE	SKORPION	SCHÜTZE	STEINBOCK	WASSERMANN	FISCHE
SONNE	N	N	N	N	N	N	N	N	N	N	N	N
MOND	N	G	A	G	N	G	N	G	A	G	N	A
VENUS	N	G	A	G	N	G	N	G	A	G	N	A
MARS	N	G	A	G	N	A	N	G	A	G	N	A
JUPITER	N	G	A	G	N	G	N	G	A	G	N	A
SATURN	N	G	A	G	N	A	N	G	A	G	N	A
URANUS	N	G	A	G	N	A	N	G	A	G	N	A
NEPTUN	N	G	A	G	N	A	N	G	A	G	N	A
PLUTO	N	G	A	G	N	A	N	G	A	G	N	A

G = Günstig　　　N = Neutral　　　A = Adversativ (gegensätzlich)

Merkur in der Waage

☿ ♎	WIDDER	STIER	ZWILLINGE	KREBS	LÖWE	JUNGFRAU	WAAGE	SKORPION	SCHÜTZE	STEINBOCK	WASSERMANN	FISCHE
SONNE	N	N	N	N	N	N	N	N	N	N	N	N
MOND	A	N	G	A	G	N	G	N	G	A	G	N
VENUS	A	N	G	A	G	N	G	N	G	A	G	N
MARS	A	N	G	A	G	N	A	N	G	A	G	N
JUPITER	A	N	G	A	G	N	G	N	G	A	G	N
SATURN	A	N	G	A	G	N	A	N	G	A	G	N
URANUS	A	N	G	A	G	N	A	N	G	A	G	N
NEPTUN	A	N	G	A	G	N	A	N	G	A	G	N
PLUTO	A	N	G	A	G	N	A	N	G	A	G	N

Merkur im Skorpion

☿ ♏	WIDDER	STIER	ZWILLINGE	KREBS	LÖWE	JUNGFRAU	WAAGE	SKORPION	SCHÜTZE	STEINBOCK	WASSERMANN	FISCHE
SONNE	N	N	N	N	N	N	N	N	N	N	N	N
MOND	N	A	N	G	A	G	N	G	N	G	A	G
VENUS	N	A	N	G	A	G	N	G	N	G	A	G
MARS	N	A	N	G	A	G	N	A	N	G	A	G
JUPITER	N	A	N	G	A	G	N	G	N	G	A	G
SATURN	N	A	N	G	A	G	N	A	N	G	A	G
URANUS	N	A	N	G	A	G	N	A	N	G	A	G
NEPTUN	N	A	N	G	A	G	N	A	N	G	A	G
PLUTO	N	A	N	G	A	G	N	A	N	G	A	G

Merkur im Schützen

☿ ♐	WIDDER	STIER	ZWILLINGE	KREBS	LÖWE	JUNGFRAU	WAAGE	SKORPION	SCHÜTZE	STEINBOCK	WASSERMANN	FISCHE
SONNE	N	N	N	N	N	N	N	N	N	N	N	N
MOND	G	N	A	N	G	A	G	N	G	N	G	A
VENUS	G	N	A	N	G	A	G	N	G	N	G	A
MARS	G	N	A	N	G	A	G	N	A	N	G	A
JUPITER	G	N	A	N	G	A	G	N	G	N	G	A
SATURN	G	N	A	N	G	A	G	N	A	N	G	A
URANUS	G	N	A	N	G	A	G	N	A	N	G	A
NEPTUN	G	N	A	N	G	A	G	N	A	N	G	A
PLUTO	G	N	A	N	G	A	G	N	A	N	G	A

G = Günstig   N = Neutral   A = Adversativ (gegensätzlich)

Merkur im Steinbock

☿♑	WIDDER	STIER	ZWILLINGE	KREBS	LÖWE	JUNGFRAU	WAAGE	SKORPION	SCHÜTZE	STEINBOCK	WASSERMANN	FISCHE
SONNE	N	N	N	N	N	N	N	N	N	N	N	N
MOND	A	G	N	A	N	G	A	G	N	G	N	G
VENUS	A	G	N	A	N	G	A	G	N	G	N	G
MARS	A	G	N	A	N	G	A	G	N	A	N	G
JUPITER	A	G	N	A	N	G	A	G	N	G	N	G
SATURN	A	G	N	A	N	G	A	G	N	A	N	G
URANUS	A	G	N	A	N	G	A	G	N	A	N	G
NEPTUN	A	G	N	A	N	G	A	G	N	A	N	G
PLUTO	A	G	N	A	N	G	A	G	N	A	N	G

Merkur im Wassermann

☿♒	WIDDER	STIER	ZWILLINGE	KREBS	LÖWE	JUNGFRAU	WAAGE	SKORPION	SCHÜTZE	STEINBOCK	WASSERMANN	FISCHE
SONNE	N	N	N	N	N	N	N	N	N	N	N	N
MOND	G	A	G	N	A	N	G	A	G	N	G	N
VENUS	G	A	G	N	A	N	G	A	G	N	G	N
MARS	G	A	G	N	A	N	G	A	G	N	A	N
JUPITER	G	A	G	N	A	N	G	A	G	N	G	N
SATURN	G	A	G	N	A	N	G	A	G	N	A	N
URANUS	G	A	G	N	A	N	G	A	G	N	A	N
NEPTUN	G	A	G	N	A	N	G	A	G	N	A	N
PLUTO	G	A	G	N	A	N	G	A	G	N	A	N

Merkur in den Fischen

☿♓	WIDDER	STIER	ZWILLINGE	KREBS	LÖWE	JUNGFRAU	WAAGE	SKORPION	SCHÜTZE	STEINBOCK	WASSERMANN	FISCHE
SONNE	N	N	N	N	N	N	N	N	N	N	N	N
MOND	N	G	A	G	N	A	N	G	A	G	N	G
VENUS	N	G	A	G	N	A	N	G	A	G	N	G
MARS	N	G	A	G	N	A	N	G	A	G	N	A
JUPITER	N	G	A	G	N	A	N	G	A	G	N	G
SATURN	N	G	A	G	N	A	N	G	A	G	N	A
URANUS	N	G	A	G	N	A	N	G	A	G	N	A
NEPTUN	N	G	A	G	N	A	N	G	A	G	N	A
PLUTO	N	G	A	G	N	A	N	G	A	G	N	A

G = Günstig   N = Neutral   A = Adversativ (gegensätzlich)

Venus im Widder

♀♈	WIDDER	STIER	ZWILLINGE	KREBS	LÖWE	JUNGFRAU	WAAGE	SKORPION	SCHÜTZE	STEINBOCK	WASSER-MANN	FISCHE
SONNE	G	N	G	A	G	N	A	N	G	A	G	N
MOND	G	N	G	A	G	N	A	N	G	A	G	N
MERKUR	G	N	G	A	G	N	A	N	G	A	G	N
MARS	A	N	G	A	G	N	A	N	G	A	G	N
JUPITER	G	N	G	A	G	N	A	N	G	A	G	N
SATURN	A	N	G	A	G	N	A	N	G	A	G	N
URANUS	A	N	G	A	G	N	A	N	G	A	G	N
NEPTUN	A	N	G	A	G	N	A	N	G	A	G	N
PLUTO	A	N	G	A	G	N	A	N	G	A	G	N

Venus im Stier

♀♉	WIDDER	STIER	ZWILLINGE	KREBS	LÖWE	JUNGFRAU	WAAGE	SKORPION	SCHÜTZE	STEINBOCK	WASSER-MANN	FISCHE
SONNE	N	G	N	G	A	G	N	A	N	G	A	G
MOND	N	G	N	G	A	G	N	A	N	G	A	G
MERKUR	N	G	N	G	A	G	N	A	N	G	A	G
MARS	N	A	N	G	A	G	N	A	N	G	A	G
JUPITER	N	G	N	G	A	G	N	A	N	G	A	G
SATURN	N	A	N	G	A	G	N	A	N	G	A	G
URANUS	N	A	N	G	A	G	N	A	N	G	A	G
NEPTUN	N	A	N	G	A	G	N	A	N	G	A	G
PLUTO	N	A	N	G	A	G	N	A	N	G	A	G

Venus in den Zwillingen

♀♊	WIDDER	STIER	ZWILLINGE	KREBS	LÖWE	JUNGFRAU	WAAGE	SKORPION	SCHÜTZE	STEINBOCK	WASSER-MANN	FISCHE
SONNE	G	N	G	N	G	A	G	N	A	N	G	A
MOND	G	N	G	N	G	A	G	N	A	N	G	A
MERKUR	G	N	G	N	G	A	G	N	A	N	G	A
MARS	G	N	A	N	G	A	G	N	A	N	G	A
JUPITER	G	N	G	N	G	A	G	N	A	N	G	A
SATURN	G	N	A	N	G	A	G	N	A	N	G	A
URANUS	G	N	A	N	G	A	G	N	A	N	G	A
NEPTUN	G	N	A	N	G	A	G	N	A	N	G	A
PLUTO	G	N	A	N	G	A	G	N	A	N	G	A

G = Günstig   N = Neutral   A = Adversativ (gegensätzlich)

Venus im Krebs

♋	WIDDER	STIER	ZWILLINGE	KREBS	LÖWE	JUNGFRAU	WAAGE	SKORPION	SCHÜTZE	STEINBOCK	WASSERMANN	FISCHE
SONNE	A	G	N	G	N	G	A	G	N	A	N	G
MOND	A	G	N	G	N	G	A	G	N	A	N	G
MERKUR	A	G	N	G	N	G	A	G	N	A	N	G
MARS	A	G	N	A	N	G	A	G	N	A	N	G
JUPITER	A	G	N	G	N	G	A	G	N	A	N	G
SATURN	A	G	N	A	N	G	A	G	N	A	N	G
URANUS	A	G	N	A	N	G	A	G	N	A	N	G
NEPTUN	A	G	N	A	N	G	A	G	N	A	N	G
PLUTO	A	G	N	A	N	G	A	G	N	A	N	G

Venus im Löwen

♌	WIDDER	STIER	ZWILLINGE	KREBS	LÖWE	JUNGFRAU	WAAGE	SKORPION	SCHÜTZE	STEINBOCK	WASSERMANN	FISCHE
SONNE	G	A	G	N	G	N	G	A	G	N	A	N
MOND	G	A	G	N	G	N	G	A	G	N	A	N
MERKUR	G	A	G	N	G	N	G	A	G	N	A	N
MARS	G	A	G	N	A	N	G	A	G	N	A	N
JUPITER	G	A	G	N	G	N	G	A	G	N	A	N
SATURN	G	A	G	N	A	N	G	A	G	N	A	N
URANUS	G	A	G	N	A	N	G	A	G	N	A	N
NEPTUN	G	A	G	N	A	N	G	A	G	N	A	N
PLUTO	G	A	G	N	A	N	G	A	G	N	A	N

Venus in der Jungfrau

♍	WIDDER	STIER	ZWILLINGE	KREBS	LÖWE	JUNGFRAU	WAAGE	SKORPION	SCHÜTZE	STEINBOCK	WASSERMANN	FISCHE
SONNE	N	G	A	G	N	G	N	G	A	G	N	A
MOND	N	G	A	G	N	G	N	G	A	G	N	A
MERKUR	N	G	A	G	N	G	N	G	A	G	N	N
MARS	N	G	A	G	N	A	N	G	A	G	N	A
JUPITER	N	G	A	G	N	G	N	G	A	G	N	A
SATURN	N	G	A	G	N	A	N	G	A	G	N	A
URANUS	N	G	A	G	N	A	N	G	A	G	N	A
NEPTUN	N	G	A	G	N	A	N	G	A	G	N	A
PLUTO	N	G	A	G	N	A	N	G	A	G	N	A

G = Günstig   N = Neutral   A = Adversativ (gegensätzlich)

Venus in der Waage

♀ ♎	WIDDER	STIER	ZWILLINGE	KREBS	LÖWE	JUNGFRAU	WAAGE	SKORPION	SCHÜTZE	STEINBOCK	WASSERMANN	FISCHE
SONNE	A	N	G	A	G	N	G	N	G	A	G	N
MOND	A	N	G	A	G	N	G	N	G	A	G	N
MERKUR	A	N	G	A	G	N	G	N	G	A	G	N
MARS	A	N	G	A	G	N	A	N	G	A	G	N
JUPITER	A	N	G	A	G	N	G	N	G	A	G	N
SATURN	A	N	G	A	G	N	A	N	G	A	G	N
URANUS	A	N	G	A	G	N	A	N	G	A	G	N
NEPTUN	A	N	G	A	G	N	A	N	G	A	G	N
PLUTO	A	N	G	A	G	N	A	N	G	A	G	N

Venus im Skorpion

♀ ♏	WIDDER	STIER	ZWILLINGE	KREBS	LÖWE	JUNGFRAU	WAAGE	SKORPION	SCHÜTZE	STEINBOCK	WASSERMANN	FISCHE
SONNE	N	A	N	G	A	G	N	G	N	G	A	G
MOND	N	A	N	G	A	G	N	G	N	G	A	G
MERKUR	N	A	N	G	A	G	N	G	N	G	A	G
MARS	N	A	N	G	A	G	N	A	N	G	A	G
JUPITER	N	A	N	G	A	G	N	G	N	G	A	G
SATURN	N	A	N	G	A	G	N	A	N	G	A	G
URANUS	N	A	N	G	A	G	N	A	N	G	A	G
NEPTUN	N	A	N	G	A	G	N	A	N	G	A	G
PLUTO	N	A	N	G	A	G	N	A	N	G	A	G

Venus im Schützen

♀ ♐	WIDDER	STIER	ZWILLINGE	KREBS	LÖWE	JUNGFRAU	WAAGE	SKORPION	SCHÜTZE	STEINBOCK	WASSERMANN	FISCHE
SONNE	G	N	A	N	G	A	G	N	G	N	G	A
MOND	G	N	A	N	G	A	G	N	G	N	G	A
MERKUR	G	N	A	N	G	A	G	N	G	N	G	A
MARS	G	N	A	N	G	A	G	N	A	N	G	A
JUPITER	G	N	A	N	G	A	G	N	G	N	G	A
SATURN	G	N	A	N	G	A	G	N	A	N	G	A
URANUS	G	N	A	N	G	A	G	N	A	N	G	A
NEPTUN	G	N	A	N	G	A	G	N	A	N	G	A
PLUTO	G	N	A	N	G	A	G	N	A	N	G	A

G = Günstig   N = Neutral   A = Adversativ (gegensätzlich)

Venus im Steinbock

	WIDDER	STIER	ZWILLINGE	KREBS	LÖWE	JUNGFRAU	WAAGE	SKORPION	SCHÜTZE	STEINBOCK	WASSERMANN	FISCHE
SONNE	A	G	N	A	N	G	A	G	N	G	N	G
MOND	A	G	N	A	N	G	A	G	N	G	N	G
MERKUR	A	G	N	A	N	G	A	G	N	G	N	G
MARS	A	G	N	A	N	G	A	G	N	A	N	G
JUPITER	A	G	N	A	N	G	A	G	N	G	N	G
SATURN	A	G	N	A	N	G	A	G	N	A	N	G
URANUS	A	G	N	A	N	G	A	G	N	A	N	G
NEPTUN	A	G	N	A	N	G	A	G	N	A	N	G
PLUTO	A	G	N	A	N	G	A	G	N	A	N	G

Venus im Wassermann

	WIDDER	STIER	ZWILLINGE	KREBS	LÖWE	JUNGFRAU	WAAGE	SKORPION	SCHÜTZE	STEINBOCK	WASSERMANN	FISCHE
SONNE	G	A	G	N	A	N	G	A	G	N	G	N
MOND	G	A	G	N	A	N	G	A	G	N	G	N
MERKUR	G	A	G	N	A	N	G	A	G	N	G	N
MARS	G	A	G	N	A	N	G	A	G	N	A	N
JUPITER	G	A	G	N	A	N	G	A	G	N	G	N
SATURN	G	A	G	N	A	N	G	A	G	N	A	N
URANUS	G	A	G	N	A	N	G	A	G	N	A	N
NEPTUN	G	A	G	N	A	N	G	A	G	N	A	N
PLUTO	G	A	G	N	A	N	G	A	G	N	A	N

Venus in den Fischen

	WIDDER	STIER	ZWILLINGE	KREBS	LÖWE	JUNGFRAU	WAAGE	SKORPION	SCHÜTZE	STEINBOCK	WASSERMANN	FISCHE
SONNE	N	G	A	G	N	A	N	G	A	G	N	G
MOND	N	G	A	G	N	A	N	G	A	G	N	G
MERKUR	N	G	A	G	N	A	N	G	A	G	N	G
MARS	N	G	A	G	N	A	N	G	A	G	N	A
JUPITER	N	G	A	G	N	A	N	G	A	G	N	G
SATURN	N	G	A	G	N	A	N	G	A	G	N	A
URANUS	N	G	A	G	N	A	N	G	A	G	N	A
NEPTUN	N	G	A	G	N	A	N	G	A	G	N	A
PLUTO	N	G	A	G	N	A	N	G	A	G	N	A

G = Günstig   N = Neutral   A = Adversativ (gegensätzlich)

Mars im Widder

♂♈	WIDDER	STIER	ZWILLINGE	KREBS	LÖWE	JUNGFRAU	WAAGE	SKORPION	SCHÜTZE	STEINBOCK	WASSERMANN	FISCHE
SONNE	A	N	G	A	G	N	A	N	G	A	G	N
MOND	A	N	G	A	G	N	A	N	G	A	G	N
MERKUR	A	N	G	A	G	N	A	N	G	A	G	N
VENUS	A	N	G	A	G	N	A	N	G	A	G	N
JUPITER	A	N	G	A	G	N	A	N	G	A	G	N
SATURN	A	N	G	A	G	N	A	N	G	A	G	N
URANUS	A	N	G	A	G	N	A	N	G	A	G	N
NEPTUN	A	N	G	A	G	N	A	N	G	A	G	N
PLUTO	A	N	G	A	G	N	A	N	G	A	G	N

Mars im Stier

♂♉	WIDDER	STIER	ZWILLINGE	KREBS	LÖWE	JUNGFRAU	WAAGE	SKORPION	SCHÜTZE	STEINBOCK	WASSERMANN	FISCHE
SONNE	N	A	N	G	A	G	N	A	N	G	A	G
MOND	N	A	N	G	A	G	N	A	N	G	A	G
MERKUR	N	A	N	G	A	G	N	A	N	G	A	G
VENUS	N	A	N	G	A	G	N	A	N	G	A	G
JUPITER	N	A	N	G	A	G	N	A	N	G	A	G
SATURN	N	A	N	G	A	G	N	A	N	G	A	G
URANUS	N	A	N	G	A	G	N	A	N	G	A	G
NEPTUN	N	A	N	G	A	G	N	A	N	G	A	G
PLUTO	N	A	N	G	A	G	N	A	N	G	A	G

Mars in den Zwillingen

♂♊	WIDDER	STIER	ZWILLINGE	KREBS	LÖWE	JUNGFRAU	WAAGE	SKORPION	SCHÜTZE	STEINBOCK	WASSERMANN	FISCHE
SONNE	G	N	A	N	G	A	G	N	A	N	G	A
MOND	G	N	A	N	G	A	G	N	A	N	G	A
MERKUR	G	N	A	N	G	A	G	N	A	N	G	A
VENUS	G	N	A	N	G	A	G	N	A	N	G	A
JUPITER	G	N	A	N	G	A	G	N	A	N	G	A
SATURN	G	N	A	N	G	A	G	N	A	N	G	A
URANUS	G	N	A	N	G	A	G	N	A	N	G	A
NEPTUN	G	N	A	N	G	A	G	N	A	N	G	A
PLUTO	G	N	A	N	G	A	G	N	A	N	G	A

G = Günstig   N = Neutral   A = Adversativ (gegensätzlich)

Mars im Krebs

	WIDDER	STIER	ZWILLINGE	KREBS	LÖWE	JUNGFRAU	WAAGE	SKORPION	SCHÜTZE	STEINBOCK	WASSER-MANN	FISCHE
SONNE	A	G	N	A	N	G	A	G	N	A	N	G
MOND	A	G	N	A	N	G	A	G	N	A	N	G
MERKUR	A	G	N	A	N	G	A	G	N	A	N	G
VENUS	A	G	N	A	N	G	A	G	N	A	N	G
JUPITER	A	G	N	A	N	G	A	G	N	A	N	G
SATURN	A	G	N	A	N	G	A	G	N	A	N	G
URANUS	A	G	N	A	N	G	A	G	N	A	N	G
NEPTUN	A	G	N	A	N	G	A	G	N	A	N	G
PLUTO	A	G	N	A	N	G	A	G	N	A	N	G

Mars im Löwen

	WIDDER	STIER	ZWILLINGE	KREBS	LÖWE	JUNGFRAU	WAAGE	SKORPION	SCHÜTZE	STEINBOCK	WASSER-MANN	FISCHE
SONNE	G	A	G	N	A	N	G	A	G	N	A	N
MOND	G	A	G	N	A	N	G	A	G	N	A	N
MERKUR	G	A	G	N	A	N	G	A	G	N	A	N
VENUS	G	A	G	N	A	N	G	A	G	N	A	N
JUPITER	G	A	G	N	A	N	G	A	G	N	A	N
SATURN	G	A	G	N	A	N	G	A	G	N	A	N
URANUS	G	A	G	N	A	N	G	A	G	N	A	N
NEPTUN	G	A	G	N	A	N	G	A	G	N	A	N
PLUTO	G	A	G	N	A	N	G	A	G	N	A	N

Mars in der Jungfrau

	WIDDER	STIER	ZWILLINGE	KREBS	LÖWE	JUNGFRAU	WAAGE	SKORPION	SCHÜTZE	STEINBOCK	WASSER-MANN	FISCHE
SONNE	N	G	A	G	N	A	N	G	A	G	N	A
MOND	N	G	A	G	N	A	N	G	A	G	N	A
MERKUR	N	G	A	G	N	A	N	G	A	G	N	A
VENUS	N	G	A	G	N	A	N	G	A	G	N	A
JUPITER	N	G	A	G	N	A	N	G	A	G	N	A
SATURN	N	G	A	G	N	A	N	G	A	G	N	A
URANUS	N	G	A	G	N	A	N	G	A	G	N	A
NEPTUN	N	G	A	G	N	A	N	G	A	G	N	A
PLUTO	N	G	A	G	N	A	N	G	A	G	N	A

G = Günstig   N = Neutral   A = Adversativ (gegensätzlich)

Mars in der Waage

♂︎ ♎︎	WIDDER	STIER	ZWILLINGE	KREBS	LÖWE	JUNGFRAU	WAAGE	SKORPION	SCHÜTZE	STEINBOCK	WASSER-MANN	FISCHE
SONNE	A	N	G	A	G	N	A	N	G	A	G	N
MOND	A	N	G	A	G	N	A	N	G	A	G	N
MERKUR	A	N	G	A	G	N	A	N	G	A	G	N
VENUS	A	N	G	A	G	N	A	N	G	A	G	N
JUPITER	A	N	G	A	G	N	A	N	G	A	G	N
SATURN	A	N	G	A	G	N	A	N	G	A	G	N
URANUS	A	N	G	A	G	N	A	N	G	A	G	N
NEPTUN	A	N	G	A	G	N	A	N	G	A	G	N
PLUTO	A	N	G	A	G	N	A	N	G	A	G	N

Mars im Skorpion

♂︎ ♏︎	WIDDER	STIER	ZWILLINGE	KREBS	LÖWE	JUNGFRAU	WAAGE	SKORPION	SCHÜTZE	STEINBOCK	WASSER-MANN	FISCHE
SONNE	N	A	N	G	A	G	N	A	N	G	A	G
MOND	N	A	N	G	A	G	N	A	N	G	A	G
MERKUR	N	A	N	G	A	G	N	A	N	G	A	G
VENUS	N	A	N	G	A	G	N	A	N	G	A	G
JUPITER	N	A	N	G	A	G	N	A	N	G	A	G
SATURN	N	A	N	G	A	G	N	A	N	G	A	G
URANUS	N	A	N	G	A	G	N	A	N	G	A	G
NEPTUN	N	A	N	G	A	G	N	A	N	G	A	G
PLUTO	N	A	N	G	A	G	N	A	N	G	A	G

Mars im Schützen

♂︎ ♐︎	WIDDER	STIER	ZWILLINGE	KREBS	LÖWE	JUNGFRAU	WAAGE	SKORPION	SCHÜTZE	STEINBOCK	WASSER-MANN	FISCHE
SONNE	G	N	A	N	G	A	G	N	A	N	G	A
MOND	G	N	A	N	G	A	G	N	A	N	G	A
MERKUR	G	N	A	N	G	A	G	N	A	N	G	A
VENUS	G	N	A	N	G	A	G	N	A	N	G	A
JUPITER	G	N	A	N	G	A	G	N	A	N	G	A
SATURN	G	N	A	N	G	A	G	N	A	N	G	A
URANUS	G	N	A	N	G	A	G	N	A	N	G	A
NEPTUN	G	N	A	N	G	A	G	N	A	N	G	A
PLUTO	G	N	A	N	G	A	G	N	A	N	G	A

G = Günstig   N = Neutral   A = Adversativ (gegensätzlich)

Mars im Steinbock

☌♑	WIDDER	STIER	ZWILLINGE	KREBS	LÖWE	JUNGFRAU	WAAGE	SKORPION	SCHÜTZE	STEINBOCK	WASSER-MANN	FISCHE
SONNE	A	G	N	A	N	G	A	G	N	A	N	G
MOND	A	G	N	A	N	G	A	G	N	A	N	G
MERKUR	A	G	N	A	N	G	A	G	N	A	N	G
VENUS	A	G	N	A	N	G	A	G	N	A	N	G
JUPITER	A	G	N	A	N	G	A	G	N	A	N	G
SATURN	A	G	N	A	N	G	A	G	N	A	N	G
URANUS	A	G	N	A	N	G	A	G	N	A	N	G
NEPTUN	A	G	N	A	N	G	A	G	N	A	N	G
PLUTO	A	G	N	A	N	G	A	G	N	A	N	G

Mars im Wassermann

☌♒	WIDDER	STIER	ZWILLINGE	KREBS	LÖWE	JUNGFRAU	WAAGE	SKORPION	SCHÜTZE	STEINBOCK	WASSER-MANN	FISCHE
SONNE	G	A	G	N	A	N	G	A	G	N	A	N
MOND	G	A	G	N	A	N	G	A	G	N	A	N
MERKUR	G	A	G	N	A	N	G	A	G	N	A	N
VENUS	G	A	G	N	A	N	G	A	G	N	A	N
JUPITER	G	A	G	N	A	N	G	A	G	N	A	N
SATURN	G	A	G	N	A	N	G	A	G	N	A	N
URANUS	G	A	G	N	A	N	G	A	G	N	A	N
NEPTUN	G	A	G	N	A	N	G	A	G	N	A	N
PLUTO	G	A	G	N	A	N	G	A	G	N	A	N

Mars in den Fischen

☌♓	WIDDER	STIER	ZWILLINGE	KREBS	LÖWE	JUNGFRAU	WAAGE	SKORPION	SCHÜTZE	STEINBOCK	WASSER-MANN	FISCHE
SONNE	N	G	A	G	N	A	N	G	A	G	N	A
MOND	N	G	A	G	N	A	N	G	A	G	N	A
MERKUR	N	G	A	G	N	A	N	G	A	G	N	A
VENUS	N	G	A	G	N	A	N	G	A	G	N	A
JUPITER	N	G	A	G	N	A	N	G	A	G	N	A
SATURN	N	G	A	G	N	A	N	G	A	G	N	A
URANUS	N	G	A	G	N	A	N	G	A	G	N	A
NEPTUN	N	G	A	G	N	A	N	G	A	G	N	A
PLUTO	N	G	A	G	N	A	N	G	A	G	N	A

G = Günstig   N = Neutral   A = Adversativ (gegensätzlich)

Jupiter im Widder

♃♈	WIDDER	STIER	ZWILLINGE	KREBS	LÖWE	JUNGFRAU	WAAGE	SKORPION	SCHÜTZE	STEINBOCK	WASSER-MANN	FISCHE
SONNE	G	N	G	A	G	N	A	N	G	A	G	N
MOND	G	N	G	A	G	N	A	N	G	A	G	N
MERKUR	G	N	G	A	G	N	A	N	G	A	G	N
VENUS	G	N	G	A	G	N	A	N	G	A	G	N
MARS	A	N	G	A	G	N	A	N	G	A	G	N
SATURN	A	N	G	A	G	N	A	N	G	A	G	N
URANUS	A	N	G	A	G	N	A	N	G	A	G	N
NEPTUN	A	N	G	A	G	N	A	N	G	A	G	N
PLUTO	A	N	G	A	G	N	A	N	G	A	G	N

Jupiter im Stier

♃♉	WIDDER	STIER	ZWILLINGE	KREBS	LÖWE	JUNGFRAU	WAAGE	SKORPION	SCHÜTZE	STEINBOCK	WASSER-MANN	FISCHE
SONNE	N	G	N	G	A	G	N	A	N	G	A	G
MOND	N	G	N	G	A	G	N	A	N	G	A	G
MERKUR	N	G	N	G	A	G	N	A	N	G	A	G
VENUS	N	G	N	G	A	G	N	A	N	G	A	G
MARS	N	A	N	G	A	G	N	A	N	G	A	G
SATURN	N	A	N	G	A	G	N	A	N	G	A	G
URANUS	N	A	N	G	A	G	N	A	N	G	A	G
NEPTUN	N	A	N	G	A	G	N	A	N	G	A	G
PLUTO	N	A	N	G	A	G	N	A	N	G	A	G

Jupiter in den Zwillingen

♃♊	WIDDER	STIER	ZWILLINGE	KREBS	LÖWE	JUNGFRAU	WAAGE	SKORPION	SCHÜTZE	STEINBOCK	WASSER-MANN	FISCHE
SONNE	G	N	G	N	G	A	G	N	A	N	G	A
MOND	G	N	G	N	G	A	G	N	A	N	G	A
MERKUR	G	N	G	N	G	A	G	N	A	N	G	A
VENUS	G	N	G	N	G	A	G	N	A	N	G	A
MARS	G	N	A	N	G	A	G	N	A	N	G	A
SATURN	G	N	A	N	G	A	G	N	A	N	G	A
URANUS	G	N	A	N	G	A	G	N	A	N	G	A
NEPTUN	G	N	A	N	G	A	G	N	A	N	G	A
PLUTO	G	N	A	N	G	A	G	N	A	N	G	A

G = Günstig   N = Neutral   A = Adversativ (gegensätzlich)

Jupiter im Krebs

♃♋	WIDDER	STIER	ZWILLINGE	KREBS	LÖWE	JUNGFRAU	WAAGE	SKORPION	SCHÜTZE	STEINBOCK	WASSER-MANN	FISCHE
SONNE	A	G	N	G	N	G	A	G	N	A	N	G
MOND	A	G	N	G	N	G	A	G	N	A	N	G
MERKUR	A	G	N	G	N	G	A	G	N	A	N	G
VENUS	A	G	N	G	N	G	A	G	N	A	N	G
MARS	A	G	N	A	N	G	A	G	N	A	N	G
SATURN	A	G	N	A	N	G	A	G	N	A	N	G
URANUS	A	G	N	A	N	G	A	G	N	A	N	G
NEPTUN	A	G	N	A	N	G	A	G	N	A	N	G
PLUTO	A	G	N	A	N	G	A	G	N	A	N	G

Jupiter im Löwen

♃♌	WIDDER	STIER	ZWILLINGE	KREBS	LÖWE	JUNGFRAU	WAAGE	SKORPION	SCHÜTZE	STEINBOCK	WASSER-MANN	FISCHE
SONNE	G	A	G	N	G	N	G	A	G	N	A	N
MOND	G	A	G	N	G	N	G	A	G	N	A	N
MERKUR	G	A	G	N	G	N	G	A	G	N	A	N
VENUS	G	A	G	N	G	N	G	A	G	N	A	N
MARS	G	A	G	N	A	N	G	A	G	N	A	N
SATURN	G	A	G	N	A	N	G	A	G	N	A	N
URANUS	G	A	G	N	A	N	G	A	G	N	A	N
NEPTUN	G	A	G	N	A	N	G	A	G	N	A	N
PLUTO	G	A	G	N	A	N	G	A	G	N	A	N

Jupiter in der Jungfrau

♃♍	WIDDER	STIER	ZWILLINGE	KREBS	LÖWE	JUNGFRAU	WAAGE	SKORPION	SCHÜTZE	STEINBOCK	WASSER-MANN	FISCHE
SONNE	N	G	A	G	N	G	N	G	A	G	N	A
MOND	N	G	A	G	N	G	N	G	A	G	N	A
MERKUR	N	G	A	G	N	G	N	G	A	G	N	A
VENUS	N	G	A	G	N	G	N	G	A	G	N	A
MARS	N	G	A	G	N	A	N	G	A	G	N	A
SATURN	N	G	A	G	N	A	N	G	A	G	N	A
URANUS	N	G	A	G	N	A	N	G	A	G	N	A
NEPTUN	N	G	A	G	N	A	N	G	A	G	N	A
PLUTO	N	G	A	G	N	A	N	G	A	G	N	A

G = Günstig   N = Neutral   A = Adversativ (gegensätzlich)

Jupiter in der Waage

♃♎	WIDDER	STIER	ZWILLINGE	KREBS	LÖWE	JUNGFRAU	WAAGE	SKORPION	SCHÜTZE	STEINBOCK	WASSER-MANN	FISCHE
SONNE	A	N	G	A	G	N	G	N	G	A	G	N
MOND	A	N	G	A	G	N	G	N	G	A	G	N
MERKUR	A	N	G	A	G	N	G	N	G	A	G	N
VENUS	A	N	G	A	G	N	G	N	G	A	G	N
MARS	A	N	G	A	G	N	A	N	G	A	G	N
SATURN	A	N	G	A	G	N	A	N	A	A	G	N
URANUS	A	N	G	A	G	N	A	N	G	A	G	N
NEPTUN	A	N	G	A	G	N	A	N	G	A	G	N
PLUTO	A	N	G	A	G	N	A	N	G	A	G	N

Jupiter im Skorpion

♃♏	WIDDER	STIER	ZWILLINGE	KREBS	LÖWE	JUNGFRAU	WAAGE	SKORPION	SCHÜTZE	STEINBOCK	WASSER-MANN	FISCHE
SONNE	N	A	N	G	A	G	N	G	N	G	A	G
MOND	N	A	N	G	A	G	N	G	N	G	A	G
MERKUR	N	A	N	G	A	G	N	G	N	G	A	G
VENUS	N	A	N	G	A	G	N	G	N	G	A	G
MARS	N	A	N	G	A	G	N	A	N	G	A	G
SATURN	N	A	N	G	A	G	N	A	N	G	A	G
URANUS	N	A	N	G	A	G	N	A	N	G	A	G
NEPTUN	N	A	N	G	A	G	N	A	N	G	A	G
PLUTO	N	A	N	G	A	G	N	A	N	G	A	G

Jupiter im Schützen

♃♐	WIDDER	STIER	ZWILLINGE	KREBS	LÖWE	JUNGFRAU	WAAGE	SKORPION	SCHÜTZE	STEINBOCK	WASSER-MANN	FISCHE
SONNE	G	N	A	N	G	A	G	N	G	N	G	A
MOND	G	N	A	N	G	A	G	N	G	N	G	A
MERKUR	G	N	A	N	G	A	G	N	G	N	G	A
VENUS	G	N	A	N	G	A	G	N	G	N	G	A
MARS	G	N	A	N	G	A	G	N	A	N	G	A
SATURN	G	N	A	N	G	A	G	N	A	N	G	A
URANUS	G	N	A	N	G	A	G	N	A	N	G	A
NEPTUN	G	N	A	N	G	A	G	N	A	N	G	A
PLUTO	G	N	A	N	G	A	G	N	A	N	G	A

G = Günstig   N = Neutral   A = Adversativ (gegensätzlich)

Jupiter im Steinbock

♃ ♑	WIDDER	STIER	ZWILLINGE	KREBS	LÖWE	JUNGFRAU	WAAGE	SKORPION	SCHÜTZE	STEINBOCK	WASSERMANN	FISCHE
SONNE	A	G	N	A	N	G	A	G	N	G	N	G
MOND	A	G	N	A	N	G	A	G	N	G	N	G
MERKUR	A	G	N	A	N	G	A	G	N	G	N	G
VENUS	A	G	N	A	N	G	A	G	N	G	N	G
MARS	A	G	N	A	N	G	A	G	N	A	N	G
SATURN	A	G	N	A	N	G	A	G	N	A	N	G
URANUS	A	G	N	A	N	G	A	G	N	A	N	G
NEPTUN	A	G	N	A	N	G	A	G	N	A	N	G
PLUTO	A	G	N	A	N	G	A	G	N	A	N	G

Jupiter im Wassermann

♃ ♒	WIDDER	STIER	ZWILLINGE	KREBS	LÖWE	JUNGFRAU	WAAGE	SKORPION	SCHÜTZE	STEINBOCK	WASSERMANN	FISCHE
SONNE	G	A	G	N	A	N	G	A	G	N	G	N
MOND	G	A	G	N	A	N	G	A	G	N	G	N
MERKUR	G	A	G	N	A	N	G	A	G	N	G	N
VENUS	G	A	G	N	A	N	G	A	G	N	G	N
MARS	G	A	G	N	A	N	G	A	G	N	A	N
SATURN	G	A	G	N	A	N	G	A	G	N	A	N
URANUS	G	A	G	N	A	N	G	A	G	N	A	N
NEPTUN	G	A	G	N	A	N	G	A	G	N	A	N
PLUTO	G	A	G	N	A	N	G	A	G	N	A	N

Jupiter in den Fischen

♃ ♓	WIDDER	STIER	ZWILLINGE	KREBS	LÖWE	JUNGFRAU	WAAGE	SKORPION	SCHÜTZE	STEINBOCK	WASSERMANN	FISCHE
SONNE	N	G	A	G	N	A	N	G	A	G	N	G
MOND	N	G	A	G	N	A	N	G	A	G	N	G
MERKUR	N	G	A	G	N	A	N	G	A	G	N	G
VENUS	N	G	A	G	N	A	N	G	A	G	N	G
MARS	N	G	A	G	N	A	N	G	A	G	N	A
SATURN	N	G	A	G	N	A	N	G	A	G	N	A
URANUS	N	G	A	G	N	A	N	G	A	G	N	A
NEPTUN	N	G	A	G	N	A	N	G	A	G	N	A
PLUTO	N	G	A	G	N	A	N	G	A	G	N	A

G = Günstig   N = Neutral   A = Adversativ (gegensätzlich)

Saturn im Widder

♄♈	WIDDER	STIER	ZWILLINGE	KREBS	LÖWE	JUNGFRAU	WAAGE	SKORPION	SCHÜTZE	STEINBOCK	WASSER-MANN	FISCHE
SONNE	A	N	G	A	G	N	A	N	G	A	G	N
MOND	A	N	G	A	G	N	A	N	G	A	G	N
MERKUR	A	N	G	A	G	N	A	N	G	A	G	N
VENUS	A	N	G	A	G	N	A	N	G	A	G	N
MARS	A	N	G	A	G	N	A	N	G	A	G	N
JUPITER	A	N	G	A	G	N	A	N	G	A	G	N
URANUS	A	N	G	A	G	N	A	N	G	A	G	N
NEPTUN	A	N	G	A	G	N	A	N	G	A	G	N
PLUTO	A	N	G	A	G	N	A	N	G	A	G	N

Saturn im Stier

♄♉	WIDDER	STIER	ZWILLINGE	KREBS	LÖWE	JUNGFRAU	WAAGE	SKORPION	SCHÜTZE	STEINBOCK	WASSER-MANN	FISCHE
SONNE	N	A	N	G	A	G	N	A	N	G	A	G
MOND	N	A	N	G	A	G	N	A	N	G	A	G
MERKUR	N	A	N	G	A	G	N	A	N	G	A	G
VENUS	N	A	N	G	A	G	N	A	N	G	A	G
MARS	N	A	N	G	A	G	N	A	N	G	A	G
JUPITER	N	A	N	G	A	G	N	A	N	G	A	G
URANUS	N	A	N	G	A	G	N	A	N	G	A	G
NEPTUN	N	A	N	G	A	G	N	A	N	G	A	G
PLUTO	N	A	N	G	A	G	N	A	N	G	A	G

Saturn in den Zwillingen

♄♊	WIDDER	STIER	ZWILLINGE	KREBS	LÖWE	JUNGFRAU	WAAGE	SKORPION	SCHÜTZE	STEINBOCK	WASSER-MANN	FISCHE
SONNE	G	N	A	N	G	A	G	N	A	N	G	A
MOND	G	N	A	N	G	A	G	N	A	N	G	A
MERKUR	G	N	A	N	G	A	G	N	A	N	G	A
VENUS	G	N	A	N	G	A	G	N	A	N	G	A
MARS	G	N	A	N	G	A	G	N	A	N	G	A
JUPITER	G	N	A	N	G	A	G	N	A	N	G	A
URANUS	G	N	A	N	G	A	G	N	A	N	G	A
NEPTUN	G	N	A	N	G	A	G	N	A	N	G	A
PLUTO	G	N	A	N	G	A	G	N	A	N	G	A

G = Günstig   N = Neutral   A = Adversativ (gegensätzlich)

Saturn im Krebs

♄♋	WIDDER	STIER	ZWILLINGE	KREBS	LÖWE	JUNGFRAU	WAAGE	SKORPION	SCHÜTZE	STEINBOCK	WASSERMANN	FISCHE
SONNE	A	G	N	A	N	G	A	G	N	A	N	G
MOND	A	G	N	A	N	G	A	G	N	A	N	G
MERKUR	A	G	N	A	N	G	A	G	N	A	N	G
VENUS	A	G	N	A	N	G	A	G	N	A	N	G
MARS	A	G	N	A	N	G	A	G	N	A	N	G
JUPITER	A	G	N	A	N	G	A	G	N	A	N	G
URANUS	A	G	N	A	N	G	A	G	N	A	N	G
NEPTUN	A	G	N	A	N	G	A	G	N	A	N	G
PLUTO	A	G	N	A	N	G	A	G	N	A	N	G

Saturn im Löwen

♄♌	WIDDER	STIER	ZWILLINGE	KREBS	LÖWE	JUNGFRAU	WAAGE	SKORPION	SCHÜTZE	STEINBOCK	WASSERMANN	FISCHE
SONNE	G	A	G	N	A	N	G	A	G	N	A	N
MOND	G	A	G	N	A	N	G	A	G	N	A	N
MERKUR	G	A	G	N	A	N	G	A	G	N	A	N
VENUS	G	A	G	N	A	N	G	A	G	N	A	N
MARS	G	A	G	N	A	N	G	A	G	N	A	N
JUPITER	G	A	G	N	A	N	G	A	G	N	A	N
URANUS	G	A	G	N	A	N	G	A	G	N	A	N
NEPTUN	G	A	G	N	A	N	G	A	G	N	A	N
PLUTO	G	A	G	N	A	N	G	A	G	N	A	N

Saturn in der Jungfrau

♄♍	WIDDER	STIER	ZWILLINGE	KREBS	LÖWE	JUNGFRAU	WAAGE	SKORPION	SCHÜTZE	STEINBOCK	WASSERMANN	FISCHE
SONNE	N	G	A	G	N	A	N	G	A	G	N	A
MOND	N	G	A	G	N	A	N	G	A	G	N	A
MERKUR	N	G	A	G	N	A	N	G	A	G	N	A
VENUS	N	G	A	G	N	A	N	G	A	G	N	A
MARS	N	G	A	G	N	A	N	G	A	G	N	A
JUPITER	N	G	A	G	N	A	N	G	A	G	N	A
URANUS	N	G	A	G	N	A	N	G	A	G	N	A
NEPTUN	N	G	A	G	N	A	N	G	A	G	N	A
PLUTO	N	G	A	G	N	A	N	G	A	G	N	A

G = Günstig   N = Neutral   A = Adversativ (gegensätzlich)

Saturn in der Waage

♄♎	WIDDER	STIER	ZWILLINGE	KREBS	LÖWE	JUNGFRAU	WAAGE	SKORPION	SCHÜTZE	STEINBOCK	WASSERMANN	FISCHE
SONNE	A	N	G	A	G	N	A	N	G	A	G	N
MOND	A	N	G	A	G	N	A	N	G	A	G	N
MERKUR	A	N	G	A	G	N	A	N	G	A	G	N
VENUS	A	N	G	A	G	N	A	N	G	A	G	N
MARS	A	N	G	A	G	N	A	N	G	A	G	N
JUPITER	A	N	G	A	G	N	A	N	G	A	G	N
URANUS	A	N	G	A	G	N	A	N	G	A	G	N
NEPTUN	A	N	G	A	G	N	A	N	G	A	G	N
PLUTO	A	N	G	A	G	N	A	N	G	A	G	N

Saturn im Skorpion

♄♏	WIDDER	STIER	ZWILLINGE	KREBS	LÖWE	JUNGFRAU	WAAGE	SKORPION	SCHÜTZE	STEINBOCK	WASSERMANN	FISCHE
SONNE	N	A	N	G	A	G	N	A	N	G	A	G
MOND	N	A	N	G	A	G	N	A	N	G	A	G
MERKUR	N	A	N	G	A	G	N	A	N	G	A	G
VENUS	N	A	N	G	A	G	N	A	N	G	A	G
MARS	N	A	N	G	A	G	N	A	N	G	A	G
JUPITER	N	A	N	G	A	G	N	A	N	G	A	G
URANUS	N	A	N	G	A	G	N	A	N	G	A	G
NEPTUN	N	A	N	G	A	G	N	A	N	G	A	G
PLUTO	N	A	N	G	A	G	N	A	N	G	A	G

Saturn im Schützen

♄♐	WIDDER	STIER	ZWILLINGE	KREBS	LÖWE	JUNGFRAU	WAAGE	SKORPION	SCHÜTZE	STEINBOCK	WASSERMANN	FISCHE
SONNE	G	N	A	N	G	A	G	N	A	N	G	A
MOND	G	N	A	N	G	A	G	N	A	N	G	A
MERKUR	G	N	A	N	G	A	G	N	A	N	G	A
VENUS	G	N	A	N	G	A	G	N	A	N	G	A
MARS	G	N	A	N	G	A	G	N	A	N	G	A
JUPITER	G	N	A	N	G	A	G	N	A	N	G	A
URANUS	G	N	A	N	G	A	G	N	A	N	G	A
NEPTUN	G	N	A	N	G	A	G	N	A	N	G	A
PLUTO	G	N	A	N	G	A	G	N	A	N	G	A

G = Günstig   N = Neutral   A = Adversativ (gegensätzlich)

Saturn im Steinbock

♄♑	WIDDER	STIER	ZWILLINGE	KREBS	LÖWE	JUNGFRAU	WAAGE	SKORPION	SCHÜTZE	STEINBOCK	WASSER-MANN	FISCHE
SONNE	A	G	N	A	N	G	A	G	A	G	N	A
MOND	A	G	N	A	N	G	A	G	A	G	N	A
MERKUR	A	G	N	A	N	G	A	G	A	G	N	A
VENUS	A	G	N	A	N	G	A	G	A	G	N	A
MARS	A	G	N	A	N	G	A	G	A	G	N	A
JUPITER	A	G	N	A	N	G	A	G	A	G	N	A
URANUS	A	G	N	A	N	G	A	G	A	G	N	A
NEPTUN	A	G	N	A	N	G	A	G	A	G	N	A
PLUTO	A	G	N	A	N	G	A	G	A	G	N	A

Saturn im Wassermann

♄♒	WIDDER	STIER	ZWILLINGE	KREBS	LÖWE	JUNGFRAU	WAAGE	SKORPION	SCHÜTZE	STEINBOCK	WASSER-MANN	FISCHE
SONNE	G	A	G	N	A	N	G	A	G	N	A	N
MOND	G	A	G	N	A	N	G	A	G	N	A	N
MERKUR	G	A	G	N	A	N	G	A	G	N	A	N
VENUS	G	A	G	N	A	N	G	A	G	N	A	N
MARS	G	A	G	N	A	N	G	A	G	N	A	N
JUPITER	G	A	G	N	A	N	G	A	G	N	A	N
URANUS	G	A	G	N	A	N	G	A	G	N	A	N
NEPTUN	G	A	G	N	A	N	G	A	G	N	A	N
PLUTO	G	A	G	N	A	N	G	A	G	N	A	N

Saturn in den Fischen

♄♓	WIDDER	STIER	ZWILLINGE	KREBS	LÖWE	JUNGFRAU	WAAGE	SKORPION	SCHÜTZE	STEINBOCK	WASSER-MANN	FISCHE
SONNE	N	G	A	G	N	A	N	G	A	G	N	A
MOND	N	G	A	G	N	A	N	G	A	G	N	A
MERKUR	N	G	A	G	N	A	N	G	A	G	N	A
VENUS	N	G	A	G	N	A	N	G	A	G	N	A
MARS	N	G	A	G	N	A	N	G	A	G	N	A
JUPITER	N	G	A	G	N	A	N	G	A	G	N	A
URANUS	N	G	A	G	N	A	N	G	A	G	N	A
NEPTUN	N	G	A	G	N	A	N	G	A	G	N	A
PLUTO	N	G	A	G	N	A	N	G	A	G	N	A

G = Günstig   N = Neutral   A = Adversativ (gegensätzlich)

Uranus im Widder

♅♈	WIDDER	STIER	ZWILLINGE	KREBS	LÖWE	JUNGFRAU	WAAGE	SKORPION	SCHÜTZE	STEINBOCK	WASSER-MANN	FISCHE
SONNE	A	N	G	A	G	N	A	N	G	A	G	N
MOND	A	N	G	A	G	N	A	N	G	A	G	N
MERKUR	A	N	G	A	G	N	A	N	G	A	G	N
VENUS	A	N	G	A	G	N	A	N	G	A	G	N
MARS	A	N	G	A	G	N	A	N	G	A	G	N
JUPITER	A	N	G	A	G	N	A	N	G	A	G	N
SATURN	A	N	G	A	G	N	A	N	G	A	G	N
NEPTUN	A	N	G	A	G	N	A	N	G	A	G	N
PLUTO	A	N	G	A	G	N	A	N	G	A	G	N

Uranus im Stier

♅♉	WIDDER	STIER	ZWILLINGE	KREBS	LÖWE	JUNGFRAU	WAAGE	SKORPION	SCHÜTZE	STEINBOCK	WASSER-MANN	FISCHE
SONNE	N	A	N	G	A	G	N	A	N	G	A	G
MOND	N	A	N	G	A	G	N	A	N	G	A	G
MERKUR	N	A	N	G	A	G	N	A	N	G	A	G
VENUS	N	A	N	G	A	G	N	A	N	G	A	G
MARS	N	A	N	G	A	G	N	A	N	G	A	G
JUPITER	N	A	N	G	A	G	N	A	N	G	A	G
SATURN	N	A	N	G	A	G	N	A	N	G	A	G
NEPTUN	N	A	N	G	A	G	N	A	N	G	A	G
PLUTO	N	A	N	G	A	G	N	A	N	G	A	G

Uranus in den Zwillingen

♅♊	WIDDER	STIER	ZWILLINGE	KREBS	LÖWE	JUNGFRAU	WAAGE	SKORPION	SCHÜTZE	STEINBOCK	WASSER-MANN	FISCHE
SONNE	G	N	A	N	G	A	G	N	A	N	G	A
MOND	G	N	A	N	G	A	G	N	A	N	G	A
MERKUR	G	N	A	N	G	A	G	N	A	N	G	A
VENUS	G	N	A	N	G	A	G	N	A	N	G	A
MARS	G	N	A	N	G	A	G	N	A	N	G	A
JUPITER	G	N	A	N	G	A	G	N	A	N	G	A
SATURN	G	N	A	N	G	A	G	N	A	N	G	A
NEPTUN	G	N	A	N	G	A	G	N	A	N	G	A
PLUTO	G	N	A	N	G	A	G	N	A	N	G	A

G = Günstig   N = Neutral   A = Adversativ (gegensätzlich)

Uranus im Krebs

♅♋	WIDDER	STIER	ZWILLINGE	KREBS	LÖWE	JUNGFRAU	WAAGE	SKORPION	SCHÜTZE	STEINBOCK	WASSERMANN	FISCHE
SONNE	A	G	N	A	N	G	A	G	N	A	N	G
MOND	A	G	N	A	N	G	A	G	N	A	N	G
MERKUR	A	G	N	A	N	G	A	G	N	A	N	G
VENUS	A	G	N	A	N	G	A	G	N	A	N	G
MARS	A	G	N	A	N	G	A	G	N	A	N	G
JUPITER	A	G	N	A	N	G	A	G	N	A	N	G
SATURN	A	G	N	A	N	G	A	G	N	A	N	G
NEPTUN	A	G	N	A	N	G	A	G	N	A	N	G
PLUTO	A	G	N	A	N	G	A	G	N	A	N	G

Uranus im Löwen

♅♌	WIDDER	STIER	ZWILLINGE	KREBS	LÖWE	JUNGFRAU	WAAGE	SKORPION	SCHÜTZE	STEINBOCK	WASSERMANN	FISCHE
SONNE	G	A	G	N	A	N	G	A	G	N	A	N
MOND	G	A	G	N	A	N	G	A	G	N	A	N
MERKUR	G	A	G	N	A	N	G	A	G	N	A	N
VENUS	G	A	G	N	A	N	G	A	G	N	A	N
MARS	G	A	G	N	A	N	G	A	G	N	A	N
JUPITER	G	A	G	N	A	N	G	A	G	N	A	N
SATURN	G	A	G	N	A	N	G	A	G	N	A	N
NEPTUN	G	A	G	N	A	N	G	A	G	N	A	N
PLUTO	G	A	G	N	A	N	G	A	G	N	A	N

Uranus in der Jungfrau

♅♍	WIDDER	STIER	ZWILLINGE	KREBS	LÖWE	JUNGFRAU	WAAGE	SKORPION	SCHÜTZE	STEINBOCK	WASSERMANN	FISCHE
SONNE	N	G	A	G	N	A	N	G	A	G	N	A
MOND	N	G	A	G	N	A	N	G	A	G	N	A
MERKUR	N	G	A	G	N	A	N	G	A	G	N	A
VENUS	N	G	A	G	N	A	N	G	A	G	N	A
MARS	N	G	A	G	N	A	N	G	A	G	N	A
JUPITER	N	G	A	G	N	A	N	G	A	G	N	A
SATURN	N	G	A	G	N	A	N	G	A	G	N	A
NEPTUN	N	G	A	G	N	A	N	G	A	G	N	A
PLUTO	N	G	A	G	N	A	N	G	A	G	N	A

G = Günstig   N = Neutral   A = Adversativ (gegensätzlich)

Uranus in der Waage

♅☉♎	WIDDER	STIER	ZWILLINGE	KREBS	LÖWE	JUNGFRAU	WAAGE	SKORPION	SCHÜTZE	STEINBOCK	WASSER-MANN	FISCHE
SONNE	A	N	G	A	G	N	A	N	G	A	G	N
MOND	A	N	G	A	G	N	A	N	G	A	G	N
MERKUR	A	N	G	A	G	N	A	N	G	A	G	N
VENUS	A	N	G	A	G	N	A	N	G	A	G	N
MARS	A	N	G	A	G	N	A	N	G	A	G	N
JUPITER	A	N	G	A	G	N	A	N	G	A	G	N
SATURN	A	N	G	A	G	N	A	N	G	A	G	N
NEPTUN	A	N	G	A	G	N	A	N	G	A	G	N
PLUTO	A	N	G	A	G	N	A	N	G	A	G	N

Uranus im Skorpion

♅♏	WIDDER	STIER	ZWILLINGE	KREBS	LÖWE	JUNGFRAU	WAAGE	SKORPION	SCHÜTZE	STEINBOCK	WASSER-MANN	FISCHE
SONNE	N	A	N	G	A	G	N	A	N	G	A	G
MOND	N	A	N	G	A	G	N	A	N	G	A	G
MERKUR	N	A	N	G	A	G	N	A	N	G	A	G
VENUS	N	A	N	G	A	G	N	A	N	G	A	G
MARS	N	A	N	G	A	G	N	A	N	G	A	G
JUPITER	N	A	N	G	A	G	N	A	N	G	A	G
SATURN	N	A	N	G	A	G	N	A	N	G	A	G
NEPTUN	N	A	N	G	A	G	N	A	N	G	A	G
PLUTO	N	A	N	G	A	G	N	A	N	G	A	G

Uranus im Schützen

♅♐	WIDDER	STIER	ZWILLINGE	KREBS	LÖWE	JUNGFRAU	WAAGE	SKORPION	SCHÜTZE	STEINBOCK	WASSER-MANN	FISCHE
SONNE	G	N	A	N	G	A	G	N	A	N	G	A
MOND	G	N	A	N	G	A	G	N	A	N	G	A
MERKUR	G	N	A	N	G	A	G	N	A	N	G	A
VENUS	G	N	A	N	G	A	G	N	A	N	G	A
MARS	G	N	A	N	G	A	G	N	A	N	G	A
JUPITER	G	N	A	N	G	A	G	N	A	N	G	A
SATURN	G	N	A	N	G	A	G	N	A	N	G	A
NEPTUN	G	N	A	N	G	A	G	N	A	N	G	A
PLUTO	G	N	A	N	G	A	G	N	A	N	G	A

G = Günstig   N = Neutral   A = Adversativ (gegensätzlich)

Uranus im Steinbock

♅ ♑	WIDDER	STIER	ZWILLINGE	KREBS	LÖWE	JUNGFRAU	WAAGE	SKORPION	SCHÜTZE	STEINBOCK	WASSER-MANN	FISCHE
SONNE	A	G	N	A	N	G	A	G	N	A	N	G
MOND	A	G	N	A	N	G	A	G	N	A	N	G
MERKUR	A	G	N	A	N	G	A	G	N	A	N	G
VENUS	A	G	N	A	N	G	A	G	N	A	N	G
MARS	A	G	N	A	N	G	A	G	N	A	N	G
JUPITER	A	G	N	A	N	G	A	G	N	A	N	G
SATURN	A	G	N	A	N	G	A	G	N	A	N	G
NEPTUN	A	G	N	A	N	G	A	G	N	A	N	G
PLUTO	A	G	N	A	N	G	A	G	N	A	N	G

Neptun im Krebs

♆ ♋	WIDDER	STIER	ZWILLINGE	KREBS	LÖWE	JUNGFRAU	WAAGE	SKORPION	SCHÜTZE	STEINBOCK	WASSER-MANN	FISCHE
SONNE	A	G	N	A	N	G	A	G	N	A	N	G
MOND	A	G	N	A	N	G	A	G	N	A	N	G
MERKUR	A	G	N	A	N	G	A	G	N	A	N	G
VENUS	A	G	N	A	N	G	A	G	N	A	N	G
MARS	A	G	N	A	N	G	A	G	N	A	N	G
JUPITER	A	G	N	A	N	G	A	G	N	A	N	G
SATURN	A	G	N	A	N	G	A	G	N	A	N	G
NEPTUN	A	G	N	A	N	G	A	G	N	A	N	G
PLUTO	A	G	N	A	N	G	A	G	N	A	N	G

Neptun im Löwen

♆ ♌	WIDDER	STIER	ZWILLINGE	KREBS	LÖWE	JUNGFRAU	WAAGE	SKORPION	SCHÜTZE	STEINBOCK	WASSER-MANN	FISCHE
SONNE	G	A	G	N	A	N	G	A	G	N	A	N
MOND	G	A	G	N	A	N	G	A	G	N	A	N
MERKUR	G	A	G	N	A	N	G	A	G	N	A	N
VENUS	G	A	G	N	A	N	G	A	G	N	A	N
MARS	G	A	G	N	A	N	G	A	G	N	A	N
JUPITER	G	A	G	N	A	N	G	A	G	N	A	N
SATURN	G	A	G	N	A	N	G	A	G	N	A	N
NEPTUN	G	A	G	N	A	N	G	A	G	N	A	N
PLUTO	G	A	G	N	A	N	G	A	G	N	A	N

G = Günstig   N = Neutral   A = Adversativ (gegensätzlich)

Neptun in der Jungfrau

♆ ♍	WIDDER	STIER	ZWILLINGE	KREBS	LÖWE	JUNGFRAU	WAAGE	SKORPION	SCHÜTZE	STEINBOCK	WASSER-MANN	FISCHE
SONNE	N	G	A	G	N	A	N	G	A	G	N	A
MOND	N	G	A	G	N	A	N	G	A	G	N	A
MERKUR	N	G	A	G	N	A	N	G	A	G	N	A
VENUS	N	G	A	G	N	A	N	G	A	G	N	A
MARS	N	G	A	G	N	A	N	G	A	G	N	A
JUPITER	N	G	A	G	N	A	N	G	A	G	N	A
SATURN	N	G	A	G	N	A	N	G	A	G	N	A
URANUS	N	G	A	G	N	A	N	G	A	G	N	A
PLUTO	N	G	A	G	N	A	N	G	A	G	N	A

Neptun in der Waage

♆ ♎	WIDDER	STIER	ZWILLINGE	KREBS	LÖWE	JUNGFRAU	WAAGE	SKORPION	SCHÜTZE	STEINBOCK	WASSER-MANN	FISCHE
SONNE	A	N	G	A	G	N	A	N	G	A	G	N
MOND	A	N	G	A	G	N	A	N	G	A	G	N
MERKUR	A	N	G	A	G	N	A	N	G	A	G	N
VENUS	A	N	G	A	G	N	A	N	G	A	G	N
MARS	A	N	G	A	G	N	A	N	G	A	G	N
JUPITER	A	N	G	A	G	N	A	N	G	A	G	N
SATURN	A	N	G	A	G	N	A	N	G	A	G	N
URANUS	A	N	G	A	G	N	A	N	G	A	G	N
PLUTO	A	N	G	A	G	N	A	N	G	A	G	N

Neptun im Skorpion

♆ ♏	WIDDER	STIER	ZWILLINGE	KREBS	LÖWE	JUNGFRAU	WAAGE	SKORPION	SCHÜTZE	STEINBOCK	WASSER-MANN	FISCHE
SONNE	N	A	N	G	A	G	N	A	N	G	A	G
MOND	N	A	N	G	A	G	N	A	N	G	A	G
MERKUR	N	A	N	G	A	G	N	A	N	G	A	G
VENUS	N	A	N	G	A	G	N	A	N	G	A	G
MARS	N	A	N	G	A	G	N	A	N	G	A	G
JUPITER	N	A	N	G	A	G	N	A	N	G	A	G
SATURN	N	A	N	G	A	G	N	A	N	G	A	G
URANUS	N	A	N	G	A	G	N	A	N	G	A	G
PLUTO	N	A	N	G	A	G	N	A	N	G	A	G

G = Günstig   N = Neutral   A = Adversativ (gegensätzlich)

Neptun im Schützen

♆ ♐	WIDDER	STIER	ZWILLINGE	KREBS	LÖWE	JUNGFRAU	WAAGE	SKORPION	SCHÜTZE	STEINBOCK	WASSER-MANN	FISCHE
SONNE	G	N	A	N	G	A	G	N	A	N	G	A
MOND	G	N	A	N	G	A	G	N	A	N	G	A
MERKUR	G	N	A	N	G	A	G	N	A	N	G	A
VENUS	G	N	A	N	G	A	G	N	A	N	G	A
MARS	G	N	A	N	G	A	G	N	A	N	G	A
JUPITER	G	N	A	N	G	A	G	N	A	N	G	A
SATURN	G	N	A	N	G	A	G	N	A	N	G	A
URANUS	G	N	A	N	G	A	G	N	A	N	G	A
PLUTO	G	N	A	N	G	A	G	N	A	N	G	A

Neptun im Steinbock

♆ ♑	WIDDER	STIER	ZWILLINGE	KREBS	LÖWE	JUNGFRAU	WAAGE	SKORPION	SCHÜTZE	STEINBOCK	WASSER-MANN	FISCHE
SONNE	A	G	N	A	N	G	A	G	N	A	N	G
MOND	A	G	N	A	N	G	A	G	N	A	N	G
MERKUR	A	G	N	A	N	G	A	G	N	A	N	G
VENUS	A	G	N	A	N	G	A	G	N	A	N	G
MARS	A	G	N	A	N	G	A	G	N	A	N	G
JUPITER	A	G	N	A	N	G	A	G	N	A	N	G
SATURN	A	G	N	A	N	G	A	G	N	A	N	G
URANUS	A	G	N	A	N	G	A	G	N	A	N	G
PLUTO	A	G	N	A	N	G	A	G	N	A	N	G

Neptun im Wassermann

♆ ♒	WIDDER	STIER	ZWILLINGE	KREBS	LÖWE	JUNGFRAU	WAAGE	SKORPION	SCHÜTZE	STEINBOCK	WASSER-MANN	FISCHE
SONNE	G	A	G	N	A	N	G	A	G	N	A	N
MOND	G	A	G	N	A	N	G	A	G	N	A	N
MERKUR	G	A	G	N	A	N	G	A	G	N	A	N
VENUS	G	A	G	N	A	N	G	A	G	N	A	N
MARS	G	A	G	N	A	N	G	A	G	N	A	N
JUPITER	G	A	G	N	A	N	G	A	G	N	A	N
SATURN	G	A	G	N	A	N	G	A	G	N	A	N
URANUS	G	A	G	N	A	N	G	A	G	N	A	N
PLUTO	G	A	G	N	A	N	G	A	G	N	A	N

G = Günstig   N = Neutral   A = Adversativ (gegensätzlich)

Pluto in den Zwillingen

♇♊	WIDDER	STIER	ZWILLINGE	KREBS	LÖWE	JUNGFRAU	WAAGE	SKORPION	SCHÜTZE	STEINBOCK	WASSER-MANN	FISCHE
SONNE	G	N	A	N	G	A	G	N	A	N	G	A
MOND	G	N	A	N	G	A	G	N	A	N	G	A
MERKUR	G	N	A	N	G	A	G	N	A	N	G	A
VENUS	G	N	A	N	G	A	G	N	A	N	G	A
MARS	G	N	A	N	G	A	G	N	A	N	G	A
JUPITER	G	N	A	N	G	A	G	N	A	N	G	A
SATURN	G	N	A	N	G	A	G	N	A	N	G	A
URANUS	G	N	A	N	G	A	G	N	A	N	G	A
NEPTUN	G	N	A	N	G	A	G	N	A	N	G	A

Pluto im Krebs

♇♋	WIDDER	STIER	ZWILLINGE	KREBS	LÖWE	JUNGFRAU	WAAGE	SKORPION	SCHÜTZE	STEINBOCK	WASSER-MANN	FISCHE
SONNE	A	G	N	A	N	G	A	G	N	A	N	G
MOND	A	G	N	A	N	G	A	G	N	A	N	G
MERKUR	A	G	N	A	N	G	A	G	N	A	N	G
VENUS	A	G	N	A	N	G	A	G	N	A	N	G
MARS	A	G	N	A	N	G	A	G	N	A	N	G
JUPITER	A	G	N	A	N	G	A	G	N	A	N	G
SATURN	A	G	N	A	N	G	A	G	N	A	N	G
URANUS	A	G	N	A	N	G	A	G	N	A	N	G
NEPTUN	A	G	N	A	N	G	A	G	N	A	N	G

Pluto im Löwen

♇♌	WIDDER	STIER	ZWILLINGE	KREBS	LÖWE	JUNGFRAU	WAAGE	SKORPION	SCHÜTZE	STEINBOCK	WASSER-MANN	FISCHE
SONNE	G	A	G	N	A	N	G	A	G	N	A	N
MOND	G	A	G	N	A	N	G	A	G	N	A	N
MERKUR	G	A	G	N	A	N	G	A	G	N	A	N
VENUS	G	A	G	N	A	N	G	A	G	N	A	N
MARS	G	A	G	N	A	N	G	A	G	N	A	N
JUPITER	G	A	G	N	A	N	G	A	G	N	A	N
SATURN	G	A	G	N	A	N	G	A	G	N	A	N
URANUS	G	A	G	N	A	N	G	A	G	N	A	N
NEPTUN	G	A	G	N	A	N	G	A	G	N	A	N

G = Günstig   N = Neutral   A = Adversativ (gegensätzlich)

Pluto in der Jungfrau

♇ ♍	WIDDER	STIER	ZWILLINGE	KREBS	LÖWE	JUNGFRAU	WAAGE	SKORPION	SCHÜTZE	STEINBOCK	WASSER-MANN	FISCHE
SONNE	N	G	A	G	N	A	N	G	A	G	N	A
MOND	N	G	A	G	N	A	N	G	A	G	N	A
MERKUR	N	G	A	G	N	A	N	G	A	G	N	A
VENUS	N	G	A	G	N	A	N	G	A	G	N	A
MARS	N	G	A	G	N	A	N	G	A	G	N	A
JUPITER	N	G	A	G	N	A	N	G	A	G	N	A
SATURN	N	G	A	G	N	A	N	G	A	G	N	A
URANUS	N	G	A	G	N	A	N	G	A	G	N	A
NEPTUN	N	G	A	G	N	A	N	G	A	G	N	A

Pluto in der Waage

♇ ♎	WIDDER	STIER	ZWILLINGE	KREBS	LÖWE	JUNGFRAU	WAAGE	SKORPION	SCHÜTZE	STEINBOCK	WASSER-MANN	FISCHE
SONNE	A	N	G	A	G	N	A	N	G	A	G	N
MOND	A	N	G	A	G	N	A	N	G	A	G	N
MERKUR	A	N	G	A	G	N	A	N	G	A	G	N
VENUS	A	N	G	A	G	N	A	N	G	A	G	N
MARS	A	N	G	A	G	N	A	N	G	A	G	N
JUPITER	A	N	G	A	G	N	A	N	G	A	G	N
SATURN	A	N	G	A	G	N	A	N	G	A	G	N
URANUS	A	N	G	A	G	N	A	N	G	A	G	N
NEPTUN	A	N	G	A	G	N	A	N	G	A	G	N

Pluto im Skorpion

♇ ♏	WIDDER	STIER	ZWILLINGE	KREBS	LÖWE	JUNGFRAU	WAAGE	SKORPION	SCHÜTZE	STEINBOCK	WASSER-MANN	FISCHE
SONNE	N	A	N	G	A	G	N	A	N	G	A	G
MOND	N	A	N	G	A	G	N	A	N	G	A	G
MERKUR	N	A	N	G	A	G	N	A	N	G	A	G
VENUS	N	A	N	G	A	G	N	A	N	G	A	G
MARS	N	A	N	G	A	G	N	A	N	G	A	G
JUPITER	N	A	N	G	A	G	N	A	N	G	A	G
SATURN	N	A	N	G	A	G	N	A	N	G	A	G
URANUS	N	A	N	G	A	G	N	A	N	G	A	G
NEPTUN	N	A	N	G	A	G	N	A	N	G	A	G

G = Günstig   N = Neutral   A = Adversativ (gegensätzlich)

Aspekte

Sonne und Mond

Günstig

Sie sind eine ausgeglichene Person, aufrichtig, treu und anpassungsfähig, und haben den Ehrgeiz, den Willen und die Fähigkeiten, ganz nach oben zu kommen. Erfolge krönen häufig Ihre Bemühungen, besonders im geschäftlichen Bereich. Einflußreiche Leute helfen Ihnen gewöhnlich. Einen passenden Job mit zufriedenstellender Bezahlung zu finden ist für Sie kein großes Problem; im allgemeinen kommen Sie schnell in Ihrem Beruf voran. Ihr Familienleben verläuft in der Regel harmonisch, und Sie tun auch alles, daß es so bleibt. Sie haben Glück und gewinnen finanziell durch Investitionen, Spekulationen und Ihre geschäftlichen Unternehmungen. Eine verantwortungsvolle Stellung paßt Ihnen. Mit einem günstigen Jupiteraspekt werden Sie noch erfolgreicher sein und möglicherweise sogar großen Reichtum erwerben.

Adversativ

Obwohl Sie ehrgeizig sind, lassen Sie sich auf dumme Risiken ein. Ihre Handlungen sind auf mannigfache Weise widersprüchlich. Sie scheinen selten gut voranzukommen, haben Schwierigkeiten, Geld zu sparen, und falls Sie es trotzdem einmal schaffen, rinnt es Ihnen bald wieder durch die Finger. Sie sind in Ihrem Inneren an sich selbst unsicher, Ihre Rastlosigkeit ist ein Problem. Sie sind ständig frustriert, da Sie nicht in der Lage sind, Ihre tiefen kreativen Triebe auszudrücken; Ihr Streben kann zu seltsamen Ergebnissen führen. Sie sind sehr empfindsam und werden von unbestimmten inneren Konflikten beunruhigt. Ein Aufflackern Ihrer Willenskraft erlischt sehr bald, zu großes Selbstvertrauen führt zu Verlusten und Enttäuschungen. Ihre Vorgesetzten sind Ihnen gegenüber oft wenig mitfühlend. Kindheitsträumen wirken sich noch immer aus. Bei ungünstigem Saturn-Einfluß können durch Frauen oder Krankheiten Schwierigkeiten entstehen.

Sonne und Merkur

Sonne und Merkur sind so nahe beieinander, daß günstige und adversative Aspekte nicht auftreten können.

Sonne und Venus

Günstig

Sie lieben ein angenehmes Leben und haben auch gewöhnlich das Glück, es sich leisten zu können. Bequemlichkeit und Luxus sind Ihr Lebensstil. Sie sind gesellig, gastfreundlich und vergnügen sich gern in angenehmer und komfortabler Umgebung. Sie haben eine glückliche Hand in geschäftlichen Dingen und sind meist dann erfolgreich, wenn ein kleines Risiko bei einer Sache dabei ist. Sie sind beliebt bei Kollegen und Vorgesetzten. In Ihrer Zuneigung sind Sie mitfühlend, liebevoll und gütig. Ihr fröhliches und sympathisches Verhalten schafft Ihnen viele Freunde; Höflichkeit ist ein stark ausgeprägter Charakterzug. Sie erfreuen sich gewöhnlich eines erfüllten und erregenden Liebeslebens, obwohl Sie Ihre Partner häufig wechseln. Kunst, Eleganz und harmonische Beziehungen bringen Ihre Anlagen am besten zur Geltung.

Adversativ

Venus ist wie Merkur der Sonne so nahe, daß kein wirklich adversativer Aspekt auftritt. Der kleine ungünstige Einfluß, der sich bemerkbar machen könnte, macht Sie zu einem launischen, extravaganten Menschen, der sich zu sehr dem Luxus und dem Vergnügen hingibt und etwas faul ist.

Sonne und Mars

Günstig

Sie sind vital, mutig und unternehmungslustig, beneidenswert offen und haben ein zudringliches, sich Geltung verschaffendes Wesen. Obgleich Sie beinahe aggressiv ehrgeizig sind, tun Sie Ihr Bestes, um sich an Ihre Prinzipien zu halten, und werden hinterlistige Taktiken möglichst vermeiden. Sie sind fortschrittlich, großzügig und eine geborene Führungspersönlichkeit, übernehmen schnell das Kommando und vertrauen fest auf Ihre Fähigkeit, Hindernisse überwinden zu können. Ihr Enthusiasmus, Ihre Entschlossenheit und Zielstrebigkeit wirken positiv auf andere, besonders in Krisen- und unsicheren Zeiten. Sie besitzen eine erstaunliche körperliche Widerstandsfähigkeit und Kraft und sollten deshalb ein guter Sportler oder Athlet sein. In der Regel helfen Ihnen die Leute, auf die es ankommt. Der Posten eines Top-Managers sollte Ihnen liegen. Sie begreifen schnell, werden Ihre Chancen wahrnehmen, sind ein praktischer Mensch.

Adversativ

Sie selbst sind Ihr ärgster Feind, Ihnen fehlt es an Fleiß und Beharrlichkeit. Sie versuchen sich an zu vielen Dingen, wirbeln eine Menge Staub dabei auf, aber kommen zu nichts. Sie sehen sich immer in der Weltgeschichte um, anstatt darauf zu achten, in welche Richtung Sie gehen. Treffen Sie auf ein Hindernis, so wollen Sie meist mit dem Kopf durch die Wand. Sie sind ein impulsiver, aggressiver, streitsüchtiger und eigensinniger Patron. Beim ersten Zusammentreffen beeindrucken Sie Ihre Vorgesetzten, doch mit der Zeit verlieren sie den Glauben an Sie. Sie sind ungeduldig, herrisch, legen sich gern quer, sind schnell beleidigt, wenn man Ihren Stolz ein wenig ankratzt. In Ihrer Wut können Sie manches zerstören. Sie suchen beinahe die Auseinandersetzung, lassen sich möglicherweise sogar zu Tätlichkeiten hinreißen. Sie gehen den meisten Leuten gegen den Strich. Ihre übereilten Handlungen machen häufig Ihre besten Chancen zunichte. Sie haben ein starkes Bedürfnis nach sinnlichen Befriedigungen, neigen dazu, sich selbst aufzureiben. Ihr Leben kennt viele Höhen und Tiefen.

Sonne und Jupiter

Günstig

Dies ist ein glückbringender Aspekt und hilft Ihnen, jeden ungünstigen Faktor an anderer Stelle im Horoskop auszugleichen. Sie sind ein toleranter, weitsichtiger Mensch, der anderen gegenüber eine wohlwollende Haltung einnimmt. Die Leute müssen Sie einfach gern haben, weil Sie so aufrichtig, großzügig, gütig, ein mitfühlender Zuhörer, weiser Ratgeber und treuer Freund sind. Sie sind bei einflußreichen Leuten beliebt, die alles versuchen werden, um Ihnen zu helfen. Sie sind ehrlich, optimistisch, rechtschaffen und großmütig. Entweder sind Sie schon wohlhabend, oder Sie werden es – oder aber, Ihr reifer Optimismus sorgt dafür, daß Sie auch in Zukunft so zufrieden und angenehm leben wie bisher. Sie befassen sich mit philosophischem und religiösem Denken. Das Glück scheint Ihnen in jeder Beziehung zuzulächeln.

Adversativ

Sie verrechnen sich oft. Durch Ihre Extravaganzen und gesellschaftlichen Aktivitäten entstehen häufig finanzielle Probleme; Sie gehen sorglos mit Ihrem Besitz um und müssen sich oft Geld borgen. Glücksspiele, falsche Beurteilungen bei Investitionsmöglichkeiten und dumme, übertriebene Gesten, die andere beeindrucken oder Ihnen geneigt machen sollen, bringen Sie wahrscheinlich laufend in Schwierigkeiten. Sie fallen immer wieder auf den falschen Tip und einen schlechten Rat herein. Gerichtsverfahren kommen Sie teuer zu stehen. Ihre Liebe zum Vergnügen schadet Ihrer Gesundheit. Sie machen keine Unterschiede bei der Wahl Ihrer Freunde und freunden sich möglicherweise mit jedem Kneipenhocker an, der Ihnen zuwinkt, zulacht und Ihnen ein paar Komplimente macht. Bisweilen führen Sie sich großspurig, angeberisch und eingebildet auf. Sie führen ein faules Leben und vertrauen zu sehr auf Ihr Glück, das Sie oft im Stich läßt.

Sonne und Saturn

Günstig

Sie haben größtenteils durch Ihre eigenen Anstrengungen Erfolg, sind der typische Selfmademan oder die Frau, die aus eigener Kraft erfolgreich wurde. Sie besitzen Ausdauer und kommen langsam, aber sicher nach oben. Sie sind in der Lage, Situationen bis ins kleinste Detail zu durchschauen und die nötigen Mittel zu organisieren, um mit ihnen fertig zu werden. Sie nehmen nie etwas für selbstverständlich hin. Sie sind außergewöhnlich ehrgeizig und können die deprimierendsten Rückschläge einstecken. Ihre Bereitschaft, Grenzen anzuerkennen und das Beste aus den vorhandenen Mitteln zu machen, verhilft Ihnen zum Erfolg in gesetzten Jahren. Sie sind aufrichtig, konservativ und gehen methodisch vor, lassen sich nicht von den Ängsten und Meinungen anderer Leute beeinflussen. Verantwortung zu übernehmen ist für Sie selbstverständlich. Sie sind geduldig, flößen Respekt ein und werden wegen Ihrer praktischen Weisheit geschätzt.

Adversativ

Ihnen sind Enttäuschungen und Sorgen nicht fremd, Ihr Fortkommen wird dauernd durch irgendwelche Hindernisse gehemmt. Haben Sie Erfolg, so sind gewöhnlich an diesen Erfolg Bedingungen geknüpft, oder man schnappt Ihnen diesen im letzten Augenblick noch weg, und Sie müssen ganz von vorne anfangen. Sie treffen auf mehr Feinde, Widerstände und Konkurrenz, als es normalerweise üblich ist. In geschäftlichen Dingen, besonders solchen, die mit großen Organisationen oder staatlichen Stellen abgewickelt werden, haben Sie kein Glück. Wahrscheinlich genießen Sie auch keine großen Sympathien in der Öffentlichkeit, bei Vorgesetzten oder wichtigen Leuten. Mit Ihrem Vater könnte es zu Schwierigkeiten kommen. Ihr Selbstmitleid kann gefährlich und Ihr Pessimismus chronisch werden. Sind Sie eine Frau, so werden Sie in Ihrer Ehe einige Bewährungsproben durchstehen müssen.

Sonne und Uranus

Günstig

Ihrem Denken haftet etwas Geniales an. Was auch immer Sie tun, man kann sich darauf verlassen, daß Sie einige sensationelle Ideen produzieren. Sie sollten einen Beruf wählen, in dem Sie Ihren Erfindungsgeist und Ihre Inspirationen praktisch einsetzen können. Sie haben gute Chancen, mit öffentlichen und staatlichen Projekten erfolgreich zu sein. Die Werbe- und Unterhaltungsbranche könnte Sie reizen. Obwohl Sie heftig auf Ihrer Unabhängigkeit bestehen, ist es am besten, wenn Sie in einer Gruppe auf ein edles oder humanitäres Ziel hinarbeiten. Sie wären ein fähiger Projektleiter in der wissenschaftlichen oder medizinischen Forschungsindustrie; die Elektronik könnte Ihr Spezialgebiet sein. Sie sind in mancher Hinsicht ein Rebell und Reformer mit originellen Ideen und Unternehmungsgeist. Sie strahlen eine große Persönlichkeit aus und haben viele Freunde.

Adversativ

Sie handeln übereilt, unberechenbar und unkonventionell. Es besteht nur wenig Hoffnung auf eine glückliche Ehe. Ihre Freunde und viele Ihrer Bekannten sind unzuverlässig, genau wie Sie selbst. Sie sind impulsiv und bereit, Risiken einzugehen, die in keinem Verhältnis zum Gewinn stehen. In Ihrem Leben müssen sie plötzliche und durchgreifende Veränderungen mitmachen. Liebesaffären enden oft unglücklich, manche sogar in einer Katastrophe. Ihr Engagement mit Gruppen oder Organisationen führt gewöhnlich schnell wieder zur Trennung. Wenn Sie glauben, Sie würden am meisten helfen, dann sind Sie der Grund für Zerwürfnisse. Sie sind felsenfest von der Richtigkeit Ihrer Ideen überzeugt und bestehen darauf, Ihren Kopf durchsetzen zu können. Sie verhalten sich gegenüber einfachen Leuten merkwürdig und schockieren sie oft. Es fällt Ihnen schwer, längere Zeit in einem Beruf oder am gleichen Ort zu bleiben.

Sonne und Neptun

Günstig

Sie sind zu subtilen Gefühlen und Emotionen fähig und besitzen eine starke und lebhafte Phantasie. Ihre Wertschätzung für das Unfaßliche der Schönheit und der Kunst versetzt Sie manchmal in eine andere Welt. Sie verwirklichen sich meist in der Musik, Dichtung, Literatur oder im Tanz. Sie sind sehr idealistisch; aber obwohl Sie sich zu höheren Zielen hingezogen fühlen, könnten Sie Schwierigkeiten haben, sie zu umreißen. Sie sind zu übersinnlichen Wahrnehmungen und Visionen fähig und neigen zum Religiösen, Mystischen und Okkulten. Sie lieben die Sonne und das Meer. Oft sind Sie beim Reden, Schreiben oder Denken besonders einfallsreich, Sie streben nach Eleganz und Schönheit.

Adversativ

Sie haben ganz gute Inspirationen, finden aber kein geeignetes Mittel, um sie auszudrücken. Sie sind vage, zwiespältig und wursteln sich gerade so durch. Wenn Sie nicht selbst schon ein Schwindler sind, dann werden Sie wahrscheinlich das Opfer von Betrug, Verrat und Skandalen. Ihr Wunsch, sich aus der Realität zu flüchten, könnte Sie zu übermäßigem Alkohol- und Drogengenuß verleiten, ebenso zu sexueller Permissivität*. Sie können nur schwer einer Versuchung widerstehen. Möglicherweise rauben Ihnen wirre Träume den Schlaf, verursachen merkwürdige Gefühle und Wünsche innerer Rastlosigkeit. Durch Kinder, Liebesaffären und Spekulationen drohen Ihnen finanzielle Verluste. Ihre Krankheiten lassen sich nur schwer diagnostizieren.

Sonne und Pluto

Günstig

Sie sind immer bereit, alte Zöpfe abzuschneiden und, wenn notwendig, ganz neu zu beginnen. Sie sind der Typ, der einen hart durchgreifenden Politiker oder Gesetzeshüter abgibt und dafür sorgt, daß Korruption und Schiebung in höchsten Stellen ausgerottet werden. Ihr Forscherdrang ermöglicht es Ihnen, alte Probleme mit neuen Ideen anzugehen; andere Faktoren im Horoskop bestimmen jedoch, wieviel Zeit Sie bis zum Handeln verstreichen lassen. Es macht Ihnen Spaß, neu aufzubauen, nachdem das Alte beseitigt wurde. Sie sind mutig, selbständig und haben das nötige Selbstvertrauen, streben danach, alle unerwünschten Fesseln zu zerschneiden, sich von Gewohnheiten und starren Umständen zu befreien. Pluto wirkt mehr auf die Allgemeinheit als auf das Individuum; bei diesem Aspekt bietet er die Möglichkeit zur Selbsterneuerung.

Adversativ

In Ihnen steckt ein starkes Potential zu abgebrühtem und rücksichtslosem Handeln. Obwohl andere Einflüsse aus dem Tierkreis die Wirkung dieses ungünstigen Aspekts wahrscheinlich abschwächen, führt er zu unsozialem und unbarmherzigem Verhalten beim Verfolgen egoistischer Triebe. Die Tendenz zur Selbstzerstörung ist durch die Überschätzung der persönlichen Fähigkeiten, unnötige Risikofreudigkeit und die Nichtberücksichtigung der Konsequenzen gegeben. Sie nützen andere Leute aus und legen dabei eine teuflische Mißachtung ihrer Gefühle und ihres körperlichen Wohlergehens an den Tag. Ihr alles andere beherrschender Trieb ist der egoistische Drang nach Macht. Der größenwahnsinnige Diktator könnte sehr gut diesen Aspekt in seinem Horoskop haben, ebenso wie der allmächtige, nach außen hin ehrbare Gangsterboß.

Mond und Merkur

Günstig

Sie sind ein unterhaltsamer und interessanter Gesprächspartner. Haben Sie es noch nicht mit dem Schreiben oder am Rednerpult versucht, dann sollten Sie es tun. Sind andere Aspekte ebenfalls günstig, dann sollten Ihre Sinne und Ihr Verstand wunderbar koordiniert und Ihre Ansichten lebensnah sein. Sie sind schlagfertig, einfallsreich und wären ein fähiger Sprachwissenschaftler. Sie lieben Ver-

---

* = gewähren lassen

änderungen, erfreuen sich an neuen Ideen und sind stets auf der Suche nach neuartigen Erfahrungen. Sie besitzen eine gehörige Portion gesunden Menschenverstand, sind mitfühlend und denen ein großer Trost, die mit ihren Sorgen zu Ihnen kommen, weil Sie ihre Emotionen mit selten anzutreffender Empfindsamkeit erfühlen und beschreiben können. Sie lieben das Vergnügen, schätzen Kunst in beinahe allen ihren Formen. Ihre Intuition ist bemerkenswert.

Adversativ

Sie sind ein Plappermaul, beklagen sich dauernd oder geben anderen die Schuld für Ihre Mißgeschicke. Sie lassen sich von Ihrer tollen und oberflächlichen Phantasie leiten. Vage und unverstandene Ängste quälen Sie; Sie suchen überall nach Bestätigung, sehen unsicher, furchtsam und ziellos spekulierend in die Zukunft. Sie haben eine spitze und verletzende Zunge, jedoch nicht das tiefsitzende Verlangen, andere zu beleidigen: Es ist nur so, daß Sie andere auch auf das Sie beunruhigende Niveau des Selbstzweifels herunterputzen wollen. Sie sind einfallsreich, schlau und verschlagen. Ihnen fehlt Beständigkeit und Konzentration; deshalb kommen Sie auch im Geschäftsleben nicht voran. Ihr zum Zerreißen angespanntes Nervenkostüm könnte Ihnen chronische Magenbeschwerden einbringen. Obwohl Sie manchmal recht unterhaltend sein können, sind Sie selten in größeren Kreisen beliebt.

Mond und Venus

Günstig

Sie sind ein netter Mensch, gutgelaunt, gütig und liebenswürdig, lieben die Gesellschaft des anderen Geschlechts und fühlen sich gewöhnlich bei gesellschaftlichen Anlässen pudelwohl. Irgend etwas an Ihnen wirkt auf andere, auch wenn Sie nicht jemand sind, der im landläufigen Sinne schön oder stattlich ist. Sie kleiden sich geschmackvoll und modisch. Sie sind liebevoll, herzlich und sanft, Ihr Auftreten ist kultiviert, Sie lieben das Vergnügen und erfreuen sich, da Sie kein übertrieben intellektueller Typ sind, auch einmal an leichter Lektüre. Künstlerisch Gestaltetes und schöne Dinge gefallen Ihnen. Sie treffen sich gern mit Leuten und haben gewöhnlich auch das Geld und ein komfortables Heim, um Geselligkeiten zu veranstalten.

Adversativ

Sie führen den Haushalt schlampig, und Ihre familiären Beziehungen sind nicht die glücklichsten. Möglicherweise sind Sie das unschuldige Opfer der Grausamkeit oder Tyrannei eines anderen Familienmitglieds oder aber, Sie machen sich durch Ihre eigensinnige Gleichgültigkeit gegenüber den Gefühlen anderer selbst unglücklich. Wahrscheinlich sind Sie ein liebloser und gefühlloser Mensch, der andere Leute ausnützt. Wenn es aber um sinnliche Genüsse geht, dann lassen Sie sich gehen. Bei diesem Aspekt besteht die Gefahr sexueller Promiskuität*. Sie haben kein Glück im Umgang mit Geld und sind selten in der Lage, Eigentum oder attraktiven Besitz zu erwerben. Möglicherweise vernachlässigen Sie Ihr Äußeres und nehmen schlechte Gewohnheiten an.

Mond und Mars

Günstig

Sie sind ein von Lebenskraft sprühender Mensch mit ungeheuren Energien und wachen Sinnen. Sie arbeiten und halten sich gern im Freien auf. Auch wenn Sie in einem Büro beschäftigt sind, macht Ihnen wahrscheinlich am Wochenende nichts mehr Spaß, als im Garten zu buddeln oder stramme Wanderungen im Wald oder am Strand zu unternehmen. In Ihrem Körper spüren Sie eine ganze Menge Leben. Sie handeln schnell – vielleicht ein wenig zu schnell (so nach dem Motto: gesagt – getan). Mit Ihrer elektrisierenden, vernünftigen Einstellung flößen Sie anderen größeres Selbstvertrauen ein. Haben Sie einen Entschluß gefaßt, dann halten Sie sich auch an ihn. Sie sind ehrgeizig und erfinderisch und arbeiten hart. Sie sind sehr gut für verantwortungsvolle Posten geeignet und sollten mit jeder Tätigkeit, die in der Öffentlichkeit ankommt, Erfolg haben.

---

* = Verkehr mit mehreren Partnern

Adversativ

Sie benehmen sich immer daneben, verärgern andere durch Ihr Verhalten und Ihre Worte. Ihre Stimmung wechselt laufend – gerade noch überschwenglich, im nächsten Moment schon wieder zurückhaltend und mürrisch. Es sieht so aus, als ob Sie Ruhe und Frieden nicht mögen, obwohl Sie die meiste Zeit damit verbringen, beides zu suchen. Wenn Sie gerade nicht Haarspaltereien betreiben und sich streiten, geben Sie einem anderen die Schuld an Ihren Problemen. Sie sind impulsiv, lassen sich auf Risiken ein, ziehen gedankenlos vom Leder, setzen durch Ihre indiskreten Bemerkungen Gerüchte in Umlauf, verursachen Skandale und schaffen sich dadurch völlig unnötig Feinde. Sie konkurrieren oft nur aus reiner Kampfeslust mit anderen. Sie sind reizbar, schlechtgelaunt und machen sich keine Gedanken über Konsequenzen. Sie sind zwar recht tapfer, hinterlassen aber nur Sorgen. Sehr wahrscheinlich bringen Ihnen Ihre Mutter, Ihre Familie oder Ihr Ehepartner Unglück.

Mond und Jupiter

Günstig

Sie sollten, wenn andere Einflüsse ebenfalls günstig sind, ein recht glückliches und sorgloses Leben führen. Ihre gute Gesundheit und Ihre optimistische und hoffnungsfrohe Lebenseinstellung machen Sie zu einem Partner und Kameraden, wie man ihn sich nur wünschen kann. Sie lassen sich nicht von Depressionen unterkriegen, sondern nehmen alles von der heiteren Seite, gewöhnlich auch zu Recht. Sie sind mitfühlend, aufrichtig, freundlich und haben ein feines Gespür für Gerechtigkeit und »Fair play«. Ihre Ehe sollte glücklich sein. Wahrscheinlich kommen Sie aus einer Familie, in der Liebe und Verständnis von Ihrer Mutter oder einer Mutterfigur praktiziert und gelehrt wurden. Eine Schriftstellerkarriere würde zu Ihnen passen, ebenso eine Tätigkeit im Verlagswesen oder im Erziehungs- und Bildungsbereich. Sie sind intuitiv, phantasievoll und bewundern Schönheit. Großzügigkeit und eine aufrichtige Achtung vor den Rechten anderer, ganz gleich, welcher sozialen Schicht sie angehören, sichern Ihnen Ihre Beliebtheit.

Adversativ

Sie nehmen dauernd Veränderungen in Ihrem Leben vor, doch nur wenige davon wirken sich so aus, wie Sie es erhoffen. Irgendwann werden Sie möglicherweise in einen Skandal verwickelt. Es kann auch sein, daß Sie durch zu großes Selbstvertrauen und gesundheitliche Beschwerden Einbußen erleiden. Lange Reisen bringen Ihnen kein Glück, ebenso Ausländer. Menschen, die sich freundlich geben und dabei Hintergedanken haben, schmieren Sie an. Lassen Sie sich auf Glücksspiele ein, so verlieren Sie unweigerlich. Jede Unehrlichkeit holt Sie schließlich doch wieder ein. Geldgewinne fallen Ihnen leichter zu als anderen, doch irgendwie kommt meist etwas dazwischen oder Sie können sie nicht lange zusammenhalten. Durch Ihre Extravaganzen erfahren Sie wenig Befriedigung. Möglicherweise werden Sie unter unglücklichen Umständen von Ihrer Mutter oder Ihrem Vater getrennt oder ihnen entfremdet.

Mond und Saturn

Günstig

Sie sind taktvoll und diplomatisch und erreichen Ihre Ziele lieber ohne Gewaltanwendung. Obwohl Sie ehrgeizig sind, lassen Sie sich Zeit, sehen sich erst die Hindernisse und die Mittel der Gegenpartei an, bevor Sie mit einer Sache beginnen. Ihr konservatives und bedachtes Verhalten trägt Ihnen bei Vorgesetzten und Arbeitskollegen Respekt und Vertrauen ein. Wahrscheinlich machen Sie sich mit jeder Unternehmung, die von öffentlicher Unterstützung abhängt oder bei der methodisches und beharrliches Vorgehen zählt, einen Namen. Sie bekommen leicht Kredite und kommen durch Arbeitgeber, Eltern, Freunde und ältere Menschen zu Geld. Sie möchten Ansehen genießen, und aus diesem alleinigen Grund schuften Sie ohne Pause. Sie arbeiten systematisch, sind ordentlich und viel furchtsamer, als Sie scheinen.

Adversativ

Sie haben nicht viel Glück. Obwohl Sie hart und fleißig arbeiten, können Sie selten Ihre ehrgeizigen Ziele verwirklichen. Besitzen Sie einmal Geld, dann verlieren Sie es wahrscheinlich bald wieder; auch in guten Zeiten müssen Sie sich nach der Decke strecken. Manchmal fallen Ihnen ältere Menschen zur Last und machen es Ihnen unmöglich voranzukommen. Drei Schritte vor und zwei zurück heißt bei diesem Aspekt die Regel. Günstige Gelegenheiten scheinen hier einfach nicht zu existieren, und wenn es sie doch einmal gibt, hindern unerwartet auftauchende Hindernisse Sie daran, sie zu ergreifen. Ihre Ehe, zumindest die erste, ist möglicherweise nicht eine der besten, und Sie finden in ihr keine Erfüllung. Zu starke Konzentration auf praktische Notwendigkeiten kann Ihr natürliches Mitgefühl abstumpfen. Sie könnten Ihre Chancen zum Glück durch Schüchternheit und Minderwertigkeitsgefühle verspielen.

Mond und Uranus

Günstig

Die Chancen stehen gut für Sie. Sogar in einer Dauerstellung sollten Sie erkennen, daß Sie schnell vorankommen, wenn Sie verschiedenste Arbeiten übernehmen und nicht immer die gleiche, sich wiederholende Tätigkeit ausüben; diese Vielfalt in Ihrem Aufgabenbereich macht Sie sehr leistungsfähig. Sie haben eine starke Intuition und ein ausgezeichnetes Gespür für das, was das Publikum möchte, was kommerziell recht einträglich sein kann. Doch in der Regel möchten Sie mit Ihrer Arbeit etwas Gutes tun. Sie sind menschenfreundlich und sich der Leiden und Schwierigkeiten der Menschheit bewußt. Sie haben den Blick für das Ungewöhnliche; Sie können die Vergangenheit aus Ihrem Gedächtnis streichen und neue Wege sehen, um Probleme anzupacken und Hindernisse zu überwinden. Sie erfreuen sich der Freundschaft des anderen Geschlechts, sind unabhängig, fortschrittlich, erfinderisch und wißbegierig.

Adversativ

Sie sind launisch, mürrisch und schnell beleidigt. Ihre Freundschaften gehen unter der Belastung Ihrer Unbeständigkeit der Gefühle leicht in die Brüche. Sie haben häufig Liebeskummer; denn die Frauen in Ihrem Leben sind ebenfalls sehr launisch. Sind Sie eine Frau, verursacht Ihnen Ihr eigener Wankelmut laufend Probleme. Sie sind empfindsam und für intellektuelle Reize empfänglich, aber auch schnell verärgert. Alle scheinen Sie im Stich zu lassen. Ihre Vorlieben und Abneigungen sind stark ausgeprägt und unterliegen dauernden Veränderungen. Sie können es nicht lange in einem Job oder an einem Ort aushalten, fallen von einem Extrem ins andere. Manche halten Sie für ein wenig sonderbar.

Mond und Neptun

Günstig

Falls dieser Aspekt nicht durch einen anderen stärkeren übertönt wird, könnten Sie sich in Ihren Tagträumen aus dieser Welt flüchten. Hier ist die Gefahr gegeben, daß Sie sich gehen und alles um sich geschehen lassen, während Sie sich in Ihre eigene geistige Welt zurückziehen. Ihre Verbindung zum Unbewußten ist sehr stark, und dieser Zugang zu Ihren innersten Tiefen zeigt sich fast sicher in einer ungewöhnlichen, aber ästhetischen Form des Ausdrucks Ihrer Persönlichkeit. Neben künstlerischen Fähigkeiten auf dem Gebiet der Musik, der bildenden und darstellenden Kunst, des Tanzes und des Schauspiels besitzen Sie die Fähigkeit zu außersinnlichen Wahrnehmungen und anderen Erfahrungen übersinnlicher Natur, die, wenn sie entwickelt würde, einen beträchtlichen Eindruck in der Öffentlichkeit hinterließe. Alle Tätigkeiten, die darauf abzielen, den Geschmack der breiten Masse zu befriedigen, sollten Ihnen Möglichkeiten zum Erfolg bieten. Ihre Phantasie erscheint Ihnen selbst unglaublich real.

Adversativ

Hier besteht die ernste Gefahr der Selbsttäuschung. Sie könnten sich einreden, Ihre Traumwelt sei wirklicher als die Realität, und fordern damit ein schockierendes und schmerzliches Erwachen heraus. Das andere Geschlecht bringt Ihnen Schwierigkeiten; bei Männern kann die Heirat auf Widerstände treffen und sich hinauszögern. Sie sind fasziniert von seltsamen Leuten und wirren Ideen. Ihre große Sensitivität macht Sie empfänglich für alle möglichen Einflüsse, besonders aber für sinnliche; die Begierde nach Sinneswahrnehmungen kann Ihr Urteilsvermögen ausschalten und zu Unüberlegtheiten, in manchen Fällen auch zu Schimpf und Schande führen. Sie sprechen sofort auf Ihre Umgebung an, sei sie nun vorteilhaft oder unvorteilhaft; einige Leute können bei Ihnen tatsächlich physische Krankheiten verursachen.

Mond und Pluto

Günstig

Denken Sie daran, daß sich der Einfluß Plutos mehr bei Menschengenerationen als bei Individuen bemerkbar macht, da der Planet durchschnittlich 24 Jahre in jedem Zeichen verweilt. Doch durch diesen Aspekt besitzen Sie die Fähigkeit, in Ihrer Lebensweise Veränderungen mit reibungslosen und harmonischen Anpassungen vorzunehmen und zu akzeptieren. Veränderungen sind wahrscheinlich nicht selten. Ihre Stimmungen schwanken ebenfalls recht deutlich, ohne aber andere zu stören oder sie Ihnen zu entfremden. Sie sind variabel, ohne kapriziös zu sein, und werden oft insgeheim um diesen Charakterzug bewundert und beneidet. Manchmal ändert sich Ihr Schicksal recht abrupt, doch Sie haben die Gabe, alles, was geschieht, zum Guten zu wenden.

Adversativ

Eine Reihe plötzlicher, erschütternder Veränderungen zieht sich wie ein roter Faden durch Ihr Leben. Menschen und Situationen, an die Sie sich gewöhnt hatten, werden einfach hinweggefegt und lassen Sie verwirrt und unsicher zurück. Je stabilisierender der Einfluß anderer Faktoren im Horoskop ist, desto weniger deutlich machen sich diese Veränderungen bemerkbar. Doch ist die Gefahr allgegenwärtig, daß Sie Neurosen entwickeln. Ihre Emotionen und Stimmungen unterliegen solchen Extremen, die nicht nur Sie selbst, sondern auch Ihre Kameraden in Erstaunen versetzen. Sie sind ein Mensch, der häufig ganz von vorn anfangen muß. Ihr heimliches Vorsichhinbrüten macht Sie manchmal zu einer unausstehlichen Person. Heftige Wutausbrüche sind nichts Ungewöhnliches.

Merkur und Venus

Günstig

Sie sind liebenswürdig, fröhlich und humorvoll, Ihr Verhalten gefällig, Ihre Sprache klar, verständlich und charmant. Etwas Kultiviertes, Gebildetes umgibt Sie. Sie erfreuen sich an der künstlerischen Seite des Lebens, lieben das Vergnügen und die Bequemlichkeit und suchen die Gesellschaft gebildeter und besonnener Menschen. Sie sind beim anderen Geschlecht beliebt und haben eine Vorliebe für Unterhaltung und Kontaktpflege in höchsten Gesellschaftskreisen. Sie haben viele Freunde und heiraten wahrscheinlich mindestens einmal. Sie sollten bequem Ihren Lebensunterhalt als Redner, Schriftsteller oder Künstler verdienen können. Sind andere Einflüsse ebenfalls günstig, dann sind Sie das Musterbeispiel des Diplomaten mit geschliffenen Manieren. Das Gebärdenspiel Ihrer Hände verrät eine starke Ausdruckskraft.

Adversativ

Da Venus immer sehr nahe bei Merkur steht, gibt es eigentlich nie einen ungünstigen Aspekt. Tatsächlich wirkt sich der geringe Druck, den ein adversativer Aspekt verursachen könnte, wahrscheinlich eher positiv aus. Anstatt es sich bequem zu machen und das süße Leben zu genießen (wie es beim günstigen Aspekt der Fall sein kann), streben Sie danach, Ihre künstlerischen Neigungen in definitiver Form, so zum Beispiel durch Design, Malen und Handarbeiten, auszudrücken. Sie wollen Ihren Verstand auch einsetzen und kreative Ideen entwickeln, anstatt sie in formloser Harmonie in sich aufzunehmen. Es könnte sein, daß Sie an einer Sprachbehinderung leiden und es schwierig finden, Entscheidungen zu treffen.

Merkur und Mars

Günstig

Sie haben einen ungeheuer aktiven und äußerst praktischen Verstand. Bei Ihnen gibt es keine hochtrabenden Vorträge; Sie wollen den Fortschritt – Aktivitäten und Unternehmungsgeist. Sie bringen Ihre Gedankenkonzepte zu Papier, machen fachmännische Pläne, geben Ihren Ideen eine konkrete Form. Sie besitzen ein angeborenes Talent für das Design, die Musik, das Ingenieurwesen und die Naturwissenschaften. Bei Ihrer Arbeit trachten Sie danach, neue und praktische Methoden zu entwickeln. Ihr Verstand ist dauernd damit beschäftigt zu untersuchen und zu forschen. Sie sind ein schneller und begeisternder Redner, humorvoll, unterhaltsam und geistreich. Nur wenige können bei einem Streitgespräch mit Ihnen mithalten. Sie lieben den Rausch der Geschwindigkeit und sind laufend in Bewegung. Sie erfreuen sich an schnellen Autos und attraktiven, intelligenten Menschen des anderen Geschlechts; eine Feststellung, die auch umgekehrt gilt.

Adversativ

Sie sind leicht verärgert, sarkastisch, ungeduldig und sehr raffiniert. Sie wissen genau, was Sie vom Leben wollen, bringen aber nicht die nötige Ausdauer auf, um es zu verwirklichen. Sie erreichen die gesetzten Ziele nicht, behelfen sich mit Kompromissen und lehnen das Ergebnis verärgert ab. Sie sind erregbar, aufbrausend, streitlustig und ein sehr heller Kopf. Mit Ihrer beißenden Kritik und Ihren unbedachten Handlungen schaffen Sie sich Feinde und Opposition. Frustration und Ärger können Ihr angespanntes Nervenkostüm zur Weißglut und an den Rand eines Nervenzusammenbruchs bringen. Durch Leichtsinn, Sorglosigkeit und übereilte Schlußfolgerungen erleiden Sie wahrscheinlich Verluste.

Merkur und Jupiter

Günstig

Ihr Urteilsvermögen ist erstklassig. Sie sehen alle Dinge sehr tolerant, Ihrer geistigen Einstellung haftet nichts Kleinmütiges oder Engstirniges an. Sie sind ein Mensch, der zu großen Leistungen in der Literatur, den Naturwissenschaften, in der Geschäftswelt oder in akademischen Berufen fähig ist. Ihr Geschick, durch verstandesmäßige Anstrengungen Geld zu verdienen, ist unübertroffen. Obwohl Sie die vielschichtigsten Argumente auf Anhieb begreifen, befassen Sie sich nicht gern mit Details. Sie formulieren lieber atemberaubende Konzepte und überlassen es anderen, Akzente zu setzen. Sie sind äußerst vielseitig und kreativ, begabt, schätzen Ehrlichkeit und Treue sehr hoch ein. Sie sind ein großzügiger, jovialer und humorvoller Kamerad. In Ihren Äußerungen erkennt man oft den Weisen in Ihnen. Sie lieben Veränderungen und Reisen; beide bringen Ihnen in der Regel Glück.

Adversativ

Sie sind oft taktlos und verlieren die Konventionen und Einschränkungen aus dem Blickfeld, die zu verhängen die Gesellschaft für notwendig erachtete, um sich vor solchen Temperamenten wie dem Ihren zu schützen. Was Sie für spaßig und amüsant halten, ist für andere beleidigend und schlechter Stil. Obwohl Ihr Urteilsvermögen recht schlecht ist, posaunen Sie immer wieder Ihre Ansichten in die Welt hinaus. Sie können ein großer Langweiler sein. Sie neigen dazu draufloszureden, kindisch zu übertreiben und Behauptungen aufzustellen, die Ihnen möglicherweise Verleumdungsklagen einbringen. Sie sind leicht zu beeindrucken, geschwätzig, oft viel zu laut und eingebildet. Sie machen manchmal krumme Touren, haben aber glücklicherweise nicht die Ausdauer für eine größere Täuschung.

Merkur und Saturn

Günstig

Sie gehen methodisch und sehr genau vor und sind durch nichts zu erschüttern. Hat sich eine Idee in Ihrem Kopf festgesetzt, dann gehen Sie durch dick und dünn, bis sie Wirklichkeit geworden ist. Ihr äußerst praktischer Verstand ist ein Grund für Organisationstalent; Sie teilen die Arbeit auf leicht zu überblickende Abteilungen auf und leiten diese dann mit dem Geschick eines Spitzenmanagers. Bei Ihrem Denken macht sich stets ein gesunder Menschenverstand bemerkbar. Beim Umgang mit Menschen sind Sie taktvoll und diplomatisch, wenn auch nicht überfreundlich beim ersten Zusammentreffen; denn sie gehen lieber etwas vorsichtiger in allen Ihren Beziehungen vor, Sie verwenden die meiste Zeit darauf, andere zu analysieren. Sie haben ein ausgezeichnetes Gedächtnis und nehmen scharfsinnige Einschätzungen der Lage vor; Ihr Urteilsvermögen ist einsame Spitze.

Adversativ

Wahrscheinlich wurde Ihre Erziehung und Ausbildung vernachlässigt, oder sie verlief schlecht organisiert. Sie haben kein Selbstvertrauen und lassen deswegen aus Ängstlichkeit und Unentschlossenheit gute Gelegenheiten verstreichen. Die meisten Ihrer Anstrengungen werden durch Komplikationen und Verzögerungen behindert, die nicht notwendigerweise von Ihnen selbst verursacht wurden. Ihr Denken verläuft in starren und engen Bahnen. Sie sind ein beißender Kritiker derer, die gern einen Spaß machen und leichte Konversation lieben. In Geschäftsangelegenheiten können Sie Konstruktives leisten, wenn Sie einmal über die Planung und Detailarbeit hinauskommen und Ihre Nörgelei ablegen. Sie sind von andern viel zu isoliert, als daß Sie humorvoll oder flexibel sein können. Sie messen Ihre Entscheidungen an ihren praktischen Ergebnissen und nehmen keine Rücksicht auf die Gefühle anderer Leute; aus diesem Grund ärgert man sich oft über Sie und entwickelt eine Abneigung gegen Sie.

Merkur und Uranus

Günstig

Dies ist ein sehr guter Aspekt, der in der Regel einen schöpferischen Verstand mit wissenschaftlichen Neigungen verleiht. Sie weigern sich, das Leben oder die praktischen Probleme in Ihrem Beruf vom gleichen, alten Standpunkt aus anzugehen. Vom gesellschaftlichen Standpunkt aus gesehen, erscheinen einige Ihrer Reaktionen recht seltsam; sieht man sie jedoch aus dem Blickwinkel der Neuerung, könnte man sie als Geniestreiche betrachten, die für eine revolutionäre neue Idee, ein neues Produkt oder eine Methode verantwortlich sind. Ihre Unabhängigkeit ist Ihnen sehr wichtig:

Sie gehen nicht konform, nur weil es andere tun. Wahrscheinlicher ist es, daß Sie absichtlich den entgegengesetzten Weg beschreiten. Sie fühlen sich zur Erforschung des Ungewöhnlichen und Kuriosen hingezogen. Ihre Sprechweise ist schnell und dramatisch, Ihre Handlungen geschehen plötzlich und unerwartet.

Adversativ

Sie sind scharfsinnig, aber zu sehr ein Revolutionär alter Prägung, um für Ihre Ansichten breite Unterstützung zu finden. Sie sind ein Mensch, der zu stark mit Parolen und Schlagworten um sich wirft. Sie stellen sich ungeschickt an bei der Kommunikation, sind abrupt, verursachen eher Trennungen, als daß es Ihnen gelingt, Brücken zu schlagen. Möglicherweise sind Sie ein Fanatiker, ein Opfer Ihres eigenen Kriegsgeheuls, oder man tut Sie als Exzentriker ab. Auch wenn Sie die beste Idee hätten, Sie würden sie so präsentieren, daß man sie ignoriert oder darüber lacht. Obwohl in Ihnen der Geist eines Reformers steckt, fehlt Ihnen der Eifer, um wirksam in Erscheinung zu treten. Sie sind ein rastloser und unzufriedener Mensch, der mit zahlreichen Situationsumkehrungen fertig werden muß.

Merkur und Neptun

Günstig

Sie werden es schon bemerkt haben, daß Sie sich als Medium eignen, tiefe Einsichten in andere Leute und sich selbst haben. Ihre Sensibilität ist so verfeinert, daß Sie Eindrücke wahrnehmen können, die anderen versagt bleiben. Sie haben eine fruchtbare Phantasie, eine ideale Quelle von Ideen, aus der Sie als Schriftsteller, Dichter oder künstlerischer Erneuerer schöpfen können. Sie benützen Worte mit anmutiger Leichtigkeit, sind beweglich und praktisch, vielseitig und einfallsreich. Sie dringen tief in Ihre Gefühlsäußerungen ein und beobachten Ihre Denkprozesse, was Sie zu mystischen Wahrnehmungen oder mystischem Bewußtsein befähigt. Ihre Träume erweisen sich oft als prophetisch. Sie wären ein einfühlsamer Mensch, Mime oder Künstler. Hellsehen und PSI*-Kräfte liegen sehr wohl im Bereich Ihrer Möglichkeiten.

* = Parapsychologie: Teil der Psychologie, die sich mit der Erforschung außersinnlicher Wahrnehmungen beschäftigt.

Adversativ

Ihr Verstand ist schlecht organisiert, schwankend und vage. Eine blühende und unaufhörlich arbeitende Phantasie macht es Ihnen schwer, sich länger mit praktischen Realitäten zu befassen. Ihr Urteilsvermögen und Ihre Konzentration werden durch Phantasiegespinste negativ beeinflußt. Sie sind oft verwirrt und werden häufig von schlaueren und skrupellosen Menschen hereingelegt. Sie reagieren mimosenhaft. Beim ersten Anzeichen von Unannehmlichkeiten oder Widerstand ziehen Sie sich in sich selbst zurück, wo Sie den an Ihrer Zufriedenheit erlittenen Schaden reparieren, aber dadurch klaffende Lücken in Ihren Beziehungen zur Umwelt zurücklassen. Sie sind geistesabwesend und unentschlossen. Ihre starke Intuition ist für Sie ein Ersatz für den Verstand. Möglicherweise sind Sie ein herzloser Schurke, der andere mit glaubhaften Geschichten und vorgespielter Unschuld täuscht.

Merkur und Pluto

Günstig

Ihr Verstand ist scharf und durchdringend. Sie besitzen eine natürliche Begabung für die Psychoanalyse. Sie können Ihren Verstand zeitweise von allen Hemmungen befreien und die Emotionen wahrnehmen, die in einem anderen arbeiten. Sie können Ihre Sorgen über Bord werfen und so Ihre nervöse Anspannung, die sonst zu einem Problem werden könnte, lindern. Sie sind in der Lage, die Dinge verstandesmäßig unter neuen Blickwinkeln zu erfassen und erhalten dabei überzeugende Ergebnisse. Da Pluto durchschnittlich 24 Jahre in einem Zeichen verweilt, wirken sich seine Einflüsse eher auf Menschengenerationen als auf Individuen aus. Trotzdem sind die eben erwähnten Charakteristika ein Bestandteil Ihres Wesens und können deshalb entwickelt werden, wenn sie nicht schon aktiv hervortreten.

Adversativ

Möglicherweise setzen Sie Ihren scharfen Verstand dazu ein, um andere zu beunruhigen oder zu tyrannisieren und sich einen Vorteil aus ihren Schwächen zu verschaffen. Sie sind sarkastisch, ein ätzende Kritik versprühender Mensch, der auch sehr schnell aus der Haut fährt. Ihre Nerven sind immer zum Zerreißen gespannt, und Sie suchen sich die abartigsten Methoden aus, um diese Anspannung zu lockern. Sie sind ein Geheimnistuer, ein Ränkeschmied, der dazu fähig ist (wenn sich nicht irgendwo im Horoskop eine einschränkende Wirkung findet), das geschriebene oder gesprochene Wort, Anspielungen oder Gerüchte auf schändlichste Weise einzusetzen. Der mit seiner Feder Gift verspritzende Schriftsteller, der den Ruf oder das Leben eines anderen zerstört, könnte diesen Aspekt haben.

Venus und Mars

Günstig

Sie sind in allen Ihren Beziehungen voller Eifer und Enthusiasmus, ein leidenschaftlicher und angenehmer Liebespartner. Sie sind liebevoll und um die Jüngeren Ihrer Familienangehörigen besorgt. Sie reden nicht nur über tolle Pläne – Sie versuchen auch, sie in die Tat umzusetzen. Sie schätzen Kunst in beinahe jeder Form, besonders aber, wenn sie eine praktische Anwendung erfährt. Sie wären ein guter Architekt, Bildhauer, Graveur oder Bauingenieur, der sich mit harmonischen Formen befaßt. Sie sind romantisch, ritterlich und strahlen eine große Anziehungskraft auf das andere Geschlecht aus. Sie haben Geschäftssinn, können besser Geld verdienen, als es zusammenhalten; denn Sie geben es fröhlich und freigebig wieder aus. Möglicherweise heiraten Sie sehr jung oder sehr plötzlich.

Adversativ

In Ihrem Leben geht es turbulent und stürmisch zu; Ihre Liebesaffären verlaufen selten reibungslos. Sie meinen es gut mit Ihrer Zuneigung, doch in der Regel bringen Sie es nur fertig, Ihren Partner durch eine impulsive Tat oder ein unbedachtes Wort zu verletzen. Sie sind streitlustig und gefühllos. Ihr sexuelles Verlangen kann Sie zu Exzessen verleiten, die Skandale oder Unglück heraufbeschwören. Mißgeschicke drohen durch Partnerschaften, Verluste durch Rücksichtslosigkeit, Unvorsichtigkeit und Extravaganzen. Möglicherweise wenden sich

Freunde aus Eifersucht gegen Sie und kehren Ihnen den Rücken. Glücksspiele und Spekulationen erweisen sich sehr selten als gewinnbringend. Jedem, der Ihnen in den Weg kommt, wenn Sie dem nachjagen, was Sie wollen, werden Sie eine »verpassen«.

Venus und Jupiter

Günstig

Ein ausgezeichneter Aspekt, der harmonische und gewinnbringende Geschäfts- wie Ehebeziehungen schafft. Sie besitzen einen angeborenen Charme, der anziehend auf andere wirkt und Sie gewöhnlich in die höchsten Gesellschaftskreise führt. Sie gehen zahlreiche, glückliche Liebesaffären ein; Ihnen scheinen Geld, eine hohe Stellung und Komfort einfach zuzufallen. Ihr Geschmack verrät Kultiviertheit; Sie lieben alles Elegante, Luxuriöse und Teuere. Sie sind sehr an künstlerischen Betätigungen interessiert und verdienen gewöhnlich auch Ihren Lebensunterhalt damit. Sie sind über Vorgänge im Ausland und politische Themen sehr gut informiert. Leute in hohen Positionen suchen und schätzen Ihre Meinung.

Adversativ

Alle oben erwähnten Eigenschaften werden von Ihnen übertrieben und verkehren sich so ins Gegenteil. Zuviel Charme wird zu Affektiertheit und Unaufrichtigkeit, Vergnügungssucht führt zu gesundheitlichen Problemen und liederlichen Gewohnheiten. Ihre Gefährten sind oft Ihrem Ruf abträglich und verderben Ihre Chancen; möglicherweise erwerben Sie sich einen schlechten Ruf. Trotz Ihrer Sehnsucht nach den schönen Dingen im Leben sind Sie gezwungen, sich mit weniger zufriedenzugeben. Liebesaffären verlaufen unglücklich, Partner reagieren verärgert und stellen zu hohe Ansprüche. Übermäßiger Zuspruch bei Essen und Trinken führt zu Übergewicht. Geschäftliche Partnerschaften erweisen sich als wenig erfolgreich und kostspielig. Sie erleiden durch Ihre Lässigkeit, durch Betrug, Täuschung und böswilliges Verlassen Verluste.

Venus und Saturn

Günstig

Die Liebe ist für Sie eine ernste Angelegenheit; Sie halten es für richtig, einem Menschen immer treu zu sein. Manchmal müssen Sie dem Menschen, den Sie lieben, auf unterwürfige und demütige Weise dienen und beträchtliche Opfer an seiner Stelle auf sich nehmen. Sie sind aber trotzdem resolut, tun gern Ihre Pflicht, so wie Sie sie sehen, als ob sie ein Ersatz für die Zuneigung wäre, die Sie so oft entbehren müssen. In der Regel kommt das Gute, in Form materieller Vorteile, schließlich doch noch zu Ihnen. Im Gesellschaftsleben sind Sie nicht sehr aktiv, doch macht Ihnen das nichts aus. Geschäftliche Partnerschaften machen sich bezahlt, besonders wenn Sie mit Älteren zusammengehen. Sie sind sparsam und vertrauenswürdig und werden von den Leuten in Machtpositionen sehr hoch geschätzt.

Adversativ

Ihre Eheschließung zögert sich entweder hinaus oder führt zur Übernahme belastender Verantwortungen auf lange Jahre hinaus. Frühe Trennungen oder Scheidungen von Menschen, die Sie lieben, sind wahrscheinlich. Eltern, Verwandte und ältere Menschen könnten Probleme verursachen. Die häufigen Seitensprünge Ihres Partners führen zu Enttäuschungen, Demütigungen und anhaltenden Seelenqualen. Ein Leben in Einsamkeit tötet Ihre emotionalen Reaktionen ab und macht Sie zu einem unbeliebten und deprimierenden Umgang. Ihre Sinnlichkeit ist grob und abstoßend, Ihr Humor vulgär und obszön. Jeder Versuch, Ihre Zuneigung zu beweisen, führt wahrscheinlich zu Kummer und Mißverständnis. Obwohl Sie diplomatisch sind, wirkt Ihr egoistisches Wesen abstoßend auf alle, außer jene, die genauso sind wie Sie.

Venus und Uranus

Günstig

Sie fesseln die Leute mit Ihren aus dem Rahmen fallenden Vorstellungen über Sex, Liebe und Ehe. Da Sie das Interesse des anderen Geschlechts wecken, sieht man Sie selten ohne einen attraktiven Partner, doch diese Beziehungen gehen in der Regel nach einiger Zeit auseinander, meist aber im Guten und ohne Verbitterung. Ihre Ideen über Kunst sind radikal und eindrucksvoll, doch haben Sie sie einmal ausgesprochen, befassen Sie sich mit etwas anderem und experimentieren mit noch fortschrittlicheren Verfahren. Sie haben Glück in geschäftlichen Dingen und gewinnen durch Partnerschaften. Fremde, zufällige Begegnungen und unerwartete Ereignisse scheinen sich immer zu Ihren Gunsten auszuwirken.

Adversativ

Für dauerhafte Partnerschaften bestehen nur sehr geringe Chancen; meist enden sie mit einem handfesten Krach. Mit Ihren unkonventionellen und provokanten Meinungen erregen Sie den Zorn anderer, erweisen sich aber bei näherer Bekanntschaft als Strohmann für diese Ideen. Ihre Vorstellungen von Unabhängigkeit und Freiheit könnten unerträglich sein, da sie auf Anarchie hinauslaufen. Sie sind unberechenbar in Ihrer Zuneigung; man kann Ihr Verhalten nie voraussehen. Sie knüpfen Verbindungen zu allen möglichen seltsamen Leuten, besonders zu Fremden, die genauso exzentrisch sind wie Sie. Sie brauchen eine Resonanz auf Ihre Ideen, und jeder Dummkopf, der hören kann, genügt Ihnen dafür. Sie möchten die Kunstwelt revolutionieren, doch gelingt es Ihnen nur, sich den Ruf eines Verrückten einzuhandeln.

Venus und Neptun

Günstig

Dieser Aspekt verleiht erhöhte Kreativität, die Kraft Ihres Temperaments ist beinahe ideal für die Schaffung angenehmer, rhythmischer und tief befriedigender Kunstformen. Tanz, Musik, Dichtung, Malerei und lebhaft schildernde Schriftstellerei, die eher Gefühlsausbrüche weckt als besänftigt, gehören zu den in Ihnen schlummernden Fähigkeiten. Auch wenn Sie Ihre Kunstfertigkeiten nicht in greifbare Ergebnisse umsetzen, brauchen Sie eine angenehme Umgebung zum Glücklichsein. Sie sind sehr empfindsam und äußerst verständnisvoll, besitzen die wundervolle Gabe, die Ängste von Leuten, die sich mit Ihnen in Einklang befinden, zu vertreiben. Typen aber, die Ansprüche stellen, regen Sie auf. Ihre Intuition in bezug auf andere ist unglaublich zutreffend.

Adversativ

Sie tragen Ihren Kopf zu hoch über den Wolken, als daß Sie auf den Boden der Tatsachen kommen und Ihre wirklichen Fähigkeiten erkennen könnten; oder aber, Sie belügen sich selbst, unternehmen konstruktive Anstrengungen für Ideen, die von Anfang an zum Scheitern verurteilt sind. Sie werden Enttäuschungen erleben, besonders in der Liebe und der Ehe; es könnte sein, daß Sie vollkommen desillusioniert werden. In sexueller Hinsicht könnte man Sie abscheulich ausnützen. Partnerschaften erweisen sich meist als Katastrophen — aber immer erst, wenn es für Sie zu spät ist, sich aus ihnen zurückzuziehen. Sie haben starke und zwingende Gefühle, aber Schwierigkeiten, ein geeignetes Ventil dafür zu finden. Die Idee der Flucht in die Leidenschaften gefällt Ihnen, doch Ihre Versuche in dieser Richtung enden in der Regel in quälender Unzufriedenheit oder beschränken sich auf erotische Tagträume.

Venus und Pluto

Günstig

Da Pluto im Durchschnitt 24 Jahre in jedem Zeichen verweilt, macht sich sein Einfluß eher allgemein als individuell bemerkbar. Trotzdem übt er eine Wirkung aus, die sich im Hintergrund des Spiels der persönlichen Planeten erkennen läßt. Ihr Liebesleben ist oft durch heftige Veränderungen gekennzeichnet, die aber seltsamerweise im Endeffekt zu Ihren Gunsten verlaufen. Partnerschaftliche Angelegenheiten verlaufen selten wie geplant. Enthüllungen und neue Erkenntnisse können Sie dazu zwingen, von vorn zu beginnen. Sie gewöhnen sich an Menschen und Situationen, müssen sie aber häufig aufgeben. Haben Sie einmal eine Veränderung vollzogen, dann hindert Sie etwas in Ihrem Inneren daran zurückzugehen. Sie sind in sexueller Beziehung sehr attraktiv und haben ein bißchen von einem Fatalisten an sich. Ihre Gedanken reichen vom Lustvoll-Erotischen bis zum Geistig-Erhabenen.

Adversativ

Erschütternde Umkehrungen der Verhältnisse sind in Ihrem Liebesleben nichts Ungewöhnliches; viele Ihrer Verbindungen enden unschön. Auch wenn Sie es krampfhaft versuchen, es gelingt Ihnen selten, die Trümmer zu kitten. Zuneigung führt unweigerlich zu quälenden Gefühlen des Unglücklichseins; oder Sie haben die Angewohnheit, Verliebtheit mit Liebe zu verwechseln, und werden natürlich enttäuscht. Haben sich Wünsche bei Ihnen festgesetzt, werden Sie von ihnen besessen. Geld bedeutet Ihnen mehr als anderen Leuten, Sex kann für Sie zum Problem werden. Einschneidende und unglückliche Erfahrungen wiederholen sich so lange, bis Sie Ihre Lektionen gelernt haben.

Mars und Jupiter

Günstig

Sie entwickeln die besten Eigenschaften einer Führungspersönlichkeit: eine Mischung aus Mut, Entschlossenheit und Intelligenz. Sie erwecken Vertrauen bei anderen und spornen sie zu Taten an. Geldprobleme scheinen bei Ihnen nie längere Zeit zu bestehen. Sie besitzen einen ausgelassenen Sinn für Humor, lieben Spaß und Fröhlichkeit. Wenn nötig, sind Sie hart und gebieterisch, aber gerecht. Ihre Ansichten sind tolerant, und Sie beschäftigen sich mit den Grundproblemen in der Welt. Sie sind bereit, etwas Konkretes für die Dinge zu tun, an die Sie glauben. Sie wären ein kompetenter leitender Angestellter, der große industrielle und kommerzielle Organisationen führt. Sie helfen gern solchen Leuten, die sich selbst helfen. Sie sind ein lebhafter und einfallsreicher Opponent bei einer Debatte.

Adversativ

Sie sind äußerst impulsiv und leiden unter Ihren eigenen extremen Handlungen, scheinen unfähig, einen beständigen oder gemäßigten Kurs zu verfolgen. Andere Faktoren im Horoskop könnten diesen Aspekt abschwächen; sollte das nicht der Fall sein, stehen Sie in der ständigen Gefahr, Ihrer Gesundheit durch zu hartes Arbeiten zu schaden. Sie könnten so großzügig sein, daß es schon absurd und bodenloser Leichtsinn ist. Der Spielteufel sitzt Ihnen möglicherweise im Nacken und ist dafür verantwortlich, daß Sie laufend Schulden haben, was wiederum dazu führt, daß Sie Ihren Gläubigern aus dem Weg gehen und unverschämte Lügen auftischen. Beschwerden und Schwierigkeiten könnten durch weite Reisen oder den Kontakt mit fremden Menschen oder Kulturen verursacht werden. Im Geschäftsleben könnten Vertragsbrüche und Betrug Ihre Sorgen noch vergrößern.

Mars und Saturn

Günstig

Sie sind ein Mensch, der sich nicht unterkriegen läßt und energisches Handeln mit unermüdlicher Ausdauer verbinden kann. Es gibt nur wenig, was Sie sich vornehmen und nicht nach einiger Zeit verwirklicht haben. Sie geben einen hervorragenden Spitzenmanager ab. Sie besitzen Geduld und bemerkenswerte Initiative, obwohl Sie manchmal ein bißchen dogmatisch und anmaßend sind. Sie sind besonders geeignet für Bedingungen, die Pioniergeist erfordern – wenn Ihnen der Wind ins Gesicht bläst und andere den Mut verlieren. Gefahren oder die Möglichkeit einer Niederlage schrecken Sie selten ab. Sie sind geschickt, ehrgeizig und steigen gewöhnlich in eine Spitzen- oder Machtposition auf. Sie werden mit emotionalen Belastungen dadurch fertig, indem Sie sie durch Arbeit abbauen.

Adversativ

Wahrscheinlich erleiden Sie Verletzungen infolge von Unfällen; Stürze, Verbrennungen und Verbrühungen hinterlassen ihre Narben. Sie sind kein ausgeglichener Mensch: Sie leiden unter chronischen inneren Konflikten, unter den Spannungen, die zwei entgegengesetzte Kräfte verursachen. Sie sind hastig und impulsiv, können aber auch, wenn Sie wollen, sehr geduldig sein. Wenn Sie Ihr heftiges Temperament nicht unter Kontrolle haben, können Sie gefährlich werden. Sie ärgern sich über Widerstände in jeder Form und sind rachsüchtig. Gegenüber Rivalen sind Sie grausam und verschlagen. Sie sind zynisch und egoistisch und müssen meist um das kämpfen, was Sie haben wollen. Ohne in einer Sache eine katastrophale Niederlage einstecken zu müssen, sind Sie ein Verlierer auf der ganzen Linie – und viel zu grob und unnachgiebig, als daß man Mitgefühl mit Ihnen empfinden könnte.

Mars und Uranus

Günstig

Sie sind zu großen Leistungen fähig, wenn Sie dazu herausgefordert werden. Die Raumfahrt und Raumforschung könnte Ihr Spezialgebiet sein, oder aber, ein hochentwickeltes Projekt auf technischem oder naturwissenschaftlichem Gebiet könnte von Ihrem erfinderischen und produktiven Verstand profitieren. Ihre ungewöhnlichen Begabungen, die auf Ihrem Spezialgebiet ans Geniale grenzen, bringen Sie oft in Spitzenpositionen. Werden Sie als Führungspersönlichkeit nicht anerkannt, ist es möglich, daß Sie sich von einer Gruppe trennen und anfangen, gegen sie zu arbeiten – mit katastrophalen Ergebnissen für alle Betroffenen. Sie sind ehrgeizig und praktisch, obgleich auf sehr intellektuellem Niveau, besitzen Stil und das gewisse Etwas. Sie lieben ein unabhängiges Leben und schaffen es auch in der Regel, Ihren eigenen Weg gehen zu können.

Adversativ

Sie sind rastlos, ohne festen Bezugspunkt und wirken beunruhigend auf andere. Obwohl Sie eine dynamische Führungspersönlichkeit sind, sind Sie möglicherweise rücksichtslos und überschätzen sich und Ihre Mittel. Sie leiden unter nervösen Spannungen, die Sie zu unbedachtem Handeln verleiten. Sie sind eigensinnig und ungeduldig, der Schrecken aller, wenn Ihnen der Gaul durchgeht, da Sie nicht wissen, wann und wo Sie aufhören müssen. Ihre Partnerschaften, geschäftliche wie eheliche, gehen in der Regel auseinander. Sie sind taktlos und immer auf Kontra eingestellt, exzentrisch und unberechenbar, wollen alle Einschränkungen abschütteln, haben aber nicht das Urteilsvermögen, um richtige Prioritäten zu setzen. Sie sehen sich oft gezwungen, Ihre Ziele zu ändern.

Mars und Neptun

Günstig

Sie sind ein Aktivist, ein Idealist und Kämpfer. Sie möchten, daß die Welt in Ordnung gebracht wird, besonders für die Armen und Leidenden. Wahrscheinlich unterstützen Sie eine Sache, die auf irgendeine Weise Leid und Schmerz beseitigen will, mit beträchtlicher Energie. Sie haben dabei oft Erfolg, doch selten so, daß Sie daraus persönliche Befriedigung ziehen könnten. Sie ruhen sich nicht auf Ihren Lorbeeren aus. Sie sind empfänglich für das Übersinnliche, besitzen die Möglichkeiten, das Unbekannte, Außergewöhnliche zu erforschen. Sie experimentieren gern mit dramatischen Rollen, spielen sie aus. Sie fühlen sich zur Kunst hingezogen, besonders zu den künstlerischen Bereichen, die sich in Rhythmen manifestieren. Einige der Ziele, die Sie hegen, sind unerreichbar. Sie sind fasziniert vom Ruf, dem Rauschen des Meeres.

Adversativ

Sie vergeuden Ihre Energien mit hoffnungslosen Unterfangen. Wahrscheinlich fühlen Sie sich zur schönen Welt des Scheins hingezogen und werden dadurch in Skandale verwickelt, die Ihrem Ruf schaden. Sonderbare und eigentümliche Erfahrungen sind in Ihrem Leben keine Seltenheit. Seltsame, unerklärliche Ängste machen Ihnen ein normales Leben sehr schwer. Ausflüge in die Welt der Phantasie und Tagträume können zu chaotischen Ergebnissen führen. Ihr Verlangen nach sinnlicher Befriedigung ist möglicherweise unersättlich, die Abhängigkeit von Drogen und Alkohol zwingt Ihnen unfreiwillige Beschränkungen auf. Sie müssen sadistische Neigungen unterdrücken. Die Suche nach Ruhm als einzigem Grund für Ihr Leben könnte zu Ihrem Untergang führen.

Mars und Pluto

Günstig

Da Pluto im Durchschnitt 24 Jahre in jedem Zeichen verweilt, macht sich sein Einfluß eher allgemein als individuell bemerkbar. Trotzdem übt er eine Wirkung aus, die sich im Hintergrund des Spiels der persönlichen Planeten erkennen läßt. Ihr Leben ist vor allem bemerkenswert wegen der bedeutenden Umwälzungen, die sich am Ende jedoch als günstig für Sie erweisen. Ihnen wird oft ein schmerzlicher Neubeginn aufgezwungen. Sie können sich aber von jedem Schicksalsschlag schnell erholen und gehen nach einem Rückschlag bald wieder mit großer Energie ans Werk. Sie lieben die Macht und genießen es besonders, in beinahe hoffnungslosen Situationen das Kommando zu übernehmen. Sie sind aggressiv, kühn und kämpferisch. Sie hängen der Vergangenheit nicht nach.

Adversativ

Brutale Veränderungen zwingen Sie, mit neuen Bedingungen fertig zu werden. Sobald Sie sich aber in eine Herausforderung stürzen, nimmt die Sache eine abrupte und unerwartete Wendung. Obwohl Sie sich gern an gewisse Situationen hängen, sind Sie gezwungen, sie aufzugeben. In Ihnen macht sich ein tiefer, aggressiver, selbstquälerischer Trieb bemerkbar, der Sie dazu bringt, eine grausame und rachsüchtige Sprache zu sprechen. Glück und Erfüllung scheinen stets Ihrer Gegenpartei zuzufallen. Ihre kämpferische Natur gewinnt laufend die Oberhand über Sie, ganz gleich, wie oft Sie sich auch dazu entschließen, sie besser zu zügeln.

Jupiter und Saturn

Günstig

Dieser Aspekt bringt Ihnen hervorragende finanzielle Aussichten. Obwohl Sie in Ihrem Temperament leicht zu Extremen neigen, bringen Sie es fertig, es in der Gewalt zu behalten und empfangen deshalb das Beste aus zwei Welten. Sie scheinen überall und immer Glück zu haben, machen das Optimale aus sich bietenden Gelegenheiten. Ihr Urteilsvermögen in geschäftlichen Dingen ist gut, und möglicherweise erben Sie größere Reichtümer, besonders wenn Sie schon etwas älter sind. Sie sind optimistisch und denken stets an eine vernünftige Erweiterung Ihrer Unternehmungen. Sie sind ein ernster und tiefer Denker, sehr geeignet für die Naturwissenschaften, die Politik oder ein Richteramt. Ihr scharfer Verstand erwirbt leicht neues Wissen. Sind Sie in sehr guter Laune, dann lernen Sie, produktiv zu arbeiten; wenn Sie sich zurückziehen und innere Einkehr halten, denken und meditieren Sie, werden weiser.

Adversativ

Sie haben erst nach harter Arbeit Erfolg, meinen oft, nicht voranzukommen, und es fällt Ihnen verständlicherweise schwer, optimistisch zu bleiben. Sind Sie aber zu pessimistisch, dann werden auch Ihre Hoffnungen geringer, und Sie verpassen gute Gelegenheiten. Ihre Wahl des Zeitpunkts in finanziellen Dingen scheint nie richtig zu sein, und Investitionen bringen selten optimale Erträge. Kommen Sie einmal zu Geld, dann wollen Sie es unbedingt behalten, gehen sogar so weit, sich die normalen Freuden des Lebens zu versagen, oder Sie belohnen sich im anderen Extremfall so reichlich, daß sie es hinterher bitter bereuen müssen. Sie entscheiden sich in einem Augenblick für etwas, tun aber im nächsten das Gegenteil. Ihre Hoffnungslosigkeit kann sich zur Tragödie auswachsen.

Jupiter und Uranus

Günstig

Sie besitzen eine bemerkenswert andere – beinahe einzigartige – Kraft Ihres Verstandes. Ihre logischen Denkvorgänge sind stark verfeinert, doch brauchen Sie einen gewissen Spielraum, um sie richtig ausnützen zu können. Sie sollten sich wirklich mit hochentwickelten wissenschaftlichen Forschungen oder tiefschürfenden philosophischen Studien befassen. Sie geben sich sicherlich nicht mit leichter Konversation oder Klatsch ab. Wahrscheinlich bringen Ihnen Reisen, Investitionen im Ausland, Währungsspekulationen, verlegerische Tätigkeiten, Erfindungen und Forschungsgruppen finanzielle Gewinne ein. Die Rechtswissenschaft und das höhere Lehramt interessieren Sie ebenfalls. Sie haben in allem Glück und profitieren möglicherweise von einer Erbschaft. Sie sind ein Denker, der kreative Ideen entwickelt und tolerante und fortschrittliche Ansichten vertritt.

Adversativ

Ihre radikalen Ansichten bringen Ihnen Auseinandersetzungen mit der Gesellschaft ein. Obwohl es sich wahrscheinlich lohnt, Ihnen zuzuhören, haben Sie jedoch die unglückliche Angewohnheit, den falschen Zeitpunkt für die Darlegung Ihres Standpunktes und Ihre Schritte zu wählen. Eine zu militante Einstellung wird zu einem Konflikt mit dem Gesetz führen. Sie sind impulsiv und immer bereit, Ihre »Rechte« zu sichern, die die Mehrheit möglicherweise als Zügellosigkeit betrachtet. Sie erleiden durch Gerichtsverfahren und unerwartete Ereignisse Verluste, mit Ihrem Eigentum haben Sie kein Glück. Der Antritt einer Erbschaft zögert sich hinaus, oder Ihr Anspruch darauf wird plötzlich von entschlossen handelnden und mächtigen Gruppen in Frage gestellt. Freunde könnten Ihnen Sorgen und Ärger verursachen.

Jupiter und Neptun

Günstig

Das Gute scheint Ihnen in den Schoß zu fallen, zwar gewöhnlich auf unbestimmte, aber trotzdem persönlich befriedigende Weise. Sie haben ein einfühlsames Temperament, das, wenn Sie es etwas zügeln, der Welt eine Hilfe sein kann. Ihre verfeinerte Phantasie und Emotionen können Sie auf religiösem, beruflichem oder künstlerischem Gebiet ausdrücken. Sie bringen Notleidenden ein von Herzen kommendes Mitgefühl entgegen und könnten sich der Aufgabe widmen, für sie zu sorgen. Fühlen Sie sich mehr zum Künstlerischen hingezogen, dann werden Sie versuchen, das nicht Materielle auszudrücken, wahrscheinlich durch musikalische Rhythmen oder den Tanz, durch Lichtmuster oder unklare Farben. Sind Sie wohlhabend, entwickeln Sie menschheitsbeglückende Neigungen. Der mystische und fromme Hingebung erfordernde Aspekt der Religion übt eine große Wirkung auf Sie aus. Wahrscheinlich nutzen Sie Quellen aus dem Jenseits; Sie haben erstaunliche Träume und übersinnliche Erfahrungen.

Adversativ

Alle eben erwähnten günstigen Eigenschaften verursachen Schwierigkeiten und Kummer. Die Gefahr, daß die Phantasie den Verstand beherrscht, ist groß. Sie finden Entschuldigungen für praktisch jedes Verhalten, von Treulosigkeit, moralischer Verderbtheit, Drogensucht, Alkoholismus bis zum Ausflippen aus der Gesellschaft. Sie sind fanatisch in Ihren Überzeugungen und leiden unter ernsten Gemütsstörungen. Ihr Gesundheitszustand ist labil und Ihre ganze geistige Einstellung durch verborgene Sorgen und vernunftwidrige Selbstverdammung entstellt.

Jupiter und Pluto

Günstig

Sie werden möglicherweise irgendwann in Ihrem Leben über Nacht berühmt oder ein prominentes Mitglied Ihrer Gemeinschaft. Wann immer Sie alte Zöpfe abschneiden, überholte Methoden über Bord werfen und die Bindungen an die Vergangenheit abstreifen, wird rascher Fortschritt eintreten. Sie sind ein besonders einfallsreicher Mensch und nie um einen Ausweg verlegen. Sie können tief in die Charaktere anderer Leute blicken. Man darf sich bei Ihnen darauf verlassen, daß Sie anderen angesichts von Gefahren und widrigen Umständen Mut und Begeisterung einflößen können.

Adversativ

Sie sind möglicherweise ein Revolutionär, ein Volksverführer, der seine besten Chancen durch seine Ungeduld selbst zunichte macht. Ihr Wunsch nach gewaltsamer Veränderung und Umsturz ist Ihnen vielleicht wichtiger als alle dabei beteiligten Reformprinzipien. Dies ist der Aspekt eines Gefangenen, der unter dem Zwang steht, flüchten zu müssen, und sich deshalb mit seiner Zelle in die Luft sprengt und lieber sein restliches Leben mit einem Bein verbringt. Die »Freiheiten«, die durch gewaltsame Aktionen gewonnen werden, sind oft bindender als die der alten Ordnung. Die Fähigkeit zu heimtückischer Grausamkeit gegenüber anderen im Namen einer Sache oder eines Ideals charakterisiert diesen Aspekt. Die päpstliche Inquisition, in der die Kirche Folter und Menschenverbrennungen duldete, ist hierfür ein Beispiel.

Saturn und Uranus

Günstig

Sie besitzen die außergewöhnliche Fähigkeit, auf unkonventionelle Weise Handlungen zu beflügeln und sie unter Kontrolle zu halten, damit auch ungewöhnliche Ergebnisse erzielt werden. Dieser Aspekt bringt zwei normalerweise widersprüchliche Eigenschaften in Übereinstimmung: Freiheit und Einschränkung. Sie, der Punkt, an dem sich beide treffen, leiden in gewissem Maße an nervöser Anspannung – doch dieser leichte Streß ermöglicht es Ihnen, am Ball zu bleiben, wachsam gegenüber neuen Gelegenheiten zu sein. Sie sind erfinderisch und leistungsfähig, gehen systematisch vor. Wenn Sie sich mit einem Problem befassen, lassen Sie Ihr Denken durch nichts einschränken. Haben Sie dann aber die Entscheidungen getroffen, legen Sie eine große Zielstrebigkeit an den Tag und werden eine Sache bis zum Ende verfolgen.

Adversativ

Sie neigen zu Aggressivität und Gesetzlosigkeit; gewaltsame und aufrührerische Aktionen gefallen Ihnen. Ihre Einstellung zur Gesellschaft ist bisweilen recht sonderbar – Sie stehen unter dem Zwang, Reformen durchzuführen, die niemand außer Ihnen haben will. Sie sind impulsiv, phantasievoll und überspannt. Sind andere Aspekte ebenfalls ungünstig, so kann diese Kombination einen treulosen und durch und durch verdorbenen Charakter schaffen, der sich durch nichts abhalten läßt, seine radikalen Ideen anderen aufzuzwingen. Die zerstörende Tendenz könnte sich auch in einem schlechten Gesundheitszustand, möglicherweise einer langwierigen oder unheilbaren Krankheit, zeigen. Typisch sind weiterhin die Teilnahme an Krawallen und ernste Verletzungen durch Schläge und Stürze.

Saturn und Neptun

Günstig

Neptuns brillanter Intuition und Aufnahmefähigkeit werden durch diesen günstigen Saturn-Aspekt Form und praktische Bedeutung verliehen. Sie sind zu bemerkenswert tiefen und klaren Gedanken fähig. Sie können den Blick in die Welt des Übersinnlichen, der von anderen nur vage und wenig zufriedenstellend beschrieben wird, in präzisen und bedeutungsvollen Begriffen wiedergeben. Sie wären ein guter Forscher auf dem Gebiet der außersinnlichen Wahrnehmungen und PSI*-Kräfte; seltsame und mystische Dinge üben einen starken Reiz auf Sie aus. Sie sind sehr mitfühlend, gutherzig und auch zu Opfern für Notleidende bereit. Sie sind gelehrtenhaft zurückhaltend und nachdenklich.

Adversativ

Ihre Ideen sind nicht zu verwirklichen, ihnen fehlt der Zusammenhang. Sie beginnen mit einem Vorhaben und schaffen es nicht, es bis zum Ende durchzustehen. Mißverständnisse, Verwirrung und Kritik sind in Ihrem Leben an der Tagesordnung. Sie leiden unter seltsamen Gefühlen und qualvollen seelischen Belastungen. Ihre finanziellen Angelegenheiten, gewöhnlich ein heilloses Durcheinander, machen Ihnen dauernd Sorgen. Sie sind frustriert, weil Sie Ihre persönlichen Angelegenheiten auf eine gesunde Basis stellen wollen, es aber nie schaffen. Ihre Ernährung verursacht oft gesundheitliche Beschwerden. Es fällt Ihnen nicht schwer, sich einen schlechten Ruf zu erwerben oder in Skandale verwickelt zu werden.

Saturn und Pluto

Pluto verweilt durchschnittlich 24 Jahre in jedem Zeichen, Saturn 2½ Jahre. Günstige und ungünstige Aspekte zwischen beiden Planeten treten so selten auf und erstrecken sich über einen längeren Zeitraum, so daß sie mehr auf Generationen als auf Individuen zutreffen.

* = Parapsychologie: Teil der Psychologie, der sich mit der Erforschung außersinnlicher Wahrnehmungen beschäftigt.

Uranus und Neptun

Günstig

Hier vereinen sich Begabung für wissenschaftliche Forschung mit schöpferischen Ideen. Dem normalerweise vagen Idealismus Neptuns wird (auf ungewöhnliche Weise) durch die anregende Kraft des Uranus eine Richtung gegeben. Sie hängen zwar manchmal Ihren Tagträumen nach, beabsichtigen aber immer, sie zum praktischen Nutzen aller anzuwenden. Sie sind der schöpferische, mystische Führer, der niemals die Tatsache aus den Augen verliert, daß der Mensch in einer materiellen Welt leben muß, oder der Forscher, der weiß, daß physikalische Gesetze nur der rationale und sichtbare Teil universeller Gesetze sind.

Adversativ

Nervöse Überspanntheit macht die praktische Anwendung der Uranus- und Neptun-Prinzipien unmöglich. Ihre gemeinsame Wirkung läuft darauf hinaus, Sie als außerhalb dieser Welt stehend erscheinen zu lassen – exzentrisch, vage, unberechenbar, sich selbst belügend und sich nutzlos aufopfernd.

Neptun und Pluto

Pluto verweilt durchschnittlich 24 Jahre in jedem Zeichen und Neptun 14 Jahre. Günstige und ungünstige Aspekte zwischen beiden Planeten treten so selten auf und erstrecken sich über einen längeren Zeitraum, so daß sie mehr auf Generationen als auf Individuen zutreffen.

Aszendenten-Zeichen

Zur Benutzung der grauen Tabellen

Ihr Aszendent – das Zeichen, das zum Zeitpunkt Ihrer Geburt am östlichen Horizont aufstieg – ist ein weiterer, wichtiger Faktor bei der Ausbildung Ihrer Persönlichkeit. Er zeigt Ihnen unter anderem, wie andere Menschen Sie sehen.

Ihr Aszendent wurde in den grauen Tabellen für Sie errechnet. Sie finden den Aszendenten, indem Sie unter der Geburtsstunde in der Rubrik Ihres Geburtstages (das Geburtsjahr spielt keine Rolle) nachsehen. Danach schlagen Sie die entsprechende Beschreibung auf den folgenden Seiten auf und können eine Erklärung für verborgene oder unvermutete Wesenszüge finden.

Wenn Sie Ihre genaue Geburtsstunde nicht kennen, versuchen Sie, sie irgendwie herauszubekommen, da der Aszendent eine wertvolle Leitlinie ist. Gelingt es nicht, dann könnten Sie möglicherweise Ihren Aszendenten dadurch bestimmen, daß Sie alle 12 Beschreibungen durchlesen – eine trifft ganz bestimmt genau auf Sie zu.

Es ist durchaus möglich, daß Aszendenten-Zeichen und Sonnen-Zeichen übereinstimmen. Ein Mensch zum Beispiel mit Schütze-Sonnenzeichen und Schütze-Aszendenten wäre ein »doppelter« Schütze, bei dem die Charakteristika dieses Zeichens, Rastlosigkeit, Unverbindlichkeit und Abenteuerlust, sehr stark betont werden. Ein Schütze mit Löwe-Aszendenten dagegen würde mehr nach Liebe suchen; mit dem Skorpion-Aszendenten würde er sich zu einer materialistischeren und heftiger reagierenden Persönlichkeit entwickeln. Hierin liegt auch der Grund, wieso Ihnen manchmal Menschen begegnen, die scheinbar den Charakteristiken ihres Geburtszeichens nicht entsprechen. Ihr Aszendent, zusammen mit den Positionen der anderen Planeten, könnte der stärkere Einfluß sein und als Folge davon den Grundcharakter verändern. Doch dies geschieht nur selten. Das Geburtszeichen scheint immer durch, auch wenn es, durch adversative (gegensätzliche) Aspekte bedingt, eine negative Form annimmt. Sie müssen die betreffende Person näher beobachten, oder, wenn Sie es selbst sind, ehrlicher zu sich sein als vorher.

All dies macht die Faszination der AstroAnalysis aus. Sie stellt Ihr Geschick auf die Probe, die Dinge im Zusammenhang zu sehen, die verschiedenen vorherrschenden und allerfeinsten Einflüsse, die in diesem Buch beschrieben sind, miteinander zu verbinden, um die betreffende Person so zu sehen, wie sie wirklich ist, und nicht nur so, wie sie sich nach außen hin gibt. In gewisser Weise ist das so, als würden Sie gleichzeitig durch mehrere verschiedenfarbige Linsen sehen, und wenn Sie sich daran gewöhnt haben, sehen Sie ein Bild in seinen natürlichen Farben.

Hier soll noch einmal an das astrologische Grundprinzip für die Existenz des Aszendenten erinnert werden. Was ist er denn eigentlich?

Das Aszendenten-Zeichen ist Ihr Erdpunkt. Im Augenblick Ihrer Geburt erben Sie hier Ihr Schicksal – Ihre in den Genen festgeschriebene Zukunft, Ihre vererbten Beschränkungen, die Bedingungen Ihrer Heimat und Ihrer Familie. Ihrem Schicksal können Sie nicht entrinnen – für den Augenblick wenigstens. Zur gleichen Zeit tritt das Zeichen, das sich parallel zur Erde befindet – was durch den östlichen Horizont markiert wird –, in einen wechselseitigen Informationsaustausch mit dem menschlichen Organismus.* Dieser schafft die Persönlichkeit, die Maske, die Sie der Welt präsentieren. Um diese Maske aufzubauen, greifen Sie, bewußt und unbewußt, auf den Charaktertyp des aufsteigenden Zeichens, natürlich Ihren besonderen Verhältnissen angepaßt, zurück.

---

* siehe »Einleitung«: Kybernetik, S. 19

Da die Erde sich mit einer konstanten Geschwindigkeit dreht und die 12 Tierkreiszeichen oder -typen kreisförmig in einem elektromagnetischen Feld gegen den Sternenhimmel angeordnet sind, steigt an jedem Ort auf der Erde zu jeder Zeit eines der Zeichen am östlichen Horizont auf, genauso wie die Sonne in jedem Augenblick aufzugehen scheint.

Jedes Zeichen bedeckt 30 Bogen-Grad und braucht ungefähr zwei Stunden, um über den Horizont aufzusteigen, so daß ein Zeichen nach 24 Stunden wieder an der Reihe ist.

Das Aszendenten-Zeichen, das vom Geburtsort eines Menschen, markiert vom Horizont, hergeleitet wird, symbolisiert Ihre Anpassungen an und spontanen Reaktionen auf die Welt um Sie herum. Es ist das Gesicht, das Sie im Geschäftsleben und im Umgang mit anderen Leuten zeigen; es verkörpert die verschiedenen bewußt und unbewußt eingenommenen Posen, die Sie annehmen, um Ihr wahres Ich (das Sonnenzeichen) vor anderen, nicht notwendigerweise vor sich selbst, zu verbergen. Es zeigt, wie Sie anderen Menschen erscheinen, aber wiederum nicht, wie Sie wirklich tief in Ihrem Innern sind.

Der Aszendent ist ein sehr wichtiger Bestandteil des Horoskops; er verbindet auf der Erde die nach außen wirkenden Charakteristika der Sonne mit den unbewußten gefühlsmäßigen Reaktionen des Mondes. Die Sonne ist himmlisch, der Mond gefühlsbetont, der Aszendent weltlich. Die Sonne erinnert Sie an die Gegenwart und erlaubt Ihnen, sich sofort als bewußt handelndes Wesen zu identifizieren. Der Mond erinnert Sie an die Vergangenheit, zeigt Ihnen Verhaltensmuster, Erinnerungen und subjektive Gefühle. Der Aszendent enthüllt die Mittel, die Sie benützen werden, um in die Zukunft zu gelangen.

Aszendenten-Umrechnung für die südliche Erdhalbkugel

Hier ist eine einfache Methode zur Bestimmung des Aszendenten, wenn Sie südlich des Äquators geboren wurden. Zählen Sie einfach zwölf Stunden zu Ihrer Geburtszeit hinzu und befolgen dann die oben beschriebenen Schritte zur Bestimmung des Aszendenten. Haben Sie dann das entsprechende Zeichen gefunden, so wenden Sie die folgende Aufstellung zur Bestimmung des Aszendenten südlich des Äquators an.

In der grauen Tabelle gefundenes Zeichen	*Ihr tatsächlicher Aszendent*
Widder	Waage
Stier	Skorpion
Zwillinge	Schütze
Krebs	Steinbock
Löwe	Wassermann
Jungfrau	Fische
Waage	Widder
Skorpion	Stier
Schütze	Zwillinge
Steinbock	Krebs
Wassermann	Löwe
Fische	Jungfrau

SCHÜTZE, IHR ASZENDENT

UHRZEIT	22. NOVEMBER	23. NOVEMBER	24. NOVEMBER	25. NOVEMBER	26. NOVEMBER
00	JUNGFRAU	JUNGFRAU	JUNGFRAU	JUNGFRAU	JUNGFRAU
01	JUNGFRAU	JUNGFRAU	JUNGFRAU	JUNGFRAU	JUNGFRAU
02	WAAGE	WAAGE	WAAGE	WAAGE	WAAGE
03	WAAGE	WAAGE	WAAGE	WAAGE	WAAGE
04	WAAGE	WAAGE	WAAGE	WAAGE	WAAGE
05	SKORPION	SKORPION	SKORPION	SKORPION	SKORPION
06	SKORPION	SKORPION	SKORPION	SKORPION	SKORPION
07	SKORPION	SKORPION	SKORPION	SCHÜTZE	SCHÜTZE
08	SCHÜTZE	SCHÜTZE	SCHÜTZE	SCHÜTZE	SCHÜTZE
09	SCHÜTZE	SCHÜTZE	SCHÜTZE	SCHÜTZE	SCHÜTZE
10	STEINBOCK	STEINBOCK	STEINBOCK	STEINBOCK	STEINBOCK
11	STEINBOCK	STEINBOCK	STEINBOCK	STEINBOCK	STEINBOCK
12	WASSERMANN	WASSERMANN	WASSERMANN	WASSERMANN	WASSERMANN
13	FISCHE	FISCHE	FISCHE	FISCHE	FISCHE
14	WIDDER	WIDDER	WIDDER	WIDDER	WIDDER
15	STIER	STIER	STIER	STIER	STIER
16	ZWILLINGE	ZWILLINGE	ZWILLINGE	ZWILLINGE	ZWILLINGE
17	ZWILLINGE	ZWILLINGE	ZWILLINGE	ZWILLINGE	ZWILLINGE
18	KREBS	KREBS	KREBS	KREBS	KREBS
19	KREBS	KREBS	KREBS	KREBS	KREBS
20	LÖWE	LÖWE	LÖWE	LÖWE	LÖWE
21	LÖWE	LÖWE	LÖWE	LÖWE	LÖWE
22	LÖWE	LÖWE	LÖWE	LÖWE	LÖWE
23	JUNGFRAU	JUNGFRAU	JUNGFRAU	JUNGFRAU	JUNGFRAU

UHRZEIT	27. NOVEMBER	28. NOVEMBER	29. NOVEMBER	30. NOVEMBER	1. DEZEMBER
00	JUNGFRAU	JUNGFRAU	JUNGFRAU	JUNGFRAU	JUNGFRAU
01	JUNGFRAU	JUNGFRAU	JUNGFRAU	JUNGFRAU	JUNGFRAU
02	WAAGE	WAAGE	WAAGE	WAAGE	WAAGE
03	WAAGE	WAAGE	WAAGE	WAAGE	WAAGE
04	WAAGE	WAAGE	SKORPION	SKORPION	SKORPION
05	SKORPION	SKORPION	SKORPION	SKORPION	SKORPION
06	SKORPION	SKORPION	SKORPION	SKORPION	SKORPION
07	SCHÜTZE	SCHÜTZE	SCHÜTZE	SCHÜTZE	SCHÜTZE
08	SCHÜTZE	SCHÜTZE	SCHÜTZE	SCHÜTZE	SCHÜTZE
09	SCHÜTZE	SCHÜTZE	SCHÜTZE	SCHÜTZE	SCHÜTZE
10	STEINBOCK	STEINBOCK	STEINBOCK	STEINBOCK	STEINBOCK
11	STEINBOCK	STEINBOCK	WASSERMANN	WASSERMANN	WASSERMANN
12	WASSERMANN	WASSERMANN	WASSERMANN	WASSERMANN	WASSERMANN
13	FISCHE	FISCHE	FISCHE	FISCHE	WIDDER
14	WIDDER	WIDDER	WIDDER	STIER	STIER
15	STIER	STIER	STIER	STIER	STIER
16	ZWILLINGE	ZWILLINGE	ZWILLINGE	ZWILLINGE	ZWILLINGE
17	ZWILLINGE	ZWILLINGE	ZWILLINGE	KREBS	KREBS
18	KREBS	KREBS	KREBS	KREBS	KREBS
19	KREBS	KREBS	KREBS	KREBS	KREBS
20	LÖWE	LÖWE	LÖWE	LÖWE	LÖWE
21	LÖWE	LÖWE	LÖWE	LÖWE	LÖWE
22	LÖWE	LÖWE	LÖWE	LÖWE	LÖWE
23	JUNGFRAU	JUNGFRAU	JUNGFRAU	JUNGFRAU	JUNGFRAU

SCHÜTZE, IHR ASZENDENT

UHRZEIT	2. DEZEMBER	3. DEZEMBER	4. DEZEMBER	5. DEZEMBER	6. DEZEMBER
00	JUNGFRAU	JUNGFRAU	JUNGFRAU	JUNGFRAU	JUNGFRAU
01	WAAGE	WAAGE	WAAGE	WAAGE	WAAGE
02	WAAGE	WAAGE	WAAGE	WAAGE	WAAGE
03	WAAGE	WAAGE	WAAGE	WAAGE	WAAGE
04	SKORPION	SKORPION	SKORPION	SKORPION	SKORPION
05	SKORPION	SKORPION	SKORPION	SKORPION	SKORPION
06	SKORPION	SKORPION	SKORPION	SKORPION	SKORPION
07	SCHÜTZE	SCHÜTZE	SCHÜTZE	SCHÜTZE	SCHÜTZE
08	SCHÜTZE	SCHÜTZE	SCHÜTZE	SCHÜTZE	SCHÜTZE
09	SCHÜTZE	STEINBOCK	STEINBOCK	STEINBOCK	STEINBOCK
10	STEINBOCK	STEINBOCK	STEINBOCK	STEINBOCK	STEINBOCK
11	WASSERMANN	WASSERMANN	WASSERMANN	WASSERMANN	WASSERMANN
12	FISCHE	FISCHE	FISCHE	FISCHE	FISCHE
13	WIDDER	WIDDER	WIDDER	WIDDER	WIDDER
14	STIER	STIER	STIER	STIER	STIER
15	STIER	ZWILLINGE	ZWILLINGE	ZWILLINGE	ZWILLINGE
16	ZWILLINGE	ZWILLINGE	ZWILLINGE	ZWILLINGE	ZWILLINGE
17	KREBS	KREBS	KREBS	KREBS	KREBS
18	KREBS	KREBS	KREBS	KREBS	KREBS
19	KREBS	KREBS	KREBS	KREBS	KREBS
20	LÖWE	LÖWE	LÖWE	LÖWE	LÖWE
21	LÖWE	LÖWE	LÖWE	LÖWE	LÖWE
22	LÖWE	LÖWE	JUNGFRAU	JUNGFRAU	JUNGFRAU
23	JUNGFRAU	JUNGFRAU	JUNGFRAU	JUNGFRAU	JUNGFRAU

UHRZEIT	7. DEZEMBER	8. DEZEMBER	9. DEZEMBER	10. DEZEMBER	11. DEZEMBER
00	JUNGFRAU	JUNGFRAU	JUNGFRAU	JUNGFRAU	JUNGFRAU
01	WAAGE	WAAGE	WAAGE	WAAGE	WAAGE
02	WAAGE	WAAGE	WAAGE	WAAGE	WAAGE
03	WAAGE	WAAGE	WAAGE	WAAGE	WAAGE
04	SKORPION	SKORPION	SKORPION	SKORPION	SKORPION
05	SKORPION	SKORPION	SKORPION	SKORPION	SKORPION
06	SKORPION	SKORPION	SKORPION	SCHÜTZE	SCHÜTZE
07	SCHÜTZE	SCHÜTZE	SCHÜTZE	SCHÜTZE	SCHÜTZE
08	SCHÜTZE	SCHÜTZE	SCHÜTZE	SCHÜTZE	SCHÜTZE
09	STEINBOCK	STEINBOCK	STEINBOCK	STEINBOCK	STEINBOCK
10	STEINBOCK	STEINBOCK	STEINBOCK	STEINBOCK	STEINBOCK
11	WASSERMANN	WASSERMANN	WASSERMANN	WASSERMANN	WASSERMANN
12	FISCHE	FISCHE	FISCHE	FISCHE	FISCHE
13	WIDDER	WIDDER	WIDDER	WIDDER	WIDDER
14	STIER	STIER	STIER	STIER	STIER
15	ZWILLINGE	ZWILLINGE	ZWILLINGE	ZWILLINGE	ZWILLINGE
16	ZWILLINGE	ZWILLINGE	ZWILLINGE	ZWILLINGE	ZWILLINGE
17	KREBS	KREBS	KREBS	KREBS	KREBS
18	KREBS	KREBS	KREBS	KREBS	KREBS
19	LÖWE	LÖWE	LÖWE	LÖWE	LÖWE
20	LÖWE	LÖWE	LÖWE	LÖWE	LÖWE
21	LÖWE	LÖWE	LÖWE	LÖWE	LÖWE
22	JUNGFRAU	JUNGFRAU	JUNGFRAU	JUNGFRAU	JUNGFRAU
23	JUNGFRAU	JUNGFRAU	JUNGFRAU	JUNGFRAU	JUNGFRAU

SCHÜTZE, IHR ASZENDENT

UHRZEIT	12. DEZEMBER	13. DEZEMBER	14. DEZEMBER	15. DEZEMBER	16. DEZEMBER
00	JUNGFRAU	JUNGFRAU	JUNGFRAU	JUNGFRAU	JUNGFRAU
01	WAAGE	WAAGE	WAAGE	WAAGE	WAAGE
02	WAAGE	WAAGE	WAAGE	WAAGE	WAAGE
03	WAAGE	WAAGE	SKORPION	SKORPION	SKORPION
04	SKORPION	SKORPION	SKORPION	SKORPION	SKORPION
05	SKORPION	SKORPION	SKORPION	SKORPION	SKORPION
06	SCHÜTZE	SCHÜTZE	SCHÜTZE	SCHÜTZE	SCHÜTZE
07	SCHÜTZE	SCHÜTZE	SCHÜTZE	SCHÜTZE	SCHÜTZE
08	SCHÜTZE	SCHÜTZE	SCHÜTZE	SCHÜTZE	SCHÜTZE
09	STEINBOCK	STEINBOCK	STEINBOCK	STEINBOCK	STEINBOCK
10	STEINBOCK	STEINBOCK	STEINBOCK	WASSERMANN	WASSERMANN
11	WASSERMANN	WASSERMANN	WASSERMANN	WASSERMANN	WASSERMANN
12	FISCHE	FISCHE	FISCHE	FISCHE	WIDDER
13	WIDDER	WIDDER	WIDDER.	STIER	STIER
14	STIER	STIER	STIER	STIER	STIER
15	ZWILLINGE	ZWILLINGE	ZWILLINGE	ZWILLINGE	ZWILLINGE
16	ZWILLINGE	ZWILLINGE	ZWILLINGE	KREBS	KREBS
17	KREBS	KREBS	KREBS	KREBS	KREBS
18	KREBS	KREBS	KREBS	KREBS	KREBS
19	LÖWE	LÖWE	LÖWE	LÖWE	LÖWE
20	LÖWE	LÖWE	LÖWE	LÖWE	LÖWE
21	LÖWE	LÖWE	LÖWE	LÖWE	LÖWE
22	JUNGFRAU	JUNGFRAU	JUNGFRAU	JUNGFRAU	JUNGFRAU
23	JUNGFRAU	JUNGFRAU	JUNGFRAU	JUNGFRAU	JUNGFRAU

UHRZEIT	17. DEZEMBER	18. DEZEMBER	19. DEZEMBER	20. DEZEMBER	21. DEZEMBER	22. DEZEMBER
00	WAAGE	WAAGE	WAAGE	WAAGE	WAAGE	WAAGE
01	WAAGE	WAAGE	WAAGE	WAAGE	WAAGE	WAAGE
02	WAAGE	WAAGE	WAAGE	WAAGE	WAAGE	WAAGE
03	SKORPION	SKORPION	SKORPION	SKORPION	SKORPION	SKORPION
04	SKORPION	SKORPION	SKORPION	SKORPION	SKORPION	SKORPION
05	SKORPION	SKORPION	SKORPION	SKORPION	SKORPION	SCHÜTZE
06	SCHÜTZE	SCHÜTZE	SCHÜTZE	SCHÜTZE	SCHÜTZE	SCHÜTZE
07	SCHÜTZE	SCHÜTZE	SCHÜTZE	SCHÜTZE	SCHÜTZE	SCHÜTZE
08	SCHÜTZE	STEINBOCK	STEINBOCK	STEINBOCK	STEINBOCK	STEINBOCK
09	STEINBOCK	STEINBOCK	STEINBOCK	STEINBOCK	STEINBOCK	STEINBOCK
10	WASSERMANN	WASSERMANN	WASSERMANN	WASSERMANN	WASSERMANN	WASSERMANN
11	FISCHE	FISCHE	FISCHE	FISCHE	FISCHE	FISCHE
12	WIDDER	WIDDER	WIDDER	WIDDER	WIDDER	WIDDER
13	STIER	STIER	STIER	STIER	STIER	STIER
14	STIER	ZWILLINGE	ZWILLINGE	ZWILLINGE	ZWILLINGE	ZWILLINGE
15	ZWILLINGE	ZWILLINGE	ZWILLINGE	ZWILLINGE	ZWILLINGE	ZWILLINGE
16	KREBS	KREBS	KREBS	KREBS	KREBS	KREBS
17	KREBS	KREBS	KREBS	KREBS	KREBS	KREBS
18	KREBS	KREBS	KREBS	KREBS	KREBS	LÖWE
19	LÖWE	LÖWE	LÖWE	LÖWE	LÖWE	LÖWE
20	LÖWE	LÖWE	LÖWE	LÖWE	LÖWE	LÖWE
21	LÖWE	LÖWE	JUNGFRAU	JUNGFRAU	JUNGFRAU	JUNGFRAU
22	JUNGFRAU	JUNGFRAU	JUNGFRAU	JUNGFRAU	JUNGFRAU	JUNGFRAU
23	JUNGFRAU	JUNGFRAU	JUNGFRAU	JUNGFRAU	JUNGFRAU	JUNGFRAU

Die Aszendenten-Persönlichkeiten

Die Widder-Aszendenten-Persönlichkeit

Gehören Sie zu den Menschen, die den Widder als Aszendenten haben, sind Sie unternehmungslustig und wollen überall an der Spitze mit dabeisein. Sie sind einer der Pioniere der Menschheit, und sobald Sie einen guten Einfall haben, versuchen Sie sofort, ihn in die Tat umzusetzen. Da Sie so eine impulsive Persönlichkeit sind, werden Sie einige Zeit damit verbringen, Ihre Wunden zu pflegen, da Sie Widerstand und auftretende Hindernisse nicht gründlich genug berücksichtigt haben. Aber Sie lassen sich nicht so schnell entmutigen. Sie sind in Bestform, wenn Sie für sich einen Aktionsplan erstellen, dem andere dann folgen sollen.

Allerdings – das muß gesagt werden – führen Sie selten eine Aufgabe zu Ende, sondern wenden sich bald lohnenderen Geschäften zu und überlassen es anderen, die Arbeit voranzutreiben und die Aufräumungsarbeiten zu machen.

Sie genießen eine Stellung, in der Sie Befehle erteilen können, und Sie sind durchaus in der Lage, sowohl sich als auch andere Menschen zu führen, zu überwachen und anzuleiten. Die Fähigkeit, wissenschaftlich zu denken, bewundern Sie, zugleich zeigen Sie aber auch eine ausgeprägte Vorliebe für die Philosophie. Unabhängigkeit geht Ihnen über alles. Sie teilen nicht gern Geheimnisse und decken nur ungern Ihre Pläne auf, denn Sie wollen Ihre taktischen Einfälle lieber durch Taten zeigen, anstatt über Ihre Absichten zu reden. Wie ein guter General (Mars herrscht im aufsteigenden Widder) wollen Sie auf keinen Fall das Risiko eingehen, daß Ihre Pläne in die Hände des Feindes fallen.

Sie besitzen eine starke und durchdringende Willenskraft. Solange Ihre Interessen gewahrt bleiben, sind Sie ziemlich wendig und fähig, ohne die Übersicht zu verlieren, von der einen zur anderen Aufgabe überzugehen. Manchmal entgeht Ihnen dabei die Belohnung für Ihre beträchtlichen Anstrengungen, denn Sie sind schon weg, bevor sie überreicht werden. Sie sind unternehmungslustig, ehrgeizig und normalerweise dickköpfig. Wenn Sie etwas haben wollen, setzen Sie sich eifrig dafür ein, aber Sie lassen sich auch leicht durch komplizierte Situationen, die vielleicht Ihr Fortkommen hemmen, abschrecken. Sie reagieren entrüstet, wenn Sie betrogen oder getäuscht worden sind, und lassen es Ihre Mitmenschen schnell und deutlich wissen, daß sie Sie verletzt haben. Sie können zwar ziemlich heftig reagieren, aber Sie sind nicht nachtragend. Unstimmigkeiten legen Sie gleich bei und versuchen auch, Streitigkeiten schnell auszutragen, egal wie sie enden. Sie stecken voller Initiative und geben einen fähigen Manager ab, obwohl es Ihnen manchmal an Ausdauer fehlt. Sie treiben recht häufig Sport, und das sieht man Ihnen auch an. Sie kommen am besten in Berufen zur Geltung, die sofortige Entscheidungen und Taten verlangen.

Besitz und persönliche Sicherheit

Sie eignen sich hervorragend dazu, Besitz zu erwerben, besonders Land und Gebäude. Bargeld lassen Sie nicht einfach auf der Bank liegen, sondern investieren es lieber für den Bau eines Hauses. Sie bevorzugen Sachvermögen, das Ihnen materielle Sicherheit auf Erden garantiert. In geschäftlichen Dingen, in denen Sie ebenfalls zu impulsivem Verhalten neigen, sind Sie ein harter Verhandlungspartner. In finanziellen Angelegenheiten sind Sie konservativer als sonst. Sie geben Geld aus, um den Wert Ihres Besitzes zu erhöhen; denn Sie lassen es nicht zu, daß Ihr Eigentum in schlechtem Zustand ist, und das schließt auch Ihren Körper ein. Sie leben gesundheitsbewußt und wissen, wie wichtig es ist, fit zu bleiben.

Kommunikation mit der Umwelt

Manchmal neigen Sie dazu, Worte durcheinanderzuwerfen, da Ihre Zunge der Geschwindigkeit Ihrer Gedanken nicht folgen kann. Wenn der Widder aufgeregt oder angespannt ist, kann es vorkommen, daß er bei seiner ausdrucksvollen Rede zu stottern anfängt. Manchmal unterstellt man Ihnen Opportunismus, weil Sie in der Lage sind, auch die Gültigkeit der Ansichten anderer Leute zu erkennen. Wenn Sie sich verteidigen müssen, sind Sie beim Sprechen oft zu hastig und überstürzt, daher müssen Sie manchmal eine unbedachte Äußerung bedauern. Sie sind ein rastloser, ungeduldiger Typ, der immer nach neuen Bekanntschaften sucht. Ihre klugen Einfälle beeindrucken Ihre Mitarbeiter. Da Sie ständig in Bewegung sind, stolpern Sie manchmal oder werfen Sachen um.

Heim, Familie, Tradition

Was Ihre Familie angeht, sind Sie sehr gefühlsbetont. Ihre Mutter oder ein anderer naher Verwandter hat einen besonderen Platz in Ihrem Herzen. Das Zuhause bedeutet Ihnen sehr viel, und wenn Sie sich noch nicht fest niedergelassen haben, so denken Sie doch oft daran und sehnen sich danach. Sie denken viel über die Vergangenheit nach, denn Sie bewundern Traditionen und die »gute alte Zeit«. Deshalb lesen Sie auch gern Bücher über Geschichte und Archäologie. Ihr Interesse an diesen Dingen zeigen Sie durch Museumsbesuche, und manchmal beteiligen Sie sich sogar an Ausgrabungen in alten Ruinen. Es kann vorkommen, daß Sie häufig umziehen, bevor Sie die passende Wohnung finden. Dann bemühen Sie sich aber auch, sie möglichst gemütlich einzurichten.

Selbstdarstellung, Liebesleben, Vergnügen

Sie sehnen sich nach Beachtung und Beifall. Bedingt durch das aggressive Verhalten des Widders, beschuldigen Ihre Mitmenschen Sie oft, herrschsüchtig und diktatorisch zu sein. Es befriedigt Sie, wenn Sie Ihre Anstrengungen dramatisieren und so besondere Wirkung erzeugen können. Ihre Leistungen sind beeindruckend. Schmeicheleien und Prunk können Ihnen jedoch leicht den Kopf verdrehen. Ihre Ungeduld, die Erfüllung Ihrer ehrgeizigen Wünsche abzuwarten, kann Sie zu Risiken verleiten. Gewöhnlich schützen Sie aber Ihren Einsatz, so daß Ihre grundlegende Sicherheit immer gewährleistet ist. Sie amüsieren sich gern. Ihre Liebesaffären sollen hauptsächlich Ihr Geltungsbedürfnis befriedigen. Auf Ihre Kinder müssen Sie stolz sein können, und Sie genießen es in vollen Zügen, sie (zumindest die, die Erfolg hatten) bei jeder Gelegenheit vorzuzeigen.

Beruf und Gesundheit

Sie arbeiten stetig, aber trotzdem würde niemand Sie als Arbeitstier bezeichnen. Sie arbeiten mit Geschick und Hingabe. Es fällt Ihnen leicht, die Spreu vom Weizen zu trennen, ob es sich nun um Menschen oder Sachen handelt. Im Privatleben sind Sie tüchtig und an Disziplin gewöhnt. Sie sind äußerst hygienebewußt, manchmal sogar übertrieben genau. Sie mögen Delikatessen, essen oder trinken aber selten übermäßig. Da Gesundheit die Voraussetzung für weitere Aktivität ist, pflegen Sie Ihren Körper überdurchschnittlich gut. Krank zu sein, verärgert Sie, macht Sie nervös und mürrisch. Manchmal haben Sie zu schnell etwas an Ihren Mitarbeitern auszusetzen; aber so ärgerlich es auch sein mag, Ihre Kritik trifft häufig den Nagel auf den Kopf.

Partnerschaften und Ehe

Auf diesem Gebiet ist der Widder kein unabhängiger Einzelgänger. Sie müssen Ihr Leben mit anderen teilen können, vor allem mit einem Liebespartner. Von Ihrem Partner verlangen Sie Bewunderung und hingebungsvolle Aufmerksamkeit. Sie versuchen, mit Ihren Partnern auszukommen, weil Harmonie für Sie sehr wichtig ist. Leider finden Sie sie nicht immer. Ihre Direktheit und Ihr bisweilen ungehobeltes Verhalten verletzen manchmal sogar Ihr eigenes Feingefühl. Häufig fühlen Sie den Widerstreit gegensätzlicher Gefühle in Ihrem Innern und versuchen ständig, Ihr inneres Gleichgewicht wiederherzustellen. Nach einer romantisch verlebten Jugend heiraten Sie gewöhnlich früh. Die Ehe mit einem verträglichen und charmanten Partner ist für Sie wichtig. Obwohl Sie unerbittlich sein können, sind Sie im Grunde ein Friedensstifter.

Gemeinsame Finanzen, Erbschaften, Sexualleben

Da Sie über Ihre innersten Gefühle Stillschweigen bewahren, beteiligen Sie sich selten an einer vertraulichen Diskussion mit Außenstehenden. Im Liebesleben spielen bei Ihnen die Sinne eine größere Rolle als die Gefühle. Sie haben zahlreiche Geheimnisse und verspüren das Verlangen, den Versuchungen Ihrer niederen Natur zu widerstehen, obwohl das weder einfach noch wünschenswert ist. Sie sind nämlich ein Mensch voller emotionaler Energien, die richtig genützt werden müssen. Manchmal kann anstrengende körperliche Tätigkeit Ihre überschüssige Energie abbauen. Wenn Ihre tieferen Triebe sublimiert werden, können Sie Großes vollbringen. Sie sind ein Realist, der menschliche Schwächen versteht. Die Vortäuschung falscher Tatsachen mögen Sie nicht. Die Eifersucht kann Sie schwer plagen.

Geistige Höherentwicklung und längere Reisen

Obwohl Ihre religiösen und philosophischen Anschauungen eigentlich eher konventionell sind, sind sie doch interessant. Sie suchen nach neuen Möglichkeiten für den Geist. Sie sind äußerst intelligent und versetzen Ihre Bekannten manchmal durch Ihre durchdringende Erkenntnisfähigkeit in Erstaunen. Durch Erweiterung des geistigen Horizontes versuchen Sie immer wieder, Ihre Persönlichkeit zu vervollständigen. Sie unternehmen gern längere Reisen, um fremde Kulturen in sich aufzunehmen, fremde Menschen zu treffen und in ungewöhnliche Situationen zu geraten. Häufig tun Sie Dinge aus einer Augenblickslaune heraus, durch reine Inspiration. Ihr optimistisches, offenes und großzügiges Wesen zieht Menschen an, die Ihnen Außergewöhnliches bieten können.

Öffentliches Ansehen, Karriere, Prestige

Durch sein Organisationstalent eignet sich der Widder für große Unternehmen. Auf Ihrem Spezialgebiet machen Sie bestimmt Karriere, vor allem in späteren Jahren. Sie handeln verantwortungsbewußt, sind ehrgeizig, wenn Ihre Methoden manchmal auch konservativ sind. Sie wollen als Autorität anerkannt werden, da Sie nicht gern Befehle entgegennehmen. Sie sind zu großen und andauernden Anstrengungen fähig; die Ausdauer ist Ihr Trumpf.

Es macht Ihnen nichts aus, Verantwortung für andere zu übernehmen. Manchmal wirken Sie etwas zurückhaltend und unfreundlich, aber das ist Ihr normales Verhalten, wenn es um wichtige Angelegenheiten geht. Ihr Talent kommt besser zur Geltung, wenn Sie sich mit großen Dingen befassen anstatt mit Details; letztere überlassen Sie lieber anderen.

Freunde, Geselligkeit, Hoffnungen, Wünsche

Auf diesem Gebiet übertreibt der Widder vielleicht seinen Wunsch nach Unabhängigkeit. Wahrscheinlich werden Sie ungeduldig, brechen sogar mit einigen Traditionen und suchen sich Freunde aus, die genauso denken. Ihre Geschäftspartner sind dagegen etwas konventioneller. Sie verstehen es, mit beiden Extremen gut fertig zu werden. Sie haben etwas von einem Revolutionär an sich, eher intellektuell als gefühlsbetont. Ihre fortschrittlichen Ideen können ungewöhnliche Typen anziehen. Sie brauchen die Möglichkeit, Ihre Ansichten frei ausdrücken zu können, und der Typ des Bohemiens ist dafür der aufmerksamste Zuhörer. Überspanntes Verhalten bei anderen tolerieren Sie. Sie haben eine außergewöhnliche Vorliebe für Originalität und glänzen daher bei gemeinsamen Unternehmungen mit Freunden.

Verborgene Motive, selbstloser Einsatz, Psyche

Sie sind in der Lage, instinktiv das Richtige zu tun. Obwohl Sie impulsiv sind, wird Ihr Handeln schließlich doch zu einem guten Ende führen. Die Seite Ihres Wesens, die sehr zartfühlend ist, unterdrücken Sie vielleicht unbewußt. Jede übermäßig mitfühlende Regung, die Sie irgendwie kontrollieren können, wird auf andere Art und Weise als Zwangshandlung zum Ausbruch kommen. Daher fällt es Ihnen manchmal schwer, Ihre eigenen Gefühlsreaktionen zu verstehen. Die mißliche Lage Ihres Mitmenschen kann Sie zum Handelns bis zur Selbstverleugnung anspornen. Unter Umständen haben Sie das Verlangen nach Einsamkeit und innerer Einkehr, aber Sie werden selten Zeit dafür haben. Sie haben ein ausgeprägtes intuitives Wesen.

Die Stier-Aszendenten-Persönlichkeit

Gehören Sie zu den Menschen, die den Stier als Aszendenten haben, sind Sie voller Selbstvertrauen und in der Lage, über längere Zeit schwer zu arbeiten, um das gesteckte Ziel zu erreichen. Außerdem eignen Sie sich ausgezeichnet dazu, für andere zu arbeiten, daher sind Sie auch der ideale Arbeitnehmer. Sie haben das Gespür, für jeden Geld zu verdienen, der Sie einstellt.

Gewöhnlich haben Sie eine angenehme und anziehend klare Stimme. Ihre Bewegungen vermitteln Anmut und Festigkeit, auch wenn manche von Ihnen eher vollschlank sind. Sie lieben Gold im wahrsten Sinne des Wortes. Sie wollen möglichst viel Geld zusammensparen, um es dann in Sachvermögen umzuwandeln. Nichts würde Sie glücklicher machen, als Besitzer einer Goldmine zu sein, einfach nur, weil sie Ihnen dieses sagenhafte Gefühl der Sicherheit verleiht. Mit Ihrem Eigentum gehen Sie nur ungern ein Risiko ein. Eher verlassen Sie sich auf Ihre Fähigkeit, verbissen zu arbeiten, als irgendein großes Wagnis einzugehen, bei dem Sie alles gewinnen, aber auch alles verlieren können. Im Grunde sind Sie ein gutmütiger Mensch, der keinen Ärger sucht. Man kann Sie nicht leicht verärgern, aber wenn es einmal so weit kommt, kann Ihre Wut schlimm sein. Setzt man Ihnen Widerstand entgegen, können Sie außergewöhnliche Hartnäckigkeit zeigen. Diese Unnachgiebigkeit führt dazu, daß Sie sich wie eine Bulldogge in Aufgaben und Probleme festbeißen, die jeden anderen im Tierkreis abschrecken würden. Haben Sie einmal Ihre Meinung gefaßt, so weichen Sie keinen Zentimeter davon ab, sondern gehen mit Ihrer Entscheidung durch dick und dünn. Hinter Ihrer Ausdauer steckt viel verborgene Energie. Wenn sie aber falsch angewandt wird, können Sie zu sehr nach sinnlichen Genüssen streben, zu stark von der Bequemlichkeit abhängen und gleichgültig sein. Sie sind aufrichtig, zuverlässig und vertrauenswürdig. Ihr »guter Riecher« bei finanziellen Transaktionen und Ihr beträchtliches Organisationstalent werden Ihnen bei Ihrer Karriere helfen.

Bevor Sie eine Entscheidung treffen, müssen Sie Zeit haben, um alles noch einmal zu überdenken und das Für und Wider abzuwägen. Deshalb hält man Sie manchmal für umständlich und langsam. Bei Ihnen muß alles zuerst auf einer festen Grundlage stehen, bevor Sie weitermachen. Was Ihre Privatangelegenheiten betrifft, sind Sie ziemlich verschwiegen und zurückhaltend. Obwohl Sie gewöhnlich eher ruhig veranlagt sind, können Sie erstaunlich dogmatisch sein. Ihr Mitgefühl für andere beeinflußt Sie tief. Sie lieben die Schönheit in der Natur, der Musik, Literatur und Kunst und genießen auch die Annehmlichkeiten und Bequemlichkeiten des Lebens. Sie umgeben sich gern mit schönen Dingen. Gutes Essen und das damit verbundene Vergnügen sind Ihnen wichtig. Sie sind eine sehr ausgeglichene Person und haben eine beruhigende und vorteilhafte Wirkung auf nervöse und gereizte Menschen. Obwohl Sie zärtlich und liebevoll sind, können Sie einen mit Ihrer Unvernunft und Ihren Vorurteilen zur Verzweiflung bringen.

Besitz und persönliche Sicherheit

Sie sind darauf aus, Geld zu verdienen, denken über die verschiedenen Möglichkeiten nach und überprüfen sie im Geiste, um sicherzustellen, daß sie funktionieren, bevor Sie sie in der Wirklichkeit anwenden. Sehr wahrscheinlich üben Sie noch einen zweiten Beruf aus, um mehr Geld zu verdienen. Sie setzen Verstand und Intelligenz ein, um Ihre Finanzen möglichst weit gestreut anzulegen, damit Ihre Sicherheit nie wirklich gefährdet ist. Geld fließt Ihnen gewöhnlich aus mehreren Quellen zu. Sie pflegen die Freundschaft mit Leuten, die Geld und materielle Güter besitzen. Da Sie ebenfalls gern den Eindruck vermitteln, daß Sie gut betucht sind, macht es Ihnen nichts aus, Geld für Geschenke, Reisen und andere Zwecke auszugeben.

Kommunikation mit der Umwelt

Mit Ihren nahen Verwandten stehen Sie regelmäßig in Verbindung. Sie haben das dringende Bedürfnis zu wissen, daß bei den Menschen, die Sie lieben, und bei Ihren Verwandten alles in Ordnung ist. Sie sind empfindsam, was Ihre Umgebung angeht, vor allem Ihre Nachbarschaft. Wenn Ihr Zuhause sich nicht in einer angenehmen Wohngegend befindet, sind Sie unglücklich. Obwohl der Gedanke an einen größeren Umzug Sie beunruhigt, werden Sie wahrscheinlich mehrmals umziehen, bevor Sie die passende Umgebung finden. Nachbarn, die sich nicht in Ihre Angelegenheiten einmischen, sind ein wichtiger Faktor bei Ihrer Entscheidung. So wie Kinder, die im Zeichen Stier geboren wurden, viel schneller lernen, wenn das Thema auch eine gefühlsmäßige Bedeutung hat, nehmen Sie langsam, aber sicher Wissen in sich auf, wenn es sich richtig »anfühlt«.

Heim, Familie, Tradition

Ihr Haus ist Ihre Burg, und Sie lassen keinen Zweifel darüber aufkommen, daß Sie darin der Herr bzw. die Herrin sind. Sie lieben das häusliche Leben, haben aber auch noch andere Interessen. Mit Ihrer gutbestückten Vorratskammer und einem beeindruckenden Weinkeller gewähren Sie gern Gastfreundschaft. Als Gastgeber sind Sie unterhaltsam und liebenswürdig und sorgen mit Vorliebe für verschwenderische und bezaubernde Extras. Wenn Sie es sich leisten können, kaufen Sie sich eine Villa, statten sie mit Luxusgegenständen aus und organisieren eine endlose Parade bewundernder Gäste. Auch wenn Ihr »Zuhause« nur aus einer Höhle besteht, richten Sie es unter Garantie bequem, eindrucksvoll und gemütlich ein.

Selbstdarstellung, Liebesleben, Vergnügen

Sie genießen zwar Liebesaffären, aber diese beherrschen nicht Ihr ganzes Denken. Sie haben keine besondere Vorliebe für romantische Tagträumereien und malen sich Ihre Beziehungen auch nicht in Gedanken aus. Bei Ihnen muß alles seinen richtigen Platz haben, und das gilt auch für Ihre Gefühle. Der heutigen freizügigen Gesellschaft stehen Sie etwas prüde und kritisch gegenüber. Ihren Liebespartner wählen Sie sehr sorgfältig aus, aber wenn Sie sich einmal entschieden haben, bleibt es dabei, und Sie beschäftigen sich wieder mit anderen Dingen, damit Sie immer auf dem laufenden bleiben. Sie gehen zu methodisch vor, als daß Sie versuchen, spontan jemanden zu beeinflussen, um sich einen Vorteil zu verschaffen. Eine anregende Diskussion oder ein gutes Essen entsprechen eher Ihrer Vorstellung von Vergnügen. Anstrengende Spiele oder Sportarten liegen Ihnen nicht.

Beruf und Gesundheit

Bei der Arbeit brauchen Sie eine harmonische Umgebung. Jede Unstimmigkeit bringt Sie aus dem Gleichgewicht, und Sie suchen gleich nach dem Notausgang. Ihr Gesundheitszustand hängt in großem Maß davon ab, wie freundlich und angenehm die Atmosphäre um Sie herum ist. Sie arbeiten sehr gut mit Ihren Kollegen zusammen, sind gutmütig, freundlich und verfügen über Taktgefühl und diplomatisches Geschick. Sie sind bereit, als ein Mitglied in einem Team zu arbeiten, und bringen es oft fertig, feindliche Parteien zu versöhnen. Ihre Devise lautet: Frieden um fast jeden Preis. Manchmal verärgert Ihre Strenge allerdings Ihre Kollegen. Für Ihre Arbeit müssen Sie häufig künstlerisches Geschick mitbringen.

Partnerschaften und Ehe

Als Ehepartner stellen Sie ziemlich hohe Anforderungen, weil Sie alle Ihre Gefühle auf diese enge Beziehung konzentrieren. Ihre Eifersucht und Ihre besitzergreifende Art können manchmal das Leben für Sie beide recht schwermachen. Sie sind glücklich, wenn Sie mit Ihrem Ehepartner ein befriedigendes Sexualleben führen. Untreue seitens des Partners kann tiefe psychologische Auswirkungen zur Folge haben. Partnerschaften sind für Sie eine ernste Angelegenheit, und Sie scheuen nicht davor zurück, Ihren materiellen Wohlstand und Ihre Güter mit Ihrem Lebensgefährten zu teilen. Was die Partnersuche betrifft, wirkt Ihre Intuition wie ein sechster Sinn. Obwohl die körperliche Beziehung große Bedeutung für Sie hat, brauchen Sie gleichzeitig jemanden mit intellektuellen Fähigkeiten.

Gemeinsame Finanzen, Erbschaften, Sexualleben

Wahrscheinlich kommen Sie durch eine Erbschaft in den Genuß von Geld, Besitz oder Titel. Das Ende einer Partnerschaft könnte sich sehr lohnen, was die materielle Seite angeht. Entscheidungen in Großunternehmen können Sie plötzlich betreffen und zu unerwarteten Änderungen Ihres Lebensstils führen. Sie haben ein stark ausgeprägtes soziales Gewissen in bezug auf den Fortpflanzungstrieb und dessen Wirkung auf die Gemeinschaft. Sie glauben an Moralgesetze, und das zeigt sich in Ihren Ansichten über Sexualität. Welche Freiheiten auch immer Sie sich im Sexualleben herausnehmen, Sie beachten immer Ihre eigenen strengen Grundsätze. Sie glauben an ein Leben nach dem Tod.

Geistige Höherentwicklung und längere Reisen

Obwohl Ihre religiöse Überzeugung eher konventionell ist, können Sie Ihren Mitmenschen zu einer geistigen Erleuchtung verhelfen, die die Ihre möglicherweise übertrifft. In wichtigen Lebensfragen vertreten Sie konservative und strenge Ansichten. Sie sind bereit, überlieferte Grundsätze anzuerkennen und mit ihnen zu leben, bis eine glaubwürdige Autorität beweist, daß sie falsch sind, und Ihnen eine Alternative anbietet. Sie beschäftigen sich nicht gern mit den verschiedenen Denkmodellen der Philosophie und stehen Menschen skeptisch gegenüber, die sich damit befassen. Genau wie ein Anwalt (ein Beruf übrigens, in dem Sie Karriere machen müßten) benötigen Sie erst einen konkreten Beweis, bevor Sie sich einsetzen. Sie reisen nicht gern, es sei denn, es handelt sich um geschäftliche Angelegenheiten.

Öffentliches Ansehen, Karriere, Prestige

Wenn Sie in einem Team arbeiten können, fühlen Sie sich sicherer und sind zufriedener. Ihr Beitrag ist beachtlich, da Sie den Zusammenhalt und die Beständigkeit der Gruppe günstig beeinflussen und zudem noch originelle Einfälle haben. Sie brauchen das Gefühl, gute Arbeit und einen gewichtigen Beitrag zu leisten. Vom Gefühl her widmen Sie sich mehr der Sache als den betreffenden Menschen. Ihre Ideen sind oft scharfsinnig, und Sie könnten ein fähiger Erfinder sein. Die Wissenschaft kann ein Arbeitsgebiet sein, das Sie befriedigt, und in dem Sie durch die Lösung von Problemen, die der Menschheit schwer zu schaffen machen, zu Ruhm und Ansehen gelangen können. Für eine höhere Sache sind Sie zu großen Opfern bereit. Sie sind ein unermüdlicher Arbeiter für die Menschenrasse, nicht für ein Individuum.

Freunde, Geselligkeit, Hoffnungen, Wünsche

Sie haben wahre Freunde, Menschen, die Sie nicht vergessen, auch wenn Sie sie nur selten sehen. Sie versuchen aufrichtig, alle Ihre Freunde zu verstehen, geben sich aber besondere Mühe bei Ihren engsten Freunden. Mit Menschen kommen Sie gut aus; denn Sie sind bereit, Ihren Problemen zuzuhören, ohne sie mit Ihren eigenen zu belästigen. Für Ihre Mitmenschen, besonders die zu kurz Gekommenen, Benachteiligten und Kranken bringen Sie viel Verständnis auf. Sie brauchen Freunde, mit denen Sie Ihre Gefühle teilen können. Wenn Sie den Eindruck haben, daß Ihre Freunde Sie vernachlässigen, sind Sie leichter verletzt als andere Menschen. Sie identifizieren sich mit Menschen, die leiden, und setzen sich für sie bis zur Selbstverleugnung ein, ohne viel Aufhebens davon zu machen.

Verborgene Motive, selbstloser Einsatz, Psyche

Hinter den Kulissen leiten Sie so viele Maßnahmen wie möglich ein. Erst wenn es nicht mehr anders geht, erklären Sie, was Sie vorhaben. Die Maske, die Sie vor dem Publikum tragen, hat manchmal wenig Ähnlichkeit mit Ihrem wirklichen Wesen. Eine starke und oft im verborgenen wirkende Phantasie bahnt den Weg für Ihr zwingendes Handeln. Manchmal haben Sie das Gefühl, daß Entscheidungen für Sie getroffen werden. Das ist der dynamische Punkt im Tierkreis, von dem Sie die Aktivität des Stiers beziehen. Diese Stellung gibt Ihnen die Kraft, Ungeduld zu unterdrücken und viel ertragen zu können. Ist Ihr Ärger aber einmal entflammt, so kann er sich bei Ihnen zu einer lähmenden Wut steigern, die sich in Ihrem Innern entlädt und Ihnen dadurch mehr schadet, als Ihren Ärger zu beseitigen.

Die Zwillinge-Aszendenten-Persönlichkeit

Gehören Sie zu den Menschen mit den Zwillingen als Aszendenten, so müssen Sie sich ständig beschäftigen, um glücklich zu sein. Sie brauchen Abwechslung und Vielfalt, sonst verliert das Leben für Sie seine Bedeutung. Sie führen ein Leben auf geistiger Basis, und Ihre Welt ist die Welt von Gedanken und Einfällen. Nicht ganz realistisch erwarten Sie von Ihrer Umwelt, daß sie sich genauso schnell bewegt wie Ihr Geist; deshalb langweilen Sie sich oft und sind rastlos. Sie sind ehrgeizig und wißbegierig, wollen Schlagfertigkeit und einen forschenden Verstand entwickeln. Mit diesem Rüstzeug ausgestattet, kommen Sie weiter und können sich in schwierigen Situationen verteidigen. Sie sind kein ausgeprägt physisches Wesen und bringen sowohl Ihren Körper als auch Ihren Verstand manchmal an den Rand der Erschöpfung. Gewöhnlich sind Sie schlank und gelenkig und können sich daher schnell und flink bewegen.

Sie sind verständnisvoll und empfindsam, erfassen schnell Gedanken und Einstellungen Ihrer Mitmenschen. Ihre klare Wahrnehmungsfähigkeit hält man fälschlicherweise oft für Intuition, aber im Grunde sind Sie ein intellektuelles Wesen. Von Natur aus idealistisch veranlagt, glauben Sie häufig, die Probleme der Welt lösen zu können – in Ihrem Kopf. Sie setzen sich gern praktisch für eine gute Sache ein, vor allem, wenn Sie damit beauftragt sind, Begeisterung zu entfachen und mit Briefen, Telefongesprächen und Ihrer Redebegabung Unterstützung zu gewinnen.

Sie genießen Vergnügungen und Abenteuer. Ihre reiche Phantasie arbeitet immer und versucht, Neuheiten bei Ihren Tätigkeiten einzuführen. Sie genießen alle Arten der geistigen Erholung, einschließlich Spiele, die den Verstand beanspruchen. Experimente und Forschung interessieren Sie. Erziehung und Bildung im weitesten Sinne reizen Sie, und Sie arbeiten sich oft in ein Gebiet ein, weil Sie es unterhaltsam finden, oder einfach, weil Sie gut informiert sein wollen. Wissenschaftliche Themen fesseln Sie, da Sie sich mit Fakten befassen, und Fakten scheinen Ihnen im Grunde wichtiger zu sein als Anschauungen. Sie sind außergewöhnlich anpassungsfähig und können Unterhaltung und Sprache auf die jeweilige Gesellschaft, in der Sie sich befinden, zuschneidern. Sie reden gern mit anderen. Ihre Mitmenschen erstaunt Ihre ausgeprägte Lebensfreude, und Ihre Bekannten fragen sich häufig, was Sie machen, um so jung zu bleiben und so jugendlich auszusehen. Genau wie »Peter Pan« werden auch Sie anscheinend nicht alt wie gewöhnliche Sterbliche. Solange der Funke der Begeisterung Sie anfeuert, scheinen Sie ewig weitermachen, von Vorhaben zu Vorhaben gehen zu können, ohne daß diese unendliche Vielfalt Anzeichen der Ermüdung hervorrufen würde.

Manchmal werden Sie besorgt, unruhig und unentschlossen, fürchten sich. Haben Sie nichts zu tun, sind Sie ungeduldig und verärgert. Durch Ihr empfindliches Wesen sind Sie leicht reizbar. Literarische Fähigkeiten sind Ihnen angeboren, und Sie lesen und schreiben gern. Sie besitzen eine rasche Auffassungsgabe, bewundern und genießen Musik, Malerei, Sprachen, Reisen und die meisten anderen Formen von Erneuerung und Erfindung. Sie sind durchaus in der Lage, mehrere Dinge gleichzeitig zu tun; so können Sie z. B. eine intelligente Unterhaltung führen und gleichzeitig mit Ihren Händen eine viel Geschicklichkeit erfordernde Tätigkeit ausüben.

Besitz und persönliche Sicherheit

Die besten Chancen, Ihr Einkommen zu vergrößern und Kapital aufzubauen, haben Sie, wenn Sie die Gefühle der Menschen ansprechen können, vor allem, wenn sie in den eigenen vier Wänden sind. Auf diese Art und Weise können Sie im Fernsehen, in Zeitungen und Zeitschriften, mit Büchern und im Radio Erfolg haben. Sie gäben auch einen geschickten Zauberkünstler ab. Für Werte haben Sie einen sechsten Sinn und könnten im Handel, vor allem als Bevollmächtigter oder Mittelsmann, ein Vermögen machen. Sie versuchen, Ihr Geld zusammenzuhalten, und werfen es nicht zum Fenster raus, es sei denn, sie jagen einem Vergnügen nach. Sie richten sich Ihr Zuhause gerne gemütlich ein und sorgen gut für Ihre Familie. Dadurch wirken Sie auf andere manchmal extravagant.

Kommunikation mit der Umwelt

Sie haben großes Talent zur Selbstdarstellung und können wie ein Showmaster die Aufmerksamkeit Ihrer Mitmenschen auf sich lenken. Sie können nicht nur fließend reden und schreiben, sondern wirken allein durch Ihr Auftreten und Ihre Gegenwart, egal auf welche Weise Sie sich mitteilen. Reden und Schreiben ist für Sie eine Kunst, die Ihre Mitmenschen nicht nur überzeugen, sondern Ihnen Bewunderung und Achtung einbringen soll. Sie sind der Journalist, der eine Exklusivstory anzubieten hat und gleichzeitig fähig ist, die Atmosphäre und Spannung zu vermitteln – ein amüsanter Geschichtenerzähler, unterhaltsamer Redner oder fesselnder Dozent. Von Ihrer Begeisterung lassen Sie sich manchmal mitreißen, übertreiben, stellen frei Erfundenes als Tatsache dar und sagen etwas Falsches.

Heim, Familie, Tradition

Sie sind ein ordnungsliebender Typ, und das sieht man Ihrem Zuhause an. Bei Ihnen herrscht Ordnung und Sauberkeit. Ihren Lebensunterhalt würden Sie lieber zu Hause verdienen, und dieser Gedanke spukt Ihnen oft im Kopf herum, während Sie systematisch versuchen, sich zu verbessern. Für Ihre Gesundheit ist Ihrer Meinung nach eine ruhige Umgebung wichtig, in der Sie sich schnell und wirksam von den Strapazen der ständigen Kommunikation mit der Außenwelt erholen können. Das Landleben gefällt Ihnen, solange Sie es nicht weit zur Stadt haben. Ihr Wesen ist viel tiefgründiger, als es Ihre manchmal vorlaute und leichtfertige Ausdrucksweise vermuten läßt. Mit Familienmitgliedern, die aus der Reihe tanzen, können Sie zu deren Nutzen recht hart umgehen.

Selbstdarstellung, Liebesleben, Vergnügen

Sie möchten, daß sich Ihre verschiedenen Aktivitäten ausgleichen, und bringen es auch fertig, Geselligkeit, schöpferische Leistung und Arbeit mit beträchtlichem Geschick zu verbinden. Es überfordert Sie nicht, am gleichen Tag zur Arbeit zu gehen, eine Party zu geben und etwas Kunstvolles herzustellen. Sie wollen sich immer gesellschaftlich korrekt verhalten, aber Sie sind für Ihre Ausbrüche bekannt, vor allem, wenn Ihre Spontanität und Begeisterung mit Ihnen durchgeht. Sie genießen die Gesellschaft von Künstlern und verstehen es, sich gut und geschmackvoll zu kleiden, entweder im traditionellen oder modernen Stil. Bei Kindern sind Sie beliebt und verstehen es gut, mit ihnen zu reden, anstatt auf sie einzureden. Was das Liebesleben betrifft, sind Sie im Grunde unstet, und es kann durchaus vorkommen, daß Sie zur gleichen Zeit zwei oder drei Affären haben.

Beruf und Gesundheit

Sie haben ein ausgesprochenes Talent dafür, Fakten aufzuspüren, und Sie können es in jedem Beruf, der diese Fähigkeit erfordert, zu etwas bringen. Sie eignen sich gut für Laborarbeiten, wissenschaftliche Forschungsprogramme, Psychiatrie, Psychologie und journalistische Untersuchungen. Mit der Schärfe eines Rasiermessers sezieren Sie Bagatellen und legen die darunterliegende Wirklichkeit bloß. In Ihrem Beruf sind Sie in der Lage, die den Zwillingen angeborene Oberflächlichkeit zu überwinden und sich stark zu engagieren. Große Anstrengungen machen Ihnen dann nichts aus. Nicht nachlassendes Bestreben kann auch neue Lebensgeister in Ihnen entfachen. Kollegen, die Sie provozieren, bekommen unter Umständen Ihre scharfe Zunge zu spüren.

Partnerschaften und Ehe

Sie heiraten in erster Linie aus geistigen, weniger aus physischen Gründen. Am glücklichsten sind Sie mit einem Partner, der intelligent ist und Ihre Anschauungen teilt. Das Sexuelle ist zweitrangig gegenüber dem Verständnis mit Ihrem Partner, gegenüber dem Gefühl, daß die Grenzen Ihres geistigen Horizonts dauernd durch den engen Kontakt zweier intelligenter Menschen erweitert werden. Sie lassen weder auf sich herumhacken, noch Ihre Freiheit einschränken, lieber bleiben Sie ledig. Sie brauchen einen Partner, der Ihre Angelegenheiten in die Hand nehmen kann und Ihnen die Zielstrebigkeit vermitteln, die Sie brauchen, ohne dabei Ihre Freiheit und Ihren Spielraum zur Selbstdarstellung einzuschränken. Das ist viel verlangt, aber als Gegenleistung bieten Sie dafür eine anpassungsfähige, geistreiche, unterhaltsame und hoffnungsvolle Persönlichkeit.

Gemeinsame Finanzen, Erbschaften, Sexualleben

Das Sexualleben hat bei Ihnen seinen festen Platz und steht im richtigen Verhältnis zu Ihren anderen Interessen. Auf diesem Gebiet haben Sie selten ernste Probleme; denn Sie sind kein gefühlsbetonter Typ, da Ihre Einstellung an den Tatsachen orientiert ist. Gewöhnlich dauert es sehr lange, bis Sie in den Genuß einer Erbschaft kommen; denn die Übertragung des Vermögens wird oft verzögert. Ihre Ansichten über ein Leben nach dem Tod sind konservativ, und Sie verspüren auch nicht den großen Wunsch, viel über den Tod nachzudenken. Ihr Interesse am Okkulten kann beträchtlich sein, und Sie wollen unbedingt die Wahrheit herausfinden. Es macht Ihnen Spaß, Schwindeleien aufzudecken.

Geistige Höherentwicklung und längere Reisen

In Glaubensdingen sind Sie selten ein Konformist*, denn Sie vertreten die Ansicht, daß die Wahrhei-

---

* = Ein Mensch, der sich der allgemein herrschenden Meinung anschließt.

ten, die in traditionellen Religionen enthalten sind, mit verstandesmäßigen Begriffen erklärt werden können und der ganze Hokuspokus nicht nötig sei. Sie glauben, daß die Kirchen mit der Zeit gehen sollten. Sie verspüren immer das dringende Verlangen, Ihre Gedanken mit so vielen Menschen wie möglich zu teilen und weite Reisen zu unternehmen, um Ihr Wissen zu verbreiten. Sie wollen fremde Kulturen verstehen, sie, wenn möglich, besuchen und eine Zeitlang mit ihnen leben, um aus erster Hand etwas über sie zu lernen. Sie tolerieren die Anschauungen anderer Menschen und versuchen nicht, sie zu Ihren Ansichten zu bekehren.

Öffentliches Ansehen, Karriere, Prestige

Ihr Hauptproblem besteht darin, sich zu entscheiden, was Sie mit dem Leben anfangen wollen. Sie können nämlich in fast jedem Beruf Karriere machen, der Sie interessiert, und das gibt Ihnen wenig Anreiz, länger bei einer Beschäftigung zu bleiben. Aber Sie finden anscheinend nie die Stelle, die Sie über längere Zeit zufriedenstellt. Sobald Sie wissen, daß Sie einen Beruf beherrschen, wird es Ihnen langweilig, und Sie möchten wieder wechseln. Ihre Vielseitigkeit nutzen Sie oft, um mehrere Berufe gleichzeitig auszuüben. Unter Umständen wechseln Sie von einer Stelle zur anderen und suchen nach der »goldrichtigen«, die Sie ganz und gar ausfüllt. Einige von Ihnen würden sich lieber ohne Ziel dahintreiben lassen, als sich mit einer langweiligen, eintönigen Arbeit zufriedenzugeben. Ihre Suche nach einem Traum kann deshalb Ihre unmittelbaren Chancen auf Anerkennung und Ruhm schmälern.

Freunde, Geselligkeit, Hoffnungen, Wünsche

Freundschaft ist einer der wichtigsten Bereiche in Ihrem Leben. Sie haben viele Freunde, mit denen Sie ständig in Verbindung sind. Freundschaft ist gleichbedeutend mit Vielfalt, Abwechslung, Unterhaltung, Anregung, Bewegung, Diskussion – alles Dinge, die Sie mögen. Da dieser Bereich der Punkt im Tierkreis ist, der die Aktivität des Zwillings durch Unternehmungslust verursacht, fällt es Ihnen außergewöhnlich leicht, Bekanntschaften zu schließen. Sie lernen die richtigen Leute kennen, verstehen es, sich die Unterstützung Ihrer Mitmenschen zu sichern, und sind besonders erfolgreich, wenn Sie gemeinsame Unternehmungen in die Wege leiten können. Um andere Menschen zu treffen, treten Sie Vereinen bei; haben Sie dann aber neue Bekanntschaften gemacht, ziehen Sie sich oft wieder zurück. Oft verschwenden Sie Ihre Energie, weil Sie Ihre Unterstützung zu vielen Vorhaben gleichzeitig gewähren und Ihnen die Puste ausgeht, bevor Sie eines davon zu Ende gebracht haben.

Verborgene Motive, selbstloser Einsatz, Psyche

Obwohl Sie es nicht zeigen, überfällt sie oft das Gefühl der materiellen Unsicherheit. Sie versuchen vielleicht, eine gewisse Gleichgültigkeit gegenüber den Dingen dieser Welt zu zeigen, aber im Innern machen Sie sich Sorgen um Ihr Bankkonto und versuchen, für magere Zeiten etwas Geld auf die hohe Kante zu legen. Diese unbestimmte Angst in finanziellen Dingen ist zum großen Teil verantwortlich für Ihre, von Merkur verursachte, Vielseitigkeit. Unbewußt gehen Sie davon aus, daß, je mehr Fähigkeiten und Talente Sie entwickeln und zur Verfügung haben, die Chance geringer ist, harte Zeiten zu erleben. Manchmal weichen Ihre Methoden jedoch vom rechten Weg ab.

Die Krebs-Aszendenten-Persönlichkeit

Wenn das Zeichen des Krebs zur Stunde Ihrer Geburt am Horizont aufstieg, so sind Sie wechselnden Stimmungen und Gefühlen unterworfen. Sie sind äußerst empfindlich und ziehen sich schnell in Ihren Panzer zurück. Sie wissen, was es heißt, verletzt zu werden, und unternehmen alles, um Ihre Lieben, besonders Ihre Familie, vor schmerzlichen Erfahrungen zu schützen. Um Ihre Mutter oder andere mütterliche Personen in Ihrer Familie kümmern Sie sich besonders. Obwohl durch Umstände die Verbindung zu ihnen abbrechen kann, hören Sie niemals auf, sich um sie zu sorgen. An Ihre Kindheit erinnern Sie sich genau, egal ob sie glücklich oder weniger glücklich verlaufen ist; Sie müssen einfach über die Vergangenheit nachdenken.

Sie sind ein gefühlsbetonter, verständnisvoller und ziemlich gesprächiger Mensch. Ihre Phantasie ist reich und erfinderisch. Zuerst empfinden Sie, danach erst denken Sie; Nachdenken ist für Sie fast überflüssig. Ihre Ideen treten in der Form von lebhaften »Gefühlsbildern« auf, mit denen Sie sich entweder schmerzlich oder mit Vergnügen identifizieren. Obwohl Sie Ihr Zuhause lieben, sind Sie eher ein Wandervogel und bringen es vielleicht nie fertig, seßhaft zu werden. Wenn Sie sich eine Wohnung auf Dauer einrichten, packen Sie wahrscheinlich nach zwei, drei Jahren Ihre Sachen und ziehen wieder um.

Sie haben ein sehr gutes Gedächtnis, vor allem für familiäre und geschichtliche Ereignisse. Dabei merken Sie sich eher Gefühle als Gedanken. Da Sie sich stark zur Vergangenheit hingezogen fühlen, ist das vielleicht der Grund für Ihr hervorragendes Gedächtnis. Sie lieben Eigentum und arbeiten fleißig, um es zu erwerben. Sie stellen keine großen Ansprüche, können sehr sparsam, sogar spärlich mit Geld umgehen. Dabei reisen Sie gern und besuchen gern Leute in deren Zuhause; vor allem bei Verwandten kreuzen Sie hin und wieder unerwartet auf. Neuheiten und Abwechslung reizen Sie in fast jeder Form. Obwohl Sie gewissenhaft mit Geld umgehen, werden Sie oft betrogen, denn in Ihrer verständnisvollen Art fällt es Ihnen schwer, einen Menschen, der Sie um Hilfe bittet oder in Not zu sein scheint, zurückzuweisen. Aber Sie haben einen sehr hartnäckigen Zug an sich, der sich auf verschiedene Art zeigt, aber besonders hervortritt, wenn Sie die Rolle des Beschützers übernehmen.

Druck können Sie nicht ertragen. Sie können den Eindruck überheblicher Selbstsicherheit und Härte vermitteln und für einen begrenzten Zeitraum durchaus mit den Besten mithalten, aber dann müssen Sie sich aus dem Staub machen und nach einem warmen und sicheren Versteck suchen, in dem Sie Ihr Selbstbewußtsein in Ruhe wiederherstellen können. Sie tun fast alles, um sich nicht der Kritik auszusetzen und der Lächerlichkeit preiszugeben. Daher sind Sie ziemlich an Konventionen gebunden und vorsichtig. Wahrscheinlich üben Sie einen Beruf aus, der Sie mit der Öffentlichkeit in Berührung bringt. Sie genießen Lob und Beifall; und deshalb gehen Sie überaus diplomatisch vor. Sie lieben die Schönheit und haben gewöhnlich übersinnliche und mediale Fähigkeiten.

Besitz und persönliche Sicherheit

Sie wollen erfolgreich sein, um angemessen für Ihre Kinder sorgen zu können. Im Tierkreis sind Sie einer der wahren Sammler, denn Sie sammeln gern Kunstgegenstände, schöne Dinge und Antiquitäten. Diese stellen Sie dann mit Vorliebe zu Hause auf, damit andere Leute sie auch sehen können. Ihre Sammlungen sind oft wertvoll, aber das ist keine notwendige Voraussetzung; Sie sind ebenso in der Lage, mit der gleichen Liebe und dem gleichen Vergnügen ganz wertlose Gegenstände zu sammeln, denn Objekte gleich welcher Art vermitteln Ihnen das beruhigende Gefühl materieller Sicherheit. Es berührt Sie schmerzlich, wenn etwas von Ihrem Besitz zerbrochen oder zerstört wird. Zum Glück tut Ihnen eine von Gefühlen verursachte Wunde nicht allzulange weh.

Kommunikation mit der Umwelt

Sie sehen recht skeptisch in die Zukunft und suchen deshalb Zuflucht in der Vergangenheit, denken viel an die »guten alten Zeiten« und reden von ihnen. Sie glauben, daß die traditionellen Werte erstrebenswerter waren als die derzeit gültigen. Sie berufen sich gern auf Präzedenzfälle, sind stolz auf Ihre patriotische Einstellung. Sie sind oft sehr kritisch gegenüber den Vorstellungen anderer und versuchen, sie auf den richtigen Weg zurückzubringen. Sie möchten das Gefühl haben, daß Sie und Ihre Kameraden gesunde Nahrung essen, sammeln Ernährungsratgeber und Artikel über dieses Thema, um allen Betroffenen zu helfen. Sie haben ein scharfes Auge für anschauliche Details. Sie sehen Ihre Probleme selbst immer viel zu kompliziert und machen sich unnötigerweise zu große Sorgen.

Heim, Familie, Tradition

Für Sie ist Ihr Heim der Eckpfeiler Ihres Lebens; so sehr Sie aber an Ihrer Familie hängen, Sie würden lieber allein in Ihrem Haus leben, als daß darin Zwietracht und Uneinigkeit herrschen. Sie möchten die Harmonie in Ihrer Umgebung bewahren, und um dies zu erreichen, sind Sie taktvoll und diplomatisch gegenüber denen, die mit Ihnen leben. Gelingt es Ihnen nicht, das von Ihnen gewünschte Gleichgewicht herzustellen, gehen Sie zeitweise außer Haus oder schließen sich in Ihr Zimmer ein. Sie verbringen viele Stunden in Ihrer Freizeit damit, Ihr Heim zu verschönern und es zu einem noch gemütlicheren Ort zu machen. Sie möchten, daß man gut über Sie denkt und spricht.

Selbstdarstellung, Liebesleben, Vergnügen

Sie sind in der Lage, künstlerisch wertvolle Werke zu schaffen, doch um dies zu erreichen, müssen Sie diese seltsame Neigung, an sich selbst immer zuletzt zu denken, die sich in der besitzergreifenden Liebe zu Ihren Angehörigen, besonders Ihren Kindern, zeigt, erst einmal überwinden. Sie übernehmen gern die Rolle eines Wachhundes, der über sie »wacht«, sich um sie sorgt, und durch diese nach innen gerichtete Konzentration Ihrer gefühlsbetonten Kräfte verringern Sie Ihr schöpferisches Feuer und Ihre Inspirationen. Im Liebesleben neigen Sie zu geheimen Affären, werden durch den Gedanken an das Naschen von verbotenen Früchten erregt und ignorieren wissentlich die schmerzlichen Konsequenzen, die auftreten können. Sie können schwer an Eifersucht leiden, was häufig durch heftige Leidenschaft ausgeglichen wird.

Beruf und Gesundheit

Als Arbeitnehmer zeichnet Sie eine optimistische Einstellung aus, die es Ihnen ermöglicht, gutgelaunt mit beträchtlicher Detailarbeit fertig zu werden. Solange Sie glauben, daß das, was Sie tun, nützlich und ein Schritt zu größeren Aufgaben in der Zukunft ist, gehen Sie sehr sorgfältig vor. Sie sind ein fleißiger Arbeiter, der beim Organisieren und Planen die Erfahrungen der Vergangenheit mit beträchtlichem Scharfsinn einsetzt, um die auf Sie zukommenden Probleme zu umgehen. So sehr Sie emotionsgeladene Szenen verabscheuen, Sie scheinen immer in Kabbeleien und Streitigkeiten unter Arbeitskollegen mit hineingezogen zu werden. Für Ihre Gesundheit ist es wichtig, daß Sie nicht essen, wenn Sie sich in einem Gefühlsaufruhr befinden.

Partnerschaften und Ehe

Sie nehmen die Ehe sehr ernst und erwählen sich häufig einen Partner, der hilflos, träge oder dem Leben nicht ganz gewachsen ist. Ihr angeborenes Verlangen zu umsorgen und zu schützen, bringt Sie dazu, Verantwortungen zu übernehmen, die andere nie tragen würden. Häufig finden Sie sich in der Rolle der leidenden Ehefrauen und -männer, obgleich es nicht Ihre Art ist, sich zu beklagen. Sie entwickeln den Ehrgeiz, daß auch Ihr Partner in der Welt vorankommt, und tun alles in Ihrer Macht Stehende, um ihn zu ermutigen und ihm zu helfen. Die Krebs-Frau ist eine ausgezeichnete Ehegefährtin für Männer, die um den Aufstieg in eine Spitzenposition kämpfen – besonders in solchen Berufen, die von der Unterstützung der Öffentlichkeit abhängen. Eine Karriere-Frau könnte keinen verläßlicheren Helfer als den Krebs-Ehemann finden.

Gemeinsame Finanzen, Erbschaften, Sexualleben

Sie entwickeln fortschrittliche und originelle Ideen über Sex und die Gemeinschaft, sind der entschiedenste Befürworter einer aufgeklärten Einstellung zu Themen wie Abtreibung, Homosexualität, die Pille für Teenager usw., Themen, die man früher nur hinter vorgehaltener Hand und nicht in feiner Gesellschaft diskutierte. Sie können auch einige recht freie Gedanken über den Tod und das Leben danach vertreten und an Forschungsgruppen teilnehmen, die okkulte und metaphysische Erfahrungen untersuchen. Ihre Einstellung zur Eigentumsverteilung ist ziemlich unkonventionell, und Sie könnten sich eine Existenz in einer Art Kommune als Mittel zur Erleichterung des menschlichen Loses vorstellen.

Geistige Höherentwicklung und längere Reisen

Bei einigen entwickelten Krebs-Typen sind Erfahrungen des höheren Bewußtseins nicht selten. Mit dem gleichen, wenn nicht sogar mit mehr Eifer als Ihr Mitmensch gehen Sie daran, Ihre weltlichen Ziele zu verwirklichen, doch schließlich müssen Sie entdecken (wie Sie es schon oft vermutet hatten), daß Ihre persönliche Erfüllung im Dienen und in der Aufgabe egozentrischer Wünsche liegt. Sie haben wenig übrig für orthodoxe Religionen und vermeiden Diskussionen mit dogmatischen Leuten. Sie sind ein Mensch, der wirklich meditiert, ein vergeistigter Pragmatiker. Weniger entwickelte Krebs-Typen können sich in Träumen, Wunschdenken und dem Bedauern verlieren.

Öffentliches Ansehen, Karriere, Prestige

Sie sind ein Mensch, der mit einem gewissen Rhythmus leben muß, mit dem Auf und Ab eines empfindsamen und zurückgezogenen Wesens mit einem instinktiven, nach außen gerichteten Drang. Sie sind ehrgeizig und mehr darauf aus voranzukommen, als manche andere, die weniger zurückhaltend erscheinen als Sie. Von Anfang an sind Sie entschlossen, sich einen Namen zu machen, und die Tatsache, daß es Ihnen nicht immer gelingt, sagt nichts über Ihre Anstrengungen oder Ihre Ausdauer aus. Ihr häufig recht aggressiver Trieb hilft Ihnen, fehlendes Selbstvertrauen und mangelnde natürliche Reserven zu kompensieren. Sie bringen es oft in Berufen zu etwas, die mit dem Meer zu tun haben, oder in solchen, die die Gelegenheit zu Reisen, insbesondere nach Übersee, bieten.

Freunde, Geselligkeit, Hoffnungen, Wünsche

Freundschaften sind eine der Hauptstützen Ihres Lebens; Ihre Freunde wirken wie ein Puffer zwischen Ihnen und den Realitäten der Welt um Sie herum. Wenn Sie aus Ihrer Haustür treten, möchten Sie das Gefühl haben, es gibt genug freundliche und behagliche Orte, wo Sie hingehen können. Sie stürzen sich mit bemerkenswerter Aggressivität mitten in den Kampf des Daseins, doch wenn der Tag vorüber ist, heilen Sie Ihre seelischen Wunden durch den Kontakt mit Ihren Freunden. Sie helfen Ihren Freunden sehr gern und sind der erste, der ihnen Geld leiht, falls Sie es haben. Sie geben auch gern Geld für Ihre Freunde aus. Sie binden sich mit großer Zuneigung an Ihre Kameraden und schließen häufig Freundschaften, die ein Leben lang halten, denn Sie sind besonders treu und fürsorglich. Sie lieben die Wärme, die Gruppen Ihnen geben können, und die Gelegenheit, die sie Ihnen bieten, Ihren Einflußbereich durch Diskussionen zu vergrößern.

Verborgene Motive, selbstloser Einsatz, Psyche

Obwohl sie unbedingt Freunde brauchen, können Menschen mit Krebs-Aszendenten zu den Einsiedlern zählen. Die Intensität Ihrer Gefühle, die auf eine phantasievolle Veranlagung wirkt, sorgt für ein inneres Leben, das so reich ist, daß Sie selbstgenügsam werden können. Sie lernen mehr durch das Beobachten von Menschen und Situationen als durch eine formale Ausbildung. Sie brauchen Zeiten der inneren Einkehr, der selbstprüfenden Erforschung Ihrer Seele. Ihre abstrakteren Ideen geraten in Konflikt mit Ihrer empfindsamen Natur, und während Sie die Widersprüche ausräumen, vermitteln Sie den Eindruck, launisch zu sein. Sie besitzen starke übersinnliche Kräfte und mediale Fähigkeiten; gefühlsmäßige Eingebungen entsprechen Ihrem Wesen eher als konzentriertes Denken.

Die Löwe-Aszendenten-Persönlichkeit

Sie lieben Macht und Würde, sind dort am erfolgreichsten, wo Sie Autorität besitzen. In der Regel nehmen Sie auch eine hohe und verantwortliche Position im Management oder in der Geschäftsleitung ein. Sie haben die Gabe, andere zu großen Leistungen anzuspornen – wenn Sie dabei nicht überschnappen; denn in diesem Fall würden Sie andere in den Ruin führen. Sie sind ehrgeizig, selbstbewußt und furchtlos, und obwohl Sie reizbar und schnell verärgert sind, vergeben Sie ebenso schnell und tragen niemandem etwas lange nach.

Sie besitzen viel Energie, können sie ohne Einschränkung in jede Tätigkeit investieren, die Ihre Sympathien hat oder Ihr Interesse weckt, und aus diesem Grund laufen Sie stets Gefahr, damit zu übertreiben (schon mancher, der im Zeichen Löwe geboren wurde, hat sich totgearbeitet). Obwohl Sie in der Regel körperlich robust sind, gibt es eine Grenze, bis zu der Sie gehen können, ohne Ihre Gesundheit zu untergraben. Sie setzen große Hoffnungen auf die Zukunft. Solange es Ihnen gutgeht, sind Sie extrovertiert, großmütig und verstreuen Ihr Wohlwollen in alle Himmelsrichtungen. Erleben Sie weniger rosige Zeiten, so machen Sie sich gleich ernste Sorgen und scheinen sich von allen anderen Aktivitäten zurückzuziehen, um sich einem einzigen Problem zu widmen. Sie vernachlässigen dabei nicht Ihre Pflichten; Sie beabsichtigen nur, alle Ihre Kräfte zu sammeln, um das Problem, das Sie beschäftigt, anzugreifen. Sie können es beinahe nicht erwarten, ein Problem in den Griff zu bekommen und es zu beseitigen. Wenn es zu einem ruhigen und friedvollen Leben führt, so besitzen Sie auch die Stärke, beträchtliche Unannehmlichkeiten und Schmerzen auf sich zu nehmen. Wie der Löwe, der zum Symbol dieses Zeichens geworden ist, sind Sie ein großer Kämpfer, doch brauchen Sie auch die ruhigen Stunden, in denen Sie träge in der Sonne liegen können.

Noch eine Parallele zum König der Tiere: Wie er

sind Sie von edlem Wesen, strahlen Würde und Unbescholtenheit aus. Sie sind ein Menschenfreund, mildtätig und treu. Häufig bringt man Ihnen Gunstbezeugungen entgegen, als ob Sie ein Anrecht darauf hätten, doch mit einer großzügigen Geste lehnen Sie sie ab. Sie sind gebieterisch und übernehmen gern das Kommando; meist beherrschen Sie den gesellschaftlichen Bereich, in dem Sie sich bewegen. Sie sind ein attraktiver, lebhafter Mensch und streben eine Führungsrolle an, als wäre dies die natürlichste Sache der Welt. Sie sind gutmütig, großzügig, aber auch unabhängig, nehmen kein Blatt vor den Mund und schockieren manchmal mit Ihrer brutalen Offenheit. Ihr Ziel, durch Ihre Führungsqualitäten anderen Freiheit zu gewähren, verkümmert bisweilen zu einem Machtkomplex, der in eine arrogante Diktatur mündet. Nichts erfreut Sie mehr als ein bewunderndes Publikum.

Besitz und persönliche Sicherheit

Was Geld angeht, so legen Sie ein gegensätzliches Verhalten an den Tag. Sie haben ausgefallene Wünsche, und trotzdem sind Sie beim Geldausgeben vorsichtig. Sie können jeden Pfennig gewissenhaft auf die hohe Kante legen und dann plötzlich alles (nun, beinahe alles) an einem Abend auf den Kopf hauen oder sich einen sündhaft teueren Luxusartikel kaufen. Ihnen macht es Spaß, mit Geld zu manipulieren und mit Ihren Konten zu jonglieren: Manchmal balancieren Sie auf dem schmalen Grat zwischen einem angenehmen Leben und dem Bankrott mit einer Gewandtheit, die weniger selbstbewußten Leuten einen Schauer über den Rücken jagt. Aber in der Regel wissen Sie, was Sie tun, und haben Ihre finanziellen Mittel und Reserven bis auf den letzten Pfennig durchkalkuliert. Kommen Sie tatsächlich einmal in Geldschwierigkeiten, dann machen Sie sich unaufhörlich Sorgen und schaden dadurch Ihrer Gesundheit.

Kommunikation mit der Umwelt

Da Sie es gern sehen, wenn die Leute Ihren Ideen zustimmen, ist es ein Glück, daß Sie gewöhnlich ein Meister der Überredungskunst sind. Sie sind der ideale Verkäufer oder Vertreter. Mit Ihrer artikulierten und geschliffenen Sprechweise verstehen Sie es, Ihre Begeisterung durch die Lebendigkeit Ihrer Darstellung auf andere zu übertragen, sind dabei auch taktvoll und galant. Da Sie in der Regel auch selbst an das glauben, was Sie empfehlen, wirken Sie vertrauenerweckend; Sie riskieren sogar eine Auseinandersetzung, um Ihre Ansicht durchzusetzen. Auf der anderen Seite verpufft diese Ausstrahlung, wenn Sie nicht an Ihre Worte glauben, und Sie sind dann sehr leicht zu durchschauen. Sie streben Harmonie in Ihrer unmittelbaren Umgebung an und können sogar so weit gehen, gleichgesinnte oder ineinander verliebte Menschen zusammenzubringen.

Heim, Familie, Tradition

Sie wollen unbedingt der Herr (oder die Herrin) im Haus sein, und hierin liegt wahrscheinlich auch der Grund, weshalb viele Löwe-Typen sich keines allzu glücklichen Zuhauses erfreuen können. Sie sind gebieterisch und sich der Würde eines edlen Familienstammbaums sowie der Vorteile einer guten Erziehung sehr deutlich bewußt. Wissen Sie nichts über Ihre Vorfahren, so gründen Sie eben Ihre eigene Dynastie, mögen Ihre Verhältnisse auch noch so bescheiden sein. Sie sind ein stolzer Nachkomme bewunderter Ahnen, nehmen dunkle Punkte in der Familiengeschichte nicht zur Kenntnis und hoffen, daß sie sich von selbst auflösen. Sie führen ein strenges (Familien-)Regiment und erwarten die bedingungslose Loyalität und Unterstützung aller Ihrer Angehörigen.

Selbstdarstellung, Liebesleben, Vergnügen

Ihr angeborener Wunsch nach Anerkennung ermöglicht es Ihnen, beträchtliche Leistungen von hohem Niveau zu erbringen, und obwohl dieser zwanghafte Wunsch manchmal zu Angeberei und Effekthascherei entartet, werden Sie von den gleichen Kräften dazu getrieben, Ihre künstlerischen und feineren kreativen Fähigkeiten zu nützen. Sie geben sich niemals mit dem Erreichten zufrieden; Sie sind stets der Überzeugung, daß weit größere Möglichkeiten in Ihnen stecken – und auch in anderen. Sie sind besonders dafür geeignet, Kindern erhabene Ideen einzuprägen und ihre Entwicklungsmöglichkeiten zu wecken, und deshalb zeichnen Sie sich in der Elternrolle oder als Lehrer aus. Sie spielen gern – um Geld, in der Liebe, mit Ihrem Können... und sogar mit Ihrem Schicksal.

Beruf und Gesundheit

Ihr großes Verantwortungsgefühl, das Sie in jedem Beruf beweisen, den Sie ergreifen, macht Sie zu einem sehr gewissenhaften und fleißigen Arbeiter, und Ihre Fähigkeit, mit schöpferischer Inspiration hart zu arbeiten, zusammen mit Ihren angeborenen Führungsqualitäten, bietet meist die Gewähr dafür, daß Sie auch an die Spitze kommen. Obwohl Sie ehrgeizig sind, werden Sie hauptsächlich vom Wunsch vorangetrieben, eine Arbeit um ihrer selbst willen gut zu erledigen. Die Tatsache, daß Sie sich dann in der Bewunderung anderer Leute sonnen können, ist eine versteckte Motivation. Durch Überarbeitung kann Ihre Gesundheit leiden; die besonders gefährdeten Bereiche sind das Herz und der Rücken. Ihr Selbstvertrauen läßt Sie manchmal Ihre physische und geistige Ausdauer überschätzen.

Partnerschaften und Ehe

Es ist nicht leicht, mit Ihnen verheiratet zu sein, obwohl Sie hingebungsvoll und entwaffnend großzügig sein können. Sie erwählen sich oft den falschen Partnertyp. Sie lieben die Unabhängigkeit und Freiheit, und falls Sie sich einen Partner suchen – wie Sie es gewöhnlich tun –, der ähnliche Charaktereigenschaften besitzt, dann sprühen die Funken. Ihr gebieterisches Wesen macht es Ihnen schwer, die Verantwortung im Heim mit jemandem zu teilen. Sie brauchen den Untertan und Gefährten in einer Person. Oft fühlen Sie sich zu einem künstlerisch veranlagten Typ hingezogen, doch ist dessen Temperament eher für Rebellion als Unterwürfigkeit bekannt. Sie brauchen einen intelligenten Partner, der scharfsinnig und ernst genug ist, Ihnen die in relativ harmlosen Dosen zu verabreichenden Ehrbezeugungen entgegenzubringen, die Sie als Gegenleistung für Ihre königliche Großzügigkeit brauchen.

Gemeinsame Finanzen, Erbschaften, Sexualleben

Ein gewisses Opfer und Schmerz begleiten häufig die Erfahrungen des Löwen, die er macht, wenn er mit jemandem etwas teilt. Ihr höheres Ziel ist, wie es dem Kind aus dem der Sonne eigenen Zeichen geziemt, mit der ganzen Menschheit zu teilen. Sie müssen lernen, dem natürlichen Drang zu widerstehen, Ihre Energien und Leidenschaften auf die Befriedigung persönlicher Wünsche und Begierden zu verschwenden. Sie müssen, oft nach langem Leiden, zu Höhen des Mitleids aufsteigen, wo Sie sich in der Sorge für Ihren Mitmenschen und nicht in der um Ihr oberflächliches Ich erneuern können. Sie erreichen dies durch intensive Hingabe an künstlerische Tätigkeiten. Erbschaften sind oft von verwirrenden und ungeordneten Umständen umgeben, und es kann ein langer Kampf um Ihr, wie Sie glauben, rechtmäßiges Erbe werden, sei es nun Eigentum, ein Titel oder die Geltendmachung Ihres Familiennamens. Der Löwe-Mensch hat in der Regel Erfolg mit allem, was er unternimmt.

Geistige Höherentwicklung und längere Reisen

Ihr tiefwurzelnder Optimismus gründet sich hauptsächlich auf den Glauben an sich selbst, und dieser wiederum wird häufig von der Überzeugung getragen, daß Sie eine vorbestimmte Rolle erfüllen und von inneren Kräften geleitet werden, die Sie nicht erklären oder verstehen müssen. Es ist dieser entweder bewußte oder unbewußte Glaube, der Sie in die Lage versetzt, in praktisch jeder Situation eine Autorität verleihende oder führende Position einzunehmen. Das sogenannte göttliche Recht der Könige ist ein Postulat, das Ihnen einleuchtet. Sie reisen gern in ferne Länder, doch sind Sie kein neugieriger Tourist. Um eine Reise lohnenswert für Sie zu machen, müssen Sie das Gefühl haben, daß sie einen höheren Zweck erfüllt als bloßes Abhaken von Sehenswürdigkeiten.

Öffentliches Ansehen, Karriere, Prestige

Sie lieben die Insignien der Macht. Sollten Sie einmal Bürgermeister werden, so tragen Sie bei jeder Gelegenheit die goldene Amtskette spazieren. Sobald Sie es sich leisten können, umgeben Sie sich mit Statussymbolen. Neben künstlerischen spielen bei der Auswahl dieser Dinge auch praktische Erwägungen eine Rolle, da Sie Brauchbarkeit schätzen, solange Sie durch sie nicht in Ihrer Entfaltung gehindert werden. Haben Sie eine Stellung erreicht, die Ihnen Macht verleiht, so werden Sie heftigen Widerstand leisten, wenn man Ihnen nahelegen sollte zurückzutreten. Als Vorgesetzter können Sie sich recht kumpelhaft geben, solange die anderen nicht vergessen, daß Sie trotzdem der

Boß sind. Wenn Sie lernen, Aufgaben zu delegieren, tun Sie damit Ihrer Gesundheit einen Gefallen.

Freunde, Geselligkeit, Hoffnungen, Wünsche

Sie brauchen ein bunt gemischtes Publikum in Ihrer Umgebung, das Ihnen geistige Anregungen vermittelt und Sie daran hindert, sich zu starre Ansichten zuzulegen. In der Regel haben Sie intelligente und lebhafte Freunde, die Ihnen als Bewunderer vielleicht aber etwas zu treu ergeben sind. Viele Ihrer Gefährten sind jung, gerissen und blicken zu Ihnen auf, und in dieser Gesellschaft erlauben Sie es mit amüsiertem, mütterlichem oder väterlichem Wohlwollen, daß andere neben Ihnen glänzen. Sie sind großzügig gegenüber Ihren Freunden und sehr sorgfältig bei der Auswahl Ihrer engsten Vertrauten. Manchmal schließen Sie sich Gruppen an, die humanitäre Ziele verfolgen, und übernehmen vorzugsweise organisatorische Aufgaben. Philosophische Bewegungen und Seminare reizen Sie ebenfalls, aber nur insofern, als Sie dort Ihre eigenen abstrakten Ideen formulieren können; Sie könnten aber wohl eine eigene »Schule« begründen.

Verborgene Motive, selbstloser Einsatz, Psyche

Manchmal fühlen Sie sich vernachlässigt und nicht anerkannt, was Sie dazu veranlaßt, sich schmollend in sich zurückzuziehen, wobei Ihr alles in den Schatten stellender Stolz es Ihnen verbietet, die Gründe dafür anzugeben (solche Engstirnigkeit ist eines Königs eigentlich nicht würdig, oder?), so daß sich jedermann in Ihrer Umgebung etwas unbehaglich fühlt, ohne ganz zu verstehen, weshalb. Wenn Sie sich noch nicht mit einem Lebensziel identifiziert haben, geben Sie sich möglicherweise prunkvollen Tagträumen hin. Sie können anderen sehr selbstlos dienen, doch werten Sie diesen Charakterzug manchmal selbst dadurch ab, daß Sie zu offensichtlich Beifall und Lob anstreben; Sie würden Zeit und Geld opfern, aber nicht Ihr Anrecht auf Anerkennung und Aufmerksamkeit. Sie leiden am schwersten, wenn diese Beifallsbezeugungen nicht sofort erfolgen.

Die Jungfrau-Aszendenten-Persönlichkeit

Ist das Zeichen Jungfrau Ihr Aszendent, so sind Sie ein Mensch mit ungewöhnlich viel gesundem Menschenverstand. Sie sind von Grund auf ein recht aktiver Denker und streben danach, Ihre Ideen auch zu verwirklichen statt sie ungenutzt in Ihrem Gehirn herumspuken zu lassen. Sie möchten in Ihrer Umgebung »aufräumen«, die Dinge an ihren richtigen Platz stellen und die Menschen auf den rechten Weg bringen; deshalb hält man Sie oft für überkritisch und zu anspruchsvoll. Sie können sehr gut mit Details umgehen und betrachten sie als erste, wichtige Bausteine zur Errichtung der Ordnung, die Sie so lieben.

Sie bringen besonders gute Leistungen bei Arbeiten, die Präzision und spezielle Fertigkeiten erfordern. Man kann bei Ihnen sicher sein, daß Sie Ihre Hausaufgaben gemacht und die einzelnen Abläufe und Verfahren genau durchdacht haben, bevor Sie mit etwas beginnen. Sie lernen bereitwillig und schnell und besitzen eine beeindruckende Ausdauer. Sie können ein fähiger Buchhalter, Bankangestellter, Sekretär oder persönlicher Assistent sein. Ihre äußerst praktische Sicht der Dinge macht Sie aber auch zu einem guten Arbeiter in profaneren Berufen, so als Vorarbeiter, Hausfrau, als Faktotum in einer Institution, Gehilfe usw. Sie sind nicht leicht zufriedenzustellen, und obwohl Sie eine konservative Einstellung haben, machen Sie sich zu viele Gedanken und sorgen sich oft zu sehr um Ihre Angelegenheiten. Sie möchten wohlhabend sein, sind sparsam und klug im Umgang mit Geld und strengen sich beträchtlich an, um Ersparnisse anzusammeln. Wegen Geld würden Sie es nicht zu einem Krach kommen lassen, doch Sie machen anderen recht deutlich klar, daß Sie wissen, was los ist. Sie schützen vorsichtig Ihre Interessen und werden sich nicht auf finanzielle Abenteuer einlassen, ohne alles gründlich durchdacht zu haben. Sie werden auch die Interessen anderer gut vertreten, was Sie zu einem wertvollen und vertrauenswürdigen Mitarbeiter, Vermögensverwalter oder Kompagnon macht.

Sie streben nach Perfektion, nicht so sehr in sich selbst, sondern in der Welt um Sie herum, möchten alles ordentlich an seinen Platz stellen und gehen dabei sehr methodisch und geschickt vor. Ihr Ordnungssinn macht auch vor Ihren Gefährten nicht halt, und Sie versuchen oft, sie zu bessern, indem

Sie ihnen ihre Fehler aufzeigen, worüber sie sich aber trotz Ihrer guten Absichten meist ärgern. Wenn Sie Ihren Hang zu Kritik nicht einschränken, kann er sich zu oberflächlicher Nörgelei auswachsen. Sonst bleiben Sie lieber etwas im Hintergrund, sind bescheiden und ein ziemlich nervöser Typ, dem irgendwie das Selbstvertrauen fehlt. Sie kleiden sich adrett, aber nicht auffällig, sind diplomatisch, scharfsinnig – und, wenn Sie wollen, taktvoll. Als Mensch, der sich viele Gedanken macht, befassen Sie sich gern mit den Problemen gesunder Ernährung und der Hygiene. Sie sind oft ein begeisterter Koch mit einer besonderen Vorliebe für Nahrungsmittel und Gerichte, die der Gesundheit förderlich sein sollen.

Besitz und persönliche Sicherheit

Sie verdienen Ihr Geld in geschäftlichen Partnerschaften und durch Arbeit mit anderen oder für andere. Sie arbeiten nicht gern allein, sind dann am glücklichsten, wenn Sie Ihren Lebensunterhalt in einem Beruf verdienen können, in dem Sie einen klar vorgezeichneten Kurs verfolgen und mit beträchtlichem Fingerspitzengefühl Ihre Fähigkeit, Details auszuwählen und sinnvoll in ein Gesamtbild einzubringen, einsetzen können. Sie wären der geeignete zweite Mann nach einem Spitzenmanager. Sie möchten nur erstklassige Dinge besitzen und lassen lieber einen günstigen Kauf aus, als sich vielleicht ein schlecht gearbeitetes Stück von minderer Qualität einzuhandeln. Sie wissen, daß man sich auf Sie verläßt, daß Sie Ihre Arbeit zu vollster Zufriedenheit erledigen, und sehen deshalb keinen Grund, weshalb Sie nicht das Gleiche von anderen erwarten sollen. Sie sind ein guter Finanzplaner und geben sich Mühe, von Ihrem Verdienst immer etwas zu sparen. Die Extravaganzen anderer Leute beunruhigen Sie sehr, wenn dadurch Ihre eigenen Finanzen durcheinandergebracht werden.

Kommunikation mit der Umwelt

Ihre Beobachtungen sind oft äußerst genau: Sie haben die Gabe, menschliche Eitelkeit sofort zu durchschauen, doch ist diese Fähigkeit, Schein und Selbsttäuschung zu erkennen, nicht immer geschätzt. Sie wären ein ausgezeichneter Medienkritiker, der ganz bestimmt öffentliche Kontroversen und Diskussionen auslösen würde. Sie sind nicht besonders redselig und könnten sich weigern, Ihre Kritik zu erläutern und auszuarbeiten; Sie neigen auch dazu, sich zu starr an Ihre Ansichten zu klammern. In geschäftlichen Dingen beweisen Sie Ihren durchdringenden Verstand und sind zu scharfsinnigen und präzisen Lageeinschätzungen fähig, können unübersichtliche Situationen entwirren und zum Wesentlichen vorstoßen.

Heim, Familie, Tradition

Sie kommen gut mit dem Ihnen zur Verfügung stehenden Haushaltsgeld aus, bezahlen Ihre Rechnungen pünktlich und halten das Haus tipptopp in Ordnung. Ihnen macht es Spaß, sich um den Haushalt und familiäre Dinge zu kümmern. Sie sind sich der Bedeutung bewußt, die eine intakte Familie als kleinste Einheit für die Erhaltung einer gesunden, geordneten und Zusammenhalt zeigenden Gesellschaft hat. Ihr ausgeprägtes Moralbewußtsein verbietet Ihnen, etwas zu tun, was dem traditionellen Familienkonzept schaden oder es in Gefahr bringen würde. In der Regel mißfällt es Ihnen, für einen längeren Zeitraum von Ihrer Familie getrennt zu sein. Sie sind auch nicht sehr scharf darauf, längere Strecken zu reisen, es sei denn, es geschähe in Verbindung mit dem Kauf eines Hauses oder dem Umzug in ein schöneres und geräumigeres Heim.

Selbstdarstellung, Liebesleben, Vergnügen

Sie verhalten sich ziemlich zurückhaltend gegenüber vergnüglichen Aktivitäten, obwohl auch Sie bei Gelegenheit aus sich herausgehen können. Sie neigen dazu, sich dabei immer den sichersten oder gesellschaftlich eher akzeptierten Weg auszusuchen, der aber hinderlich sein kann, wenn es zu einer Romanze oder anderen anregenden Ablenkungen kommt. Diese Zurückhaltung ist bei Jungfrau-Männern nicht so ausgeprägt wie bei den Frauen aus diesem Zeichen, die als Liebespartnerinnen oft gefühlskalt und höflich abweisend erscheinen, weil sie nie genau wissen (oder Angst davor haben, es herauszufinden), wohin sie ihre Gefühle führen. Der Jungfrau-Mann reagiert von Natur aus stärker auf sein leidenschaftliches Verlangen. Der Jungfrau-Mensch tut gewöhnlich das konventionell Richtige, wenn er mit seinen spontanen Trieben konfrontiert ist.

Beruf und Gesundheit

Sie sind ein fähiger und ausdauernder Arbeiter, der sein möglichstes tut, um mit seinen Arbeitskollegen zusammenzuarbeiten, und der gern in einem Team arbeitet. Sie teilen Ihre Ideen, die oft originell und beinahe genial sind, anderen mit, ohne auf besondere Anerkennung zu warten. Die Tätigkeit in Laboratorien ist Ihre Spezialität. Ganz gleich, in welchem Beruf Sie arbeiten, Sie umgeben sich mit den für diese Sparte entwickelten Maschinen und Spezialwerkzeugen, die dem neuesten Stand der Technik entsprechen. Sie achten sehr auf Ihre Gesundheit und vertreten fortschrittliche Ansichten über Ernährungsprobleme. Es kann sein, daß Sie die Tatsache übersehen, daß die Belastung durch zuviel Arbeit Ihrem recht sensiblen Nervenkostüm schadet.

Partnerschaften und Ehe

Sie brauchen einen Partner, der Ihre unermüdlichen Anstrengungen und Bemühungen, Ihren Teil der Partnerschaft zu erfüllen, wirklich zu schätzen weiß, und sind dabei nicht so sehr auf Lob und Bewunderung aus, sondern auf ein mitfühlendes Verständnis Ihrer Probleme. Behandelt man Sie richtig, dann sind Sie leicht zu besänftigen und bereit, zu dienen und zu arbeiten, und werden sich nur selten deswegen beschweren. Ist Ihr Partner kein angenehmer und sanfter Typ, so könnten Sie Ihr Los auch mit einer Art philosophischer Resignation akzeptieren; ein Jungfrau-Mensch ist häufig bereit, seine persönlichen Wünsche für eine harmonische und zufriedenstellende Beziehung zu opfern. Vielleicht aus diesem Grund gehören die Jungfrau-Menschen nicht zu den »heiratswütigen« Typen des Tierkreises, und entschließen sich manchmal recht früh und unwiderruflich dafür, ledig zu bleiben.

Gemeinsame Finanzen, Erbschaften, Sexualleben

Gemeinsame Finanzen sind der Bereich Ihres Lebens, in dem Unternehmungsgeist zu Aktivitäten führt, so daß Sie laufend mit dem Besitz, den Immobilien und den Verbindlichkeiten anderer Leute zu tun haben. Sie sind einer der großen Manager und Verwalter im Tierkreis, im Gegensatz zu den Geschäftseigentümern oder Besitzern. Was den Sex angeht, so hält ein Jungfrau-Mensch seine Gedanken und Sehnsüchte oft für unerwünschte Charakterzüge und versucht, sie auf praktische, wenn auch manchmal obskure oder komplizierte Weise zu läutern. Jungfrau-Menschen interessieren sich mehr für Sex, als man es nach der Überlieferung von den keuschen Jungfrauen erwartet hätte, und hinter ihrem beherrschten Äußeren glüht tiefe, wenn auch gehemmte Leidenschaft.

Geistige Höherentwicklung und längere Reisen

In Ihren Ansichten zu religiösen und metaphysischen Dingen sind Sie orthodox; möglicherweise haben Sie sogar den Wunsch, auf diesen Gebieten zu lehren. Obgleich Ihre Einstellung zu einer bestimmten Religion recht weit gefaßt sein mag, werden Sie Ihre Lehrsätze wahrscheinlich in anerkannter Weise befolgen; aus diesem Grund findet man oft Jungfrau-Menschen, die Bibelstunden halten, Wohltätigkeitsbasare organisieren oder in Sonntagsschulen wirken. Sie messen die Verdienste einer philosophischen Richtung oder einer doktrinären Lebenseinstellung an ihren praktischen Auswirkungen. Verallgemeinerungen ärgern Sie, da Sie glauben, man möchte sich dadurch um eine klare Stellungnahme drücken. Reisen bieten Ihnen im allgemeinen keinen großen Anreiz, außer wenn Sie durch sie Ihr Einkommen oder Ihren materiellen Besitz vergrößern können.

Öffentliches Ansehen, Karriere, Prestige

Es wird behauptet, daß Jungfrau-Menschen oft deshalb berühmt werden, weil sie niemandem eine Angriffsfläche bieten und man Ihnen deshalb keine Widerstände entgegensetzt. Dies trifft besonders in der Politik zu, wo die Kunst darin liegt, einen Kompromißkandidaten zu nominieren, um eine Patt-Situation zu überwinden. Irgend jemand muß eben die unzähligen, wenig spektakulären, aber notwendigen Aufgaben in der Welt, wie die Arbeit am Fließband, Büroarbeiten oder das Führen von Maschinen, übernehmen, und niemand ist dafür vom Temperament her besser geeignet und leistungsfähiger als die Jungfrau-Menschen. Als Computer-Techniker oder Elektronik-Spezialisten, die an kleinen und komplizierten Schaltkreisen arbeiten, sind Sie unerreicht. Oft werden Sie durch Ihre sprachlichen Begabungen bekannt und können daher ein guter Redakteur, Journalist, Rundfunk- oder Fernsehreporter, Kommentator usw. sein. Sie könnten ebenso als Bibliothekar, Dokumentator oder in einem Verlagshaus arbeiten.

Freunde, Geselligkeit, Hoffnungen, Wünsche

Sie unterhalten Ihre Freunde gern in einer gemütlichen Atmosphäre – vorzugsweise bei sich zu Hause – und kochen gern für sie; Sie sind sehr um ihr Wohlergehen und ihre Gesundheit besorgt und verbringen geraume Zeit damit, in der Runde herumzutelefonieren oder, etwas weniger oft, bei ihnen vorbeizuschauen. Sie lieben die Gesellschaft von Leuten, die gern daheim bleiben. Für die neuesten Entwicklungen auf dem Gebiet der Haushaltsgeräte zeigen Sie lebhaftes Interesse, reden gern über Verschönerungspläne, Möbel und Wohnungseinrichtungen. Sie sind kein Vereinsmeier, doch wenn Sie einmal Ihr Wort gegeben haben, dann sind Sie ein zuverlässiger Mitarbeiter bei sozialen Aufgaben, wie der Arbeit für Arme oder Kinder oder im Tierschutz. In der Regel haben Sie Haustiere, die Sie innig lieben. Wahrscheinlich unterstützen Sie auch Vereinigungen, die sich den Schutz alter Gebäude, von Antiquitäten und Wahrzeichen zum Ziel gesetzt haben.

Verborgene Motive, selbstloser Einsatz, Psyche

Menschen mit dem Jungfrau-Aszendenten werden oft zu der Macht, zur grauen Eminenz im Hintergrund. Obwohl Sie offen und ehrlich Ihre Meinung sagen, sind Sie ganz geschickt darin, hinter den Kulissen die Fäden zu ziehen, kleine Systeme innerhalb der großen Machtstruktur zu schaffen und zu unterhalten. Oft bleibt Ihnen aber die Anerkennung versagt, die Ihnen für Ihre Leistungen zusteht. Es ist aber diese Fähigkeit, außergewöhnlich lange ohne Dank Ihre Arbeit zu leisten, die Sie für edle Aufgaben geeignet macht, wie zum Beispiel für den Dienst an Kranken, geistig Behinderten und Armen, auch unter ärmlichen Bedingungen und von allen unbeachtet. Diese charakteristische Selbstaufopferung kann zu einem tief religiösen Geisteszustand führen, der nur für himmlische Belohnungen und keine anderen arbeitet.

Die Waage-Aszendenten-Persönlichkeit

Sie lieben Ausgeglichenheit und Harmonie. Man sagt von Ihnen, Sie seien die Richter des Tierkreises, da Sie immer versuchen, in einer Welt, in der Ungerechtigkeiten die Regel sind, ausgleichende Gerechtigkeit zu üben. Sie verehren Sauberkeit und Ordnung; Frieden ist für Sie nicht ein bloßer Wunsch, sondern eine tiefe Notwendigkeit. Sie sind sehr schnell verärgert, doch genauso schnell kann man Sie wieder besänftigen. Sie lieben die Geselligkeit und sind gewöhnlich ein angenehmer, sehr höflicher und liebenswerter Mensch.

Sie gehen äußerst diplomatisch vor und möchten allen gleichzeitig gefallen. Dieses berechnende Ausgleichen der Waagschalen läßt Sie manchmal recht schwankend erscheinen. Sie halten sich oft am Rande des Geschehens auf, versuchen festzustellen, aus welcher Richtung der Wind weht, und schließen sich der Sache an, die gerade den meisten Zulauf zu verzeichnen hat, denn Sie sind ein Mensch, der sich lieber irgendwo anhängt, als selbst ein Projekt anzuregen. Sie sind der Meinung, daß es in der Welt schon genügend Vorhaben gibt, daß Sie nicht noch eines starten müssen. Sie sind von Grund auf gegen Ärger und sich jedes einzelnen Ihrer aggressiven Schritte bewußt, die irgend jemanden irgendwo beunruhigen könnten, und genau dieses Bewußtsein macht Sie unentschlossen. Sie sind besser dafür geeignet, ruhig und gelassen zu warten, daß etwas passiert, als von sich aus loszuschlagen. Sie bewundern Schönheit in beinahe allen Formen, besonders aber die Natur, Kunst, Literatur und Musik, und erfreuen sich an kultivierten und verfeinerten Vergnügungen. Bei geselligen Anlässen sind Sie ein sympathischer und gescheiter Gefährte, der in der Regel bemerkenswerten Charme und Anmut besitzt, was wunderbar zu Ihrem gutgebauten Körper und Ihren ebenmäßigen Gesichtszügen paßt. Ihre Lieblingsgefährten sind glückliche und heitere Typen, die meist Kunstsinn oder künstlerische Talente haben. Sie bewundern Mut und entschlossenes Vorgehen bei anderen, sind idealistisch, anpassungsfähig, intuitiv und konstruktiv. Ihr gutes Wahrnehmungsvermögen macht es Ihnen leicht, Vergleiche zu ziehen. Sie sind sehr leicht zu beeindrucken, und wenn Sie Ihre Phantasie nicht zügeln, kann sie sich zu verschwommenen Tagträumen, Wunschdenken und nicht zu verwirklichenden Projekten versteigen.